中国广播电视大学
教育统计年鉴
（2011）

杨志坚　主编

中央广播电视大学出版社

北　京

图书在版编目（CIP）数据

中国广播电视大学教育统计年鉴.2011/杨志坚主编.—北京：中央广播电视大学出版社，2012.12

ISBN 978-7-304-05998-9

Ⅰ.①中… Ⅱ.①杨… Ⅲ.①广播电视教育—教育统计—中国—2011—年鉴 Ⅳ.①G728.8-66

中国版本图书馆CIP数据核字（2013）第038131号

中国广播电视大学教育统计年鉴（2011）

杨志坚 主编

出版·发行：中央广播电视大学出版社

电话：营销中心 010-58840200 总编室 010-68182524

网址：http://www.crtvup.com.cn

地址：北京市海淀区西四环中路45号 **邮编：**100039

经销：新华书店北京发行所

策划编辑：许 进 **版式设计：**张严洁

责任编辑：许 进 **责任校对：**王 亚

责任印制：赵联生

印刷：北京雷杰印刷有限公司 **印数：**0001~1050

版本：2012年12月第1版 2012年12月第1次印刷

开本：850×1168 1/16 **印张：**34.5 **字数：**900千字

书号：ISBN 978-7-304-05998-9

定价：98.00元

（如有缺页或倒装，本社负责退换）

编者说明

《中国广播电视大学教育统计年鉴（2011）》是反映全国广播电视大学2011年教育发展情况的资料性工具书。本年鉴由中央广播电视大学发展规划办公室根据中央广播电视大学及6所直属学院、44所省级广播电视大学及其分校、工作站的统计数据汇总编辑而成。2011学年度全国广播电视大学填报的统计报表，统计时点为2011年9月1日，统计时期为2010年9月1日至2011年8月31日。

年鉴共分为七部分，即基本情况、学历教育、非学历教育、教师与职工、资产及校舍、发展与比较、附录。全书各部分都附有简要说明，对数据的统计指标、统计范围、统计方法、历史变动情况等作了必要的解释。

本年鉴引用的有关全国普通高校、成人高校的数据，来自当年教育部发展规划司印发的《中国教育事业发展统计简况》，全国高等网络教育的有关数据引自教育部教育管理信息中心，有关全国人口的数据引自《中国统计年鉴2011》。

本年鉴力求内容翔实，形式简洁，易读易查，以便更好地为电大教育系统的教学管理、学科建设、教育研究和发展规划以及其他国内外远程教育、成人继续教育的研究者提供参考和服务。

本年鉴的编辑工作得到了教育部发展规划司和教育部教育管理信息中心的指导和支持，也得到了全国各级电大同仁的鼎力相助，在此一并表示感谢！由于数据编辑量大，且时间紧、人员少，难免舛误之处，敬请读者批评指正。

中央广播电视大学发展规划办公室

2012年7月

目　录

I 基本情况

本章反映全国广播电视大学办学的基本情况。

主要内容包括：

• 中国广播电视大学系统综述；

• 全国各级广播电视大学学校设置；

• 全国广播电视大学开放教育本科（专科起点）、专科和“一村一名大学生计划”的学生情况；

• 全国广播电视大学高职、成招高等专科以及成招专升本教育的学生情况；

• 全国广播电视大学非学历教育的学生情况；

• 全国广播电视大学教师、职工和聘请校外教师情况；

• 全国广播电视大学学校固定资产和校舍建筑等基本情况。

指标解释

• **省级电大：** 各省、自治区、直辖市、计划单列市及独立设置的广播电视大学。

• **独立设置的广播电视大学：** 沈阳、长春、哈尔滨、南京、武汉、广州、成都、西安 8 所省会城市和新疆生产建设兵团广播电视大学。

• **计划单列市广播电视大学：** 大连、青岛、宁波、深圳、厦门 5 所城市设置的广播电视大学。

• **地（市）级分校：** 各地教育行政部门批准建立的广播电视大学分校。

• **开放教育：** 1999 年 4 月教育部批准实施的“中央广播电视大学人才培养模式改革和开放教育试点”项目。2007 年试点项目已通过教育部总结性评估，成为电大的常规办学形式。开放教育实施本科（专科起点）和专科教育，实行学分制，课程成绩和获得的相应学分在学籍注册后 8 年内有效。学生报名并参加电大统一组织的入学水平测试，合格者可注册并取得学籍。

• **开放教育本科：** 注册对象为具有国民教育系列高等专科毕业及以上学历者（相同或相近专业）。

• **开放教育专科：** 注册对象为普通高中、职业高中、技工学校和中等专业学校毕业者。

• **“一村一名大学生计划”（以下简称“一村一”）：** 招收对象为高中毕业或同等学力（职高、中专、技校等）的农村青年，包括复员退伍军人、农业科技示范户、村干部、乡镇企业带头人、科技致富能手等，学历层次为专科。初中毕业生可注册学习开放课程。

• **高职：** 高等职业教育，指通过全国普通高等教育统一招生考试，招收高中毕业生为主要培养对象，实施全日制的高等职业技术教育，学历层次为专科。全国电大高等职业教育包括：高中起点专科（高职）；五年制高职转入；对口招收中职等类型的学生。

• **成招高等专科：** “成人专科”，指广播电视大学通过全国成人高等教育统一招生考试，招收具有高中毕业或同等学力的人员为主要培养对象，利用业余等形式实施的高等专科学历教育。

• **第二专科学历教育**：已修完一个专科专业后，不需要参加全国成人高等教育统一招生考试，进行第二专科专业的教育。

简要说明

1. 表1.2.1“全国电大高等学历教育学生”中，①“开放教育”包括“开放教育本科（专科起点）”、“开放教育专科”和“一村一”的学生数；②“统招高等学历”教育包括“高职”、“成招高等专科”和成招专升本的学生数。其中“成招高等专科”中包含第二专科学历教育的学生数（以下各表同）。

2. 表1.4“全国电大学校资产及校舍情况”的数据为“学校产权”和“非学校产权”两项统计数据的合计。

1.1 电大系统

1.1.1 中国广播电视大学系统综述

中国广播电视大学是由中央广播电视大学，省级广播电视大学，地市级、县级广播电视大学分校和工作站组成的覆盖中国大陆的远程教育系统。

中国广播电视大学（以下简称电大）是邓小平同志在1978年亲自倡导并批准创办的，是采用计算机网络、卫星电视等现代传媒技术，运用文字教材、音像教材、多媒体课件、网络课程等多种媒体进行远程教育的开放性高等学校。1979年2月6日，中央电大与全国28所省级电大同时开学，2月8日由中央电视台首次向全国播出课程。经过30多年的发展，目前已有1所中央电大和44所省级电大、1 125所地市级电大分校（工作站）、1 827所县级电大工作站，由此组成了统筹规划、分级管理、分工协作的现代远程开放教育和教学管理系统。

电大教育努力适应我国改革开放和社会主义现代化建设的需要，适应广大求学者的需要，面向基层、面向行业、面向农村、面向边远和民族地区办学，充分应用现代化教学手段，多层次、多规格、多功能、多形式办学，发挥投资少、见效快、覆盖面广的现代远程教育优势，开展以高等教育为基础的学历教育和各种非学历教育，培养适应社会和经济发展需要的、重点面向基层的各类应用型专门人才，为提高我国从业人员和国民素质提供各种教育服务。

30多年来，电大举办了高等本科（专科起点）、专科（含高职）和中等专业等学历教育。从1979年的首次招生至2011年秋季，高等学历教育累计招生1 327.28万人，从1982年的首批高等学历教育毕业生至今，累计高等学历教育毕业生907.87万人；开展了岗位培训、证书教育、继续教育，包括大规模社会化和再就业培训，师范教育和中小学教师继续教育，从1990年至今累计结业生2 675万人次；

在历年面向农业、农村和农民进行实用技术培训的基础上，2004 年组织实施了教育部“一村一名大学生计划”，将高等教育延伸到农村第一线；与部队合作办学，面向在职士官开展高等学历和中等专业教育，为科技强军、军地两用人才的培养服务；与中国残疾人联合会合作，面向我国残疾人开展远程教育，为残疾人的自强自立提供教育服务；同时为高校网络学院和其他教育机构开展远程教育提供学习支持服务等。

在现代远程开放教育的实践中，中国广播电视大学逐步形成了自己的办学特色和优势。电大综合利用和优化配置国内外优质的教育资源，开发、建设了一大批适应远程教学需要的多种媒体教学资源，并建立了远程教学资源建设的流程和规范；形成了一支熟悉远程教育，具有较高业务水平的教学、教学管理、技术研发和理论研究的专职队伍，并聘请数万名教授、专家等担任兼职教师以保证教学质量，仅中央广播电视大学已先后选聘 1 000 多位著名学者担任教材主编和课程主讲；电大充分利用国家提供的规模宏大、工作可靠的地球卫星、数字广播电视和计算机网络系统等宽带多媒体信息传输平台开展远程教学；建立了较为完善的远程学习支持服务系统和教学质量保证体系，严格考核、考试和教学评价，注重教学全过程的管理和检查，为学生提供学习全过程的服务和指导。

1999 年 4 月，教育部决定实施“中央广播电视大学人才培养模式改革和开放教育试点”项目，全国电大的改革和发展进入了全新的阶段。在教育部的领导和地方教育行政部门的支持下，开放教育试点由中央广播电视大学（简称中央电大）统一组织，全国电大共同参与，合作高校和有关部委积极配合，经过 2002—2003 年教育部组织的试点项目中期评估的推动，至 2006 年 12 月，实现了试点预期目标，完成了既定任务，取得了丰硕成果，通过了教育部的总结性评估。开放教育试点项目极大地促进了电大的改革和发展，形成了体现中国远程开放大学特色的开放式人才培养模式、学导结合的教学模式、系统运作的教学管理模式和一体化运行机制，对我国现代远程教育工程的实施产生了重大影响。

在教育部组织的对开放教育试点项目的总结性评估过程中，评估专家认为，中央电大人才培养模式改革和开放教育试点项目实施 8 年来，指导思想明确，思路清晰，措施有力，成效显著，是一次成功的教育改革，人才培养的质量得到了社会的认可。试点所取得的丰硕成果和所形成的一系列鲜明特色，为国家现代远程教育的发展积累了宝贵的经验，为我国构建终身教育体系和建设学习型社会打下了坚实的基础。

“发展远程教育和继续教育，建设全民学习、终身学习的学习型社会”是中共“十七大”提出的新要求，是广播电视大学发展建设的新使命。电大将以科学发展观为指导，着眼国家构建终身教育体系和建设学习型社会的全局，努力汇聚更优质的学习资源，提供更体贴的支持服务，运行更高效的办学网络，开展更鲜活的科学研究，做强做大电大教育事业，搭建全民终身学习大平台，使广播电视大学成为更具鲜明中国特色的现代远程开放大学。

1.1.2　全国电大各级学校设置情况

	学校简码	省级学校数	省级学校下设		分校下设工作站数	教学班（点）数
			分校数	工作站数		
总　计	–	44	937	188	1827	76734
中央电大	01000000	–	251	0	14	523
北　京	11000000	1	21	30	0	1626
天　津	12000000	1	22	21	0	1556
河　北	13000000	1	13	0	136	1225
山　西	14000000	1	24	0	100	1952
内蒙古	15000000	1	16	0	62	995
辽　宁	21000000	1	16	2	29	2259
沈　阳	21100000	1	8	0	1	309
大　连	21200000	1	8	0	0	648
吉　林	22000000	1	8	1	34	572
长　春	22100000	1	7	0	0	470
黑龙江	23000000	1	16	0	69	2241
哈尔滨	23100000	1	12	1	0	449
上　海	31000000	1	30	1	0	1677
江　苏	32000000	1	35	0	44	3310
南　京	32100000	1	13	0	1	468
浙　江	33000000	1	20	0	60	4067
宁　波	33100000	1	8	2	0	892
安　徽	34000000	1	18	0	68	2586
福　建	35000000	1	15	0	62	1974
厦　门	35100000	1	0	5	0	220
江　西	36000000	1	11	0	85	3197
山　东	37000000	1	22	0	114	2060
青　岛	37100000	1	9	12	0	534
河　南	41000000	1	22	0	109	3290
湖　北	42000000	1	16	0	59	1213
武　汉	42100000	1	15	0	0	287
湖　南	43000000	1	19	1	118	3103
广　东	44000000	1	25	0	97	3396
广　州	44100000	1	17	9	4	2960
深　圳	44200000	1	7	4	0	1129
广　西	45000000	1	16	1	44	1695
海　南	46000000	1	1	19	0	510
四　川	51000000	1	22	11	102	5732
成　都	51100000	1	15	0	0	512
重　庆	51200000	1	33	13	4	1814
贵　州	52000000	1	15	0	78	721
云　南	53000000	1	17	0	80	810
陕　西	61000000	1	10	19	98	2639
西　安	61100000	1	8	6	14	825
甘　肃	62000000	1	20	9	75	6454
青　海	63000000	1	19	4	10	636
宁　夏	64000000	1	7	12	1	821
新　疆	65000000	1	15	5	52	1927
新疆兵团	65100000	1	15	0	3	450

1.2 学生情况

1.2.1 全国电大高等学历教育学生

单位：人

	合计			开放教育			统招高等学历		
	毕业生	招生	在校生	毕业生	招生	在校生	毕业生	招生	在校生
总计	**793120**	**1034815**	**3075702**	**721935**	**983425**	**2941525**	**71185**	**51390**	**134177**
中央电大直属院校	24064	29797	90100	24064	29797	90100	0	0	0
北京	18249	24291	115806	17507	23853	114120	742	438	1686
天津	15820	16843	59830	15280	16607	58260	540	236	1570
河北	32576	39744	106536	31921	38941	104527	655	803	2009
山西	21721	20705	71818	20817	19832	69960	904	873	1858
内蒙古	13829	22505	65361	13190	21256	62948	639	1249	2413
辽宁	16927	22196	64524	16927	22196	64524	0	0	0
沈阳	10104	8654	30248	9766	8096	29034	338	558	1214
大连	9840	9518	30422	9289	8893	29397	551	625	1025
吉林	11184	16783	50663	9467	15405	48586	1717	1378	2077
长春	2864	6895	20459	2281	6274	18986	583	621	1473
黑龙江	13693	18560	55129	11865	17412	52204	1828	1148	2925
哈尔滨	4504	8897	30848	4253	8443	30055	251	454	793
上海	8859	12326	30725	8854	12326	30725	5	0	0
江苏	51558	40468	138338	41925	38725	134425	9633	1743	3913
南京	8302	7651	37281	5644	6449	34242	2658	1202	3039
浙江	48330	56830	161450	44039	53478	152963	4291	3352	8487
宁波	10653	11835	35129	9094	10589	32093	1559	1246	3036
安徽	32201	46999	117937	30490	46002	116038	1711	997	1899
福建	17569	22913	73297	16615	20642	68724	954	2271	4573
厦门	2264	1174	9241	2222	1164	9190	42	10	51
江西	18173	26786	79136	17780	25274	73394	393	1512	5742
山东	31584	40683	100513	30571	40478	99943	1013	205	570
青岛	3266	10669	25118	3207	10417	24488	59	252	630
河南	28951	43248	110861	26420	42432	108060	2531	816	2801
湖北	21600	31023	103162	20671	29270	97646	929	1753	5516
武汉	5939	7636	35489	5516	7421	34901	423	215	588
湖南	33181	39732	118228	30087	38395	112027	3094	1337	6201
广东	53875	67383	166897	53526	66166	165031	349	1217	1866
广州	17896	24572	70006	17896	24572	70006	0	0	0
深圳	5815	8401	37368	5772	8311	36582	43	90	786
广西	12120	13839	40785	11977	13539	39981	143	300	804
海南	1652	3765	11070	1500	3542	10282	152	223	788
四川	33402	50521	140781	26600	43708	123409	6802	6813	17372
成都	14366	16654	47326	7393	13861	40344	6973	2793	6982
重庆	31804	39550	103247	24188	36019	92254	7616	3531	10993
贵州	18131	21899	69141	17013	19794	64707	1118	2105	4434
云南	12731	17297	53055	9247	15095	49657	3484	2202	3398
陕西	21120	34305	104303	19938	32123	98040	1182	2182	6263
西安	8796	18527	61274	8220	18089	60026	576	438	1248
甘肃	18338	23798	71416	16065	22006	64776	2273	1792	6640
青海	2970	5266	11717	2920	5244	11270	50	22	447
宁夏	5769	9120	31335	4269	7806	28130	1500	1314	3205
新疆	12684	25006	66600	12129	24374	64595	555	632	2005
新疆兵团	3846	9551	21732	3520	9109	20875	326	442	857

1.2.2 中央电大开放教育学生

单位：人

	合　计			本科（专科起点）			专　科			“一村一名大学生”计划		
	毕业生	招生	在校生	毕业生	招生	在校生	毕业生	招生	在校生	毕业生	招生	在校生
总　　计	**721935**	**983425**	**2941525**	**198979**	**278054**	**851561**	**471724**	**652562**	**1926752**	**51232**	**52809**	**163212**
中央电大直属院校	24064	29797	90100	1145	2927	14318	22919	26858	75666	0	12	116
北　京	17507	23853	114120	5850	8367	38769	10848	15004	72465	809	482	2886
天　津	15280	16607	58260	6545	6875	23934	8195	8685	30440	540	1047	3886
河　北	31921	38941	104527	8560	12391	32153	17977	21340	55573	5384	5210	16801
山　西	20817	19832	69960	7360	6162	25619	12531	12928	42574	926	742	1767
内蒙古	13190	21256	62948	3669	7592	20794	8885	12590	39279	636	1074	2875
辽　宁	16927	22196	64524	4705	6281	19904	12060	15655	43931	162	260	689
沈　阳	9766	8096	29034	3088	2397	9843	6365	5663	18930	313	36	261
大　连	9289	8893	29397	2689	3056	9961	6519	5694	19000	81	143	436
吉　林	9467	15405	48586	1579	2968	8053	7888	12437	40533	0	0	0
长　春	2281	6274	18986	431	996	2778	1850	5278	16208	0	0	0
黑龙江	11865	17412	52204	3077	4139	12611	8366	12300	36435	422	973	3158
哈尔滨	4253	8443	30055	1185	2038	8694	3043	6219	20858	25	186	503
上　海	8854	12326	30725	8854	12326	30725	0	0	0	0	0	0
江　苏	41925	38725	134425	12478	10696	37842	22326	22301	80976	7121	5728	15607
南　京	5644	6449	34242	1124	1682	8523	3952	4274	22689	568	493	3030
浙　江	44039	53478	152963	13861	19421	51371	26582	28393	87720	3596	5664	13872
宁　波	9094	10589	32093	3182	3575	12175	5266	6796	19352	646	218	566
安　徽	30490	46002	116038	8974	15456	39077	18601	28910	70647	2915	1636	6314
福　建	16615	20642	68724	4705	6477	22409	11048	13698	43554	862	467	2761
厦　门	2222	1164	9190	273	271	2258	1674	801	6483	275	92	449
江　西	17780	25274	73394	5469	7222	21509	11635	17305	50130	676	747	1755
山　东	30571	40478	99943	9546	8227	23516	18081	27486	63493	2944	4765	12934
青　岛	3207	10417	24488	1043	1829	5656	1651	7680	16694	513	908	2138
河　南	26420	42432	108060	6881	10664	29080	16754	29392	73619	2785	2376	5361
湖　北	20671	29270	97646	3558	6250	20398	14671	22894	70962	2442	126	6286
武　汉	5516	7421	34901	657	1118	4154	4722	6303	30544	137	0	203
湖　南	30087	38395	112027	6376	7457	21666	16579	22871	68257	7132	8067	22104
广　东	53526	66166	165031	10454	14276	34434	43011	51560	129487	61	330	1110
广　州	17896	24572	70006	4089	5845	20006	13807	18660	49915	0	67	85
深　圳	5772	8311	36582	1176	1897	9360	4596	6414	27222	0	0	0
广　西	11977	13539	39981	1894	2727	8994	9412	10280	29362	671	532	1625
海　南	1500	3542	10282	347	759	2123	924	1655	5418	229	1128	2741
四　川	26600	43708	123409	7693	12911	39603	18002	29728	81114	905	1069	2692
成　都	7393	13861	40344	2472	4372	13708	4694	9457	26552	227	32	84
重　庆	24188	36019	92254	5936	9449	24255	17887	26270	66927	365	300	1072
贵　州	17013	19794	64707	5946	5875	19687	8815	13595	38485	2252	324	6535
云　南	9247	15095	49657	1447	3459	11896	5461	7832	27066	2339	3804	10695
陕　西	19938	32123	98040	5265	9281	27027	13239	22187	67632	1434	655	3381
西　安	8220	18089	60026	1829	5874	18254	6391	12215	41651	0	0	121
甘　肃	16065	22006	64776	5411	7080	21429	10482	12789	40221	172	2137	3126
青　海	2920	5244	11270	1205	1790	4214	1715	3452	7054	0	2	2
宁　夏	4269	7806	28130	1564	2952	10985	2672	4806	16813	33	48	332
新　疆	12129	24374	64595	4310	7972	21977	7712	16169	41741	107	233	877
新疆兵团	3520	9109	20875	1077	2675	5819	1916	5738	13080	527	696	1976

1.2.3　全国电大统招高等学历教育学生

单位：人

	合计			高职			成招专科			成招专升本		
	毕业生	招生	在校生	毕业生	招生	在校生	毕业生	招生	在校生	毕业生	招生	在校生
总计	**71185**	**51390**	**134177**	**12948**	**1273**	**5556**	**58109**	**49572**	**127548**	**128**	**545**	**1073**
北京	742	438	1686	0	0	0	742	438	1686	0	0	0
天津	540	236	1570	363	0	447	177	236	1123	0	0	0
河北	655	803	2009	0	0	0	655	803	2009	0	0	0
山西	904	873	1858	0	0	0	904	873	1858	0	0	0
内蒙古	639	1249	2413	0	0	0	639	1249	2413	0	0	0
辽宁	0	0	0	0	0	0	0	0	0	0	0	0
沈阳	338	558	1214	0	0	0	338	558	1214	0	0	0
大连	551	625	1025	0	0	0	551	625	1025	0	0	0
吉林	1717	1378	2077	0	0	0	1717	1378	2077	0	0	0
长春	583	621	1473	0	0	0	583	621	1473	0	0	0
黑龙江	1828	1148	2925	0	0	0	1828	1148	2925	0	0	0
哈尔滨	251	454	793	0	0	0	251	454	793	0	0	0
上海	5	0	0	0	0	0	5	0	0	0	0	0
江苏	9633	1743	3913	7917	0	0	1716	1743	3913	0	0	0
南京	2658	1202	3039	1549	0	0	1109	1202	3039	0	0	0
浙江	4291	3352	8487	0	0	0	4291	3352	8487	0	0	0
宁波	1559	1246	3036	0	0	0	1559	1246	3036	0	0	0
安徽	1711	997	1899	0	0	0	1678	944	1765	33	53	134
福建	954	2271	4573	0	0	0	954	2271	4573	0	0	0
厦门	42	10	51	0	0	0	42	10	51	0	0	0
江西	393	1512	5742	68	1273	4951	325	239	791	0	0	0
山东	1013	205	570	667	0	158	346	205	412	0	0	0
青岛	59	252	630	0	0	0	59	252	630	0	0	0
河南	2531	816	2801	0	0	0	2518	811	2783	13	5	18
湖北	929	1753	5516	0	0	0	851	1514	5095	78	239	421
武汉	423	215	588	0	0	0	423	215	588	0	0	0
湖南	3094	1337	6201	0	0	0	3094	1337	6201	0	0	0
广东	349	1217	1866	0	0	0	349	1217	1866	0	0	0
广州	0	0	0	0	0	0	0	0	0	0	0	0
深圳	43	90	786	0	0	0	43	90	786	0	0	0
广西	143	300	804	0	0	0	139	71	328	4	229	476
海南	152	223	788	0	0	0	152	223	788	0	0	0
四川	6802	6813	17372	0	0	0	6802	6813	17372	0	0	0
成都	6973	2793	6982	0	0	0	6973	2793	6982	0	0	0
重庆	7616	3531	10993	0	0	0	7616	3531	10993	0	0	0
贵州	1118	2105	4434	0	0	0	1118	2105	4434	0	0	0
云南	3484	2202	3398	2384	0	0	1100	2183	3374	0	19	24
陕西	1182	2182	6263	0	0	0	1182	2182	6263	0	0	0
西安	576	438	1248	0	0	0	576	438	1248	0	0	0
甘肃	2273	1792	6640	0	0	0	2273	1792	6640	0	0	0
青海	50	22	447	0	0	0	50	22	447	0	0	0
宁夏	1500	1314	3205	0	0	0	1500	1314	3205	0	0	0
新疆	555	632	2005	0	0	0	555	632	2005	0	0	0
新疆兵团	326	442	857	0	0	0	326	442	857	0	0	0

1.2.4 全国电大高等学历教育在校生年龄情况

单位：人

	总 计	≤20岁		21岁~25岁		26岁~30岁		≥31岁	
		学生数	%	学生数	%	学生数	%	学生数	%
总 计	**3075702**	**412713**	**13.42**	**1206596**	**39.23**	**949529**	**30.87**	**506864**	**16.48**
开放教育本科	851561	17510	2.06	307143	36.07	354184	41.59	172724	20.28
开放教育专科	1926752	327450	16.99	799453	41.49	523625	27.18	276224	14.34
“一村一”计划	163212	12731	7.8	44022	26.97	54692	33.51	51767	31.72
高 职	5556	3866	69.58	1686	30.35	4	0.07	0	0
统招成人本科、专科	128621	51156	39.77	54292	42.21	17024	13.24	6149	4.78
中央电大直属院校	**90100**	**10415**	**11.56**	**48766**	**54.12**	**16500**	**18.31**	**14419**	**16**
开放教育本科	14318	30	0.21	3421	23.89	4924	34.39	5943	41.51
开放教育专科	75666	10363	13.7	45251	59.8	11576	15.3	8476	11.2
“一村一”计划	116	22	18.97	94	81.03	0	0	0	0
高 职	0	0	0	0	0	0	0	0	0
统招成人本科、专科	0	0	0	0	0	0	0	0	0
北 京	**115806**	**16657**	**14.38**	**47805**	**41.28**	**36152**	**31.22**	**15192**	**13.12**
开放教育本科	38769	434	1.12	14899	38.43	16704	43.09	6732	17.36
开放教育专科	72465	15264	21.06	31307	43.2	18097	24.97	7797	10.76
“一村一”计划	2886	100	3.47	894	30.98	1256	43.52	636	22.04
高 职	0	0	0	0	0	0	0	0	0
统招成人本科、专科	1686	859	50.95	705	41.81	95	5.63	27	1.6
天 津	**59830**	**5407**	**9.04**	**22108**	**36.95**	**20446**	**34.17**	**11869**	**19.84**
开放教育本科	23934	579	2.42	8920	37.27	9753	40.75	4682	19.56
开放教育专科	30440	4259	13.99	11751	38.6	9305	30.57	5125	16.84
“一村一”计划	3886	138	3.55	673	17.32	1092	28.1	1983	51.03
高 职	447	189	42.28	258	57.72	0	0	0	0
统招成人本科、专科	1123	242	21.55	506	45.06	296	26.36	79	7.03
河 北	**106536**	**8070**	**7.57**	**39984**	**37.53**	**45905**	**43.09**	**12577**	**11.81**
开放教育本科	32153	444	1.38	10356	32.21	14899	46.34	6454	20.07
开放教育专科	55573	6200	11.16	20218	36.38	24630	44.32	4525	8.14
“一村一”计划	16801	932	5.55	8278	49.27	6047	35.99	1544	9.19
高 职	0	0	0	0	0	0	0	0	0
统招成人本科、专科	2009	494	24.59	1132	56.35	329	16.38	54	2.69
山 西	**71818**	**6022**	**8.39**	**30093**	**41.9**	**23975**	**33.38**	**11728**	**16.33**
开放教育本科	25619	484	1.89	10635	41.51	9768	38.13	4732	18.47
开放教育专科	42574	5204	12.22	18114	42.55	12893	30.28	6363	14.95
“一村一”计划	1767	280	15.85	772	43.69	584	33.05	131	7.41
高 职	0	0	0	0	0	0	0	0	0
统招成人本科、专科	1858	54	2.91	572	30.79	730	39.29	502	27.02
内 蒙 古	**65361**	**3696**	**5.65**	**25635**	**39.22**	**21757**	**33.29**	**14273**	**21.84**
开放教育本科	20794	208	1	8377	40.29	7648	36.78	4561	21.93
开放教育专科	39279	3293	8.38	15480	39.41	12617	32.12	7889	20.08
“一村一”计划	2875	73	2.54	646	22.47	620	21.57	1536	53.43
高 职	0	0	0	0	0	0	0	0	0
统招成人本科、专科	2413	122	5.06	1132	46.91	872	36.14	287	11.89
辽 宁	**64524**	**9541**	**14.79**	**25694**	**39.82**	**20040**	**31.06**	**9249**	**14.33**
开放教育本科	19904	473	2.38	8072	40.55	8034	40.36	3325	16.71
开放教育专科	43931	9017	20.53	17352	39.5	11870	27.02	5692	12.96
“一村一”计划	689	51	7.4	270	39.19	136	19.74	232	33.67
高 职	0	0	0	0	0	0	0	0	0
统招成人本科、专科	0	0	0	0	0	0	0	0	0

1.2.4 全国电大高等学历教育在校生年龄情况（续表1）

单位：人

	总计	≤20岁		21岁~25岁		26岁~30岁		≥31岁	
		学生数	%	学生数	%	学生数	%	学生数	%
沈阳	**30248**	**3425**	**11.32**	**13388**	**44.26**	**7061**	**23.34**	**6374**	**21.07**
开放教育本科	9843	362	3.68	4303	43.72	3149	31.99	2029	20.61
开放教育专科	18930	1848	9.76	9017	47.63	3790	20.02	4275	22.58
“一村一”计划	261	1	0.38	68	26.05	122	46.74	70	26.82
高职	0	0	0	0	0	0	0	0	0
统招成人本科、专科	1214	1214	100	0	0	0	0	0	0
大连	**30422**	**3353**	**11.02**	**16533**	**54.35**	**8958**	**29.45**	**1578**	**5.19**
开放教育本科	9961	104	1.04	3199	32.12	5766	57.89	892	8.95
开放教育专科	19000	2171	11.43	13161	69.27	3053	16.07	615	3.24
“一村一”计划	436	53	12.16	173	39.68	139	31.88	71	16.28
高职	0	0	0	0	0	0	0	0	0
统招成人本科、专科	1025	1025	100	0	0	0	0	0	0
吉林	**50663**	**6744**	**13.31**	**21110**	**41.67**	**19002**	**37.51**	**3807**	**7.51**
开放教育本科	8053	538	6.68	2185	27.13	3923	48.71	1407	17.47
开放教育专科	40533	5821	14.36	17699	43.67	14734	36.35	2279	5.62
“一村一”计划	0	0	0	0	0	0	0	0	0
高职	0	0	0	0	0	0	0	0	0
统招成人本科、专科	2077	385	18.54	1226	59.03	345	16.61	121	5.83
长春	**20459**	**5251**	**25.67**	**8902**	**43.51**	**2882**	**14.09**	**3424**	**16.74**
开放教育本科	2778	34	1.22	1035	37.26	868	31.25	841	30.27
开放教育专科	16208	4873	30.07	6973	43.02	1864	11.5	2498	15.41
“一村一”计划	0	0	0	0	0	0	0	0	0
高职	0	0	0	0	0	0	0	0	0
统招成人本科、专科	1473	344	23.35	894	60.69	150	10.18	85	5.77
黑龙江	**55129**	**4664**	**8.46**	**17502**	**31.75**	**19253**	**34.92**	**13710**	**24.87**
开放教育本科	12611	86	0.68	2958	23.46	5553	44.03	4014	31.83
开放教育专科	36435	3902	10.71	11976	32.87	12324	33.82	8233	22.6
“一村一”计划	3158	195	6.17	709	22.45	826	26.16	1428	45.22
高职	0	0	0	0	0	0	0	0	0
统招成人本科、专科	2925	481	16.44	1859	63.56	550	18.8	35	1.2
哈尔滨	**30848**	**4065**	**13.18**	**13358**	**43.3**	**10360**	**33.58**	**3065**	**9.94**
开放教育本科	8694	0	0	3954	45.48	3775	43.42	965	11.1
开放教育专科	20858	3826	18.34	8991	43.11	6159	29.53	1882	9.02
“一村一”计划	503	0	0	89	17.69	257	51.09	157	31.21
高职	0	0	0	0	0	0	0	0	0
统招成人本科、专科	793	239	30.14	324	40.86	169	21.31	61	7.69
上海	**30725**	**0**	**0**	**12492**	**40.66**	**12005**	**39.07**	**6228**	**20.27**
开放教育本科	30725	0	0	12492	40.66	12005	39.07	6228	20.27
开放教育专科	0	0	0	0	0	0	0	0	0
“一村一”计划	0	0	0	0	0	0	0	0	0
高职	0	0	0	0	0	0	0	0	0
统招成人本科、专科	0	0	0	0	0	0	0	0	0
江苏	**138338**	**28823**	**20.84**	**43553**	**31.48**	**33064**	**23.9**	**32898**	**23.78**
开放教育本科	37842	318	0.84	14286	37.75	12268	32.42	10970	28.99
开放教育专科	80976	24267	29.97	23619	29.17	16732	20.66	16358	20.2
“一村一”计划	15607	3129	20.05	3904	25.01	3560	22.81	5014	32.13
高职	0	0	0	0	0	0	0	0	0
统招成人本科、专科	3913	1109	28.34	1744	44.57	504	12.88	556	14.21

1.2.4 全国电大高等学历教育在校生年龄情况（续表2）

单位：人

	总计	≤20岁		21岁~25岁		26岁~30岁		≥31岁	
		学生数	%	学生数	%	学生数	%	学生数	%
南京	**37281**	**6544**	**17.55**	**18598**	**49.89**	**7997**	**21.45**	**4142**	**11.11**
开放教育本科	8523	94	1.1	3651	42.84	3064	35.95	1714	20.11
开放教育专科	22689	5428	23.92	11318	49.88	3902	17.2	2041	9
“一村一”计划	3030	708	23.37	1183	39.04	767	25.31	372	12.28
高职	0	0	0	0	0	0	0	0	0
统招成人本科、专科	3039	314	10.33	2446	80.49	264	8.69	15	0.49
浙江	**161450**	**18507**	**11.46**	**62457**	**38.69**	**48301**	**29.92**	**32185**	**19.93**
开放教育本科	51371	255	0.5	20061	39.05	19696	38.34	11359	22.11
开放教育专科	87720	13863	15.8	35442	40.4	23342	26.61	15073	17.18
“一村一”计划	13872	622	4.48	3621	26.1	4084	29.44	5545	39.97
高职	0	0	0	0	0	0	0	0	0
统招成人本科、专科	8487	3767	44.39	3333	39.27	1179	13.89	208	2.45
宁波	**35129**	**3764**	**10.71**	**13049**	**37.15**	**11643**	**33.14**	**6673**	**19**
开放教育本科	12175	203	1.67	4488	36.86	4825	39.63	2659	21.84
开放教育专科	19352	2467	12.75	7426	38.37	6108	31.56	3351	17.32
“一村一”计划	566	8	1.41	29	5.12	181	31.98	348	61.48
高职	0	0	0	0	0	0	0	0	0
统招成人本科、专科	3036	1086	35.77	1106	36.43	529	17.42	315	10.38
安徽	**117937**	**12088**	**10.25**	**45190**	**38.32**	**43084**	**36.53**	**17575**	**14.9**
开放教育本科	39077	1381	3.53	13770	35.24	18146	46.44	5780	14.79
开放教育专科	70647	9402	13.31	29066	41.14	22284	31.54	9895	14.01
“一村一”计划	6314	333	5.27	1433	22.7	2648	41.94	1900	30.09
高职	0	0	0	0	0	0	0	0	0
统招成人本科、专科	1899	972	51.18	921	48.5	6	0.32	0	0
福建	**73297**	**8632**	**11.78**	**34003**	**46.39**	**25181**	**34.35**	**5481**	**7.48**
开放教育本科	22409	574	2.56	8658	38.64	10828	48.32	2349	10.48
开放教育专科	43554	6510	14.95	22268	51.13	12571	28.86	2205	5.06
“一村一”计划	2761	134	4.85	459	16.62	1294	46.87	874	31.66
高职	0	0	0	0	0	0	0	0	0
统招成人本科、专科	4573	1414	30.92	2618	57.25	488	10.67	53	1.16
厦门	**9241**	**957**	**10.36**	**5120**	**55.41**	**2605**	**28.19**	**559**	**6.05**
开放教育本科	2258	1	0.04	1314	58.19	805	35.65	138	6.11
开放教育专科	6483	947	14.61	3682	56.79	1619	24.97	235	3.62
“一村一”计划	449	7	1.56	97	21.6	166	36.97	179	39.87
高职	0	0	0	0	0	0	0	0	0
统招成人本科、专科	51	2	3.92	27	52.94	15	29.41	7	13.73
江西	**79136**	**15996**	**20.21**	**25774**	**32.57**	**19248**	**24.32**	**18118**	**22.89**
开放教育本科	21509	1085	5.04	8034	37.35	6819	31.7	5571	25.9
开放教育专科	50130	10598	21.14	15933	31.78	11936	23.81	11663	23.27
“一村一”计划	1755	71	4.05	329	18.75	480	27.35	875	49.86
高职	4951	3531	71.32	1416	28.6	4	0.08	0	0
统招成人本科、专科	791	711	89.89	62	7.84	9	1.14	9	1.14
山东	**100513**	**11733**	**11.67**	**36814**	**36.63**	**34369**	**34.19**	**17597**	**17.51**
开放教育本科	23516	1165	4.95	7483	31.82	11193	47.6	3675	15.63
开放教育专科	63493	8611	13.56	24828	39.1	20004	31.51	10050	15.83
“一村一”计划	12934	1618	12.51	4283	33.11	3165	24.47	3868	29.91
高职	158	146	92.41	12	7.59	0	0	0	0
统招成人本科、专科	412	193	46.84	208	50.49	7	1.7	4	0.97

1.2.4 全国电大高等学历教育在校生年龄情况（续表3）

单位：人

	总计	≤20 岁		21 岁～25 岁		26 岁～30 岁		≥31 岁	
		学生数	%	学生数	%	学生数	%	学生数	%
青　岛	**25118**	**5646**	**22.48**	**9348**	**37.22**	**5969**	**23.76**	**4155**	**16.54**
开放教育本科	5656	2	0.04	2466	43.6	2496	44.13	692	12.23
开放教育专科	16694	5058	30.3	6511	39	3016	18.07	2109	12.63
“一村一”计划	2138	21	0.98	306	14.31	457	21.38	1354	63.33
高　职	0	0	0	0	0	0	0	0	0
统招成人本科、专科	630	565	89.68	65	10.32	0	0	0	0
河　南	**110861**	**13422**	**12.11**	**47354**	**42.71**	**34629**	**31.24**	**15456**	**13.94**
开放教育本科	29080	958	3.29	10785	37.09	12788	43.98	4549	15.64
开放教育专科	73619	11074	15.04	33838	45.96	20729	28.16	7978	10.84
“一村一”计划	5361	586	10.93	1405	26.21	604	11.27	2766	51.59
高　职	0	0	0	0	0	0	0	0	0
统招成人本科、专科	2801	804	28.7	1326	47.34	508	18.14	163	5.82
湖　北	**103162**	**9765**	**9.47**	**42883**	**41.57**	**36031**	**34.93**	**14483**	**14.04**
开放教育本科	20398	132	0.65	4868	23.87	11447	56.12	3951	19.37
开放教育专科	70962	8193	11.55	34889	49.17	20032	28.23	7848	11.06
“一村一”计划	6286	0	0	542	8.62	3490	55.52	2254	35.86
高　职	0	0	0	0	0	0	0	0	0
统招成人本科、专科	5516	1440	26.11	2584	46.85	1062	19.25	430	7.8
武　汉	**35489**	**8353**	**23.54**	**15987**	**45.05**	**9345**	**26.33**	**1804**	**5.08**
开放教育本科	4154	130	3.13	1917	46.15	1607	38.69	500	12.04
开放教育专科	30544	8005	26.21	13599	44.52	7666	25.1	1274	4.17
“一村一”计划	203	0	0	119	58.62	54	26.6	30	14.78
高　职	0	0	0	0	0	0	0	0	0
统招成人本科、专科	588	218	37.07	352	59.86	18	3.06	0	0
湖　南	**118228**	**19818**	**16.76**	**37783**	**31.96**	**33613**	**28.43**	**27014**	**22.85**
开放教育本科	21666	612	2.82	7532	34.76	8314	38.37	5208	24.04
开放教育专科	68257	13940	20.42	23375	34.25	17825	26.11	13117	19.22
“一村一”计划	22104	1938	8.77	4505	20.38	7369	33.34	8292	37.51
高　职	0	0	0	0	0	0	0	0	0
统招成人本科、专科	6201	3328	53.67	2371	38.24	105	1.69	397	6.4
广　东	**166897**	**22441**	**13.45**	**73641**	**44.12**	**51252**	**30.71**	**19563**	**11.72**
开放教育本科	34434	656	1.91	12390	35.98	15448	44.86	5940	17.25
开放教育专科	129487	20958	16.19	60336	46.6	35166	27.16	13027	10.06
“一村一”计划	1110	6	0.54	259	23.33	343	30.9	502	45.23
高　职	0	0	0	0	0	0	0	0	0
统招成人本科、专科	1866	821	44	656	35.16	295	15.81	94	5.04
广　州	**70006**	**20723**	**29.6**	**25721**	**36.74**	**13881**	**19.83**	**9681**	**13.83**
开放教育本科	20006	1160	5.8	8156	40.77	6414	32.06	4276	21.37
开放教育专科	49915	19484	39.03	17559	35.18	7467	14.96	5405	10.83
“一村一”计划	85	79	92.94	6	7.06	0	0	0	0
高　职	0	0	0	0	0	0	0	0	0
统招成人本科、专科	0	0	0	0	0	0	0	0	0
深　圳	**37368**	**6797**	**18.19**	**15178**	**40.62**	**11970**	**32.03**	**3423**	**9.16**
开放教育本科	9360	139	1.49	3708	39.62	4681	50.01	832	8.89
开放教育专科	27222	6473	23.78	11105	40.79	7056	25.92	2588	9.51
“一村一”计划	0	0	0	0	0	0	0	0	0
高　职	0	0	0	0	0	0	0	0	0
统招成人本科、专科	786	185	23.54	365	46.44	233	29.64	3	0.38

1.2.4 全国电大高等学历教育在校生年龄情况（续表4）

单位：人

	总计	≤20岁		21岁~25岁		26岁~30岁		≥31岁	
		学生数	%	学生数	%	学生数	%	学生数	%
广　西	**40785**	**5567**	**13.65**	**14315**	**35.1**	**15925**	**39.05**	**4978**	**12.21**
开放教育本科	8994	770	8.56	2705	30.08	4168	46.34	1351	15.02
开放教育专科	29362	4593	15.64	10830	36.88	10584	36.05	3355	11.43
“一村一”计划	1625	187	11.51	558	34.34	642	39.51	238	14.65
高　职	0	0	0	0	0	0	0	0	0
统招成人本科、专科	804	17	2.11	222	27.61	531	66.04	34	4.23
海　南	**11070**	**623**	**5.63**	**3571**	**32.26**	**5489**	**49.58**	**1387**	**12.53**
开放教育本科	2123	0	0	527	24.82	1294	60.95	302	14.23
开放教育专科	5418	392	7.24	1967	36.3	2770	51.13	289	5.33
“一村一”计划	2741	224	8.17	810	29.55	1002	36.56	705	25.72
高　职	0	0	0	0	0	0	0	0	0
统招成人本科、专科	788	7	0.89	267	33.88	423	53.68	91	11.55
四　川	**140781**	**16713**	**11.87**	**51007**	**36.23**	**42461**	**30.16**	**30600**	**21.74**
开放教育本科	39603	1101	2.78	13394	33.82	14604	36.88	10504	26.52
开放教育专科	81114	9170	11.31	30345	37.41	23641	29.15	17958	22.14
“一村一”计划	2692	126	4.68	617	22.92	1103	40.97	846	31.43
高　职	0	0	0	0	0	0	0	0	0
统招成人本科、专科	17372	6316	36.36	6651	38.29	3113	17.92	1292	7.44
成　都	**47326**	**5763**	**12.18**	**17586**	**37.16**	**12297**	**25.98**	**11680**	**24.68**
开放教育本科	13708	368	2.68	5973	43.57	4920	35.89	2447	17.85
开放教育专科	26552	3665	13.8	8340	31.41	5700	21.47	8847	33.32
“一村一”计划	84	17	20.24	10	11.9	32	38.1	25	29.76
高　职	0	0	0	0	0	0	0	0	0
统招成人本科、专科	6982	1713	24.53	3263	46.73	1645	23.56	361	5.17
重　庆	**103247**	**16084**	**15.58**	**40902**	**39.62**	**31784**	**30.78**	**14477**	**14.02**
开放教育本科	24255	160	0.66	8546	35.23	10946	45.13	4603	18.98
开放教育专科	66927	11531	17.23	26936	40.25	19233	28.74	9227	13.79
“一村一”计划	1072	36	3.36	321	29.94	360	33.58	355	33.12
高　职	0	0	0	0	0	0	0	0	0
统招成人本科、专科	10993	4357	39.63	5099	46.38	1245	11.33	292	2.66
贵　州	**69141**	**9376**	**13.56**	**23607**	**34.14**	**21188**	**30.64**	**14970**	**21.65**
开放教育本科	19687	336	1.71	7796	39.6	6335	32.18	5220	26.51
开放教育专科	38485	7144	18.56	12864	33.43	11119	28.89	7358	19.12
“一村一”计划	6535	139	2.13	1227	18.78	3095	47.36	2074	31.74
高　职	0	0	0	0	0	0	0	0	0
统招成人本科、专科	4434	1757	39.63	1720	38.79	639	14.41	318	7.17
云　南	**53055**	**6207**	**11.7**	**12129**	**22.86**	**24260**	**45.73**	**10459**	**19.71**
开放教育本科	11896	364	3.06	1981	16.65	7112	59.78	2439	20.5
开放教育专科	27066	2502	9.24	7661	28.3	11732	43.35	5171	19.11
“一村一”计划	10695	364	3.4	2066	19.32	5416	50.64	2849	26.64
高　职	0	0	0	0	0	0	0	0	0
统招成人本科、专科	3398	2977	87.61	421	12.39	0	0	0	0
陕　西	**104303**	**20073**	**19.24**	**43272**	**41.49**	**28006**	**26.85**	**12952**	**12.42**
开放教育本科	27027	258	0.95	8454	31.28	12371	45.77	5944	21.99
开放教育专科	67632	15289	22.61	31722	46.9	14351	21.22	6270	9.27
“一村一”计划	3381	96	2.84	1437	42.5	1201	35.52	647	19.14
高　职	0	0	0	0	0	0	0	0	0
统招成人本科、专科	6263	4430	70.73	1659	26.49	83	1.33	91	1.45

1.2.4 全国电大高等学历教育在校生年龄情况（续表5）

单位：人

	总　计	≤20岁		21岁~25岁		26岁~30岁		≥31岁	
		学生数	%	学生数	%	学生数	%	学生数	%
西　安	**61274**	**6202**	**10.12**	**24503**	**39.99**	**15338**	**25.03**	**15231**	**24.86**
开放教育本科	18254	340	1.86	6508	35.65	6360	34.84	5046	27.64
开放教育专科	41651	5449	13.08	17292	41.52	8861	21.27	10049	24.13
“一村一”计划	121	0	0	1	0.83	3	2.48	117	96.69
高　职	0	0	0	0	0	0	0	0	0
统招成人本科、专科	1248	413	33.09	702	56.25	114	9.13	19	1.52
甘　肃	**71416**	**10970**	**15.36**	**27166**	**38.04**	**24986**	**34.99**	**8294**	**11.61**
开放教育本科	21429	417	1.95	7385	34.46	10402	48.54	3225	15.05
开放教育专科	40221	6732	16.74	16146	40.14	13377	33.26	3966	9.86
“一村一”计划	3126	229	7.33	814	26.04	1052	33.65	1031	32.98
高　职	0	0	0	0	0	0	0	0	0
统招成人本科、专科	6640	3592	54.1	2821	42.48	155	2.33	72	1.08
青　海	**11717**	**2250**	**19.2**	**4281**	**36.54**	**3444**	**29.39**	**1742**	**14.87**
开放教育本科	4214	228	5.41	1769	41.98	1513	35.9	704	16.71
开放教育专科	7054	1632	23.14	2465	34.94	1919	27.2	1038	14.72
“一村一”计划	2	0	0	1	50	1	50	0	0
高　职	0	0	0	0	0	0	0	0	0
统招成人本科、专科	447	390	87.25	46	10.29	11	2.46	0	0
宁　夏	**31335**	**3789**	**12.09**	**17691**	**56.46**	**8041**	**25.66**	**1814**	**5.79**
开放教育本科	10985	83	0.76	5284	48.1	4621	42.07	997	9.08
开放教育专科	16813	2345	13.95	10647	63.33	3085	18.35	736	4.38
“一村一”计划	332	91	27.41	130	39.16	69	20.78	42	12.65
高　职	0	0	0	0	0	0	0	0	0
统招成人本科、专科	3205	1270	39.63	1630	50.86	266	8.3	39	1.22
新　疆	**66600**	**5989**	**8.99**	**23768**	**35.69**	**22104**	**33.19**	**14739**	**22.13**
开放教育本科	21977	258	1.17	6896	31.38	9282	42.24	5541	25.21
开放教育专科	41741	4593	11	15630	37.45	12518	29.99	9000	21.56
“一村一”计划	877	43	4.9	389	44.36	263	29.99	182	20.75
高　职	0	0	0	0	0	0	0	0	0
统招成人本科、专科	2005	1095	54.61	853	42.54	41	2.04	16	0.8
新疆兵团	**21732**	**1788**	**8.23**	**6975**	**32.1**	**7728**	**35.56**	**5241**	**24.12**
开放教育本科	5819	186	3.2	1552	26.67	2648	45.51	1433	24.63
开放教育专科	13080	1094	8.36	4524	34.59	4368	33.39	3094	23.65
“一村一”计划	1976	74	3.74	495	25.05	712	36.03	695	35.17
高　职	0	0	0	0	0	0	0	0	0
统招成人本科、专科	857	434	50.64	404	47.14	0	0	19	2.22

1.2.5 全国电大高等学历教育在校生其他情况

单位：人

	中央电大开放教育在校生中							统招高等学历教育在校生中						
	共产党员	共青团员	民主党派	华侨	港澳台	少数民族	残疾人	共产党员	共青团员	民主党派	华侨	港澳台	少数民族	残疾人
总　计	**344282**	**877436**	**9384**	**319**	**124**	**118969**	**7168**	**8628**	**55839**	**340**	**0**	**3**	**4945**	**67**
中央电大直属院校	18641	56636	0	0	0	4398	5240	0	0	0	0	0	0	0
北　京	10028	51032	14	0	0	4060	22	25	1033	0	0	0	106	2
天　津	4775	20263	2144	70	0	1224	1	2	658	0	0	0	8	0
河　北	18061	19156	279	12	0	2480	3	165	1088	0	0	0	37	0
山　西	8172	24732	630	0	0	98	4	261	1183	2	0	0	0	0
内蒙古	5140	19313	9	0	0	9627	431	120	484	0	0	0	858	0
辽　宁	5216	24591	111	0	0	5346	1	0	0	0	0	0	0	0
沈　阳	2766	17924	9	0	0	1789	64	0	1214	0	0	0	44	0
大　连	1769	11982	19	0	0	2231	0	0	1000	0	0	0	140	0
吉　林	4636	6623	0	0	0	3238	0	191	218	0	0	0	149	0
长　春	827	9223	0	0	0	938	70	89	557	0	0	0	88	0
黑龙江	6840	12935	181	0	0	1822	6	106	1404	0	0	0	103	1
哈尔滨	1225	9274	0	0	0	47	0	0	393	0	0	0	1	0
上　海	2396	13380	34	0	1	80	36	0	0	0	0	0	0	0
江　苏	13649	55434	220	0	0	237	9	229	2787	0	0	0	0	0
南　京	1289	12572	3	0	0	211	0	24	192	0	0	0	0	0
浙　江	19035	52872	69	29	0	446	36	160	4944	0	0	0	8	4
宁　波	4725	8534	15	0	0	45	22	366	1512	1	0	0	16	0
安　徽	12724	23325	118	0	0	887	40	69	812	0	0	0	9	0
福　建	8575	19963	444	93	0	573	2	45	2916	3	0	0	17	0
厦　门	1368	6753	639	0	0	0	0	2	34	15	0	0	0	0
江　西	10344	14548	459	0	0	70	156	3	653	0	0	0	0	0
山　东	12968	17797	0	0	0	822	0	3	525	0	0	0	8	0
青　岛	4145	6908	0	0	0	2	0	45	123	0	0	0	0	0
河　南	11969	29084	36	0	0	892	62	476	786	0	0	0	233	1
湖　北	10222	15870	798	0	0	631	0	675	929	0	0	0	14	0
武　汉	1340	5638	5	0	0	17	31	0	0	0	0	0	0	0
湖　南	18672	31758	506	0	0	6415	307	876	2672	0	0	3	376	21
广　东	21671	42472	67	1	91	749	8	225	912	9	0	0	0	0
广　州	4053	33239	13	0	32	166	2	0	0	0	0	0	0	0
深　圳	2533	20450	13	46	0	179	0	7	572	0	0	0	0	0
广　西	3915	9099	124	11	0	11406	172	2	44	0	0	0	0	0
海　南	994	1008	1	0	0	600	0	21	52	0	0	0	44	0
四　川	14076	32649	251	0	0	2197	9	1899	8341	37	0	0	288	5
成　都	2622	4905	50	0	0	533	24	159	591	0	0	0	96	26
重　庆	10975	25350	90	0	0	5059	6	552	4027	29	0	0	156	4
贵　州	9349	13456	451	0	0	17659	0	451	1618	217	0	0	814	1
云　南	3974	3902	12	0	0	8266	0	4	356	0	0	0	16	0
陕　西	16669	20663	342	57	0	1380	48	984	1707	1	0	0	3	2
西　安	5024	32891	67	0	0	755	1	60	634	26	0	0	10	0
甘　肃	9581	9598	292	0	0	3761	32	74	5217	0	0	0	191	0
青　海	2136	2300	336	0	0	3553	1	8	135	0	0	0	365	0
宁　夏	2596	9919	0	0	0	2586	289	221	1461	0	0	0	368	0
新　疆	10330	14801	533	0	0	10692	22	17	1459	0	0	0	325	0
新疆兵团	2267	2614	0	0	0	802	11	12	596	0	0	0	54	0

1.2.6 全国电大非学历教育（进修及培训）结业生

单位：人

	进修及培训												
	合计	一月以内	一月至三月内	三月至半年内	半年至一年内	一年以上	在进修及培训中			在进修及培训中			
							计	资格证书培训	岗位证书培训	计	外语	会计	计算机
总　计	**1789181**	**900680**	**559637**	**112520**	**170438**	**45906**	**853224**	**496157**	**357067**	**328792**	**43258**	**114460**	**171074**
中央电大	9773	9016	757	0	0	0	9157	476	8681	616	616	0	0
中央电大直属院校	794	0	794	0	0	0	794	530	264	794	0	794	0
北　京	8325	1708	3835	1235	1547	0	5806	2750	3056	1050	223	420	407
天　津	13433	6930	3505	1009	834	1155	5203	3602	1601	2807	38	1375	1394
河　北	22201	4668	0	17533	0	0	22201	19372	2829	753	0	0	753
山　西	2557	2539	0	0	0	18	2370	0	2370	179	179	0	0
内蒙古	17037	14457	2580	0	0	0	13147	8407	4740	62	0	62	0
辽　宁	7100	7020	0	80	0	0	0	0	0	0	0	0	0
沈　阳	51749	29872	21877	0	0	0	51749	21877	29872	51749	3157	29872	18720
大　连	1438	938	500	0	0	0	432	335	97	335	93	70	172
吉　林	29480	29357	0	0	123	0	29480	2168	27312	0	0	0	0
长　春	2537	690	1361	310	176	0	2537	850	1687	158	0	0	158
黑龙江	28618	18970	2215	1826	1091	4516	9453	2272	7181	2704	0	966	1738
哈尔滨	0	0	0	0	0	0	0	0	0	0	0	0	0
上　海	74521	29118	20336	19583	1477	4007	45120	22713	22407	36290	8292	20558	7440
江　苏	96582	70348	12867	7463	3227	2677	44752	27304	17448	71303	22586	11912	36805
南　京	12858	6995	3433	2430	0	0	5799	5316	483	3936	723	1969	1244
浙　江	69929	52420	8116	3653	1689	4051	22893	14544	8349	13450	860	9825	2765
宁　波	8493	7818	675	0	0	0	3049	1227	1822	4030	0	96	3934
安　徽	144346	6144	1103	267	136743	89	6079	5077	1002	1563	120	308	1135
福　建	33145	9419	22499	656	571	0	5578	1476	4102	6499	1279	1803	3417
厦　门	0	0	0	0	0	0	0	0	0	0	0	0	0
江　西	2588	2027	561	0	0	0	1285	988	297	826	0	51	775
山　东	40276	35022	3317	553	858	526	32779	18703	14076	13758	0	281	13477
青　岛	9318	3070	925	5323	0	0	9318	925	8393	0	0	0	0
河　南	263740	238347	25393	0	0	0	261780	232984	28796	600	0	0	600
湖　北	1721	701	0	0	1020	0	1261	1200	61	0	0	0	0
武　汉	9387	7490	20	1593	0	284	7311	2653	4658	2562	0	0	2562
湖　南	63850	57735	940	182	1369	3624	30825	18685	12140	4291	346	1552	2393
广　东	30169	15529	9692	4733	168	47	20733	10258	10475	10151	360	5036	4755
广　州	17186	2347	7438	4416	2562	423	12072	9046	3026	2796	298	1653	845
深　圳	1345	630	233	362	120	0	1105	690	415	801	110	596	95
广　西	2546	0	2214	332	0	0	2434	220	2214	306	0	306	0
海　南	178	84	94	0	0	0	94	94	0	84	0	84	0
四　川	79161	31851	8388	30704	8008	210	45055	2398	42657	3498	682	798	2018
成　都	5241	139	5102	0	0	0	3102	931	2171	4558	931	1627	2000
重　庆	383236	7616	375190	0	0	430	3566	3082	484	3595	77	1234	2284
贵　州	22190	5035	0	0	0	17155	0	0	0	355	0	0	355
云　南	8970	8970	0	0	0	0	8876	870	8006	0	0	0	0
陕　西	25390	3895	4738	6131	5860	4766	16482	8438	8044	7433	1375	330	5728
西　安	1738	1591	0	0	120	27	1738	1628	110	987	690	0	297
甘　肃	168512	153428	8193	2146	2844	1901	101735	38383	63352	65418	89	12929	52400
青　海	342	30	312	0	0	0	0	0	0	0	0	0	0
宁　夏	912	912	0	0	0	0	912	0	912	0	0	0	0
新　疆	16269	15804	434	0	31	0	5162	3685	1477	8495	134	7953	408
新疆兵团	0	0	0	0	0	0	0	0	0	0	0	0	0

1.3 全国电大教职工情况

单位：人

	教职工数								聘请校外教师
	计	校本部教职工数						校办企业等人员	
		计	专任教师	行政人员	科研人员	教辅人员	工勤人员		
总计	**93932**	**93089**	**57225**	**17443**	**1551**	**10550**	**6320**	**843**	**36683**
中央电大	487	487	150	102	11	187	37	0	62
中央电大直属院校	421	421	178	197	0	44	2	0	3483
北京	2356	2332	1055	741	95	293	148	24	1784
天津	2830	2776	1530	585	97	401	163	54	919
河北	1652	1652	699	487	34	248	184	0	422
山西	2679	2679	1540	500	23	453	163	0	1068
内蒙古	1048	1048	512	259	13	171	93	0	242
辽宁	2412	2395	1380	516	55	325	119	17	644
沈阳	691	691	458	113	2	71	47	0	273
大连	511	511	284	138	10	39	40	0	296
吉林	1670	1670	1116	267	30	164	93	0	161
长春	383	383	262	64	5	39	13	0	60
黑龙江	3403	3401	2016	658	23	476	228	2	912
哈尔滨	367	367	194	63	14	68	28	0	286
上海	2157	2108	1226	347	20	347	168	49	1468
江苏	8711	8629	6192	905	138	873	521	82	868
南京	587	587	347	99	5	107	29	0	431
浙江	4805	4792	3283	858	37	371	243	13	2132
宁波	455	453	351	44	2	41	15	2	447
安徽	1919	1821	1122	294	11	291	103	98	1262
福建	1575	1575	862	479	13	133	88	0	1135
厦门	188	188	92	55	3	25	13	0	139
江西	2341	2341	1623	318	67	192	141	0	1262
山东	3924	3893	2253	953	35	360	292	31	255
青岛	700	678	470	82	14	77	35	22	125
河南	2952	2891	1812	550	108	283	138	61	234
湖北	2684	2677	1659	522	13	307	176	7	373
武汉	2057	2057	1426	257	18	149	207	0	231
湖南	4546	4530	2689	914	137	545	245	16	1345
广东	5611	5531	3580	917	35	500	499	80	1756
广州	2403	2393	1544	380	13	280	176	10	765
深圳	699	654	371	121	18	75	69	45	405
广西	1058	1058	586	228	15	132	97	0	287
海南	136	136	67	48	0	8	13	0	31
四川	3665	3579	2104	743	42	306	384	86	2347
成都	952	952	469	366	10	63	44	0	593
重庆	2475	2467	1443	522	93	294	115	8	1258
贵州	1261	1224	678	337	2	138	69	37	708
云南	3383	3372	2262	518	40	280	272	11	680
陕西	2583	2575	1611	442	90	277	155	8	1191
西安	608	602	148	139	25	253	37	6	1081
甘肃	3304	3275	2413	444	49	195	174	29	1189
青海	590	588	391	84	28	58	27	2	178
宁夏	1024	1024	706	157	8	106	47	0	403
新疆	2970	2932	1695	488	33	400	316	38	1135
新疆兵团	699	694	376	142	17	105	54	5	357

2.1 开放教育

2.1.1 中央电大开放教育学校与学生情况

单位：人

	本 科（专科起点）				专 科				“一村一名大学生”计划			
	毕业生	招生		在校生	毕业生	招生		在校生	毕业生	招生		在校生
		计	其中:春季			计	其中:春季			计	其中:春季	
总　　计:	**198979**	**278054**	**128512**	**851561**	**471724**	**652562**	**317471**	**1926752**	**51232**	**52809**	**21638**	**163212**
中央电大直属院校	**1145**	**2927**	**1266**	**14318**	**22919**	**26858**	**17539**	**75666**	**0**	**12**	**12**	**116**
中央电大八一学院	96	974	399	2737	15579	16903	11525	39507	0	0	0	0
中央电大总参学院	419	536	269	6964	4704	4793	2997	19076	0	0	0	0
中央电大太原学习中心	196	432	170	1113	102	591	290	1527	0	0	0	0
中央电大南海学习中心	211	261	115	628	1483	1178	564	2749	0	12	12	116
中央电大北大医学部教学点	29	0	0	54	0	0	0	0	0	0	0	0
中央电大残疾人教育学院	0	320	125	732	665	1147	354	4508	0	0	0	0
中央电大直属学院	0	0	0	0	0	0	0	0	0	0	0	0
中央电大西藏学院	103	302	136	1220	257	545	183	1877	0	0	0	0
中央电大北京学习中心	68	102	52	629	44	153	78	630	0	0	0	0
中央电大 TCL 学习中心	14	0	0	97	75	0	0	415	0	0	0	0
中央电大中国政法大学教学点	9	0	0	144	10	0	0	38	0	0	0	0
中央电大空军学院	0	0	0	0	0	1548	1548	5339	0	0	0	0
北　　京	**5850**	**8367**	**3532**	**38769**	**10848**	**15004**	**7655**	**72465**	**809**	**482**	**203**	**2886**
朝阳区分校	233	402	193	2301	405	473	182	2458	0	0	0	0
丰台区分校	103	168	69	569	199	309	143	899	17	0	0	146
昌平分校	137	130	53	616	224	384	121	1508	51	0	0	104
平谷分校	237	251	89	1103	188	240	101	1608	45	0	0	146
延庆分校	325	451	111	1282	272	314	255	1168	78	84	0	309
大兴分校	277	258	100	1424	382	366	164	2446	58	28	28	249
门头沟分校	229	226	61	1149	238	282	128	1674	47	23	0	278
航天部三院工作站	35	23	16	118	85	54	24	491	0	0	0	0
一商干校工作站	0	0	0	0	0	109	24	433	0	0	0	0
北京市园林局工作站	0	0	0	0	85	0	0	1230	0	0	0	0
医药分校	0	0	0	22	167	319	159	1290	0	0	0	0
供销社分校	100	479	260	1421	817	1377	937	4789	0	0	0	0
北京卫校教学点	0	719	339	1550	343	1099	817	2882	0	0	0	0
海淀卫校工作站	0	72	20	231	76	142	64	668	0	0	0	0
联大商务学院教学点	75	60	29	313	141	77	30	385	0	0	0	0
市工干院工作站	62	62	21	336	205	205	205	690	0	0	0	0
金融学院工作站	0	0	0	0	0	0	0	64	0	0	0	0
联大特教学院教学点	0	0	0	0	18	4	4	71	0	0	0	0
经管学校工作站	0	0	0	0	0	162	81	624	0	0	0	0
工业技师工作站	0	0	0	0	0	28	20	105	0	0	0	0
崇培中心工作站	0	0	0	0	0	0	0	0	0	0	0	0
铁路卫校工作站	0	0	0	0	0	230	133	230	0	0	0	0
汽车技校工作站	0	0	0	0	0	165	0	165	0	0	0	0
北京广播电视大学	1173	1460	631	8476	1399	2060	777	12394	0	0	0	0
东城分校	269	347	184	1833	393	420	238	2507	0	0	0	0
西城分校	212	265	134	1552	291	440	212	1779	0	0	0	0
崇文分校	154	101	52	1025	247	124	55	1495	0	0	0	0
宣武分校	188	229	104	1190	353	342	177	2279	0	0	0	0
海淀分校	82	215	165	964	244	561	436	1875	41	37	10	194
石景山分校	299	453	193	2356	351	426	227	2391	0	0	0	0

2.1.1 中央电大开放教育学校与学生情况（续表1）

单位：人

	本　科（专科起点）				专　科				“一村一名大学生”计划			
	毕业生	招生		在校生	毕业生	招生		在校生	毕业生	招生		在校生
		计	其中:春季			计	其中:春季			计	其中:春季	
通州区分校	234	207	89	1184	490	343	124	2365	30	105	64	172
房山区分校	147	174	32	593	282	361	164	1308	81	0	0	103
怀柔分校	218	226	94	1142	166	152	66	1028	93	28	28	418
密云分校	281	347	110	1640	301	303	116	1746	155	62	30	313
顺义分校	429	617	256	1966	754	1065	456	3762	113	115	43	454
首钢工作站	28	12	0	144	83	73	52	429	0	0	0	0
燕山分校	80	44	17	353	110	82	40	321	0	0	0	0
文化局工作站	39	23	12	132	38	41	16	170	0	0	0	0
水务局工作站	31	90	0	475	109	214	0	1208	0	0	0	0
矿山工作站	27	0	0	55	30	102	72	216	0	0	0	0
崇文卫校工作站	0	27	15	116	105	74	33	582	0	0	0	0
市公务员培训中心教学点	22	0	0	131	48	0	0	288	0	0	0	0
电子科技学院工作站	25	0	0	98	35	0	0	193	0	0	0	0
纺织工作站	77	96	30	441	181	273	120	1301	0	0	0	0
中德中心教学点	0	0	0	0	243	367	223	1796	0	0	0	0
汽修学校工作站	18	40	25	192	299	206	174	2017	0	0	0	0
市建职大工作站	4	39	0	107	73	58	0	423	0	0	0	0
供销学校工作站	0	0	0	34	144	322	224	1147	0	0	0	0
北京电大工贸技师学院工作站	0	0	0	0	212	65	0	1205	0	0	0	0
电科职院工作站	0	54	28	135	22	3	3	174	0	0	0	0
昌平职校工作站	0	0	0	0	0	165	58	165	0	0	0	0
昌平卫校工作站	0	0	0	0	0	23	0	23	0	0	0	0
天　　津	**6545**	**6875**	**3268**	**23934**	**8195**	**8685**	**4045**	**30440**	**540**	**1047**	**651**	**3886**
新华分校	415	273	104	949	272	678	292	1203	0	0	0	0
河西工作站	672	501	181	1664	408	702	242	2270	0	0	0	0
河北工作站	234	182	75	801	169	152	45	763	0	0	0	0
塘沽分校	203	115	32	334	172	118	47	399	1	0	0	6
汉沽分校	293	418	122	973	304	231	99	642	14	14	14	55
津南区分校	290	276	140	762	497	360	149	851	58	68	68	225
西青分校	261	296	159	719	508	535	264	1093	12	29	7	325
武清分校	258	249	100	589	312	235	107	681	42	27	12	100
静海分校	201	165	76	486	302	390	160	936	25	82	41	176
化工局工作站	37	34	10	191	16	28	6	509	0	0	0	0
渤海化工集团公司工作站	112	108	67	276	235	132	66	631	0	0	0	0
劳动和社会保障局工作站	0	0	0	0	3	0	0	66	0	0	0	0
铁路分局工作站	1	0	0	1	0	0	0	25	0	0	0	0
财贸分校	141	129	62	707	447	114	43	975	0	0	0	0
台盟工作站	0	0	0	62	0	0	0	71	0	0	0	0
蓟县分校	431	803	449	1736	405	611	196	1596	42	66	23	274
天津市工程高级技工学校	0	19	14	47	18	36	30	910	0	0	0	0
天津广播电视大学外语学院	12	30	11	158	14	53	4	117	0	0	0	0
天津广播电视大学理工学院	32	21	10	155	51	42	16	157	0	0	0	0
轻工职业技术学院	0	0	0	0	0	0	0	12	0	0	0	0
天津广播电视大学	0	0	0	16	0	0	0	97	0	0	0	0
南开分校	302	245	130	983	342	117	67	733	0	0	0	0
河东工作站	158	204	137	721	204	301	218	1237	0	0	0	0
红桥工作站	218	208	104	472	420	244	123	617	0	0	0	0
大港分校	235	139	70	699	156	209	104	824	135	140	104	448

2.1.1 中央电大开放教育学校与学生情况（续表2）

单位：人

	本 科（专科起点）				专 科				“一村一名大学生”计划			
	毕业生	招生 计	招生 其中：春季	在校生	毕业生	招生 计	招生 其中：春季	在校生	毕业生	招生 计	招生 其中：春季	在校生
东丽分校	201	173	173	2059	251	713	514	3349	0	55	29	139
北辰分校	288	481	252	1444	373	727	343	2100	106	292	211	1090
宝坻分校	441	520	152	1303	421	554	221	1109	95	270	142	1024
宁河分校	391	503	231	1323	565	708	326	1519	10	4	0	24
纺织局工作站	0	0	0	4	24	0	0	343	0	0	0	0
机械工作站	40	42	13	83	251	110	34	381	0	0	0	0
财政局工作站	0	0	0	0	0	0	0	6	0	0	0	0
物资集团公司工作站	0	19	13	24	8	44	19	369	0	0	0	0
建工学院	200	257	125	1352	224	133	39	910	0	0	0	0
一商集团有限公司工作站	31	22	5	62	85	41	9	615	0	0	0	0
公用局工作站	1	0	0	44	46	0	0	104	0	0	0	0
政法管理干部学院工作站	45	20	12	604	25	9	3	279	0	0	0	0
经委工作站	35	0	0	28	0	0	0	8	0	0	0	0
天津铁路工程分校	0	0	0	18	0	0	0	0	0	0	0	0
市政分校	0	0	0	0	0	0	0	0	0	0	0	0
天津市劳动局旅游服务学校	0	0	0	0	8	0	0	2	0	0	0	0
天津广播电视大学经管学院	247	285	172	1433	209	158	96	948	0	0	0	0
天津广播电视大学文法学院	82	125	55	595	96	123	89	564	0	0	0	0
天津广播电视大学滨海学院	37	13	12	57	354	77	74	419	0	0	0	0
河　北	**8560**	**12391**	**5172**	**32153**	**17977**	**21340**	**10173**	**55573**	**5384**	**5210**	**2594**	**16801**
石家庄广播电视大学	181	563	226	1133	1134	1271	540	3156	62	147	73	193
唐山广播电视大学	2015	2308	986	6952	3872	4626	2125	12551	1653	2160	800	7489
邯郸广播电视大学	955	1523	470	3467	1842	2294	1119	6104	97	131	71	580
邢台广播电视大学	602	968	460	3206	589	931	403	3246	34	57	0	183
张家口广播电视大学	341	296	124	1201	527	611	240	1930	76	139	78	377
电力分校	0	0	0	0	0	0	0	0	0	0	0	0
河北广播电视大学	434	376	174	930	2432	634	157	1129	1943	634	251	3128
秦皇岛广播电视大学	734	1152	397	2546	724	2042	1017	4321	209	132	112	551
承德广播电视大学	503	350	138	1459	510	541	202	2166	16	22	11	46
保定广播电视大学	1250	2634	1210	5254	2243	4224	2249	8597	486	1048	610	1886
沧州广播电视大学	599	1100	499	2404	1671	2110	907	4613	2	0	0	12
廊坊广播电视大学	198	199	89	1115	959	389	177	2906	191	238	86	776
衡水广播电视大学	748	922	399	2486	824	1377	747	3552	615	502	502	1580
省直分校	0	0	0	0	650	290	290	1302	0	0	0	0
山　西	**7360**	**6162**	**3158**	**25619**	**12531**	**12928**	**6835**	**42574**	**926**	**742**	**456**	**1767**
小店区电大工作站	58	50	26	373	223	45	25	419	0	0	0	0
杏花岭区电大工作站	42	5	5	74	12	5	2	40	0	0	0	0
万柏林区电大工作站	49	27	11	127	47	47	30	180	0	0	0	0
晋源区电大工作站	0	0	0	0	0	0	0	0	0	0	0	0
阳曲县电大工作站	0	0	0	0	0	0	0	0	0	0	0	0
娄烦县电大工作站	5	0	0	0	61	8	4	69	0	0	0	0
太原卫校工作站	0	0	0	0	0	0	0	0	0	0	0	0
浑源电大	39	0	0	30	97	0	0	100	0	0	0	0
阳泉广播电视大学	41	90	47	473	45	142	78	394	0	0	0	0
化工厂培训中心	25	26	14	62	146	139	91	367	0	0	0	0
阳煤集团职教中心	34	120	67	261	185	250	134	793	0	0	0	0
郊区工作站	5	19	10	31	12	38	16	87	0	0	0	0
平定职业中学	9	0	0	11	48	39	17	68	0	0	0	0
长子电大工作站	64	66	25	237	229	226	111	646	0	0	0	0
襄垣电大工作站	24	13	4	50	427	444	226	1087	0	0	0	0

2.1.1　中央电大开放教育学校与学生情况（续表3）

单位：人

	本　科（专科起点）				专　科				“一村一名大学生”计划			
	毕业生	招生		在校生	毕业生	招生		在校生	毕业生	招生		在校生
		计	其中:春季			计	其中:春季			计	其中:春季	
沁县电大工作站	0	39	0	39	0	181	102	279	0	0	0	0
泽州电大工作站	117	15	11	184	441	371	170	1216	0	0	0	0
高平电大工作站	93	20	11	79	100	74	45	250	0	0	0	0
阳城电大工作站	97	7	7	64	63	14	14	81	0	0	0	0
陵川电大工作站	0	0	0	0	0	0	0	0	0	0	0	0
忻州广播电视大学	52	38	14	130	37	22	0	97	0	0	0	0
保德县教师进修校	36	44	26	203	34	60	22	161	0	0	0	0
苛岚县教师进修校	33	31	16	90	56	40	25	125	0	0	0	0
介休工作站	223	272	155	616	477	624	330	1470	0	0	0	0
祁县工作站	33	33	16	141	62	152	100	263	0	0	0	0
左权工作站	21	29	12	122	14	147	46	310	0	23	0	23
太谷工作站	45	26	26	163	38	33	33	206	0	0	0	0
寿阳工作站	0	8	2	37	24	39	24	82	0	0	0	0
吕梁广播电视大学	314	238	121	1957	572	379	177	2455	0	0	0	0
兴县电大	49	64	28	96	125	111	55	180	2	0	0	5
孝义电大	64	170	12	171	104	238	32	260	0	0	0	0
文水电大	0	0	0	0	27	0	0	50	0	0	0	0
石楼教学点	27	16	5	61	66	42	16	151	0	0	0	0
中阳电大	115	20	15	125	121	59	37	166	0	0	0	0
乡宁教学点	14	4	2	44	80	31	22	113	0	0	0	0
洪洞教学点	0	10	5	16	30	68	36	250	0	0	0	0
运城广播电视大学	526	364	136	1392	680	663	398	2068	210	236	100	421
夏县电大工作站	36	11	0	26	77	11	0	54	0	0	0	0
永济电大工作站	0	0	0	0	0	0	0	0	0	0	0	0
临漪电大工作站	35	28	12	213	25	45	18	159	0	0	0	0
垣曲电大工作站	34	75	20	155	46	58	23	171	0	0	0	0
稷山电大工作站	0	0	0	0	0	0	0	0	0	0	0	0
盐湖区电大工作站	0	0	0	0	0	0	0	0	0	0	0	0
万荣电大工作站	5	18	16	115	11	43	24	149	0	0	0	0
山阴县电大工作站	23	71	18	189	38	92	35	228	0	0	0	0
怀仁县电大工作站	56	145	89	145	295	345	243	345	0	0	0	0
中条山广播电视大学	175	119	67	352	262	271	113	661	0	0	0	0
公路系统分校	97	175	108	518	136	288	144	1043	0	0	0	0
侯马学习中心	77	113	33	472	98	151	72	744	0	0	0	0
繁峙学习中心	226	49	49	255	86	20	20	125	263	142	142	384
临汾工商校学习中心	98	62	27	252	120	131	77	595	0	0	0	0
柳林电大	36	44	28	178	90	99	63	377	0	0	0	0
中化学习中心	248	194	115	889	211	228	104	1282	0	0	0	0
同煤集团党校教学点	15	23	23	37	54	101	101	148	0	0	0	0
山西广播电视大学	442	267	139	2519	624	352	175	2017	0	0	0	0
太原广播电视大学	284	69	34	2061	458	136	84	1316	0	0	0	0
尖草坪区电大工作站	0	0	0	0	0	0	0	0	0	0	0	0
古交市电大工作站	15	0	0	0	43	80	43	177	0	0	0	0
清徐县电大工作站	52	1	1	14	129	3	3	8	88	48	19	91
新华教学点	0	0	0	0	0	0	0	0	0	0	0	0
大同广播电视大学	100	119	62	482	118	301	146	688	0	0	0	0
灵丘电大	0	0	0	0	0	0	0	0	0	6	3	6
新荣电大	0	0	0	0	0	0	0	0	0	0	0	0
广灵教师培训学校	0	0	0	0	0	0	0	0	0	0	0	0

2.1.1 中央电大开放教育学校与学生情况（续表4）

单位：人

	本　科（专科起点）				专　科				"一村一名大学生"计划			
	毕业生	招生		在校生	毕业生	招生		在校生	毕业生	招生		在校生
		计	其中:春季			计	其中:春季			计	其中:春季	
南郊进修学校	0	0	0	0	0	0	0	0	0	0	0	0
天镇进修学校	0	0	0	0	0	0	0	0	0	0	0	0
阳高进修校	49	0	0	0	72	0	0	0	0	0	0	0
盂县进修学校	11	19	7	76	13	80	29	182	0	0	0	0
长治广播电视大学	391	399	217	1580	563	686	319	3018	0	0	0	0
壶关电大工作站	5	3	2	9	22	14	12	46	0	0	0	0
潞城电大工作站	29	19	9	74	129	273	140	791	0	0	0	0
黎城电大工作站	7	0	0	0	65	81	47	177	0	0	0	0
沁源电大工作站	129	118	58	318	447	261	121	827	0	0	0	0
屯留电大工作站	76	87	47	332	103	180	83	580	0	0	0	0
平顺电大工作站	0	0	0	0	0	0	0	0	0	0	0	0
长治潞安职业技术培训学校工作站	43	138	82	429	94	198	142	810	0	0	0	0
晋城广播电视大学	115	134	78	668	191	222	105	1043	0	0	0	0
城区电大工作站	36	0	0	11	22	0	0	22	0	0	0	0
沁水电大工作站	0	0	0	0	0	0	0	0	0	0	0	0
忻府区教师进修校	162	180	85	522	200	299	131	743	0	0	0	0
忻州商校教学点	94	3	0	20	98	22	0	63	0	0	0	0
五台县教师进修校	13	11	5	35	6	13	4	37	0	0	0	0
河曲县教师进修校	65	112	62	265	90	120	55	359	0	0	0	0
偏关县教师进修校	15	19	13	48	48	39	18	119	0	0	0	0
五寨县教师进修校	62	83	38	299	82	100	55	258	0	0	0	0
静乐县教师进修校	19	38	38	130	43	61	61	166	0	0	0	0
宁武县教师进修校	46	38	23	106	110	85	34	285	0	0	0	0
代县教师进修校	40	21	8	37	20	15	4	30	0	0	0	0
晋中广播电视大学	299	233	95	502	401	409	160	754	0	0	0	0
灵石工作站	12	12	12	68	33	34	34	176	0	0	0	0
昔阳工作站	45	40	19	91	12	16	9	51	78	65	22	142
平遥工作站	78	51	22	216	75	144	69	356	0	0	0	0
和顺工作站	61	27	12	43	55	103	40	159	0	0	0	0
榆社工作站	32	41	20	163	49	75	41	223	0	0	0	0
临县电大	0	0	0	0	0	0	0	0	0	0	0	0
方山电大	25	12	8	69	22	4	3	25	103	81	55	265
交城电大	20	19	19	184	38	61	61	398	0	0	0	0
岚县教学点	41	41	25	41	33	33	21	33	0	0	0	0
交口教学点	0	38	26	59	0	98	66	171	0	76	76	109
临汾分校	24	22	16	282	111	87	66	487	0	0	0	0
翼城教师进修校	80	20	10	49	284	153	94	270	0	0	0	0
霍州市委党校	27	5	5	71	141	68	68	542	0	0	0	0
汾西县教师进修校	68	25	21	95	94	84	50	289	0	0	0	0
隰县教学点	7	4	4	51	38	21	21	141	0	0	0	0
安泽教学点	9	44	20	116	27	113	48	357	0	0	0	0
河津电大工作站	0	0	0	0	0	0	0	0	0	0	0	0
闻喜电大工作站	123	62	11	181	143	97	42	262	0	0	0	0
芮城电大工作站	0	0	0	0	0	0	0	0	0	0	0	0
新绛电大工作站	0	0	0	0	0	0	0	0	0	0	0	0
平陆电大工作站	0	0	0	0	0	0	0	0	182	65	39	317
朔州广播电视大学	510	365	169	1027	706	610	270	1514	0	0	0	0
平鲁区电大工作站	20	47	24	215	30	65	15	278	0	0	0	4
应县进修校	52	29	26	157	88	40	40	281	0	0	0	0
长北铁路分校	0	0	0	0	0	0	0	0	0	0	0	0

2.1.1 中央电大开放教育学校与学生情况（续表5）

单位：人

	本科（专科起点）				专科				“一村一名大学生”计划			
	毕业生	招生		在校生	毕业生	招生		在校生	毕业生	招生		在校生
		计	其中:春季			计	其中:春季			计	其中:春季	
原平学习中心	43	47	47	269	54	79	79	391	0	0	0	0
省统计局直属教学点	69	103	103	356	51	226	226	941	0	0	0	0
大同机车技校教学点	0	0	0	0	24	34	34	102	0	0	0	0
大同大学教学点	0	6	2	24	0	39	12	47	0	0	0	0
内蒙古	**3669**	**7592**	**3201**	**20794**	**8885**	**12590**	**5809**	**39279**	**636**	**1074**	**333**	**2875**
内蒙古广播电视大学	711	1633	693	4235	1534	2482	1037	8370	506	635	250	1628
呼和浩特市广播电视大学	357	569	205	2120	977	1093	513	4278	0	24	20	103
包头广播电视大学	323	720	344	1809	652	1183	577	3195	7	6	0	21
呼伦贝尔市广播电视大学	97	284	107	665	384	591	276	1800	49	318	31	640
兴安盟广播电视大学	373	793	320	2069	1085	1314	555	3794	40	33	2	89
乌兰察布盟广播电视大学	244	427	165	1218	772	953	496	2580	0	10	5	31
鄂尔多斯市广播电视大学	438	658	277	1854	795	1634	903	3712	19	14	0	87
巴盟广播电视大学	426	1064	500	2386	1051	1085	477	2926	0	0	0	0
乌海市广播电视大学	236	349	140	713	714	600	280	1610	0	0	0	0
阿拉善盟广播电视大学	115	280	81	708	145	257	89	879	0	0	0	0
铁道学院广播电视大学	0	93	35	277	0	106	42	377	0	0	0	0
赤峰市广播电视大学	184	466	260	1659	399	775	390	3445	15	34	25	276
哲里木盟广播电视大学	73	76	18	453	216	169	64	1315	0	0	0	0
锡林郭勒盟广播电视大学	50	133	38	378	107	231	63	640	0	0	0	0
哲盟霍林河矿区广播电视大学	37	19	3	55	39	36	18	104	0	0	0	0
扎赉诺尔矿区广播电视大学	2	4	4	31	6	18	18	75	0	0	0	0
大雁矿区广播电视大学	3	24	11	164	9	63	11	179	0	0	0	0
辽宁	**4705**	**6281**	**2742**	**19904**	**12060**	**15655**	**7164**	**43931**	**162**	**260**	**128**	**689**
辽宁广播电视大学	1037	1229	531	4758	3783	4964	2158	16379	1	67	35	153
鞍山广播电视大学	202	341	202	830	926	984	509	2305	0	0	0	0
本溪广播电视大学	284	488	241	1515	651	899	479	3061	0	0	0	0
锦州分校	362	558	236	1420	825	1403	574	3161	12	56	33	102
辽阳分校	238	222	100	1086	308	461	216	1335	0	0	0	0
沈阳铁路局电大	0	0	0	0	0	0	0	0	0	0	0	0
辽宁省水利厅工作站	124	184	71	516	68	116	47	348	0	0	0	0
辽宁广播电视大学新民学院	130	55	20	735	125	127	78	276	0	0	0	0
抚顺广播电视大学	373	590	247	1440	849	1193	538	3130	0	0	0	0
丹东分校	503	465	208	2338	1049	1249	687	3335	114	23	12	130
营口分校	226	664	218	1520	425	689	259	1628	15	1	1	10
朝阳广播电视大学	222	289	167	655	577	1010	441	2231	0	93	43	105
阜新分校	58	136	41	309	79	272	95	653	0	0	0	0
铁岭广播电视大学	196	234	108	582	520	534	261	1551	0	0	0	0
盘锦分校	190	244	78	694	263	393	226	854	0	0	0	0
辽河石油勘探局广播电视大学	72	40	20	100	150	60	35	289	0	0	0	0
葫芦岛市电大分校	299	341	195	844	637	807	385	2018	9	9	4	27
辽宁广播电视大学海城学院	95	76	0	197	248	178	0	512	0	0	0	0
辽宁广播电视大学东港学院	94	125	59	365	577	316	176	865	11	11	0	162
沈阳	**3088**	**2397**	**1177**	**9843**	**6365**	**5663**	**2786**	**18930**	**313**	**36**	**36**	**261**
沈阳广播电视大学	1929	2041	974	8649	4997	4881	2263	16312	0	0	0	0
康平分校	224	62	29	184	155	64	31	210	52	0	0	12
东陵分校	25	18	18	55	251	308	308	617	32	29	29	103
新民分校	91	78	37	182	197	109	59	536	0	0	0	70
沈北新区分校	27	17	10	37	65	65	11	217	40	0	0	3
法库分校	25	30	9	278	45	60	21	263	40	0	0	45

2.1.1 中央电大开放教育学校与学生情况（续表6）

单位：人

	本科（专科起点）				专科				“一村一名大学生”计划			
	毕业生	招生		在校生	毕业生	招生		在校生	毕业生	招生		在校生
		计	其中:春季			计	其中:春季			计	其中:春季	
苏家屯分校	148	52	34	176	260	52	52	483	50	0	0	1
于洪分校	67	55	30	174	155	105	36	235	35	0	0	6
辽中分校	552	44	36	108	240	19	5	57	64	7	7	21
大　连	**2689**	**3056**	**1495**	**9961**	**6519**	**5694**	**2543**	**19000**	**81**	**143**	**67**	**436**
庄河分校	87	146	70	368	108	195	89	645	0	0	0	5
普兰店分校	132	87	23	219	113	127	60	416	81	83	51	321
瓦房店分校	198	278	118	574	707	691	276	1601	0	0	0	0
旅顺分校	147	145	71	312	335	246	93	599	0	43	16	93
大连广播电视大学	1575	1891	985	7164	3577	3362	1554	12425	0	17	0	17
金州分校	288	307	127	702	873	570	186	1670	0	0	0	0
长海分校	27	44	24	112	122	88	37	279	0	0	0	0
甘井子分校	172	143	62	392	350	235	110	751	0	0	0	0
大连开发区分校	63	15	15	118	334	180	138	614	0	0	0	0
吉　林	**1579**	**2968**	**1315**	**8053**	**7888**	**12437**	**5126**	**40533**	**0**	**0**	**0**	**0**
吉林广播电视大学	131	238	142	810	1308	599	321	3020	0	0	0	0
吉林分校	285	466	184	1749	1107	1963	870	9396	0	0	0	0
通化分校	183	387	142	704	411	1298	484	2509	0	0	0	0
辽源分校	60	137	28	498	807	1789	82	3407	0	0	0	0
四平分校	91	382	382	1048	677	1260	1260	6240	0	0	0	0
延边分校	159	374	179	656	285	1171	548	2267	0	0	0	0
白山分校	275	375	105	568	1109	988	410	2423	0	0	0	0
白城分校	276	178	72	356	814	658	230	1439	0	0	0	0
松原分校	95	431	81	1643	1257	2702	921	9264	0	0	0	0
长春市建筑职工业余大学	24	0	0	21	113	9	0	568	0	0	0	0
长　春	**431**	**996**	**469**	**2778**	**1850**	**5278**	**2667**	**16208**	**0**	**0**	**0**	**0**
长春广播电视大学	356	728	325	2336	1747	4626	2358	14981	0	0	0	0
榆树市分校	0	53	21	53	0	229	57	400	0	0	0	0
九台市分校	36	37	37	80	0	34	34	34	0	0	0	0
德惠分校	0	0	0	0	0	25	25	47	0	0	0	0
双阳区工作站	39	160	68	268	103	317	146	650	0	0	0	0
长影分校	0	0	0	0	0	0	0	0	0	0	0	0
农安分校	0	18	18	41	0	47	47	96	0	0	0	0
民进分校	0	0	0	0	0	0	0	0	0	0	0	0
黑龙江	**3077**	**4139**	**1989**	**12611**	**8366**	**12300**	**6326**	**36435**	**422**	**973**	**497**	**3158**
依安分校	86	176	70	291	238	313	154	625	0	13	3	42
讷河分校	0	31	19	105	46	82	49	184	2	7	3	58
甘南分校	0	35	14	65	40	93	35	179	0	1	0	1
龙江分校	2	0	0	2	7	0	0	18	0	0	0	0
富拉尔基区分校	10	36	18	73	100	320	206	553	0	0	0	0
泰来分校	44	34	20	85	85	57	25	135	5	28	6	179
林口分校	36	43	25	110	12	113	64	282	77	15	12	292
富锦分校	0	0	0	0	0	17	0	30	0	0	0	0
庆安分校	0	9	1	9	3	27	6	42	0	0	0	0
青岗分校	0	6	3	6	39	25	16	125	0	12	7	35
兰西分校	36	51	17	103	29	60	32	211	47	7	4	34
望奎分校	0	8	8	8	33	47	47	151	0	0	0	0
黑河市广播电视大学	74	71	39	200	130	119	57	360	16	9	0	30
孙吴分校	16	25	11	54	37	52	16	148	0	0	0	0
嫩江分校	67	118	56	242	122	381	187	754	0	37	14	45
大兴安岭广播电视大学	50	96	32	264	109	172	56	483	0	0	0	0
呼中分校	0	0	0	0	0	14	14	14	0	0	0	0

2.1.1 中央电大开放教育学校与学生情况（续表7）

单位：人

	本 科（专科起点）				专 科				“一村一名大学生”计划			
	毕业生	招生 计	招生 其中:春季	在校生	毕业生	招生 计	招生 其中:春季	在校生	毕业生	招生 计	招生 其中:春季	在校生
伊春市广播电视大学	144	129	59	363	303	351	189	1504	0	0	0	0
杜蒙分校	12	45	22	132	35	87	49	302	10	34	11	86
肇源分校	0	22	1	28	12	92	25	198	0	4	2	14
萝北分校	0	14	7	20	0	39	20	81	0	0	0	0
绥滨分校	0	52	52	87	0	113	113	229	0	0	0	0
集贤分校	0	0	0	0	18	53	27	95	0	0	0	0
七台河广播电视大学	89	170	82	651	193	495	214	1684	0	86	68	162
省农垦广播电视大学	31	44	19	117	28	94	34	137	0	27	0	27
牡丹江农垦电大分校	6	53	15	64	23	61	19	95	0	90	52	211
北安农垦电大分校	1	5	0	30	3	35	0	99	0	13	0	31
红兴隆农垦电大分校	0	0	0	6	0	16	16	52	0	7	7	19
建三江农垦电大分校	0	0	0	0	0	2	0	2	0	0	0	0
松花江林区广播电视大学	138	184	81	601	297	385	134	1519	0	0	0	0
兴隆林业局电大分校	0	9	2	21	16	30	13	68	0	0	0	0
山河屯林业局电大分校	0	0	0	0	18	26	21	407	0	0	0	0
清河林业局电大分校	0	3	0	11	5	35	18	59	0	0	0	0
苇河林业局电大分校	0	0	0	0	22	12	8	38	0	0	0	0
亚布力林业局电大分校	3	28	13	28	23	17	9	57	0	0	0	0
通北林业局电大分校	0	0	0	0	0	0	0	486	0	0	0	0
沾河林业局电大分校	0	8	4	8	26	56	30	296	0	0	0	0
黑龙江广播电视大学	822	443	234	1688	2527	2211	1251	6692	0	0	0	0
齐齐哈尔市广播电视大学	209	393	208	1003	632	855	439	2123	0	0	0	0
克东分校	84	59	45	142	221	188	91	435	44	2	1	30
拜泉分校	3	15	9	37	30	62	26	147	0	0	0	0
富裕分校	17	15	5	72	28	71	50	286	0	0	0	0
碾子山区分校	26	39	18	76	74	92	50	196	0	0	0	0
牡丹江市广播电视大学	37	120	69	969	81	559	322	2123	0	0	0	0
海林分校	0	0	0	0	9	30	30	66	0	0	0	0
宁安分校	18	55	29	192	71	130	70	387	0	7	3	18
穆棱分校	48	64	21	200	78	110	43	302	0	6	2	17
东宁分校	0	0	0	121	0	0	0	254	0	0	0	32
绥芬河分校	0	0	0	26	0	0	0	77	0	0	0	0
佳木斯广播电视大学	11	7	2	28	2	18	12	45	0	0	0	0
桦南分校	0	0	0	4	0	2	1	2	0	0	0	0
同江分校	0	0	0	0	0	21	10	21	0	0	0	0
桦川分校	0	0	0	0	0	3	0	10	0	0	0	0
绥化地区广播电视大学	125	42	20	443	321	98	47	1433	0	0	0	0
绥棱分校	0	14	10	17	35	25	16	140	15	54	21	197
肇东分校	39	64	31	169	188	162	76	531	20	61	25	181
安达分校	0	106	33	120	80	339	106	496	0	9	5	13
明水分校	0	0	0	0	29	59	16	153	0	0	0	0
海伦分校	0	38	23	45	26	172	80	308	0	38	0	38
北安分校	28	46	9	172	59	69	19	160	152	249	111	650
五大连池分校	31	42	14	118	57	73	39	199	10	22	10	99
逊克分校	27	57	28	136	55	94	49	228	0	6	1	39
塔河分校	0	0	0	0	0	0	0	0	0	0	0	0
漠河分校	0	0	0	0	0	0	0	33	0	0	0	0
嘉荫分校	0	0	0	0	24	26	13	89	0	0	0	0
铁力分校	53	76	61	118	48	69	35	460	0	0	0	0
大庆广播电视大学	41	141	60	370	224	496	307	881	0	0	0	0
林甸分校	43	20	20	203	81	95	95	450	22	8	8	139

2.1.1 中央电大开放教育学校与学生情况（续表8）

单位：人

	本科（专科起点）				专科				“一村一名大学生”计划			
	毕业生	招生		在校生	毕业生	招生		在校生	毕业生	招生		在校生
		计	其中:春季			计	其中:春季			计	其中:春季	
肇州分校	6	21	8	28	34	93	46	178	0	0	0	0
鸡西广播电视大学	30	50	20	136	80	97	50	252	0	86	86	86
密山分校	2	9	2	43	6	24	9	96	0	0	0	0
虎林分校	88	57	20	195	166	242	111	522	2	5	5	69
鹤岗广播电视大学	76	107	46	200	212	277	148	745	0	0	0	0
双鸭山市广播电视大学	115	231	115	901	305	605	303	1762	0	0	0	0
宝清分校	147	120	41	364	85	311	140	742	0	12	12	266
饶河分校	4	7	5	14	15	22	16	47	0	0	0	0
宝泉岭农垦电大分校	0	0	0	0	0	106	67	151	0	18	18	18
绥化农垦分校	0	0	0	0	0	6	0	6	0	0	0	0
牡丹江林区广播电视大学	99	172	93	473	394	436	218	1284	0	0	0	0
方正林业局电大分校	3	3	0	3	13	30	8	85	0	0	0	0
绥棱林业局电大分校	0	1	0	1	24	31	14	52	0	0	0	0
合林林区电大直属分校	0	0	0	0	0	0	0	84	0	0	0	0
哈 尔 滨	**1185**	**2038**	**897**	**8694**	**3043**	**6219**	**2391**	**20858**	**25**	**186**	**84**	**503**
哈尔滨广播电视大学	593	1331	591	5594	1712	3943	1418	13677	0	0	0	0
方正分校	32	22	9	142	66	97	28	336	0	0	0	0
依兰分校	44	86	23	249	249	305	96	968	25	46	21	149
通河分校	17	15	9	105	56	69	39	317	0	0	0	0
木兰分校	33	26	12	150	92	121	69	352	0	2	1	11
延寿分校	0	20	13	31	62	97	40	244	0	8	4	8
五常分校	45	62	23	497	114	155	77	678	0	71	28	220
阿城电大分校	156	120	51	528	188	277	130	940	0	59	30	115
呼兰分校	64	64	28	274	60	228	101	639	0	0	0	0
宾县分校	53	64	31	406	77	168	70	513	0	0	0	0
哈尔滨工业大学工会电大工作站	0	0	0	0	0	0	0	0	0	0	0	0
双城分校	36	85	32	293	131	228	88	814	0	0	0	0
巴彦分校	51	31	21	148	92	111	61	305	0	0	0	0
尚志分校	61	112	54	277	144	420	174	1075	0	0	0	0
上　　海	**8854**	**12326**	**5476**	**30725**	**0**	**0**	**0**	**0**	**0**	**0**	**0**	**0**
上海电视大学	648	808	356	2155	0	0	0	0	0	0	0	0
虹口分校	155	184	71	490	0	0	0	0	0	0	0	0
宝山分校	295	521	270	1210	0	0	0	0	0	0	0	0
嘉定分校	466	666	318	1563	0	0	0	0	0	0	0	0
长宁分校	165	235	89	536	0	0	0	0	0	0	0	0
闸北分校	214	249	83	691	0	0	0	0	0	0	0	0
卢湾分校	81	134	51	384	0	0	0	0	0	0	0	0
静安分校	152	231	86	653	0	0	0	0	0	0	0	0
西区分部	59	49	20	209	0	0	0	0	0	0	0	0
石化分校	38	75	23	188	0	0	0	0	0	0	0	0
邮电分校	11	0	0	13	0	0	0	0	0	0	0	0
徐汇财贸分校	255	244	109	836	0	0	0	0	0	0	0	0
徐汇分校	115	147	52	384	0	0	0	0	0	0	0	0
闵行二分校	359	396	166	1009	0	0	0	0	0	0	0	0
浦东新区分校	724	1098	487	2211	0	0	0	0	0	0	0	0
闵行一分校	833	1296	520	2925	0	0	0	0	0	0	0	0
金山分校	351	437	235	1128	0	0	0	0	0	0	0	0
松江分校	546	917	368	2429	0	0	0	0	0	0	0	0
南汇分校	819	1017	424	2536	0	0	0	0	0	0	0	0
奉贤分校	526	657	320	1699	0	0	0	0	0	0	0	0
青浦分校	322	600	357	1304	0	0	0	0	0	0	0	0

2.1.1 中央电大开放教育学校与学生情况（续表9）

单位：人

	本 科（专科起点）				专 科				“一村一名大学生”计划			
	毕业生	招生		在校生	毕业生	招生		在校生	毕业生	招生		在校生
		计	其中:春季			计	其中:春季			计	其中:春季	
崇明分校	384	530	235	1297	0	0	0	0	0	0	0	0
区县工业管理局分校	35	12	12	47	0	0	0	0	0	0	0	0
农工商集团分校	76	133	46	299	0	0	0	0	0	0	0	0
物资（集团）总公司分校	62	28	13	139	0	0	0	0	0	0	0	0
商业分校	94	92	43	268	0	0	0	0	0	0	0	0
黄浦区经贸委分校	211	141	51	485	0	0	0	0	0	0	0	0
杨浦分校	87	264	119	512	0	0	0	0	0	0	0	0
黄浦分校	350	373	172	1182	0	0	0	0	0	0	0	0
普陀分校	390	521	245	1401	0	0	0	0	0	0	0	0
工程大中山分校	31	69	30	165	0	0	0	0	0	0	0	0
浦东新区农校教学点	0	202	105	377	0	0	0	0	0	0	0	0
江　　苏	**12478**	**10696**	**5209**	**37842**	**22326**	**22301**	**10889**	**80976**	**7121**	**5728**	**2545**	**15607**
江苏广播电视大学	204	209	72	1543	384	304	122	2563	5169	3825	1531	8641
镇江市广播电视大学丹徒分校	0	0	0	0	0	0	0	42	0	0	0	0
镇江市广播电视大学建委分校	68	25	25	163	112	43	43	226	0	0	0	0
常州市广播电视大学	403	634	275	2519	516	903	355	3189	7	0	0	9
常州市广播电视大学新北区分校	0	20	2	71	38	28	19	104	0	0	0	0
苏州市广播电视大学	250	150	44	1308	599	121	56	1946	0	0	0	0
苏州市广播电视大学太仓分校	351	278	123	983	232	188	47	858	0	0	0	0
苏州市广播电视大学吴江分校	117	119	0	445	278	106	15	598	0	0	0	0
南通市广播电视大学	165	265	96	1347	254	366	126	1884	0	0	0	0
南通市广播电视大学海门分校	58	90	63	225	138	183	48	529	0	0	0	0
扬州市广播电视大学	110	52	26	262	196	68	24	376	0	0	0	0
扬州市广播电视大学高邮分校	105	0	0	157	114	274	176	872	0	0	0	0
扬州市广播电视大学宝应分校	0	0	0	0	66	44	0	165	0	0	0	0
徐州市广播电视大学	204	333	128	962	302	701	415	1987	0	0	0	0
徐州市广播电视大学铜山分校	28	29	4	66	57	234	48	452	0	0	0	0
徐州市广播电视大学新沂分校	3	7	6	42	6	26	13	85	0	0	0	0
徐州市广播电视大学商业分校	0	0	0	0	0	0	0	0	0	0	0	0
徐州市广播电视大学大屯煤电公司分校	74	6	6	93	103	24	24	170	0	0	0	0
淮安市广播电视大学	324	298	154	668	590	843	386	2330	0	0	0	0
淮安市广播电视大学涟水分校	463	94	39	169	452	91	35	277	0	0	0	0
盐城市广播电视大学	97	128	128	412	70	143	143	350	6	0	0	3
盐城市广播电视大学亭湖区分校	11	0	0	8	184	0	0	240	0	0	0	0
盐城市广播电视大学建湖分校	86	83	45	188	279	274	126	552	0	0	0	0
盐城市广播电视大学射阳分校	74	134	68	347	197	342	176	834	0	68	68	68
盐城市广播电视大学响水分校	16	42	21	112	34	51	20	162	0	0	0	0
连云港广播电视大学	180	335	169	910	429	575	272	2096	0	8	4	12
连云港市广播电视大学东海分校	45	74	74	377	187	248	248	920	0	0	0	0
连云港市广播电视大学灌南分校	0	0	0	0	125	182	44	479	5	2	2	16
泰州市广播电视大学兴化分校	81	198	96	423	26	279	118	564	0	0	0	4
宿迁市广播电视大学	1860	327	179	2287	3568	917	402	1787	14	0	0	0
宿迁市广播电视大学泗阳分校	256	179	96	399	416	350	202	851	0	65	65	186
江苏广播电视大学化工学院	40	50	21	142	117	127	72	316	0	0	0	0
江苏广播电视大学张家港学院	226	151	70	420	142	149	51	468	226	326	131	736
江苏广播电视大学常熟学院	59	46	46	155	130	296	296	601	26	74	74	412
江苏广播电视大学吴中学院	248	221	56	1081	163	295	149	880	0	117	45	393
江苏广播电视大学江都学院	74	83	37	448	157	149	86	707	140	69	31	794
江苏广播电视大学沛县学院	324	285	177	879	596	1005	480	3016	0	0	0	0
江苏广播电视大学溧阳学院	578	268	150	598	283	302	161	713	253	88	41	270
江苏广播电视大学海安学院	64	67	23	275	103	137	57	392	0	0	0	0

2.1.1 中央电大开放教育学校与学生情况（续表10）

单位：人

	本科（专科起点）				专科				“一村一名大学生”计划			
	毕业生	招生		在校生	毕业生	招生		在校生	毕业生	招生		在校生
		计	其中：春季			计	其中：春季			计	其中：春季	
江苏广播电视大学盱眙学院	117	151	68	476	232	418	218	1478	0	0	0	0
江苏广播电视大学盐都学院	299	320	150	544	432	516	255	850	57	16	3	56
镇江市高等专科学校	72	46	26	264	41	89	38	239	30	71	35	200
镇江市广播电视大学扬中分校	60	66	32	164	61	95	40	190	0	0	0	0
镇江市广播电视大学丹阳分校	7	12	12	94	89	90	29	183	0	0	0	0
无锡市广播电视大学	1193	1009	474	5074	3916	3232	1328	20319	547	93	53	901
无锡市广播电视大学江阴分校	175	94	66	349	114	183	116	508	445	178	74	1178
南通市广播电视大学启东分校	152	144	51	288	340	128	52	341	0	0	0	0
南通市广播电视大学如皋分校	116	105	29	275	185	444	253	1324	0	0	0	0
扬州市广播电视大学邗江分校	0	0	0	0	45	23	23	528	0	0	0	220
徐州市广播电视大学睢宁分校	55	82	41	460	74	380	200	1078	0	0	0	0
徐州市广播电视大学邳州分校	143	65	37	120	519	224	127	423	10	0	0	5
徐州市广播电视大学贾汪分校	0	0	0	0	134	27	27	167	0	0	0	0
淮安市广播电视大学金湖分校	30	7	7	26	0	37	37	125	0	0	0	0
淮安市广播电视大学淮阴区分校	52	35	11	102	70	91	45	345	0	0	0	0
淮安市广播电视大学洪泽分校	85	46	22	99	140	67	28	199	0	0	0	0
盐城市广播电视大学滨海分校	51	135	52	249	152	174	93	421	0	133	6	133
盐城市广播电视大学阜宁分校	156	177	97	449	323	468	260	1317	0	0	0	0
连云港市广播电视大学赣榆分校	25	47	47	275	90	75	75	279	0	0	0	6
连云港市广播电视大学灌云分校	22	37	19	208	85	298	211	797	0	0	0	0
泰州市广播电视大学	540	379	160	826	120	397	107	624	0	271	271	560
泰州市广播电视大学泰兴分校	30	5	0	32	53	19	0	258	0	0	0	0
泰州市广播电视大学姜堰分校	7	33	6	105	49	53	25	128	0	0	0	0
宿迁市广播电视大学泗洪分校	113	167	62	417	153	294	136	674	0	7	0	12
宿迁市广播电视大学沭阳分校	375	282	149	884	439	809	424	2617	0	0	0	0
江苏广播电视大学武进学院	55	57	24	356	64	81	28	605	65	171	53	563
江苏广播电视大学宜兴学院	0	0	0	0	0	0	0	0	0	0	0	0
江苏广播电视大学昆山学院	159	152	62	661	333	332	165	1364	0	0	0	0
江苏广播电视大学大丰学院	130	129	66	656	393	320	101	2299	0	0	0	0
江苏广播电视大学靖江学院	32	71	24	252	50	86	35	269	0	93	21	114
江苏广播电视大学通州学院	62	159	48	261	183	302	59	627	0	0	0	0
江苏广播电视大学东台学院	213	335	293	597	267	317	317	735	0	0	0	0
江苏广播电视大学楚州学院	248	250	118	502	704	469	231	1037	8	0	0	0
江苏广播电视大学句容学院	151	222	121	435	158	168	56	367	0	0	0	0
江苏广播电视大学仪征学院	46	75	0	244	188	226	78	541	113	53	37	115
江苏广播电视大学金坛学院	85	369	243	1006	21	397	227	1309	0	0	0	0
江苏广播电视大学如东学院	117	121	56	462	323	215	79	1137	0	0	0	0
江苏广播电视大学丰县学院	59	32	17	146	143	389	311	693	0	0	0	0
南　　京	**1124**	**1682**	**810**	**8523**	**3952**	**4274**	**1868**	**22689**	**568**	**493**	**223**	**3030**
江宁分校	187	475	223	1776	438	742	358	3358	277	135	68	1245
六合分校	0	0	0	120	24	69	49	418	4	0	0	22
白下分校	64	70	31	573	129	329	102	1332	0	0	0	0
秦淮分校	16	65	17	260	94	174	76	929	0	0	0	0
鼓楼分校	128	120	78	690	256	247	113	1609	0	0	0	0
下关分校	7	28	13	111	240	125	40	1154	0	0	0	0
雨花台分校	0	0	0	0	0	0	0	0	0	0	0	0
栖霞分校	135	202	93	652	330	536	276	1875	45	123	73	269
南京市广播电视大学	354	277	146	2575	1774	1008	347	7909	136	110	38	436
高淳分校	115	127	62	416	74	120	63	355	34	58	29	183
溧水分校	51	136	61	535	140	378	186	1069	33	38	6	734
浦口分校	25	87	47	346	132	239	103	1183	36	29	9	132

2.1.1 中央电大开放教育学校与学生情况（续表11）

单位：人

	本科（专科起点）				专科				“一村一名大学生”计划			
	毕业生	招生		在校生	毕业生	招生		在校生	毕业生	招生		在校生
		计	其中：春季			计	其中：春季			计	其中：春季	
玄武分校	3	4	4	46	155	167	81	708	0	0	0	0
建邺分校	39	91	35	423	166	140	74	790	3	0	0	9
浙　　江	**13861**	**19421**	**7955**	**51371**	**26582**	**28393**	**11403**	**87720**	**3596**	**5664**	**1026**	**13872**
富阳学院	215	490	174	1147	587	909	397	2849	0	160	80	340
嘉善学院	226	222	83	739	619	572	289	1838	294	324	71	923
海盐学院	193	305	153	775	224	439	107	1198	347	336	118	761
桐乡学院	356	371	136	930	411	613	234	1572	0	45	0	301
长兴学院	417	733	308	1382	800	891	331	2597	48	40	0	177
诸暨学院	183	481	250	915	348	262	172	779	0	0	0	0
上虞学院	260	216	104	496	391	582	216	1304	0	73	1	272
普陀分校	0	0	0	0	314	227	77	588	0	0	0	0
兰溪分校	23	36	11	84	165	273	118	732	0	0	0	0
义乌学院	160	150	80	473	273	174	62	658	53	69	0	162
东阳学院	196	232	99	584	162	181	63	675	0	21	1	46
衢州广播电视大学	686	856	368	2820	1184	1202	503	4997	77	44	0	211
江山分校	221	379	177	834	450	621	299	1550	131	36	6	168
开化分校	113	256	116	523	189	283	130	575	23	31	0	139
温岭分校	304	466	178	1044	287	412	263	1313	53	138	0	377
玉环学院	110	157	63	305	223	220	92	524	0	42	0	167
天台学院	151	263	101	482	283	501	101	1411	59	227	0	294
松阳电大	110	178	84	473	202	183	105	840	71	71	0	233
龙泉分校	115	155	65	348	180	177	82	519	57	41	11	136
庆元分校	114	193	64	395	130	164	74	411	50	38	0	141
青田学院	181	205	94	646	179	248	70	848	9	39	0	102
瓯海分校	19	74	44	189	233	255	98	838	110	101	4	281
平阳分校	49	36	11	54	179	235	79	670	146	181	0	435
文成分校	21	35	20	125	173	116	51	339	0	62	0	130
洞头分校	0	0	0	0	129	96	13	208	0	20	0	20
泰顺分校	0	0	0	0	44	76	25	212	0	31	0	53
苍南分校	0	38	27	56	493	461	279	966	140	243	0	551
巨化分校	28	54	20	133	40	90	42	225	0	0	0	0
工商学院	285	243	106	1040	596	286	105	912	0	0	0	0
特教学院	0	0	0	0	0	0	0	18	0	0	0	0
温州机电技工学校教学点	0	0	0	0	74	191	2	398	0	0	0	0
杭州高级技工学校教学点	0	0	0	0	2	0	0	14	0	0	0	0
浙江同济职业学院教学点	39	61	17	315	42	44	11	141	0	0	0	0
浙江统计培训中心教学点	28	0	0	10	20	0	0	25	0	0	0	0
杭州交通职高教学点	0	0	0	0	36	0	0	218	0	0	0	0
杭州东方舰桥培训中心教学点	163	194	93	715	191	178	79	646	0	0	0	0
浙江广播电视大学	152	211	85	552	193	240	106	645	0	0	0	0
杭州广播电视大学	642	419	270	2847	962	668	321	3669	0	0	0	0
萧山学院	112	108	0	1035	257	253	0	1210	207	52	0	185
余杭分校	40	158	0	339	132	170	32	625	0	36	36	51
临安分校	6	22	0	26	91	339	72	696	0	145	0	291
桐庐分校	137	104	42	485	405	186	68	1247	70	36	0	241
建德分校	0	0	0	81	416	346	194	1311	0	0	0	27
淳安学院	123	131	55	324	461	445	181	1185	22	0	0	0
嘉兴广播电视大学	539	529	286	1128	770	772	230	2562	138	51	5	145
平湖学院	279	354	115	1026	425	371	163	1695	175	279	109	918
海宁学院	79	72	31	217	748	1118	498	2671	0	0	0	0
湖州广播电视大学	622	687	295	1700	851	529	220	1915	147	326	0	844

2.1.1 中央电大开放教育学校与学生情况（续表12）

单位：人

	本　科（专科起点）				专　科				“一村一名大学生”计划			
	毕业生	招生		在校生	毕业生	招生		在校生	毕业生	招生		在校生
		计	其中:春季			计	其中:春季			计	其中:春季	
德清学院	251	691	163	1191	417	806	208	1767	69	87	1	180
安吉分校	217	367	147	900	335	375	182	993	21	58	0	89
绍兴广播电视大学	299	449	223	1342	302	355	152	1675	0	27	0	167
绍兴学院	195	451	277	906	606	614	227	1900	0	0	0	0
嵊州学院	187	194	95	393	346	299	132	574	0	0	0	0
新昌学院	136	224	110	441	412	442	217	968	105	40	3	154
舟山广播电视大学	382	588	286	1582	575	614	268	1558	33	0	0	0
岱山分校	64	81	37	236	209	163	63	514	0	0	0	0
嵊泗分校	71	76	31	206	24	73	37	254	0	0	0	0
金华广播电视大学	606	893	413	2245	1164	1113	464	3346	0	20	0	20
武义分校	47	37	37	139	180	218	54	483	0	0	0	0
永康学院	206	229	108	638	239	204	92	962	0	50	0	69
浦江分校	28	22	5	51	100	185	59	389	0	0	0	0
磐安分校	51	44	24	159	157	181	122	401	0	65	0	138
柯城分校	55	90	41	260	107	212	87	678	52	30	0	64
常山分校	103	293	88	436	172	437	102	577	70	77	3	126
龙游分校	196	145	48	407	273	161	94	525	48	113	24	279
台州广播电视大学	593	740	341	2499	768	623	281	3151	89	272	104	737
临海学院	211	246	101	806	905	624	197	1953	154	517	199	520
黄岩分校	223	193	84	447	295	177	100	435	0	0	0	0
仙居学院	144	1230	55	1974	209	446	64	1105	0	52	0	89
三门学院	156	208	72	609	298	275	135	851	0	60	60	100
丽水广播电视大学	509	677	381	1923	495	641	325	2351	75	68	68	133
缙云分校	69	90	0	309	301	300	147	1064	98	109	0	291
遂昌分校	174	134	49	269	214	173	66	356	63	63	0	96
景宁分校	114	122	53	340	177	141	79	367	30	72	52	134
云和分校	138	146	67	320	117	111	66	311	35	40	0	101
温州广播电视大学	400	542	261	1407	688	935	363	2224	23	74	0	154
永嘉学院	69	88	38	259	216	181	70	447	31	319	51	540
瑞安分校	270	245	94	741	475	445	163	1700	28	39	0	295
乐清分校	0	11	0	120	238	266	129	771	145	74	19	274
经贸分校	0	1	1	24	4	4	4	31	0	0	0	0
宁　　波	**3182**	**3575**	**1625**	**12175**	**5266**	**6796**	**2982**	**19352**	**646**	**218**	**11**	**566**
鄞县分校	508	379	194	1416	766	815	346	1870	130	0	0	35
慈溪学院	306	368	175	897	417	596	318	1329	120	0	0	12
宁海学院	230	318	111	691	282	772	221	1183	91	0	0	8
象山分校	312	563	243	1134	397	743	272	1584	82	0	0	24
奉化分校	259	259	140	516	385	657	267	1381	66	0	0	91
宁波广播电视大学	820	784	372	5183	1601	1612	871	8446	14	0	0	26
余姚学院	317	361	146	905	479	706	253	1671	48	218	11	302
镇海工作站	95	126	60	362	31	75	48	82	37	0	0	24
江北工作站	90	73	34	257	342	308	157	645	48	0	0	13
北仑分校	245	344	150	814	566	512	229	1161	10	0	0	31
宁波东钱湖旅游度假区电大工作站	0	0	0	0	0	0	0	0	0	0	0	0
安　　徽	**8974**	**15456**	**6891**	**39077**	**18601**	**28910**	**13298**	**70647**	**2915**	**1636**	**826**	**6314**
安徽广播电视大学	871	1463	711	2827	1992	2029	951	5755	0	0	0	0
合肥分校	258	506	228	987	502	1313	630	2773	0	0	0	0
马鞍山分校	520	675	283	1268	719	1619	704	2629	84	57	0	173
六安分校	381	492	188	1134	908	1546	751	3451	0	0	0	0
宣城分校	553	1017	425	2361	1372	2039	1016	4995	49	50	0	192
滁州市分校	670	593	272	1635	862	1080	593	2840	0	80	80	80

2.1.1 中央电大开放教育学校与学生情况（续表13）

单位：人

	本　科（专科起点）				专　科				“一村一名大学生”计划			
	毕业生	招生		在校生	毕业生	招生		在校生	毕业生	招生		在校生
		计	其中:春季			计	其中:春季			计	其中:春季	
省直分校	322	649	285	1358	849	1066	458	2429	0	0	0	0
蚌埠分校	636	680	384	3660	2358	2390	1314	6133	376	395	305	1040
芜湖市分校	442	1382	543	3250	648	2178	853	4791	28	0	0	254
淮南分校	210	220	89	534	257	855	469	1766	0	0	0	0
淮北分校	512	708	384	1904	440	1019	501	2571	485	0	0	182
铜陵分校	623	888	379	1782	1174	1324	558	2685	136	99	0	369
黄山市分校	363	678	267	1643	769	1284	489	2981	433	268	85	706
安庆市分校	691	1229	496	2948	1310	1761	805	4632	0	22	22	99
阜阳分校	371	1105	587	2439	864	1472	575	4062	84	92	90	381
巢湖分校	186	260	149	839	719	587	297	2027	0	0	0	0
池州分校	247	602	242	1292	506	887	339	2609	300	0	0	554
宿州分校	638	1177	515	2902	1262	2666	1200	6340	681	83	11	798
亳州分校	480	1132	464	4314	1090	1795	795	5178	259	490	233	1486
福　　建	**4705**	**6477**	**3061**	**22409**	**11048**	**13698**	**6600**	**43554**	**862**	**467**	**250**	**2761**
福建广播电视大学	0	0	0	0	0	0	0	0	0	0	0	0
福州分校	598	675	309	3105	1383	1276	655	4660	121	2	2	79
三明分校	453	687	304	1785	1065	1232	535	3588	18	34	23	242
南平分校	336	410	200	1517	822	706	335	3090	86	19	14	243
漳州分校	518	768	409	2992	1246	1560	833	3982	106	132	33	329
泉州分校	727	691	358	2373	1473	1853	996	5899	151	25	25	625
莆田分校	226	228	104	652	478	293	155	899	14	3	0	38
高等职业技术学院	0	0	0	0	0	0	0	0	0	0	0	0
永安分校	220	217	119	395	312	409	192	925	93	9	9	57
邵武分校	101	163	92	400	273	378	188	841	0	25	8	88
漳浦分校	114	226	111	513	199	523	357	1439	0	0	0	5
宁德分校	558	876	368	2922	1187	1559	701	5166	88	70	70	481
龙岩分校	354	506	231	1164	863	987	363	2463	138	148	66	451
开放教育学院	500	1030	456	4591	1747	2922	1290	10602	47	0	0	123
厦　　门	**273**	**271**	**76**	**2258**	**1674**	**801**	**411**	**6483**	**275**	**92**	**47**	**449**
厦门市杏林区电大工作站	15	0	0	15	61	0	0	162	99	12	12	125
厦门市司法局电大工作站	44	0	0	0	33	0	0	0	0	0	0	0
厦门市广播电视大学	84	129	50	1858	976	436	240	5366	0	0	0	0
厦门电大同安区工作站	110	90	10	320	274	235	109	697	176	80	35	324
厦门市湖里区电大工作站	0	0	0	0	100	0	0	0	0	0	0	0
厦门市思明区电大工作站	20	52	16	65	230	130	62	258	0	0	0	0
江　　西	**5469**	**7222**	**3758**	**21509**	**11635**	**17305**	**9367**	**50130**	**676**	**747**	**565**	**1755**
南昌市分校	901	428	199	1652	2069	1017	476	2969	0	0	0	0
安义县工作站（工会职校）	0	81	36	138	0	105	64	191	0	0	0	17
进贤县教师进修学校教学点	0	24	15	56	0	72	38	179	0	0	0	0
新建县教师进修学校教学点	0	100	59	163	0	203	97	408	0	0	0	0
景德镇市分校	106	184	84	352	342	480	239	966	0	0	0	0
德安县工作站	0	39	19	109	0	93	51	188	0	0	0	0
庐山工作站	0	6	0	6	0	50	24	91	0	0	0	0
彭泽县工作站	0	39	24	70	0	101	60	174	0	0	0	0
修水县工作站	0	51	48	98	0	43	37	108	0	0	0	0
萍乡市分校	288	171	90	647	1048	1293	664	3740	0	4	4	4
芦溪县工作站	0	70	37	106	0	204	102	311	0	0	0	0
上栗县电大工作站	0	0	0	0	0	193	122	297	0	35	35	35
湘东区工作站	0	17	15	17	0	253	101	416	0	0	0	0
贵溪市工作站	0	0	0	0	0	75	45	145	0	0	0	0
鹰潭应用工程学校	0	0	0	0	0	140	78	345	0	0	0	0

2.1.1 中央电大开放教育学校与学生情况（续表14）

单位：人

	本科（专科起点）				专科				“一村一名大学生”计划			
	毕业生	招生		在校生	毕业生	招生		在校生	毕业生	招生		在校生
		计	其中:春季			计	其中:春季			计	其中:春季	
中共信丰县委党校教学点	0	13	5	23	0	58	38	91	0	0	0	0
兴国县教师进修学校教学点	0	47	47	242	0	71	71	239	0	0	0	0
中共兴国县委党校教学点	0	26	12	82	0	49	23	95	0	0	0	0
瑞金市工作站（教师进修学校）	0	0	0	55	0	0	0	20	0	0	0	0
中共崇义县委党校教学点	0	0	0	0	0	0	0	0	0	0	0	0
宁都县教师进修学校教学点	0	0	0	0	0	87	37	103	0	22	0	22
信丰县教师进修学校教学点	6	38	38	54	1	21	21	23	0	0	0	0
龙南教师进修学校	0	4	1	13	0	84	57	162	0	0	0	0
于都县委党校	0	0	0	0	0	16	0	30	0	0	0	0
全南县教师进修学校	0	3	3	3	0	97	79	158	0	0	0	0
石城县教师进修学校教学点	0	0	0	0	0	0	0	0	0	0	0	0
宜春广播电视大学	420	320	174	1716	893	676	344	4368	72	75	16	281
樟树工作站（教师进修学校）	0	15	13	43	0	35	16	74	0	0	0	0
高安工作站（教师进修学校）	0	62	24	101	0	122	51	218	0	0	0	0
上高工作站（职工学校）	0	36	12	60	0	56	29	111	0	0	0	0
铜鼓县教师进修学校教学点	0	32	23	69	0	84	42	163	0	0	0	0
宜丰县工作站（教师进修学校）	0	32	14	64	0	91	33	182	0	0	0	0
中共丰城市委党校教学点	0	17	12	20	0	53	28	123	0	24	19	24
江西省轻工高级技校	0	0	0	0	0	52	21	82	0	0	0	0
电大吉安市分校	624	388	183	1420	1255	845	461	3466	63	13	6	71
吉安县教师进修学校教学点	0	31	19	73	0	45	19	85	0	0	0	0
万安县委党校	0	0	0	0	0	36	25	68	0	0	0	0
广丰县工作站	0	46	20	83	0	270	99	414	0	0	0	0
婺源县工作站	0	71	42	142	0	108	50	216	0	0	0	0
横峰县工作站	0	34	19	53	0	50	25	99	0	0	0	0
上饶县工作站	0	61	21	91	0	63	37	109	0	98	69	167
万年县工作站	0	67	40	121	0	154	93	274	0	0	0	0
铅山县工作站	0	35	18	57	0	175	121	301	0	0	0	0
弋阳县工作站	0	34	23	46	0	102	51	188	0	0	0	0
抚州广播电视大学	295	519	192	1479	376	1024	519	3499	0	0	0	0
黎川县工作站	0	0	0	0	0	32	16	62	0	0	0	0
南丰县工作站	0	40	14	46	0	96	53	216	0	2	2	2
南城县工作站	0	5	2	27	0	57	35	140	0	0	0	0
金溪县工作站	0	44	21	82	0	110	45	233	0	1	0	1
江西广播电视大学	584	779	336	2328	2158	1305	643	5502	0	0	0	0
安义县教师进修学校教学点	0	36	14	78	0	59	47	103	0	0	0	0
南昌县教师进修学校	0	23	10	30	0	20	11	44	0	0	0	0
乐平市教师进修学校教学点	0	0	0	0	0	154	114	154	0	0	0	0
九江市分校	400	523	239	2320	451	997	474	3541	35	0	0	61
武宁县工作站	0	89	48	160	0	163	85	262	0	0	0	0
都昌县工作站	0	100	50	186	0	77	42	126	0	50	13	124
永修县工作站	0	22	12	22	0	127	55	127	0	0	0	0
省武工作站	0	22	13	55	0	70	33	150	0	0	0	0
湖口县工作站	0	88	54	148	0	70	31	157	0	0	0	0
星子县工作站	0	86	41	164	0	78	40	134	0	0	0	0
瑞昌工作站（教师进修学校）	0	48	27	101	0	111	67	217	0	0	0	0
莲花县工作站	0	0	0	0	0	49	47	55	0	0	0	0
萍乡市卫生学校	0	0	0	0	0	202	202	202	0	0	0	0
新余市分校	197	209	209	1038	446	538	538	1950	197	322	322	322
分宜县工作站	0	52	17	72	0	82	45	145	0	4	3	10
鹰潭市分校	191	327	166	1220	327	651	223	1800	0	0	0	0

2.1.1 中央电大开放教育学校与学生情况（续表15）

单位：人

	本科（专科起点）				专科				“一村一名大学生”计划			
	毕业生	招生		在校生	毕业生	招生		在校生	毕业生	招生		在校生
		计	其中:春季			计	其中:春季			计	其中:春季	
中共余江县委党校	0	0	0	0	0	31	17	48	0	0	0	0
赣州广播电视大学	784	534	309	1670	971	757	402	3119	241	4	4	329
中共南康市委党校教学点	0	51	18	93	0	126	59	261	0	0	0	0
中共上犹县委党校教学点	0	23	23	47	0	19	19	42	0	0	0	0
寻乌县工作站（教师进修学校）	0	10	3	39	0	55	24	138	0	0	0	0
定南教师进修学校教学点	0	31	22	54	0	138	105	231	0	1	1	1
大余县教师进修学校	0	58	23	89	0	214	124	307	0	0	0	0
安远县委党校	0	4	3	6	0	20	10	52	0	0	0	0
樟树职工学校教学点	0	0	0	0	0	45	29	103	0	0	0	0
丰城市教师进修学校教学点	0	75	41	163	0	276	151	375	0	0	0	0
靖安县工作站	10	33	27	54	23	72	42	112	0	60	60	60
奉新县工作站（教师进修学校）	0	36	36	73	0	126	126	245	0	0	0	0
万载县教师进修学校教学点	0	59	35	109	0	148	76	271	0	0	0	3
上高教师进修学校	0	44	22	63	0	96	57	149	0	0	0	82
高安市委党校	0	12	10	37	0	15	8	27	0	0	0	0
吉水县教师进修学校教学点	0	0	0	0	0	46	46	61	0	0	0	0
永新县工作站	0	48	27	94	0	89	37	216	0	3	3	5
中共遂川县委党校教学点	0	29	11	41	0	54	31	105	0	29	8	57
安福县教师进修学校	0	0	0	1	0	47	24	120	0	0	0	0
峡江县委党校	0	23	16	58	0	35	20	82	0	0	0	0
新干县委党校	0	6	0	22	0	23	0	38	0	0	0	0
中共永丰县委党校教学点	0	4	0	4	0	13	6	13	0	0	0	0
上饶广播电视大学	663	319	182	849	1275	640	329	2499	68	0	0	77
鄱阳县工作站	0	68	40	139	0	82	40	244	0	0	0	0
德兴市工作站	0	21	9	50	0	99	46	181	0	0	0	0
玉山县工作站	0	60	20	93	0	66	38	127	0	0	0	0
余干县工作站	0	20	20	40	0	43	43	90	0	0	0	0
资溪县工作站	0	20	7	20	0	30	21	59	0	0	0	0
乐安县工作站	0	0	0	0	0	6	3	6	0	0	0	0
山　东	**9546**	**8227**	**4761**	**23516**	**18081**	**27486**	**16492**	**63493**	**2944**	**4765**	**2404**	**12934**
济南广播电视大学	600	666	372	1611	842	2351	1533	5082	456	1376	549	2576
烟台广播电视大学	430	394	165	1085	1652	3291	1877	7962	280	313	143	948
潍坊广播电视大学	2320	782	345	2266	4775	3300	1885	7074	423	318	192	1266
滨州广播电视大学	622	482	482	2152	1255	1520	1520	4812	545	740	740	2562
枣庄广播电视大学	509	156	65	518	538	353	185	1133	0	0	0	0
东营广播电视大学	93	34	0	109	180	87	0	373	0	0	0	0
胜利油田广播电视大学	50	21	14	138	50	112	48	361	0	0	0	0
莱芜钢铁总厂广播电视大学	197	203	138	468	238	112	37	287	0	0	0	0
省直工作处	144	331	108	1034	146	1901	853	2830	0	0	0	0
日照广播电视大学	723	887	462	2867	919	1052	507	5870	139	115	79	287
山东广播电视大学	0	0	0	0	0	0	0	0	0	0	0	0
淄博广播电视大学	354	598	250	2469	895	3517	2183	5830	0	342	53	465
威海市广播电视大学	90	258	131	543	439	1670	821	2959	0	50	50	60
临沂广播电视大学	847	1130	1130	2067	815	1182	1182	2044	148	50	50	900
德州广播电视大学	575	630	280	1395	1640	1720	970	7376	432	456	206	966
菏泽广播电视大学	820	601	302	2197	1280	1246	613	2168	0	113	90	358
聊城广播电视大学	86	55	27	247	333	60	31	333	4	317	5	1065
泰安广播电视大学	376	290	143	680	531	1186	841	2144	44	70	13	364
济宁广播电视大学	568	532	263	1090	883	1032	417	2078	274	436	172	754
荣成市广播电视大学	130	175	82	547	604	985	447	1683	199	64	57	358
莱芜科技成人中专	12	2	2	33	66	809	542	1094	0	5	5	5

2.1.1 中央电大开放教育学校与学生情况（续表16）

单位：人

	本 科（专科起点）				专 科				“一村一名大学生”计划			
	毕业生	招生		在校生	毕业生	招生		在校生	毕业生	招生		在校生
		计	其中：春季			计	其中：春季			计	其中：春季	
青　　岛	**1043**	**1829**	**888**	**5656**	**1651**	**7680**	**5725**	**16694**	**513**	**908**	**185**	**2138**
青岛广播电视大学	276	582	276	2519	409	2885	2094	8145	147	104	3	379
莱西分校	55	471	255	873	140	649	454	1149	78	120	20	374
平度分校	16	40	8	167	71	1021	898	1635	12	124	34	266
黄岛分校	0	0	0	0	0	0	0	0	0	0	0	0
崂山分校	0	78	14	78	0	87	19	114	0	86	0	86
城阳分校	34	74	39	113	184	293	200	493	54	104	0	104
胶州分校	85	96	56	194	134	746	658	914	65	119	62	217
胶南分校	253	178	94	389	165	1143	933	1808	85	126	36	365
即墨分校	148	148	68	510	260	507	318	915	72	125	30	347
李沧区分校	176	162	78	813	288	349	151	1521	0	0	0	0
河　　南	**6881**	**10664**	**5417**	**29080**	**16754**	**29392**	**16510**	**73619**	**2785**	**2376**	**1027**	**5361**
河南省直广播电视大学	370	531	247	2852	1658	3218	1784	11549	0	0	0	0
开封广播电视大学	117	239	119	927	280	694	350	2114	0	0	0	0
新乡广播电视大学	529	1427	835	1825	1672	2100	1698	3459	0	0	0	0
焦作广播电视大学	674	741	336	1838	1447	2128	1283	4646	0	0	0	0
濮阳广播电视大学	349	278	278	1016	760	651	651	2347	0	0	0	0
平顶山广播电视大学	403	963	511	1796	1825	2064	1035	3198	0	0	0	0
信阳广播电视大学	102	225	225	896	276	517	517	1210	0	0	0	0
漯河广播电视大学	133	126	54	222	269	790	543	1294	0	0	0	0
郑州铁路局广播电视大学	56	110	44	295	154	511	158	811	0	0	0	0
中原油田广播电视大学	56	187	109	318	210	311	179	611	0	0	0	0
河南省工商行政管理分校	184	176	67	415	279	353	166	825	0	0	0	0
河南广播电视大学	326	990	410	2325	789	2183	1246	4699	2785	2376	1027	5361
郑州广播电视大学	317	634	219	2062	1668	2123	952	7270	0	0	0	0
洛阳广播电视大学	567	561	265	2292	854	1879	1039	4570	0	0	0	0
安阳广播电视大学	174	521	186	1207	330	1386	645	2887	0	0	0	0
鹤壁广播电视大学	39	97	39	159	332	698	318	1260	0	0	0	0
商丘广播电视大学	16	67	67	398	258	474	212	1170	0	0	0	0
三门峡广播电视大学	227	387	187	1391	448	1121	596	2638	0	0	0	0
驻马店广播电视大学	374	313	151	1104	582	596	243	2222	0	0	0	0
许昌广播电视大学	368	927	442	1546	1047	2469	1153	4957	0	0	0	0
南阳广播电视大学	416	383	230	971	560	1579	1021	4038	0	0	0	0
周口广播电视大学	940	432	253	2275	809	1032	471	4078	0	0	0	0
济源广播电视大学	144	349	143	950	247	515	250	1766	0	0	0	0
湖　　北	**3558**	**6250**	**2928**	**20398**	**14671**	**22894**	**10618**	**70962**	**2442**	**126**	**106**	**6286**
黄冈广播电视大学	466	1133	527	4455	2292	3730	1599	12368	378	4	3	1941
孝感市广播电视大学	650	565	273	1840	1204	1242	668	4886	655	7	7	1646
咸宁地区广播电视大学	376	330	149	1181	1705	2043	974	4737	378	6	5	144
荆州地区广播电视大学	330	377	184	1407	840	2330	1395	5718	674	64	64	1269
黄石广播电视大学	56	372	193	1602	362	1236	722	3057	0	38	25	38
十堰市广播电视大学	347	557	267	1412	694	1112	488	3306	357	0	0	1222
恩施土家族苗族自治州广播电视大学	90	199	108	444	260	529	235	2513	0	0	0	0
湖北广播电视大学大冶有色金属公司分校	51	132	80	241	70	303	151	534	0	0	0	0
天门市广播电视大学	10	25	10	195	39	60	37	774	0	0	0	0
仙桃广播电视大学	143	211	116	455	177	181	94	518	0	0	0	0
湖北广播电视大学江汉油田分校	86	54	35	145	159	352	268	779	0	0	0	0
随州广播电视大学	6	301	134	826	37	693	415	1772	0	0	0	0
湖北广播电视大学	121	545	191	956	3556	5165	1768	11324	0	0	0	0
宜昌市广播电视大学	115	482	220	1247	2282	1106	480	5157	0	0	0	0
襄樊广播电视大学	450	736	343	3420	776	2313	1071	12260	0	7	2	26

2.1.1 中央电大开放教育学校与学生情况（续表17）

单位：人

	本科（专科起点）				专科				“一村一名大学生”计划			
	毕业生	招生		在校生	毕业生	招生		在校生	毕业生	招生		在校生
		计	其中:春季			计	其中:春季			计	其中:春季	
潜江市广播电视大学	157	133	55	256	86	256	119	538	0	0	0	0
湖北广播电视大学钟祥分校	104	98	43	316	132	243	134	721	0	0	0	0
武　　汉	**657**	**1118**	**481**	**4154**	**4722**	**6303**	**3635**	**30544**	**137**	**0**	**0**	**203**
武昌分校	0	0	0	19	637	0	0	300	0	0	0	0
桥口分校	19	7	3	68	265	70	41	764	0	0	0	0
汉阳分校	30	74	44	161	220	284	171	1011	0	0	0	0
东西湖分校	0	0	0	0	64	199	199	2183	0	0	0	0
汉南分校	10	69	65	75	24	15	8	43	0	0	0	0
蔡甸分校	85	151	71	319	225	322	131	844	0	0	0	0
新洲分校	125	264	104	739	366	481	199	1341	137	0	0	48
武汉市广播电视大学	165	247	64	1623	1543	3881	2417	19553	0	0	0	155
江岸分校	25	20	0	276	227	77	0	672	0	0	0	0
青山分校	62	67	25	187	569	222	110	944	0	0	0	0
洪山分校	21	27	11	142	130	63	42	440	0	0	0	0
江夏分校	40	85	46	229	205	379	194	1347	0	0	0	0
黄陂分校	35	54	26	102	162	158	53	446	0	0	0	0
武钢分校	12	44	22	128	42	146	70	446	0	0	0	0
江汉区电大分校	28	9	0	86	43	6	0	210	0	0	0	0
湖　　南	**6376**	**7457**	**3647**	**21666**	**16579**	**22871**	**11731**	**68257**	**7132**	**8067**	**3426**	**22104**
湖南广播电视大学	518	633	187	2396	1143	1903	915	7143	0	0	0	0
浏阳教师进修学校	7	1	1	62	16	123	123	189	152	188	188	544
宁乡县教师进修学校	24	26	12	70	61	54	37	159	102	228	0	441
宁乡玉潭联校点	55	20	2	20	87	77	3	77	0	0	0	0
株洲市艺术设计学校	0	0	0	0	0	0	0	0	0	0	0	0
湖南省商业技术学院	0	0	0	0	0	0	0	0	0	0	0	0
株洲市技术学院	0	0	0	0	0	0	0	0	0	0	0	0
攸县电大工作站	9	13	11	44	12	162	109	516	0	149	6	149
湘潭广播电视大学	640	840	365	2510	1596	1576	740	6776	184	346	90	1248
湘潭县财政局教学点	0	6	0	6	41	63	6	194	0	0	0	0
湘乡市东山教学点	0	0	0	23	36	20	8	103	0	0	0	0
耒阳师范学校教学点	32	0	0	51	214	88	51	801	233	0	0	329
衡阳市城南电大站	0	8	7	10	0	56	17	201	0	0	0	65
衡阳电大常宁分校	0	0	0	3	0	12	12	96	0	0	0	119
洞口县成人中专校	0	0	0	88	0	0	0	205	0	0	0	0
武冈市电大工作站	10	14	0	87	42	92	0	323	34	5	0	146
邵阳县电大工作站	0	0	0	10	58	84	35	304	0	0	0	200
城步县电大工作站	0	10	5	81	0	48	22	150	0	5	5	60
岳阳县电大工作站	4	14	14	14	7	27	27	48	148	468	468	790
华容县电大工作站	0	10	0	14	0	172	0	256	0	336	0	627
汨罗县电大工作站	7	5	5	5	19	104	16	104	163	206	0	344
岳阳县教师进修学校	4	5	3	11	5	12	7	23	0	0	0	0
娄底广播电视大学	207	124	76	758	625	436	207	1673	621	153	77	363
涟源市教研师训中心	18	132	75	423	75	101	41	161	184	149	0	424
新化县教师进修学校	31	71	36	289	80	137	71	295	167	259	0	849
宁远县教师进修学校	0	0	0	0	0	0	0	0	0	0	0	0
蓝山县教师进修学校	0	0	0	0	0	0	0	0	0	0	0	0
江华县教师进修学校教学点	0	0	0	1	0	0	0	0	0	71	71	397
新田县电大工作站	0	50	14	64	0	46	9	61	0	57	57	206
汝城县电大工作站	0	0	0	0	6	54	19	54	97	0	0	540
资兴市电大工作站	0	15	8	15	37	76	51	178	310	137	3	356
桂东县电大工作站	0	4	0	4	43	45	8	94	113	0	0	197

2.1.1 中央电大开放教育学校与学生情况（续表18）

单位：人

	本科（专科起点）				专科				“一村一名大学生”计划			
	毕业生	招生		在校生	毕业生	招生		在校生	毕业生	招生		在校生
		计	其中:春季			计	其中:春季			计	其中:春季	
安化县教师进修学校	46	15	12	26	70	136	79	190	59	88	0	173
资阳电大工作站	2	0	0	0	8	0	0	1	34	49	0	67
益阳分校第一职业中专学校	0	0	0	0	0	0	0	0	0	0	0	0
益阳分校湘益中专教学点	0	0	0	0	0	0	0	0	0	0	0	0
武陵区电大工作站	0	5	5	5	0	34	0	38	28	67	67	141
常德电大鼎城工作站	0	0	0	0	176	145	145	145	27	103	103	103
汉寿县电大工作站	73	38	38	71	81	106	106	257	0	110	110	110
临澧县电大工作站	86	28	9	62	143	62	36	146	0	126	126	126
石门县电大工作站	16	81	34	263	20	145	79	274	0	73	19	81
澧县电大工作站	59	17	17	67	79	92	92	238	0	91	91	91
安乡县电大工作站	0	3	1	3	0	9	1	84	0	104	104	105
怀化广播电视大学	0	402	186	677	0	612	337	1092	0	84	22	172
沅陵工业中专	0	0	0	0	0	0	0	0	0	0	0	0
沅陵县远程教育站	0	0	0	0	0	0	0	0	0	0	0	0
辰溪县委党校	0	0	0	0	0	0	0	0	0	0	0	0
芷江县电大工作站	0	0	0	0	0	0	0	0	0	0	0	0
洪江市第一教师进修学校	0	0	0	0	0	0	0	0	0	0	0	0
洪江区电大教学点	0	0	0	0	0	0	0	0	0	0	0	0
洪江市振华学校	0	0	0	0	0	0	0	0	0	0	0	0
通道县职业技术总校教学点	0	0	0	0	0	0	0	0	0	0	0	0
靖州县教师进修学校教学点	0	0	0	0	0	0	0	6	104	39	39	68
怀化万昌职业中专	0	0	0	0	0	0	0	0	0	0	0	0
溆浦县教师进修学校	0	0	0	0	0	0	0	0	0	0	0	0
洪江市教师进修学校	0	0	0	0	0	0	0	0	0	0	0	0
凤凰县电大工作站	40	85	41	212	46	97	58	247	0	0	0	0
邵阳市医专	0	0	0	0	0	0	0	0	0	0	0	0
岳阳职业技术学院	0	0	0	0	0	0	0	0	0	0	0	0
娄底市卫校	0	0	0	0	0	0	0	25	0	0	0	0
永州职业技术学院	0	0	0	0	0	0	0	0	0	0	0	0
常德职业技术学院	0	0	0	0	0	0	0	0	0	0	0	0
怀化医专	0	0	0	0	0	0	0	0	0	0	0	0
湘南学院教学点	0	8	8	32	17	8	8	98	0	0	0	0
涟钢分校	0	0	0	13	31	32	32	73	0	0	0	0
湖南广播电视大学药学分校	0	0	0	0	0	322	40	1460	0	0	0	0
长沙广播电视大学	280	301	153	1334	1070	1516	836	5844	82	25	4	302
长沙县教师进修学校	11	0	0	0	77	95	47	205	147	190	0	451
望城县电大工作站	78	71	33	338	151	243	173	664	177	0	0	413
长沙国宾旅游学校	0	0	0	0	0	12	0	76	0	0	0	0
株洲广播电视大学	474	472	287	1742	861	1363	683	3570	11	64	4	167
株洲县电大工作站	9	34	16	71	8	98	68	168	75	121	0	234
株洲分校醴陵电大工作站	0	65	0	65	0	203	9	203	0	354	23	354
茶陵县电大工作站	25	44	17	59	46	221	107	333	85	198	92	300
炎陵县电大工作站	47	54	27	173	0	72	40	142	172	100	0	406
株洲市中等职业学校	0	0	0	0	62	403	108	717	0	0	0	0
湘潭新华电脑学校	0	0	0	0	0	20	5	105	0	0	0	0
湘乡市第一职业中专	0	0	0	0	0	6	6	9	257	120	48	214
韶山市司法局教学点	0	0	0	0	0	112	46	542	0	0	0	0
衡阳市广播电视大学	316	261	120	716	811	852	290	2781	299	394	0	394
衡东农广校教学点	2	0	0	4	1	0	0	206	1	0	0	95
祁东县电大教学点	0	0	0	0	0	0	0	219	0	0	0	208
衡山县教师进修学校	0	0	0	0	0	0	0	176	0	0	0	56

2.1.1 中央电大开放教育学校与学生情况（续表19）

单位：人

	本　科（专科起点）				专　科				“一村一名大学生”计划			
	毕业生	招生		在校生	毕业生	招生		在校生	毕业生	招生		在校生
		计	其中:春季			计	其中:春季			计	其中:春季	
湖南科技经贸职业学院	0	0	0	0	0	0	0	68	0	0	0	0
邵阳广播电视大学	439	622	320	994	1508	2290	1119	3217	52	26	18	88
邵东县电大工作站	60	0	0	153	12	14	0	91	0	0	0	14
新宁县电大工作站	0	18	7	18	74	52	52	110	252	1	0	38
中共新邵县委党校	36	25	9	43	213	109	44	218	346	0	0	51
隆回县委党校	13	61	28	166	340	199	106	406	67	8	5	80
绥宁县教师进修学校	0	1	1	1	0	10	10	27	0	0	0	20
岳阳广播电视大学	457	710	357	2119	1403	1906	944	7187	128	71	53	1169
临湘市电大工作站	0	0	0	11	0	52	52	117	0	161	161	342
平江县电大工作站	52	24	24	73	112	53	53	169	0	343	343	765
湘阴县电大工作站	2	44	44	73	20	121	121	330	104	379	379	1077
双峰县电大工作站	41	21	1	35	87	214	103	668	178	204	0	679
冷水江市教学点	142	118	45	248	211	349	148	846	0	212	0	616
零陵分校	217	200	114	890	330	412	192	1025	0	320	145	560
江永县教师进修学校	0	0	0	0	0	0	0	0	0	0	0	0
道县教师进修学校	0	0	0	0	0	0	0	0	0	0	0	0
祁阳县电大工作站	0	0	0	0	0	0	0	0	0	0	0	0
东安县教师进修学校	0	0	0	0	0	0	0	0	0	0	0	0
郴州广播电视大学	65	141	61	410	323	416	201	817	227	53	2	517
永兴县电大工作站	22	55	42	79	135	191	130	427	123	0	0	484
宜章县电大工作站	66	77	32	184	278	321	164	583	429	25	13	295
桂阳县电大工作站	0	0	0	0	49	10	10	34	483	358	358	505
中共嘉禾县委党校	0	0	0	0	0	0	0	0	108	0	0	357
益阳广播电视大学	295	263	118	655	1025	650	318	1633	0	0	0	0
南县电大工作站	27	9	0	9	56	92	83	96	67	254	5	298
桃江县电大站	54	0	0	0	87	64	19	144	39	0	0	49
沅江市教师进修学校	29	7	0	7	37	168	161	248	399	0	0	210
赫山电大工作站	0	0	0	0	0	0	0	0	52	60	0	100
常德广播电视大学	452	52	52	171	299	462	462	2077	0	48	48	48
桃源县电大工作站	86	72	40	152	281	275	150	635	0	64	64	81
新晃县教师进修学校	0	8	8	8	0	14	14	14	12	0	0	58
会同县职业中专学校教学点	0	0	0	0	0	0	0	0	0	0	0	0
怀化分校麻阳教师进修学校	0	0	0	0	0	0	0	0	0	0	0	0
芷江师范	0	0	0	0	0	0	0	0	0	0	0	0
怀化分校会同党校	0	0	0	0	0	0	0	0	0	0	0	0
湖南电大怀化分校沅陵教学点	0	0	0	0	0	0	0	0	0	0	0	0
湘西民族广播电视大学	250	334	154	552	706	389	180	852	0	185	0	279
花垣县电大工作站	35	111	53	208	46	189	78	400	0	0	0	0
龙山县电大工作站	46	67	36	125	101	100	66	283	0	0	0	0
永顺县电大工作站	45	50	20	91	140	130	73	286	0	0	0	0
保靖县电大工作站	43	21	21	97	86	53	53	221	0	0	0	0
古丈县电大工作站	9	29	7	32	53	40	19	119	0	0	0	0
泸溪县电大工作站	0	27	27	27	0	79	52	79	0	0	0	0
张家界市广播电视大学	121	100	49	593	212	210	111	1954	0	18	1	27
桑植县电大工作站	14	39	32	71	82	142	88	270	0	17	11	69
慈利县电大工作站	67	73	33	136	118	256	160	483	0	3	3	3
津市分校	51	78	78	205	165	143	143	1112	0	0	0	0
岳阳石化总厂广播电视大学	10	14	8	25	22	47	22	68	0	0	0	0
卫生分校	0	0	0	0	7	40	40	221	0	0	0	0
省中医药高等专科学校	0	0	0	0	0	0	0	0	0	0	0	0
衡阳市卫校	0	0	0	0	0	0	0	0	0	0	0	0

2.1.1 中央电大开放教育学校与学生情况（续表20）

单位：人

	本 科（专科起点）				专 科				“一村一名大学生”计划			
	毕业生	招生		在校生	毕业生	招生		在校生	毕业生	招生		在校生
		计	其中:春季			计	其中:春季			计	其中:春季	
郴州医专	0	0	0	0	0	0	0	0	0	0	0	0
益阳市卫生职业技术学校	0	0	0	0	0	0	0	0	0	0	0	0
益阳医学高等专科学校	0	1	1	13	0	25	25	204	0	0	0	0
衡阳华南	0	0	0	0	0	0	0	0	0	0	0	0
广　　东	**10454**	**14276**	**6738**	**34434**	**43011**	**51560**	**22960**	**129487**	**61**	**330**	**31**	**1110**
广东广播电视大学	67	114	55	298	193	329	165	877	0	0	0	0
法律分校	127	28	16	230	19	211	201	552	0	0	0	0
汕头广播电视大学	379	245	128	666	1921	1194	493	2739	0	0	0	0
汕头广播电视大学潮阳电大	292	396	148	763	919	794	343	2026	0	0	0	0
汕头广播电视大学澄海电大	59	39	0	117	179	239	0	716	0	0	0	0
韶关市广播电视大学	217	485	222	1175	317	1132	511	2719	0	0	0	0
韶关市曲江区广播电视大学	28	103	46	196	275	394	190	840	0	0	0	0
广东省翁源县广播电视大学	0	0	0	0	0	0	0	0	0	0	0	0
南雄市广播电视大学	63	77	77	199	141	150	150	519	0	0	0	0
汕尾市广播电视大学	195	300	143	878	447	787	345	1843	0	0	0	0
海丰县广播电视大学	197	246	109	568	487	563	269	1363	0	0	0	0
陆河县广播电视大学	77	266	97	469	506	928	414	1827	0	0	0	0
梅江区广播电视大学	99	203	81	426	1370	495	251	1140	0	0	0	0
大埔县广播电视大学	39	39	39	200	259	215	215	858	0	0	0	0
五华县广播电视大学	306	388	388	645	458	772	772	1634	0	0	0	0
广东省兴宁市广播电视大学	257	207	112	421	264	331	196	852	0	0	0	0
平远县广播电视大学	164	177	63	285	351	374	198	657	0	0	0	0
惠州市广播电视大学	283	339	123	746	1742	1926	784	4265	0	70	0	204
惠阳区广播电视大学	229	323	197	679	896	950	449	2487	61	83	0	140
惠东县广播电视大学	209	282	135	691	579	937	468	2346	0	90	0	235
新会市广播电视大学	160	77	31	298	755	657	268	1687	0	0	0	0
台山磐石电视大学	168	233	90	514	526	671	332	1508	0	0	0	0
三水广播电视大学	0	0	0	0	224	237	108	566	0	0	0	0
高明广播电视大学	0	0	0	0	263	271	102	582	0	0	0	0
徐闻县广播电视大学	102	274	110	581	278	717	322	1375	0	0	0	0
廉江市广播电视大学	0	0	0	0	152	326	122	708	0	0	0	0
高州市广播电视大学	0	0	0	0	447	326	150	901	0	0	0	0
信宜市广播电视大学	0	0	0	0	442	553	351	1073	0	0	0	0
化州市广播电视大学	25	75	33	162	347	342	129	1016	0	0	0	0
肇庆广播电视大学	110	266	76	781	391	1177	395	2878	0	0	0	0
高要市广播电视大学	42	114	43	260	285	424	185	1025	0	0	0	0
封开县广播电视大学	30	82	49	265	281	301	137	754	0	0	0	0
怀集县广播电视大学	168	359	218	774	506	491	211	1019	0	0	0	0
清远市广播电视大学	149	167	86	418	639	736	292	2003	0	0	0	0
佛冈县广播电视大学	0	0	0	0	276	249	106	484	0	0	0	0
连山壮族瑶族自治县广播电视大学	0	0	0	0	6	79	0	257	0	0	0	0
连南瑶族自治县广播电视大学	0	0	0	0	101	197	107	515	0	0	0	47
连州市广播电视大学	79	50	25	198	107	168	67	536	0	31	31	31
潮州广播电视大学	321	324	141	800	596	575	241	1548	0	0	0	0
潮安广播电视大学	96	86	86	197	44	30	29	280	0	0	0	0
揭阳广播电视大学	289	427	169	928	428	717	314	1643	0	0	0	0
普宁市广播电视大学	0	0	0	0	577	493	220	1378	0	0	0	0
惠来县广播电视大学	0	0	0	0	465	595	273	1406	0	0	0	0
揭东县广播电视大学	53	87	37	261	331	386	199	998	0	0	0	0
和平县广播电视大学	0	0	0	0	204	343	149	658	0	0	0	0
紫金县广播电视大学	0	0	0	0	757	1001	436	2615	0	0	0	0

2.1.1 中央电大开放教育学校与学生情况（续表21）

单位：人

	本 科（专科起点）				专 科				“一村一名大学生”计划			
	毕业生	招生		在校生	毕业生	招生		在校生	毕业生	招生		在校生
		计	其中：春季			计	其中：春季			计	其中：春季	
南海广播电视大学	0	0	0	0	0	0	0	0	0	0	0	0
顺德广播电视大学	0	0	0	0	114	0	0	159	0	0	0	0
省电力局分校	0	0	0	0	0	0	0	0	0	0	0	0
省公路局分校	29	8	8	18	34	18	18	48	0	0	0	0
广东电大深圳拱北海关分校	17	12	0	94	0	0	0	0	0	0	0	0
珠海市广播电视大学	246	646	330	1191	1494	2739	1272	6736	0	0	0	97
斗门广播电视大学	0	0	0	0	388	310	94	1282	0	0	0	0
仁化广播电视大学	90	91	50	224	276	181	78	454	0	0	0	0
新丰县广播电视大学	40	85	36	298	65	176	70	461	0	0	0	0
始兴县广播电视大学	41	65	23	177	134	229	94	527	0	0	0	0
乐昌市广播电视大学	88	126	57	262	122	255	125	553	0	0	0	0
乳源瑶族自治县广播电视大学	15	21	21	107	35	73	73	318	0	0	0	0
陆丰市广播电视大学	86	140	51	300	303	493	230	1017	0	0	0	0
梅州市广播电视大学	226	322	126	734	641	700	280	1547	0	0	0	0
蕉岭县广播电视大学	98	165	92	377	170	407	224	864	0	0	0	0
丰顺县广播电视大学	69	95	49	185	383	278	111	567	0	0	0	0
博罗县广播电视大学	156	219	121	485	867	636	281	1433	0	0	0	187
龙门县广播电视大学	133	187	82	410	266	342	163	749	0	56	0	106
东莞市广播电视大学	354	475	220	1191	1572	2439	1124	7181	0	0	0	0
中山市广播电视大学	286	389	180	886	2042	2161	1002	4811	0	0	0	0
江门市广播电视大学	487	387	172	1092	1779	2213	698	4890	0	0	0	0
开平市广播电视大学	148	197	93	395	640	767	191	1370	0	0	0	0
恩平市广播电视大学	21	103	103	266	37	206	135	606	0	0	0	0
鹤山市广播电视大学	81	71	35	187	264	235	75	544	0	0	0	0
佛山广播电视大学	206	234	94	819	1083	1518	629	5303	0	0	0	0
阳江市广播电视大学	509	928	376	2476	1208	1863	731	5633	0	0	0	0
阳春市广播电视大学	177	212	69	494	571	729	298	1541	0	0	0	0
湛江市广播电视大学	331	380	179	779	1215	984	447	2204	0	0	0	0
雷州市广播电视大学	117	169	65	431	325	465	184	1163	0	0	0	0
遂溪县广播电视大学	50	72	27	176	289	302	192	812	0	0	0	0
吴川市广播电视大学	0	0	0	0	193	199	77	509	0	0	0	0
茂名广播电视大学	203	353	143	856	1049	1341	452	3190	0	0	0	0
电白广播电视大学	87	40	14	84	351	192	73	404	0	0	0	0
四会市广播电视大学	85	87	41	213	270	306	137	1258	0	0	0	0
广宁县广播电视大学	99	89	39	240	297	307	141	768	0	0	0	0
德庆县广播电视大学	73	72	32	173	265	273	111	583	0	0	0	0
英德电大	94	116	45	278	389	775	325	2061	0	0	0	0
阳山县广播电视大学	0	0	0	0	0	46	0	124	0	0	0	0
饶平县广播电视大学	32	62	62	192	222	225	140	451	0	0	0	0
广东省揭西县广播电视大学	0	0	0	0	599	245	116	716	0	0	0	0
河源广播电视大学	208	320	119	697	932	784	345	2340	0	0	0	0
龙川广播电视大学	176	118	53	333	352	361	174	752	0	0	0	0
连平县广播电视大学	0	85	37	403	118	191	0	824	0	0	0	0
云浮市广播电视大学	168	188	73	566	385	423	167	1099	0	0	0	15
云硫电大	0	0	0	0	8	0	0	17	0	0	0	0
罗定市广播电视大学	0	0	0	0	49	59	9	124	0	0	0	29
新兴电大	30	35	35	176	291	143	143	1295	0	0	0	0
郁南电大	19	34	13	80	173	188	72	526	0	0	0	19
广 州	**4089**	**5845**	**2511**	**20006**	**13807**	**18660**	**7145**	**49915**	**0**	**67**	**14**	**85**
广州市广播电视大学	842	1337	639	5473	2474	3022	1319	10266	0	0	0	0
开发区分校	61	132	15	410	673	816	361	2153	0	0	0	0

2.1.1 中央电大开放教育学校与学生情况（续表22）

单位：人

	本科（专科起点）				专科				“一村一名大学生”计划			
	毕业生	招生		在校生	毕业生	招生		在校生	毕业生	招生		在校生
		计	其中:春季			计	其中:春季			计	其中:春季	
法律专业工作站	110	641	20	1058	1253	1047	24	2808	0	0	0	0
市二轻局工作站	0	0	0	0	143	176	18	304	0	67	14	85
番禺区广播电视大学	100	244	127	833	403	933	381	2902	0	0	0	0
从化市分校	247	319	110	929	614	760	362	2180	0	0	0	0
广州市港务局工作站	0	0	0	0	88	441	441	794	0	0	0	0
广州电大广州港分校	0	0	0	0	88	441	441	956	0	0	0	0
广州电大中奥工作站	0	0	0	0	0	660	19	703	0	0	0	0
东山区分校	40	83	29	304	179	96	53	463	0	0	0	0
海珠区分校	224	221	116	1021	852	1055	280	3490	0	0	0	0
荔湾分校	87	160	82	502	261	632	456	1768	0	0	0	0
越秀区分校	30	42	24	80	361	454	416	850	0	0	0	0
天河区分校	228	144	66	490	553	492	221	1332	0	0	0	0
市轻工业局分校	0	0	0	0	0	0	0	0	0	0	0	0
侨光分校	532	759	433	2378	1672	1666	647	5059	0	0	0	0
机电局分校	31	12	3	111	80	929	64	1563	0	0	0	0
花都区广播电视大学	130	222	94	981	994	1622	432	4813	0	0	0	0
增城市广播电视大学	445	312	159	1254	734	1491	515	3667	0	0	0	0
市银行学校电大工作站	156	46	18	634	32	0	0	162	0	0	0	0
东方教学点	330	490	350	925	1708	900	428	1250	0	0	0	0
金融分校	386	266	205	1817	202	60	33	373	0	0	0	0
广州市广播电视大学广大人文学院工作站	110	9	6	175	370	134	27	493	0	0	0	0
广州电大黄埔工作站	0	0	0	0	31	223	75	437	0	0	0	0
广州电大商贸工作站	0	0	0	0	42	278	128	469	0	0	0	0
广州康大工作站	0	406	15	631	0	0	0	0	0	0	0	0
广州电大幼师工作站	0	0	0	0	0	332	4	660	0	0	0	0
深　圳	**1176**	**1897**	**876**	**9360**	**4596**	**6414**	**2614**	**27222**	**0**	**0**	**0**	**0**
深圳市广播电视大学	624	1273	578	7215	2406	3447	1175	17930	0	0	0	0
龙岗分校	151	98	98	482	641	406	406	1687	0	0	0	0
观澜教学点	0	0	0	0	0	223	0	588	0	0	0	0
蛇口分校	103	146	59	381	275	389	180	1001	0	0	0	0
宝安分校	56	99	27	202	356	407	160	1286	0	0	0	0
沙头角分校	97	98	41	330	408	449	216	1136	0	0	0	0
南山分校	132	83	39	429	127	271	114	1400	0	0	0	0
罗湖分校	9	67	26	173	110	90	40	309	0	0	0	0
福田分校	0	0	0	38	117	51	0	216	0	0	0	0
光明教学点	4	13	0	57	63	76	30	319	0	0	0	0
龙华教学点	0	20	8	53	0	237	101	442	0	0	0	0
高技校教学点	0	0	0	0	93	368	192	908	0	0	0	0
广　西	**1894**	**2727**	**1346**	**8994**	**9412**	**10280**	**4282**	**29362**	**671**	**532**	**138**	**1625**
广西广播电视大学	259	900	474	3465	2484	2943	1324	9349	185	346	66	790
广西电大区直分校	19	64	36	121	771	372	73	986	0	0	0	0
检察分校	30	5	0	45	0	0	0	0	0	0	0	0
广西银行学校电大工作站	0	0	0	0	270	127	11	679	0	0	0	0
南宁市广播电视大学	150	186	100	925	649	569	295	2496	50	0	0	50
柳州市广播电视大学	153	174	52	508	277	421	152	1280	0	0	0	0
桂林市广播电视大学	48	66	26	151	240	307	81	605	32	23	17	51
梧州市分校	2	82	1	85	136	467	115	653	1	2	0	15
南宁地区电大分校	19	0	0	0	93	0	0	0	0	0	0	0
来宾市分校	186	119	58	325	287	475	263	1245	37	29	14	101
贺州市分校	21	38	11	63	39	67	19	178	0	0	0	0
百色民族分校	166	127	86	690	237	552	298	1506	204	30	12	351

2.1.1 中央电大开放教育学校与学生情况（续表23）

单位：人

	本 科（专科起点）				专 科				"一村一名大学生"计划			
	毕业生	招生		在校生	毕业生	招生		在校生	毕业生	招生		在校生
		计	其中:春季			计	其中:春季			计	其中:春季	
钦州市分校	196	102	30	548	1218	594	319	3005	0	0	0	0
北海市广播电视大学	216	222	116	380	1027	536	224	1214	23	23	13	86
贵港市广播电视大学	358	403	186	1127	982	1610	695	3197	22	43	0	105
防城港市工作站	52	150	81	402	331	761	301	1770	117	36	16	73
玉林商务分校	0	86	86	86	216	475	108	851	0	0	0	3
广西电大工商分校	19	3	3	73	155	4	4	348	0	0	0	0
海 南	**347**	**759**	**378**	**2123**	**924**	**1655**	**690**	**5418**	**229**	**1128**	**177**	**2741**
海南广播电视大学	347	759	378	2123	924	1655	690	5418	229	1128	177	2741
四 川	**7693**	**12911**	**5777**	**39603**	**18002**	**29728**	**13553**	**81114**	**905**	**1069**	**449**	**2692**
四川广播电视大学	1316	3159	1351	9010	3145	7116	3185	17661	9	199	144	269
建设厅分校	26	3	3	70	993	2009	722	4813	0	0	0	0
成都铁路局分校	0	212	92	268	0	880	335	1146	0	0	0	0
德阳广播电视大学	320	516	255	1768	781	1115	547	3491	1	10	0	74
内江广播电视大学	377	611	283	1765	584	1056	552	2737	0	30	24	38
自贡广播电视大学	309	405	156	1333	769	1304	618	3243	0	5	0	18
宜宾广播电视大学	645	792	367	2711	1754	2776	1264	8152	23	35	23	145
甘孜分校	67	131	60	338	133	289	118	779	0	0	0	0
凉山广播电视大学	81	90	44	297	125	161	69	544	66	22	17	112
资阳广播电视大学	292	496	222	1050	783	920	385	2130	4	0	0	44
四川广播电视大学直属学院蓬溪分校	4	7	3	23	47	23	9	71	0	0	0	0
四川广播电视大学直属学院射洪分校	38	129	44	334	84	308	95	463	0	150	47	160
四川广播电视大学直属学院大英分校	13	32	13	123	38	82	37	126	18	100	1	107
四川广播电视大学直属学院西昌分院	77	61	7	101	67	46	18	316	0	0	0	0
四川广播电视大学直属学院美姑工作站	0	0	0	0	0	0	0	0	0	0	0	0
省级机关分校	378	709	321	1898	635	1435	588	3641	0	0	0	0
绵阳广播电视大学	334	590	304	2148	921	1620	912	5221	555	371	96	679
广元广播电视大学	496	794	370	2283	747	1208	486	3500	0	6	5	287
四川电大遂宁应用职业技术学校教学点	378	224	122	1886	797	264	135	1814	37	2	1	68
雅安分校	131	288	107	775	171	459	246	1045	0	0	0	0
乐山广播电视大学	151	230	115	840	454	681	378	2089	10	82	57	294
泸州广播电视大学	295	493	215	1784	641	717	410	2646	0	3	3	112
南充广播电视大学	508	818	388	2297	1111	1452	659	4030	0	17	4	155
达州广播电视大学	275	385	159	1226	413	711	341	1934	0	0	0	0
攀枝花广播电视大学	282	359	187	1191	479	699	335	2118	0	0	0	0
巴中广播电视大学	140	228	120	652	419	557	295	1496	32	30	23	72
广安广播电视大学	225	285	122	819	558	402	183	1359	0	7	4	50
眉山广播电视大学	327	404	167	1366	629	930	443	2922	0	0	0	0
阿坝广播电视大学	108	217	96	684	343	277	88	967	11	0	0	0
四川广播电视大学直属学院雷波工作站	0	0	0	0	0	0	0	0	0	0	0	0
四川广播电视大学直属学院宁南工作站	36	166	56	309	326	149	67	359	101	0	0	6
四川广播电视大学直属学院甘洛工作站	29	30	12	164	12	18	6	144	0	0	0	0
四川广播电视大学直属学院越西工作站	20	29	14	61	26	35	17	81	38	0	0	2
四川广播电视大学直属学院昭觉工作站	15	18	2	29	17	29	10	76	0	0	0	0
成 都	**2472**	**4372**	**1745**	**13708**	**4694**	**9457**	**4250**	**26552**	**227**	**32**	**14**	**84**
双流分校	137	265	124	597	320	515	164	1099	0	0	0	0
温江分校	125	53	18	257	170	191	90	542	0	0	0	0
金堂分校	113	487	69	692	62	171	77	370	0	0	0	0
新津分校	87	89	32	198	63	151	66	243	5	0	0	0
青羊分校	49	65	38	171	53	54	32	151	0	0	0	0
成都广播电视大学	940	2486	1037	9214	2378	6378	2903	19646	0	0	0	0
龙泉分校	290	227	118	751	464	436	203	1283	18	0	0	11

2.1.1 中央电大开放教育学校与学生情况（续表24）

单位：人

	本　科（专科起点）				专　科				“一村一名大学生”计划			
	毕业生	招生		在校生	毕业生	招生		在校生	毕业生	招生		在校生
		计	其中:春季			计	其中:春季			计	其中:春季	
彭州分校	246	201	100	609	292	376	173	834	0	0	0	0
新都分校	62	76	35	183	244	153	80	376	80	0	0	2
崇州分校	144	204	78	454	136	452	229	763	124	32	14	71
邛崃分校	24	9	6	38	57	41	10	74	0	0	0	0
郫县分校	102	87	37	200	177	342	130	514	0	0	0	0
五冶分校	38	26	12	84	27	53	24	97	0	0	0	0
蒲江分校	31	64	25	142	60	37	18	131	0	0	0	0
电子工业分校	68	16	8	91	145	40	23	283	0	0	0	0
旅游分校	16	17	8	27	46	67	28	146	0	0	0	0
重　庆	**5936**	**9449**	**4620**	**24255**	**17887**	**26270**	**12961**	**66927**	**365**	**300**	**119**	**1072**
重庆广播电视大学	86	505	250	1049	282	944	499	1473	0	0	0	0
九龙坡工作站	44	465	189	1038	548	1254	570	3027	0	0	0	0
江北工作站	47	132	132	250	89	344	344	794	0	0	0	0
沙坪坝区电大分校	186	291	166	553	749	745	414	1180	0	0	0	0
合川广播电视大学	312	390	217	958	710	830	428	2075	0	0	0	0
潼南县工作站	188	205	85	398	215	384	233	1264	0	0	0	0
巴南分校	84	91	44	207	558	1212	372	3741	0	0	0	0
江津广播电视大学	210	198	198	794	371	805	595	1947	0	0	0	0
涪陵广播电视大学	518	549	226	1534	1315	1860	791	5180	0	0	0	0
丰都县电大工作站	59	134	49	367	167	171	56	498	0	0	0	0
重庆电大经贸学院	103	78	26	361	718	640	148	1779	0	4	0	4
酉阳分校	109	222	116	998	328	439	218	1300	4	43	28	96
秀山分校	113	228	89	607	220	285	104	757	0	0	0	0
石柱分校	235	308	156	911	245	535	325	1284	24	36	36	115
城口电大工作站	34	138	74	401	125	115	75	330	0	15	14	27
开县电大工作站	388	372	155	1080	321	767	352	1882	13	26	13	43
忠县电大工作站	65	146	59	277	185	289	139	557	0	0	0	0
铜梁分校	52	98	98	291	49	196	196	476	0	0	0	54
市药监局电大工作站	0	0	0	0	183	272	84	1132	0	0	0	0
渝中区分校	74	168	71	278	613	344	156	794	0	0	0	0
重庆铁路分校	0	0	0	0	0	0	0	0	0	0	0	0
重庆钢铁公司分校	11	44	25	127	159	314	148	637	0	0	0	0
南岸分校	30	73	27	188	1319	582	280	2407	0	0	0	0
永川市广播电视大学	302	324	154	675	1256	1343	698	2650	22	10	4	36
北碚区工作站	49	117	62	191	195	353	189	664	0	0	0	0
万盛区工作站	0	0	0	0	0	0	0	0	0	0	0	0
荣昌县工作站	145	161	161	580	390	610	610	1867	0	0	0	0
綦江县工作站	0	94	51	175	277	294	141	497	0	18	5	18
长寿分校	235	193	65	602	523	427	194	1826	0	0	0	0
铜梁县工作站	0	0	0	0	0	0	0	0	0	0	0	0
渝北分校	303	287	130	582	625	1130	573	2226	161	0	0	58
大足县工作站	51	162	91	429	185	387	171	917	0	0	0	0
大渡口分校	101	286	126	588	535	660	278	1655	0	0	0	0
璧山分校	159	262	104	715	372	630	305	1799	0	0	0	0
万州广播电视大学	135	418	175	1031	947	1574	643	4300	0	0	0	0
黔江广播电视大学	141	174	96	826	322	571	320	1976	122	125	9	488
南川分校	105	303	124	831	183	530	224	1807	0	0	0	9
垫江分校	52	162	72	317	85	359	237	656	0	0	0	0
武隆分校	67	154	76	355	217	356	162	824	0	0	0	0
梁平县电大工作站	109	217	102	523	214	410	216	871	0	0	0	0
重庆电大建筑工程学院	131	306	147	935	493	1161	460	2538	0	0	0	0

2.1.1 中央电大开放教育学校与学生情况（续表25）

单位：人

	本科（专科起点）				专科				“一村一名大学生”计划			
	毕业生	招生		在校生	毕业生	招生		在校生	毕业生	招生		在校生
		计	其中:春季			计	其中:春季			计	其中:春季	
彭水电大工作站	273	253	94	519	391	323	176	937	16	0	0	27
奉节县电大工作站	197	107	0	271	128	162	0	461	0	4	0	34
云阳县电大工作站	36	68	19	97	137	285	173	518	3	6	4	31
巫山分校	274	276	142	658	302	438	259	1053	0	0	0	3
巫溪电大工作站	21	118	69	268	46	171	69	401	0	13	6	29
重庆电大企业管理学院	102	172	108	420	595	769	336	1970	0	0	0	0
贵　州	**5946**	**5875**	**2365**	**19687**	**8815**	**13595**	**5640**	**38485**	**2252**	**324**	**0**	**6535**
省直分校	0	0	0	0	0	0	0	0	0	0	0	0
贵阳市分校	168	199	103	462	624	387	173	1093	48	0	0	500
遵义地区分校	799	893	426	2677	1603	2813	1420	7533	341	79	0	1234
安顺地区分校	205	516	244	1337	225	805	306	2103	156	0	0	409
黔东南州分校	382	800	0	2327	925	1786	626	4978	581	0	0	0
黔西南州分校	561	452	211	1769	671	1193	546	3142	194	181	0	761
六盘水市分校	383	210	115	1119	204	422	163	1549	222	0	0	377
黎阳机械公司工作站	2	0	0	0	2	0	0	24	0	0	0	0
贵州广播电视大学	2094	1081	479	3057	2437	2688	1126	6500	0	0	0	0
黔南州分校	234	314	179	1962	480	818	281	3268	31	64	0	1500
毕节地区分校	587	507	208	1891	1122	1362	540	4362	498	0	0	838
铜仁分校	427	818	347	2760	336	999	328	3188	181	0	0	916
水城钢铁公司分校	60	85	53	238	186	322	131	745	0	0	0	0
航天管理局工作站	44	0	0	88	0	0	0	0	0	0	0	0
贵航技校电大工作站	0	0	0	0	0	0	0	0	0	0	0	0
云　南	**1447**	**3459**	**944**	**11896**	**5461**	**7832**	**3074**	**27066**	**2339**	**3804**	**1259**	**10695**
云南广播电视大学	134	1444	247	3564	1469	2755	1108	7102	156	1060	338	3018
红河分校	21	229	102	564	511	525	250	2008	106	411	223	904
文山分校	61	153	31	457	191	343	112	994	60	44	14	371
曲靖分校	251	379	112	1500	1152	1309	447	4468	285	296	118	902
楚雄广播电视大学	97	74	14	677	146	418	114	1314	269	280	149	768
保山分校	278	404	198	1558	571	814	394	3316	161	173	48	428
临沧分校	124	41	13	688	391	32	13	594	51	1	1	115
德宏广播电视大学	1	0	0	51	3	1	0	67	65	54	0	94
云南省电大政法分校	48	7	1	305	107	128	72	675	0	0	0	0
昆明广播电视大学	8	125	30	192	16	386	56	966	284	331	2	1137
玉溪广播电视大学	4	19	6	118	3	11	6	58	55	351	130	685
思茅广播电视大学	127	213	66	818	281	201	61	1340	179	506	60	989
西双版纳广播电视大学	206	213	56	725	100	325	102	1954	19	46	12	155
昭通分校	2	22	0	47	25	0	0	135	307	0	0	286
大理分校	46	45	30	229	109	109	53	517	223	242	155	639
丽江分校	0	0	0	0	0	0	0	9	115	9	9	178
文山州民族干部学校	21	55	25	250	115	92	43	596	0	0	0	0
昆明市总工会分校	18	36	13	153	271	383	243	953	4	0	0	26
陕　西	**5265**	**9281**	**4243**	**27027**	**13239**	**22187**	**10256**	**67632**	**1434**	**655**	**280**	**3381**
陕西省广播电视大学	476	377	125	419	1562	3599	1308	13269	375	0	0	835
延安分校	347	684	263	1726	1172	2518	1104	7169	0	14	2	29
榆林地区分校	507	1120	521	2895	602	2270	1035	5725	811	457	193	1508
宝鸡市分校	224	489	204	1293	730	1429	661	3509	72	101	43	536
安康分校	684	918	454	3289	863	1332	643	3629	0	0	0	110
渭南分校	31	573	242	1261	250	2380	1321	4095	5	1	1	4
商洛地区分校	368	702	316	2826	478	796	359	2716	38	39	19	125
高新分校	102	118	118	639	163	146	146	996	0	0	0	0
陕西广播电视大学宝鸡农校教育中心	0	0	0	0	302	0	0	0	123	0	0	0

2.1.1 中央电大开放教育学校与学生情况（续表26）

单位：人

	本科（专科起点）				专科				“一村一名大学生”计划			
	毕业生	招生		在校生	毕业生	招生		在校生	毕业生	招生		在校生
		计	其中:春季			计	其中:春季			计	其中:春季	
陕西银行学校	0	7	7	55	109	17	17	457	0	0	0	0
陕西省机电工程学校	0	0	0	0	676	102	0	470	0	0	0	0
陕西广播电视大学镇安财校教学点	0	5	0	19	70	22	12	53	0	0	0	0
西安铁路高级工学校	0	0	0	0	26	0	0	115	0	0	0	0
咸阳市分校	637	878	349	2199	1575	2175	994	5676	0	0	0	0
汉中分校	632	923	540	3039	1307	1729	969	5057	2	41	20	204
铜川市分校	54	99	43	329	123	163	102	392	8	2	2	30
航空工业局工作站	92	169	62	306	105	430	70	835	0	0	0	0
省电子工业局工作站	21	41	22	128	237	147	62	396	0	0	0	0
兵器工业管理局工作站	0	0	0	0	53	55	55	205	0	0	0	0
省冶金局工作站	21	0	0	45	0	0	0	0	0	0	0	0
省石油化学工业局工作站	0	0	0	0	0	0	0	0	0	0	0	0
陕西省纺织公司工作站	0	0	0	159	0	0	0	432	0	0	0	0
省水利厅工作站	47	157	42	856	48	154	27	589	0	0	0	0
省电大商务厅工作站	0	326	109	397	79	573	268	892	0	0	0	0
新城分校	799	1354	681	4026	2264	1812	1000	9739	0	0	0	0
工运学院电大	223	341	145	1121	294	251	103	1073	0	0	0	0
陕西通信技术学院	0	0	0	0	151	87	0	143	0	0	0	0
陕西省理工学校	0	0	0	0	0	0	0	0	0	0	0	0
陕西扶贫技术学院教学点	0	0	0	0	0	0	0	0	0	0	0	0
西　安	**1829**	**5874**	**2840**	**18254**	**6391**	**12215**	**5911**	**41651**	**0**	**0**	**0**	**121**
西安市广播电视大学	21	0	0	35	199	0	0	137	0	0	0	0
西安电大城东分校	688	2163	1036	6526	2445	3980	1631	14128	0	0	0	121
长安分校	204	411	213	1145	393	610	341	1607	0	0	0	0
临潼分校	132	161	74	794	280	360	204	1123	0	0	0	0
西电公司工作站	3	0	0	22	19	0	0	75	0	0	0	0
富士日本语专修学院工作站	0	0	0	0	0	0	0	0	0	0	0	0
西安广播电视大学城南分校	0	0	0	0	0	0	0	0	0	0	0	0
西安广播电视大学城西分校	96	466	252	1113	230	1205	685	3007	0	0	0	0
西安广播电视大学城北分校	0	0	0	0	0	0	0	0	0	0	0	0
西安广播电视大学高新分校	0	0	0	0	0	436	158	661	0	0	0	0
西安电大现代教育培训学院	4	33	33	94	71	98	98	544	0	0	0	0
莲湖区分校	39	203	106	695	295	1111	907	2828	0	0	0	0
莲湖科技学校工作站	0	0	0	0	0	0	0	0	0	0	0	0
西安电大北洋工作站	9	36	36	49	77	18	18	263	0	0	0	0
翠华培训学院工作站	82	43	43	390	176	106	106	1177	0	0	0	0
蓝田分校	33	51	28	186	104	68	31	229	0	0	0	0
高陵分校	32	57	26	261	117	146	84	522	0	0	0	0
艺术学院	0	0	0	0	0	0	0	0	0	0	0	0
西安电大城中分校	486	2250	993	6944	1985	4077	1648	15350	0	0	0	0
西安广播电视大学周户分校	0	0	0	0	0	0	0	0	0	0	0	0
甘　肃	**5411**	**7080**	**3662**	**21429**	**10482**	**12789**	**6005**	**40221**	**172**	**2137**	**903**	**3126**
兰州分校	362	351	211	643	530	521	250	1091	0	0	0	0
红古区工作站	22	28	11	69	81	113	28	258	0	0	0	0
红古党校工作站	7	29	17	60	32	55	25	124	0	0	0	0
天水分校	59	92	31	365	147	255	104	523	0	0	0	0
清水工作站	50	39	10	135	50	61	28	319	0	43	0	43
秦安工作站	212	94	30	385	101	77	43	315	0	113	57	113
麦积工作站	0	31	15	31	0	21	8	21	0	21	0	21
白银分校	113	120	42	322	166	223	84	511	0	224	92	653
白银区工作站	0	21	0	38	0	67	0	125	0	0	0	0

2.1.1 中央电大开放教育学校与学生情况（续表27）

单位：人

	本　科（专科起点）				专　科				“一村一名大学生”计划			
	毕业生	招生		在校生	毕业生	招生		在校生	毕业生	招生		在校生
		计	其中:春季			计	其中:春季			计	其中:春季	
平川区工作站	34	60	24	224	57	93	39	185	0	0	0	0
金昌分校	41	214	91	445	178	593	328	1044	0	0	0	0
环县工作站	23	0	0	0	36	12	0	12	14	276	250	341
宁县工作站	3	7	7	13	3	20	20	39	0	12	12	12
平凉分校	196	84	30	353	140	208	82	680	0	19	0	19
泾川工作站	9	24	12	112	16	40	18	144	0	32	20	32
灵台工作站	58	122	76	393	74	56	25	277	0	36	5	36
华亭工作站	53	96	50	351	124	73	30	395	0	20	0	20
陇南分校	191	274	118	592	465	248	127	599	0	0	0	0
文县工作站	35	51	29	129	35	98	58	223	0	32	0	32
康县工作站	0	0	0	0	20	52	25	98	0	32	24	34
西和工作站	0	0	0	32	14	8	8	61	0	0	0	0
两当工作站	6	46	24	84	23	52	27	104	0	0	0	0
通渭工作站	97	124	73	524	60	87	43	356	0	70	45	136
渭源工作站	45	45	33	181	55	7	7	36	0	97	32	97
临洮工作站	80	32	17	108	38	52	18	126	75	72	0	72
凉州区工作站	3	10	6	41	11	2	1	35	0	4	0	4
天祝工作站	16	21	12	70	30	27	9	71	0	40	0	40
肃南工作站	5	16	8	41	17	81	38	149	0	32	32	32
临泽工作站	13	21	21	106	43	43	43	105	0	0	0	0
高台工作站	49	56	33	105	77	85	33	239	0	43	0	43
山丹工作站	38	24	9	74	43	38	20	126	0	0	0	0
迭部工作站	0	29	0	71	44	38	0	168	5	20	0	50
临夏分校	158	97	34	273	213	179	51	394	0	125	72	125
永靖工作站	24	48	21	92	22	37	8	82	0	3	3	3
和政工作站	27	38	17	129	51	66	33	227	0	30	22	30
东乡工作站	0	4	0	8	10	41	10	47	0	0	0	0
积石山工作站	1	9	4	31	18	46	11	137	0	28	0	28
四〇四厂分校	8	0	0	38	19	0	0	1	0	0	0	0
省农垦分校	54	132	73	392	630	1099	627	3252	0	0	0	0
金塔教学点	11	52	24	135	60	149	65	342	0	0	0	0
瓜州教学点	7	13	7	71	53	64	28	239	0	0	0	0
玉门教学点	2	13	9	29	67	79	37	245	0	0	0	0
滨河分校	26	36	25	75	73	115	38	309	0	15	14	35
水电部五局工作站	5	11	0	69	228	195	0	940	0	0	0	0
兰州石化公司工作站	0	0	0	2	59	41	23	107	0	0	0	0
五零四厂工作站	38	0	0	20	0	0	0	0	0	0	0	0
职业技术学院	0	0	0	0	0	0	0	0	0	0	0	0
城建教学点	0	25	24	37	69	9	6	46	0	0	0	0
兰州铁路技工学校教学点	0	0	0	0	101	27	0	113	0	0	0	0
甘肃广播电视大学	0	0	0	0	0	0	0	0	0	0	0	0
西固区工作站	109	46	12	129	108	51	22	143	0	0	0	0
永登工作站	37	37	15	93	43	90	25	381	0	12	0	12
榆中工作站	16	18	7	43	30	96	25	155	0	0	0	0
永登党校工作站	19	23	6	86	33	48	19	193	18	45	11	83
园艺学校教学点	0	14	6	24	103	67	29	454	0	0	0	0
甘谷工作站	139	62	28	198	40	62	28	151	0	0	0	0
武山工作站	48	16	5	92	44	58	23	265	0	40	0	40
张家川工作站	6	67	19	170	16	38	20	112	0	40	0	40
靖远工作站	158	99	57	282	58	136	61	308	0	0	0	0
会宁工作站	83	7	3	82	24	21	8	37	0	0	0	0

2.1.1 中央电大开放教育学校与学生情况（续表28）

单位：人

	本 科（专科起点）				专 科				“一村一名大学生”计划			
	毕业生	招生		在校生	毕业生	招生		在校生	毕业生	招生		在校生
		计	其中:春季			计	其中:春季			计	其中:春季	
景泰工作站	49	63	30	205	30	204	91	438	0	0	0	0
靖煤教学点	19	24	11	68	40	71	51	178	0	0	0	0
会宁职专教学点	0	19	8	35	0	33	14	62	0	0	0	0
嘉峪关分校	154	176	74	502	551	554	251	1570	0	0	0	0
庆阳分校	222	313	161	1555	514	440	158	2303	0	0	0	6
合水工作站	17	31	31	100	6	12	12	105	0	13	13	13
正宁工作站	134	92	0	191	66	43	18	134	0	11	5	11
镇原工作站	1	18	18	40	14	13	13	56	0	4	4	4
崇信工作站	22	21	14	53	21	34	13	128	0	10	0	10
庄浪工作站	96	74	51	275	49	75	38	196	0	10	0	10
静宁工作站	53	13	6	89	26	48	9	222	0	40	0	40
成县工作站	8	20	10	71	58	55	35	120	0	0	0	0
宕昌工作站	16	31	17	80	39	108	65	241	0	0	0	0
礼县工作站	36	96	42	239	168	177	101	463	0	0	0	0
徽县工作站	9	20	10	83	23	47	16	158	0	0	0	0
定西分校	99	315	165	909	98	264	84	958	0	90	24	126
漳县工作站	41	65	37	249	68	73	40	217	0	0	0	0
岷县工作站	56	198	138	441	133	155	84	484	40	42	3	82
武威分校	243	4	2	642	226	24	13	781	0	0	0	0
民勤工作站	115	99	61	305	90	58	29	254	0	100	10	100
古浪工作站	0	45	11	86	59	51	11	108	0	40	0	40
张掖分校	107	38	23	44	219	142	72	293	0	0	0	0
酒泉分校	246	322	129	692	691	577	302	1019	0	0	0	84
瓜州工作站	97	129	71	368	66	148	73	504	0	0	0	0
阿克塞工作站	0	0	0	0	31	55	17	191	0	0	0	0
玉门工作站	24	62	38	262	81	215	122	583	0	1	0	5
敦煌工作站	59	72	34	203	117	115	68	334	0	1	0	8
甘南分校	13	64	26	140	43	46	15	132	3	5	5	24
临潭工作站	0	103	36	216	34	71	39	303	0	104	104	195
卓尼工作站	39	96	76	202	84	161	92	532	9	37	35	89
舟曲工作站	15	20	20	157	64	28	28	209	8	28	0	28
康乐工作站	18	57	24	159	86	108	47	295	0	25	9	25
广河工作站	37	46	32	198	114	100	72	151	0	0	0	0
黄羊教学点	165	57	24	697	365	100	36	1486	0	0	0	0
农垦河西分校	86	98	62	282	282	570	213	1147	0	0	0	0
敦煌教学点	8	10	7	24	60	43	12	189	0	0	0	0
直属学院	224	1082	692	2727	528	942	505	4612	0	0	0	0
教学分部	87	59	35	143	204	91	41	310	0	0	0	0
武威卫校工作站	0	0	0	0	169	518	339	1453	0	0	0	0
陇南农校工作站	0	0	0	0	70	0	0	60	0	0	0	0
中德培训中心教学点	0	0	0	0	13	0	0	3	0	0	0	0
青　海	**1205**	**1790**	**635**	**4214**	**1715**	**3452**	**1566**	**7054**	**0**	**2**	**0**	**2**
青海广播电视大学	0	0	0	0	0	0	0	0	0	0	0	0
海南州广播电视大学	75	104	29	174	94	100	42	174	0	0	0	0
玉树州广播电视大学	48	34	7	156	108	84	25	323	0	0	0	0
果洛州广播电视大学	170	36	0	167	153	136	0	488	0	0	0	0
湟源县广播电视大学	44	69	22	174	53	138	77	223	0	0	0	0
民和县广播电视大学	53	28	0	59	47	62	35	125	0	0	0	0
大通师范电大	34	10	10	10	59	113	113	113	0	0	0	0
化隆县广播电视大学	40	22	10	62	32	42	21	71	0	0	0	0
黄南州工作站	48	68	8	229	53	102	18	272	0	0	0	0

2.1.1 中央电大开放教育学校与学生情况（续表29）

单位：人

	本科（专科起点）				专科				“一村一名大学生”计划			
	毕业生	招生		在校生	毕业生	招生		在校生	毕业生	招生		在校生
		计	其中:春季			计	其中:春季			计	其中:春季	
青海省人事厅人才交流中心	93	142	54	379	177	216	127	469	0	0	0	0
门源职校教学点	0	13	5	27	0	86	15	103	0	0	0	0
海南州职校教学点	0	1	1	44	0	0	0	54	0	0	0	0
海西州广播电视大学	122	152	78	537	129	374	180	760	0	0	0	0
海北州广播电视大学	22	104	29	246	69	184	85	417	0	0	0	0
平安县广播电视大学	0	18	13	66	0	68	28	107	0	0	0	0
乐都广播电视大学	47	61	25	134	25	131	57	211	0	0	0	0
互助县广播电视大学	40	34	18	125	27	116	31	199	0	0	0	0
湟中县广播电视大学	28	71	20	109	52	403	216	521	0	0	0	0
循化县广播电视大学	34	50	28	94	30	46	21	100	0	2	0	2
海西州格尔木工作站	35	46	14	125	137	176	38	471	0	0	0	0
省直属分校	272	695	249	1246	470	809	389	1758	0	0	0	0
贵德职校电大	0	32	15	51	0	66	48	95	0	0	0	0
宁　夏	**1564**	**2952**	**1355**	**10985**	**2672**	**4806**	**2365**	**16813**	**33**	**48**	**28**	**332**
银川市分校	0	0	0	0	0	0	0	1	0	0	0	0
吴忠市分校	112	257	105	944	222	307	123	1020	0	0	0	0
工业职业学院电大分校	10	72	34	251	2	271	150	476	0	0	0	0
青铜峡市电大工作站	80	57	37	276	129	168	85	571	0	0	0	0
中宁县工作站	74	128	37	497	133	145	91	586	0	0	0	0
盐池县电大工作站	2	61	17	103	91	232	166	387	0	0	0	0
中卫市分校	130	245	105	622	354	507	265	1156	0	0	0	0
平罗县电大工作站	16	109	52	377	59	274	187	862	0	11	6	132
银川铁路系统分校	46	0	0	203	1	0	0	244	0	0	0	0
西吉电大工作站	22	7	7	44	9	0	0	27	0	0	0	0
海原县电大工作站	0	43	16	43	15	82	59	82	0	0	0	0
宁夏电大新闻培训中心	66	162	61	698	239	319	122	1293	0	0	0	0
宁夏广播电视大学	347	569	261	2627	526	776	342	4310	0	0	0	0
石嘴山分校	261	743	345	2231	421	1049	460	3228	0	0	0	0
同心县电大工作站	59	119	66	357	65	240	108	509	0	0	0	0
永宁县电大工作站	165	161	82	713	192	224	92	963	33	37	22	200
贺兰县电大工作站	69	112	62	503	150	134	78	767	0	0	0	0
隆德县电大工作站	12	37	23	117	19	14	14	61	0	0	0	0
固原市原州区电大工作站	93	70	45	379	45	64	23	270	0	0	0	0
新　疆	**4310**	**7972**	**4819**	**21977**	**7712**	**16169**	**9497**	**41741**	**107**	**233**	**143**	**877**
新疆广播电视大学	26	117	73	466	38	177	109	670	0	0	0	0
昌吉玛纳斯县电大	104	70	48	273	156	158	77	643	0	2	2	10
昌吉呼图壁县电大	37	96	56	320	79	274	112	649	0	5	5	5
昌吉米泉市电大	89	86	41	203	97	276	122	668	0	0	0	0
昌吉阜康市电大	237	244	244	365	131	295	295	954	0	0	0	0
昌吉木垒县电大	41	27	17	101	76	36	22	103	0	0	0	25
克拉玛依广播电视大学	61	59	25	110	117	78	35	154	0	0	0	0
阿勒泰广播电视大学	114	253	114	582	211	424	229	1181	7	5	4	100
阿勒泰布尔津县电大	49	56	25	147	98	91	42	257	12	16	9	118
阿勒泰吉木乃县电大	51	34	24	112	43	62	37	175	0	9	7	62
塔城和丰县电大	0	0	0	153	60	199	131	670	0	0	0	0
巴州尉犁县电大	29	43	23	95	53	51	25	103	0	0	0	0
巴州和硕县电大	35	54	32	84	47	63	38	128	0	0	0	0
阿克苏乌什县电大	0	18	13	18	0	23	11	23	0	0	0	0
阿克苏阿瓦提县电大	18	28	18	105	23	58	38	150	0	0	0	0
阿克苏温宿县电大	29	69	41	157	65	158	77	195	0	0	0	0
阿克苏拜城县电大	7	57	38	69	92	117	79	163	0	0	0	0

2.1.1 中央电大开放教育学校与学生情况（续表30）

单位：人

	本 科（专科起点）				专 科				“一村一名大学生”计划			
	毕业生	招生		在校生	毕业生	招生		在校生	毕业生	招生		在校生
		计	其中:春季			计	其中:春季			计	其中:春季	
阿克苏库车县电大	10	43	19	105	29	106	96	227	0	0	0	0
博尔塔拉蒙古自治州电大	316	497	268	884	434	796	415	1478	3	37	21	54
博州精河县电大	55	54	25	154	55	76	37	197	0	0	0	0
奎屯市广播电视大学	61	140	59	338	140	245	124	563	0	0	0	0
克孜勒苏广播电视大学	38	223	121	702	137	325	171	973	0	0	0	0
克州阿合奇县电大	0	47	23	102	0	73	53	106	0	0	0	0
克州乌恰县电大	0	0	0	0	0	0	0	0	0	0	0	0
喀什岳普湖县电大	0	7	7	21	0	10	10	21	0	0	0	0
喀什伽师县电大	0	14	14	42	20	9	9	107	0	0	0	0
和田广播电视大学	251	706	449	2117	474	1669	929	4259	0	0	0	0
和田墨玉县电大	0	0	0	0	9	55	55	82	0	0	0	0
和田策勒县电大	0	0	0	0	0	133	133	198	0	0	0	0
和田民丰县电大	0	0	0	0	0	147	77	215	0	0	0	0
伊犁州广播电视大学	419	558	243	1138	843	1208	584	2635	22	34	22	136
伊犁州新源县电大	46	66	66	226	90	177	171	471	0	0	0	0
伊犁州伊宁县电大	50	71	31	174	45	57	57	325	0	0	0	0
吐鲁番托克逊县电大	0	0	0	0	0	0	0	0	0	0	0	0
乌石化广播电视大学	12	8	0	36	38	15	0	52	0	0	0	0
新疆司法警官电大	0	0	0	0	301	244	244	672	0	0	0	0
乌鲁木齐广播电视大学	33	81	34	277	15	98	67	249	0	0	0	0
哈密广播电视大学	173	377	186	602	248	689	332	1063	0	0	0	0
哈密巴里坤县电大	8	0	0	14	13	10	10	88	0	0	0	0
昌吉广播电视大学	381	408	408	1365	493	459	459	1851	0	0	0	0
昌吉吉木萨尔县电大	38	99	47	371	62	379	157	745	7	27	8	73
昌吉奇台县电大	74	152	81	376	163	392	156	876	19	35	19	93
阿勒泰富蕴县电大	45	75	47	152	79	113	69	262	0	0	0	0
阿勒泰福海县电大	10	61	23	141	12	82	39	241	0	5	5	45
阿勒泰哈巴河县电大	36	104	63	169	83	175	67	402	15	0	0	24
阿勒泰青河县电大	41	46	26	129	78	54	24	184	0	0	0	0
塔城广播电视大学	115	284	160	763	175	467	298	1372	12	18	9	57
塔城额敏县电大	0	30	30	100	9	42	35	397	4	23	23	37
塔城乌苏市电大	9	48	36	133	52	104	66	281	3	9	5	16
塔城沙湾县电大	29	44	44	94	79	61	61	172	3	0	0	4
塔城托里县电大	35	51	31	91	23	174	85	275	0	8	4	14
塔城裕民县电大	9	35	35	74	24	44	44	119	0	0	0	4
巴音郭楞蒙古自治州电大	417	631	340	2656	756	1271	723	4288	0	0	0	0
巴州轮台县电大	22	32	32	122	54	47	47	195	0	0	0	0
巴州若羌县电大	5	48	0	101	19	72	0	156	0	0	0	0
巴州且末县电大	0	53	18	124	0	115	56	278	0	0	0	0
巴州焉耆县电大	45	62	38	129	57	116	49	232	0	0	0	0
巴州和静县电大	48	22	16	55	39	68	42	124	0	0	0	0
阿克苏分校	93	215	123	1052	191	483	287	1763	0	0	0	0
阿克苏沙雅县电大	27	57	29	222	94	89	56	268	0	0	0	0
博州温泉县电大	20	0	0	28	25	64	32	98	0	0	0	0
克州阿克陶县电大	12	24	24	95	41	52	52	273	0	0	0	0
喀什广播电视大学	12	454	454	747	7	776	776	1141	0	0	0	0
喀什泽普县电大	23	49	49	127	36	42	42	108	0	0	0	0
和田和田县电大	0	0	0	0	0	0	0	0	0	0	0	0
和田于田县电大	0	63	0	63	63	286	94	443	0	0	0	0
和田洛浦县电大	0	0	0	0	0	55	32	100	0	0	0	0
伊犁州特克斯县电大	30	65	34	138	102	115	78	434	0	0	0	0

2.1.1 中央电大开放教育学校与学生情况（续表31）

单位：人

	本 科（专科起点）				专 科				“一村一名大学生”计划			
	毕业生	招生		在校生	毕业生	招生		在校生	毕业生	招生		在校生
		计	其中:春季			计	其中:春季			计	其中:春季	
伊犁州巩留县电大	33	111	55	407	60	241	129	916	0	0	0	0
石河子广播电视大学	167	107	53	555	269	384	191	1122	0	0	0	0
吐鲁番分校	44	216	117	686	142	311	151	705	0	0	0	0
吐鲁番鄯善县电大	63	59	29	274	68	90	47	383	0	0	0	0
广电厅广播电视大学	0	0	0	0	0	0	0	0	0	0	0	0
潞安公司电大	28	64	0	146	80	264	0	670	0	0	0	0
新疆兵团	**1077**	**2675**	**994**	**5819**	**1916**	**5738**	**2114**	**13080**	**527**	**696**	**381**	**1976**
新疆兵团广播电视大学	106	353	119	1433	271	839	327	2663	0	0	0	0
农一师分校	61	199	111	441	99	391	201	854	80	35	18	150
农七师分校	63	96	48	286	181	218	97	821	20	21	7	84
农九师分校	60	108	50	274	89	188	80	490	100	184	104	496
农十二师分校	46	90	43	213	31	185	73	280	0	0	0	0
农十四师分校	9	0	0	6	1	0	0	0	8	0	0	0
红山分校	0	441	0	538	0	1027	0	1761	0	0	0	0
农二师分校	145	237	105	476	154	428	163	1308	136	134	58	315
农三师分校	53	77	77	172	137	175	175	437	62	58	58	155
农四师分校	12	67	44	162	31	76	27	208	29	31	11	178
农五师分校	35	151	56	328	37	127	51	318	11	83	49	264
农六师分校	138	193	74	419	201	465	189	1041	13	19	14	46
农八师分校	220	138	68	361	423	269	117	767	0	12	8	25
农十师分校	121	128	62	255	224	204	96	381	68	119	54	263
农十三师分校	8	78	49	136	37	148	77	304	0	0	0	0
北京路分校	0	319	88	319	0	998	441	1447	0	0	0	0

2.1.2 中央电大开放教育本科（专科起点）专业分布

单位：人

专业与学校	毕业生	招生		在校生
		计	其中：春季	
总　计	**198979**	**278054**	**128512**	**851561**
经济学	**585**	**207**	**58**	**1806**
中央电大直属院校	0	0	0	0
北　京	176	57	0	489
天　津	0	0	0	0
河　北	0	0	0	0
山　西	0	0	0	0
内蒙古	5	0	0	19
辽　宁	0	0	0	0
沈　阳	0	0	0	0
大　连	0	0	0	0
吉　林	0	0	0	0
长　春	0	0	0	0
黑龙江	36	2	0	16
哈尔滨	0	0	0	0
上　海	2	0	0	2
江　苏	16	0	0	73
南　京	0	0	0	0
浙　江	28	0	0	37
宁　波	0	0	0	0
安　徽	14	0	0	11
福　建	0	0	0	0
厦　门	0	0	0	0
江　西	0	0	0	0
山　东	29	2	1	319
青　岛	1	0	0	12
河　南	1	0	0	12
湖　北	8	34	11	56
武　汉	0	0	0	0
湖　南	81	103	44	232
广　东	24	0	0	32
广　州	0	0	0	4
深　圳	8	1	0	16
广　西	6	0	0	23
海　南	0	0	0	11
四　川	0	0	0	1
成　都	0	0	0	0
重　庆	0	0	0	0
贵　州	39	0	0	59
云　南	30	0	0	87
陕　西	55	0	0	0
西　安	0	0	0	0
甘　肃	10	5	0	54
青　海	0	0	0	0
宁　夏	0	0	0	0
新　疆	16	3	2	241
新疆兵团	0	0	0	0
金融学	**9867**	**14410**	**6921**	**48601**
中央电大直属院校	45	48	19	191
北　京	660	867	476	5207
天　津	300	198	93	1288
河　北	515	378	159	1137
山　西	222	230	115	879
内蒙古	336	860	429	2149
辽　宁	318	384	206	1313
沈　阳	161	141	58	537
大　连	100	87	45	410
吉　林	64	120	44	461
长　春	29	68	38	180
黑龙江	207	394	194	1216
哈尔滨	222	215	121	864
上　海	84	105	12	341
江　苏	420	296	152	936
南　京	28	0	0	182
浙　江	637	947	397	2648
宁　波	158	168	84	719
安　徽	716	1264	625	3022
福　建	275	451	220	1766
厦　门	5	0	0	83
江　西	508	792	406	2160
山　东	318	571	364	1700
青　岛	45	78	36	328
河　南	394	814	382	2078
湖　北	139	343	163	1384
武　汉	33	76	29	323
湖　南	324	578	264	1338
广　东	253	320	139	715
广　州	462	439	295	2211
深　圳	54	197	95	1014
广　西	80	77	46	253
海　南	14	0	0	19
四　川	383	759	344	2897
成　都	138	142	61	781
重　庆	205	395	173	949
贵　州	88	82	27	360
云　南	38	53	7	352
陕　西	382	382	193	1308
西　安	26	172	83	497
甘　肃	245	314	154	1031
青　海	61	272	29	279
宁　夏	39	67	33	375
新　疆	133	260	108	708
新疆兵团	3	6	3	12
法　学	**36487**	**44455**	**21082**	**144867**
中央电大直属院校	318	463	289	3809
北　京	619	344	153	2959
天　津	1027	694	372	3436
河　北	2112	3075	1310	7924
山　西	1039	748	420	3801
内蒙古	836	1621	725	4270
辽　宁	1088	1323	615	4390
沈　阳	423	352	189	1464
大　连	501	458	205	1317
吉　林	449	1202	560	2889

2.1.2 中央电大开放教育本科（专科起点）专业分布（续表1）

单位：人

专业与学校	毕业生	招生		在校生
		计	其中：春季	
长　　春	61	83	30	353
黑 龙 江	612	791	417	2712
哈 尔 滨	222	320	137	1844
上　　海	323	193	66	704
江　　苏	1875	1238	630	5310
南　　京	160	133	57	1002
浙　　江	2296	2674	1187	7914
宁　　波	426	319	153	1141
安　　徽	1846	2580	1113	7286
福　　建	1791	1851	953	6617
厦　　门	49	37	5	394
江　　西	996	1129	651	3238
山　　东	876	916	470	2818
青　　岛	142	130	55	759
河　　南	1488	1873	1035	5228
湖　　北	424	650	309	2180
武　　汉	54	42	19	290
湖　　南	962	1256	592	3430
广　　东	2281	2184	1016	6056
广　　州	529	1002	199	2851
深　　圳	82	100	33	713
广　　西	557	612	303	2105
海　　南	65	140	60	427
四　　川	1567	1991	901	6331
成　　都	501	547	258	2376
重　　庆	1156	1931	984	4507
贵　　州	1959	1934	840	5931
云　　南	525	846	271	4042
陕　　西	718	994	482	3266
西　　安	181	243	124	1126
甘　　肃	686	1210	574	3394
青　　海	264	274	137	1015
宁　　夏	394	393	208	1486
新　　疆	1586	2995	1772	8353
新疆兵团	421	564	203	1409
社会工作	**87**	**1716**	**730**	**3501**
中央电大直属院校	0	325	126	693
北　　京	0	272	118	492
天　　津	0	17	0	17
河　　北	0	0	0	0
山　　西	0	0	0	0
内 蒙 古	76	224	120	682
辽　　宁	0	0	0	0
沈　　阳	0	0	0	0
大　　连	0	0	0	0
吉　　林	0	0	0	0
长　　春	0	0	0	0
黑 龙 江	0	0	0	0
哈 尔 滨	0	0	0	0
上　　海	0	504	260	892
江　　苏	0	55	25	134
南　　京	0	0	0	0
浙　　江	0	83	0	141
宁　　波	0	20	7	65
安　　徽	0	22	15	22
福　　建	0	0	0	0
厦　　门	0	0	0	0
江　　西	0	0	0	0
山　　东	0	1	1	1
青　　岛	0	0	0	0
河　　南	0	0	0	0
湖　　北	11	52	19	93
武　　汉	0	0	0	19
湖　　南	0	0	0	9
广　　东	0	56	0	56
广　　州	0	0	0	0
深　　圳	0	37	20	96
广　　西	0	2	0	2
海　　南	0	0	0	0
四　　川	0	0	0	0
成　　都	0	27	14	51
重　　庆	0	0	0	6
贵　　州	0	0	0	0
云　　南	0	8	0	8
陕　　西	0	0	0	0
西　　安	0	5	1	9
甘　　肃	0	0	0	0
青　　海	0	0	0	0
宁　　夏	0	0	0	0
新　　疆	0	5	3	11
新疆兵团	0	1	1	2
学前教育	**97**	**5463**	**2842**	**6442**
中央电大直属院校	0	4	0	4
北　　京	0	303	144	356
天　　津	0	389	161	540
河　　北	0	35	28	35
山　　西	0	27	9	29
内 蒙 古	0	13	0	13
辽　　宁	0	62	37	62
沈　　阳	0	27	11	41
大　　连	0	7	0	7
吉　　林	0	3	1	3
长　　春	0	0	0	0
黑 龙 江	0	22	5	22
哈 尔 滨	0	0	0	0
上　　海	0	313	148	313
江　　苏	0	600	401	680
南　　京	0	5	0	29
浙　　江	0	1708	938	1873
宁　　波	0	180	115	220
安　　徽	0	189	72	429
福　　建	0	197	89	267
厦　　门	0	0	0	0
江　　西	0	0	0	0

2.1.2 中央电大开放教育本科（专科起点）专业分布（续表2）

单位：人

专业与学校	毕业生	招生 计	招生 其中：春季	在校生
山东	30	234	151	243
青岛	0	111	96	111
河南	0	177	146	183
湖北	0	0	0	0
武汉	0	9	0	9
湖南	53	70	39	141
广东	0	5	0	5
广州	0	89	15	89
深圳	0	0	0	0
广西	0	140	15	140
海南	0	0	0	0
四川	0	157	61	158
成都	0	69	1	71
重庆	4	108	71	152
贵州	0	0	0	0
云南	0	58	0	58
陕西	10	64	38	69
西安	0	10	4	10
甘肃	0	0	0	0
青海	0	8	0	8
宁夏	0	68	46	70
新疆	0	0	0	0
新疆兵团	0	2	0	2
教育技术学	**26**	**75**	**7**	**289**
中央电大直属院校	0	0	0	0
北京	0	0	0	0
天津	0	26	0	187
河北	0	0	0	0
山西	0	0	0	0
内蒙古	0	0	0	0
辽宁	0	0	0	0
沈阳	0	0	0	0
大连	0	0	0	0
吉林	1	9	6	22
长春	0	0	0	0
黑龙江	0	0	0	0
哈尔滨	0	0	0	0
上海	0	0	0	0
江苏	0	0	0	0
南京	0	0	0	0
浙江	25	0	0	0
宁波	0	0	0	0
安徽	0	0	0	0
福建	0	0	0	0
厦门	0	0	0	0
江西	0	0	0	0
山东	0	0	0	30
青岛	0	0	0	0
河南	0	0	0	0
湖北	0	0	0	10
武汉	0	0	0	0
湖南	0	1	0	1
广东	0	0	0	0
广州	0	0	0	0
深圳	0	0	0	0
广西	0	0	0	0
海南	0	0	0	0
四川	0	0	0	0
成都	0	0	0	0
重庆	0	1	1	1
贵州	0	34	0	34
云南	0	3	0	3
陕西	0	0	0	0
西安	0	0	0	0
甘肃	0	0	0	0
青海	0	0	0	0
宁夏	0	0	0	0
新疆	0	1	0	1
新疆兵团	0	0	0	0
小学教育	**5055**	**3985**	**1806**	**13813**
中央电大直属院校	0	0	0	0
北京	80	0	0	321
天津	490	137	76	584
河北	359	692	240	1671
山西	196	49	34	379
内蒙古	64	126	58	445
辽宁	25	86	20	231
沈阳	0	0	0	0
大连	0	0	0	4
吉林	33	29	10	159
长春	0	0	0	3
黑龙江	54	32	9	113
哈尔滨	0	0	0	0
上海	51	63	30	147
江苏	1744	672	338	3155
南京	64	16	13	211
浙江	239	161	68	582
宁波	90	42	22	178
安徽	182	199	96	625
福建	114	140	61	427
厦门	0	0	0	0
江西	0	0	0	1
山东	268	142	73	462
青岛	0	8	2	10
河南	211	242	136	701
湖北	18	93	35	148
武汉	21	55	32	114
湖南	67	85	41	230
广东	22	83	62	116
广州	0	0	0	2
深圳	0	0	0	0
广西	2	30	17	74
海南	0	19	19	21
四川	70	90	39	547

2.1.2 中央电大开放教育本科（专科起点）专业分布（续表3）

单位：人

专业与学校	毕业生	招生		在校生
		计	其中：春季	
成　　都	10	23	6	71
重　　庆	1	2	0	4
贵　　州	174	163	40	391
云　　南	16	109	15	142
陕　　西	17	48	26	241
西　　安	1	14	5	36
甘　　肃	159	166	89	569
青　　海	156	42	9	161
宁　　夏	15	31	18	188
新　　疆	41	87	60	336
新疆兵团	1	9	7	13
汉语言文学	**27614**	**22347**	**10790**	**79499**
中央电大直属院校	44	44	9	170
北　　京	262	23	7	628
天　　津	430	227	148	783
河　　北	1808	1685	753	4685
山　　西	1381	720	340	3597
内 蒙 古	349	281	124	1058
辽　　宁	410	262	103	1293
沈　　阳	663	83	54	369
大　　连	40	2	2	69
吉　　林	171	151	61	461
长　　春	26	54	29	161
黑 龙 江	456	301	141	1252
哈 尔 滨	174	105	48	947
上　　海	6	13	0	80
江　　苏	1428	252	114	1747
南　　京	54	0	0	249
浙　　江	947	1633	231	3100
宁　　波	93	89	28	284
安　　徽	1819	1217	576	4165
福　　建	228	171	97	924
厦　　门	86	32	10	198
江　　西	415	345	220	1292
山　　东	2296	1145	805	4287
青　　岛	40	35	21	188
河　　南	2078	1634	879	6270
湖　　北	832	705	396	3624
武　　汉	90	185	131	471
湖　　南	1045	806	445	2489
广　　东	542	933	505	2052
广　　州	61	6	4	111
深　　圳	5	0	0	35
广　　西	587	570	326	2212
海　　南	25	65	54	162
四　　川	1148	1282	660	4279
成　　都	76	59	25	353
重　　庆	1319	1157	540	3928
贵　　州	1147	559	273	2951
云　　南	169	800	181	1901
陕　　西	1443	1589	705	5586
西　　安	176	220	110	1092
甘　　肃	1397	879	442	3564
青　　海	415	248	114	782
宁　　夏	394	133	60	860
新　　疆	877	1431	912	4169
新疆兵团	162	216	107	621
英　　语	**5376**	**4118**	**1886**	**21647**
中央电大直属院校	6	18	0	47
北　　京	156	63	23	1241
天　　津	99	32	12	214
河　　北	267	137	64	568
山　　西	115	96	39	499
内 蒙 古	49	41	17	342
辽　　宁	47	47	7	384
沈　　阳	55	22	7	173
大　　连	36	0	0	85
吉　　林	12	8	5	71
长　　春	15	0	0	54
黑 龙 江	85	32	12	175
哈 尔 滨	32	30	14	326
上　　海	443	462	187	1322
江　　苏	103	59	46	373
南　　京	2	0	0	24
浙　　江	147	118	47	702
宁　　波	136	115	52	1224
安　　徽	283	241	126	834
福　　建	8	22	7	282
厦　　门	14	35	10	426
江　　西	151	78	51	383
山　　东	303	149	101	589
青　　岛	37	20	9	241
河　　南	234	195	92	775
湖　　北	176	167	75	792
武　　汉	16	4	1	57
湖　　南	194	136	54	658
广　　东	265	346	133	892
广　　州	155	174	88	912
深　　圳	117	192	83	1175
广　　西	54	37	22	106
海　　南	0	0	0	4
四　　川	240	211	88	1426
成　　都	25	5	2	178
重　　庆	230	64	33	366
贵　　州	59	78	42	352
云　　南	7	50	4	143
陕　　西	151	136	67	635
西　　安	31	51	25	278
甘　　肃	553	286	162	1573
青　　海	3	12	8	14
宁　　夏	53	44	23	307
新　　疆	193	91	42	349
新疆兵团	19	14	6	76
广 告 学	**370**	**591**	**260**	**2323**

2.1.2 中央电大开放教育本科（专科起点）专业分布（续表4）

单位：人

专业与学校	毕业生	招生		在校生
		计	其中：春季	
中央电大直属院校	0	13	6	57
北　　京	68	83	40	456
天　　津	18	21	10	78
河　　北	0	0	0	0
山　　西	47	0	0	90
内 蒙 古	0	13	6	27
辽　　宁	0	0	0	0
沈　　阳	0	1	1	1
大　　连	20	4	4	65
吉　　林	1	3	0	7
长　　春	2	2	2	18
黑 龙 江	0	0	0	0
哈 尔 滨	5	18	6	80
上　　海	0	0	0	0
江　　苏	0	0	0	0
南　　京	0	0	0	0
浙　　江	35	18	11	104
宁　　波	20	33	16	121
安　　徽	34	48	18	115
福　　建	0	0	0	0
厦　　门	0	0	0	0
江　　西	7	0	0	20
山　　东	24	32	18	63
青　　岛	0	0	0	0
河　　南	4	0	0	3
湖　　北	3	44	14	55
武　　汉	0	0	0	13
湖　　南	16	48	13	164
广　　东	0	10	3	17
广　　州	34	116	46	407
深　　圳	3	39	17	92
广　　西	2	1	0	4
海　　南	0	0	0	0
四　　川	2	0	0	82
成　　都	0	2	2	5
重　　庆	0	0	0	0
贵　　州	0	0	0	0
云　　南	0	0	0	0
陕　　西	9	2	0	17
西　　安	13	23	13	100
甘　　肃	2	5	4	23
青　　海	0	0	0	0
宁　　夏	1	7	5	31
新　　疆	0	5	5	8
新疆兵团	0	0	0	0
数学与应用数学	**1590**	**881**	**478**	**4913**
中央电大直属院校	0	0	0	0
北　　京	0	0	0	0
天　　津	0	2	0	2
河　　北	2	0	0	2
山　　西	0	10	0	20
内 蒙 古	8	1	1	33
辽　　宁	87	0	0	175
沈　　阳	25	0	0	0
大　　连	0	0	0	0
吉　　林	19	0	0	1
长　　春	0	0	0	0
黑 龙 江	87	6	5	42
哈 尔 滨	6	0	0	43
上　　海	0	0	0	0
江　　苏	1	0	0	4
南　　京	0	0	0	36
浙　　江	0	0	0	0
宁　　波	0	0	0	0
安　　徽	101	36	16	329
福　　建	0	0	0	4
厦　　门	0	0	0	0
江　　西	13	0	0	47
山　　东	209	26	19	255
青　　岛	0	0	0	2
河　　南	217	159	83	591
湖　　北	115	108	41	723
武　　汉	15	0	0	10
湖　　南	67	43	19	220
广　　东	49	91	91	119
广　　州	0	0	0	0
深　　圳	0	0	0	0
广　　西	14	14	5	61
海　　南	0	0	0	36
四　　川	197	109	64	984
成　　都	0	0	0	6
重　　庆	0	0	0	0
贵　　州	103	84	45	358
云　　南	0	59	5	94
陕　　西	69	43	19	236
西　　安	13	0	0	15
甘　　肃	140	62	43	381
青　　海	0	0	0	0
宁　　夏	1	1	0	4
新　　疆	31	27	22	80
新疆兵团	1	0	0	0
机械设计制造及其自动化	**2266**	**4339**	**1909**	**11521**
中央电大直属院校	0	0	0	0
北　　京	47	53	38	279
天　　津	79	181	75	326
河　　北	0	0	0	0
山　　西	105	193	86	481
内 蒙 古	33	93	19	258
辽　　宁	102	152	46	538
沈　　阳	127	183	73	616
大　　连	78	58	28	276
吉　　林	15	44	8	86
长　　春	6	66	30	112
黑 龙 江	13	91	69	165

2.1.2 中央电大开放教育本科（专科起点）专业分布（续表5）

单位：人

专业与学校	毕业生	招生		在校生
		计	其中：春季	
哈尔滨	15	35	16	101
上海	92	423	88	686
江苏	187	205	96	874
南京	0	42	21	96
浙江	63	179	105	361
宁波	0	0	0	0
安徽	111	268	142	579
福建	0	0	0	0
厦门	0	0	0	0
江西	0	3	0	36
山东	235	241	130	780
青岛	2	47	19	75
河南	50	127	59	301
湖北	43	133	42	569
武汉	7	62	7	128
湖南	132	86	44	281
广东	18	19	9	56
广州	0	10	1	30
深圳	0	0	0	0
广西	1	9	5	29
海南	0	0	0	0
四川	207	296	139	613
成都	129	63	39	205
重庆	12	51	12	98
贵州	18	0	0	25
云南	0	11	6	12
陕西	75	237	123	496
西安	124	312	157	1062
甘肃	76	96	38	261
青海	0	0	0	0
宁夏	42	193	92	494
新疆	17	65	40	117
新疆兵团	5	12	7	19
计算机科学与技术	**4279**	**4875**	**2278**	**19492**
中央电大直属院校	0	0	0	3
北京	135	123	26	789
天津	96	72	30	387
河北	0	0	0	8
山西	68	77	40	425
内蒙古	174	295	118	1113
辽宁	184	201	90	855
沈阳	99	104	48	533
大连	68	55	34	349
吉林	106	102	39	392
长春	21	67	31	230
黑龙江	187	189	95	712
哈尔滨	75	70	38	426
上海	178	282	114	716
江苏	305	191	98	947
南京	26	0	0	187
浙江	122	176	68	657
宁波	43	24	11	300
安徽	240	284	140	1022
福建	30	113	39	396
厦门	0	0	0	0
江西	137	105	51	382
山东	255	189	126	547
青岛	20	34	17	88
河南	179	228	156	695
湖北	106	137	62	576
武汉	14	23	8	198
湖南	225	228	111	924
广东	146	135	55	400
广州	31	63	3	210
深圳	32	64	25	443
广西	12	24	10	187
海南	2	71	51	81
四川	150	223	119	858
成都	21	28	18	142
重庆	162	62	20	237
贵州	103	76	36	265
云南	25	52	11	174
陕西	162	172	86	536
西安	51	123	52	429
甘肃	103	185	92	704
青海	0	18	0	18
宁夏	28	35	15	267
新疆	139	156	90	630
新疆兵团	19	19	5	54
软件工程	**1**	**65**	**29**	**389**
中央电大直属院校	0	0	0	0
北京	0	0	0	0
天津	0	0	0	0
河北	0	0	0	0
山西	0	0	0	0
内蒙古	0	0	0	26
辽宁	0	0	0	0
沈阳	0	0	0	0
大连	0	0	0	28
吉林	0	0	0	45
长春	0	0	0	0
黑龙江	0	1	1	1
哈尔滨	0	0	0	4
上海	0	0	0	0
江苏	0	0	0	37
南京	0	0	0	6
浙江	0	0	0	0
宁波	0	0	0	0
安徽	0	0	0	0
福建	0	0	0	109
厦门	0	0	0	0
江西	0	0	0	0
山东	0	0	0	0
青岛	0	0	0	0

2.1.2 中央电大开放教育本科（专科起点）专业分布（续表6）

单位：人

专业与学校	毕业生	招生 计	招生 其中：春季	在校生
河　南	0	0	0	0
湖　北	0	0	0	0
武　汉	0	0	0	0
湖　南	0	9	5	41
广　东	1	0	0	0
广　州	0	53	23	90
深　圳	0	0	0	0
广　西	0	0	0	0
海　南	0	0	0	0
四　川	0	0	0	0
成　都	0	0	0	0
重　庆	0	0	0	0
贵　州	0	0	0	0
云　南	0	0	0	0
陕　西	0	0	0	0
西　安	0	0	0	0
甘　肃	0	0	0	0
青　海	0	0	0	0
宁　夏	0	0	0	0
新　疆	0	2	0	2
新疆兵团	0	0	0	0
土木工程	**6160**	**16364**	**7276**	**39444**
中央电大直属院校	0	0	0	0
北　京	100	356	199	1141
天　津	281	506	222	1820
河　北	111	402	181	883
山　西	358	481	269	1657
内蒙古	135	509	174	1249
辽　宁	182	599	190	1299
沈　阳	107	268	105	796
大　连	84	309	135	700
吉　林	128	245	117	584
长　春	33	118	50	257
黑龙江	151	331	162	838
哈尔滨	29	180	80	389
上　海	0	0	0	0
江　苏	575	1045	548	2519
南　京	14	77	39	223
浙　江	640	1341	579	3613
宁　波	43	147	36	391
安　徽	429	1195	529	2269
福　建	0	0	0	0
厦　门	0	0	0	0
江　西	184	551	263	1294
山　东	395	512	246	980
青　岛	32	153	67	315
河　南	210	585	311	1297
湖　北	156	516	195	1164
武　汉	24	34	9	130
湖　南	213	375	185	861
广　东	159	404	145	768
广　州	0	0	0	0
深　圳	29	98	44	387
广　西	5	65	34	176
海　南	5	72	35	132
四　川	271	1030	394	2259
成　都	88	529	195	1047
重　庆	349	711	393	1876
贵　州	124	357	135	938
云　南	0	83	17	138
陕　西	108	414	173	959
西　安	79	666	327	1617
甘　肃	168	318	156	807
青　海	0	0	0	0
宁　夏	40	214	71	505
新　疆	102	285	179	718
新疆兵团	19	283	87	448
水利水电工程	**1405**	**2165**	**872**	**8076**
中央电大直属院校	0	0	0	0
北　京	23	70	0	277
天　津	39	75	11	147
河　北	70	0	0	110
山　西	16	45	0	45
内蒙古	28	103	30	233
辽　宁	118	169	71	542
沈　阳	0	0	0	0
大　连	26	38	0	41
吉　林	100	83	33	365
长　春	0	0	0	0
黑龙江	169	85	43	392
哈尔滨	0	6	2	22
上　海	0	0	0	0
江　苏	1	0	0	0
南　京	0	0	0	0
浙　江	59	61	17	332
宁　波	0	0	0	0
安　徽	18	36	17	345
福　建	0	0	0	8
厦　门	0	0	0	0
江　西	0	0	0	0
山　东	32	69	32	142
青　岛	0	0	0	0
河　南	214	106	45	1010
湖　北	32	95	54	245
武　汉	0	2	1	2
湖　南	28	47	21	103
广　东	38	64	42	227
广　州	0	0	0	0
深　圳	0	0	0	0
广　西	10	30	7	114
海　南	0	20	7	55
四　川	58	115	64	529
成　都	0	0	0	0
重　庆	0	36	15	51

2.1.2 中央电大开放教育本科（专科起点）专业分布（续表7）

单位：人

专业与学校	毕业生	招生		在校生
		计	其中：春季	
贵州	50	55	16	214
云南	10	73	37	164
陕西	92	315	108	1320
西安	0	13	13	64
甘肃	64	157	69	512
青海	0	37	23	46
宁夏	17	20	11	58
新疆	80	105	67	249
新疆兵团	13	35	16	112
园艺	**0**	**316**	**164**	**594**
中央电大直属院校	0	0	0	0
北京	0	0	0	0
天津	0	1	0	3
河北	0	36	25	37
山西	0	0	0	0
内蒙古	0	17	1	39
辽宁	0	0	0	0
沈阳	0	0	0	0
大连	0	0	0	0
吉林	0	0	0	87
长春	0	0	0	0
黑龙江	0	0	0	0
哈尔滨	0	0	0	0
上海	0	0	0	0
江苏	0	0	0	0
南京	0	0	0	0
浙江	0	0	0	0
宁波	0	0	0	0
安徽	0	0	0	0
福建	0	0	0	0
厦门	0	0	0	0
江西	0	0	0	0
山东	0	18	13	28
青岛	0	0	0	0
河南	0	0	0	0
湖北	0	0	0	0
武汉	0	13	0	13
湖南	0	2	0	4
广东	0	0	0	0
广州	0	0	0	0
深圳	0	0	0	0
广西	0	2	0	2
海南	0	0	0	0
四川	0	0	0	0
成都	0	0	0	0
重庆	0	0	0	0
贵州	0	0	0	0
云南	0	12	4	40
陕西	0	38	29	44
西安	0	21	12	35
甘肃	0	90	38	169
青海	0	0	0	0
宁夏	0	1	1	1
新疆	0	27	24	31
新疆兵团	0	38	17	61
护理学	**391**	**11141**	**4991**	**24420**
中央电大直属院校	0	0	0	0
北京	0	935	450	2369
天津	0	0	0	0
河北	0	703	242	1271
山西	0	0	0	0
内蒙古	7	4	0	4
辽宁	0	0	0	0
沈阳	0	0	0	0
大连	0	0	0	0
吉林	0	2	0	2
长春	0	14	7	38
黑龙江	0	122	70	399
哈尔滨	0	0	0	0
上海	0	516	319	516
江苏	0	0	0	0
南京	0	0	0	0
浙江	0	0	0	0
宁波	0	0	0	0
安徽	0	1702	773	3451
福建	0	0	0	0
厦门	0	0	0	0
江西	0	748	348	2306
山东	0	0	0	0
青岛	0	0	0	0
河南	0	1065	363	1543
湖北	12	210	98	614
武汉	0	12	5	20
湖南	13	118	75	313
广东	10	0	0	14
广州	0	0	0	0
深圳	0	0	0	0
广西	0	0	0	0
海南	0	0	0	0
四川	117	1310	555	2648
成都	0	0	0	0
重庆	132	1154	569	2760
贵州	0	338	124	709
云南	0	42	0	42
陕西	0	773	354	1939
西安	29	223	118	558
甘肃	32	407	236	836
青海	0	118	59	269
宁夏	8	357	157	1265
新疆	0	0	0	0
新疆兵团	31	268	69	534
工商管理	**19151**	**25405**	**11622**	**85291**
中央电大直属院校	111	139	77	475
北京	842	1027	461	5405

2.1.2 中央电大开放教育本科（专科起点）专业分布（续表8）

单位：人

专业与学校	毕业生	招生		在校生
		计	其中：春季	
天　　津	828	539	224	2843
河　　北	246	506	189	1491
山　　西	303	247	140	1850
内 蒙 古	296	375	148	887
辽　　宁	843	855	384	3042
沈　　阳	699	394	222	2321
大　　连	699	927	442	2699
吉　　林	128	221	78	733
长　　春	91	276	125	651
黑 龙 江	207	248	118	755
哈 尔 滨	87	184	88	861
上　　海	1727	2162	943	5834
江　　苏	1215	1238	548	4666
南　　京	228	414	195	2148
浙　　江	923	1396	585	4160
宁　　波	191	343	127	1052
安　　徽	867	1408	668	3487
福　　建	142	234	104	951
厦　　门	20	81	31	711
江　　西	622	622	299	1753
山　　东	636	630	290	1712
青　　岛	119	198	105	612
河　　南	397	868	446	1977
湖　　北	272	513	229	1650
武　　汉	95	64	27	571
湖　　南	885	723	358	2573
广　　东	618	887	384	2149
广　　州	622	819	418	3118
深　　圳	87	222	85	1066
广　　西	79	205	103	636
海　　南	73	119	48	415
四　　川	809	1119	484	3852
成　　都	517	851	383	2838
重　　庆	867	1074	507	3003
贵　　州	376	290	111	1072
云　　南	85	102	40	661
陕　　西	518	757	369	2139
西　　安	231	1003	450	2906
甘　　肃	248	263	163	838
青　　海	16	42	22	135
宁　　夏	58	273	107	1178
新　　疆	194	347	237	932
新疆兵团	34	200	60	483
市场营销	**0**	**780**	**380**	**1311**
中央电大直属院校	0	0	0	0
北　　京	0	0	0	0
天　　津	0	0	0	11
河　　北	0	0	0	0
山　　西	0	27	14	98
内 蒙 古	0	3	0	8
辽　　宁	0	2	1	2
沈　　阳	0	28	12	68
大　　连	0	19	2	19
吉　　林	0	0	0	0
长　　春	0	0	0	0
黑 龙 江	0	0	0	0
哈 尔 滨	0	17	13	34
上　　海	0	0	0	0
江　　苏	0	10	10	10
南　　京	0	0	0	0
浙　　江	0	18	9	39
宁　　波	0	0	0	0
安　　徽	0	186	95	354
福　　建	0	0	0	0
厦　　门	0	0	0	0
江　　西	0	0	0	0
山　　东	0	47	23	55
青　　岛	0	0	0	0
河　　南	0	0	0	0
湖　　北	0	0	0	0
武　　汉	0	6	2	9
湖　　南	0	16	11	24
广　　东	0	42	22	42
广　　州	0	28	9	41
深　　圳	0	1	0	1
广　　西	0	7	0	9
海　　南	0	0	0	0
四　　川	0	92	43	133
成　　都	0	17	8	23
重　　庆	0	37	26	52
贵　　州	0	0	0	20
云　　南	0	0	0	0
陕　　西	0	87	26	99
西　　安	0	6	6	16
甘　　肃	0	21	15	71
青　　海	0	12	6	12
宁　　夏	0	22	11	29
新　　疆	0	9	7	12
新疆兵团	0	20	9	20
会 计 学	**32991**	**44931**	**20072**	**134778**
中央电大直属院校	161	200	84	740
北　　京	1546	1523	472	7657
天　　津	1398	1410	690	5328
河　　北	992	1470	645	3945
山　　西	704	709	360	3037
内 蒙 古	454	983	436	2663
辽　　宁	783	1024	500	2859
沈　　阳	312	218	117	981
大　　连	499	491	284	1491
吉　　林	276	481	219	1167
长　　春	94	107	60	339
黑 龙 江	482	543	247	1597
哈 尔 滨	136	214	102	1020
上　　海	2366	2251	1051	6517

2.1.2 中央电大开放教育本科（专科起点）专业分布（续表9）

单位：人

专业与学校	毕业生	招生		在校生
		计	其中：春季	
江　苏	2674	2868	1282	9594
南　京	298	421	208	2270
浙　江	4557	5898	2339	15606
宁　波	1117	1211	576	3666
安　徽	1739	3038	1208	7175
福　建	1005	1900	863	5803
厦　门	99	86	20	420
江　西	981	966	475	3117
山　东	1167	1479	912	3490
青　岛	187	423	168	1311
河　南	639	1327	617	3412
湖　北	387	677	321	1676
武　汉	66	63	23	343
湖　南	821	1128	504	3079
广　东	1492	2233	1002	5241
广　州	725	848	390	3271
深　圳	245	364	178	1845
广　西	193	335	173	1208
海　南	91	126	51	397
四　川	648	1242	534	3807
成　都	301	505	221	1645
重　庆	572	894	415	2139
贵　州	368	568	193	1559
云　南	81	200	44	592
陕　西	642	959	395	2801
西　安	404	929	434	2935
甘　肃	265	436	234	1170
青　海	47	274	70	411
宁　夏	228	465	172	1885
新　疆	527	1079	625	2599
新疆兵团	222	365	158	970
财务管理	**20**	**177**	**60**	**199**
中央电大直属院校	0	0	0	0
北　京	0	0	0	0
天　津	0	0	0	0
河　北	0	0	0	0
山　西	0	7	0	7
内蒙古	0	0	0	0
辽　宁	0	0	0	0
沈　阳	0	12	7	17
大　连	0	0	0	0
吉　林	0	0	0	0
长　春	0	0	0	0
黑龙江	0	0	0	0
哈尔滨	0	0	0	0
上　海	0	13	5	13
江　苏	0	0	0	0
南　京	0	0	0	1
浙　江	0	0	0	0
宁　波	0	0	0	0
安　徽	0	76	24	76
福　建	0	0	0	0
厦　门	0	0	0	0
江　西	0	0	0	0
山　东	20	43	21	44
青　岛	0	0	0	0
河　南	0	2	2	2
湖　北	0	0	0	0
武　汉	0	0	0	0
湖　南	0	0	0	0
广　东	0	2	0	5
广　州	0	0	0	0
深　圳	0	0	0	10
广　西	0	7	1	9
海　南	0	0	0	0
四　川	0	0	0	0
成　都	0	0	0	0
重　庆	0	0	0	0
贵　州	0	0	0	0
云　南	0	0	0	0
陕　西	0	0	0	0
西　安	0	0	0	0
甘　肃	0	0	0	0
青　海	0	0	0	0
宁　夏	0	0	0	0
新　疆	0	0	0	0
新疆兵团	0	15	0	15
物流管理	**2286**	**2785**	**1383**	**8235**
中央电大直属院校	0	0	0	0
北　京	108	58	32	196
天　津	246	135	61	455
河　北	0	0	0	0
山　西	0	0	0	0
内蒙古	0	1	1	3
辽　宁	0	0	0	0
沈　阳	29	32	14	110
大　连	78	27	23	357
吉　林	0	6	2	6
长　春	0	0	0	5
黑龙江	0	0	0	9
哈尔滨	3	11	7	55
上　海	837	1299	601	3217
江　苏	171	151	91	473
南　京	0	6	0	6
浙　江	66	24	9	91
宁　波	108	87	33	291
安　徽	55	83	23	149
福　建	0	0	0	28
厦　门	0	0	0	26
江　西	0	0	0	0
山　东	87	110	65	194
青　岛	8	36	23	80
河　南	0	10	6	34
湖　北	7	37	17	74

2.1.2 中央电大开放教育本科（专科起点）专业分布（续表10）

单位：人

专业与学校	毕业生	招生		在校生
		计	其中：春季	
武　汉	3	30	4	54
湖　南	4	28	20	71
广　东	144	136	106	354
广　州	136	164	83	651
深　圳	109	88	50	442
广　西	5	13	8	43
海　南	0	0	0	1
四　川	28	19	19	242
成　都	9	13	5	42
重　庆	6	45	7	68
贵　州	0	0	0	0
云　南	0	4	1	6
陕　西	2	24	11	79
西　安	19	49	28	148
甘　肃	3	17	8	90
青　海	0	13	9	16
宁　夏	0	12	7	35
新　疆	1	10	7	11
新疆兵团	14	7	2	23
行政管理	**30934**	**57353**	**26418**	**155093**
中央电大直属院校	389	1667	654	7960
北　京	1022	2210	893	8458
天　津	873	1715	827	4421
河　北	1086	2522	1079	6299
山　西	2091	2208	1132	6993
内蒙古	742	1924	752	4906
辽　宁	284	868	384	1916
沈　阳	190	465	228	1420
大　连	321	496	256	1737
吉　林	65	255	130	469
长　春	41	123	63	293
黑龙江	323	940	397	2148
哈尔滨	179	633	225	1678
上　海	2609	3630	1652	9159
江　苏	997	1760	790	5222
南　京	250	568	277	1853
浙　江	2497	2759	1217	8053
宁　波	756	797	365	2511
安　徽	302	1113	460	2364
福　建	759	1225	549	3658
厦　门	0	0	0	0
江　西	302	715	357	1715
山　东	682	1082	592	2548
青　岛	97	388	186	809
河　南	556	1252	659	2934
湖　北	421	1442	682	3329
武　汉	166	412	183	1335
湖　南	984	1313	655	3674
广　东	4288	6197	2962	14674
广　州	1154	1832	845	5409
深　圳	405	494	246	2025
广　西	214	480	247	1258
海　南	72	127	53	362
四　川	1209	2118	914	5445
成　都	371	729	303	1971
重　庆	803	1623	800	3756
贵　州	824	1099	408	3196
云　南	277	544	242	1714
陕　西	629	2030	953	4313
西　安	267	1402	686	3787
甘　肃	658	1794	941	3845
青　海	232	414	149	1000
宁　夏	111	476	219	1341
新　疆	342	938	585	2257
新疆兵团	94	574	221	878
公共事业管理（卫生事业管理方向）	**694**	**858**	**313**	**3022**
中央电大直属院校	71	6	2	169
北　京	6	0	0	49
天　津	0	0	0	0
河　北	0	0	0	20
山　西	21	32	14	64
内蒙古	8	5	2	19
辽　宁	43	65	8	241
沈　阳	0	0	0	0
大　连	4	0	0	18
吉　林	0	2	1	3
长　春	2	0	0	9
黑龙江	0	0	0	1
哈尔滨	0	0	0	0
上　海	0	0	0	0
江　苏	7	0	0	0
南　京	0	0	0	0
浙　江	26	0	0	40
宁　波	0	0	0	0
安　徽	0	81	53	114
福　建	11	0	0	49
厦　门	0	0	0	0
江　西	12	65	20	94
山　东	102	70	27	155
青　岛	8	0	0	13
河　南	1	0	0	13
湖　北	4	16	4	28
武　汉	0	0	0	0
湖　南	5	11	7	25
广　东	0	0	0	0
广　州	10	0	0	0
深　圳	0	0	0	0
广　西	0	34	7	156
海　南	0	0	0	0
四　川	75	182	39	613
成　都	0	7	0	27
重　庆	0	0	0	0
贵　州	39	11	0	197
云　南	17	4	2	46

2.1.2 中央电大开放教育本科（专科起点）专业分布（续表11）

单位：人

专业与学校	毕业生	招生		在校生
		计	其中：春季	
陕西	27	55	20	137
西安	16	25	9	109
甘肃	80	87	36	263
青海	11	6	0	48
宁夏	60	49	34	201
新疆	9	18	12	34
新疆兵团	19	27	16	67
公共事业管理（教育管理方向）	**11247**	**8252**	**3885**	**31995**
中央电大直属院校	0	0	0	0
北京	0	0	0	0
天津	341	498	256	1064
河北	992	750	257	2067
山西	694	256	146	1668
内蒙古	69	100	40	348
辽宁	191	182	80	762
沈阳	198	67	31	396
大连	135	78	35	289
吉林	11	2	1	40
长春	10	18	4	75
黑龙江	8	9	4	46
哈尔滨	0	0	0	0
上海	136	97	0	266
江苏	759	56	40	1088
南京	0	0	0	0
浙江	554	227	148	1318
宁波	1	0	0	12
安徽	218	190	102	854
福建	342	173	79	1120
厦门	0	0	0	0
江西	1141	1103	617	3671
山东	1582	519	281	2074
青岛	305	168	84	702
河南	8	0	0	21
湖北	392	278	161	1408
武汉	53	26	0	45
湖南	257	247	140	781
广东	104	129	62	444
广州	170	202	92	599
深圳	0	0	0	0
广西	73	33	17	187
海南	0	0	0	0
四川	514	566	316	1899
成都	286	756	204	1876
重庆	118	104	54	302
贵州	475	147	75	1056
云南	167	346	57	1477
陕西	156	162	66	807
西安	168	364	183	1425
甘肃	522	282	168	1274
青海	0	0	0	0
宁夏	75	91	65	405
新疆	22	26	20	129
新疆兵团	0	0	0	0

2.1.3 中央电大开放教育专科专业分布

单位：人

专业与学校	毕业生	招生		在校生
		计	其中：春季	
总　计	**471724**	**652562**	**317471**	**1926752**
国际经济与贸易	**211**	**510**	**324**	**1758**
中央电大直属院校	0	0	0	0
北　京	0	0	0	0
天　津	0	0	0	0
河　北	0	0	0	0
山　西	0	0	0	0
内蒙古	0	0	0	0
辽　宁	0	0	0	0
沈　阳	0	0	0	0
大　连	0	0	0	28
吉　林	0	0	0	18
长　春	0	0	0	0
黑龙江	0	0	0	0
哈尔滨	0	0	0	0
上　海	0	0	0	0
江　苏	0	0	0	0
南　京	0	0	0	0
浙　江	0	54	38	71
宁　波	93	111	48	421
安　徽	0	0	0	0
福　建	0	0	0	0
厦　门	0	0	0	34
江　西	0	33	13	66
山　东	117	169	140	382
青　岛	0	66	50	133
河　南	0	0	0	0
湖　北	0	57	21	322
武　汉	0	2	2	224
湖　南	0	9	9	28
广　东	0	0	0	0
广　州	0	0	0	18
深　圳	0	2	2	3
广　西	0	0	0	2
海　南	0	0	0	0
四　川	0	0	0	0
成　都	0	0	0	0
重　庆	0	0	0	0
贵　州	0	0	0	0
云　南	0	5	0	5
陕　西	0	0	0	0
西　安	0	0	0	0
甘　肃	1	0	0	0
青　海	0	0	0	0
宁　夏	0	0	0	0
新　疆	0	2	1	3
新疆兵团	0	0	0	0
信用管理	**17**	**627**	**256**	**1243**
中央电大直属院校	0	0	0	0
北　京	0	0	0	0
天　津	17	570	231	1125
河　北	0	0	0	0
山　西	0	0	0	0
内蒙古	0	0	0	0
辽　宁	0	0	0	0
沈　阳	0	0	0	0
大　连	0	0	0	0
吉　林	0	0	0	0
长　春	0	0	0	0
黑龙江	0	0	0	0
哈尔滨	0	0	0	0
上　海	0	0	0	0
江　苏	0	0	0	0
南　京	0	0	0	0
浙　江	0	0	0	0
宁　波	0	0	0	0
安　徽	0	8	0	8
福　建	0	0	0	0
厦　门	0	0	0	0
江　西	0	0	0	0
山　东	0	0	0	0
青　岛	0	0	0	0
河　南	0	0	0	0
湖　北	0	0	0	0
武　汉	0	0	0	0
湖　南	0	33	20	90
广　东	0	0	0	0
广　州	0	0	0	0
深　圳	0	15	4	19
广　西	0	0	0	0
海　南	0	0	0	0
四　川	0	0	0	0
成　都	0	0	0	0
重　庆	0	1	1	1
贵　州	0	0	0	0
云　南	0	0	0	0
陕　西	0	0	0	0
西　安	0	0	0	0
甘　肃	0	0	0	0
青　海	0	0	0	0
宁　夏	0	0	0	0
新　疆	0	0	0	0
新疆兵团	0	0	0	0
金　融	**12062**	**10867**	**5673**	**42011**
中央电大直属院校	0	91	91	91
北　京	396	308	125	2778
天　津	17	22	14	80
河　北	761	317	126	1099
山　西	95	166	95	601
内蒙古	429	646	286	1928
辽　宁	767	541	255	1988
沈　阳	351	106	50	576
大　连	86	53	24	324
吉　林	133	72	31	412

2.1.3 中央电大开放教育专科专业分布（续表1）

单位：人

专业与学校	毕业生	招生		在校生
		计	其中：春季	
长　　春	20	79	23	208
黑 龙 江	637	767	460	2032
哈 尔 滨	333	231	127	1423
上　　海	0	0	0	0
江　　苏	0	0	0	20
南　　京	0	0	0	0
浙　　江	193	147	66	662
宁　　波	80	63	29	312
安　　徽	615	511	238	1635
福　　建	197	136	60	731
厦　　门	34	15	0	205
江　　西	479	663	367	2867
山　　东	685	955	668	2499
青　　岛	29	49	13	204
河　　南	625	1091	668	3047
湖　　北	534	416	209	1480
武　　汉	194	181	78	1138
湖　　南	496	565	304	1842
广　　东	153	227	92	670
广　　州	316	303	203	843
深　　圳	115	0	0	700
广　　西	235	223	79	994
海　　南	0	0	0	0
四　　川	1316	365	160	1928
成　　都	91	98	42	1051
重　　庆	413	193	91	583
贵　　州	15	85	37	243
云　　南	125	66	26	245
陕　　西	588	493	215	2277
西　　安	48	66	32	364
甘　　肃	307	344	180	1195
青　　海	0	0	0	0
宁　　夏	15	17	12	166
新　　疆	109	187	91	533
新疆兵团	30	9	6	37
农村金融	**55**	**118**	47	**339**
中央电大直属院校	0	0	0	0
北　　京	0	0	0	75
天　　津	0	0	0	0
河　　北	0	0	0	0
山　　西	0	0	0	0
内 蒙 古	0	6	6	6
辽　　宁	0	0	0	0
沈　　阳	0	0	0	0
大　　连	0	0	0	0
吉　　林	0	0	0	0
长　　春	0	0	0	0
黑 龙 江	0	0	0	0
哈 尔 滨	0	0	0	0
上　　海	0	0	0	0
江　　苏	0	0	0	0
南　　京	0	0	0	0
浙　　江	0	0	0	0
宁　　波	0	0	0	0
安　　徽	0	0	0	0
福　　建	0	0	0	0
厦　　门	0	0	0	0
江　　西	0	0	0	0
山　　东	0	0	0	0
青　　岛	0	0	0	0
河　　南	0	0	0	0
湖　　北	0	0	0	0
武　　汉	0	0	0	0
湖　　南	0	45	8	82
广　　东	21	27	15	97
广　　州	0	0	0	0
深　　圳	0	0	0	0
广　　西	0	0	0	0
海　　南	0	0	0	0
四　　川	0	0	0	0
成　　都	0	0	0	0
重　　庆	0	0	0	0
贵　　州	0	0	0	0
云　　南	0	0	0	0
陕　　西	0	0	0	0
西　　安	0	0	0	0
甘　　肃	0	0	0	1
青　　海	0	0	0	0
宁　　夏	0	0	0	0
新　　疆	34	40	18	78
新疆兵团	0	0	0	0
法　　学	**57251**	**67346**	**34637**	**202342**
中央电大直属院校	3651	4164	3052	13752
北　　京	465	459	227	2887
天　　津	693	539	284	2533
河　　北	4173	4605	2147	11707
山　　西	1210	823	415	3290
内 蒙 古	2065	2718	1326	7433
辽　　宁	2177	2419	1199	6626
沈　　阳	722	482	240	1956
大　　连	431	332	166	1089
吉　　林	1017	1929	876	4958
长　　春	54	160	113	687
黑 龙 江	1262	1616	830	4920
哈 尔 滨	345	558	207	2179
上　　海	0	0	0	0
江　　苏	2002	1245	676	5173
南　　京	105	131	72	557
浙　　江	2077	1815	852	6226
宁　　波	161	90	48	349
安　　徽	3081	3969	2017	10296
福　　建	2242	1983	970	7080
厦　　门	33	6	6	408
江　　西	1556	2390	1338	6770

2.1.3 中央电大开放教育专科专业分布（续表2）

单位：人

专业与学校	毕业生	招生		在校生
		计	其中：春季	
山　东	1153	1605	887	4206
青　岛	167	159	75	815
河　南	3210	3601	2004	10478
湖　北	888	1302	644	3820
武　汉	45	104	85	790
湖　南	1846	2435	1311	6261
广　东	2233	2289	1175	6297
广　州	1462	1305	200	3608
深　圳	65	45	22	378
广　西	803	882	388	2227
海　南	38	122	45	323
四　川	2777	2661	1248	8493
成　都	534	538	243	2174
重　庆	1972	2161	1027	6737
贵　州	2486	3254	1363	8370
云　南	1030	1101	571	4995
陕　西	1132	1804	817	5170
西　安	165	143	77	688
甘　肃	1430	1435	683	4625
青　海	496	516	228	1346
宁　夏	525	671	367	2182
新　疆	2758	6048	3785	15620
新疆兵团	514	732	331	1863
社会工作	**945**	**2034**	**944**	**7051**
中央电大直属院校	352	702	287	2326
北　京	0	114	51	329
天　津	0	64	7	68
河　北	0	0	0	0
山　西	1	0	0	0
内蒙古	56	110	80	630
辽　宁	0	12	8	18
沈　阳	0	0	0	0
大　连	0	0	0	0
吉　林	0	0	0	0
长　春	0	19	9	25
黑龙江	11	52	33	168
哈尔滨	0	0	0	0
上　海	0	0	0	0
江　苏	0	0	0	0
南　京	0	0	0	158
浙　江	0	16	0	67
宁　波	15	1	0	34
安　徽	19	165	85	501
福　建	0	0	0	0
厦　门	7	0	0	18
江　西	0	8	3	17
山　东	0	1	0	4
青　岛	0	3	1	7
河　南	0	0	0	0
湖　北	126	147	47	482
武　汉	55	0	0	122
湖　南	4	11	8	31
广　东	5	185	142	223
广　州	22	0	0	3
深　圳	177	156	74	1185
广　西	0	45	12	145
海　南	0	0	0	0
四　川	0	0	0	11
成　都	0	3	3	21
重　庆	0	10	3	17
贵　州	0	0	0	0
云　南	95	48	0	48
陕　西	0	0	0	0
西　安	0	6	4	65
甘　肃	0	10	5	18
青　海	0	18	7	26
宁　夏	0	0	0	0
新　疆	0	63	37	219
新疆兵团	0	65	38	65
学前教育	**9243**	**53043**	**28977**	**84411**
中央电大直属院校	0	0	0	0
北　京	64	423	208	769
天　津	124	1094	485	1596
河　北	458	1621	745	2477
山　西	67	368	182	515
内蒙古	0	396	145	666
辽　宁	223	1012	343	1620
沈　阳	473	365	243	1398
大　连	42	69	20	305
吉　林	38	169	64	626
长　春	0	88	34	88
黑龙江	46	318	122	483
哈尔滨	0	132	32	250
上　海	0	0	0	0
江　苏	1086	2391	1643	4977
南　京	12	53	32	217
浙　江	2233	3634	1477	9049
宁　波	319	405	216	984
安　徽	395	2617	1284	4222
福　建	399	2188	1486	3559
厦　门	27	85	63	298
江　西	0	794	615	1228
山　东	871	6492	4606	9228
青　岛	6	3447	3147	3758
河　南	239	1291	729	1784
湖　北	495	1817	883	3877
武　汉	71	172	53	537
湖　南	191	2273	1253	3691
广　东	409	2545	1212	3634
广　州	34	1595	438	2303
深　圳	0	81	42	185
广　西	157	1947	673	2549
海　南	0	66	0	66
四　川	310	3218	1496	4379

2.1.3 中央电大开放教育专科专业分布（续表3）

单位：人

专业与学校	毕业生	招生		在校生
		计	其中：春季	
成　　都	37	876	403	1252
重　　庆	123	2625	1547	3246
贵　　州	68	549	143	638
云　　南	0	933	257	1102
陕　　西	127	2740	1430	3697
西　　安	84	572	274	1039
甘　　肃	11	234	82	414
青　　海	0	435	240	462
宁　　夏	0	309	189	323
新　　疆	4	552	416	762
新疆兵团	0	52	25	158
小学教育	**16182**	**13724**	**7096**	**51560**
中央电大直属院校	0	0	0	0
北　　京	0	0	0	18
天　　津	149	40	20	201
河　　北	499	635	324	2391
山　　西	296	191	100	840
内 蒙 古	271	356	160	1672
辽　　宁	406	191	111	796
沈　　阳	813	26	8	82
大　　连	0	0	0	0
吉　　林	274	248	105	812
长　　春	5	20	15	56
黑 龙 江	249	150	89	843
哈 尔 滨	42	26	15	549
上　　海	0	0	0	0
江　　苏	1353	423	237	2313
南　　京	0	0	0	0
浙　　江	112	71	23	351
宁　　波	9	0	0	21
安　　徽	1175	1115	590	3819
福　　建	236	148	61	923
厦　　门	0	0	0	0
江　　西	96	215	107	778
山　　东	663	208	125	959
青　　岛	1	3	0	4
河　　南	1371	1896	1008	6586
湖　　北	639	623	311	2202
武　　汉	146	194	133	585
湖　　南	558	796	394	1834
广　　东	1460	1315	790	3493
广　　州	0	0	0	0
深　　圳	0	0	0	0
广　　西	1315	651	348	2707
海　　南	23	15	11	175
四　　川	764	580	314	2375
成　　都	121	127	43	895
重　　庆	279	184	69	526
贵　　州	509	543	245	2886
云　　南	348	363	132	1667
陕　　西	312	357	218	1181
西　　安	70	74	40	535
甘　　肃	760	660	304	2154
青　　海	105	148	13	372
宁　　夏	114	141	78	766
新　　疆	530	810	476	2705
新疆兵团	109	181	79	488
音乐教育	**92**	**207**	**74**	**391**
中央电大直属院校	0	0	0	0
北　　京	0	0	0	0
天　　津	0	0	0	0
河　　北	0	0	0	0
山　　西	0	0	0	0
内 蒙 古	0	0	0	0
辽　　宁	0	0	0	0
沈　　阳	0	0	0	0
大　　连	0	0	0	0
吉　　林	0	0	0	0
长　　春	0	0	0	0
黑 龙 江	11	5	4	8
哈 尔 滨	0	0	0	0
上　　海	0	0	0	0
江　　苏	0	0	0	0
南　　京	0	0	0	0
浙　　江	0	0	0	0
宁　　波	0	0	0	0
安　　徽	0	0	0	0
福　　建	0	0	0	0
厦　　门	0	0	0	0
江　　西	0	0	0	0
山　　东	11	17	9	29
青　　岛	0	0	0	0
河　　南	0	11	0	11
湖　　北	0	0	0	0
武　　汉	0	0	0	0
湖　　南	3	1	1	9
广　　东	0	0	0	0
广　　州	0	0	0	0
深　　圳	0	0	0	0
广　　西	0	0	0	0
海　　南	0	0	0	0
四　　川	0	0	0	0
成　　都	0	2	0	2
重　　庆	0	0	0	0
贵　　州	0	0	0	0
云　　南	0	1	0	1
陕　　西	61	126	60	283
西　　安	0	0	0	0
甘　　肃	6	0	0	0
青　　海	0	0	0	0
宁　　夏	0	0	0	0
新　　疆	0	44	0	48
新疆兵团	0	0	0	0
美术教育	**4**	**52**	**46**	**70**

2.1.3 中央电大开放教育专科专业分布（续表4）

单位：人

专业与学校	毕业生	招生		在校生
		计	其中：春季	
中央电大直属院校	0	0	0	0
北京	0	0	0	0
天津	0	18	18	27
河北	0	0	0	0
山西	0	0	0	0
内蒙古	0	0	0	0
辽宁	0	0	0	0
沈阳	0	0	0	0
大连	0	0	0	0
吉林	0	0	0	1
长春	0	0	0	0
黑龙江	0	0	0	5
哈尔滨	0	0	0	0
上海	0	0	0	0
江苏	0	0	0	0
南京	0	0	0	0
浙江	0	0	0	0
宁波	0	0	0	0
安徽	0	0	0	0
福建	0	0	0	0
厦门	0	0	0	0
江西	0	0	0	0
山东	0	0	0	0
青岛	0	0	0	0
河南	0	0	0	0
湖北	0	0	0	0
武汉	0	0	0	0
湖南	0	0	0	0
广东	0	0	0	0
广州	0	0	0	0
深圳	0	0	0	0
广西	0	0	0	0
海南	0	0	0	0
四川	0	0	0	0
成都	0	0	0	0
重庆	0	0	0	0
贵州	0	0	0	0
云南	0	0	0	0
陕西	4	1	0	4
西安	0	0	0	0
甘肃	0	0	0	0
青海	0	33	28	33
宁夏	0	0	0	0
新疆	0	0	0	0
新疆兵团	0	0	0	0
汉语言文学	**15195**	**15206**	**7711**	**45117**
中央电大直属院校	0	0	0	0
北京	14	6	0	93
天津	56	75	32	138
河北	165	306	170	689
山西	707	471	215	1659
内蒙古	199	77	33	431
辽宁	135	119	72	361
沈阳	0	0	0	0
大连	0	0	0	0
吉林	119	254	76	757
长春	63	156	60	358
黑龙江	191	333	160	1000
哈尔滨	90	78	39	326
上海	0	0	0	0
江苏	173	40	22	176
南京	0	1	1	2
浙江	173	336	13	563
宁波	13	0	0	0
安徽	315	263	129	894
福建	10	0	0	21
厦门	1	0	0	10
江西	169	147	94	721
山东	488	562	272	1171
青岛	12	6	3	29
河南	2293	2451	1375	6314
湖北	944	972	437	3118
武汉	0	0	0	0
湖南	916	646	341	2187
广东	1455	1250	660	3077
广州	0	0	0	89
深圳	20	0	0	0
广西	1171	736	396	2673
海南	10	40	24	108
四川	928	858	485	2765
成都	0	0	0	0
重庆	1186	988	562	3083
贵州	485	431	172	1854
云南	45	344	140	832
陕西	896	1105	552	2959
西安	157	132	58	633
甘肃	621	456	204	1684
青海	282	334	188	836
宁夏	53	20	6	119
新疆	630	1187	705	3278
新疆兵团	10	26	15	109
现代文员	**2117**	**1314**	**613**	**6905**
中央电大直属院校	1	0	0	18
北京	2	0	0	11
天津	0	0	0	4
河北	0	0	0	0
山西	0	0	0	0
内蒙古	18	4	2	55
辽宁	125	54	35	266
沈阳	32	7	4	124
大连	0	0	0	0
吉林	47	9	3	68
长春	14	23	12	137
黑龙江	3	0	0	10

2.1.3 中央电大开放教育专科专业分布（续表5）

单位：人

专业与学校	毕业生	招生		在校生
		计	其中：春季	
哈尔滨	11	50	9	272
上　海	0	0	0	0
江　苏	42	4	0	74
南　京	52	59	20	356
浙　江	11	0	0	42
宁　波	70	55	18	277
安　徽	318	241	117	974
福　建	1	0	0	27
厦　门	30	0	0	298
江　西	0	4	4	4
山　东	11	40	7	71
青　岛	11	1	0	31
河　南	124	56	29	411
湖　北	524	392	194	885
武　汉	48	4	4	78
湖　南	157	81	35	494
广　东	61	43	20	107
广　州	31	0	0	9
深　圳	0	0	0	0
广　西	11	0	0	31
海　南	1	0	0	13
四　川	39	2	0	488
成　都	3	0	0	5
重　庆	120	113	66	329
贵　州	0	0	0	0
云　南	0	18	2	43
陕　西	128	24	13	535
西　安	0	0	0	0
甘　肃	21	15	7	223
青　海	0	0	0	0
宁　夏	9	0	0	30
新　疆	41	15	12	105
新疆兵团	0	0	0	0
文　秘	**0**	**249**	**82**	**1410**
中央电大直属院校	0	0	0	0
北　京	0	0	0	25
天　津	0	0	0	0
河　北	0	0	0	0
山　西	0	0	0	0
内蒙古	0	1	1	15
辽　宁	0	0	0	0
沈　阳	0	0	0	0
大　连	0	0	0	0
吉　林	0	0	0	0
长　春	0	0	0	0
黑龙江	0	0	0	0
哈尔滨	0	0	0	5
上　海	0	0	0	0
江　苏	0	0	0	22
南　京	0	0	0	0
浙　江	0	0	0	6
宁　波	0	0	0	0
安　徽	0	7	0	18
福　建	0	0	0	0
厦　门	0	0	0	0
江　西	0	0	0	0
山　东	0	30	8	63
青　岛	0	0	0	0
河　南	0	0	0	0
湖　北	0	136	40	762
武　汉	0	6	0	6
湖　南	0	45	30	288
广　东	0	0	0	0
广　州	0	12	0	12
深　圳	0	0	0	103
广　西	0	2	0	5
海　南	0	0	0	0
四　川	0	0	0	48
成　都	0	0	0	0
重　庆	0	0	0	0
贵　州	0	0	0	0
云　南	0	0	0	0
陕　西	0	0	0	3
西　安	0	0	0	0
甘　肃	0	9	3	19
青　海	0	0	0	0
宁　夏	0	0	0	0
新　疆	0	0	0	5
新疆兵团	0	1	0	5
英　语	**6202**	**4549**	**1906**	**23327**
中央电大直属院校	276	160	51	390
北　京	151	47	15	1393
天　津	14	54	4	137
河　北	39	20	11	59
山　西	8	4	2	4
内蒙古	22	7	5	44
辽　宁	17	76	6	245
沈　阳	26	44	24	187
大　连	29	0	0	187
吉　林	22	17	10	490
长　春	19	6	1	120
黑龙江	62	60	36	272
哈尔滨	34	39	23	288
上　海	0	0	0	0
江　苏	33	2	2	356
南　京	20	0	0	135
浙　江	401	194	73	1109
宁　波	275	180	107	1413
安　徽	142	185	107	417
福　建	56	5	2	360
厦　门	61	0	0	314
江　西	244	48	22	340
山　东	229	38	12	238
青　岛	18	31	19	649

2.1.3 中央电大开放教育专科专业分布（续表6）

单位：人

专业与学校	毕业生	招生		在校生
		计	其中：春季	
河　南	194	165	95	668
湖　北	297	162	31	505
武　汉	58	48	41	322
湖　南	150	142	89	1020
广　东	1751	1660	697	4507
广　州	729	663	272	2212
深　圳	413	116	29	2803
广　西	17	19	9	142
海　南	0	0	0	0
四　川	78	22	1	512
成　都	5	20	9	79
重　庆	25	6	5	43
贵　州	6	0	0	45
云　南	2	21	3	32
陕　西	64	163	32	464
西　安	48	51	21	386
甘　肃	129	31	16	272
青　海	0	0	0	0
宁　夏	3	4	2	8
新　疆	33	39	22	155
新疆兵团	2	0	0	5
商务韩语	**0**	**46**	**19**	**169**
中央电大直属院校	0	0	0	0
北　京	0	0	0	0
天　津	0	0	0	0
河　北	0	0	0	0
山　西	0	0	0	0
内蒙古	0	0	0	0
辽　宁	0	0	0	0
沈　阳	0	23	8	29
大　连	0	0	0	0
吉　林	0	19	7	130
长　春	0	0	0	0
黑龙江	0	4	4	9
哈尔滨	0	0	0	0
上　海	0	0	0	0
江　苏	0	0	0	0
南　京	0	0	0	0
浙　江	0	0	0	0
宁　波	0	0	0	0
安　徽	0	0	0	0
福　建	0	0	0	0
厦　门	0	0	0	0
江　西	0	0	0	0
山　东	0	0	0	0
青　岛	0	0	0	0
河　南	0	0	0	0
湖　北	0	0	0	0
武　汉	0	0	0	0
湖　南	0	0	0	0
广　东	0	0	0	0
广　州	0	0	0	0
深　圳	0	0	0	0
广　西	0	0	0	0
海　南	0	0	0	0
四　川	0	0	0	1
成　都	0	0	0	0
重　庆	0	0	0	0
贵　州	0	0	0	0
云　南	0	0	0	0
陕　西	0	0	0	0
西　安	0	0	0	0
甘　肃	0	0	0	0
青　海	0	0	0	0
宁　夏	0	0	0	0
新　疆	0	0	0	0
新疆兵团	0	0	0	0
广告学	**2497**	**2911**	**1459**	**12174**
中央电大直属院校	0	0	0	0
北　京	102	82	40	708
天　津	65	71	51	201
河　北	0	0	0	0
山　西	12	5	2	71
内蒙古	31	13	6	51
辽　宁	0	4	4	4
沈　阳	31	15	5	95
大　连	40	20	0	129
吉　林	0	4	3	27
长　春	239	169	41	1355
黑龙江	20	14	12	65
哈尔滨	43	79	24	278
上　海	0	0	0	0
江　苏	0	0	0	60
南　京	9	14	5	430
浙　江	84	51	16	270
宁　波	95	65	16	401
安　徽	265	262	88	668
福　建	75	41	17	270
厦　门	0	0	0	152
江　西	33	0	0	13
山　东	76	51	20	280
青　岛	0	0	0	0
河　南	76	246	205	749
湖　北	233	236	107	617
武　汉	140	160	156	727
湖　南	134	99	35	857
广　东	200	313	97	706
广　州	183	142	81	634
深　圳	70	74	34	499
广　西	34	11	7	99
海　南	0	0	0	0
四　川	16	12	12	177
成　都	2	48	27	89
重　庆	92	9	7	131

2.1.3　中央电大开放教育专科专业分布（续表7）

单位：人

专业与学校	毕业生	招生		在校生
		计	其中：春季	
贵　州	0	0	0	0
云　南	0	5	0	5
陕　西	11	340	166	479
西　安	50	210	143	516
甘　肃	10	18	9	190
青　海	0	0	0	0
宁　夏	17	3	1	131
新　疆	9	12	9	27
新疆兵团	0	13	13	13
动　画	**0**	**238**	**22**	**352**
中央电大直属院校	0	0	0	0
北　京	0	0	0	0
天　津	0	0	0	0
河　北	0	0	0	0
山　西	0	0	0	0
内 蒙 古	0	0	0	0
辽　宁	0	0	0	0
沈　阳	0	0	0	0
大　连	0	0	0	0
吉　林	0	0	0	0
长　春	0	0	0	0
黑 龙 江	0	0	0	0
哈 尔 滨	0	0	0	0
上　海	0	0	0	0
江　苏	0	0	0	0
南　京	0	0	0	0
浙　江	0	8	0	8
宁　波	0	0	0	0
安　徽	0	0	0	0
福　建	0	0	0	0
厦　门	0	0	0	0
江　西	0	0	0	0
山　东	0	0	0	0
青　岛	0	0	0	0
河　南	0	0	0	0
湖　北	0	0	0	0
武　汉	0	0	0	0
湖　南	0	0	0	0
广　东	0	0	0	0
广　州	0	230	22	344
深　圳	0	0	0	0
广　西	0	0	0	0
海　南	0	0	0	0
四　川	0	0	0	0
成　都	0	0	0	0
重　庆	0	0	0	0
贵　州	0	0	0	0
云　南	0	0	0	0
陕　西	0	0	0	0
西　安	0	0	0	0
甘　肃	0	0	0	0
青　海	0	0	0	0
宁　夏	0	0	0	0
新　疆	0	0	0	0
新疆兵团	0	0	0	0
室内设计技术	**53**	**0**	**0**	**61**
中央电大直属院校	0	0	0	0
北　京	8	0	0	23
天　津	0	0	0	6
河　北	0	0	0	0
山　西	0	0	0	0
内 蒙 古	0	0	0	0
辽　宁	0	0	0	0
沈　阳	0	0	0	0
大　连	0	0	0	0
吉　林	0	0	0	0
长　春	0	0	0	0
黑 龙 江	0	0	0	0
哈 尔 滨	0	0	0	0
上　海	0	0	0	0
江　苏	0	0	0	0
南　京	0	0	0	0
浙　江	0	0	0	0
宁　波	0	0	0	0
安　徽	0	0	0	0
福　建	0	0	0	0
厦　门	0	0	0	0
江　西	0	0	0	0
山　东	0	0	0	0
青　岛	0	0	0	0
河　南	0	0	0	0
湖　北	0	0	0	0
武　汉	0	0	0	0
湖　南	0	0	0	0
广　东	0	0	0	0
广　州	0	0	0	0
深　圳	45	0	0	32
广　西	0	0	0	0
海　南	0	0	0	0
四　川	0	0	0	0
成　都	0	0	0	0
重　庆	0	0	0	0
贵　州	0	0	0	0
云　南	0	0	0	0
陕　西	0	0	0	0
西　安	0	0	0	0
甘　肃	0	0	0	0
青　海	0	0	0	0
宁　夏	0	0	0	0
新　疆	0	0	0	0
新疆兵团	0	0	0	0
室内设计	**0**	**481**	**189**	**667**
中央电大直属院校	0	0	0	0
北　京	0	0	0	0

2.1.3 中央电大开放教育专科专业分布（续表8）

单位：人

专业与学校	毕业生	招生		在校生
		计	其中：春季	
天　　津	0	0	0	0
河　　北	0	0	0	0
山　　西	0	0	0	0
内 蒙 古	0	0	0	0
辽　　宁	0	0	0	0
沈　　阳	0	0	0	0
大　　连	0	0	0	0
吉　　林	0	0	0	0
长　　春	0	0	0	0
黑 龙 江	0	0	0	0
哈 尔 滨	0	8	0	8
上　　海	0	0	0	0
江　　苏	0	0	0	0
南　　京	0	0	0	0
浙　　江	0	0	0	0
宁　　波	0	0	0	0
安　　徽	0	49	17	80
福　　建	0	0	0	0
厦　　门	0	0	0	0
江　　西	0	0	0	0
山　　东	0	0	0	1
青　　岛	0	0	0	0
河　　南	0	0	0	0
湖　　北	0	0	0	0
武　　汉	0	0	0	0
湖　　南	0	0	0	0
广　　东	0	183	46	264
广　　州	0	39	17	87
深　　圳	0	0	0	0
广　　西	0	0	0	0
海　　南	0	0	0	0
四　　川	0	0	0	0
成　　都	0	0	0	0
重　　庆	0	0	0	0
贵　　州	0	31	0	31
云　　南	0	0	0	0
陕　　西	0	6	0	25
西　　安	0	144	88	150
甘　　肃	0	0	0	0
青　　海	0	0	0	0
宁　　夏	0	0	0	0
新　　疆	0	0	0	0
新疆兵团	0	21	21	21
电子信息技术	**10**	**35**	**29**	**249**
中央电大直属院校	0	21	21	151
北　　京	1	0	0	3
天　　津	0	0	0	0
河　　北	0	0	0	0
山　　西	0	0	0	0
内 蒙 古	0	0	0	1
辽　　宁	0	0	0	0
沈　　阳	0	0	0	0
大　　连	0	0	0	0
吉　　林	0	0	0	0
长　　春	0	0	0	0
黑 龙 江	5	8	2	40
哈 尔 滨	0	0	0	0
上　　海	0	0	0	0
江　　苏	0	0	0	23
南　　京	0	0	0	0
浙　　江	0	0	0	0
宁　　波	0	0	0	0
安　　徽	0	0	0	0
福　　建	0	0	0	0
厦　　门	1	0	0	0
江　　西	0	0	0	0
山　　东	0	0	0	3
青　　岛	0	0	0	0
河　　南	0	0	0	0
湖　　北	0	0	0	0
武　　汉	0	0	0	0
湖　　南	0	6	6	6
广　　东	0	0	0	0
广　　州	0	0	0	0
深　　圳	0	0	0	12
广　　西	0	0	0	0
海　　南	0	0	0	0
四　　川	3	0	0	8
成　　都	0	0	0	2
重　　庆	0	0	0	0
贵　　州	0	0	0	0
云　　南	0	0	0	0
陕　　西	0	0	0	0
西　　安	0	0	0	0
甘　　肃	0	0	0	0
青　　海	0	0	0	0
宁　　夏	0	0	0	0
新　　疆	0	0	0	0
新疆兵团	0	0	0	0
汽　　车	**2237**	**4583**	**2220**	**14992**
中央电大直属院校	22	413	288	1315
北　　京	568	573	397	4045
天　　津	2	36	24	171
河　　北	103	9	2	11
山　　西	89	0	0	170
内 蒙 古	9	12	8	32
辽　　宁	31	164	45	473
沈　　阳	28	21	16	138
大　　连	0	0	0	6
吉　　林	1	82	74	482
长　　春	0	99	11	163
黑 龙 江	47	57	27	235
哈 尔 滨	6	186	25	369
上　　海	0	0	0	0

2.1.3 中央电大开放教育专科专业分布（续表9）

单位：人

专业与学校	毕业生	招生		在校生
		计	其中：春季	
江　苏	142	55	23	465
南　京	138	39	7	482
浙　江	39	48	0	379
宁　波	0	61	11	61
安　徽	154	241	101	508
福　建	0	0	0	0
厦　门	0	0	0	0
江　西	0	0	0	0
山　东	178	457	287	701
青　岛	0	24	16	40
河　南	0	10	0	10
湖　北	242	672	259	1389
武　汉	32	20	15	375
湖　南	0	69	50	114
广　东	45	0	0	22
广　州	122	259	38	665
深　圳	0	0	0	0
广　西	1	82	10	128
海　南	0	0	0	54
四　川	0	80	48	183
成　都	0	242	236	276
重　庆	0	3	3	3
贵　州	0	0	0	0
云　南	108	174	52	496
陕　西	92	363	129	738
西　安	17	10	6	155
甘　肃	21	16	12	130
青　海	0	0	0	0
宁　夏	0	0	0	0
新　疆	0	0	0	0
新疆兵团	0	6	0	8
计算机软件测试	**0**	**9**	**5**	**65**
中央电大直属院校	0	0	0	0
北　京	0	0	0	0
天　津	0	0	0	0
河　北	0	9	5	13
山　西	0	0	0	0
内蒙古	0	0	0	0
辽　宁	0	0	0	0
沈　阳	0	0	0	0
大　连	0	0	0	0
吉　林	0	0	0	0
长　春	0	0	0	0
黑龙江	0	0	0	0
哈尔滨	0	0	0	0
上　海	0	0	0	0
江　苏	0	0	0	0
南　京	0	0	0	0
浙　江	0	0	0	0
宁　波	0	0	0	0
安　徽	0	0	0	0
福　建	0	0	0	0
厦　门	0	0	0	0
江　西	0	0	0	0
山　东	0	0	0	0
青　岛	0	0	0	0
河　南	0	0	0	0
湖　北	0	0	0	0
武　汉	0	0	0	0
湖　南	0	0	0	0
广　东	0	0	0	0
广　州	0	0	0	0
深　圳	0	0	0	52
广　西	0	0	0	0
海　南	0	0	0	0
四　川	0	0	0	0
成　都	0	0	0	0
重　庆	0	0	0	0
贵　州	0	0	0	0
云　南	0	0	0	0
陕　西	0	0	0	0
西　安	0	0	0	0
甘　肃	0	0	0	0
青　海	0	0	0	0
宁　夏	0	0	0	0
新　疆	0	0	0	0
新疆兵团	0	0	0	0
计算机应用	**679**	**0**	**0**	**5497**
中央电大直属院校	0	0	0	0
北　京	8	0	0	461
天　津	64	0	0	65
河　北	7	0	0	83
山　西	13	0	0	1
内蒙古	1	0	0	483
辽　宁	0	0	0	99
沈　阳	1	0	0	95
大　连	3	0	0	80
吉　林	0	0	0	36
长　春	0	0	0	136
黑龙江	51	0	0	142
哈尔滨	76	0	0	506
上　海	0	0	0	0
江　苏	5	0	0	391
南　京	6	0	0	69
浙　江	9	0	0	154
宁　波	0	0	0	0
安　徽	10	0	0	46
福　建	1	0	0	203
厦　门	3	0	0	199
江　西	0	0	0	0
山　东	15	0	0	102
青　岛	1	0	0	127
河　南	97	0	0	188
湖　北	0	0	0	9

2.1.3 中央电大开放教育专科专业分布（续表10）

单位：人

专业与学校	毕业生	招生		在校生
		计	其中：春季	
武　汉	0	0	0	0
湖　南	32	0	0	62
广　东	57	0	0	0
广　州	0	0	0	20
深　圳	5	0	0	105
广　西	3	0	0	3
海　南	0	0	0	0
四　川	4	0	0	391
成　都	0	0	0	233
重　庆	20	0	0	0
贵　州	0	0	0	27
云　南	108	0	0	330
陕　西	29	0	0	344
西　安	3	0	0	63
甘　肃	9	0	0	95
青　海	0	0	0	0
宁　夏	20	0	0	22
新　疆	18	0	0	127
新疆兵团	0	0	0	0
软件开发与应用	**110**	**0**	**0**	**740**
中央电大直属院校	0	0	0	0
北　京	2	0	0	168
天　津	0	0	0	13
河　北	0	0	0	50
山　西	0	0	0	0
内蒙古	0	0	0	0
辽　宁	87	0	0	66
沈　阳	1	0	0	17
大　连	2	0	0	29
吉　林	0	0	0	0
长　春	0	0	0	0
黑龙江	6	0	0	8
哈尔滨	0	0	0	0
上　海	0	0	0	0
江　苏	0	0	0	0
南　京	0	0	0	32
浙　江	1	0	0	28
宁　波	2	0	0	42
安　徽	0	0	0	0
福　建	0	0	0	0
厦　门	0	0	0	0
江　西	0	0	0	0
山　东	0	0	0	0
青　岛	0	0	0	0
河　南	3	0	0	91
湖　北	0	0	0	0
武　汉	0	0	0	22
湖　南	1	0	0	45
广　东	4	0	0	0
广　州	0	0	0	23
深　圳	1	0	0	30
广　西	0	0	0	0
海　南	0	0	0	0
四　川	0	0	0	58
成　都	0	0	0	18
重　庆	0	0	0	0
贵　州	0	0	0	0
云　南	0	0	0	0
陕　西	0	0	0	0
西　安	0	0	0	0
甘　肃	0	0	0	0
青　海	0	0	0	0
宁　夏	0	0	0	0
新　疆	0	0	0	0
新疆兵团	0	0	0	0
数字媒体设计与制作	**1947**	**1754**	**882**	**10127**
中央电大直属院校	256	289	91	1835
北　京	111	192	114	911
天　津	30	2	0	261
河　北	0	0	0	0
山　西	1	0	0	9
内蒙古	45	12	2	78
辽　宁	53	9	0	507
沈　阳	0	7	3	7
大　连	47	0	0	32
吉　林	0	0	0	0
长　春	0	66	37	246
黑龙江	0	0	0	0
哈尔滨	89	43	22	255
上　海	0	0	0	0
江　苏	10	21	21	340
南　京	29	1	1	171
浙　江	0	0	0	4
宁　波	0	0	0	0
安　徽	54	153	97	258
福　建	16	0	0	71
厦　门	277	120	120	855
江　西	0	0	0	0
山　东	82	105	102	216
青　岛	0	0	0	0
河　南	0	0	0	0
湖　北	27	1	1	491
武　汉	46	25	22	285
湖　南	135	102	42	310
广　东	298	311	120	999
广　州	180	107	60	465
深　圳	100	130	0	1053
广　西	36	12	1	164
海　南	0	0	0	0
四　川	0	0	0	0
成　都	0	0	0	0
重　庆	0	0	0	0
贵　州	5	14	14	29
云　南	0	0	0	12

2.1.3 中央电大开放教育专科专业分布（续表11）

单位：人

专业与学校	毕业生	招生		在校生
		计	其中：春季	
陕　　西	4	0	0	90
西　　安	0	0	0	2
甘　　肃	0	2	0	102
青　　海	0	13	8	26
宁　　夏	0	9	4	20
新　　疆	16	8	0	23
新疆兵团	0	0	0	0
计算机网络技术	**8236**	**8673**	**4028**	**32297**
中央电大直属院校	83	50	21	188
北　　京	209	192	77	1089
天　　津	145	103	18	445
河　　北	0	102	46	412
山　　西	267	245	127	1040
内 蒙 古	242	282	176	1097
辽　　宁	315	413	195	1096
沈　　阳	214	197	84	794
大　　连	116	59	12	376
吉　　林	408	287	196	1044
长　　春	111	137	50	482
黑 龙 江	329	323	142	975
哈 尔 滨	17	118	52	303
上　　海	0	0	0	0
江　　苏	498	296	144	1446
南　　京	111	2	1	86
浙　　江	302	132	43	786
宁　　波	31	48	31	146
安　　徽	588	848	382	2303
福　　建	195	169	58	932
厦　　门	0	0	0	0
江　　西	25	26	12	71
山　　东	243	209	97	871
青　　岛	70	181	127	381
河　　南	185	600	362	1494
湖　　北	727	584	305	2778
武　　汉	192	76	23	1785
湖　　南	526	400	188	2156
广　　东	637	674	286	1731
广　　州	346	422	93	1344
深　　圳	61	0	0	9
广　　西	195	95	49	408
海　　南	0	0	0	0
四　　川	132	144	64	626
成　　都	17	83	50	147
重　　庆	6	4	3	7
贵　　州	33	59	14	243
云　　南	189	68	15	570
陕　　西	314	627	269	1251
西　　安	3	78	45	152
甘　　肃	10	51	23	244
青　　海	93	135	81	388
宁　　夏	26	68	28	371
新　　疆	18	76	37	192
新疆兵团	7	10	2	38
信息系统开发与维护	**699**	**487**	**160**	**2320**
中央电大直属院校	0	0	0	0
北　　京	48	29	13	322
天　　津	0	0	0	2
河　　北	0	0	0	0
山　　西	0	0	0	0
内 蒙 古	0	0	0	0
辽　　宁	221	75	48	297
沈　　阳	72	27	11	175
大　　连	74	30	6	206
吉　　林	0	0	0	0
长　　春	0	0	0	0
黑 龙 江	0	0	0	13
哈 尔 滨	52	28	13	215
上　　海	0	0	0	0
江　　苏	25	18	9	20
南　　京	0	0	0	0
浙　　江	54	34	7	114
宁　　波	0	0	0	15
安　　徽	0	0	0	0
福　　建	0	0	0	18
厦　　门	51	24	7	123
江　　西	0	0	0	0
山　　东	4	0	0	3
青　　岛	0	0	0	0
河　　南	3	7	7	19
湖　　北	1	32	14	33
武　　汉	0	0	0	0
湖　　南	47	109	9	375
广　　东	0	29	0	76
广　　州	0	0	0	0
深　　圳	0	0	0	16
广　　西	0	0	0	0
海　　南	0	0	0	0
四　　川	16	7	2	145
成　　都	21	32	10	106
重　　庆	1	0	0	1
贵　　州	0	0	0	0
云　　南	0	0	0	0
陕　　西	0	0	0	0
西　　安	0	0	0	0
甘　　肃	3	0	0	1
青　　海	0	0	0	0
宁　　夏	0	0	0	2
新　　疆	6	6	4	23
新疆兵团	0	0	0	0
网站编程	**29**	**0**	**0**	**158**
中央电大直属院校	0	0	0	0
北　　京	2	0	0	95
天　　津	0	0	0	0
河　　北	0	0	0	0

2.1.3 中央电大开放教育专科专业分布（续表12）

单位：人

专业与学校	毕业生	招生		在校生
		计	其中：春季	
山　西	7	0	0	0
内蒙古	0	0	0	0
辽　宁	0	0	0	0
沈　阳	0	0	0	0
大　连	0	0	0	0
吉　林	0	0	0	0
长　春	0	0	0	0
黑龙江	0	0	0	0
哈尔滨	0	0	0	0
上　海	0	0	0	0
江　苏	0	0	0	0
南　京	1	0	0	12
浙　江	0	0	0	0
宁　波	0	0	0	0
安　徽	0	0	0	0
福　建	0	0	0	0
厦　门	0	0	0	0
江　西	0	0	0	0
山　东	8	0	0	16
青　岛	0	0	0	0
河　南	0	0	0	0
湖　北	0	0	0	0
武　汉	0	0	0	0
湖　南	0	0	0	0
广　东	0	0	0	0
广　州	11	0	0	5
深　圳	0	0	0	0
广　西	0	0	0	0
海　南	0	0	0	0
四　川	0	0	0	30
成　都	0	0	0	0
重　庆	0	0	0	0
贵　州	0	0	0	0
云　南	0	0	0	0
陕　西	0	0	0	0
西　安	0	0	0	0
甘　肃	0	0	0	0
青　海	0	0	0	0
宁　夏	0	0	0	0
新　疆	0	0	0	0
新疆兵团	0	0	0	0
计算机及应用	**0**	**231**	**231**	**1059**
中央电大直属院校	0	231	231	1059
北　京	0	0	0	0
天　津	0	0	0	0
河　北	0	0	0	0
山　西	0	0	0	0
内蒙古	0	0	0	0
辽　宁	0	0	0	0
沈　阳	0	0	0	0
大　连	0	0	0	0
吉　林	0	0	0	0
长　春	0	0	0	0
黑龙江	0	0	0	0
哈尔滨	0	0	0	0
上　海	0	0	0	0
江　苏	0	0	0	0
南　京	0	0	0	0
浙　江	0	0	0	0
宁　波	0	0	0	0
安　徽	0	0	0	0
福　建	0	0	0	0
厦　门	0	0	0	0
江　西	0	0	0	0
山　东	0	0	0	0
青　岛	0	0	0	0
河　南	0	0	0	0
湖　北	0	0	0	0
武　汉	0	0	0	0
湖　南	0	0	0	0
广　东	0	0	0	0
广　州	0	0	0	0
深　圳	0	0	0	0
广　西	0	0	0	0
海　南	0	0	0	0
四　川	0	0	0	0
成　都	0	0	0	0
重　庆	0	0	0	0
贵　州	0	0	0	0
云　南	0	0	0	0
陕　西	0	0	0	0
西　安	0	0	0	0
甘　肃	0	0	0	0
青　海	0	0	0	0
宁　夏	0	0	0	0
新　疆	0	0	0	0
新疆兵团	0	0	0	0
数控技术	**13062**	**15090**	**7007**	**55611**
中央电大直属院校	24	68	9	95
北　京	240	260	23	1783
天　津	277	367	116	1548
河　北	1011	185	100	502
山　西	244	275	187	700
内蒙古	111	249	130	1014
辽　宁	561	464	226	1641
沈　阳	224	363	208	1251
大　连	307	193	91	866
吉　林	612	660	411	3832
长　春	0	446	232	1141
黑龙江	296	537	389	1712
哈尔滨	113	184	52	415
上　海	0	0	0	0
江　苏	1430	1374	489	8097
南　京	460	21	6	1367

2.1.3 中央电大开放教育专科专业分布（续表13）

单位：人

专业与学校	毕业生	招生		在校生
		计	其中：春季	
浙　江	344	630	151	1836
宁　波	0	243	143	244
安　徽	534	445	218	1372
福　建	109	18	8	178
厦　门	70	0	0	71
江　西	0	211	159	479
山　东	864	1410	721	3213
青　岛	45	190	95	392
河　南	107	313	215	774
湖　北	1145	975	480	4934
武　汉	591	116	68	2026
湖　南	293	389	234	1624
广　东	173	289	113	752
广　州	524	1487	529	3113
深　圳	0	127	54	202
广　西	309	259	67	804
海　南	0	0	0	0
四　川	25	205	137	518
成　都	75	100	76	184
重　庆	407	166	62	678
贵　州	100	27	27	168
云　南	43	32	11	164
陕　西	953	718	262	2386
西　安	262	267	131	1763
甘　肃	71	322	163	578
青　海	0	0	0	0
宁　夏	40	293	158	725
新　疆	59	140	28	328
新疆兵团	9	72	28	141
光伏发电技术及应用	**0**	**69**	**23**	**207**
中央电大直属院校	0	0	0	0
北　京	0	0	0	0
天　津	0	0	0	0
河　北	0	0	0	0
山　西	0	0	0	0
内蒙古	0	0	0	0
辽　宁	0	0	0	0
沈　阳	0	0	0	0
大　连	0	0	0	0
吉　林	0	0	0	0
长　春	0	0	0	0
黑龙江	0	0	0	0
哈尔滨	0	0	0	0
上　海	0	0	0	0
江　苏	0	16	7	23
南　京	0	0	0	0
浙　江	0	11	5	11
宁　波	0	0	0	0
安　徽	0	0	0	0
福　建	0	0	0	0
厦　门	0	0	0	0
江　西	0	11	11	56
山　东	0	0	0	0
青　岛	0	0	0	0
河　南	0	31	0	117
湖　北	0	0	0	0
武　汉	0	0	0	0
湖　南	0	0	0	0
广　东	0	0	0	0
广　州	0	0	0	0
深　圳	0	0	0	0
广　西	0	0	0	0
海　南	0	0	0	0
四　川	0	0	0	0
成　都	0	0	0	0
重　庆	0	0	0	0
贵　州	0	0	0	0
云　南	0	0	0	0
陕　西	0	0	0	0
西　安	0	0	0	0
甘　肃	0	0	0	0
青　海	0	0	0	0
宁　夏	0	0	0	0
新　疆	0	0	0	0
新疆兵团	0	0	0	0
应用化工技术	**0**	**1038**	**512**	**2559**
中央电大直属院校	0	0	0	0
北　京	0	0	0	0
天　津	0	12	2	341
河　北	0	0	0	0
山　西	0	68	29	174
内蒙古	0	3	3	12
辽　宁	0	0	0	0
沈　阳	0	0	0	0
大　连	0	0	0	0
吉　林	0	38	20	44
长　春	0	0	0	0
黑龙江	0	5	5	5
哈尔滨	0	0	0	0
上　海	0	0	0	0
江　苏	0	7	3	15
南　京	0	0	0	0
浙　江	0	0	0	0
宁　波	0	0	0	0
安　徽	0	0	0	0
福　建	0	0	0	0
厦　门	0	0	0	0
江　西	0	0	0	0
山　东	0	69	55	329
青　岛	0	0	0	0
河　南	0	42	33	85
湖　北	0	15	4	20
武　汉	0	0	0	0
湖　南	0	8	8	10

2.1.3 中央电大开放教育专科专业分布（续表14）

单位：人

专业与学校	毕业生	招生		在校生
		计	其中：春季	
广　东	0	0	0	0
广　州	0	0	0	0
深　圳	0	0	0	0
广　西	0	0	0	0
海　南	0	0	0	0
四　川	0	0	0	0
成　都	0	0	0	0
重　庆	0	0	0	0
贵　州	0	0	0	0
云　南	0	25	0	25
陕　西	0	414	209	1017
西　安	0	0	0	0
甘　肃	0	62	34	93
青　海	0	181	60	219
宁　夏	0	11	2	11
新　疆	0	30	15	51
新疆兵团	0	48	30	108
道路桥梁工程施工与管理	**490**	**1473**	**622**	**4172**
中央电大直属院校	0	0	0	0
北　京	0	0	0	0
天　津	0	0	0	0
河　北	0	0	0	0
山　西	0	0	0	0
内蒙古	49	184	83	468
辽　宁	33	67	27	160
沈　阳	0	0	0	0
大　连	0	0	0	0
吉　林	9	85	60	538
长　春	0	110	27	232
黑龙江	0	0	0	75
哈尔滨	0	0	0	0
上　海	0	0	0	0
江　苏	0	0	0	0
南　京	0	5	2	5
浙　江	27	14	3	34
宁　波	0	0	0	0
安　徽	0	0	0	11
福　建	0	0	0	0
厦　门	0	0	0	0
江　西	0	25	6	51
山　东	16	26	11	39
青　岛	0	0	0	0
河　南	44	100	54	154
湖　北	65	330	135	1049
武　汉	0	0	0	2
湖　南	4	23	14	32
广　东	0	0	0	0
广　州	0	0	0	0
深　圳	0	0	0	0
广　西	64	96	8	96
海　南	0	0	0	0
四　川	86	184	81	420
成　都	0	0	0	0
重　庆	30	36	24	86
贵　州	0	35	22	56
云　南	0	0	0	0
陕　西	17	30	17	76
西　安	39	63	27	357
甘　肃	7	30	13	192
青　海	0	0	0	0
宁　夏	0	0	0	0
新　疆	0	30	8	39
新疆兵团	0	0	0	0
建筑施工与管理	**16678**	**37587**	**16417**	**89028**
中央电大直属院校	0	0	0	0
北　京	450	1174	595	3247
天　津	84	236	81	895
河　北	446	1029	505	2330
山　西	212	385	203	1165
内蒙古	276	548	213	1642
辽　宁	324	831	296	1748
沈　阳	127	435	145	925
大　连	587	749	281	1671
吉　林	363	470	222	1575
长　春	51	283	97	514
黑龙江	367	820	406	1632
哈尔滨	82	464	149	855
上　海	0	0	0	0
江　苏	1558	2350	998	6031
南　京	234	190	109	1021
浙　江	1158	1612	641	4949
宁　波	62	315	170	903
安　徽	1281	2194	1000	4731
福　建	9	553	191	583
厦　门	101	36	2	233
江　西	549	1078	562	3025
山　东	863	1429	763	3520
青　岛	57	376	193	829
河　南	711	2019	1243	4329
湖　北	460	1533	575	3851
武　汉	136	312	161	1255
湖　南	415	840	417	1973
广　东	551	1214	513	2562
广　州	48	139	45	266
深　圳	2	0	0	25
广　西	56	217	94	541
海　南	35	104	52	292
四　川	1722	4274	1686	9244
成　都	443	1555	557	3327
重　庆	1051	2458	1117	5403
贵　州	315	764	261	1892
云　南	130	360	138	885
陕　西	553	1189	407	2098
西　安	251	1232	549	3103

2.1.3 中央电大开放教育专科专业分布（续表15）

单位：人

专业与学校	毕业生	招生		在校生
		计	其中：春季	
甘　　肃	352	541	241	1405
青　　海	0	0	0	0
宁　　夏	58	310	135	749
新　　疆	68	407	231	864
新疆兵团	80	562	173	940
水利水电工程与管理	**2836**	**4634**	**1916**	**14343**
中央电大直属院校	0	0	0	0
北　　京	65	140	0	679
天　　津	40	25	12	81
河　　北	0	0	0	0
山　　西	0	3	0	3
内 蒙 古	58	112	35	336
辽　　宁	80	116	47	399
沈　　阳	0	0	0	0
大　　连	32	20	0	35
吉　　林	191	284	119	874
长　　春	0	43	16	85
黑 龙 江	198	181	97	413
哈 尔 滨	4	22	6	70
上　　海	0	0	0	0
江　　苏	0	0	0	0
南　　京	0	0	0	0
浙　　江	48	44	11	172
宁　　波	0	0	0	0
安　　徽	92	63	35	464
福　　建	21	77	46	386
厦　　门	0	0	0	0
江　　西	12	111	54	220
山　　东	114	87	49	298
青　　岛	0	0	0	0
河　　南	248	465	144	1087
湖　　北	100	186	84	492
武　　汉	0	13	4	16
湖　　南	34	100	52	274
广　　东	53	131	61	308
广　　州	0	0	0	0
深　　圳	0	0	0	0
广　　西	65	91	30	197
海　　南	1	28	5	46
四　　川	236	530	249	1438
成　　都	0	0	0	0
重　　庆	0	0	0	0
贵　　州	102	365	173	1056
云　　南	188	137	55	499
陕　　西	259	319	110	1289
西　　安	9	3	3	54
甘　　肃	382	430	112	1823
青　　海	0	97	56	124
宁　　夏	9	48	36	120
新　　疆	100	190	105	573
新疆兵团	95	173	110	432
园　　艺	**2170**	**777**	**321**	**5827**

专业与学校	毕业生	招生		在校生
		计	其中：春季	
中央电大直属院校	0	0	0	0
北　　京	86	0	0	1249
天　　津	0	0	0	0
河　　北	660	53	24	241
山　　西	10	5	3	23
内 蒙 古	93	23	2	196
辽　　宁	4	2	0	56
沈　　阳	0	0	0	0
大　　连	0	0	0	0
吉　　林	14	5	2	214
长　　春	0	0	0	0
黑 龙 江	147	67	31	197
哈 尔 滨	10	42	2	114
上　　海	0	0	0	0
江　　苏	0	0	0	0
南　　京	0	0	0	0
浙　　江	31	40	0	102
宁　　波	1	0	0	22
安　　徽	0	0	0	0
福　　建	13	0	0	76
厦　　门	0	0	0	0
江　　西	0	0	0	0
山　　东	25	4	1	12
青　　岛	0	0	0	0
河　　南	3	0	0	57
湖　　北	9	15	5	60
武　　汉	1	6	1	95
湖　　南	2	9	8	28
广　　东	0	0	0	0
广　　州	0	0	0	0
深　　圳	0	0	0	20
广　　西	7	0	0	0
海　　南	0	0	0	0
四　　川	35	0	0	34
成　　都	0	0	0	0
重　　庆	0	0	0	0
贵　　州	1	0	0	36
云　　南	34	28	5	199
陕　　西	173	12	0	83
西　　安	4	6	0	31
甘　　肃	807	439	218	2647
青　　海	0	0	0	0
宁　　夏	0	0	0	14
新　　疆	0	19	17	19
新疆兵团	0	2	2	2
动物生产	**83**	**0**	**0**	**136**
中央电大直属院校	0	0	0	0
北　　京	0	0	0	0
天　　津	0	0	0	0
河　　北	0	0	0	0
山　　西	0	0	0	0
内 蒙 古	0	0	0	0

2.1.3 中央电大开放教育专科专业分布（续表16）

单位：人

专业与学校	毕业生	招生		在校生
		计	其中：春季	
辽　宁	0	0	0	0
沈　阳	0	0	0	0
大　连	0	0	0	0
吉　林	0	0	0	0
长　春	0	0	0	0
黑龙江	0	0	0	0
哈尔滨	0	0	0	30
上　海	0	0	0	0
江　苏	0	0	0	0
南　京	0	0	0	0
浙　江	0	0	0	0
宁　波	0	0	0	0
安　徽	0	0	0	0
福　建	0	0	0	0
厦　门	0	0	0	0
江　西	0	0	0	0
山　东	0	0	0	0
青　岛	0	0	0	0
河　南	0	0	0	1
湖　北	0	0	0	0
武　汉	0	0	0	0
湖　南	0	0	0	0
广　东	0	0	0	0
广　州	0	0	0	0
深　圳	0	0	0	0
广　西	0	0	0	0
海　南	0	0	0	0
四　川	2	0	0	88
成　都	0	0	0	0
重　庆	0	0	0	0
贵　州	0	0	0	0
云　南	36	0	0	16
陕　西	44	0	0	0
西　安	0	0	0	0
甘　肃	1	0	0	1
青　海	0	0	0	0
宁　夏	0	0	0	0
新　疆	0	0	0	0
新疆兵团	0	0	0	0
护理学	**10537**	**14754**	**7020**	**57146**
中央电大直属院校	0	0	0	0
北　京	654	1128	619	4038
天　津	0	0	0	0
河　北	301	308	94	1155
山　西	31	0	0	108
内蒙古	118	36	21	442
辽　宁	0	33	5	63
沈　阳	0	0	0	0
大　连	0	0	0	0
吉　林	266	141	49	459
长　春	62	65	53	692
黑龙江	651	537	402	3706
哈尔滨	0	0	0	0
上　海	0	0	0	0
江　苏	0	0	0	3
南　京	0	0	0	0
浙　江	0	0	0	0
宁　波	143	80	31	396
安　徽	800	1257	596	3823
福　建	0	0	0	0
厦　门	0	0	0	0
江　西	664	1157	677	4056
山　东	315	38	27	466
青　岛	17	20	20	113
河　南	189	797	468	1784
湖　北	0	122	62	864
武　汉	38	97	81	1352
湖　南	182	172	99	1005
广　东	0	0	0	0
广　州	0	0	0	0
深　圳	0	0	0	0
广　西	299	227	107	545
海　南	0	0	0	0
四　川	484	1317	636	4138
成　都	5	26	13	46
重　庆	1678	2076	592	8083
贵　州	334	621	225	1906
云　南	8	89	33	709
陕　西	1099	983	514	4930
西　安	298	366	229	2427
甘　肃	1170	2035	1132	6089
青　海	11	12	11	164
宁　夏	313	180	57	1098
新　疆	0	0	0	0
新疆兵团	407	834	167	2486
药　学	**2931**	**6302**	**3258**	**23521**
中央电大直属院校	0	0	0	0
北　京	271	887	643	2777
天　津	0	0	0	0
河　北	114	290	164	573
山　西	6	0	0	52
内蒙古	16	39	25	183
辽　宁	114	1306	739	4756
沈　阳	184	169	109	447
大　连	0	0	0	0
吉　林	0	0	0	0
长　春	0	0	0	0
黑龙江	140	115	44	353
哈尔滨	0	0	0	0
上　海	0	0	0	0
江　苏	116	187	58	894
南　京	113	18	10	101
浙　江	2	0	0	14
宁　波	100	129	28	673

2.1.3 中央电大开放教育专科专业分布（续表17）

单位：人

专业与学校	毕业生	招生		在校生	专业与学校	毕业生	招生		在校生
		计	其中：春季				计	其中：春季	
安　徽	87	140	93	287	河　南	0	91	42	185
福　建	0	0	0	0	湖　北	0	0	0	0
厦　门	0	0	0	0	武　汉	0	0	0	0
江　西	322	313	206	1018	湖　南	0	24	11	52
山　东	116	56	40	258	广　东	0	0	0	0
青　岛	6	11	10	37	广　州	0	0	0	0
河　南	71	193	103	709	深　圳	0	0	0	0
湖　北	0	44	17	105	广　西	0	0	0	0
武　汉	5	3	0	89	海　南	0	0	0	0
湖　南	28	477	117	2293	四　川	0	0	0	0
广　东	0	0	0	0	成　都	0	0	0	0
广　州	0	0	0	0	重　庆	0	3	0	172
深　圳	0	0	0	0	贵　州	0	0	0	0
广　西	14	48	20	147	云　南	0	1	0	1
海　南	1	97	38	682	陕　西	0	0	0	14
四　川	255	288	96	1150	西　安	0	0	0	0
成　都	0	6	0	8	甘　肃	0	28	0	128
重　庆	392	684	277	2090	青　海	0	0	0	0
贵　州	27	54	22	544	宁　夏	0	0	0	0
云　南	0	116	81	130	新　疆	0	0	0	0
陕　西	84	122	64	611	新疆兵团	0	0	0	38
西　安	26	128	62	495	**市政公用工程管理**	**3**	**0**	**0**	**26**
甘　肃	223	303	164	1663	中央电大直属院校	0	0	0	0
青　海	0	0	0	0	北　京	0	0	0	0
宁　夏	92	68	22	355	天　津	0	0	0	0
新　疆	0	0	0	0	河　北	0	0	0	0
新疆兵团	6	11	6	27	山　西	0	0	0	0
药品经营与管理	**0**	**700**	**326**	**1311**	内蒙古	0	0	0	0
中央电大直属院校	0	0	0	0	辽　宁	0	0	0	0
北　京	0	0	0	0	沈　阳	0	0	0	0
天　津	0	0	0	0	大　连	0	0	0	0
河　北	0	0	0	0	吉　林	0	0	0	0
山　西	0	0	0	0	长　春	0	0	0	0
内蒙古	0	0	0	0	黑龙江	0	0	0	0
辽　宁	0	33	14	33	哈尔滨	0	0	0	0
沈　阳	0	78	72	107	上　海	0	0	0	0
大　连	0	0	0	0	江　苏	0	0	0	0
吉　林	0	13	8	85	南　京	0	0	0	0
长　春	0	0	0	0	浙　江	1	0	0	6
黑龙江	0	0	0	0	宁　波	0	0	0	0
哈尔滨	0	164	25	212	安　徽	0	0	0	0
上　海	0	0	0	0	福　建	0	0	0	0
江　苏	0	0	0	0	厦　门	0	0	0	0
南　京	0	0	0	0	江　西	0	0	0	0
浙　江	0	0	0	0	山　东	0	0	0	0
宁　波	0	0	0	0	青　岛	0	0	0	0
安　徽	0	265	154	284	河　南	0	0	0	0
福　建	0	0	0	0	湖　北	0	0	0	0
厦　门	0	0	0	0	武　汉	0	0	0	0
江　西	0	0	0	0	湖　南	0	0	0	0
山　东	0	0	0	0	广　东	0	0	0	0
青　岛	0	0	0	0	广　州	0	0	0	0

2.1.3 中央电大开放教育专科专业分布（续表18）

单位：人

专业与学校	毕业生	招生		在校生
		计	其中：春季	
深　圳	0	0	0	0
广　西	0	0	0	0
海　南	0	0	0	0
四　川	0	0	0	2
成　都	0	0	0	0
重　庆	0	0	0	0
贵　州	0	0	0	0
云　南	0	0	0	0
陕　西	0	0	0	0
西　安	2	0	0	17
甘　肃	0	0	0	1
青　海	0	0	0	0
宁　夏	0	0	0	0
新　疆	0	0	0	0
新疆兵团	0	0	0	0
工程造价管理	**3028**	**6984**	**2931**	**15958**
中央电大直属院校	0	0	0	0
北　京	77	251	113	730
天　津	181	71	30	267
河　北	0	0	0	0
山　西	0	0	0	0
内蒙古	18	65	28	308
辽　宁	70	115	58	284
沈　阳	0	0	0	0
大　连	0	0	0	0
吉　林	5	5	1	14
长　春	0	0	0	0
黑龙江	13	111	46	241
哈尔滨	14	66	30	139
上　海	0	0	0	0
江　苏	322	254	89	543
南　京	3	0	0	0
浙　江	137	154	46	754
宁　波	29	22	8	75
安　徽	218	362	147	732
福　建	0	20	9	31
厦　门	0	0	0	0
江　西	0	78	41	114
山　东	121	285	137	554
青　岛	0	0	0	0
河　南	92	173	76	395
湖　北	167	291	88	670
武　汉	41	61	21	344
湖　南	101	219	128	411
广　东	227	212	91	538
广　州	0	0	0	0
深　圳	69	178	84	469
广　西	6	29	18	57
海　南	0	30	0	30
四　川	356	1276	526	2868
成　都	14	217	75	353
重　庆	307	1029	426	1879
贵　州	35	92	30	203
云　南	4	33	8	51
陕　西	70	179	91	324
西　安	171	634	296	1536
甘　肃	78	165	65	337
青　海	0	0	0	0
宁　夏	16	29	15	135
新　疆	66	118	73	316
新疆兵团	0	160	37	256
计算机信息管理	**9474**	**11614**	**5550**	**41728**
中央电大直属院校	880	609	452	1494
北　京	425	428	216	1888
天　津	133	132	48	788
河　北	509	441	217	1411
山　西	0	0	0	12
内蒙古	357	365	165	1565
辽　宁	50	41	22	180
沈　阳	0	0	0	0
大　连	22	43	17	323
吉　林	200	426	204	2243
长　春	42	171	73	456
黑龙江	208	391	184	991
哈尔滨	42	268	79	665
上　海	0	0	0	0
江　苏	746	864	312	3980
南　京	72	0	0	171
浙　江	616	450	208	1615
宁　波	30	50	13	93
安　徽	219	278	141	1266
福　建	9	3	2	60
厦　门	0	0	0	0
江　西	592	516	269	1203
山　东	230	611	447	1709
青　岛	0	0	0	0
河　南	216	539	333	946
湖　北	791	702	384	3008
武　汉	432	173	91	1965
湖　南	312	287	176	1734
广　东	520	749	229	1721
广　州	4	89	1	182
深　圳	53	16	16	729
广　西	67	66	38	183
海　南	16	41	15	177
四　川	290	325	139	1097
成　都	1	0	0	1
重　庆	233	175	74	582
贵　州	143	266	55	561
云　南	78	490	182	792
陕　西	273	604	322	2309
西　安	190	259	95	1300

2.1.3 中央电大开放教育专科专业分布（续表19）

单位：人

专业与学校	毕业生	招生 计	招生 其中：春季	在校生
甘　　肃	243	305	140	920
青　　海	0	0	0	0
宁　　夏	21	57	20	149
新　　疆	196	345	169	1182
新疆兵团	13	39	2	77
工商管理	**59946**	**80838**	**39151**	**240594**
中央电大直属院校	5140	4294	2745	11932
北　　京	1412	1838	1213	9001
天　　津	1237	907	535	3879
河　　北	728	1015	466	2647
山　　西	760	654	370	2463
内 蒙 古	967	785	358	2763
辽　　宁	2687	2761	1205	8174
沈　　阳	1077	699	439	3090
大　　连	1238	1110	500	3311
吉　　林	2380	4081	1108	11744
长　　春	749	1233	746	4151
黑 龙 江	761	998	523	2646
哈 尔 滨	308	588	272	2253
上　　海	0	0	0	0
江　　苏	3103	3177	1571	11607
南　　京	636	1303	481	5239
浙　　江	2956	3735	1471	11114
宁　　波	328	872	394	1917
安　　徽	2731	4405	2004	10254
福　　建	418	823	385	2497
厦　　门	209	218	68	1142
江　　西	1547	2827	1354	6628
山　　东	3316	3575	1964	9856
青　　岛	319	609	317	2447
河　　南	1842	3873	2412	9407
湖　　北	1646	2780	1373	8238
武　　汉	365	1129	751	4030
湖　　南	2764	3038	1510	9571
广　　东	2312	4159	1718	9725
广　　州	1626	2336	1082	6397
深　　圳	344	657	281	2477
广　　西	561	918	359	2500
海　　南	287	271	113	1001
四　　川	2856	4634	2072	12379
成　　都	1379	1910	844	5939
重　　庆	3723	4715	2537	11401
贵　　州	451	663	268	1628
云　　南	814	652	236	3055
陕　　西	1274	1879	795	7366
西　　安	816	1732	924	5573
甘　　肃	818	793	354	2393
青　　海	124	263	152	499
宁　　夏	262	546	245	2475
新　　疆	580	951	498	2810
新疆兵团	95	432	138	975
会 计 学	**76430**	**93446**	**41258**	**287608**
中央电大直属院校	803	795	285	2274
北　　京	1893	2014	836	10877
天　　津	1630	1439	697	4699
河　　北	1789	2846	1274	8769
山　　西	1369	1302	602	4871
内 蒙 古	1110	1244	532	4638
辽　　宁	1798	1991	855	5190
沈　　阳	471	321	135	1278
大　　连	605	772	406	2714
吉　　林	758	1078	521	3611
长　　春	81	305	132	822
黑 龙 江	854	1111	552	3353
哈 尔 滨	362	634	263	2237
上　　海	0	0	0	0
江　　苏	5087	4842	2214	16010
南　　京	621	865	413	4281
浙　　江	9205	8581	3413	26891
宁　　波	1604	1637	734	4636
安　　徽	3630	5599	2355	14098
福　　建	3336	3479	1498	11810
厦　　门	548	242	119	1623
江　　西	2000	2459	1225	8693
山　　东	3326	3762	2174	9925
青　　岛	398	841	470	2618
河　　南	2057	3611	1904	9825
湖　　北	1117	2158	997	6311
武　　汉	481	484	267	2758
湖　　南	3085	3463	1534	11105
广　　东	9948	10945	4430	29095
广　　州	2965	3124	1047	9356
深　　圳	984	2021	744	6109
广　　西	1497	1316	568	4413
海　　南	196	289	124	913
四　　川	1444	2847	1177	7648
成　　都	708	1189	516	3668
重　　庆	1890	2905	1434	6699
贵　　州	858	1334	545	3940
云　　南	498	713	259	2442
陕　　西	1607	2022	852	7871
西　　安	1011	1586	639	5297
甘　　肃	627	907	385	2576
青　　海	87	367	149	522
宁　　夏	454	737	350	2720
新　　疆	1251	2341	1252	6043
新疆兵团	387	928	380	2379
电子商务	**7380**	**4061**	**1900**	**23824**
中央电大直属院校	74	53	0	102
北　　京	252	137	77	1417
天　　津	314	39	16	759
河　　北	144	65	46	278
山　　西	0	0	0	0
内 蒙 古	145	141	74	569

2.1.3 中央电大开放教育专科专业分布（续表22）

单位：人

专业与学校	毕业生	招生		在校生
		计	其中：春季	
深　圳	0	287	28	564
广　西	0	0	0	0
海　南	0	0	0	0
四　川	0	0	0	0
成　都	0	10	1	10
重　庆	0	54	49	81
贵　州	0	0	0	0
云　南	0	4	0	4
陕　西	0	0	0	0
西　安	0	3	1	40
甘　肃	0	0	0	0
青　海	0	0	0	0
宁　夏	0	0	0	0
新　疆	0	0	0	0
新疆兵团	0	0	0	0
行政管理	**105912**	**160475**	**80159**	**429772**
中央电大直属院校	10483	13292	8699	35304
北　京	2180	3789	1772	15008
天　津	2350	2402	1117	7763
河　北	4993	6742	3312	15285
山　西	6744	7560	4116	23156
内蒙古	2086	4036	1883	10216
辽　宁	1273	2606	1283	5677
沈　阳	1279	2043	903	5195
大　连	1746	1898	874	5279
吉　林	822	1911	889	4038
长　春	204	1291	702	3211
黑龙江	1524	3344	1640	8678
哈尔滨	821	2019	882	5699
上　海	0	0	0	0
江　苏	2549	3642	1858	10346
南　京	644	1172	556	4200
浙　江	5729	6220	2737	18326
宁　波	1453	1995	825	4727
安　徽	1217	2199	945	4463
福　建	2870	3700	1631	11491
厦　门	0	0	0	0
江　西	1354	3096	1632	6924
山　东	1954	4086	2227	8979
青　岛	232	882	552	2237
河　南	2458	5063	2760	10117
湖　北	2344	4956	2464	13169
武　汉	1099	2525	1376	7694
湖　南	3303	4855	2576	11986
广　东	17151	20121	9284	51680
广　州	2959	4468	2136	11930
深　圳	1116	1301	725	4679
广　西	1551	1927	810	5254
海　南	289	417	198	1149
四　川	3265	5031	2372	13282
成　都	1083	1911	847	5189
重　庆	2535	4954	2587	12367
贵　州	2408	4073	1901	10970
云　南	978	1663	708	6025
陕　西	2651	5271	2528	16303
西　安	2163	3646	1792	11969
甘　肃	1787	2779	1296	6876
青　海	506	853	328	1934
宁　夏	545	1129	550	3550
新　疆	1133	2405	1425	5373
新疆兵团	81	1202	461	2074
教育管理	**8315**	**6609**	**3702**	**23649**
中央电大直属院校	0	0	0	0
北　京	0	0	0	0
天　津	0	1	0	1
河　北	751	570	312	2331
山　西	366	256	169	1395
内蒙古	31	21	5	80
辽　宁	0	0	0	0
沈　阳	0	0	0	0
大　连	44	9	9	48
吉　林	51	34	24	178
长　春	1	0	0	23
黑龙江	9	10	8	124
哈尔滨	0	0	0	0
上　海	0	0	0	0
江　苏	13	0	0	12
南　京	0	1	0	1
浙　江	31	3	3	97
宁　波	1	0	0	0
安　徽	33	32	11	166
福　建	564	211	81	1309
厦　门	0	0	0	0
江　西	986	1051	573	3731
山　东	1477	386	244	1229
青　岛	94	266	208	647
河　南	27	20	13	42
湖　北	145	175	108	1358
武　汉	91	166	103	276
湖　南	189	238	119	594
广　东	1242	964	492	2351
广　州	277	289	171	646
深　圳	0	0	0	0
广　西	284	122	64	708
海　南	0	6	0	7
四　川	214	281	225	1626
成　都	38	99	52	435
重　庆	278	332	197	602
贵　州	367	225	92	841
云　南	228	191	104	952
陕　西	84	105	73	427
西　安	148	416	189	997
甘　肃	235	129	53	393
青　海	0	0	0	0

2.1.3 中央电大开放教育专科专业分布（续表23）

单位：人

专业与学校	毕业生	招生		在校生
		计	其中：春季	
宁　　夏	6	0	0	9
新　　疆	10	0	0	13
新疆兵团	0	0	0	0
社区管理	**0**	**0**	**0**	**15**
中央电大直属院校	0	0	0	0
北　　京	0	0	0	0
天　　津	0	0	0	0
河　　北	0	0	0	0
山　　西	0	0	0	0
内 蒙 古	0	0	0	0
辽　　宁	0	0	0	0
沈　　阳	0	0	0	0
大　　连	0	0	0	0
吉　　林	0	0	0	0
长　　春	0	0	0	0
黑 龙 江	0	0	0	0
哈 尔 滨	0	0	0	0
上　　海	0	0	0	0
江　　苏	0	0	0	0
南　　京	0	0	0	0
浙　　江	0	0	0	0
宁　　波	0	0	0	0
安　　徽	0	0	0	0
福　　建	0	0	0	0
厦　　门	0	0	0	0
江　　西	0	0	0	1
山　　东	0	0	0	0
青　　岛	0	0	0	0
河　　南	0	0	0	0
湖　　北	0	0	0	0
武　　汉	0	0	0	0
湖　　南	0	0	0	0
广　　东	0	0	0	0
广　　州	0	0	0	0
深　　圳	0	0	0	14
广　　西	0	0	0	0
海　　南	0	0	0	0
四　　川	0	0	0	0
成　　都	0	0	0	0
重　　庆	0	0	0	0
贵　　州	0	0	0	0
云　　南	0	0	0	0
陕　　西	0	0	0	0
西　　安	0	0	0	0
甘　　肃	0	0	0	0
青　　海	0	0	0	0
宁　　夏	0	0	0	0
新　　疆	0	0	0	0
新疆兵团	0	0	0	0
乡镇管理	**39**	**0**	**0**	**156**
中央电大直属院校	0	0	0	0
北　　京	0	0	0	0
天　　津	0	0	0	0
河　　北	0	0	0	0
山　　西	0	0	0	0
内 蒙 古	0	0	0	0
辽　　宁	0	0	0	0
沈　　阳	0	0	0	0
大　　连	0	0	0	0
吉　　林	0	0	0	0
长　　春	0	0	0	0
黑 龙 江	0	0	0	0
哈 尔 滨	0	0	0	0
上　　海	0	0	0	0
江　　苏	0	0	0	89
南　　京	0	0	0	0
浙　　江	0	0	0	18
宁　　波	0	0	0	0
安　　徽	0	0	0	0
福　　建	0	0	0	0
厦　　门	0	0	0	0
江　　西	0	0	0	0
山　　东	0	0	0	0
青　　岛	0	0	0	0
河　　南	0	0	0	2
湖　　北	2	0	0	0
武　　汉	0	0	0	0
湖　　南	0	0	0	0
广　　东	0	0	0	0
广　　州	0	0	0	0
深　　圳	0	0	0	0
广　　西	0	0	0	0
海　　南	0	0	0	0
四　　川	0	0	0	0
成　　都	0	0	0	0
重　　庆	0	0	0	0
贵　　州	0	0	0	0
云　　南	37	0	0	47
陕　　西	0	0	0	0
西　　安	0	0	0	0
甘　　肃	0	0	0	0
青　　海	0	0	0	0
宁　　夏	0	0	0	0
新　　疆	0	0	0	0
新疆兵团	0	0	0	0
采矿管理	**0**	**365**	**0**	**365**
中央电大直属院校	0	0	0	0
北　　京	0	0	0	0
天　　津	0	0	0	0
河　　北	0	0	0	0
山　　西	0	116	0	116
内 蒙 古	0	25	0	25
辽　　宁	0	0	0	0
沈　　阳	0	0	0	0

2.1.3　中央电大开放教育专科专业分布（续表24）

单位：人

专业与学校	毕业生	招生		在校生
		计	其中：春季	
大　　连	0	0	0	0
吉　　林	0	0	0	0
长　　春	0	0	0	0
黑 龙 江	0	224	0	224
哈 尔 滨	0	0	0	0
上　　海	0	0	0	0
江　　苏	0	0	0	0
南　　京	0	0	0	0
浙　　江	0	0	0	0
宁　　波	0	0	0	0
安　　徽	0	0	0	0
福　　建	0	0	0	0
厦　　门	0	0	0	0
江　　西	0	0	0	0
山　　东	0	0	0	0
青　　岛	0	0	0	0
河　　南	0	0	0	0
湖　　北	0	0	0	0
武　　汉	0	0	0	0
湖　　南	0	0	0	0
广　　东	0	0	0	0
广　　州	0	0	0	0
深　　圳	0	0	0	0
广　　西	0	0	0	0
海　　南	0	0	0	0
四　　川	0	0	0	0
成　　都	0	0	0	0
重　　庆	0	0	0	0
贵　　州	0	0	0	0
云　　南	0	0	0	0
陕　　西	0	0	0	0
西　　安	0	0	0	0
甘　　肃	0	0	0	0
青　　海	0	0	0	0
宁　　夏	0	0	0	0
新　　疆	0	0	0	0
新疆兵团	0	0	0	0
人力资源管理	**0**	**268**	**0**	**297**
中央电大直属院校	0	0	0	0
北　　京	0	0	0	0
天　　津	0	8	0	8
河　　北	0	0	0	0
山　　西	0	0	0	0
内 蒙 古	0	18	0	18
辽　　宁	0	6	0	6
沈　　阳	0	0	0	0
大　　连	0	0	0	0
吉　　林	0	0	0	0
长　　春	0	0	0	0
黑 龙 江	0	0	0	0
哈 尔 滨	0	0	0	0
上　　海	0	0	0	0
江　　苏	0	0	0	0
南　　京	0	0	0	0
浙　　江	0	1	0	1
宁　　波	0	0	0	0
安　　徽	0	82	0	102
福　　建	0	0	0	0
厦　　门	0	0	0	0
江　　西	0	0	0	0
山　　东	0	0	0	0
青　　岛	0	0	0	0
河　　南	0	0	0	0
湖　　北	0	0	0	0
武　　汉	0	0	0	0
湖　　南	0	0	0	0
广　　东	0	0	0	0
广　　州	0	20	0	20
深　　圳	0	0	0	0
广　　西	0	0	0	0
海　　南	0	0	0	0
四　　川	0	0	0	0
成　　都	0	13	0	13
重　　庆	0	0	0	0
贵　　州	0	38	0	38
云　　南	0	0	0	0
陕　　西	0	0	0	0
西　　安	0	0	0	0
甘　　肃	0	0	0	0
青　　海	0	0	0	0
宁　　夏	0	27	0	27
新　　疆	0	0	0	0
新疆兵团	0	55	0	64
人口与家庭（生殖健康方向）	**0**	**291**	**0**	**291**
中央电大直属院校	0	0	0	0
北　　京	0	0	0	0
天　　津	0	0	0	0
河　　北	0	0	0	0
山　　西	0	0	0	0
内 蒙 古	0	0	0	0
辽　　宁	0	0	0	0
沈　　阳	0	0	0	0
大　　连	0	0	0	0
吉　　林	0	0	0	0
长　　春	0	0	0	0
黑 龙 江	0	0	0	0
哈 尔 滨	0	0	0	0
上　　海	0	0	0	0
江　　苏	0	0	0	0
南　　京	0	0	0	0
浙　　江	0	0	0	0
宁　　波	0	93	0	93
安　　徽	0	198	0	198
福　　建	0	0	0	0

2.1.3 中央电大开放教育专科专业分布（续表25）

单位：人

专业与学校	毕业生	招生		在校生	专业与学校	毕业生	招生		在校生
		计	其中：春季				计	其中：春季	
厦　门	0	0	0	0	四　川	0	0	0	0
江　西	0	0	0	0	成　都	0	0	0	0
山　东	0	0	0	0	重　庆	0	0	0	0
青　岛	0	0	0	0	贵　州	0	0	0	0
河　南	0	0	0	0	云　南	0	0	0	0
湖　北	0	0	0	0	陕　西	0	0	0	0
武　汉	0	0	0	0	西　安	0	0	0	0
湖　南	0	0	0	0	甘　肃	0	0	0	0
广　东	0	0	0	0	青　海	0	0	0	0
广　州	0	0	0	0	宁　夏	0	0	0	0
深　圳	0	0	0	0	新　疆	0	0	0	0
广　西	0	0	0	0	新疆兵团	0	0	0	0
海　南	0	0	0	0					

2.1.4　“一村一名大学生计划”专业分布

单位：人

专业与学校	毕业生	招生		在校生
		计	其中：春季	
总　　计	**51232**	**52809**	**21638**	**163212**
作物生产技术	**38**	**41**	**17**	**328**
中央电大直属院校	0	0	0	0
北　　京	0	0	0	0
天　　津	0	0	0	0
河　　北	0	0	0	0
山　　西	0	0	0	0
内 蒙 古	0	0	0	0
辽　　宁	0	0	0	0
沈　　阳	0	0	0	0
大　　连	0	0	0	0
吉　　林	0	0	0	0
长　　春	0	0	0	0
黑 龙 江	0	0	0	0
哈 尔 滨	0	0	0	6
上　　海	0	0	0	0
江　　苏	0	0	0	0
南　　京	0	0	0	0
浙　　江	0	0	0	0
宁　　波	0	0	0	0
安　　徽	0	0	0	0
福　　建	0	0	0	0
厦　　门	0	0	0	0
江　　西	0	12	12	12
山　　东	4	5	3	25
青　　岛	0	0	0	136
河　　南	0	0	0	0
湖　　北	0	0	0	40
武　　汉	0	0	0	0
湖　　南	0	3	0	55
广　　东	0	0	0	0
广　　州	0	0	0	0
深　　圳	0	0	0	0
广　　西	0	0	0	0
海　　南	0	0	0	0
四　　川	0	0	0	0
成　　都	0	0	0	0
重　　庆	0	0	0	0
贵　　州	0	0	0	0
云　　南	25	15	2	28
陕　　西	9	5	0	25
西　　安	0	0	0	0
甘　　肃	0	0	0	0
青　　海	0	0	0	0
宁　　夏	0	0	0	0
新　　疆	0	1	0	1
新疆兵团	0	0	0	0
种子生产与经营	**9**	**11**	**2**	**52**
中央电大直属院校	0	0	0	0
北　　京	0	0	0	0
天　　津	0	0	0	0
河　　北	0	0	0	11
山　　西	0	0	0	0
内 蒙 古	0	0	0	4
辽　　宁	0	0	0	0
沈　　阳	0	0	0	0
大　　连	0	0	0	0
吉　　林	0	0	0	0
长　　春	0	0	0	0
黑 龙 江	0	6	0	10
哈 尔 滨	0	0	0	0
上　　海	0	0	0	0
江　　苏	0	0	0	0
南　　京	0	0	0	0
浙　　江	0	0	0	0
宁　　波	0	0	0	0
安　　徽	0	0	0	0
福　　建	0	0	0	0
厦　　门	0	0	0	0
江　　西	0	0	0	0
山　　东	3	1	1	14
青　　岛	0	0	0	0
河　　南	0	0	0	0
湖　　北	0	0	0	1
武　　汉	0	0	0	0
湖　　南	0	3	1	6
广　　东	0	0	0	0
广　　州	0	0	0	0
深　　圳	0	0	0	0
广　　西	2	0	0	0
海　　南	0	0	0	0
四　　川	4	0	0	2
成　　都	0	0	0	0
重　　庆	0	0	0	0
贵　　州	0	0	0	0
云　　南	0	0	0	0
陕　　西	0	0	0	3
西　　安	0	0	0	0
甘　　肃	0	0	0	0
青　　海	0	0	0	0
宁　　夏	0	0	0	0
新　　疆	0	1	0	1
新疆兵团	0	0	0	0
设施农业技术	**1846**	**846**	**358**	**4203**
中央电大直属院校	0	0	0	0
北　　京	0	0	0	0
天　　津	10	0	0	1
河　　北	23	2	1	137
山　　西	0	0	0	0
内 蒙 古	74	30	9	70
辽　　宁	0	0	0	0
沈　　阳	0	0	0	0
大　　连	0	0	0	1
吉　　林	0	0	0	0

2.1.4 “一村一名大学生计划”专业分布（续表1）

单位：人

专业与学校	毕业生	招生		在校生
		计	其中：春季	
长　　春	0	0	0	0
黑 龙 江	2	99	57	240
哈 尔 滨	6	1	1	6
上　　海	0	0	0	0
江　　苏	0	0	0	0
南　　京	0	0	0	0
浙　　江	0	0	0	0
宁　　波	0	0	0	0
安　　徽	144	199	80	489
福　　建	0	0	0	0
厦　　门	0	0	0	0
江　　西	31	17	3	292
山　　东	35	23	9	74
青　　岛	0	0	0	0
河　　南	448	13	9	135
湖　　北	754	9	7	1571
武　　汉	0	0	0	0
湖　　南	0	61	12	109
广　　东	0	0	0	0
广　　州	0	0	0	0
深　　圳	0	0	0	0
广　　西	24	5	1	18
海　　南	0	0	0	0
四　　川	0	0	0	0
成　　都	0	0	0	0
重　　庆	0	0	0	0
贵　　州	178	0	0	240
云　　南	9	14	12	74
陕　　西	19	30	6	118
西　　安	0	0	0	0
甘　　肃	0	272	118	347
青　　海	0	0	0	0
宁　　夏	0	0	0	0
新　　疆	1	8	4	24
新疆兵团	88	63	29	257
观光农业	**0**	**131**	**2**	**170**
中央电大直属院校	0	0	0	0
北　　京	0	0	0	0
天　　津	0	0	0	0
河　　北	0	0	0	0
山　　西	0	0	0	0
内 蒙 古	0	0	0	1
辽　　宁	0	0	0	0
沈　　阳	0	0	0	0
大　　连	0	0	0	0
吉　　林	0	0	0	0
长　　春	0	0	0	0
黑 龙 江	0	0	0	0
哈 尔 滨	0	0	0	0
上　　海	0	0	0	0
江　　苏	0	0	0	0
南　　京	0	15	0	41
浙　　江	0	113	0	120
宁　　波	0	0	0	0
安　　徽	0	0	0	0
福　　建	0	0	0	0
厦　　门	0	0	0	0
江　　西	0	0	0	0
山　　东	0	2	2	2
青　　岛	0	0	0	0
河　　南	0	0	0	0
湖　　北	0	0	0	4
武　　汉	0	0	0	0
湖　　南	0	0	0	1
广　　东	0	0	0	0
广　　州	0	0	0	0
深　　圳	0	0	0	0
广　　西	0	1	0	1
海　　南	0	0	0	0
四　　川	0	0	0	0
成　　都	0	0	0	0
重　　庆	0	0	0	0
贵　　州	0	0	0	0
云　　南	0	0	0	0
陕　　西	0	0	0	0
西　　安	0	0	0	0
甘　　肃	0	0	0	0
青　　海	0	0	0	0
宁　　夏	0	0	0	0
新　　疆	0	0	0	0
新疆兵团	0	0	0	0
园艺技术	**620**	**924**	**174**	**2985**
中央电大直属院校	0	0	0	0
北　　京	0	0	0	0
天　　津	1	5	0	5
河　　北	58	25	8	333
山　　西	0	0	0	0
内 蒙 古	7	0	0	2
辽　　宁	0	1	1	6
沈　　阳	0	0	0	0
大　　连	0	0	0	0
吉　　林	0	0	0	0
长　　春	0	0	0	0
黑 龙 江	6	12	1	33
哈 尔 滨	0	0	0	0
上　　海	0	0	0	0
江　　苏	0	0	0	0
南　　京	0	0	0	0
浙　　江	264	431	0	1242
宁　　波	0	0	0	0
安　　徽	13	0	0	0
福　　建	7	0	0	12
厦　　门	0	0	0	0
江　　西	91	70	61	103

2.1.4 “一村一名大学生计划”专业分布（续表2）

单位：人

专业与学校	毕业生	招生		在校生
		计	其中：春季	
山　东	21	25	17	68
青　岛	0	0	0	0
河　南	0	46	8	72
湖　北	0	0	0	110
武　汉	0	0	0	0
湖　南	52	77	11	174
广　东	0	0	0	0
广　州	0	0	0	0
深　圳	0	0	0	0
广　西	8	3	1	12
海　南	0	0	0	0
四　川	2	0	0	33
成　都	0	0	0	0
重　庆	0	0	0	0
贵　州	48	0	0	32
云　南	20	58	8	239
陕　西	2	38	16	205
西　安	0	0	0	0
甘　肃	14	86	3	169
青　海	0	0	0	0
宁　夏	3	21	14	47
新　疆	3	8	7	25
新疆兵团	0	18	18	63
茶叶生产加工技术	**312**	**205**	**36**	**1052**
中央电大直属院校	0	0	0	0
北　京	0	0	0	0
天　津	0	0	0	0
河　北	0	0	0	0
山　西	0	0	0	0
内蒙古	0	0	0	0
辽　宁	0	0	0	0
沈　阳	0	0	0	0
大　连	0	0	0	0
吉　林	0	0	0	0
长　春	0	0	0	0
黑龙江	0	0	0	0
哈尔滨	0	0	0	0
上　海	0	0	0	0
江　苏	0	0	0	0
南　京	0	0	0	0
浙　江	77	146	35	382
宁　波	0	0	0	0
安　徽	0	0	0	0
福　建	31	0	0	45
厦　门	0	0	0	0
江　西	0	0	0	0
山　东	4	3	1	5
青　岛	0	0	0	0
河　南	0	0	0	0
湖　北	83	0	0	142
武　汉	0	0	0	0
湖　南	0	5	0	5
广　东	0	0	0	0
广　州	0	0	0	0
深　圳	0	0	0	0
广　西	0	0	0	0
海　南	0	0	0	0
四　川	1	0	0	0
成　都	0	0	0	0
重　庆	0	0	0	0
贵　州	116	50	0	470
云　南	0	1	0	1
陕　西	0	0	0	2
西　安	0	0	0	0
甘　肃	0	0	0	0
青　海	0	0	0	0
宁　夏	0	0	0	0
新　疆	0	0	0	0
新疆兵团	0	0	0	0
中草药栽培技术	**85**	**35**	**4**	**155**
中央电大直属院校	0	0	0	0
北　京	0	0	0	0
天　津	0	0	0	0
河　北	0	0	0	0
山　西	0	0	0	0
内蒙古	0	0	0	0
辽　宁	0	4	4	4
沈　阳	0	0	0	0
大　连	0	0	0	0
吉　林	0	0	0	0
长　春	0	0	0	0
黑龙江	0	0	0	0
哈尔滨	0	0	0	0
上　海	0	0	0	0
江　苏	0	0	0	0
南　京	0	0	0	0
浙　江	0	0	0	0
宁　波	0	0	0	0
安　徽	0	31	0	31
福　建	0	0	0	0
厦　门	0	0	0	0
江　西	0	0	0	0
山　东	0	0	0	0
青　岛	0	0	0	0
河　南	0	0	0	0
湖　北	0	0	0	0
武　汉	0	0	0	0
湖　南	0	0	0	0
广　东	0	0	0	0
广　州	0	0	0	0
深　圳	0	0	0	0
广　西	0	0	0	0
海　南	0	0	0	0
四　川	0	0	0	2

2.1.4 “一村一名大学生计划”专业分布（续表3）

单位：人

专业与学校	毕业生	招生		在校生
		计	其中：春季	
成　都	0	0	0	0
重　庆	0	0	0	0
贵　州	85	0	0	118
云　南	0	0	0	0
陕　西	0	0	0	0
西　安	0	0	0	0
甘　肃	0	0	0	0
青　海	0	0	0	0
宁　夏	0	0	0	0
新　疆	0	0	0	0
新疆兵团	0	0	0	0
烟草栽培技术	**237**	**131**	**52**	**728**
中央电大直属院校	0	0	0	0
北　京	0	0	0	0
天　津	0	0	0	0
河　北	0	0	0	0
山　西	0	0	0	0
内蒙古	0	0	0	0
辽　宁	0	0	0	0
沈　阳	0	0	0	0
大　连	0	0	0	0
吉　林	0	0	0	0
长　春	0	0	0	0
黑龙江	0	0	0	0
哈尔滨	0	0	0	0
上　海	0	0	0	0
江　苏	0	0	0	0
南　京	0	0	0	0
浙　江	0	0	0	0
宁　波	0	0	0	0
安　徽	0	0	0	0
福　建	0	30	15	109
厦　门	0	0	0	0
江　西	0	0	0	0
山　东	2	11	8	79
青　岛	0	0	0	0
河　南	0	0	0	0
湖　北	0	0	0	0
武　汉	0	0	0	0
湖　南	0	0	0	0
广　东	0	0	0	0
广　州	0	0	0	0
深　圳	0	0	0	0
广　西	46	13	9	61
海　南	0	0	0	0
四　川	102	22	17	123
成　都	0	0	0	0
重　庆	0	0	0	0
贵　州	0	51	0	167
云　南	87	4	3	189
陕　西	0	0	0	0
西　安	0	0	0	0
甘　肃	0	0	0	0
青　海	0	0	0	0
宁　夏	0	0	0	0
新　疆	0	0	0	0
新疆兵团	0	0	0	0
林业技术	**585**	**1143**	**234**	**2984**
中央电大直属院校	0	0	0	0
北　京	0	0	0	0
天　津	16	9	9	23
河　北	4	1	0	4
山　西	3	24	2	33
内蒙古	71	423	46	911
辽　宁	20	59	22	117
沈　阳	0	0	0	0
大　连	0	0	0	0
吉　林	0	0	0	0
长　春	0	0	0	0
黑龙江	28	66	22	155
哈尔滨	0	20	6	52
上　海	0	0	0	0
江　苏	7	0	0	13
南　京	0	0	0	0
浙　江	181	236	0	540
宁　波	0	0	0	0
安　徽	11	7	0	8
福　建	39	28	21	98
厦　门	0	0	0	0
江　西	0	0	0	12
山　东	3	4	0	19
青　岛	0	0	0	0
河　南	0	0	0	2
湖　北	0	3	0	3
武　汉	0	0	0	0
湖　南	74	30	23	186
广　东	0	0	0	0
广　州	0	0	0	0
深　圳	0	0	0	0
广　西	0	17	4	24
海　南	0	0	0	0
四　川	50	13	6	54
成　都	0	0	0	0
重　庆	5	21	11	53
贵　州	4	40	0	133
云　南	7	50	9	114
陕　西	47	68	35	360
西　安	0	0	0	0
甘　肃	0	0	0	0
青　海	0	0	0	0
宁　夏	0	0	0	0
新　疆	15	20	14	56
新疆兵团	0	4	4	14
园林技术	**709**	**1334**	**223**	**3217**

2.1.4 “一村一名大学生计划”专业分布（续表4）

单位：人

专业与学校	毕业生	招生		在校生
		计	其中：春季	
中央电大直属院校	0	0	0	0
北　京	0	0	0	0
天　津	0	0	0	9
河　北	21	59	19	215
山　西	27	26	6	45
内蒙古	0	16	8	30
辽　宁	9	60	35	130
沈　阳	0	0	0	0
大　连	0	0	0	0
吉　林	0	0	0	0
长　春	0	0	0	0
黑龙江	3	2	0	5
哈尔滨	0	0	0	0
上　海	0	0	0	0
江　苏	113	145	18	389
南　京	0	0	0	0
浙　江	294	732	4	1423
宁　波	0	0	0	0
安　徽	0	0	0	0
福　建	0	0	0	0
厦　门	0	0	0	0
江　西	16	0	0	18
山　东	35	66	34	224
青　岛	0	39	3	77
河　南	35	81	43	156
湖　北	0	1	0	3
武　汉	0	0	0	0
湖　南	41	14	12	171
广　东	0	0	0	0
广　州	0	0	0	0
深　圳	0	0	0	0
广　西	10	7	3	26
海　南	0	0	0	0
四　川	0	0	0	1
成　都	0	0	0	0
重　庆	0	0	0	0
贵　州	48	0	0	0
云　南	0	5	0	119
陕　西	0	0	0	14
西　安	0	0	0	0
甘　肃	8	28	0	28
青　海	0	0	0	0
宁　夏	1	3	3	9
新　疆	5	35	26	62
新疆兵团	43	15	9	63
畜牧兽医	**3145**	**3600**	**1439**	**10124**
中央电大直属院校	0	0	0	0
北　京	0	0	0	0
天　津	39	72	10	169
河　北	199	275	114	708
山　西	0	53	11	53
内蒙古	77	92	20	301
辽　宁	133	81	57	334
沈　阳	0	0	0	0
大　连	0	0	0	0
吉　林	0	0	0	0
长　春	0	0	0	0
黑龙江	61	83	45	290
哈尔滨	19	107	52	167
上　海	0	0	0	0
江　苏	51	126	28	193
南　京	0	0	0	0
浙　江	105	280	8	637
宁　波	0	0	0	0
安　徽	0	42	15	230
福　建	0	0	0	0
厦　门	0	0	0	0
江　西	104	160	95	201
山　东	425	659	409	1432
青　岛	0	0	0	0
河　南	243	67	14	290
湖　北	276	10	9	539
武　汉	0	0	0	0
湖　南	350	348	173	870
广　东	0	0	0	0
广　州	0	0	0	0
深　圳	0	0	0	0
广　西	81	59	19	201
海　南	0	0	0	0
四　川	202	298	111	972
成　都	0	0	0	0
重　庆	56	25	9	138
贵　州	323	40	0	905
云　南	175	433	70	664
陕　西	180	55	18	196
西　安	0	0	0	0
甘　肃	3	83	79	193
青　海	0	0	0	0
宁　夏	0	6	1	47
新　疆	24	99	51	247
新疆兵团	19	47	21	147
畜　牧	**301**	**198**	**70**	**1008**
中央电大直属院校	0	0	0	0
北　京	0	0	0	0
天　津	4	1	0	7
河　北	0	0	0	0
山　西	0	0	0	0
内蒙古	8	9	0	27
辽　宁	0	30	0	33
沈　阳	0	0	0	0
大　连	0	0	0	0
吉　林	0	0	0	0
长　春	0	0	0	0
黑龙江	4	43	1	51

2.1.4 “一村一名大学生计划”专业分布（续表5）

单位：人

专业与学校	毕业生	招生		在校生
		计	其中：春季	
哈尔滨	0	0	0	0
上　海	0	0	0	0
江　苏	0	0	0	0
南　京	0	0	0	0
浙　江	77	31	0	264
宁　波	0	0	0	0
安　徽	10	13	13	113
福　建	0	0	0	0
厦　门	0	0	0	0
江　西	0	4	4	4
山　东	1	0	0	0
青　岛	0	0	0	0
河　南	0	0	0	0
湖　北	10	0	0	245
武　汉	0	0	0	0
湖　南	26	32	32	47
广　东	0	0	0	0
广　州	0	0	0	0
深　圳	0	0	0	0
广　西	0	0	0	0
海　南	0	0	0	0
四　川	23	7	6	70
成　都	0	0	0	0
重　庆	0	0	0	2
贵　州	127	0	0	67
云　南	0	21	10	23
陕　西	6	3	1	28
西　安	0	0	0	0
甘　肃	5	1	1	8
青　海	0	0	0	0
宁　夏	0	0	0	0
新　疆	0	2	2	2
新疆兵团	0	1	0	17
特种动物养殖	**3**	**44**	**5**	**961**
中央电大直属院校	0	0	0	0
北　京	0	0	0	0
天　津	0	0	0	0
河　北	0	0	0	0
山　西	0	0	0	0
内蒙古	0	0	0	0
辽　宁	0	0	0	0
沈　阳	0	0	0	0
大　连	0	0	0	0
吉　林	0	0	0	0
长　春	0	0	0	0
黑龙江	0	0	0	0
哈尔滨	0	0	0	0
上　海	0	0	0	0
江　苏	0	0	0	0
南　京	0	0	0	0
浙　江	0	0	0	0
宁　波	0	0	0	0
安　徽	0	0	0	0
福　建	0	0	0	0
厦　门	0	0	0	0
江　西	0	0	0	0
山　东	0	2	2	8
青　岛	0	0	0	0
河　南	0	0	0	0
湖　北	0	0	0	59
武　汉	0	0	0	0
湖　南	1	41	3	111
广　东	0	0	0	0
广　州	0	0	0	0
深　圳	0	0	0	0
广　西	0	1	0	1
海　南	0	0	0	0
四　川	0	0	0	45
成　都	0	0	0	0
重　庆	0	0	0	0
贵　州	2	0	0	734
云　南	0	0	0	0
陕　西	0	0	0	0
西　安	0	0	0	0
甘　肃	0	0	0	0
青　海	0	0	0	0
宁　夏	0	0	0	3
新　疆	0	0	0	0
新疆兵团	0	0	0	0
农业经济管理	**9625**	**9353**	**3588**	**32289**
中央电大直属院校	0	0	0	0
北　京	93	28	28	475
天　津	119	140	140	456
河　北	272	306	136	1342
山　西	298	211	111	596
内蒙古	133	176	95	457
辽　宁	0	1	1	12
沈　阳	0	0	0	0
大　连	0	0	0	0
吉　林	0	0	0	0
长　春	0	0	0	0
黑龙江	13	286	191	613
哈尔滨	0	9	2	67
上　海	0	0	0	0
江　苏	30	857	689	1195
南　京	110	67	35	499
浙　江	608	665	71	1761
宁　波	123	0	0	9
安　徽	1410	645	161	2783
福　建	118	8	4	400
厦　门	0	0	0	0
江　西	0	61	60	124
山　东	239	1078	478	3180
青　岛	262	267	51	732

2.1.4 “一村一名大学生计划”专业分布（续表6）

单位：人

专业与学校	毕业生	招生		在校生
		计	其中：春季	
河南	457	198	13	396
湖北	1044	79	75	3124
武汉	137	0	0	203
湖南	1601	1353	447	4804
广东	0	0	0	0
广州	0	0	0	0
深圳	0	0	0	0
广西	202	60	16	396
海南	0	419	0	713
四川	372	191	117	383
成都	62	0	0	3
重庆	55	22	0	238
贵州	759	122	0	1735
云南	794	1385	387	4155
陕西	73	23	18	110
西安	0	0	0	0
甘肃	0	362	83	475
青海	0	0	0	0
宁夏	0	0	0	0
新疆	5	8	7	57
新疆兵团	236	326	172	796
农村行政管理	**15281**	**19373**	**8483**	**56177**
中央电大直属院校	0	0	0	0
北京	565	313	106	1951
天津	180	335	164	1825
河北	612	1317	917	3064
山西	29	82	79	218
内蒙古	217	204	99	760
辽宁	0	16	8	21
沈阳	313	36	36	261
大连	0	60	16	151
吉林	0	0	0	0
长春	0	0	0	0
黑龙江	172	123	71	882
哈尔滨	0	49	23	205
上海	0	0	0	0
江苏	497	960	515	1814
南京	121	90	41	442
浙江	817	822	189	2606
宁波	523	218	11	557
安徽	1303	699	557	2546
福建	620	395	208	1890
厦门	275	92	47	449
江西	311	310	274	662
山东	660	1364	593	3939
青岛	251	602	131	1183
河南	866	645	179	1963
湖北	275	24	15	366
武汉	0	0	0	0
湖南	3736	5187	2186	12915
广东	61	330	31	1091
广州	0	0	0	0
深圳	0	0	0	0
广西	194	324	58	708
海南	229	709	177	2028
四川	141	524	179	856
成都	165	32	14	81
重庆	88	232	99	583
贵州	519	21	0	1829
云南	1105	1742	729	4796
陕西	99	99	42	588
西安	0	0	0	121
甘肃	127	1150	532	1661
青海	0	2	0	2
宁夏	29	18	10	226
新疆	54	48	31	388
新疆兵团	127	199	116	549
乡镇企业管理	**18070**	**14865**	**6494**	**45338**
中央电大直属院校	0	12	12	116
北京	151	141	69	460
天津	171	485	328	1374
河北	4195	3225	1399	10987
山西	569	346	247	822
内蒙古	49	112	44	299
辽宁	0	8	0	32
沈阳	0	0	0	0
大连	81	83	51	284
吉林	0	0	0	0
长春	0	0	0	0
黑龙江	133	235	103	861
哈尔滨	0	0	0	0
上海	0	0	0	0
江苏	6419	3640	1295	12003
南京	337	321	147	2048
浙江	1123	2208	719	4770
宁波	0	0	0	0
安徽	24	0	0	0
福建	47	6	2	207
厦门	0	0	0	0
江西	123	113	56	327
山东	1215	1422	782	3501
青岛	0	0	0	10
河南	736	1024	471	2022
湖北	0	0	0	0
武汉	0	0	0	0
湖南	1251	840	458	2500
广东	0	0	0	19
广州	0	0	0	0
深圳	0	0	0	0
广西	104	41	27	174
海南	0	0	0	0
四川	8	14	13	86
成都	0	0	0	0
重庆	161	0	0	58

2.1.4 “一村一名大学生计划”专业分布（续表7）

单位：人

专业与学校	毕业生	招生		在校生
		计	其中：春季	
贵州	43	0	0	105
云南	117	76	29	293
陕西	984	334	144	1658
西安	0	0	0	0
甘肃	15	155	87	245
青海	0	0	0	0
宁夏	0	0	0	0
新疆	0	3	1	10
新疆兵团	14	21	10	67
农村信息管理	**179**	**135**	**106**	**871**
中央电大直属院校	0	0	0	0
北京	0	0	0	0
天津	0	0	0	17
河北	0	0	0	0
山西	0	0	0	0
内蒙古	0	0	0	0
辽宁	0	0	0	0
沈阳	0	0	0	0
大连	0	0	0	0
吉林	0	0	0	0
长春	0	0	0	0
黑龙江	0	0	0	0
哈尔滨	0	0	0	0
上海	0	0	0	0
江苏	4	0	0	0
南京	0	0	0	0
浙江	50	0	0	127
宁波	0	0	0	0
安徽	0	0	0	114
福建	0	0	0	0
厦门	0	0	0	0
江西	0	0	0	0
山东	110	62	38	317
青岛	0	0	0	0
河南	0	0	0	2
湖北	0	0	0	0
武汉	0	0	0	0
湖南	0	73	68	149
广东	0	0	0	0
广州	0	0	0	0
深圳	0	0	0	0
广西	0	0	0	2
海南	0	0	0	0
四川	0	0	0	65
成都	0	0	0	0
重庆	0	0	0	0
贵州	0	0	0	0
云南	0	0	0	0
陕西	15	0	0	74
西安	0	0	0	0
甘肃	0	0	0	0
青海	0	0	0	0
宁夏	0	0	0	0
新疆	0	0	0	4
新疆兵团	0	0	0	0
食品加工技术	**187**	**440**	**351**	**570**
中央电大直属院校	0	0	0	0
北京	0	0	0	0
天津	0	0	0	0
河北	0	0	0	0
山西	0	0	0	0
内蒙古	0	12	12	13
辽宁	0	0	0	0
沈阳	0	0	0	0
大连	0	0	0	0
吉林	0	0	0	0
长春	0	0	0	0
黑龙江	0	18	6	18
哈尔滨	0	0	0	0
上海	0	0	0	0
江苏	0	0	0	0
南京	0	0	0	0
浙江	0	0	0	0
宁波	0	0	0	0
安徽	0	0	0	0
福建	0	0	0	0
厦门	0	0	0	0
江西	0	0	0	0
山东	187	38	27	47
青岛	0	0	0	0
河南	0	302	290	323
湖北	0	0	0	79
武汉	0	0	0	0
湖南	0	0	0	1
广东	0	0	0	0
广州	0	67	14	85
深圳	0	0	0	0
广西	0	1	0	1
海南	0	0	0	0
四川	0	0	0	0
成都	0	0	0	0
重庆	0	0	0	0
贵州	0	0	0	0
云南	0	0	0	0
陕西	0	0	0	0
西安	0	0	0	0
甘肃	0	0	0	0
青海	0	0	0	0
宁夏	0	0	0	0
新疆	0	0	0	0
新疆兵团	0	2	2	3

2.2 统招高等学历教育

2.2.1 全国电大统招高等专科学生情况

单位：人

	毕业生数			招生数			在校生数		
	计	高职	成招专科	计	高职	成招专科	计	高职	成招专科
总　　计	**71057**	**12948**	**58109**	**50845**	**1273**	**49572**	**133104**	**5556**	**127548**
北　　京	**742**	**0**	**742**	**438**	**0**	**438**	**1686**	**0**	**1686**
北京广播电视大学	0	0	0	0	0	0	0	0	0
东城分校	1	0	1	0	0	0	1	0	1
西城分校	0	0	0	0	0	0	0	0	0
崇文分校	0	0	0	0	0	0	0	0	0
宣武分校	13	0	13	0	0	0	30	0	30
朝阳区分校	0	0	0	0	0	0	0	0	0
海淀分校	0	0	0	0	0	0	0	0	0
丰台区分校	0	0	0	0	0	0	0	0	0
石景山分校	0	0	0	0	0	0	0	0	0
通州区分校	3	0	3	0	0	0	0	0	0
房山区分校	0	0	0	0	0	0	0	0	0
昌平分校	1	0	1	0	0	0	35	0	35
平谷分校	18	0	18	0	0	0	7	0	7
怀柔分校	10	0	10	0	0	0	5	0	5
密云分校	12	0	12	0	0	0	0	0	0
延庆分校	0	0	0	0	0	0	0	0	0
大兴分校	14	0	14	0	0	0	0	0	0
顺义分校	37	0	37	0	0	0	7	0	7
门头沟分校	5	0	5	0	0	0	0	0	0
航天部三院工作站	0	0	0	0	0	0	0	0	0
首钢工作站	0	0	0	0	0	0	0	0	0
燕山分校	0	0	0	0	0	0	0	0	0
一商干校工作站	145	0	145	59	0	59	485	0	485
文化局工作站	16	0	16	8	0	8	36	0	36
水务局工作站	0	0	0	0	0	0	0	0	0
北京市园林局工作站	0	0	0	0	0	0	0	0	0
医药分校	0	0	0	0	0	0	0	0	0
供销社分校	39	0	39	0	0	0	7	0	7
矿山工作站	0	0	0	0	0	0	0	0	0
北京卫校教学点	0	0	0	0	0	0	0	0	0
崇文卫校工作站	0	0	0	0	0	0	0	0	0
海淀卫校工作站	0	0	0	0	0	0	0	0	0
联大商务学院教学点	0	0	0	0	0	0	0	0	0
市公务员培训中心教学点	0	0	0	0	0	0	0	0	0
电子科技学院工作站	0	0	0	0	0	0	0	0	0
纺织工作站	0	0	0	0	0	0	0	0	0
中德中心教学点	0	0	0	0	0	0	0	0	0
汽修学校工作站	0	0	0	0	0	0	0	0	0
市建职大工作站	0	0	0	0	0	0	0	0	0
市工干院工作站	0	0	0	0	0	0	0	0	0
供销学校工作站	0	0	0	0	0	0	0	0	0
金融学院工作站	428	0	428	231	0	231	872	0	872
北京电大工贸技师学院工作站	0	0	0	0	0	0	0	0	0
电科职院工作站	0	0	0	0	0	0	0	0	0
联大特教学院教学点	0	0	0	0	0	0	0	0	0
经管学校工作站	0	0	0	0	0	0	0	0	0
工业技师工作站	0	0	0	0	0	0	0	0	0
崇培中心工作站	0	0	0	140	0	140	201	0	201
昌平职校工作站	0	0	0	0	0	0	0	0	0

2.2.1 全国电大统招高等专科学生情况（续表1）

单位：人

	毕业生数			招生数			在校生数		
	计	高职	成招专科	计	高职	成招专科	计	高职	成招专科
铁路卫校工作站	0	0	0	0	0	0	0	0	0
汽车技校工作站	0	0	0	0	0	0	0	0	0
昌平卫校工作站	0	0	0	0	0	0	0	0	0
天　津	**540**	**363**	**177**	**236**	**0**	**236**	**1570**	**447**	**1123**
天津广播电视大学	520	363	157	192	0	192	1201	447	754
新华分校	0	0	0	0	0	0	0	0	0
南开分校	0	0	0	0	0	0	0	0	0
河东工作站	0	0	0	0	0	0	0	0	0
河西工作站	0	0	0	0	0	0	0	0	0
河北工作站	0	0	0	0	0	0	0	0	0
红桥工作站	0	0	0	0	0	0	0	0	0
塘沽分校	0	0	0	0	0	0	0	0	0
汉沽分校	0	0	0	0	0	0	0	0	0
大港分校	0	0	0	0	0	0	0	0	0
东丽分校	7	0	7	0	0	0	73	0	73
津南区分校	0	0	0	0	0	0	0	0	0
西青分校	0	0	0	0	0	0	0	0	0
北辰分校	0	0	0	0	0	0	0	0	0
武清分校	0	0	0	0	0	0	0	0	0
静海分校	0	0	0	0	0	0	0	0	0
宝坻分校	0	0	0	0	0	0	0	0	0
宁河分校	0	0	0	0	0	0	0	0	0
化工局工作站	0	0	0	0	0	0	0	0	0
纺织局工作站	0	0	0	0	0	0	0	0	0
机械工作站	0	0	0	0	0	0	0	0	0
渤海化工集团公司工作站	0	0	0	0	0	0	0	0	0
财政局工作站	0	0	0	0	0	0	0	0	0
劳动和社会保障局工作站	0	0	0	0	0	0	0	0	0
物资集团公司工作站	0	0	0	0	0	0	0	0	0
建工学院	0	0	0	0	0	0	10	0	10
一商集团有限公司工作站	3	0	3	0	0	0	2	0	2
公用局工作站	0	0	0	0	0	0	0	0	0
铁路分局工作站	0	0	0	0	0	0	0	0	0
财贸分校	0	0	0	0	0	0	0	0	0
政法管理干部学院工作站	0	0	0	0	0	0	7	0	7
台盟工作站	0	0	0	44	0	44	99	0	99
经委工作站	0	0	0	0	0	0	0	0	0
蓟县分校	0	0	0	0	0	0	0	0	0
天津铁路工程分校	0	0	0	0	0	0	17	0	17
市政分校	10	0	10	0	0	0	161	0	161
天津市劳动局旅游服务学校	0	0	0	0	0	0	0	0	0
天津广播电视大学经管学院	0	0	0	0	0	0	0	0	0
天津广播电视大学文法学院	0	0	0	0	0	0	0	0	0
天津市工程高级技工学校	0	0	0	0	0	0	0	0	0
天津广播电视大学外语学院	0	0	0	0	0	0	0	0	0
天津广播电视大学滨海学院	0	0	0	0	0	0	0	0	0
天津广播电视大学理工学院	0	0	0	0	0	0	0	0	0
轻工职业技术学院	0	0	0	0	0	0	0	0	0
河　北	**655**	**0**	**655**	**803**	**0**	**803**	**2009**	**0**	**2009**
河北广播电视大学	12	0	12	0	0	0	0	0	0
石家庄广播电视大学	30	0	30	167	0	167	385	0	385

2.2.1 全国电大统招高等专科学生情况（续表2）

单位：人

	毕业生数			招生数			在校生数		
	计	高职	成招专科	计	高职	成招专科	计	高职	成招专科
唐山广播电视大学	109	0	109	76	0	76	157	0	157
秦皇岛广播电视大学	3	0	3	0	0	0	0	0	0
邯郸广播电视大学	11	0	11	0	0	0	11	0	11
承德广播电视大学	1	0	1	68	0	68	171	0	171
邢台广播电视大学	136	0	136	79	0	79	227	0	227
保定广播电视大学	40	0	40	8	0	8	18	0	18
张家口广播电视大学	87	0	87	0	0	0	4	0	4
沧州广播电视大学	46	0	46	98	0	98	239	0	239
廊坊广播电视大学	59	0	59	41	0	41	117	0	117
衡水广播电视大学	3	0	3	0	0	0	0	0	0
省直分校	118	0	118	266	0	266	680	0	680
电力分校	0	0	0	0	0	0	0	0	0
山　西	**904**	**0**	**904**	**873**	**0**	**873**	**1858**	**0**	**1858**
山西广播电视大学	0	0	0	0	0	0	0	0	0
太原广播电视大学	0	0	0	0	0	0	0	0	0
小店区电大工作站	0	0	0	0	0	0	0	0	0
杏花岭区电大工作站	0	0	0	0	0	0	0	0	0
万柏林区电大工作站	0	0	0	0	0	0	0	0	0
尖草坪区电大工作站	0	0	0	0	0	0	0	0	0
晋源区电大工作站	0	0	0	0	0	0	0	0	0
古交市电大工作站	0	0	0	0	0	0	0	0	0
清徐县电大工作站	0	0	0	0	0	0	0	0	0
阳曲县电大工作站	0	0	0	0	0	0	0	0	0
娄烦县电大工作站	0	0	0	0	0	0	0	0	0
太原卫校工作站	0	0	0	0	0	0	0	0	0
新华教学点	0	0	0	0	0	0	0	0	0
大同广播电视大学	13	0	13	0	0	0	0	0	0
灵丘电大	0	0	0	0	0	0	0	0	0
浑源电大	0	0	0	0	0	0	0	0	0
新荣电大	0	0	0	0	0	0	0	0	0
广灵教师培训学校	0	0	0	0	0	0	0	0	0
南郊进修学校	0	0	0	0	0	0	0	0	0
天镇进修学校	0	0	0	0	0	0	0	0	0
阳高进修校	0	0	0	0	0	0	0	0	0
阳泉广播电视大学	0	0	0	0	0	0	0	0	0
化工厂培训中心	0	0	0	0	0	0	0	0	0
阳煤集团职教中心	0	0	0	0	0	0	0	0	0
盂县进修学校	0	0	0	0	0	0	0	0	0
郊区工作站	0	0	0	0	0	0	0	0	0
平定职业中学	0	0	0	0	0	0	0	0	0
长治广播电视大学	0	0	0	0	0	0	0	0	0
壶关电大工作站	0	0	0	0	0	0	0	0	0
潞城电大工作站	0	0	0	0	0	0	0	0	0
长子电大工作站	0	0	0	0	0	0	0	0	0
黎城电大工作站	0	0	0	0	0	0	0	0	0
沁源电大工作站	0	0	0	0	0	0	0	0	0
襄垣电大工作站	0	0	0	0	0	0	0	0	0
屯留电大工作站	0	0	0	0	0	0	0	0	0
平顺电大工作站	0	0	0	0	0	0	0	0	0
沁县电大工作站	0	0	0	0	0	0	0	0	0
长治潞安职业技术培训学校工作站	0	0	0	0	0	0	0	0	0

2.2.1 全国电大统招高等专科学生情况（续表3）

单位：人

	毕业生数			招生数			在校生数		
	计	高职	成招专科	计	高职	成招专科	计	高职	成招专科
晋城广播电视大学	0	0	0	0	0	0	0	0	0
城区电大工作站	0	0	0	0	0	0	0	0	0
泽州电大工作站	0	0	0	0	0	0	0	0	0
高平电大工作站	0	0	0	0	0	0	0	0	0
阳城电大工作站	0	0	0	0	0	0	0	0	0
沁水电大工作站	0	0	0	0	0	0	0	0	0
陵川电大工作站	0	0	0	0	0	0	0	0	0
忻州广播电视大学	0	0	0	0	0	0	0	0	0
忻府区教师进修校	0	0	0	0	0	0	0	0	0
忻州商校教学点	0	0	0	0	0	0	0	0	0
五台县教师进修校	0	0	0	0	0	0	0	0	0
保德县教师进修校	0	0	0	0	0	0	0	0	0
河曲县教师进修校	0	0	0	0	0	0	0	0	0
偏关县教师进修校	0	0	0	0	0	0	0	0	0
五寨县教师进修校	0	0	0	0	0	0	0	0	0
岢岚县教师进修校	0	0	0	0	0	0	0	0	0
静乐县教师进修校	0	0	0	0	0	0	0	0	0
宁武县教师进修校	0	0	0	0	0	0	0	0	0
代县教师进修校	0	0	0	0	0	0	0	0	0
晋中广播电视大学	32	0	32	0	0	0	0	0	0
介休工作站	0	0	0	0	0	0	0	0	0
灵石工作站	0	0	0	0	0	0	0	0	0
昔阳工作站	0	0	0	0	0	0	0	0	0
祁县工作站	0	0	0	0	0	0	0	0	0
平遥工作站	0	0	0	0	0	0	0	0	0
左权工作站	0	0	0	0	0	0	0	0	0
太谷工作站	0	0	0	0	0	0	0	0	0
和顺工作站	0	0	0	0	0	0	0	0	0
寿阳工作站	0	0	0	0	0	0	0	0	0
榆社工作站	0	0	0	0	0	0	0	0	0
吕梁广播电视大学	124	0	124	13	0	13	101	0	101
临县电大	0	0	0	0	0	0	0	0	0
方山电大	0	0	0	0	0	0	0	0	0
兴县电大	0	0	0	0	0	0	0	0	0
孝义电大	0	0	0	0	0	0	0	0	0
文水电大	0	0	0	0	0	0	0	0	0
交城电大	0	0	0	0	0	0	0	0	0
石楼教学点	0	0	0	0	0	0	0	0	0
岚县教学点	0	0	0	0	0	0	0	0	0
中阳电大	0	0	0	0	0	0	0	0	0
交口教学点	0	0	0	0	0	0	0	0	0
临汾分校	0	0	0	0	0	0	0	0	0
翼城教师进修校	0	0	0	0	0	0	0	0	0
霍州市委党校	0	0	0	0	0	0	0	0	0
乡宁教学点	0	0	0	0	0	0	0	0	0
汾西县教师进修校	0	0	0	0	0	0	0	0	0
隰县教学点	0	0	0	0	0	0	0	0	0
洪洞教学点	0	0	0	0	0	0	0	0	0
安泽教学点	0	0	0	0	0	0	0	0	0
运城广播电视大学	115	0	115	214	0	214	323	0	323
河津电大工作站	0	0	0	0	0	0	0	0	0

2.2.1　全国电大统招高等专科学生情况（续表4）

单位：人

	毕业生数			招生数			在校生数		
	计	高职	成招专科	计	高职	成招专科	计	高职	成招专科
夏县电大工作站	0	0	0	0	0	0	0	0	0
闻喜电大工作站	0	0	0	0	0	0	0	0	0
芮城电大工作站	0	0	0	0	0	0	0	0	0
永济电大工作站	0	0	0	0	0	0	0	0	0
临猗电大工作站	0	0	0	0	0	0	0	0	0
垣曲电大工作站	0	0	0	0	0	0	0	0	0
稷山电大工作站	0	0	0	0	0	0	0	0	0
新绛电大工作站	0	0	0	0	0	0	0	0	0
盐湖区电大工作站	0	0	0	0	0	0	0	0	0
万荣电大工作站	0	0	0	0	0	0	0	0	0
平陆电大工作站	0	0	0	0	0	0	0	0	0
朔州广播电视大学	0	0	0	0	0	0	0	0	0
平鲁区电大工作站	0	0	0	0	0	0	0	0	0
山阴县电大工作站	0	0	0	0	0	0	0	0	0
怀仁县电大工作站	0	0	0	0	0	0	0	0	0
应县进修校	0	0	0	0	0	0	0	0	0
中条山广播电视大学	136	0	136	143	0	143	405	0	405
长北铁路分校	0	0	0	0	0	0	0	0	0
公路系统分校	484	0	484	503	0	503	1029	0	1029
侯马学习中心	0	0	0	0	0	0	0	0	0
繁峙学习中心	0	0	0	0	0	0	0	0	0
原平学习中心	0	0	0	0	0	0	0	0	0
临汾工商校学习中心	0	0	0	0	0	0	0	0	0
柳林电大	0	0	0	0	0	0	0	0	0
中化学习中心	0	0	0	0	0	0	0	0	0
省统计局直属教学点	0	0	0	0	0	0	0	0	0
同煤集团党校教学点	0	0	0	0	0	0	0	0	0
大同机车技校教学点	0	0	0	0	0	0	0	0	0
大同大学教学点	0	0	0	0	0	0	0	0	0
内 蒙 古	**639**	**0**	**639**	**1249**	**0**	**1249**	**2413**	**0**	**2413**
内蒙古广播电视大学	293	0	293	528	0	528	1035	0	1035
呼和浩特市广播电视大学	0	0	0	0	0	0	0	0	0
包头广播电视大学	154	0	154	201	0	201	437	0	437
赤峰市广播电视大学	134	0	134	419	0	419	797	0	797
呼伦贝尔市广播电视大学	0	0	0	0	0	0	0	0	0
兴安盟广播电视大学	0	0	0	0	0	0	0	0	0
哲里木盟广播电视大学	33	0	33	1	0	1	28	0	28
锡林郭勒盟广播电视大学	12	0	12	0	0	0	0	0	0
乌兰察布盟广播电视大学	3	0	3	8	0	8	8	0	8
鄂尔多斯市广播电视大学	0	0	0	32	0	32	32	0	32
巴盟广播电视大学	10	0	10	8	0	8	24	0	24
乌海市广播电视大学	0	0	0	52	0	52	52	0	52
阿拉善盟广播电视大学	0	0	0	0	0	0	0	0	0
铁道学院广播电视大学	0	0	0	0	0	0	0	0	0
哲盟霍林河矿区广播电视大学	0	0	0	0	0	0	0	0	0
扎赉诺尔矿区广播电视大学	0	0	0	0	0	0	0	0	0
大雁矿区广播电视大学	0	0	0	0	0	0	0	0	0
辽　　宁	**0**	**0**	**0**	**0**	**0**	**0**	**0**	**0**	**0**
辽宁广播电视大学	0	0	0	0	0	0	0	0	0
鞍山广播电视大学	0	0	0	0	0	0	0	0	0
抚顺广播电视大学	0	0	0	0	0	0	0	0	0

2.2.1 全国电大统招高等专科学生情况（续表5）

单位：人

	毕业生数			招生数			在校生数		
	计	高职	成招专科	计	高职	成招专科	计	高职	成招专科
本溪广播电视大学	0	0	0	0	0	0	0	0	0
锦州分校	0	0	0	0	0	0	0	0	0
丹东分校	0	0	0	0	0	0	0	0	0
营口分校	0	0	0	0	0	0	0	0	0
辽阳分校	0	0	0	0	0	0	0	0	0
朝阳广播电视大学	0	0	0	0	0	0	0	0	0
阜新分校	0	0	0	0	0	0	0	0	0
铁岭广播电视大学	0	0	0	0	0	0	0	0	0
盘锦分校	0	0	0	0	0	0	0	0	0
辽河石油勘探局广播电视大学	0	0	0	0	0	0	0	0	0
沈阳铁路局电大	0	0	0	0	0	0	0	0	0
葫芦岛市电大分校	0	0	0	0	0	0	0	0	0
辽宁省水利厅工作站	0	0	0	0	0	0	0	0	0
辽宁广播电视大学新民学院	0	0	0	0	0	0	0	0	0
辽宁广播电视大学海城学院	0	0	0	0	0	0	0	0	0
辽宁广播电视大学东港学院	0	0	0	0	0	0	0	0	0
沈　　阳	**338**	**0**	**338**	**558**	**0**	**558**	**1214**	**0**	**1214**
沈阳广播电视大学	338	0	338	558	0	558	1214	0	1214
沈北新区分校	0	0	0	0	0	0	0	0	0
康平分校	0	0	0	0	0	0	0	0	0
法库分校	0	0	0	0	0	0	0	0	0
苏家屯分校	0	0	0	0	0	0	0	0	0
东陵分校	0	0	0	0	0	0	0	0	0
新民分校	0	0	0	0	0	0	0	0	0
于洪分校	0	0	0	0	0	0	0	0	0
辽中分校	0	0	0	0	0	0	0	0	0
大　　连	**551**	**0**	**551**	**625**	**0**	**625**	**1025**	**0**	**1025**
大连广播电视大学	551	0	551	625	0	625	1025	0	1025
庄河分校	0	0	0	0	0	0	0	0	0
普兰店分校	0	0	0	0	0	0	0	0	0
瓦房店分校	0	0	0	0	0	0	0	0	0
金州分校	0	0	0	0	0	0	0	0	0
旅顺分校	0	0	0	0	0	0	0	0	0
长海分校	0	0	0	0	0	0	0	0	0
甘井子分校	0	0	0	0	0	0	0	0	0
大连开发区分校	0	0	0	0	0	0	0	0	0
吉　　林	**1717**	**0**	**1717**	**1378**	**0**	**1378**	**2077**	**0**	**2077**
吉林广播电视大学	852	0	852	1021	0	1021	1121	0	1121
吉林分校	46	0	46	0	0	0	25	0	25
四平分校	160	0	160	143	0	143	373	0	373
延边分校	216	0	216	60	0	60	162	0	162
通化分校	37	0	37	15	0	15	38	0	38
辽源分校	0	0	0	0	0	0	0	0	0
白山分校	35	0	35	10	0	10	28	0	28
白城分校	39	0	39	16	0	16	61	0	61
松原分校	332	0	332	113	0	113	269	0	269
长春市建筑职工业余大学	0	0	0	0	0	0	0	0	0
长　　春	**583**	**0**	**583**	**621**	**0**	**621**	**1473**	**0**	**1473**
长春广播电视大学	236	0	236	311	0	311	925	0	925
榆树市分校	45	0	45	56	0	56	125	0	125
九台市分校	168	0	168	79	0	79	138	0	138

2.2.1 全国电大统招高等专科学生情况（续表6）

单位：人

	毕业生数			招生数			在校生数		
	计	高职	成招专科	计	高职	成招专科	计	高职	成招专科
德惠分校	0	0	0	0	0	0	0	0	0
农安分校	57	0	57	88	0	88	114	0	114
双阳区工作站	62	0	62	87	0	87	142	0	142
长影分校	15	0	15	0	0	0	18	0	18
民进分校	0	0	0	0	0	0	11	0	11
黑 龙 江	**1828**	**0**	**1828**	**1148**	**0**	**1148**	**2925**	**0**	**2925**
黑龙江广播电视大学	1676	0	1676	1092	0	1092	2615	0	2615
齐齐哈尔市广播电视大学	0	0	0	0	0	0	0	0	0
克东分校	0	0	0	0	0	0	0	0	0
拜泉分校	0	0	0	0	0	0	0	0	0
依安分校	0	0	0	0	0	0	0	0	0
讷河分校	0	0	0	0	0	0	0	0	0
甘南分校	0	0	0	0	0	0	0	0	0
龙江分校	0	0	0	0	0	0	0	0	0
富裕分校	0	0	0	0	0	0	0	0	0
碾子山区分校	0	0	0	0	0	0	0	0	0
富拉尔基区分校	0	0	0	0	0	0	0	0	0
泰来分校	0	0	0	0	0	0	0	0	0
牡丹江市广播电视大学	0	0	0	0	0	0	0	0	0
林口分校	0	0	0	0	0	0	0	0	0
海林分校	0	0	0	0	0	0	0	0	0
宁安分校	0	0	0	0	0	0	0	0	0
穆棱分校	0	0	0	0	0	0	0	0	0
东宁分校	0	0	0	0	0	0	0	0	0
绥芬河分校	0	0	0	0	0	0	0	0	0
佳木斯广播电视大学	12	0	12	1	0	1	2	0	2
桦南分校	0	0	0	0	0	0	0	0	0
同江分校	0	0	0	0	0	0	0	0	0
桦川分校	0	0	0	0	0	0	0	0	0
富锦分校	0	0	0	0	0	0	0	0	0
绥化地区广播电视大学	0	0	0	0	0	0	0	0	0
庆安分校	0	0	0	0	0	0	0	0	0
青岗分校	0	0	0	0	0	0	0	0	0
绥棱分校	0	0	0	0	0	0	0	0	0
兰西分校	0	0	0	0	0	0	0	0	0
肇东分校	0	0	0	0	0	0	0	0	0
安达分校	0	0	0	0	0	0	0	0	0
明水分校	0	0	0	0	0	0	0	0	0
望奎分校	0	0	0	0	0	0	0	0	0
海伦分校	0	0	0	0	0	0	0	0	0
黑河市广播电视大学	0	0	0	0	0	0	0	0	0
北安分校	0	0	0	0	0	0	0	0	0
五大连池分校	0	0	0	0	0	0	0	0	0
逊克分校	0	0	0	0	0	0	0	0	0
孙吴分校	0	0	0	0	0	0	0	0	0
嫩江分校	0	0	0	0	0	0	0	0	0
大兴安岭广播电视大学	0	0	0	0	0	0	0	0	0
塔河分校	0	0	0	0	0	0	0	0	0
漠河分校	0	0	0	0	0	0	0	0	0
呼中分校	0	0	0	0	0	0	0	0	0
伊春市广播电视大学	26	0	26	22	0	22	61	0	61

2.2.1 全国电大统招高等专科学生情况（续表7）

单位：人

	毕业生数			招生数			在校生数		
	计	高职	成招专科	计	高职	成招专科	计	高职	成招专科
嘉荫分校	0	0	0	0	0	0	0	0	0
铁力分校	0	0	0	0	0	0	0	0	0
大庆广播电视大学	70	0	70	19	0	19	176	0	176
林甸分校	0	0	0	0	0	0	0	0	0
杜蒙分校	0	0	0	0	0	0	0	0	0
肇源分校	0	0	0	0	0	0	0	0	0
肇州分校	0	0	0	0	0	0	0	0	0
鸡西广播电视大学	0	0	0	0	0	0	0	0	0
密山分校	0	0	0	0	0	0	0	0	0
虎林分校	0	0	0	0	0	0	8	0	8
鹤岗广播电视大学	0	0	0	0	0	0	0	0	0
萝北分校	0	0	0	0	0	0	0	0	0
绥滨分校	0	0	0	0	0	0	0	0	0
双鸭山市广播电视大学	0	0	0	0	0	0	0	0	0
宝清分校	0	0	0	0	0	0	0	0	0
饶河分校	0	0	0	0	0	0	0	0	0
集贤分校	0	0	0	0	0	0	0	0	0
七台河广播电视大学	8	0	8	0	0	0	0	0	0
省农垦广播电视大学	0	0	0	0	0	0	0	0	0
牡丹江农垦电大分校	0	0	0	0	0	0	0	0	0
北安农垦电大分校	0	0	0	0	0	0	0	0	0
宝泉岭农垦电大分校	36	0	36	14	0	14	55	0	55
红兴隆农垦电大分校	0	0	0	0	0	0	0	0	0
建三江农垦电大分校	0	0	0	0	0	0	0	0	0
绥化农垦分校	0	0	0	0	0	0	0	0	0
牡丹江林区广播电视大学	0	0	0	0	0	0	8	0	8
松花江林区广播电视大学	0	0	0	0	0	0	0	0	0
兴隆林业局电大分校	0	0	0	0	0	0	0	0	0
山河屯林业局电大分校	0	0	0	0	0	0	0	0	0
清河林业局电大分校	0	0	0	0	0	0	0	0	0
苇河林业局电大分校	0	0	0	0	0	0	0	0	0
亚布力林业局电大分校	0	0	0	0	0	0	0	0	0
通北林业局电大分校	0	0	0	0	0	0	0	0	0
方正林业局电大分校	0	0	0	0	0	0	0	0	0
沾河林业局电大分校	0	0	0	0	0	0	0	0	0
绥棱林业局电大分校	0	0	0	0	0	0	0	0	0
合林林区电大直属分校	0	0	0	0	0	0	0	0	0
哈 尔 滨	**251**	**0**	**251**	**454**	**0**	**454**	**793**	**0**	**793**
哈尔滨广播电视大学	242	0	242	447	0	447	782	0	782
阿城电大分校	0	0	0	0	0	0	0	0	0
呼兰分校	0	0	0	0	0	0	0	0	0
宾县分校	0	0	0	0	0	0	0	0	0
方正分校	0	0	0	0	0	0	0	0	0
依兰分校	0	0	0	0	0	0	0	0	0
哈尔滨工业大学工会电大工作站	9	0	9	7	0	7	11	0	11
双城分校	0	0	0	0	0	0	0	0	0
通河分校	0	0	0	0	0	0	0	0	0
木兰分校	0	0	0	0	0	0	0	0	0
延寿分校	0	0	0	0	0	0	0	0	0
巴彦分校	0	0	0	0	0	0	0	0	0
五常分校	0	0	0	0	0	0	0	0	0

2.2.1 全国电大统招高等专科学生情况（续表8）

单位：人

	毕业生数			招生数			在校生数		
	计	高职	成招专科	计	高职	成招专科	计	高职	成招专科
尚志分校	0	0	0	0	0	0	0	0	0
上　海	**5**	**0**	**5**	**0**	**0**	**0**	**0**	**0**	**0**
上海电视大学	0	0	0	0	0	0	0	0	0
虹口分校	0	0	0	0	0	0	0	0	0
闵行二分校	1	0	1	0	0	0	0	0	0
宝山分校	0	0	0	0	0	0	0	0	0
浦东新区分校	0	0	0	0	0	0	0	0	0
闵行一分校	0	0	0	0	0	0	0	0	0
金山分校	0	0	0	0	0	0	0	0	0
松江分校	0	0	0	0	0	0	0	0	0
南汇分校	0	0	0	0	0	0	0	0	0
奉贤分校	1	0	1	0	0	0	0	0	0
青浦分校	0	0	0	0	0	0	0	0	0
崇明分校	0	0	0	0	0	0	0	0	0
嘉定分校	0	0	0	0	0	0	0	0	0
区县工业管理局分校	0	0	0	0	0	0	0	0	0
农工商集团分校	0	0	0	0	0	0	0	0	0
物资（集团）总公司分校	0	0	0	0	0	0	0	0	0
商业分校	0	0	0	0	0	0	0	0	0
黄浦区经贸委分校	3	0	3	0	0	0	0	0	0
长宁分校	0	0	0	0	0	0	0	0	0
闸北分校	0	0	0	0	0	0	0	0	0
卢湾分校	0	0	0	0	0	0	0	0	0
杨浦分校	0	0	0	0	0	0	0	0	0
黄浦分校	0	0	0	0	0	0	0	0	0
普陀分校	0	0	0	0	0	0	0	0	0
静安分校	0	0	0	0	0	0	0	0	0
西区分部	0	0	0	0	0	0	0	0	0
工程大中山分校	0	0	0	0	0	0	0	0	0
石化分校	0	0	0	0	0	0	0	0	0
邮电分校	0	0	0	0	0	0	0	0	0
徐汇财贸分校	0	0	0	0	0	0	0	0	0
徐汇分校	0	0	0	0	0	0	0	0	0
浦东新区农校教学点	0	0	0	0	0	0	0	0	0
江　苏	**9633**	**7917**	**1716**	**1743**	**0**	**1743**	**3913**	**0**	**3913**
江苏广播电视大学	173	173	0	31	0	31	59	0	59
镇江市高等专科学校	0	0	0	0	0	0	0	0	0
镇江市广播电视大学扬中分校	73	73	0	0	0	0	0	0	0
镇江市广播电视大学丹阳分校	0	0	0	0	0	0	0	0	0
镇江市广播电视大学丹徒分校	23	23	0	0	0	0	0	0	0
镇江市广播电视大学建委分校	40	40	0	0	0	0	0	0	0
常州市广播电视大学	301	301	0	0	0	0	0	0	0
常州市广播电视大学新北区分校	0	0	0	0	0	0	0	0	0
无锡市广播电视大学	1005	839	166	34	0	34	203	0	203
无锡市广播电视大学江阴分校	0	0	0	0	0	0	0	0	0
苏州市广播电视大学	1398	512	886	550	0	550	1343	0	1343
苏州市广播电视大学太仓分校	0	0	0	0	0	0	0	0	0
苏州市广播电视大学吴江分校	189	163	26	0	0	0	0	0	0
南通市广播电视大学	852	852	0	0	0	0	0	0	0
南通市广播电视大学海门分校	0	0	0	0	0	0	0	0	0
南通市广播电视大学启东分校	113	113	0	0	0	0	0	0	0

2.2.1 全国电大统招高等专科学生情况（续表9）

单位：人

	毕业生数			招生数			在校生数		
	计	高职	成招专科	计	高职	成招专科	计	高职	成招专科
南通市广播电视大学如皋分校	163	163	0	0	0	0	0	0	0
扬州市广播电视大学	0	0	0	0	0	0	0	0	0
扬州市广播电视大学高邮分校	69	69	0	0	0	0	0	0	0
扬州市广播电视大学宝应分校	129	129	0	0	0	0	0	0	0
扬州市广播电视大学邗江分校	290	290	0	0	0	0	0	0	0
徐州市广播电视大学	24	24	0	0	0	0	0	0	0
徐州市广播电视大学睢宁分校	0	0	0	0	0	0	0	0	0
徐州市广播电视大学铜山分校	29	29	0	0	0	0	0	0	0
徐州市广播电视大学新沂分校	0	0	0	0	0	0	0	0	0
徐州市广播电视大学邳州分校	0	0	0	0	0	0	0	0	0
徐州市广播电视大学商业分校	28	0	28	44	0	44	44	0	44
徐州市广播电视大学贾汪分校	0	0	0	0	0	0	0	0	0
徐州市广播电视大学大屯煤电公司分校	0	0	0	0	0	0	0	0	0
淮安市广播电视大学	330	330	0	0	0	0	0	0	0
淮安市广播电视大学金湖分校	0	0	0	0	0	0	0	0	0
淮安市广播电视大学淮阴区分校	0	0	0	0	0	0	0	0	0
淮安市广播电视大学洪泽分校	0	0	0	0	0	0	0	0	0
淮安市广播电视大学涟水分校	0	0	0	0	0	0	0	0	0
盐城市广播电视大学	154	0	154	25	0	25	199	0	199
盐城市广播电视大学亭湖区分校	0	0	0	0	0	0	0	0	0
盐城市广播电视大学建湖分校	66	66	0	0	0	0	0	0	0
盐城市广播电视大学射阳分校	0	0	0	0	0	0	0	0	0
盐城市广播电视大学滨海分校	0	0	0	0	0	0	0	0	0
盐城市广播电视大学阜宁分校	0	0	0	0	0	0	0	0	0
盐城市广播电视大学响水分校	0	0	0	0	0	0	0	0	0
连云港广播电视大学	184	156	28	37	0	37	75	0	75
连云港市广播电视大学赣榆分校	0	0	0	0	0	0	0	0	0
连云港市广播电视大学东海分校	0	0	0	0	0	0	0	0	0
连云港市广播电视大学灌南分校	0	0	0	0	0	0	0	0	0
连云港市广播电视大学灌云分校	0	0	0	0	0	0	0	0	0
泰州市广播电视大学	47	47	0	0	0	0	0	0	0
泰州市广播电视大学泰兴分校	37	37	0	0	0	0	0	0	0
泰州市广播电视大学姜堰分校	59	59	0	0	0	0	0	0	0
泰州市广播电视大学兴化分校	0	0	0	0	0	0	0	0	0
宿迁市广播电视大学	73	73	0	0	0	0	0	0	0
宿迁市广播电视大学泗洪分校	0	0	0	0	0	0	0	0	0
宿迁市广播电视大学泗阳分校	0	0	0	0	0	0	0	0	0
宿迁市广播电视大学沭阳分校	0	0	0	0	0	0	0	0	0
江苏广播电视大学化工学院	89	89	0	0	0	0	0	0	0
江苏广播电视大学武进学院	433	433	0	0	0	0	0	0	0
江苏广播电视大学宜兴学院	17	17	0	0	0	0	0	0	0
江苏广播电视大学张家港学院	466	466	0	0	0	0	29	0	29
江苏广播电视大学昆山学院	326	276	50	92	0	92	190	0	190
江苏广播电视大学常熟学院	707	329	378	930	0	930	1771	0	1771
江苏广播电视大学吴中学院	371	371	0	0	0	0	0	0	0
江苏广播电视大学大丰学院	327	327	0	0	0	0	0	0	0
江苏广播电视大学江都学院	217	217	0	0	0	0	0	0	0
江苏广播电视大学沛县学院	0	0	0	0	0	0	0	0	0
江苏广播电视大学靖江学院	114	114	0	0	0	0	0	0	0
江苏广播电视大学通州学院	260	260	0	0	0	0	0	0	0
江苏广播电视大学东台学院	0	0	0	0	0	0	0	0	0

2.2.1 全国电大统招高等专科学生情况（续表10）

单位：人

	毕业生数			招生数			在校生数		
	计	高职	成招专科	计	高职	成招专科	计	高职	成招专科
江苏广播电视大学楚州学院	0	0	0	0	0	0	0	0	0
江苏广播电视大学句容学院	0	0	0	0	0	0	0	0	0
江苏广播电视大学溧阳学院	0	0	0	0	0	0	0	0	0
江苏广播电视大学仪征学院	131	131	0	0	0	0	0	0	0
江苏广播电视大学金坛学院	77	77	0	0	0	0	0	0	0
江苏广播电视大学如东学院	180	180	0	0	0	0	0	0	0
江苏广播电视大学海安学院	69	69	0	0	0	0	0	0	0
江苏广播电视大学盱眙学院	0	0	0	0	0	0	0	0	0
江苏广播电视大学盐都学院	0	0	0	0	0	0	0	0	0
江苏广播电视大学丰县学院	0	0	0	0	0	0	0	0	0
南　　京	**2658**	**1549**	**1109**	**1202**	**0**	**1202**	**3039**	**0**	**3039**
南京市广播电视大学	1024	209	815	1006	0	1006	2577	0	2577
江宁分校	471	221	250	125	0	125	317	0	317
六合分校	66	66	0	0	0	0	0	0	0
高淳分校	81	73	8	3	0	3	15	0	15
溧水分校	90	55	35	68	0	68	123	0	123
浦口分校	88	88	0	0	0	0	0	0	0
玄武分校	212	212	0	0	0	0	7	0	7
白下分校	0	0	0	0	0	0	0	0	0
秦淮分校	78	77	1	0	0	0	0	0	0
建邺分校	84	84	0	0	0	0	0	0	0
鼓楼分校	0	0	0	0	0	0	0	0	0
下关分校	233	233	0	0	0	0	0	0	0
雨花台分校	74	74	0	0	0	0	0	0	0
栖霞分校	157	157	0	0	0	0	0	0	0
浙　　江	**4291**	**0**	**4291**	**3352**	**0**	**3352**	**8487**	**0**	**8487**
浙江广播电视大学	245	0	245	273	0	273	433	0	433
杭州广播电视大学	532	0	532	131	0	131	648	0	648
萧山学院	744	0	744	1055	0	1055	2619	0	2619
余杭分校	185	0	185	171	0	171	414	0	414
富阳学院	0	0	0	0	0	0	0	0	0
临安分校	0	0	0	0	0	0	0	0	0
桐庐分校	0	0	0	0	0	0	0	0	0
建德分校	0	0	0	0	0	0	0	0	0
淳安学院	0	0	0	0	0	0	0	0	0
嘉兴广播电视大学	204	0	204	115	0	115	245	0	245
嘉善学院	0	0	0	0	0	0	0	0	0
平湖学院	0	0	0	0	0	0	0	0	0
海盐学院	0	0	0	0	0	0	0	0	0
海宁学院	0	0	0	0	0	0	0	0	0
桐乡学院	0	0	0	0	0	0	0	0	0
湖州广播电视大学	0	0	0	0	0	0	0	0	0
长兴学院	0	0	0	0	0	0	0	0	0
德清学院	0	0	0	0	0	0	0	0	0
安吉分校	0	0	0	0	0	0	0	0	0
绍兴广播电视大学	0	0	0	0	0	0	0	0	0
绍兴学院	0	0	0	0	0	0	0	0	0
诸暨学院	0	0	0	0	0	0	0	0	0
上虞学院	0	0	0	0	0	0	0	0	0
嵊州学院	0	0	0	0	0	0	0	0	0
新昌学院	0	0	0	0	0	0	0	0	0

2.2.1 全国电大统招高等专科学生情况（续表 11）

单位：人

	毕业生数			招生数			在校生数		
	计	高职	成招专科	计	高职	成招专科	计	高职	成招专科
舟山广播电视大学	0	0	0	0	0	0	0	0	0
普陀分校	0	0	0	0	0	0	0	0	0
岱山分校	0	0	0	0	0	0	0	0	0
嵊泗分校	0	0	0	0	0	0	0	0	0
金华广播电视大学	790	0	790	493	0	493	1163	0	1163
兰溪分校	0	0	0	0	0	0	0	0	0
武义分校	0	0	0	0	0	0	0	0	0
永康学院	0	0	0	0	0	0	0	0	0
义乌学院	0	0	0	0	0	0	0	0	0
东阳学院	0	0	0	0	0	0	0	0	0
浦江分校	0	0	0	0	0	0	0	0	0
磐安分校	0	0	0	0	0	0	0	0	0
衢州广播电视大学	82	0	82	37	0	37	141	0	141
柯城分校	0	0	0	0	0	0	0	0	0
江山分校	0	0	0	0	0	0	0	0	0
常山分校	0	0	0	0	0	0	0	0	0
开化分校	0	0	0	0	0	0	0	0	0
龙游分校	0	0	0	0	0	0	0	0	0
台州广播电视大学	688	0	688	851	0	851	1836	0	1836
临海学院	0	0	0	0	0	0	0	0	0
黄岩分校	0	0	0	0	0	0	0	0	0
温岭分校	0	0	0	0	0	0	0	0	0
仙居学院	0	0	0	0	0	0	0	0	0
玉环学院	25	0	25	0	0	0	0	0	0
三门学院	0	0	0	0	0	0	0	0	0
天台学院	0	0	0	0	0	0	0	0	0
丽水广播电视大学	173	0	173	27	0	27	89	0	89
缙云分校	0	0	0	0	0	0	0	0	0
遂昌分校	0	0	0	0	0	0	0	0	0
松阳电大	0	0	0	0	0	0	0	0	0
景宁分校	0	0	0	0	0	0	0	0	0
云和分校	0	0	0	0	0	0	0	0	0
龙泉分校	0	0	0	0	0	0	0	0	0
庆元分校	0	0	0	0	0	0	0	0	0
青田学院	0	0	0	0	0	0	0	0	0
温州广播电视大学	274	0	274	114	0	114	463	0	463
永嘉学院	128	0	128	0	0	0	185	0	185
瓯海分校	0	0	0	0	0	0	0	0	0
平阳分校	0	0	0	0	0	0	0	0	0
瑞安分校	0	0	0	0	0	0	0	0	0
乐清分校	0	0	0	0	0	0	0	0	0
文成分校	0	0	0	0	0	0	0	0	0
洞头分校	0	0	0	0	0	0	0	0	0
泰顺分校	0	0	0	0	0	0	0	0	0
苍南分校	0	0	0	0	0	0	0	0	0
巨化分校	0	0	0	0	0	0	0	0	0
经贸分校	24	0	24	12	0	12	26	0	26
工商学院	197	0	197	73	0	73	225	0	225
特教学院	0	0	0	0	0	0	0	0	0
温州机电技工学校教学点	0	0	0	0	0	0	0	0	0
杭州高级技工学校教学点	0	0	0	0	0	0	0	0	0

2.2.1 全国电大统招高等专科学生情况（续表12）

单位：人

	毕业生数			招生数			在校生数		
	计	高职	成招专科	计	高职	成招专科	计	高职	成招专科
浙江同济职业学院教学点	0	0	0	0	0	0	0	0	0
浙江统计培训中心教学点	0	0	0	0	0	0	0	0	0
杭州交通职高教学点	0	0	0	0	0	0	0	0	0
杭州东方舰桥培训中心教学点	0	0	0	0	0	0	0	0	0
宁　　波	**1559**	**0**	**1559**	**1246**	**0**	**1246**	**3036**	**0**	**3036**
宁波广播电视大学	333	0	333	447	0	447	858	0	858
鄞县分校	10	0	10	32	0	32	123	0	123
余姚学院	291	0	291	179	0	179	484	0	484
慈溪学院	129	0	129	131	0	131	268	0	268
宁海学院	84	0	84	38	0	38	89	0	89
象山分校	74	0	74	0	0	0	135	0	135
奉化分校	171	0	171	53	0	53	227	0	227
镇海工作站	187	0	187	228	0	228	469	0	469
江北工作站	33	0	33	0	0	0	7	0	7
北仑分校	95	0	95	30	0	30	61	0	61
宁波东钱湖旅游度假区电大工作站	152	0	152	108	0	108	315	0	315
安　　徽	**1678**	**0**	**1678**	**944**	**0**	**944**	**1765**	**0**	**1765**
安徽广播电视大学	1231	0	1231	625	0	625	1107	0	1107
合肥分校	0	0	0	0	0	0	0	0	0
蚌埠分校	123	0	123	44	0	44	44	0	44
芜湖市分校	0	0	0	0	0	0	0	0	0
淮南分校	0	0	0	0	0	0	0	0	0
淮北分校	0	0	0	0	0	0	0	0	0
马鞍山分校	193	0	193	108	0	108	323	0	323
铜陵分校	0	0	0	0	0	0	0	0	0
黄山市分校	0	0	0	0	0	0	0	0	0
安庆市分校	102	0	102	167	0	167	291	0	291
六安分校	0	0	0	0	0	0	0	0	0
阜阳分校	29	0	29	0	0	0	0	0	0
宣城分校	0	0	0	0	0	0	0	0	0
巢湖分校	0	0	0	0	0	0	0	0	0
滁州市分校	0	0	0	0	0	0	0	0	0
池州分校	0	0	0	0	0	0	0	0	0
宿州分校	0	0	0	0	0	0	0	0	0
省直分校	0	0	0	0	0	0	0	0	0
亳州分校	0	0	0	0	0	0	0	0	0
福　　建	**954**	**0**	**954**	**2271**	**0**	**2271**	**4573**	**0**	**4573**
福建广播电视大学	50	0	50	187	0	187	370	0	370
福州分校	24	0	24	39	0	39	198	0	198
三明分校	0	0	0	0	0	0	0	0	0
宁德分校	0	0	0	0	0	0	0	0	0
南平分校	108	0	108	76	0	76	159	0	159
漳州分校	0	0	0	0	0	0	0	0	0
泉州分校	21	0	21	160	0	160	305	0	305
龙岩分校	0	0	0	0	0	0	0	0	0
莆田分校	15	0	15	34	0	34	68	0	68
高等职业技术学院	736	0	736	1775	0	1775	3473	0	3473
永安分校	0	0	0	0	0	0	0	0	0
邵武分校	0	0	0	0	0	0	0	0	0
漳浦分校	0	0	0	0	0	0	0	0	0
开放教育学院	0	0	0	0	0	0	0	0	0

2.2.1 全国电大统招高等专科学生情况（续表13）

单位：人

	毕业生数			招生数			在校生数		
	计	高职	成招专科	计	高职	成招专科	计	高职	成招专科
厦　门	**42**	**0**	**42**	**10**	**0**	**10**	**51**	**0**	**51**
厦门市广播电视大学	0	0	0	0	0	0	0	0	0
厦门电大同安区工作站	42	0	42	10	0	10	51	0	51
厦门市杏林区电大工作站	0	0	0	0	0	0	0	0	0
厦门市湖里区电大工作站	0	0	0	0	0	0	0	0	0
厦门市司法局电大工作站	0	0	0	0	0	0	0	0	0
厦门市思明区电大工作站	0	0	0	0	0	0	0	0	0
江　西	**393**	**68**	**325**	**1512**	**1273**	**239**	**5742**	**4951**	**791**
江西广播电视大学	101	68	33	1300	1273	27	5039	4951	88
南昌市分校	31	0	31	43	0	43	55	0	55
安义县工作站（工会职校）	0	0	0	0	0	0	0	0	0
安义县教师进修学校教学点	0	0	0	0	0	0	0	0	0
进贤县教师进修学校教学点	0	0	0	0	0	0	0	0	0
新建县教师进修学校教学点	0	0	0	0	0	0	0	0	0
南昌县教师进修学校	0	0	0	0	0	0	0	0	0
景德镇市分校	0	0	0	0	0	0	0	0	0
乐平市教师进修学校教学点	0	0	0	0	0	0	0	0	0
九江市分校	0	0	0	0	0	0	7	0	7
武宁县工作站	0	0	0	0	0	0	0	0	0
德安县工作站	0	0	0	0	0	0	0	0	0
都昌县工作站	0	0	0	0	0	0	0	0	0
庐山工作站	0	0	0	0	0	0	0	0	0
彭泽县工作站	0	0	0	0	0	0	0	0	0
永修县工作站	0	0	0	0	0	0	0	0	0
修水县工作站	0	0	0	0	0	0	0	0	0
省武工作站	0	0	0	0	0	0	0	0	0
湖口县工作站	0	0	0	0	0	0	0	0	0
星子县工作站	0	0	0	0	0	0	0	0	0
瑞昌工作站（教师进修学校）	0	0	0	0	0	0	0	0	0
萍乡市分校	0	0	0	95	0	95	95	0	95
芦溪县工作站	0	0	0	0	0	0	0	0	0
上栗县电大工作站	0	0	0	0	0	0	0	0	0
湘东区工作站	0	0	0	0	0	0	0	0	0
莲花县工作站	0	0	0	0	0	0	0	0	0
萍乡市卫生学校	0	0	0	0	0	0	0	0	0
新余市分校	261	0	261	74	0	74	546	0	546
分宜县工作站	0	0	0	0	0	0	0	0	0
鹰潭市分校	0	0	0	0	0	0	0	0	0
贵溪市工作站	0	0	0	0	0	0	0	0	0
鹰潭应用工程学校	0	0	0	0	0	0	0	0	0
中共余江县委党校	0	0	0	0	0	0	0	0	0
赣州广播电视大学	0	0	0	0	0	0	0	0	0
中共南康市委党校教学点	0	0	0	0	0	0	0	0	0
中共上犹县委党校教学点	0	0	0	0	0	0	0	0	0
寻乌县工作站（教师进修学校）	0	0	0	0	0	0	0	0	0
中共信丰县委党校教学点	0	0	0	0	0	0	0	0	0
兴国县教师进修学校教学点	0	0	0	0	0	0	0	0	0
中共兴国县委党校教学点	0	0	0	0	0	0	0	0	0
瑞金市工作站（教师进修学校）	0	0	0	0	0	0	0	0	0
定南教师进修学校教学点	0	0	0	0	0	0	0	0	0
中共崇义县委党校教学点	0	0	0	0	0	0	0	0	0

2.2.1 全国电大统招高等专科学生情况（续表14）

单位：人

	毕业生数			招生数			在校生数		
	计	高职	成招专科	计	高职	成招专科	计	高职	成招专科
宁都县教师进修学校教学点	0	0	0	0	0	0	0	0	0
大余县教师进修学校	0	0	0	0	0	0	0	0	0
信丰县教师进修学校教学点	0	0	0	0	0	0	0	0	0
龙南教师进修学校	0	0	0	0	0	0	0	0	0
安远县委党校	0	0	0	0	0	0	0	0	0
于都县委党校	0	0	0	0	0	0	0	0	0
全南县教师进修学校	0	0	0	0	0	0	0	0	0
石城县教师进修学校教学点	0	0	0	0	0	0	0	0	0
宜春广播电视大学	0	0	0	0	0	0	0	0	0
樟树工作站（教师进修学校）	0	0	0	0	0	0	0	0	0
樟树职工学校教学点	0	0	0	0	0	0	0	0	0
丰城市教师进修学校教学点	0	0	0	0	0	0	0	0	0
靖安县工作站	0	0	0	0	0	0	0	0	0
奉新县工作站（教师进修学校）	0	0	0	0	0	0	0	0	0
高安工作站（教师进修学校）	0	0	0	0	0	0	0	0	0
上高工作站（职工学校）	0	0	0	0	0	0	0	0	0
铜鼓县教师进修学校教学点	0	0	0	0	0	0	0	0	0
万载县教师进修学校教学点	0	0	0	0	0	0	0	0	0
宜丰县工作站（教师进修学校）	0	0	0	0	0	0	0	0	0
中共丰城市委党校教学点	0	0	0	0	0	0	0	0	0
上高教师进修学校	0	0	0	0	0	0	0	0	0
江西省轻工高级技校	0	0	0	0	0	0	0	0	0
高安市委党校	0	0	0	0	0	0	0	0	0
电大吉安市分校	0	0	0	0	0	0	0	0	0
吉安县教师进修学校教学点	0	0	0	0	0	0	0	0	0
吉水县教师进修学校教学点	0	0	0	0	0	0	0	0	0
永新县工作站	0	0	0	0	0	0	0	0	0
中共遂川县委党校教学点	0	0	0	0	0	0	0	0	0
安福县教师进修学校	0	0	0	0	0	0	0	0	0
万安县委党校	0	0	0	0	0	0	0	0	0
峡江县委党校	0	0	0	0	0	0	0	0	0
新干县委党校	0	0	0	0	0	0	0	0	0
中共永丰县委党校教学点	0	0	0	0	0	0	0	0	0
上饶广播电视大学	0	0	0	0	0	0	0	0	0
广丰县工作站	0	0	0	0	0	0	0	0	0
鄱阳县工作站	0	0	0	0	0	0	0	0	0
德兴市工作站	0	0	0	0	0	0	0	0	0
婺源县工作站	0	0	0	0	0	0	0	0	0
横峰县工作站	0	0	0	0	0	0	0	0	0
上饶县工作站	0	0	0	0	0	0	0	0	0
万年县工作站	0	0	0	0	0	0	0	0	0
玉山县工作站	0	0	0	0	0	0	0	0	0
铅山县工作站	0	0	0	0	0	0	0	0	0
余干县工作站	0	0	0	0	0	0	0	0	0
弋阳县工作站	0	0	0	0	0	0	0	0	0
抚州广播电视大学	0	0	0	0	0	0	0	0	0
黎川县工作站	0	0	0	0	0	0	0	0	0
南丰县工作站	0	0	0	0	0	0	0	0	0
南城县工作站	0	0	0	0	0	0	0	0	0
金溪县工作站	0	0	0	0	0	0	0	0	0
资溪县工作站	0	0	0	0	0	0	0	0	0

2.2.1 全国电大统招高等专科学生情况（续表15）

单位：人

	毕业生数			招生数			在校生数		
	计	高职	成招专科	计	高职	成招专科	计	高职	成招专科
乐安县工作站	0	0	0	0	0	0	0	0	0
山　　东	**1013**	**667**	**346**	**205**	**0**	**205**	**570**	**158**	**412**
山东广播电视大学	464	464	0	54	0	54	54	0	54
济南广播电视大学	0	0	0	0	0	0	0	0	0
烟台广播电视大学	91	0	91	151	0	151	358	0	358
潍坊广播电视大学	255	0	255	0	0	0	0	0	0
淄博广播电视大学	0	0	0	0	0	0	0	0	0
威海市广播电视大学	0	0	0	0	0	0	0	0	0
临沂广播电视大学	0	0	0	0	0	0	0	0	0
德州广播电视大学	0	0	0	0	0	0	0	0	0
滨州广播电视大学	0	0	0	0	0	0	0	0	0
菏泽广播电视大学	0	0	0	0	0	0	0	0	0
聊城广播电视大学	0	0	0	0	0	0	0	0	0
泰安广播电视大学	0	0	0	0	0	0	0	0	0
枣庄广播电视大学	0	0	0	0	0	0	0	0	0
济宁广播电视大学	0	0	0	0	0	0	0	0	0
东营广播电视大学	0	0	0	0	0	0	0	0	0
胜利油田广播电视大学	0	0	0	0	0	0	0	0	0
莱芜钢铁总厂广播电视大学	76	76	0	0	0	0	70	70	0
省直工作处	0	0	0	0	0	0	0	0	0
日照广播电视大学	127	127	0	0	0	0	88	88	0
荣成市广播电视大学	0	0	0	0	0	0	0	0	0
莱芜科技成人中专	0	0	0	0	0	0	0	0	0
青　　岛	**59**	**0**	**59**	**252**	**0**	**252**	**630**	**0**	**630**
青岛广播电视大学	59	0	59	240	0	240	560	0	560
莱西分校	0	0	0	0	0	0	0	0	0
平度分校	0	0	0	0	0	0	0	0	0
胶州分校	0	0	0	0	0	0	0	0	0
胶南分校	0	0	0	12	0	12	70	0	70
即墨分校	0	0	0	0	0	0	0	0	0
黄岛分校	0	0	0	0	0	0	0	0	0
崂山分校	0	0	0	0	0	0	0	0	0
城阳分校	0	0	0	0	0	0	0	0	0
李沧区分校	0	0	0	0	0	0	0	0	0
河　　南	**2518**	**0**	**2518**	**811**	**0**	**811**	**2783**	**0**	**2783**
河南广播电视大学	288	0	288	0	0	0	10	0	10
河南省直广播电视大学	0	0	0	0	0	0	0	0	0
郑州广播电视大学	0	0	0	0	0	0	0	0	0
开封广播电视大学	0	0	0	0	0	0	0	0	0
洛阳广播电视大学	106	0	106	118	0	118	246	0	246
新乡广播电视大学	567	0	567	310	0	310	878	0	878
焦作广播电视大学	261	0	261	11	0	11	71	0	71
安阳广播电视大学	10	0	10	3	0	3	23	0	23
濮阳广播电视大学	0	0	0	0	0	0	0	0	0
鹤壁广播电视大学	76	0	76	16	0	16	35	0	35
商丘广播电视大学	49	0	49	103	0	103	882	0	882
三门峡广播电视大学	44	0	44	44	0	44	78	0	78
平顶山广播电视大学	34	0	34	0	0	0	0	0	0
驻马店广播电视大学	14	0	14	1	0	1	1	0	1
许昌广播电视大学	0	0	0	0	0	0	0	0	0
信阳广播电视大学	109	0	109	32	0	32	83	0	83

2.2.1　全国电大统招高等专科学生情况（续表16）

单位：人

	毕业生数			招生数			在校生数		
	计	高职	成招专科	计	高职	成招专科	计	高职	成招专科
南阳广播电视大学	551	0	551	157	0	157	359	0	359
周口广播电视大学	124	0	124	0	0	0	27	0	27
漯河广播电视大学	0	0	0	0	0	0	0	0	0
郑州铁路局广播电视大学	285	0	285	16	0	16	90	0	90
中原油田广播电视大学	0	0	0	0	0	0	0	0	0
济源广播电视大学	0	0	0	0	0	0	0	0	0
河南省工商行政管理分校	0	0	0	0	0	0	0	0	0
湖　　北	**851**	**0**	**851**	**1514**	**0**	**1514**	**5095**	**0**	**5095**
湖北广播电视大学	0	0	0	0	0	0	0	0	0
黄冈广播电视大学	86	0	86	150	0	150	1000	0	1000
孝感市广播电视大学	0	0	0	0	0	0	3	0	3
咸宁地区广播电视大学	67	0	67	414	0	414	1904	0	1904
荆州地区广播电视大学	150	0	150	27	0	27	345	0	345
宜昌市广播电视大学	36	0	36	0	0	0	10	0	10
黄石广播电视大学	0	0	0	0	0	0	0	0	0
十堰市广播电视大学	8	0	8	12	0	12	51	0	51
襄樊广播电视大学	56	0	56	730	0	730	1315	0	1315
恩施土家族苗族自治州广播电视大学	120	0	120	54	0	54	106	0	106
湖北广播电视大学大冶有色金属公司分校	10	0	10	0	0	0	0	0	0
天门市广播电视大学	0	0	0	0	0	0	0	0	0
潜江市广播电视大学	25	0	25	3	0	3	9	0	9
仙桃广播电视大学	83	0	83	11	0	11	22	0	22
湖北广播电视大学江汉油田分校	11	0	11	19	0	19	56	0	56
湖北广播电视大学钟祥分校	75	0	75	34	0	34	95	0	95
随州广播电视大学	124	0	124	60	0	60	179	0	179
武　　汉	**423**	**0**	**423**	**215**	**0**	**215**	**588**	**0**	**588**
武汉市广播电视大学	423	0	423	215	0	215	588	0	588
江岸分校	0	0	0	0	0	0	0	0	0
武昌分校	0	0	0	0	0	0	0	0	0
桥口分校	0	0	0	0	0	0	0	0	0
汉阳分校	0	0	0	0	0	0	0	0	0
青山分校	0	0	0	0	0	0	0	0	0
洪山分校	0	0	0	0	0	0	0	0	0
东西湖分校	0	0	0	0	0	0	0	0	0
汉南分校	0	0	0	0	0	0	0	0	0
江夏分校	0	0	0	0	0	0	0	0	0
蔡甸分校	0	0	0	0	0	0	0	0	0
黄陂分校	0	0	0	0	0	0	0	0	0
新洲分校	0	0	0	0	0	0	0	0	0
武钢分校	0	0	0	0	0	0	0	0	0
江汉区电大分校	0	0	0	0	0	0	0	0	0
湖　　南	**3094**	**0**	**3094**	**1337**	**0**	**1337**	**6201**	**0**	**6201**
湖南广播电视大学	487	0	487	846	0	846	1723	0	1723
长沙广播电视大学	165	0	165	0	0	0	169	0	169
长沙县教师进修学校	0	0	0	0	0	0	0	0	0
望城县电大工作站	0	0	0	0	0	0	0	0	0
浏阳教师进修学校	0	0	0	0	0	0	0	0	0
宁乡县教师进修学校	0	0	0	0	0	0	0	0	0
宁乡玉潭联校点	0	0	0	0	0	0	0	0	0
长沙国宾旅游学校	0	0	0	0	0	0	0	0	0
株洲广播电视大学	262	0	262	0	0	0	597	0	597

2.2.1 全国电大统招高等专科学生情况（续表 17）

单位：人

	毕业生数			招生数			在校生数		
	计	高职	成招专科	计	高职	成招专科	计	高职	成招专科
株洲市艺术设计学校	0	0	0	0	0	0	0	0	0
湖南省商业技术学院	0	0	0	0	0	0	0	0	0
株洲市技术学院	0	0	0	0	0	0	0	0	0
株洲县电大工作站	0	0	0	0	0	0	0	0	0
株洲分校醴陵电大工作站	0	0	0	0	0	0	0	0	0
攸县电大工作站	0	0	0	0	0	0	0	0	0
茶陵县电大工作站	0	0	0	0	0	0	0	0	0
炎陵县电大工作站	35	0	35	0	0	0	1	0	1
株洲市中等职业学校	0	0	0	0	0	0	0	0	0
湘潭广播电视大学	567	0	567	0	0	0	732	0	732
湘潭县财政局教学点	0	0	0	0	0	0	0	0	0
湘潭新华电脑学校	0	0	0	0	0	0	0	0	0
湘乡市东山教学点	0	0	0	0	0	0	0	0	0
湘乡市第一职业中专	0	0	0	0	0	0	0	0	0
韶山市司法局教学点	0	0	0	0	0	0	10	0	10
衡阳市广播电视大学	377	0	377	3	0	3	594	0	594
耒阳师范学校教学点	0	0	0	0	0	0	0	0	0
衡东农广校教学点	8	0	8	0	0	0	15	0	15
祁东县电大教学点	4	0	4	0	0	0	13	0	13
衡阳市城南电大站	20	0	20	0	0	0	17	0	17
衡阳电大常宁分校	45	0	45	275	0	275	375	0	375
衡山县教师进修学校	0	0	0	0	0	0	0	0	0
湖南科技经贸职业学院	0	0	0	0	0	0	0	0	0
邵阳广播电视大学	0	0	0	0	0	0	90	0	90
洞口县成人中专校	0	0	0	0	0	0	0	0	0
邵东县电大工作站	0	0	0	0	0	0	0	0	0
新宁县电大工作站	0	0	0	0	0	0	0	0	0
中共新邵县委党校	0	0	0	0	0	0	0	0	0
隆回县委党校	0	0	0	0	0	0	0	0	0
武冈市电大工作站	0	0	0	0	0	0	0	0	0
绥宁县教师进修学校	0	0	0	0	0	0	0	0	0
邵阳县电大工作站	0	0	0	0	0	0	0	0	0
城步县电大工作站	0	0	0	0	0	0	0	0	0
岳阳广播电视大学	0	0	0	0	0	0	31	0	31
岳阳县电大工作站	0	0	0	0	0	0	0	0	0
临湘市电大工作站	0	0	0	0	0	0	24	0	24
华容县电大工作站	0	0	0	0	0	0	0	0	0
汨罗县电大工作站	0	0	0	0	0	0	0	0	0
平江县电大工作站	0	0	0	0	0	0	0	0	0
湘阴县电大工作站	0	0	0	0	0	0	0	0	0
岳阳县教师进修学校	0	0	0	0	0	0	0	0	0
娄底广播电视大学	63	0	63	0	0	0	23	0	23
涟源市教研师训中心	0	0	0	0	0	0	0	0	0
双峰县电大工作站	0	0	0	0	0	0	0	0	0
冷水江市教学点	0	0	0	0	0	0	0	0	0
新化县教师进修学校	0	0	0	0	0	0	0	0	0
零陵分校	0	0	0	0	0	0	0	0	0
宁远县教师进修学校	0	0	0	0	0	0	0	0	0
江永县教师进修学校	0	0	0	0	0	0	0	0	0
道县教师进修学校	0	0	0	0	0	0	0	0	0
蓝山县教师进修学校	0	0	0	0	0	0	0	0	0

2.2.1 全国电大统招高等专科学生情况（续表18）

单位：人

	毕业生数			招生数			在校生数		
	计	高职	成招专科	计	高职	成招专科	计	高职	成招专科
江华县教师进修学校教学点	0	0	0	0	0	0	0	0	0
祁阳县电大工作站	0	0	0	0	0	0	0	0	0
新田县电大工作站	0	0	0	0	0	0	0	0	0
东安县教师进修学校	0	0	0	0	0	0	0	0	0
郴州广播电视大学	0	0	0	0	0	0	0	0	0
永兴县电大工作站	0	0	0	0	0	0	0	0	0
宜章县电大工作站	0	0	0	0	0	0	0	0	0
桂阳县电大工作站	0	0	0	0	0	0	0	0	0
汝城县电大工作站	0	0	0	0	0	0	0	0	0
资兴市电大工作站	0	0	0	0	0	0	0	0	0
桂东县电大工作站	0	0	0	0	0	0	0	0	0
中共嘉禾县委党校	0	0	0	0	0	0	0	0	0
益阳广播电视大学	0	0	0	0	0	0	0	0	0
南县电大工作站	24	0	24	0	0	0	12	0	12
桃江县电大站	17	0	17	28	0	28	60	0	60
沅江市教师进修学校	38	0	38	0	0	0	8	0	8
安化县教师进修学校	25	0	25	21	0	21	74	0	74
资阳电大工作站	50	0	50	0	0	0	45	0	45
赫山电大工作站	53	0	53	0	0	0	58	0	58
益阳分校第一职业中专学校	0	0	0	0	0	0	0	0	0
益阳分校湘益中专教学点	0	0	0	0	0	0	0	0	0
常德广播电视大学	46	0	46	24	0	24	377	0	377
武陵区电大工作站	0	0	0	0	0	0	0	0	0
常德电大鼎城工作站	0	0	0	0	0	0	0	0	0
汉寿县电大工作站	0	0	0	0	0	0	0	0	0
桃源县电大工作站	24	0	24	0	0	0	24	0	24
临澧县电大工作站	0	0	0	0	0	0	0	0	0
石门县电大工作站	0	0	0	0	0	0	0	0	0
澧县电大工作站	0	0	0	0	0	0	0	0	0
安乡县电大工作站	0	0	0	0	0	0	0	0	0
怀化广播电视大学	0	0	0	0	0	0	165	0	165
沅陵工业中专	0	0	0	0	0	0	0	0	0
沅陵县远程教育站	0	0	0	0	0	0	0	0	0
辰溪县委党校	0	0	0	0	0	0	0	0	0
芷江县电大工作站	0	0	0	0	0	0	0	0	0
新晃县教师进修学校	0	0	0	0	0	0	0	0	0
洪江市第一教师进修学校	0	0	0	0	0	0	0	0	0
洪江区电大教学点	0	0	0	0	0	0	0	0	0
洪江市振华学校	0	0	0	0	0	0	0	0	0
会同县职业中专学校教学点	0	0	0	0	0	0	0	0	0
通道县职业技术总校教学点	0	0	0	0	0	0	0	0	0
靖州县教师进修学校教学点	0	0	0	0	0	0	0	0	0
怀化万昌职业中专	0	0	0	0	0	0	0	0	0
溆浦县教师进修学校	0	0	0	0	0	0	0	0	0
怀化分校麻阳教师进修学校	0	0	0	0	0	0	0	0	0
芷江师范	0	0	0	0	0	0	0	0	0
洪江市教师进修学校	0	0	0	0	0	0	0	0	0
怀化分校会同党校	0	0	0	0	0	0	0	0	0
湖南电大怀化分校沅陵教学点	0	0	0	0	0	0	0	0	0
湘西民族广播电视大学	0	0	0	66	0	66	180	0	180
花垣县电大工作站	0	0	0	0	0	0	0	0	0

2.2.1 全国电大统招高等专科学生情况（续表19）

单位：人

	毕业生数			招生数			在校生数		
	计	高职	成招专科	计	高职	成招专科	计	高职	成招专科
龙山县电大工作站	0	0	0	0	0	0	0	0	0
永顺县电大工作站	0	0	0	0	0	0	0	0	0
保靖县电大工作站	0	0	0	0	0	0	0	0	0
古丈县电大工作站	0	0	0	0	0	0	0	0	0
凤凰县电大工作站	0	0	0	0	0	0	0	0	0
泸溪县电大工作站	0	0	0	0	0	0	0	0	0
张家界市广播电视大学	0	0	0	0	0	0	0	0	0
桑植县电大工作站	0	0	0	0	0	0	0	0	0
慈利县电大工作站	0	0	0	0	0	0	0	0	0
津市分校	217	0	217	0	0	0	0	0	0
岳阳石化总厂广播电视大学	0	0	0	0	0	0	0	0	0
卫生分校	65	0	65	0	0	0	136	0	136
省中医药高等专科学校	0	0	0	0	0	0	0	0	0
衡阳市卫校	0	0	0	0	0	0	0	0	0
邵阳市医专	0	0	0	0	0	0	0	0	0
岳阳职业技术学院	0	0	0	0	0	0	0	0	0
娄底市卫校	32	0	32	0	0	0	163	0	163
永州职业技术学院	0	0	0	0	0	0	0	0	0
郴州医专	0	0	0	0	0	0	0	0	0
常德职业技术学院	0	0	0	0	0	0	0	0	0
怀化医专	41	0	41	0	0	0	123	0	123
湘南学院教学点	0	0	0	0	0	0	0	0	0
益阳医学高等专科学校	9	0	9	0	0	0	20	0	20
涟钢分校	15	0	15	0	0	0	0	0	0
湖南广播电视大学药学分校	405	0	405	74	0	74	342	0	342
广　东	**349**	**0**	**349**	**1217**	**0**	**1217**	**1866**	**0**	**1866**
广东广播电视大学	38	0	38	111	0	111	329	0	329
法律分校	0	0	0	0	0	0	0	0	0
省电力局分校	9	0	9	324	0	324	455	0	455
省公路局分校	0	0	0	0	0	0	0	0	0
广东电大深圳拱北海关分校	0	0	0	0	0	0	0	0	0
珠海市广播电视大学	0	0	0	0	0	0	0	0	0
斗门广播电视大学	0	0	0	0	0	0	0	0	0
汕头广播电视大学	95	0	95	25	0	25	85	0	85
汕头广播电视大学潮阳电大	0	0	0	0	0	0	0	0	0
汕头广播电视大学澄海电大	0	0	0	0	0	0	0	0	0
韶关市广播电视大学	0	0	0	0	0	0	0	0	0
韶关市曲江区广播电视大学	0	0	0	0	0	0	0	0	0
仁化广播电视大学	0	0	0	0	0	0	0	0	0
新丰县广播电视大学	0	0	0	0	0	0	0	0	0
广东省翁源县广播电视大学	0	0	0	0	0	0	0	0	0
始兴县广播电视大学	0	0	0	0	0	0	0	0	0
南雄市广播电视大学	0	0	0	0	0	0	0	0	0
乐昌市广播电视大学	0	0	0	0	0	0	0	0	0
乳源瑶族自治县广播电视大学	0	0	0	0	0	0	0	0	0
汕尾市广播电视大学	0	0	0	393	0	393	393	0	393
海丰县广播电视大学	0	0	0	0	0	0	0	0	0
陆丰市广播电视大学	0	0	0	0	0	0	0	0	0
陆河县广播电视大学	0	0	0	0	0	0	0	0	0
梅州市广播电视大学	0	0	0	0	0	0	0	0	0
梅江区广播电视大学	0	0	0	0	0	0	0	0	0

2.2.1 全国电大统招高等专科学生情况（续表20）

单位：人

	毕业生数			招生数			在校生数		
	计	高职	成招专科	计	高职	成招专科	计	高职	成招专科
蕉岭县广播电视大学	0	0	0	0	0	0	0	0	0
大埔县广播电视大学	0	0	0	0	0	0	0	0	0
丰顺县广播电视大学	0	0	0	0	0	0	0	0	0
五华县广播电视大学	0	0	0	0	0	0	0	0	0
广东省兴宁市广播电视大学	0	0	0	0	0	0	0	0	0
平远县广播电视大学	0	0	0	0	0	0	0	0	0
惠州市广播电视大学	0	0	0	0	0	0	0	0	0
惠阳区广播电视大学	0	0	0	0	0	0	0	0	0
惠东县广播电视大学	0	0	0	0	0	0	0	0	0
博罗县广播电视大学	0	0	0	0	0	0	0	0	0
龙门县广播电视大学	0	0	0	0	0	0	0	0	0
东莞市广播电视大学	82	0	82	149	0	149	352	0	352
中山市广播电视大学	0	0	0	59	0	59	59	0	59
江门市广播电视大学	0	0	0	0	0	0	0	0	0
新会市广播电视大学	0	0	0	0	0	0	0	0	0
台山磐石电视大学	0	0	0	0	0	0	0	0	0
开平市广播电视大学	0	0	0	0	0	0	0	0	0
恩平市广播电视大学	0	0	0	0	0	0	0	0	0
鹤山市广播电视大学	0	0	0	0	0	0	0	0	0
佛山广播电视大学	3	0	3	0	0	0	0	0	0
三水广播电视大学	0	0	0	0	0	0	0	0	0
高明广播电视大学	0	0	0	0	0	0	0	0	0
阳江市广播电视大学	0	0	0	0	0	0	0	0	0
阳春市广播电视大学	22	0	22	13	0	13	50	0	50
湛江市广播电视大学	0	0	0	0	0	0	0	0	0
雷州市广播电视大学	0	0	0	0	0	0	0	0	0
徐闻县广播电视大学	0	0	0	0	0	0	0	0	0
遂溪县广播电视大学	0	0	0	0	0	0	0	0	0
吴川市广播电视大学	0	0	0	0	0	0	0	0	0
廉江市广播电视大学	0	0	0	0	0	0	0	0	0
茂名广播电视大学	0	0	0	0	0	0	0	0	0
高州市广播电视大学	0	0	0	0	0	0	0	0	0
信宜市广播电视大学	0	0	0	0	0	0	0	0	0
电白广播电视大学	0	0	0	0	0	0	0	0	0
化州市广播电视大学	0	0	0	0	0	0	0	0	0
肇庆广播电视大学	0	0	0	0	0	0	0	0	0
高要市广播电视大学	0	0	0	0	0	0	0	0	0
四会市广播电视大学	0	0	0	0	0	0	0	0	0
广宁县广播电视大学	0	0	0	0	0	0	0	0	0
德庆县广播电视大学	0	0	0	0	0	0	0	0	0
封开县广播电视大学	0	0	0	0	0	0	0	0	0
怀集县广播电视大学	100	0	100	0	0	0	0	0	0
清远市广播电视大学	0	0	0	0	0	0	0	0	0
英德电大	0	0	0	0	0	0	0	0	0
佛冈县广播电视大学	0	0	0	0	0	0	0	0	0
阳山县广播电视大学	0	0	0	0	0	0	0	0	0
连山壮族瑶族自治县广播电视大学	0	0	0	0	0	0	0	0	0
连南瑶族自治县广播电视大学	0	0	0	0	0	0	0	0	0
连州市广播电视大学	0	0	0	0	0	0	0	0	0
潮州广播电视大学	0	0	0	0	0	0	0	0	0
饶平县广播电视大学	0	0	0	0	0	0	0	0	0

2.2.1 全国电大统招高等专科学生情况（续表 21）

单位：人

	毕业生数			招生数			在校生数		
	计	高职	成招专科	计	高职	成招专科	计	高职	成招专科
潮安广播电视大学	0	0	0	0	0	0	0	0	0
揭阳广播电视大学	0	0	0	0	0	0	0	0	0
普宁市广播电视大学	0	0	0	0	0	0	0	0	0
广东省揭西县广播电视大学	0	0	0	0	0	0	0	0	0
惠来县广播电视大学	0	0	0	0	0	0	0	0	0
揭东县广播电视大学	0	0	0	0	0	0	0	0	0
河源广播电视大学	0	0	0	0	0	0	0	0	0
和平县广播电视大学	0	0	0	0	0	0	0	0	0
龙川广播电视大学	0	0	0	0	0	0	0	0	0
紫金县广播电视大学	0	0	0	0	0	0	0	0	0
连平县广播电视大学	0	0	0	0	0	0	0	0	0
云浮市广播电视大学	0	0	0	0	0	0	0	0	0
云硫电大	0	0	0	0	0	0	0	0	0
罗定市广播电视大学	0	0	0	0	0	0	0	0	0
新兴电大	0	0	0	0	0	0	0	0	0
郁南电大	0	0	0	0	0	0	0	0	0
南海广播电视大学	0	0	0	0	0	0	0	0	0
顺德广播电视大学	0	0	0	143	0	143	143	0	143
广　　州	**0**	**0**	**0**	**0**	**0**	**0**	**0**	**0**	**0**
广州市广播电视大学	0	0	0	0	0	0	0	0	0
东山区分校	0	0	0	0	0	0	0	0	0
海珠区分校	0	0	0	0	0	0	0	0	0
荔湾分校	0	0	0	0	0	0	0	0	0
越秀区分校	0	0	0	0	0	0	0	0	0
天河区分校	0	0	0	0	0	0	0	0	0
开发区分校	0	0	0	0	0	0	0	0	0
市轻工业局分校	0	0	0	0	0	0	0	0	0
侨光分校	0	0	0	0	0	0	0	0	0
机电局分校	0	0	0	0	0	0	0	0	0
法律专业工作站	0	0	0	0	0	0	0	0	0
市二轻局工作站	0	0	0	0	0	0	0	0	0
番禺区广播电视大学	0	0	0	0	0	0	0	0	0
从化市分校	0	0	0	0	0	0	0	0	0
花都区广播电视大学	0	0	0	0	0	0	0	0	0
增城市广播电视大学	0	0	0	0	0	0	0	0	0
市银行学校电大工作站	0	0	0	0	0	0	0	0	0
东方教学点	0	0	0	0	0	0	0	0	0
金融分校	0	0	0	0	0	0	0	0	0
广州市广播电视大学广大人文学院工作站	0	0	0	0	0	0	0	0	0
广州电大黄埔工作站	0	0	0	0	0	0	0	0	0
广州电大广州港分校	0	0	0	0	0	0	0	0	0
广州电大商贸工作站	0	0	0	0	0	0	0	0	0
广州康大工作站	0	0	0	0	0	0	0	0	0
广州电大中奥工作站	0	0	0	0	0	0	0	0	0
广州电大幼师工作站	0	0	0	0	0	0	0	0	0
深　　圳	**43**	**0**	**43**	**90**	**0**	**90**	**786**	**0**	**786**
深圳市广播电视大学	33	0	33	90	0	90	786	0	786
蛇口分校	0	0	0	0	0	0	0	0	0
宝安分校	0	0	0	0	0	0	0	0	0
沙头角分校	0	0	0	0	0	0	0	0	0
南山分校	0	0	0	0	0	0	0	0	0

2.2.1 全国电大统招高等专科学生情况（续表22）

单位：人

	毕业生数			招生数			在校生数		
	计	高职	成招专科	计	高职	成招专科	计	高职	成招专科
龙岗分校	10	0	10	0	0	0	0	0	0
罗湖分校	0	0	0	0	0	0	0	0	0
福田分校	0	0	0	0	0	0	0	0	0
光明教学点	0	0	0	0	0	0	0	0	0
龙华教学点	0	0	0	0	0	0	0	0	0
高技校教学点	0	0	0	0	0	0	0	0	0
观澜教学点	0	0	0	0	0	0	0	0	0
广　　西	**139**	**0**	**139**	**71**	**0**	**71**	**328**	**0**	**328**
广西广播电视大学	102	0	102	52	0	52	286	0	286
广西电大区直分校	0	0	0	0	0	0	0	0	0
南宁市广播电视大学	0	0	0	0	0	0	0	0	0
柳州市广播电视大学	37	0	37	19	0	19	42	0	42
桂林市广播电视大学	0	0	0	0	0	0	0	0	0
梧州市分校	0	0	0	0	0	0	0	0	0
南宁地区电大分校	0	0	0	0	0	0	0	0	0
来宾市分校	0	0	0	0	0	0	0	0	0
贺州市分校	0	0	0	0	0	0	0	0	0
百色民族分校	0	0	0	0	0	0	0	0	0
钦州市分校	0	0	0	0	0	0	0	0	0
北海市广播电视大学	0	0	0	0	0	0	0	0	0
检察分校	0	0	0	0	0	0	0	0	0
贵港市广播电视大学	0	0	0	0	0	0	0	0	0
防城港市工作站	0	0	0	0	0	0	0	0	0
玉林商务分校	0	0	0	0	0	0	0	0	0
广西电大工商分校	0	0	0	0	0	0	0	0	0
广西银行学校电大工作站	0	0	0	0	0	0	0	0	0
海　　南	**152**	**0**	**152**	**223**	**0**	**223**	**788**	**0**	**788**
海南广播电视大学	152	0	152	223	0	223	788	0	788
四　　川	**6802**	**0**	**6802**	**6813**	**0**	**6813**	**17372**	**0**	**17372**
四川广播电视大学	1342	0	1342	2103	0	2103	3899	0	3899
建设厅分校	144	0	144	107	0	107	343	0	343
省级机关分校	132	0	132	25	0	25	246	0	246
成都铁路局分校	843	0	843	706	0	706	1698	0	1698
德阳广播电视大学	665	0	665	116	0	116	645	0	645
绵阳广播电视大学	661	0	661	489	0	489	1675	0	1675
广元广播电视大学	97	0	97	12	0	12	341	0	341
四川电大遂宁应用职业技术学校教学点	400	0	400	367	0	367	1604	0	1604
雅安分校	34	0	34	16	0	16	33	0	33
乐山广播电视大学	378	0	378	298	0	298	793	0	793
内江广播电视大学	139	0	139	579	0	579	853	0	853
自贡广播电视大学	165	0	165	252	0	252	746	0	746
宜宾广播电视大学	207	0	207	169	0	169	511	0	511
泸州广播电视大学	95	0	95	36	0	36	204	0	204
南充广播电视大学	187	0	187	531	0	531	1183	0	1183
达州广播电视大学	520	0	520	245	0	245	890	0	890
甘孜分校	30	0	30	49	0	49	84	0	84
凉山广播电视大学	2	0	2	1	0	1	1	0	1
攀枝花广播电视大学	372	0	372	431	0	431	902	0	902
巴中广播电视大学	59	0	59	53	0	53	138	0	138
广安广播电视大学	85	0	85	95	0	95	213	0	213
眉山广播电视大学	119	0	119	7	0	7	66	0	66

2.2.1 全国电大统招高等专科学生情况（续表23）

单位：人

	毕业生数			招生数			在校生数		
	计	高职	成招专科	计	高职	成招专科	计	高职	成招专科
资阳广播电视大学	55	0	55	16	0	16	106	0	106
阿坝广播电视大学	14	0	14	5	0	5	22	0	22
四川广播电视大学直属学院蓬溪分校	2	0	2	3	0	3	8	0	8
四川广播电视大学直属学院射洪分校	1	0	1	25	0	25	29	0	29
四川广播电视大学直属学院大英分校	0	0	0	6	0	6	7	0	7
四川广播电视大学直属学院西昌分院	0	0	0	0	0	0	0	0	0
四川广播电视大学直属学院雷波工作站	21	0	21	47	0	47	79	0	79
四川广播电视大学直属学院宁南工作站	0	0	0	0	0	0	2	0	2
四川广播电视大学直属学院甘洛工作站	0	0	0	0	0	0	0	0	0
四川广播电视大学直属学院越西工作站	6	0	6	0	0	0	1	0	1
四川广播电视大学直属学院昭觉工作站	0	0	0	0	0	0	0	0	0
四川广播电视大学直属学院美姑工作站	27	0	27	24	0	24	50	0	50
成　　都	**6973**	**0**	**6973**	**2793**	**0**	**2793**	**6982**	**0**	**6982**
成都广播电视大学	6954	0	6954	2786	0	2786	6954	0	6954
龙泉分校	10	0	10	0	0	0	0	0	0
彭州分校	0	0	0	0	0	0	0	0	0
新都分校	0	0	0	0	0	0	0	0	0
双流分校	0	0	0	0	0	0	0	0	0
崇州分校	0	0	0	0	0	0	0	0	0
邛崃分校	0	0	0	0	0	0	0	0	0
郫县分校	0	0	0	0	0	0	0	0	0
温江分校	0	0	0	0	0	0	0	0	0
金堂分校	0	0	0	0	0	0	0	0	0
五冶分校	0	0	0	0	0	0	0	0	0
蒲江分校	7	0	7	7	0	7	27	0	27
电子工业分校	2	0	2	0	0	0	1	0	1
新津分校	0	0	0	0	0	0	0	0	0
青羊分校	0	0	0	0	0	0	0	0	0
旅游分校	0	0	0	0	0	0	0	0	0
重　　庆	**7616**	**0**	**7616**	**3531**	**0**	**3531**	**10993**	**0**	**10993**
重庆广播电视大学	495	0	495	510	0	510	2227	0	2227
渝中区分校	743	0	743	519	0	519	1323	0	1323
重庆铁路分校	20	0	20	0	0	0	0	0	0
重庆钢铁公司分校	0	0	0	0	0	0	0	0	0
南岸分校	151	0	151	79	0	79	220	0	220
九龙坡工作站	386	0	386	191	0	191	904	0	904
江北工作站	287	0	287	842	0	842	1233	0	1233
沙坪坝区电大分校	723	0	723	252	0	252	628	0	628
永川市广播电视大学	389	0	389	0	0	0	470	0	470
北碚区工作站	1152	0	1152	492	0	492	1173	0	1173
万盛区工作站	97	0	97	146	0	146	271	0	271
荣昌县工作站	32	0	32	0	0	0	7	0	7
綦江县工作站	126	0	126	6	0	6	155	0	155
合川广播电视大学	135	0	135	5	0	5	109	0	109
长寿分校	0	0	0	0	0	0	0	0	0
铜梁县工作站	355	0	355	362	0	362	944	0	944
渝北分校	0	0	0	0	0	0	0	0	0
潼南县工作站	0	0	0	0	0	0	0	0	0
大足县工作站	0	0	0	0	0	0	0	0	0
巴南分校	135	0	135	0	0	0	0	0	0
江津广播电视大学	945	0	945	0	0	0	0	0	0

2.2.1 全国电大统招高等专科学生情况（续表 24）

单位：人

	毕业生数			招生数			在校生数		
	计	高职	成招专科	计	高职	成招专科	计	高职	成招专科
大渡口分校	44	0	44	0	0	0	0	0	0
璧山分校	0	0	0	0	0	0	0	0	0
万州广播电视大学	128	0	128	18	0	18	471	0	471
涪陵广播电视大学	61	0	61	13	0	13	68	0	68
黔江广播电视大学	0	0	0	0	0	0	0	0	0
南川分校	91	0	91	64	0	64	173	0	173
垫江分校	58	0	58	0	0	0	0	0	0
丰都县电大工作站	3	0	3	0	0	0	6	0	6
武隆分校	16	0	16	5	0	5	31	0	31
梁平县电大工作站	8	0	8	1	0	1	3	0	3
重庆电大经贸学院	599	0	599	23	0	23	166	0	166
重庆电大建筑工程学院	0	0	0	0	0	0	0	0	0
酉阳分校	0	0	0	0	0	0	5	0	5
秀山分校	52	0	52	0	0	0	9	0	9
石柱分校	5	0	5	0	0	0	19	0	19
彭水电大工作站	1	0	1	0	0	0	4	0	4
奉节县电大工作站	16	0	16	0	0	0	0	0	0
云阳县电大工作站	0	0	0	0	0	0	0	0	0
巫山分校	0	0	0	0	0	0	0	0	0
巫溪电大工作站	1	0	1	2	0	2	6	0	6
城口电大工作站	0	0	0	0	0	0	0	0	0
开县电大工作站	1	0	1	0	0	0	10	0	10
忠县电大工作站	0	0	0	0	0	0	0	0	0
铜梁分校	85	0	85	1	0	1	63	0	63
重庆电大企业管理学院	219	0	219	0	0	0	295	0	295
市药监局电大工作站	57	0	57	0	0	0	0	0	0
贵　州	**1118**	**0**	**1118**	**2105**	**0**	**2105**	**4434**	**0**	**4434**
贵州广播电视大学	366	0	366	653	0	653	1144	0	1144
省直分校	0	0	0	0	0	0	0	0	0
贵阳市分校	145	0	145	409	0	409	1200	0	1200
遵义地区分校	237	0	237	491	0	491	779	0	779
安顺地区分校	0	0	0	261	0	261	261	0	261
黔南州分校	35	0	35	0	0	0	35	0	35
黔东南州分校	51	0	51	0	0	0	0	0	0
黔西南州分校	33	0	33	0	0	0	25	0	25
毕节地区分校	0	0	0	29	0	29	124	0	124
六盘水市分校	0	0	0	78	0	78	80	0	80
铜仁分校	160	0	160	97	0	97	303	0	303
水城钢铁公司分校	0	0	0	13	0	13	13	0	13
航天管理局工作站	0	0	0	0	0	0	0	0	0
黎阳机械公司工作站	0	0	0	0	0	0	0	0	0
贵航技校电大工作站	91	0	91	74	0	74	470	0	470
云　南	**3484**	**2384**	**1100**	**2183**	**0**	**2183**	**3374**	**0**	**3374**
云南广播电视大学	3066	2165	901	2113	0	2113	3159	0	3159
昆明广播电视大学	373	174	199	18	0	18	119	0	119
玉溪广播电视大学	0	0	0	0	0	0	0	0	0
思茅广播电视大学	31	31	0	0	0	0	0	0	0
西双版纳广播电视大学	0	0	0	0	0	0	0	0	0
红河分校	0	0	0	0	0	0	0	0	0
文山分校	0	0	0	0	0	0	0	0	0
曲靖分校	0	0	0	0	0	0	0	0	0

2.2.1 全国电大统招高等专科学生情况（续表25）

单位：人

	毕业生数			招生数			在校生数		
	计	高职	成招专科	计	高职	成招专科	计	高职	成招专科
昭通分校	0	0	0	0	0	0	0	0	0
楚雄广播电视大学	0	0	0	0	0	0	0	0	0
大理分校	0	0	0	0	0	0	0	0	0
保山分校	14	14	0	0	0	0	0	0	0
临沧分校	0	0	0	0	0	0	0	0	0
德宏广播电视大学	0	0	0	0	0	0	0	0	0
丽江分校	0	0	0	0	0	0	0	0	0
文山州民族干部学校	0	0	0	0	0	0	0	0	0
昆明市总工会分校	0	0	0	0	0	0	0	0	0
云南省电大政法分校	0	0	0	52	0	52	96	0	96
陕　西	**1182**	**0**	**1182**	**2182**	**0**	**2182**	**6263**	**0**	**6263**
陕西省广播电视大学	643	0	643	1630	0	1630	4412	0	4412
延安分校	0	0	0	0	0	0	0	0	0
榆林地区分校	5	0	5	0	0	0	0	0	0
咸阳市分校	0	0	0	0	0	0	0	0	0
宝鸡市分校	0	0	0	0	0	0	0	0	0
安康分校	13	0	13	5	0	5	16	0	16
汉中分校	0	0	0	0	0	0	31	0	31
渭南分校	0	0	0	0	0	0	0	0	0
商洛地区分校	0	0	0	0	0	0	0	0	0
铜川市分校	6	0	6	0	0	0	3	0	3
航空工业局工作站	10	0	10	24	0	24	58	0	58
省电子工业局工作站	31	0	31	10	0	10	19	0	19
兵器工业管理局工作站	0	0	0	0	0	0	0	0	0
省冶金局工作站	97	0	97	171	0	171	462	0	462
省石油化学工业局工作站	0	0	0	0	0	0	24	0	24
陕西省纺织公司工作站	0	0	0	0	0	0	0	0	0
省水利厅工作站	0	0	0	0	0	0	0	0	0
高新分校	0	0	0	0	0	0	0	0	0
省电大商务厅工作站	0	0	0	0	0	0	0	0	0
新城分校	117	0	117	301	0	301	946	0	946
工运学院电大	0	0	0	0	0	0	0	0	0
陕西广播电视大学宝鸡农校教育中心	0	0	0	0	0	0	0	0	0
陕西银行学校	0	0	0	0	0	0	0	0	0
西安工程技术学院	260	0	260	0	0	0	200	0	200
陕西省机电工程学校	0	0	0	0	0	0	0	0	0
陕西通信技术学院	0	0	0	0	0	0	0	0	0
陕西广播电视大学镇安财校教学点	0	0	0	0	0	0	0	0	0
西安铁路高级工学校	0	0	0	0	0	0	0	0	0
陕西省理工学校	0	0	0	11	0	11	62	0	62
陕西扶贫技术学院教学点	0	0	0	30	0	30	30	0	30
西　安	**576**	**0**	**576**	**438**	**0**	**438**	**1248**	**0**	**1248**
西安市广播电视大学	72	0	72	140	0	140	410	0	410
西安电大城东分校	9	0	9	0	0	0	2	0	2
西安电大现代教育培训学院	47	0	47	6	0	6	156	0	156
莲湖区分校	0	0	0	0	0	0	0	0	0
长安分校	0	0	0	0	0	0	0	0	0
临潼分校	0	0	0	0	0	0	0	0	0
西电公司工作站	0	0	0	0	0	0	0	0	0
莲湖科技学校工作站	61	0	61	81	0	81	173	0	173
西安电大北洋工作站	28	0	28	5	0	5	21	0	21

2.2.1 全国电大统招高等专科学生情况（续表26）

单位：人

	毕业生数			招生数			在校生数		
	计	高职	成招专科	计	高职	成招专科	计	高职	成招专科
翠华培训学院工作站	0	0	0	0	0	0	0	0	0
富士日本语专修学院工作站	33	0	33	26	0	26	64	0	64
蓝田分校	0	0	0	0	0	0	0	0	0
高陵分校	0	0	0	0	0	0	0	0	0
艺术学院	326	0	326	180	0	180	422	0	422
西安电大城中分校	0	0	0	0	0	0	0	0	0
西安广播电视大学城南分校	0	0	0	0	0	0	0	0	0
西安广播电视大学城西分校	0	0	0	0	0	0	0	0	0
西安广播电视大学城北分校	0	0	0	0	0	0	0	0	0
西安广播电视大学高新分校	0	0	0	0	0	0	0	0	0
西安广播电视大学周户分校	0	0	0	0	0	0	0	0	0
甘　　肃	**2273**	**0**	**2273**	**1792**	**0**	**1792**	**6640**	**0**	**6640**
甘肃广播电视大学	0	0	0	0	0	0	0	0	0
兰州分校	42	0	42	16	0	16	44	0	44
西固区工作站	0	0	0	0	0	0	0	0	0
红古区工作站	0	0	0	0	0	0	0	0	0
永登工作站	0	0	0	0	0	0	0	0	0
榆中工作站	0	0	0	0	0	0	0	0	0
红古党校工作站	0	0	0	0	0	0	0	0	0
永登党校工作站	0	0	0	0	0	0	0	0	0
园艺学校教学点	0	0	0	0	0	0	0	0	0
天水分校	0	0	0	0	0	0	0	0	0
清水工作站	0	0	0	0	0	0	0	0	0
秦安工作站	0	0	0	0	0	0	0	0	0
甘谷工作站	0	0	0	0	0	0	0	0	0
武山工作站	0	0	0	0	0	0	0	0	0
张家川工作站	0	0	0	0	0	0	0	0	0
麦积工作站	0	0	0	0	0	0	0	0	0
白银分校	0	0	0	0	0	0	0	0	0
白银区工作站	23	0	23	0	0	0	76	0	76
平川区工作站	0	0	0	0	0	0	0	0	0
靖远工作站	0	0	0	0	0	0	0	0	0
会宁工作站	0	0	0	0	0	0	0	0	0
景泰工作站	0	0	0	0	0	0	0	0	0
靖煤教学点	0	0	0	0	0	0	0	0	0
会宁职专教学点	0	0	0	0	0	0	0	0	0
金昌分校	0	0	0	0	0	0	0	0	0
嘉峪关分校	9	0	9	0	0	0	0	0	0
庆阳分校	0	0	0	0	0	0	0	0	0
环县工作站	0	0	0	0	0	0	0	0	0
合水工作站	0	0	0	0	0	0	0	0	0
正宁工作站	0	0	0	0	0	0	0	0	0
宁县工作站	0	0	0	0	0	0	0	0	0
镇原工作站	0	0	0	0	0	0	0	0	0
平凉分校	0	0	0	0	0	0	0	0	0
泾川工作站	0	0	0	0	0	0	0	0	0
灵台工作站	0	0	0	0	0	0	0	0	0
崇信工作站	0	0	0	0	0	0	0	0	0
华亭工作站	0	0	0	0	0	0	0	0	0
庄浪工作站	0	0	0	0	0	0	0	0	0
静宁工作站	0	0	0	0	0	0	0	0	0

2.2.1 全国电大统招高等专科学生情况（续表27）

单位：人

	毕业生数			招生数			在校生数		
	计	高职	成招专科	计	高职	成招专科	计	高职	成招专科
陇南分校	0	0	0	0	0	0	0	0	0
成县工作站	0	0	0	0	0	0	0	0	0
文县工作站	0	0	0	0	0	0	0	0	0
宕昌工作站	0	0	0	0	0	0	0	0	0
康县工作站	0	0	0	0	0	0	0	0	0
西和工作站	0	0	0	0	0	0	0	0	0
礼县工作站	0	0	0	0	0	0	0	0	0
徽县工作站	0	0	0	0	0	0	0	0	0
两当工作站	0	0	0	0	0	0	0	0	0
定西分校	0	0	0	0	0	0	98	0	98
通渭工作站	0	0	0	0	0	0	0	0	0
渭源工作站	0	0	0	0	0	0	0	0	0
临洮工作站	0	0	0	0	0	0	0	0	0
漳县工作站	0	0	0	0	0	0	0	0	0
岷县工作站	0	0	0	0	0	0	0	0	0
武威分校	0	0	0	0	0	0	0	0	0
凉州区工作站	17	0	17	0	0	0	18	0	18
民勤工作站	0	0	0	0	0	0	0	0	0
古浪工作站	15	0	15	10	0	10	40	0	40
天祝工作站	0	0	0	0	0	0	0	0	0
张掖分校	0	0	0	0	0	0	0	0	0
肃南工作站	0	0	0	0	0	0	0	0	0
临泽工作站	0	0	0	0	0	0	0	0	0
高台工作站	0	0	0	0	0	0	0	0	0
山丹工作站	0	0	0	0	0	0	0	0	0
酒泉分校	0	0	0	0	0	0	0	0	0
瓜州工作站	0	0	0	0	0	0	0	0	0
阿克塞工作站	0	0	0	0	0	0	0	0	0
玉门工作站	0	0	0	0	0	0	0	0	0
敦煌工作站	0	0	0	0	0	0	0	0	0
甘南分校	0	0	0	0	0	0	0	0	0
临潭工作站	0	0	0	0	0	0	0	0	0
卓尼工作站	0	0	0	0	0	0	0	0	0
舟曲工作站	0	0	0	0	0	0	0	0	0
迭部工作站	0	0	0	0	0	0	0	0	0
临夏分校	0	0	0	0	0	0	0	0	0
康乐工作站	0	0	0	0	0	0	0	0	0
永靖工作站	0	0	0	0	0	0	0	0	0
广河工作站	0	0	0	0	0	0	0	0	0
和政工作站	0	0	0	0	0	0	0	0	0
东乡工作站	0	0	0	0	0	0	0	0	0
积石山工作站	0	0	0	0	0	0	0	0	0
四〇四厂分校	0	0	0	0	0	0	0	0	0
省农垦分校	0	0	0	0	0	0	0	0	0
黄羊教学点	0	0	0	0	0	0	0	0	0
农垦河西分校	144	0	144	80	0	80	270	0	270
金塔教学点	0	0	0	0	0	0	0	0	0
瓜州教学点	0	0	0	0	0	0	0	0	0
玉门教学点	0	0	0	0	0	0	0	0	0
敦煌教学点	0	0	0	0	0	0	0	0	0
滨河分校	0	0	0	0	0	0	0	0	0

2.2.1　全国电大统招高等专科学生情况（续表28）

单位：人

	毕业生数			招生数			在校生数		
	计	高职	成招专科	计	高职	成招专科	计	高职	成招专科
直属学院	20	0	20	0	0	0	140	0	140
教学分部	0	0	0	0	0	0	0	0	0
水电部五局工作站	88	0	88	0	0	0	0	0	0
武威卫校工作站	0	0	0	0	0	0	0	0	0
陇南农校工作站	0	0	0	0	0	0	0	0	0
兰州石化公司工作站	0	0	0	0	0	0	0	0	0
五零四厂工作站	0	0	0	0	0	0	0	0	0
省财贸学校工作站	56	0	56	110	0	110	239	0	239
职业技术学院	1859	0	1859	1576	0	1576	5715	0	5715
城建教学点	0	0	0	0	0	0	0	0	0
中德培训中心教学点	0	0	0	0	0	0	0	0	0
兰州铁路技工学校教学点	0	0	0	0	0	0	0	0	0
青　海	**50**	**0**	**50**	**22**	**0**	**22**	**447**	**0**	**447**
青海广播电视大学	50	0	50	22	0	22	447	0	447
海西州广播电视大学	0	0	0	0	0	0	0	0	0
海北州广播电视大学	0	0	0	0	0	0	0	0	0
海南州广播电视大学	0	0	0	0	0	0	0	0	0
玉树州广播电视大学	0	0	0	0	0	0	0	0	0
果洛州广播电视大学	0	0	0	0	0	0	0	0	0
平安县广播电视大学	0	0	0	0	0	0	0	0	0
乐都广播电视大学	0	0	0	0	0	0	0	0	0
互助县广播电视大学	0	0	0	0	0	0	0	0	0
湟源县广播电视大学	0	0	0	0	0	0	0	0	0
民和县广播电视大学	0	0	0	0	0	0	0	0	0
大通师范电大	0	0	0	0	0	0	0	0	0
湟中县广播电视大学	0	0	0	0	0	0	0	0	0
化隆县广播电视大学	0	0	0	0	0	0	0	0	0
循化县广播电视大学	0	0	0	0	0	0	0	0	0
海西州格尔木工作站	0	0	0	0	0	0	0	0	0
省直属分校	0	0	0	0	0	0	0	0	0
黄南州工作站	0	0	0	0	0	0	0	0	0
青海省人事厅人才交流中心	0	0	0	0	0	0	0	0	0
门源职校教学点	0	0	0	0	0	0	0	0	0
海南州职校教学点	0	0	0	0	0	0	0	0	0
贵德职校电大	0	0	0	0	0	0	0	0	0
宁　夏	**1500**	**0**	**1500**	**1314**	**0**	**1314**	**3205**	**0**	**3205**
宁夏广播电视大学	1408	0	1408	959	0	959	2450	0	2450
石嘴山分校	0	0	0	0	0	0	0	0	0
银川市分校	0	0	0	0	0	0	0	0	0
吴忠市分校	0	0	0	0	0	0	0	0	0
工业职业学院电大分校	0	0	0	0	0	0	0	0	0
青铜峡市电大工作站	0	0	0	0	0	0	0	0	0
中宁县工作站	0	0	0	0	0	0	0	0	0
盐池县电大工作站	0	0	0	0	0	0	0	0	0
同心县电大工作站	0	0	0	0	0	0	0	0	0
中卫市分校	0	0	0	244	0	244	290	0	290
永宁县电大工作站	37	0	37	87	0	87	257	0	257
贺兰县电大工作站	0	0	0	0	0	0	0	0	0
平罗县电大工作站	23	0	23	2	0	2	97	0	97
银川铁路系统分校	0	0	0	0	0	0	0	0	0
灵武市电大工作站	32	0	32	22	0	22	111	0	111

2.2.1　全国电大统招高等专科学生情况（续表29）

单位：人

	毕业生数			招生数			在校生数		
	计	高职	成招专科	计	高职	成招专科	计	高职	成招专科
西吉电大工作站	0	0	0	0	0	0	0	0	0
隆德县电大工作站	0	0	0	0	0	0	0	0	0
海原县电大工作站	0	0	0	0	0	0	0	0	0
宁夏电大新闻培训中心	0	0	0	0	0	0	0	0	0
固原市原州区电大工作站	0	0	0	0	0	0	0	0	0
新　　疆	**555**	**0**	**555**	**632**	**0**	**632**	**2005**	**0**	**2005**
新疆广播电视大学	0	0	0	0	0	0	0	0	0
乌鲁木齐广播电视大学	0	0	0	146	0	146	234	0	234
哈密广播电视大学	0	0	0	0	0	0	0	0	0
哈密巴里坤县电大	0	0	0	0	0	0	0	0	0
昌吉广播电视大学	33	0	33	0	0	0	0	0	0
昌吉玛纳斯县电大	0	0	0	0	0	0	0	0	0
昌吉呼图壁县电大	0	0	0	0	0	0	0	0	0
昌吉米泉市电大	0	0	0	0	0	0	0	0	0
昌吉阜康市电大	0	0	0	0	0	0	0	0	0
昌吉吉木萨尔县电大	0	0	0	0	0	0	0	0	0
昌吉奇台县电大	0	0	0	0	0	0	0	0	0
昌吉木垒县电大	0	0	0	0	0	0	0	0	0
克拉玛依广播电视大学	0	0	0	0	0	0	0	0	0
阿勒泰广播电视大学	0	0	0	20	0	20	84	0	84
阿勒泰布尔津县电大	0	0	0	0	0	0	0	0	0
阿勒泰富蕴县电大	0	0	0	0	0	0	0	0	0
阿勒泰福海县电大	0	0	0	0	0	0	0	0	0
阿勒泰哈巴河县电大	0	0	0	0	0	0	0	0	0
阿勒泰青河县电大	0	0	0	0	0	0	0	0	0
阿勒泰吉木乃县电大	0	0	0	0	0	0	0	0	0
塔城广播电视大学	0	0	0	0	0	0	0	0	0
塔城额敏县电大	0	0	0	0	0	0	0	0	0
塔城乌苏市电大	0	0	0	0	0	0	0	0	0
塔城沙湾县电大	0	0	0	0	0	0	0	0	0
塔城托里县电大	0	0	0	0	0	0	0	0	0
塔城裕民县电大	0	0	0	0	0	0	0	0	0
塔城和丰县电大	0	0	0	0	0	0	0	0	0
巴音郭楞蒙古自治州电大	0	0	0	0	0	0	0	0	0
巴州轮台县电大	0	0	0	0	0	0	0	0	0
巴州尉犁县电大	0	0	0	0	0	0	0	0	0
巴州若羌县电大	0	0	0	0	0	0	0	0	0
巴州且末县电大	0	0	0	0	0	0	0	0	0
巴州焉耆县电大	0	0	0	0	0	0	0	0	0
巴州和静县电大	0	0	0	0	0	0	0	0	0
巴州和硕县电大	0	0	0	0	0	0	0	0	0
阿克苏分校	0	0	0	9	0	9	15	0	15
阿克苏乌什县电大	0	0	0	0	0	0	0	0	0
阿克苏阿瓦提县电大	0	0	0	0	0	0	0	0	0
阿克苏温宿县电大	0	0	0	0	0	0	0	0	0
阿克苏拜城县电大	0	0	0	0	0	0	0	0	0
阿克苏库车县电大	0	0	0	0	0	0	0	0	0
阿克苏沙雅县电大	0	0	0	0	0	0	0	0	0
博尔塔拉蒙古自治州电大	0	0	0	0	0	0	0	0	0
博州精河县电大	0	0	0	0	0	0	0	0	0
博州温泉县电大	0	0	0	0	0	0	0	0	0

2.2.1 全国电大统招高等专科学生情况（续表30）

单位：人

	毕业生数			招生数			在校生数		
	计	高职	成招专科	计	高职	成招专科	计	高职	成招专科
奎屯市广播电视大学	0	0	0	0	0	0	0	0	0
克孜勒苏广播电视大学	0	0	0	0	0	0	0	0	0
克州阿克陶县电大	0	0	0	0	0	0	0	0	0
克州阿合奇县电大	0	0	0	0	0	0	0	0	0
克州乌恰县电大	0	0	0	0	0	0	0	0	0
喀什广播电视大学	0	0	0	0	0	0	0	0	0
喀什岳普湖县电大	0	0	0	0	0	0	0	0	0
喀什伽师县电大	0	0	0	0	0	0	0	0	0
喀什泽普县电大	0	0	0	0	0	0	0	0	0
和田广播电视大学	0	0	0	0	0	0	0	0	0
和田和田县电大	0	0	0	0	0	0	0	0	0
和田于田县电大	0	0	0	0	0	0	0	0	0
和田墨玉县电大	0	0	0	0	0	0	0	0	0
和田洛浦县电大	0	0	0	0	0	0	0	0	0
和田策勒县电大	0	0	0	0	0	0	0	0	0
和田民丰县电大	0	0	0	0	0	0	0	0	0
伊犁州广播电视大学	0	0	0	0	0	0	0	0	0
伊犁州特克斯县电大	0	0	0	0	0	0	0	0	0
伊犁州新源县电大	0	0	0	0	0	0	0	0	0
伊犁州巩留县电大	0	0	0	0	0	0	0	0	0
伊犁州伊宁县电大	0	0	0	0	0	0	0	0	0
石河子广播电视大学	371	0	371	307	0	307	1371	0	1371
吐鲁番分校	0	0	0	0	0	0	0	0	0
吐鲁番鄯善县电大	0	0	0	0	0	0	0	0	0
吐鲁番托克逊县电大	0	0	0	0	0	0	0	0	0
乌石化广播电视大学	0	0	0	0	0	0	0	0	0
广电厅广播电视大学	151	0	151	150	0	150	301	0	301
新疆司法警官电大	0	0	0	0	0	0	0	0	0
潞安公司电大	0	0	0	0	0	0	0	0	0
新疆兵团	**326**	**0**	**326**	**442**	**0**	**442**	**857**	**0**	**857**
新疆兵团广播电视大学	265	0	265	257	0	257	448	0	448
农一师分校	0	0	0	0	0	0	0	0	0
农二师分校	0	0	0	0	0	0	0	0	0
农三师分校	0	0	0	0	0	0	0	0	0
农四师分校	0	0	0	0	0	0	0	0	0
农五师分校	0	0	0	0	0	0	0	0	0
农六师分校	0	0	0	0	0	0	0	0	0
农七师分校	4	0	4	6	0	6	71	0	71
农八师分校	57	0	57	179	0	179	338	0	338
农九师分校	0	0	0	0	0	0	0	0	0
农十师分校	0	0	0	0	0	0	0	0	0
农十三师分校	0	0	0	0	0	0	0	0	0
农十二师分校	0	0	0	0	0	0	0	0	0
农十四师分校	0	0	0	0	0	0	0	0	0
红山分校	0	0	0	0	0	0	0	0	0
北京路分校	0	0	0	0	0	0	0	0	0

2.2.2 全国电大高职教育地区与学科大类分布

单位：人

	毕业生	招生	在校生	预计毕业生
总　计	**12948**	**1273**	**5556**	**2117**
交通运输	591	0	0	0
生化与药品	89	0	0	0
土建	544	573	1834	567
制造	2682	159	769	341
电子信息	2242	106	421	143
环保、气象与安全	20	0	0	0
轻纺食品	17	0	0	0
财经	3940	309	1755	731
旅游	115	28	151	61
文化教育	1967	34	279	130
艺术设计传媒	534	64	314	125
法律	207	0	33	19
天　津	**363**	**0**	**447**	**258**
电子信息	77	0	15	15
财经	263	0	407	230
文化教育	16	0	25	13
艺术设计传媒	7	0	0	0
江　苏	**7917**	**0**	**0**	**0**
交通运输	483	0	0	0
生化与药品	52	0	0	0
土建	544	0	0	0
制造	2191	0	0	0
电子信息	1396	0	0	0
环保、气象与安全	20	0	0	0
轻纺食品	17	0	0	0
财经	2068	0	0	0
旅游	44	0	0	0
文化教育	946	0	0	0
艺术设计传媒	156	0	0	0
南　京	**1549**	**0**	**0**	**0**
生化与药品	37	0	0	0
制造	240	0	0	0
电子信息	297	0	0	0
财经	751	0	0	0
旅游	35	0	0	0
文化教育	42	0	0	0
艺术设计传媒	147	0	0	0
江　西	**68**	**1273**	**4951**	**1701**
土建	0	573	1834	567
制造	40	159	699	271
电子信息	0	106	406	128
财经	28	309	1278	431
旅游	0	28	133	43
文化教育	0	34	254	117
艺术设计传媒	0	64	314	125
法律	0	0	33	19
山　东	**667**	**0**	**158**	**158**
交通运输	108	0	0	0
制造	181	0	70	70
电子信息	58	0	0	0
财经	258	0	70	70
旅游	36	0	18	18
文化教育	26	0	0	0
云　南	**2384**	**0**	**0**	**0**
制造	30	0	0	0
电子信息	414	0	0	0
财经	572	0	0	0
文化教育	937	0	0	0
艺术设计传媒	224	0	0	0
法律	207	0	0	0

2.2.4 全国电大成招高等专科地区与学科分布

单位：人

	毕业生	招生	在校生	预计毕业生
总　　计	**57859**	**49041**	**126321**	**52016**
经济学	2224	1417	4518	1893
法学	2710	1135	3687	2264
教育学	2754	3232	6248	2453
文学	5205	3718	9859	4320
工学	17887	16871	46110	18604
农学	62	72	169	89
医学	4031	2849	9125	3495
管理学	22986	19747	46605	18898
北　　京	**726**	**430**	**1650**	**745**
经济学	366	201	652	331
法学	9	0	9	9
文学	27	0	74	61
工学	17	0	4	4
管理学	307	229	911	340
天　　津	**177**	**236**	**1123**	**153**
经济学	115	133	522	93
法学	2	0	27	10
文学	2	0	34	18
工学	43	0	84	8
管理学	15	103	456	24
河　　北	**655**	**803**	**2009**	**735**
法学	3	20	56	36
教育学	22	29	64	16
文学	65	20	52	18
工学	193	234	727	172
医学	23	0	2	0
管理学	349	500	1108	493
山　　西	**872**	**873**	**1858**	**798**
法学	47	17	44	26
文学	65	27	90	58
工学	294	497	1040	421
管理学	466	332	684	293
内 蒙 古	625	1249	2413	978
经济学	6	51	78	22
法学	232	131	584	446
教育学	1	122	182	53
文学	133	72	247	175
工学	83	390	565	95
农学	0	14	17	3
管理学	170	469	740	184
沈　　阳	**338**	**558**	**1214**	**656**
文学	40	44	90	46
工学	183	444	990	546
管理学	115	70	134	64
大　　连	**551**	**625**	**1025**	**400**
经济学	175	98	225	127
文学	0	120	120	0
工学	86	50	68	18

	毕业生	招生	在校生	预计毕业生
管理学	290	357	612	255
吉　　林	**1717**	**1378**	**2077**	**699**
经济学	36	11	57	46
法学	162	76	201	125
文学	816	271	422	151
工学	147	102	217	115
管理学	556	918	1180	262
长　　春	**583**	**621**	**1473**	**852**
经济学	15	18	39	21
法学	32	19	43	24
教育学	58	41	81	40
文学	100	171	393	222
工学	174	209	485	276
管理学	204	163	432	269
黑 龙 江	**1828**	**1148**	**2925**	**1322**
经济学	2	11	41	29
法学	31	24	76	47
教育学	0	0	2	0
文学	0	1	20	11
工学	1552	988	2058	675
农学	0	16	17	1
医学	16	0	261	261
管理学	227	108	450	298
哈 尔 滨	**251**	**454**	**793**	**254**
法学	32	1	3	2
教育学	94	20	98	78
文学	1	2	2	0
工学	42	280	425	80
管理学	82	151	265	94
上　　海	**5**	**0**	**0**	**0**
管理学	5	0	0	0
江　　苏	**1716**	**1743**	**3913**	**1187**
经济学	45	20	29	7
文学	51	65	136	63
工学	662	910	1748	356
管理学	958	748	2000	761
南　　京	**1109**	**1202**	**3039**	**1259**
经济学	93	14	100	33
工学	655	931	2295	970
管理学	361	257	644	256
浙　　江	**4291**	**3352**	**8487**	**2261**
经济学	359	187	629	197
法学	2	0	0	0
教育学	119	146	243	42
文学	371	191	533	126
工学	438	711	1947	629
医学	34	23	62	0
管理学	2968	2094	5073	1267
宁　　波	**1559**	**1246**	**3036**	**1209**
经济学	209	201	459	195

2.2.4 全国电大成招高等专科地区与学科分布（续表1）

单位：人

	毕业生	招生	在校生	预计毕业生
法学	0	0	1	0
教育学	237	123	341	157
文学	2	0	0	0
工学	119	77	243	137
管理学	992	845	1992	720
安　徽	**1678**	**944**	**1765**	**811**
文学	244	51	55	4
工学	804	263	486	223
管理学	630	630	1224	584
福　建	**954**	**2271**	**4573**	**1280**
经济学	71	128	281	65
教育学	0	23	23	0
文学	77	41	137	39
工学	103	482	1310	325
管理学	703	1597	2822	851
厦　门	**42**	**10**	**51**	**27**
管理学	42	10	51	27
江　西	325	239	791	57
经济学	1	0	0	0
工学	208	60	535	3
医学	17	114	174	37
管理学	99	65	82	17
山　东	**346**	**205**	**410**	**149**
经济学	52	3	15	12
法学	5	0	0	0
文学	2	8	13	5
工学	164	104	260	100
医学	31	0	0	0
管理学	92	90	122	32
青　岛	**59**	**252**	**630**	**320**
经济学	7	13	18	3
法学	1	1	3	2
教育学	0	1	1	0
文学	16	5	27	17
工学	0	152	413	244
医学	0	3	4	1
管理学	35	77	164	53
河　南	**2518**	**811**	**2783**	**1555**
经济学	2	0	0	0
法学	96	32	132	58
教育学	11	0	59	59
文学	99	41	196	100
工学	1287	344	1510	1040
农学	4	13	14	1
管理学	1019	381	872	297
湖　北	**851**	**1505**	**5085**	**2997**
经济学	49	50	225	168
法学	65	196	777	451
教育学	10	28	59	23
文学	196	180	653	326

	毕业生	招生	在校生	预计毕业生
工学	108	258	1270	899
农学	3	0	0	0
医学	0	76	76	0
管理学	420	717	2025	1130
武　汉	**423**	**210**	**582**	**371**
经济学	4	5	9	4
法学	9	0	12	12
文学	8	2	13	11
工学	34	70	136	66
管理学	368	133	412	278
湖　南	**3066**	**1337**	**6201**	**1838**
经济学	138	140	408	17
法学	125	50	100	27
教育学	273	197	433	38
文学	259	137	975	204
工学	522	198	1138	386
医学	861	140	1085	661
管理学	888	475	2062	505
广　东	**349**	**1217**	**1860**	**251**
经济学	0	0	15	10
法学	2	0	0	0
教育学	100	0	0	0
文学	10	44	84	34
工学	41	368	546	37
管理学	196	805	1215	170
深　圳	**43**	**90**	**786**	**90**
经济学	1	4	52	0
法学	2	2	33	0
文学	8	11	127	21
工学	2	10	23	0
管理学	30	63	551	69
广　西	**139**	**71**	**328**	**116**
教育学	0	0	4	3
工学	58	3	5	0
管理学	81	68	319	113
海　南	**152**	**223**	**788**	**376**
经济学	13	26	124	75
法学	11	36	113	52
教育学	4	0	3	3
文学	27	18	49	9
工学	26	50	146	81
农学	0	0	4	0
医学	0	0	2	0
管理学	71	93	347	156
四　川	**6800**	**6812**	**17366**	**9409**
经济学	171	27	435	408
法学	282	139	565	426
教育学	247	227	514	287
文学	511	1007	2426	1350
工学	2598	2852	6591	3523

2.2.4 全国电大成招高等专科地区与学科分布（续表2）

单位：人

	毕业生	招生	在校生	预计毕业生
农学	7	0	31	31
医学	573	487	1763	419
管理学	2411	2073	5041	2965
成　都	**6973**	**2793**	**6982**	**3064**
经济学	238	16	34	18
法学	81	25	79	54
教育学	133	387	507	66
文学	1059	650	1114	371
工学	3298	1128	4011	2041
医学	40	56	199	32
管理学	2124	531	1038	482
重　庆	**7614**	**3531**	**10993**	**5655**
经济学	1	0	0	0
法学	1033	14	43	24
教育学	75	478	724	244
文学	122	16	233	203
工学	1009	424	1473	689
医学	1618	831	2908	1421
管理学	3756	1768	5612	3074
贵　州	**986**	**1673**	**3423**	**1372**
经济学	37	14	17	4
法学	56	15	15	0
教育学	83	402	653	389
文学	127	8	47	30
工学	133	604	1367	365
农学	0	4	24	20
医学	353	265	571	196
管理学	197	361	729	368
云　南	**1100**	**2183**	**3374**	**1069**
法学	241	290	486	196
教育学	234	268	488	220
文学	65	50	101	51
工学	0	607	748	90
农学	0	14	14	0
医学	13	241	354	0
管理学	547	713	1183	512
陕　西	**1182**	**2182**	**6263**	**2216**
经济学	18	6	11	5
教育学	216	378	679	292
文学	0	0	4	0
工学	735	1194	4129	1433
医学	89	360	675	189
管理学	124	244	765	297
西　安	**576**	**438**	**1248**	**432**
教育学	123	30	129	49
文学	291	197	559	287
工学	2	112	222	0
医学	31	16	137	87
管理学	129	83	201	9
甘　肃	**2249**	**1716**	**6490**	**3113**
经济学	0	40	40	0
法学	4	45	112	66
文学	202	76	293	128
工学	1352	758	4201	1940
医学	0	13	13	0
管理学	691	784	1831	979
青　海	**50**	**22**	**447**	**0**
教育学	0	9	19	0
文学	9	13	107	0
工学	0	0	86	0
医学	37	0	234	0
管理学	4	0	1	0
宁　夏	**1500**	**1314**	**3205**	**1035**
经济学	0	0	3	3
法学	145	1	172	171
教育学	683	243	779	311
文学	16	0	33	30
工学	270	655	1193	163
农学	48	11	48	33
医学	295	70	318	157
管理学	43	334	659	167
新　疆	**555**	**632**	**2005**	**605**
文学	151	179	400	151
工学	371	124	1038	420
医学	0	154	287	34
管理学	33	175	280	0
新疆兵团	**326**	**442**	**857**	**300**
法学	0	1	1	0
教育学	31	80	163	83
文学	33	0	0	0
工学	74	228	377	34
管理学	188	133	316	183

2.2.5 全国电大成招高等专科专业与地区分布

单位：人

专业/地区	毕业生数	招生数	在校生数
总　　计	**57859**	**49041**	**126321**
经济学	**2224**	**1417**	**4518**
经济学类	2224	1417	4518
经济学	690	493	1408
内蒙古	6	21	40
大　连	11	11	11
长　春	15	9	25
黑龙江	2	5	23
南　京	87	14	100
宁　波	84	120	219
福　建	71	128	281
青　岛	0	6	6
湖　北	33	22	47
湖　南	116	94	270
海　南	8	26	117
四　川	89	12	224
成　都	113	5	14
贵　州	37	14	17
陕　西	18	6	11
宁　夏	0	0	3
国际经济与贸易	833	520	1659
天　津	70	133	487
大　连	164	87	214
吉　林	33	2	43
江　苏	45	20	29
南　京	6	0	0
浙　江	346	187	629
宁　波	109	81	230
江　西	1	0	0
山　东	52	3	15
青　岛	7	7	12
财政学	17	3	13
宁　波	16	0	10
成　都	1	2	2
甘　肃	0	1	1
金融学	606	391	1416
北　京	366	201	652
天　津	45	0	35
内蒙古	0	30	38
吉　林	3	5	10
长　春	0	9	11
黑龙江	0	6	18
浙　江	13	0	0
河　南	2	0	0
湖　北	16	25	175
武　汉	4	5	9
湖　南	22	46	138
广　东	0	0	15
深　圳	1	4	52
海　南	5	0	7
四　川	82	15	208
成　都	46	6	9
重　庆	1	0	0
甘　肃	0	39	39
保险	78	8	20
吉　林	0	4	4
长　春	0	0	3
湖　北	0	1	1
四　川	0	0	3
成　都	78	3	9
投资学	0	2	2
湖　北	0	2	2
法　　学	**2710**	**1135**	**3687**
法学类	2456	1113	3415
法学	2456	1113	3415
北　京	9	0	9
天　津	2	0	27
河　北	3	20	56
山　西	47	17	44
内蒙古	151	112	456
吉　林	159	76	201
长　春	32	19	43
黑龙江	31	23	75
哈尔滨	32	1	3
浙　江	2	0	0
宁　波	0	0	1
山　东	5	0	0
青　岛	1	1	3
河　南	96	32	132
湖　北	65	196	777
武　汉	9	0	12
湖　南	95	50	100
广　东	2	0	0
深　圳	2	2	33
海　南	11	36	113
四　川	282	139	565
成　都	81	24	78
重　庆	1033	14	43
贵　州	56	15	15
云　南	241	290	486
甘　肃	4	45	112
宁　夏	5	0	30
新疆兵团	0	1	1
社会学类	0	3	3
社会工作	0	3	3
黑龙江	0	1	1
成　都	0	1	1
宁　夏	0	1	1
政治学类	33	0	0
思想政治教育	33	0	0

2.2.5 全国电大成招高等专科专业与地区分布（续表1）

单位：人

专业/地区	毕业生数	招生数	在校生数
吉　林	3	0	0
湖　南	30	0	0
公安学类	221	19	269
治安学	168	12	187
内蒙古	28	12	46
宁　夏	140	0	141
侦查学	53	7	82
内蒙古	53	7	82
教育学	**2754**	**3232**	**6248**
教育学类	2754	3211	6196
教育学	1347	1393	2867
内蒙古	0	0	5
哈尔滨	94	20	98
浙　江	58	28	57
宁　波	40	14	31
河　南	11	0	59
湖　北	10	28	59
湖　南	177	111	262
广　东	100	0	0
广　西	0	0	4
海　南	4	0	0
四　川	86	84	239
成　都	22	311	346
重　庆	28	1	8
贵　州	33	213	464
云　南	234	152	372
陕　西	216	378	679
西　安	88	23	113
青　海	0	1	4
宁　夏	146	29	67
学前教育	1353	1818	3309
河　北	22	29	64
内蒙古	1	122	177
长　春	58	41	81
黑龙江	0	0	2
浙　江	61	118	186
宁　波	197	109	310
福　建	0	23	23
青　岛	0	1	1
湖　南	96	86	171
海　南	0	0	3
四　川	157	143	255
成　都	111	55	109
重　庆	47	477	716
贵　州	0	189	189
云　南	0	116	116
西　安	35	7	16
青　海	0	8	15
宁　夏	537	214	712
新疆兵团	31	80	163
教育技术学	54	0	20
四　川	4	0	20
贵　州	50	0	0
体育学类	0	21	52
体育教育	0	21	52
成　都	0	21	52
文　学	**5205**	**3718**	**9859**
中国语言文学类	1664	824	2520
汉语言	1664	822	2447
天　津	1	0	1
河　北	24	0	1
山　西	65	27	90
内蒙古	18	49	77
大　连	0	120	120
吉　林	151	72	165
长　春	21	24	46
黑龙江	0	1	7
浙　江	23	0	16
福　建	1	0	1
山　东	2	1	1
河　南	59	10	100
湖　北	196	155	594
武　汉	8	2	11
湖　南	92	10	116
深　圳	0	0	0
海　南	27	18	49
四　川	279	178	592
成　都	300	29	46
重　庆	32	1	8
贵　州	120	0	0
云　南	65	50	101
陕　西	0	0	2
甘　肃	178	75	290
宁　夏	2	0	13
中国少数民族语言文学	0	2	73
青　海	0	2	73
外国语言文学类	1261	698	1826
英　语	**1047**	**347**	**1187**
北　京	0	0	23
天　津	0	0	22
河　北	1	0	0
内蒙古	40	0	40
沈　阳	21	44	65
吉　林	545	0	6
长　春	0	3	4
黑龙江	0	0	4
江　苏	50	30	96
浙　江	230	120	278
宁　波	2	0	0
安　徽	19	0	4

2.2.5 全国电大成招高等专科专业与地区分布（续表2）

单位：人

专业/地区	毕业生数	招生数	在校生数
福建	0	17	17
山东	0	7	12
青岛	0	3	11
河南	40	31	96
湖北	0	0	8
武汉	0	0	2
湖南	21	11	251
广东	10	44	84
深圳	8	8	108
四川	20	28	46
成都	16	0	5
陕西	0	0	2
甘肃	24	1	3
俄语	150	157	366
吉林	53	13	34
长春	64	144	325
黑龙江	0	0	7
新疆兵团	33	0	0
日语	41	191	257
吉林	0	165	165
青岛	1	0	2
西安	40	26	90
朝鲜语	23	3	16
吉林	8	1	2
青岛	15	2	14
新闻传播学类	0	2	30
新闻学	0	2	2
湖北	0	2	2
广告学	0	0	28
浙江	0	0	28
艺术类	2280	2194	5483
音乐表演	59	31	118
内蒙古	38	10	26
吉林	2	0	4
长春	8	0	12
湖南	5	12	12
西安	0	0	2
青海	6	0	4
新疆	0	9	58
艺术设计	1768	1791	4364
北京	27	0	51
天津	1	0	11
河北	40	20	51
内蒙古	0	5	14
沈阳	19	0	25
吉林	5	18	37
黑龙江	0	0	2
哈尔滨	1	2	2
江苏	1	35	40
浙江	118	71	211
安徽	225	51	51
福建	76	24	119
湖北	0	23	49
湖南	141	104	596
深圳	0	3	19
四川	198	796	1734
成都	719	617	1033
重庆	90	15	225
贵州	0	0	9
西安	107	7	77
青海	0	0	8
表演	120	164	388
内蒙古	0	2	21
吉林	0	1	1
长春	7	0	6
贵州	0	3	31
西安	110	127	266
青海	3	11	22
新疆	0	20	41
摄影	19	7	18
西安	19	7	18
动画	75	29	190
内蒙古	37	0	46
四川	14	5	54
成都	24	4	4
西安	0	20	86
播音与主持艺术	123	70	154
内蒙古	0	0	17
吉林	51	0	0
西安	15	10	20
新疆	57	60	117
广播电视编导	102	102	233
内蒙古	0	6	6
吉林	1	1	8
成都	0	0	26
贵州	7	5	7
宁夏	0	0	2
新疆	94	90	184
影视学	14	0	18
宁夏	14	0	18
工学	**17887**	**16871**	**46110**
地矿类	235	670	1295
采矿工程	47	534	676
内蒙古	0	17	20
四川	14	0	10
贵州	33	517	646
石油工程	188	123	606
黑龙江	0	1	12
湖北	2	8	35
甘肃	140	112	557

2.2.5 全国电大成招高等专科专业与地区分布（续表3）

单位：人

专业/地区	毕业生数	招生数	在校生数	专业/地区	毕业生数	招生数	在校生数
宁　夏	0	2	2	热能与动力工程	12	101	200
新疆兵团	46	0	0	内蒙古	0	9	10
勘查技术与工程	0	13	13	吉　林	4	0	1
贵　州	0	13	13	黑龙江	0	0	2
材料类	50	73	200	宁　夏	8	49	99
冶金工程	50	73	200	新疆兵团	0	43	88
陕　西	50	73	200	电气信息类	7462	7426	21354
机械类	4715	4130	12148	电气工程及其自动化	3207	3761	10285
机械设计制造及其自动化	4260	3997	11610	河　北	106	87	279
河　北	0	1	1	山　西	17	68	149
山　西	64	86	262	内蒙古	34	80	138
沈　阳	98	253	728	大　连	0	18	31
大　连	86	17	17	吉　林	42	33	57
吉　林	8	1	1	长　春	43	117	324
长　春	55	2	4	黑龙江	0	207	574
黑龙江	0	577	706	哈尔滨	0	240	241
江　苏	0	0	8	江　苏	257	629	1074
南　京	215	242	670	南　京	163	202	479
浙　江	0	59	166	浙　江	127	167	599
安　徽	0	55	115	宁　波	16	21	85
福　建	37	114	418	安　徽	184	39	48
江　西	7	0	0	福　建	2	145	390
山　东	96	23	76	山　东	48	5	52
青　岛	0	73	224	青　岛	0	6	6
河　南	50	14	326	河　南	418	63	314
湖　北	3	81	290	湖　北	27	58	99
武　汉	0	0	2	武　汉	7	42	57
湖　南	74	0	161	湖　南	159	0	167
四　川	662	557	1356	广　东	31	337	505
成　都	1437	254	743	广　西	58	1	2
重　庆	110	58	313	海　南	19	27	78
贵　州	91	74	523	四　川	346	297	866
云　南	0	451	451	成　都	278	114	625
陕　西	621	800	2808	重　庆	360	99	506
甘　肃	546	197	1198	贵　州	9	0	82
青　海	0	0	34	陕　西	4	4	33
宁　夏	0	8	9	甘　肃	228	230	1406
材料成型及控制工程	4	8	17	青　海	0	0	18
河　北	4	4	12	宁　夏	2	227	407
黑龙江	0	4	5	新　疆	222	62	401
工业设计	451	125	521	新疆兵团	0	136	193
南　京	1	0	40	电子信息工程	545	655	2134
宁　波	0	32	32	天　津	0	0	17
湖　北	0	3	25	河　北	17	0	0
湖　南	38	21	166	黑龙江	0	0	14
广　东	0	24	24	江　苏	0	25	75
四　川	41	15	140	江　西	23	30	30
成　都	371	12	53	青　岛	0	55	153
陕　西	0	18	41	湖　北	11	10	288
能源动力类	12	101	200	湖　南	0	41	41

2.2.5 全国电大成招高等专科专业与地区分布（续表4）

单位：人

专业/地区	毕业生数	招生数	在校生数
四　川	245	268	618
成　都	178	173	537
重　庆	0	0	37
陕　西	16	31	160
甘　肃	55	1	143
宁　夏	0	21	21
通信工程	0	84	163
黑龙江	0	1	1
湖　北	0	1	1
武　汉	0	0	17
四　川	0	82	123
甘　肃	0	0	21
计算机科学与技术	3069	2381	7563
北　京	17	0	4
天　津	42	0	12
河　北	9	7	43
山　西	0	15	31
内蒙古	25	70	115
沈　阳	56	191	262
大　连	0	15	20
吉　林	44	28	72
长　春	23	63	80
黑龙江	42	14	173
哈尔滨	32	33	106
江　苏	338	173	405
南　京	191	338	813
浙　江	98	85	220
宁　波	52	24	56
安　徽	402	169	323
福　建	22	132	254
江　西	172	30	502
山　东	0	60	97
青　岛	0	15	20
河　南	387	142	413
湖　北	32	61	452
武　汉	25	24	49
湖　南	127	1	285
广　东	1	7	17
深　圳	2	10	23
广　西	0	1	2
海　南	0	12	33
四　川	232	186	364
成　都	131	99	1166
重　庆	460	156	437
贵　州	0	0	53
云　南	0	77	218
陕　西	0	0	1
西　安	0	0	1
甘　肃	104	44	266
宁　夏	3	99	175
软件工程	81	52	222
河　北	0	0	10
内蒙古	0	0	4
长　春	8	0	4
成　都	73	52	204
网络工程	406	180	516
河　北	6	5	5
内蒙古	0	7	7
南　京	0	34	70
浙　江	33	36	126
福　建	13	0	6
青　岛	0	1	8
河　南	87	58	102
湖　南	121	11	90
广　东	9	0	0
广　西	0	1	1
成　都	137	7	45
陕　西	0	20	56
数字媒体艺术	154	313	471
河　北	9	33	55
内蒙古	0	30	30
哈尔滨	10	0	1
南　京	18	13	44
浙　江	43	29	74
四　川	0	43	91
成　都	74	165	176
土建类	1363	1347	3148
建筑学	64	126	200
山　西	0	11	11
内蒙古	3	65	76
武　汉	2	4	11
成　都	31	3	3
贵　州	0	0	22
新疆兵团	28	43	77
城市规划	1	0	0
成　都	1	0	0
土木工程	829	1167	2829
山　西	0	2	2
内蒙古	2	29	63
沈　阳	29	0	0
吉　林	24	28	62
长　春	31	10	30
黑龙江	0	1	2
南　京	67	102	179
浙　江	137	321	748
宁　波	36	0	46
安　徽	218	0	0
江　西	6	0	3
山　东	20	16	35
青　岛	0	2	2

2.2.5 全国电大成招高等专科专业与地区分布（续表5）

单位：人

专业/地区	毕业生数	招生数	在校生数
河　南	49	39	253
湖　北	15	20	44
湖　南	2	60	163
海　南	1	7	16
四　川	6	25	36
成　都	68	40	68
重　庆	23	70	89
云　南	0	79	79
陕　西	0	173	568
甘　肃	95	142	340
宁　夏	0	1	1
建筑环境与设备工程	16	1	26
山　西	0	1	2
宁　波	15	0	24
四　川	1	0	0
给水排水工程	0	2	3
吉　林	0	2	3
历史建筑保护工程	0	0	28
贵　州	0	0	28
景观建筑设计	453	51	62
浙　江	0	14	14
成　都	453	37	48
水利类	185	86	225
水利水电工程	185	86	225
吉　林	14	7	14
湖　北	2	9	22
湖　南	1	1	2
海　南	0	0	8
四　川	0	22	22
重　庆	0	0	0
甘　肃	147	30	129
宁　夏	21	17	28
测绘类	1	106	151
测绘工程	1	106	151
天　津	1	0	34
内蒙古	0	9	12
四　川	0	97	105
环境与安全类	79	4	36
环境工程	15	4	8
湖　北	15	0	0
海　南	0	4	8
安全工程	64	0	28
宁　夏	64	0	28
化工与制药类	243	319	1461
化学工程与工艺	215	269	1210
内蒙古	0	36	41
黑龙江	0	3	3
福　建	0	23	57
河　南	2	12	12
陕　西	32	53	208
甘　肃	32	1	139
青　海	0	0	34
宁　夏	0	79	79
新　疆	149	62	637
制药工程	28	50	251
内蒙古	0	5	5
哈尔滨	0	7	77
宁　夏	28	38	169
交通运输类	3315	2230	4844
交通运输	2503	1336	2919
天　津	0	0	21
河　北	42	97	322
山　西	123	95	124
内蒙古	4	29	34
长　春	2	5	12
黑龙江	1306	147	392
福　建	29	68	185
河　南	294	16	90
湖　北	0	1	2
湖　南	0	63	63
四　川	554	599	1292
西　安	0	112	221
甘　肃	5	0	0
宁　夏	144	104	161
交通工程	745	811	1739
山　西	90	219	459
内蒙古	15	0	6
吉　林	11	3	7
长　春	11	12	31
黑龙江	204	0	4
湖　北	1	6	12
海　南	6	0	3
四　川	405	570	1215
重　庆	0	0	0
西　安	2	0	0
甘　肃	0	1	2
物流工程	67	83	186
江　苏	67	83	186
轻工纺织食品类	215	357	994
食品科学与工程	0	36	99
内蒙古	0	4	4
黑龙江	0	26	76
新疆兵团	0	6	19
轻化工程	0	10	14
宁　夏	0	10	14
服装设计与工程	215	311	881
长　春	1	0	0
黑龙江	0	7	94
四　川	92	91	353
成　都	66	172	343

2.2.5 全国电大成招高等专科专业与地区分布（续表7）

单位：人

专业/地区	毕业生数	招生数	在校生数
成都	159	47	103
重庆	46	4	151
甘肃	0	1	31
新疆	0	18	60
工程造价	186	444	976
天津	1	0	61
河北	53	175	324
黑龙江	0	0	6
南京	17	4	18
湖北	4	3	4
四川	67	72	158
重庆	44	51	194
云南	0	42	42
陕西	0	21	93
新疆	0	44	44
新疆兵团	0	32	32
工商管理类	20069	16393	38956
工商管理	3489	3648	7467
天津	2	0	18
河北	31	37	78
山西	72	38	89
内蒙古	11	57	90
沈阳	52	70	115
吉林	275	841	916
长春	134	108	329
黑龙江	89	2	137
哈尔滨	29	50	120
上海	1	0	0
江苏	26	21	48
南京	46	64	170
浙江	233	442	823
安徽	18	0	0
福建	128	153	281
厦门	31	0	22
江西	10	21	26
山东	3	25	32
青岛	10	13	14
湖北	59	139	285
武汉	247	62	233
湖南	148	171	439
广东	33	339	484
深圳	0	11	109
广西	0	2	2
海南	8	3	74
四川	454	330	763
成都	322	90	135
重庆	849	332	1305
云南	117	217	310
陕西	0	3	3
甘肃	17	3	3
宁夏	1	4	14
新疆	33	0	0
市场营销	1641	1119	2492
天津	1	0	0
河北	0	42	68
山西	49	19	48
内蒙古	31	57	76
吉林	3	6	13
长春	3	3	13
黑龙江	128	37	134
哈尔滨	3	0	1
江苏	9	49	50
南京	47	10	31
浙江	85	127	346
宁波	0	13	20
安徽	72	36	67
福建	52	99	195
江西	16	6	12
山东	8	19	26
青岛	0	3	3
河南	206	48	142
湖北	59	47	146
武汉	0	6	8
湖南	53	0	20
广东	15	35	52
广西	7	3	52
海南	0	9	13
四川	89	44	146
成都	117	45	79
重庆	525	270	569
贵州	30	29	58
陕西	13	1	5
甘肃	20	0	25
宁夏	0	56	74
会计学	9796	8004	19542
北京	273	229	842
天津	3	59	181
河北	182	205	475
山西	61	105	187
内蒙古	46	107	178
沈阳	54	0	19
大连	27	23	27
吉林	264	50	230
长春	58	49	81
黑龙江	10	56	125
哈尔滨	23	10	23
上海	4	0	0
江苏	555	407	1186
南京	200	175	401
浙江	2120	1194	3013

2.2.5 全国电大成招高等专科专业与地区分布（续表8）

单位：人

专业/地区	毕业生数	招生数	在校生数
宁　　波	674	519	1353
安　　徽	321	278	603
福　　建	323	1068	1822
厦　　门	11	10	29
江　　西	73	38	44
山　　东	56	40	58
青　　岛	16	59	84
河　　南	429	114	250
湖　　北	130	135	604
武　　汉	60	37	91
湖　　南	299	162	569
广　　东	79	213	391
深　　圳	17	25	220
广　　西	59	44	159
海　　南	26	49	160
四　　川	642	392	1027
成　　都	319	70	177
重　　庆	1044	399	1256
贵　　州	76	96	213
云　　南	430	454	831
陕　　西	101	203	617
西　　安	61	81	173
甘　　肃	585	622	1463
青　　海	4	0	1
宁　　夏	25	82	156
新　　疆	0	90	90
新疆兵团	56	55	133
财务管理	153	9	175
内 蒙 古	20	7	38
吉　　林	0	2	2
湖　　北	20	0	19
湖　　南	113	0	116
人力资源管理	157	194	518
河　　北	0	0	1
内 蒙 古	0	22	27
黑 龙 江	0	13	16
宁　　波	20	39	74
成　　都	2	10	11
重　　庆	67	88	311
西　　安	68	2	28
新疆兵团	0	20	50
旅游管理	1114	1448	3052
天　　津	0	0	15
河　　北	5	0	18
内 蒙 古	19	6	19
沈　　阳	9	0	0
大　　连	260	314	565
吉　　林	0	5	5
黑 龙 江	0	0	1
哈 尔 滨	3	0	0
江　　苏	52	29	138
南　　京	1	0	2
浙　　江	109	39	99
福　　建	29	16	27
山　　东	9	0	0
青　　岛	1	0	0
河　　南	139	104	223
湖　　北	2	5	5
湖　　南	92	41	149
广　　西	0	1	2
海　　南	0	2	22
四　　川	173	538	946
成　　都	105	90	173
重　　庆	25	2	17
贵　　州	4	19	47
陕　　西	10	16	47
甘　　肃	37	64	168
宁　　夏	0	131	320
新疆兵团	30	26	44
电子商务	2522	1132	3444
北　　京	34	0	69
河　　北	43	18	82
大　　连	3	20	20
吉　　林	12	0	0
长　　春	0	0	2
黑 龙 江	0	0	3
江　　苏	10	2	28
南　　京	50	4	22
浙　　江	104	102	247
安　　徽	90	62	62
福　　建	36	143	171
山　　东	16	6	6
青　　岛	2	0	19
河　　南	57	85	171
湖　　北	9	9	33
武　　汉	1	0	14
湖　　南	146	4	428
广　　东	13	0	15
深　　圳	0	2	17
四　　川	268	170	577
成　　都	917	66	177
重　　庆	711	368	1163
贵　　州	0	0	0
甘　　肃	0	21	22
宁　　夏	0	27	27
新　　疆	0	23	69
物流管理	1143	760	2052
河　　北	16	23	46
内 蒙 古	0	6	8
长　　春	3	3	7

2.2.5 全国电大成招高等专科专业与地区分布（续表9）

单位：人

专业/地区	毕业生数	招生数	在校生数
黑龙江	0	0	4
哈尔滨	0	0	1
江苏	179	98	241
浙江	117	40	173
宁波	82	103	155
福建	135	118	326
青岛	6	2	44
湖北	0	0	14
深圳	8	12	87
广西	0	1	12
四川	253	227	640
成都	1	0	0
重庆	241	85	177
甘肃	0	12	13
宁夏	0	30	30
新疆	0	0	17
新疆兵团	102	0	57
物业管理	54	79	214
吉林	1	0	0
哈尔滨	1	2	2
湖北	0	11	18
武汉	0	1	1
湖南	2	28	90
深圳	0	2	7
四川	20	4	23
成都	27	28	30
重庆	3	3	43
公共管理类	1753	2128	4688
行政管理	1706	2060	4513
天津	0	44	99
河北	19	0	16
山西	284	170	360
内蒙古	43	193	290
黑龙江	0	0	6
哈尔滨	2	53	62
江苏	55	43	101
浙江	154	117	242
宁波	211	159	369
河南	2	0	5
湖北	121	332	846
武汉	60	27	65
湖南	30	40	205
广东	56	218	273
深圳	5	11	111
广西	15	17	92
海南	33	30	67
四川	179	123	307
成都	155	85	153
重庆	163	129	337
贵州	87	209	403
甘肃	32	60	104
公共事业管理	9	21	76
天津	0	0	29
吉林	1	12	12
湖北	0	6	9
四川	8	0	8
甘肃	0	1	2
宁夏	0	2	16
土地资源管理	0	10	10
吉林	0	2	2
贵州	0	8	8
公共关系学	38	37	89
重庆	38	37	89
农业经济管理类	21	10	41
农林经济管理	21	10	41
内蒙古	0	8	8
海南	4	0	11
宁夏	17	2	22

2.2.6 全国电大成招专科升本科专业与学生情况

单位：人

	毕业生	招生	在校生	预计毕业生
总　计	**128**	**545**	**1073**	**218**
经济学	**0**	**31**	**71**	**37**
经济学类	0	31	71	37
国际经济与贸易	0	7	7	0
湖　北	0	7	7	0
金融学	0	20	57	37
广　西	0	4	4	0
湖　北	0	16	53	37
国民经济管理	0	4	4	0
湖　北	0	4	4	0
国际贸易	0	0	3	0
湖　北	0	0	3	0
法　学	**16**	**59**	**119**	**28**
法学类	16	59	119	28
法学	16	59	119	28
河　南	1	3	9	4
湖　北	11	13	22	8
广　西	4	11	31	9
云　南	0	19	19	0
安　徽	0	13	38	7
文　学	**33**	**223**	**451**	**43**
中国语言文学类	17	214	404	33
汉语言文学	**17**	**214**	**404**	**33**
湖　北	6	36	49	12
广　西	0	178	351	17
河　南	11	0	4	4
外国语言文学类	16	9	44	7
英语	16	9	44	7
安　徽	15	0	14	0
广　西	0	4	22	7
湖　北	1	5	8	0
艺术类	0	0	3	3
艺术设计	0	0	3	3
湖　北	0	0	3	3
工　学	**7**	**29**	**48**	**10**
机械类	0	0	0	0
机电一体化	0	0	0	0
江　苏	0	0	0	0
电气信息类	7	29	48	10
计算机科学与技术	5	29	35	2
安　徽	5	7	7	0
广　西	0	5	11	2
湖　北	0	17	17	0
计算机应用	2	0	13	8
湖　北	2	0	13	8
土建类	0	0	0	0
建筑施工与管理	0	0	0	0

2.2.6 全国电大成招专科升本科专业与学生情况（续表1）

单位：人

	毕业生	招生	在校生	预计毕业生
江　苏	0	0	0	0
医　学	**0**	**5**	**5**	**0**
护理学类	0	4	4	0
护理学	0	4	4	0
湖　北	0	4	4	0
药学类	0	1	1	0
药学	0	1	1	0
湖　北	0	1	1	0
管理学	**72**	**198**	**379**	**100**
工商管理类	72	158	324	86
工商管理	9	81	104	6
安　徽	6	0	0	0
广　西	0	10	19	1
湖　北	3	71	85	5
市场营销	0	30	68	4
安　徽	0	26	60	0
湖　北	0	4	8	4
会计学	8	42	79	26
安　徽	7	7	15	8
河　南	1	2	5	0
广　西	0	2	18	8
湖　北	0	31	41	10
人力资源管理	0	0	1	1
广　西	0	0	1	1
电子商务	55	2	64	44
湖　北	55	2	64	44
物流管理	0	1	1	0
广　西	0	1	1	0
工商企业管理	0	0	5	5
云　南	0	0	5	5
房地产经营管理	0	2	2	0
湖　北	0	2	2	0
公共管理类	0	40	55	14
行政管理	0	40	55	14
广　西	0	14	18	3
湖　北	0	26	37	11
公共事业管理	0	0	0	0
湖　北	0	0	0	0

2.3 全国电大中等专业学历教育学生情况

单位：人

学校	毕业生	招生	在校生
总　计	**69268**	**84321**	**163825**
北　京	**4920**	**6588**	**10841**
北京广播电视大学	4903	6534	10775
东城分校	0	0	0
西城分校	0	0	0
崇文分校	0	0	0
宣武分校	0	0	0
朝阳区分校	0	0	0
海淀分校	0	0	0
丰台区分校	0	0	0
石景山分校	0	0	0
通州区分校	0	0	0
房山区分校	0	0	0
昌平分校	0	0	0
平谷分校	0	0	0
怀柔分校	0	0	0
密云分校	0	0	0
延庆分校	0	0	0
大兴分校	0	0	0
顺义分校	0	0	0
门头沟分校	17	54	66
航天部三院工作站	0	0	0
首钢工作站	0	0	0
燕山分校	0	0	0
一商干校工作站	0	0	0
文化局工作站	0	0	0
水务局工作站	0	0	0
北京市园林局工作站	0	0	0
医药分校	0	0	0
供销社分校	0	0	0
矿山工作站	0	0	0
北京卫校教学点	0	0	0
崇文卫校工作站	0	0	0
海淀卫校工作站	0	0	0
联大商务学院教学点	0	0	0
市公务员培训中心教学点	0	0	0
电子科技学院工作站	0	0	0
纺织工作站	0	0	0
中德中心教学点	0	0	0
汽修学校工作站	0	0	0
市建职大工作站	0	0	0
市工干院工作站	0	0	0
供销学校工作站	0	0	0
金融学院工作站	0	0	0
北京电大工贸技师学院工作站	0	0	0
电科职院工作站	0	0	0
联大特教学院教学点	0	0	0
经管学校工作站	0	0	0
工业技师工作站	0	0	0
崇培中心工作站	0	0	0
昌平职校工作站	0	0	0
汽车技校工作站	0	0	0
昌平卫校工作站	0	0	0
天　津	**0**	**0**	**26**
天津广播电视大学	0	0	0
新华分校	0	0	0
南开分校	0	0	0
河东工作站	0	0	0
河西工作站	0	0	0
河北工作站	0	0	0
红桥工作站	0	0	0
塘沽分校	0	0	0
汉沽分校	0	0	0
大港分校	0	0	0
东丽分校	0	0	0
津南区分校	0	0	26
西青分校	0	0	0
北辰分校	0	0	0
武清分校	0	0	0
静海分校	0	0	0
宝坻分校	0	0	0
宁河分校	0	0	0
化工局工作站	0	0	0
纺织局工作站	0	0	0
机械工作站	0	0	0
渤海化工集团公司工作站	0	0	0
财政局工作站	0	0	0
劳动和社会保障局工作站	0	0	0
物资集团公司工作站	0	0	0
建工学院	0	0	0
铁路分局工作站	0	0	0
财贸分校	0	0	0
政法管理干部学院工作站	0	0	0
台盟工作站	0	0	0
经委工作站	0	0	0
蓟县分校	0	0	0
天津铁路工程分校	0	0	0
市政分校	0	0	0
天津市劳动局旅游服务学校	0	0	0
天津广播电视大学经管学院	0	0	0
天津广播电视大学文法学院	0	0	0
天津市工程高级技工学校	0	0	0
天津广播电视大学外语学院	0	0	0
轻工职业技术学院	0	0	0
河　北	**7548**	**11652**	**22667**
河北广播电视大学	4721	2674	6112
石家庄广播电视大学	319	34	482
唐山广播电视大学	323	973	1778
秦皇岛广播电视大学	254	190	2485
邯郸广播电视大学	768	945	1943
承德广播电视大学	0	0	0
邢台广播电视大学	87	1519	1702
保定广播电视大学	986	2189	3974
张家口广播电视大学	25	1833	1805

2.3 全国电大中等专业学历教育学生情况（续表1）

单位：人

学　校	毕业生	招生	在校生	学　校	毕业生	招生	在校生
沧州广播电视大学	0	1295	2336	忻州商校教学点	0	0	0
廊坊广播电视大学	65	0	50	五台县教师进修校	0	0	0
衡水广播电视大学	0	0	0	保德县教师进修校	0	0	0
省直分校	0	0	0	河曲县教师进修校	0	0	0
电力分校	0	0	0	偏关县教师进修校	0	0	0
山　西	**0**	**0**	**0**	五寨县教师进修校	0	0	0
山西广播电视大学	0	0	0	静乐县教师进修校	0	0	0
太原广播电视大学	0	0	0	宁武县教师进修校	0	0	0
小店区电大工作站	0	0	0	代县教师进修校	0	0	0
杏花岭区电大工作站	0	0	0	晋中广播电视大学	0	0	0
万柏林区电大工作站	0	0	0	介休工作站	0	0	0
尖草坪区电大工作站	0	0	0	灵石工作站	0	0	0
晋源区电大工作站	0	0	0	昔阳工作站	0	0	0
古交市电大工作站	0	0	0	祁县工作站	0	0	0
清徐县电大工作站	0	0	0	平遥工作站	0	0	0
阳曲县电大工作站	0	0	0	左权工作站	0	0	0
娄烦县电大工作站	0	0	0	太谷工作站	0	0	0
太原卫校工作站	0	0	0	寿阳工作站	0	0	0
新华教学点	0	0	0	榆社工作站	0	0	0
大同广播电视大学	0	0	0	吕梁广播电视大学	0	0	0
灵丘电大	0	0	0	临县电大	0	0	0
浑源电大	0	0	0	方山电大	0	0	0
新荣电大	0	0	0	孝义电大	0	0	0
广灵教师培训学校	0	0	0	文水电大	0	0	0
南郊进修学校	0	0	0	交城电大	0	0	0
天镇进修学校	0	0	0	石楼教学点	0	0	0
阳高进修校	0	0	0	岚县教学点	0	0	0
阳泉广播电视大学	0	0	0	中阳电大	0	0	0
化工厂培训中心	0	0	0	交口教学点	0	0	0
阳煤集团职教中心	0	0	0	临汾分校	0	0	0
盂县进修学校	0	0	0	翼城教师进修校	0	0	0
郊区工作站	0	0	0	霍州市委党校	0	0	0
平定职业中学	0	0	0	乡宁教学点	0	0	0
长治广播电视大学	0	0	0	汾西县教师进修校	0	0	0
壶关电大工作站	0	0	0	隰县教学点	0	0	0
潞城电大工作站	0	0	0	洪洞教学点	0	0	0
长子电大工作站	0	0	0	安泽教学点	0	0	0
黎城电大工作站	0	0	0	运城广播电视大学	0	0	0
沁源电大工作站	0	0	0	河津电大工作站	0	0	0
襄垣电大工作站	0	0	0	闻喜电大工作站	0	0	0
屯留电大工作站	0	0	0	芮城电大工作站	0	0	0
平顺电大工作站	0	0	0	永济电大工作站	0	0	0
长治潞安职业技术培训学校工作站	0	0	0	临猗电大工作站	0	0	0
晋城广播电视大学	0	0	0	垣曲电大工作站	0	0	0
城区电大工作站	0	0	0	稷山电大工作站	0	0	0
泽州电大工作站	0	0	0	新绛电大工作站	0	0	0
高平电大工作站	0	0	0	盐湖区电大工作站	0	0	0
阳城电大工作站	0	0	0	万荣电大工作站	0	0	0
沁水电大工作站	0	0	0	平陆电大工作站	0	0	0
陵川电大工作站	0	0	0	朔州广播电视大学	0	0	0
忻州广播电视大学	0	0	0	平鲁区电大工作站	0	0	0
忻府区教师进修校	0	0	0	山阴县电大工作站	0	0	0

2.3 全国电大中等专业学历教育学生情况（续表2）

单位：人

学　　校	毕业生	招生	在校生
怀仁县电大工作站	0	0	0
应县进修校	0	0	0
中条山广播电视大学	0	0	0
长北铁路分校	0	0	0
公路系统分校	0	0	0
侯马学习中心	0	0	0
繁峙学习中心	0	0	0
原平学习中心	0	0	0
临汾工商校学习中心	0	0	0
中化学习中心	0	0	0
省统计局直属教学点	0	0	0
同煤集团党校教学点	0	0	0
大同机车技校教学点	0	0	0
大同大学教学点	0	0	0
内 蒙 古	**997**	**260**	**1354**
内蒙古广播电视大学	241	260	805
呼和浩特市广播电视大学	0	0	0
包头广播电视大学	0	0	0
赤峰市广播电视大学	310	0	549
呼伦贝尔市广播电视大学	0	0	0
兴安盟广播电视大学	0	0	0
哲里木盟广播电视大学	0	0	0
锡林郭勒盟广播电视大学	0	0	0
乌兰察布盟广播电视大学	0	0	0
鄂尔多斯市广播电视大学	0	0	0
巴盟广播电视大学	0	0	0
乌海市广播电视大学	0	0	0
阿拉善盟广播电视大学	0	0	0
铁道学院广播电视大学	0	0	0
哲盟霍林河矿区广播电视大学	446	0	0
扎赉诺尔矿区广播电视大学	0	0	0
大雁矿区广播电视大学	0	0	0
辽　　宁	**1154**	**844**	**2149**
辽宁广播电视大学	585	460	1335
鞍山广播电视大学	0	0	0
本溪广播电视大学	159	203	515
锦州分校	0	0	0
丹东分校	92	16	0
辽阳分校	0	0	0
朝阳广播电视大学	276	136	264
阜新分校	0	0	0
铁岭广播电视大学	12	0	6
盘锦分校	0	0	0
辽河石油勘探局广播电视大学	0	0	0
沈阳铁路局电大	0	0	0
葫芦岛市电大分校	0	0	0
辽宁省水利厅工作站	0	0	0
辽宁广播电视大学新民学院	0	0	0
辽宁广播电视大学海城学院	30	29	29
辽宁广播电视大学东港学院	0	0	0
沈　　阳	**240**	**166**	**524**
沈阳广播电视大学	240	166	524
沈北新区分校	0	0	0
康平分校	0	0	0
法库分校	0	0	0
苏家屯分校	0	0	0
东陵分校	0	0	0
新民分校	0	0	0
于洪分校	0	0	0
辽中分校	0	0	0
大　　连	**0**	**0**	**0**
大连广播电视大学	0	0	0
庄河分校	0	0	0
普兰店分校	0	0	0
瓦房店分校	0	0	0
金州分校	0	0	0
旅顺分校	0	0	0
甘井子分校	0	0	0
大连开发区分校	0	0	0
吉　　林	**6975**	**8559**	**5383**
吉林广播电视大学	4148	3026	2617
吉林分校	1194	891	322
四平分校	0	644	278
延边分校	0	0	0
通化分校	601	1374	675
辽源分校	10	389	218
白山分校	0	452	248
白城分校	770	0	0
松原分校	252	1783	1025
长春市建筑职工业余大学	0	0	0
长　　春	**6**	**102**	**714**
长春广播电视大学	6	102	714
榆树市分校	0	0	0
农安分校	0	0	0
双阳区工作站	0	0	0
长影分校	0	0	0
民进分校	0	0	0
黑 龙 江	**5562**	**7357**	**13249**
黑龙江广播电视大学	4525	2720	6803
齐齐哈尔市广播电视大学	0	51	51
克东分校	9	108	119
拜泉分校	0	0	0
依安分校	0	0	0
讷河分校	0	0	0
龙江分校	0	0	0
富裕分校	0	0	0
碾子山区分校	0	0	0
富拉尔基区分校	0	0	0
泰来分校	0	0	0
牡丹江市广播电视大学	0	203	203
林口分校	0	0	0
海林分校	0	0	0
宁安分校	0	0	0
穆棱分校	0	0	0

2.3 全国电大中等专业学历教育学生情况（续表3）

单位：人

学　　校	毕业生	招生	在校生	学　　校	毕业生	招生	在校生
东宁分校	0	0	0	清河林业局电大分校	0	0	0
绥芬河分校	0	0	0	苇河林业局电大分校	0	0	0
佳木斯广播电视大学	19	0	0	亚布力林业局电大分校	0	0	0
桦南分校	0	0	0	通北林业局电大分校	0	0	0
同江分校	0	0	0	方正林业局电大分校	0	0	0
桦川分校	0	0	0	沾河林业局电大分校	0	0	0
富锦分校	0	0	0	绥棱林业局电大分校	0	0	0
绥化地区广播电视大学	0	0	0	合林林区电大直属分校	0	0	0
庆安分校	0	0	0	**哈 尔 滨**	**0**	**0**	**0**
青岗分校	0	0	0	哈尔滨广播电视大学	0	0	0
绥棱分校	0	0	0	阿城电大分校	0	0	0
兰西分校	0	0	0	呼兰分校	0	0	0
肇东分校	0	0	0	宾县分校	0	0	0
安达分校	0	0	0	方正分校	0	0	0
明水分校	0	0	0	依兰分校	0	0	0
海伦分校	0	0	0	哈尔滨工业大学工会电大工作站	0	0	0
黑河市广播电视大学	0	326	0	双城分校	0	0	0
北安分校	0	0	0	通河分校	0	0	0
五大连池分校	0	0	0	木兰分校	0	0	0
孙吴分校	0	0	0	延寿分校	0	0	0
大兴安岭广播电视大学	0	0	0	巴彦分校	0	0	0
塔河分校	0	0	0	五常分校	0	0	0
漠河分校	0	0	0	尚志分校	0	0	0
呼中分校	0	0	0	**上　　海**	**1434**	**2364**	**3757**
伊春市广播电视大学	0	0	0	上海电视大学	1434	2364	3757
铁力分校	0	0	0	虹口分校	0	0	0
大庆广播电视大学	0	0	0	闵行二分校	0	0	0
林甸分校	0	0	0	宝山分校	0	0	0
杜蒙分校	0	0	0	浦东新区分校	0	0	0
肇源分校	0	0	0	闵行一分校	0	0	0
肇州分校	0	0	0	金山分校	0	0	0
鸡西广播电视大学	0	0	0	松江分校	0	0	0
密山分校	0	0	0	南汇分校	0	0	0
虎林分校	0	0	0	奉贤分校	0	0	0
鹤岗广播电视大学	200	100	200	青浦分校	0	0	0
萝北分校	0	0	0	崇明分校	0	0	0
绥滨分校	0	0	0	嘉定分校	0	0	0
双鸭山市广播电视大学	0	0	0	区县工业管理局分校	0	0	0
饶河分校	0	0	0	农工商集团分校	0	0	0
集贤分校	0	0	0	物资（集团）总公司分校	0	0	0
七台河广播电视大学	0	0	0	商业分校	0	0	0
省农垦广播电视大学	0	0	0	黄浦区经贸委分校	0	0	0
牡丹江农垦电大分校	0	0	0	长宁分校	0	0	0
北安农垦电大分校	0	0	0	闸北分校	0	0	0
宝泉岭农垦电大分校	800	3800	5800	卢湾分校	0	0	0
红兴隆农垦电大分校	0	0	0	杨浦分校	0	0	0
建三江农垦电大分校	0	0	0	黄浦分校	0	0	0
绥化农垦分校	0	0	0	普陀分校	0	0	0
牡丹江林区广播电视大学	9	49	73	静安分校	0	0	0
松花江林区广播电视大学	0	0	0	西区分部	0	0	0
兴隆林业局电大分校	0	0	0	工程大中山分校	0	0	0
山河屯林业局电大分校	0	0	0	邮电分校	0	0	0

2.3 全国电大中等专业学历教育学生情况（续表4）

单位：人

学　　校	毕业生	招生	在校生
徐汇财贸分校	0	0	0
浦东新区农校教学点	0	0	0
江　　苏	**953**	**2006**	**4981**
江苏广播电视大学	0	0	0
镇江市高等专科学校	0	0	0
镇江市广播电视大学扬中分校	0	0	0
镇江市广播电视大学丹阳分校	0	0	0
镇江市广播电视大学建委分校	0	0	0
常州市广播电视大学	0	0	0
常州市广播电视大学新北区分校	0	0	0
无锡市广播电视大学	496	1616	3530
无锡市广播电视大学江阴分校	0	0	0
苏州市广播电视大学	0	0	0
苏州市广播电视大学太仓分校	0	0	0
苏州市广播电视大学吴江分校	0	0	0
南通市广播电视大学	0	0	43
南通市广播电视大学海门分校	0	0	0
南通市广播电视大学启东分校	0	0	0
南通市广播电视大学如皋分校	0	0	0
扬州市广播电视大学	0	0	0
扬州市广播电视大学高邮分校	0	0	0
扬州市广播电视大学宝应分校	0	0	0
扬州市广播电视大学邗江分校	0	0	0
徐州市广播电视大学	0	0	0
徐州市广播电视大学睢宁分校	0	0	0
徐州市广播电视大学铜山分校	0	0	0
徐州市广播电视大学新沂分校	0	0	0
徐州市广播电视大学邳州分校	0	0	0
徐州市广播电视大学商业分校	0	0	0
徐州市广播电视大学贾汪分校	0	0	0
徐州市广播电视大学大屯煤电公司分校	0	0	0
淮安市广播电视大学	0	0	0
淮安市广播电视大学金湖分校	0	0	0
淮安市广播电视大学淮阴区分校	0	0	0
淮安市广播电视大学洪泽分校	0	0	0
淮安市广播电视大学涟水分校	0	0	0
盐城市广播电视大学	0	0	0
盐城市广播电视大学亭湖区分校	0	0	0
盐城市广播电视大学建湖分校	0	0	0
盐城市广播电视大学滨海分校	0	0	0
盐城市广播电视大学阜宁分校	0	0	0
盐城市广播电视大学响水分校	0	0	0
连云港广播电视大学	0	0	0
连云港市广播电视大学赣榆分校	0	0	0
连云港市广播电视大学东海分校	0	0	0
连云港市广播电视大学灌南分校	0	0	0
连云港市广播电视大学灌云分校	0	0	0
泰州市广播电视大学	0	0	0
泰州市广播电视大学泰兴分校	0	0	0
泰州市广播电视大学姜堰分校	0	0	0
泰州市广播电视大学兴化分校	0	0	0
宿迁市广播电视大学	0	0	0
宿迁市广播电视大学泗洪分校	0	0	0
宿迁市广播电视大学泗阳分校	0	0	0
宿迁市广播电视大学沭阳分校	0	0	0
江苏广播电视大学化工学院	0	0	0
江苏广播电视大学武进学院	0	0	0
江苏广播电视大学宜兴学院	0	0	0
江苏广播电视大学张家港学院	0	0	0
江苏广播电视大学昆山学院	0	0	0
江苏广播电视大学常熟学院	0	0	0
江苏广播电视大学吴中学院	0	0	0
江苏广播电视大学大丰学院	84	35	285
江苏广播电视大学江都学院	0	0	0
江苏广播电视大学沛县学院	0	0	0
江苏广播电视大学靖江学院	0	0	0
江苏广播电视大学通州学院	373	355	1123
江苏广播电视大学东台学院	0	0	0
江苏广播电视大学楚州学院	0	0	0
江苏广播电视大学句容学院	0	0	0
江苏广播电视大学溧阳学院	0	0	0
江苏广播电视大学仪征学院	0	0	0
江苏广播电视大学金坛学院	0	0	0
江苏广播电视大学如东学院	0	0	0
江苏广播电视大学海安学院	0	0	0
江苏广播电视大学盱眙学院	0	0	0
江苏广播电视大学盐都学院	0	0	0
江苏广播电视大学丰县学院	0	0	0
南　　京	**0**	**93**	**360**
南京市广播电视大学	0	0	0
江宁分校	0	0	0
六合分校	0	93	360
高淳分校	0	0	0
溧水分校	0	0	0
浦口分校	0	0	0
玄武分校	0	0	0
白下分校	0	0	0
秦淮分校	0	0	0
建邺分校	0	0	0
鼓楼分校	0	0	0
下关分校	0	0	0
雨花台分校	0	0	0
栖霞分校	0	0	0
浙　　江	**2955**	**4009**	**8091**
浙江广播电视大学	698	1030	2235
杭州广播电视大学	596	1095	1831
萧山学院	0	0	0
余杭分校	0	0	0
富阳学院	0	0	0
临安分校	70	87	265
桐庐分校	0	0	0
淳安学院	72	97	234
嘉兴广播电视大学	0	0	0
嘉善学院	27	60	126

2.3　全国电大中等专业学历教育学生情况（续表5）

单位：人

学　校	毕业生	招生	在校生
平湖学院	0	0	0
海盐学院	265	0	0
海宁学院	0	0	0
桐乡学院	20	42	83
湖州广播电视大学	0	0	0
长兴学院	474	436	604
德清学院	0	0	0
绍兴广播电视大学	0	0	0
绍兴学院	0	0	0
诸暨学院	0	0	0
上虞学院	0	0	0
嵊州学院	0	0	0
新昌学院	30	95	95
舟山广播电视大学	0	0	0
普陀分校	0	0	0
岱山分校	0	0	0
嵊泗分校	0	0	0
金华广播电视大学	0	0	0
兰溪分校	19	6	17
武义分校	52	25	42
永康学院	0	0	0
义乌学院	10	22	36
东阳学院	0	0	0
浦江分校	0	0	0
磐安分校	0	0	0
衢州广播电视大学	0	0	0
柯城分校	0	0	0
江山分校	0	0	0
常山分校	0	0	0
开化分校	0	0	0
龙游分校	0	0	0
台州广播电视大学	310	487	1185
临海学院	0	172	616
黄岩分校	0	0	0
温岭分校	0	0	0
仙居学院	0	0	0
玉环学院	0	0	0
三门学院	0	0	0
天台学院	96	182	402
丽水广播电视大学	0	0	0
缙云分校	0	0	0
遂昌分校	0	0	0
松阳电大	0	0	0
景宁分校	0	0	0
云和分校	0	0	0
龙泉分校	0	0	0
庆元分校	0	0	0
青田学院	84	103	200
温州广播电视大学	132	70	120
永嘉学院	0	0	0
瓯海分校	0	0	0
平阳分校	0	0	0

学　校	毕业生	招生	在校生
瑞安分校	0	0	0
乐清分校	0	0	0
文成分校	0	0	0
洞头分校	0	0	0
苍南分校	0	0	0
巨化分校	0	0	0
经贸分校	0	0	0
工商学院	0	0	0
特教学院	0	0	0
温州机电技工学校教学点	0	0	0
杭州高级技工学校教学点	0	0	0
浙江统计培训中心教学点	0	0	0
杭州交通职高教学点	0	0	0
杭州东方舰桥培训中心教学点	0	0	0
宁　波	**86**	**90**	**133**
宁波广播电视大学	0	0	0
鄞县分校	0	0	0
余姚学院	0	0	0
慈溪学院	0	0	0
宁海学院	0	0	0
象山分校	0	0	0
奉化分校	0	0	0
镇海工作站	0	0	0
江北工作站	86	90	133
北仑分校	0	0	0
宁波东钱湖旅游度假区电大工作站	0	0	0
安　徽	**2765**	**793**	**2650**
安徽广播电视大学	2765	793	2650
合肥分校	0	0	0
蚌埠分校	0	0	0
芜湖市分校	0	0	0
淮南分校	0	0	0
淮北分校	0	0	0
马鞍山分校	0	0	0
铜陵分校	0	0	0
黄山市分校	0	0	0
六安分校	0	0	0
阜阳分校	0	0	0
宣城分校	0	0	0
巢湖分校	0	0	0
滁州市分校	0	0	0
池州分校	0	0	0
宿州分校	0	0	0
省直分校	0	0	0
亳州分校	0	0	0
福　建	**253**	**908**	**908**
福建广播电视大学	253	276	276
福州分校	0	0	0
三明分校	0	0	0
宁德分校	0	0	0
南平分校	0	0	0
漳州分校	0	0	0

2.3 全国电大中等专业学历教育学生情况（续表6）

单位：人

学　校	毕业生	招生	在校生
泉州分校	0	0	0
龙岩分校	0	0	0
莆田分校	0	254	254
高等职业技术学院	0	0	0
永安分校	0	0	0
邵武分校	0	0	0
漳浦分校	0	378	378
开放教育学院	0	0	0
厦　门	**0**	**0**	**0**
厦门市广播电视大学	0	0	0
厦门电大同安区工作站	0	0	0
厦门市杏林区电大工作站	0	0	0
厦门市湖里区电大工作站	0	0	0
厦门市司法局电大工作站	0	0	0
厦门市思明区电大工作站	0	0	0
江　西	**1434**	**1738**	**4748**
江西广播电视大学	1434	1714	4748
南昌市分校	0	0	0
安义县工作站（工会职校）	0	0	0
安义县教师进修学校教学点	0	0	0
进贤县教师进修学校教学点	0	0	0
新建县教师进修学校教学点	0	0	0
南昌县教师进修学校	0	0	0
景德镇市分校	0	0	0
乐平市教师进修学校教学点	0	0	0
九江市分校	0	0	0
武宁县工作站	0	0	0
德安县工作站	0	0	0
都昌县工作站	0	0	0
庐山工作站	0	0	0
彭泽县工作站	0	0	0
永修县工作站	0	0	0
修水县工作站	0	0	0
省武工作站	0	0	0
湖口县工作站	0	0	0
星子县工作站	0	0	0
萍乡市分校	0	0	0
芦溪县工作站	0	0	0
上栗县电大工作站	0	0	0
莲花县工作站	0	0	0
萍乡市卫生学校	0	0	0
新余市分校	0	0	0
分宜县工作站	0	0	0
鹰潭市分校	0	0	0
贵溪市工作站	0	0	0
鹰潭应用工程学校	0	0	0
中共余江县委党校	0	0	0
赣州广播电视大学	0	0	0
中共南康市委党校教学点	0	0	0
中共上犹县委党校教学点	0	0	0
寻乌县工作站（教师进修学校）	0	0	0
中共信丰县委党校教学点	0	0	0
兴国县教师进修学校教学点	0	0	0
中共兴国县委党校教学点	0	0	0
瑞金市工作站（教师进修学校）	0	0	0
定南教师进修学校教学点	0	0	0
中共崇义县委党校教学点	0	0	0
宁都县教师进修学校教学点	0	0	0
大余县教师进修学校	0	0	0
信丰县教师进修学校教学点	0	0	0
龙南教师进修学校	0	0	0
安远县委党校	0	0	0
于都县委党校	0	0	0
全南县教师进修学校	0	0	0
石城县教师进修学校教学点	0	0	0
宜春广播电视大学	0	0	0
樟树工作站（教师进修学校）	0	0	0
樟树职工学校教学点	0	0	0
丰城市教师进修学校教学点	0	0	0
奉新县工作站(教师进修学校)	0	24	0
铜鼓县教师进修学校教学点	0	0	0
万载县教师进修学校教学点	0	0	0
宜丰县工作站(教师进修学校)	0	0	0
中共丰城市委党校教学点	0	0	0
上高教师进修学校	0	0	0
高安市委党校	0	0	0
电大吉安市分校	0	0	0
吉安县教师进修学校教学点	0	0	0
吉水县教师进修学校教学点	0	0	0
永新县工作站	0	0	0
中共遂川县委党校教学点	0	0	0
安福县教师进修学校	0	0	0
万安县委党校	0	0	0
峡江县委党校	0	0	0
新干县委党校	0	0	0
中共永丰县委党校教学点	0	0	0
广丰县工作站	0	0	0
鄱阳县工作站	0	0	0
德兴市工作站	0	0	0
婺源县工作站	0	0	0
横峰县工作站	0	0	0
上饶县工作站	0	0	0
万年县工作站	0	0	0
玉山县工作站	0	0	0
余干县工作站	0	0	0
弋阳县工作站	0	0	0
抚州广播电视大学	0	0	0
黎川县工作站	0	0	0
南丰县工作站	0	0	0
南城县工作站	0	0	0
金溪县工作站	0	0	0
资溪县工作站	0	0	0
乐安县工作站	0	0	0
山　东	**1615**	**1053**	**2159**

2.3 全国电大中等专业学历教育学生情况（续表7）

单位：人

学校	毕业生	招生	在校生
山东广播电视大学	1615	1053	2159
济南广播电视大学	0	0	0
烟台广播电视大学	0	0	0
潍坊广播电视大学	0	0	0
淄博广播电视大学	0	0	0
威海市广播电视大学	0	0	0
临沂广播电视大学	0	0	0
德州广播电视大学	0	0	0
滨州广播电视大学	0	0	0
菏泽广播电视大学	0	0	0
聊城广播电视大学	0	0	0
泰安广播电视大学	0	0	0
枣庄广播电视大学	0	0	0
济宁广播电视大学	0	0	0
东营广播电视大学	0	0	0
胜利油田广播电视大学	0	0	0
莱芜钢铁总厂广播电视大学	0	0	0
省直工作处	0	0	0
日照广播电视大学	0	0	0
荣成市广播电视大学	0	0	0
莱芜科技成人中专	0	0	0
青　　岛	**529**	**0**	**367**
青岛广播电视大学	529	0	367
莱西分校	0	0	0
胶州分校	0	0	0
胶南分校	0	0	0
即墨分校	0	0	0
黄岛分校	0	0	0
崂山分校	0	0	0
城阳分校	0	0	0
河　　南	**6373**	**5047**	**14359**
河南广播电视大学	6373	5047	14359
河南省直广播电视大学	0	0	0
郑州广播电视大学	0	0	0
开封广播电视大学	0	0	0
洛阳广播电视大学	0	0	0
新乡广播电视大学	0	0	0
焦作广播电视大学	0	0	0
安阳广播电视大学	0	0	0
濮阳广播电视大学	0	0	0
鹤壁广播电视大学	0	0	0
商丘广播电视大学	0	0	0
三门峡广播电视大学	0	0	0
平顶山广播电视大学	0	0	0
驻马店广播电视大学	0	0	0
许昌广播电视大学	0	0	0
信阳广播电视大学	0	0	0
南阳广播电视大学	0	0	0
周口广播电视大学	0	0	0
漯河广播电视大学	0	0	0
郑州铁路局广播电视大学	0	0	0
中原油田广播电视大学	0	0	0
济源广播电视大学	0	0	0
南省工商行政管理分校	0	0	0
湖　　北	**0**	**0**	**0**
湖北广播电视大学	0	0	0
黄冈广播电视大学	0	0	0
孝感市广播电视大学	0	0	0
咸宁地区广播电视大学	0	0	0
荆州地区广播电视大学	0	0	0
宜昌市广播电视大学	0	0	0
黄石广播电视大学	0	0	0
十堰市广播电视大学	0	0	0
襄樊广播电视大学	0	0	0
恩施土家族苗族自治州广播电视大学	0	0	0
湖北广播电视大学大冶有色金属公司分校	0	0	0
天门市广播电视大学	0	0	0
湖北广播电视大学江汉油田分校	0	0	0
随州广播电视大学	0	0	0
武　　汉	**297**	**182**	**897**
武汉市广播电视大学	163	69	485
江岸分校	0	0	0
武昌分校	0	0	0
桥口分校	0	0	0
汉阳分校	0	0	0
青山分校	0	0	0
洪山分校	0	0	0
东西湖分校	0	0	0
汉南分校	0	0	0
江夏分校	0	0	0
蔡甸分校	0	0	0
黄陂分校	0	0	0
新洲分校	134	113	412
武钢分校	0	0	0
江汉区电大分校	0	0	0
湖　　南	**604**	**703**	**1323**
湖南广播电视大学	0	0	0
长沙广播电视大学	0	0	0
长沙县教师进修学校	0	0	0
望城县电大工作站	0	0	0
浏阳教师进修学校	0	0	0
宁乡县教师进修学校	0	0	0
宁乡玉潭联校点	0	0	0
长沙国宾旅游学校	0	0	0
株洲广播电视大学	0	0	0
株洲市艺术设计学校	0	0	0
湖南省商业技术学院	0	0	0
株洲市技术学院	0	0	0
株洲县电大工作站	0	0	0
株洲分校醴陵电大工作站	0	0	0
攸县电大工作站	0	0	0
茶陵县电大工作站	0	0	0
炎陵县电大工作站	0	0	0
株洲市中等职业学校	0	0	0

2.3 全国电大中等专业学历教育学生情况（续表8）

单位：人

学　校	毕业生	招生	在校生	学　校	毕业生	招生	在校生
湘潭广播电视大学	0	0	0	中共嘉禾县委党校	0	0	0
湘潭县财政局教学点	0	0	0	益阳广播电视大学	0	0	0
湘潭新华电脑学校	0	0	0	南县电大工作站	0	0	0
湘乡市东山教学点	0	0	0	桃江县电大站	0	0	0
湘乡市第一职业中专	0	0	0	沅江市教师进修学校	0	0	0
韶山市司法局教学点	0	0	0	安化县教师进修学校	0	0	0
衡阳市广播电视大学	0	0	0	资阳电大工作站	0	0	0
耒阳师范学校教学点	0	0	0	赫山电大工作站	0	0	0
衡东农广校教学点	0	0	0	益阳分校第一职业中专学校	0	0	0
祁东县电大教学点	0	0	0	益阳分校湘益中专教学点	0	0	0
衡阳市城南电大站	0	0	0	常德广播电视大学	0	0	0
衡阳电大常宁分校	0	0	0	武陵区电大工作站	0	0	0
衡山县教师进修学校	0	0	0	常德电大鼎城工作站	0	0	0
湖南科技经贸职业学院	0	0	0	汉寿县电大工作站	0	0	0
邵阳广播电视大学	469	532	943	桃源县电大工作站	0	0	0
洞口县成人中专校	0	0	0	临澧县电大工作站	0	0	0
邵东县电大工作站	0	0	0	石门县电大工作站	0	0	0
新宁县电大工作站	0	0	0	怀化广播电视大学	0	0	0
中共新邵县委党校	0	0	0	沅陵工业中专	0	0	0
隆回县委党校	0	0	0	沅陵县远程教育站	0	0	0
武冈市电大工作站	0	0	0	辰溪县委党校	0	0	0
绥宁县教师进修学校	0	0	0	芷江县电大工作站	0	0	0
邵阳县电大工作站	0	0	0	新晃县教师进修学校	0	0	0
城步县电大工作站	135	147	356	洪江市第一教师进修学校	0	0	0
岳阳广播电视大学	0	0	0	洪江区电大教学点	0	0	0
岳阳县电大工作站	0	0	0	洪江市振华学校	0	0	0
临湘市电大工作站	0	24	24	会同县职业中专学校教学点	0	0	0
华容县电大工作站	0	0	0	通道县职业技术总校教学点	0	0	0
汨罗县电大工作站	0	0	0	靖州县教师进修学校教学点	0	0	0
平江县电大工作站	0	0	0	怀化万昌职业中专	0	0	0
湘阴县电大工作站	0	0	0	溆浦县教师进修学校	0	0	0
岳阳县教师进修学校	0	0	0	怀化分校麻阳教师进修学校	0	0	0
娄底广播电视大学	0	0	0	芷江师范	0	0	0
涟源市教研师训中心	0	0	0	洪江市教师进修学校	0	0	0
双峰县电大工作站	0	0	0	怀化分校会同党校	0	0	0
冷水江市教学点	0	0	0	湖南电大怀化分校沅陵教学点	0	0	0
新化县教师进修学校	0	0	0	湘西民族广播电视大学	0	0	0
零陵分校	0	0	0	花垣县电大工作站	0	0	0
宁远县教师进修学校	0	0	0	龙山县电大工作站	0	0	0
江永县教师进修学校	0	0	0	永顺县电大工作站	0	0	0
道县教师进修学校	0	0	0	保靖县电大工作站	0	0	0
蓝山县教师进修学校	0	0	0	古丈县电大工作站	0	0	0
江华县教师进修学校教学点	0	0	0	凤凰县电大工作站	0	0	0
祁阳县电大工作站	0	0	0	泸溪县电大工作站	0	0	0
新田县电大工作站	0	0	0	张家界市广播电视大学	0	0	0
东安县教师进修学校	0	0	0	桑植县电大工作站	0	0	0
永兴县电大工作站	0	0	0	津市分校	0	0	0
宜章县电大工作站	0	0	0	岳阳石化总厂广播电视大学	0	0	0
桂阳县电大工作站	0	0	0	卫生分校	0	0	0
汝城县电大工作站	0	0	0	省中医药高等专科学校	0	0	0
资兴市电大工作站	0	0	0	衡阳市卫校	0	0	0
桂东县电大工作站	0	0	0	邵阳市医专	0	0	0

2.3 全国电大中等专业学历教育学生情况（续表9）

单位：人

学　　校	毕业生	招生	在校生	学　　校	毕业生	招生	在校生
岳阳职业技术学院	0	0	0	开平市广播电视大学	471	451	770
娄底市卫校	0	0	0	恩平市广播电视大学	95	94	187
永州职业技术学院	0	0	0	鹤山市广播电视大学	0	0	0
郴州医专	0	0	0	佛山广播电视大学	0	0	0
常德职业技术学院	0	0	0	三水广播电视大学	7	18	18
怀化医专	0	0	0	高明广播电视大学	0	0	0
湘南学院教学点	0	0	0	阳江市广播电视大学	123	129	267
益阳医学高等专科学校	0	0	0	阳春市广播电视大学	318	453	916
涟钢分校	0	0	0	湛江市广播电视大学	0	0	0
湖南广播电视大学药学分校	0	0	0	雷州市广播电视大学	0	0	0
广　　东	**6858**	**11864**	**16320**	徐闻县广播电视大学	0	0	0
广东广播电视大学	5125	8811	11738	遂溪县广播电视大学	26	113	245
法律分校	0	0	0	吴川市广播电视大学	0	0	0
省电力局分校	0	0	0	廉江市广播电视大学	0	0	0
省公路局分校	0	0	0	茂名广播电视大学	0	644	326
广东电大深圳拱北海关分校	0	0	0	高州市广播电视大学	0	0	0
珠海市广播电视大学	0	0	0	信宜市广播电视大学	0	0	0
斗门广播电视大学	26	21	42	电白广播电视大学	0	0	0
汕头广播电视大学	0	0	0	化州市广播电视大学	0	229	202
汕头广播电视大学潮阳电大	0	0	0	肇庆广播电视大学	0	0	0
汕头广播电视大学澄海电大	0	0	0	高要市广播电视大学	0	0	0
韶关市广播电视大学	0	0	0	四会市广播电视大学	0	0	0
韶关市曲江区广播电视大学	0	0	0	广宁县广播电视大学	0	0	0
仁化广播电视大学	0	0	0	德庆县广播电视大学	0	0	0
新丰县广播电视大学	0	0	0	封开县广播电视大学	0	0	0
广东省翁源县广播电视大学	0	0	0	怀集县广播电视大学	0	161	161
始兴县广播电视大学	0	0	0	清远市广播电视大学	0	0	0
南雄市广播电视大学	0	0	0	英德电大	0	0	0
乐昌市广播电视大学	0	0	0	佛冈县广播电视大学	61	59	145
乳源瑶族自治县广播电视大学	0	0	0	阳山县广播电视大学	0	0	0
汕尾市广播电视大学	0	0	0	连山壮族瑶族自治县广播电视大学	0	0	0
海丰县广播电视大学	0	0	0	连南瑶族自治县广播电视大学	0	0	0
陆丰市广播电视大学	0	0	0	连州市广播电视大学	59	0	18
陆河县广播电视大学	0	0	0	潮州广播电视大学	0	0	0
梅州市广播电视大学	0	0	0	饶平县广播电视大学	0	0	0
梅江区广播电视大学	0	0	0	潮安广播电视大学	0	0	0
蕉岭县广播电视大学	0	0	0	揭阳广播电视大学	0	0	0
大埔县广播电视大学	0	0	0	普宁市广播电视大学	0	0	0
丰顺县广播电视大学	0	0	0	广东省揭西县广播电视大学	0	0	0
五华县广播电视大学	0	0	0	揭东县广播电视大学	0	0	0
广东省兴宁市广播电视大学	0	0	0	河源广播电视大学	0	0	0
平远县广播电视大学	0	0	0	和平县广播电视大学	0	0	0
惠州市广播电视大学	0	0	0	龙川广播电视大学	0	0	0
惠阳区广播电视大学	0	0	0	紫金县广播电视大学	0	0	0
惠东县广播电视大学	0	0	0	连平县广播电视大学	0	0	0
博罗县广播电视大学	0	0	0	云浮市广播电视大学	0	0	0
龙门县广播电视大学	0	0	0	云硫电大	0	0	0
东莞市广播电视大学	0	0	0	罗定市广播电视大学	0	0	0
中山市广播电视大学	0	0	0	新兴电大	0	0	0
江门市广播电视大学	362	485	814	郁南电大	0	0	0
新会市广播电视大学	83	46	115	南海广播电视大学	0	0	0
台山磐石电视大学	102	150	356	顺德广播电视大学	0	0	0

2.3 全国电大中等专业学历教育学生情况（续表10）

单位：人

学　　校	毕业生	招生	在校生
广　　州	**976**	**1318**	**3363**
广州市广播电视大学	328	375	857
东山区分校	0	0	0
海珠区分校	23	43	81
荔湾分校	0	0	0
越秀区分校	0	0	0
天河区分校	0	0	0
开发区分校	0	0	0
市轻工业局分校	0	0	0
侨光分校	0	0	0
机电局分校	0	0	0
法律专业工作站	0	0	0
番禺区广播电视大学	0	0	39
从化市分校	0	0	0
花都区广播电视大学	0	0	0
增城市广播电视大学	0	0	0
市银行学校电大工作站	0	0	0
东方教学点	0	0	0
金融分校	0	0	0
广州市广播电视大学广大人文学院工作站	0	0	0
广州电大黄埔工作站	625	890	2376
广州电大广州港分校	0	0	0
广州电大商贸工作站	0	0	0
广州康大工作站	0	0	0
广州电大中奥工作站	0	10	10
广州电大幼师工作站	0	0	0
深　　圳	**1092**	**949**	**3610**
深圳市广播电视大学	1092	949	3610
蛇口分校	0	0	0
宝安分校	0	0	0
沙头角分校	0	0	0
南山分校	0	0	0
龙岗分校	0	0	0
罗湖分校	0	0	0
福田分校	0	0	0
光明教学点	0	0	0
龙华教学点	0	0	0
高技校教学点	0	0	0
观澜教学点	0	0	0
广　　西	**262**	**0**	**113**
广西广播电视大学	75	0	113
广西电大区直分校	52	0	0
南宁市广播电视大学	0	0	0
柳州市广播电视大学	0	0	0
梧州市分校	135	0	0
南宁地区电大分校	0	0	0
来宾市分校	0	0	0
贺州市分校	0	0	0
百色民族分校	0	0	0
钦州市分校	0	0	0
北海市广播电视大学	0	0	0
检察分校	0	0	0
贵港市广播电视大学	0	0	0
防城港市工作站	0	0	0
玉林商务分校	0	0	0
广西电大工商分校	0	0	0
广西银行学校电大工作站	0	0	0
海　　南	**754**	**3831**	**6328**
海南广播电视大学	754	3831	6328
四　　川	**7447**	**5554**	**14903**
四川广播电视大学	256	1553	2595
建设厅分校	547	427	456
省级机关分校	0	0	0
成都铁路局分校	0	0	0
德阳广播电视大学	0	0	0
绵阳广播电视大学	693	582	1800
广元广播电视大学	269	137	602
四川电大遂宁应用职业技术学校教学点	0	0	0
雅安分校	0	0	0
乐山广播电视大学	370	184	900
内江广播电视大学	2292	1120	3277
自贡广播电视大学	47	163	1023
宜宾广播电视大学	0	0	0
泸州广播电视大学	621	896	2091
南充广播电视大学	531	395	1535
达州广播电视大学	0	0	0
甘孜分校	0	0	0
凉山广播电视大学	0	0	0
攀枝花广播电视大学	16	0	0
巴中广播电视大学	747	97	620
广安广播电视大学	0	0	0
眉山广播电视大学	98	0	4
资阳广播电视大学	960	0	0
阿坝广播电视大学	0	0	0
四川广播电视大学直属学院蓬溪分校	0	0	0
四川广播电视大学直属学院射洪分校	0	0	0
四川广播电视大学直属学院大英分校	0	0	0
四川广播电视大学直属学院西昌分院	0	0	0
四川广播电视大学直属学院雷波工作站	0	0	0
四川广播电视大学直属学院宁南工作站	0	0	0
四川广播电视大学直属学院甘洛工作站	0	0	0
四川广播电视大学直属学院越西工作站	0	0	0
四川广播电视大学直属学院昭觉工作站	0	0	0
四川广播电视大学直属学院美姑工作站	0	0	0
成　　都	**642**	**735**	**1137**
成都广播电视大学	642	735	1137
龙泉分校	0	0	0
彭州分校	0	0	0
新都分校	0	0	0
崇州分校	0	0	0
邛崃分校	0	0	0
郫县分校	0	0	0
温江分校	0	0	0
金堂分校	0	0	0

2.3 全国电大中等专业学历教育学生情况（续表11）

单位：人

学　　校	毕业生	招生	在校生
五冶分校	0	0	0
蒲江分校	0	0	0
电子工业分校	0	0	0
新津分校	0	0	0
青羊分校	0	0	0
旅游分校	0	0	0
重　　庆	**134**	**0**	**697**
重庆广播电视大学	134	0	697
渝中区分校	0	0	0
重庆铁路分校	0	0	0
重庆钢铁公司分校	0	0	0
南岸分校	0	0	0
九龙坡工作站	0	0	0
江北工作站	0	0	0
沙坪坝区电大分校	0	0	0
永川市广播电视大学	0	0	0
北碚区工作站	0	0	0
万盛区工作站	0	0	0
荣昌县工作站	0	0	0
綦江县工作站	0	0	0
合川广播电视大学	0	0	0
长寿分校	0	0	0
铜梁县工作站	0	0	0
渝北分校	0	0	0
潼南县工作站	0	0	0
巴南分校	0	0	0
江津广播电视大学	0	0	0
璧山分校	0	0	0
万州广播电视大学	0	0	0
涪陵广播电视大学	0	0	0
黔江广播电视大学	0	0	0
南川分校	0	0	0
垫江分校	0	0	0
丰都县电大工作站	0	0	0
武隆分校	0	0	0
梁平县电大工作站	0	0	0
重庆电大经贸学院	0	0	0
重庆电大建筑工程学院	0	0	0
秀山分校	0	0	0
石柱分校	0	0	0
彭水电大工作站	0	0	0
奉节县电大工作站	0	0	0
巫山分校	0	0	0
巫溪电大工作站	0	0	0
开县电大工作站	0	0	0
铜梁分校	0	0	0
市药监局电大工作站	0	0	0
贵　　州	**0**	**0**	**0**
贵州广播电视大学	0	0	0
省直分校	0	0	0
贵阳市分校	0	0	0
遵义地区分校	0	0	0
安顺地区分校	0	0	0
黔南州分校	0	0	0
黔东南州分校	0	0	0
黔西南州分校	0	0	0
毕节地区分校	0	0	0
六盘水市分校	0	0	0
铜仁分校	0	0	0
水城钢铁公司分校	0	0	0
航天管理局工作站	0	0	0
贵航技校电大工作站	0	0	0
云　　南	**574**	**676**	**1683**
云南广播电视大学	493	478	1306
昆明广播电视大学	0	0	0
玉溪广播电视大学	0	0	0
思茅广播电视大学	0	0	0
西双版纳广播电视大学	0	0	0
红河分校	0	0	0
文山分校	0	0	0
曲靖分校	0	0	0
昭通分校	0	0	0
楚雄广播电视大学	0	0	0
大理分校	0	0	0
保山分校	81	198	377
临沧分校	0	0	0
德宏广播电视大学	0	0	0
丽江分校	0	0	0
文山州民族干部学校	0	0	0
昆明市总工会分校	0	0	0
云南省电大政法分校	0	0	0
陕　　西	**805**	**294**	**781**
陕西省广播电视大学	436	294	781
延安分校	0	0	0
榆林地区分校	0	0	0
咸阳市分校	0	0	0
宝鸡市分校	0	0	0
安康分校	0	0	0
汉中分校	369	0	0
渭南分校	0	0	0
商洛地区分校	0	0	0
铜川市分校	0	0	0
航空工业局工作站	0	0	0
省电子工业局工作站	0	0	0
兵器工业管理局工作站	0	0	0
省冶金局工作站	0	0	0
省石油化学工业局工作站	0	0	0
陕西省纺织公司工作站	0	0	0
省水利厅工作站	0	0	0
高新分校	0	0	0
省电大商务厅工作站	0	0	0
新城分校	0	0	0
陕西广播电视大学宝鸡农校教育中心	0	0	0
陕西省机电工程学校	0	0	0

2.3 全国电大中等专业学历教育学生情况（续表12）

单位：人

学校	毕业生	招生	在校生
陕西通信技术学院	0	0	0
陕西广播电视大学镇安财校教学点	0	0	0
西安铁路高级工学校	0	0	0
陕西省理工学校	0	0	0
陕西扶贫技术学院教学点	0	0	0
西　安	**95**	**90**	**500**
西安市广播电视大学	0	0	0
西安电大城东分校	95	90	500
西安电大现代教育培训学院	0	0	0
莲湖区分校	0	0	0
长安分校	0	0	0
临潼分校	0	0	0
西电公司工作站	0	0	0
莲湖科技学校工作站	0	0	0
西安电大北洋工作站	0	0	0
翠华培训学院工作站	0	0	0
富士日本语专修学院工作站	0	0	0
蓝田分校	0	0	0
高陵分校	0	0	0
艺术学院	0	0	0
西安电大城中分校	0	0	0
西安广播电视大学城南分校	0	0	0
西安广播电视大学城西分校	0	0	0
西安广播电视大学城北分校	0	0	0
西安广播电视大学高新分校	0	0	0
西安广播电视大学周户分校	0	0	0
甘　肃	**2929**	**4496**	**12750**
甘肃广播电视大学	420	688	1320
兰州分校	0	0	0
西固区工作站	0	0	0
红古区工作站	0	0	0
永登工作站	0	0	0
榆中工作站	0	0	0
红古党校工作站	0	0	0
永登党校工作站	0	0	0
园艺学校教学点	0	0	0
天水分校	164	27	71
清水工作站	0	0	0
秦安工作站	0	0	0
武山工作站	0	0	0
张家川工作站	0	0	0
麦积工作站	0	0	0
白银分校	0	0	0
平川区工作站	0	0	0
靖远工作站	0	0	0
会宁工作站	0	0	0
景泰工作站	0	0	0
靖煤教学点	0	0	0
会宁职专教学点	0	0	0
金昌分校	0	0	0
嘉峪关分校	0	0	0
庆阳分校	0	0	0
环县工作站	0	0	0
合水工作站	0	0	0
宁县工作站	0	0	0
镇原工作站	0	0	0
平凉分校	0	0	0
泾川工作站	0	0	0
灵台工作站	0	0	0
崇信工作站	0	0	0
华亭工作站	0	0	0
庄浪工作站	0	0	0
静宁工作站	0	0	0
陇南分校	0	0	0
成县工作站	0	0	0
文县工作站	0	0	0
宕昌工作站	0	0	0
康县工作站	0	0	0
西和工作站	0	0	0
礼县工作站	0	0	0
徽县工作站	0	0	0
两当工作站	0	0	0
定西分校	0	0	0
通渭工作站	0	0	0
渭源工作站	0	0	0
临洮工作站	0	0	0
漳县工作站	0	0	0
岷县工作站	0	0	0
武威分校	0	0	0
凉州区工作站	0	0	0
民勤工作站	0	0	0
古浪工作站	0	0	0
天祝工作站	0	0	0
张掖分校	0	0	0
肃南工作站	0	0	0
临泽工作站	0	0	0
高台工作站	0	0	0
酒泉分校	0	0	0
瓜州工作站	0	0	0
阿克塞工作站	0	0	0
玉门工作站	0	0	0
敦煌工作站	0	0	0
甘南分校	0	0	0
临潭工作站	0	0	0
卓尼工作站	0	0	0
舟曲工作站	0	0	0
迭部工作站	0	0	0
临夏分校	0	0	0
康乐工作站	0	0	0
永靖工作站	0	0	0
广河工作站	0	0	0
和政工作站	0	0	0
东乡工作站	0	0	0
积石山工作站	0	0	0

2.3 全国电大中等专业学历教育学生情况（续表13）

单位：人

学校	毕业生	招生	在校生
四〇四厂分校	0	0	0
省农垦分校	0	0	0
黄羊教学点	0	0	0
农垦河西分校	152	281	1367
金塔教学点	0	0	0
瓜州教学点	0	0	0
玉门教学点	0	0	0
敦煌教学点	0	0	0
滨河分校	0	0	0
教学分部	0	0	0
水电部五局工作站	0	0	0
武威卫校工作站	0	0	0
陇南农校工作站	0	0	0
省财贸学校工作站	0	0	0
职业技术学院	2193	3500	9992
城建教学点	0	0	0
中德培训中心教学点	0	0	0
青　　海	**0**	**0**	**0**
青海广播电视大学	0	0	0
海西州广播电视大学	0	0	0
海北州广播电视大学	0	0	0
海南州广播电视大学	0	0	0
玉树州广播电视大学	0	0	0
果洛州广播电视大学	0	0	0
平安县广播电视大学	0	0	0
乐都广播电视大学	0	0	0
互助县广播电视大学	0	0	0
湟源县广播电视大学	0	0	0
民和县广播电视大学	0	0	0
大通师范电大	0	0	0
湟中县广播电视大学	0	0	0
化隆县广播电视大学	0	0	0
循化县广播电视大学	0	0	0
海西州格尔木工作站	0	0	0
省直属分校	0	0	0
黄南州工作站	0	0	0
青海省人事厅人才交流中心	0	0	0
门源职校教学点	0	0	0
海南州职校教学点	0	0	0
贵德职校电大	0	0	0
宁　　夏	**0**	**0**	**0**
宁夏广播电视大学	0	0	0
石嘴山分校	0	0	0
吴忠市分校	0	0	0
工业职业学院电大分校	0	0	0
青铜峡市电大工作站	0	0	0
中宁县工作站	0	0	0
盐池县电大工作站	0	0	0
同心县电大工作站	0	0	0
中卫市分校	0	0	0
永宁县电大工作站	0	0	0
贺兰县电大工作站	0	0	0
平罗县电大工作站	0	0	0
灵武市电大工作站	0	0	0
西吉电大工作站	0	0	0
隆德县电大工作站	0	0	0
海原县电大工作站	0	0	0
宁夏电大新闻培训中心	0	0	0
固原市原州区电大工作站	0	0	0
新　　疆	**0**	**0**	**0**
新疆广播电视大学	0	0	0
乌鲁木齐广播电视大学	0	0	0
哈密广播电视大学	0	0	0
哈密巴里坤县电大	0	0	0
昌吉广播电视大学	0	0	0
昌吉玛纳斯县电大	0	0	0
昌吉呼图壁县电大	0	0	0
昌吉米泉市电大	0	0	0
昌吉阜康市电大	0	0	0
昌吉吉木萨尔县电大	0	0	0
昌吉奇台县电大	0	0	0
昌吉木垒县电大	0	0	0
克拉玛依广播电视大学	0	0	0
阿勒泰广播电视大学	0	0	0
阿勒泰布尔津县电大	0	0	0
阿勒泰富蕴县电大	0	0	0
阿勒泰哈巴河县电大	0	0	0
阿勒泰青河县电大	0	0	0
塔城广播电视大学	0	0	0
塔城额敏县电大	0	0	0
塔城乌苏市电大	0	0	0
塔城沙湾县电大	0	0	0
塔城托里县电大	0	0	0
塔城裕民县电大	0	0	0
塔城和丰县电大	0	0	0
巴音郭楞蒙古自治州电大	0	0	0
巴州轮台县电大	0	0	0
巴州尉犁县电大	0	0	0
巴州若羌县电大	0	0	0
巴州且末县电大	0	0	0
巴州焉耆县电大	0	0	0
巴州和静县电大	0	0	0
巴州和硕县电大	0	0	0
阿克苏分校	0	0	0
阿克苏乌什县电大	0	0	0
阿克苏阿瓦提县电大	0	0	0
阿克苏温宿县电大	0	0	0
阿克苏拜城县电大	0	0	0
阿克苏库车县电大	0	0	0
阿克苏沙雅县电大	0	0	0
博尔塔拉蒙古自治州电大	0	0	0
博州精河县电大	0	0	0
博州温泉县电大	0	0	0
奎屯市广播电视大学	0	0	0

2.3　全国电大中等专业学历教育学生情况（续表14）

单位：人

学　　校	毕业生	招生	在校生	学　　校	毕业生	招生	在校生
克孜勒苏广播电视大学	0	0	0	吐鲁番鄯善县电大	0	0	0
克州阿克陶县电大	0	0	0	吐鲁番托克逊县电大	0	0	0
克州阿合奇县电大	0	0	0	乌石化广播电视大学	0	0	0
克州乌恰县电大	0	0	0	广电厅广播电视大学	0	0	0
喀什广播电视大学	0	0	0	新疆司法警官电大	0	0	0
喀什岳普湖县电大	0	0	0	潞安公司电大	0	0	0
喀什伽师县电大	0	0	0	**新疆兵团**	**0**	**0**	**0**
喀什泽普县电大	0	0	0	新疆兵团广播电视大学	0	0	0
和田广播电视大学	0	0	0	农一师分校	0	0	0
和田和田县电大	0	0	0	农二师分校	0	0	0
和田于田县电大	0	0	0	农三师分校	0	0	0
和田墨玉县电大	0	0	0	农四师分校	0	0	0
和田洛浦县电大	0	0	0	农五师分校	0	0	0
和田策勒县电大	0	0	0	农六师分校	0	0	0
和田民丰县电大	0	0	0	农七师分校	0	0	0
伊犁州广播电视大学	0	0	0	农八师分校	0	0	0
伊犁州特克斯县电大	0	0	0	农九师分校	0	0	0
伊犁州新源县电大	0	0	0	农十师分校	0	0	0
伊犁州巩留县电大	0	0	0	农十二师分校	0	0	0
伊犁州伊宁县电大	0	0	0	农十四师分校	0	0	0
石河子广播电视大学	0	0	0	红山分校	0	0	0
吐鲁番分校	0	0	0	北京路分校	0	0	0

III 非学历教育

本章反映全国广播电视大学开展非学历教育（进修及培训）的情况。

主要内容包括：

按地区和教育类别列出各学校非学历教育的结业生数和注册学生数（人次）。

指标解释

• **进修及培训**：在高等教育学校（机构）进行的各类非学历教育。

• **资格证书培训**：由各类高等教育机构举办的，招收具有高中毕业文化程度，从事专业技术工作或专业性较强的管理工作的人员，经过学习及考试合格，达到岗位要求的专业知识水平的非学历教育。资格证书培训形式包括单科班和专业证书班。

• **岗位证书培训**：由各类高等教育机构举办的，以提高本职工作能力为目的的非学历教育和培训活动。接受培训的各类人员按要求经考核合格，颁发岗位合格证书和上岗任职聘任书。岗位证书培训形式包括资格性培训和适应性培训。

简要说明

1. 将“一月以内”、“一月至三月内”、“三月至半年内”、“半年至一年内”、“一年以上”作为五个统计时段指标，分别列出其对应的统计数据。

2. 将“资格证书培训”、“岗位证书培训”两种教育形式以及“外语”、“会计”、“计算机”三个培训科目作为四个主统计时段指标下的次统计指标，分别列出其对应的统计数据。

3. 2011 年，全国广播电视大学非学历教育（进修及培训）中，“资格证书培训”和“岗位证书培训”结业生数为 85.32 万人次，占非学历教育结业生总数的 47.69%。

4. 2011 年，全国广播电视大学非学历教育（进修及培训）中，“外语”、“会计”和“计算机”结业生数为 32.88 万人次，占非学历教育结业生总数的 18.38%。

5. 2011 年，全国广播电视大学非学历教育结业生总数为 178.92 万人次。其中，人数较多的有重庆电大 38.32 万人次，河南电大 26.37 万人次，甘肃电大 16.85 万人次，安徽电大 14.43 万人次。

3.1 全国电大非学历教育（进修及培训）

单位：人

	进修及培训												
	合计	一月以内	一月至三月内	三月至半年内	半年至一年内	一年以上	在进修及培训中			在进修及培训中			
							计	资格证书培训	岗位证书培训	计	外语	会计	计算机
总　计													
结业生	1789181	900680	559637	112520	170438	45906	853224	496157	357067	328792	43258	114460	171074
在校生	348891	72753	54983	52985	122246	45924	137509	39411	98098	52692	14545	20357	17790
中央电大													
结业生	9773	9016	757	0	0	0	9157	476	8681	616	616	0	0
在校生	11742	11550	192	0	0	0	11742	26	11716	0	0	0	0
中央广播电视大学													
结业生	9773	9016	757	0	0	0	9157	476	8681	616	616	0	0
在校生	11742	11550	192	0	0	0	11742	26	11716	0	0	0	0
中央电大直属院校													
结业生	794	0	794	0	0	0	794	530	264	794	0	794	0
在校生	0	0	0	0	0	0	0	0	0	0	0	0	0
中央电大直属学院													
结业生	0	0	0	0	0	0	0	0	0	0	0	0	0
在校生	0	0	0	0	0	0	0	0	0	0	0	0	0
中央电大西藏学院													
结业生	0	0	0	0	0	0	0	0	0	0	0	0	0
在校生	0	0	0	0	0	0	0	0	0	0	0	0	0
中央电大八一学院													
结业生	0	0	0	0	0	0	0	0	0	0	0	0	0
在校生	0	0	0	0	0	0	0	0	0	0	0	0	0
中央电大总参学院													
结业生	0	0	0	0	0	0	0	0	0	0	0	0	0
在校生	0	0	0	0	0	0	0	0	0	0	0	0	0
中央电大北京学习中心													
结业生	0	0	0	0	0	0	0	0	0	0	0	0	0
在校生	0	0	0	0	0	0	0	0	0	0	0	0	0
中央电大太原学习中心													
结业生	0	0	0	0	0	0	0	0	0	0	0	0	0
在校生	0	0	0	0	0	0	0	0	0	0	0	0	0
中央电大南海学习中心													
结业生	794	0	794	0	0	0	794	530	264	794	0	794	0
在校生	0	0	0	0	0	0	0	0	0	0	0	0	0
中央电大 TCL 学习中心													
结业生	0	0	0	0	0	0	0	0	0	0	0	0	0
在校生	0	0	0	0	0	0	0	0	0	0	0	0	0
中央电大北大医学部教学点													
结业生	0	0	0	0	0	0	0	0	0	0	0	0	0
在校生	0	0	0	0	0	0	0	0	0	0	0	0	0
中央电大中国政法大学教学点													
结业生	0	0	0	0	0	0	0	0	0	0	0	0	0
在校生	0	0	0	0	0	0	0	0	0	0	0	0	0
中央电大残疾人教育学院													
结业生	0	0	0	0	0	0	0	0	0	0	0	0	0
在校生	0	0	0	0	0	0	0	0	0	0	0	0	0
中央电大空军学院													
结业生	0	0	0	0	0	0	0	0	0	0	0	0	0
在校生	0	0	0	0	0	0	0	0	0	0	0	0	0

3.1 全国电大非学历教育（进修及培训）（续表 1）

单位：人

	进修及培训												
	合计	一月以内	一月至三月内	三月至半年内	半年至一年内	一年以上	在进修及培训中			在进修及培训中			
							计	资格证书培训	岗位证书培训	计	外语	会计	计算机
北　京													
结业生	8325	1708	3835	1235	1547	0	5806	2750	3056	1050	223	420	407
在校生	8623	6113	2134	124	252	0	2900	416	2484	6168	829	235	5104
北京广播电视大学													
结业生	1653	1223	430	0	0	0	1506	416	1090	702	166	235	301
在校生	6853	6113	740	0	0	0	1506	416	1090	6021	682	235	5104
东城分校													
结业生	88	0	0	88	0	0	0	0	0	0	0	0	0
在校生	124	0	0	124	0	0	0	0	0	0	0	0	0
西城分校													
结业生	1004	0	0	190	814	0	0	0	0	0	0	0	0
在校生	0	0	0	0	0	0	0	0	0	0	0	0	0
崇文分校													
结业生	0	0	0	0	0	0	0	0	0	0	0	0	0
在校生	0	0	0	0	0	0	0	0	0	0	0	0	0
宣武分校													
结业生	0	0	0	0	0	0	0	0	0	0	0	0	0
在校生	0	0	0	0	0	0	0	0	0	0	0	0	0
朝阳区分校													
结业生	574	0	0	0	574	0	0	0	0	0	0	0	0
在校生	0	0	0	0	0	0	0	0	0	0	0	0	0
海淀分校													
结业生	0	0	0	0	0	0	0	0	0	0	0	0	0
在校生	0	0	0	0	0	0	0	0	0	0	0	0	0
丰台区分校													
结业生	0	0	0	0	0	0	0	0	0	0	0	0	0
在校生	0	0	0	0	0	0	0	0	0	0	0	0	0
石景山分校													
结业生	0	0	0	0	0	0	0	0	0	0	0	0	0
在校生	0	0	0	0	0	0	0	0	0	0	0	0	0
通州区分校													
结业生	0	0	0	0	0	0	0	0	0	0	0	0	0
在校生	0	0	0	0	0	0	0	0	0	0	0	0	0
房山区分校													
结业生	742	485	257	0	0	0	435	387	48	191	0	115	76
在校生	0	0	0	0	0	0	0	0	0	0	0	0	0
昌平分校													
结业生	0	0	0	0	0	0	0	0	0	0	0	0	0
在校生	0	0	0	0	0	0	0	0	0	0	0	0	0
平谷分校													
结业生	0	0	0	0	0	0	0	0	0	0	0	0	0
在校生	0	0	0	0	0	0	0	0	0	0	0	0	0
怀柔分校													
结业生	0	0	0	0	0	0	0	0	0	0	0	0	0
在校生	1394	0	1394	0	0	0	1394	0	1394	0	0	0	0
密云分校													
结业生	0	0	0	0	0	0	0	0	0	0	0	0	0
在校生	0	0	0	0	0	0	0	0	0	0	0	0	0

3.1 全国电大非学历教育（进修及培训）（续表2）

单位：人

	进修及培训												
	合计	一月以内	一月至三月内	三月至半年内	半年至一年内	一年以上	在进修及培训中			在进修及培训中			
							计	资格证书培训	岗位证书培训	计	外语	会计	计算机
延庆分校													
结业生	159	0	0	0	159	0	0	0	0	57	57	0	0
在校生	252	0	0	0	252	0	0	0	0	147	147	0	0
大兴分校													
结业生	0	0	0	0	0	0	0	0	0	0	0	0	0
在校生	0	0	0	0	0	0	0	0	0	0	0	0	0
顺义分校													
结业生	1093	0	136	957	0	0	1003	70	933	100	0	70	30
在校生	0	0	0	0	0	0	0	0	0	0	0	0	0
门头沟分校													
结业生	0	0	0	0	0	0	0	0	0	0	0	0	0
在校生	0	0	0	0	0	0	0	0	0	0	0	0	0
航天部三院工作站													
结业生	0	0	0	0	0	0	0	0	0	0	0	0	0
在校生	0	0	0	0	0	0	0	0	0	0	0	0	0
首钢工作站													
结业生	0	0	0	0	0	0	0	0	0	0	0	0	0
在校生	0	0	0	0	0	0	0	0	0	0	0	0	0
燕山分校													
结业生	0	0	0	0	0	0	0	0	0	0	0	0	0
在校生	0	0	0	0	0	0	0	0	0	0	0	0	0
一商干校工作站													
结业生	0	0	0	0	0	0	0	0	0	0	0	0	0
在校生	0	0	0	0	0	0	0	0	0	0	0	0	0
文化局工作站													
结业生	150	0	150	0	0	0	0	0	0	0	0	0	0
在校生	0	0	0	0	0	0	0	0	0	0	0	0	0
水务局工作站													
结业生	0	0	0	0	0	0	0	0	0	0	0	0	0
在校生	0	0	0	0	0	0	0	0	0	0	0	0	0
北京市园林局工作站													
结业生	0	0	0	0	0	0	0	0	0	0	0	0	0
在校生	0	0	0	0	0	0	0	0	0	0	0	0	0
医药分校													
结业生	2451	0	2451	0	0	0	2451	1466	985	0	0	0	0
在校生	0	0	0	0	0	0	0	0	0	0	0	0	0
供销社分校													
结业生	0	0	0	0	0	0	0	0	0	0	0	0	0
在校生	0	0	0	0	0	0	0	0	0	0	0	0	0
矿山工作站													
结业生	0	0	0	0	0	0	0	0	0	0	0	0	0
在校生	0	0	0	0	0	0	0	0	0	0	0	0	0
北京卫校教学点													
结业生	0	0	0	0	0	0	0	0	0	0	0	0	0
在校生	0	0	0	0	0	0	0	0	0	0	0	0	0
崇文卫校工作站													
结业生	0	0	0	0	0	0	0	0	0	0	0	0	0
在校生	0	0	0	0	0	0	0	0	0	0	0	0	0

3.1 全国电大非学历教育（进修及培训）（续表3）

单位：人

	进修及培训												
	合计	一月以内	一月至三月内	三月至半年内	半年至一年内	一年以上	在进修及培训中			在进修及培训中			
							计	资格证书培训	岗位证书培训	计	外语	会计	计算机
海淀卫校工作站													
结业生	0	0	0	0	0	0	0	0	0	0	0	0	0
在校生	0	0	0	0	0	0	0	0	0	0	0	0	0
联大商务学院教学点													
结业生	0	0	0	0	0	0	0	0	0	0	0	0	0
在校生	0	0	0	0	0	0	0	0	0	0	0	0	0
市公务员培训中心教学点													
结业生	0	0	0	0	0	0	0	0	0	0	0	0	0
在校生	0	0	0	0	0	0	0	0	0	0	0	0	0
电子科技学院工作站													
结业生	0	0	0	0	0	0	0	0	0	0	0	0	0
在校生	0	0	0	0	0	0	0	0	0	0	0	0	0
纺织工作站													
结业生	0	0	0	0	0	0	0	0	0	0	0	0	0
在校生	0	0	0	0	0	0	0	0	0	0	0	0	0
中德中心教学点													
结业生	0	0	0	0	0	0	0	0	0	0	0	0	0
在校生	0	0	0	0	0	0	0	0	0	0	0	0	0
汽修学校工作站													
结业生	411	0	411	0	0	0	411	411	0	0	0	0	0
在校生	0	0	0	0	0	0	0	0	0	0	0	0	0
市建职大工作站													
结业生	0	0	0	0	0	0	0	0	0	0	0	0	0
在校生	0	0	0	0	0	0	0	0	0	0	0	0	0
市工干院工作站													
结业生	0	0	0	0	0	0	0	0	0	0	0	0	0
在校生	0	0	0	0	0	0	0	0	0	0	0	0	0
供销学校工作站													
结业生	0	0	0	0	0	0	0	0	0	0	0	0	0
在校生	0	0	0	0	0	0	0	0	0	0	0	0	0
金融学院工作站													
结业生	0	0	0	0	0	0	0	0	0	0	0	0	0
在校生	0	0	0	0	0	0	0	0	0	0	0	0	0
北京电大工贸技师学院工作站													
结业生	0	0	0	0	0	0	0	0	0	0	0	0	0
在校生	0	0	0	0	0	0	0	0	0	0	0	0	0
电科职院工作站													
结业生	0	0	0	0	0	0	0	0	0	0	0	0	0
在校生	0	0	0	0	0	0	0	0	0	0	0	0	0
联大特教学院教学点													
结业生	0	0	0	0	0	0	0	0	0	0	0	0	0
在校生	0	0	0	0	0	0	0	0	0	0	0	0	0
经管学校工作站													
结业生	0	0	0	0	0	0	0	0	0	0	0	0	0
在校生	0	0	0	0	0	0	0	0	0	0	0	0	0
工业技师工作站													
结业生	0	0	0	0	0	0	0	0	0	0	0	0	0
在校生	0	0	0	0	0	0	0	0	0	0	0	0	0

3.1 全国电大非学历教育（进修及培训）（续表4）

单位：人

	进修及培训												
	合计	一月以内	一月至三月内	三月至半年内	半年至一年内	一年以上	在进修及培训中			在进修及培训中			
							计	资格证书培训	岗位证书培训	计	外语	会计	计算机
崇培中心工作站													
结业生	0	0	0	0	0	0	0	0	0	0	0	0	0
在校生	0	0	0	0	0	0	0	0	0	0	0	0	0
昌平职校工作站													
结业生	0	0	0	0	0	0	0	0	0	0	0	0	0
在校生	0	0	0	0	0	0	0	0	0	0	0	0	0
汽车技校工作站													
结业生	0	0	0	0	0	0	0	0	0	0	0	0	0
在校生	0	0	0	0	0	0	0	0	0	0	0	0	0
昌平卫校工作站													
结业生	0	0	0	0	0	0	0	0	0	0	0	0	0
在校生	0	0	0	0	0	0	0	0	0	0	0	0	0
天　　津													
结业生	13433	6930	3505	1009	834	1155	5203	3602	1601	2807	38	1375	1394
在校生	5451	3680	310	330	630	501	539	299	240	316	0	281	35
天津广播电视大学													
结业生	1075	0	1075	0	0	0	1075	754	321	276	0	101	175
在校生	0	0	0	0	0	0	0	0	0	0	0	0	0
新华分校													
结业生	0	0	0	0	0	0	0	0	0	0	0	0	0
在校生	0	0	0	0	0	0	0	0	0	0	0	0	0
南开分校													
结业生	0	0	0	0	0	0	0	0	0	0	0	0	0
在校生	0	0	0	0	0	0	0	0	0	0	0	0	0
河东工作站													
结业生	231	0	0	133	98	0	231	0	231	231	38	113	80
在校生	104	0	0	104	0	0	0	0	0	104	0	104	0
河西工作站													
结业生	0	0	0	0	0	0	0	0	0	0	0	0	0
在校生	0	0	0	0	0	0	0	0	0	0	0	0	0
河北工作站													
结业生	0	0	0	0	0	0	0	0	0	0	0	0	0
在校生	0	0	0	0	0	0	0	0	0	0	0	0	0
红桥工作站													
结业生	1766	680	230	226	630	0	300	60	240	0	0	0	0
在校生	1941	680	230	226	630	175	300	60	240	0	0	0	0
塘沽分校													
结业生	0	0	0	0	0	0	0	0	0	0	0	0	0
在校生	0	0	0	0	0	0	0	0	0	0	0	0	0
汉沽分校													
结业生	0	0	0	0	0	0	0	0	0	0	0	0	0
在校生	0	0	0	0	0	0	0	0	0	0	0	0	0
大港分校													
结业生	0	0	0	0	0	0	0	0	0	0	0	0	0
在校生	0	0	0	0	0	0	0	0	0	0	0	0	0
东丽分校													
结业生	0	0	0	0	0	0	0	0	0	0	0	0	0
在校生	0	0	0	0	0	0	0	0	0	0	0	0	0

3.1 全国电大非学历教育（进修及培训）（续表5）

单位：人

	进修及培训												
	合计	一月以内	一月至三月内	三月至半年内	半年至一年内	一年以上	在进修及培训中			在进修及培训中			
							计	资格证书培训	岗位证书培训	计	外语	会计	计算机
津南区分校													
结业生	1155	0	0	0	0	1155	121	57	64	1034	0	320	714
在校生	326	0	0	0	0	326	194	194	0	132	0	132	0
西青分校													
结业生	150	0	150	0	0	0	75	75	0	150	0	75	75
在校生	80	0	80	0	0	0	45	45	0	80	0	45	35
北辰分校													
结业生	1600	1600	0	0	0	0	900	900	0	0	0	0	0
在校生	0	0	0	0	0	0	0	0	0	0	0	0	0
武清分校													
结业生	2500	2500	0	0	0	0	0	0	0	0	0	0	0
在校生	3000	3000	0	0	0	0	0	0	0	0	0	0	0
静海分校													
结业生	3650	1750	1250	650	0	0	1495	1250	245	1010	0	660	350
在校生	0	0	0	0	0	0	0	0	0	0	0	0	0
宝坻分校													
结业生	0	0	0	0	0	0	0	0	0	0	0	0	0
在校生	0	0	0	0	0	0	0	0	0	0	0	0	0
宁河分校													
结业生	0	0	0	0	0	0	0	0	0	0	0	0	0
在校生	0	0	0	0	0	0	0	0	0	0	0	0	0
化工局工作站													
结业生	0	0	0	0	0	0	0	0	0	0	0	0	0
在校生	0	0	0	0	0	0	0	0	0	0	0	0	0
纺织局工作站													
结业生	0	0	0	0	0	0	0	0	0	0	0	0	0
在校生	0	0	0	0	0	0	0	0	0	0	0	0	0
机械工作站													
结业生	0	0	0	0	0	0	0	0	0	0	0	0	0
在校生	0	0	0	0	0	0	0	0	0	0	0	0	0
渤海化工集团公司工作站													
结业生	0	0	0	0	0	0	0	0	0	0	0	0	0
在校生	0	0	0	0	0	0	0	0	0	0	0	0	0
财政局工作站													
结业生	0	0	0	0	0	0	0	0	0	0	0	0	0
在校生	0	0	0	0	0	0	0	0	0	0	0	0	0
劳动和社会保障局工作站													
结业生	0	0	0	0	0	0	0	0	0	0	0	0	0
在校生	0	0	0	0	0	0	0	0	0	0	0	0	0
物资集团公司工作站													
结业生	0	0	0	0	0	0	0	0	0	0	0	0	0
在校生	0	0	0	0	0	0	0	0	0	0	0	0	0
建工学院													
结业生	1200	400	800	0	0	0	900	400	500	0	0	0	0
在校生	0	0	0	0	0	0	0	0	0	0	0	0	0
铁路分局工作站													
结业生	0	0	0	0	0	0	0	0	0	0	0	0	0
在校生	0	0	0	0	0	0	0	0	0	0	0	0	0

3.1 全国电大非学历教育（进修及培训）（续表6）

单位：人

	进修及培训												
	合计	一月以内	一月至三月内	三月至半年内	半年至一年内	一年以上	在进修及培训中			在进修及培训中			
							计	资格证书培训	岗位证书培训	计	外语	会计	计算机
财贸分校													
结业生	0	0	0	0	0	0	0	0	0	0	0	0	0
在校生	0	0	0	0	0	0	0	0	0	0	0	0	0
政法管理干部学院工作站													
结业生	0	0	0	0	0	0	0	0	0	0	0	0	0
在校生	0	0	0	0	0	0	0	0	0	0	0	0	0
台盟工作站													
结业生	106	0	0	0	106	0	106	106	0	106	0	106	0
在校生	0	0	0	0	0	0	0	0	0	0	0	0	0
经委工作站													
结业生	0	0	0	0	0	0	0	0	0	0	0	0	0
在校生	0	0	0	0	0	0	0	0	0	0	0	0	0
蓟县分校													
结业生	0	0	0	0	0	0	0	0	0	0	0	0	0
在校生	0	0	0	0	0	0	0	0	0	0	0	0	0
天津铁路工程分校													
结业生	0	0	0	0	0	0	0	0	0	0	0	0	0
在校生	0	0	0	0	0	0	0	0	0	0	0	0	0
市政分校													
结业生	0	0	0	0	0	0	0	0	0	0	0	0	0
在校生	0	0	0	0	0	0	0	0	0	0	0	0	0
天津市劳动局旅游服务学校													
结业生	0	0	0	0	0	0	0	0	0	0	0	0	0
在校生	0	0	0	0	0	0	0	0	0	0	0	0	0
天津广播电视大学经管学院													
结业生	0	0	0	0	0	0	0	0	0	0	0	0	0
在校生	0	0	0	0	0	0	0	0	0	0	0	0	0
天津广播电视大学文法学院													
结业生	0	0	0	0	0	0	0	0	0	0	0	0	0
在校生	0	0	0	0	0	0	0	0	0	0	0	0	0
天津市工程高级技工学校													
结业生	0	0	0	0	0	0	0	0	0	0	0	0	0
在校生	0	0	0	0	0	0	0	0	0	0	0	0	0
天津广播电视大学外语学院													
结业生	0	0	0	0	0	0	0	0	0	0	0	0	0
在校生	0	0	0	0	0	0	0	0	0	0	0	0	0
轻工职业技术学院													
结业生	0	0	0	0	0	0	0	0	0	0	0	0	0
在校生	0	0	0	0	0	0	0	0	0	0	0	0	0
河　北													
结业生	22201	4668	0	17533	0	0	22201	19372	2829	753	0	0	753
在校生	0	0	0	0	0	0	0	0	0	0	0	0	0
河北广播电视大学													
结业生	1520	1520	0	0	0	0	1520	1120	400	0	0	0	0
在校生	0	0	0	0	0	0	0	0	0	0	0	0	0
石家庄广播电视大学													
结业生	0	0	0	0	0	0	0	0	0	0	0	0	0
在校生	0	0	0	0	0	0	0	0	0	0	0	0	0

3.1 全国电大非学历教育（进修及培训）（续表7）

单位：人

	进修及培训												
	合计	一月以内	一月至三月内	三月至半年内	半年至一年内	一年以上	在进修及培训中			在进修及培训中			
							计	资格证书培训	岗位证书培训	计	外语	会计	计算机
唐山广播电视大学													
结业生	0	0	0	0	0	0	0	0	0	0	0	0	0
在校生	0	0	0	0	0	0	0	0	0	0	0	0	0
秦皇岛广播电视大学													
结业生	0	0	0	0	0	0	0	0	0	0	0	0	0
在校生	0	0	0	0	0	0	0	0	0	0	0	0	0
邯郸广播电视大学													
结业生	0	0	0	0	0	0	0	0	0	0	0	0	0
在校生	0	0	0	0	0	0	0	0	0	0	0	0	0
承德广播电视大学													
结业生	1659	1659	0	0	0	0	1659	139	1520	650	0	0	650
在校生	0	0	0	0	0	0	0	0	0	0	0	0	0
邢台广播电视大学													
结业生	0	0	0	0	0	0	0	0	0	0	0	0	0
在校生	0	0	0	0	0	0	0	0	0	0	0	0	0
保定广播电视大学													
结业生	19022	1489	0	17533	0	0	19022	18113	909	103	0	0	103
在校生	0	0	0	0	0	0	0	0	0	0	0	0	0
张家口广播电视大学													
结业生	0	0	0	0	0	0	0	0	0	0	0	0	0
在校生	0	0	0	0	0	0	0	0	0	0	0	0	0
沧州广播电视大学													
结业生	0	0	0	0	0	0	0	0	0	0	0	0	0
在校生	0	0	0	0	0	0	0	0	0	0	0	0	0
廊坊广播电视大学													
结业生	0	0	0	0	0	0	0	0	0	0	0	0	0
在校生	0	0	0	0	0	0	0	0	0	0	0	0	0
衡水广播电视大学													
结业生	0	0	0	0	0	0	0	0	0	0	0	0	0
在校生	0	0	0	0	0	0	0	0	0	0	0	0	0
省直分校													
结业生	0	0	0	0	0	0	0	0	0	0	0	0	0
在校生	0	0	0	0	0	0	0	0	0	0	0	0	0
电力分校													
结业生	0	0	0	0	0	0	0	0	0	0	0	0	0
在校生	0	0	0	0	0	0	0	0	0	0	0	0	0
山　西													
结业生	2557	2539	0	0	0	18	2370	0	2370	179	179	0	0
在校生	0	0	0	0	0	0	0	0	0	0	0	0	0
山西广播电视大学													
结业生	1555	1555	0	0	0	0	1386	0	1386	179	179	0	0
在校生	0	0	0	0	0	0	0	0	0	0	0	0	0
太原广播电视大学													
结业生	0	0	0	0	0	0	0	0	0	0	0	0	0
在校生	0	0	0	0	0	0	0	0	0	0	0	0	0
小店区电大工作站													
结业生	0	0	0	0	0	0	0	0	0	0	0	0	0
在校生	0	0	0	0	0	0	0	0	0	0	0	0	0

3.1 全国电大非学历教育（进修及培训）（续表8）

单位：人

	进修及培训												
	合计	一月以内	一月至三月内	三月至半年内	半年至一年内	一年以上	在进修及培训中			在进修及培训中			
							计	资格证书培训	岗位证书培训	计	外语	会计	计算机
杏花岭区电大工作站													
结业生	0	0	0	0	0	0	0	0	0	0	0	0	0
在校生	0	0	0	0	0	0	0	0	0	0	0	0	0
万柏林区电大工作站													
结业生	0	0	0	0	0	0	0	0	0	0	0	0	0
在校生	0	0	0	0	0	0	0	0	0	0	0	0	0
尖草坪区电大工作站													
结业生	0	0	0	0	0	0	0	0	0	0	0	0	0
在校生	0	0	0	0	0	0	0	0	0	0	0	0	0
晋源区电大工作站													
结业生	0	0	0	0	0	0	0	0	0	0	0	0	0
在校生	0	0	0	0	0	0	0	0	0	0	0	0	0
古交市电大工作站													
结业生	0	0	0	0	0	0	0	0	0	0	0	0	0
在校生	0	0	0	0	0	0	0	0	0	0	0	0	0
清徐县电大工作站													
结业生	0	0	0	0	0	0	0	0	0	0	0	0	0
在校生	0	0	0	0	0	0	0	0	0	0	0	0	0
阳曲县电大工作站													
结业生	0	0	0	0	0	0	0	0	0	0	0	0	0
在校生	0	0	0	0	0	0	0	0	0	0	0	0	0
娄烦县电大工作站													
结业生	0	0	0	0	0	0	0	0	0	0	0	0	0
在校生	0	0	0	0	0	0	0	0	0	0	0	0	0
太原卫校工作站													
结业生	0	0	0	0	0	0	0	0	0	0	0	0	0
在校生	0	0	0	0	0	0	0	0	0	0	0	0	0
新华教学点													
结业生	0	0	0	0	0	0	0	0	0	0	0	0	0
在校生	0	0	0	0	0	0	0	0	0	0	0	0	0
大同广播电视大学													
结业生	0	0	0	0	0	0	0	0	0	0	0	0	0
在校生	0	0	0	0	0	0	0	0	0	0	0	0	0
灵丘电大													
结业生	0	0	0	0	0	0	0	0	0	0	0	0	0
在校生	0	0	0	0	0	0	0	0	0	0	0	0	0
浑源电大													
结业生	0	0	0	0	0	0	0	0	0	0	0	0	0
在校生	0	0	0	0	0	0	0	0	0	0	0	0	0
新荣电大													
结业生	0	0	0	0	0	0	0	0	0	0	0	0	0
在校生	0	0	0	0	0	0	0	0	0	0	0	0	0
广灵教师培训学校													
结业生	0	0	0	0	0	0	0	0	0	0	0	0	0
在校生	0	0	0	0	0	0	0	0	0	0	0	0	0
南郊进修学校													
结业生	0	0	0	0	0	0	0	0	0	0	0	0	0
在校生	0	0	0	0	0	0	0	0	0	0	0	0	0

3.1 全国电大非学历教育（进修及培训）（续表9）

单位：人

	进修及培训												
	合计	一月以内	一月至三月内	三月至半年内	半年至一年内	一年以上	在进修及培训中			在进修及培训中			
							计	资格证书培训	岗位证书培训	计	外语	会计	计算机
天镇进修学校													
结业生	0	0	0	0	0	0	0	0	0	0	0	0	0
在校生	0	0	0	0	0	0	0	0	0	0	0	0	0
阳高进修校													
结业生	0	0	0	0	0	0	0	0	0	0	0	0	0
在校生	0	0	0	0	0	0	0	0	0	0	0	0	0
阳泉广播电视大学													
结业生	0	0	0	0	0	0	0	0	0	0	0	0	0
在校生	0	0	0	0	0	0	0	0	0	0	0	0	0
化工厂培训中心													
结业生	0	0	0	0	0	0	0	0	0	0	0	0	0
在校生	0	0	0	0	0	0	0	0	0	0	0	0	0
阳煤集团职教中心													
结业生	0	0	0	0	0	0	0	0	0	0	0	0	0
在校生	0	0	0	0	0	0	0	0	0	0	0	0	0
盂县进修学校													
结业生	0	0	0	0	0	0	0	0	0	0	0	0	0
在校生	0	0	0	0	0	0	0	0	0	0	0	0	0
郊区工作站													
结业生	0	0	0	0	0	0	0	0	0	0	0	0	0
在校生	0	0	0	0	0	0	0	0	0	0	0	0	0
平定职业中学													
结业生	0	0	0	0	0	0	0	0	0	0	0	0	0
在校生	0	0	0	0	0	0	0	0	0	0	0	0	0
长治广播电视大学													
结业生	0	0	0	0	0	0	0	0	0	0	0	0	0
在校生	0	0	0	0	0	0	0	0	0	0	0	0	0
壶关电大工作站													
结业生	0	0	0	0	0	0	0	0	0	0	0	0	0
在校生	0	0	0	0	0	0	0	0	0	0	0	0	0
潞城电大工作站													
结业生	0	0	0	0	0	0	0	0	0	0	0	0	0
在校生	0	0	0	0	0	0	0	0	0	0	0	0	0
长子电大工作站													
结业生	0	0	0	0	0	0	0	0	0	0	0	0	0
在校生	0	0	0	0	0	0	0	0	0	0	0	0	0
黎城电大工作站													
结业生	0	0	0	0	0	0	0	0	0	0	0	0	0
在校生	0	0	0	0	0	0	0	0	0	0	0	0	0
沁源电大工作站													
结业生	0	0	0	0	0	0	0	0	0	0	0	0	0
在校生	0	0	0	0	0	0	0	0	0	0	0	0	0
襄垣电大工作站													
结业生	0	0	0	0	0	0	0	0	0	0	0	0	0
在校生	0	0	0	0	0	0	0	0	0	0	0	0	0
屯留电大工作站													
结业生	0	0	0	0	0	0	0	0	0	0	0	0	0
在校生	0	0	0	0	0	0	0	0	0	0	0	0	0

3.1 全国电大非学历教育（进修及培训）（续表10）

单位：人

	进修及培训												
	合计	一月以内	一月至三月内	三月至半年内	半年至一年内	一年以上	在进修及培训中			在进修及培训中			
							计	资格证书培训	岗位证书培训	计	外语	会计	计算机
平顺电大工作站													
结业生	0	0	0	0	0	0	0	0	0	0	0	0	0
在校生	0	0	0	0	0	0	0	0	0	0	0	0	0
长治潞安职业技术培训学校工作站													
结业生	0	0	0	0	0	0	0	0	0	0	0	0	0
在校生	0	0	0	0	0	0	0	0	0	0	0	0	0
晋城广播电视大学													
结业生	0	0	0	0	0	0	0	0	0	0	0	0	0
在校生	0	0	0	0	0	0	0	0	0	0	0	0	0
城区电大工作站													
结业生	0	0	0	0	0	0	0	0	0	0	0	0	0
在校生	0	0	0	0	0	0	0	0	0	0	0	0	0
泽州电大工作站													
结业生	0	0	0	0	0	0	0	0	0	0	0	0	0
在校生	0	0	0	0	0	0	0	0	0	0	0	0	0
高平电大工作站													
结业生	0	0	0	0	0	0	0	0	0	0	0	0	0
在校生	0	0	0	0	0	0	0	0	0	0	0	0	0
阳城电大工作站													
结业生	0	0	0	0	0	0	0	0	0	0	0	0	0
在校生	0	0	0	0	0	0	0	0	0	0	0	0	0
沁水电大工作站													
结业生	0	0	0	0	0	0	0	0	0	0	0	0	0
在校生	0	0	0	0	0	0	0	0	0	0	0	0	0
陵川电大工作站													
结业生	0	0	0	0	0	0	0	0	0	0	0	0	0
在校生	0	0	0	0	0	0	0	0	0	0	0	0	0
忻州广播电视大学													
结业生	0	0	0	0	0	0	0	0	0	0	0	0	0
在校生	0	0	0	0	0	0	0	0	0	0	0	0	0
忻府区教师进修校													
结业生	0	0	0	0	0	0	0	0	0	0	0	0	0
在校生	0	0	0	0	0	0	0	0	0	0	0	0	0
忻州商校教学点													
结业生	0	0	0	0	0	0	0	0	0	0	0	0	0
在校生	0	0	0	0	0	0	0	0	0	0	0	0	0
五台县教师进修校													
结业生	0	0	0	0	0	0	0	0	0	0	0	0	0
在校生	0	0	0	0	0	0	0	0	0	0	0	0	0
保德县教师进修校													
结业生	0	0	0	0	0	0	0	0	0	0	0	0	0
在校生	0	0	0	0	0	0	0	0	0	0	0	0	0
河曲县教师进修校													
结业生	0	0	0	0	0	0	0	0	0	0	0	0	0
在校生	0	0	0	0	0	0	0	0	0	0	0	0	0
偏关县教师进修校													
结业生	0	0	0	0	0	0	0	0	0	0	0	0	0
在校生	0	0	0	0	0	0	0	0	0	0	0	0	0

3.1　全国电大非学历教育（进修及培训）（续表 11）

单位：人

	进修及培训												
	合计	一月以内	一月至三月内	三月至半年内	半年至一年内	一年以上	在进修及培训中			在进修及培训中			
							计	资格证书培训	岗位证书培训	计	外语	会计	计算机
五寨县教师进修校													
结业生	0	0	0	0	0	0	0	0	0	0	0	0	0
在校生	0	0	0	0	0	0	0	0	0	0	0	0	0
静乐县教师进修校													
结业生	0	0	0	0	0	0	0	0	0	0	0	0	0
在校生	0	0	0	0	0	0	0	0	0	0	0	0	0
宁武县教师进修校													
结业生	0	0	0	0	0	0	0	0	0	0	0	0	0
在校生	0	0	0	0	0	0	0	0	0	0	0	0	0
代县教师进修校													
结业生	0	0	0	0	0	0	0	0	0	0	0	0	0
在校生	0	0	0	0	0	0	0	0	0	0	0	0	0
晋中广播电视大学													
结业生	0	0	0	0	0	0	0	0	0	0	0	0	0
在校生	0	0	0	0	0	0	0	0	0	0	0	0	0
介休工作站													
结业生	0	0	0	0	0	0	0	0	0	0	0	0	0
在校生	0	0	0	0	0	0	0	0	0	0	0	0	0
灵石工作站													
结业生	0	0	0	0	0	0	0	0	0	0	0	0	0
在校生	0	0	0	0	0	0	0	0	0	0	0	0	0
昔阳工作站													
结业生	0	0	0	0	0	0	0	0	0	0	0	0	0
在校生	0	0	0	0	0	0	0	0	0	0	0	0	0
祁县工作站													
结业生	0	0	0	0	0	0	0	0	0	0	0	0	0
在校生	0	0	0	0	0	0	0	0	0	0	0	0	0
平遥工作站													
结业生	0	0	0	0	0	0	0	0	0	0	0	0	0
在校生	0	0	0	0	0	0	0	0	0	0	0	0	0
左权工作站													
结业生	18	0	0	0	0	18	0	0	0	0	0	0	0
在校生	0	0	0	0	0	0	0	0	0	0	0	0	0
太谷工作站													
结业生	0	0	0	0	0	0	0	0	0	0	0	0	0
在校生	0	0	0	0	0	0	0	0	0	0	0	0	0
寿阳工作站													
结业生	0	0	0	0	0	0	0	0	0	0	0	0	0
在校生	0	0	0	0	0	0	0	0	0	0	0	0	0
榆社工作站													
结业生	0	0	0	0	0	0	0	0	0	0	0	0	0
在校生	0	0	0	0	0	0	0	0	0	0	0	0	0
吕梁广播电视大学													
结业生	0	0	0	0	0	0	0	0	0	0	0	0	0
在校生	0	0	0	0	0	0	0	0	0	0	0	0	0
临县电大													
结业生	0	0	0	0	0	0	0	0	0	0	0	0	0
在校生	0	0	0	0	0	0	0	0	0	0	0	0	0

3.1　全国电大非学历教育（进修及培训）（续表12）

单位：人

	进修及培训												
	合计	一月以内	一月至三月内	三月至半年内	半年至一年内	一年以上	在进修及培训中			在进修及培训中			
							计	资格证书培训	岗位证书培训	计	外语	会计	计算机
方山电大													
结业生	0	0	0	0	0	0	0	0	0	0	0	0	0
在校生	0	0	0	0	0	0	0	0	0	0	0	0	0
孝义电大													
结业生	0	0	0	0	0	0	0	0	0	0	0	0	0
在校生	0	0	0	0	0	0	0	0	0	0	0	0	0
文水电大													
结业生	0	0	0	0	0	0	0	0	0	0	0	0	0
在校生	0	0	0	0	0	0	0	0	0	0	0	0	0
交城电大													
结业生	0	0	0	0	0	0	0	0	0	0	0	0	0
在校生	0	0	0	0	0	0	0	0	0	0	0	0	0
石楼教学点													
结业生	0	0	0	0	0	0	0	0	0	0	0	0	0
在校生	0	0	0	0	0	0	0	0	0	0	0	0	0
岚县教学点													
结业生	0	0	0	0	0	0	0	0	0	0	0	0	0
在校生	0	0	0	0	0	0	0	0	0	0	0	0	0
中阳电大													
结业生	0	0	0	0	0	0	0	0	0	0	0	0	0
在校生	0	0	0	0	0	0	0	0	0	0	0	0	0
交口教学点													
结业生	0	0	0	0	0	0	0	0	0	0	0	0	0
在校生	0	0	0	0	0	0	0	0	0	0	0	0	0
临汾分校													
结业生	0	0	0	0	0	0	0	0	0	0	0	0	0
在校生	0	0	0	0	0	0	0	0	0	0	0	0	0
翼城教师进修校													
结业生	0	0	0	0	0	0	0	0	0	0	0	0	0
在校生	0	0	0	0	0	0	0	0	0	0	0	0	0
霍州市委党校													
结业生	0	0	0	0	0	0	0	0	0	0	0	0	0
在校生	0	0	0	0	0	0	0	0	0	0	0	0	0
乡宁教学点													
结业生	0	0	0	0	0	0	0	0	0	0	0	0	0
在校生	0	0	0	0	0	0	0	0	0	0	0	0	0
汾西县教师进修校													
结业生	0	0	0	0	0	0	0	0	0	0	0	0	0
在校生	0	0	0	0	0	0	0	0	0	0	0	0	0
隰县教学点													
结业生	0	0	0	0	0	0	0	0	0	0	0	0	0
在校生	0	0	0	0	0	0	0	0	0	0	0	0	0
洪洞教学点													
结业生	0	0	0	0	0	0	0	0	0	0	0	0	0
在校生	0	0	0	0	0	0	0	0	0	0	0	0	0
安泽教学点													
结业生	0	0	0	0	0	0	0	0	0	0	0	0	0
在校生	0	0	0	0	0	0	0	0	0	0	0	0	0

3.1 全国电大非学历教育（进修及培训）（续表13）

单位：人

	进修及培训												
	合计	一月以内	一月至三月内	三月至半年内	半年至一年内	一年以上	在进修及培训中			在进修及培训中			
							计	资格证书培训	岗位证书培训	计	外语	会计	计算机
运城广播电视大学													
结业生	0	0	0	0	0	0	0	0	0	0	0	0	0
在校生	0	0	0	0	0	0	0	0	0	0	0	0	0
河津电大工作站													
结业生	0	0	0	0	0	0	0	0	0	0	0	0	0
在校生	0	0	0	0	0	0	0	0	0	0	0	0	0
闻喜电大工作站													
结业生	0	0	0	0	0	0	0	0	0	0	0	0	0
在校生	0	0	0	0	0	0	0	0	0	0	0	0	0
芮城电大工作站													
结业生	0	0	0	0	0	0	0	0	0	0	0	0	0
在校生	0	0	0	0	0	0	0	0	0	0	0	0	0
永济电大工作站													
结业生	0	0	0	0	0	0	0	0	0	0	0	0	0
在校生	0	0	0	0	0	0	0	0	0	0	0	0	0
临漪电大工作站													
结业生	0	0	0	0	0	0	0	0	0	0	0	0	0
在校生	0	0	0	0	0	0	0	0	0	0	0	0	0
垣曲电大工作站													
结业生	0	0	0	0	0	0	0	0	0	0	0	0	0
在校生	0	0	0	0	0	0	0	0	0	0	0	0	0
稷山电大工作站													
结业生	0	0	0	0	0	0	0	0	0	0	0	0	0
在校生	0	0	0	0	0	0	0	0	0	0	0	0	0
新绛电大工作站													
结业生	0	0	0	0	0	0	0	0	0	0	0	0	0
在校生	0	0	0	0	0	0	0	0	0	0	0	0	0
盐湖区电大工作站													
结业生	0	0	0	0	0	0	0	0	0	0	0	0	0
在校生	0	0	0	0	0	0	0	0	0	0	0	0	0
万荣电大工作站													
结业生	0	0	0	0	0	0	0	0	0	0	0	0	0
在校生	0	0	0	0	0	0	0	0	0	0	0	0	0
平陆电大工作站													
结业生	0	0	0	0	0	0	0	0	0	0	0	0	0
在校生	0	0	0	0	0	0	0	0	0	0	0	0	0
朔州广播电视大学													
结业生	0	0	0	0	0	0	0	0	0	0	0	0	0
在校生	0	0	0	0	0	0	0	0	0	0	0	0	0
平鲁区电大工作站													
结业生	0	0	0	0	0	0	0	0	0	0	0	0	0
在校生	0	0	0	0	0	0	0	0	0	0	0	0	0
山阴县电大工作站													
结业生	0	0	0	0	0	0	0	0	0	0	0	0	0
在校生	0	0	0	0	0	0	0	0	0	0	0	0	0
怀仁县电大工作站													
结业生	0	0	0	0	0	0	0	0	0	0	0	0	0
在校生	0	0	0	0	0	0	0	0	0	0	0	0	0

3.1 全国电大非学历教育（进修及培训）（续表 14）

单位：人

	进修及培训												
	合计	一月以内	一月至三月内	三月至半年内	半年至一年内	一年以上	在进修及培训中			在进修及培训中			
							计	资格证书培训	岗位证书培训	计	外语	会计	计算机
应县进修校													
结业生	0	0	0	0	0	0	0	0	0	0	0	0	0
在校生	0	0	0	0	0	0	0	0	0	0	0	0	0
中条山广播电视大学													
结业生	984	984	0	0	0	0	984	0	984	0	0	0	0
在校生	0	0	0	0	0	0	0	0	0	0	0	0	0
长北铁路分校													
结业生	0	0	0	0	0	0	0	0	0	0	0	0	0
在校生	0	0	0	0	0	0	0	0	0	0	0	0	0
公路系统分校													
结业生	0	0	0	0	0	0	0	0	0	0	0	0	0
在校生	0	0	0	0	0	0	0	0	0	0	0	0	0
侯马学习中心													
结业生	0	0	0	0	0	0	0	0	0	0	0	0	0
在校生	0	0	0	0	0	0	0	0	0	0	0	0	0
繁峙学习中心													
结业生	0	0	0	0	0	0	0	0	0	0	0	0	0
在校生	0	0	0	0	0	0	0	0	0	0	0	0	0
原平学习中心													
结业生	0	0	0	0	0	0	0	0	0	0	0	0	0
在校生	0	0	0	0	0	0	0	0	0	0	0	0	0
临汾工商校学习中心													
结业生	0	0	0	0	0	0	0	0	0	0	0	0	0
在校生	0	0	0	0	0	0	0	0	0	0	0	0	0
中化学习中心													
结业生	0	0	0	0	0	0	0	0	0	0	0	0	0
在校生	0	0	0	0	0	0	0	0	0	0	0	0	0
省统计局直属教学点													
结业生	0	0	0	0	0	0	0	0	0	0	0	0	0
在校生	0	0	0	0	0	0	0	0	0	0	0	0	0
同煤集团党校教学点													
结业生	0	0	0	0	0	0	0	0	0	0	0	0	0
在校生	0	0	0	0	0	0	0	0	0	0	0	0	0
大同机车技校教学点													
结业生	0	0	0	0	0	0	0	0	0	0	0	0	0
在校生	0	0	0	0	0	0	0	0	0	0	0	0	0
大同大学教学点													
结业生	0	0	0	0	0	0	0	0	0	0	0	0	0
在校生	0	0	0	0	0	0	0	0	0	0	0	0	0
内蒙古													
结业生	17037	14457	2580	0	0	0	13147	8407	4740	62	0	62	0
在校生	0	0	0	0	0	0	0	0	0	0	0	0	0
内蒙古广播电视大学													
结业生	119	119	0	0	0	0	119	119	0	0	0	0	0
在校生	0	0	0	0	0	0	0	0	0	0	0	0	0
呼和浩特市广播电视大学													
结业生	0	0	0	0	0	0	0	0	0	0	0	0	0
在校生	0	0	0	0	0	0	0	0	0	0	0	0	0

3.1 全国电大非学历教育（进修及培训）（续表15）

单位：人

	进修及培训												
	合计	一月以内	一月至三月内	三月至半年内	半年至一年内	一年以上	在进修及培训中			在进修及培训中			
							计	资格证书培训	岗位证书培训	计	外语	会计	计算机
包头广播电视大学													
结业生	0	0	0	0	0	0	0	0	0	0	0	0	0
在校生	0	0	0	0	0	0	0	0	0	0	0	0	0
赤峰市广播电视大学													
结业生	0	0	0	0	0	0	0	0	0	0	0	0	0
在校生	0	0	0	0	0	0	0	0	0	0	0	0	0
呼伦贝尔市广播电视大学													
结业生	1708	1708	0	0	0	0	1708	1708	0	0	0	0	0
在校生	0	0	0	0	0	0	0	0	0	0	0	0	0
兴安盟广播电视大学													
结业生	0	0	0	0	0	0	0	0	0	0	0	0	0
在校生	0	0	0	0	0	0	0	0	0	0	0	0	0
哲里木盟广播电视大学													
结业生	1630	1630	0	0	0	0	1240	0	1240	0	0	0	0
在校生	0	0	0	0	0	0	0	0	0	0	0	0	0
锡林郭勒盟广播电视大学													
结业生	0	0	0	0	0	0	0	0	0	0	0	0	0
在校生	0	0	0	0	0	0	0	0	0	0	0	0	0
乌兰察布盟广播电视大学													
结业生	3500	3500	0	0	0	0	0	0	0	0	0	0	0
在校生	0	0	0	0	0	0	0	0	0	0	0	0	0
鄂尔多斯市广播电视大学													
结业生	3500	3500	0	0	0	0	3500	3500	0	0	0	0	0
在校生	0	0	0	0	0	0	0	0	0	0	0	0	0
巴盟广播电视大学													
结业生	1380	0	1380	0	0	0	1380	80	1300	62	0	62	0
在校生	0	0	0	0	0	0	0	0	0	0	0	0	0
乌海市广播电视大学													
结业生	0	0	0	0	0	0	0	0	0	0	0	0	0
在校生	0	0	0	0	0	0	0	0	0	0	0	0	0
阿拉善盟广播电视大学													
结业生	5200	4000	1200	0	0	0	5200	3000	2200	0	0	0	0
在校生	0	0	0	0	0	0	0	0	0	0	0	0	0
铁道学院广播电视大学													
结业生	0	0	0	0	0	0	0	0	0	0	0	0	0
在校生	0	0	0	0	0	0	0	0	0	0	0	0	0
哲盟霍林河矿区广播电视大学													
结业生	0	0	0	0	0	0	0	0	0	0	0	0	0
在校生	0	0	0	0	0	0	0	0	0	0	0	0	0
扎赉诺尔矿区广播电视大学													
结业生	0	0	0	0	0	0	0	0	0	0	0	0	0
在校生	0	0	0	0	0	0	0	0	0	0	0	0	0
大雁矿区广播电视大学													
结业生	0	0	0	0	0	0	0	0	0	0	0	0	0
在校生	0	0	0	0	0	0	0	0	0	0	0	0	0
辽　宁													
结业生	7100	7020	0	80	0	0	0	0	0	0	0	0	0
在校生	0	0	0	0	0	0	0	0	0	0	0	0	0

3.1　全国电大非学历教育（进修及培训）（续表16）

单位：人

	进修及培训												
	合计	一月以内	一月至三月内	三月至半年内	半年至一年内	一年以上	在进修及培训中			在进修及培训中			
							计	资格证书培训	岗位证书培训	计	外语	会计	计算机
辽宁广播电视大学													
结业生	0	0	0	0	0	0	0	0	0	0	0	0	0
在校生	0	0	0	0	0	0	0	0	0	0	0	0	0
鞍山广播电视大学													
结业生	0	0	0	0	0	0	0	0	0	0	0	0	0
在校生	0	0	0	0	0	0	0	0	0	0	0	0	0
本溪广播电视大学													
结业生	0	0	0	0	0	0	0	0	0	0	0	0	0
在校生	0	0	0	0	0	0	0	0	0	0	0	0	0
锦州分校													
结业生	0	0	0	0	0	0	0	0	0	0	0	0	0
在校生	0	0	0	0	0	0	0	0	0	0	0	0	0
丹东分校													
结业生	0	0	0	0	0	0	0	0	0	0	0	0	0
在校生	0	0	0	0	0	0	0	0	0	0	0	0	0
辽阳分校													
结业生	0	0	0	0	0	0	0	0	0	0	0	0	0
在校生	0	0	0	0	0	0	0	0	0	0	0	0	0
朝阳广播电视大学													
结业生	0	0	0	0	0	0	0	0	0	0	0	0	0
在校生	0	0	0	0	0	0	0	0	0	0	0	0	0
阜新分校													
结业生	0	0	0	0	0	0	0	0	0	0	0	0	0
在校生	0	0	0	0	0	0	0	0	0	0	0	0	0
铁岭广播电视大学													
结业生	7100	7020	0	80	0	0	0	0	0	0	0	0	0
在校生	0	0	0	0	0	0	0	0	0	0	0	0	0
盘锦分校													
结业生	0	0	0	0	0	0	0	0	0	0	0	0	0
在校生	0	0	0	0	0	0	0	0	0	0	0	0	0
辽河石油勘探局广播电视大学													
结业生	0	0	0	0	0	0	0	0	0	0	0	0	0
在校生	0	0	0	0	0	0	0	0	0	0	0	0	0
沈阳铁路局电大													
结业生	0	0	0	0	0	0	0	0	0	0	0	0	0
在校生	0	0	0	0	0	0	0	0	0	0	0	0	0
葫芦岛市电大分校													
结业生	0	0	0	0	0	0	0	0	0	0	0	0	0
在校生	0	0	0	0	0	0	0	0	0	0	0	0	0
辽宁省水利厅工作站													
结业生	0	0	0	0	0	0	0	0	0	0	0	0	0
在校生	0	0	0	0	0	0	0	0	0	0	0	0	0
辽宁广播电视大学新民学院													
结业生	0	0	0	0	0	0	0	0	0	0	0	0	0
在校生	0	0	0	0	0	0	0	0	0	0	0	0	0
辽宁广播电视大学海城学院													
结业生	0	0	0	0	0	0	0	0	0	0	0	0	0
在校生	0	0	0	0	0	0	0	0	0	0	0	0	0

3.1 全国电大非学历教育（进修及培训）（续表 17）

单位：人

	进修及培训												
	合计	一月以内	一月至三月内	三月至半年内	半年至一年内	一年以上	在进修及培训中			在进修及培训中			
							计	资格证书培训	岗位证书培训	计	外语	会计	计算机
辽宁广播电视大学东港学院													
结业生	0	0	0	0	0	0	0	0	0	0	0	0	0
在校生	0	0	0	0	0	0	0	0	0	0	0	0	0
沈　　阳													
结业生	51749	29872	21877	0	0	0	51749	21877	29872	51749	3157	29872	18720
在校生	0	0	0	0	0	0	0	0	0	0	0	0	0
沈阳广播电视大学													
结业生	51749	29872	21877	0	0	0	51749	21877	29872	51749	3157	29872	18720
在校生	0	0	0	0	0	0	0	0	0	0	0	0	0
沈北新区分校													
结业生	0	0	0	0	0	0	0	0	0	0	0	0	0
在校生	0	0	0	0	0	0	0	0	0	0	0	0	0
康平分校													
结业生	0	0	0	0	0	0	0	0	0	0	0	0	0
在校生	0	0	0	0	0	0	0	0	0	0	0	0	0
法库分校													
结业生	0	0	0	0	0	0	0	0	0	0	0	0	0
在校生	0	0	0	0	0	0	0	0	0	0	0	0	0
苏家屯分校													
结业生	0	0	0	0	0	0	0	0	0	0	0	0	0
在校生	0	0	0	0	0	0	0	0	0	0	0	0	0
东陵分校													
结业生	0	0	0	0	0	0	0	0	0	0	0	0	0
在校生	0	0	0	0	0	0	0	0	0	0	0	0	0
新民分校													
结业生	0	0	0	0	0	0	0	0	0	0	0	0	0
在校生	0	0	0	0	0	0	0	0	0	0	0	0	0
于洪分校													
结业生	0	0	0	0	0	0	0	0	0	0	0	0	0
在校生	0	0	0	0	0	0	0	0	0	0	0	0	0
辽中分校													
结业生	0	0	0	0	0	0	0	0	0	0	0	0	0
在校生	0	0	0	0	0	0	0	0	0	0	0	0	0
大　　连													
结业生	1438	938	500	0	0	0	432	335	97	335	93	70	172
在校生	65	7	58	0	0	0	0	0	0	0	0	0	0
大连广播电视大学													
结业生	432	0	432	0	0	0	432	335	97	335	93	70	172
在校生	0	0	0	0	0	0	0	0	0	0	0	0	0
庄河分校													
结业生	0	0	0	0	0	0	0	0	0	0	0	0	0
在校生	0	0	0	0	0	0	0	0	0	0	0	0	0
普兰店分校													
结业生	0	0	0	0	0	0	0	0	0	0	0	0	0
在校生	0	0	0	0	0	0	0	0	0	0	0	0	0
瓦房店分校													
结业生	0	0	0	0	0	0	0	0	0	0	0	0	0
在校生	0	0	0	0	0	0	0	0	0	0	0	0	0

3.1 全国电大非学历教育（进修及培训）（续表18）

单位：人

	进修及培训												
	合计	一月以内	一月至三月内	三月至半年内	半年至一年内	一年以上	在进修及培训中			在进修及培训中			
							计	资格证书培训	岗位证书培训	计	外语	会计	计算机
金州分校													
结业生	76	8	68	0	0	0	0	0	0	0	0	0	0
在校生	65	7	58	0	0	0	0	0	0	0	0	0	0
旅顺分校													
结业生	930	930	0	0	0	0	0	0	0	0	0	0	0
在校生	0	0	0	0	0	0	0	0	0	0	0	0	0
甘井子分校													
结业生	0	0	0	0	0	0	0	0	0	0	0	0	0
在校生	0	0	0	0	0	0	0	0	0	0	0	0	0
大连开发区分校													
结业生	0	0	0	0	0	0	0	0	0	0	0	0	0
在校生	0	0	0	0	0	0	0	0	0	0	0	0	0
吉　　林													
结业生	29480	29357	0	0	123	0	29480	2168	27312	0	0	0	0
在校生	0	0	0	0	0	0	0	0	0	0	0	0	0
吉林广播电视大学													
结业生	3730	3730	0	0	0	0	3730	622	3108	0	0	0	0
在校生	0	0	0	0	0	0	0	0	0	0	0	0	0
吉林分校													
结业生	123	0	0	0	123	0	123	123	0	0	0	0	0
在校生	0	0	0	0	0	0	0	0	0	0	0	0	0
四平分校													
结业生	0	0	0	0	0	0	0	0	0	0	0	0	0
在校生	0	0	0	0	0	0	0	0	0	0	0	0	0
延边分校													
结业生	0	0	0	0	0	0	0	0	0	0	0	0	0
在校生	0	0	0	0	0	0	0	0	0	0	0	0	0
通化分校													
结业生	0	0	0	0	0	0	0	0	0	0	0	0	0
在校生	0	0	0	0	0	0	0	0	0	0	0	0	0
辽源分校													
结业生	0	0	0	0	0	0	0	0	0	0	0	0	0
在校生	0	0	0	0	0	0	0	0	0	0	0	0	0
白山分校													
结业生	0	0	0	0	0	0	0	0	0	0	0	0	0
在校生	0	0	0	0	0	0	0	0	0	0	0	0	0
白城分校													
结业生	0	0	0	0	0	0	0	0	0	0	0	0	0
在校生	0	0	0	0	0	0	0	0	0	0	0	0	0
松原分校													
结业生	0	0	0	0	0	0	0	0	0	0	0	0	0
在校生	0	0	0	0	0	0	0	0	0	0	0	0	0
长春市建筑职工业余大学													
结业生	25627	25627	0	0	0	0	25627	1423	24204	0	0	0	0
在校生	0	0	0	0	0	0	0	0	0	0	0	0	0
长　　春													
结业生	2537	690	1361	310	176	0	2537	850	1687	158	0	0	158
在校生	0	0	0	0	0	0	0	0	0	0	0	0	0

3.1 全国电大非学历教育（进修及培训）（续表 19）

单位：人

	进修及培训												
	合计	一月以内	一月至三月内	三月至半年内	半年至一年内	一年以上	在进修及培训中			在进修及培训中			
							计	资格证书培训	岗位证书培训	计	外语	会计	计算机
长春广播电视大学													
结业生	2537	690	1361	310	176	0	2537	850	1687	158	0	0	158
在校生	0	0	0	0	0	0	0	0	0	0	0	0	0
榆树市分校													
结业生	0	0	0	0	0	0	0	0	0	0	0	0	0
在校生	0	0	0	0	0	0	0	0	0	0	0	0	0
农安分校													
结业生	0	0	0	0	0	0	0	0	0	0	0	0	0
在校生	0	0	0	0	0	0	0	0	0	0	0	0	0
双阳区工作站													
结业生	0	0	0	0	0	0	0	0	0	0	0	0	0
在校生	0	0	0	0	0	0	0	0	0	0	0	0	0
长影分校													
结业生	0	0	0	0	0	0	0	0	0	0	0	0	0
在校生	0	0	0	0	0	0	0	0	0	0	0	0	0
民进分校													
结业生	0	0	0	0	0	0	0	0	0	0	0	0	0
在校生	0	0	0	0	0	0	0	0	0	0	0	0	0
黑龙江													
结业生	28618	18970	2215	1826	1091	4516	9453	2272	7181	2704	0	966	1738
在校生	5917	2290	751	635	61	2180	1151	62	1089	692	0	178	514
黑龙江广播电视大学													
结业生	1152	1152	0	0	0	0	0	0	0	0	0	0	0
在校生	0	0	0	0	0	0	0	0	0	0	0	0	0
齐齐哈尔市广播电视大学													
结业生	400	400	0	0	0	0	0	0	0	0	0	0	0
在校生	0	0	0	0	0	0	0	0	0	0	0	0	0
克东分校													
结业生	295	0	0	295	0	0	0	0	0	0	0	0	0
在校生	295	0	0	295	0	0	0	0	0	0	0	0	0
拜泉分校													
结业生	0	0	0	0	0	0	0	0	0	0	0	0	0
在校生	0	0	0	0	0	0	0	0	0	0	0	0	0
依安分校													
结业生	0	0	0	0	0	0	0	0	0	0	0	0	0
在校生	0	0	0	0	0	0	0	0	0	0	0	0	0
讷河分校													
结业生	0	0	0	0	0	0	0	0	0	0	0	0	0
在校生	0	0	0	0	0	0	0	0	0	0	0	0	0
龙江分校													
结业生	0	0	0	0	0	0	0	0	0	0	0	0	0
在校生	0	0	0	0	0	0	0	0	0	0	0	0	0
富裕分校													
结业生	0	0	0	0	0	0	0	0	0	0	0	0	0
在校生	0	0	0	0	0	0	0	0	0	0	0	0	0
碾子山区分校													
结业生	168	0	168	0	0	0	165	100	65	100	0	0	100
在校生	0	0	0	0	0	0	0	0	0	0	0	0	0

3.1 全国电大非学历教育（进修及培训）（续表20）

单位：人

	进修及培训												
	合计	一月以内	一月至三月内	三月至半年内	半年至一年内	一年以上	在进修及培训中			在进修及培训中			
							计	资格证书培训	岗位证书培训	计	外语	会计	计算机
富拉尔基区分校													
结业生	0	0	0	0	0	0	0	0	0	0	0	0	0
在校生	0	0	0	0	0	0	0	0	0	0	0	0	0
泰来分校													
结业生	0	0	0	0	0	0	0	0	0	0	0	0	0
在校生	0	0	0	0	0	0	0	0	0	0	0	0	0
牡丹江市广播电视大学													
结业生	0	0	0	0	0	0	0	0	0	0	0	0	0
在校生	0	0	0	0	0	0	0	0	0	0	0	0	0
林口分校													
结业生	0	0	0	0	0	0	0	0	0	0	0	0	0
在校生	0	0	0	0	0	0	0	0	0	0	0	0	0
海林分校													
结业生	0	0	0	0	0	0	0	0	0	0	0	0	0
在校生	0	0	0	0	0	0	0	0	0	0	0	0	0
宁安分校													
结业生	0	0	0	0	0	0	0	0	0	0	0	0	0
在校生	0	0	0	0	0	0	0	0	0	0	0	0	0
穆棱分校													
结业生	0	0	0	0	0	0	0	0	0	0	0	0	0
在校生	0	0	0	0	0	0	0	0	0	0	0	0	0
东宁分校													
结业生	0	0	0	0	0	0	0	0	0	0	0	0	0
在校生	0	0	0	0	0	0	0	0	0	0	0	0	0
绥芬河分校													
结业生	0	0	0	0	0	0	0	0	0	0	0	0	0
在校生	0	0	0	0	0	0	0	0	0	0	0	0	0
佳木斯广播电视大学													
结业生	382	0	382	0	0	0	0	0	0	0	0	0	0
在校生	62	62	0	0	0	0	0	0	0	0	0	0	0
桦南分校													
结业生	0	0	0	0	0	0	0	0	0	0	0	0	0
在校生	0	0	0	0	0	0	0	0	0	0	0	0	0
同江分校													
结业生	0	0	0	0	0	0	0	0	0	0	0	0	0
在校生	0	0	0	0	0	0	0	0	0	0	0	0	0
桦川分校													
结业生	0	0	0	0	0	0	0	0	0	0	0	0	0
在校生	0	0	0	0	0	0	0	0	0	0	0	0	0
富锦分校													
结业生	0	0	0	0	0	0	0	0	0	0	0	0	0
在校生	0	0	0	0	0	0	0	0	0	0	0	0	0
绥化地区广播电视大学													
结业生	1203	1203	0	0	0	0	0	0	0	0	0	0	0
在校生	0	0	0	0	0	0	0	0	0	0	0	0	0
庆安分校													
结业生	0	0	0	0	0	0	0	0	0	0	0	0	0
在校生	0	0	0	0	0	0	0	0	0	0	0	0	0

3.1 全国电大非学历教育（进修及培训）（续表21）

单位：人

	进修及培训												
	合计	一月以内	一月至三月内	三月至半年内	半年至一年内	一年以上	在进修及培训中			在进修及培训中			
							计	资格证书培训	岗位证书培训	计	外语	会计	计算机
青岗分校													
结业生	294	294	0	0	0	0	0	0	0	0	0	0	0
在校生	0	0	0	0	0	0	0	0	0	0	0	0	0
绥棱分校													
结业生	0	0	0	0	0	0	0	0	0	0	0	0	0
在校生	0	0	0	0	0	0	0	0	0	0	0	0	0
兰西分校													
结业生	766	392	228	146	0	0	87	87	0	473	0	0	473
在校生	0	0	0	0	0	0	0	0	0	0	0	0	0
肇东分校													
结业生	870	870	0	0	0	0	870	0	870	0	0	0	0
在校生	870	870	0	0	0	0	870	0	870	0	0	0	0
安达分校													
结业生	0	0	0	0	0	0	0	0	0	0	0	0	0
在校生	0	0	0	0	0	0	0	0	0	0	0	0	0
明水分校													
结业生	0	0	0	0	0	0	0	0	0	0	0	0	0
在校生	0	0	0	0	0	0	0	0	0	0	0	0	0
海伦分校													
结业生	108	108	0	0	0	0	0	0	0	0	0	0	0
在校生	0	0	0	0	0	0	0	0	0	0	0	0	0
黑河市广播电视大学													
结业生	0	0	0	0	0	0	0	0	0	0	0	0	0
在校生	0	0	0	0	0	0	0	0	0	0	0	0	0
北安分校													
结业生	830	830	0	0	0	0	83	83	0	644	0	283	361
在校生	0	0	0	0	0	0	0	0	0	0	0	0	0
五大连池分校													
结业生	0	0	0	0	0	0	0	0	0	0	0	0	0
在校生	0	0	0	0	0	0	0	0	0	0	0	0	0
孙吴分校													
结业生	0	0	0	0	0	0	0	0	0	0	0	0	0
在校生	0	0	0	0	0	0	0	0	0	0	0	0	0
大兴安岭广播电视大学													
结业生	86	86	0	0	0	0	0	0	0	0	0	0	0
在校生	0	0	0	0	0	0	0	0	0	0	0	0	0
塔河分校													
结业生	0	0	0	0	0	0	0	0	0	0	0	0	0
在校生	0	0	0	0	0	0	0	0	0	0	0	0	0
漠河分校													
结业生	0	0	0	0	0	0	0	0	0	0	0	0	0
在校生	0	0	0	0	0	0	0	0	0	0	0	0	0
呼中分校													
结业生	0	0	0	0	0	0	0	0	0	0	0	0	0
在校生	0	0	0	0	0	0	0	0	0	0	0	0	0
伊春市广播电视大学													
结业生	0	0	0	0	0	0	0	0	0	0	0	0	0
在校生	0	0	0	0	0	0	0	0	0	0	0	0	0

3.1 全国电大非学历教育（进修及培训）（续表22）

单位：人

	进修及培训												
	合计	一月以内	一月至三月内	三月至半年内	半年至一年内	一年以上	在进修及培训中			在进修及培训中			
							计	资格证书培训	岗位证书培训	计	外语	会计	计算机
铁力分校													
结业生	0	0	0	0	0	0	0	0	0	0	0	0	0
在校生	0	0	0	0	0	0	0	0	0	0	0	0	0
大庆广播电视大学													
结业生	0	0	0	0	0	0	0	0	0	0	0	0	0
在校生	0	0	0	0	0	0	0	0	0	0	0	0	0
林甸分校													
结业生	0	0	0	0	0	0	0	0	0	0	0	0	0
在校生	0	0	0	0	0	0	0	0	0	0	0	0	0
杜蒙分校													
结业生	2250	2200	0	0	50	0	2250	90	2160	40	0	40	0
在校生	0	0	0	0	0	0	0	0	0	0	0	0	0
肇源分校													
结业生	0	0	0	0	0	0	0	0	0	0	0	0	0
在校生	0	0	0	0	0	0	0	0	0	0	0	0	0
肇州分校													
结业生	880	558	231	30	61	0	281	62	219	692	0	178	514
在校生	880	558	231	30	61	0	281	62	219	692	0	178	514
鸡西广播电视大学													
结业生	0	0	0	0	0	0	0	0	0	0	0	0	0
在校生	0	0	0	0	0	0	0	0	0	0	0	0	0
密山分校													
结业生	0	0	0	0	0	0	0	0	0	0	0	0	0
在校生	0	0	0	0	0	0	0	0	0	0	0	0	0
虎林分校													
结业生	2520	1897	623	0	0	0	465	465	0	465	0	465	0
在校生	0	0	0	0	0	0	0	0	0	0	0	0	0
鹤岗广播电视大学													
结业生	0	0	0	0	0	0	0	0	0	0	0	0	0
在校生	0	0	0	0	0	0	0	0	0	0	0	0	0
萝北分校													
结业生	0	0	0	0	0	0	0	0	0	0	0	0	0
在校生	0	0	0	0	0	0	0	0	0	0	0	0	0
绥滨分校													
结业生	55	20	35	0	0	0	25	25	0	0	0	0	0
在校生	0	0	0	0	0	0	0	0	0	0	0	0	0
双鸭山市广播电视大学													
结业生	0	0	0	0	0	0	0	0	0	0	0	0	0
在校生	0	0	0	0	0	0	0	0	0	0	0	0	0
饶河分校													
结业生	0	0	0	0	0	0	0	0	0	0	0	0	0
在校生	0	0	0	0	0	0	0	0	0	0	0	0	0
集贤分校													
结业生	0	0	0	0	0	0	0	0	0	0	0	0	0
在校生	0	0	0	0	0	0	0	0	0	0	0	0	0
七台河广播电视大学													
结业生	432	432	0	0	0	0	432	0	432	0	0	0	0
在校生	0	0	0	0	0	0	0	0	0	0	0	0	0

3.1 全国电大非学历教育（进修及培训）（续表23）

单位：人

	进修及培训												
	合计	一月以内	一月至三月内	三月至半年内	半年至一年内	一年以上	在进修及培训中			在进修及培训中			
							计	资格证书培训	岗位证书培训	计	外语	会计	计算机
省农垦广播电视大学													
结业生	1650	1650	0	0	0	0	1650	0	1650	30	0	0	30
在校生	0	0	0	0	0	0	0	0	0	0	0	0	0
牡丹江农垦电大分校													
结业生	3600	3600	0	0	0	0	439	0	439	0	0	0	0
在校生	0	0	0	0	0	0	0	0	0	0	0	0	0
北安农垦电大分校													
结业生	643	0	368	275	0	0	0	0	0	0	0	0	0
在校生	0	0	0	0	0	0	0	0	0	0	0	0	0
宝泉岭农垦电大分校													
结业生	1760	1200	180	120	260	0	1500	1200	300	260	0	0	260
在校生	1630	800	520	310	0	0	0	0	0	0	0	0	0
红兴隆农垦电大分校													
结业生	0	0	0	0	0	0	0	0	0	0	0	0	0
在校生	0	0	0	0	0	0	0	0	0	0	0	0	0
建三江农垦电大分校													
结业生	0	0	0	0	0	0	0	0	0	0	0	0	0
在校生	0	0	0	0	0	0	0	0	0	0	0	0	0
绥化农垦分校													
结业生	6056	1540	0	0	0	4516	668	0	668	0	0	0	0
在校生	2180	0	0	0	0	2180	0	0	0	0	0	0	0
牡丹江林区广播电视大学													
结业生	0	0	0	0	0	0	0	0	0	0	0	0	0
在校生	0	0	0	0	0	0	0	0	0	0	0	0	0
松花江林区广播电视大学													
结业生	176	176	0	0	0	0	176	0	176	0	0	0	0
在校生	0	0	0	0	0	0	0	0	0	0	0	0	0
兴隆林业局电大分校													
结业生	20	20	0	0	0	0	20	0	20	0	0	0	0
在校生	0	0	0	0	0	0	0	0	0	0	0	0	0
山河屯林业局电大分校													
结业生	77	77	0	0	0	0	77	0	77	0	0	0	0
在校生	0	0	0	0	0	0	0	0	0	0	0	0	0
清河林业局电大分校													
结业生	45	45	0	0	0	0	45	0	45	0	0	0	0
在校生	0	0	0	0	0	0	0	0	0	0	0	0	0
苇河林业局电大分校													
结业生	45	45	0	0	0	0	45	45	0	0	0	0	0
在校生	0	0	0	0	0	0	0	0	0	0	0	0	0
亚布力林业局电大分校													
结业生	70	70	0	0	0	0	70	70	0	0	0	0	0
在校生	0	0	0	0	0	0	0	0	0	0	0	0	0
通北林业局电大分校													
结业生	0	0	0	0	0	0	0	0	0	0	0	0	0
在校生	0	0	0	0	0	0	0	0	0	0	0	0	0
方正林业局电大分校													
结业生	45	45	0	0	0	0	45	45	0	0	0	0	0
在校生	0	0	0	0	0	0	0	0	0	0	0	0	0

3.1 全国电大非学历教育（进修及培训）（续表24）

单位：人

	进修及培训												
	合计	一月以内	一月至三月内	三月至半年内	半年至一年内	一年以上	在进修及培训中			在进修及培训中			
							计	资格证书培训	岗位证书培训	计	外语	会计	计算机
沾河林业局电大分校													
结业生	40	40	0	0	0	0	40	0	40	0	0	0	0
在校生	0	0	0	0	0	0	0	0	0	0	0	0	0
绥棱林业局电大分校													
结业生	20	20	0	0	0	0	20	0	20	0	0	0	0
在校生	0	0	0	0	0	0	0	0	0	0	0	0	0
合林林区电大直属分校													
结业生	1680	0	0	960	720	0	0	0	0	0	0	0	0
在校生	0	0	0	0	0	0	0	0	0	0	0	0	0
哈尔滨													
结业生	0	0	0	0	0	0	0	0	0	0	0	0	0
在校生	0	0	0	0	0	0	0	0	0	0	0	0	0
哈尔滨广播电视大学													
结业生	0	0	0	0	0	0	0	0	0	0	0	0	0
在校生	0	0	0	0	0	0	0	0	0	0	0	0	0
阿城电大分校													
结业生	0	0	0	0	0	0	0	0	0	0	0	0	0
在校生	0	0	0	0	0	0	0	0	0	0	0	0	0
呼兰分校													
结业生	0	0	0	0	0	0	0	0	0	0	0	0	0
在校生	0	0	0	0	0	0	0	0	0	0	0	0	0
宾县分校													
结业生	0	0	0	0	0	0	0	0	0	0	0	0	0
在校生	0	0	0	0	0	0	0	0	0	0	0	0	0
方正分校													
结业生	0	0	0	0	0	0	0	0	0	0	0	0	0
在校生	0	0	0	0	0	0	0	0	0	0	0	0	0
依兰分校													
结业生	0	0	0	0	0	0	0	0	0	0	0	0	0
在校生	0	0	0	0	0	0	0	0	0	0	0	0	0
哈尔滨工业大学工会电大工作站													
结业生	0	0	0	0	0	0	0	0	0	0	0	0	0
在校生	0	0	0	0	0	0	0	0	0	0	0	0	0
双城分校													
结业生	0	0	0	0	0	0	0	0	0	0	0	0	0
在校生	0	0	0	0	0	0	0	0	0	0	0	0	0
通河分校													
结业生	0	0	0	0	0	0	0	0	0	0	0	0	0
在校生	0	0	0	0	0	0	0	0	0	0	0	0	0
木兰分校													
结业生	0	0	0	0	0	0	0	0	0	0	0	0	0
在校生	0	0	0	0	0	0	0	0	0	0	0	0	0
延寿分校													
结业生	0	0	0	0	0	0	0	0	0	0	0	0	0
在校生	0	0	0	0	0	0	0	0	0	0	0	0	0
巴彦分校													
结业生	0	0	0	0	0	0	0	0	0	0	0	0	0
在校生	0	0	0	0	0	0	0	0	0	0	0	0	0

3.1 全国电大非学历教育（进修及培训）（续表25）

单位：人

	进修及培训												
	合计	一月以内	一月至三月内	三月至半年内	半年至一年内	一年以上	在进修及培训中			在进修及培训中			
							计	资格证书培训	岗位证书培训	计	外语	会计	计算机
五常分校													
结业生	0	0	0	0	0	0	0	0	0	0	0	0	0
在校生	0	0	0	0	0	0	0	0	0	0	0	0	0
尚志分校													
结业生	0	0	0	0	0	0	0	0	0	0	0	0	0
在校生	0	0	0	0	0	0	0	0	0	0	0	0	0
上　海													
结业生	74521	29118	20336	19583	1477	4007	45120	22713	22407	36290	8292	20558	7440
在校生	79532	19569	18706	13719	1071	26467	52114	18618	33496	30892	11793	12542	6557
上海电视大学													
结业生	18926	5810	9277	0	0	3839	13116	9277	3839	5810	410	5400	0
在校生	41487	5810	9277	0	0	26400	35677	9277	26400	5810	410	5400	0
虹口分校													
结业生	9209	2867	2825	3517	0	0	3153	1458	1695	6056	6056	0	0
在校生	14420	3869	3002	7549	0	0	4485	2365	2120	9935	9935	0	0
闵行二分校													
结业生	2225	0	0	2225	0	0	1642	125	1517	1695	280	1380	35
在校生	317	0	0	317	0	0	270	47	223	255	28	208	19
宝山分校													
结业生	6851	5202	447	911	291	0	1011	699	312	5663	0	5563	100
在校生	6851	5202	447	911	291	0	1011	699	312	5663	0	5563	100
浦东新区分校													
结业生	0	0	0	0	0	0	0	0	0	0	0	0	0
在校生	1252	0	380	872	0	0	1156	1156	0	286	190	96	0
闵行一分校													
结业生	1700	840	0	860	0	0	120	120	0	284	0	120	164
在校生	0	0	0	0	0	0	0	0	0	0	0	0	0
金山分校													
结业生	480	0	0	480	0	0	480	231	249	263	0	32	231
在校生	584	0	0	584	0	0	584	245	339	309	0	41	268
松江分校													
结业生	3956	0	3956	0	0	0	1938	738	1200	907	15	152	740
在校生	4260	0	4260	0	0	0	2381	943	1438	1177	20	191	966
南汇分校													
结业生	1702	1321	300	81	0	0	0	0	0	0	0	0	0
在校生	210	100	20	90	0	0	69	45	24	203	0	138	65
奉贤分校													
结业生	2257	0	0	2257	0	0	2257	1596	661	2257	521	1339	397
在校生	1465	0	0	1465	0	0	1465	896	569	1465	331	905	229
青浦分校													
结业生	1095	368	264	157	138	168	619	184	435	920	0	0	920
在校生	436	147	105	62	55	67	247	73	174	368	0	0	368
崇明分校													
结业生	296	216	19	61	0	0	80	80	0	80	19	0	61
在校生	0	0	0	0	0	0	0	0	0	0	0	0	0
嘉定分校													
结业生	6443	237	0	5893	313	0	5851	2393	3458	42	0	0	42
在校生	0	0	0	0	0	0	0	0	0	0	0	0	0

3.1 全国电大非学历教育（进修及培训）（续表26）

单位：人

	进修及培训												
	合计	一月以内	一月至三月内	三月至半年内	半年至一年内	一年以上	在进修及培训中			在进修及培训中			
							计	资格证书培训	岗位证书培训	计	外语	会计	计算机
区县工业管理局分校													
结业生	0	0	0	0	0	0	0	0	0	0	0	0	0
在校生	0	0	0	0	0	0	0	0	0	0	0	0	0
农工商集团分校													
结业生	277	0	0	277	0	0	165	83	82	277	112	82	83
在校生	0	0	0	0	0	0	0	0	0	0	0	0	0
物资（集团）总公司分校													
结业生	0	0	0	0	0	0	0	0	0	0	0	0	0
在校生	0	0	0	0	0	0	0	0	0	0	0	0	0
商业分校													
结业生	0	0	0	0	0	0	0	0	0	0	0	0	0
在校生	0	0	0	0	0	0	0	0	0	0	0	0	0
黄浦区经贸委分校													
结业生	879	0	0	879	0	0	879	879	0	879	879	0	0
在校生	879	0	0	879	0	0	879	879	0	879	879	0	0
长宁分校													
结业生	0	0	0	0	0	0	0	0	0	0	0	0	0
在校生	0	0	0	0	0	0	0	0	0	0	0	0	0
闸北分校													
结业生	125	0	0	0	125	0	125	125	0	0	0	0	0
在校生	195	0	0	0	195	0	195	195	0	0	0	0	0
卢湾分校													
结业生	0	0	0	0	0	0	0	0	0	0	0	0	0
在校生	0	0	0	0	0	0	0	0	0	0	0	0	0
杨浦分校													
结业生	0	0	0	0	0	0	0	0	0	0	0	0	0
在校生	0	0	0	0	0	0	0	0	0	0	0	0	0
黄浦分校													
结业生	4542	3231	1215	96	0	0	2045	588	1457	4542	0	0	4542
在校生	4542	3231	1215	96	0	0	2045	588	1457	4542	0	0	4542
普陀分校													
结业生	2170	1190	0	980	0	0	2170	1680	490	2170	0	2170	0
在校生	1604	1210	0	394	0	0	1604	1210	394	0	0	0	0
静安分校													
结业生	984	0	0	454	530	0	0	0	0	0	0	0	0
在校生	984	0	0	454	530	0	0	0	0	0	0	0	0
西区分部													
结业生	8864	6856	1723	285	0	0	8239	2377	5862	4445	0	4320	125
在校生	0	0	0	0	0	0	0	0	0	0	0	0	0
工程大中山分校													
结业生	0	0	0	0	0	0	0	0	0	0	0	0	0
在校生	0	0	0	0	0	0	0	0	0	0	0	0	0
邮电分校													
结业生	0	0	0	0	0	0	0	0	0	0	0	0	0
在校生	0	0	0	0	0	0	0	0	0	0	0	0	0
徐汇财贸分校													
结业生	1540	980	310	170	80	0	1230	80	1150	0	0	0	0
在校生	46	0	0	46	0	0	46	0	46	0	0	0	0

3.1 全国电大非学历教育（进修及培训）（续表27）

单位：人

	进修及培训												
	合计	一月以内	一月至三月内	三月至半年内	半年至一年内	一年以上	在进修及培训中			在进修及培训中			
							计	资格证书培训	岗位证书培训	计	外语	会计	计算机
浦东新区农校教学点													
结业生	0	0	0	0	0	0	0	0	0	0	0	0	0
在校生	0	0	0	0	0	0	0	0	0	0	0	0	0
江　苏													
结业生	96582	70348	12867	7463	3227	2677	44752	27304	17448	71303	22586	11912	36805
在校生	7706	1436	235	578	1945	3512	5811	4536	1275	5915	1012	1737	3166
江苏广播电视大学													
结业生	46970	46970	0	0	0	0	4170	970	3200	42800	20800	0	22000
在校生	0	0	0	0	0	0	0	0	0	0	0	0	0
镇江市高等专科学校													
结业生	0	0	0	0	0	0	0	0	0	0	0	0	0
在校生	0	0	0	0	0	0	0	0	0	0	0	0	0
镇江市广播电视大学扬中分校													
结业生	0	0	0	0	0	0	0	0	0	0	0	0	0
在校生	0	0	0	0	0	0	0	0	0	0	0	0	0
镇江市广播电视大学丹阳分校													
结业生	0	0	0	0	0	0	0	0	0	0	0	0	0
在校生	0	0	0	0	0	0	0	0	0	0	0	0	0
镇江市广播电视大学建委分校													
结业生	0	0	0	0	0	0	0	0	0	0	0	0	0
在校生	0	0	0	0	0	0	0	0	0	0	0	0	0
常州市广播电视大学													
结业生	657	479	0	178	0	0	657	657	0	560	25	343	192
在校生	321	0	0	321	0	0	321	321	0	321	0	321	0
常州市广播电视大学新北区分校													
结业生	78	78	0	0	0	0	78	78	0	0	0	0	0
在校生	0	0	0	0	0	0	0	0	0	0	0	0	0
无锡市广播电视大学													
结业生	4934	0	4625	309	0	0	4934	4625	309	3671	0	309	3362
在校生	0	0	0	0	0	0	0	0	0	0	0	0	0
无锡市广播电视大学江阴分校													
结业生	284	284	0	0	0	0	0	0	0	284	142	0	142
在校生	925	874	0	0	51	0	51	51	0	925	437	51	437
苏州市广播电视大学													
结业生	6243	2860	0	3383	0	0	2860	1578	1282	3383	0	3383	0
在校生	300	300	0	0	0	0	300	0	300	0	0	0	0
苏州市广播电视大学太仓分校													
结业生	1004	765	239	0	0	0	583	458	125	805	293	375	137
在校生	0	0	0	0	0	0	0	0	0	0	0	0	0
苏州市广播电视大学吴江分校													
结业生	110	0	0	110	0	0	110	110	0	110	0	110	0
在校生	0	0	0	0	0	0	0	0	0	0	0	0	0
南通市广播电视大学													
结业生	1200	0	1200	0	0	0	1200	1200	0	0	0	0	0
在校生	152	0	0	100	52	0	0	0	0	43	43	0	0
南通市广播电视大学海门分校													
结业生	0	0	0	0	0	0	0	0	0	0	0	0	0
在校生	0	0	0	0	0	0	0	0	0	0	0	0	0

3.1 全国电大非学历教育（进修及培训）（续表28）

单位：人

	进修及培训												
	合计	一月以内	一月至三月内	三月至半年内	半年至一年内	一年以上	在进修及培训中			在进修及培训中			
							计	资格证书培训	岗位证书培训	计	外语	会计	计算机
南通市广播电视大学启东分校													
结业生	0	0	0	0	0	0	0	0	0	0	0	0	0
在校生	0	0	0	0	0	0	0	0	0	0	0	0	0
南通市广播电视大学如皋分校													
结业生	0	0	0	0	0	0	0	0	0	0	0	0	0
在校生	0	0	0	0	0	0	0	0	0	0	0	0	0
扬州市广播电视大学													
结业生	0	0	0	0	0	0	0	0	0	0	0	0	0
在校生	0	0	0	0	0	0	0	0	0	0	0	0	0
扬州市广播电视大学高邮分校													
结业生	0	0	0	0	0	0	0	0	0	0	0	0	0
在校生	0	0	0	0	0	0	0	0	0	0	0	0	0
扬州市广播电视大学宝应分校													
结业生	0	0	0	0	0	0	0	0	0	0	0	0	0
在校生	0	0	0	0	0	0	0	0	0	0	0	0	0
扬州市广播电视大学邗江分校													
结业生	1701	1146	302	0	230	23	751	449	302	537	0	240	297
在校生	0	0	0	0	0	0	0	0	0	0	0	0	0
徐州市广播电视大学													
结业生	1049	1049	0	0	0	0	517	227	290	532	0	0	532
在校生	0	0	0	0	0	0	0	0	0	0	0	0	0
徐州市广播电视大学睢宁分校													
结业生	0	0	0	0	0	0	0	0	0	0	0	0	0
在校生	0	0	0	0	0	0	0	0	0	0	0	0	0
徐州市广播电视大学铜山分校													
结业生	0	0	0	0	0	0	0	0	0	0	0	0	0
在校生	0	0	0	0	0	0	0	0	0	0	0	0	0
徐州市广播电视大学新沂分校													
结业生	0	0	0	0	0	0	0	0	0	0	0	0	0
在校生	0	0	0	0	0	0	0	0	0	0	0	0	0
徐州市广播电视大学邳州分校													
结业生	0	0	0	0	0	0	0	0	0	0	0	0	0
在校生	0	0	0	0	0	0	0	0	0	0	0	0	0
徐州市广播电视大学商业分校													
结业生	0	0	0	0	0	0	0	0	0	0	0	0	0
在校生	0	0	0	0	0	0	0	0	0	0	0	0	0
徐州市广播电视大学贾汪分校													
结业生	0	0	0	0	0	0	0	0	0	0	0	0	0
在校生	0	0	0	0	0	0	0	0	0	0	0	0	0
徐州市广播电视大学大屯煤电公司分校													
结业生	0	0	0	0	0	0	0	0	0	0	0	0	0
在校生	0	0	0	0	0	0	0	0	0	0	0	0	0
淮安市广播电视大学													
结业生	2861	2000	861	0	0	0	2800	0	2800	981	0	0	981
在校生	0	0	0	0	0	0	0	0	0	0	0	0	0
淮安市广播电视大学金湖分校													
结业生	0	0	0	0	0	0	0	0	0	0	0	0	0
在校生	0	0	0	0	0	0	0	0	0	0	0	0	0

3.1 全国电大非学历教育（进修及培训）（续表29）

单位：人

	进修及培训												
	合计	一月以内	一月至三月内	三月至半年内	半年至一年内	一年以上	在进修及培训中			在进修及培训中			
							计	资格证书培训	岗位证书培训	计	外语	会计	计算机
淮安市广播电视大学淮阴区分校													
结业生	0	0	0	0	0	0	0	0	0	0	0	0	0
在校生	0	0	0	0	0	0	0	0	0	0	0	0	0
淮安市广播电视大学洪泽分校													
结业生	0	0	0	0	0	0	0	0	0	0	0	0	0
在校生	0	0	0	0	0	0	0	0	0	0	0	0	0
淮安市广播电视大学涟水分校													
结业生	0	0	0	0	0	0	0	0	0	0	0	0	0
在校生	0	0	0	0	0	0	0	0	0	0	0	0	0
盐城市广播电视大学													
结业生	0	0	0	0	0	0	0	0	0	0	0	0	0
在校生	0	0	0	0	0	0	0	0	0	0	0	0	0
盐城市广播电视大学亭湖区分校													
结业生	0	0	0	0	0	0	0	0	0	0	0	0	0
在校生	0	0	0	0	0	0	0	0	0	0	0	0	0
盐城市广播电视大学建湖分校													
结业生	0	0	0	0	0	0	0	0	0	0	0	0	0
在校生	0	0	0	0	0	0	0	0	0	0	0	0	0
盐城市广播电视大学滨海分校													
结业生	0	0	0	0	0	0	0	0	0	0	0	0	0
在校生	0	0	0	0	0	0	0	0	0	0	0	0	0
盐城市广播电视大学阜宁分校													
结业生	1268	1268	0	0	0	0	0	0	0	0	0	0	0
在校生	0	0	0	0	0	0	0	0	0	0	0	0	0
盐城市广播电视大学响水分校													
结业生	0	0	0	0	0	0	0	0	0	0	0	0	0
在校生	0	0	0	0	0	0	0	0	0	0	0	0	0
连云港广播电视大学													
结业生	0	0	0	0	0	0	0	0	0	0	0	0	0
在校生	0	0	0	0	0	0	0	0	0	0	0	0	0
连云港市广播电视大学赣榆分校													
结业生	0	0	0	0	0	0	0	0	0	0	0	0	0
在校生	0	0	0	0	0	0	0	0	0	0	0	0	0
连云港市广播电视大学东海分校													
结业生	0	0	0	0	0	0	0	0	0	0	0	0	0
在校生	0	0	0	0	0	0	0	0	0	0	0	0	0
连云港市广播电视大学灌南分校													
结业生	0	0	0	0	0	0	0	0	0	0	0	0	0
在校生	0	0	0	0	0	0	0	0	0	0	0	0	0
连云港市广播电视大学灌云分校													
结业生	0	0	0	0	0	0	0	0	0	0	0	0	0
在校生	0	0	0	0	0	0	0	0	0	0	0	0	0
泰州市广播电视大学													
结业生	0	0	0	0	0	0	0	0	0	0	0	0	0
在校生	0	0	0	0	0	0	0	0	0	0	0	0	0
泰州市广播电视大学泰兴分校													
结业生	885	700	185	0	0	0	862	512	350	717	0	352	365
在校生	0	0	0	0	0	0	0	0	0	0	0	0	0

3.1 全国电大非学历教育（进修及培训）（续表30）

单位：人

	进修及培训												
	合计	一月以内	一月至三月内	三月至半年内	半年至一年内	一年以上	在进修及培训中			在进修及培训中			
							计	资格证书培训	岗位证书培训	计	外语	会计	计算机
泰州市广播电视大学姜堰分校													
结业生	0	0	0	0	0	0	0	0	0	0	0	0	0
在校生	0	0	0	0	0	0	0	0	0	0	0	0	0
泰州市广播电视大学兴化分校													
结业生	0	0	0	0	0	0	0	0	0	0	0	0	0
在校生	0	0	0	0	0	0	0	0	0	0	0	0	0
宿迁市广播电视大学													
结业生	0	0	0	0	0	0	0	0	0	0	0	0	0
在校生	0	0	0	0	0	0	0	0	0	0	0	0	0
宿迁市广播电视大学泗洪分校													
结业生	0	0	0	0	0	0	0	0	0	0	0	0	0
在校生	0	0	0	0	0	0	0	0	0	0	0	0	0
宿迁市广播电视大学泗阳分校													
结业生	0	0	0	0	0	0	0	0	0	0	0	0	0
在校生	0	0	0	0	0	0	0	0	0	0	0	0	0
宿迁市广播电视大学沭阳分校													
结业生	0	0	0	0	0	0	0	0	0	0	0	0	0
在校生	0	0	0	0	0	0	0	0	0	0	0	0	0
江苏广播电视大学化工学院													
结业生	0	0	0	0	0	0	0	0	0	0	0	0	0
在校生	0	0	0	0	0	0	0	0	0	0	0	0	0
江苏广播电视大学武进学院													
结业生	0	0	0	0	0	0	0	0	0	0	0	0	0
在校生	0	0	0	0	0	0	0	0	0	0	0	0	0
江苏广播电视大学宜兴学院													
结业生	0	0	0	0	0	0	0	0	0	0	0	0	0
在校生	0	0	0	0	0	0	0	0	0	0	0	0	0
江苏广播电视大学张家港学院													
结业生	2382	1477	905	0	0	0	2382	1477	905	2382	685	392	1305
在校生	0	0	0	0	0	0	0	0	0	0	0	0	0
江苏广播电视大学昆山学院													
结业生	812	170	306	204	132	0	571	395	176	753	290	150	313
在校生	742	262	235	157	88	0	498	348	150	716	271	127	318
江苏广播电视大学常熟学院													
结业生	0	0	0	0	0	0	0	0	0	0	0	0	0
在校生	0	0	0	0	0	0	0	0	0	0	0	0	0
江苏广播电视大学吴中学院													
结业生	0	0	0	0	0	0	0	0	0	0	0	0	0
在校生	0	0	0	0	0	0	0	0	0	0	0	0	0
江苏广播电视大学大丰学院													
结业生	16254	6321	1183	3231	2865	2654	15709	9842	5867	8612	351	5416	2845
在校生	5266	0	0	0	1754	3512	4641	3816	825	3910	261	1238	2411
江苏广播电视大学江都学院													
结业生	0	0	0	0	0	0	0	0	0	0	0	0	0
在校生	0	0	0	0	0	0	0	0	0	0	0	0	0
江苏广播电视大学沛县学院													
结业生	1280	1280	0	0	0	0	896	896	0	0	0	0	0
在校生	0	0	0	0	0	0	0	0	0	0	0	0	0

3.1 全国电大非学历教育（进修及培训）（续表 31）

单位：人

	进修及培训												
	合计	一月以内	一月至三月内	三月至半年内	半年至一年内	一年以上	在进修及培训中			在进修及培训中			
							计	资格证书培训	岗位证书培训	计	外语	会计	计算机
江苏广播电视大学靖江学院													
结业生	0	0	0	0	0	0	0	0	0	0	0	0	0
在校生	0	0	0	0	0	0	0	0	0	0	0	0	0
江苏广播电视大学通州学院													
结业生	0	0	0	0	0	0	0	0	0	0	0	0	0
在校生	0	0	0	0	0	0	0	0	0	0	0	0	0
江苏广播电视大学东台学院													
结业生	1219	0	1219	0	0	0	329	329	0	890	0	0	890
在校生	0	0	0	0	0	0	0	0	0	0	0	0	0
江苏广播电视大学楚州学院													
结业生	0	0	0	0	0	0	0	0	0	0	0	0	0
在校生	0	0	0	0	0	0	0	0	0	0	0	0	0
江苏广播电视大学句容学院													
结业生	0	0	0	0	0	0	0	0	0	0	0	0	0
在校生	0	0	0	0	0	0	0	0	0	0	0	0	0
江苏广播电视大学溧阳学院													
结业生	5391	3501	1842	48	0	0	5343	3501	1842	4286	0	842	3444
在校生	0	0	0	0	0	0	0	0	0	0	0	0	0
江苏广播电视大学仪征学院													
结业生	0	0	0	0	0	0	0	0	0	0	0	0	0
在校生	0	0	0	0	0	0	0	0	0	0	0	0	0
江苏广播电视大学金坛学院													
结业生	0	0	0	0	0	0	0	0	0	0	0	0	0
在校生	0	0	0	0	0	0	0	0	0	0	0	0	0
江苏广播电视大学如东学院													
结业生	0	0	0	0	0	0	0	0	0	0	0	0	0
在校生	0	0	0	0	0	0	0	0	0	0	0	0	0
江苏广播电视大学海安学院													
结业生	0	0	0	0	0	0	0	0	0	0	0	0	0
在校生	0	0	0	0	0	0	0	0	0	0	0	0	0
江苏广播电视大学盱眙学院													
结业生	0	0	0	0	0	0	0	0	0	0	0	0	0
在校生	0	0	0	0	0	0	0	0	0	0	0	0	0
江苏广播电视大学盐都学院													
结业生	0	0	0	0	0	0	0	0	0	0	0	0	0
在校生	0	0	0	0	0	0	0	0	0	0	0	0	0
江苏广播电视大学丰县学院													
结业生	0	0	0	0	0	0	0	0	0	0	0	0	0
在校生	0	0	0	0	0	0	0	0	0	0	0	0	0
南　　京													
结业生	12858	6995	3433	2430	0	0	5799	5316	483	3936	723	1969	1244
在校生	280	0	0	280	0	0	280	280	0	280	0	280	0
南京市广播电视大学													
结业生	8066	5958	1151	957	0	0	1887	1595	292	1428	324	957	147
在校生	0	0	0	0	0	0	0	0	0	0	0	0	0
江宁分校													
结业生	1398	260	280	858	0	0	1298	1298	0	1298	298	335	665
在校生	0	0	0	0	0	0	0	0	0	0	0	0	0

3.1 全国电大非学历教育（进修及培训）（续表32）

单位：人

	进修及培训												
	合计	一月以内	一月至三月内	三月至半年内	半年至一年内	一年以上	在进修及培训中			在进修及培训中			
							计	资格证书培训	岗位证书培训	计	外语	会计	计算机
六合分校													
结业生	0	0	0	0	0	0	0	0	0	0	0	0	0
在校生	0	0	0	0	0	0	0	0	0	0	0	0	0
高淳分校													
结业生	777	777	0	0	0	0	0	0	0	756	0	389	367
在校生	0	0	0	0	0	0	0	0	0	0	0	0	0
溧水分校													
结业生	0	0	0	0	0	0	0	0	0	0	0	0	0
在校生	0	0	0	0	0	0	0	0	0	0	0	0	0
浦口分校													
结业生	255	0	0	255	0	0	255	255	0	255	0	255	0
在校生	280	0	0	280	0	0	280	280	0	280	0	280	0
玄武分校													
结业生	335	0	0	335	0	0	332	166	166	199	101	33	65
在校生	0	0	0	0	0	0	0	0	0	0	0	0	0
白下分校													
结业生	0	0	0	0	0	0	0	0	0	0	0	0	0
在校生	0	0	0	0	0	0	0	0	0	0	0	0	0
秦淮分校													
结业生	0	0	0	0	0	0	0	0	0	0	0	0	0
在校生	0	0	0	0	0	0	0	0	0	0	0	0	0
建邺分校													
结业生	0	0	0	0	0	0	0	0	0	0	0	0	0
在校生	0	0	0	0	0	0	0	0	0	0	0	0	0
鼓楼分校													
结业生	2027	0	2002	25	0	0	2027	2002	25	0	0	0	0
在校生	0	0	0	0	0	0	0	0	0	0	0	0	0
下关分校													
结业生	0	0	0	0	0	0	0	0	0	0	0	0	0
在校生	0	0	0	0	0	0	0	0	0	0	0	0	0
雨花台分校													
结业生	0	0	0	0	0	0	0	0	0	0	0	0	0
在校生	0	0	0	0	0	0	0	0	0	0	0	0	0
栖霞分校													
结业生	0	0	0	0	0	0	0	0	0	0	0	0	0
在校生	0	0	0	0	0	0	0	0	0	0	0	0	0
浙　　江													
结业生	69929	52420	8116	3653	1689	4051	22893	14544	8349	13450	860	9825	2765
在校生	12786	2051	3098	1412	2317	3908	4797	3381	1416	74	0	12	62
浙江广播电视大学													
结业生	2122	223	746	1153	0	0	1899	1153	746	746	0	0	746
在校生	74	0	0	0	0	74	0	0	0	0	0	0	0
杭州广播电视大学													
结业生	6168	4134	1824	0	210	0	6168	4271	1897	377	210	143	24
在校生	1236	136	1100	0	0	0	1236	136	1100	12	0	12	0
萧山学院													
结业生	3941	3323	360	258	0	0	518	365	153	365	0	365	0
在校生	0	0	0	0	0	0	0	0	0	0	0	0	0

3.1 全国电大非学历教育（进修及培训）（续表33）

单位：人

	进修及培训												
	合计	一月以内	一月至三月内	三月至半年内	半年至一年内	一年以上	在进修及培训中			在进修及培训中			
							计	资格证书培训	岗位证书培训	计	外语	会计	计算机
余杭分校													
结业生	1532	673	859	0	0	0	319	0	319	319	0	59	260
在校生	0	0	0	0	0	0	0	0	0	0	0	0	0
富阳学院													
结业生	3814	2080	310	1335	58	31	1890	1350	540	69	0	69	0
在校生	3689	1810	0	972	847	60	1095	850	245	0	0	0	0
临安分校													
结业生	1245	1201	0	0	44	0	445	445	0	139	0	0	139
在校生	0	0	0	0	0	0	0	0	0	0	0	0	0
桐庐分校													
结业生	11871	11021	300	250	300	0	4540	1520	3020	1820	120	1000	700
在校生	0	0	0	0	0	0	0	0	0	0	0	0	0
淳安学院													
结业生	0	0	0	0	0	0	0	0	0	0	0	0	0
在校生	0	0	0	0	0	0	0	0	0	0	0	0	0
嘉兴广播电视大学													
结业生	0	0	0	0	0	0	0	0	0	0	0	0	0
在校生	0	0	0	0	0	0	0	0	0	0	0	0	0
嘉善学院													
结业生	0	0	0	0	0	0	0	0	0	0	0	0	0
在校生	0	0	0	0	0	0	0	0	0	0	0	0	0
平湖学院													
结业生	0	0	0	0	0	0	0	0	0	0	0	0	0
在校生	0	0	0	0	0	0	0	0	0	0	0	0	0
海盐学院													
结业生	2179	54	1930	195	0	0	2179	2014	165	0	0	0	0
在校生	2343	81	1950	202	110	0	2343	2343	0	0	0	0	0
海宁学院													
结业生	278	216	62	0	0	0	0	0	0	278	0	278	0
在校生	0	0	0	0	0	0	0	0	0	0	0	0	0
桐乡学院													
结业生	8000	8000	0	0	0	0	0	0	0	134	0	134	0
在校生	0	0	0	0	0	0	0	0	0	0	0	0	0
湖州广播电视大学													
结业生	0	0	0	0	0	0	0	0	0	0	0	0	0
在校生	0	0	0	0	0	0	0	0	0	0	0	0	0
长兴学院													
结业生	70	70	0	0	0	0	0	0	0	70	30	0	40
在校生	0	0	0	0	0	0	0	0	0	0	0	0	0
德清学院													
结业生	0	0	0	0	0	0	0	0	0	0	0	0	0
在校生	0	0	0	0	0	0	0	0	0	0	0	0	0
绍兴广播电视大学													
结业生	0	0	0	0	0	0	0	0	0	0	0	0	0
在校生	0	0	0	0	0	0	0	0	0	0	0	0	0
绍兴学院													
结业生	0	0	0	0	0	0	0	0	0	0	0	0	0
在校生	0	0	0	0	0	0	0	0	0	0	0	0	0

3.1 全国电大非学历教育（进修及培训）（续表34）

单位：人

	进修及培训												
	合计	一月以内	一月至三月内	三月至半年内	半年至一年内	一年以上	在进修及培训中			在进修及培训中			
							计	资格证书培训	岗位证书培训	计	外语	会计	计算机
诸暨学院													
结业生	0	0	0	0	0	0	0	0	0	0	0	0	0
在校生	0	0	0	0	0	0	0	0	0	0	0	0	0
上虞学院													
结业生	0	0	0	0	0	0	0	0	0	0	0	0	0
在校生	0	0	0	0	0	0	0	0	0	0	0	0	0
嵊州学院													
结业生	0	0	0	0	0	0	0	0	0	0	0	0	0
在校生	0	0	0	0	0	0	0	0	0	0	0	0	0
新昌学院													
结业生	4178	24	48	42	363	3701	123	52	71	62	0	0	62
在校生	4178	24	48	42	363	3701	123	52	71	62	0	0	62
舟山广播电视大学													
结业生	0	0	0	0	0	0	0	0	0	0	0	0	0
在校生	0	0	0	0	0	0	0	0	0	0	0	0	0
普陀分校													
结业生	0	0	0	0	0	0	0	0	0	0	0	0	0
在校生	0	0	0	0	0	0	0	0	0	0	0	0	0
岱山分校													
结业生	0	0	0	0	0	0	0	0	0	0	0	0	0
在校生	0	0	0	0	0	0	0	0	0	0	0	0	0
嵊泗分校													
结业生	0	0	0	0	0	0	0	0	0	0	0	0	0
在校生	0	0	0	0	0	0	0	0	0	0	0	0	0
金华广播电视大学													
结业生	420	150	270	0	0	0	420	381	39	0	0	0	0
在校生	0	0	0	0	0	0	0	0	0	0	0	0	0
兰溪分校													
结业生	0	0	0	0	0	0	0	0	0	0	0	0	0
在校生	0	0	0	0	0	0	0	0	0	0	0	0	0
武义分校													
结业生	0	0	0	0	0	0	0	0	0	0	0	0	0
在校生	0	0	0	0	0	0	0	0	0	0	0	0	0
永康学院													
结业生	0	0	0	0	0	0	0	0	0	0	0	0	0
在校生	0	0	0	0	0	0	0	0	0	0	0	0	0
义乌学院													
结业生	0	0	0	0	0	0	0	0	0	0	0	0	0
在校生	0	0	0	0	0	0	0	0	0	0	0	0	0
东阳学院													
结业生	220	220	0	0	0	0	0	0	0	0	0	0	0
在校生	0	0	0	0	0	0	0	0	0	0	0	0	0
浦江分校													
结业生	0	0	0	0	0	0	0	0	0	0	0	0	0
在校生	0	0	0	0	0	0	0	0	0	0	0	0	0
磐安分校													
结业生	0	0	0	0	0	0	0	0	0	0	0	0	0
在校生	0	0	0	0	0	0	0	0	0	0	0	0	0

3.1 全国电大非学历教育（进修及培训）（续表35）

单位：人

	进修及培训												
	合计	一月以内	一月至三月内	三月至半年内	半年至一年内	一年以上	在进修及培训中			在进修及培训中			
							计	资格证书培训	岗位证书培训	计	外语	会计	计算机
衢州广播电视大学													
结业生	1991	1900	36	0	0	55	151	115	36	0	0	0	0
在校生	0	0	0	0	0	0	0	0	0	0	0	0	0
柯城分校													
结业生	0	0	0	0	0	0	0	0	0	0	0	0	0
在校生	0	0	0	0	0	0	0	0	0	0	0	0	0
江山分校													
结业生	0	0	0	0	0	0	0	0	0	0	0	0	0
在校生	0	0	0	0	0	0	0	0	0	0	0	0	0
常山分校													
结业生	0	0	0	0	0	0	0	0	0	0	0	0	0
在校生	0	0	0	0	0	0	0	0	0	0	0	0	0
开化分校													
结业生	0	0	0	0	0	0	0	0	0	0	0	0	0
在校生	0	0	0	0	0	0	0	0	0	0	0	0	0
龙游分校													
结业生	228	0	228	0	0	0	228	228	0	0	0	0	0
在校生	0	0	0	0	0	0	0	0	0	0	0	0	0
台州广播电视大学													
结业生	2643	1875	472	270	26	0	1116	436	680	556	30	181	345
在校生	0	0	0	0	0	0	0	0	0	0	0	0	0
临海学院													
结业生	2539	2539	0	0	0	0	812	812	0	1727	0	1727	0
在校生	0	0	0	0	0	0	0	0	0	0	0	0	0
黄岩分校													
结业生	0	0	0	0	0	0	0	0	0	0	0	0	0
在校生	0	0	0	0	0	0	0	0	0	0	0	0	0
温岭分校													
结业生	0	0	0	0	0	0	0	0	0	0	0	0	0
在校生	0	0	0	0	0	0	0	0	0	0	0	0	0
仙居学院													
结业生	310	310	0	0	0	0	108	0	108	0	0	0	0
在校生	0	0	0	0	0	0	0	0	0	0	0	0	0
玉环学院													
结业生	11650	11650	0	0	0	0	0	0	0	5231	0	5231	0
在校生	0	0	0	0	0	0	0	0	0	0	0	0	0
三门学院													
结业生	527	527	0	0	0	0	527	527	0	0	0	0	0
在校生	0	0	0	0	0	0	0	0	0	0	0	0	0
天台学院													
结业生	600	600	0	0	0	0	300	300	0	300	0	120	180
在校生	0	0	0	0	0	0	0	0	0	0	0	0	0
丽水广播电视大学													
结业生	160	0	160	0	0	0	160	160	0	0	0	0	0
在校生	0	0	0	0	0	0	0	0	0	0	0	0	0
缙云分校													
结业生	0	0	0	0	0	0	0	0	0	0	0	0	0
在校生	0	0	0	0	0	0	0	0	0	0	0	0	0

3.1 全国电大非学历教育（进修及培训）（续表36）

单位：人

	进修及培训												
	合计	一月以内	一月至三月内	三月至半年内	半年至一年内	一年以上	在进修及培训中			在进修及培训中			
							计	资格证书培训	岗位证书培训	计	外语	会计	计算机
遂昌分校													
结业生	0	0	0	0	0	0	0	0	0	0	0	0	0
在校生	0	0	0	0	0	0	0	0	0	0	0	0	0
松阳电大													
结业生	0	0	0	0	0	0	0	0	0	0	0	0	0
在校生	0	0	0	0	0	0	0	0	0	0	0	0	0
景宁分校													
结业生	0	0	0	0	0	0	0	0	0	0	0	0	0
在校生	0	0	0	0	0	0	0	0	0	0	0	0	0
云和分校													
结业生	0	0	0	0	0	0	0	0	0	0	0	0	0
在校生	0	0	0	0	0	0	0	0	0	0	0	0	0
龙泉分校													
结业生	0	0	0	0	0	0	0	0	0	0	0	0	0
在校生	0	0	0	0	0	0	0	0	0	0	0	0	0
庆元分校													
结业生	0	0	0	0	0	0	0	0	0	0	0	0	0
在校生	0	0	0	0	0	0	0	0	0	0	0	0	0
青田学院													
结业生	0	0	0	0	0	0	0	0	0	0	0	0	0
在校生	0	0	0	0	0	0	0	0	0	0	0	0	0
温州广播电视大学													
结业生	500	160	0	150	190	0	92	0	92	0	0	0	0
在校生	1266	0	0	196	997	73	0	0	0	0	0	0	0
永嘉学院													
结业生	762	0	0	0	498	264	762	279	483	762	252	398	112
在校生	0	0	0	0	0	0	0	0	0	0	0	0	0
瓯海分校													
结业生	1350	1350	0	0	0	0	0	0	0	0	0	0	0
在校生	0	0	0	0	0	0	0	0	0	0	0	0	0
平阳分校													
结业生	0	0	0	0	0	0	0	0	0	0	0	0	0
在校生	0	0	0	0	0	0	0	0	0	0	0	0	0
瑞安分校													
结业生	0	0	0	0	0	0	0	0	0	0	0	0	0
在校生	0	0	0	0	0	0	0	0	0	0	0	0	0
乐清分校													
结业生	631	120	511	0	0	0	136	136	0	495	218	120	157
在校生	0	0	0	0	0	0	0	0	0	0	0	0	0
文成分校													
结业生	0	0	0	0	0	0	0	0	0	0	0	0	0
在校生	0	0	0	0	0	0	0	0	0	0	0	0	0
洞头分校													
结业生	0	0	0	0	0	0	0	0	0	0	0	0	0
在校生	0	0	0	0	0	0	0	0	0	0	0	0	0
苍南分校													
结业生	0	0	0	0	0	0	0	0	0	0	0	0	0
在校生	0	0	0	0	0	0	0	0	0	0	0	0	0

3.1 全国电大非学历教育（进修及培训）（续表37）

单位：人

	进修及培训												
	合计	一月以内	一月至三月内	三月至半年内	半年至一年内	一年以上	在进修及培训中			在进修及培训中			
							计	资格证书培训	岗位证书培训	计	外语	会计	计算机
巨化分校													
结业生	0	0	0	0	0	0	0	0	0	0	0	0	0
在校生	0	0	0	0	0	0	0	0	0	0	0	0	0
经贸分校													
结业生	0	0	0	0	0	0	0	0	0	0	0	0	0
在校生	0	0	0	0	0	0	0	0	0	0	0	0	0
工商学院													
结业生	0	0	0	0	0	0	0	0	0	0	0	0	0
在校生	0	0	0	0	0	0	0	0	0	0	0	0	0
特教学院													
结业生	0	0	0	0	0	0	0	0	0	0	0	0	0
在校生	0	0	0	0	0	0	0	0	0	0	0	0	0
温州机电技工学校教学点													
结业生	0	0	0	0	0	0	0	0	0	0	0	0	0
在校生	0	0	0	0	0	0	0	0	0	0	0	0	0
杭州高级技工学校教学点													
结业生	0	0	0	0	0	0	0	0	0	0	0	0	0
在校生	0	0	0	0	0	0	0	0	0	0	0	0	0
浙江统计培训中心教学点													
结业生	0	0	0	0	0	0	0	0	0	0	0	0	0
在校生	0	0	0	0	0	0	0	0	0	0	0	0	0
杭州交通职高教学点													
结业生	0	0	0	0	0	0	0	0	0	0	0	0	0
在校生	0	0	0	0	0	0	0	0	0	0	0	0	0
杭州东方舰桥培训中心教学点													
结业生	0	0	0	0	0	0	0	0	0	0	0	0	0
在校生	0	0	0	0	0	0	0	0	0	0	0	0	0
宁　　波													
结业生	8493	7818	675	0	0	0	3049	1227	1822	4030	0	96	3934
在校生	2033	1285	748	0	0	0	1959	1235	724	481	0	188	293
宁波广播电视大学													
结业生	5680	5680	0	0	0	0	380	0	380	3800	0	0	3800
在校生	0	0	0	0	0	0	0	0	0	0	0	0	0
鄞县分校													
结业生	0	0	0	0	0	0	0	0	0	0	0	0	0
在校生	0	0	0	0	0	0	0	0	0	0	0	0	0
余姚学院													
结业生	333	333	0	0	0	0	189	189	0	0	0	0	0
在校生	132	132	0	0	0	0	58	58	0	0	0	0	0
慈溪学院													
结业生	0	0	0	0	0	0	0	0	0	0	0	0	0
在校生	0	0	0	0	0	0	0	0	0	0	0	0	0
宁海学院													
结业生	350	350	0	0	0	0	350	0	350	0	0	0	0
在校生	0	0	0	0	0	0	0	0	0	0	0	0	0
象山分校													
结业生	460	460	0	0	0	0	460	0	460	0	0	0	0
在校生	0	0	0	0	0	0	0	0	0	0	0	0	0

3.1 全国电大非学历教育（进修及培训）（续表38）

单位：人

	进修及培训												
	合计	一月以内	一月至三月内	三月至半年内	半年至一年内	一年以上	在进修及培训中			在进修及培训中			
							计	资格证书培训	岗位证书培训	计	外语	会计	计算机
奉化分校													
结业生	163	163	0	0	0	0	163	163	0	0	0	0	0
在校生	163	163	0	0	0	0	163	163	0	0	0	0	0
镇海工作站													
结业生	93	93	0	0	0	0	93	93	0	0	0	0	0
在校生	0	0	0	0	0	0	0	0	0	0	0	0	0
江北工作站													
结业生	0	0	0	0	0	0	0	0	0	0	0	0	0
在校生	0	0	0	0	0	0	0	0	0	0	0	0	0
北仑分校													
结业生	0	0	0	0	0	0	0	0	0	0	0	0	0
在校生	0	0	0	0	0	0	0	0	0	0	0	0	0
宁波东钱湖旅游度假区电大工作站													
结业生	1414	739	675	0	0	0	1414	782	632	230	0	96	134
在校生	1738	990	748	0	0	0	1738	1014	724	481	0	188	293
安　　徽													
结业生	144346	6144	1103	267	136743	89	6079	5077	1002	1563	120	308	1135
在校生	119332	0	445	0	115586	3301	224	0	224	445	221	224	0
安徽广播电视大学													
结业生	138736	1271	876	0	136589	0	1271	490	781	540	0	226	314
在校生	115586	0	0	0	115586	0	0	0	0	0	0	0	0
合肥分校													
结业生	221	82	139	0	0	0	221	0	221	221	120	82	19
在校生	0	0	0	0	0	0	0	0	0	0	0	0	0
蚌埠分校													
结业生	0	0	0	0	0	0	0	0	0	0	0	0	0
在校生	0	0	0	0	0	0	0	0	0	0	0	0	0
芜湖市分校													
结业生	0	0	0	0	0	0	0	0	0	0	0	0	0
在校生	0	0	0	0	0	0	0	0	0	0	0	0	0
淮南分校													
结业生	0	0	0	0	0	0	0	0	0	0	0	0	0
在校生	0	0	0	0	0	0	0	0	0	0	0	0	0
淮北分校													
结业生	0	0	0	0	0	0	0	0	0	0	0	0	0
在校生	0	0	0	0	0	0	0	0	0	0	0	0	0
马鞍山分校													
结业生	0	0	0	0	0	0	0	0	0	0	0	0	0
在校生	445	0	445	0	0	0	224	0	224	445	221	224	0
铜陵分校													
结业生	0	0	0	0	0	0	0	0	0	0	0	0	0
在校生	0	0	0	0	0	0	0	0	0	0	0	0	0
黄山市分校													
结业生	0	0	0	0	0	0	0	0	0	0	0	0	0
在校生	0	0	0	0	0	0	0	0	0	0	0	0	0
六安分校													
结业生	4689	4689	0	0	0	0	4587	4587	0	102	0	0	102
在校生	0	0	0	0	0	0	0	0	0	0	0	0	0

3.1 全国电大非学历教育（进修及培训）（续表39）

单位：人

	进修及培训												
	合计	一月以内	一月至三月内	三月至半年内	半年至一年内	一年以上	在进修及培训中			在进修及培训中			
							计	资格证书培训	岗位证书培训	计	外语	会计	计算机
阜阳分校													
结业生	0	0	0	0	0	0	0	0	0	0	0	0	0
在校生	0	0	0	0	0	0	0	0	0	0	0	0	0
宣城分校													
结业生	0	0	0	0	0	0	0	0	0	0	0	0	0
在校生	0	0	0	0	0	0	0	0	0	0	0	0	0
巢湖分校													
结业生	0	0	0	0	0	0	0	0	0	0	0	0	0
在校生	0	0	0	0	0	0	0	0	0	0	0	0	0
滁州市分校													
结业生	0	0	0	0	0	0	0	0	0	0	0	0	0
在校生	0	0	0	0	0	0	0	0	0	0	0	0	0
池州分校													
结业生	700	102	88	267	154	89	0	0	0	700	0	0	700
在校生	0	0	0	0	0	0	0	0	0	0	0	0	0
宿州分校													
结业生	0	0	0	0	0	0	0	0	0	0	0	0	0
在校生	3301	0	0	0	0	3301	0	0	0	0	0	0	0
省直分校													
结业生	0	0	0	0	0	0	0	0	0	0	0	0	0
在校生	0	0	0	0	0	0	0	0	0	0	0	0	0
亳州分校													
结业生	0	0	0	0	0	0	0	0	0	0	0	0	0
在校生	0	0	0	0	0	0	0	0	0	0	0	0	0
福　　建													
结业生	33145	9419	22499	656	571	0	5578	1476	4102	6499	1279	1803	3417
在校生	22000	0	22000	0	0	0	0	0	0	0	0	0	0
福建广播电视大学													
结业生	1923	1923	0	0	0	0	564	278	286	1359	515	0	844
在校生	0	0	0	0	0	0	0	0	0	0	0	0	0
福州分校													
结业生	1025	417	37	0	571	0	1025	37	988	0	0	0	0
在校生	0	0	0	0	0	0	0	0	0	0	0	0	0
三明分校													
结业生	20000	0	20000	0	0	0	0	0	0	0	0	0	0
在校生	22000	0	22000	0	0	0	0	0	0	0	0	0	0
宁德分校													
结业生	0	0	0	0	0	0	0	0	0	0	0	0	0
在校生	0	0	0	0	0	0	0	0	0	0	0	0	0
南平分校													
结业生	0	0	0	0	0	0	0	0	0	0	0	0	0
在校生	0	0	0	0	0	0	0	0	0	0	0	0	0
漳州分校													
结业生	2710	280	2430	0	0	0	1042	340	702	1500	0	1050	450
在校生	0	0	0	0	0	0	0	0	0	0	0	0	0
泉州分校													
结业生	3189	3189	0	0	0	0	1305	0	1305	1884	764	0	1120
在校生	0	0	0	0	0	0	0	0	0	0	0	0	0

3.1 全国电大非学历教育（进修及培训）（续表40）

单位：人

	进修及培训												
	合计	一月以内	一月至三月内	三月至半年内	半年至一年内	一年以上	在进修及培训中			在进修及培训中			
							计	资格证书培训	岗位证书培训	计	外语	会计	计算机
龙岩分校													
结业生	0	0	0	0	0	0	0	0	0	0	0	0	0
在校生	0	0	0	0	0	0	0	0	0	0	0	0	0
莆田分校													
结业生	900	900	0	0	0	0	0	0	0	0	0	0	0
在校生	0	0	0	0	0	0	0	0	0	0	0	0	0
高等职业技术学院													
结业生	0	0	0	0	0	0	0	0	0	0	0	0	0
在校生	0	0	0	0	0	0	0	0	0	0	0	0	0
永安分校													
结业生	0	0	0	0	0	0	0	0	0	0	0	0	0
在校生	0	0	0	0	0	0	0	0	0	0	0	0	0
邵武分校													
结业生	1132	1100	32	0	0	0	32	32	0	1100	0	753	347
在校生	0	0	0	0	0	0	0	0	0	0	0	0	0
漳浦分校													
结业生	2266	1610	0	656	0	0	1610	789	821	656	0	0	656
在校生	0	0	0	0	0	0	0	0	0	0	0	0	0
开放教育学院													
结业生	0	0	0	0	0	0	0	0	0	0	0	0	0
在校生	0	0	0	0	0	0	0	0	0	0	0	0	0
厦　门													
结业生	0	0	0	0	0	0	0	0	0	0	0	0	0
在校生	0	0	0	0	0	0	0	0	0	0	0	0	0
厦门市广播电视大学													
结业生	0	0	0	0	0	0	0	0	0	0	0	0	0
在校生	0	0	0	0	0	0	0	0	0	0	0	0	0
厦门电大同安区工作站													
结业生	0	0	0	0	0	0	0	0	0	0	0	0	0
在校生	0	0	0	0	0	0	0	0	0	0	0	0	0
厦门市杏林区电大工作站													
结业生	0	0	0	0	0	0	0	0	0	0	0	0	0
在校生	0	0	0	0	0	0	0	0	0	0	0	0	0
厦门市湖里区电大工作站													
结业生	0	0	0	0	0	0	0	0	0	0	0	0	0
在校生	0	0	0	0	0	0	0	0	0	0	0	0	0
厦门市司法局电大工作站													
结业生	0	0	0	0	0	0	0	0	0	0	0	0	0
在校生	0	0	0	0	0	0	0	0	0	0	0	0	0
厦门市思明区电大工作站													
结业生	0	0	0	0	0	0	0	0	0	0	0	0	0
在校生	0	0	0	0	0	0	0	0	0	0	0	0	0
江　西													
结业生	2588	2027	561	0	0	0	1285	988	297	826	0	51	775
在校生	0	0	0	0	0	0	0	0	0	0	0	0	0
江西广播电视大学													
结业生	0	0	0	0	0	0	0	0	0	0	0	0	0
在校生	0	0	0	0	0	0	0	0	0	0	0	0	0

3.1 全国电大非学历教育（进修及培训）（续表41）

单位：人

	进修及培训												
	合计	一月以内	一月至三月内	三月至半年内	半年至一年内	一年以上	在进修及培训中			在进修及培训中			
							计	资格证书培训	岗位证书培训	计	外语	会计	计算机
南昌市分校													
结业生	0	0	0	0	0	0	0	0	0	0	0	0	0
在校生	0	0	0	0	0	0	0	0	0	0	0	0	0
安义县工作站（工会职校）													
结业生	0	0	0	0	0	0	0	0	0	0	0	0	0
在校生	0	0	0	0	0	0	0	0	0	0	0	0	0
安义县教师进修学校教学点													
结业生	0	0	0	0	0	0	0	0	0	0	0	0	0
在校生	0	0	0	0	0	0	0	0	0	0	0	0	0
进贤县教师进修学校教学点													
结业生	0	0	0	0	0	0	0	0	0	0	0	0	0
在校生	0	0	0	0	0	0	0	0	0	0	0	0	0
新建县教师进修学校教学点													
结业生	0	0	0	0	0	0	0	0	0	0	0	0	0
在校生	0	0	0	0	0	0	0	0	0	0	0	0	0
南昌县教师进修学校													
结业生	0	0	0	0	0	0	0	0	0	0	0	0	0
在校生	0	0	0	0	0	0	0	0	0	0	0	0	0
景德镇市分校													
结业生	0	0	0	0	0	0	0	0	0	0	0	0	0
在校生	0	0	0	0	0	0	0	0	0	0	0	0	0
乐平市教师进修学校教学点													
结业生	0	0	0	0	0	0	0	0	0	0	0	0	0
在校生	0	0	0	0	0	0	0	0	0	0	0	0	0
九江市分校													
结业生	0	0	0	0	0	0	0	0	0	0	0	0	0
在校生	0	0	0	0	0	0	0	0	0	0	0	0	0
武宁县工作站													
结业生	0	0	0	0	0	0	0	0	0	0	0	0	0
在校生	0	0	0	0	0	0	0	0	0	0	0	0	0
德安县工作站													
结业生	0	0	0	0	0	0	0	0	0	0	0	0	0
在校生	0	0	0	0	0	0	0	0	0	0	0	0	0
都昌县工作站													
结业生	0	0	0	0	0	0	0	0	0	0	0	0	0
在校生	0	0	0	0	0	0	0	0	0	0	0	0	0
庐山工作站													
结业生	0	0	0	0	0	0	0	0	0	0	0	0	0
在校生	0	0	0	0	0	0	0	0	0	0	0	0	0
彭泽县工作站													
结业生	0	0	0	0	0	0	0	0	0	0	0	0	0
在校生	0	0	0	0	0	0	0	0	0	0	0	0	0
永修县工作站													
结业生	0	0	0	0	0	0	0	0	0	0	0	0	0
在校生	0	0	0	0	0	0	0	0	0	0	0	0	0
修水县工作站													
结业生	0	0	0	0	0	0	0	0	0	0	0	0	0
在校生	0	0	0	0	0	0	0	0	0	0	0	0	0

3.1 全国电大非学历教育（进修及培训）（续表42）

单位：人

	进修及培训												
	合计	一月以内	一月至三月内	三月至半年内	半年至一年内	一年以上	在进修及培训中			在进修及培训中			
							计	资格证书培训	岗位证书培训	计	外语	会计	计算机
省武工作站													
结业生	0	0	0	0	0	0	0	0	0	0	0	0	0
在校生	0	0	0	0	0	0	0	0	0	0	0	0	0
湖口县工作站													
结业生	0	0	0	0	0	0	0	0	0	0	0	0	0
在校生	0	0	0	0	0	0	0	0	0	0	0	0	0
星子县工作站													
结业生	0	0	0	0	0	0	0	0	0	0	0	0	0
在校生	0	0	0	0	0	0	0	0	0	0	0	0	0
萍乡市分校													
结业生	1813	1252	561	0	0	0	510	213	297	51	0	51	0
在校生	0	0	0	0	0	0	0	0	0	0	0	0	0
芦溪县工作站													
结业生	0	0	0	0	0	0	0	0	0	0	0	0	0
在校生	0	0	0	0	0	0	0	0	0	0	0	0	0
上栗县电大工作站													
结业生	0	0	0	0	0	0	0	0	0	0	0	0	0
在校生	0	0	0	0	0	0	0	0	0	0	0	0	0
莲花县工作站													
结业生	0	0	0	0	0	0	0	0	0	0	0	0	0
在校生	0	0	0	0	0	0	0	0	0	0	0	0	0
萍乡市卫生学校													
结业生	0	0	0	0	0	0	0	0	0	0	0	0	0
在校生	0	0	0	0	0	0	0	0	0	0	0	0	0
新余市分校													
结业生	0	0	0	0	0	0	0	0	0	0	0	0	0
在校生	0	0	0	0	0	0	0	0	0	0	0	0	0
分宜县工作站													
结业生	0	0	0	0	0	0	0	0	0	0	0	0	0
在校生	0	0	0	0	0	0	0	0	0	0	0	0	0
鹰潭市分校													
结业生	0	0	0	0	0	0	0	0	0	0	0	0	0
在校生	0	0	0	0	0	0	0	0	0	0	0	0	0
贵溪市工作站													
结业生	0	0	0	0	0	0	0	0	0	0	0	0	0
在校生	0	0	0	0	0	0	0	0	0	0	0	0	0
鹰潭应用工程学校													
结业生	0	0	0	0	0	0	0	0	0	0	0	0	0
在校生	0	0	0	0	0	0	0	0	0	0	0	0	0
中共余江县委党校													
结业生	0	0	0	0	0	0	0	0	0	0	0	0	0
在校生	0	0	0	0	0	0	0	0	0	0	0	0	0
赣州广播电视大学													
结业生	0	0	0	0	0	0	0	0	0	0	0	0	0
在校生	0	0	0	0	0	0	0	0	0	0	0	0	0
中共南康市委党校教学点													
结业生	0	0	0	0	0	0	0	0	0	0	0	0	0
在校生	0	0	0	0	0	0	0	0	0	0	0	0	0

3.1 全国电大非学历教育（进修及培训）（续表43）

单位：人

	进修及培训												
	合计	一月以内	一月至三月内	三月至半年内	半年至一年内	一年以上	在进修及培训中			在进修及培训中			
							计	资格证书培训	岗位证书培训	计	外语	会计	计算机
中共上犹县委党校教学点													
结业生	0	0	0	0	0	0	0	0	0	0	0	0	0
在校生	0	0	0	0	0	0	0	0	0	0	0	0	0
寻乌县工作站（教师进修学校）													
结业生	0	0	0	0	0	0	0	0	0	0	0	0	0
在校生	0	0	0	0	0	0	0	0	0	0	0	0	0
中共信丰县委党校教学点													
结业生	0	0	0	0	0	0	0	0	0	0	0	0	0
在校生	0	0	0	0	0	0	0	0	0	0	0	0	0
兴国县教师进修学校教学点													
结业生	0	0	0	0	0	0	0	0	0	0	0	0	0
在校生	0	0	0	0	0	0	0	0	0	0	0	0	0
中共兴国县委党校教学点													
结业生	0	0	0	0	0	0	0	0	0	0	0	0	0
在校生	0	0	0	0	0	0	0	0	0	0	0	0	0
瑞金市工作站（教师进修学校）													
结业生	0	0	0	0	0	0	0	0	0	0	0	0	0
在校生	0	0	0	0	0	0	0	0	0	0	0	0	0
定南教师进修学校教学点													
结业生	0	0	0	0	0	0	0	0	0	0	0	0	0
在校生	0	0	0	0	0	0	0	0	0	0	0	0	0
中共崇义县委党校教学点													
结业生	0	0	0	0	0	0	0	0	0	0	0	0	0
在校生	0	0	0	0	0	0	0	0	0	0	0	0	0
宁都县教师进修学校教学点													
结业生	0	0	0	0	0	0	0	0	0	0	0	0	0
在校生	0	0	0	0	0	0	0	0	0	0	0	0	0
大余县教师进修学校													
结业生	0	0	0	0	0	0	0	0	0	0	0	0	0
在校生	0	0	0	0	0	0	0	0	0	0	0	0	0
信丰县教师进修学校教学点													
结业生	0	0	0	0	0	0	0	0	0	0	0	0	0
在校生	0	0	0	0	0	0	0	0	0	0	0	0	0
龙南教师进修学校													
结业生	0	0	0	0	0	0	0	0	0	0	0	0	0
在校生	0	0	0	0	0	0	0	0	0	0	0	0	0
安远县委党校													
结业生	0	0	0	0	0	0	0	0	0	0	0	0	0
在校生	0	0	0	0	0	0	0	0	0	0	0	0	0
于都县委党校													
结业生	0	0	0	0	0	0	0	0	0	0	0	0	0
在校生	0	0	0	0	0	0	0	0	0	0	0	0	0
全南县教师进修学校													
结业生	0	0	0	0	0	0	0	0	0	0	0	0	0
在校生	0	0	0	0	0	0	0	0	0	0	0	0	0
石城县教师进修学校教学点													
结业生	0	0	0	0	0	0	0	0	0	0	0	0	0
在校生	0	0	0	0	0	0	0	0	0	0	0	0	0

3.1 全国电大非学历教育（进修及培训）（续表44）

单位：人

	进修及培训												
	合计	一月以内	一月至三月内	三月至半年内	半年至一年内	一年以上	在进修及培训中			在进修及培训中			
							计	资格证书培训	岗位证书培训	计	外语	会计	计算机
宜春广播电视大学													
结业生	0	0	0	0	0	0	0	0	0	0	0	0	0
在校生	0	0	0	0	0	0	0	0	0	0	0	0	0
樟树工作站（教师进修学校）													
结业生	0	0	0	0	0	0	0	0	0	0	0	0	0
在校生	0	0	0	0	0	0	0	0	0	0	0	0	0
樟树职工学校教学点													
结业生	0	0	0	0	0	0	0	0	0	0	0	0	0
在校生	0	0	0	0	0	0	0	0	0	0	0	0	0
丰城市教师进修学校教学点													
结业生	0	0	0	0	0	0	0	0	0	0	0	0	0
在校生	0	0	0	0	0	0	0	0	0	0	0	0	0
奉新县工作站（教师进修学校）													
结业生	0	0	0	0	0	0	0	0	0	0	0	0	0
在校生	0	0	0	0	0	0	0	0	0	0	0	0	0
铜鼓县教师进修学校教学点													
结业生	0	0	0	0	0	0	0	0	0	0	0	0	0
在校生	0	0	0	0	0	0	0	0	0	0	0	0	0
万载县教师进修学校教学点													
结业生	0	0	0	0	0	0	0	0	0	0	0	0	0
在校生	0	0	0	0	0	0	0	0	0	0	0	0	0
宜丰县工作站（教师进修学校）													
结业生	0	0	0	0	0	0	0	0	0	0	0	0	0
在校生	0	0	0	0	0	0	0	0	0	0	0	0	0
中共丰城市委党校教学点													
结业生	0	0	0	0	0	0	0	0	0	0	0	0	0
在校生	0	0	0	0	0	0	0	0	0	0	0	0	0
上高教师进修学校													
结业生	0	0	0	0	0	0	0	0	0	0	0	0	0
在校生	0	0	0	0	0	0	0	0	0	0	0	0	0
高安市委党校													
结业生	0	0	0	0	0	0	0	0	0	0	0	0	0
在校生	0	0	0	0	0	0	0	0	0	0	0	0	0
电大吉安市分校													
结业生	0	0	0	0	0	0	0	0	0	0	0	0	0
在校生	0	0	0	0	0	0	0	0	0	0	0	0	0
吉安县教师进修学校教学点													
结业生	0	0	0	0	0	0	0	0	0	0	0	0	0
在校生	0	0	0	0	0	0	0	0	0	0	0	0	0
吉水县教师进修学校教学点													
结业生	0	0	0	0	0	0	0	0	0	0	0	0	0
在校生	0	0	0	0	0	0	0	0	0	0	0	0	0
永新县工作站													
结业生	0	0	0	0	0	0	0	0	0	0	0	0	0
在校生	0	0	0	0	0	0	0	0	0	0	0	0	0
中共遂川县委党校教学点													
结业生	0	0	0	0	0	0	0	0	0	0	0	0	0
在校生	0	0	0	0	0	0	0	0	0	0	0	0	0

3.1 全国电大非学历教育（进修及培训）（续表45）

单位：人

	进修及培训												
	合计	一月以内	一月至三月内	三月至半年内	半年至一年内	一年以上	在进修及培训中			在进修及培训中			
							计	资格证书培训	岗位证书培训	计	外语	会计	计算机
安福县教师进修学校													
结业生	0	0	0	0	0	0	0	0	0	0	0	0	0
在校生	0	0	0	0	0	0	0	0	0	0	0	0	0
万安县委党校													
结业生	0	0	0	0	0	0	0	0	0	0	0	0	0
在校生	0	0	0	0	0	0	0	0	0	0	0	0	0
峡江县委党校													
结业生	0	0	0	0	0	0	0	0	0	0	0	0	0
在校生	0	0	0	0	0	0	0	0	0	0	0	0	0
新干县委党校													
结业生	0	0	0	0	0	0	0	0	0	0	0	0	0
在校生	0	0	0	0	0	0	0	0	0	0	0	0	0
中共永丰县委党校教学点													
结业生	0	0	0	0	0	0	0	0	0	0	0	0	0
在校生	0	0	0	0	0	0	0	0	0	0	0	0	0
广丰县工作站													
结业生	0	0	0	0	0	0	0	0	0	0	0	0	0
在校生	0	0	0	0	0	0	0	0	0	0	0	0	0
鄱阳县工作站													
结业生	0	0	0	0	0	0	0	0	0	0	0	0	0
在校生	0	0	0	0	0	0	0	0	0	0	0	0	0
德兴市工作站													
结业生	0	0	0	0	0	0	0	0	0	0	0	0	0
在校生	0	0	0	0	0	0	0	0	0	0	0	0	0
婺源县工作站													
结业生	0	0	0	0	0	0	0	0	0	0	0	0	0
在校生	0	0	0	0	0	0	0	0	0	0	0	0	0
横峰县工作站													
结业生	0	0	0	0	0	0	0	0	0	0	0	0	0
在校生	0	0	0	0	0	0	0	0	0	0	0	0	0
上饶县工作站													
结业生	0	0	0	0	0	0	0	0	0	0	0	0	0
在校生	0	0	0	0	0	0	0	0	0	0	0	0	0
万年县工作站													
结业生	0	0	0	0	0	0	0	0	0	0	0	0	0
在校生	0	0	0	0	0	0	0	0	0	0	0	0	0
玉山县工作站													
结业生	0	0	0	0	0	0	0	0	0	0	0	0	0
在校生	0	0	0	0	0	0	0	0	0	0	0	0	0
余干县工作站													
结业生	0	0	0	0	0	0	0	0	0	0	0	0	0
在校生	0	0	0	0	0	0	0	0	0	0	0	0	0
弋阳县工作站													
结业生	0	0	0	0	0	0	0	0	0	0	0	0	0
在校生	0	0	0	0	0	0	0	0	0	0	0	0	0
抚州广播电视大学													
结业生	775	775	0	0	0	0	775	775	0	775	0	0	775
在校生	0	0	0	0	0	0	0	0	0	0	0	0	0

3.1 全国电大非学历教育（进修及培训）（续表46）

单位：人

	进修及培训												
	合计	一月以内	一月至三月内	三月至半年内	半年至一年内	一年以上	在进修及培训中			在进修及培训中			
							计	资格证书培训	岗位证书培训	计	外语	会计	计算机
黎川县工作站													
结业生	0	0	0	0	0	0	0	0	0	0	0	0	0
在校生	0	0	0	0	0	0	0	0	0	0	0	0	0
南丰县工作站													
结业生	0	0	0	0	0	0	0	0	0	0	0	0	0
在校生	0	0	0	0	0	0	0	0	0	0	0	0	0
南城县工作站													
结业生	0	0	0	0	0	0	0	0	0	0	0	0	0
在校生	0	0	0	0	0	0	0	0	0	0	0	0	0
金溪县工作站													
结业生	0	0	0	0	0	0	0	0	0	0	0	0	0
在校生	0	0	0	0	0	0	0	0	0	0	0	0	0
资溪县工作站													
结业生	0	0	0	0	0	0	0	0	0	0	0	0	0
在校生	0	0	0	0	0	0	0	0	0	0	0	0	0
乐安县工作站													
结业生	0	0	0	0	0	0	0	0	0	0	0	0	0
在校生	0	0	0	0	0	0	0	0	0	0	0	0	0
山　　东													
结业生	40276	35022	3317	553	858	526	32779	18703	14076	13758	0	281	13477
在校生	3562	0	0	0	0	3562	0	0	0	0	0	0	0
山东广播电视大学													
结业生	0	0	0	0	0	0	0	0	0	0	0	0	0
在校生	0	0	0	0	0	0	0	0	0	0	0	0	0
济南广播电视大学													
结业生	0	0	0	0	0	0	0	0	0	0	0	0	0
在校生	0	0	0	0	0	0	0	0	0	0	0	0	0
烟台广播电视大学													
结业生	0	0	0	0	0	0	0	0	0	0	0	0	0
在校生	0	0	0	0	0	0	0	0	0	0	0	0	0
潍坊广播电视大学													
结业生	0	0	0	0	0	0	0	0	0	0	0	0	0
在校生	0	0	0	0	0	0	0	0	0	0	0	0	0
淄博广播电视大学													
结业生	0	0	0	0	0	0	0	0	0	0	0	0	0
在校生	0	0	0	0	0	0	0	0	0	0	0	0	0
威海市广播电视大学													
结业生	526	0	0	0	0	526	0	0	0	0	0	0	0
在校生	3562	0	0	0	0	3562	0	0	0	0	0	0	0
临沂广播电视大学													
结业生	31000	31000	0	0	0	0	28000	15000	13000	12000	0	0	12000
在校生	0	0	0	0	0	0	0	0	0	0	0	0	0
德州广播电视大学													
结业生	0	0	0	0	0	0	0	0	0	0	0	0	0
在校生	0	0	0	0	0	0	0	0	0	0	0	0	0
滨州广播电视大学													
结业生	0	0	0	0	0	0	0	0	0	0	0	0	0
在校生	0	0	0	0	0	0	0	0	0	0	0	0	0

3.1 全国电大非学历教育（进修及培训）（续表47）

单位：人

	进修及培训												
	合计	一月以内	一月至三月内	三月至半年内	半年至一年内	一年以上	在进修及培训中			在进修及培训中			
							计	资格证书培训	岗位证书培训	计	外语	会计	计算机
菏泽广播电视大学													
结业生	140	140	0	0	0	0	0	0	0	0	0	0	0
在校生	0	0	0	0	0	0	0	0	0	0	0	0	0
聊城广播电视大学													
结业生	2900	0	2900	0	0	0	2900	2900	0	0	0	0	0
在校生	0	0	0	0	0	0	0	0	0	0	0	0	0
泰安广播电视大学													
结业生	0	0	0	0	0	0	0	0	0	0	0	0	0
在校生	0	0	0	0	0	0	0	0	0	0	0	0	0
枣庄广播电视大学													
结业生	0	0	0	0	0	0	0	0	0	0	0	0	0
在校生	0	0	0	0	0	0	0	0	0	0	0	0	0
济宁广播电视大学													
结业生	0	0	0	0	0	0	0	0	0	0	0	0	0
在校生	0	0	0	0	0	0	0	0	0	0	0	0	0
东营广播电视大学													
结业生	3255	2934	48	273	0	0	0	0	0	1130	0	0	1130
在校生	0	0	0	0	0	0	0	0	0	0	0	0	0
胜利油田广播电视大学													
结业生	576	576	0	0	0	0	0	0	0	24	0	0	24
在校生	0	0	0	0	0	0	0	0	0	0	0	0	0
莱芜钢铁总厂广播电视大学													
结业生	0	0	0	0	0	0	0	0	0	0	0	0	0
在校生	0	0	0	0	0	0	0	0	0	0	0	0	0
省直工作处													
结业生	0	0	0	0	0	0	0	0	0	0	0	0	0
在校生	0	0	0	0	0	0	0	0	0	0	0	0	0
日照广播电视大学													
结业生	1879	372	369	280	858	0	1879	803	1076	604	0	281	323
在校生	0	0	0	0	0	0	0	0	0	0	0	0	0
荣成市广播电视大学													
结业生	0	0	0	0	0	0	0	0	0	0	0	0	0
在校生	0	0	0	0	0	0	0	0	0	0	0	0	0
莱芜科技成人中专													
结业生	0	0	0	0	0	0	0	0	0	0	0	0	0
在校生	0	0	0	0	0	0	0	0	0	0	0	0	0
青　岛													
结业生	9318	3070	925	5323	0	0	9318	925	8393	0	0	0	0
在校生	0	0	0	0	0	0	0	0	0	0	0	0	0
青岛广播电视大学													
结业生	9318	3070	925	5323	0	0	9318	925	8393	0	0	0	0
在校生	0	0	0	0	0	0	0	0	0	0	0	0	0
莱西分校													
结业生	0	0	0	0	0	0	0	0	0	0	0	0	0
在校生	0	0	0	0	0	0	0	0	0	0	0	0	0
胶州分校													
结业生	0	0	0	0	0	0	0	0	0	0	0	0	0
在校生	0	0	0	0	0	0	0	0	0	0	0	0	0

3.1 全国电大非学历教育（进修及培训）（续表48）

单位：人

	进修及培训												
	合计	一月以内	一月至三月内	三月至半年内	半年至一年内	一年以上	在进修及培训中			在进修及培训中			
							计	资格证书培训	岗位证书培训	计	外语	会计	计算机
胶南分校													
结业生	0	0	0	0	0	0	0	0	0	0	0	0	0
在校生	0	0	0	0	0	0	0	0	0	0	0	0	0
即墨分校													
结业生	0	0	0	0	0	0	0	0	0	0	0	0	0
在校生	0	0	0	0	0	0	0	0	0	0	0	0	0
黄岛分校													
结业生	0	0	0	0	0	0	0	0	0	0	0	0	0
在校生	0	0	0	0	0	0	0	0	0	0	0	0	0
崂山分校													
结业生	0	0	0	0	0	0	0	0	0	0	0	0	0
在校生	0	0	0	0	0	0	0	0	0	0	0	0	0
城阳分校													
结业生	0	0	0	0	0	0	0	0	0	0	0	0	0
在校生	0	0	0	0	0	0	0	0	0	0	0	0	0
河　　南													
结业生	263740	238347	25393	0	0	0	261780	232984	28796	600	0	0	600
在校生	0	0	0	0	0	0	0	0	0	0	0	0	0
河南广播电视大学													
结业生	238379	231823	6556	0	0	0	238379	216879	21500	0	0	0	0
在校生	0	0	0	0	0	0	0	0	0	0	0	0	0
河南省直广播电视大学													
结业生	0	0	0	0	0	0	0	0	0	0	0	0	0
在校生	0	0	0	0	0	0	0	0	0	0	0	0	0
郑州广播电视大学													
结业生	0	0	0	0	0	0	0	0	0	0	0	0	0
在校生	0	0	0	0	0	0	0	0	0	0	0	0	0
开封广播电视大学													
结业生	0	0	0	0	0	0	0	0	0	0	0	0	0
在校生	0	0	0	0	0	0	0	0	0	0	0	0	0
洛阳广播电视大学													
结业生	22661	5784	16877	0	0	0	22661	15795	6866	600	0	0	600
在校生	0	0	0	0	0	0	0	0	0	0	0	0	0
新乡广播电视大学													
结业生	1960	0	1960	0	0	0	0	0	0	0	0	0	0
在校生	0	0	0	0	0	0	0	0	0	0	0	0	0
焦作广播电视大学													
结业生	0	0	0	0	0	0	0	0	0	0	0	0	0
在校生	0	0	0	0	0	0	0	0	0	0	0	0	0
安阳广播电视大学													
结业生	0	0	0	0	0	0	0	0	0	0	0	0	0
在校生	0	0	0	0	0	0	0	0	0	0	0	0	0
濮阳广播电视大学													
结业生	0	0	0	0	0	0	0	0	0	0	0	0	0
在校生	0	0	0	0	0	0	0	0	0	0	0	0	0
鹤壁广播电视大学													
结业生	0	0	0	0	0	0	0	0	0	0	0	0	0
在校生	0	0	0	0	0	0	0	0	0	0	0	0	0

3.1 全国电大非学历教育（进修及培训）（续表49）

单位：人

	进修及培训												
	合计	一月以内	一月至三月内	三月至半年内	半年至一年内	一年以上	在进修及培训中			在进修及培训中			
							计	资格证书培训	岗位证书培训	计	外语	会计	计算机
商丘广播电视大学													
结业生	0	0	0	0	0	0	0	0	0	0	0	0	0
在校生	0	0	0	0	0	0	0	0	0	0	0	0	0
三门峡广播电视大学													
结业生	0	0	0	0	0	0	0	0	0	0	0	0	0
在校生	0	0	0	0	0	0	0	0	0	0	0	0	0
平顶山广播电视大学													
结业生	0	0	0	0	0	0	0	0	0	0	0	0	0
在校生	0	0	0	0	0	0	0	0	0	0	0	0	0
驻马店广播电视大学													
结业生	0	0	0	0	0	0	0	0	0	0	0	0	0
在校生	0	0	0	0	0	0	0	0	0	0	0	0	0
许昌广播电视大学													
结业生	0	0	0	0	0	0	0	0	0	0	0	0	0
在校生	0	0	0	0	0	0	0	0	0	0	0	0	0
信阳广播电视大学													
结业生	0	0	0	0	0	0	0	0	0	0	0	0	0
在校生	0	0	0	0	0	0	0	0	0	0	0	0	0
南阳广播电视大学													
结业生	0	0	0	0	0	0	0	0	0	0	0	0	0
在校生	0	0	0	0	0	0	0	0	0	0	0	0	0
周口广播电视大学													
结业生	0	0	0	0	0	0	0	0	0	0	0	0	0
在校生	0	0	0	0	0	0	0	0	0	0	0	0	0
漯河广播电视大学													
结业生	0	0	0	0	0	0	0	0	0	0	0	0	0
在校生	0	0	0	0	0	0	0	0	0	0	0	0	0
郑州铁路局广播电视大学													
结业生	0	0	0	0	0	0	0	0	0	0	0	0	0
在校生	0	0	0	0	0	0	0	0	0	0	0	0	0
中原油田广播电视大学													
结业生	0	0	0	0	0	0	0	0	0	0	0	0	0
在校生	0	0	0	0	0	0	0	0	0	0	0	0	0
济源广播电视大学													
结业生	740	740	0	0	0	0	740	310	430	0	0	0	0
在校生	0	0	0	0	0	0	0	0	0	0	0	0	0
河南省工商行政管理分校													
结业生	0	0	0	0	0	0	0	0	0	0	0	0	0
在校生	0	0	0	0	0	0	0	0	0	0	0	0	0
湖　　北													
结业生	1721	701	0	0	1020	0	1261	1200	61	0	0	0	0
在校生	0	0	0	0	0	0	0	0	0	0	0	0	0
湖北广播电视大学													
结业生	0	0	0	0	0	0	0	0	0	0	0	0	0
在校生	0	0	0	0	0	0	0	0	0	0	0	0	0
黄冈广播电视大学													
结业生	0	0	0	0	0	0	0	0	0	0	0	0	0
在校生	0	0	0	0	0	0	0	0	0	0	0	0	0

3.1 全国电大非学历教育（进修及培训）（续表50）

单位：人

	进修及培训												
	合计	一月以内	一月至三月内	三月至半年内	半年至一年内	一年以上	在进修及培训中			在进修及培训中			
							计	资格证书培训	岗位证书培训	计	外语	会计	计算机
孝感市广播电视大学													
结业生	0	0	0	0	0	0	0	0	0	0	0	0	0
在校生	0	0	0	0	0	0	0	0	0	0	0	0	0
咸宁地区广播电视大学													
结业生	0	0	0	0	0	0	0	0	0	0	0	0	0
在校生	0	0	0	0	0	0	0	0	0	0	0	0	0
荆州地区广播电视大学													
结业生	0	0	0	0	0	0	0	0	0	0	0	0	0
在校生	0	0	0	0	0	0	0	0	0	0	0	0	0
宜昌市广播电视大学													
结业生	0	0	0	0	0	0	0	0	0	0	0	0	0
在校生	0	0	0	0	0	0	0	0	0	0	0	0	0
黄石广播电视大学													
结业生	0	0	0	0	0	0	0	0	0	0	0	0	0
在校生	0	0	0	0	0	0	0	0	0	0	0	0	0
十堰市广播电视大学													
结业生	0	0	0	0	0	0	0	0	0	0	0	0	0
在校生	0	0	0	0	0	0	0	0	0	0	0	0	0
襄樊广播电视大学													
结业生	0	0	0	0	0	0	0	0	0	0	0	0	0
在校生	0	0	0	0	0	0	0	0	0	0	0	0	0
恩施土家族苗族自治州广播电视大学													
结业生	640	640	0	0	0	0	640	640	0	0	0	0	0
在校生	0	0	0	0	0	0	0	0	0	0	0	0	0
湖北广播电视大学大冶有色金属公司分校													
结业生	1020	0	0	0	1020	0	560	560	0	0	0	0	0
在校生	0	0	0	0	0	0	0	0	0	0	0	0	0
天门市广播电视大学													
结业生	0	0	0	0	0	0	0	0	0	0	0	0	0
在校生	0	0	0	0	0	0	0	0	0	0	0	0	0
湖北广播电视大学江汉油田分校													
结业生	0	0	0	0	0	0	0	0	0	0	0	0	0
在校生	0	0	0	0	0	0	0	0	0	0	0	0	0
随州广播电视大学													
结业生	61	61	0	0	0	0	61	0	61	0	0	0	0
在校生	0	0	0	0	0	0	0	0	0	0	0	0	0
武　　汉													
结业生	9387	7490	20	1593	0	284	7311	2653	4658	2562	0	0	2562
在校生	898	0	66	0	0	832	898	855	43	0	0	0	0
武汉市广播电视大学													
结业生	2302	2302	0	0	0	0	2302	0	2302	0	0	0	0
在校生	0	0	0	0	0	0	0	0	0	0	0	0	0
江岸分校													
结业生	0	0	0	0	0	0	0	0	0	0	0	0	0
在校生	0	0	0	0	0	0	0	0	0	0	0	0	0
武昌分校													
结业生	210	0	0	210	0	0	0	0	0	180	0	0	180
在校生	0	0	0	0	0	0	0	0	0	0	0	0	0

3.1　全国电大非学历教育（进修及培训）（续表51）

单位：人

	进修及培训												
	合计	一月以内	一月至三月内	三月至半年内	半年至一年内	一年以上	在进修及培训中			在进修及培训中			
							计	资格证书培训	岗位证书培训	计	外语	会计	计算机
桥口分校													
结业生	284	0	0	0	0	284	284	284	0	0	0	0	0
在校生	832	0	0	0	0	832	832	832	0	0	0	0	0
汉阳分校													
结业生	6406	5023	0	1383	0	0	4622	2311	2311	2300	0	0	2300
在校生	0	0	0	0	0	0	0	0	0	0	0	0	0
青山分校													
结业生	0	0	0	0	0	0	0	0	0	0	0	0	0
在校生	0	0	0	0	0	0	0	0	0	0	0	0	0
洪山分校													
结业生	0	0	0	0	0	0	0	0	0	0	0	0	0
在校生	0	0	0	0	0	0	0	0	0	0	0	0	0
东西湖分校													
结业生	0	0	0	0	0	0	0	0	0	0	0	0	0
在校生	0	0	0	0	0	0	0	0	0	0	0	0	0
汉南分校													
结业生	0	0	0	0	0	0	0	0	0	0	0	0	0
在校生	0	0	0	0	0	0	0	0	0	0	0	0	0
江夏分校													
结业生	20	0	20	0	0	0	20	13	7	0	0	0	0
在校生	66	0	66	0	0	0	66	23	43	0	0	0	0
蔡甸分校													
结业生	165	165	0	0	0	0	83	45	38	82	0	0	82
在校生	0	0	0	0	0	0	0	0	0	0	0	0	0
黄陂分校													
结业生	0	0	0	0	0	0	0	0	0	0	0	0	0
在校生	0	0	0	0	0	0	0	0	0	0	0	0	0
新洲分校													
结业生	0	0	0	0	0	0	0	0	0	0	0	0	0
在校生	0	0	0	0	0	0	0	0	0	0	0	0	0
武钢分校													
结业生	0	0	0	0	0	0	0	0	0	0	0	0	0
在校生	0	0	0	0	0	0	0	0	0	0	0	0	0
江汉区电大分校													
结业生	0	0	0	0	0	0	0	0	0	0	0	0	0
在校生	0	0	0	0	0	0	0	0	0	0	0	0	0
湖　　南													
结业生	63850	57735	940	182	1369	3624	30825	18685	12140	4291	346	1552	2393
在校生	1757	0	0	99	70	1588	0	0	0	0	0	0	0
湖南广播电视大学													
结业生	25682	25682	0	0	0	0	0	0	0	0	0	0	0
在校生	0	0	0	0	0	0	0	0	0	0	0	0	0
长沙广播电视大学													
结业生	611	611	0	0	0	0	611	61	550	550	0	0	550
在校生	0	0	0	0	0	0	0	0	0	0	0	0	0
长沙县教师进修学校													
结业生	0	0	0	0	0	0	0	0	0	0	0	0	0
在校生	0	0	0	0	0	0	0	0	0	0	0	0	0

3.1 全国电大非学历教育（进修及培训）（续表52）

单位：人

	进修及培训												
	合计	一月以内	一月至三月内	三月至半年内	半年至一年内	一年以上	在进修及培训中			在进修及培训中			
							计	资格证书培训	岗位证书培训	计	外语	会计	计算机
望城县电大工作站													
结业生	0	0	0	0	0	0	0	0	0	0	0	0	0
在校生	0	0	0	0	0	0	0	0	0	0	0	0	0
浏阳教师进修学校													
结业生	0	0	0	0	0	0	0	0	0	0	0	0	0
在校生	0	0	0	0	0	0	0	0	0	0	0	0	0
宁乡县教师进修学校													
结业生	0	0	0	0	0	0	0	0	0	0	0	0	0
在校生	0	0	0	0	0	0	0	0	0	0	0	0	0
宁乡玉潭联校点													
结业生	0	0	0	0	0	0	0	0	0	0	0	0	0
在校生	0	0	0	0	0	0	0	0	0	0	0	0	0
长沙国宾旅游学校													
结业生	0	0	0	0	0	0	0	0	0	0	0	0	0
在校生	0	0	0	0	0	0	0	0	0	0	0	0	0
株洲广播电视大学													
结业生	9352	9352	0	0	0	0	9352	3712	5640	0	0	0	0
在校生	0	0	0	0	0	0	0	0	0	0	0	0	0
株洲市艺术设计学校													
结业生	0	0	0	0	0	0	0	0	0	0	0	0	0
在校生	0	0	0	0	0	0	0	0	0	0	0	0	0
湖南省商业技术学院													
结业生	0	0	0	0	0	0	0	0	0	0	0	0	0
在校生	0	0	0	0	0	0	0	0	0	0	0	0	0
株洲市技术学院													
结业生	0	0	0	0	0	0	0	0	0	0	0	0	0
在校生	0	0	0	0	0	0	0	0	0	0	0	0	0
株洲县电大工作站													
结业生	0	0	0	0	0	0	0	0	0	0	0	0	0
在校生	0	0	0	0	0	0	0	0	0	0	0	0	0
株洲分校醴陵电大工作站													
结业生	0	0	0	0	0	0	0	0	0	0	0	0	0
在校生	0	0	0	0	0	0	0	0	0	0	0	0	0
攸县电大工作站													
结业生	875	0	0	0	875	0	0	0	0	875	135	320	420
在校生	0	0	0	0	0	0	0	0	0	0	0	0	0
茶陵县电大工作站													
结业生	430	0	0	0	430	0	317	124	193	221	0	0	221
在校生	0	0	0	0	0	0	0	0	0	0	0	0	0
炎陵县电大工作站													
结业生	0	0	0	0	0	0	0	0	0	0	0	0	0
在校生	0	0	0	0	0	0	0	0	0	0	0	0	0
株洲市中等职业学校													
结业生	0	0	0	0	0	0	0	0	0	0	0	0	0
在校生	0	0	0	0	0	0	0	0	0	0	0	0	0
湘潭广播电视大学													
结业生	6000	6000	0	0	0	0	6000	6000	0	0	0	0	0
在校生	0	0	0	0	0	0	0	0	0	0	0	0	0

3.1 全国电大非学历教育（进修及培训）（续表53）

单位：人

	进修及培训												
	合计	一月以内	一月至三月内	三月至半年内	半年至一年内	一年以上	在进修及培训中			在进修及培训中			
							计	资格证书培训	岗位证书培训	计	外语	会计	计算机
湘潭县财政局教学点													
结业生	0	0	0	0	0	0	0	0	0	0	0	0	0
在校生	0	0	0	0	0	0	0	0	0	0	0	0	0
湘潭新华电脑学校													
结业生	0	0	0	0	0	0	0	0	0	0	0	0	0
在校生	0	0	0	0	0	0	0	0	0	0	0	0	0
湘乡市东山教学点													
结业生	0	0	0	0	0	0	0	0	0	0	0	0	0
在校生	0	0	0	0	0	0	0	0	0	0	0	0	0
湘乡市第一职业中专													
结业生	0	0	0	0	0	0	0	0	0	0	0	0	0
在校生	0	0	0	0	0	0	0	0	0	0	0	0	0
韶山市司法局教学点													
结业生	0	0	0	0	0	0	0	0	0	0	0	0	0
在校生	0	0	0	0	0	0	0	0	0	0	0	0	0
衡阳市广播电视大学													
结业生	0	0	0	0	0	0	0	0	0	0	0	0	0
在校生	0	0	0	0	0	0	0	0	0	0	0	0	0
耒阳师范学校教学点													
结业生	0	0	0	0	0	0	0	0	0	0	0	0	0
在校生	0	0	0	0	0	0	0	0	0	0	0	0	0
衡东农广校教学点													
结业生	0	0	0	0	0	0	0	0	0	0	0	0	0
在校生	0	0	0	0	0	0	0	0	0	0	0	0	0
祁东县电大教学点													
结业生	0	0	0	0	0	0	0	0	0	0	0	0	0
在校生	0	0	0	0	0	0	0	0	0	0	0	0	0
衡阳市城南电大站													
结业生	0	0	0	0	0	0	0	0	0	0	0	0	0
在校生	0	0	0	0	0	0	0	0	0	0	0	0	0
衡阳电大常宁分校													
结业生	0	0	0	0	0	0	0	0	0	0	0	0	0
在校生	0	0	0	0	0	0	0	0	0	0	0	0	0
衡山县教师进修学校													
结业生	0	0	0	0	0	0	0	0	0	0	0	0	0
在校生	0	0	0	0	0	0	0	0	0	0	0	0	0
湖南科技经贸职业学院													
结业生	0	0	0	0	0	0	0	0	0	0	0	0	0
在校生	0	0	0	0	0	0	0	0	0	0	0	0	0
邵阳广播电视大学													
结业生	100	100	0	0	0	0	100	100	0	100	0	0	100
在校生	0	0	0	0	0	0	0	0	0	0	0	0	0
洞口县成人中专校													
结业生	0	0	0	0	0	0	0	0	0	0	0	0	0
在校生	0	0	0	0	0	0	0	0	0	0	0	0	0
邵东县电大工作站													
结业生	0	0	0	0	0	0	0	0	0	0	0	0	0
在校生	0	0	0	0	0	0	0	0	0	0	0	0	0

3.1 全国电大非学历教育（进修及培训）（续表54）

单位：人

	进修及培训												
	合计	一月以内	一月至三月内	三月至半年内	半年至一年内	一年以上	在进修及培训中			在进修及培训中			
							计	资格证书培训	岗位证书培训	计	外语	会计	计算机
新宁县电大工作站													
结业生	0	0	0	0	0	0	0	0	0	0	0	0	0
在校生	0	0	0	0	0	0	0	0	0	0	0	0	0
中共新邵县委党校													
结业生	0	0	0	0	0	0	0	0	0	0	0	0	0
在校生	0	0	0	0	0	0	0	0	0	0	0	0	0
隆回县委党校													
结业生	0	0	0	0	0	0	0	0	0	0	0	0	0
在校生	0	0	0	0	0	0	0	0	0	0	0	0	0
武冈市电大工作站													
结业生	0	0	0	0	0	0	0	0	0	0	0	0	0
在校生	0	0	0	0	0	0	0	0	0	0	0	0	0
绥宁县教师进修学校													
结业生	0	0	0	0	0	0	0	0	0	0	0	0	0
在校生	0	0	0	0	0	0	0	0	0	0	0	0	0
邵阳县电大工作站													
结业生	0	0	0	0	0	0	0	0	0	0	0	0	0
在校生	0	0	0	0	0	0	0	0	0	0	0	0	0
城步县电大工作站													
结业生	0	0	0	0	0	0	0	0	0	0	0	0	0
在校生	0	0	0	0	0	0	0	0	0	0	0	0	0
岳阳广播电视大学													
结业生	0	0	0	0	0	0	0	0	0	0	0	0	0
在校生	0	0	0	0	0	0	0	0	0	0	0	0	0
岳阳县电大工作站													
结业生	0	0	0	0	0	0	0	0	0	0	0	0	0
在校生	0	0	0	0	0	0	0	0	0	0	0	0	0
临湘市电大工作站													
结业生	0	0	0	0	0	0	0	0	0	0	0	0	0
在校生	0	0	0	0	0	0	0	0	0	0	0	0	0
华容县电大工作站													
结业生	0	0	0	0	0	0	0	0	0	0	0	0	0
在校生	0	0	0	0	0	0	0	0	0	0	0	0	0
汨罗县电大工作站													
结业生	0	0	0	0	0	0	0	0	0	0	0	0	0
在校生	0	0	0	0	0	0	0	0	0	0	0	0	0
平江县电大工作站													
结业生	0	0	0	0	0	0	0	0	0	0	0	0	0
在校生	0	0	0	0	0	0	0	0	0	0	0	0	0
湘阴县电大工作站													
结业生	0	0	0	0	0	0	0	0	0	0	0	0	0
在校生	0	0	0	0	0	0	0	0	0	0	0	0	0
岳阳县教师进修学校													
结业生	0	0	0	0	0	0	0	0	0	0	0	0	0
在校生	0	0	0	0	0	0	0	0	0	0	0	0	0
娄底广播电视大学													
结业生	0	0	0	0	0	0	0	0	0	0	0	0	0
在校生	0	0	0	0	0	0	0	0	0	0	0	0	0

3.1 全国电大非学历教育（进修及培训）（续表55）

单位：人

	进修及培训												
	合计	一月以内	一月至三月内	三月至半年内	半年至一年内	一年以上	在进修及培训中			在进修及培训中			
							计	资格证书培训	岗位证书培训	计	外语	会计	计算机
涟源市教研师训中心													
结业生	0	0	0	0	0	0	0	0	0	0	0	0	0
在校生	0	0	0	0	0	0	0	0	0	0	0	0	0
双峰县电大工作站													
结业生	0	0	0	0	0	0	0	0	0	0	0	0	0
在校生	0	0	0	0	0	0	0	0	0	0	0	0	0
冷水江市教学点													
结业生	0	0	0	0	0	0	0	0	0	0	0	0	0
在校生	0	0	0	0	0	0	0	0	0	0	0	0	0
新化县教师进修学校													
结业生	0	0	0	0	0	0	0	0	0	0	0	0	0
在校生	0	0	0	0	0	0	0	0	0	0	0	0	0
零陵分校													
结业生	0	0	0	0	0	0	0	0	0	0	0	0	0
在校生	0	0	0	0	0	0	0	0	0	0	0	0	0
宁远县教师进修学校													
结业生	0	0	0	0	0	0	0	0	0	0	0	0	0
在校生	0	0	0	0	0	0	0	0	0	0	0	0	0
江永县教师进修学校													
结业生	0	0	0	0	0	0	0	0	0	0	0	0	0
在校生	0	0	0	0	0	0	0	0	0	0	0	0	0
道县教师进修学校													
结业生	0	0	0	0	0	0	0	0	0	0	0	0	0
在校生	0	0	0	0	0	0	0	0	0	0	0	0	0
蓝山县教师进修学校													
结业生	0	0	0	0	0	0	0	0	0	0	0	0	0
在校生	0	0	0	0	0	0	0	0	0	0	0	0	0
江华县教师进修学校教学点													
结业生	0	0	0	0	0	0	0	0	0	0	0	0	0
在校生	0	0	0	0	0	0	0	0	0	0	0	0	0
祁阳县电大工作站													
结业生	0	0	0	0	0	0	0	0	0	0	0	0	0
在校生	0	0	0	0	0	0	0	0	0	0	0	0	0
新田县电大工作站													
结业生	0	0	0	0	0	0	0	0	0	0	0	0	0
在校生	0	0	0	0	0	0	0	0	0	0	0	0	0
东安县教师进修学校													
结业生	0	0	0	0	0	0	0	0	0	0	0	0	0
在校生	0	0	0	0	0	0	0	0	0	0	0	0	0
永兴县电大工作站													
结业生	0	0	0	0	0	0	0	0	0	0	0	0	0
在校生	0	0	0	0	0	0	0	0	0	0	0	0	0
宜章县电大工作站													
结业生	0	0	0	0	0	0	0	0	0	0	0	0	0
在校生	0	0	0	0	0	0	0	0	0	0	0	0	0
桂阳县电大工作站													
结业生	0	0	0	0	0	0	0	0	0	0	0	0	0
在校生	0	0	0	0	0	0	0	0	0	0	0	0	0

3.1 全国电大非学历教育（进修及培训）（续表56）

单位：人

	进修及培训												
	合计	一月以内	一月至三月内	三月至半年内	半年至一年内	一年以上	在进修及培训中			在进修及培训中			
							计	资格证书培训	岗位证书培训	计	外语	会计	计算机
汝城县电大工作站													
结业生	0	0	0	0	0	0	0	0	0	0	0	0	0
在校生	0	0	0	0	0	0	0	0	0	0	0	0	0
资兴市电大工作站													
结业生	0	0	0	0	0	0	0	0	0	0	0	0	0
在校生	0	0	0	0	0	0	0	0	0	0	0	0	0
桂东县电大工作站													
结业生	0	0	0	0	0	0	0	0	0	0	0	0	0
在校生	0	0	0	0	0	0	0	0	0	0	0	0	0
中共嘉禾县委党校													
结业生	0	0	0	0	0	0	0	0	0	0	0	0	0
在校生	0	0	0	0	0	0	0	0	0	0	0	0	0
益阳广播电视大学													
结业生	970	760	210	0	0	0	970	550	420	970	50	530	390
在校生	0	0	0	0	0	0	0	0	0	0	0	0	0
南县电大工作站													
结业生	610	610	0	0	0	0	350	140	210	260	50	130	80
在校生	0	0	0	0	0	0	0	0	0	0	0	0	0
桃江县电大站													
结业生	180	180	0	0	0	0	180	60	120	180	0	100	80
在校生	0	0	0	0	0	0	0	0	0	0	0	0	0
沅江市教师进修学校													
结业生	130	130	0	0	0	0	130	66	64	130	31	87	12
在校生	0	0	0	0	0	0	0	0	0	0	0	0	0
安化县教师进修学校													
结业生	400	400	0	0	0	0	400	240	160	400	80	140	180
在校生	0	0	0	0	0	0	0	0	0	0	0	0	0
资阳电大工作站													
结业生	315	315	0	0	0	0	315	72	243	315	0	245	70
在校生	0	0	0	0	0	0	0	0	0	0	0	0	0
赫山电大工作站													
结业生	0	0	0	0	0	0	0	0	0	0	0	0	0
在校生	0	0	0	0	0	0	0	0	0	0	0	0	0
益阳分校第一职业中专学校													
结业生	0	0	0	0	0	0	0	0	0	0	0	0	0
在校生	0	0	0	0	0	0	0	0	0	0	0	0	0
益阳分校湘益中专教学点													
结业生	0	0	0	0	0	0	0	0	0	0	0	0	0
在校生	0	0	0	0	0	0	0	0	0	0	0	0	0
常德广播电视大学													
结业生	0	0	0	0	0	0	0	0	0	0	0	0	0
在校生	0	0	0	0	0	0	0	0	0	0	0	0	0
武陵区电大工作站													
结业生	0	0	0	0	0	0	0	0	0	0	0	0	0
在校生	0	0	0	0	0	0	0	0	0	0	0	0	0
常德电大鼎城工作站													
结业生	0	0	0	0	0	0	0	0	0	0	0	0	0
在校生	0	0	0	0	0	0	0	0	0	0	0	0	0

3.1 全国电大非学历教育（进修及培训）（续表57）

单位：人

	进修及培训												
	合计	一月以内	一月至三月内	三月至半年内	半年至一年内	一年以上	在进修及培训中			在进修及培训中			
							计	资格证书培训	岗位证书培训	计	外语	会计	计算机
汉寿县电大工作站													
结业生	0	0	0	0	0	0	0	0	0	0	0	0	0
在校生	0	0	0	0	0	0	0	0	0	0	0	0	0
桃源县电大工作站													
结业生	0	0	0	0	0	0	0	0	0	0	0	0	0
在校生	0	0	0	0	0	0	0	0	0	0	0	0	0
临澧县电大工作站													
结业生	0	0	0	0	0	0	0	0	0	0	0	0	0
在校生	0	0	0	0	0	0	0	0	0	0	0	0	0
石门县电大工作站													
结业生	0	0	0	0	0	0	0	0	0	0	0	0	0
在校生	0	0	0	0	0	0	0	0	0	0	0	0	0
怀化广播电视大学													
结业生	0	0	0	0	0	0	0	0	0	0	0	0	0
在校生	0	0	0	0	0	0	0	0	0	0	0	0	0
沅陵工业中专													
结业生	0	0	0	0	0	0	0	0	0	0	0	0	0
在校生	0	0	0	0	0	0	0	0	0	0	0	0	0
沅陵县远程教育站													
结业生	0	0	0	0	0	0	0	0	0	0	0	0	0
在校生	0	0	0	0	0	0	0	0	0	0	0	0	0
辰溪县委党校													
结业生	0	0	0	0	0	0	0	0	0	0	0	0	0
在校生	0	0	0	0	0	0	0	0	0	0	0	0	0
芷江县电大工作站													
结业生	0	0	0	0	0	0	0	0	0	0	0	0	0
在校生	0	0	0	0	0	0	0	0	0	0	0	0	0
新晃县教师进修学校													
结业生	0	0	0	0	0	0	0	0	0	0	0	0	0
在校生	0	0	0	0	0	0	0	0	0	0	0	0	0
洪江市第一教师进修学校													
结业生	0	0	0	0	0	0	0	0	0	0	0	0	0
在校生	0	0	0	0	0	0	0	0	0	0	0	0	0
洪江区电大教学点													
结业生	0	0	0	0	0	0	0	0	0	0	0	0	0
在校生	0	0	0	0	0	0	0	0	0	0	0	0	0
洪江市振华学校													
结业生	0	0	0	0	0	0	0	0	0	0	0	0	0
在校生	0	0	0	0	0	0	0	0	0	0	0	0	0
会同县职业中专学校教学点													
结业生	0	0	0	0	0	0	0	0	0	0	0	0	0
在校生	0	0	0	0	0	0	0	0	0	0	0	0	0
通道县职业技术总校教学点													
结业生	0	0	0	0	0	0	0	0	0	0	0	0	0
在校生	0	0	0	0	0	0	0	0	0	0	0	0	0
靖州县教师进修学校教学点													
结业生	0	0	0	0	0	0	0	0	0	0	0	0	0
在校生	0	0	0	0	0	0	0	0	0	0	0	0	0

3.1 全国电大非学历教育（进修及培训）（续表58）

单位：人

	进修及培训												
	合计	一月以内	一月至三月内	三月至半年内	半年至一年内	一年以上	在进修及培训中			在进修及培训中			
							计	资格证书培训	岗位证书培训	计	外语	会计	计算机
怀化万昌职业中专													
结业生	0	0	0	0	0	0	0	0	0	0	0	0	0
在校生	0	0	0	0	0	0	0	0	0	0	0	0	0
溆浦县教师进修学校													
结业生	0	0	0	0	0	0	0	0	0	0	0	0	0
在校生	0	0	0	0	0	0	0	0	0	0	0	0	0
怀化分校麻阳教师进修学校													
结业生	0	0	0	0	0	0	0	0	0	0	0	0	0
在校生	0	0	0	0	0	0	0	0	0	0	0	0	0
芷江师范													
结业生	0	0	0	0	0	0	0	0	0	0	0	0	0
在校生	0	0	0	0	0	0	0	0	0	0	0	0	0
洪江市教师进修学校													
结业生	0	0	0	0	0	0	0	0	0	0	0	0	0
在校生	0	0	0	0	0	0	0	0	0	0	0	0	0
怀化分校会同党校													
结业生	0	0	0	0	0	0	0	0	0	0	0	0	0
在校生	0	0	0	0	0	0	0	0	0	0	0	0	0
湖南电大怀化分校沅陵教学点													
结业生	0	0	0	0	0	0	0	0	0	0	0	0	0
在校生	0	0	0	0	0	0	0	0	0	0	0	0	0
湘西民族广播电视大学													
结业生	795	795	0	0	0	0	0	0	0	0	0	0	0
在校生	0	0	0	0	0	0	0	0	0	0	0	0	0
花垣县电大工作站													
结业生	0	0	0	0	0	0	0	0	0	0	0	0	0
在校生	0	0	0	0	0	0	0	0	0	0	0	0	0
龙山县电大工作站													
结业生	574	0	0	102	64	408	0	0	0	0	0	0	0
在校生	169	0	0	99	70	0	0	0	0	0	0	0	0
永顺县电大工作站													
结业生	3216	0	0	0	0	3216	0	0	0	0	0	0	0
在校生	1588	0	0	0	0	1588	0	0	0	0	0	0	0
保靖县电大工作站													
结业生	0	0	0	0	0	0	0	0	0	0	0	0	0
在校生	0	0	0	0	0	0	0	0	0	0	0	0	0
古丈县电大工作站													
结业生	0	0	0	0	0	0	0	0	0	0	0	0	0
在校生	0	0	0	0	0	0	0	0	0	0	0	0	0
凤凰县电大工作站													
结业生	0	0	0	0	0	0	0	0	0	0	0	0	0
在校生	0	0	0	0	0	0	0	0	0	0	0	0	0
泸溪县电大工作站													
结业生	0	0	0	0	0	0	0	0	0	0	0	0	0
在校生	0	0	0	0	0	0	0	0	0	0	0	0	0
张家界市广播电视大学													
结业生	6410	6410	0	0	0	0	6410	5960	450	0	0	0	0
在校生	0	0	0	0	0	0	0	0	0	0	0	0	0

3.1 全国电大非学历教育（进修及培训）（续表59）

单位：人

	进修及培训												
	合计	一月以内	一月至三月内	三月至半年内	半年至一年内	一年以上	在进修及培训中			在进修及培训中			
							计	资格证书培训	岗位证书培训	计	外语	会计	计算机
桑植县电大工作站													
结业生	0	0	0	0	0	0	0	0	0	0	0	0	0
在校生	0	0	0	0	0	0	0	0	0	0	0	0	0
津市分校													
结业生	180	90	90	0	0	0	90	0	90	90	0	0	90
在校生	0	0	0	0	0	0	0	0	0	0	0	0	0
岳阳石化总厂广播电视大学													
结业生	7020	6300	640	80	0	0	5600	1600	4000	200	0	0	200
在校生	0	0	0	0	0	0	0	0	0	0	0	0	0
卫生分校													
结业生	0	0	0	0	0	0	0	0	0	0	0	0	0
在校生	0	0	0	0	0	0	0	0	0	0	0	0	0
省中医药高等专科学校													
结业生	0	0	0	0	0	0	0	0	0	0	0	0	0
在校生	0	0	0	0	0	0	0	0	0	0	0	0	0
衡阳市卫校													
结业生	0	0	0	0	0	0	0	0	0	0	0	0	0
在校生	0	0	0	0	0	0	0	0	0	0	0	0	0
邵阳市医专													
结业生	0	0	0	0	0	0	0	0	0	0	0	0	0
在校生	0	0	0	0	0	0	0	0	0	0	0	0	0
岳阳职业技术学院													
结业生	0	0	0	0	0	0	0	0	0	0	0	0	0
在校生	0	0	0	0	0	0	0	0	0	0	0	0	0
娄底市卫校													
结业生	0	0	0	0	0	0	0	0	0	0	0	0	0
在校生	0	0	0	0	0	0	0	0	0	0	0	0	0
永州职业技术学院													
结业生	0	0	0	0	0	0	0	0	0	0	0	0	0
在校生	0	0	0	0	0	0	0	0	0	0	0	0	0
郴州医专													
结业生	0	0	0	0	0	0	0	0	0	0	0	0	0
在校生	0	0	0	0	0	0	0	0	0	0	0	0	0
益阳市卫生职业技术学校													
结业生	0	0	0	0	0	0	0	0	0	0	0	0	0
在校生	0	0	0	0	0	0	0	0	0	0	0	0	0
常德职业技术学院													
结业生	0	0	0	0	0	0	0	0	0	0	0	0	0
在校生	0	0	0	0	0	0	0	0	0	0	0	0	0
怀化医专													
结业生	0	0	0	0	0	0	0	0	0	0	0	0	0
在校生	0	0	0	0	0	0	0	0	0	0	0	0	0
湘南学院教学点													
结业生	0	0	0	0	0	0	0	0	0	0	0	0	0
在校生	0	0	0	0	0	0	0	0	0	0	0	0	0
益阳医学高等专科学校													
结业生	0	0	0	0	0	0	0	0	0	0	0	0	0
在校生	0	0	0	0	0	0	0	0	0	0	0	0	0

3.1 全国电大非学历教育（进修及培训）（续表60）

单位：人

	进修及培训												
	合计	一月以内	一月至三月内	三月至半年内	半年至一年内	一年以上	在进修及培训中			在进修及培训中			
							计	资格证书培训	岗位证书培训	计	外语	会计	计算机
衡阳华南													
结业生	0	0	0	0	0	0	0	0	0	0	0	0	0
在校生	0	0	0	0	0	0	0	0	0	0	0	0	0
涟钢分校													
结业生	0	0	0	0	0	0	0	0	0	0	0	0	0
在校生	0	0	0	0	0	0	0	0	0	0	0	0	0
湖南广播电视大学药学分校													
结业生	0	0	0	0	0	0	0	0	0	0	0	0	0
在校生	0	0	0	0	0	0	0	0	0	0	0	0	0
广　　东													
结业生	30169	15529	9692	4733	168	47	20733	10258	10475	10151	360	5036	4755
在校生	9206	6259	2320	581	0	46	4451	696	3755	2783	0	2619	164
广东广播电视大学													
结业生	0	0	0	0	0	0	0	0	0	0	0	0	0
在校生	0	0	0	0	0	0	0	0	0	0	0	0	0
法律分校													
结业生	0	0	0	0	0	0	0	0	0	0	0	0	0
在校生	0	0	0	0	0	0	0	0	0	0	0	0	0
省电力局分校													
结业生	0	0	0	0	0	0	0	0	0	0	0	0	0
在校生	0	0	0	0	0	0	0	0	0	0	0	0	0
省公路局分校													
结业生	0	0	0	0	0	0	0	0	0	0	0	0	0
在校生	0	0	0	0	0	0	0	0	0	0	0	0	0
广东电大深圳拱北海关分校													
结业生	0	0	0	0	0	0	0	0	0	0	0	0	0
在校生	0	0	0	0	0	0	0	0	0	0	0	0	0
珠海市广播电视大学													
结业生	4756	4709	0	0	0	47	266	266	0	153	25	128	0
在校生	4755	4709	0	0	0	46	0	0	0	0	0	0	0
斗门广播电视大学													
结业生	1057	0	0	1057	0	0	78	78	0	824	8	78	738
在校生	0	0	0	0	0	0	0	0	0	0	0	0	0
汕头广播电视大学													
结业生	0	0	0	0	0	0	0	0	0	0	0	0	0
在校生	0	0	0	0	0	0	0	0	0	0	0	0	0
汕头广播电视大学潮阳电大													
结业生	0	0	0	0	0	0	0	0	0	0	0	0	0
在校生	0	0	0	0	0	0	0	0	0	0	0	0	0
汕头广播电视大学澄海电大													
结业生	0	0	0	0	0	0	0	0	0	0	0	0	0
在校生	0	0	0	0	0	0	0	0	0	0	0	0	0
韶关市广播电视大学													
结业生	0	0	0	0	0	0	0	0	0	0	0	0	0
在校生	0	0	0	0	0	0	0	0	0	0	0	0	0
韶关市曲江区广播电视大学													
结业生	0	0	0	0	0	0	0	0	0	0	0	0	0
在校生	0	0	0	0	0	0	0	0	0	0	0	0	0

3.1 全国电大非学历教育（进修及培训）（续表61）

单位：人

	进修及培训												
	合计	一月以内	一月至三月内	三月至半年内	半年至一年内	一年以上	在进修及培训中			在进修及培训中			
							计	资格证书培训	岗位证书培训	计	外语	会计	计算机
仁化广播电视大学													
结业生	0	0	0	0	0	0	0	0	0	0	0	0	0
在校生	0	0	0	0	0	0	0	0	0	0	0	0	0
新丰县广播电视大学													
结业生	0	0	0	0	0	0	0	0	0	0	0	0	0
在校生	0	0	0	0	0	0	0	0	0	0	0	0	0
广东省翁源县广播电视大学													
结业生	0	0	0	0	0	0	0	0	0	0	0	0	0
在校生	0	0	0	0	0	0	0	0	0	0	0	0	0
始兴县广播电视大学													
结业生	0	0	0	0	0	0	0	0	0	0	0	0	0
在校生	0	0	0	0	0	0	0	0	0	0	0	0	0
南雄市广播电视大学													
结业生	0	0	0	0	0	0	0	0	0	0	0	0	0
在校生	0	0	0	0	0	0	0	0	0	0	0	0	0
乐昌市广播电视大学													
结业生	0	0	0	0	0	0	0	0	0	0	0	0	0
在校生	0	0	0	0	0	0	0	0	0	0	0	0	0
乳源瑶族自治县广播电视大学													
结业生	0	0	0	0	0	0	0	0	0	0	0	0	0
在校生	0	0	0	0	0	0	0	0	0	0	0	0	0
汕尾市广播电视大学													
结业生	0	0	0	0	0	0	0	0	0	0	0	0	0
在校生	0	0	0	0	0	0	0	0	0	0	0	0	0
海丰县广播电视大学													
结业生	0	0	0	0	0	0	0	0	0	0	0	0	0
在校生	0	0	0	0	0	0	0	0	0	0	0	0	0
陆丰市广播电视大学													
结业生	0	0	0	0	0	0	0	0	0	0	0	0	0
在校生	0	0	0	0	0	0	0	0	0	0	0	0	0
陆河县广播电视大学													
结业生	0	0	0	0	0	0	0	0	0	0	0	0	0
在校生	0	0	0	0	0	0	0	0	0	0	0	0	0
梅州市广播电视大学													
结业生	0	0	0	0	0	0	0	0	0	0	0	0	0
在校生	0	0	0	0	0	0	0	0	0	0	0	0	0
梅江区广播电视大学													
结业生	80	0	0	80	0	0	0	0	0	0	0	0	0
在校生	160	0	0	160	0	0	160	80	80	160	0	160	0
蕉岭县广播电视大学													
结业生	0	0	0	0	0	0	0	0	0	0	0	0	0
在校生	0	0	0	0	0	0	0	0	0	0	0	0	0
大埔县广播电视大学													
结业生	0	0	0	0	0	0	0	0	0	0	0	0	0
在校生	0	0	0	0	0	0	0	0	0	0	0	0	0
丰顺县广播电视大学													
结业生	0	0	0	0	0	0	0	0	0	0	0	0	0
在校生	0	0	0	0	0	0	0	0	0	0	0	0	0

3.1 全国电大非学历教育（进修及培训）（续表62）

单位：人

	进修及培训												
	合计	一月以内	一月至三月内	三月至半年内	半年至一年内	一年以上	在进修及培训中			在进修及培训中			
							计	资格证书培训	岗位证书培训	计	外语	会计	计算机
五华县广播电视大学													
结业生	0	0	0	0	0	0	0	0	0	0	0	0	0
在校生	0	0	0	0	0	0	0	0	0	0	0	0	0
广东省兴宁市广播电视大学													
结业生	0	0	0	0	0	0	0	0	0	0	0	0	0
在校生	0	0	0	0	0	0	0	0	0	0	0	0	0
平远县广播电视大学													
结业生	0	0	0	0	0	0	0	0	0	0	0	0	0
在校生	0	0	0	0	0	0	0	0	0	0	0	0	0
惠州市广播电视大学													
结业生	2713	0	0	2713	0	0	2713	1541	1172	500	0	0	500
在校生	0	0	0	0	0	0	0	0	0	0	0	0	0
惠阳区广播电视大学													
结业生	0	0	0	0	0	0	0	0	0	0	0	0	0
在校生	0	0	0	0	0	0	0	0	0	0	0	0	0
惠东县广播电视大学													
结业生	0	0	0	0	0	0	0	0	0	0	0	0	0
在校生	0	0	0	0	0	0	0	0	0	0	0	0	0
博罗县广播电视大学													
结业生	0	0	0	0	0	0	0	0	0	0	0	0	0
在校生	0	0	0	0	0	0	0	0	0	0	0	0	0
龙门县广播电视大学													
结业生	0	0	0	0	0	0	0	0	0	0	0	0	0
在校生	0	0	0	0	0	0	0	0	0	0	0	0	0
东莞市广播电视大学													
结业生	4230	4230	0	0	0	0	4230	4230	0	0	0	0	0
在校生	0	0	0	0	0	0	0	0	0	0	0	0	0
中山市广播电视大学													
结业生	2011	1668	0	343	0	0	2011	209	1802	1710	44	299	1367
在校生	0	0	0	0	0	0	0	0	0	0	0	0	0
江门市广播电视大学													
结业生	872	578	0	294	0	0	872	294	578	294	0	294	0
在校生	872	578	0	294	0	0	872	294	578	294	0	294	0
新会市广播电视大学													
结业生	0	0	0	0	0	0	0	0	0	0	0	0	0
在校生	0	0	0	0	0	0	0	0	0	0	0	0	0
台山磐石电视大学													
结业生	0	0	0	0	0	0	0	0	0	0	0	0	0
在校生	0	0	0	0	0	0	0	0	0	0	0	0	0
开平市广播电视大学													
结业生	0	0	0	0	0	0	0	0	0	0	0	0	0
在校生	0	0	0	0	0	0	0	0	0	0	0	0	0
恩平市广播电视大学													
结业生	0	0	0	0	0	0	0	0	0	0	0	0	0
在校生	0	0	0	0	0	0	0	0	0	0	0	0	0
鹤山市广播电视大学													
结业生	168	0	0	0	168	0	168	168	0	168	0	168	0
在校生	0	0	0	0	0	0	0	0	0	0	0	0	0

3.1 全国电大非学历教育（进修及培训）（续表 63）

单位：人

	进修及培训												
	合计	一月以内	一月至三月内	三月至半年内	半年至一年内	一年以上	在进修及培训中			在进修及培训中			
							计	资格证书培训	岗位证书培训	计	外语	会计	计算机
佛山广播电视大学													
结业生	3266	972	2294	0	0	0	3266	322	2944	2176	0	2012	164
在校生	3266	972	2294	0	0	0	3266	322	2944	2176	0	2012	164
三水广播电视大学													
结业生	0	0	0	0	0	0	0	0	0	0	0	0	0
在校生	0	0	0	0	0	0	0	0	0	0	0	0	0
高明广播电视大学													
结业生	383	0	137	246	0	0	383	0	383	383	0	383	0
在校生	153	0	26	127	0	0	153	0	153	153	0	153	0
阳江市广播电视大学													
结业生	983	983	0	0	0	0	983	0	983	660	163	0	497
在校生	0	0	0	0	0	0	0	0	0	0	0	0	0
阳春市广播电视大学													
结业生	0	0	0	0	0	0	0	0	0	0	0	0	0
在校生	0	0	0	0	0	0	0	0	0	0	0	0	0
湛江市广播电视大学													
结业生	2359	2359	0	0	0	0	2359	20	2339	2359	20	869	1470
在校生	0	0	0	0	0	0	0	0	0	0	0	0	0
雷州市广播电视大学													
结业生	0	0	0	0	0	0	0	0	0	0	0	0	0
在校生	0	0	0	0	0	0	0	0	0	0	0	0	0
徐闻县广播电视大学													
结业生	0	0	0	0	0	0	0	0	0	0	0	0	0
在校生	0	0	0	0	0	0	0	0	0	0	0	0	0
遂溪县广播电视大学													
结业生	0	0	0	0	0	0	0	0	0	0	0	0	0
在校生	0	0	0	0	0	0	0	0	0	0	0	0	0
吴川市广播电视大学													
结业生	0	0	0	0	0	0	0	0	0	0	0	0	0
在校生	0	0	0	0	0	0	0	0	0	0	0	0	0
廉江市广播电视大学													
结业生	0	0	0	0	0	0	0	0	0	0	0	0	0
在校生	0	0	0	0	0	0	0	0	0	0	0	0	0
茂名广播电视大学													
结业生	30	30	0	0	0	0	0	0	0	0	0	0	0
在校生	0	0	0	0	0	0	0	0	0	0	0	0	0
高州市广播电视大学													
结业生	0	0	0	0	0	0	0	0	0	0	0	0	0
在校生	0	0	0	0	0	0	0	0	0	0	0	0	0
信宜市广播电视大学													
结业生	0	0	0	0	0	0	0	0	0	0	0	0	0
在校生	0	0	0	0	0	0	0	0	0	0	0	0	0
电白广播电视大学													
结业生	0	0	0	0	0	0	0	0	0	0	0	0	0
在校生	0	0	0	0	0	0	0	0	0	0	0	0	0
化州市广播电视大学													
结业生	0	0	0	0	0	0	0	0	0	0	0	0	0
在校生	0	0	0	0	0	0	0	0	0	0	0	0	0

3.1 全国电大非学历教育（进修及培训）（续表64）

单位：人

	进修及培训												
	合计	一月以内	一月至三月内	三月至半年内	半年至一年内	一年以上	在进修及培训中			在进修及培训中			
							计	资格证书培训	岗位证书培训	计	外语	会计	计算机
肇庆广播电视大学													
结业生	6467	0	6467	0	0	0	2610	2600	10	130	100	11	19
在校生	0	0	0	0	0	0	0	0	0	0	0	0	0
高要市广播电视大学													
结业生	0	0	0	0	0	0	0	0	0	0	0	0	0
在校生	0	0	0	0	0	0	0	0	0	0	0	0	0
四会市广播电视大学													
结业生	0	0	0	0	0	0	0	0	0	0	0	0	0
在校生	0	0	0	0	0	0	0	0	0	0	0	0	0
广宁县广播电视大学													
结业生	0	0	0	0	0	0	0	0	0	0	0	0	0
在校生	0	0	0	0	0	0	0	0	0	0	0	0	0
德庆县广播电视大学													
结业生	0	0	0	0	0	0	0	0	0	0	0	0	0
在校生	0	0	0	0	0	0	0	0	0	0	0	0	0
封开县广播电视大学													
结业生	0	0	0	0	0	0	0	0	0	0	0	0	0
在校生	0	0	0	0	0	0	0	0	0	0	0	0	0
怀集县广播电视大学													
结业生	0	0	0	0	0	0	0	0	0	0	0	0	0
在校生	0	0	0	0	0	0	0	0	0	0	0	0	0
清远市广播电视大学													
结业生	0	0	0	0	0	0	0	0	0	0	0	0	0
在校生	0	0	0	0	0	0	0	0	0	0	0	0	0
英德电大													
结业生	0	0	0	0	0	0	0	0	0	0	0	0	0
在校生	0	0	0	0	0	0	0	0	0	0	0	0	0
佛冈县广播电视大学													
结业生	0	0	0	0	0	0	0	0	0	0	0	0	0
在校生	0	0	0	0	0	0	0	0	0	0	0	0	0
阳山县广播电视大学													
结业生	0	0	0	0	0	0	0	0	0	0	0	0	0
在校生	0	0	0	0	0	0	0	0	0	0	0	0	0
连山壮族瑶族自治县广播电视大学													
结业生	0	0	0	0	0	0	0	0	0	0	0	0	0
在校生	0	0	0	0	0	0	0	0	0	0	0	0	0
连南瑶族自治县广播电视大学													
结业生	0	0	0	0	0	0	0	0	0	0	0	0	0
在校生	0	0	0	0	0	0	0	0	0	0	0	0	0
连州市广播电视大学													
结业生	0	0	0	0	0	0	0	0	0	0	0	0	0
在校生	0	0	0	0	0	0	0	0	0	0	0	0	0
潮州广播电视大学													
结业生	0	0	0	0	0	0	0	0	0	0	0	0	0
在校生	0	0	0	0	0	0	0	0	0	0	0	0	0
饶平县广播电视大学													
结业生	0	0	0	0	0	0	0	0	0	0	0	0	0
在校生	0	0	0	0	0	0	0	0	0	0	0	0	0

3.1 全国电大非学历教育（进修及培训）（续表65）

单位：人

	进修及培训												
	合计	一月以内	一月至三月内	三月至半年内	半年至一年内	一年以上	在进修及培训中			在进修及培训中			
							计	资格证书培训	岗位证书培训	计	外语	会计	计算机
潮安广播电视大学													
结业生	0	0	0	0	0	0	0	0	0	0	0	0	0
在校生	0	0	0	0	0	0	0	0	0	0	0	0	0
揭阳广播电视大学													
结业生	0	0	0	0	0	0	0	0	0	0	0	0	0
在校生	0	0	0	0	0	0	0	0	0	0	0	0	0
普宁市广播电视大学													
结业生	0	0	0	0	0	0	0	0	0	0	0	0	0
在校生	0	0	0	0	0	0	0	0	0	0	0	0	0
广东省揭西县广播电视大学													
结业生	0	0	0	0	0	0	0	0	0	0	0	0	0
在校生	0	0	0	0	0	0	0	0	0	0	0	0	0
揭东县广播电视大学													
结业生	0	0	0	0	0	0	0	0	0	0	0	0	0
在校生	0	0	0	0	0	0	0	0	0	0	0	0	0
河源广播电视大学													
结业生	0	0	0	0	0	0	0	0	0	0	0	0	0
在校生	0	0	0	0	0	0	0	0	0	0	0	0	0
和平县广播电视大学													
结业生	0	0	0	0	0	0	0	0	0	0	0	0	0
在校生	0	0	0	0	0	0	0	0	0	0	0	0	0
龙川广播电视大学													
结业生	0	0	0	0	0	0	0	0	0	0	0	0	0
在校生	0	0	0	0	0	0	0	0	0	0	0	0	0
紫金县广播电视大学													
结业生	0	0	0	0	0	0	0	0	0	0	0	0	0
在校生	0	0	0	0	0	0	0	0	0	0	0	0	0
连平县广播电视大学													
结业生	0	0	0	0	0	0	0	0	0	0	0	0	0
在校生	0	0	0	0	0	0	0	0	0	0	0	0	0
云浮市广播电视大学													
结业生	0	0	0	0	0	0	0	0	0	0	0	0	0
在校生	0	0	0	0	0	0	0	0	0	0	0	0	0
云硫电大													
结业生	0	0	0	0	0	0	0	0	0	0	0	0	0
在校生	0	0	0	0	0	0	0	0	0	0	0	0	0
罗定市广播电视大学													
结业生	0	0	0	0	0	0	0	0	0	0	0	0	0
在校生	0	0	0	0	0	0	0	0	0	0	0	0	0
新兴电大													
结业生	0	0	0	0	0	0	0	0	0	0	0	0	0
在校生	0	0	0	0	0	0	0	0	0	0	0	0	0
郁南电大													
结业生	0	0	0	0	0	0	0	0	0	0	0	0	0
在校生	0	0	0	0	0	0	0	0	0	0	0	0	0
南海广播电视大学													
结业生	794	0	794	0	0	0	794	530	264	794	0	794	0
在校生	0	0	0	0	0	0	0	0	0	0	0	0	0

3.1 全国电大非学历教育（进修及培训）（续表66）

单位：人

	进修及培训												
	合计	一月以内	一月至三月内	三月至半年内	半年至一年内	一年以上	在进修及培训中			在进修及培训中			
							计	资格证书培训	岗位证书培训	计	外语	会计	计算机
顺德广播电视大学													
结业生	0	0	0	0	0	0	0	0	0	0	0	0	0
在校生	0	0	0	0	0	0	0	0	0	0	0	0	0
广　　州													
结业生	17186	2347	7438	4416	2562	423	12072	9046	3026	2796	298	1653	845
在校生	335	20	93	44	178	0	310	310	0	25	0	0	25
广州市广播电视大学													
结业生	3338	1004	2334	0	0	0	1367	744	623	1363	259	956	148
在校生	0	0	0	0	0	0	0	0	0	0	0	0	0
东山区分校													
结业生	0	0	0	0	0	0	0	0	0	0	0	0	0
在校生	0	0	0	0	0	0	0	0	0	0	0	0	0
海珠区分校													
结业生	3814	1323	837	481	750	423	1323	110	1213	781	39	697	45
在校生	0	0	0	0	0	0	0	0	0	0	0	0	0
荔湾分校													
结业生	0	0	0	0	0	0	0	0	0	0	0	0	0
在校生	0	0	0	0	0	0	0	0	0	0	0	0	0
越秀区分校													
结业生	0	0	0	0	0	0	0	0	0	0	0	0	0
在校生	0	0	0	0	0	0	0	0	0	0	0	0	0
天河区分校													
结业生	0	0	0	0	0	0	0	0	0	0	0	0	0
在校生	0	0	0	0	0	0	0	0	0	0	0	0	0
开发区分校													
结业生	0	0	0	0	0	0	0	0	0	0	0	0	0
在校生	0	0	0	0	0	0	0	0	0	0	0	0	0
市轻工业局分校													
结业生	0	0	0	0	0	0	0	0	0	0	0	0	0
在校生	0	0	0	0	0	0	0	0	0	0	0	0	0
侨光分校													
结业生	850	0	850	0	0	0	223	223	0	627	0	0	627
在校生	0	0	0	0	0	0	0	0	0	0	0	0	0
机电局分校													
结业生	9071	0	3324	3935	1812	0	9071	7881	1190	0	0	0	0
在校生	0	0	0	0	0	0	0	0	0	0	0	0	0
法律专业工作站													
结业生	0	0	0	0	0	0	0	0	0	0	0	0	0
在校生	0	0	0	0	0	0	0	0	0	0	0	0	0
番禺区广播电视大学													
结业生	0	0	0	0	0	0	0	0	0	0	0	0	0
在校生	0	0	0	0	0	0	0	0	0	0	0	0	0
从化市分校													
结业生	0	0	0	0	0	0	0	0	0	0	0	0	0
在校生	0	0	0	0	0	0	0	0	0	0	0	0	0
花都区广播电视大学													
结业生	0	0	0	0	0	0	0	0	0	0	0	0	0
在校生	0	0	0	0	0	0	0	0	0	0	0	0	0

3.1 全国电大非学历教育（进修及培训）（续表67）

单位：人

	进修及培训												
	合计	一月以内	一月至三月内	三月至半年内	半年至一年内	一年以上	在进修及培训中			在进修及培训中			
							计	资格证书培训	岗位证书培训	计	外语	会计	计算机
增城市广播电视大学													
结业生	0	0	0	0	0	0	0	0	0	0	0	0	0
在校生	222	0	0	44	178	0	222	222	0	0	0	0	0
市银行学校电大工作站													
结业生	0	0	0	0	0	0	0	0	0	0	0	0	0
在校生	0	0	0	0	0	0	0	0	0	0	0	0	0
东方教学点													
结业生	0	0	0	0	0	0	0	0	0	0	0	0	0
在校生	0	0	0	0	0	0	0	0	0	0	0	0	0
广州市港务局工作站													
结业生	0	0	0	0	0	0	0	0	0	0	0	0	0
在校生	0	0	0	0	0	0	0	0	0	0	0	0	0
金融分校													
结业生	0	0	0	0	0	0	0	0	0	0	0	0	0
在校生	0	0	0	0	0	0	0	0	0	0	0	0	0
广州市广播电视大学广大人文学院工作站													
结业生	0	0	0	0	0	0	0	0	0	0	0	0	0
在校生	0	0	0	0	0	0	0	0	0	0	0	0	0
广州电大黄埔工作站													
结业生	0	0	0	0	0	0	0	0	0	0	0	0	0
在校生	0	0	0	0	0	0	0	0	0	0	0	0	0
广州电大广州港分校													
结业生	0	0	0	0	0	0	0	0	0	0	0	0	0
在校生	0	0	0	0	0	0	0	0	0	0	0	0	0
广州电大商贸工作站													
结业生	0	0	0	0	0	0	0	0	0	0	0	0	0
在校生	0	0	0	0	0	0	0	0	0	0	0	0	0
广州康大工作站													
结业生	0	0	0	0	0	0	0	0	0	0	0	0	0
在校生	0	0	0	0	0	0	0	0	0	0	0	0	0
广州电大中奥工作站													
结业生	0	0	0	0	0	0	0	0	0	0	0	0	0
在校生	0	0	0	0	0	0	0	0	0	0	0	0	0
广州电大幼师工作站													
结业生	113	20	93	0	0	0	88	88	0	25	0	0	25
在校生	113	20	93	0	0	0	88	88	0	25	0	0	25
深　　圳													
结业生	1345	630	233	362	120	0	1105	690	415	801	110	596	95
在校生	0	0	0	0	0	0	0	0	0	0	0	0	0
深圳市广播电视大学													
结业生	1345	630	233	362	120	0	1105	690	415	801	110	596	95
在校生	0	0	0	0	0	0	0	0	0	0	0	0	0
蛇口分校													
结业生	0	0	0	0	0	0	0	0	0	0	0	0	0
在校生	0	0	0	0	0	0	0	0	0	0	0	0	0
宝安分校													
结业生	0	0	0	0	0	0	0	0	0	0	0	0	0
在校生	0	0	0	0	0	0	0	0	0	0	0	0	0

3.1 全国电大非学历教育（进修及培训）（续表68）

单位：人

	进修及培训												
	合计	一月以内	一月至三月内	三月至半年内	半年至一年内	一年以上	在进修及培训中			在进修及培训中			
							计	资格证书培训	岗位证书培训	计	外语	会计	计算机
沙头角分校													
结业生	0	0	0	0	0	0	0	0	0	0	0	0	0
在校生	0	0	0	0	0	0	0	0	0	0	0	0	0
南山分校													
结业生	0	0	0	0	0	0	0	0	0	0	0	0	0
在校生	0	0	0	0	0	0	0	0	0	0	0	0	0
龙岗分校													
结业生	0	0	0	0	0	0	0	0	0	0	0	0	0
在校生	0	0	0	0	0	0	0	0	0	0	0	0	0
罗湖分校													
结业生	0	0	0	0	0	0	0	0	0	0	0	0	0
在校生	0	0	0	0	0	0	0	0	0	0	0	0	0
福田分校													
结业生	0	0	0	0	0	0	0	0	0	0	0	0	0
在校生	0	0	0	0	0	0	0	0	0	0	0	0	0
光明教学点													
结业生	0	0	0	0	0	0	0	0	0	0	0	0	0
在校生	0	0	0	0	0	0	0	0	0	0	0	0	0
龙华教学点													
结业生	0	0	0	0	0	0	0	0	0	0	0	0	0
在校生	0	0	0	0	0	0	0	0	0	0	0	0	0
高技校教学点													
结业生	0	0	0	0	0	0	0	0	0	0	0	0	0
在校生	0	0	0	0	0	0	0	0	0	0	0	0	0
观澜教学点													
结业生	0	0	0	0	0	0	0	0	0	0	0	0	0
在校生	0	0	0	0	0	0	0	0	0	0	0	0	0
广　　西													
结业生	2546	0	2214	332	0	0	2434	220	2214	306	0	306	0
在校生	0	0	0	0	0	0	0	0	0	0	0	0	0
广西广播电视大学													
结业生	2546	0	2214	332	0	0	2434	220	2214	306	0	306	0
在校生	0	0	0	0	0	0	0	0	0	0	0	0	0
广西电大区直分校													
结业生	0	0	0	0	0	0	0	0	0	0	0	0	0
在校生	0	0	0	0	0	0	0	0	0	0	0	0	0
南宁市广播电视大学													
结业生	0	0	0	0	0	0	0	0	0	0	0	0	0
在校生	0	0	0	0	0	0	0	0	0	0	0	0	0
柳州市广播电视大学													
结业生	0	0	0	0	0	0	0	0	0	0	0	0	0
在校生	0	0	0	0	0	0	0	0	0	0	0	0	0
梧州市分校													
结业生	0	0	0	0	0	0	0	0	0	0	0	0	0
在校生	0	0	0	0	0	0	0	0	0	0	0	0	0
南宁地区电大分校													
结业生	0	0	0	0	0	0	0	0	0	0	0	0	0
在校生	0	0	0	0	0	0	0	0	0	0	0	0	0

3.1 全国电大非学历教育（进修及培训）（续表69）

单位：人

	进修及培训												
	合计	一月以内	一月至三月内	三月至半年内	半年至一年内	一年以上	在进修及培训中			在进修及培训中			
							计	资格证书培训	岗位证书培训	计	外语	会计	计算机
来宾市分校													
结业生	0	0	0	0	0	0	0	0	0	0	0	0	0
在校生	0	0	0	0	0	0	0	0	0	0	0	0	0
贺州市分校													
结业生	0	0	0	0	0	0	0	0	0	0	0	0	0
在校生	0	0	0	0	0	0	0	0	0	0	0	0	0
百色民族分校													
结业生	0	0	0	0	0	0	0	0	0	0	0	0	0
在校生	0	0	0	0	0	0	0	0	0	0	0	0	0
钦州市分校													
结业生	0	0	0	0	0	0	0	0	0	0	0	0	0
在校生	0	0	0	0	0	0	0	0	0	0	0	0	0
北海市广播电视大学													
结业生	0	0	0	0	0	0	0	0	0	0	0	0	0
在校生	0	0	0	0	0	0	0	0	0	0	0	0	0
检察分校													
结业生	0	0	0	0	0	0	0	0	0	0	0	0	0
在校生	0	0	0	0	0	0	0	0	0	0	0	0	0
贵港市广播电视大学													
结业生	0	0	0	0	0	0	0	0	0	0	0	0	0
在校生	0	0	0	0	0	0	0	0	0	0	0	0	0
防城港市工作站													
结业生	0	0	0	0	0	0	0	0	0	0	0	0	0
在校生	0	0	0	0	0	0	0	0	0	0	0	0	0
玉林商务分校													
结业生	0	0	0	0	0	0	0	0	0	0	0	0	0
在校生	0	0	0	0	0	0	0	0	0	0	0	0	0
广西电大工商分校													
结业生	0	0	0	0	0	0	0	0	0	0	0	0	0
在校生	0	0	0	0	0	0	0	0	0	0	0	0	0
广西银行学校电大工作站													
结业生	0	0	0	0	0	0	0	0	0	0	0	0	0
在校生	0	0	0	0	0	0	0	0	0	0	0	0	0
海　　南													
结业生	178	84	94	0	0	0	94	94	0	84	0	84	0
在校生	0	0	0	0	0	0	0	0	0	0	0	0	0
海南广播电视大学													
结业生	178	84	94	0	0	0	94	94	0	84	0	84	0
在校生	0	0	0	0	0	0	0	0	0	0	0	0	0
四　　川													
结业生	79161	31851	8388	30704	8008	210	45055	2398	42657	3498	682	798	2018
在校生	38157	1560	1414	35183	0	0	38157	628	37529	1674	0	1414	260
四川广播电视大学													
结业生	28754	552	698	27504	0	0	28754	202	28552	900	0	698	202
在校生	37207	610	1414	35183	0	0	37207	260	36947	1674	0	1414	260
建设厅分校													
结业生	0	0	0	0	0	0	0	0	0	0	0	0	0
在校生	0	0	0	0	0	0	0	0	0	0	0	0	0

3.1 全国电大非学历教育（进修及培训）（续表70）

单位：人

	进修及培训												
	合计	一月以内	一月至三月内	三月至半年内	半年至一年内	一年以上	在进修及培训中			在进修及培训中			
							计	资格证书培训	岗位证书培训	计	外语	会计	计算机
省级机关分校													
结业生	0	0	0	0	0	0	0	0	0	0	0	0	0
在校生	0	0	0	0	0	0	0	0	0	0	0	0	0
成都铁路局分校													
结业生	0	0	0	0	0	0	0	0	0	0	0	0	0
在校生	0	0	0	0	0	0	0	0	0	0	0	0	0
德阳广播电视大学													
结业生	575	503	72	0	0	0	501	126	375	412	0	0	412
在校生	0	0	0	0	0	0	0	0	0	0	0	0	0
绵阳广播电视大学													
结业生	21063	21063	0	0	0	0	0	0	0	0	0	0	0
在校生	0	0	0	0	0	0	0	0	0	0	0	0	0
广元广播电视大学													
结业生	0	0	0	0	0	0	0	0	0	0	0	0	0
在校生	0	0	0	0	0	0	0	0	0	0	0	0	0
四川电大遂宁应用职业技术学校教学点													
结业生	0	0	0	0	0	0	0	0	0	0	0	0	0
在校生	0	0	0	0	0	0	0	0	0	0	0	0	0
雅安分校													
结业生	2100	1500	200	100	100	200	1000	300	700	250	50	100	100
在校生	0	0	0	0	0	0	0	0	0	0	0	0	0
乐山广播电视大学													
结业生	8088	180	0	0	7908	0	2818	128	2690	0	0	0	0
在校生	0	0	0	0	0	0	0	0	0	0	0	0	0
内江广播电视大学													
结业生	2000	1160	840	0	0	0	2000	0	2000	0	0	0	0
在校生	0	0	0	0	0	0	0	0	0	0	0	0	0
自贡广播电视大学													
结业生	3694	0	594	3100	0	0	3694	0	3694	0	0	0	0
在校生	0	0	0	0	0	0	0	0	0	0	0	0	0
宜宾广播电视大学													
结业生	0	0	0	0	0	0	0	0	0	0	0	0	0
在校生	0	0	0	0	0	0	0	0	0	0	0	0	0
泸州广播电视大学													
结业生	14	2	2	0	0	10	8	8	0	1	0	0	1
在校生	0	0	0	0	0	0	0	0	0	0	0	0	0
南充广播电视大学													
结业生	1782	0	1782	0	0	0	0	0	0	1722	632	0	1090
在校生	0	0	0	0	0	0	0	0	0	0	0	0	0
达州广播电视大学													
结业生	0	0	0	0	0	0	0	0	0	0	0	0	0
在校生	0	0	0	0	0	0	0	0	0	0	0	0	0
甘孜分校													
结业生	230	230	0	0	0	0	0	0	0	0	0	0	0
在校生	0	0	0	0	0	0	0	0	0	0	0	0	0
凉山广播电视大学													
结业生	0	0	0	0	0	0	0	0	0	0	0	0	0
在校生	0	0	0	0	0	0	0	0	0	0	0	0	0

3.1 全国电大非学历教育（进修及培训）（续表 71）

单位：人

	进修及培训												
	合计	一月以内	一月至三月内	三月至半年内	半年至一年内	一年以上	在进修及培训中			在进修及培训中			
							计	资格证书培训	岗位证书培训	计	外语	会计	计算机
攀枝花广播电视大学													
结业生	5200	5200	0	0	0	0	2012	1566	446	0	0	0	0
在校生	0	0	0	0	0	0	0	0	0	0	0	0	0
巴中广播电视大学													
结业生	4200	0	4200	0	0	0	4200	0	4200	0	0	0	0
在校生	0	0	0	0	0	0	0	0	0	0	0	0	0
广安广播电视大学													
结业生	281	281	0	0	0	0	68	68	0	213	0	0	213
在校生	950	950	0	0	0	0	950	368	582	0	0	0	0
眉山广播电视大学													
结业生	1180	1180	0	0	0	0	0	0	0	0	0	0	0
在校生	0	0	0	0	0	0	0	0	0	0	0	0	0
资阳广播电视大学													
结业生	0	0	0	0	0	0	0	0	0	0	0	0	0
在校生	0	0	0	0	0	0	0	0	0	0	0	0	0
阿坝广播电视大学													
结业生	0	0	0	0	0	0	0	0	0	0	0	0	0
在校生	0	0	0	0	0	0	0	0	0	0	0	0	0
四川广播电视大学直属学院蓬溪分校													
结业生	0	0	0	0	0	0	0	0	0	0	0	0	0
在校生	0	0	0	0	0	0	0	0	0	0	0	0	0
四川广播电视大学直属学院射洪分校													
结业生	0	0	0	0	0	0	0	0	0	0	0	0	0
在校生	0	0	0	0	0	0	0	0	0	0	0	0	0
四川广播电视大学直属学院大英分校													
结业生	0	0	0	0	0	0	0	0	0	0	0	0	0
在校生	0	0	0	0	0	0	0	0	0	0	0	0	0
四川广播电视大学直属学院西昌分院													
结业生	0	0	0	0	0	0	0	0	0	0	0	0	0
在校生	0	0	0	0	0	0	0	0	0	0	0	0	0
四川广播电视大学直属学院雷波工作站													
结业生	0	0	0	0	0	0	0	0	0	0	0	0	0
在校生	0	0	0	0	0	0	0	0	0	0	0	0	0
四川广播电视大学直属学院宁南工作站													
结业生	0	0	0	0	0	0	0	0	0	0	0	0	0
在校生	0	0	0	0	0	0	0	0	0	0	0	0	0
四川广播电视大学直属学院甘洛工作站													
结业生	0	0	0	0	0	0	0	0	0	0	0	0	0
在校生	0	0	0	0	0	0	0	0	0	0	0	0	0
四川广播电视大学直属学院越西工作站													
结业生	0	0	0	0	0	0	0	0	0	0	0	0	0
在校生	0	0	0	0	0	0	0	0	0	0	0	0	0
四川广播电视大学直属学院昭觉工作站													
结业生	0	0	0	0	0	0	0	0	0	0	0	0	0
在校生	0	0	0	0	0	0	0	0	0	0	0	0	0
四川广播电视大学直属学院美姑工作站													
结业生	0	0	0	0	0	0	0	0	0	0	0	0	0
在校生	0	0	0	0	0	0	0	0	0	0	0	0	0

3.1 全国电大非学历教育（进修及培训）（续表72）

单位：人

	进修及培训												
	合计	一月以内	一月至三月内	三月至半年内	半年至一年内	一年以上	在进修及培训中			在进修及培训中			
							计	资格证书培训	岗位证书培训	计	外语	会计	计算机
成　都													
结业生	5241	139	5102	0	0	0	3102	931	2171	4558	931	1627	2000
在校生	300	0	300	0	0	0	300	0	300	300	0	120	180
成都广播电视大学													
结业生	5102	0	5102	0	0	0	3102	931	2171	4558	931	1627	2000
在校生	300	0	300	0	0	0	300	0	300	300	0	120	180
龙泉分校													
结业生	0	0	0	0	0	0	0	0	0	0	0	0	0
在校生	0	0	0	0	0	0	0	0	0	0	0	0	0
彭州分校													
结业生	0	0	0	0	0	0	0	0	0	0	0	0	0
在校生	0	0	0	0	0	0	0	0	0	0	0	0	0
新都分校													
结业生	0	0	0	0	0	0	0	0	0	0	0	0	0
在校生	0	0	0	0	0	0	0	0	0	0	0	0	0
崇州分校													
结业生	0	0	0	0	0	0	0	0	0	0	0	0	0
在校生	0	0	0	0	0	0	0	0	0	0	0	0	0
邛崃分校													
结业生	0	0	0	0	0	0	0	0	0	0	0	0	0
在校生	0	0	0	0	0	0	0	0	0	0	0	0	0
郫县分校													
结业生	0	0	0	0	0	0	0	0	0	0	0	0	0
在校生	0	0	0	0	0	0	0	0	0	0	0	0	0
温江分校													
结业生	0	0	0	0	0	0	0	0	0	0	0	0	0
在校生	0	0	0	0	0	0	0	0	0	0	0	0	0
金堂分校													
结业生	0	0	0	0	0	0	0	0	0	0	0	0	0
在校生	0	0	0	0	0	0	0	0	0	0	0	0	0
五冶分校													
结业生	0	0	0	0	0	0	0	0	0	0	0	0	0
在校生	0	0	0	0	0	0	0	0	0	0	0	0	0
蒲江分校													
结业生	0	0	0	0	0	0	0	0	0	0	0	0	0
在校生	0	0	0	0	0	0	0	0	0	0	0	0	0
电子工业分校													
结业生	0	0	0	0	0	0	0	0	0	0	0	0	0
在校生	0	0	0	0	0	0	0	0	0	0	0	0	0
新津分校													
结业生	0	0	0	0	0	0	0	0	0	0	0	0	0
在校生	0	0	0	0	0	0	0	0	0	0	0	0	0
青羊分校													
结业生	139	139	0	0	0	0	0	0	0	0	0	0	0
在校生	0	0	0	0	0	0	0	0	0	0	0	0	0
旅游分校													
结业生	0	0	0	0	0	0	0	0	0	0	0	0	0
在校生	0	0	0	0	0	0	0	0	0	0	0	0	0

3.1 全国电大非学历教育（进修及培训）（续表 73）

单位：人

	进修及培训												
	合计	一月以内	一月至三月内	三月至半年内	半年至一年内	一年以上	在进修及培训中 计	在进修及培训中 资格证书培训	在进修及培训中 岗位证书培训	在进修及培训中 计	在进修及培训中 外语	在进修及培训中 会计	在进修及培训中 计算机
重　庆													
结业生	383236	7616	375190	0	0	430	3566	3082	484	3595	77	1234	2284
在校生	2984	2657	327	0	0	0	2984	2984	0	327	0	327	0
重庆广播电视大学													
结业生	378006	3141	374865	0	0	0	3141	2657	484	1393	0	909	484
在校生	2657	2657	0	0	0	0	2657	2657	0	0	0	0	0
渝中区分校													
结业生	0	0	0	0	0	0	0	0	0	0	0	0	0
在校生	0	0	0	0	0	0	0	0	0	0	0	0	0
重庆铁路分校													
结业生	0	0	0	0	0	0	0	0	0	0	0	0	0
在校生	0	0	0	0	0	0	0	0	0	0	0	0	0
重庆钢铁公司分校													
结业生	0	0	0	0	0	0	0	0	0	0	0	0	0
在校生	0	0	0	0	0	0	0	0	0	0	0	0	0
南岸分校													
结业生	0	0	0	0	0	0	0	0	0	0	0	0	0
在校生	0	0	0	0	0	0	0	0	0	0	0	0	0
九龙坡工作站													
结业生	325	0	325	0	0	0	325	325	0	325	0	325	0
在校生	327	0	327	0	0	0	327	327	0	327	0	327	0
江北工作站													
结业生	0	0	0	0	0	0	0	0	0	0	0	0	0
在校生	0	0	0	0	0	0	0	0	0	0	0	0	0
沙坪坝区电大分校													
结业生	0	0	0	0	0	0	0	0	0	0	0	0	0
在校生	0	0	0	0	0	0	0	0	0	0	0	0	0
永川市广播电视大学													
结业生	0	0	0	0	0	0	0	0	0	0	0	0	0
在校生	0	0	0	0	0	0	0	0	0	0	0	0	0
北碚区工作站													
结业生	0	0	0	0	0	0	0	0	0	0	0	0	0
在校生	0	0	0	0	0	0	0	0	0	0	0	0	0
万盛区工作站													
结业生	0	0	0	0	0	0	0	0	0	0	0	0	0
在校生	0	0	0	0	0	0	0	0	0	0	0	0	0
荣昌县工作站													
结业生	0	0	0	0	0	0	0	0	0	0	0	0	0
在校生	0	0	0	0	0	0	0	0	0	0	0	0	0
綦江县工作站													
结业生	0	0	0	0	0	0	0	0	0	0	0	0	0
在校生	0	0	0	0	0	0	0	0	0	0	0	0	0
合川广播电视大学													
结业生	0	0	0	0	0	0	0	0	0	0	0	0	0
在校生	0	0	0	0	0	0	0	0	0	0	0	0	0
长寿分校													
结业生	0	0	0	0	0	0	0	0	0	0	0	0	0
在校生	0	0	0	0	0	0	0	0	0	0	0	0	0

3.1 全国电大非学历教育（进修及培训）（续表74）

单位：人

	进修及培训												
	合计	一月以内	一月至三月内	三月至半年内	半年至一年内	一年以上	在进修及培训中			在进修及培训中			
							计	资格证书培训	岗位证书培训	计	外语	会计	计算机
铜梁县工作站													
结业生	0	0	0	0	0	0	0	0	0	0	0	0	0
在校生	0	0	0	0	0	0	0	0	0	0	0	0	0
渝北分校													
结业生	0	0	0	0	0	0	0	0	0	0	0	0	0
在校生	0	0	0	0	0	0	0	0	0	0	0	0	0
潼南县工作站													
结业生	0	0	0	0	0	0	0	0	0	0	0	0	0
在校生	0	0	0	0	0	0	0	0	0	0	0	0	0
巴南分校													
结业生	0	0	0	0	0	0	0	0	0	0	0	0	0
在校生	0	0	0	0	0	0	0	0	0	0	0	0	0
江津广播电视大学													
结业生	0	0	0	0	0	0	0	0	0	0	0	0	0
在校生	0	0	0	0	0	0	0	0	0	0	0	0	0
璧山分校													
结业生	0	0	0	0	0	0	0	0	0	0	0	0	0
在校生	0	0	0	0	0	0	0	0	0	0	0	0	0
万州广播电视大学													
结业生	0	0	0	0	0	0	0	0	0	0	0	0	0
在校生	0	0	0	0	0	0	0	0	0	0	0	0	0
涪陵广播电视大学													
结业生	0	0	0	0	0	0	0	0	0	0	0	0	0
在校生	0	0	0	0	0	0	0	0	0	0	0	0	0
黔江广播电视大学													
结业生	0	0	0	0	0	0	0	0	0	0	0	0	0
在校生	0	0	0	0	0	0	0	0	0	0	0	0	0
南川分校													
结业生	0	0	0	0	0	0	0	0	0	0	0	0	0
在校生	0	0	0	0	0	0	0	0	0	0	0	0	0
垫江分校													
结业生	0	0	0	0	0	0	0	0	0	0	0	0	0
在校生	0	0	0	0	0	0	0	0	0	0	0	0	0
丰都县电大工作站													
结业生	0	0	0	0	0	0	0	0	0	0	0	0	0
在校生	0	0	0	0	0	0	0	0	0	0	0	0	0
武隆分校													
结业生	0	0	0	0	0	0	0	0	0	0	0	0	0
在校生	0	0	0	0	0	0	0	0	0	0	0	0	0
梁平县电大工作站													
结业生	3105	2675	0	0	0	430	100	100	0	77	77	0	0
在校生	0	0	0	0	0	0	0	0	0	0	0	0	0
重庆电大经贸学院													
结业生	0	0	0	0	0	0	0	0	0	0	0	0	0
在校生	0	0	0	0	0	0	0	0	0	0	0	0	0
重庆电大建筑工程学院													
结业生	0	0	0	0	0	0	0	0	0	0	0	0	0
在校生	0	0	0	0	0	0	0	0	0	0	0	0	0

3.1 全国电大非学历教育（进修及培训）（续表75）

单位：人

	进修及培训												
	合计	一月以内	一月至三月内	三月至半年内	半年至一年内	一年以上	在进修及培训中			在进修及培训中			
							计	资格证书培训	岗位证书培训	计	外语	会计	计算机
秀山分校													
结业生	0	0	0	0	0	0	0	0	0	0	0	0	0
在校生	0	0	0	0	0	0	0	0	0	0	0	0	0
石柱分校													
结业生	0	0	0	0	0	0	0	0	0	0	0	0	0
在校生	0	0	0	0	0	0	0	0	0	0	0	0	0
彭水电大工作站													
结业生	0	0	0	0	0	0	0	0	0	0	0	0	0
在校生	0	0	0	0	0	0	0	0	0	0	0	0	0
奉节县电大工作站													
结业生	0	0	0	0	0	0	0	0	0	0	0	0	0
在校生	0	0	0	0	0	0	0	0	0	0	0	0	0
巫山分校													
结业生	1800	1800	0	0	0	0	0	0	0	1800	0	0	1800
在校生	0	0	0	0	0	0	0	0	0	0	0	0	0
巫溪电大工作站													
结业生	0	0	0	0	0	0	0	0	0	0	0	0	0
在校生	0	0	0	0	0	0	0	0	0	0	0	0	0
开县电大工作站													
结业生	0	0	0	0	0	0	0	0	0	0	0	0	0
在校生	0	0	0	0	0	0	0	0	0	0	0	0	0
铜梁分校													
结业生	0	0	0	0	0	0	0	0	0	0	0	0	0
在校生	0	0	0	0	0	0	0	0	0	0	0	0	0
市药监局电大工作站													
结业生	0	0	0	0	0	0	0	0	0	0	0	0	0
在校生	0	0	0	0	0	0	0	0	0	0	0	0	0
贵　　州													
结业生	22190	5035	0	0	0	17155	0	0	0	355	0	0	355
在校生	0	0	0	0	0	0	0	0	0	0	0	0	0
贵州广播电视大学													
结业生	17155	0	0	0	0	17155	0	0	0	0	0	0	0
在校生	0	0	0	0	0	0	0	0	0	0	0	0	0
省直分校													
结业生	0	0	0	0	0	0	0	0	0	0	0	0	0
在校生	0	0	0	0	0	0	0	0	0	0	0	0	0
贵阳市分校													
结业生	0	0	0	0	0	0	0	0	0	0	0	0	0
在校生	0	0	0	0	0	0	0	0	0	0	0	0	0
遵义地区分校													
结业生	355	355	0	0	0	0	0	0	0	355	0	0	355
在校生	0	0	0	0	0	0	0	0	0	0	0	0	0
安顺地区分校													
结业生	0	0	0	0	0	0	0	0	0	0	0	0	0
在校生	0	0	0	0	0	0	0	0	0	0	0	0	0
黔南州分校													
结业生	0	0	0	0	0	0	0	0	0	0	0	0	0
在校生	0	0	0	0	0	0	0	0	0	0	0	0	0

3.1 全国电大非学历教育（进修及培训）（续表 76）

单位：人

	进修及培训												
	合计	一月以内	一月至三月内	三月至半年内	半年至一年内	一年以上	在进修及培训中			在进修及培训中			
							计	资格证书培训	岗位证书培训	计	外语	会计	计算机
黔东南州分校													
结业生	0	0	0	0	0	0	0	0	0	0	0	0	0
在校生	0	0	0	0	0	0	0	0	0	0	0	0	0
黔西南州分校													
结业生	4680	4680	0	0	0	0	0	0	0	0	0	0	0
在校生	0	0	0	0	0	0	0	0	0	0	0	0	0
毕节地区分校													
结业生	0	0	0	0	0	0	0	0	0	0	0	0	0
在校生	0	0	0	0	0	0	0	0	0	0	0	0	0
六盘水市分校													
结业生	0	0	0	0	0	0	0	0	0	0	0	0	0
在校生	0	0	0	0	0	0	0	0	0	0	0	0	0
铜仁分校													
结业生	0	0	0	0	0	0	0	0	0	0	0	0	0
在校生	0	0	0	0	0	0	0	0	0	0	0	0	0
水城钢铁公司分校													
结业生	0	0	0	0	0	0	0	0	0	0	0	0	0
在校生	0	0	0	0	0	0	0	0	0	0	0	0	0
航天管理局工作站													
结业生	0	0	0	0	0	0	0	0	0	0	0	0	0
在校生	0	0	0	0	0	0	0	0	0	0	0	0	0
贵航技校电大工作站													
结业生	0	0	0	0	0	0	0	0	0	0	0	0	0
在校生	0	0	0	0	0	0	0	0	0	0	0	0	0
云　南													
结业生	8970	8970	0	0	0	0	8876	870	8006	0	0	0	0
在校生	4867	4867	0	0	0	0	4189	2108	2081	0	0	0	0
云南广播电视大学													
结业生	8970	8970	0	0	0	0	8876	870	8006	0	0	0	0
在校生	4867	4867	0	0	0	0	4189	2108	2081	0	0	0	0
昆明广播电视大学													
结业生	0	0	0	0	0	0	0	0	0	0	0	0	0
在校生	0	0	0	0	0	0	0	0	0	0	0	0	0
玉溪广播电视大学													
结业生	0	0	0	0	0	0	0	0	0	0	0	0	0
在校生	0	0	0	0	0	0	0	0	0	0	0	0	0
思茅广播电视大学													
结业生	0	0	0	0	0	0	0	0	0	0	0	0	0
在校生	0	0	0	0	0	0	0	0	0	0	0	0	0
西双版纳广播电视大学													
结业生	0	0	0	0	0	0	0	0	0	0	0	0	0
在校生	0	0	0	0	0	0	0	0	0	0	0	0	0
红河分校													
结业生	0	0	0	0	0	0	0	0	0	0	0	0	0
在校生	0	0	0	0	0	0	0	0	0	0	0	0	0
文山分校													
结业生	0	0	0	0	0	0	0	0	0	0	0	0	0
在校生	0	0	0	0	0	0	0	0	0	0	0	0	0

3.1　全国电大非学历教育（进修及培训）（续表77）

单位：人

	进修及培训												
	合计	一月以内	一月至三月内	三月至半年内	半年至一年内	一年以上	在进修及培训中			在进修及培训中			
							计	资格证书培训	岗位证书培训	计	外语	会计	计算机
曲靖分校													
结业生	0	0	0	0	0	0	0	0	0	0	0	0	0
在校生	0	0	0	0	0	0	0	0	0	0	0	0	0
昭通分校													
结业生	0	0	0	0	0	0	0	0	0	0	0	0	0
在校生	0	0	0	0	0	0	0	0	0	0	0	0	0
楚雄广播电视大学													
结业生	0	0	0	0	0	0	0	0	0	0	0	0	0
在校生	0	0	0	0	0	0	0	0	0	0	0	0	0
大理分校													
结业生	0	0	0	0	0	0	0	0	0	0	0	0	0
在校生	0	0	0	0	0	0	0	0	0	0	0	0	0
保山分校													
结业生	0	0	0	0	0	0	0	0	0	0	0	0	0
在校生	0	0	0	0	0	0	0	0	0	0	0	0	0
临沧分校													
结业生	0	0	0	0	0	0	0	0	0	0	0	0	0
在校生	0	0	0	0	0	0	0	0	0	0	0	0	0
德宏广播电视大学													
结业生	0	0	0	0	0	0	0	0	0	0	0	0	0
在校生	0	0	0	0	0	0	0	0	0	0	0	0	0
丽江分校													
结业生	0	0	0	0	0	0	0	0	0	0	0	0	0
在校生	0	0	0	0	0	0	0	0	0	0	0	0	0
文山州民族干部学校													
结业生	0	0	0	0	0	0	0	0	0	0	0	0	0
在校生	0	0	0	0	0	0	0	0	0	0	0	0	0
昆明市总工会分校													
结业生	0	0	0	0	0	0	0	0	0	0	0	0	0
在校生	0	0	0	0	0	0	0	0	0	0	0	0	0
云南省电大政法分校													
结业生	0	0	0	0	0	0	0	0	0	0	0	0	0
在校生	0	0	0	0	0	0	0	0	0	0	0	0	0
陕　西													
结业生	25390	3895	4738	6131	5860	4766	16482	8438	8044	7433	1375	330	5728
在校生	1586	600	986	0	0	0	1586	0	1586	0	0	0	0
陕西省广播电视大学													
结业生	22407	3695	2658	5631	5795	4628	13972	6688	7284	5435	1370	0	4065
在校生	1586	600	986	0	0	0	1586	0	1586	0	0	0	0
延安分校													
结业生	0	0	0	0	0	0	0	0	0	0	0	0	0
在校生	0	0	0	0	0	0	0	0	0	0	0	0	0
榆林地区分校													
结业生	0	0	0	0	0	0	0	0	0	0	0	0	0
在校生	0	0	0	0	0	0	0	0	0	0	0	0	0
咸阳市分校													
结业生	0	0	0	0	0	0	0	0	0	0	0	0	0
在校生	0	0	0	0	0	0	0	0	0	0	0	0	0

3.1 全国电大非学历教育（进修及培训）（续表78）

单位：人

	进修及培训												
	合计	一月以内	一月至三月内	三月至半年内	半年至一年内	一年以上	在进修及培训中			在进修及培训中			
							计	资格证书培训	岗位证书培训	计	外语	会计	计算机
宝鸡市分校													
结业生	203	0	0	0	65	138	0	0	0	8	5	0	3
在校生	0	0	0	0	0	0	0	0	0	0	0	0	0
安康分校													
结业生	0	0	0	0	0	0	0	0	0	0	0	0	0
在校生	0	0	0	0	0	0	0	0	0	0	0	0	0
汉中分校													
结业生	0	0	0	0	0	0	0	0	0	0	0	0	0
在校生	0	0	0	0	0	0	0	0	0	0	0	0	0
渭南分校													
结业生	0	0	0	0	0	0	0	0	0	0	0	0	0
在校生	0	0	0	0	0	0	0	0	0	0	0	0	0
商洛地区分校													
结业生	0	0	0	0	0	0	0	0	0	0	0	0	0
在校生	0	0	0	0	0	0	0	0	0	0	0	0	0
铜川市分校													
结业生	0	0	0	0	0	0	0	0	0	0	0	0	0
在校生	0	0	0	0	0	0	0	0	0	0	0	0	0
航空工业局工作站													
结业生	0	0	0	0	0	0	0	0	0	0	0	0	0
在校生	0	0	0	0	0	0	0	0	0	0	0	0	0
省电子工业局工作站													
结业生	0	0	0	0	0	0	0	0	0	0	0	0	0
在校生	0	0	0	0	0	0	0	0	0	0	0	0	0
兵器工业管理局工作站													
结业生	0	0	0	0	0	0	0	0	0	0	0	0	0
在校生	0	0	0	0	0	0	0	0	0	0	0	0	0
省冶金局工作站													
结业生	0	0	0	0	0	0	0	0	0	0	0	0	0
在校生	0	0	0	0	0	0	0	0	0	0	0	0	0
省石油化学工业局工作站													
结业生	0	0	0	0	0	0	0	0	0	0	0	0	0
在校生	0	0	0	0	0	0	0	0	0	0	0	0	0
陕西省纺织公司工作站													
结业生	0	0	0	0	0	0	0	0	0	0	0	0	0
在校生	0	0	0	0	0	0	0	0	0	0	0	0	0
省水利厅工作站													
结业生	0	0	0	0	0	0	0	0	0	0	0	0	0
在校生	0	0	0	0	0	0	0	0	0	0	0	0	0
高新分校													
结业生	0	0	0	0	0	0	0	0	0	0	0	0	0
在校生	0	0	0	0	0	0	0	0	0	0	0	0	0
省电大商务厅工作站													
结业生	0	0	0	0	0	0	0	0	0	0	0	0	0
在校生	0	0	0	0	0	0	0	0	0	0	0	0	0
新城分校													
结业生	2000	0	1500	500	0	0	2000	1750	250	1720	0	120	1600
在校生	0	0	0	0	0	0	0	0	0	0	0	0	0

3.1 全国电大非学历教育（进修及培训）（续表79）

单位：人

	进修及培训												
	合计	一月以内	一月至三月内	三月至半年内	半年至一年内	一年以上	在进修及培训中			在进修及培训中			
							计	资格证书培训	岗位证书培训	计	外语	会计	计算机
陕西广播电视大学宝鸡农校教育中心													
结业生	0	0	0	0	0	0	0	0	0	0	0	0	0
在校生	0	0	0	0	0	0	0	0	0	0	0	0	0
陕西省机电工程学校													
结业生	0	0	0	0	0	0	0	0	0	0	0	0	0
在校生	0	0	0	0	0	0	0	0	0	0	0	0	0
陕西通信技术学院													
结业生	0	0	0	0	0	0	0	0	0	0	0	0	0
在校生	0	0	0	0	0	0	0	0	0	0	0	0	0
陕西广播电视大学镇安财校教学点													
结业生	780	200	580	0	0	0	510	0	510	270	0	210	60
在校生	0	0	0	0	0	0	0	0	0	0	0	0	0
西安铁路高级工学校													
结业生	0	0	0	0	0	0	0	0	0	0	0	0	0
在校生	0	0	0	0	0	0	0	0	0	0	0	0	0
陕西省理工学校													
结业生	0	0	0	0	0	0	0	0	0	0	0	0	0
在校生	0	0	0	0	0	0	0	0	0	0	0	0	0
陕西扶贫技术学院教学点													
结业生	0	0	0	0	0	0	0	0	0	0	0	0	0
在校生	0	0	0	0	0	0	0	0	0	0	0	0	0
西　　安													
结业生	1738	1591	0	0	120	27	1738	1628	110	987	690	0	297
在校生	1754	1591	0	0	136	27	1754	1614	140	987	690	0	297
西安市广播电视大学													
结业生	1591	1591	0	0	0	0	1591	1591	0	878	690	0	188
在校生	1591	1591	0	0	0	0	1591	1591	0	878	690	0	188
西安电大城东分校													
结业生	0	0	0	0	0	0	0	0	0	0	0	0	0
在校生	0	0	0	0	0	0	0	0	0	0	0	0	0
西安电大现代教育培训学院													
结业生	0	0	0	0	0	0	0	0	0	0	0	0	0
在校生	0	0	0	0	0	0	0	0	0	0	0	0	0
莲湖区分校													
结业生	0	0	0	0	0	0	0	0	0	0	0	0	0
在校生	0	0	0	0	0	0	0	0	0	0	0	0	0
长安分校													
结业生	0	0	0	0	0	0	0	0	0	0	0	0	0
在校生	0	0	0	0	0	0	0	0	0	0	0	0	0
临潼分校													
结业生	0	0	0	0	0	0	0	0	0	0	0	0	0
在校生	0	0	0	0	0	0	0	0	0	0	0	0	0
西电公司工作站													
结业生	0	0	0	0	0	0	0	0	0	0	0	0	0
在校生	0	0	0	0	0	0	0	0	0	0	0	0	0
莲湖科技学校工作站													
结业生	0	0	0	0	0	0	0	0	0	0	0	0	0
在校生	0	0	0	0	0	0	0	0	0	0	0	0	0

3.1 全国电大非学历教育（进修及培训）（续表 80）

单位：人

	进修及培训												
	合计	一月以内	一月至三月内	三月至半年内	半年至一年内	一年以上	在进修及培训中			在进修及培训中			
							计	资格证书培训	岗位证书培训	计	外语	会计	计算机
西安电大北洋工作站													
结业生	0	0	0	0	0	0	0	0	0	0	0	0	0
在校生	0	0	0	0	0	0	0	0	0	0	0	0	0
翠华培训学院工作站													
结业生	0	0	0	0	0	0	0	0	0	0	0	0	0
在校生	0	0	0	0	0	0	0	0	0	0	0	0	0
富士日本语专修学院工作站													
结业生	0	0	0	0	0	0	0	0	0	0	0	0	0
在校生	0	0	0	0	0	0	0	0	0	0	0	0	0
蓝田分校													
结业生	0	0	0	0	0	0	0	0	0	0	0	0	0
在校生	0	0	0	0	0	0	0	0	0	0	0	0	0
高陵分校													
结业生	0	0	0	0	0	0	0	0	0	0	0	0	0
在校生	0	0	0	0	0	0	0	0	0	0	0	0	0
艺术学院													
结业生	0	0	0	0	0	0	0	0	0	0	0	0	0
在校生	0	0	0	0	0	0	0	0	0	0	0	0	0
西安电大城中分校													
结业生	38	0	0	0	38	0	38	33	5	0	0	0	0
在校生	54	0	0	0	54	0	54	19	35	0	0	0	0
西安广播电视大学城南分校													
结业生	0	0	0	0	0	0	0	0	0	0	0	0	0
在校生	0	0	0	0	0	0	0	0	0	0	0	0	0
西安广播电视大学城西分校													
结业生	0	0	0	0	0	0	0	0	0	0	0	0	0
在校生	0	0	0	0	0	0	0	0	0	0	0	0	0
西安广播电视大学城北分校													
结业生	0	0	0	0	0	0	0	0	0	0	0	0	0
在校生	0	0	0	0	0	0	0	0	0	0	0	0	0
西安广播电视大学高新分校													
结业生	109	0	0	0	82	27	109	4	105	109	0	0	109
在校生	109	0	0	0	82	27	109	4	105	109	0	0	109
西安广播电视大学周户分校													
结业生	0	0	0	0	0	0	0	0	0	0	0	0	0
在校生	0	0	0	0	0	0	0	0	0	0	0	0	0
甘　　肃													
结业生	168512	153428	8193	2146	2844	1901	101735	38383	63352	65418	89	12929	52400
在校生	8018	7218	800	0	0	0	1363	1363	0	1333	0	200	1133
甘肃广播电视大学													
结业生	106144	105895	249	0	0	0	76144	21595	54549	38578	0	12578	26000
在校生	0	0	0	0	0	0	0	0	0	0	0	0	0
兰州分校													
结业生	68	68	0	0	0	0	0	0	0	0	0	0	0
在校生	155	155	0	0	0	0	0	0	0	0	0	0	0
西固区工作站													
结业生	0	0	0	0	0	0	0	0	0	0	0	0	0
在校生	0	0	0	0	0	0	0	0	0	0	0	0	0

3.1 全国电大非学历教育（进修及培训）（续表81）

单位：人

	进修及培训												
	合计	一月以内	一月至三月内	三月至半年内	半年至一年内	一年以上	在进修及培训中			在进修及培训中			
							计	资格证书培训	岗位证书培训	计	外语	会计	计算机
红古区工作站													
结业生	0	0	0	0	0	0	0	0	0	0	0	0	0
在校生	0	0	0	0	0	0	0	0	0	0	0	0	0
永登工作站													
结业生	0	0	0	0	0	0	0	0	0	0	0	0	0
在校生	0	0	0	0	0	0	0	0	0	0	0	0	0
榆中工作站													
结业生	0	0	0	0	0	0	0	0	0	0	0	0	0
在校生	0	0	0	0	0	0	0	0	0	0	0	0	0
红古党校工作站													
结业生	0	0	0	0	0	0	0	0	0	0	0	0	0
在校生	0	0	0	0	0	0	0	0	0	0	0	0	0
永登党校工作站													
结业生	0	0	0	0	0	0	0	0	0	0	0	0	0
在校生	0	0	0	0	0	0	0	0	0	0	0	0	0
园艺学校教学点													
结业生	0	0	0	0	0	0	0	0	0	0	0	0	0
在校生	0	0	0	0	0	0	0	0	0	0	0	0	0
天水分校													
结业生	0	0	0	0	0	0	0	0	0	0	0	0	0
在校生	0	0	0	0	0	0	0	0	0	0	0	0	0
清水工作站													
结业生	0	0	0	0	0	0	0	0	0	0	0	0	0
在校生	0	0	0	0	0	0	0	0	0	0	0	0	0
秦安工作站													
结业生	0	0	0	0	0	0	0	0	0	0	0	0	0
在校生	0	0	0	0	0	0	0	0	0	0	0	0	0
武山工作站													
结业生	0	0	0	0	0	0	0	0	0	0	0	0	0
在校生	0	0	0	0	0	0	0	0	0	0	0	0	0
张家川工作站													
结业生	0	0	0	0	0	0	0	0	0	0	0	0	0
在校生	0	0	0	0	0	0	0	0	0	0	0	0	0
麦积工作站													
结业生	133	133	0	0	0	0	133	0	133	0	0	0	0
在校生	0	0	0	0	0	0	0	0	0	0	0	0	0
白银分校													
结业生	4000	4000	0	0	0	0	1000	1000	0	3000	0	0	3000
在校生	0	0	0	0	0	0	0	0	0	0	0	0	0
平川区工作站													
结业生	0	0	0	0	0	0	0	0	0	0	0	0	0
在校生	0	0	0	0	0	0	0	0	0	0	0	0	0
靖远工作站													
结业生	0	0	0	0	0	0	0	0	0	0	0	0	0
在校生	0	0	0	0	0	0	0	0	0	0	0	0	0
会宁工作站													
结业生	0	0	0	0	0	0	0	0	0	0	0	0	0
在校生	0	0	0	0	0	0	0	0	0	0	0	0	0

3.1 全国电大非学历教育（进修及培训）（续表 82）

单位：人

	进修及培训												
	合计	一月以内	一月至三月内	三月至半年内	半年至一年内	一年以上	在进修及培训中			在进修及培训中			
							计	资格证书培训	岗位证书培训	计	外语	会计	计算机
景泰工作站													
结业生	0	0	0	0	0	0	0	0	0	0	0	0	0
在校生	0	0	0	0	0	0	0	0	0	0	0	0	0
靖煤教学点													
结业生	0	0	0	0	0	0	0	0	0	0	0	0	0
在校生	0	0	0	0	0	0	0	0	0	0	0	0	0
会宁职专教学点													
结业生	0	0	0	0	0	0	0	0	0	0	0	0	0
在校生	0	0	0	0	0	0	0	0	0	0	0	0	0
金昌分校													
结业生	5000	5000	0	0	0	0	0	0	0	0	0	0	0
在校生	5000	5000	0	0	0	0	0	0	0	0	0	0	0
嘉峪关分校													
结业生	4273	4273	0	0	0	0	649	391	258	180	0	0	180
在校生	0	0	0	0	0	0	0	0	0	0	0	0	0
庆阳分校													
结业生	0	0	0	0	0	0	0	0	0	0	0	0	0
在校生	0	0	0	0	0	0	0	0	0	0	0	0	0
环县工作站													
结业生	500	500	0	0	0	0	0	0	0	0	0	0	0
在校生	0	0	0	0	0	0	0	0	0	0	0	0	0
合水工作站													
结业生	0	0	0	0	0	0	0	0	0	0	0	0	0
在校生	0	0	0	0	0	0	0	0	0	0	0	0	0
宁县工作站													
结业生	0	0	0	0	0	0	0	0	0	0	0	0	0
在校生	0	0	0	0	0	0	0	0	0	0	0	0	0
镇原工作站													
结业生	0	0	0	0	0	0	0	0	0	0	0	0	0
在校生	0	0	0	0	0	0	0	0	0	0	0	0	0
平凉分校													
结业生	2095	2095	0	0	0	0	107	0	107	1988	0	0	1988
在校生	0	0	0	0	0	0	0	0	0	0	0	0	0
泾川工作站													
结业生	300	300	0	0	0	0	0	0	0	300	0	0	300
在校生	300	300	0	0	0	0	0	0	0	300	0	0	300
灵台工作站													
结业生	0	0	0	0	0	0	0	0	0	0	0	0	0
在校生	0	0	0	0	0	0	0	0	0	0	0	0	0
崇信工作站													
结业生	433	433	0	0	0	0	433	433	0	433	0	0	433
在校生	433	433	0	0	0	0	433	433	0	433	0	0	433
华亭工作站													
结业生	35	35	0	0	0	0	0	0	0	35	0	0	35
在校生	0	0	0	0	0	0	0	0	0	0	0	0	0
庄浪工作站													
结业生	242	242	0	0	0	0	200	200	0	42	0	0	42
在校生	0	0	0	0	0	0	0	0	0	0	0	0	0

3.1 全国电大非学历教育（进修及培训）（续表83）

单位：人

	进修及培训												
	合计	一月以内	一月至三月内	三月至半年内	半年至一年内	一年以上	在进修及培训中			在进修及培训中			
							计	资格证书培训	岗位证书培训	计	外语	会计	计算机
静宁工作站													
结业生	0	0	0	0	0	0	0	0	0	0	0	0	0
在校生	0	0	0	0	0	0	0	0	0	0	0	0	0
陇南分校													
结业生	9600	1256	2300	1500	2844	1700	0	0	0	9600	0	0	9600
在校生	0	0	0	0	0	0	0	0	0	0	0	0	0
成县工作站													
结业生	0	0	0	0	0	0	0	0	0	0	0	0	0
在校生	0	0	0	0	0	0	0	0	0	0	0	0	0
文县工作站													
结业生	0	0	0	0	0	0	0	0	0	0	0	0	0
在校生	0	0	0	0	0	0	0	0	0	0	0	0	0
宕昌工作站													
结业生	0	0	0	0	0	0	0	0	0	0	0	0	0
在校生	0	0	0	0	0	0	0	0	0	0	0	0	0
康县工作站													
结业生	0	0	0	0	0	0	0	0	0	0	0	0	0
在校生	0	0	0	0	0	0	0	0	0	0	0	0	0
西和工作站													
结业生	0	0	0	0	0	0	0	0	0	0	0	0	0
在校生	0	0	0	0	0	0	0	0	0	0	0	0	0
礼县工作站													
结业生	779	779	0	0	0	0	779	129	650	650	0	0	650
在校生	0	0	0	0	0	0	0	0	0	0	0	0	0
徽县工作站													
结业生	0	0	0	0	0	0	0	0	0	0	0	0	0
在校生	0	0	0	0	0	0	0	0	0	0	0	0	0
两当工作站													
结业生	150	150	0	0	0	0	150	115	35	0	0	0	0
在校生	0	0	0	0	0	0	0	0	0	0	0	0	0
定西分校													
结业生	3800	3800	0	0	0	0	3800	3800	0	0	0	0	0
在校生	130	130	0	0	0	0	130	130	0	0	0	0	0
通渭工作站													
结业生	997	997	0	0	0	0	0	0	0	0	0	0	0
在校生	0	0	0	0	0	0	0	0	0	0	0	0	0
渭源工作站													
结业生	0	0	0	0	0	0	0	0	0	0	0	0	0
在校生	0	0	0	0	0	0	0	0	0	0	0	0	0
临洮工作站													
结业生	0	0	0	0	0	0	0	0	0	0	0	0	0
在校生	0	0	0	0	0	0	0	0	0	0	0	0	0
漳县工作站													
结业生	324	324	0	0	0	0	324	324	0	324	0	0	324
在校生	0	0	0	0	0	0	0	0	0	0	0	0	0
岷县工作站													
结业生	930	930	0	0	0	0	930	810	120	810	0	0	810
在校生	0	0	0	0	0	0	0	0	0	0	0	0	0

3.1 全国电大非学历教育（进修及培训）（续表84）

单位：人

	进修及培训												
	合计	一月以内	一月至三月内	三月至半年内	半年至一年内	一年以上	在进修及培训中			在进修及培训中			
							计	资格证书培训	岗位证书培训	计	外语	会计	计算机
武威分校													
结业生	3900	3900	0	0	0	0	3900	0	3900	3900	0	0	3900
在校生	0	0	0	0	0	0	0	0	0	0	0	0	0
凉州区工作站													
结业生	0	0	0	0	0	0	0	0	0	0	0	0	0
在校生	0	0	0	0	0	0	0	0	0	0	0	0	0
民勤工作站													
结业生	150	150	0	0	0	0	150	0	150	150	0	0	150
在校生	0	0	0	0	0	0	0	0	0	0	0	0	0
古浪工作站													
结业生	0	0	0	0	0	0	0	0	0	0	0	0	0
在校生	0	0	0	0	0	0	0	0	0	0	0	0	0
天祝工作站													
结业生	156	156	0	0	0	0	0	0	0	120	56	0	64
在校生	0	0	0	0	0	0	0	0	0	0	0	0	0
张掖分校													
结业生	0	0	0	0	0	0	0	0	0	0	0	0	0
在校生	0	0	0	0	0	0	0	0	0	0	0	0	0
肃南工作站													
结业生	0	0	0	0	0	0	0	0	0	0	0	0	0
在校生	0	0	0	0	0	0	0	0	0	0	0	0	0
临泽工作站													
结业生	0	0	0	0	0	0	0	0	0	0	0	0	0
在校生	0	0	0	0	0	0	0	0	0	0	0	0	0
高台工作站													
结业生	0	0	0	0	0	0	0	0	0	0	0	0	0
在校生	0	0	0	0	0	0	0	0	0	0	0	0	0
酒泉分校													
结业生	6500	6500	0	0	0	0	6500	3882	2618	3853	33	0	3820
在校生	0	0	0	0	0	0	0	0	0	0	0	0	0
瓜州工作站													
结业生	0	0	0	0	0	0	0	0	0	0	0	0	0
在校生	0	0	0	0	0	0	0	0	0	0	0	0	0
阿克塞工作站													
结业生	0	0	0	0	0	0	0	0	0	0	0	0	0
在校生	0	0	0	0	0	0	0	0	0	0	0	0	0
玉门工作站													
结业生	0	0	0	0	0	0	0	0	0	0	0	0	0
在校生	0	0	0	0	0	0	0	0	0	0	0	0	0
敦煌工作站													
结业生	0	0	0	0	0	0	0	0	0	0	0	0	0
在校生	0	0	0	0	0	0	0	0	0	0	0	0	0
甘南分校													
结业生	0	0	0	0	0	0	0	0	0	0	0	0	0
在校生	0	0	0	0	0	0	0	0	0	0	0	0	0
临潭工作站													
结业生	0	0	0	0	0	0	0	0	0	0	0	0	0
在校生	0	0	0	0	0	0	0	0	0	0	0	0	0

3.1 全国电大非学历教育（进修及培训）（续表85）

单位：人

	进修及培训												
	合计	一月以内	一月至三月内	三月至半年内	半年至一年内	一年以上	在进修及培训中			在进修及培训中			
							计	资格证书培训	岗位证书培训	计	外语	会计	计算机
卓尼工作站													
结业生	0	0	0	0	0	0	0	0	0	0	0	0	0
在校生	0	0	0	0	0	0	0	0	0	0	0	0	0
舟曲工作站													
结业生	0	0	0	0	0	0	0	0	0	0	0	0	0
在校生	0	0	0	0	0	0	0	0	0	0	0	0	0
迭部工作站													
结业生	6818	6595	223	0	0	0	0	0	0	0	0	0	0
在校生	0	0	0	0	0	0	0	0	0	0	0	0	0
临夏分校													
结业生	0	0	0	0	0	0	0	0	0	0	0	0	0
在校生	0	0	0	0	0	0	0	0	0	0	0	0	0
康乐工作站													
结业生	0	0	0	0	0	0	0	0	0	0	0	0	0
在校生	0	0	0	0	0	0	0	0	0	0	0	0	0
永靖工作站													
结业生	0	0	0	0	0	0	0	0	0	0	0	0	0
在校生	0	0	0	0	0	0	0	0	0	0	0	0	0
广河工作站													
结业生	0	0	0	0	0	0	0	0	0	0	0	0	0
在校生	0	0	0	0	0	0	0	0	0	0	0	0	0
和政工作站													
结业生	0	0	0	0	0	0	0	0	0	0	0	0	0
在校生	0	0	0	0	0	0	0	0	0	0	0	0	0
东乡工作站													
结业生	0	0	0	0	0	0	0	0	0	0	0	0	0
在校生	0	0	0	0	0	0	0	0	0	0	0	0	0
积石山工作站													
结业生	0	0	0	0	0	0	0	0	0	0	0	0	0
在校生	0	0	0	0	0	0	0	0	0	0	0	0	0
四零四厂分校													
结业生	1402	662	94	646	0	0	1308	646	662	94	0	0	94
在校生	0	0	0	0	0	0	0	0	0	0	0	0	0
省农垦分校													
结业生	2455	2455	0	0	0	0	0	0	0	0	0	0	0
在校生	0	0	0	0	0	0	0	0	0	0	0	0	0
黄羊教学点													
结业生	0	0	0	0	0	0	0	0	0	0	0	0	0
在校生	0	0	0	0	0	0	0	0	0	0	0	0	0
农垦河西分校													
结业生	3827	0	3827	0	0	0	3827	3657	170	360	0	0	360
在校生	0	0	0	0	0	0	0	0	0	0	0	0	0
金塔教学点													
结业生	0	0	0	0	0	0	0	0	0	0	0	0	0
在校生	0	0	0	0	0	0	0	0	0	0	0	0	0
瓜州教学点													
结业生	0	0	0	0	0	0	0	0	0	0	0	0	0
在校生	0	0	0	0	0	0	0	0	0	0	0	0	0

3.1 全国电大非学历教育（进修及培训）（续表86）

单位：人

	进修及培训												
	合计	一月以内	一月至三月内	三月至半年内	半年至一年内	一年以上	在进修及培训中			在进修及培训中			
							计	资格证书培训	岗位证书培训	计	外语	会计	计算机
玉门教学点													
结业生	0	0	0	0	0	0	0	0	0	0	0	0	0
在校生	0	0	0	0	0	0	0	0	0	0	0	0	0
敦煌教学点													
结业生	0	0	0	0	0	0	0	0	0	0	0	0	0
在校生	0	0	0	0	0	0	0	0	0	0	0	0	0
滨河分校													
结业生	3300	1800	1500	0	0	0	1200	1200	0	800	0	200	600
在校生	2000	1200	800	0	0	0	800	800	0	600	0	200	400
教学分部													
结业生	0	0	0	0	0	0	0	0	0	0	0	0	0
在校生	0	0	0	0	0	0	0	0	0	0	0	0	0
水电部五局工作站													
结业生	0	0	0	0	0	0	0	0	0	0	0	0	0
在校生	0	0	0	0	0	0	0	0	0	0	0	0	0
武威卫校工作站													
结业生	0	0	0	0	0	0	0	0	0	0	0	0	0
在校生	0	0	0	0	0	0	0	0	0	0	0	0	0
陇南农校工作站													
结业生	0	0	0	0	0	0	0	0	0	0	0	0	0
在校生	0	0	0	0	0	0	0	0	0	0	0	0	0
省财贸学校工作站													
结业生	201	0	0	0	0	201	201	201	0	201	0	151	50
在校生	0	0	0	0	0	0	0	0	0	0	0	0	0
职业技术学院													
结业生	0	0	0	0	0	0	0	0	0	0	0	0	0
在校生	0	0	0	0	0	0	0	0	0	0	0	0	0
城建教学点													
结业生	0	0	0	0	0	0	0	0	0	0	0	0	0
在校生	0	0	0	0	0	0	0	0	0	0	0	0	0
中德培训中心教学点													
结业生	0	0	0	0	0	0	0	0	0	0	0	0	0
在校生	0	0	0	0	0	0	0	0	0	0	0	0	0
青　　海													
结业生	342	30	312	0	0	0	0	0	0	0	0	0	0
在校生	0	0	0	0	0	0	0	0	0	0	0	0	0
青海广播电视大学													
结业生	0	0	0	0	0	0	0	0	0	0	0	0	0
在校生	0	0	0	0	0	0	0	0	0	0	0	0	0
海西州广播电视大学													
结业生	0	0	0	0	0	0	0	0	0	0	0	0	0
在校生	0	0	0	0	0	0	0	0	0	0	0	0	0
海北州广播电视大学													
结业生	0	0	0	0	0	0	0	0	0	0	0	0	0
在校生	0	0	0	0	0	0	0	0	0	0	0	0	0
海南州广播电视大学													
结业生	0	0	0	0	0	0	0	0	0	0	0	0	0
在校生	0	0	0	0	0	0	0	0	0	0	0	0	0

3.1 全国电大非学历教育（进修及培训）（续表 87）

单位：人

	进修及培训												
	合计	一月以内	一月至三月内	三月至半年内	半年至一年内	一年以上	在进修及培训中			在进修及培训中			
							计	资格证书培训	岗位证书培训	计	外语	会计	计算机
玉树州广播电视大学													
结业生	0	0	0	0	0	0	0	0	0	0	0	0	0
在校生	0	0	0	0	0	0	0	0	0	0	0	0	0
果洛州广播电视大学													
结业生	342	30	312	0	0	0	0	0	0	0	0	0	0
在校生	0	0	0	0	0	0	0	0	0	0	0	0	0
平安县广播电视大学													
结业生	0	0	0	0	0	0	0	0	0	0	0	0	0
在校生	0	0	0	0	0	0	0	0	0	0	0	0	0
乐都广播电视大学													
结业生	0	0	0	0	0	0	0	0	0	0	0	0	0
在校生	0	0	0	0	0	0	0	0	0	0	0	0	0
互助县广播电视大学													
结业生	0	0	0	0	0	0	0	0	0	0	0	0	0
在校生	0	0	0	0	0	0	0	0	0	0	0	0	0
湟源县广播电视大学													
结业生	0	0	0	0	0	0	0	0	0	0	0	0	0
在校生	0	0	0	0	0	0	0	0	0	0	0	0	0
民和县广播电视大学													
结业生	0	0	0	0	0	0	0	0	0	0	0	0	0
在校生	0	0	0	0	0	0	0	0	0	0	0	0	0
大通师范电大													
结业生	0	0	0	0	0	0	0	0	0	0	0	0	0
在校生	0	0	0	0	0	0	0	0	0	0	0	0	0
湟中县广播电视大学													
结业生	0	0	0	0	0	0	0	0	0	0	0	0	0
在校生	0	0	0	0	0	0	0	0	0	0	0	0	0
化隆县广播电视大学													
结业生	0	0	0	0	0	0	0	0	0	0	0	0	0
在校生	0	0	0	0	0	0	0	0	0	0	0	0	0
循化县广播电视大学													
结业生	0	0	0	0	0	0	0	0	0	0	0	0	0
在校生	0	0	0	0	0	0	0	0	0	0	0	0	0
海西州格尔木工作站													
结业生	0	0	0	0	0	0	0	0	0	0	0	0	0
在校生	0	0	0	0	0	0	0	0	0	0	0	0	0
省直属分校													
结业生	0	0	0	0	0	0	0	0	0	0	0	0	0
在校生	0	0	0	0	0	0	0	0	0	0	0	0	0
黄南州工作站													
结业生	0	0	0	0	0	0	0	0	0	0	0	0	0
在校生	0	0	0	0	0	0	0	0	0	0	0	0	0
青海省人事厅人才交流中心													
结业生	0	0	0	0	0	0	0	0	0	0	0	0	0
在校生	0	0	0	0	0	0	0	0	0	0	0	0	0
门源职校教学点													
结业生	0	0	0	0	0	0	0	0	0	0	0	0	0
在校生	0	0	0	0	0	0	0	0	0	0	0	0	0

3.1 全国电大非学历教育（进修及培训）（续表88）

单位：人

	进修及培训												
	合计	一月以内	一月至三月内	三月至半年内	半年至一年内	一年以上	在进修及培训中			在进修及培训中			
							计	资格证书培训	岗位证书培训	计	外语	会计	计算机
海南州职校教学点													
结业生	0	0	0	0	0	0	0	0	0	0	0	0	0
在校生	0	0	0	0	0	0	0	0	0	0	0	0	0
贵德职校电大													
结业生	0	0	0	0	0	0	0	0	0	0	0	0	0
在校生	0	0	0	0	0	0	0	0	0	0	0	0	0
宁　夏													
结业生	912	912	0	0	0	0	912	0	912	0	0	0	0
在校生	0	0	0	0	0	0	0	0	0	0	0	0	0
宁夏广播电视大学													
结业生	912	912	0	0	0	0	912	0	912	0	0	0	0
在校生	0	0	0	0	0	0	0	0	0	0	0	0	0
石嘴山分校													
结业生	0	0	0	0	0	0	0	0	0	0	0	0	0
在校生	0	0	0	0	0	0	0	0	0	0	0	0	0
吴忠市分校													
结业生	0	0	0	0	0	0	0	0	0	0	0	0	0
在校生	0	0	0	0	0	0	0	0	0	0	0	0	0
工业职业学院电大分校													
结业生	0	0	0	0	0	0	0	0	0	0	0	0	0
在校生	0	0	0	0	0	0	0	0	0	0	0	0	0
青铜峡市电大工作站													
结业生	0	0	0	0	0	0	0	0	0	0	0	0	0
在校生	0	0	0	0	0	0	0	0	0	0	0	0	0
中宁县工作站													
结业生	0	0	0	0	0	0	0	0	0	0	0	0	0
在校生	0	0	0	0	0	0	0	0	0	0	0	0	0
盐池县电大工作站													
结业生	0	0	0	0	0	0	0	0	0	0	0	0	0
在校生	0	0	0	0	0	0	0	0	0	0	0	0	0
同心县电大工作站													
结业生	0	0	0	0	0	0	0	0	0	0	0	0	0
在校生	0	0	0	0	0	0	0	0	0	0	0	0	0
中卫市分校													
结业生	0	0	0	0	0	0	0	0	0	0	0	0	0
在校生	0	0	0	0	0	0	0	0	0	0	0	0	0
永宁县电大工作站													
结业生	0	0	0	0	0	0	0	0	0	0	0	0	0
在校生	0	0	0	0	0	0	0	0	0	0	0	0	0
贺兰县电大工作站													
结业生	0	0	0	0	0	0	0	0	0	0	0	0	0
在校生	0	0	0	0	0	0	0	0	0	0	0	0	0
平罗县电大工作站													
结业生	0	0	0	0	0	0	0	0	0	0	0	0	0
在校生	0	0	0	0	0	0	0	0	0	0	0	0	0
灵武市电大工作站													
结业生	0	0	0	0	0	0	0	0	0	0	0	0	0
在校生	0	0	0	0	0	0	0	0	0	0	0	0	0

3.1　全国电大非学历教育（进修及培训）（续表 89）

单位：人

	进修及培训												
	合计	一月以内	一月至三月内	三月至半年内	半年至一年内	一年以上	在进修及培训中			在进修及培训中			
							计	资格证书培训	岗位证书培训	计	外语	会计	计算机
西吉电大工作站													
结业生	0	0	0	0	0	0	0	0	0	0	0	0	0
在校生	0	0	0	0	0	0	0	0	0	0	0	0	0
隆德县电大工作站													
结业生	0	0	0	0	0	0	0	0	0	0	0	0	0
在校生	0	0	0	0	0	0	0	0	0	0	0	0	0
海原县电大工作站													
结业生	0	0	0	0	0	0	0	0	0	0	0	0	0
在校生	0	0	0	0	0	0	0	0	0	0	0	0	0
宁夏电大新闻培训中心													
结业生	0	0	0	0	0	0	0	0	0	0	0	0	0
在校生	0	0	0	0	0	0	0	0	0	0	0	0	0
固原市原州区电大工作站													
结业生	0	0	0	0	0	0	0	0	0	0	0	0	0
在校生	0	0	0	0	0	0	0	0	0	0	0	0	0
新　　疆													
结业生	16269	15804	434	0	31	0	5162	3685	1477	8495	134	7953	408
在校生	0	0	0	0	0	0	0	0	0	0	0	0	0
新疆广播电视大学													
结业生	0	0	0	0	0	0	0	0	0	0	0	0	0
在校生	0	0	0	0	0	0	0	0	0	0	0	0	0
乌鲁木齐广播电视大学													
结业生	0	0	0	0	0	0	0	0	0	0	0	0	0
在校生	0	0	0	0	0	0	0	0	0	0	0	0	0
哈密广播电视大学													
结业生	438	438	0	0	0	0	78	0	78	78	0	0	78
在校生	0	0	0	0	0	0	0	0	0	0	0	0	0
哈密巴里坤县电大													
结业生	0	0	0	0	0	0	0	0	0	0	0	0	0
在校生	0	0	0	0	0	0	0	0	0	0	0	0	0
昌吉广播电视大学													
结业生	300	300	0	0	0	0	0	0	0	0	0	0	0
在校生	0	0	0	0	0	0	0	0	0	0	0	0	0
昌吉玛纳斯县电大													
结业生	0	0	0	0	0	0	0	0	0	0	0	0	0
在校生	0	0	0	0	0	0	0	0	0	0	0	0	0
昌吉呼图壁县电大													
结业生	0	0	0	0	0	0	0	0	0	0	0	0	0
在校生	0	0	0	0	0	0	0	0	0	0	0	0	0
昌吉米泉市电大													
结业生	0	0	0	0	0	0	0	0	0	0	0	0	0
在校生	0	0	0	0	0	0	0	0	0	0	0	0	0
昌吉阜康市电大													
结业生	0	0	0	0	0	0	0	0	0	0	0	0	0
在校生	0	0	0	0	0	0	0	0	0	0	0	0	0
昌吉吉木萨尔县电大													
结业生	0	0	0	0	0	0	0	0	0	0	0	0	0
在校生	0	0	0	0	0	0	0	0	0	0	0	0	0

3.1 全国电大非学历教育（进修及培训）（续表90）

单位：人

	进修及培训												
	合计	一月以内	一月至三月内	三月至半年内	半年至一年内	一年以上	在进修及培训中			在进修及培训中			
							计	资格证书培训	岗位证书培训	计	外语	会计	计算机
昌吉奇台县电大													
结业生	0	0	0	0	0	0	0	0	0	0	0	0	0
在校生	0	0	0	0	0	0	0	0	0	0	0	0	0
昌吉木垒县电大													
结业生	0	0	0	0	0	0	0	0	0	0	0	0	0
在校生	0	0	0	0	0	0	0	0	0	0	0	0	0
克拉玛依广播电视大学													
结业生	0	0	0	0	0	0	0	0	0	0	0	0	0
在校生	0	0	0	0	0	0	0	0	0	0	0	0	0
阿勒泰广播电视大学													
结业生	24	24	0	0	0	0	0	0	0	24	24	0	0
在校生	0	0	0	0	0	0	0	0	0	0	0	0	0
阿勒泰布尔津县电大													
结业生	0	0	0	0	0	0	0	0	0	0	0	0	0
在校生	0	0	0	0	0	0	0	0	0	0	0	0	0
阿勒泰富蕴县电大													
结业生	0	0	0	0	0	0	0	0	0	0	0	0	0
在校生	0	0	0	0	0	0	0	0	0	0	0	0	0
阿勒泰哈巴河县电大													
结业生	0	0	0	0	0	0	0	0	0	0	0	0	0
在校生	0	0	0	0	0	0	0	0	0	0	0	0	0
阿勒泰青河县电大													
结业生	0	0	0	0	0	0	0	0	0	0	0	0	0
在校生	0	0	0	0	0	0	0	0	0	0	0	0	0
塔城广播电视大学													
结业生	0	0	0	0	0	0	0	0	0	0	0	0	0
在校生	0	0	0	0	0	0	0	0	0	0	0	0	0
塔城额敏县电大													
结业生	0	0	0	0	0	0	0	0	0	0	0	0	0
在校生	0	0	0	0	0	0	0	0	0	0	0	0	0
塔城乌苏市电大													
结业生	0	0	0	0	0	0	0	0	0	0	0	0	0
在校生	0	0	0	0	0	0	0	0	0	0	0	0	0
塔城沙湾县电大													
结业生	0	0	0	0	0	0	0	0	0	0	0	0	0
在校生	0	0	0	0	0	0	0	0	0	0	0	0	0
塔城托里县电大													
结业生	0	0	0	0	0	0	0	0	0	0	0	0	0
在校生	0	0	0	0	0	0	0	0	0	0	0	0	0
塔城裕民县电大													
结业生	0	0	0	0	0	0	0	0	0	0	0	0	0
在校生	0	0	0	0	0	0	0	0	0	0	0	0	0
塔城和丰县电大													
结业生	0	0	0	0	0	0	0	0	0	0	0	0	0
在校生	0	0	0	0	0	0	0	0	0	0	0	0	0
巴音郭楞蒙古自治州电大													
结业生	1857	1857	0	0	0	0	422	0	422	1857	0	1857	0
在校生	0	0	0	0	0	0	0	0	0	0	0	0	0

3.1 全国电大非学历教育（进修及培训）（续表 91）

单位：人

	进修及培训												
	合计	一月以内	一月至三月内	三月至半年内	半年至一年内	一年以上	在进修及培训中			在进修及培训中			
							计	资格证书培训	岗位证书培训	计	外语	会计	计算机
巴州轮台县电大													
结业生	0	0	0	0	0	0	0	0	0	0	0	0	0
在校生	0	0	0	0	0	0	0	0	0	0	0	0	0
巴州尉犁县电大													
结业生	0	0	0	0	0	0	0	0	0	0	0	0	0
在校生	0	0	0	0	0	0	0	0	0	0	0	0	0
巴州若羌县电大													
结业生	0	0	0	0	0	0	0	0	0	0	0	0	0
在校生	0	0	0	0	0	0	0	0	0	0	0	0	0
巴州且末县电大													
结业生	0	0	0	0	0	0	0	0	0	0	0	0	0
在校生	0	0	0	0	0	0	0	0	0	0	0	0	0
巴州焉耆县电大													
结业生	0	0	0	0	0	0	0	0	0	0	0	0	0
在校生	0	0	0	0	0	0	0	0	0	0	0	0	0
巴州和静县电大													
结业生	0	0	0	0	0	0	0	0	0	0	0	0	0
在校生	0	0	0	0	0	0	0	0	0	0	0	0	0
巴州和硕县电大													
结业生	0	0	0	0	0	0	0	0	0	0	0	0	0
在校生	0	0	0	0	0	0	0	0	0	0	0	0	0
阿克苏分校													
结业生	0	0	0	0	0	0	0	0	0	0	0	0	0
在校生	0	0	0	0	0	0	0	0	0	0	0	0	0
阿克苏乌什县电大													
结业生	0	0	0	0	0	0	0	0	0	0	0	0	0
在校生	0	0	0	0	0	0	0	0	0	0	0	0	0
阿克苏阿瓦提县电大													
结业生	0	0	0	0	0	0	0	0	0	0	0	0	0
在校生	0	0	0	0	0	0	0	0	0	0	0	0	0
阿克苏温宿县电大													
结业生	0	0	0	0	0	0	0	0	0	0	0	0	0
在校生	0	0	0	0	0	0	0	0	0	0	0	0	0
阿克苏拜城县电大													
结业生	0	0	0	0	0	0	0	0	0	0	0	0	0
在校生	0	0	0	0	0	0	0	0	0	0	0	0	0
阿克苏库车县电大													
结业生	0	0	0	0	0	0	0	0	0	0	0	0	0
在校生	0	0	0	0	0	0	0	0	0	0	0	0	0
阿克苏沙雅县电大													
结业生	0	0	0	0	0	0	0	0	0	0	0	0	0
在校生	0	0	0	0	0	0	0	0	0	0	0	0	0
博尔塔拉蒙古自治州电大													
结业生	1293	828	434	0	31	0	0	0	0	0	0	0	0
在校生	0	0	0	0	0	0	0	0	0	0	0	0	0
博州精河县电大													
结业生	0	0	0	0	0	0	0	0	0	0	0	0	0
在校生	0	0	0	0	0	0	0	0	0	0	0	0	0

3.1 全国电大非学历教育（进修及培训）（续表92）

单位：人

	进修及培训												
	合计	一月以内	一月至三月内	三月至半年内	半年至一年内	一年以上	在进修及培训中			在进修及培训中			
							计	资格证书培训	岗位证书培训	计	外语	会计	计算机
博州温泉县电大													
结业生	0	0	0	0	0	0	0	0	0	0	0	0	0
在校生	0	0	0	0	0	0	0	0	0	0	0	0	0
奎屯市广播电视大学													
结业生	0	0	0	0	0	0	0	0	0	0	0	0	0
在校生	0	0	0	0	0	0	0	0	0	0	0	0	0
克孜勒苏广播电视大学													
结业生	0	0	0	0	0	0	0	0	0	0	0	0	0
在校生	0	0	0	0	0	0	0	0	0	0	0	0	0
克州阿克陶县电大													
结业生	0	0	0	0	0	0	0	0	0	0	0	0	0
在校生	0	0	0	0	0	0	0	0	0	0	0	0	0
克州阿合奇县电大													
结业生	0	0	0	0	0	0	0	0	0	0	0	0	0
在校生	0	0	0	0	0	0	0	0	0	0	0	0	0
克州乌恰县电大													
结业生	0	0	0	0	0	0	0	0	0	0	0	0	0
在校生	0	0	0	0	0	0	0	0	0	0	0	0	0
喀什广播电视大学													
结业生	0	0	0	0	0	0	0	0	0	0	0	0	0
在校生	0	0	0	0	0	0	0	0	0	0	0	0	0
喀什岳普湖县电大													
结业生	0	0	0	0	0	0	0	0	0	0	0	0	0
在校生	0	0	0	0	0	0	0	0	0	0	0	0	0
喀什伽师县电大													
结业生	0	0	0	0	0	0	0	0	0	0	0	0	0
在校生	0	0	0	0	0	0	0	0	0	0	0	0	0
喀什泽普县电大													
结业生	0	0	0	0	0	0	0	0	0	0	0	0	0
在校生	0	0	0	0	0	0	0	0	0	0	0	0	0
和田广播电视大学													
结业生	5856	5856	0	0	0	0	0	0	0	5856	0	5856	0
在校生	0	0	0	0	0	0	0	0	0	0	0	0	0
和田和田县电大													
结业生	0	0	0	0	0	0	0	0	0	0	0	0	0
在校生	0	0	0	0	0	0	0	0	0	0	0	0	0
和田于田县电大													
结业生	0	0	0	0	0	0	0	0	0	0	0	0	0
在校生	0	0	0	0	0	0	0	0	0	0	0	0	0
和田墨玉县电大													
结业生	0	0	0	0	0	0	0	0	0	0	0	0	0
在校生	0	0	0	0	0	0	0	0	0	0	0	0	0
和田洛浦县电大													
结业生	0	0	0	0	0	0	0	0	0	0	0	0	0
在校生	0	0	0	0	0	0	0	0	0	0	0	0	0
和田策勒县电大													
结业生	0	0	0	0	0	0	0	0	0	0	0	0	0
在校生	0	0	0	0	0	0	0	0	0	0	0	0	0

3.1　全国电大非学历教育（进修及培训）（续表 93）

单位：人

	进修及培训												
	合计	一月以内	一月至三月内	三月至半年内	半年至一年内	一年以上	在进修及培训中			在进修及培训中			
							计	资格证书培训	岗位证书培训	计	外语	会计	计算机
和田民丰县电大													
结业生	0	0	0	0	0	0	0	0	0	0	0	0	0
在校生	0	0	0	0	0	0	0	0	0	0	0	0	0
伊犁州广播电视大学													
结业生	0	0	0	0	0	0	0	0	0	0	0	0	0
在校生	0	0	0	0	0	0	0	0	0	0	0	0	0
伊犁州特克斯县电大													
结业生	0	0	0	0	0	0	0	0	0	0	0	0	0
在校生	0	0	0	0	0	0	0	0	0	0	0	0	0
伊犁州新源县电大													
结业生	0	0	0	0	0	0	0	0	0	0	0	0	0
在校生	0	0	0	0	0	0	0	0	0	0	0	0	0
伊犁州巩留县电大													
结业生	0	0	0	0	0	0	0	0	0	0	0	0	0
在校生	0	0	0	0	0	0	0	0	0	0	0	0	0
伊犁州伊宁县电大													
结业生	0	0	0	0	0	0	0	0	0	0	0	0	0
在校生	0	0	0	0	0	0	0	0	0	0	0	0	0
石河子广播电视大学													
结业生	0	0	0	0	0	0	0	0	0	0	0	0	0
在校生	0	0	0	0	0	0	0	0	0	0	0	0	0
吐鲁番分校													
结业生	0	0	0	0	0	0	0	0	0	0	0	0	0
在校生	0	0	0	0	0	0	0	0	0	0	0	0	0
吐鲁番鄯善县电大													
结业生	0	0	0	0	0	0	0	0	0	0	0	0	0
在校生	0	0	0	0	0	0	0	0	0	0	0	0	0
吐鲁番托克逊县电大													
结业生	0	0	0	0	0	0	0	0	0	0	0	0	0
在校生	0	0	0	0	0	0	0	0	0	0	0	0	0
乌石化广播电视大学													
结业生	6501	6501	0	0	0	0	4662	3685	977	680	110	240	330
在校生	0	0	0	0	0	0	0	0	0	0	0	0	0
广电厅广播电视大学													
结业生	0	0	0	0	0	0	0	0	0	0	0	0	0
在校生	0	0	0	0	0	0	0	0	0	0	0	0	0
新疆司法警官电大													
结业生	0	0	0	0	0	0	0	0	0	0	0	0	0
在校生	0	0	0	0	0	0	0	0	0	0	0	0	0
潞安公司电大													
结业生	0	0	0	0	0	0	0	0	0	0	0	0	0
在校生	0	0	0	0	0	0	0	0	0	0	0	0	0
新疆兵团													
结业生	0	0	0	0	0	0	0	0	0	0	0	0	0
在校生	0	0	0	0	0	0	0	0	0	0	0	0	0
新疆兵团广播电视大学													
结业生	0	0	0	0	0	0	0	0	0	0	0	0	0
在校生	0	0	0	0	0	0	0	0	0	0	0	0	0

3.1 全国电大非学历教育（进修及培训）（续表 94）

单位：人

	进修及培训												
	合计	一月以内	一月至三月内	三月至半年内	半年至一年内	一年以上	在进修及培训中			在进修及培训中			
							计	资格证书培训	岗位证书培训	计	外语	会计	计算机
农一师分校													
结业生	0	0	0	0	0	0	0	0	0	0	0	0	0
在校生	0	0	0	0	0	0	0	0	0	0	0	0	0
农二师分校													
结业生	0	0	0	0	0	0	0	0	0	0	0	0	0
在校生	0	0	0	0	0	0	0	0	0	0	0	0	0
农三师分校													
结业生	0	0	0	0	0	0	0	0	0	0	0	0	0
在校生	0	0	0	0	0	0	0	0	0	0	0	0	0
农四师分校													
结业生	0	0	0	0	0	0	0	0	0	0	0	0	0
在校生	0	0	0	0	0	0	0	0	0	0	0	0	0
农五师分校													
结业生	0	0	0	0	0	0	0	0	0	0	0	0	0
在校生	0	0	0	0	0	0	0	0	0	0	0	0	0
农六师分校													
结业生	0	0	0	0	0	0	0	0	0	0	0	0	0
在校生	0	0	0	0	0	0	0	0	0	0	0	0	0
农七师分校													
结业生	0	0	0	0	0	0	0	0	0	0	0	0	0
在校生	0	0	0	0	0	0	0	0	0	0	0	0	0
农八师分校													
结业生	0	0	0	0	0	0	0	0	0	0	0	0	0
在校生	0	0	0	0	0	0	0	0	0	0	0	0	0
农九师分校													
结业生	0	0	0	0	0	0	0	0	0	0	0	0	0
在校生	0	0	0	0	0	0	0	0	0	0	0	0	0
农十师分校													
结业生	0	0	0	0	0	0	0	0	0	0	0	0	0
在校生	0	0	0	0	0	0	0	0	0	0	0	0	0
农十二师分校													
结业生	0	0	0	0	0	0	0	0	0	0	0	0	0
在校生	0	0	0	0	0	0	0	0	0	0	0	0	0
农十四师分校													
结业生	0	0	0	0	0	0	0	0	0	0	0	0	0
在校生	0	0	0	0	0	0	0	0	0	0	0	0	0
红山分校													
结业生	0	0	0	0	0	0	0	0	0	0	0	0	0
在校生	0	0	0	0	0	0	0	0	0	0	0	0	0
北京路分校													
结业生	0	0	0	0	0	0	0	0	0	0	0	0	0
在校生	0	0	0	0	0	0	0	0	0	0	0	0	0

IV 教师与职工

本章反映全国广播电视大学专任教师、职工以及聘请校外教师的基本情况。

主要内容包括：

• 全国电大专任教师、职工和聘请校外教师的规模情况；

• 全国电大教职工按地区和省校分类的职称情况；

• 全国电大专任教师和聘请校外教师的岗位分类以及学历、学位情况；

• 全国电大专任教师学科分类以及年龄情况；

• 全国电大教职工的政治面貌以及华侨、少数民族等的情况。

指标解释

• **教职工数**：在学校（机构）工作并由学校（机构）支付工资的教职工人数，人员包括：

（1）在编人员，即根据原人事管理制度，人事关系和档案均在学校的人员；

（2）聘任制人员，即人事制度改革后，高校（机构）招聘录用的长期、全时工作人员。聘任制人员的人事关系在学校，但档案不在学校。

• **校本部教职工**：专任教师、行政人员、科研人员、教辅人员、工勤人员。

• **专任教师**：具有教师资格，专门从事教学工作的人员。

• **聘请校外教师**：学校聘请的国内外其他高校及科研机构的教师和退休教师（含本校退休教师），聘期为一学期以上者。

• **教师职称**：按国家规定的审批程序聘任的教授、副教授、讲师和助教。

• **科研人员**：在校本部内设置的科研处、科研所或科研室中承担研究工作的专职研究人员。

• **教辅人员**：从事教学辅助工作，为教学服务的人员，包括图书馆、资料室、实验室、教育技术中心等的人员以及为教学服务的其他专业和技术人员。

• **行政人员**：从事行政管理、教学管理、科研管理和政治工作的人员。

• **工勤人员**：校本部的工人和勤杂人员，包括教学辅助单位的工人。

• **双师型**：同时具备教师资格和行政能力资格，从事职业教育工作的教师。

简要说明

1. 表 4.2 全国电大教职工职称情况，按省校所在地区，分别列出全省电大和省校校本部的数据。

2. 表 4.3 教师岗位分类情况，反映学校教务部门按当年教学计划，安排讲授公共课、基础课、专业课的教师人数。

3. 表 4.4 全国电大专任教师学科分类，根据专任教师所从事的教学专业，按理学、工学、农学、医学、文学、法学、经济学、管理学、教育学、哲学、历史学 11 个学科门类进行分类。

4.1 全国电大教职工情况

单位：人

	教职工数								聘请校外教师
	计	校本部教职工数						校办企业等人员	
		计	专任教师	行政人员	科研人员	教辅人员	工勤人员		
总　　计	**93932**	**93089**	**57225**	**17443**	**1551**	**10550**	**6320**	**843**	**36683**
其中：女	42374	42021	27408	6838	574	5221	1980	353	13512
中央电大	**487**	**487**	**150**	**102**	**11**	**187**	**37**	**0**	**62**
其中：女	231	231	85	43	6	94	3	0	22
中央广播电视大学	487	487	150	102	11	187	37	0	62
中央电大直属院校	**421**	**421**	**178**	**197**	**0**	**44**	**2**	**0**	**3483**
其中：女	150	150	77	51	0	20	2	0	463
中央电大直属学院	0	0	0	0	0	0	0	0	0
中央电大西藏学院	23	23	0	23	0	0	0	0	57
中央电大八一学院	156	156	108	16	0	30	2	0	2733
中央电大总参学院	132	132	0	132	0	0	0	0	407
中央电大北京学习中心	0	0	0	0	0	0	0	0	0
中央电大太原学习中心	67	67	67	0	0	0	0	0	0
中央电大南海学习中心	0	0	0	0	0	0	0	0	0
中央电大 TCL 学习中心	9	9	3	2	0	4	0	0	17
中央电大北大医学部教学点	4	4	0	0	0	4	0	0	0
中央电大中国政法大学教学点	2	2	0	1	0	1	0	0	0
中央电大残疾人教育学院	13	13	0	8	0	5	0	0	269
中央电大空军学院	15	15	0	15	0	0	0	0	0
北　　京	**2356**	**2332**	**1055**	**741**	**95**	**293**	**148**	**24**	**1784**
其中：女	1424	1404	693	436	54	173	48	20	924
北京广播电视大学	297	286	74	138	20	32	22	11	192
东城分校	54	54	41	13	0	0	0	0	112
西城分校	31	31	15	16	0	0	0	0	82
崇文分校	97	97	39	46	0	11	1	0	16
宣武分校	28	28	14	2	0	9	3	0	115
朝阳区分校	41	41	25	12	0	4	0	0	50
海淀分校	61	61	29	15	4	13	0	0	22
丰台区分校	18	18	4	3	0	9	2	0	30
石景山分校	51	51	34	17	0	0	0	0	74
通州区分校	30	30	22	7	0	0	1	0	36
房山区分校	46	46	4	42	0	0	0	0	89
昌平分校	48	48	37	3	0	3	5	0	80
平谷分校	55	55	42	13	0	0	0	0	30
怀柔分校	20	20	4	5	0	10	1	0	41
密云分校	33	33	7	4	0	19	3	0	51
延庆分校	38	38	12	23	0	0	3	0	27
大兴分校	52	52	32	14	0	6	0	0	10
顺义分校	64	64	11	11	16	20	6	0	43
门头沟分校	30	30	4	5	0	21	0	0	52
航天部三院工作站	27	27	17	10	0	0	0	0	3
首钢工作站	44	44	11	6	10	12	5	0	17
燕山分校	29	29	16	0	4	8	1	0	17

4.1 全国电大教职工情况（续表1）

单位：人

	教职工数								聘请校外教师
	计	校本部教职工数						校办企业等人员	
		计	专任教师	行政人员	科研人员	教辅人员	工勤人员		
一商干校工作站	24	24	14	10	0	0	0	0	36
文化局工作站	10	10	4	6	0	0	0	0	25
水务局工作站	162	162	82	33	4	10	33	0	35
北京市园林局工作站	53	53	20	7	0	12	14	0	13
医药分校	20	20	12	6	0	1	1	0	12
供销社分校	51	51	25	22	0	1	3	0	54
矿山工作站	36	26	20	6	0	0	0	10	15
北京卫校教学点	46	46	22	24	0	0	0	0	18
崇文卫校工作站	47	47	19	16	0	4	8	0	15
海淀卫校工作站	74	74	36	15	0	10	13	0	33
联大商务学院教学点	10	10	5	4	1	0	0	0	24
市公务员培训中心教学点	32	32	4	28	0	0	0	0	18
电子科技学院工作站	23	23	5	6	7	5	0	0	8
纺织工作站	46	46	23	10	0	11	2	0	66
中德中心教学点	43	43	25	8	0	8	2	0	15
汽修学校工作站	67	67	35	11	0	15	6	0	40
市建职大工作站	0	0	0	0	0	0	0	0	0
市工干院工作站	123	123	55	28	29	11	0	0	8
供销学校工作站	33	30	23	7	0	0	0	3	4
金融学院工作站	135	135	64	54	0	6	11	0	84
北京电大工贸技师学院工作站	3	3	0	3	0	0	0	0	25
电科职院工作站	7	7	0	7	0	0	0	0	24
联大特教学院教学点	11	11	5	4	0	2	0	0	0
经管学校工作站	46	46	30	10	0	6	0	0	8
工业技师工作站	43	43	25	8	0	8	2	0	15
崇培中心工作站	17	17	8	3	0	6	0	0	0
昌平职校工作站	0	0	0	0	0	0	0	0	0
铁路卫校工作站	0	0	0	0	0	0	0	0	0
汽车技校工作站	0	0	0	0	0	0	0	0	0
昌平卫校工作站	0	0	0	0	0	0	0	0	0
天　　津	**2830**	**2776**	**1530**	**585**	**97**	**401**	**163**	**54**	**919**
其中：女	1446	1430	895	269	45	177	44	16	429
天津广播电视大学	282	282	68	136	4	62	12	0	214
新华分校	333	333	197	77	1	20	38	0	0
南开分校	42	42	34	3	2	3	0	0	13
河东工作站	107	107	60	14	0	26	7	0	15
河西工作站	61	61	43	6	1	6	5	0	39
河北工作站	35	35	26	4	0	5	0	0	42
红桥工作站	37	37	30	7	0	0	0	0	12
塘沽分校	33	33	22	0	0	11	0	0	12
汉沽分校	32	32	19	9	0	2	2	0	34
大港分校	130	117	75	18	14	4	6	13	2
东丽分校	60	60	45	3	1	10	1	0	34

4.1 全国电大教职工情况（续表2）

单位：人

	教职工数								聘请校外教师
	计	校本部教职工数						校办企业等人员	
		计	专任教师	行政人员	科研人员	教辅人员	工勤人员		
津南区分校	96	96	32	8	10	43	3	0	41
西青分校	47	47	21	8	3	10	5	0	34
北辰分校	36	36	7	9	0	20	0	0	50
武清分校	85	85	35	13	8	27	2	0	36
静海分校	42	42	30	6	0	6	0	0	15
宝坻分校	56	56	36	7	4	4	5	0	58
宁河分校	47	47	25	22	0	0	0	0	42
化工局工作站	37	37	22	2	8	5	0	0	8
纺织局工作站	11	11	10	1	0	0	0	0	18
机械工作站	25	25	19	1	0	5	0	0	10
渤海化工集团公司工作站	73	73	54	5	0	12	2	0	16
财政局工作站	0	0	0	0	0	0	0	0	0
劳动和社会保障局工作站	5	5	2	2	0	1	0	0	41
物资集团公司工作站	6	6	4	2	0	0	0	0	44
建工学院	43	43	20	2	5	14	2	0	11
一商集团有限公司工作站	42	42	33	4	0	3	2	0	20
公用局工作站	43	43	21	8	7	6	1	0	15
铁路分局工作站	119	119	25	47	26	0	21	0	2
财贸分校	108	102	72	26	2	2	0	6	24
政法管理干部学院工作站	40	40	36	4	0	0	0	0	0
台盟工作站	4	4	0	4	0	0	0	0	14
经委工作站	32	32	24	6	0	2	0	0	2
蓟县分校	61	61	40	6	1	13	1	0	0
天津铁路工程分校	314	279	109	66	0	59	45	35	0
市政分校	68	68	50	15	0	0	3	0	0
天津市劳动局旅游服务学校	30	30	22	8	0	0	0	0	0
天津广播电视大学经管学院	0	0	0	0	0	0	0	0	0
天津广播电视大学文法学院	0	0	0	0	0	0	0	0	0
天津市工程高级技工学校	65	65	63	2	0	0	0	0	1
天津广播电视大学外语学院	0	0	0	0	0	0	0	0	0
轻工职业技术学院	143	143	99	24	0	20	0	0	0
河　　北	**1652**	**1652**	**699**	**487**	**34**	**248**	**184**	**0**	**422**
其中：女	775	775	421	193	20	115	26	0	226
河北广播电视大学	223	223	61	122	3	17	20	0	210
石家庄广播电视大学	83	83	20	27	0	33	3	0	12
唐山广播电视大学	161	161	59	49	6	25	22	0	0
秦皇岛广播电视大学	124	124	45	78	0	0	1	0	31
邯郸广播电视大学	70	70	23	36	3	4	4	0	34
承德广播电视大学	170	170	89	27	0	28	26	0	0
邢台广播电视大学	101	101	67	10	0	16	8	0	41
保定广播电视大学	138	138	46	28	4	48	12	0	48
张家口广播电视大学	86	86	44	10	0	15	17	0	11
沧州广播电视大学	70	70	46	15	0	9	0	0	0

4.1　全国电大教职工情况（续表3）

单位：人

	教职工数								聘请校外教师
	计	校本部教职工数						校办企业等人员	
		计	专任教师	行政人员	科研人员	教辅人员	工勤人员		
廊坊广播电视大学	143	143	78	28	1	17	19	0	13
衡水广播电视大学	98	98	37	14	17	12	18	0	22
省直分校	37	37	23	9	0	0	5	0	0
电力分校	148	148	61	34	0	24	29	0	0
山　西	**2679**	**2679**	**1540**	**500**	**23**	**453**	**163**	**0**	**1068**
其中：女	1277	1277	811	186	12	220	48	0	433
山西广播电视大学	233	233	121	41	3	50	18	0	0
太原广播电视大学	92	92	59	26	0	0	7	0	16
小店区电大工作站	39	39	25	7	0	5	2	0	30
杏花岭区电大工作站	18	18	14	3	0	0	1	0	10
万柏林区电大工作站	14	14	6	4	0	4	0	0	0
尖草坪区电大工作站	0	0	0	0	0	0	0	0	0
晋源区电大工作站	0	0	0	0	0	0	0	0	0
古交市电大工作站	10	10	6	2	0	1	1	0	13
清徐县电大工作站	10	10	7	0	0	3	0	0	20
阳曲县电大工作站	0	0	0	0	0	0	0	0	0
娄烦县电大工作站	22	22	11	3	0	6	2	0	12
太原卫校工作站	0	0	0	0	0	0	0	0	0
新华教学点	0	0	0	0	0	0	0	0	0
大同广播电视大学	61	61	23	22	0	5	11	0	18
灵丘电大	16	16	15	0	0	0	1	0	0
浑源电大	12	12	12	0	0	0	0	0	6
新荣电大	0	0	0	0	0	0	0	0	0
广灵教师培训学校	0	0	0	0	0	0	0	0	0
南郊进修学校	0	0	0	0	0	0	0	0	0
天镇进修学校	0	0	0	0	0	0	0	0	0
阳高进修校	0	0	0	0	0	0	0	0	0
阳泉广播电视大学	48	48	15	13	0	16	4	0	30
化工厂培训中心	6	6	4	1	0	1	0	0	23
阳煤集团职教中心	21	21	9	0	0	12	0	0	0
盂县进修学校	18	18	18	0	0	0	0	0	0
郊区工作站	17	17	15	2	0	0	0	0	5
平定职业中学	27	27	23	0	0	0	4	0	6
长治广播电视大学	31	31	16	15	0	0	0	0	80
壶关电大工作站	4	4	4	0	0	0	0	0	1
潞城电大工作站	26	26	24	0	0	2	0	0	2
长子电大工作站	12	12	8	4	0	0	0	0	5
黎城电大工作站	15	15	15	0	0	0	0	0	0
沁源电大工作站	23	23	20	1	0	0	2	0	4
襄垣电大工作站	21	21	21	0	0	0	0	0	0
屯留电大工作站	37	37	21	3	2	11	0	0	8
平顺电大工作站	0	0	0	0	0	0	0	0	0
沁县电大工作站	13	13	13	0	0	0	0	0	0

4.1 全国电大教职工情况（续表4）

单位：人

	教职工数								聘请校外教师
	计	校本部教职工数						校办企业等人员	
		计	专任教师	行政人员	科研人员	教辅人员	工勤人员		
长治潞安职业技术培训学校工作站	18	18	2	2	0	11	3	0	10
晋城广播电视大学	71	71	40	17	0	12	2	0	9
城区电大工作站	18	18	13	3	0	0	2	0	0
泽州电大工作站	59	59	46	9	0	4	0	0	0
高平电大工作站	28	28	26	0	0	2	0	0	9
阳城电大工作站	13	13	12	0	0	0	1	0	12
沁水电大工作站	0	0	0	0	0	0	0	0	0
陵川电大工作站	0	0	0	0	0	0	0	0	0
忻州广播电视大学	8	8	3	5	0	0	0	0	11
忻府区教师进修校	40	40	34	5	0	0	1	0	0
忻州商校教学点	18	18	12	1	0	3	2	0	0
五台县教师进修校	40	40	12	4	1	20	3	0	0
保德县教师进修校	45	45	20	8	0	8	9	0	12
河曲县教师进修校	26	26	16	2	0	0	8	0	10
偏关县教师进修校	15	15	11	4	0	0	0	0	6
五寨县教师进修校	39	39	14	4	1	18	2	0	0
岢岚县教师进修校	20	20	18	2	0	0	0	0	8
静乐县教师进修校	43	43	26	3	0	14	0	0	7
宁武县教师进修校	48	48	29	2	0	17	0	0	5
代县教师进修校	23	23	12	2	0	9	0	0	7
晋中广播电视大学	52	52	45	7	0	0	0	0	0
介休工作站	17	17	9	2	2	3	1	0	54
灵石工作站	16	16	16	0	0	0	0	0	0
昔阳工作站	15	15	10	0	0	5	0	0	11
祁县工作站	13	13	13	0	0	0	0	0	6
平遥工作站	12	12	10	2	0	0	0	0	5
左权工作站	17	17	17	0	0	0	0	0	55
太谷工作站	17	17	17	0	0	0	0	0	7
和顺工作站	11	11	11	0	0	0	0	0	4
寿阳工作站	17	17	14	3	0	0	0	0	6
榆社工作站	16	16	16	0	0	0	0	0	8
吕梁广播电视大学	39	39	2	10	0	25	2	0	40
临县电大	7	7	7	0	0	0	0	0	10
方山电大	27	27	12	5	0	10	0	0	14
兴县电大	26	26	21	2	0	0	3	0	11
孝义电大	9	9	0	9	0	0	0	0	18
文水电大	8	8	5	0	0	2	1	0	10
交城电大	6	6	0	1	0	5	0	0	3
石楼教学点	11	11	11	0	0	0	0	0	6
岚县教学点	9	9	6	3	0	0	0	0	6
中阳电大	14	14	12	2	0	0	0	0	21
交口教学点	15	15	9	2	0	2	2	0	4
临汾分校	52	52	17	8	0	13	14	0	0

4.1　全国电大教职工情况（续表5）

单位：人

	教职工数								聘请校外教师
	计	校本部教职工数						校办企业等人员	
		计	专任教师	行政人员	科研人员	教辅人员	工勤人员		
翼城教师进修校	10	10	6	0	0	4	0	0	0
霍州市委党校	27	27	16	10	0	0	1	0	3
乡宁教学点	16	16	14	0	0	2	0	0	2
汾西县教师进修校	13	13	12	0	0	0	1	0	6
隰县教学点	13	13	11	0	0	2	0	0	0
洪洞教学点	22	22	15	2	2	2	1	0	6
安泽教学点	25	25	14	9	0	0	2	0	0
运城广播电视大学	50	50	17	11	6	8	8	0	38
河津电大工作站	0	0	0	0	0	0	0	0	0
夏县电大工作站	25	25	14	4	0	5	2	0	14
闻喜电大工作站	21	21	21	0	0	0	0	0	16
芮城电大工作站	0	0	0	0	0	0	0	0	0
永济电大工作站	0	0	0	0	0	0	0	0	0
临漪电大工作站	18	18	9	2	2	4	1	0	6
垣曲电大工作站	24	24	14	3	1	4	2	0	10
稷山电大工作站	0	0	0	0	0	0	0	0	0
新绛电大工作站	0	0	0	0	0	0	0	0	0
盐湖区电大工作站	0	0	0	0	0	0	0	0	0
万荣电大工作站	18	18	8	3	0	7	0	0	10
平陆电大工作站	24	24	19	0	0	0	5	0	3
朔州广播电视大学	21	21	5	16	0	0	0	0	12
平鲁区电大工作站	39	39	9	30	0	0	0	0	0
山阴县电大工作站	12	12	10	2	0	0	0	0	2
怀仁县电大工作站	12	12	10	0	0	2	0	0	0
应县进修校	23	23	10	4	0	6	3	0	6
中条山广播电视大学	37	37	19	9	0	5	4	0	28
长北铁路分校	12	12	4	2	3	3	0	0	0
公路系统分校	38	38	12	12	0	14	0	0	31
侯马学习中心	35	35	23	2	0	9	1	0	17
繁峙学习中心	21	21	18	0	0	0	3	0	0
原平学习中心	43	43	3	11	0	27	2	0	64
临汾工商校学习中心	58	58	35	11	0	12	0	0	0
柳林电大	15	15	10	0	0	3	2	0	11
中化学习中心	25	25	7	4	0	0	14	0	66
省统计局直属教学点	10	10	0	6	0	2	2	0	23
同煤集团党校教学点	117	117	17	67	0	33	0	0	0
大同机车技校教学点	11	11	7	4	0	0	0	0	0
大同大学教学点	0	0	0	0	0	0	0	0	0
内 蒙 古	**1048**	**1048**	**512**	**259**	**13**	**171**	**93**	**0**	**242**
其中：女	516	516	293	99	8	93	23	0	114
内蒙古广播电视大学	250	250	96	56	5	56	37	0	30
呼和浩特市广播电视大学	34	34	21	13	0	0	0	0	27
包头广播电视大学	52	52	10	17	0	23	2	0	43

4.1 全国电大教职工情况（续表6）

单位：人

	教职工数								聘请校外教师
	计	校本部教职工数						校办企业等人员	
		计	专任教师	行政人员	科研人员	教辅人员	工勤人员		
赤峰市广播电视大学	37	37	19	5	0	8	5	0	8
呼伦贝尔市广播电视大学	54	54	40	9	0	3	2	0	0
兴安盟广播电视大学	40	40	30	4	0	2	4	0	26
哲里木盟广播电视大学	46	46	27	7	0	11	1	0	21
锡林郭勒盟广播电视大学	18	18	6	12	0	0	0	0	12
乌兰察布盟广播电视大学	83	83	44	5	0	23	11	0	12
鄂尔多斯市广播电视大学	70	70	57	13	0	0	0	0	0
巴盟广播电视大学	60	60	30	23	0	6	1	0	40
乌海市广播电视大学	64	64	22	25	0	14	3	0	8
阿拉善盟广播电视大学	138	138	53	40	6	20	19	0	3
铁道学院广播电视大学	41	41	22	19	0	0	0	0	0
哲盟霍林河矿区广播电视大学	27	27	16	4	0	2	5	0	8
扎赉诺尔矿区广播电视大学	21	21	11	3	2	2	3	0	2
大雁矿区广播电视大学	13	13	8	4	0	1	0	0	2
辽　宁	**2412**	**2395**	**1380**	**516**	**55**	**325**	**119**	**17**	**644**
其中：女	1265	1255	782	239	25	175	34	10	252
辽宁广播电视大学	616	616	401	59	6	124	26	0	110
鞍山广播电视大学	96	96	57	21	1	11	6	0	19
抚顺广播电视大学	448	448	199	163	0	42	44	0	0
本溪广播电视大学	156	156	91	46	2	7	10	0	0
锦州分校	107	107	57	31	2	11	6	0	39
丹东分校	72	72	30	22	1	16	3	0	40
营口分校	187	187	155	22	2	6	2	0	7
辽阳分校	77	77	45	27	1	1	3	0	16
朝阳广播电视大学	86	86	58	6	1	14	7	0	15
阜新分校	40	40	23	11	0	6	0	0	9
铁岭广播电视大学	48	48	15	24	0	6	3	0	1
盘锦分校	29	29	20	9	0	0	0	0	5
辽河石油勘探局广播电视大学	108	93	41	12	17	15	8	15	0
沈阳铁路局电大	62	62	56	6	0	0	0	0	180
葫芦岛市电大分校	98	98	67	14	0	16	1	0	14
辽宁省水利厅工作站	101	99	0	35	20	44	0	2	140
辽宁广播电视大学新民学院	33	33	18	7	2	6	0	0	4
辽宁广播电视大学海城学院	27	27	27	0	0	0	0	0	19
辽宁广播电视大学东港学院	21	21	20	1	0	0	0	0	26
沈　阳	**691**	**691**	**458**	**113**	**2**	**71**	**47**	**0**	**273**
其中：女	352	352	268	39	2	30	13	0	137
沈阳广播电视大学	294	294	181	54	2	22	35	0	248
沈北新区分校	31	31	16	7	0	7	1	0	0
康平分校	13	13	3	10	0	0	0	0	8
法库分校	22	22	15	3	0	4	0	0	10
苏家屯分校	50	50	42	4	0	4	0	0	0
东陵分校	110	110	95	5	0	3	7	0	0

4.1 全国电大教职工情况（续表7）

单位：人

	教职工数								聘请校外教师
	计	校本部教职工数						校办企业等人员	
		计	专任教师	行政人员	科研人员	教辅人员	工勤人员		
新民分校	40	40	32	1	0	6	1	0	4
于洪分校	103	103	60	20	0	23	0	0	0
辽中分校	28	28	14	9	0	2	3	0	3
大　连	**511**	**511**	**284**	**138**	**10**	**39**	**40**	**0**	**296**
其中：女	280	280	159	67	7	32	15	0	163
大连广播电视大学	175	175	53	77	3	27	15	0	146
庄河分校	36	36	30	4	0	1	1	0	12
普兰店分校	49	49	34	7	0	0	8	0	0
瓦房店分校	66	66	45	13	0	0	8	0	0
金州分校	51	51	29	3	6	9	4	0	20
旅顺分校	30	30	22	5	0	1	2	0	35
长海分校	26	26	23	1	0	0	2	0	11
甘井子分校	47	47	25	21	0	1	0	0	52
大连开发区分校	31	31	23	7	1	0	0	0	20
吉　林	**1670**	**1670**	**1116**	**267**	**30**	**164**	**93**	**0**	**161**
其中：女	878	878	664	93	13	90	18	0	58
吉林广播电视大学	173	173	83	36	3	32	19	0	36
吉林分校	170	170	133	23	5	5	4	0	0
四平分校	129	129	98	23	0	2	6	0	31
延边分校	174	174	113	19	6	29	7	0	29
通化分校	221	221	180	21	6	14	0	0	0
辽源分校	64	64	44	15	0	5	0	0	0
白山分校	77	77	65	6	0	5	1	0	14
白城分校	384	384	219	81	10	40	34	0	34
松原分校	181	181	115	29	0	20	17	0	0
长春市建筑职工业余大学	97	97	66	14	0	12	5	0	17
长　春	**383**	**383**	**262**	**64**	**5**	**39**	**13**	**0**	**60**
其中：女	215	215	162	26	1	25	1	0	26
长春广播电视大学	142	142	95	28	0	13	6	0	40
榆树市分校	35	35	23	6	0	5	1	0	0
九台市分校	35	35	23	5	5	2	0	0	0
德惠分校	53	53	45	5	0	3	0	0	0
农安分校	14	14	12	1	0	1	0	0	5
双阳区工作站	95	95	59	15	0	15	6	0	0
长影分校	5	5	5	0	0	0	0	0	0
民进分校	4	4	0	4	0	0	0	0	15
黑龙江	**3403**	**3401**	**2016**	**658**	**23**	**476**	**228**	**2**	**912**
其中：女	1712	1711	1097	263	6	270	75	1	426
黑龙江广播电视大学	325	325	159	58	2	69	37	0	128
齐齐哈尔市广播电视大学	52	52	24	19	0	2	7	0	68
克东分校	33	33	23	5	0	2	3	0	18
拜泉分校	20	20	11	0	0	9	0	0	9
依安分校	49	49	43	3	0	3	0	0	3

4.1 全国电大教职工情况（续表8）

单位：人

	教职工数								聘请校外教师
	计	校本部教职工数						校办企业等人员	
		计	专任教师	行政人员	科研人员	教辅人员	工勤人员		
讷河分校	9	9	6	1	0	2	0	0	6
甘南分校	26	26	20	2	0	4	0	0	3
龙江分校	17	17	12	2	0	3	0	0	0
富裕分校	9	9	6	1	0	2	0	0	6
碾子山区分校	18	18	6	6	0	6	0	0	7
富拉尔基区分校	69	69	53	12	0	0	4	0	10
泰来分校	57	57	50	1	0	0	6	0	15
牡丹江市广播电视大学	425	425	211	144	0	41	29	0	0
林口分校	9	9	6	2	0	1	0	0	24
海林分校	13	13	10	2	0	0	1	0	10
宁安分校	11	11	9	2	0	0	0	0	17
穆棱分校	9	9	8	1	0	0	0	0	15
东宁分校	11	11	8	1	0	2	0	0	10
绥芬河分校	44	44	38	3	0	2	1	0	7
佳木斯广播电视大学	88	88	36	24	2	20	6	0	6
桦南分校	31	31	14	5	0	8	4	0	7
同江分校	9	9	6	2	0	0	1	0	9
桦川分校	38	38	17	5	8	8	0	0	5
富锦分校	15	15	9	3	0	3	0	0	4
绥化地区广播电视大学	21	21	17	2	0	0	2	0	36
庆安分校	45	43	20	11	0	10	2	2	6
青岗分校	25	25	23	2	0	0	0	0	6
绥棱分校	27	27	15	7	0	5	0	0	0
兰西分校	16	16	11	3	0	1	1	0	5
肇东分校	99	99	75	10	4	4	6	0	0
安达分校	23	23	12	4	0	5	2	0	0
明水分校	11	11	2	3	0	4	2	0	0
望奎分校	24	24	17	3	0	4	0	0	2
海伦分校	54	54	14	24	0	16	0	0	0
黑河市广播电视大学	24	24	15	4	0	3	2	0	16
北安分校	44	44	36	8	0	0	0	0	0
五大连池分校	40	40	32	3	2	3	0	0	8
逊克分校	13	13	11	2	0	0	0	0	9
孙吴分校	26	26	15	4	3	2	2	0	6
嫩江分校	101	101	87	7	2	5	0	0	9
大兴安岭广播电视大学	17	17	7	5	0	5	0	0	31
塔河分校	16	16	9	4	0	0	3	0	0
漠河分校	16	16	9	4	0	0	3	0	0
呼中分校	14	14	6	3	0	0	5	0	0
伊春市广播电视大学	54	54	25	22	0	5	2	0	55
嘉荫分校	12	12	9	2	0	0	1	0	7
铁力分校	68	68	45	8	0	10	5	0	0
大庆广播电视大学	91	91	35	17	0	29	10	0	0

4.1 全国电大教职工情况（续表9）

单位：人

	教职工数								聘请校外教师
	计	校本部教职工数						校办企业等人员	
		计	专任教师	行政人员	科研人员	教辅人员	工勤人员		
林甸分校	38	38	38	0	0	0	0	0	0
杜蒙分校	30	30	23	7	0	0	0	0	0
肇源分校	14	14	8	1	0	0	5	0	11
肇州分校	9	9	9	0	0	0	0	0	0
鸡西广播电视大学	79	79	52	23	0	2	2	0	20
密山分校	50	50	50	0	0	0	0	0	0
虎林分校	19	19	14	2	0	0	3	0	0
鹤岗广播电视大学	32	32	18	3	0	5	6	0	20
萝北分校	67	67	40	10	0	9	8	0	0
绥滨分校	24	24	24	0	0	0	0	0	1
双鸭山市广播电视大学	31	31	15	6	0	9	1	0	10
宝清分校	21	21	21	0	0	0	0	0	0
饶河分校	15	15	8	3	0	4	0	0	4
集贤分校	10	10	5	3	0	2	0	0	9
七台河广播电视大学	184	184	26	59	0	77	22	0	16
省农垦广播电视大学	52	52	31	10	0	8	3	0	24
牡丹江农垦电大分校	41	41	9	17	0	6	9	0	12
北安农垦电大分校	17	17	15	2	0	0	0	0	0
宝泉岭农垦电大分校	66	66	40	15	0	5	6	0	0
红兴隆农垦电大分校	82	82	54	12	0	16	0	0	0
建三江农垦电大分校	71	71	31	6	0	25	9	0	27
绥化农垦分校	19	19	12	7	0	0	0	0	15
牡丹江林区广播电视大学	40	40	26	4	0	7	3	0	56
松花江林区广播电视大学	37	37	28	2	0	3	4	0	27
兴隆林业局电大分校	10	10	10	0	0	0	0	0	0
山河屯林业局电大分校	9	9	9	0	0	0	0	0	5
清河林业局电大分校	3	3	3	0	0	0	0	0	10
苇河林业局电大分校	4	4	4	0	0	0	0	0	5
亚布力林业局电大分校	6	6	6	0	0	0	0	0	10
通北林业局电大分校	14	14	14	0	0	0	0	0	10
方正林业局电大分校	11	11	11	0	0	0	0	0	5
沾河林业局电大分校	6	6	6	0	0	0	0	0	22
绥棱林业局电大分校	11	11	11	0	0	0	0	0	10
合林林区电大直属分校	13	13	13	0	0	0	0	0	0
哈尔滨	**367**	**367**	**194**	**63**	**14**	**68**	**28**	**0**	**286**
其中：女	183	183	109	29	7	33	5	0	140
哈尔滨广播电视大学	121	121	63	17	1	32	8	0	68
阿城电大分校	26	26	22	4	0	0	0	0	45
呼兰分校	20	20	4	12	2	2	0	0	8
宾县分校	22	22	10	2	0	8	2	0	24
方正分校	15	15	11	2	0	0	2	0	4
依兰分校	20	20	12	4	0	3	1	0	10
哈尔滨工业大学工会电大工作站	4	4	0	3	0	0	1	0	15

4.1 全国电大教职工情况（续表10）

单位：人

	教职工数								聘请校外教师
	计	校本部教职工数						校办企业等人员	
		计	专任教师	行政人员	科研人员	教辅人员	工勤人员		
双城分校	19	19	8	2	0	7	2	0	7
通河分校	21	21	10	3	5	2	1	0	5
木兰分校	13	13	10	2	0	1	0	0	18
延寿分校	14	14	3	4	0	3	4	0	5
巴彦分校	10	10	9	1	0	0	0	0	16
五常分校	26	26	16	4	1	0	5	0	48
尚志分校	36	36	16	3	5	10	2	0	13
上　　海	**2157**	**2108**	**1226**	**347**	**20**	**347**	**168**	**49**	**1468**
其中：女	1146	1127	694	195	11	187	40	19	591
上海电视大学	349	305	154	43	9	87	12	44	125
虹口分校	89	89	45	25	0	13	6	0	50
闵行二分校	39	39	26	5	0	3	5	0	56
宝山分校	114	114	58	45	7	4	0	0	25
浦东新区分校	34	34	28	0	0	3	3	0	132
闵行一分校	74	71	22	18	0	22	9	3	79
金山分校	50	50	42	0	0	3	5	0	20
松江分校	57	57	41	3	0	8	5	0	73
南汇分校	81	81	64	5	0	0	12	0	37
奉贤分校	61	61	48	3	0	1	9	0	12
青浦分校	76	76	44	16	0	7	9	0	25
崇明分校	31	31	16	7	0	8	0	0	30
嘉定分校	76	76	56	8	2	4	6	0	69
区县工业管理局分校	25	25	19	3	0	3	0	0	22
农工商集团分校	21	21	10	6	1	2	2	0	15
物资（集团）总公司分校	40	40	22	10	0	8	0	0	38
商业分校	24	24	10	12	0	1	1	0	41
黄浦区经贸委分校	26	26	10	7	0	6	3	0	37
长宁分校	75	75	52	13	0	8	2	0	47
闸北分校	16	16	9	3	0	4	0	0	72
卢湾分校	29	29	21	8	0	0	0	0	22
杨浦分校	40	40	37	0	0	3	0	0	15
黄浦分校	109	109	67	9	0	23	10	0	89
普陀分校	105	103	62	22	0	5	14	2	57
静安分校	92	92	74	8	0	6	4	0	62
西区分部	114	114	36	18	0	30	30	0	12
工程大中山分校	30	30	17	5	0	8	0	0	47
石化分校	72	72	23	15	0	33	1	0	22
邮电分校	23	23	10	5	0	8	0	0	14
徐汇财贸分校	30	30	6	15	0	9	0	0	70
徐汇分校	92	92	61	5	0	19	7	0	49
浦东新区农校教学点	63	63	36	5	1	8	13	0	4
江　　苏	**8711**	**8629**	**6192**	**905**	**138**	**873**	**521**	**82**	**868**
其中：女	3893	3865	2970	265	16	428	186	28	305

4.1 全国电大教职工情况（续表11）

单位：人

	教职工数								聘请校外教师
	计	校本部教职工数						校办企业等人员	
		计	专任教师	行政人员	科研人员	教辅人员	工勤人员		
江苏广播电视大学	598	598	287	89	4	198	20	0	178
镇江市高等专科学校	614	614	447	65	0	77	25	0	0
镇江市广播电视大学扬中分校	29	29	27	2	0	0	0	0	0
镇江市广播电视大学丹阳分校	25	25	21	4	0	0	0	0	0
镇江市广播电视大学丹徒分校	47	47	36	5	2	2	2	0	0
镇江市广播电视大学建委分校	44	43	29	8	0	6	0	1	0
常州市广播电视大学	159	159	130	11	2	8	8	0	23
常州市广播电视大学新北区分校	5	5	0	2	0	1	2	0	30
无锡市广播电视大学	259	258	189	29	0	26	14	1	95
无锡市广播电视大学江阴分校	94	94	65	12	0	12	5	0	0
苏州市广播电视大学	166	166	118	31	3	8	6	0	61
苏州市广播电视大学太仓分校	42	42	36	1	0	2	3	0	15
苏州市广播电视大学吴江分校	46	46	31	9	0	3	3	0	26
南通市广播电视大学	205	205	133	58	0	0	14	0	47
南通市广播电视大学海门分校	78	78	44	6	0	9	19	0	0
南通市广播电视大学启东分校	90	89	71	6	0	6	6	1	0
南通市广播电视大学如皋分校	95	95	83	0	0	8	4	0	0
扬州市广播电视大学	61	61	40	12	0	9	0	0	10
扬州市广播电视大学高邮分校	181	181	151	8	0	12	10	0	0
扬州市广播电视大学宝应分校	65	65	48	7	0	5	5	0	6
扬州市广播电视大学邗江分校	139	139	98	26	5	10	0	0	0
徐州市广播电视大学	200	200	109	31	2	42	16	0	14
徐州市广播电视大学睢宁分校	58	55	48	1	2	2	2	3	8
徐州市广播电视大学铜山分校	38	38	16	4	0	10	8	0	0
徐州市广播电视大学新沂分校	84	84	50	4	1	29	0	0	0
徐州市广播电视大学邳州分校	55	55	36	4	5	3	7	0	8
徐州市广播电视大学商业分校	8	8	3	3	0	1	1	0	31
徐州市广播电视大学贾汪分校	20	20	10	2	0	8	0	0	0
徐州市广播电视大学大屯煤电公司分校	22	22	11	4	2	5	0	0	10
淮安市广播电视大学	267	249	178	27	2	28	14	18	44
淮安市广播电视大学金湖分校	37	37	27	5	3	2	0	0	0
淮安市广播电视大学淮阴区分校	36	36	30	5	0	1	0	0	0
淮安市广播电视大学洪泽分校	37	37	26	5	2	4	0	0	0
淮安市广播电视大学涟水分校	56	56	45	6	2	3	0	0	0
盐城市广播电视大学	118	118	97	18	0	0	3	0	0
盐城市广播电视大学亭湖区分校	15	15	11	4	0	0	0	0	15
盐城市广播电视大学建湖分校	51	51	42	9	0	0	0	0	0
盐城市广播电视大学射阳分校	79	79	61	1	0	4	13	0	0
盐城市广播电视大学滨海分校	19	19	10	1	0	0	8	0	0
盐城市广播电视大学阜宁分校	278	272	110	81	72	5	4	6	6
盐城市广播电视大学响水分校	124	124	108	3	0	6	7	0	11
连云港广播电视大学	132	132	109	10	0	5	8	0	0
连云港市广播电视大学赣榆分校	27	27	23	3	0	1	0	0	0

4.1 全国电大教职工情况（续表12）

单位：人

	教职工数								聘请校外教师
	计	校本部教职工数						校办企业等人员	
		计	专任教师	行政人员	科研人员	教辅人员	工勤人员		
连云港市广播电视大学东海分校	36	36	23	6	0	5	2	0	15
连云港市广播电视大学灌南分校	36	36	31	0	0	3	2	0	3
连云港市广播电视大学灌云分校	30	30	23	3	0	4	0	0	0
泰州市广播电视大学	52	52	36	10	0	4	2	0	0
泰州市广播电视大学泰兴分校	59	59	32	4	0	23	0	0	0
泰州市广播电视大学姜堰分校	39	39	29	3	0	2	5	0	0
泰州市广播电视大学兴化分校	91	91	70	16	0	4	1	0	0
宿迁市广播电视大学	353	353	247	39	7	37	23	0	27
宿迁市广播电视大学泗洪分校	13	13	9	1	0	2	1	0	0
宿迁市广播电视大学泗阳分校	91	91	62	0	0	0	29	0	0
宿迁市广播电视大学沭阳分校	50	50	40	3	0	4	3	0	10
江苏广播电视大学化工学院	33	33	15	10	0	5	3	0	6
江苏广播电视大学武进学院	227	227	207	0	0	0	20	0	0
江苏广播电视大学宜兴学院	50	50	37	4	2	3	4	0	0
江苏广播电视大学张家港学院	184	178	131	17	3	10	17	6	6
江苏广播电视大学昆山学院	218	218	181	13	0	12	12	0	18
江苏广播电视大学常熟学院	261	261	203	10	0	25	23	0	26
江苏广播电视大学吴中学院	308	308	234	10	0	21	43	0	0
江苏广播电视大学大丰学院	165	165	131	15	2	11	6	0	30
江苏广播电视大学江都学院	117	117	86	14	0	17	0	0	0
江苏广播电视大学沛县学院	130	130	102	13	0	3	12	0	6
江苏广播电视大学靖江学院	129	129	108	8	0	13	0	0	0
江苏广播电视大学通州学院	116	116	79	22	0	7	8	0	0
江苏广播电视大学东台学院	53	53	43	4	0	4	2	0	7
江苏广播电视大学楚州学院	56	56	45	5	2	4	0	0	2
江苏广播电视大学句容学院	64	61	44	3	0	7	7	3	14
江苏广播电视大学溧阳学院	135	135	114	13	2	4	2	0	9
江苏广播电视大学仪征学院	54	54	48	6	0	0	0	0	12
江苏广播电视大学金坛学院	136	93	53	6	3	25	6	43	11
江苏广播电视大学如东学院	402	402	318	6	0	36	42	0	0
江苏广播电视大学海安学院	61	61	50	3	2	2	4	0	0
江苏广播电视大学盱眙学院	60	60	48	2	5	5	0	0	0
江苏广播电视大学盐都学院	32	32	13	7	1	6	5	0	28
江苏广播电视大学丰县学院	67	67	56	7	0	4	0	0	0
南　京	**587**	**587**	**347**	**99**	**5**	**107**	**29**	**0**	**431**
其中：女	308	308	202	38	4	55	9	0	202
南京市广播电视大学	252	252	130	57	5	57	3	0	50
江宁分校	44	44	32	4	0	4	4	0	120
六合分校	66	66	35	9	0	18	4	0	8
高淳分校	20	20	10	6	0	2	2	0	0
溧水分校	14	14	12	1	0	1	0	0	0
浦口分校	47	47	36	4	0	1	6	0	25
玄武分校	49	49	35	10	0	2	2	0	25

4.1 全国电大教职工情况（续表13）

单位：人

	教职工数								聘请校外教师
	计	校本部教职工数						校办企业等人员	
		计	专任教师	行政人员	科研人员	教辅人员	工勤人员		
白下分校	12	12	6	2	0	0	4	0	33
秦淮分校	11	11	8	1	0	1	1	0	50
建邺分校	14	14	0	0	0	14	0	0	45
鼓楼分校	19	19	12	2	0	4	1	0	56
下关分校	7	7	5	0	0	1	1	0	0
雨花台分校	9	9	6	2	0	1	0	0	0
栖霞分校	23	23	20	1	0	1	1	0	19
浙　江	**4805**	**4792**	**3283**	**858**	**37**	**371**	**243**	**13**	**2132**
其中：女	2182	2174	1563	327	13	180	91	8	702
浙江广播电视大学	236	236	67	138	5	21	5	0	312
杭州广播电视大学	485	485	327	103	0	25	30	0	212
萧山学院	88	88	68	20	0	0	0	0	76
余杭分校	116	116	107	0	0	0	9	0	2
富阳学院	183	183	152	7	3	12	9	0	48
临安分校	38	38	34	2	1	1	0	0	0
桐庐分校	57	57	43	3	0	9	2	0	20
建德分校	23	23	18	0	0	4	1	0	18
淳安学院	48	48	36	3	0	4	5	0	0
嘉兴广播电视大学	45	45	30	7	1	6	1	0	50
嘉善学院	37	37	27	4	4	0	2	0	22
平湖学院	26	26	25	0	0	1	0	0	35
海盐学院	26	26	22	0	0	0	4	0	46
海宁学院	49	49	36	7	0	2	4	0	9
桐乡学院	28	28	20	5	0	3	0	0	15
湖州广播电视大学	520	509	403	62	0	27	17	11	197
长兴学院	128	128	98	20	1	4	5	0	29
德清学院	45	45	40	1	0	2	2	0	30
安吉分校	27	27	24	3	0	0	0	0	12
绍兴广播电视大学	94	94	70	13	0	0	11	0	0
绍兴学院	31	31	29	1	0	1	0	0	0
诸暨学院	44	44	23	4	4	9	4	0	16
上虞学院	39	39	31	2	2	3	1	0	15
嵊州学院	38	38	26	6	0	6	0	0	18
新昌学院	35	35	23	3	0	0	9	0	8
舟山广播电视大学	88	88	66	16	0	6	0	0	26
普陀分校	13	13	8	3	0	2	0	0	5
岱山分校	10	10	1	2	0	7	0	0	16
嵊泗分校	12	12	8	2	0	2	0	0	8
金华广播电视大学	207	207	147	7	2	17	34	0	0
兰溪分校	15	15	15	0	0	0	0	0	24
武义分校	35	35	16	9	0	5	5	0	11
永康学院	70	70	48	14	4	4	0	0	0
义乌学院	32	32	22	2	0	0	8	0	7

4.1 全国电大教职工情况（续表14）

单位：人

	教职工数									聘请校外教师
	计	校本部教职工数							校办企业等人员	
		计	专任教师	行政人员	科研人员	教辅人员	工勤人员			
东阳学院	26	26	15	1	0	8	2		0	12
浦江分校	12	12	7	3	0	2	0		0	6
磐安分校	14	14	14	0	0	0	0		0	6
衢州广播电视大学	52	52	37	11	0	4	0		0	85
柯城分校	15	15	8	2	0	1	4		0	20
江山分校	14	14	14	0	0	0	0		0	17
常山分校	14	14	7	2	1	2	2		0	30
开化分校	14	14	8	2	0	0	4		0	30
龙游分校	18	18	11	0	0	3	4		0	33
台州广播电视大学	129	129	67	28	1	32	1		0	91
临海学院	54	54	42	6	0	6	0		0	21
黄岩分校	22	22	19	3	0	0	0		0	14
温岭分校	51	51	37	3	2	7	2		0	12
仙居学院	47	47	30	4	0	10	3		0	0
玉环学院	47	47	26	4	0	7	10		0	32
三门学院	28	28	20	4	0	4	0		0	10
天台学院	60	60	44	3	5	8	0		0	9
丽水广播电视大学	57	57	42	1	0	13	1		0	13
缙云分校	13	13	11	1	0	0	1		0	15
遂昌分校	15	15	14	1	0	0	0		0	16
松阳电大	18	18	11	5	0	0	2		0	17
景宁分校	12	12	11	1	0	0	0		0	10
云和分校	10	10	5	5	0	0	0		0	18
龙泉分校	12	12	7	1	0	2	2		0	10
庆元分校	19	19	13	4	0	2	0		0	20
青田学院	30	30	17	3	0	6	4		0	17
温州广播电视大学	72	72	41	21	1	6	3		0	55
永嘉学院	81	81	77	2	0	0	2		0	25
瓯海分校	19	19	10	6	0	3	0		0	28
平阳分校	23	23	6	9	0	8	0		0	7
瑞安分校	28	28	23	3	0	1	1		0	29
乐清分校	25	25	14	3	0	6	2		0	31
文成分校	37	37	28	6	0	2	1		0	8
洞头分校	26	24	13	7	0	2	2		2	2
泰顺分校	28	28	9	10	0	6	3		0	6
苍南分校	17	17	15	2	0	0	0		0	11
巨化分校	10	10	6	4	0	0	0		0	26
经贸分校	24	24	8	12	0	4	0		0	14
工商学院	62	62	33	27	0	2	0		0	0
特教学院	80	80	55	9	0	11	5		0	11
温州机电技工学校教学点	131	131	93	27	0	0	11		0	0
杭州高级技工学校教学点	238	238	120	103	0	15	0		0	0
浙江同济职业学院教学点	57	57	50	3	0	4	0		0	1

4.1 全国电大教职工情况（续表15）

单位：人

	教职工数								聘请校外教师
	计	校本部教职工数						校办企业等人员	
		计	专任教师	行政人员	科研人员	教辅人员	工勤人员		
浙江统计培训中心教学点	21	21	8	10	0	0	3	0	10
杭州交通职高教学点	26	26	21	4	0	1	0	0	0
杭州东方舰桥培训中心教学点	29	29	6	23	0	0	0	0	17
宁　波	**455**	**453**	**351**	**44**	**2**	**41**	**15**	**2**	**447**
其中：女	239	238	196	13	1	24	4	1	168
宁波广播电视大学	144	144	94	18	2	26	4	0	173
鄞县分校	43	41	33	4	0	1	3	2	80
余姚学院	31	31	28	0	0	1	2	0	38
慈溪学院	28	28	19	5	0	4	0	0	36
宁海学院	25	25	23	1	0	1	0	0	18
象山分校	39	39	35	2	0	0	2	0	23
奉化分校	26	26	26	0	0	0	0	0	29
镇海工作站	56	56	48	7	0	1	0	0	10
江北工作站	22	22	11	4	0	4	3	0	23
北仑分校	29	29	24	2	0	2	1	0	17
宁波东钱湖旅游度假区电大工作站	12	12	10	1	0	1	0	0	0
安　徽	**1919**	**1821**	**1122**	**294**	**11**	**291**	**103**	**98**	**1262**
其中：女	781	756	458	121	1	145	31	25	363
安徽广播电视大学	284	284	133	64	6	63	18	0	138
合肥分校	92	92	53	14	0	16	9	0	88
蚌埠分校	102	102	67	20	0	9	6	0	31
芜湖市分校	47	47	26	17	0	4	0	0	114
淮南分校	396	396	333	24	0	12	27	0	55
淮北分校	34	34	12	10	2	9	1	0	75
马鞍山分校	34	34	14	19	0	0	1	0	39
铜陵分校	44	44	24	11	0	9	0	0	81
黄山市分校	47	47	17	7	0	19	4	0	60
安庆市分校	192	94	70	6	0	15	3	98	156
六安分校	28	28	9	10	0	9	0	0	40
阜阳分校	70	70	28	6	3	27	6	0	93
宣城分校	159	159	95	24	0	40	0	0	0
巢湖分校	23	23	20	2	0	0	1	0	12
滁州市分校	47	47	32	12	0	0	3	0	41
池州分校	42	42	26	4	0	7	5	0	60
宿州分校	82	82	42	29	0	10	1	0	85
省直分校	51	51	26	4	0	19	2	0	64
亳州分校	145	145	95	11	0	23	16	0	30
福　建	**1575**	**1575**	**862**	**479**	**13**	**133**	**88**	**0**	**1135**
其中：女	719	719	420	194	8	67	30	0	395
福建广播电视大学	365	365	160	174	2	6	23	0	31
福州分校	377	377	265	67	5	20	20	0	0
三明分校	46	46	31	10	0	1	4	0	9
宁德分校	98	98	35	52	0	7	4	0	30

4.1　全国电大教职工情况（续表16）

单位：人

	教职工数								聘请校外教师
	计	校本部教职工数						校办企业等人员	
		计	专任教师	行政人员	科研人员	教辅人员	工勤人员		
南平分校	108	108	61	37	6	2	2	0	163
漳州分校	174	174	96	54	0	14	10	0	211
泉州分校	107	107	45	34	0	19	9	0	125
龙岩分校	67	67	43	17	0	2	5	0	180
莆田分校	56	56	50	4	0	2	0	0	38
高等职业技术学院	0	0	0	0	0	0	0	0	147
永安分校	26	26	20	2	0	2	2	0	18
邵武分校	27	27	18	4	0	5	0	0	30
漳浦分校	29	29	21	3	0	0	5	0	18
开放教育学院	95	95	17	21	0	53	4	0	135
厦　门	**188**	**188**	**92**	**55**	**3**	**25**	**13**	**0**	**139**
其中：女	112	112	63	25	1	13	10	0	83
厦门市广播电视大学	145	145	86	30	3	19	7	0	67
厦门电大同安区工作站	9	9	1	1	0	2	5	0	39
厦门市杏林区电大工作站	10	10	0	5	0	4	1	0	23
厦门市湖里区电大工作站	14	14	5	9	0	0	0	0	0
厦门市司法局电大工作站	0	0	0	0	0	0	0	0	0
厦门市思明区电大工作站	10	10	0	10	0	0	0	0	10
江　西	**2341**	**2341**	**1623**	**318**	**67**	**192**	**141**	**0**	**1262**
其中：女	726	726	565	59	7	73	22	0	329
江西广播电视大学	299	299	202	26	5	30	36	0	48
南昌市分校	25	25	19	4	0	0	2	0	70
安义县工作站（工会职校）	14	14	7	6	0	0	1	0	0
安义县教师进修学校教学点	12	12	11	0	0	1	0	0	8
进贤县教师进修学校教学点	18	18	14	4	0	0	0	0	8
新建县教师进修学校教学点	59	59	41	6	8	2	2	0	0
南昌县教师进修学校	16	16	9	0	0	6	1	0	29
景德镇市分校	27	27	19	3	0	5	0	0	28
乐平市教师进修学校教学点	15	15	15	0	0	0	0	0	4
九江市分校	76	76	51	14	0	5	6	0	17
武宁县工作站	17	17	13	3	0	1	0	0	0
德安县工作站	10	10	10	0	0	0	0	0	0
都昌县工作站	27	27	24	3	0	0	0	0	12
庐山工作站	14	14	12	2	0	0	0	0	0
彭泽县工作站	25	25	11	8	0	4	2	0	3
永修县工作站	9	9	6	2	0	1	0	0	6
修水县工作站	14	14	10	4	0	0	0	0	0
省武工作站	4	4	4	0	0	0	0	0	0
湖口县工作站	12	12	9	2	0	0	1	0	5
星子县工作站	24	24	8	6	6	3	1	0	0
瑞昌工作站（教师进修学校）	23	23	21	1	0	1	0	0	0
萍乡市分校	77	77	24	5	0	39	9	0	194
芦溪县工作站	29	29	21	6	0	2	0	0	4

4.1　全国电大教职工情况（续表17）

单位：人

	教职工数								聘请校外教师
	计	校本部教职工数						校办企业等人员	
		计	专任教师	行政人员	科研人员	教辅人员	工勤人员		
上栗县电大工作站	21	21	20	0	0	0	1	0	7
湘东区工作站	39	39	28	7	0	4	0	0	4
莲花县工作站	11	11	9	0	0	0	2	0	12
萍乡市卫生学校	31	31	31	0	0	0	0	0	0
新余市分校	44	44	32	8	0	0	4	0	0
分宜县工作站	8	8	5	2	0	0	1	0	16
鹰潭市分校	45	45	22	20	0	0	3	0	30
贵溪市工作站	23	23	12	7	0	4	0	0	0
鹰潭应用工程学校	5	5	2	3	0	0	0	0	17
中共余江县委党校	37	37	37	0	0	0	0	0	0
赣州广播电视大学	33	33	23	5	3	0	2	0	24
中共南康市委党校教学点	27	27	13	6	0	3	5	0	0
中共上犹县委党校教学点	24	24	4	4	4	10	2	0	0
寻乌县工作站（教师进修学校）	22	22	11	5	0	5	1	0	8
中共信丰县委党校教学点	12	12	9	0	0	0	3	0	15
兴国县教师进修学校教学点	40	40	34	0	0	6	0	0	0
中共兴国县委党校教学点	37	37	10	4	16	7	0	0	10
瑞金市工作站（教师进修学校）	34	34	9	4	18	2	1	0	1
定南教师进修学校教学点	18	18	17	0	0	0	1	0	10
中共崇义县委党校教学点	16	16	14	0	0	0	2	0	4
宁都县教师进修学校教学点	24	24	11	12	0	0	1	0	25
大余县教师进修学校	16	16	15	0	0	0	1	0	10
信丰县教师进修学校教学点	16	16	16	0	0	0	0	0	9
龙南教师进修学校	33	33	10	4	0	17	2	0	16
安远县委党校	23	23	13	5	4	1	0	0	9
于都县委党校	16	16	15	1	0	0	0	0	5
全南县教师进修学校	8	8	5	1	0	0	2	0	55
石城县教师进修学校教学点	11	11	6	3	0	2	0	0	0
宜春广播电视大学	32	32	24	4	0	0	4	0	35
樟树工作站（教师进修学校）	17	17	9	3	0	3	2	0	11
樟树职工学校教学点	4	4	4	0	0	0	0	0	16
丰城市教师进修学校教学点	20	20	20	0	0	0	0	0	0
靖安县工作站	12	12	9	1	0	0	2	0	0
奉新县工作站（教师进修学校）	9	9	9	0	0	0	0	0	0
高安工作站（教师进修学校）	22	22	22	0	0	0	0	0	0
上高工作站（职工学校）	11	11	10	1	0	0	0	0	9
铜鼓县教师进修学校教学点	10	10	10	0	0	0	0	0	9
万载县教师进修学校教学点	29	29	10	12	0	6	1	0	5
宜丰县工作站（教师进修学校）	17	17	17	0	0	0	0	0	6
中共丰城市委党校教学点	25	25	13	11	0	0	1	0	3
上高教师进修学校	10	10	10	0	0	0	0	0	10
江西省轻工高级技校	19	19	12	5	0	1	1	0	5
高安市委党校	21	21	13	3	0	4	1	0	8

4.1 全国电大教职工情况（续表18）

单位：人

	教职工数								聘请校外教师
	计	校本部教职工数						校办企业等人员	
		计	专任教师	行政人员	科研人员	教辅人员	工勤人员		
电大吉安市分校	33	33	17	16	0	0	0	0	145
吉安县教师进修学校教学点	13	13	12	0	0	0	1	0	0
吉水县教师进修学校教学点	15	15	15	0	0	0	0	0	0
永新县工作站	36	36	28	2	0	0	6	0	6
中共遂川县委党校教学点	18	18	9	5	0	0	4	0	7
安福县教师进修学校	33	33	31	2	0	0	0	0	0
万安县委党校	18	18	12	0	0	2	4	0	11
峡江县委党校	17	17	17	0	0	0	0	0	14
新干县委党校	18	18	15	3	0	0	0	0	10
中共永丰县委党校教学点	7	7	7	0	0	0	0	0	0
上饶广播电视大学	31	31	20	5	2	2	2	0	38
广丰县工作站	26	26	22	3	0	0	1	0	11
鄱阳县工作站	19	19	19	0	0	0	0	0	17
德兴市工作站	23	23	18	3	0	1	1	0	8
婺源县工作站	22	22	17	2	0	3	0	0	7
横峰县工作站	18	18	13	3	0	1	1	0	8
上饶县工作站	24	24	18	3	0	2	1	0	10
万年县工作站	26	26	20	3	0	1	2	0	6
玉山县工作站	21	21	16	3	0	1	1	0	15
铅山县工作站	24	24	18	3	0	2	1	0	10
余干县工作站	21	21	16	3	1	1	0	0	8
弋阳县工作站	18	18	14	2	0	1	1	0	12
抚州广播电视大学	54	54	36	10	0	0	8	0	0
黎川县工作站	3	3	3	0	0	0	0	0	29
南丰县工作站	5	5	4	1	0	0	0	0	16
南城县工作站	4	4	4	0	0	0	0	0	2
金溪县工作站	11	11	11	0	0	0	0	0	18
资溪县工作站	3	3	3	0	0	0	0	0	6
乐安县工作站	2	2	2	0	0	0	0	0	8
山　　东	**3924**	**3893**	**2253**	**953**	**35**	**360**	**292**	**31**	**255**
其中：女	1679	1662	1040	347	16	172	87	17	92
山东广播电视大学	257	257	109	110	3	26	9	0	85
济南广播电视大学	293	293	150	42	0	61	40	0	0
烟台广播电视大学	391	391	214	72	15	43	47	0	0
潍坊广播电视大学	34	34	11	14	2	7	0	0	35
淄博广播电视大学	369	361	232	77	0	19	33	8	21
威海市广播电视大学	111	111	51	52	0	2	6	0	0
临沂广播电视大学	28	28	20	6	0	2	0	0	0
德州广播电视大学	87	87	39	7	0	34	7	0	0
滨州广播电视大学	14	14	0	0	0	14	0	0	80
菏泽广播电视大学	213	213	119	74	0	15	5	0	0
聊城广播电视大学	195	195	168	7	0	20	0	0	0
泰安广播电视大学	24	24	18	4	1	1	0	0	0

4.1 全国电大教职工情况（续表19）

单位：人

	教职工数								聘请校外教师
	计	校本部教职工数						校办企业等人员	
		计	专任教师	行政人员	科研人员	教辅人员	工勤人员		
枣庄广播电视大学	370	370	190	143	11	9	17	0	0
济宁广播电视大学	607	607	364	154	3	50	36	0	0
东营广播电视大学	110	110	76	13	0	10	11	0	0
胜利油田广播电视大学	323	300	140	91	0	21	48	23	0
莱芜钢铁总厂广播电视大学	145	145	66	70	0	5	4	0	0
省直工作处	0	0	0	0	0	0	0	0	0
日照广播电视大学	265	265	226	0	0	19	20	0	14
荣成市广播电视大学	50	50	34	8	0	2	6	0	0
莱芜科技成人中专	38	38	26	9	0	0	3	0	20
青　岛	**700**	**678**	**470**	**82**	**14**	**77**	**35**	**22**	**125**
其中：女	287	282	210	27	6	32	7	5	69
青岛广播电视大学	104	104	57	32	2	8	5	0	74
莱西分校	87	87	67	0	0	9	11	0	12
平度分校	96	96	67	0	2	27	0	0	0
胶州分校	77	77	70	4	0	3	0	0	9
胶南分校	71	71	57	1	0	5	8	0	0
即墨分校	133	133	96	31	0	0	6	0	0
黄岛分校	0	0	0	0	0	0	0	0	0
崂山分校	5	5	5	0	0	0	0	0	0
城阳分校	70	70	42	9	6	8	5	0	0
李沧区分校	57	35	9	5	4	17	0	22	30
河　南	**2952**	**2891**	**1812**	**550**	**108**	**283**	**138**	**61**	**234**
其中：女	1296	1268	852	222	42	105	47	28	93
河南广播电视大学	375	375	200	94	5	71	5	0	0
河南省直广播电视大学	67	67	15	24	0	18	10	0	33
郑州广播电视大学	93	93	57	17	4	8	7	0	31
开封广播电视大学	59	59	27	10	0	14	8	0	30
洛阳广播电视大学	63	63	24	16	0	20	3	0	22
新乡广播电视大学	237	233	168	55	0	0	10	4	0
焦作广播电视大学	408	408	333	55	20	0	0	0	0
安阳广播电视大学	72	72	25	34	0	8	5	0	20
濮阳广播电视大学	23	23	9	9	0	5	0	0	0
鹤壁广播电视大学	51	51	31	15	0	5	0	0	0
商丘广播电视大学	111	111	84	18	0	9	0	0	0
三门峡广播电视大学	64	64	34	19	4	7	0	0	0
平顶山广播电视大学	469	441	276	61	45	40	19	28	30
驻马店广播电视大学	246	246	165	23	15	18	25	0	0
许昌广播电视大学	44	44	25	7	0	6	6	0	16
信阳广播电视大学	54	54	33	5	0	9	7	0	0
南阳广播电视大学	61	61	31	16	4	5	5	0	9
周口广播电视大学	60	60	41	8	1	10	0	0	0
漯河广播电视大学	60	60	50	8	0	2	0	0	0
郑州铁路局广播电视大学	29	29	18	9	1	1	0	0	5

4.1　全国电大教职工情况（续表20）

单位：人

	教职工数								聘请校外教师
	计	校本部教职工数						校办企业等人员	
		计	专任教师	行政人员	科研人员	教辅人员	工勤人员		
中原油田广播电视大学	65	65	41	10	0	6	8	0	11
济源广播电视大学	86	86	67	7	7	5	0	0	13
河南省工商行政管理分校	155	126	58	30	2	16	20	29	14
湖　北	**2684**	**2677**	**1659**	**522**	**13**	**307**	**176**	**7**	**373**
其中：女	1046	1042	618	205	3	148	68	4	143
湖北广播电视大学	409	409	250	100	3	34	22	0	0
黄冈广播电视大学	442	442	254	144	0	36	8	0	39
孝感市广播电视大学	229	229	139	26	0	39	25	0	0
咸宁地区广播电视大学	126	126	82	30	0	12	2	0	88
荆州地区广播电视大学	221	221	118	59	0	44	0	0	98
宜昌市广播电视大学	70	70	32	25	0	11	2	0	120
黄石广播电视大学	136	136	80	17	2	22	15	0	0
十堰市广播电视大学	71	71	58	4	0	9	0	0	0
襄樊广播电视大学	381	381	231	40	0	56	54	0	0
恩施土家族苗族自治州广播电视大学	54	54	34	9	0	11	0	0	28
湖北广播电视大学大冶有色金属公司分校	69	69	45	18	0	0	6	0	0
天门市广播电视大学	82	82	70	5	2	5	0	0	0
潜江市广播电视大学	30	30	24	3	0	0	3	0	0
仙桃广播电视大学	67	67	43	12	0	6	6	0	0
湖北广播电视大学江汉油田分校	59	59	45	11	1	1	1	0	0
湖北广播电视大学钟祥分校	169	162	101	13	2	16	30	7	0
随州广播电视大学	69	69	53	6	3	5	2	0	0
武　汉	**2057**	**2057**	**1426**	**257**	**18**	**149**	**207**	**0**	**231**
其中：女	933	933	711	97	3	69	53	0	120
武汉市广播电视大学	862	862	603	148	6	35	70	0	0
江岸分校	44	44	25	12	0	6	1	0	0
武昌分校	23	23	6	11	0	4	2	0	9
桥口分校	29	29	13	11	0	3	2	0	0
汉阳分校	48	48	33	7	0	0	8	0	0
青山分校	15	15	11	3	0	0	1	0	48
洪山分校	30	30	21	9	0	0	0	0	18
东西湖分校	42	42	33	0	0	1	8	0	0
汉南分校	22	22	11	4	2	3	2	0	0
江夏分校	48	48	40	4	0	4	0	0	0
蔡甸分校	25	25	25	0	0	0	0	0	18
黄陂分校	36	36	20	6	4	2	4	0	0
新洲分校	79	79	50	8	6	7	8	0	6
武钢分校	725	725	514	28	0	82	101	0	132
江汉区电大分校	29	29	21	6	0	2	0	0	0
湖　南	**4546**	**4530**	**2689**	**914**	**137**	**545**	**245**	**16**	**1345**
其中：女	1524	1518	907	279	30	232	70	6	469
湖南广播电视大学	448	440	266	127	7	19	21	8	174
长沙广播电视大学	75	75	17	28	0	23	7	0	61

4.1 全国电大教职工情况（续表21）

单位：人

	教职工数								聘请校外教师
	计	校本部教职工数						校办企业等人员	
		计	专任教师	行政人员	科研人员	教辅人员	工勤人员		
长沙县教师进修学校	12	12	0	4	1	7	0	0	8
望城县电大工作站	30	30	15	1	0	14	0	0	40
浏阳教师进修学校	32	32	22	0	0	8	2	0	0
宁乡县教师进修学校	20	20	9	4	1	6	0	0	8
宁乡玉潭联校点	8	8	4	3	0	0	1	0	0
长沙国宾旅游学校	30	30	18	5	2	2	3	0	5
株洲广播电视大学	33	33	11	21	0	0	1	0	85
株洲市艺术设计学校	0	0	0	0	0	0	0	0	0
湖南省商业技术学院	0	0	0	0	0	0	0	0	0
株洲市技术学院	0	0	0	0	0	0	0	0	0
株洲县电大工作站	120	120	83	21	4	8	4	0	0
株洲分校醴陵电大工作站	119	119	91	8	3	10	7	0	0
攸县电大工作站	131	131	65	32	0	33	1	0	10
茶陵县电大工作站	74	74	50	10	0	9	5	0	6
炎陵县电大工作站	44	44	35	5	0	3	1	0	4
株洲市中等职业学校	213	213	158	25	0	17	13	0	16
湘潭广播电视大学	57	57	24	16	0	6	11	0	176
湘潭县财政局教学点	28	28	15	13	0	0	0	0	8
湘潭新华电脑学校	8	8	6	2	0	0	0	0	0
湘乡市东山教学点	8	8	6	2	0	0	0	0	0
湘乡市第一职业中专	100	100	50	17	15	8	10	0	6
韶山市司法局教学点	120	120	68	9	20	3	20	0	16
衡阳市广播电视大学	146	144	62	16	0	52	14	2	25
耒阳师范学校教学点	5	5	3	0	0	2	0	0	0
衡东农广校教学点	4	4	3	0	0	1	0	0	0
祁东县电大教学点	5	5	3	0	0	2	0	0	0
衡阳市城南电大站	3	3	2	0	0	1	0	0	0
衡阳电大常宁分校	5	5	3	0	0	2	0	0	0
衡山县教师进修学校	3	3	2	0	0	1	0	0	1
湖南科技经贸职业学院	3	3	2	0	0	1	0	0	0
邵阳广播电视大学	55	55	25	8	2	14	6	0	15
洞口县成人中专校	36	36	36	0	0	0	0	0	0
邵东县电大工作站	22	22	16	5	1	0	0	0	1
新宁县电大工作站	19	19	7	7	0	0	5	0	0
中共新邵县委党校	19	19	14	5	0	0	0	0	0
隆回县委党校	17	17	17	0	0	0	0	0	6
武冈市电大工作站	24	24	12	9	0	1	2	0	12
绥宁县教师进修学校	38	38	28	8	0	2	0	0	0
邵阳县电大工作站	23	23	15	3	0	5	0	0	11
城步县电大工作站	11	11	7	2	0	2	0	0	0
岳阳广播电视大学	95	95	54	20	5	16	0	0	59
岳阳县电大工作站	13	13	13	0	0	0	0	0	0
临湘市电大工作站	17	17	17	0	0	0	0	0	0

4.1 全国电大教职工情况（续表22）

单位：人

	教职工数								聘请校外教师
	计	校本部教职工数						校办企业等人员	
		计	专任教师	行政人员	科研人员	教辅人员	工勤人员		
华容县电大工作站	37	37	28	6	2	1	0	0	8
汨罗县电大工作站	46	46	34	9	0	2	1	0	0
平江县电大工作站	18	18	7	4	1	6	0	0	0
湘阴县电大工作站	51	51	35	9	2	2	3	0	34
岳阳县教师进修学校	13	13	13	0	0	0	0	0	0
娄底广播电视大学	102	102	40	25	15	20	2	0	57
涟源市教研师训中心	72	72	53	0	18	0	1	0	8
双峰县电大工作站	78	78	58	3	0	16	1	0	20
冷水江市教学点	40	40	20	10	3	4	3	0	41
新化县教师进修学校	43	43	23	13	3	4	0	0	2
零陵分校	38	38	17	10	3	0	8	0	26
宁远县教师进修学校	0	0	0	0	0	0	0	0	0
江永县教师进修学校	0	0	0	0	0	0	0	0	0
道县教师进修学校	0	0	0	0	0	0	0	0	0
蓝山县教师进修学校	0	0	0	0	0	0	0	0	0
江华县教师进修学校教学点	15	15	10	2	0	3	0	0	15
祁阳县电大工作站	0	0	0	0	0	0	0	0	0
新田县电大工作站	24	24	13	5	2	3	1	0	0
东安县教师进修学校	0	0	0	0	0	0	0	0	0
郴州广播电视大学	63	63	30	19	0	7	7	0	0
永兴县电大工作站	18	18	13	0	0	3	2	0	30
宜章县电大工作站	14	14	10	4	0	0	0	0	19
桂阳县电大工作站	23	23	16	3	0	3	1	0	0
汝城县电大工作站	14	14	11	3	0	0	0	0	13
资兴市电大工作站	10	10	8	2	0	0	0	0	0
桂东县电大工作站	24	24	14	4	0	3	3	0	0
中共嘉禾县委党校	17	17	13	2	0	2	0	0	0
益阳广播电视大学	97	97	52	18	0	13	14	0	33
南县电大工作站	19	19	10	1	0	8	0	0	7
桃江县电大站	12	12	8	4	0	0	0	0	6
沅江市教师进修学校	20	20	12	8	0	0	0	0	4
安化县教师进修学校	11	11	8	3	0	0	0	0	5
资阳电大工作站	13	13	9	4	0	0	0	0	0
赫山电大工作站	0	0	0	0	0	0	0	0	6
益阳分校第一职业中专学校	0	0	0	0	0	0	0	0	0
益阳分校湘益中专教学点	0	0	0	0	0	0	0	0	0
常德广播电视大学	52	52	33	15	0	0	4	0	14
武陵区电大工作站	31	31	16	8	0	6	1	0	0
常德电大鼎城工作站	36	35	20	7	0	4	4	1	2
汉寿县电大工作站	24	24	15	5	0	4	0	0	8
桃源县电大工作站	19	19	4	3	0	12	0	0	8
临澧县电大工作站	29	29	10	8	0	11	0	0	5
石门县电大工作站	16	16	7	3	1	5	0	0	8

4.1 全国电大教职工情况（续表23）

单位：人

	教职工数								聘请校外教师
	计	校本部教职工数						校办企业等人员	
		计	专任教师	行政人员	科研人员	教辅人员	工勤人员		
澧县电大工作站	44	44	40	4	0	0	0	0	5
安乡县电大工作站	26	26	13	0	0	13	0	0	0
怀化广播电视大学	54	54	39	10	0	0	5	0	36
沅陵工业中专	0	0	0	0	0	0	0	0	0
沅陵县远程教育站	0	0	0	0	0	0	0	0	0
辰溪县委党校	0	0	0	0	0	0	0	0	0
芷江县电大工作站	0	0	0	0	0	0	0	0	0
新晃县教师进修学校	39	39	13	13	10	3	0	0	0
洪江市第一教师进修学校	0	0	0	0	0	0	0	0	0
洪江区电大教学点	0	0	0	0	0	0	0	0	0
洪江市振华学校	0	0	0	0	0	0	0	0	0
会同县职业中专学校教学点	0	0	0	0	0	0	0	0	0
通道县职业技术总校教学点	0	0	0	0	0	0	0	0	0
靖州县教师进修学校教学点	8	8	8	0	0	0	0	0	0
怀化万昌职业中专	0	0	0	0	0	0	0	0	0
溆浦县教师进修学校	0	0	0	0	0	0	0	0	0
怀化分校麻阳教师进修学校	0	0	0	0	0	0	0	0	0
芷江师范	0	0	0	0	0	0	0	0	0
洪江市教师进修学校	0	0	0	0	0	0	0	0	0
怀化分校会同党校	0	0	0	0	0	0	0	0	0
湖南电大怀化分校沅陵教学点	0	0	0	0	0	0	0	0	0
湘西民族广播电视大学	53	53	27	10	0	15	1	0	22
花垣县电大工作站	38	38	22	6	3	4	3	0	8
龙山县电大工作站	27	27	16	11	0	0	0	0	0
永顺县电大工作站	93	93	40	10	0	26	17	0	8
保靖县电大工作站	28	28	18	5	0	5	0	0	15
古丈县电大工作站	13	13	8	3	0	2	0	0	5
凤凰县电大工作站	48	48	21	12	5	9	1	0	10
泸溪县电大工作站	33	33	33	0	0	0	0	0	3
张家界市广播电视大学	22	22	11	5	0	4	2	0	27
桑植县电大工作站	22	22	11	3	0	4	4	0	10
慈利县电大工作站	20	20	12	4	2	2	0	0	0
津市分校	52	52	31	10	5	3	3	0	9
岳阳石化总厂广播电视大学	55	55	30	9	1	8	7	0	0
卫生分校	35	35	26	9	0	0	0	0	0
省中医药高等专科学校	0	0	0	0	0	0	0	0	0
衡阳市卫校	0	0	0	0	0	0	0	0	0
邵阳市医专	0	0	0	0	0	0	0	0	0
岳阳职业技术学院	0	0	0	0	0	0	0	0	0
娄底市卫校	39	39	30	9	0	0	0	0	0
永州职业技术学院	0	0	0	0	0	0	0	0	0
郴州医专	0	0	0	0	0	0	0	0	0
益阳市卫生职业技术学校	0	0	0	0	0	0	0	0	0

4.1 全国电大教职工情况（续表24）

单位：人

	教职工数								聘请校外教师
	计	校本部教职工数						校办企业等人员	
		计	专任教师	行政人员	科研人员	教辅人员	工勤人员		
常德职业技术学院	0	0	0	0	0	0	0	0	0
怀化医专	27	27	14	13	0	0	0	0	0
湘南学院教学点	57	57	38	19	0	0	0	0	0
益阳医学高等专科学校	44	44	31	13	0	0	0	0	0
衡阳华南	0	0	0	0	0	0	0	0	0
涟钢分校	100	95	68	18	0	3	6	5	0
湖南广播电视大学药学分校	157	157	65	62	0	24	6	0	55
广　东	**5611**	**5531**	**3580**	**917**	**35**	**500**	**499**	**80**	**1756**
其中：女	2389	2349	1522	324	20	265	218	40	627
广东广播电视大学	520	520	374	88	6	34	18	0	97
法律分校	17	17	12	2	3	0	0	0	21
省电力局分校	33	33	21	6	0	5	1	0	0
省公路局分校	49	49	17	10	0	2	20	0	14
广东电大深圳拱北海关分校	35	35	26	5	2	2	0	0	18
珠海市广播电视大学	152	152	60	61	0	22	9	0	67
斗门广播电视大学	31	19	14	2	0	2	1	12	23
汕头广播电视大学	152	152	100	24	0	11	17	0	27
汕头广播电视大学潮阳电大	53	53	22	14	0	17	0	0	27
汕头广播电视大学澄海电大	177	177	138	23	0	10	6	0	18
韶关市广播电视大学	40	40	22	10	0	3	5	0	64
韶关市曲江区广播电视大学	47	47	27	4	2	8	6	0	10
仁化广播电视大学	32	32	25	3	0	2	2	0	0
新丰县广播电视大学	46	46	23	3	0	9	11	0	0
广东省翁源县广播电视大学	83	83	59	6	0	0	18	0	0
始兴县广播电视大学	34	34	27	7	0	0	0	0	0
南雄市广播电视大学	61	61	23	18	3	12	5	0	2
乐昌市广播电视大学	28	28	21	3	0	0	4	0	7
乳源瑶族自治县广播电视大学	17	17	7	5	0	0	5	0	0
汕尾市广播电视大学	66	66	51	4	0	7	4	0	61
海丰县广播电视大学	37	37	19	3	0	8	7	0	21
陆丰市广播电视大学	23	23	8	11	0	0	4	0	15
陆河县广播电视大学	23	23	15	3	0	3	2	0	35
梅州市广播电视大学	29	29	14	15	0	0	0	0	72
梅江区广播电视大学	20	20	16	4	0	0	0	0	40
蕉岭县广播电视大学	37	37	32	1	0	4	0	0	0
大埔县广播电视大学	12	12	6	3	0	3	0	0	28
丰顺县广播电视大学	11	11	2	9	0	0	0	0	16
五华县广播电视大学	18	18	8	4	0	5	1	0	30
广东省兴宁市广播电视大学	19	19	4	8	0	6	1	0	23
平远县广播电视大学	22	22	12	2	0	5	3	0	28
惠州市广播电视大学	128	128	83	25	0	14	6	0	44
惠阳区广播电视大学	34	34	22	3	0	5	4	0	7
惠东县广播电视大学	34	34	22	9	0	0	3	0	14

4.1 全国电大教职工情况（续表25）

单位：人

	教职工数								聘请校外教师
	计	校本部教职工数						校办企业等人员	
		计	专任教师	行政人员	科研人员	教辅人员	工勤人员		
博罗县广播电视大学	29	29	17	4	0	3	5	0	26
龙门县广播电视大学	21	21	15	4	0	0	2	0	0
东莞市广播电视大学	58	58	29	8	0	11	10	0	38
中山市广播电视大学	93	93	46	21	0	12	14	0	49
江门市广播电视大学	110	110	64	31	0	9	6	0	26
新会市广播电视大学	22	22	9	6	0	3	4	0	20
台山磐石电视大学	26	26	14	8	0	0	4	0	10
开平市广播电视大学	65	65	59	1	0	0	5	0	0
恩平市广播电视大学	34	34	17	11	0	3	3	0	0
鹤山市广播电视大学	20	20	14	0	0	3	3	0	23
佛山广播电视大学	82	82	46	18	0	16	2	0	0
三水广播电视大学	29	29	17	7	0	4	1	0	6
高明广播电视大学	16	16	9	6	0	0	1	0	14
阳江市广播电视大学	61	61	41	13	0	6	1	0	53
阳春市广播电视大学	57	57	44	7	0	3	3	0	23
湛江市广播电视大学	93	93	41	34	0	10	8	0	43
雷州市广播电视大学	68	68	22	23	0	7	16	0	10
徐闻县广播电视大学	71	71	43	0	0	0	28	0	0
遂溪县广播电视大学	47	47	35	0	0	8	4	0	0
吴川市广播电视大学	42	42	25	10	0	2	5	0	0
廉江市广播电视大学	16	16	8	6	0	0	2	0	18
茂名广播电视大学	128	128	50	46	0	16	16	0	66
高州市广播电视大学	13	13	10	3	0	0	0	0	23
信宜市广播电视大学	116	116	90	6	0	15	5	0	0
电白广播电视大学	28	28	14	8	0	4	2	0	11
化州市广播电视大学	89	89	69	5	0	7	8	0	8
肇庆广播电视大学	52	52	25	17	0	7	3	0	57
高要市广播电视大学	35	35	27	3	0	2	3	0	25
四会市广播电视大学	166	99	44	26	0	16	13	67	0
广宁县广播电视大学	51	51	42	0	0	0	9	0	9
德庆县广播电视大学	44	44	36	6	0	1	1	0	0
封开县广播电视大学	34	34	9	11	0	1	13	0	31
怀集县广播电视大学	27	26	21	5	0	0	0	1	42
清远市广播电视大学	36	36	28	8	0	0	0	0	9
英德电大	59	59	52	3	0	2	2	0	4
佛冈县广播电视大学	46	46	37	2	1	2	4	0	0
阳山县广播电视大学	148	148	124	3	11	10	0	0	0
连山壮族瑶族自治县广播电视大学	26	26	12	7	0	0	7	0	0
连南瑶族自治县广播电视大学	43	43	30	2	0	0	11	0	2
连州市广播电视大学	147	147	120	15	0	0	12	0	17
潮州广播电视大学	29	29	17	10	0	0	2	0	69
饶平县广播电视大学	21	21	4	9	0	6	2	0	20
潮安广播电视大学	26	26	13	7	2	3	1	0	16

4.1 全国电大教职工情况（续表26）

单位：人

	教职工数								聘请校外教师
	计	校本部教职工数						校办企业等人员	
		计	专任教师	行政人员	科研人员	教辅人员	工勤人员		
揭阳广播电视大学	38	38	25	3	0	3	7	0	15
普宁市广播电视大学	31	31	10	7	3	7	4	0	34
广东省揭西县广播电视大学	30	30	10	7	0	13	0	0	0
惠来县广播电视大学	17	17	9	6	0	1	1	0	20
揭东县广播电视大学	20	20	15	4	0	1	0	0	8
河源广播电视大学	189	189	119	18	0	29	23	0	11
和平县广播电视大学	160	160	134	4	0	14	8	0	0
龙川广播电视大学	63	63	37	6	0	8	12	0	0
紫金县广播电视大学	128	128	111	9	0	4	4	0	0
连平县广播电视大学	96	96	76	0	0	0	20	0	0
云浮市广播电视大学	25	25	16	5	0	2	2	0	27
云硫电大	3	3	3	0	0	0	0	0	1
罗定市广播电视大学	17	17	7	4	0	6	0	0	2
新兴电大	67	67	56	8	2	0	1	0	1
郁南电大	21	21	16	1	0	2	2	0	0
南海广播电视大学	117	117	76	11	0	19	11	0	30
顺德广播电视大学	45	45	39	6	0	0	0	0	10
广　　州	**2403**	**2393**	**1544**	**380**	**13**	**280**	**176**	**10**	**765**
其中：女	1280	1280	874	188	7	142	69	0	357
广州市广播电视大学	198	198	90	68	2	24	14	0	203
东山区分校	31	31	21	10	0	0	0	0	24
海珠区分校	59	59	30	10	7	0	12	0	70
荔湾分校	76	76	48	12	0	16	0	0	8
越秀区分校	33	33	20	5	0	2	6	0	8
天河区分校	20	20	11	4	0	3	2	0	53
开发区分校	27	27	12	6	0	8	1	0	23
市轻工业局分校	116	116	86	30	0	0	0	0	0
侨光分校	146	146	62	16	0	57	11	0	122
机电局分校	279	279	234	27	0	0	18	0	3
法律专业工作站	118	118	78	27	0	7	6	0	25
市二轻局工作站	67	67	56	5	2	4	0	0	3
番禺区广播电视大学	44	44	41	0	0	3	0	0	29
从化市分校	45	45	30	4	0	11	0	0	28
花都区广播电视大学	84	84	52	17	0	13	2	0	44
增城市广播电视大学	186	186	139	9	0	23	15	0	27
市银行学校电大工作站	15	15	9	4	0	1	1	0	11
东方教学点	36	36	18	0	0	18	0	0	10
广州市港务局工作站	27	27	12	8	0	4	3	0	8
金融分校	106	106	77	15	0	12	2	0	0
广州市广播电视大学广大人文学院工作站	23	13	5	2	2	2	2	10	15
广州电大黄埔工作站	205	205	133	14	0	34	24	0	15
广州电大广州港分校	27	27	12	8	0	4	3	0	8
广州电大商贸工作站	251	251	150	42	0	21	38	0	11

4.1 全国电大教职工情况（续表27）

单位：人

	教职工数								聘请校外教师
	计	校本部教职工数						校办企业等人员	
		计	专任教师	行政人员	科研人员	教辅人员	工勤人员		
广州康大工作站	44	44	41	3	0	0	0	0	4
广州电大中奥工作站	41	41	9	19	0	6	7	0	13
广州电大幼师工作站	99	99	68	15	0	7	9	0	0
深　圳	**699**	**654**	**371**	**121**	**18**	**75**	**69**	**45**	**405**
其中：女	361	322	188	51	7	45	31	39	174
深圳市广播电视大学	277	277	196	46	0	10	25	0	131
蛇口分校	72	27	12	8	0	5	2	45	48
宝安分校	67	67	22	14	0	13	18	0	22
沙头角分校	58	58	51	2	0	3	2	0	44
南山分校	42	42	24	7	8	3	0	0	52
龙岗分校	64	64	29	12	0	11	12	0	9
罗湖分校	45	45	9	11	8	17	0	0	20
福田分校	23	23	8	5	0	5	5	0	5
光明教学点	21	21	9	4	2	3	3	0	6
龙华教学点	14	14	4	5	0	4	1	0	33
高技校教学点	10	10	4	4	0	1	1	0	35
观澜教学点	6	6	3	3	0	0	0	0	0
广　西	**1058**	**1058**	**586**	**228**	**15**	**132**	**97**	**0**	**287**
其中：女	490	490	302	90	3	61	34	0	112
广西广播电视大学	191	191	112	34	7	24	14	0	0
广西电大区直分校	53	53	17	26	0	5	5	0	32
南宁市广播电视大学	50	50	30	14	4	2	0	0	20
柳州市广播电视大学	30	30	20	5	0	3	2	0	6
桂林市广播电视大学	102	102	57	28	0	12	5	0	13
梧州市分校	43	43	19	4	0	16	4	0	16
南宁地区电大分校	176	176	95	32	2	24	23	0	2
来宾市分校	20	20	14	2	0	2	2	0	25
贺州市分校	10	10	5	5	0	0	0	0	10
百色民族分校	25	25	8	6	0	5	6	0	78
钦州市分校	74	74	40	16	0	8	10	0	10
北海市广播电视大学	37	37	28	4	0	2	3	0	0
检察分校	17	17	10	1	0	0	6	0	0
贵港市广播电视大学	54	54	19	15	2	15	3	0	35
防城港市工作站	14	14	8	2	0	4	0	0	20
玉林商务分校	35	35	20	12	0	3	0	0	20
广西电大工商分校	93	93	58	14	0	7	14	0	0
广西银行学校电大工作站	34	34	26	8	0	0	0	0	0
海　南	**136**	**136**	**67**	**48**	**0**	**8**	**13**	**0**	**31**
其中：女	**64**	**64**	**36**	**22**	**0**	**2**	**4**	**0**	**6**
海南广播电视大学	**136**	**136**	**67**	**48**	**0**	**8**	**13**	**0**	**31**
四　川	**3665**	**3579**	**2104**	**743**	**42**	**306**	**384**	**86**	**2347**
其中：女	1437	1401	839	327	13	114	108	36	839
四川广播电视大学	982	959	434	230	13	135	147	23	385

4.1　全国电大教职工情况（续表28）

单位：人

	教职工数								聘请校外教师
	计	校本部教职工数						校办企业等人员	
		计	专任教师	行政人员	科研人员	教辅人员	工勤人员		
建设厅分校	25	25	9	8	0	7	1	0	51
省级机关分校	102	102	33	51	3	4	11	0	181
成都铁路局分校	58	58	40	9	1	8	0	0	19
德阳广播电视大学	170	170	125	27	0	6	12	0	157
绵阳广播电视大学	69	69	47	9	0	7	6	0	88
广元广播电视大学	175	175	124	27	0	7	17	0	118
四川电大遂宁应用职业技术学校教学点	69	69	58	7	2	2	0	0	138
雅安分校	27	27	14	6	2	5	0	0	0
乐山广播电视大学	202	202	114	40	5	26	17	0	90
内江广播电视大学	103	40	28	11	0	0	1	63	29
自贡广播电视大学	118	118	68	33	0	7	10	0	48
宜宾广播电视大学	247	247	192	32	2	13	8	0	232
泸州广播电视大学	252	252	145	62	0	14	31	0	110
南充广播电视大学	44	44	30	4	3	3	4	0	148
达州广播电视大学	356	356	179	83	1	21	72	0	92
甘孜分校	95	95	57	26	0	0	12	0	0
凉山广播电视大学	64	64	55	9	0	0	0	0	0
攀枝花广播电视大学	42	42	29	7	0	4	2	0	53
巴中广播电视大学	50	50	34	8	0	6	2	0	34
广安广播电视大学	94	94	61	8	6	10	9	0	83
眉山广播电视大学	63	63	56	3	0	4	0	0	21
资阳广播电视大学	28	28	18	10	0	0	0	0	72
阿坝广播电视大学	88	88	59	14	0	7	8	0	41
四川广播电视大学直属学院蓬溪分校	17	17	13	0	0	2	2	0	28
四川广播电视大学直属学院射洪分校	22	22	15	3	0	0	4	0	27
四川广播电视大学直属学院大英分校	13	13	7	1	0	0	5	0	16
四川广播电视大学直属学院西昌分院	14	14	10	1	0	3	0	0	6
四川广播电视大学直属学院雷波工作站	17	17	9	4	0	2	2	0	18
四川广播电视大学直属学院宁南工作站	10	10	10	0	0	0	0	0	24
四川广播电视大学直属学院甘洛工作站	14	14	11	2	0	0	1	0	8
四川广播电视大学直属学院越西工作站	6	6	4	2	0	0	0	0	18
四川广播电视大学直属学院昭觉工作站	14	14	8	2	2	2	0	0	6
四川广播电视大学直属学院美姑工作站	15	15	8	4	2	1	0	0	6
成　　都	**952**	**952**	**469**	**366**	**10**	**63**	**44**	**0**	**593**
其中：女	413	413	203	162	1	35	12	0	229
成都广播电视大学	104	104	67	21	3	7	6	0	134
龙泉分校	74	74	50	11	0	4	9	0	3
彭州分校	33	33	18	5	0	6	4	0	38
新都分校	12	12	5	2	0	1	4	0	92
双流分校	11	11	6	5	0	0	0	0	49
崇州分校	44	44	20	11	0	9	4	0	21
邛崃分校	13	13	10	0	0	3	0	0	30
郫县分校	24	24	13	3	0	4	4	0	36

4.1　全国电大教职工情况（续表29）

单位：人

	教职工数								聘请校外教师
	计	校本部教职工数						校办企业等人员	
		计	专任教师	行政人员	科研人员	教辅人员	工勤人员		
温江分校	61	61	37	3	7	7	7	0	28
金堂分校	43	43	18	8	0	14	3	0	5
五冶分校	5	5	1	2	0	2	0	0	23
蒲江分校	27	27	19	5	0	2	1	0	8
电子工业分校	455	455	185	270	0	0	0	0	25
新津分校	16	16	6	8	0	2	0	0	33
青羊分校	14	14	4	6	0	2	2	0	21
旅游分校	16	16	10	6	0	0	0	0	47
重　庆	**2475**	**2467**	**1443**	**522**	**93**	**294**	**115**	**8**	**1258**
其中：女	1029	1026	627	184	41	151	23	3	483
重庆广播电视大学	640	640	336	162	20	103	19	0	292
渝中区分校	14	14	10	4	0	0	0	0	22
重庆铁路分校	20	20	12	4	0	0	4	0	5
重庆钢铁公司分校	36	36	24	9	0	3	0	0	3
南岸分校	10	10	9	1	0	0	0	0	40
九龙坡工作站	41	37	10	13	2	11	1	4	25
江北工作站	50	50	26	19	0	2	3	0	0
沙坪坝区电大分校	79	75	29	7	34	4	1	4	25
永川市广播电视大学	48	48	20	18	2	4	4	0	30
北碚区工作站	70	70	43	15	0	10	2	0	15
万盛区工作站	5	5	4	1	0	0	0	0	18
荣昌县工作站	66	66	25	12	15	14	0	0	7
綦江县工作站	15	15	7	5	0	3	0	0	5
合川广播电视大学	62	62	33	14	2	10	3	0	30
长寿分校	30	30	21	5	0	0	4	0	15
铜梁县工作站	5	5	2	3	0	0	0	0	45
渝北分校	12	12	7	3	0	2	0	0	21
潼南县工作站	53	53	34	17	0	0	2	0	0
大足县工作站	39	39	32	5	0	0	2	0	28
巴南分校	43	43	33	4	0	0	6	0	11
江津广播电视大学	37	37	27	9	0	0	1	0	5
大渡口分校	4	4	2	2	0	0	0	0	28
璧山分校	57	57	38	10	0	5	4	0	0
万州广播电视大学	49	49	23	10	0	15	1	0	57
涪陵广播电视大学	44	44	25	8	0	8	3	0	116
黔江广播电视大学	43	43	38	3	0	0	2	0	3
南川分校	39	39	26	4	0	5	4	0	4
垫江分校	28	28	10	5	1	9	3	0	0
丰都县电大工作站	4	4	4	0	0	0	0	0	30
武隆分校	42	42	35	3	1	3	0	0	15
梁平县电大工作站	29	29	23	3	0	0	3	0	15
重庆电大经贸学院	218	218	116	54	0	34	14	0	18
重庆电大建筑工程学院	51	51	27	12	0	5	7	0	64

4.1 全国电大教职工情况（续表30）

单位：人

	教职工数								聘请校外教师
	计	校本部教职工数						校办企业等人员	
		计	专任教师	行政人员	科研人员	教辅人员	工勤人员		
酉阳分校	60	60	36	6	2	14	2	0	3
秀山分校	21	21	21	0	0	0	0	0	24
石柱分校	29	29	22	4	0	2	1	0	20
彭水电大工作站	41	41	41	0	0	0	0	0	10
奉节县电大工作站	16	16	13	3	0	0	0	0	18
云阳县电大工作站	4	4	4	0	0	0	0	0	25
巫山分校	87	87	68	0	0	15	4	0	0
巫溪电大工作站	4	4	4	0	0	0	0	0	36
城口电大工作站	22	22	19	3	0	0	0	0	8
开县电大工作站	61	61	37	5	14	0	5	0	10
忠县电大工作站	6	6	4	2	0	0	0	0	23
铜梁分校	27	27	17	5	0	4	1	0	0
重庆电大企业管理学院	63	63	26	25	0	9	3	0	54
市药监局电大工作站	51	51	20	25	0	0	6	0	35
贵州	**1261**	**1224**	**678**	**337**	**2**	**138**	**69**	**37**	**708**
其中：女	607	598	338	142	2	85	31	9	258
贵州广播电视大学	352	352	183	70	2	84	13	0	261
省直分校	0	0	0	0	0	0	0	0	0
贵阳市分校	35	35	23	5	0	5	2	0	39
遵义地区分校	29	29	25	4	0	0	0	0	92
安顺地区分校	26	26	19	5	0	0	2	0	40
黔南州分校	28	28	13	11	0	0	4	0	82
黔东南州分校	48	48	24	14	0	0	10	0	13
黔西南州分校	63	63	23	17	0	19	4	0	35
毕节地区分校	132	95	76	10	0	0	9	37	37
六盘水市分校	35	35	22	5	0	2	6	0	33
铜仁分校	28	28	16	7	0	1	4	0	51
水城钢铁公司分校	108	108	38	70	0	0	0	0	10
航天管理局工作站	38	38	24	9	0	5	0	0	0
黎阳机械公司工作站	22	22	18	2	0	2	0	0	15
贵航技校电大工作站	317	317	174	108	0	20	15	0	0
云南	**3383**	**3372**	**2262**	**518**	**40**	**280**	**272**	**11**	**680**
其中：女	1630	1623	1155	189	14	165	100	7	276
云南广播电视大学	250	244	151	63	6	21	3	6	24
昆明广播电视大学	81	81	66	8	0	0	7	0	2
玉溪广播电视大学	69	69	48	9	0	12	0	0	3
思茅广播电视大学	28	28	16	2	0	0	10	0	0
西双版纳广播电视大学	207	207	162	18	0	16	11	0	0
红河分校	49	49	21	11	0	5	12	0	22
文山分校	378	375	285	43	0	17	30	3	32
曲靖分校	256	256	180	26	29	17	4	0	0
昭通分校	9	9	9	0	0	0	0	0	0
楚雄广播电视大学	25	25	21	0	0	4	0	0	185

4.1 全国电大教职工情况（续表31）

单位：人

	教职工数								聘请校外教师
	计	校本部教职工数						校办企业等人员	
		计	专任教师	行政人员	科研人员	教辅人员	工勤人员		
大理分校	1035	1035	591	222	5	124	93	0	247
保山分校	52	52	28	14	0	2	8	0	60
临沧分校	210	210	168	25	0	8	9	0	59
德宏广播电视大学	269	269	167	32	0	31	39	0	0
丽江分校	295	293	233	23	0	11	26	2	3
文山州民族干部学校	53	53	31	8	0	2	12	0	0
昆明市总工会分校	22	22	8	5	0	6	3	0	43
云南省电大政法分校	95	95	77	9	0	4	5	0	0
陕　西	**2583**	**2575**	**1611**	**442**	**90**	**277**	**155**	**8**	**1191**
其中：女	1113	1109	693	191	42	134	49	4	509
陕西省广播电视大学	353	353	230	52	12	45	14	0	143
延安分校	71	71	33	28	0	10	0	0	14
榆林地区分校	307	307	180	48	39	40	0	0	10
咸阳市分校	115	115	93	22	0	0	0	0	68
宝鸡市分校	36	36	24	10	0	0	2	0	76
安康分校	21	21	13	7	0	0	1	0	24
汉中分校	25	25	13	4	0	2	6	0	145
渭南分校	25	25	9	6	0	10	0	0	40
商洛地区分校	27	27	21	1	0	3	2	0	36
铜川市分校	28	28	13	12	0	0	3	0	49
航空工业局工作站	229	229	127	32	17	38	15	0	10
省电子工业局工作站	170	165	118	24	14	9	0	5	9
兵器工业管理局工作站	38	38	20	10	0	4	4	0	5
省冶金局工作站	56	56	47	4	0	0	5	0	0
省石油化学工业局工作站	15	15	15	0	0	0	0	0	5
陕西省纺织公司工作站	233	230	140	44	0	15	31	3	0
省水利厅工作站	34	34	26	1	3	3	1	0	10
高新分校	52	52	20	12	0	12	8	0	110
省电大商务厅工作站	25	25	10	10	0	5	0	0	30
新城分校	158	158	66	22	5	38	27	0	172
工运学院电大	69	69	48	14	0	6	1	0	51
陕西广播电视大学宝鸡农校教育中心	30	30	23	2	0	5	0	0	0
陕西银行学校	20	20	15	5	0	0	0	0	38
西安工程技术学院	74	74	65	4	0	5	0	0	0
陕西省机电工程学校	191	191	120	25	0	17	29	0	116
陕西通信技术学院	120	120	74	37	0	7	2	0	0
陕西广播电视大学镇安财校教学点	9	9	8	1	0	0	0	0	16
西安铁路高级工学校	19	19	12	2	0	2	3	0	2
陕西省理工学校	23	23	18	3	0	1	1	0	9
陕西扶贫技术学院教学点	10	10	10	0	0	0	0	0	3
西　安	**608**	**602**	**148**	**139**	**25**	**253**	**37**	**6**	**1081**
其中：女	339	336	94	76	8	148	10	3	485
西安市广播电视大学	176	176	36	32	7	86	15	0	0

4.1 全国电大教职工情况（续表32）

单位：人

	教职工数								聘请校外教师
	计	校本部教职工数						校办企业等人员	
		计	专任教师	行政人员	科研人员	教辅人员	工勤人员		
西安电大城东分校	90	90	0	10	1	72	7	0	368
西安电大现代教育培训学院	39	39	27	5	2	5	0	0	0
莲湖区分校	47	47	22	15	0	10	0	0	0
长安分校	22	22	0	2	6	14	0	0	98
临潼分校	30	30	15	14	1	0	0	0	50
西电公司工作站	2	2	1	1	0	0	0	0	0
莲湖科技学校工作站	6	6	0	3	0	3	0	0	12
西安电大北洋工作站	11	11	3	3	2	3	0	0	68
翠华培训学院工作站	44	38	13	8	6	9	2	6	93
富士日本语专修学院工作站	14	14	7	7	0	0	0	0	9
蓝田分校	10	10	10	0	0	0	0	0	20
高陵分校	29	29	14	7	0	5	3	0	0
艺术学院	0	0	0	0	0	0	0	0	85
西安电大城中分校	16	16	0	0	0	16	0	0	135
西安广播电视大学城南分校	0	0	0	0	0	0	0	0	0
西安广播电视大学城西分校	56	56	0	16	0	30	10	0	79
西安广播电视大学城北分校	0	0	0	0	0	0	0	0	0
西安广播电视大学高新分校	16	16	0	16	0	0	0	0	64
西安广播电视大学周户分校	0	0	0	0	0	0	0	0	0
甘　　肃	**3304**	**3275**	**2413**	**444**	**49**	**195**	**174**	**29**	**1189**
其中：女	1245	1234	972	102	16	90	54	11	317
甘肃广播电视大学	209	209	111	66	4	16	12	0	0
兰州分校	41	41	31	8	0	0	2	0	15
西固区工作站	10	10	7	2	0	0	1	0	12
红古区工作站	40	40	31	2	4	3	0	0	11
永登工作站	30	30	28	0	0	2	0	0	3
榆中工作站	22	22	18	4	0	0	0	0	22
红古党校工作站	8	8	8	0	0	0	0	0	0
永登党校工作站	23	23	10	4	0	5	4	0	0
园艺学校教学点	20	20	16	0	0	4	0	0	0
天水分校	67	67	36	22	1	0	8	0	65
清水工作站	35	35	29	1	0	5	0	0	2
秦安工作站	28	28	9	9	0	10	0	0	8
甘谷工作站	32	32	28	2	0	1	1	0	24
武山工作站	23	23	19	2	0	0	2	0	22
张家川工作站	10	10	10	0	0	0	0	0	18
麦积工作站	28	28	16	4	4	3	1	0	3
白银分校	17	17	12	3	0	0	2	0	15
白银区工作站	13	13	9	2	0	0	2	0	13
平川区工作站	15	15	15	0	0	0	0	0	21
靖远工作站	97	97	97	0	0	0	0	0	0
会宁工作站	26	26	16	4	0	4	2	0	0
景泰工作站	75	75	72	3	0	0	0	0	0

4.1 全国电大教职工情况（续表33）

单位：人

	教职工数								聘请校外教师
	计	校本部教职工数						校办企业等人员	
		计	专任教师	行政人员	科研人员	教辅人员	工勤人员		
靖煤教学点	31	31	25	2	0	3	1	0	10
会宁职专教学点	18	18	18	0	0	0	0	0	26
金昌分校	18	18	18	0	0	0	0	0	83
嘉峪关分校	34	34	30	2	0	1	1	0	40
庆阳分校	54	54	32	12	0	2	8	0	13
环县工作站	27	27	9	3	3	12	0	0	3
合水工作站	31	31	18	13	0	0	0	0	14
正宁工作站	27	27	24	0	0	2	1	0	12
宁县工作站	20	20	14	5	0	1	0	0	2
镇原工作站	32	32	32	0	0	0	0	0	8
平凉分校	23	23	13	3	0	0	7	0	10
泾川工作站	8	8	6	2	0	0	0	0	8
灵台工作站	23	23	23	0	0	0	0	0	11
崇信工作站	9	9	6	3	0	0	0	0	8
华亭工作站	41	41	41	0	0	0	0	0	2
庄浪工作站	13	13	6	2	3	2	0	0	12
静宁工作站	30	30	25	2	0	3	0	0	0
陇南分校	30	30	27	0	0	0	3	0	10
成县工作站	13	13	13	0	0	0	0	0	0
文县工作站	10	10	10	0	0	0	0	0	20
宕昌工作站	39	39	28	3	0	4	4	0	26
康县工作站	18	18	16	0	0	0	2	0	15
西和工作站	15	15	9	4	0	0	2	0	16
礼县工作站	15	15	14	1	0	0	0	0	13
徽县工作站	24	24	16	5	0	3	0	0	0
两当工作站	11	11	11	0	0	0	0	0	7
定西分校	41	41	27	6	0	0	8	0	3
通渭工作站	119	119	96	3	0	12	8	0	15
渭源工作站	15	15	15	0	0	0	0	0	0
临洮工作站	24	24	18	3	0	3	0	0	0
漳县工作站	21	21	15	4	0	1	1	0	6
岷县工作站	24	24	24	0	0	0	0	0	8
武威分校	220	220	142	56	4	8	10	0	9
凉州区工作站	3	3	0	3	0	0	0	0	13
民勤工作站	18	18	16	0	0	0	2	0	20
古浪工作站	28	28	16	5	3	2	2	0	2
天祝工作站	53	53	43	4	0	4	2	0	6
张掖分校	19	19	13	3	0	0	3	0	45
肃南工作站	40	40	28	5	0	0	7	0	0
临泽工作站	13	13	13	0	0	0	0	0	0
高台工作站	18	18	12	3	1	2	0	0	0
山丹工作站	37	37	28	3	0	6	0	0	16
酒泉分校	30	30	23	7	0	0	0	0	35

4.1 全国电大教职工情况（续表 34）

单位：人

	教职工数								聘请校外教师
	计	校本部教职工数						校办企业等人员	
		计	专任教师	行政人员	科研人员	教辅人员	工勤人员		
瓜州工作站	16	16	15	1	0	0	0	0	0
阿克塞工作站	8	8	5	1	0	1	1	0	2
玉门工作站	18	18	16	2	0	0	0	0	6
敦煌工作站	17	17	12	3	0	2	0	0	8
甘南分校	18	18	12	4	0	0	2	0	22
临潭工作站	33	33	33	0	0	0	0	0	15
卓尼工作站	36	36	27	0	0	9	0	0	0
舟曲工作站	14	14	9	2	1	1	1	0	13
迭部工作站	21	21	21	0	0	0	0	0	12
临夏分校	58	58	28	13	0	10	7	0	0
康乐工作站	13	13	13	0	0	0	0	0	0
永靖工作站	10	10	10	0	0	0	0	0	6
广河工作站	10	10	10	0	0	0	0	0	15
和政工作站	32	32	27	2	0	0	3	0	8
东乡工作站	13	13	13	0	0	0	0	0	3
积石山工作站	16	16	13	1	0	1	1	0	0
四〇四厂分校	34	34	22	9	0	3	0	0	20
省农垦分校	73	73	46	7	7	8	5	0	18
黄羊教学点	63	63	37	7	7	8	4	0	19
农垦河西分校	110	110	84	7	0	6	13	0	0
金塔教学点	5	5	5	0	0	0	0	0	0
瓜州教学点	5	5	5	0	0	0	0	0	0
玉门教学点	5	5	5	0	0	0	0	0	0
敦煌教学点	5	5	5	0	0	0	0	0	0
滨河分校	108	108	93	2	5	5	3	0	18
直属学院	0	0	0	0	0	0	0	0	18
教学分部	8	8	0	8	0	0	0	0	0
水电部五局工作站	72	57	32	12	2	3	8	15	18
武威卫校工作站	30	30	23	7	0	0	0	0	0
陇南农校工作站	28	28	22	3	0	3	0	0	0
兰州石化公司工作站	21	21	19	1	0	0	1	0	19
五零四厂工作站	50	36	20	8	0	5	3	14	0
省财贸学校工作站	82	82	52	13	0	6	11	0	0
职业技术学院	0	0	0	0	0	0	0	0	64
城建教学点	27	27	8	17	0	0	2	0	64
中德培训中心教学点	4	4	0	4	0	0	0	0	15
兰州铁路技工学校教学点	35	35	30	5	0	0	0	0	5
青　　海	**590**	**588**	**391**	**84**	**28**	**58**	**27**	**2**	**178**
其中：女	237	237	176	26	3	23	9	0	60
青海广播电视大学	107	107	54	22	0	25	6	0	0
海西州广播电视大学	69	67	48	8	4	5	2	2	0
海北州广播电视大学	23	23	14	2	6	1	0	0	0
海南州广播电视大学	22	22	16	3	0	2	1	0	0

4.1 全国电大教职工情况（续表35）

单位：人

	教职工数								聘请校外教师
	计	校本部教职工数						校办企业等人员	
		计	专任教师	行政人员	科研人员	教辅人员	工勤人员		
玉树州广播电视大学	20	20	17	2	0	0	1	0	0
果洛州广播电视大学	23	23	15	1	0	5	2	0	26
平安县广播电视大学	10	10	8	1	0	0	1	0	0
乐都广播电视大学	15	15	9	2	2	2	0	0	12
互助县广播电视大学	14	14	3	7	0	0	4	0	20
湟源县广播电视大学	14	14	8	4	0	2	0	0	11
民和县广播电视大学	22	22	13	5	2	0	2	0	0
大通师范电大	19	19	13	4	2	0	0	0	0
湟中县广播电视大学	45	45	29	6	10	0	0	0	5
化隆县广播电视大学	31	31	22	3	0	4	2	0	8
循化县广播电视大学	24	24	17	3	0	3	1	0	10
海西州格尔木工作站	27	27	25	2	0	0	0	0	0
省直属分校	0	0	0	0	0	0	0	0	9
黄南州工作站	14	14	14	0	0	0	0	0	10
青海省人事厅人才交流中心	10	10	3	2	2	2	1	0	52
门源职校教学点	43	43	32	5	0	4	2	0	0
海南州职校教学点	29	29	22	2	0	3	2	0	0
贵德职校电大	9	9	9	0	0	0	0	0	15
宁　　夏	**1024**	**1024**	**706**	**157**	**8**	**106**	**47**	**0**	**403**
其中：女	420	420	324	49	2	34	11	0	154
宁夏广播电视大学	481	481	338	80	5	30	28	0	1
石嘴山分校	40	40	34	2	0	2	2	0	58
银川市分校	22	22	20	1	0	1	0	0	0
吴忠市分校	12	12	11	1	0	0	0	0	52
工业职业学院电大分校	12	12	4	2	0	6	0	0	52
青铜峡市电大工作站	13	13	6	2	0	5	0	0	15
中宁县工作站	20	20	16	2	0	0	2	0	30
盐池县电大工作站	14	14	6	2	0	6	0	0	12
同心县电大工作站	22	22	10	3	0	7	2	0	21
中卫市分校	169	169	139	3	3	23	1	0	22
永宁县电大工作站	23	23	8	5	0	8	2	0	36
贺兰县电大工作站	11	11	5	5	0	1	0	0	29
平罗县电大工作站	15	15	12	3	0	0	0	0	22
银川铁路系统分校	29	29	5	15	0	6	3	0	17
灵武市电大工作站	16	16	9	3	0	0	4	0	4
西吉电大工作站	9	9	9	0	0	0	0	0	0
隆德县电大工作站	41	41	28	6	0	6	1	0	0
海原县电大工作站	23	23	12	5	0	5	1	0	0
宁夏电大新闻培训中心	14	14	0	14	0	0	0	0	22
固原市原州区电大工作站	38	38	34	3	0	0	1	0	10
新　　疆	**2970**	**2932**	**1695**	**488**	**33**	**400**	**316**	**38**	**1135**
其中：女	1364	1355	861	189	16	200	89	9	490
新疆广播电视大学	167	167	35	50	3	58	21	0	92

4.1 全国电大教职工情况（续表36）

单位：人

	教职工数								聘请校外教师
	计	校本部教职工数						校办企业等人员	
		计	专任教师	行政人员	科研人员	教辅人员	工勤人员		
乌鲁木齐广播电视大学	186	186	91	65	9	0	21	0	41
哈密广播电视大学	88	88	29	18	0	36	5	0	16
哈密巴里坤县电大	47	47	17	3	0	27	0	0	10
昌吉广播电视大学	59	59	10	12	0	30	7	0	14
昌吉玛纳斯县电大	82	63	33	4	13	6	7	19	20
昌吉呼图壁县电大	59	59	32	11	0	8	8	0	40
昌吉米泉市电大	13	13	4	3	0	2	4	0	30
昌吉阜康市电大	27	27	15	4	4	0	4	0	2
昌吉吉木萨尔县电大	74	74	41	4	0	21	8	0	7
昌吉奇台县电大	38	38	25	7	0	6	0	0	15
昌吉木垒县电大	21	21	21	0	0	0	0	0	3
克拉玛依广播电视大学	131	131	57	22	0	23	29	0	0
阿勒泰广播电视大学	59	59	43	6	0	3	7	0	6
阿勒泰布尔津县电大	6	6	4	1	0	1	0	0	4
阿勒泰富蕴县电大	11	11	7	3	0	1	0	0	16
阿勒泰福海县电大	12	12	10	2	0	0	0	0	16
阿勒泰哈巴河县电大	9	9	0	2	0	6	1	0	6
阿勒泰青河县电大	4	4	0	1	0	3	0	0	13
阿勒泰吉木乃县电大	16	16	8	3	0	5	0	0	12
塔城广播电视大学	69	69	40	15	0	7	7	0	0
塔城额敏县电大	27	27	27	0	0	0	0	0	2
塔城乌苏市电大	11	11	11	0	0	0	0	0	4
塔城沙湾县电大	18	18	11	3	0	0	4	0	5
塔城托里县电大	13	13	13	0	0	0	0	0	31
塔城裕民县电大	28	28	25	3	0	0	0	0	0
塔城和丰县电大	10	10	9	1	0	0	0	0	11
巴音郭楞蒙古自治州电大	42	42	33	8	0	1	0	0	97
巴州轮台县电大	9	9	6	3	0	0	0	0	19
巴州尉犁县电大	4	4	0	2	0	2	0	0	36
巴州若羌县电大	7	7	0	0	0	7	0	0	7
巴州且末县电大	6	6	6	0	0	0	0	0	11
巴州焉耆县电大	33	33	21	0	0	12	0	0	6
巴州和静县电大	3	3	0	3	0	0	0	0	13
巴州和硕县电大	5	5	0	2	0	3	0	0	16
阿克苏分校	38	38	26	8	0	0	4	0	32
阿克苏乌什县电大	11	11	7	2	0	0	2	0	12
阿克苏阿瓦提县电大	28	28	24	2	0	0	2	0	10
阿克苏温宿县电大	78	78	68	4	0	0	6	0	5
阿克苏拜城县电大	7	7	6	1	0	0	0	0	22
阿克苏库车县电大	39	39	32	4	0	0	3	0	16
阿克苏沙雅县电大	10	10	7	2	0	0	1	0	18
博尔塔拉蒙古自治州电大	92	92	56	8	0	7	21	0	27
博州精河县电大	125	106	81	13	0	7	5	19	17

4.1 全国电大教职工情况（续表37）

单位：人

	教职工数								聘请校外教师
	计	校本部教职工数						校办企业等人员	
		计	专任教师	行政人员	科研人员	教辅人员	工勤人员		
博州温泉县电大	11	11	7	4	0	0	0	0	6
奎屯市广播电视大学	12	12	5	1	0	5	1	0	20
克孜勒苏广播电视大学	61	61	52	2	0	0	7	0	20
克州阿克陶县电大	36	36	33	3	0	0	0	0	13
克州阿合奇县电大	4	4	0	4	0	0	0	0	6
克州乌恰县电大	0	0	0	0	0	0	0	0	0
喀什广播电视大学	254	254	172	20	0	31	31	0	8
喀什岳普湖县电大	14	14	3	8	0	2	1	0	7
喀什伽师县电大	0	0	0	0	0	0	0	0	14
喀什泽普县电大	0	0	0	0	0	0	0	0	9
和田广播电视大学	82	82	64	3	0	0	15	0	0
和田和田县电大	0	0	0	0	0	0	0	0	0
和田于田县电大	7	7	7	0	0	0	0	0	0
和田墨玉县电大	10	10	10	0	0	0	0	0	0
和田洛浦县电大	10	10	10	0	0	0	0	0	3
和田策勒县电大	8	8	8	0	0	0	0	0	8
和田民丰县电大	5	5	5	0	0	0	0	0	2
伊犁州广播电视大学	66	66	44	13	0	1	8	0	21
伊犁州特克斯县电大	13	13	6	1	0	5	1	0	5
伊犁州新源县电大	29	29	26	3	0	0	0	0	28
伊犁州巩留县电大	21	21	13	2	0	1	5	0	20
伊犁州伊宁县电大	23	23	15	3	0	0	5	0	15
石河子广播电视大学	22	22	13	4	0	4	1	0	55
吐鲁番分校	50	50	37	11	0	2	0	0	0
吐鲁番鄯善县电大	9	9	4	1	0	4	0	0	16
吐鲁番托克逊县电大	0	0	0	0	0	0	0	0	0
乌石化广播电视大学	60	60	32	23	0	1	4	0	17
广电厅广播电视大学	70	70	44	12	0	6	8	0	37
新疆司法警官电大	221	221	68	50	4	55	44	0	0
潞安公司电大	50	50	26	15	0	1	8	0	25
新疆兵团	**699**	**694**	**376**	**142**	**17**	**105**	**54**	**5**	**357**
其中：女	381	377	219	79	11	50	18	4	199
新疆兵团广播电视大学	97	97	39	43	1	10	4	0	58
农一师分校	33	33	18	13	0	0	2	0	12
农二师分校	40	40	24	5	0	2	9	0	8
农三师分校	33	31	24	4	0	2	1	2	23
农四师分校	62	62	29	3	0	20	10	0	44
农五师分校	75	75	33	5	0	22	15	0	0
农六师分校	46	46	25	6	3	7	5	0	18
农七师分校	43	40	29	5	3	3	0	3	0
农八师分校	22	22	13	4	0	4	1	0	55
农九师分校	88	88	38	23	10	17	0	0	30
农十师分校	44	44	26	8	0	9	1	0	8

4.1 全国电大教职工情况（续表38）

单位：人

	教职工数								聘请校外教师
	计	校本部教职工数						校办企业等人员	
		计	专任教师	行政人员	科研人员	教辅人员	工勤人员		
农十三师分校	28	28	15	5	0	6	2	0	8
农十二师分校	40	40	24	10	0	3	3	0	0
农十四师分校	4	4	3	1	0	0	0	0	2
红山分校	12	12	12	0	0	0	0	0	68
北京路分校	32	32	24	7	0	0	1	0	23

4.2 全国电大教职工职称情况（按地区和省校分类）

单位：人

	教职工数									
	计	专业技术职称								
		高级	中级	初级	无职称	其中专任教师				
						计	高级	中级	初级	无职称
总　计	**93932**	**22858**	**37043**	**18466**	**15565**	**57225**	**16666**	**26135**	**11946**	**2478**
中央电大	**487**	**134**	**184**	**77**	**92**	**150**	**85**	**52**	**5**	**8**
中央广播电视大学	487	134	184	77	92	150	85	52	5	8
中央电大直属院校	**421**	**106**	**98**	**47**	**170**	**178**	**62**	**68**	**25**	**23**
中央电大直属学院	0	0	0	0	0	0	0	0	0	0
北　京	**2356**	**440**	**927**	**488**	**501**	**1055**	**320**	**535**	**177**	**23**
北京广播电视大学	297	38	103	31	125	74	27	39	8	0
天　津	**2830**	**993**	**1042**	**463**	**332**	**1530**	**723**	**589**	**210**	**8**
天津广播电视大学	282	74	83	105	20	68	43	22	3	0
河　北	**1652**	**507**	**597**	**234**	**314**	**699**	**258**	**276**	**133**	**32**
河北广播电视大学	223	97	91	6	29	61	22	38	0	1
山　西	**2679**	**536**	**1211**	**531**	**401**	**1540**	**393**	**768**	**335**	**44**
山西广播电视大学	233	73	72	51	37	121	59	34	28	0
内蒙古	**1048**	**387**	**381**	**163**	**117**	**512**	**274**	**182**	**54**	**2**
内蒙古广播电视大学	250	91	82	65	12	96	49	35	12	0
辽　宁	**2412**	**641**	**824**	**581**	**366**	**1380**	**458**	**522**	**385**	**15**
辽宁广播电视大学	616	122	109	271	114	401	91	74	236	0
沈　阳	**691**	**276**	**237**	**68**	**110**	**458**	**215**	**190**	**52**	**1**
沈阳广播电视大学	294	122	77	6	89	181	112	66	3	0
大　连	**511**	**256**	**166**	**34**	**55**	**284**	**161**	**104**	**19**	**0**
大连广播电视大学	175	107	35	5	28	53	47	6	0	0
吉　林	**1670**	**422**	**770**	**334**	**144**	**1116**	**318**	**568**	**221**	**9**
吉林广播电视大学	173	51	55	24	43	83	33	29	14	7
长　春	**383**	**104**	**188**	**57**	**34**	**262**	**78**	**146**	**37**	**1**
长春广播电视大学	142	64	31	27	20	95	52	23	20	0
黑龙江	**3403**	**1241**	**1239**	**528**	**395**	**2016**	**813**	**837**	**318**	**48**
黑龙江广播电视大学	325	125	59	31	110	159	78	31	28	22
哈尔滨	**367**	**147**	**127**	**50**	**43**	**194**	**78**	**79**	**27**	**10**
哈尔滨广播电视大学	121	67	29	7	18	63	39	14	1	9
上　海	**2157**	**341**	**1006**	**385**	**425**	**1226**	**257**	**747**	**201**	**21**
上海电视大学	349	89	140	52	68	154	54	72	24	4
江　苏	**8711**	**2287**	**3749**	**1639**	**1036**	**6192**	**1755**	**2970**	**1253**	**214**
江苏广播电视大学	598	129	331	74	64	287	72	164	34	17
南　京	**587**	**134**	**265**	**129**	**59**	**347**	**91**	**175**	**70**	**11**
南京广播电视大学	252	48	126	52	26	130	31	64	25	10
浙　江	**4805**	**1241**	**2119**	**720**	**725**	**3283**	**956**	**1668**	**459**	**200**
浙江广播电视大学	236	63	123	22	28	67	19	43	2	3
宁　波	**455**	**106**	**249**	**54**	**46**	**351**	**82**	**219**	**42**	**8**
宁波广播电视大学	144	27	87	9	21	94	22	70	2	0

4.2 全国电大教职工职称情况（按地区和省校分类）（续表 1）

单位：人

	教职工数									
	计	专业技术职称								
		高级	中级	初级	无职称	其中专任教师				
						计	高级	中级	初级	无职称
安　徽	**1919**	**323**	**768**	**506**	**322**	**1122**	**239**	**524**	**313**	**46**
安徽广播电视大学	284	55	86	74	69	133	33	53	38	9
福　建	**1575**	**326**	**660**	**344**	**245**	**862**	**229**	**432**	**175**	**26**
福建广播电视大学	365	94	125	63	83	160	51	75	28	6
厦　门	**188**	**58**	**76**	**37**	**17**	**92**	**28**	**41**	**23**	**0**
厦门市广播电视大学	145	41	63	29	12	86	23	41	22	0
江　西	**2341**	**859**	**796**	**358**	**328**	**1623**	**699**	**615**	**280**	**29**
江西广播电视大学	299	76	81	106	36	202	54	64	84	0
山　东	**3924**	**1016**	**1371**	**934**	**603**	**2253**	**656**	**839**	**634**	**124**
山东广播电视大学	257	91	83	46	37	109	35	41	25	8
青　岛	**700**	**159**	**267**	**202**	**72**	**470**	**131**	**198**	**129**	**12**
青岛广播电视大学	104	25	50	10	19	57	20	35	2	0
河　南	**2952**	**601**	**1274**	**610**	**467**	**1812**	**457**	**860**	**446**	**49**
河南广播电视大学	375	62	99	144	70	200	35	43	122	0
湖　北	**2684**	**598**	**1082**	**602**	**402**	**1659**	**446**	**750**	**355**	**108**
湖北广播电视大学	409	63	123	123	100	250	55	63	92	40
武　汉	**2057**	**547**	**692**	**470**	**348**	**1426**	**470**	**577**	**363**	**16**
武汉市广播电视大学	862	207	270	244	141	603	185	212	194	12
湖　南	**4546**	**1441**	**1941**	**725**	**439**	**2689**	**895**	**1302**	**430**	**62**
湖南广播电视大学	448	137	170	77	64	266	86	126	33	21
广　东	**5611**	**706**	**2331**	**1215**	**1359**	**3580**	**549**	**1879**	**836**	**316**
广东广播电视大学	520	96	167	70	187	374	79	125	46	124
广　州	**2403**	**434**	**885**	**551**	**533**	**1544**	**333**	**688**	**387**	**136**
广州市广播电视大学	198	59	72	42	25	90	37	41	12	0
深　圳	**699**	**131**	**163**	**65**	**340**	**371**	**120**	**102**	**45**	**104**
深圳广播电视大学	277	65	43	21	148	196	56	32	19	89
广　西	**1058**	**195**	**465**	**189**	**209**	**586**	**144**	**308**	**104**	**30**
广西广播电视大学	191	48	89	21	33	112	28	61	13	10
海　南	**136**	**18**	**34**	**28**	**56**	**67**	**15**	**29**	**15**	**8**
海南广播电视大学	136	18	34	28	56	67	15	29	15	8
四　川	**3665**	**828**	**1284**	**574**	**979**	**2104**	**648**	**964**	**387**	**105**
四川广播电视大学	982	177	233	183	389	434	105	140	122	67
成　都	**952**	**130**	**381**	**188**	**253**	**469**	**85**	**255**	**84**	**45**
成都广播电视大学	104	25	45	10	24	67	21	41	5	0
重　庆	**2475**	**538**	**932**	**521**	**484**	**1443**	**392**	**675**	**305**	**71**
重庆广播电视大学	640	96	249	150	145	336	85	187	64	0
贵　州	**1261**	**164**	**516**	**342**	**239**	**678**	**116**	**315**	**213**	**34**
贵州广播电视大学	352	76	97	114	65	183	61	53	59	10

4.2 全国电大教职工职称情况（按地区和省校分类）（续表2）

单位：人

	教职工数									
	计	专业技术职称								
		高级	中级	初级	无职称	其中专任教师				
						计	高级	中级	初级	无职称
云　南	**3383**	**756**	**1181**	**886**	**560**	**2262**	**604**	**825**	**672**	**161**
云南广播电视大学	250	79	125	19	27	151	61	79	7	4
陕　西	**2583**	**588**	**985**	**627**	**383**	**1611**	**478**	**651**	**414**	**68**
陕西广播电视大学	353	97	121	103	32	230	58	94	78	0
西　安	**608**	**119**	**197**	**141**	**151**	**148**	**65**	**58**	**20**	**5**
西安广播电视大学	176	27	53	43	53	36	12	17	5	2
甘　肃	**3304**	**672**	**1414**	**801**	**417**	**2413**	**496**	**1163**	**660**	**94**
甘肃广播电视大学	209	52	111	27	19	111	37	56	18	0
青　海	**590**	**231**	**245**	**56**	**58**	**391**	**180**	**166**	**38**	**7**
青海广播电视大学	107	29	35	15	28	54	20	22	12	0
宁　夏	**1024**	**334**	**370**	**183**	**137**	**706**	**267**	**273**	**112**	**54**
宁夏广播电视大学	481	173	175	81	52	338	151	140	41	6
新　疆	**2970**	**598**	**1097**	**616**	**659**	**1695**	**427**	**784**	**433**	**51**
新疆广播电视大学	167	38	60	33	36	35	11	18	4	2
新疆兵团	**699**	**189**	**257**	**113**	**140**	**376**	**120**	**167**	**50**	**39**
兵团广播电视大学	97	24	43	10	20	39	12	21	1	5

4.3 全国电大专任教师和聘请校外教师岗位分类

单位：人

	专任教师								聘请校外教师			
	合计	任课教师				非任课教师			计	公共课基础课	专业课	
		计	公共课基础课	专业课		计	进修科研	其他			计	其中：双师型
				计	其中：双师型							
总　　计	**57225**	**56686**	**20112**	**36574**	**7864**	**539**	**205**	**334**	**36683**	**9667**	**27016**	**3024**
正高级	1065	1055	292	763	216	10	4	6	1626	403	1223	195
副高级	15601	15508	5498	10010	3022	93	42	51	11680	2794	8886	1470
中级	26135	25900	8994	16906	4626	235	98	137	18441	4969	13472	1359
初级	11946	11767	4480	7287	0	179	46	133	3640	1194	2446	0
未定职级	2478	2456	848	1608	0	22	15	7	1296	307	989	0
中央电大	**150**	**150**	**39**	**111**	**0**	**0**	**0**	**0**	**62**	**15**	**47**	**0**
正高级	19	19	5	14	0	0	0	0	17	8	9	0
副高级	66	66	16	50	0	0	0	0	16	1	15	0
中级	52	52	18	34	0	0	0	0	27	5	22	0
初级	5	5	0	5	0	0	0	0	2	1	1	0
未定职级	8	8	0	8	0	0	0	0	0	0	0	0
中央电大直属院校	**178**	**178**	**40**	**138**	**0**	**0**	**0**	**0**	**3483**	**1313**	**2170**	**0**
正高级	11	11	5	6	0	0	0	0	141	47	94	0
副高级	51	51	11	40	0	0	0	0	404	139	265	0
中级	68	68	14	54	0	0	0	0	2518	941	1577	0
初级	25	25	6	19	0	0	0	0	397	181	216	0
未定职级	23	23	4	19	0	0	0	0	23	5	18	0
北　　京	**1055**	**1055**	**314**	**741**	**86**	**0**	**0**	**0**	**1784**	**465**	**1319**	**65**
正高级	21	21	8	13	1	0	0	0	121	24	97	7
副高级	299	299	91	208	31	0	0	0	605	152	453	34
中级	535	535	158	377	54	0	0	0	869	251	618	24
初级	177	177	51	126	0	0	0	0	118	21	97	0
未定职级	23	23	6	17	0	0	0	0	71	17	54	0
天　　津	**1530**	**1530**	**479**	**1051**	**177**	**0**	**0**	**0**	**919**	**185**	**734**	**47**
正高级	53	53	10	43	5	0	0	0	36	3	33	1
副高级	670	670	188	482	115	0	0	0	487	83	404	22
中级	589	589	192	397	57	0	0	0	283	75	208	24
初级	210	210	87	123	0	0	0	0	81	17	64	0
未定职级	8	8	2	6	0	0	0	0	32	7	25	0
河　　北	**699**	**699**	**181**	**518**	**49**	**0**	**0**	**0**	**422**	**67**	**355**	**38**
正高级	45	45	12	33	6	0	0	0	40	7	33	4
副高级	213	213	46	167	21	0	0	0	190	32	158	27
中级	276	276	73	203	22	0	0	0	134	22	112	7
初级	133	133	35	98	0	0	0	0	51	6	45	0
未定职级	32	32	15	17	0	0	0	0	7	0	7	0
山　　西	**1540**	**1505**	**682**	**823**	**82**	**35**	**0**	**35**	**1068**	**376**	**692**	**81**
正高级	17	17	5	12	1	0	0	0	35	16	19	2
副高级	376	376	146	230	12	0	0	0	503	168	335	39
中级	768	748	338	410	69	20	0	20	482	164	318	40

4.3 全国电大专任教师和聘请校外教师岗位分类（续表1）

单位：人

	专任教师								聘请校外教师			
	合　计	任课教师				非任课教师			计	公共课基础课	专业课	
		计	公共课基础课	专业课		计	进修科研	其他			计	其中：双师型
				计	其中：双师型							
初级	335	321	171	150	0	14	0	14	48	28	20	0
未定职级	44	43	22	21	0	1	0	1	0	0	0	0
内蒙古	**512**	**492**	**217**	**275**	**91**	**20**	**0**	**20**	**242**	**54**	**188**	**25**
正高级	8	8	1	7	3	0	0	0	5	3	2	0
副高级	266	255	114	141	69	11	0	11	79	24	55	14
中级	182	174	81	93	19	8	0	8	148	27	121	11
初级	54	53	19	34	0	1	0	1	9	0	9	0
未定职级	2	2	2	0	0	0	0	0	1	0	1	0
辽宁	**1380**	**1380**	**485**	**895**	**222**	**0**	**0**	**0**	**644**	**195**	**449**	**90**
正高级	42	42	10	32	12	0	0	0	19	3	16	2
副高级	416	416	153	263	99	0	0	0	224	63	161	59
中级	522	522	181	341	111	0	0	0	316	96	220	29
初级	385	385	138	247	0	0	0	0	65	21	44	0
未定职级	15	15	3	12	0	0	0	0	20	12	8	0
沈阳	**458**	**457**	**135**	**322**	**102**	**1**	**1**	**0**	**273**	**39**	**234**	**86**
正高级	23	23	2	21	9	0	0	0	11	2	9	3
副高级	192	191	56	135	45	1	1	0	110	25	85	43
中级	190	190	57	133	48	0	0	0	127	12	115	40
初级	52	52	19	33	0	0	0	0	25	0	25	0
未定职级	1	1	1	0	0	0	0	0	0	0	0	0
大连	**284**	**281**	**104**	**177**	**13**	**3**	**0**	**3**	**296**	**44**	**252**	**15**
正高级	13	13	6	7	2	0	0	0	31	2	29	2
副高级	148	145	53	92	8	3	0	3	168	22	146	13
中级	104	104	40	64	3	0	0	0	83	15	68	0
初级	19	19	5	14	0	0	0	0	14	5	9	0
未定职级	0	0	0	0	0	0	0	0	0	0	0	0
吉林	**1116**	**1116**	**410**	**706**	**100**	**0**	**0**	**0**	**161**	**40**	**121**	**4**
正高级	15	15	7	8	0	0	0	0	14	6	8	0
副高级	303	303	122	181	55	0	0	0	89	25	64	3
中级	568	568	193	375	45	0	0	0	57	9	48	1
初级	221	221	84	137	0	0	0	0	1	0	1	0
未定职级	9	9	4	5	0	0	0	0	0	0	0	0
长春	**262**	**262**	**73**	**189**	**32**	**0**	**0**	**0**	**60**	**6**	**54**	**0**
正高级	17	17	1	16	2	0	0	0	8	3	5	0
副高级	61	61	11	50	9	0	0	0	22	1	21	0
中级	146	146	41	105	21	0	0	0	25	2	23	0
初级	37	37	19	18	0	0	0	0	5	0	5	0
未定职级	1	1	1	0	0	0	0	0	0	0	0	0
黑龙江	**2016**	**2010**	**646**	**1364**	**309**	**6**	**6**	**0**	**912**	**192**	**720**	**105**
正高级	43	43	9	34	11	0	0	0	19	1	18	7

4.3 全国电大专任教师和聘请校外教师岗位分类（续表 2）

单位：人

	专任教师								聘请校外教师			
	合 计	任课教师				非任课教师			计	公共课基础课	专业课	
		计	公共课基础课	专业课		计	进修科研	其他			计	其中：双师型
				计	其中：双师型							
副高级	770	770	235	535	157	0	0	0	392	69	323	60
中级	837	831	293	538	141	6	6	0	382	77	305	38
初级	318	318	94	224	0	0	0	0	60	31	29	0
未定职级	48	48	15	33	0	0	0	0	59	14	45	0
哈 尔 滨	**194**	**194**	**94**	**100**	**3**	**0**	**0**	**0**	**286**	**71**	**215**	**0**
正高级	8	8	6	2	0	0	0	0	17	5	12	0
副高级	70	70	33	37	2	0	0	0	159	46	113	0
中级	79	79	35	44	1	0	0	0	87	16	71	0
初级	27	27	10	17	0	0	0	0	11	2	9	0
未定职级	10	10	10	0	0	0	0	0	12	2	10	0
上 海	**1226**	**1224**	**362**	**862**	**165**	**2**	**0**	**2**	**1468**	**260**	**1208**	**79**
正高级	20	20	2	18	3	0	0	0	32	3	29	0
副高级	237	237	84	153	36	0	0	0	392	66	326	20
中级	747	745	211	534	126	2	0	2	864	157	707	59
初级	201	201	62	139	0	0	0	0	125	34	91	0
未定职级	21	21	3	18	0	0	0	0	55	0	55	0
江 苏	**6192**	**6177**	**2327**	**3850**	**1548**	**15**	**0**	**15**	**868**	**244**	**624**	**143**
正高级	30	30	6	24	10	0	0	0	28	1	27	1
副高级	1725	1719	690	1029	584	6	0	6	303	92	211	70
中级	2970	2963	1023	1940	954	7	0	7	389	102	287	72
初级	1253	1252	534	718	0	1	0	1	75	38	37	0
未定职级	214	213	74	139	0	1	0	1	73	11	62	0
南 京	**347**	**346**	**115**	**231**	**8**	**1**	**0**	**1**	**431**	**131**	**300**	**3**
正高级	2	2	0	2	0	0	0	0	15	7	8	0
副高级	89	89	34	55	2	0	0	0	105	42	63	2
中级	175	174	53	121	6	1	0	1	282	77	205	1
初级	70	70	27	43	0	0	0	0	23	5	18	0
未定职级	11	11	1	10	0	0	0	0	6	0	6	0
浙 江	**3283**	**3261**	**1184**	**2077**	**617**	**22**	**0**	**22**	**2132**	**422**	**1710**	**265**
正高级	56	56	20	36	23	0	0	0	41	15	26	3
副高级	900	900	347	553	201	0	0	0	665	102	563	133
中级	1668	1660	569	1091	393	8	0	8	1051	198	853	129
初级	459	447	176	271	0	12	0	12	248	76	172	0
未定职级	200	198	72	126	0	2	0	2	127	31	96	0
宁 波	**351**	**351**	**111**	**240**	**36**	**0**	**0**	**0**	**447**	**126**	**321**	**8**
正高级	1	1	0	1	1	0	0	0	19	6	13	1
副高级	81	81	32	49	7	0	0	0	155	44	111	2
中级	219	219	60	159	28	0	0	0	212	67	145	5
初级	42	42	18	24	0	0	0	0	51	9	42	0
未定职级	8	8	1	7	0	0	0	0	10	0	10	0

4.3 全国电大专任教师和聘请校外教师岗位分类（续表3）

单位：人

	专任教师								聘请校外教师			
	合计	任课教师				非任课教师			计	公共课基础课	专业课	
		计	公共课基础课	专业课		计	进修科研	其他			计	其中：双师型
				计	其中：双师型							
安　徽	**1122**	**1120**	**307**	**813**	**163**	**2**	**0**	**2**	**1262**	**338**	**924**	**47**
正高级	1	1	0	1	0	0	0	0	17	6	11	0
副高级	238	238	59	179	39	0	0	0	346	91	255	21
中级	524	522	141	381	124	2	0	2	633	178	455	26
初级	313	313	94	219	0	0	0	0	225	60	165	0
未定职级	46	46	13	33	0	0	0	0	41	3	38	0
福　建	**862**	**862**	**241**	**621**	**175**	**0**	**0**	**0**	**1135**	**254**	**881**	**30**
正高级	5	5	1	4	1	0	0	0	42	14	28	5
副高级	224	224	61	163	73	0	0	0	364	77	287	14
中级	432	432	122	310	101	0	0	0	609	134	475	11
初级	175	175	48	127	0	0	0	0	74	23	51	0
未定职级	26	26	9	17	0	0	0	0	46	6	40	0
厦　门	**92**	**92**	**18**	**74**	**50**	**0**	**0**	**0**	**139**	**46**	**93**	**2**
正高级	1	1	0	1	1	0	0	0	4	0	4	0
副高级	27	27	5	22	21	0	0	0	34	14	20	0
中级	41	41	10	31	28	0	0	0	48	19	29	2
初级	23	23	3	20	0	0	0	0	37	10	27	0
未定职级	0	0	0	0	0	0	0	0	16	3	13	0
江　西	**1623**	**1617**	**731**	**886**	**197**	**6**	**0**	**6**	**1262**	**365**	**897**	**143**
正高级	23	23	11	12	4	0	0	0	33	7	26	4
副高级	676	672	275	397	106	4	0	4	538	132	406	88
中级	615	613	297	316	87	2	0	2	586	180	406	51
初级	280	280	131	149	0	0	0	0	94	45	49	0
未定职级	29	29	17	12	0	0	0	0	11	1	10	0
山　东	**2253**	**2205**	**586**	**1619**	**287**	**48**	**22**	**26**	**255**	**55**	**200**	**109**
正高级	72	72	7	65	22	0	0	0	24	6	18	5
副高级	584	575	143	432	89	9	5	4	141	19	122	79
中级	839	829	199	630	176	10	7	3	68	21	47	25
初级	634	612	200	412	0	22	3	19	18	9	9	0
未定职级	124	117	37	80	0	7	7	0	4	0	4	0
青　岛	**470**	**470**	**195**	**275**	**30**	**0**	**0**	**0**	**125**	**12**	**113**	**0**
正高级	5	5	2	3	0	0	0	0	8	2	6	0
副高级	126	126	65	61	10	0	0	0	25	4	21	0
中级	198	198	80	118	20	0	0	0	56	5	51	0
初级	129	129	45	84	0	0	0	0	24	1	23	0
未定职级	12	12	3	9	0	0	0	0	12	0	12	0
河　南	**1812**	**1812**	**581**	**1231**	**211**	**0**	**0**	**0**	**234**	**57**	**177**	**17**
正高级	40	40	9	31	6	0	0	0	10	2	8	2
副高级	417	417	166	251	77	0	0	0	80	20	60	11
中级	860	860	257	603	128	0	0	0	117	28	89	4

4.3 全国电大专任教师和聘请校外教师岗位分类（续表4）

单位：人

	专任教师								聘请校外教师			
	合　计	任课教师				非任课教师			计	公共课基础课	专业课	
		计	公共课基础课	专业课		计	进修科研	其他			计	其中：双师型
				计	其中：双师型							
初级	446	446	133	313	0	0	0	0	23	6	17	0
未定职级	49	49	16	33	0	0	0	0	4	1	3	0
湖　北	**1659**	**1659**	**708**	**951**	**140**	**0**	**0**	**0**	**373**	**205**	**168**	**120**
正高级	19	19	4	15	0	0	0	0	9	1	8	7
副高级	427	427	185	242	45	0	0	0	156	89	67	63
中级	750	750	264	486	95	0	0	0	162	84	78	50
初级	355	355	187	168	0	0	0	0	43	31	12	0
未定职级	108	108	68	40	0	0	0	0	3	0	3	0
武　汉	**1426**	**1401**	**539**	**862**	**458**	**25**	**4**	**21**	**231**	**48**	**183**	**59**
正高级	27	25	10	15	5	2	2	0	6	1	5	2
副高级	443	441	176	265	193	2	2	0	71	14	57	30
中级	577	556	183	373	260	21	0	21	85	13	72	27
初级	363	363	161	202	0	0	0	0	69	20	49	0
未定职级	16	16	9	7	0	0	0	0	0	0	0	0
湖　南	**2689**	**2653**	**1046**	**1607**	**465**	**36**	**31**	**5**	**1345**	**358**	**987**	**207**
正高级	98	98	43	55	38	0	0	0	49	16	33	13
副高级	797	783	327	456	160	14	12	2	405	94	311	85
中级	1302	1281	501	780	267	21	19	2	583	137	446	109
初级	430	429	155	274	0	1	0	1	145	44	101	0
未定职级	62	62	20	42	0	0	0	0	163	67	96	0
广　东	**3580**	**3574**	**1187**	**2387**	**424**	**6**	**0**	**6**	**1756**	**453**	**1303**	**136**
正高级	22	22	5	17	7	0	0	0	41	8	33	9
副高级	527	526	188	338	112	1	0	1	357	95	262	39
中级	1879	1877	584	1293	305	2	0	2	1095	258	837	88
初级	836	833	313	520	0	3	0	3	170	56	114	0
未定职级	316	316	97	219	0	0	0	0	93	36	57	0
广　州	**1544**	**1539**	**486**	**1053**	**243**	**5**	**2**	**3**	**765**	**98**	**667**	**77**
正高级	19	19	7	12	4	0	0	0	13	0	13	0
副高级	314	314	103	211	95	0	0	0	134	17	117	33
中级	688	683	219	464	144	5	2	3	436	38	398	44
初级	387	387	127	260	0	0	0	0	116	33	83	0
未定职级	136	136	30	106	0	0	0	0	66	10	56	0
深　圳	**371**	**370**	**97**	**273**	**13**	**1**	**1**	**0**	**405**	**81**	**324**	**6**
正高级	10	10	4	6	1	0	0	0	5	0	5	1
副高级	110	109	26	83	6	1	1	0	102	16	86	1
中级	102	102	32	70	6	0	0	0	212	44	168	4
初级	45	45	13	32	0	0	0	0	45	14	31	0
未定职级	104	104	22	82	0	0	0	0	41	7	34	0
广　西	**586**	**579**	**156**	**423**	**51**	**7**	**3**	**4**	**287**	**65**	**222**	**10**
正高级	4	4	1	3	0	0	0	0	3	0	3	1

4.3 全国电大专任教师和聘请校外教师岗位分类（续表5）

单位：人

	专任教师								聘请校外教师			
	合计	任课教师				非任课教师			计	公共课基础课	专业课	
		计	公共课基础课	专业课		计	进修科研	其他			计	其中：双师型
				计	其中：双师型							
副高级	140	136	35	101	17	4	1	3	78	15	63	4
中级	308	307	84	223	34	1	0	1	183	41	142	5
初级	104	102	32	70	0	2	2	0	23	9	14	0
未定职级	30	30	4	26	0	0	0	0	0	0	0	0
海　南	**67**	**62**	**13**	**49**	**1**	**5**	**0**	**5**	**31**	**0**	**31**	**0**
正高级	4	1	0	1	0	3	0	3	1	0	1	0
副高级	11	11	1	10	0	0	0	0	12	0	12	0
中级	29	27	6	21	1	2	0	2	18	0	18	0
初级	15	15	6	9	0	0	0	0	0	0	0	0
未定职级	8	8	0	8	0	0	0	0	0	0	0	0
四　川	**2104**	**1998**	**856**	**1142**	**117**	**106**	**59**	**47**	**2347**	**754**	**1593**	**102**
正高级	27	27	6	21	1	0	0	0	109	32	77	15
副高级	621	608	216	392	69	13	5	8	766	215	551	57
中级	964	903	425	478	47	61	39	22	1115	376	739	30
初级	387	355	156	199	0	32	15	17	274	92	182	0
未定职级	105	105	53	52	0	0	0	0	83	39	44	0
成　都	**469**	**446**	**143**	**303**	**10**	**23**	**10**	**13**	**593**	**146**	**447**	**40**
正高级	3	3	3	0	0	0	0	0	65	17	48	4
副高级	82	73	22	51	4	9	6	3	183	52	131	13
中级	255	244	86	158	6	11	4	7	267	56	211	23
初级	84	81	11	70	0	3	0	3	58	17	41	0
未定职级	45	45	21	24	0	0	0	0	20	4	16	0
重　庆	**1443**	**1440**	**541**	**899**	**195**	**3**	**0**	**3**	**1258**	**366**	**892**	**27**
正高级	27	27	10	17	8	0	0	0	39	8	31	2
副高级	365	365	144	221	66	0	0	0	397	85	312	8
中级	675	673	241	432	121	2	0	2	666	200	466	17
初级	305	305	119	186	0	0	0	0	143	69	74	0
未定职级	71	70	27	43	0	1	0	1	13	4	9	0
贵　州	**678**	**678**	**166**	**512**	**55**	**0**	**0**	**0**	**708**	**239**	**469**	**140**
正高级	20	20	4	16	3	0	0	0	45	13	32	8
副高级	96	96	23	73	15	0	0	0	238	62	176	76
中级	315	315	92	223	37	0	0	0	358	138	220	56
初级	213	213	42	171	0	0	0	0	56	23	33	0
未定职级	34	34	5	29	0	0	0	0	11	3	8	0
云　南	**2262**	**2152**	**775**	**1377**	**121**	**110**	**56**	**54**	**680**	**158**	**522**	**0**
正高级	65	60	14	46	5	5	2	3	77	11	66	0
副高级	539	530	143	387	41	9	9	0	235	67	168	0
中级	825	807	320	487	75	18	18	0	283	56	227	0
初级	672	600	243	357	0	72	23	49	65	15	50	0
未定职级	161	155	55	100	0	6	4	2	20	9	11	0

4.3　全国电大专任教师和聘请校外教师岗位分类（续表6）

单位：人

	专任教师								聘请校外教师			
	合　计	任课教师				非任课教师			计	公共课基础课	专业课	
		计	公共课基础课	专业课		计	进修科研	其他			计	其中：双师型
				计	其中：双师型							
陕　西	**1611**	**1611**	**502**	**1109**	**257**	**0**	**0**	**0**	**1191**	**236**	**955**	**163**
正高级	52	52	6	46	12	0	0	0	74	16	58	23
副高级	426	426	122	304	100	0	0	0	368	68	300	67
中级	651	651	195	456	145	0	0	0	603	129	474	73
初级	414	414	152	262	0	0	0	0	96	22	74	0
未定职级	68	68	27	41	0	0	0	0	50	1	49	0
西　安	**148**	**148**	**67**	**81**	**7**	**0**	**0**	**0**	**1081**	**299**	**782**	**222**
正高级	15	15	6	9	3	0	0	0	142	37	105	41
副高级	50	50	20	30	3	0	0	0	377	95	282	109
中级	58	58	28	30	1	0	0	0	403	122	281	72
初级	20	20	11	9	0	0	0	0	141	45	96	0
未定职级	5	5	2	3	0	0	0	0	18	0	18	0
甘　肃	**2413**	**2411**	**1080**	**1331**	**265**	**2**	**0**	**2**	**1189**	**386**	**803**	**125**
正高级	6	6	1	5	2	0	0	0	45	23	22	3
副高级	490	490	190	300	89	0	0	0	379	114	265	42
中级	1163	1161	514	647	174	2	0	2	615	210	405	80
初级	660	660	341	319	0	0	0	0	118	34	84	0
未定职级	94	94	34	60	0	0	0	0	32	5	27	0
青　海	**391**	**391**	**130**	**261**	**62**	**0**	**0**	**0**	**178**	**29**	**149**	**27**
正高级	6	6	2	4	2	0	0	0	10	0	10	2
副高级	174	174	55	119	29	0	0	0	86	11	75	17
中级	166	166	55	111	31	0	0	0	71	12	59	8
初级	38	38	15	23	0	0	0	0	10	6	4	0
未定职级	7	7	3	4	0	0	0	0	1	0	1	0
宁　夏	**706**	**706**	**222**	**484**	**126**	**0**	**0**	**0**	**403**	**86**	**317**	**34**
正高级	26	26	7	19	2	0	0	0	55	17	38	6
副高级	241	241	99	142	63	0	0	0	209	40	169	17
中级	273	273	68	205	61	0	0	0	135	28	107	11
初级	112	112	37	75	0	0	0	0	3	0	3	0
未定职级	54	54	11	43	0	0	0	0	1	1	0	0
新　疆	**1695**	**1646**	**624**	**1022**	**78**	**49**	**10**	**39**	**1135**	**252**	**883**	**91**
正高级	22	22	14	8	0	0	0	0	29	3	26	3
副高级	405	399	160	239	36	6	0	6	381	77	304	30
中级	784	761	309	452	42	23	3	20	541	133	408	58
初级	433	417	126	291	0	16	3	13	133	31	102	0
未定职级	51	47	15	32	0	4	4	0	51	8	43	0
新疆兵团	**376**	**376**	**117**	**259**	**23**	**0**	**0**	**0**	**357**	**36**	**321**	**36**
正高级	2	2	0	2	0	0	0	0	22	1	21	6
副高级	118	118	27	91	11	0	0	0	150	15	135	25
中级	167	167	52	115	12	0	0	0	157	16	141	5
初级	50	50	24	26	0	0	0	0	28	4	24	0
未定职级	39	39	14	25	0	0	0	0	0	0	0	0

4.4 全国电大专任教师学科分类

单位：人

	计	学科											
		经济学	法学	教育学	文学		哲学历史学	理学	工学		农学	医学	管理学
					计	其中：外语			计	其中：计算机			
总　计	**57225**	**6635**	**4494**	**5820**	**12452**	**4398**	**3827**	**6095**	**11851**	**5349**	**751**	**1127**	**4173**
正高级	1065	155	77	94	166	41	105	133	173	48	10	77	75
副高级	15601	1945	1172	1646	3282	1057	1290	1892	2784	1027	187	328	1075
中级	26135	3113	2266	2532	5746	2123	1674	2730	5391	2691	354	429	1900
初级	11946	1172	847	1288	2696	1011	645	1156	2868	1363	172	242	860
未定职级	2478	250	132	260	562	166	113	184	635	220	28	51	263
中央电大	**150**	**10**	**13**	**24**	**35**	**15**	**2**	**3**	**23**	**12**	**11**	**7**	**22**
正高级	19	2	0	2	7	2	1	1	2	2	0	0	4
副高级	66	6	8	15	9	5	1	1	8	6	5	4	9
中级	52	2	3	4	15	8	0	1	13	4	6	2	6
初级	5	0	0	1	3	0	0	0	0	0	0	0	1
未定职级	8	0	2	2	1	0	0	0	0	0	0	1	2
中央电大直属院校	**178**	**12**	**26**	**9**	**38**	**2**	**10**	**26**	**23**	**5**	**1**	**2**	**31**
正高级	11	2	0	2	0	0	1	4	1	0	0	0	1
副高级	51	4	9	2	16	1	1	8	4	1	0	0	7
中级	68	5	13	4	14	1	4	11	5	2	0	0	12
初级	25	1	2	0	5	0	2	3	5	0	1	0	6
未定职级	23	0	2	1	3	0	2	0	8	2	0	2	5
北　京	**1055**	**173**	**70**	**55**	**211**	**95**	**54**	**72**	**243**	**107**	**24**	**57**	**96**
正高级	21	9	1	1	3	0	1	0	3	2	1	0	2
副高级	299	52	17	11	48	23	23	22	56	30	10	28	32
中级	535	91	40	23	132	59	25	45	103	51	11	21	44
初级	177	16	12	20	25	12	4	4	71	20	2	8	15
未定职级	23	5	0	0	3	1	1	1	10	4	0	0	3
天　津	**1530**	**307**	**65**	**115**	**212**	**110**	**84**	**152**	**452**	**199**	**6**	**0**	**137**
正高级	53	6	0	0	2	0	5	15	18	10	0	0	7
副高级	670	160	38	52	96	52	43	55	169	74	2	0	55
中级	589	100	21	49	79	41	32	72	176	82	3	0	57
初级	210	40	6	14	34	17	3	9	85	32	1	0	18
未定职级	8	1	0	0	1	0	1	1	4	1	0	0	0
河　北	**699**	**74**	**65**	**64**	**158**	**78**	**48**	**72**	**177**	**92**	**8**	**3**	**30**
正高级	45	10	6	3	6	4	4	9	7	4	0	0	0
副高级	213	23	16	18	47	18	19	26	54	20	5	0	5
中级	276	22	28	27	49	34	18	28	83	49	3	3	15
初级	133	14	11	14	46	18	7	8	24	15	0	0	9
未定职级	32	5	4	2	10	4	0	1	9	4	0	0	1
山　西	**1540**	**163**	**144**	**177**	**357**	**73**	**158**	**159**	**156**	**113**	**12**	**8**	**206**
正高级	17	5	3	1	0	0	5	2	1	0	0	0	0
副高级	376	49	34	44	86	15	49	54	22	12	3	0	35
中级	768	75	73	81	192	38	75	68	81	55	7	3	113
初级	335	30	33	47	62	14	27	33	42	38	2	5	54
未定职级	44	4	1	4	17	6	2	2	10	8	0	0	4

4.4 全国电大专任教师学科分类（续表1）

单位：人

	计	学科											
		经济学	法学	教育学	文学		哲学 历史学	理学	工学		农学	医学	管理学
					计	其中：外语			计	其中：计算机			
内蒙古	**512**	**69**	**37**	**34**	**95**	**26**	**34**	**79**	**124**	**80**	**10**	**5**	**25**
正高级	8	2	1	1	1	0	1	1	1	0	0	0	0
副高级	266	39	17	17	53	12	25	49	46	27	5	4	11
中级	182	20	18	13	31	7	7	25	54	34	5	0	9
初级	54	8	1	3	10	7	1	4	21	17	0	1	5
未定职级	2	0	0	0	0	0	0	0	2	2	0	0	0
辽宁	**1380**	**194**	**127**	**126**	**241**	**102**	**91**	**187**	**332**	**117**	**5**	**1**	**76**
正高级	42	9	5	2	8	0	1	8	8	0	0	0	1
副高级	416	76	44	41	59	36	46	49	74	28	0	0	27
中级	522	60	50	51	114	37	25	62	122	61	5	1	32
初级	385	47	27	30	57	27	19	67	123	27	0	0	15
未定职级	15	2	1	2	3	2	0	1	5	1	0	0	1
沈阳	**458**	**61**	**45**	**55**	**107**	**47**	**20**	**41**	**97**	**61**	**15**	**0**	**17**
正高级	23	4	0	8	1	0	0	1	8	4	0	0	1
副高级	192	29	20	20	49	23	7	22	37	16	2	0	6
中级	190	27	20	21	45	24	11	12	43	34	5	0	6
初级	52	1	5	6	12	0	2	6	8	6	8	0	4
未定职级	1	0	0	0	0	0	0	0	1	1	0	0	0
大连	**284**	**57**	**27**	**37**	**39**	**19**	**23**	**26**	**54**	**30**	**0**	**0**	**21**
正高级	13	6	1	0	2	1	1	0	1	0	0	0	2
副高级	148	31	12	23	19	8	15	11	25	13	0	0	12
中级	104	16	13	13	15	8	7	13	20	12	0	0	7
初级	19	4	1	1	3	2	0	2	8	5	0	0	0
未定职级	0	0	0	0	0	0	0	0	0	0	0	0	0
吉林	**1116**	**134**	**143**	**99**	**224**	**106**	**80**	**122**	**222**	**116**	**20**	**38**	**34**
正高级	15	2	1	4	4	3	1	1	1	0	1	0	0
副高级	303	41	46	18	60	27	23	44	50	25	6	1	14
中级	568	66	72	42	108	43	35	69	127	67	12	23	14
初级	221	25	21	32	52	33	19	8	44	24	1	14	5
未定职级	9	0	3	3	0	0	2	0	0	0	0	0	1
长春	**262**	**21**	**17**	**22**	**67**	**23**	**24**	**18**	**71**	**60**	**0**	**0**	**22**
正高级	17	1	0	1	6	1	3	4	1	1	0	0	1
副高级	61	3	2	6	14	5	6	8	13	9	0	0	9
中级	146	14	12	6	37	16	14	4	51	44	0	0	8
初级	37	3	3	9	9	1	1	2	6	6	0	0	4
未定职级	1	0	0	0	1	0	0	0	0	0	0	0	0
黑龙江	**2016**	**240**	**228**	**212**	**375**	**144**	**149**	**199**	**374**	**173**	**63**	**54**	**122**
正高级	43	10	3	4	6	0	7	3	3	1	2	0	5
副高级	770	110	100	80	121	46	78	66	135	54	24	17	39
中级	837	99	98	101	174	67	54	87	122	74	32	24	46
初级	318	18	25	22	68	31	10	33	99	34	5	13	25
未定职级	48	3	2	5	6	0	0	10	15	10	0	0	7

4.4 全国电大专任教师学科分类（续表2）

单位：人

	计	学科											
		经济学	法学	教育学	文学		哲学 历史学	理学	工学		农学	医学	管理学
					计	其中：外语			计	其中：计算机			
哈尔滨	**194**	**30**	**17**	**17**	**46**	**12**	**10**	**22**	**30**	**18**	**0**	**0**	**22**
正高级	8	0	2	0	2	0	1	1	0	0	0	0	2
副高级	70	13	3	7	17	5	5	6	12	6	0	0	7
中级	79	10	7	8	19	5	3	12	14	9	0	0	6
初级	27	7	5	2	7	2	1	1	4	3	0	0	0
未定职级	10	0	0	0	1	0	0	2	0	0	0	0	7
上　　海	**1226**	**150**	**89**	**59**	**345**	**167**	**56**	**84**	**227**	**156**	**4**	**0**	**212**
正高级	20	2	0	0	7	3	3	2	2	0	0	0	4
副高级	237	36	8	13	50	26	23	20	42	26	1	0	44
中级	747	91	67	34	217	102	24	51	144	98	2	0	117
初级	201	21	14	11	62	31	6	11	34	28	1	0	41
未定职级	21	0	0	1	9	5	0	0	5	4	0	0	6
江　　苏	**6192**	**734**	**320**	**569**	**1515**	**620**	**394**	**848**	**1460**	**547**	**56**	**22**	**274**
正高级	30	3	3	4	6	1	1	4	9	0	0	0	0
副高级	1725	205	82	183	394	146	137	259	363	110	10	4	88
中级	2970	369	174	255	707	304	182	394	709	310	28	11	141
初级	1253	126	55	99	343	153	61	167	336	120	17	7	42
未定职级	214	31	6	28	65	16	13	24	43	7	1	0	3
南　　京	**347**	**31**	**18**	**43**	**97**	**39**	**15**	**36**	**71**	**47**	**0**	**0**	**36**
正高级	2	0	0	0	1	0	0	0	0	0	0	0	1
副高级	89	7	6	12	27	9	6	16	11	5	0	0	4
中级	175	19	8	19	38	18	5	16	47	34	0	0	23
初级	70	4	3	11	29	12	3	4	9	8	0	0	7
未定职级	11	1	1	1	2	0	1	0	4	0	0	0	1
浙　　江	**3283**	**364**	**187**	**265**	**895**	**344**	**197**	**343**	**741**	**326**	**11**	**9**	**271**
正高级	56	11	3	8	12	2	7	3	9	1	0	0	3
副高级	900	91	32	66	241	64	67	137	186	57	1	2	77
中级	1668	183	127	128	460	211	84	152	391	198	6	5	132
初级	459	42	21	40	135	48	23	39	116	61	0	2	41
未定职级	200	37	4	23	47	19	16	12	39	9	4	0	18
宁　　波	**351**	**51**	**19**	**30**	**93**	**51**	**23**	**28**	**69**	**53**	**0**	**0**	**38**
正高级	1	0	0	0	1	0	0	0	0	0	0	0	0
副高级	81	6	0	5	26	13	10	11	13	8	0	0	10
中级	219	37	17	21	54	31	12	14	42	33	0	0	22
初级	42	7	2	4	11	6	1	3	11	10	0	0	3
未定职级	8	1	0	0	1	1	0	0	3	2	0	0	3
安　　徽	**1122**	**124**	**85**	**85**	**197**	**82**	**43**	**152**	**303**	**125**	**6**	**43**	**84**
正高级	1	0	0	0	1	0	0	0	0	0	0	0	0
副高级	238	26	15	24	35	15	10	38	64	14	1	8	17
中级	524	57	41	36	95	30	23	67	150	57	3	22	30
初级	313	34	24	24	56	33	10	45	76	48	2	13	29
未定职级	46	7	5	1	10	4	0	2	13	6	0	0	8

4.4 全国电大专任教师学科分类（续表3）

单位：人

	计	学科											
		经济学	法学	教育学	文学		哲学历史学	理学	工学		农学	医学	管理学
					计	其中：外语			计	其中：计算机			
福　　建	**862**	**151**	**71**	**64**	**181**	**66**	**37**	**50**	**223**	**97**	**3**	**0**	**82**
正高级	5	1	0	1	2	0	0	1	0	0	0	0	0
副高级	224	36	18	24	40	16	16	16	55	21	2	0	17
中级	432	74	41	28	92	38	17	29	116	53	1	0	34
初级	175	38	11	10	41	12	4	4	43	19	0	0	24
未定职级	26	2	1	1	6	0	0	0	9	4	0	0	7
厦　　门	**92**	**15**	**8**	**12**	**23**	**12**	**3**	**8**	**11**	**5**	**2**	**0**	**10**
正高级	1	0	0	1	0	0	0	0	0	0	0	0	0
副高级	27	7	3	4	5	2	1	0	1	1	0	0	6
中级	41	5	4	6	12	8	2	4	5	2	1	0	2
初级	23	3	1	1	6	2	0	4	5	2	1	0	2
未定职级	0	0	0	0	0	0	0	0	0	0	0	0	0
江　　西	**1623**	**195**	**180**	**331**	**290**	**84**	**138**	**138**	**161**	**93**	**27**	**51**	**112**
正高级	23	5	2	2	4	1	2	2	0	0	0	2	4
副高级	676	69	58	169	134	42	70	51	46	23	8	30	41
中级	615	76	76	102	113	32	39	54	70	39	8	19	58
初级	280	41	40	50	36	9	26	31	37	28	11	0	8
未定职级	29	4	4	8	3	0	1	0	8	3	0	0	1
山　　东	**2253**	**319**	**180**	**185**	**429**	**189**	**150**	**287**	**535**	**235**	**26**	**53**	**89**
正高级	72	5	3	3	15	4	8	16	13	1	0	8	1
副高级	584	71	46	42	117	56	44	70	155	57	5	11	23
中级	839	131	65	74	133	69	69	94	199	78	13	32	29
初级	634	99	57	57	139	56	20	99	139	87	6	1	17
未定职级	124	13	9	9	25	4	9	8	29	12	2	1	19
青　　岛	**470**	**47**	**27**	**43**	**110**	**47**	**57**	**69**	**94**	**47**	**3**	**1**	**19**
正高级	5	1	0	0	1	0	3	0	0	0	0	0	0
副高级	126	6	6	6	38	13	18	35	7	3	3	0	7
中级	198	23	16	18	43	15	23	24	43	17	0	0	8
初级	129	11	5	19	27	19	12	10	41	24	0	1	3
未定职级	12	6	0	0	1	0	1	0	3	3	0	0	1
河　　南	**1812**	**219**	**214**	**184**	**335**	**70**	**151**	**201**	**367**	**132**	**12**	**15**	**114**
正高级	40	9	9	4	4	1	3	1	3	0	0	0	7
副高级	417	52	49	46	93	18	48	48	58	16	1	0	22
中级	860	102	112	88	136	34	69	109	174	78	6	15	49
初级	446	51	39	45	89	16	25	39	125	35	5	0	28
未定职级	49	5	5	1	13	1	6	4	7	3	0	0	8
湖　　北	**1659**	**222**	**110**	**153**	**318**	**148**	**199**	**163**	**309**	**138**	**32**	**18**	**135**
正高级	19	5	1	6	1	0	3	2	0	0	0	0	1
副高级	427	63	20	39	95	35	50	49	77	22	2	2	30
中级	750	95	62	65	147	80	86	71	128	71	16	12	68
初级	355	46	24	32	57	27	52	28	77	39	11	2	26
未定职级	108	13	3	11	18	6	8	13	27	6	3	2	10

4.4 全国电大专任教师学科分类（续表4）

单位：人

	计	学科											
		经济学	法学	教育学	文学		哲学 历史学	理学	工学		农学	医学	管理学
					计	其中：外语			计	其中：计算机			
武　汉	**1426**	**97**	**47**	**196**	**253**	**76**	**59**	**85**	**625**	**152**	**5**	**2**	**57**
正高级	27	4	3	2	4	1	0	1	13	3	0	0	0
副高级	443	33	22	56	73	25	14	47	175	29	2	1	20
中级	577	41	17	68	103	29	17	25	279	86	2	1	24
初级	363	19	5	65	70	21	28	12	153	30	1	0	10
未定职级	16	0	0	5	3	0	0	0	5	4	0	0	3
湖　南	**2689**	**184**	**187**	**312**	**619**	**129**	**219**	**255**	**484**	**195**	**49**	**169**	**211**
正高级	98	7	4	5	6	3	12	7	13	3	0	38	6
副高级	797	54	41	84	203	35	72	89	123	52	20	49	62
中级	1302	87	106	158	298	70	100	122	242	107	22	69	98
初级	430	34	29	54	94	20	31	37	100	31	4	11	36
未定职级	62	2	7	11	18	1	4	0	6	2	3	2	9
广　东	**3580**	**449**	**295**	**436**	**838**	**314**	**176**	**300**	**731**	**396**	**9**	**51**	**295**
正高级	22	1	4	2	3	2	2	5	4	1	0	0	1
副高级	527	51	42	53	150	47	36	54	92	41	1	8	40
中级	1879	274	152	216	439	180	97	152	364	216	7	16	162
初级	836	93	75	130	168	59	36	66	180	108	1	26	61
未定职级	316	30	22	35	78	26	5	23	91	30	0	1	31
广　州	**1544**	**237**	**93**	**168**	**319**	**115**	**41**	**116**	**423**	**214**	**1**	**8**	**138**
正高级	19	3	3	1	2	1	1	1	2	1	0	0	6
副高级	314	65	18	49	53	18	7	26	55	26	0	0	41
中级	688	98	43	66	145	53	28	68	190	113	0	4	46
初级	387	54	28	45	84	36	4	18	120	63	0	4	30
未定职级	136	17	1	7	35	7	1	3	56	11	1	0	15
深　圳	**371**	**73**	**24**	**17**	**69**	**20**	**28**	**20**	**54**	**34**	**0**	**1**	**85**
正高级	10	3	1	1	1	0	2	0	1	0	0	0	1
副高级	110	28	6	2	24	8	9	4	12	8	0	0	25
中级	102	18	9	6	12	2	6	7	17	6	0	0	27
初级	45	9	4	2	6	4	4	5	9	9	0	0	6
未定职级	104	15	4	6	26	6	7	4	15	11	0	1	26
广　西	**586**	**81**	**51**	**49**	**149**	**53**	**30**	**66**	**110**	**71**	**1**	**2**	**47**
正高级	4	0	0	0	1	0	0	1	2	2	0	0	0
副高级	140	19	11	8	38	9	11	24	20	11	0	0	9
中级	308	55	29	22	69	31	17	27	57	36	1	1	30
初级	104	7	8	15	38	11	1	11	18	16	0	1	5
未定职级	30	0	3	4	3	2	1	3	13	6	0	0	3
海　南	**67**	**7**	**5**	**9**	**11**	**5**	**2**	**8**	**15**	**15**	**1**	**0**	**9**
正高级	4	0	0	0	2	0	0	1	0	0	0	0	1
副高级	11	1	1	2	1	0	1	1	1	1	0	0	3
中级	29	4	1	5	6	5	1	4	6	6	1	0	1
初级	15	2	2	1	2	0	0	2	5	5	0	0	1
未定职级	8	0	1	1	0	0	0	0	3	3	0	0	3

4.4 全国电大专任教师学科分类（续表5）

单位：人

	计	学科											
		经济学	法学	教育学	文学		哲学历史学	理学	工学		农学	医学	管理学
					计	其中：外语			计	其中：计算机			
四　川	**2104**	**233**	**246**	**300**	**394**	**70**	**179**	**217**	**240**	**131**	**17**	**75**	**203**
正高级	27	4	5	0	3	0	5	2	4	1	1	1	2
副高级	621	70	73	93	117	24	63	72	58	25	2	24	49
中级	964	106	130	121	180	28	85	103	109	67	9	24	97
初级	387	37	30	65	80	16	21	33	51	31	5	20	45
未定职级	105	16	8	21	14	2	5	7	18	7	0	6	10
成　都	**469**	**28**	**29**	**82**	**139**	**22**	**17**	**30**	**97**	**27**	**0**	**0**	**47**
正高级	3	2	0	0	0	0	1	0	0	0	0	0	0
副高级	82	8	9	18	15	3	6	4	14	2	0	0	8
中级	255	14	17	43	80	14	9	21	44	20	0	0	27
初级	84	4	2	16	28	5	1	5	19	5	0	0	9
未定职级	45	0	1	5	16	0	0	0	20	0	0	0	3
重　庆	**1443**	**170**	**95**	**126**	**354**	**84**	**76**	**206**	**238**	**117**	**4**	**25**	**149**
正高级	27	2	2	4	7	1	1	3	5	0	0	0	3
副高级	365	36	19	33	106	16	25	55	52	22	0	4	35
中级	675	113	55	65	140	33	33	105	94	49	3	4	63
初级	305	16	13	19	92	31	16	31	65	37	1	10	42
未定职级	71	3	6	5	9	3	1	12	22	9	0	7	6
贵　州	**678**	**49**	**34**	**40**	**94**	**35**	**44**	**118**	**223**	**50**	**5**	**6**	**65**
正高级	20	5	1	2	3	1	0	2	3	3	0	1	3
副高级	96	11	3	5	15	7	11	14	26	11	1	2	8
中级	315	21	19	16	39	14	25	75	84	23	2	2	32
初级	213	11	9	15	33	13	8	26	95	12	0	1	15
未定职级	34	1	2	2	4	0	0	1	15	1	2	0	7
云　南	**2262**	**129**	**165**	**274**	**644**	**257**	**175**	**302**	**239**	**198**	**19**	**230**	**85**
正高级	65	0	1	6	12	3	4	14	4	2	1	23	0
副高级	539	43	49	59	116	31	44	106	34	19	5	70	13
中级	825	57	69	103	253	105	68	99	85	67	8	51	32
初级	672	25	43	79	204	87	49	73	97	91	5	65	32
未定职级	161	4	3	27	59	31	10	10	19	19	0	21	8
陕　西	**1611**	**187**	**95**	**149**	**258**	**97**	**99**	**172**	**499**	**131**	**15**	**27**	**110**
正高级	52	7	2	5	7	1	5	5	20	2	0	0	1
副高级	426	51	21	40	48	17	21	59	154	22	6	7	19
中级	651	98	48	50	104	38	44	71	185	51	7	10	34
初级	414	28	22	47	87	36	24	36	108	51	2	10	50
未定职级	68	3	2	7	12	5	5	1	32	5	0	0	6
西　安	**148**	**15**	**6**	**11**	**45**	**13**	**16**	**9**	**20**	**8**	**1**	**9**	**16**
正高级	15	2	1	1	3	2	2	0	0	0	0	4	2
副高级	50	6	2	4	13	2	7	2	9	3	0	2	5
中级	58	5	2	6	18	4	5	5	8	4	1	1	7
初级	20	1	1	0	9	3	2	2	3	1	0	2	0
未定职级	5	1	0	0	2	2	0	0	0	0	0	0	2

4.4　全国电大专任教师学科分类（续表6）

单位：人

	计	学科											
		经济学	法学	教育学	文学		哲学 历史学	理学	工学		农学	医学	管理学
					计	其中：外语			计	其中：计算机			
甘　肃	**2413**	**204**	**227**	**273**	**542**	**172**	**157**	**267**	**420**	**207**	**128**	**75**	**120**
正高级	6	1	1	0	1	0	0	2	0	0	1	0	0
副高级	490	52	37	54	103	22	36	70	74	31	24	18	22
中级	1163	99	127	132	276	96	73	111	192	100	59	40	54
初级	660	41	53	78	146	49	41	71	135	69	39	16	40
未定职级	94	11	9	9	16	5	7	13	19	7	5	1	4
青　海	**391**	**31**	**37**	**40**	**95**	**27**	**26**	**32**	**38**	**27**	**1**	**52**	**39**
正高级	**6**	**1**	**0**	**2**	**1**	**0**	**1**	**0**	**1**	**1**	**0**	**0**	**0**
副高级	**174**	**14**	**15**	**17**	**45**	**16**	**11**	**15**	**11**	**7**	**1**	**30**	**15**
中级	**166**	**14**	**16**	**17**	**37**	**8**	**14**	**16**	**26**	**19**	**0**	**11**	**15**
初级	**38**	**2**	**5**	**3**	**11**	**3**	**0**	**1**	**0**	**0**	**0**	**7**	**9**
未定职级	**7**	**0**	**1**	**1**	**1**	**0**	**0**	**0**	**0**	**0**	**0**	**4**	**0**
宁　夏	**706**	**65**	**18**	**92**	**143**	**37**	**31**	**98**	**167**	**58**	**22**	**3**	**67**
正高级	26	1	1	3	2	1	4	6	7	1	2	0	0
副高级	241	22	9	43	46	13	12	36	43	15	8	2	20
中级	273	33	6	40	64	14	11	21	60	21	7	1	30
初级	112	7	2	5	28	7	4	18	33	13	3	0	12
未定职级	54	2	0	1	3	2	0	17	24	8	2	0	5
新　疆	**1695**	**166**	**272**	**138**	**384**	**78**	**165**	**168**	**230**	**106**	**109**	**4**	**59**
正高级	22	2	4	2	5	2	3	1	2	2	1	0	2
副高级	405	48	71	30	102	25	46	36	40	13	19	0	13
中级	784	73	123	70	186	32	82	87	96	43	48	0	19
初级	433	41	65	34	83	18	31	40	78	46	37	2	22
未定职级	51	2	9	2	8	1	3	4	14	2	4	2	3
新疆兵团	**376**	**63**	**36**	**39**	**69**	**23**	**37**	**41**	**49**	**28**	**7**	**1**	**34**
正高级	2	0	0	0	0	0	0	1	1	0	0	0	0
副高级	118	22	14	9	25	8	17	7	8	5	2	0	14
中级	167	34	19	11	26	7	14	23	21	11	4	1	14
初级	50	4	3	11	9	4	5	5	10	9	0	0	3
未定职级	39	3	0	8	9	4	1	5	9	3	1	0	3

4.5 全国电大专任教师学历、学位情况

单位：人

	计	博士研究生			硕士研究生			本科			专科及以下		
		计	其中：获学位		计	其中：获学位		计	其中：获学位		计	其中：获学位	
			博士	硕士		博士	硕士		博士	硕士		博士	硕士
总　计	**57225**	**419**	**331**	**59**	**6925**	**52**	**6032**	**47092**	**40**	**3637**	**2789**	**0**	**52**
正高级	1065	85	75	4	268	15	232	695	8	89	17	0	1
副高级	15601	165	129	23	1722	19	1374	13377	16	1251	337	0	5
中级	26135	133	103	20	3017	18	2607	21708	14	1859	1277	0	21
初级	11946	12	9	3	1324	0	1248	9701	1	416	909	0	18
未定职级	2478	24	15	9	594	0	571	1611	1	22	249	0	7
中央电大	**150**	**27**	**27**	**0**	**77**	**0**	**77**	**46**	**0**	**0**	**0**	**0**	**0**
正高级	19	3	3	0	9	0	9	7	0	0	0	0	0
副高级	66	4	4	0	32	0	32	30	0	0	0	0	0
中级	52	15	15	0	28	0	28	9	0	0	0	0	0
初级	5	0	0	0	5	0	5	0	0	0	0	0	0
未定职级	8	5	5	0	3	0	3	0	0	0	0	0	0
中央电大直属院校	**178**	**0**	**0**	**0**	**30**	**0**	**30**	**137**	**0**	**0**	**11**	**0**	**0**
正高级	11	0	0	0	8	0	8	3	0	0	0	0	0
副高级	51	0	0	0	13	0	13	38	0	0	0	0	0
中级	68	0	0	0	9	0	9	59	0	0	0	0	0
初级	25	0	0	0	0	0	0	18	0	0	7	0	0
未定职级	23	0	0	0	0	0	0	19	0	0	4	0	0
北　京	**1055**	**22**	**19**	**3**	**271**	**2**	**253**	**737**	**2**	**42**	**25**	**0**	**0**
正高级	21	3	3	0	6	0	6	12	1	0	0	0	0
副高级	299	9	7	2	75	1	65	215	1	10	0	0	0
中级	535	10	9	1	160	1	152	362	0	29	3	0	0
初级	177	0	0	0	23	0	23	139	0	3	15	0	0
未定职级	23	0	0	0	7	0	7	9	0	0	7	0	0
天　津	**1530**	**11**	**10**	**1**	**152**	**1**	**138**	**1338**	**1**	**199**	**29**	**0**	**0**
正高级	53	3	3	0	12	0	12	38	0	0	0	0	0
副高级	670	7	6	1	68	1	58	594	0	76	1	0	0
中级	589	1	1	0	47	0	45	528	1	100	13	0	0
初级	210	0	0	0	24	0	22	171	0	22	15	0	0
未定职级	8	0	0	0	1	0	1	7	0	1	0	0	0
河　北	**699**	**2**	**2**	**0**	**51**	**0**	**51**	**602**	**0**	**73**	**44**	**0**	**3**
正高级	45	1	1	0	6	0	6	36	0	4	2	0	0
副高级	213	0	0	0	8	0	8	193	0	31	12	0	1
中级	276	1	1	0	23	0	23	241	0	35	11	0	2
初级	133	0	0	0	11	0	11	109	0	3	13	0	0
未定职级	32	0	0	0	3	0	3	23	0	0	6	0	0
山　西	**1540**	**2**	**2**	**0**	**46**	**0**	**41**	**1371**	**1**	**66**	**121**	**0**	**6**
正高级	17	0	0	0	2	0	2	15	0	2	0	0	0
副高级	376	1	1	0	9	0	5	362	1	21	4	0	0
中级	768	1	1	0	18	0	17	686	0	32	63	0	6
初级	335	0	0	0	16	0	16	273	0	11	46	0	0
未定职级	44	0	0	0	1	0	1	35	0	0	8	0	0

4.5 全国电大专任教师学历、学位情况（续表1）

单位：人

	计	博士研究生			硕士研究生			本科			专科及以下		
		计	其中：获学位		计	其中：获学位		计	其中：获学位		计	其中：获学位	
			博士	硕士		博士	硕士		博士	硕士		博士	硕士
内蒙古	**512**	**0**	**0**	**0**	**49**	**0**	**39**	**455**	**0**	**17**	**8**	**0**	**0**
正高级	8	0	0	0	1	0	1	7	0	1	0	0	0
副高级	266	0	0	0	11	0	7	254	0	13	1	0	0
中级	182	0	0	0	32	0	26	144	0	3	6	0	0
初级	54	0	0	0	5	0	5	48	0	0	1	0	0
未定职级	2	0	0	0	0	0	0	2	0	0	0	0	0
辽宁	**1380**	**15**	**9**	**6**	**215**	**0**	**212**	**1131**	**0**	**99**	**19**	**0**	**0**
正高级	42	2	2	0	7	0	7	33	0	0	0	0	0
副高级	416	8	6	2	64	0	63	344	0	49	0	0	0
中级	522	4	0	4	91	0	91	416	0	40	11	0	0
初级	385	1	1	0	47	0	45	329	0	10	8	0	0
未定职级	15	0	0	0	6	0	6	9	0	0	0	0	0
沈阳	**458**	**5**	**2**	**3**	**68**	**0**	**56**	**358**	**0**	**0**	**27**	**0**	**0**
正高级	23	2	2	0	6	0	5	15	0	0	0	0	0
副高级	192	3	0	3	32	0	28	149	0	0	8	0	0
中级	190	0	0	0	29	0	23	152	0	0	9	0	0
初级	52	0	0	0	1	0	0	42	0	0	9	0	0
未定职级	1	0	0	0	0	0	0	0	0	0	1	0	0
大连	**284**	**2**	**2**	**0**	**63**	**0**	**58**	**214**	**0**	**9**	**5**	**0**	**0**
正高级	13	0	0	0	12	0	12	1	0	1	0	0	0
副高级	148	2	2	0	39	0	35	106	0	7	1	0	0
中级	104	0	0	0	12	0	11	88	0	1	4	0	0
初级	19	0	0	0	0	0	0	19	0	0	0	0	0
未定职级	0	0	0	0	0	0	0	0	0	0	0	0	0
吉林	**1116**	**1**	**1**	**0**	**58**	**0**	**58**	**1006**	**0**	**6**	**51**	**0**	**0**
正高级	15	0	0	0	4	0	4	11	0	0	0	0	0
副高级	303	1	1	0	9	0	9	293	0	4	0	0	0
中级	568	0	0	0	30	0	30	515	0	2	23	0	0
初级	221	0	0	0	10	0	10	184	0	0	27	0	0
未定职级	9	0	0	0	5	0	5	3	0	0	1	0	0
长春	**262**	**0**	**0**	**0**	**48**	**0**	**48**	**202**	**1**	**56**	**12**	**0**	**0**
正高级	17	0	0	0	6	0	6	11	0	7	0	0	0
副高级	61	0	0	0	19	0	19	42	0	24	0	0	0
中级	146	0	0	0	12	0	12	126	1	16	8	0	0
初级	37	0	0	0	11	0	11	22	0	9	4	0	0
未定职级	1	0	0	0	0	0	0	1	0	0	0	0	0
黑龙江	**2016**	**1**	**1**	**0**	**85**	**0**	**80**	**1788**	**0**	**143**	**142**	**0**	**0**
正高级	43	0	0	0	7	0	7	36	0	8	0	0	0
副高级	770	0	0	0	44	0	39	718	0	62	8	0	0
中级	837	1	1	0	12	0	12	757	0	50	67	0	0
初级	318	0	0	0	8	0	8	253	0	22	57	0	0
未定职级	48	0	0	0	14	0	14	24	0	1	10	0	0

4.5 全国电大专任教师学历、学位情况（续表2）

单位：人

	计	博士研究生			硕士研究生			本科			专科及以下		
		计	其中：获学位		计	其中：获学位		计	其中：获学位		计	其中：获学位	
			博士	硕士		博士	硕士		博士	硕士		博士	硕士
哈 尔 滨	**194**	**2**	**2**	**0**	**28**	**0**	**28**	**158**	**0**	**0**	**6**	**0**	**0**
正高级	8	0	0	0	1	0	1	7	0	0	0	0	0
副高级	70	2	2	0	15	0	15	53	0	0	0	0	0
中级	79	0	0	0	8	0	8	69	0	0	2	0	0
初级	27	0	0	0	0	0	0	24	0	0	3	0	0
未定职级	10	0	0	0	4	0	4	5	0	0	1	0	0
上　　海	**1226**	**23**	**23**	**0**	**315**	**0**	**306**	**868**	**2**	**114**	**20**	**0**	**2**
正高级	20	3	3	0	6	0	6	10	0	0	1	0	0
副高级	237	11	11	0	59	0	56	167	2	21	0	0	0
中级	747	5	5	0	169	0	167	563	0	88	10	0	1
初级	201	2	2	0	71	0	68	119	0	5	9	0	1
未定职级	21	2	2	0	10	0	9	9	0	0	0	0	0
江　　苏	**6192**	**27**	**24**	**3**	**655**	**1**	**551**	**5401**	**1**	**716**	**109**	**0**	**0**
正高级	30	4	4	0	4	0	4	21	0	7	1	0	0
副高级	1725	8	6	2	126	0	81	1577	1	244	14	0	0
中级	2970	13	13	0	333	1	282	2570	0	388	54	0	0
初级	1253	1	1	0	139	0	132	1085	0	74	28	0	0
未定职级	214	1	0	1	53	0	52	148	0	3	12	0	0
南　　京	**347**	**2**	**2**	**0**	**58**	**0**	**53**	**284**	**2**	**50**	**3**	**0**	**0**
正高级	2	0	0	0	1	0	1	1	0	0	0	0	0
副高级	89	2	2	0	10	0	6	76	0	13	1	0	0
中级	175	0	0	0	25	0	24	149	1	36	1	0	0
初级	70	0	0	0	14	0	14	56	1	1	0	0	0
未定职级	11	0	0	0	8	0	8	2	0	0	1	0	0
浙　　江	**3283**	**18**	**18**	**0**	**473**	**0**	**449**	**2703**	**0**	**269**	**89**	**0**	**0**
正高级	56	5	5	0	15	0	15	35	0	5	1	0	0
副高级	900	8	8	0	88	0	76	780	0	81	24	0	0
中级	1668	3	3	0	231	0	220	1384	0	170	50	0	0
初级	459	0	0	0	45	0	44	402	0	12	12	0	0
未定职级	200	2	2	0	94	0	94	102	0	1	2	0	0
宁　　波	351	0	0	0	42	0	39	300	0	45	9	0	0
正高级	1	0	0	0	0	0	0	1	0	0	0	0	0
副高级	81	0	0	0	4	0	3	77	0	7	0	0	0
中级	219	0	0	0	28	0	28	184	0	38	7	0	0
初级	42	0	0	0	6	0	4	34	0	0	2	0	0
未定职级	8	0	0	0	4	0	4	4	0	0	0	0	0
安　　徽	**1122**	**6**	**6**	**0**	**232**	**0**	**188**	**859**	**0**	**29**	**25**	**0**	**0**
正高级	1	0	0	0	0	0	0	1	0	0	0	0	0
副高级	238	3	3	0	53	0	36	180	0	6	2	0	0
中级	524	3	3	0	113	0	90	395	0	22	13	0	0
初级	313	0	0	0	61	0	57	244	0	1	8	0	0
未定职级	46	0	0	0	5	0	5	39	0	0	2	0	0

4.5 全国电大专任教师学历、学位情况（续表3）

单位：人

	计	博士研究生			硕士研究生			本科			专科及以下		
		计	其中：获学位		计	其中：获学位		计	其中：获学位		计	其中：获学位	
			博士	硕士		博士	硕士		博士	硕士		博士	硕士
福　建	**862**	**5**	**5**	**0**	**158**	**0**	**88**	**665**	**0**	**51**	**34**	**0**	**0**
正高级	5	0	0	0	2	0	2	3	0	0	0	0	0
副高级	224	4	4	0	18	0	6	200	0	22	2	0	0
中级	432	1	1	0	114	0	56	300	0	26	17	0	0
初级	175	0	0	0	22	0	22	141	0	3	12	0	0
未定职级	26	0	0	0	2	0	2	21	0	0	3	0	0
厦　门	**92**	**3**	**3**	**0**	**47**	**0**	**44**	**42**	**0**	**6**	**0**	**0**	**0**
正高级	1	0	0	0	1	0	1	0	0	0	0	0	0
副高级	27	0	0	0	10	0	10	17	0	1	0	0	0
中级	41	3	3	0	20	0	18	18	0	3	0	0	0
初级	23	0	0	0	16	0	15	7	0	2	0	0	0
未定职级	0	0	0	0	0	0	0	0	0	0	0	0	0
江　西	**1623**	**2**	**2**	**0**	**56**	**0**	**48**	**1461**	**0**	**73**	**104**	**0**	**0**
正高级	23	2	2	0	2	0	2	19	0	5	0	0	0
副高级	676	0	0	0	21	0	13	619	0	28	36	0	0
中级	615	0	0	0	15	0	15	552	0	29	48	0	0
初级	280	0	0	0	16	0	16	246	0	10	18	0	0
未定职级	29	0	0	0	2	0	2	25	0	1	2	0	0
山　东	**2253**	**29**	**29**	**0**	**351**	**1**	**344**	**1751**	**1**	**320**	**122**	**0**	**0**
正高级	72	2	2	0	10	0	10	60	1	12	0	0	0
副高级	584	16	16	0	89	0	84	469	0	81	10	0	0
中级	839	11	11	0	107	1	105	672	0	140	49	0	0
初级	634	0	0	0	97	0	97	486	0	87	51	0	0
未定职级	124	0	0	0	48	0	48	64	0	0	12	0	0
青　岛	**470**	**0**	**0**	**0**	**27**	**0**	**26**	**433**	**0**	**26**	**10**	**0**	**0**
正高级	5	0	0	0	2	0	2	3	0	3	0	0	0
副高级	126	0	0	0	5	0	4	120	0	2	1	0	0
中级	198	0	0	0	17	0	17	176	0	17	5	0	0
初级	129	0	0	0	3	0	3	123	0	4	3	0	0
未定职级	12	0	0	0	0	0	0	11	0	0	1	0	0
河　南	**1812**	**7**	**7**	**0**	**272**	**0**	**270**	**1494**	**0**	**182**	**39**	**0**	**0**
正高级	40	3	3	0	22	0	22	15	0	0	0	0	0
副高级	417	3	3	0	88	0	88	321	0	47	5	0	0
中级	860	1	1	0	78	0	76	758	0	101	23	0	0
初级	446	0	0	0	84	0	84	357	0	33	5	0	0
未定职级	49	0	0	0	0	0	0	43	0	1	6	0	0
湖　北	**1659**	**1**	**1**	**0**	**127**	**0**	**121**	**1413**	**0**	**27**	**118**	**0**	**0**
正高级	19	0	0	0	4	0	4	14	0	0	1	0	0
副高级	427	0	0	0	28	0	23	372	0	15	27	0	0
中级	750	0	0	0	37	0	36	671	0	12	42	0	0
初级	355	0	0	0	42	0	42	273	0	0	40	0	0
未定职级	108	1	1	0	16	0	16	83	0	0	8	0	0

4.5 全国电大专任教师学历、学位情况（续表4）

单位：人

	计	博士研究生			硕士研究生			本科			专科及以下		
		计	其中：获学位		计	其中：获学位		计	其中：获学位		计	其中：获学位	
			博士	硕士		博士	硕士		博士	硕士		博士	硕士
武　汉	**1426**	**5**	**5**	**0**	**280**	**0**	**220**	**1024**	**0**	**98**	**117**	**0**	**2**
正高级	27	0	0	0	10	0	2	17	0	0	0	0	0
副高级	443	1	1	0	79	0	60	346	0	48	17	0	2
中级	577	2	2	0	113	0	92	391	0	40	71	0	0
初级	363	1	1	0	64	0	55	269	0	10	29	0	0
未定职级	16	1	1	0	14	0	11	1	0	0	0	0	0
湖　南	**2689**	**45**	**33**	**7**	**208**	**43**	**129**	**2287**	**27**	**94**	**149**	**0**	**1**
正高级	98	20	13	2	22	13	9	56	5	5	0	0	0
副高级	797	14	11	3	52	15	29	707	11	41	24	0	0
中级	1302	11	9	2	103	15	61	1120	10	39	68	0	0
初级	430	0	0	0	16	0	15	370	0	7	44	0	1
未定职级	62	0	0	0	15	0	15	34	1	2	13	0	0
广　东	**3580**	**23**	**21**	**0**	**456**	**1**	**404**	**2803**	**0**	**161**	**298**	**0**	**0**
正高级	22	6	6	0	10	1	9	6	0	0	0	0	0
副高级	527	6	5	0	75	0	52	433	0	46	13	0	0
中级	1879	8	7	0	231	0	205	1498	0	106	142	0	0
初级	836	0	0	0	29	0	28	693	0	3	114	0	0
未定职级	316	3	3	0	111	0	110	173	0	6	29	0	0
广　州	**1544**	**20**	**20**	**0**	**182**	**0**	**166**	**1274**	**0**	**78**	**68**	**0**	**0**
正高级	19	5	5	0	6	0	5	8	0	3	0	0	0
副高级	314	9	9	0	56	0	52	241	0	30	8	0	0
中级	688	6	6	0	76	0	68	577	0	40	29	0	0
初级	387	0	0	0	26	0	24	346	0	5	15	0	0
未定职级	136	0	0	0	18	0	17	102	0	0	16	0	0
深　圳	**371**	**8**	**7**	**0**	**114**	**0**	**90**	**236**	**0**	**9**	**13**	**0**	**0**
正高级	10	2	2	0	2	0	2	6	0	0	0	0	0
副高级	110	5	4	0	40	0	29	64	0	6	1	0	0
中级	102	0	0	0	35	0	25	64	0	3	3	0	0
初级	45	0	0	0	11	0	8	33	0	0	1	0	0
未定职级	104	1	1	0	26	0	26	69	0	0	8	0	0
广　西	**586**	**1**	**1**	**0**	**99**	**0**	**56**	**479**	**0**	**50**	**7**	**0**	**0**
正高级	4	0	0	0	0	0	0	4	0	0	0	0	0
副高级	140	1	1	0	24	0	8	112	0	23	3	0	0
中级	308	0	0	0	51	0	32	255	0	26	2	0	0
初级	104	0	0	0	13	0	5	89	0	1	2	0	0
未定职级	30	0	0	0	11	0	11	19	0	0	0	0	0
海　南	**67**	**0**	**0**	**0**	**8**	**0**	**8**	**59**	**0**	**11**	**0**	**0**	**0**
正高级	4	0	0	0	1	0	1	3	0	0	0	0	0
副高级	11	0	0	0	1	0	1	10	0	4	0	0	0
中级	29	0	0	0	3	0	3	26	0	4	0	0	0
初级	15	0	0	0	1	0	1	14	0	3	0	0	0
未定职级	8	0	0	0	2	0	2	6	0	0	0	0	0

4.5 全国电大专任教师学历、学位情况（续表5）

单位：人

	计	博士研究生			硕士研究生			本科			专科及以下		
		计	其中：获学位		计	其中：获学位		计	其中：获学位		计	其中：获学位	
			博士	硕士		博士	硕士		博士	硕士		博士	硕士
四　川	**2104**	**26**	**12**	**14**	**257**	**2**	**236**	**1623**	**0**	**1**	**198**	**0**	**0**
正高级	27	3	2	1	11	1	8	13	0	0	0	0	0
副高级	621	6	4	2	52	1	44	541	0	1	22	0	0
中级	964	4	3	1	62	0	52	801	0	0	97	0	0
初级	387	5	3	2	83	0	83	229	0	0	70	0	0
未定职级	105	8	0	8	49	0	49	39	0	0	9	0	0
成　都	**469**	**20**	**1**	**2**	**61**	**0**	**18**	**317**	**0**	**48**	**71**	**0**	**0**
正高级	3	0	0	0	1	0	0	2	0	0	0	0	0
副高级	82	11	1	1	7	0	3	59	0	11	5	0	0
中级	255	9	0	1	28	0	12	185	0	34	33	0	0
初级	84	0	0	0	22	0	3	40	0	3	22	0	0
未定职级	45	0	0	0	3	0	0	31	0	0	11	0	0
重　庆	**1443**	**23**	**7**	**16**	**241**	**0**	**219**	**1129**	**1**	**16**	**50**	**0**	**0**
正高级	27	4	3	1	10	0	9	12	0	1	1	0	0
副高级	365	5	2	3	48	0	35	309	0	2	3	0	0
中级	675	13	2	11	118	0	112	520	1	8	24	0	0
初级	305	1	0	1	60	0	58	230	0	4	14	0	0
未定职级	71	0	0	0	5	0	5	58	0	1	8	0	0
贵　州	**678**	**2**	**2**	**0**	**82**	**0**	**79**	**499**	**0**	**60**	**95**	**0**	**36**
正高级	20	2	2	0	4	0	4	14	0	3	0	0	0
副高级	96	0	0	0	10	0	8	82	0	22	4	0	1
中级	315	0	0	0	43	0	42	234	0	21	38	0	12
初级	213	0	0	0	25	0	25	143	0	14	45	0	16
未定职级	34	0	0	0	0	0	0	26	0	0	8	0	7
云　南	**2262**	**18**	**18**	**0**	**370**	**0**	**329**	**1831**	**0**	**120**	**43**	**0**	**0**
正高级	65	6	6	0	14	0	13	45	0	6	0	0	0
副高级	539	7	7	0	85	0	72	445	0	40	2	0	0
中级	825	4	4	0	124	0	115	681	0	56	16	0	0
初级	672	1	1	0	109	0	104	542	0	17	20	0	0
未定职级	161	0	0	0	38	0	25	118	0	1	5	0	0
陕　西	**1611**	**10**	**3**	**4**	**227**	**0**	**173**	**1267**	**0**	**29**	**107**	**0**	**0**
正高级	52	1	1	0	14	0	11	30	0	1	7	0	0
副高级	426	7	1	4	56	0	40	353	0	13	10	0	0
中级	651	2	1	0	114	0	79	499	0	11	36	0	0
初级	414	0	0	0	43	0	43	340	0	4	31	0	0
未定职级	68	0	0	0	0	0	0	45	0	0	23	0	0
西　安	**148**	**0**	**0**	**0**	**24**	**0**	**16**	**108**	**1**	**24**	**16**	**0**	**2**
正高级	15	0	0	0	3	0	2	9	1	0	3	0	1
副高级	50	0	0	0	7	0	4	39	0	14	4	0	1
中级	58	0	0	0	11	0	7	44	0	10	3	0	0
初级	20	0	0	0	2	0	2	14	0	0	4	0	0
未定职级	5	0	0	0	1	0	1	2	0	0	2	0	0

4.5 全国电大专任教师学历、学位情况（续表6）

单位：人

	计	博士研究生			硕士研究生			本科			专科及以下		
		计	其中：获学位		计	其中：获学位		计	其中：获学位		计	其中：获学位	
			博士	硕士		博士	硕士		博士	硕士		博士	硕士
甘　肃	**2413**	**2**	**2**	**0**	**96**	**0**	**84**	**2122**	**0**	**59**	**193**	**0**	**0**
正高级	6	2	2	0	2	0	2	2	0	0	0	0	0
副高级	490	0	0	0	29	0	21	442	0	32	19	0	0
中级	1163	0	0	0	42	0	39	1025	0	22	96	0	0
初级	660	0	0	0	23	0	22	580	0	5	57	0	0
未定职级	94	0	0	0	0	0	0	73	0	0	21	0	0
青　海	**391**	**0**	**0**	**0**	**26**	**0**	**20**	**317**	**0**	**5**	**48**	**0**	**0**
正高级	6	0	0	0	1	0	0	5	0	1	0	0	0
副高级	174	0	0	0	4	0	1	150	0	2	20	0	0
中级	166	0	0	0	10	0	8	136	0	2	20	0	0
初级	38	0	0	0	11	0	11	23	0	0	4	0	0
未定职级	7	0	0	0	0	0	0	3	0	0	4	0	0
宁　夏	**706**	**2**	**2**	**0**	**29**	**0**	**29**	**656**	**0**	**74**	**19**	**0**	**0**
正高级	26	0	0	0	0	0	0	26	0	13	0	0	0
副高级	241	1	1	0	8	0	8	229	0	29	3	0	0
中级	273	1	1	0	10	0	10	253	0	22	9	0	0
初级	112	0	0	0	5	0	5	101	0	10	6	0	0
未定职级	54	0	0	0	6	0	6	47	0	0	1	0	0
新　疆	**1695**	**0**	**0**	**0**	**44**	**1**	**34**	**1540**	**0**	**79**	**111**	**0**	**0**
正高级	22	0	0	0	0	0	0	22	0	1	0	0	0
副高级	405	0	0	0	29	1	20	354	0	19	22	0	0
中级	784	0	0	0	10	0	9	726	0	37	48	0	0
初级	433	0	0	0	2	0	2	394	0	18	37	0	0
未定职级	51	0	0	0	3	0	3	44	0	4	4	0	0
新疆兵团	**376**	**1**	**0**	**0**	**67**	**0**	**26**	**304**	**0**	**3**	**4**	**0**	**0**
正高级	2	1	0	0	1	0	0	0	0	0	0	0	0
副高级	118	0	0	0	23	0	5	95	0	3	0	0	0
中级	167	0	0	0	35	0	15	129	0	0	3	0	0
初级	50	0	0	0	2	0	0	47	0	0	1	0	0
未定职级	39	0	0	0	6	0	6	33	0	0	0	0	0

4.6 全国电大专任教师年龄情况

单位：人

	年龄									
	计	30 及以下	31 ~ 35	36 ~ 40	41 ~ 45	46 ~ 50	51 ~ 55	56 ~ 60	61 ~ 65	66 及以上
总　计	**57225**	**11606**	**11200**	**11093**	**10279**	**7658**	**3808**	**1504**	**60**	**17**
正高级	1065	5	13	61	224	351	246	144	16	5
副高级	15601	83	510	2752	4808	4361	2196	852	30	9
中级	26135	2661	7552	6995	4663	2610	1197	445	9	3
初级	11946	6889	2803	1207	532	303	150	58	4	0
未定职级	2478	1968	322	78	52	33	19	5	1	0
中央电大	**150**	**22**	**25**	**15**	**7**	**41**	**27**	**12**	**1**	**0**
正高级	19	0	0	0	0	7	7	4	1	0
副高级	66	0	3	4	5	28	18	8	0	0
中级	52	12	19	11	2	6	2	0	0	0
初级	5	5	0	0	0	0	0	0	0	0
未定职级	8	5	3	0	0	0	0	0	0	0
中央电大直属院校	**178**	**45**	**49**	**47**	**21**	**9**	**7**	**0**	**0**	**0**
正高级	11	0	0	0	3	3	5	0	0	0
副高级	51	0	3	29	11	6	2	0	0	0
中级	68	9	34	18	7	0	0	0	0	0
初级	25	16	9	0	0	0	0	0	0	0
未定职级	23	20	3	0	0	0	0	0	0	0
北　京	**1055**	**143**	**271**	**220**	**168**	**131**	**85**	**29**	**6**	**2**
正高级	21	0	0	2	4	6	5	3	1	0
副高级	299	1	8	65	79	71	49	21	3	2
中级	535	45	201	131	75	48	29	4	2	0
初级	177	83	59	20	8	4	2	1	0	0
未定职级	23	14	3	2	2	2	0	0	0	0
天　津	**1530**	**218**	**310**	**311**	**309**	**235**	**107**	**40**	**0**	**0**
正高级	53	0	2	1	22	13	9	6	0	0
副高级	670	2	59	121	192	183	87	26	0	0
中级	589	92	202	158	85	39	9	4	0	0
初级	210	119	44	31	10	0	2	4	0	0
未定职级	8	5	3	0	0	0	0	0	0	0
河　北	**699**	**160**	**134**	**122**	**129**	**107**	**29**	**18**	**0**	**0**
正高级	45	0	0	0	13	20	9	3	0	0
副高级	213	0	6	49	71	61	16	10	0	0
中级	276	40	104	65	41	21	1	4	0	0
初级	133	91	21	8	4	5	3	1	0	0
未定职级	32	29	3	0	0	0	0	0	0	0
山　西	**1540**	**182**	**219**	**298**	**382**	**294**	**138**	**26**	**0**	**1**
正高级	17	0	0	0	2	8	4	3	0	0
副高级	376	3	9	45	114	126	64	15	0	0
中级	768	37	118	184	224	135	61	8	0	1
初级	335	112	80	67	42	25	9	0	0	0
未定职级	44	30	12	2	0	0	0	0	0	0

4.6 全国电大专任教师年龄情况（续表1）

单位：人

	年龄									
	计	30及以下	31～35	36～40	41～45	46～50	51～55	56～60	61～65	66及以上
内蒙古	**512**	**43**	**73**	**104**	**98**	**141**	**42**	**11**	**0**	**0**
正高级	8	0	0	0	0	5	3	0	0	0
副高级	266	7	10	36	62	112	29	10	0	0
中级	182	11	47	58	34	22	9	1	0	0
初级	54	23	16	10	2	2	1	0	0	0
未定职级	2	2	0	0	0	0	0	0	0	0
辽宁	**1380**	**453**	**233**	**229**	**178**	**175**	**86**	**24**	**2**	**0**
正高级	42	0	0	2	7	14	14	5	0	0
副高级	416	7	27	89	117	109	49	16	2	0
中级	522	116	169	118	50	49	18	2	0	0
初级	385	317	36	20	3	3	5	1	0	0
未定职级	15	13	1	0	1	0	0	0	0	0
沈阳	**458**	**39**	**125**	**123**	**81**	**55**	**24**	**11**	**0**	**0**
正高级	23	0	0	0	2	7	6	8	0	0
副高级	192	0	15	58	61	42	14	2	0	0
中级	190	9	103	49	18	6	4	1	0	0
初级	52	30	6	16	0	0	0	0	0	0
未定职级	1	0	1	0	0	0	0	0	0	0
大连	**284**	**21**	**44**	**52**	**64**	**53**	**32**	**18**	**0**	**0**
正高级	13	0	0	1	1	3	4	4	0	0
副高级	148	0	7	35	38	39	20	9	0	0
中级	104	10	33	16	24	11	6	4	0	0
初级	19	11	4	0	1	0	2	1	0	0
未定职级	0	0	0	0	0	0	0	0	0	0
吉林	**1116**	**160**	**200**	**227**	**245**	**163**	**83**	**38**	**0**	**0**
正高级	15	2	0	0	0	4	5	4	0	0
副高级	303	0	13	51	81	91	44	23	0	0
中级	568	34	110	162	151	66	34	11	0	0
初级	221	117	77	14	12	1	0	0	0	0
未定职级	9	7	0	0	1	1	0	0	0	0
长春	**262**	**28**	**65**	**56**	**51**	**34**	**24**	**4**	**0**	**0**
正高级	17	0	0	0	5	2	9	1	0	0
副高级	61	0	0	11	24	16	8	2	0	0
中级	146	8	52	44	18	16	7	1	0	0
初级	37	19	13	1	4	0	0	0	0	0
未定职级	1	1	0	0	0	0	0	0	0	0
黑龙江	**2016**	**244**	**309**	**427**	**460**	**339**	**167**	**70**	**0**	**0**
正高级	43	0	0	0	10	19	6	8	0	0
副高级	770	0	28	117	249	219	120	37	0	0
中级	837	45	197	258	185	94	37	21	0	0
初级	318	163	78	49	14	6	4	4	0	0
未定职级	48	36	6	3	2	1	0	0	0	0

4.6 全国电大专任教师年龄情况（续表2）

单位：人

	年龄									
	计	30及以下	31～35	36～40	41～45	46～50	51～55	56～60	61～65	66及以上
哈尔滨	**194**	**21**	**36**	**35**	**41**	**29**	**27**	**5**	**0**	**0**
正高级	8	0	0	0	1	4	3	0	0	0
副高级	70	0	4	13	19	17	14	3	0	0
中级	79	3	22	21	15	7	9	2	0	0
初级	27	8	10	1	6	1	1	0	0	0
未定职级	10	10	0	0	0	0	0	0	0	0
上海	**1226**	**190**	**257**	**197**	**204**	**166**	**126**	**72**	**11**	**3**
正高级	20	0	0	1	3	5	1	6	4	0
副高级	237	0	5	35	77	57	37	20	4	2
中级	747	48	209	145	119	101	80	41	3	1
初级	201	124	40	16	5	3	8	5	0	0
未定职级	21	18	3	0	0	0	0	0	0	0
江苏	**6192**	**1352**	**1386**	**1231**	**1084**	**678**	**331**	**128**	**2**	**0**
正高级	30	0	0	0	6	12	5	5	2	0
副高级	1725	0	29	323	636	432	222	83	0	0
中级	2970	359	1054	797	410	219	93	38	0	0
初级	1253	791	296	110	31	14	9	2	0	0
未定职级	214	202	7	1	1	1	2	0	0	0
南京	**347**	**76**	**104**	**50**	**48**	**39**	**20**	**9**	**1**	**0**
正高级	2	0	0	0	0	0	1	0	1	0
副高级	89	0	4	16	28	26	11	4	0	0
中级	175	14	90	31	18	10	8	4	0	0
初级	70	51	10	3	2	3	0	1	0	0
未定职级	11	11	0	0	0	0	0	0	0	0
浙江	**3283**	**589**	**756**	**600**	**501**	**486**	**239**	**100**	**5**	**7**
正高级	56	0	0	0	11	19	13	11	0	2
副高级	900	1	17	149	253	269	137	65	4	5
中级	1668	152	602	410	219	184	81	19	1	0
初级	459	280	109	28	17	13	8	4	0	0
未定职级	200	156	28	13	1	1	0	1	0	0
宁波	**351**	**49**	**100**	**62**	**45**	**54**	**31**	**10**	**0**	**0**
正高级	1	0	0	0	0	0	0	1	0	0
副高级	81	0	1	13	15	32	15	5	0	0
中级	219	18	90	44	28	20	15	4	0	0
初级	42	23	9	5	2	2	1	0	0	0
未定职级	8	8	0	0	0	0	0	0	0	0
安徽	**1122**	**313**	**198**	**197**	**186**	**118**	**70**	**40**	**0**	**0**
正高级	1	0	0	0	0	0	0	1	0	0
副高级	238	0	7	37	66	58	43	27	0	0
中级	524	81	113	135	107	51	25	12	0	0
初级	313	207	58	25	12	9	2	0	0	0
未定职级	46	25	20	0	1	0	0	0	0	0

4.6 全国电大专任教师年龄情况（续表3）

单位：人

	年龄									
	计	30及以下	31～35	36～40	41～45	46～50	51～55	56～60	61～65	66及以上
福　建	**862**	**151**	**154**	**179**	**155**	**132**	**61**	**30**	**0**	**0**
正高级	5	0	0	0	0	0	2	3	0	0
副高级	224	0	2	21	72	75	36	18	0	0
中级	432	45	103	135	74	47	20	8	0	0
初级	175	86	45	23	8	9	3	1	0	0
未定职级	26	20	4	0	1	1	0	0	0	0
厦　门	**92**	**16**	**19**	**17**	**20**	**17**	**3**	**0**	**0**	**0**
正高级	1	0	0	0	0	1	0	0	0	0
副高级	27	0	0	2	11	11	3	0	0	0
中级	41	1	15	11	9	5	0	0	0	0
初级	23	15	4	4	0	0	0	0	0	0
未定职级	0	0	0	0	0	0	0	0	0	0
江　西	**1623**	**174**	**222**	**295**	**401**	**338**	**132**	**60**	**1**	**0**
正高级	23	0	0	0	1	9	5	8	0	0
副高级	676	1	19	77	213	231	99	35	1	0
中级	615	37	127	168	163	84	22	14	0	0
初级	280	127	73	45	19	10	3	3	0	0
未定职级	29	9	3	5	5	4	3	0	0	0
山　东	**2253**	**681**	**510**	**393**	**305**	**192**	**121**	**48**	**3**	**0**
正高级	72	0	1	1	18	26	18	8	0	0
副高级	584	11	33	128	181	131	66	33	1	0
中级	839	116	311	233	101	34	37	7	0	0
初级	634	482	116	29	4	1	0	0	2	0
未定职级	124	72	49	2	1	0	0	0	0	0
青　岛	**470**	**68**	**99**	**96**	**78**	**59**	**42**	**28**	**0**	**0**
正高级	5	0	0	0	1	2	0	2	0	0
副高级	126	0	0	11	31	38	31	15	0	0
中级	198	2	48	67	45	19	8	9	0	0
初级	129	55	50	18	1	0	3	2	0	0
未定职级	12	11	1	0	0	0	0	0	0	0
河　南	**1812**	**397**	**405**	**424**	**254**	**167**	**123**	**40**	**2**	**0**
正高级	40	0	0	11	9	10	8	2	0	0
副高级	417	0	5	94	113	99	80	24	2	0
中级	860	94	292	257	116	55	33	13	0	0
初级	446	265	101	60	15	3	2	0	0	0
未定职级	49	38	7	2	1	0	0	1	0	0
湖　北	**1659**	**436**	**357**	**295**	**249**	**185**	**95**	**42**	**0**	**0**
正高级	19	0	0	0	1	7	8	3	0	0
副高级	427	0	8	59	121	141	71	27	0	0
中级	750	80	282	218	116	32	13	9	0	0
初级	355	258	63	16	8	4	3	3	0	0
未定职级	108	98	4	2	3	1	0	0	0	0

4.6 全国电大专任教师年龄情况（续表4）

单位：人

	年龄									
	计	30及以下	31～35	36～40	41～45	46～50	51～55	56～60	61～65	66及以上
武　汉	**1426**	**298**	**187**	**204**	**190**	**260**	**215**	**71**	**1**	**0**
正高级	27	1	3	4	5	7	5	2	0	0
副高级	443	2	10	64	96	135	101	35	0	0
中级	577	74	116	97	77	94	91	28	0	0
初级	363	207	56	39	12	24	18	6	1	0
未定职级	16	14	2	0	0	0	0	0	0	0
湖　南	**2689**	**406**	**507**	**558**	**568**	**426**	**157**	**66**	**1**	**0**
正高级	98	0	2	12	23	35	21	4	1	0
副高级	797	9	30	119	275	237	92	35	0	0
中级	1302	125	351	378	244	142	37	25	0	0
初级	430	235	111	44	24	9	5	2	0	0
未定职级	62	37	13	5	2	3	2	0	0	0
广　东	**3580**	**886**	**665**	**641**	**623**	**433**	**224**	**104**	**4**	**0**
正高级	22	0	0	2	5	9	3	2	1	0
副高级	527	0	13	73	147	146	95	50	3	0
中级	1879	195	434	474	398	233	104	41	0	0
初级	836	415	186	86	72	45	21	11	0	0
未定职级	316	276	32	6	1	0	1	0	0	0
广　州	**1544**	**425**	**337**	**260**	**241**	**176**	**75**	**29**	**1**	**0**
正高级	19	0	0	3	5	7	2	2	0	0
副高级	314	0	30	63	88	82	34	16	1	0
中级	688	76	198	160	132	77	34	11	0	0
初级	387	239	88	31	16	8	5	0	0	0
未定职级	136	110	21	3	0	2	0	0	0	0
深　圳	**371**	**120**	**54**	**49**	**53**	**63**	**20**	**11**	**1**	**0**
正高级	10	0	0	0	0	3	5	2	0	0
副高级	110	0	7	17	25	42	10	8	1	0
中级	102	10	21	26	22	17	5	1	0	0
初级	45	26	13	3	3	0	0	0	0	0
未定职级	104	84	13	3	3	1	0	0	0	0
广　西	**586**	**118**	**102**	**127**	**107**	**88**	**32**	**12**	**0**	**0**
正高级	4	0	0	0	0	1	3	0	0	0
副高级	140	0	1	20	48	43	21	7	0	0
中级	308	30	75	94	54	42	8	5	0	0
初级	104	62	25	11	4	2	0	0	0	0
未定职级	30	26	1	2	1	0	0	0	0	0
海　南	**67**	**13**	**12**	**7**	**15**	**15**	**4**	**1**	**0**	**0**
正高级	4	0	0	0	0	2	1	1	0	0
副高级	11	0	1	1	3	4	2	0	0	0
中级	29	1	5	6	8	8	1	0	0	0
初级	15	5	5	0	4	1	0	0	0	0
未定职级	8	7	1	0	0	0	0	0	0	0

4.6 全国电大专任教师年龄情况（续表5）

单位：人

	年龄									
	计	30及以下	31～35	36～40	41～45	46～50	51～55	56～60	61～65	66及以上
四　川	**2104**	**388**	**385**	**439**	**420**	**253**	**151**	**66**	**2**	**0**
正高级	27	0	0	4	5	8	5	5	0	0
副高级	621	0	18	130	205	140	92	35	1	0
中级	964	87	252	262	191	99	47	25	1	0
初级	387	213	105	41	19	6	3	0	0	0
未定职级	105	88	10	2	0	0	4	1	0	0
成　都	**469**	**49**	**71**	**80**	**105**	**98**	**51**	**12**	**3**	**0**
正高级	3	0	0	0	0	0	2	1	0	0
副高级	82	1	1	8	20	29	16	5	2	0
中级	255	9	35	58	64	53	29	6	1	0
初级	84	26	25	12	12	7	2	0	0	0
未定职级	45	13	10	2	9	9	2	0	0	0
重　庆	**1443**	**364**	**213**	**247**	**259**	**183**	**114**	**62**	**1**	**0**
正高级	27	0	0	0	6	8	6	6	1	0
副高级	365	6	8	48	101	98	67	37	0	0
中级	675	119	131	171	128	70	39	17	0	0
初级	305	171	71	28	24	7	2	2	0	0
未定职级	71	68	3	0	0	0	0	0	0	0
贵　州	**678**	**158**	**137**	**105**	**99**	**116**	**49**	**12**	**2**	**0**
正高级	20	0	0	1	4	8	7	0	0	0
副高级	96	0	5	14	20	31	21	5	0	0
中级	315	52	79	70	59	39	12	4	0	0
初级	213	81	51	18	15	37	7	3	1	0
未定职级	34	25	2	2	1	1	2	0	1	0
云　南	**2262**	**802**	**425**	**451**	**310**	**171**	**58**	**42**	**2**	**1**
正高级	65	0	0	3	22	16	8	13	2	1
副高级	539	0	9	194	180	104	28	24	0	0
中级	825	129	293	237	98	44	19	5	0	0
初级	672	521	116	15	10	7	3	0	0	0
未定职级	161	152	7	2	0	0	0	0	0	0
陕　西	**1611**	**363**	**319**	**318**	**295**	**177**	**95**	**41**	**3**	**0**
正高级	52	2	2	1	13	15	13	6	0	0
副高级	426	12	11	77	128	116	55	25	2	0
中级	651	63	188	192	140	38	21	8	1	0
初级	414	253	99	41	10	6	5	0	0	0
未定职级	68	33	19	7	4	2	1	2	0	0
西　安	**148**	**19**	**27**	**36**	**28**	**14**	**16**	**2**	**3**	**3**
正高级	15	0	0	1	4	1	5	0	2	2
副高级	50	0	3	13	13	11	7	2	1	0
中级	58	7	16	18	10	2	4	0	0	1
初级	20	10	6	3	1	0	0	0	0	0
未定职级	5	2	2	1	0	0	0	0	0	0

4.6 全国电大专任教师年龄情况（续表6）

单位：人

	年龄									
	计	30及以下	31～35	36～40	41～45	46～50	51～55	56～60	61～65	66及以上
甘　肃	**2413**	**425**	**499**	**529**	**535**	**290**	**111**	**24**	**0**	**0**
正高级	6	0	0	0	0	3	3	0	0	0
副高级	490	2	4	59	180	164	64	17	0	0
中级	1163	76	279	348	304	111	38	7	0	0
初级	660	266	211	120	49	9	5	0	0	0
未定职级	94	81	5	2	2	3	1	0	0	0
青　海	**391**	**55**	**77**	**109**	**91**	**43**	**14**	**2**	**0**	**0**
正高级	6	0	0	0	2	3	1	0	0	0
副高级	174	0	13	51	65	32	12	1	0	0
中级	166	21	58	55	22	8	1	1	0	0
初级	38	31	4	3	0	0	0	0	0	0
未定职级	7	3	2	0	2	0	0	0	0	0
宁　夏	**706**	**126**	**102**	**117**	**196**	**111**	**46**	**8**	**0**	**0**
正高级	26	0	0	0	6	15	5	0	0	0
副高级	241	0	2	31	109	61	35	3	0	0
中级	273	7	70	76	78	33	4	5	0	0
初级	112	66	29	10	3	2	2	0	0	0
未定职级	54	53	1	0	0	0	0	0	0	0
新　疆	**1695**	**242**	**351**	**424**	**313**	**249**	**88**	**26**	**2**	**0**
正高级	22	0	3	11	4	3	0	1	0	0
副高级	405	18	20	63	122	122	49	9	2	0
中级	784	53	153	260	156	110	37	15	0	0
初级	433	150	162	81	24	14	1	1	0	0
未定职级	51	21	13	9	7	0	1	0	0	0
新疆兵团	**376**	**78**	**70**	**90**	**67**	**55**	**16**	**0**	**0**	**0**
正高级	2	0	0	0	0	1	1	0	0	0
副高级	118	0	2	19	43	44	10	0	0	0
中级	167	9	51	69	24	9	5	0	0	0
初级	50	34	13	2	0	1	0	0	0	0
未定职级	39	35	4	0	0	0	0	0	0	0

4.7 全国电大聘请校外教师学历、学位情况

单位：人

	计	博士研究生			硕士研究生			本科			专科及以下		
		计	其中：获学位		计	其中：获学位		计	其中：获学位		计	其中：获学位	
			博士	硕士		博士	硕士		博士	硕士		博士	硕士
总　计	**36683**	**1169**	**479**	**144**	**7691**	**88**	**5628**	**26904**	**27**	**1930**	**919**	**0**	**12**
正高级	1626	241	157	18	604	14	459	776	0	77	5	0	0
副高级	11680	411	153	70	2729	32	1903	8436	9	718	104	0	6
中级	18441	356	140	43	3365	41	2521	14160	18	931	560	0	5
初级	3640	127	13	8	683	1	478	2661	0	129	169	0	0
未定职级	1296	34	16	5	310	0	267	871	0	75	81	0	1
中央电大	**62**	**10**	**10**	**0**	**37**	**0**	**37**	**14**	**0**	**0**	**1**	**0**	**0**
正高级	17	4	4	0	9	0	9	3	0	0	1	0	0
副高级	16	2	2	0	5	0	5	9	0	0	0	0	0
中级	27	4	4	0	21	0	21	2	0	0	0	0	0
初级	2	0	0	0	2	0	2	0	0	0	0	0	0
未定职级	0	0	0	0	0	0	0	0	0	0	0	0	0
中央电大直属院校	**3483**	**311**	**19**	**0**	**345**	**0**	**284**	**2550**	**0**	**0**	**277**	**0**	**0**
正高级	141	11	4	0	73	0	73	57	0	0	0	0	0
副高级	404	91	7	0	89	0	67	224	0	0	0	0	0
中级	2518	101	7	0	170	0	140	2032	0	0	215	0	0
初级	397	99	1	0	5	0	2	231	0	0	62	0	0
未定职级	23	9	0	0	8	0	2	6	0	0	0	0	0
北　京	**1784**	**100**	**70**	**24**	**656**	**19**	**549**	**1016**	**0**	**100**	**12**	**0**	**0**
正高级	121	29	22	5	44	8	26	48	0	1	0	0	0
副高级	605	30	20	9	200	5	168	374	0	32	1	0	0
中级	869	27	21	5	326	6	283	515	0	57	1	0	0
初级	118	6	5	0	65	0	55	47	0	7	0	0	0
未定职级	71	8	2	5	21	0	17	32	0	3	10	0	0
天　津	**919**	**8**	**8**	**0**	**122**	**1**	**100**	**781**	**0**	**80**	**8**	**0**	**0**
正高级	36	2	2	0	16	0	11	18	0	3	0	0	0
副高级	487	4	4	0	50	0	42	431	0	36	2	0	0
中级	283	2	2	0	35	1	28	243	0	30	3	0	0
初级	81	0	0	0	17	0	15	62	0	7	2	0	0
未定职级	32	0	0	0	4	0	4	27	0	4	1	0	0
河　北	**422**	**9**	**9**	**0**	**126**	**0**	**126**	**287**	**7**	**88**	**0**	**0**	**0**
正高级	40	3	3	0	18	0	18	19	0	16	0	0	0
副高级	190	4	4	0	54	0	54	132	1	52	0	0	0
中级	134	2	2	0	45	0	45	87	6	4	0	0	0
初级	51	0	0	0	9	0	9	42	0	12	0	0	0
未定职级	7	0	0	0	0	0	0	7	0	4	0	0	0
山　西	**1068**	**28**	**12**	**0**	**124**	**0**	**66**	**914**	**0**	**54**	**2**	**0**	**0**
正高级	35	3	3	0	12	0	6	20	0	7	0	0	0
副高级	503	12	9	0	72	0	30	417	0	24	2	0	0
中级	482	13	0	0	40	0	30	429	0	23	0	0	0
初级	48	0	0	0	0	0	0	48	0	0	0	0	0
未定职级	0	0	0	0	0	0	0	0	0	0	0	0	0

4.7 全国电大聘请校外教师学历、学位情况（续表1）

单位：人

	计	博士研究生			硕士研究生			本科			专科及以下		
		计	其中：获学位		计	其中：获学位		计	其中：获学位		计	其中：获学位	
			博士	硕士		博士	硕士		博士	硕士		博士	硕士
内 蒙 古	**242**	**3**	**3**	**0**	**44**	**0**	**44**	**194**	**0**	**9**	**1**	**0**	**0**
正高级	5	3	3	0	1	0	1	1	0	0	0	0	0
副高级	79	0	0	0	15	0	15	64	0	1	0	0	0
中级	148	0	0	0	26	0	26	121	0	6	1	0	0
初级	9	0	0	0	2	0	2	7	0	2	0	0	0
未定职级	1	0	0	0	0	0	0	1	0	0	0	0	0
辽 宁	**644**	**1**	**1**	**0**	**69**	**0**	**62**	**563**	**0**	**43**	**11**	**0**	**0**
正高级	19	1	1	0	2	0	2	16	0	2	0	0	0
副高级	224	0	0	0	27	0	20	197	0	20	0	0	0
中级	316	0	0	0	23	0	23	285	0	11	8	0	0
初级	65	0	0	0	14	0	14	51	0	10	0	0	0
未定职级	20	0	0	0	3	0	3	14	0	0	3	0	0
沈 阳	**273**	**3**	**0**	**3**	**62**	**0**	**62**	**208**	**0**	**0**	**0**	**0**	**0**
正高级	11	0	0	0	6	0	6	5	0	0	0	0	0
副高级	110	3	0	3	19	0	19	88	0	0	0	0	0
中级	127	0	0	0	32	0	32	95	0	0	0	0	0
初级	25	0	0	0	5	0	5	20	0	0	0	0	0
未定职级	0	0	0	0	0	0	0	0	0	0	0	0	0
大 连	**296**	**14**	**5**	**9**	**166**	**0**	**137**	**116**	**0**	**46**	**0**	**0**	**0**
正高级	31	5	2	3	21	0	21	5	0	1	0	0	0
副高级	168	9	3	6	92	0	82	67	0	20	0	0	0
中级	83	0	0	0	39	0	20	44	0	25	0	0	0
初级	14	0	0	0	14	0	14	0	0	0	0	0	0
未定职级	0	0	0	0	0	0	0	0	0	0	0	0	0
吉 林	**161**	**5**	**0**	**0**	**20**	**0**	**2**	**136**	**0**	**0**	**0**	**0**	**0**
正高级	14	5	0	0	0	0	0	9	0	0	0	0	0
副高级	89	0	0	0	15	0	1	74	0	0	0	0	0
中级	57	0	0	0	5	0	1	52	0	0	0	0	0
初级	1	0	0	0	0	0	0	1	0	0	0	0	0
未定职级	0	0	0	0	0	0	0	0	0	0	0	0	0
长 春	**60**	**0**	**0**	**0**	**2**	**0**	**0**	**58**	**5**	**0**	**0**	**0**	**0**
正高级	8	0	0	0	0	0	0	8	0	0	0	0	0
副高级	22	0	0	0	0	0	0	22	0	0	0	0	0
中级	25	0	0	0	0	0	0	25	5	0	0	0	0
初级	5	0	0	0	2	0	0	3	0	0	0	0	0
未定职级	0	0	0	0	0	0	0	0	0	0	0	0	0
黑 龙 江	**912**	**8**	**1**	**0**	**82**	**0**	**74**	**798**	**0**	**91**	**24**	**0**	**0**
正高级	19	0	0	0	10	0	7	9	0	2	0	0	0
副高级	392	7	0	0	28	0	23	351	0	28	6	0	0
中级	382	1	1	0	22	0	22	342	0	21	17	0	0
初级	60	0	0	0	0	0	0	60	0	21	0	0	0
未定职级	59	0	0	0	22	0	22	36	0	19	1	0	0

4.7 全国电大聘请校外教师学历、学位情况（续表2）

单位：人

	计	博士研究生			硕士研究生			本科			专科及以下		
		计	其中：获学位		计	其中：获学位		计	其中：获学位		计	其中：获学位	
			博士	硕士		博士	硕士		博士	硕士		博士	硕士
哈尔滨	**286**	**4**	**4**	**0**	**62**	**0**	**30**	**220**	**0**	**0**	**0**	**0**	**0**
正高级	17	1	1	0	9	0	2	7	0	0	0	0	0
副高级	159	3	3	0	35	0	12	121	0	0	0	0	0
中级	87	0	0	0	15	0	13	72	0	0	0	0	0
初级	11	0	0	0	0	0	0	11	0	0	0	0	0
未定职级	12	0	0	0	3	0	3	9	0	0	0	0	0
上　　海	**1468**	**77**	**55**	**19**	**497**	**4**	**455**	**883**	**3**	**151**	**11**	**0**	**0**
正高级	32	4	3	0	16	1	13	12	0	0	0	0	0
副高级	392	25	21	4	149	1	123	217	3	20	1	0	0
中级	864	40	26	12	261	1	254	555	0	117	8	0	0
初级	125	4	1	3	45	1	40	74	0	14	2	0	0
未定职级	55	4	4	0	26	0	25	25	0	0	0	0	0
江　　苏	**868**	**21**	**21**	**0**	**195**	**3**	**171**	**609**	**0**	**57**	**43**	**0**	**0**
正高级	28	5	5	0	14	0	13	9	0	0	0	0	0
副高级	303	4	4	0	83	2	69	211	0	29	5	0	0
中级	389	6	6	0	79	1	72	286	0	24	18	0	0
初级	75	0	0	0	4	0	2	70	0	4	1	0	0
未定职级	73	6	6	0	15	0	15	33	0	0	19	0	0
南　　京	**431**	**29**	**11**	**1**	**173**	**0**	**53**	**229**	**0**	**15**	**0**	**0**	**0**
正高级	15	3	2	0	9	0	4	3	0	1	0	0	0
副高级	105	16	3	0	31	0	10	58	0	6	0	0	0
中级	282	9	6	0	127	0	33	146	0	8	0	0	0
初级	23	1	0	1	4	0	4	18	0	0	0	0	0
未定职级	6	0	0	0	2	0	2	4	0	0	0	0	0
浙　　江	**2132**	**33**	**15**	**11**	**353**	**1**	**329**	**1706**	**0**	**247**	**40**	**0**	**1**
正高级	41	9	2	0	10	0	10	20	0	5	2	0	0
副高级	665	9	3	6	140	0	124	500	0	97	16	0	0
中级	1051	11	7	4	155	1	147	871	0	114	14	0	0
初级	248	2	1	1	25	0	25	218	0	17	3	0	0
未定职级	127	2	2	0	23	0	23	97	0	14	5	0	1
宁　　波	**447**	**6**	**5**	**1**	**112**	**0**	**81**	**322**	**0**	**9**	**7**	**0**	**0**
正高级	19	5	4	1	9	0	9	4	0	0	1	0	0
副高级	155	1	1	0	50	0	45	104	0	5	0	0	0
中级	212	0	0	0	42	0	26	167	0	4	3	0	0
初级	51	0	0	0	11	0	1	40	0	0	0	0	0
未定职级	10	0	0	0	0	0	0	7	0	0	3	0	0
安　　徽	**1262**	**5**	**2**	**0**	**295**	**0**	**195**	**940**	**0**	**53**	**22**	**0**	**0**
正高级	17	0	0	0	11	0	8	6	0	1	0	0	0
副高级	346	2	1	0	86	0	55	257	0	11	1	0	0
中级	633	3	1	0	169	0	112	456	0	39	5	0	0
初级	225	0	0	0	29	0	20	183	0	2	13	0	0
未定职级	41	0	0	0	0	0	0	38	0	0	3	0	0

4.7 全国电大聘请校外教师学历、学位情况（续表3）

单位：人

	计	博士研究生			硕士研究生			本科			专科及以下		
		计	其中：获学位		计	其中：获学位		计	其中：获学位		计	其中：获学位	
			博士	硕士		博士	硕士		博士	硕士		博士	硕士
福　建	**1135**	**38**	**26**	**12**	**213**	**17**	**177**	**857**	**0**	**103**	**27**	**0**	**0**
正高级	42	18	16	2	14	0	12	10	0	3	0	0	0
副高级	364	19	9	10	67	2	61	273	0	52	5	0	0
中级	609	1	1	0	118	15	90	476	0	41	14	0	0
初级	74	0	0	0	14	0	14	59	0	6	1	0	0
未定职级	46	0	0	0	0	0	0	39	0	1	7	0	0
厦　门	**139**	**10**	**0**	**10**	**41**	**0**	**24**	**88**	**0**	**0**	**0**	**0**	**0**
正高级	4	0	0	0	2	0	1	2	0	0	0	0	0
副高级	34	6	0	6	14	0	6	14	0	0	0	0	0
中级	48	4	0	4	15	0	8	29	0	0	0	0	0
初级	37	0	0	0	9	0	8	28	0	0	0	0	0
未定职级	16	0	0	0	1	0	1	15	0	0	0	0	0
江　西	**1262**	**0**	**0**	**0**	**174**	**0**	**110**	**1077**	**0**	**38**	**11**	**0**	**0**
正高级	33	0	0	0	11	0	7	22	0	2	0	0	0
副高级	538	0	0	0	65	0	33	473	0	19	0	0	0
中级	586	0	0	0	86	0	61	490	0	16	10	0	0
初级	94	0	0	0	12	0	9	81	0	1	1	0	0
未定职级	11	0	0	0	0	0	0	11	0	0	0	0	0
山　东	**255**	**3**	**3**	**0**	**48**	**0**	**40**	**201**	**0**	**72**	**3**	**0**	**0**
正高级	24	1	1	0	3	0	0	20	0	2	0	0	0
副高级	141	1	1	0	21	0	18	118	0	48	1	0	0
中级	68	1	1	0	16	0	14	49	0	20	2	0	0
初级	18	0	0	0	7	0	7	11	0	2	0	0	0
未定职级	4	0	0	0	1	0	1	3	0	0	0	0	0
青　岛	**125**	**1**	**1**	**0**	**57**	**0**	**52**	**67**	**0**	**5**	**0**	**0**	**0**
正高级	8	1	1	0	7	0	7	0	0	0	0	0	0
副高级	25	0	0	0	12	0	12	13	0	0	0	0	0
中级	56	0	0	0	31	0	31	25	0	0	0	0	0
初级	24	0	0	0	7	0	2	17	0	0	0	0	0
未定职级	12	0	0	0	0	0	0	12	0	5	0	0	0
河　南	**234**	**11**	**6**	**0**	**69**	**0**	**58**	**154**	**0**	**18**	**0**	**0**	**0**
正高级	10	0	0	0	1	0	1	9	0	1	0	0	0
副高级	80	6	6	0	33	0	32	41	0	9	0	0	0
中级	117	4	0	0	27	0	25	86	0	7	0	0	0
初级	23	1	0	0	8	0	0	14	0	1	0	0	0
未定职级	4	0	0	0	0	0	0	4	0	0	0	0	0
湖　北	**373**	**0**	**0**	**0**	**11**	**0**	**8**	**351**	**0**	**0**	**11**	**0**	**0**
正高级	9	0	0	0	0	0	0	9	0	0	0	0	0
副高级	156	0	0	0	6	0	6	146	0	0	4	0	0
中级	162	0	0	0	2	0	2	154	0	0	6	0	0
初级	43	0	0	0	3	0	0	39	0	0	1	0	0
未定职级	3	0	0	0	0	0	0	3	0	0	0	0	0

4.7 全国电大聘请校外教师学历、学位情况（续表4）

单位：人

	计	博士研究生			硕士研究生			本科			专科及以下		
		计	其中：获学位		计	其中：获学位		计	其中：获学位		计	其中：获学位	
			博士	硕士		博士	硕士		博士	硕士		博士	硕士
武　汉	**231**	**3**	**3**	**0**	**44**	**0**	**41**	**132**	**0**	**0**	**52**	**0**	**0**
正高级	6	3	3	0	2	0	1	1	0	0	0	0	0
副高级	71	0	0	0	7	0	7	53	0	0	11	0	0
中级	85	0	0	0	5	0	3	51	0	0	29	0	0
初级	69	0	0	0	30	0	30	27	0	0	12	0	0
未定职级	0	0	0	0	0	0	0	0	0	0	0	0	0
湖　南	**1345**	**7**	**5**	**1**	**169**	**13**	**120**	**1140**	**0**	**63**	**29**	**0**	**0**
正高级	49	3	2	1	3	1	2	43	0	1	0	0	0
副高级	405	2	2	0	58	12	26	340	0	32	5	0	0
中级	583	2	1	0	71	0	59	494	0	30	16	0	0
初级	145	0	0	0	19	0	17	121	0	0	5	0	0
未定职级	163	0	0	0	18	0	16	142	0	0	3	0	0
广　东	**1756**	**12**	**9**	**3**	**283**	**8**	**225**	**1407**	**2**	**110**	**54**	**0**	**0**
正高级	41	4	3	1	16	1	7	21	0	3	0	0	0
副高级	357	6	4	2	53	1	43	297	0	22	1	0	0
中级	1095	1	1	0	128	6	90	935	2	84	31	0	0
初级	170	0	0	0	29	0	29	121	0	0	20	0	0
未定职级	93	1	1	0	57	0	56	33	0	1	2	0	0
广　州	**765**	**14**	**4**	**5**	**308**	**2**	**209**	**436**	**6**	**74**	**7**	**0**	**0**
正高级	13	2	1	0	4	1	2	7	0	1	0	0	0
副高级	134	4	0	1	63	1	45	67	3	5	0	0	0
中级	436	6	3	2	200	0	138	229	3	56	1	0	0
初级	116	2	0	2	37	0	24	77	0	4	0	0	0
未定职级	66	0	0	0	4	0	0	56	0	8	6	0	0
深　圳	**405**	**10**	**3**	**1**	**118**	**1**	**77**	**256**	**0**	**16**	**21**	**0**	**0**
正高级	5	0	0	0	3	0	2	2	0	0	0	0	0
副高级	102	7	2	1	35	1	25	59	0	3	1	0	0
中级	212	3	1	0	60	0	32	139	0	9	10	0	0
初级	45	0	0	0	6	0	4	29	0	4	10	0	0
未定职级	41	0	0	0	14	0	14	27	0	0	0	0	0
广　西	**287**	**1**	**1**	**0**	**56**	**0**	**9**	**230**	**0**	**0**	**0**	**0**	**0**
正高级	3	1	1	0	1	0	1	1	0	0	0	0	0
副高级	78	0	0	0	28	0	5	50	0	0	0	0	0
中级	183	0	0	0	27	0	3	156	0	0	0	0	0
初级	23	0	0	0	0	0	0	23	0	0	0	0	0
未定职级	0	0	0	0	0	0	0	0	0	0	0	0	0
海　南	**31**	**1**	**1**	**0**	**14**	**0**	**14**	**16**	**0**	**8**	**0**	**0**	**0**
正高级	1	1	1	0	0	0	0	0	0	0	0	0	0
副高级	12	0	0	0	8	0	8	4	0	2	0	0	0
中级	18	0	0	0	6	0	6	12	0	6	0	0	0
初级	0	0	0	0	0	0	0	0	0	0	0	0	0
未定职级	0	0	0	0	0	0	0	0	0	0	0	0	0

4.7　全国电大聘请校外教师学历、学位情况（续表5）

单位：人

	计	博士研究生			硕士研究生			本科			专科及以下		
		计	其中：获学位		计	其中：获学位		计	其中：获学位		计	其中：获学位	
			博士	硕士		博士	硕士		博士	硕士		博士	硕士
四　川	**2347**	**114**	**51**	**10**	**498**	**0**	**369**	**1640**	**0**	**28**	**95**	**0**	**0**
正高级	109	38	23	0	35	0	31	36	0	0	0	0	0
副高级	766	47	13	5	207	0	136	501	0	0	11	0	0
中级	1115	23	10	4	198	0	144	835	0	28	59	0	0
初级	274	5	4	1	33	0	33	223	0	0	13	0	0
未定职级	83	1	1	0	25	0	25	45	0	0	12	0	0
成　都	**593**	**65**	**37**	**15**	**181**	**1**	**115**	**314**	**0**	**9**	**33**	**0**	**11**
正高级	65	25	20	0	21	1	17	19	0	1	0	0	0
副高级	183	17	8	4	68	0	47	89	0	7	9	0	6
中级	267	23	9	11	69	0	49	153	0	1	22	0	5
初级	58	0	0	0	23	0	2	33	0	0	2	0	0
未定职级	20	0	0	0	0	0	0	20	0	0	0	0	0
重　庆	**1258**	**13**	**8**	**4**	**270**	**0**	**231**	**966**	**4**	**44**	**9**	**0**	**0**
正高级	39	4	3	1	20	0	12	15	0	0	0	0	0
副高级	397	5	1	3	96	0	83	296	2	24	0	0	0
中级	666	4	4	0	126	0	110	527	2	17	9	0	0
初级	143	0	0	0	26	0	26	117	0	3	0	0	0
未定职级	13	0	0	0	2	0	0	11	0	0	0	0	0
贵　州	**708**	**2**	**1**	**1**	**133**	**0**	**124**	**573**	**0**	**156**	**0**	**0**	**0**
正高级	45	1	0	1	21	0	21	23	0	11	0	0	0
副高级	238	1	1	0	70	0	65	167	0	67	0	0	0
中级	358	0	0	0	36	0	32	322	0	72	0	0	0
初级	56	0	0	0	6	0	6	50	0	0	0	0	0
未定职级	11	0	0	0	0	0	0	11	0	6	0	0	0
云　南	**680**	**22**	**11**	**11**	**71**	**0**	**66**	**558**	**0**	**0**	**29**	**0**	**0**
正高级	77	14	11	3	20	0	19	43	0	0	0	0	0
副高级	235	8	0	8	33	0	29	191	0	0	3	0	0
中级	283	0	0	0	14	0	14	252	0	0	17	0	0
初级	65	0	0	0	1	0	1	57	0	0	7	0	0
未定职级	20	0	0	0	3	0	3	15	0	0	2	0	0
陕　西	**1191**	**12**	**6**	**2**	**354**	**0**	**260**	**814**	**0**	**44**	**11**	**0**	**0**
正高级	74	2	2	0	27	0	16	45	0	9	0	0	0
副高级	368	6	0	2	125	0	79	237	0	14	0	0	0
中级	603	3	3	0	137	0	105	458	0	21	5	0	0
初级	96	1	1	0	27	0	27	62	0	0	6	0	0
未定职级	50	0	0	0	38	0	33	12	0	0	0	0	0
西　安	**1081**	**75**	**30**	**0**	**578**	**13**	**161**	**427**	**0**	**0**	**1**	**0**	**0**
正高级	142	10	4	0	50	0	21	82	0	0	0	0	0
副高级	377	25	8	0	212	6	54	140	0	0	0	0	0
中级	403	34	18	0	203	7	66	165	0	0	1	0	0
初级	141	6	0	0	100	0	19	35	0	0	0	0	0
未定职级	18	0	0	0	13	0	1	5	0	0	0	0	0

4.7 全国电大聘请校外教师学历、学位情况（续表6）

单位：人

	计	博士研究生			硕士研究生			本科			专科及以下		
		计	其中：获学位		计	其中：获学位		计	其中：获学位		计	其中：获学位	
			博士	硕士		博士	硕士		博士	硕士		博士	硕士
甘　肃	**1189**	**31**	**11**	**0**	**136**	**4**	**105**	**1005**	**0**	**34**	**17**	**0**	**0**
正高级	45	3	3	0	20	0	17	22	0	0	0	0	0
副高级	379	11	3	0	49	1	38	314	0	6	5	0	0
中级	615	14	5	0	49	3	41	545	0	16	7	0	0
初级	118	0	0	0	11	0	8	104	0	12	3	0	0
未定职级	32	3	0	0	7	0	1	20	0	0	2	0	0
青　海	**178**	**0**	**0**	**0**	**17**	**0**	**4**	**156**	**0**	**6**	**5**	**0**	**0**
正高级	10	0	0	0	0	0	0	10	0	0	0	0	0
副高级	86	0	0	0	11	0	3	73	0	5	2	0	0
中级	71	0	0	0	5	0	0	63	0	1	3	0	0
初级	10	0	0	0	1	0	1	9	0	0	0	0	0
未定职级	1	0	0	0	0	0	0	1	0	0	0	0	0
宁　夏	**403**	**1**	**1**	**0**	**79**	**1**	**62**	**323**	**0**	**28**	**0**	**0**	**0**
正高级	55	1	1	0	24	1	20	30	0	4	0	0	0
副高级	209	0	0	0	40	0	34	169	0	15	0	0	0
中级	135	0	0	0	15	0	8	120	0	9	0	0	0
初级	3	0	0	0	0	0	0	3	0	0	0	0	0
未定职级	1	0	0	0	0	0	0	1	0	0	0	0	0
新　疆	**1135**	**32**	**5**	**0**	**85**	**0**	**56**	**973**	**0**	**31**	**45**	**0**	**0**
正高级	29	12	0	0	4	0	2	12	0	0	1	0	0
副高级	381	11	5	0	49	0	24	309	0	7	12	0	0
中级	541	9	0	0	32	0	30	475	0	14	25	0	0
初级	133	0	0	0	0	0	0	128	0	0	5	0	0
未定职级	51	0	0	0	0	0	0	49	0	10	2	0	0
新疆兵团	**357**	**16**	**5**	**1**	**142**	**0**	**54**	**199**	**0**	**0**	**0**	**0**	**0**
正高级	22	4	0	0	5	0	1	13	0	0	0	0	0
副高级	150	7	5	0	59	0	20	84	0	0	0	0	0
中级	157	5	0	1	57	0	32	95	0	0	0	0	0
初级	28	0	0	0	21	0	1	7	0	0	0	0	0
未定职级	0	0	0	0	0	0	0	0	0	0	0	0	0

4.8 全国电大教职工其他情况

单位：人

	教职工中						专任教师中					
	党员	团员	民主党派	华侨	港澳台	少数民族	党员	团员	民主党派	华侨	港澳台	少数民族
总计	43798	7704	2088	17	9	4587	25222	4485	1383	8	1	2529
中央电大	239	17	4	0	0	13	82	8	2	0	0	6
中央电大直属院校	170	28	0	0	0	7	27	6	0	0	0	0
北京	1009	129	44	0	0	71	420	44	23	0	0	31
天津	1200	239	66	2	5	48	589	168	45	1	0	23
河北	907	54	33	0	0	82	286	39	25	0	0	50
山西	1200	215	43	0	0	1	659	104	19	0	0	1
内蒙古	537	3	8	0	0	235	248	1	2	0	0	103
辽宁	1297	275	129	0	0	253	645	182	88	0	0	108
沈阳	374	57	10	0	0	36	211	25	4	0	0	25
大连	272	24	16	0	0	10	150	10	9	0	0	3
吉林	672	184	12	0	0	40	385	70	6	0	0	27
长春	162	19	13	0	0	5	115	14	13	0	0	3
黑龙江	1668	224	63	0	0	124	879	126	40	0	0	49
哈尔滨	185	7	4	0	0	3	81	3	4	0	0	2
上海	903	117	129	2	0	17	585	62	98	2	0	11
江苏	3608	664	181	2	0	27	2440	535	142	2	0	26
南京	271	24	15	0	0	6	168	15	7	0	0	3
浙江	2350	380	191	0	0	24	1552	292	131	0	0	17
宁波	249	14	24	0	0	0	187	11	17	0	0	0
安徽	985	135	38	0	1	18	618	74	29	0	0	12
福建	834	112	86	0	1	9	434	41	61	0	0	5
厦门	97	1	13	0	0	0	45	1	5	0	0	0
江西	1201	140	54	0	0	4	828	50	44	0	0	0
山东	1743	614	60	0	0	16	862	389	17	0	0	5
青岛	308	86	4	0	0	0	199	84	3	0	0	0
河南	1582	317	49	3	0	72	879	165	19	0	0	36
湖北	1129	470	27	3	1	13	643	150	22	0	0	10
武汉	1055	83	41	0	1	29	741	65	38	0	1	24
湖南	2155	495	95	0	0	317	1206	256	26	0	0	152
广东	2761	483	127	1	0	46	1788	295	107	1	0	31
广州	1006	266	66	1	0	21	643	152	46	1	0	16
深圳	280	22	5	2	0	4	167	9	5	1	0	1
广西	506	37	25	0	0	284	299	25	18	0	0	155
海南	78	10	4	0	0	7	43	3	4	0	0	4
四川	1626	367	61	0	0	147	972	226	35	0	0	77
成都	453	306	5	0	0	7	223	130	4	0	0	6
重庆	1129	89	52	0	0	134	682	49	35	0	0	85
贵州	522	70	16	0	0	170	298	43	12	0	0	88
云南	1728	411	106	0	0	797	968	297	79	0	0	445
陕西	1193	174	31	0	0	4	708	109	14	0	0	3
西安	222	74	26	0	0	2	52	3	7	0	0	1
甘肃	1510	122	59	0	0	204	901	67	38	0	0	131
青海	282	27	12	1	0	168	145	14	10	0	0	88
宁夏	518	3	40	0	0	147	329	1	30	0	0	99
新疆	1222	104	1	0	0	942	629	60	0	0	0	556
新疆兵团	400	12	0	0	0	23	211	12	0	0	0	11

V 资产及校舍

本章反映全国广播电视大学办学条件的基本情况。

主要内容包括：

• 学校产权和非学校产权的资产情况；

• 全国电大的校舍情况，包括建筑面积、占地面积和正在施工面积。

指标解释

• **固定资产总值：** 物品耐用时间在一年以上，单价在规定起点以上、以货币表现的固定资产原值总量。

• **图书：** 学校图书馆以及院系（所）资料（情报）室拥有的正式出版书籍。

• **非学校产权：** 由社会力量投资提供的办学资源，包括独立使用、共同使用两类。

独立使用是指学校独立享用社会力量提供的办学资源。

共同使用是指本校与其他学校共享社会力量提供的办学资源。

• **学校产权建筑面积：** 学校拥有产权，已交付使用的建筑面积。不包括尚未竣工的在建工程或临时搭用的棚舍的建筑面积。

被外单位借用： 被外单位借用，占用一年以上的建筑面积。

教工住宅： 学校拥有全部产权或部分产权的教职工住宅。

• **非学校产权建筑面积：** 由社会力量投资建设提供给学校使用的建筑面积（包括学校租借用一年以上的建筑面积）。

简要说明

1. 全国各省级广播电视大学的统计数据均包括下属分校和工作站的数据。

2. 近年来全国各级广播电视大学固定资产总值增长的幅度较大，其原因一方面是部分电大自身发展较快，自筹和争取的资金较多；另一方面是一些地区为实现教育资源共享，整合教育机构，对部分高校进行充实和调整，联合办学，全国部分广播电视大学在兼并或与其他学校合并后，学校的固定资产总值和校舍等均有较大幅度增长。

5.1 全国电大学校产权资产情况

	固定资产总值（万元）				图书、资料（万册）		计算机（台）		语音实验室座位数（个）	多媒体教室座位数（个）
	计	其中：教学、科研仪器设备资产		其中：信息化设备资产	计	当年新增	计	其中：教学用		
		计	当年新增							
总　　计	**2965835.66**	**695064.01**	**52963.46**	**277708.24**	**6098.92**	**392.65**	**432184**	**332063**	**85560**	**690242**
中央电大	**104405.82**	**2650.88**	**39.06**	**5290.41**	**8.79**	**0.55**	**1546**	**688**	**109**	**93**
中央广播电视大学	**104405.82**	**2650.88**	**39.06**	**5290.41**	**8.79**	**0.55**	**1546**	**688**	**109**	**93**
中央电大直属院校	2470	1241.2	100	130.8	0.5	0	5459	156	136	96
中央电大直属学院	0	0	0	0	0	0	0	0	0	0
中央电大西藏学院	280	200	0	42	0	0	212	0	0	0
中央电大八一学院	2100	960	100	80	0	0	120	50	80	40
中央电大总参学院	0	0	0	0	0	0	0	0	0	0
中央电大北京学习中心	0	0	0	0	0	0	0	0	0	0
中央电大太原学习中心	0	0	0	0	0	0	0	0	0	0
中央电大南海学习中心	0	0	0	0	0	0	0	0	0	0
中央电大 TCL 学习中心	83	80	0	3	0.5	0	120	106	56	56
中央电大北大医学部教学点	0	0	0	0	0	0	0	0	0	0
中央电大中国政法大学教学点	0	0	0	0	0	0	0	0	0	0
中央电大残疾人教育学院	7	1.2	0	5.8	0	0	7	0	0	0
中央电大空军学院	0	0	0	0	0	0	5000	0	0	0
北　　京	**61957.3**	**19076.32**	**1540.33**	**8290.4**	**99.96**	**3.31**	**9191**	**7050**	**1130**	**20586**
北京广播电视大学	11614.22	4174.13	556.55	3184.8	3.93	0.18	1437	850	0	1195
东城分校	1464.28	584.97	0	67.51	0	0	0	0	0	0
西城分校	0	0	0	0	0	0	0	0	0	0
崇文分校	1296	728.6	37.28	78.57	7.14	0.08	143	123	87	1566
宣武分校	279	31.86	0.16	187.38	0.05	0	203	155	0	155
朝阳区分校	0	0	0	0	0	0	0	0	0	0
海淀分校	3354.84	1945.52	222	2	7.02	0	650	460	130	1040
丰台区分校	55	20	0	0	3	0	55	40	70	70
石景山分校	3146	281.04	97.44	446.8	13.26	0.25	523	523	42	2986
通州区分校	0	0	0	0	0	0	0	0	0	0
房山区分校	0	0	0	0	0	0	0	0	0	0
昌平分校	942	512	0	2.5	1	0	470	380	66	1340
平谷分校	1047	48	0	639	0.6	0	360	360	80	312
怀柔分校	340	12	0	240	0	0	217	194	0	520
密云分校	151	127	0	0	0.43	0	310	100	0	140
延庆分校	1508	114.9	4.9	387.4	0.35	0	280	218	40	200
大兴分校	0	0	0	0	0	0	0	0	0	0
顺义分校	557	6	0	340	0	0	376	307	0	1500
门头沟分校	849.4	422	0	66	0.4	0	384	354	0	160
航天部三院工作站	389	144	0	200	1.5	0	150	150	40	400
首钢工作站	0	0	0	0	0	0	0	0	0	0
燕山分校	432.3	81.3	0	0	1	0	189	140	40	60
一商干校工作站	300	100	0	100	11	1	240	240	40	40
文化局工作站	127.5	98.65	0	12	0	0	45	40	0	0
水务局工作站	3728.98	1110	100	110	14.4	0.2	356	296	48	1230

5.1　全国电大学校产权资产情况（续表1）

	固定资产总值（万元）				图书、资料（万册）		计算机（台）		语音实验室座位数（个）	多媒体教室座位数（个）
	计	其中：教学、科研仪器设备资产		其中：信息化设备资产	计	当年新增	计	其中：教学用		
		计	当年新增							
北京市园林局工作站	10691	1436	31	0	4.1	1.3	604	408	42	1228
医药分校	5103	1469	211	28	4.3	0	264	194	50	1570
供销社分校	420	220	0	180	0.05	0	180	150	0	300
矿山工作站	788	436	0	352	1	0	105	100	40	350
北京卫校教学点	74.73	8	0	0	0	0	0	0	0	0
崇文卫校工作站	229.05	178.35	0	0.24	0.6	0	110	90	45	400
海淀卫校工作站	35	0	0	15.2	0	0	0	0	0	0
联大商务学院教学点	30	25	0	5	0	0	0	0	0	0
市公务员培训中心教学点	0	0	0	0	0	0	0	0	0	0
电子科技学院工作站	200	200	50	0	0	0	90	90	150	300
纺织工作站	0	0	0	0	0	0	0	0	0	0
中德中心教学点	0	0	0	0	0	0	0	0	0	0
汽修学校工作站	0	0	0	0	0	0	0	0	0	0
市建职大工作站	0	0	0	0	0	0	0	0	0	0
市工干院工作站	3000	400	230	80	6.13	0.3	320	120	0	1580
供销学校工作站	0	0	0	0	0	0	0	0	0	0
金融学院工作站	2007	260	0	210	6.8	0	330	288	0	1244
北京电大工贸技师学院工作站	0	0	0	0	0	0	0	0	0	0
电科职院工作站	0	0	0	0	0	0	0	0	0	0
联大特教学院教学点	5000	2500	0	0	5.9	0	200	180	40	200
经管学校工作站	2734	1378	0	1356	6	0	600	500	80	500
工业技师工作站	0	0	0	0	0	0	0	0	0	0
崇培中心工作站	64	24	0	0	0	0	0	0	0	0
昌平职校工作站	0	0	0	0	0	0	0	0	0	0
铁路卫校工作站	0	0	0	0	0	0	0	0	0	0
汽车技校工作站	0	0	0	0	0	0	0	0	0	0
昌平卫校工作站	0	0	0	0	0	0	0	0	0	0
天　津	**52318.67**	**21422.95**	**618.82**	**6055.52**	**161.86**	**5.38**	**10196**	**8647**	**1924**	**12940**
天津广播电视大学	6250	3540	129.51	96	11.83	0.76	660	496	212	1400
新华分校	2895.85	1463.75	11.81	62	14.67	0.03	900	800	140	508
南开分校	711.5	88.5	7.5	207.38	3.12	0.23	317	317	48	668
河东工作站	658	231.73	0	147.67	6.7	0.1	354	313	144	400
河西工作站	906.73	745.46	0	9.3	5.61	0	400	350	150	1500
河北工作站	46.5	41.5	0	5	3	0	100	100	30	40
红桥工作站	0	0	0	0	0	0	0	0	0	0
塘沽分校	2492	0	0	2492	0	0	0	0	0	0
汉沽分校	289	222	18	50	1	0	350	220	60	140
大港分校	12100	6550	100	350	6	0.6	945	845	40	340
东丽分校	1290	326	30	50	20	1	335	318	100	120
津南区分校	7155.51	1935.5	0	224	5	1.75	1087	1087	0	3375
西青分校	325	140	0	75	2.5	0	233	193	36	500
北辰分校	790	260	0	320	15	0	300	300	50	300

5.1 全国电大学校产权资产情况（续表2）

	固定资产总值（万元）				图书、资料（万册）		计算机（台）		语音实验室座位数（个）	多媒体教室座位数（个）
	计	其中：教学、科研仪器设备资产		其中：信息化设备资产	计	当年新增	计	其中：教学用		
		计	当年新增							
武清分校	1226	346	20	350	0.45	0.05	410	410	75	225
静海分校	2800	540	20	85	5.85	0	410	400	45	40
宝坻分校	1400	492	7	14	1.95	0	342	280	50	80
宁河分校	420	270	10	6	1.2	0	170	136	0	120
化工局工作站	636	0	0	636	0	0	0	0	0	0
纺织局工作站	442	199	0	243	3.2	0	160	160	36	300
机械工作站	0	0	0	0	0	0	0	0	0	0
渤海化工集团公司工作站	3087	357	4	0	4.5	0	398	140	78	180
财政局工作站	0	0	0	0	0	0	400	350	0	0
劳动和社会保障局工作站	9	0	0	0.7	0.08	0	56	50	80	200
物资集团公司工作站	2.4	0	0	2.4	0	0	0	0	0	0
建工学院	310	305	0	5	7.3	0	194	144	0	694
一商集团有限公司工作站	80.6	0	0	80	0	0	0	0	0	0
公用局工作站	42.07	0	0	42.07	0	0	0	0	0	0
铁路分局工作站	579	369	0	210	2.1	0	145	50	40	260
财贸分校	175	59	0	5	8	0	300	8	60	800
政法管理干部学院工作站	948	245	30	10	11.7	0.5	110	100	90	90
台盟工作站	2.51	2.51	0	0	0	0	0	0	0	0
经委工作站	0	0	0	0	0	0	0	0	0	0
蓟县分校	2100	2000	50	100	4.3	0.36	500	500	120	550
天津铁路工程分校	0	0	0	0	0	0	0	0	0	0
市政分校	1128	108	1	0	12	0	350	330	150	0
天津市劳动局旅游服务学校	700	484	180	90	0.8	0	100	100	40	60
天津广播电视大学经管学院	0	0	0	0	0	0	0	0	0	0
天津广播电视大学文法学院	0	0	0	0	0	0	0	0	0	0
天津市工程高级技工学校	0	0	0	0	0	0	0	0	0	0
天津广播电视大学外语学院	0	0	0	0	0	0	0	0	0	0
轻工职业技术学院	321	102	0	88	4	0	170	150	50	50
河　北	**61767.43**	**15101.96**	**517.82**	**6243.78**	**121.9**	**2.17**	**10538**	**8248**	**1408**	**18374**
河北广播电视大学	3704.63	2367.18	7.42	1143.55	7.39	0.45	1796	893	198	3930
石家庄广播电视大学	29267.7	6961	424	3751	69.9	1.6	4496	4242	304	8910
唐山广播电视大学	3096	932	28	98	6.6	0	500	270	99	418
秦皇岛广播电视大学	2299	806	7	38	3.02	0.04	500	500	45	900
邯郸广播电视大学	977	31.58	0	78.63	1.99	0	271	175	40	200
承德广播电视大学	2665	331	0	30	8.29	0	400	300	48	350
邢台广播电视大学	810	328	30	140	1.6	0	285	200	48	138
保定广播电视大学	2891.5	537.4	13.4	260.7	0.45	0.05	450	300	60	600
张家口广播电视大学	4283	190	8	9	1	0	450	360	48	1780
沧州广播电视大学	642.6	301	0	12.7	4	0	320	250	124	400
廊坊广播电视大学	1706	382.8	0	240.2	0.9	0	290	208	96	60
衡水广播电视大学	3133	628	0	50	1.86	0.03	350	310	170	150
省直分校	300	200	0	40	1.9	0	80	40	0	0

5.1　全国电大学校产权资产情况（续表3）

	固定资产总值（万元）				图书、资料（万册）		计算机（台）		语音实验室座位数（个）	多媒体教室座位数（个）
	计	其中：教学、科研仪器设备资产		其中：信息化设备资产	计	当年新增	计	其中：教学用		
		计	当年新增							
电力分校	5992	1106	0	352	13	0	350	200	128	538
山　西	**27636.85**	**8029.07**	**505.51**	**4889.3**	**161.04**	**17.61**	**8838**	**6271**	**1687**	**6849**
山西广播电视大学	4046.84	1413.52	0	1070.62	4.5	0.1	600	420	48	600
太原广播电视大学	505	207	60	215	1.58	0	511	292	40	240
小店区电大工作站	292.9	69	0	12	0	0	70	62	0	150
杏花岭区电大工作站	110	75	0	35	1	0	64	64	0	80
万柏林区电大工作站	50	39	0	11	0	0	40	4	0	40
尖草坪区电大工作站	0	0	0	0	0	0	0	0	0	0
晋源区电大工作站	0	0	0	0	0	0	0	0	0	0
古交市电大工作站	0	0	0	0	0.1	0	0	0	0	0
清徐县电大工作站	141	29.1	9	0	0.6	0	50	50	0	250
阳曲县电大工作站	0	0	0	0	0	0	0	0	0	0
娄烦县电大工作站	0	0	0	0	0	0	0	0	0	0
太原卫校工作站	0	0	0	0	0	0	0	0	0	0
新华教学点	0	0	0	0	0	0	0	0	0	0
大同广播电视大学	528	323	0	205	4.2	0	100	100	0	100
灵丘电大	49	33	0	16	0.05	0	13	13	35	50
浑源电大	25	13	0	0	0.5	0	20	20	0	20
新荣电大	0	0	0	0	0	0	0	0	0	0
广灵教师培训学校	0	0	0	0	0	0	0	0	0	0
南郊进修学校	0	0	0	0	0	0	0	0	0	0
天镇进修学校	0	0	0	0	0	0	0	0	0	0
阳高进修校	0	0	0	0	0	0	0	0	0	0
阳泉广播电视大学	505	185	0	223	1.5	0	235	185	30	80
化工厂培训中心	213	3	3	0	0	0	25	25	0	22
阳煤集团职教中心	327.49	0	0	150	13	0	575	0	32	406
盂县进修学校	150	50	0	0	2	0	72	72	0	60
郊区工作站	82	20	0	60	1	0	120	120	0	3
平定职业中学	132	40	0	25	1.1	0	60	50	0	150
长治广播电视大学	568	264	1	175	2.8	0.2	210	190	36	50
壶关电大工作站	52	2.8	0.1	2.2	1.05	0	100	90	0	95
潞城电大工作站	92	47	4	45	0.19	0	57	46	0	100
长子电大工作站	35	15	1	20	0.4	0.1	50	45	0	50
黎城电大工作站	128	110	0	18	1.1	0.1	104	100	100	100
沁源电大工作站	210	150	0	60	0.3	0	125	60	0	210
襄垣电大工作站	57.68	36.68	10	21	0.3	0	52	50	0	40
屯留电大工作站	197	137	0	60	1	0	100	84	0	80
平顺电大工作站	0	0	0	0	0	0	0	0	0	0
沁县电大工作站	360	170	30	15	1.5	0.5	60	40	100	100
长治潞安职业技术培训学校工作站	130	50	0	80	1	0	90	45	0	200
晋城广播电视大学	1335.26	305.96	13.46	48.3	1.1	0	285	251	48	196
城区电大工作站	0	0	0	0	0	0	0	0	0	0

5.1 全国电大学校产权资产情况（续表4）

	固定资产总值（万元）				图书、资料（万册）		计算机（台）		语音实验室座位数（个）	多媒体教室座位数（个）
	计	其中：教学、科研仪器设备资产		其中：信息化设备资产	计	当年新增	计	其中：教学用		
		计	当年新增							
泽州电大工作站	0	0	0	0	0	0	0	0	0	0
高平电大工作站	0	0	0	0	1.5	0	100	50	0	50
阳城电大工作站	0	0	0	0	0	0	0	0	0	0
沁水电大工作站	0	0	0	0	0	0	0	0	0	0
陵川电大工作站	0	0	0	0	0	0	0	0	0	0
忻州广播电视大学	110	54	2	28	0.5	0.08	29	21	30	32
忻府区教师进修校	153	30	0	0	0.7	0	50	40	30	40
忻州商校教学点	500	100	20	20	0.15	0.05	45	10	70	50
五台县教师进修校	85	10	2	11	0.3	0	70	65	50	48
保德县教师进修校	332	312	4	20	1.58	0.03	102	10	30	60
河曲县教师进修校	150	70	10	5	1.1	0.1	45	40	20	40
偏关县教师进修校	202	72	2	10	2	0.5	40	30	0	30
五寨县教师进修校	105	18	0	21	0.5	0	45	40	40	36
岢岚县教师进修校	500	200	0	10	1.5	0.1	60	50	30	40
静乐县教师进修校	220	30	0	25	0.5	0	40	38	100	150
宁武县教师进修校	300	100	10	10	2	0.05	41	40	32	38
代县教师进修校	52	23	0	15	1.5	0	32	32	32	32
晋中广播电视大学	0	0	0	0	0	0	120	120	0	0
介休工作站	158.16	78.16	0	80	0.71	0.03	115	100	0	10
灵石工作站	24	0	0	24	0.2	0	61	51	0	1
昔阳工作站	0	0	0	0	0	0	0	0	0	0
祁县工作站	30	20	5	5	8	5	50	33	80	90
平遥工作站	356	52	0	46	0.56	0	110	96	0	1
左权工作站	287	135.3	15	20	2.14	0.14	65	45	0	40
太谷工作站	90	50	0	40	10	2	100	100	50	50
和顺工作站	138.65	26.2	0	1.83	0.11	0	50	50	0	50
寿阳工作站	65	65	45	0	1	0	50	45	0	0
榆社工作站	110	40	0	20	1.2	0	50	40	40	180
吕梁广播电视大学	322	162	0	160	0.55	0.05	175	90	40	32
临县电大	120	60	10	40	5	1	35	35	0	35
方山电大	34.3	11.2	0	23.1	0	0	58	52	0	20
兴县电大	185	27	4	5	0.5	0.03	65	65	3	60
孝义电大	34.8	28.3	2	0.8	0.3	0.2	0	0	0	1
文水电大	560	32	2	12	1	0	25	23	0	20
交城电大	5	0.1	0.1	2	0	0	0	0	0	0
石楼教学点	200	122	22	78	2	0	79	78	25	78
岚县教学点	50	30	3	20	2	1	79	78	25	78
中阳电大	21	10	3	11	0.5	0	175	90	0	40
交口教学点	120	30	0	15	3	0	33	33	20	20
临汾分校	298	210	0	10	0.8	0	200	80	50	50
翼城教师进修校	76	13	2	35	1	0	61	0	0	60
霍州市委党校	160	60	0	0	3	0	71	71	0	2

5.1 全国电大学校产权资产情况（续表5）

	固定资产总值（万元）				图书、资料（万册）		计算机（台）		语音实验室座位数（个）	多媒体教室座位数（个）
	计	其中：教学、科研仪器设备资产		其中：信息化设备资产	计	当年新增	计	其中：教学用		
		计	当年新增							
乡宁教学点	120	40	0	30	0.8	0	43	40	0	60
汾西县教师进修校	243	7.5	0	25	0.15	0	62	62	0	62
隰县教学点	350	150	0	100	3	0	150	0	0	350
洪洞教学点	100	70	0	30	1.05	0.05	60	60	60	60
安泽教学点	308.29	90.29	0	5	10	2	30	20	0	200
运城广播电视大学	480.91	226.05	5.28	210.87	0.5	0	200	150	0	100
河津电大工作站	0	0	0	0	0	0	0	0	0	0
夏县电大工作站	35	10	0	25	0.2	0	41	40	0	50
闻喜电大工作站	178	11.4	2.7	36.6	3	1	62	62	0	0
芮城电大工作站	0	0	0	0	0	0	0	0	0	0
永济电大工作站	0	0	0	0	0	0	0	0	0	0
临猗电大工作站	220	65	17	30	2	0	80	75	0	150
垣曲电大工作站	291	53	3	18	5	0.5	78	73	40	60
稷山电大工作站	0	0	0	0	0	0	0	0	0	0
新绛电大工作站	0	0	0	0	0	0	0	0	0	0
盐湖区电大工作站	0	0	0	0	0	0	0	0	0	0
万荣电大工作站	150	60	18	30	1	0.5	40	36	0	1
平陆电大工作站	193.37	98.17	0	95.2	0.15	0	70	40	0	1
朔州广播电视大学	360	160	60	200	1.11	0	200	200	0	120
平鲁区电大工作站	19	4	0	15	2	0	25	25	0	50
山阴县电大工作站	90	60	5	30	0.6	0.1	22	20	30	60
怀仁县电大工作站	5.12	2.12	2	1	0.21	0	45	40	0	40
应县进修校	72	47	25	0	10	0	39	34	30	30
中条山广播电视大学	319.74	98.92	2.5	132.14	1.9	0	246	202	30	30
长北铁路分校	15	5	5	10	1.5	0	30	30	0	0
公路系统分校	407.34	148.3	26.37	79.64	3.9	0	280	240	30	52
侯马学习中心	95	75	4	20	5	0	75	50	1	1
繁峙学习中心	1000	200	13	130	1.5	0.6	120	110	110	110
原平学习中心	500	6	2	30	2.5	0.8	100	80	80	80
临汾工商校学习中心	5000	192	12	120	2.7	0.6	130	102	0	102
柳林电大	128	12	3	95	1	0	60	35	10	35
中化学习中心	480	68	5	0	1	0.1	120	10	0	0
省统计局直属教学点	0	0	0	0	0	0	0	0	0	0
同煤集团党校教学点	0	0	0	0	0	0	116	116	0	9
大同机车技校教学点	0	0	0	0	0	0	0	0	0	0
大同大学教学点	0	0	0	0	0	0	0	0	0	0
内 蒙 古	**24059.23**	**5284.98**	**448.05**	**2785.23**	**87.04**	**4.31**	**4292**	**2966**	**708**	**3282**
内蒙古广播电视大学	6479	1181	123	876	11.44	0	920	520	40	720
呼和浩特市广播电视大学	245	155	5	90	9	2	410	160	42	200
包头广播电视大学	470.2	241.2	7.2	147	4.15	0.15	278	168	48	278
赤峰市广播电视大学	123	110	0	10	0	0	110	55	42	60
呼伦贝尔市广播电视大学	958	350	39	244.7	7.36	0	550	450	36	390

5.1 全国电大学校产权资产情况（续表6）

	固定资产总值（万元）				图书、资料（万册）		计算机（台）		语音实验室座位数（个）	多媒体教室座位数（个）
	计	其中：教学、科研仪器设备资产		其中：信息化设备资产	计	当年新增	计	其中：教学用		
		计	当年新增							
兴安盟广播电视大学	670	220	0	60	2	0	220	180	42	120
哲里木盟广播电视大学	981	477	6	243	1.1	0	164	139	72	80
锡林郭勒盟广播电视大学	100	30	0.5	70	0	0	0	0	0	0
乌兰察布盟广播电视大学	2120	450	30	30	3.6	0.1	230	150	36	280
鄂尔多斯市广播电视大学	8000	250	0	100	19	2	180	165	40	120
巴盟广播电视大学	521.63	173.78	2.35	111.53	1.78	0	264	200	36	164
乌海市广播电视大学	923	566	3	223	4.51	0.01	152	128	80	110
阿拉善盟广播电视大学	890	165	0	245	7	0	314	291	30	240
铁道学院广播电视大学	113.4	46	2	35	5.7	0	100	60	30	80
哲盟霍林河矿区广播电视大学	585	210	10	100	3.4	0.05	100	80	0	180
扎赉诺尔矿区广播电视大学	520	460	200	60	3.8	0	140	100	94	130
大雁矿区广播电视大学	360	200	20	140	3.2	0	160	120	40	130
辽　宁	**79667.62**	**21467.45**	**708.91**	**6796.39**	**203.12**	**6.16**	**8864**	**6603**	**4434**	**9404**
辽宁广播电视大学	24726.4	2891.33	40	1813.57	29.1	0	2499	1763	3440	2004
鞍山广播电视大学	1359	817	5	71	12.3	0	429	246	42	580
抚顺广播电视大学	9444.23	2094.36	138.7	1018.32	21.19	0.43	1566	1295	156	1314
本溪广播电视大学	2272.85	716.72	16.85	0	8	0	490	350	28	523
锦州分校	932	102	0	303	3.8	0.5	389	278	48	558
丹东分校	885	520	0	273	0.25	0	349	210	80	161
营口分校	3183	1335	288	252	26.8	0.3	705	650	208	1180
辽阳分校	14372.33	9197.25	110	2000	24	0	260	151	40	100
朝阳广播电视大学	943	5.99	5	316	4	0.5	192	78	0	70
阜新分校	165.8	119.9	0	45.9	3.8	0	50	30	0	0
铁岭广播电视大学	647.31	173.63	6.08	1.8	3.25	0	180	140	0	50
盘锦分校	10438.7	1238.27	14.28	380	33.3	3.4	700	560	144	800
辽河石油勘探局广播电视大学	8150	1750	50	200	16	1	240	200	60	800
沈阳铁路局电大	295	175	0	60	15	0	160	120	48	48
葫芦岛市电大分校	219	171	5	0	0	0	285	252	56	456
辽宁省水利厅工作站	0	0	0	0	0	0	0	0	0	0
辽宁广播电视大学新民学院	80	70	0	10	1.5	0	100	70	42	400
辽宁广播电视大学海城学院	354	30	30	1.8	0.3	0	120	90	42	210
辽宁广播电视大学东港学院	1200	60	0	50	0.53	0.03	150	120	0	150
沈　阳	**18603.19**	**2998.98**	**118.14**	**1765.91**	**37.25**	**0.11**	**3594**	**2837**	**747**	**4596**
沈阳广播电视大学	9918.89	1211.68	65.64	1084.33	21.61	0.1	1612	1169	214	3240
沈北新区分校	717	189	0	70	1.54	0	300	260	56	80
康平分校	275.8	65	0	32.58	1.8	0	95	95	0	100
法库分校	201.5	180.5	0	20	1.8	0	95	95	40	100
苏家屯分校	3087	677	35	0	4.5	0	622	600	64	600
东陵分校	900	140	0	60	0.48	0.01	300	236	100	56
新民分校	1810	130	10	280	2.6	0	210	150	45	160
于洪分校	1325	286	6	215	1.12	0	230	160	180	200
辽中分校	368	119.8	1.5	4	1.8	0	130	72	48	60

5.1 全国电大学校产权资产情况（续表7）

	固定资产总值（万元）				图书、资料（万册）		计算机（台）		语音实验室座位数（个）	多媒体教室座位数（个）
	计	其中：教学、科研仪器设备资产		其中：信息化设备资产	计	当年新增	计	其中：教学用		
		计	当年新增							
大　　连	**14105**	**5131**	**138**	**3957.6**	**32.06**	**0.7**	**3634**	**2793**	**560**	**5153**
大连广播电视大学	5357	2300	68	2797	9.64	0.2	1266	930	119	2967
庄河分校	468	60	0	35	0	0	180	100	48	432
普兰店分校	300	90	0	90	5	0	160	150	41	90
瓦房店分校	2789	600	0	600	5.59	0	400	350	160	350
金州分校	2060	865	60	300	5.5	0.5	450	200	56	384
旅顺分校	510	270	0	120	1.03	0	221	191	0	250
长海分校	689	107	0	3.6	0.6	0	124	124	40	120
甘井子分校	912	519	10	12	0.7	0	203	148	56	320
大连开发区分校	1020	320	0	0	4	0	630	600	40	240
吉　　林	**25667.44**	**9713**	**1644.5**	**3548.04**	**60.52**	**2.14**	**4072**	**2924**	**900**	**2091**
吉林广播电视大学	4597	2890	1516	910	6.81	0.14	567	305	35	320
吉林分校	1404	655	83	55	2	0	702	565	138	565
四平分校	900	115	0	4.5	2	0	108	0	49	58
延边分校	3074.4	1208	0	259	18	0	706	593	214	324
通化分校	2879.6	612.6	22.5	10	13	0	645	456	72	312
辽源分校	1077	149	0	64	3.5	0	177	143	60	30
白山分校	494	203	11	0	0.51	0	161	60	0	42
白城分校	8207	3614	12	2015	6.6	2	620	510	248	260
松原分校	870.94	60.4	0	103.54	3.5	0	240	182	24	80
长春市建筑职工业余大学	2163.5	206	0	127	4.6	0	146	110	60	100
长　　春	**25449.99**	**4015.99**	**389**	**1239.8**	**48.29**	**0.22**	**1932**	**1502**	**286**	**1140**
长春广播电视大学	4899	2371	106	324.8	7.24	0.02	610	480	40	500
榆树市分校	3193	103	3	15	1.2	0.2	150	120	48	150
九台市分校	206	80	0	0	1.65	0	210	210	28	100
德惠分校	6000	700	100	400	2	0	500	450	100	150
农安分校	6004.5	64.5	0	0	3	0	160	0	30	60
双阳区工作站	5000	640	180	500	1.2	0	220	160	40	120
长影分校	85	35	0	0	32	0	22	22	0	0
民进分校	62.49	22.49	0	0	0	0	60	60	0	60
黑 龙 江	**46401.68**	**12294.4**	**585.57**	**5237.6**	**174.91**	**9.33**	**8540**	**7012**	**2020**	**7012**
黑龙江广播电视大学	6869.68	2869.95	19.8	1119.39	16.28	1.04	1035	941	48	920
齐齐哈尔市广播电视大学	1225	280	26	250.8	1.37	0.01	258	194	42	314
克东分校	330	80	30	20	1	0.1	100	80	0	60
拜泉分校	70	2	2	1	1.1	0.1	60	40	30	0
依安分校	306	53	0	46	3	0	89	66	50	66
讷河分校	1000	210	10	60	1.2	0.05	50	40	30	100
甘南分校	90	10	1	30	0	0	5	0	0	0
龙江分校	0	0	0	0	0	0	25	17	0	0
富裕分校	25	20	5	5	1.5	0.5	40	20	20	20
碾子山区分校	813	121.8	82	16.6	0	0	70	50	0	30
富拉尔基区分校	550	180	60	80	4.66	0.4	230	180	40	100

5.1 全国电大学校产权资产情况（续表8）

	固定资产总值（万元）				图书、资料（万册）		计算机（台）		语音实验室座位数（个）	多媒体教室座位数（个）
	计	其中：教学、科研仪器设备资产		其中：信息化设备资产	计	当年新增	计	其中：教学用		
		计	当年新增							
泰来分校	200	54.5	0.5	56	0.3	0.1	120	110	30	100
牡丹江市广播电视大学	5908	1900	0	313.1	25	0	700	650	168	980
林口分校	123	103	0	2	0.2	0	65	54	60	30
海林分校	50	23	0	3	0.17	0.07	35	35	35	40
宁安分校	15.5	10	0	4	0.98	0	40	32	0	0
穆棱分校	25.3	10	4	15.3	1.5	0.6	26	22	0	22
东宁分校	50	25	0	10	0.13	0	105	95	1	35
绥芬河分校	1295	210	0	108	0.4	0	240	190	48	260
佳木斯广播电视大学	856.87	209.47	8.87	54.9	4.76	0.48	275	200	30	22
桦南分校	50.5	50	0	0.5	3.25	0.25	120	80	200	200
同江分校	103	58	3	45	0	0	88	80	36	40
桦川分校	135.6	8	3	2	0	0	0	0	0	0
富锦分校	22.35	6.72	1.35	8.99	0.6	0.1	38	18	0	0
绥化地区广播电视大学	422.44	114.16	1.55	106.94	0.12	0	127	102	0	96
庆安分校	78	42	0	36	0.34	0	100	90	60	60
青岗分校	64	17	1.5	14	0.36	0.01	50	30	50	30
绥棱分校	440	150	0	30	0	0	138	40	40	40
兰西分校	63.5	13	2	45	2	0.5	72	62	30	30
肇东分校	741	248	0	140	5.1	0.1	170	110	0	90
安达分校	64.8	15	1	8.6	0.8	0.2	60	45	0	30
明水分校	80	45	0	2	2	0	44	44	0	1
望奎分校	85	15	0	8	0.6	0.1	45	35	0	35
海伦分校	506	25	0	1.8	0.2	0	30	25	0	12
黑河市广播电视大学	431.26	142	69	54.2	3.2	0	60	35	0	100
北安分校	99	67	0	32	0.2	0	8	0	0	0
五大连池分校	301	61.5	1	50.5	0.7	0.1	101	60	0	0
逊克分校	0	0	0	0	2	0	0	0	0	0
孙吴分校	130	90	3	40	2	0.1	100	80	48	50
嫩江分校	880	224	0	110	0.82	0	288	230	0	50
大兴安岭广播电视大学	2470	186	0	186	6	0	76	55	25	30
塔河分校	328	85	0	45	2.6	0	150	120	48	100
漠河分校	20	6	0	4	0.05	0	10	10	0	70
呼中分校	10	3	0	7	2	0.05	8	7	0	98
伊春市广播电视大学	466.33	267.33	0	12	2.1	0	205	205	36	336
嘉荫分校	0	0	0	0	0	0	0	0	0	0
铁力分校	7.7	7.2	0	0.5	0	0	80	80	0	10
大庆广播电视大学	947.12	283.67	0	283.67	5.9	0	360	350	40	0
林甸分校	880	64	0	58	0	0	120	70	45	45
杜蒙分校	330	190	20	24	1.1	0.1	175	136	30	300
肇源分校	800	300	15	500	2	0.5	135	120	80	100
肇州分校	60	0	0	60	0.8	0	100	90	50	40
鸡西广播电视大学	152	62	35	15	8.9	0.7	180	120	60	110

5.1 全国电大学校产权资产情况（续表9）

	固定资产总值（万元）				图书、资料（万册）		计算机（台）		语音实验室座位数（个）	多媒体教室座位数（个）
	计	其中：教学、科研仪器设备资产		其中：信息化设备资产	计	当年新增	计	其中：教学用		
		计	当年新增							
密山分校	350	50	0	5	1	0	80	70	20	20
虎林分校	89.8	78.5	0	6.5	1	0	133	100	0	120
鹤岗广播电视大学	371	198.6	0	112.6	2	0	94	94	30	44
萝北分校	2100	300	0	100	1.7	0.1	100	75	100	100
绥滨分校	48	15	0	20	1	0.3	50	50	40	40
双鸭山市广播电视大学	170	122	0	32	4.8	0	106	106	0	50
宝清分校	130.65	75	3	11	1.32	0.02	129	129	0	105
饶河分校	2245	350	38	50	2	0.3	140	120	50	100
集贤分校	12	0	0	4	0.1	0	22	14	0	0
七台河广播电视大学	0	0	0	0	0	0	0	0	0	0
省农垦广播电视大学	5052.31	421	31	305.71	11.3	0.3	337	290	42	450
牡丹江农垦电大分校	879.57	20	0	40	2	0	62	42	30	150
北安农垦电大分校	0	0	0	0	0	0	0	0	0	0
宝泉岭农垦电大分校	1860	280	40	90	12	2	200	150	80	400
红兴隆农垦电大分校	0	0	0	0	0	0	0	0	0	0
建三江农垦电大分校	0	0	0	0	0	0	0	0	0	0
绥化农垦分校	1300	980	58	320	0.6	0.05	22	15	40	30
牡丹江林区广播电视大学	385	83	10	0	1.8	0	97	80	36	80
松花江林区广播电视大学	72	39	0	4	1.5	0	97	67	42	120
兴隆林业局电大分校	0	0	0	0	0	0	0	0	0	0
山河屯林业局电大分校	0	0	0	0	0	0	0	0	0	0
清河林业局电大分校	0	0	0	0	0	0	0	0	0	0
苇河林业局电大分校	0	0	0	0	0	0	0	0	0	0
亚布力林业局电大分校	54	45	0	1	1.5	0	15	15	0	1
通北林业局电大分校	0	0	0	0	0	0	0	0	0	0
方正林业局电大分校	0	0	0	0	0	0	0	0	0	0
沾河林业局电大分校	0	0	0	0	0	0	0	0	0	0
绥棱林业局电大分校	0	0	0	0	0	0	0	0	0	0
合林林区电大直属分校	311.4	20	0	10	10	0	50	50	0	0
哈尔滨	**7699.41**	**1084.05**	**109.7**	**1759.35**	**20.02**	**0.38**	**1805**	**1370**	**422**	**2903**
哈尔滨广播电视大学	4284.41	135.05	41.7	1510.35	5.2	0.04	933	654	41	2160
阿城电大分校	96	69	0	27	1	0	100	80	36	48
呼兰分校	140	45	10	43	0.25	0	61	43	43	43
宾县分校	158	45	0	30	1.5	0	108	86	42	80
方正分校	196	84	44	40	1.9	0	70	55	40	30
依兰分校	118	73	1	4	0.5	0.19	91	80	0	60
哈尔滨工业大学工会电大工作站	10	2	0	0	0	0	0	0	0	0
双城分校	1321	160	0	60	1	0	82	70	42	42
通河分校	20	19	0	0	0	0	0	0	0	0
木兰分校	146	82	2	22	0.7	0.1	55	50	40	40
延寿分校	25	10	0	15	0.02	0	30	20	0	0
巴彦分校	300	30	1	2	5	0	70	60	40	40

5.1 全国电大学校产权资产情况（续表10）

	固定资产总值（万元）				图书、资料（万册）		计算机（台）		语音实验室座位数（个）	多媒体教室座位数（个）
	计	其中：教学、科研仪器设备资产		其中：信息化设备资产	计	当年新增	计	其中：教学用		
		计	当年新增							
五常分校	485	175	5	3	0.9	0	120	100	48	120
尚志分校	400	155	5	3	2.05	0.05	85	72	50	240
上　海	**112661.67**	**36143.16**	**3710.46**	**15954.05**	**96.19**	**1.47**	**17400**	**14018**	**2403**	**36198**
上海电视大学	44443.1	13107.32	1439.2	8855.2	7.84	0.4	3929	3196	252	5042
虹口分校	1791	743.9	10	433	10.23	0.02	529	433	104	2115
闵行二分校	878	405	124	266	0.6	0	350	320	100	200
宝山分校	5805	1128	18	656	8	0	897	787	48	390
浦东新区分校	3344.98	1676.94	53.72	1180	0	0	640	520	80	3800
闵行一分校	1053	895	120	30	1.58	0	520	520	120	1260
金山分校	903.34	516.1	10.85	385.8	1.24	0.02	379	329	40	120
松江分校	2133.6	770.27	70.3	18	0.39	0.01	780	650	200	896
南汇分校	2960	1152	205.54	357.6	2.6	0.1	931	680	50	2650
奉贤分校	1137.28	594.55	8.35	382.6	0.83	0	482	428	48	2360
青浦分校	2666.3	571.7	0	206.2	4.4	0	570	490	45	650
崇明分校	2227.7	538.28	2.2	367.73	2.2	0	546	497	49	1216
嘉定分校	1228.22	790.35	72.3	221.6	1.6	0	587	258	248	0
区县工业管理局分校	65	0	0	0	0	0	15	0	0	0
农工商集团分校	110	90.5	10	19.5	5	0	130	97	0	360
物资（集团）总公司分校	256	230	30	15	0.31	0	112	100	100	600
商业分校	0	0	0	0	0	0	0	0	0	0
黄浦区经贸委分校	261.99	154.59	7.86	107.4	0.5	0	136	120	0	562
长宁分校	6900	1100	0	750	3.4	0	876	800	168	1460
闸北分校	0	0	0	0	0	0	0	0	0	0
卢湾分校	0	0	0	0	0	0	0	0	0	0
杨浦分校	0	0	0	0	0	0	0	0	0	0
黄浦分校	1867.4	1301.09	1.45	0.25	6.38	0.01	1240	784	168	3277
普陀分校	0	0	0	0	0	0	0	0	0	0
静安分校	7113.92	1664	81	627	6.5	0.05	750	650	48	2372
西区分部	2017	965	41	330	9.8	0	404	294	130	720
工程大中山分校	21896.64	7358	1375.41	194.78	12.5	0.85	1814	1394	212	2920
石化分校	0	0	0	0	0	0	0	0	0	0
邮电分校	164	0	0	0	0	0	0	0	0	0
徐汇财贸分校	227	21	4	206	2	0	310	275	193	1852
徐汇分校	1211.2	369.57	25.28	344.39	8.29	0.01	473	396	0	1376
浦东新区农校教学点	0	0	0	0	0	0	0	0	0	0
江　苏	**437050.67**	**81454.06**	**7605.05**	**30789.82**	**716.62**	**72.6**	**49387**	**37595**	**10316**	**64374**
江苏广播电视大学	58382.05	1300.03	393.06	7852.29	57	4.9	3547	3176	575	6850
镇江市高等专科学校	19848.9	4705	670	2737.39	52.92	2.9	3249	3249	653	4960
镇江市广播电视大学扬中分校	720	396	40	40	6.1	1.5	615	305	96	305
镇江市广播电视大学丹阳分校	300	200	30	100	3	0.3	100	100	100	240
镇江市广播电视大学丹徒分校	8194.33	1619	0	300	11.4	0.2	210	150	56	50
镇江市广播电视大学建委分校	599.56	129.55	9.1	30	2	0	101	80	0	200

5.1 全国电大学校产权资产情况（续表 11）

	固定资产总值（万元）				图书、资料（万册）		计算机（台）		语音实验室座位数（个）	多媒体教室座位数（个）
	计	其中：教学、科研仪器设备资产		其中：信息化设备资产	计	当年新增	计	其中：教学用		
		计	当年新增							
常州市广播电视大学	5238.39	1013.96	9.99	1071.22	8.99	0.06	769	418	56	2167
常州市广播电视大学新北区分校	3500	250	0	200	2.75	0.05	65	50	0	170
无锡市广播电视大学	10157.52	2291.22	358.18	1643.11	16	3	2008	1410	96	5000
无锡市广播电视大学江阴分校	1048	230	4	30	0	0	280	250	10	32
苏州市广播电视大学	5094.09	656.17	9.52	604.48	12.56	0.1	662	500	120	515
苏州市广播电视大学太仓分校	0	0	0	0	0	0	0	0	0	0
苏州市广播电视大学吴江分校	810.23	574.23	0	236	3.95	0	260	254	27	742
南通市广播电视大学	13353.8	1663.45	71.05	132	4.3	0.3	860	860	232	2920
南通市广播电视大学海门分校	3222	576	70	52	2.38	0	1500	1000	0	32
南通市广播电视大学启东分校	0	0	0	0	0	0	0	0	0	0
南通市广播电视大学如皋分校	2500	850	50	500	8.7	1.2	400	320	260	860
扬州市广播电视大学	790	110	25	50	6	1	400	360	100	500
扬州市广播电视大学高邮分校	11634.91	1900.91	274.91	145.76	14.8	1	852	852	80	1200
扬州市广播电视大学宝应分校	8550	8350	100	200	5	0	470	400	40	370
扬州市广播电视大学邗江分校	4516	1011	113	390	6	0	400	380	80	160
徐州市广播电视大学	6432	1739	257	972.2	8.3	0.5	1129	474	60	988
徐州市广播电视大学睢宁分校	4312	886	135	120	25.2	14.4	700	700	900	180
徐州市广播电视大学铜山分校	477	35	0	8	2.8	0	80	60	0	150
徐州市广播电视大学新沂分校	2535	740	40	50	10	1	277	198	150	180
徐州市广播电视大学邳州分校	680	180	40	0	0.5	0	100	100	40	200
徐州市广播电视大学商业分校	37	27	9.5	10	0.3	0	42	30	0	170
徐州市广播电视大学贾汪分校	1200	200	0	15	2.1	0.5	115	80	40	50
徐州市广播电视大学大屯煤电公司分校	300	0	0	300	0	0	0	0	0	0
淮安市广播电视大学	7125.9	2009.81	350	518	9.26	1.26	1142	800	50	3300
淮安市广播电视大学金湖分校	332	300	20	32	1	0	200	200	80	80
淮安市广播电视大学淮阴区分校	530	92	20	0	0.7	0	228	178	0	128
淮安市广播电视大学洪泽分校	760	640	40	120	0.6	0	180	180	60	180
淮安市广播电视大学涟水分校	750	85	30	85	3	1	200	50	60	150
盐城市广播电视大学	5305	141.98	2.37	113.2	17.2	1.2	226	200	280	150
盐城市广播电视大学亭湖区分校	340	82	2	50	0.45	0.05	120	100	0	100
盐城市广播电视大学建湖分校	3405	353	13	2	4.2	0.6	256	150	50	138
盐城市广播电视大学射阳分校	1423	235	0	0	5	0	200	150	50	130
盐城市广播电视大学滨海分校	4986	300	20	398	4.4	0.8	240	215	200	350
盐城市广播电视大学阜宁分校	300	25	3	0	23	2	150	130	2	2
盐城市广播电视大学响水分校	1968	952	0	260	10	0	300	260	50	200
连云港广播电视大学	4799.63	3046.39	226.3	687.88	19.5	0.5	1460	1210	115	1010
连云港市广播电视大学赣榆分校	230	180	0	50	14.2	0	450	80	100	100
连云港市广播电视大学东海分校	1657	354	110	0	2.8	0.3	300	260	280	120
连云港市广播电视大学灌南分校	324	264	10	60	1.3	0.5	170	150	0	360
连云港市广播电视大学灌云分校	850	480	80	370	12.5	2.5	420	380	56	200
泰州市广播电视大学	9800.67	2070.41	188.39	21.37	28.1	1.7	1121	452	212	2025
泰州市广播电视大学泰兴分校	28870	2620	601	84	17	0.5	1120	900	130	2400

5.1 全国电大学校产权资产情况（续表12）

	固定资产总值（万元）				图书、资料（万册）		计算机（台）		语音实验室座位数（个）	多媒体教室座位数（个）
	计	其中：教学、科研仪器设备资产		其中：信息化设备资产	计	当年新增	计	其中：教学用		
		计	当年新增							
泰州市广播电视大学姜堰分校	756	465	0	0	5.3	0.1	420	320	80	220
泰州市广播电视大学兴化分校	1685	197	0	3	3.2	0.01	263	263	100	100
宿迁市广播电视大学	17466	2364.8	602.8	154.5	28.45	2.1	2109	1800	1668	1200
宿迁市广播电视大学泗洪分校	7848	1763	0	350	3	0.2	500	450	28	350
宿迁市广播电视大学泗阳分校	698	300	20	398	4.4	0.8	240	215	200	350
宿迁市广播电视大学沭阳分校	1260	370	50	0	9	1	396	100	50	380
江苏广播电视大学化工学院	3347.69	667.45	63.9	298.9	5.6	0.1	670	597	120	890
江苏广播电视大学武进学院	23200	2320	200	400	23.5	13	850	600	200	2000
江苏广播电视大学宜兴学院	18361	3380.71	40.55	1500	13	0.5	2315	261	269	1776
江苏广播电视大学张家港学院	11045	667	200	200	9.63	0.67	850	631	60	3200
江苏广播电视大学昆山学院	5836	1962.6	471.3	816.3	7.17	0	660	590	168	2520
江苏广播电视大学常熟学院	22660.7	2443.42	16.01	1031.6	14.49	0.3	680	400	168	300
江苏广播电视大学吴中学院	0	0	0	0	0	0	0	0	0	0
江苏广播电视大学大丰学院	9810.6	2752.57	145.22	415.22	12.91	0.02	1210	898	200	750
江苏广播电视大学江都学院	8972	1285	0	458	6.44	0.1	464	359	102	358
江苏广播电视大学沛县学院	16520	890	20	180	12	0.5	580	480	104	580
江苏广播电视大学靖江学院	1347	600	0	89	11.2	0.2	754	634	104	525
江苏广播电视大学通州学院	286.7	0	0	231	11.24	0.03	1250	1124	105	1206
江苏广播电视大学东台学院	1185	12	12	5	3	0	205	205	56	550
江苏广播电视大学楚州学院	1460.2	860	0	600.2	4	2.7	800	600	56	350
江苏广播电视大学句容学院	882.1	157.9	17.9	12.2	0.66	0.1	254	254	0	900
江苏广播电视大学溧阳学院	3352	828	0	300	8.6	0.1	1300	1000	120	800
江苏广播电视大学仪征学院	2400	879.5	0	148	5	0	260	190	60	560
江苏广播电视大学金坛学院	9300	4800	100	1560	10.7	0	1060	960	60	3000
江苏广播电视大学如东学院	8543	1625	20	458	12.37	0	1020	940	541	560
江苏广播电视大学海安学院	2626	969	0	81	6.2	0.2	600	300	48	300
江苏广播电视大学盱眙学院	4500	1800	1200	46	27	4	1500	1200	3	133
江苏广播电视大学盐都学院	513.7	230	0	263	1.2	0	303	303	0	2
江苏广播电视大学丰县学院	3000	1000	0	150	10.1	0.05	200	120	100	200
南　京	**48668**	**7691**	**471**	**3202**	**59.23**	**4.25**	**7386**	**6066**	**692**	**10820**
南京市广播电视大学	31442	4093	220	1640	13.8	1.9	3034	2384	150	4150
江宁分校	2230	320	0	20	0.8	0	276	226	0	650
六合分校	5155	240	0	276	3.5	0	337	260	40	895
高淳分校	1200	300	100	50	15	2	1200	850	150	210
溧水分校	811	174	0	108	3.16	0.2	300	270	85	400
浦口分校	1625	290	50	230	4.22	0.07	345	311	55	105
玄武分校	185	165	5	2	0.15	0	140	123	6	680
白下分校	66	39	2	2	0.4	0	70	60	0	380
秦淮分校	408	249	4	1	0.6	0	200	180	0	200
建邺分校	500	141	0	0	3.5	0	450	400	100	750
鼓楼分校	219	96	0	40	0.1	0.03	67	52	50	500
下关分校	3082	1161	90	453	9.4	0.05	640	640	0	1170

5.1　全国电大学校产权资产情况（续表13）

	固定资产总值（万元）				图书、资料（万册）		计算机（台）		语音实验室座位数（个）	多媒体教室座位数（个）
	计	其中：教学、科研仪器设备资产		其中：信息化设备资产	计	当年新增	计	其中：教学用		
		计	当年新增							
雨花台分校	790	250	0	180	2.6	0	100	100	56	108
栖霞分校	955	173	0	200	2	0	227	210	0	622
浙　江	**189945.09**	**47330.42**	**4431.37**	**22861.93**	**341.03**	**22.52**	**31826**	**24075**	**4443**	**75464**
浙江广播电视大学	13454	4963	894	4755	10.61	0.2	2283	1731	152	4423
杭州广播电视大学	27574	5210	554	4132	46	9.5	4706	3387	278	14053
萧山学院	10126	860	65	805	3.53	0.04	986	637	104	3674
余杭分校	1255	287	0	208	2.4	0	834	706	0	3400
富阳学院	3867	851	128	631	6.19	0.05	682	355	54	1830
临安分校	549	230.3	9	11.8	1.18	0.05	190	150	30	451
桐庐分校	5051	848	28	225	4	0	360	200	60	445
建德分校	600	265	0	291	1.9	0	146	100	48	600
淳安学院	1319	457	27	165	3.54	0	289	249	52	1100
嘉兴广播电视大学	1193	1150	270	35	1.53	0.09	474	351	48	30
嘉善学院	5700	320	0	230	1	0	240	197	33	800
平湖学院	367.27	87.7	11.03	279.57	1.5	0	329	296	50	650
海盐学院	3603.98	221.8	3.75	143.9	0.4	0	172	136	0	640
海宁学院	453	304	24	149	1.53	0	470	470	48	1318
桐乡学院	943	628	11	308	0.54	0	335	315	35	500
湖州广播电视大学	19210.94	4805.78	102	45	46.28	1.2	396	350	56	788
长兴学院	2005	1505	5	500	2.46	0	440	148	48	1
德清学院	1437	209	3	85	1.05	0	200	140	0	710
安吉分校	710.5	231.6	33	20	2.9	-0.08	254	200	56	860
绍兴广播电视大学	330	115	0	11	3	0	230	150	0	520
绍兴学院	600	319	50	5	0	0	845	150	210	450
诸暨学院	3980	400	0	5	4.9	0	180	120	40	890
上虞学院	807	166	0	58.6	4.75	0	356	300	48	420
嵊州学院	479.34	9.82	0	350	2.1	0	120	80	30	350
新昌学院	2730	118	12	120	4.15	0	176	137	56	760
舟山广播电视大学	1266.6	312.1	5.1	11.5	6	1	439	373	0	784
普陀分校	224.5	140.3	0	55	1	0	70	70	0	260
岱山分校	134.83	30.2	1.18	28.3	0.07	0	52	52	0	80
嵊泗分校	165	55	0	110	0.12	0	100	60	0	46
金华广播电视大学	4551.6	806.47	82	25	17.65	0	1366	1100	202	1810
兰溪分校	286.07	63.47	0	100	0.86	0	101	74	0	290
武义分校	2695.3	118.5	10.3	253.2	1.81	0	130	90	36	450
永康学院	8230	329.07	22.4	117.1	5.4	0.1	298	222	52	1012
义乌学院	850	275	0	195	4.05	0	262	200	200	770
东阳学院	625	4	2	1	2.18	0.12	200	200	60	240
浦江分校	316	84	0	58	1.3	0	100	100	40	200
磐安分校	171.2	95.8	15	32.5	0.26	0.01	135	18	40	250
衢州广播电视大学	12	10	10	2	1.3	0	390	300	20	473
柯城分校	302.97	0	0	95.07	0.9	0	92	65	0	200

5.1 全国电大学校产权资产情况（续表 14）

	固定资产总值（万元）				图书、资料（万册）		计算机（台）		语音实验室座位数（个）	多媒体教室座位数（个）
	计	其中：教学、科研仪器设备资产		其中：信息化设备资产	计	当年新增	计	其中：教学用		
		计	当年新增							
江山分校	253	71	2	20	0.9	0	95	80	20	180
常山分校	695.21	8.96	0	186.21	0.95	0	131	112	20	100
开化分校	109	55	4	39	0.4	0.03	95	75	0	100
龙游分校	310	159	12	38	0.97	0.02	124	112	20	180
台州广播电视大学	7300	2825	85	1350	38.7	2.4	850	750	80	2650
临海学院	1700	500	50	265	2.05	0	451	351	40	772
黄岩分校	572	53	0	464	1.05	0.11	150	120	0	315
温岭分校	770.6	166.9	25	127	1.25	0	200	200	0	950
仙居学院	922.9	157	61	250	1.2	0	157	110	0	800
玉环学院	545	259	1	286	1	0	324	156	40	997
三门学院	1237	32	0	15	1	0	150	150	0	96
天台学院	550	350	50	200	2.6	0.2	420	350	1	400
丽水广播电视大学	1029.51	502.45	5.5	240	1.47	0	401	401	80	1000
缙云分校	2165	235	0	5	1.12	0.07	125	110	1	5
遂昌分校	245	140	6	20	1	0	150	150	0	400
松阳电大	199	148	28	50	3.2	0.2	149	124	59	400
景宁分校	243	94	5	2	1	0	118	100	0	100
云和分校	204.7	81.8	5	2	0.22	0	70	60	1	80
龙泉分校	520	135	5	15	3.3	0.1	120	100	0	120
庆元分校	72.3	45.7	0	26	0.5	0.01	73	50	0	232
青田学院	1328	500	30	25	1.8	0.2	290	220	200	500
温州广播电视大学	3354	891.7	35.5	603.5	5.3	0.05	940	892	160	2699
永嘉学院	1734.52	612.3	75.75	49.5	6.2	2.5	687	295	60	450
瓯海分校	850	38	3	56	1	0	86	66	55	510
平阳分校	386	251.58	10	85	1.1	0	122	98	0	482
瑞安分校	499	364	0	127	0.98	0	230	184	42	170
乐清分校	441	340	5	101	0	0	160	140	40	450
文成分校	1129.5	309.1	0	230	3.3	0	305	265	56	1276
洞头分校	1135	360	0	85	2.09	0	317	232	158	262
泰顺分校	1056	356	30	80	0.5	0.01	185	155	50	50
苍南分校	1038	298	25	15	0.2	0.05	150	125	0	260
巨化分校	100	80	0	20	6	1	100	90	0	190
经贸分校	784	392	10	392	0.5	0	100	100	10	800
工商学院	3397	1082	50	648	6.72	0	400	360	110	1280
特教学院	2770	738.11	34.7	252.8	4.98	0.88	528	463	0	840
温州机电技工学校教学点	3789.19	943.2	160	60	2.49	0.18	454	409	240	2040
杭州高级技工学校教学点	9140	3719.74	413.86	409.28	9	1.1	906	691	370	3880
浙江同济职业学院教学点	7345.2	2912.8	817.8	1320.1	23.6	1.1	1815	1480	344	2852
浙江统计培训中心教学点	1705	169	0	0	0	0	100	68	0	68
杭州交通职高教学点	0	0	0	0	0	0	0	0	0	0
杭州东方舰桥培训中心教学点	144.36	68.17	8.5	50	1.05	0.03	170	102	0	0

5.1 全国电大学校产权资产情况（续表 15）

	固定资产总值（万元）				图书、资料（万册）		计算机（台）		语音实验室座位数（个）	多媒体教室座位数（个）
	计	其中：教学、科研仪器设备资产		其中：信息化设备资产	计	当年新增	计	其中：教学用		
		计	当年新增							
宁　　波	**37323.41**	**11544.29**	**725.75**	**3255**	**25.13**	**1.52**	**4534**	**3868**	**782**	**8937**
宁波广播电视大学	8292.37	1717.46	0	1283.24	8.3	0.3	1016	742	184	2493
鄞县分校	2723.25	443.33	60.25	44.08	0	0	485	435	100	1199
余姚学院	9516.65	5485.45	39.15	178	2.55	0.1	423	382	130	311
慈溪学院	827.58	560.22	48.75	137.54	0.67	0.37	408	385	64	790
宁海学院	845.6	388.6	42.6	303.4	0.4	0	206	206	48	420
象山分校	2701	624	120	392.2	1.4	0.2	286	260	50	460
奉化分校	692	315	0	150	0.65	0	216	216	48	300
镇海工作站	10300	1558.79	405	473.1	7.35	0.45	864	695	50	750
江北工作站	599.56	251.44	0	71.84	1.41	0	144	102	60	300
北仑分校	537	200	10	220	2.1	0.1	341	300	48	1770
宁波东钱湖旅游度假区电大工作站	288.4	0	0	1.6	0.3	0	145	145	0	144
安　　徽	**74812.29**	**14894.74**	**1605.57**	**5443.83**	**108.93**	**2.52**	**9540**	**7868**	**1957**	**17471**
安徽广播电视大学	5769.9	1511.7	65.5	310	13.65	0.1	920	709	252	1200
合肥分校	4900.04	1036.46	11.3	499.9	6.5	0	315	208	48	1320
蚌埠分校	1181	326	0	100	6.5	0	316	282	80	280
芜湖市分校	645.7	267.55	40.58	134.78	1.9	0	425	360	0	1952
淮南分校	17661.5	1978.42	197.8	1309.91	32.16	1	893	811	180	4300
淮北分校	390	340	20	26	1.72	0	300	265	48	240
马鞍山分校	5781	642	7	500	3.25	0.05	680	580	104	2162
铜陵分校	1260	438	55	50	4.2	0.2	520	480	80	800
黄山市分校	1200	168	1.8	50	0.53	0	257	215	42	300
安庆市分校	5360	1590	110	550	10.7	0.2	1056	850	380	1770
六安分校	885	260	20	85	1.5	0	200	150	56	360
阜阳分校	1614.72	768.72	0	48	6.5	0	428	385	0	30
宣城分校	3200	600	100	400	4	0.5	600	450	350	240
巢湖分校	1030	370	9	80	3.8	0.46	258	230	41	210
滁州市分校	657.39	609.15	0	18.24	2.2	0	260	220	50	190
池州分校	753.3	239.3	24.3	179	3.02	0	231	168	0	360
宿州分校	961.74	432.29	27.29	260	1.4	0	398	358	36	602
省直分校	1745	235	16	25	2.4	0	307	237	30	215
亳州分校	19816	3082.15	900	818	3	0.01	1176	910	180	940
福　　建	**54283.58**	**14004.42**	**443.85**	**6123.87**	**108.54**	**3.78**	**9478**	**7081**	**1651**	**15288**
福建广播电视大学	13366	4297	208.9	3428.46	20.9	0.83	2000	660	96	1310
福州分校	25218.78	3705.63	0	812.01	45.1	2.31	1810	1560	336	6984
三明分校	673	332.5	28	27.2	3	0	370	310	48	360
宁德分校	2600	730	6	64	5.5	0.5	655	355	180	600
南平分校	2607	1301	0	419	6.52	0	836	796	180	992
漳州分校	1830.7	740.7	0	122.18	7.65	0	869	800	155	1412
泉州分校	2455	984	7	126	4.99	0.03	1525	1325	240	1240
龙岩分校	2064.47	1100.45	70.45	964.02	7.11	0	568	515	130	1200
莆田分校	1578	355.71	0	45	1.17	0.01	415	375	98	750

5.1 全国电大学校产权资产情况（续表16）

	固定资产总值（万元）				图书、资料（万册）		计算机（台）		语音实验室座位数（个）	多媒体教室座位数（个）
	计	其中：教学、科研仪器设备资产		其中：信息化设备资产	计	当年新增	计	其中：教学用		
		计	当年新增							
高等职业技术学院	0	0	0	0	0	0	0	0	0	0
永安分校	360	140	60	40	3	0	160	130	48	150
邵武分校	520	40	25	15	0.35	0.05	120	120	100	50
漳浦分校	1010.63	277.43	38.5	61	3.25	0.05	150	135	40	240
开放教育学院	0	0	0	0	0	0	0	0	0	0
厦　门	**8735.91**	**2551.66**	**150.26**	**1164.25**	**8.23**	**0**	**1835**	**1437**	**536**	**5332**
厦门市广播电视大学	7637	1897	99	1045	5.77	0	1318	1163	444	4272
厦门电大同安区工作站	163.91	124.66	1.26	39.25	0.51	0	167	149	92	610
厦门市杏林区电大工作站	355	40	0	40	0.45	0	80	70	0	250
厦门市湖里区电大工作站	80	40	0	40	1	0	70	55	0	50
厦门市司法局电大工作站	0	0	0	0	0	0	0	0	0	0
厦门市思明区电大工作站	500	450	50	0	0.5	0	200	0	0	150
江　西	**54986.03**	**13961.93**	**1193.4**	**4955.9**	**213.12**	**12.56**	**9596**	**7521**	**3014**	**13875**
江西广播电视大学	14563	2000	251	218	13.3	0.5	2020	1605	330	3186
南昌市分校	996	210	32	278	0	0	290	230	54	1420
安义县工作站（工会职校）	1200	100	5	30	0.6	0.1	50	50	60	120
安义县教师进修学校教学点	1000	50	5	0	1.5	0	38	31	50	100
进贤县教师进修学校教学点	425	5	0	20	1	0	60	0	50	100
新建县教师进修学校教学点	1230	30	30	40	3	0.2	160	120	126	312
南昌县教师进修学校	494.82	39.8	0	16.2	0.35	0	50	32	40	32
景德镇市分校	337.8	124	0	90	0	0	157	80	0	60
乐平市教师进修学校教学点	108	68	23	40	18	2	130	91	90	64
九江市分校	4017	1392	62	402	2	0	410	280	56	220
武宁县工作站	87	14	0	0	1.1	0	30	30	20	20
德安县工作站	30	20	0	10	0.4	0	35	10	0	1
都昌县工作站	490	30	0	30	0.2	0	96	86	0	40
庐山工作站	600	200	0	70	0.7	0	32	25	10	25
彭泽县工作站	170	13	13	15	0.5	0	30	20	0	0
永修县工作站	200	60	0	26	1	0	30	30	48	90
修水县工作站	80	12	3	2	0.2	0	20	10	0	0
省武工作站	40	10	10	20	2	2	26	3	20	23
湖口县工作站	113	16	0	10	0.15	0.05	32	20	0	0
星子县工作站	145	12	2	8	13	0	50	38	38	38
瑞昌工作站（教师进修学校）	111	25	5	12	1.05	0.05	40	30	50	120
萍乡市分校	1171.6	146.1	28.6	158.1	1.25	0.2	315	254	108	330
芦溪县工作站	23	20	5	3	1.3	0.3	75	50	130	180
上栗县电大工作站	4.5	2	2	2	1	0	58	40	0	50
湘东区工作站	30	10	0	20	0.5	0	30	20	0	120
莲花县工作站	28	10	2	18	0.75	0.06	45	45	2	4
萍乡市卫生学校	3200	2500	300	700	10	1.2	200	200	100	140
新余市分校	990	884	34	106	1	0	196	150	56	850
分宜县工作站	40	15	0	10	0.5	0.1	50	40	0	100

5.1 全国电大学校产权资产情况（续表 17）

	固定资产总值（万元）				图书、资料（万册）		计算机（台）		语音实验室座位数（个）	多媒体教室座位数（个）
	计	其中：教学、科研仪器设备资产		其中：信息化设备资产	计	当年新增	计	其中：教学用		
		计	当年新增							
鹰潭市分校	691	207	20	136	3	0	230	210	40	70
贵溪市工作站	81.3	3.3	0	3	1.2	0	20	2	0	1
鹰潭应用工程学校	6100	2200	100	500	30	0	600	520	130	320
中共余江县委党校	0	0	0	0	0	0	0	0	0	0
赣州广播电视大学	214	191	53	23	0.96	0	274	274	64	506
中共南康市委党校教学点	732.5	14	1.5	1.2	2.53	0.12	60	45	0	70
中共上犹县委党校教学点	50	20	0	20	1	0	20	10	0	0
寻乌县工作站（教师进修学校）	254	37.2	0	216.7	3	0	71	57	0	118
中共信丰县委党校教学点	100	30	0	30	0.6	0	64	58	0	300
兴国县教师进修学校教学点	398	75	0	33	3.4	1	100	80	55	180
中共兴国县委党校教学点	0	0	0	0	0	0	0	0	0	0
瑞金市工作站（教师进修学校）	60	20	0	20	0.2	0	50	30	0	0
定南教师进修学校教学点	50	20	0	20	1.5	0.3	11	11	0	1
中共崇义县委党校教学点	50	20	0	20	3	0	20	20	0	0
宁都县教师进修学校教学点	50	20	0	20	0.5	0	34	22	0	60
大余县教师进修学校	26.9	10.1	0	16.8	1	0	48	1	18	18
信丰县教师进修学校教学点	50	20	0	20	1.3	0.1	45	20	0	60
龙南教师进修学校	50	20	0	20	0.3	0.1	60	40	0	110
安远县委党校	115	75	6	36	1	0	67	51	0	220
于都县委党校	1200	50	10	15.75	1	0.2	50	45	50	50
全南县教师进修学校	50	20	0	20	0.3	0	25	21	0	56
石城县教师进修学校教学点	50	20	0	20	0.1	0	30	25	0	0
宜春广播电视大学	945.93	287.41	0	152	3.3	0	210	160	200	60
樟树工作站（教师进修学校）	125.8	57	2	32	1.65	0.05	52	40	48	58
樟树职工学校教学点	80	10	2	0	0.3	0.01	32	4	52	1
丰城市教师进修学校教学点	184	64	64	120	1.55	0.04	80	52	110	160
靖安县工作站	125.4	57.6	3	32	2	0	20	12	0	150
奉新县工作站（教师进修学校）	30	18	2	12	1.5	0.1	22	18	60	60
高安工作站（教师进修学校）	75	49	0	26	1	0	46	46	48	100
上高工作站（职工学校）	139	50	5	13	0.5	0.1	24	20	25	25
铜鼓县教师进修学校教学点	142	26	10	21	1.2	0.2	24	20	0	25
万载县教师进修学校教学点	123	21	3	0.6	0.18	0.02	30	22	30	260
宜丰县工作站（教师进修学校）	93	10	2	1	0.7	0	50	35	30	25
中共丰城市委党校教学点	387.54	5.86	0	5	2	0	24	19	0	50
上高教师进修学校	620	48	0	23	2	0	48	41	0	50
江西省轻工高级技校	469	142	20	7	0.5	0	125	120	0	70
高安市委党校	17.3	2	0	15.3	1.24	0.01	214	200	0	260
电大吉安市分校	409	28	28	68.8	0	0	300	260	2	457
吉安县教师进修学校教学点	144.6	0	0	0	0.57	0.57	20	20	0	120
吉水县教师进修学校教学点	89	29	0	27	2	0	51	40	0	60
永新县工作站	349	56	0	45	1.5	0	186	160	20	160
中共遂川县委党校教学点	102	52	2	50	4	2	150	50	0	400

5.1 全国电大学校产权资产情况（续表18）

	固定资产总值（万元）				图书、资料（万册）		计算机（台）		语音实验室座位数（个）	多媒体教室座位数（个）
	计	其中：教学、科研仪器设备资产		其中：信息化设备资产	计	当年新增	计	其中：教学用		
		计	当年新增							
安福县教师进修学校	384	43.8	0	51.67	1.03	0	106	104	0	60
万安县委党校	45	20	0	5	0.5	0	20	15	0	100
峡江县委党校	10	6	0	4	2.2	0.2	24	20	0	168
新干县委党校	200	100	0	8	2	0	50	40	30	100
中共永丰县委党校教学点	226.76	13.36	0	8	1	0	41	33	0	200
上饶广播电视大学	666.7	245.3	0	136.4	18.28	0	161	123	48	80
广丰县工作站	1412	144	25	32	1.5	0.11	80	65	36	80
鄱阳县工作站	1200	500	2	56	3	0.3	90	50	80	120
德兴市工作站	100	20	0	20	1	0	40	40	35	38
婺源县工作站	1227	265	5	62	4.8	0.2	120	100	0	55
横峰县工作站	24	15	0	1	0.6	0	20	18	21	18
上饶县工作站	323	70	5	40	0.5	0	90	80	36	120
万年县工作站	262	50	0	120	3	0	62	58	50	60
玉山县工作站	141	11	0	20	0.8	0	16	13	0	40
铅山县工作站	300	100	0	64	4	0	45	35	50	1
余干县工作站	300	0	0	0	1.1	0	30	21	30	20
弋阳县工作站	29	11.5	3	10.2	0.2	0	20	20	0	1
抚州广播电视大学	1046.18	149	5	86.38	4.47	0.01	150	120	108	48
黎川县工作站	50	20	0	18	0.24	0.04	30	30	0	0
南丰县工作站	4.9	2.1	0.3	2.8	0.82	0	7	3	0	0
南城县工作站	17	8	2	9	0.15	0.02	50	30	30	30
金溪县工作站	4.5	4.5	0	0	0	0	0	0	0	0
资溪县工作站	65	60	0	5	2	0	2	2	40	100
乐安县工作站	0	0	0	0	0	0	0	0	0	0
山　东	**94965.94**	**19817.57**	**449.81**	**3305.24**	**216.12**	**4.24**	**10783**	**8614**	**2114**	**16492**
山东广播电视大学	26442.21	3002.85	324.2	75.36	12.39	2.18	1190	762	173	3320
济南广播电视大学	4474.99	1053.53	0	75	9.1	0	742	390	346	1500
烟台广播电视大学	4295.06	770	0	536.88	19.5	0	950	860	94	1009
潍坊广播电视大学	6258	2710.72	0	1000	23.42	0	1440	1400	180	210
淄博广播电视大学	0	0	0	0	0	0	0	0	0	0
威海市广播电视大学	390	100	9.6	3	4	0.4	375	350	55	200
临沂广播电视大学	1601.09	165.46	0	20	3.1	0.1	200	0	80	900
德州广播电视大学	700	611	0	80	2.7	0	400	350	90	118
滨州广播电视大学	500	85	4	60	0	0	0	0	0	0
菏泽广播电视大学	324.59	177.01	0.01	77	8.64	0.01	200	75	76	120
聊城广播电视大学	21513	5428	0	1313	65.25	1	1776	1557	470	4967
泰安广播电视大学	0	0	0	0	0	0	0	0	0	0
枣庄广播电视大学	3236	501	0	0	8	0	900	600	50	300
济宁广播电视大学	17718	3747	50	15	26.8	0.3	1750	1650	300	2820
东营广播电视大学	0	0	0	0	0	0	0	0	0	0
胜利油田广播电视大学	0	0	0	0	20	0	0	0	0	0
莱芜钢铁总厂广播电视大学	0	0	0	0	0	0	0	0	0	0

5.1　全国电大学校产权资产情况（续表 19）

	固定资产总值（万元）				图书、资料（万册）		计算机（台）		语音实验室座位数（个）	多媒体教室座位数（个）
	计	其中：教学、科研仪器设备资产		其中：信息化设备资产	计	当年新增	计	其中：教学用		
		计	当年新增							
省直工作处	0	0	0	0	0	0	0	0	0	0
日照广播电视大学	5711	1174	27	0	11	0	600	380	104	840
荣成市广播电视大学	670	160	20	10	0. 8	0	160	160	48	140
莱芜科技成人中专	1132	132	15	40	1. 42	0. 25	100	80	48	48
青　　岛	**16454. 36**	**6860. 32**	**406. 38**	**1353. 14**	**35. 09**	**1. 37**	**3377**	**2588**	**541**	**2266**
青岛广播电视大学	1347. 96	1296. 82	81. 38	51. 14	3. 59	0	456	241	56	408
莱西分校	836	311	18	228	2. 21	0	206	150	50	48
平度分校	3240. 4	3010. 5	100	130	10. 74	0. 42	410	310	90	380
胶州分校	1062	285	4	126	0. 75	0. 05	224	186	0	120
胶南分校	0	0	0	0	0	0	0	0	0	0
即墨分校	3028	404	2	16	2. 8	0. 1	260	230	45	150
黄岛分校	0	0	0	0	0	0	0	0	0	0
崂山分校	3500	1200	200	720	8. 4	0. 7	800	650	100	1000
城阳分校	3119	236	1	3	5. 65	0. 05	897	697	200	100
李沧区分校	321	117	0	79	0. 95	0. 05	124	124	0	60
河　　南	**90595. 38**	**25661. 85**	**1800**	**8026. 64**	**361. 24**	**35. 9**	**11801**	**9058**	**2621**	**22665**
河南广播电视大学	15909	5358	702	2704. 9	37. 3	11. 74	2368	2046	320	6000
河南省直广播电视大学	12	12	0	0	0	0	35	23	0	110
郑州广播电视大学	5040	200	20	100	8. 43	0. 2	1100	800	300	600
开封广播电视大学	610	150	0	30	5. 2	0	190	140	48	200
洛阳广播电视大学	2076	579	46	110	2. 07	0	298	217	40	380
新乡广播电视大学	2555	750	0	28	6. 91	0. 02	480	150	200	640
焦作广播电视大学	390	20	0	10	0	0	184	60	50	120
安阳广播电视大学	952. 9	371. 86	0	32. 5	1. 24	0. 02	315	250	10	46
濮阳广播电视大学	600	130	0	54	2. 8	0	130	120	40	80
鹤壁广播电视大学	317	64	2	35	15	0	150	120	30	50
商丘广播电视大学	4700	3562. 26	0	520	90. 18	11. 2	1462	1290	320	9060
三门峡广播电视大学	1260	0	0	1260	0	0	0	0	0	0
平顶山广播电视大学	36900	7550	500	351	50	1	1250	980	500	920
驻马店广播电视大学	2980	939	0	290	8. 7	1	360	180	112	100
许昌广播电视大学	1727	200	30	30	2. 65	0. 02	187	127	0	124
信阳广播电视大学	995. 5	250. 5	0	115. 5	5	0	325	45	85	100
南阳广播电视大学	1827	657	0	2	14. 5	0	485	420	64	1000
周口广播电视大学	1000	300	0	100	2. 5	0. 5	300	200	68	66
漯河广播电视大学	1495. 14	354	0	1141. 14	16. 2	0. 1	900	900	150	150
郑州铁路局广播电视大学	3900	2209	500	810	8. 2	0. 1	600	550	80	639
中原油田广播电视大学	622	377	0	100	3. 1	0	202	100	40	140
济源广播电视大学	981	254	0	77. 6	65. 6	10	160	140	100	440
河南省工商行政管理分校	3745. 84	1374. 23	0	125	15. 66	0	320	200	64	1700
湖　　北	**49637. 8**	**12845. 14**	**527. 85**	**7571. 32**	**202. 95**	**6. 27**	**7201**	**5375**	**2127**	**8000**
湖北广播电视大学	7497. 3	1225. 78	34. 85	1923. 32	18. 15	2. 89	1400	900	400	4015
黄冈广播电视大学	6474. 3	1393. 2	23	1895	34. 26	0. 1	910	850	374	850

5.1 全国电大学校产权资产情况（续表20）

	固定资产总值（万元）				图书、资料（万册）		计算机（台）		语音实验室座位数（个）	多媒体教室座位数（个）
	计	其中：教学、科研仪器设备资产		其中：信息化设备资产	计	当年新增	计	其中：教学用		
		计	当年新增							
孝感市广播电视大学	1328	368	0	93	20	0	275	200	120	200
咸宁地区广播电视大学	1512	400	387	140	19	0	600	550	232	438
荆州地区广播电视大学	626	143	14	58	2.1	0.1	326	240	240	150
宜昌市广播电视大学	2395	505	25	90	11.5	0.5	350	300	160	350
黄石广播电视大学	994	325	0	669	14	0.8	186	150	48	102
十堰市广播电视大学	920	398	0	56	4.8	0	245	180	38	220
襄樊广播电视大学	8786	3250	0	1286	21.63	0	500	330	230	75
恩施土家族苗族自治州广播电视大学	970	460	20	160	3.5	0.2	500	440	0	90
湖北电大大冶有色金属公司分校	700	183.86	0	38	5.12	0	165	105	0	80
天门市广播电视大学	1076	556	0	96	2	0	250	220	60	60
潜江市广播电视大学	318.2	50.3	10	35	0.61	0	62	50	0	80
仙桃广播电视大学	841	232	2	110	3.73	0.03	250	120	52	340
湖北广播电视大学江汉油田分校	4600	1030	12	322	17.95	0.65	400	280	48	280
湖北广播电视大学钟祥分校	4100	525	0	350	4.6	0	350	60	35	350
随州广播电视大学	6500	1800	0	250	20	1	432	400	90	320
武　　汉	**73357.08**	**14571.36**	**1059.63**	**5383.18**	**142.26**	**6.77**	**12003**	**10492**	**1699**	**22165**
武汉市广播电视大学	51669	7677.53	578.23	3455.89	64	2	6204	5821	598	14020
江岸分校	1166	913	3	14	1.75	0	150	110	0	40
武昌分校	416.6	71	4	2	1.6	0	200	160	50	120
桥口分校	245	164	0	80	2	0	100	100	48	40
汉阳分校	280	100	12	84	2.1	0	140	110	0	140
青山分校	366.42	141.12	0	88	1.1	0	120	104	0	90
洪山分校	413	216	10	5	4.5	1	200	120	120	180
东西湖分校	946	18	18	258	1	0	166	166	75	370
汉南分校	350	20	0	60	3.5	0	50	35	48	40
江夏分校	782.3	128.7	0	42	1.36	0.02	161	150	106	2560
蔡甸分校	210	180	10	20	2.05	0.05	200	9	90	245
黄陂分校	466	121	0	45	2	0.1	170	150	128	200
新洲分校	610	136	0	14	3.2	0	200	160	48	100
武钢分校	15237.47	4530.21	421.11	1215.29	50.1	3.6	3807	3207	388	4020
江汉区电大分校	199.29	154.8	3.29	0	2	0	135	90	0	0
湖　　南	**146423.85**	**32122.56**	**1908.5**	**12036.16**	**410.43**	**19.34**	**21167**	**16314**	**4734**	**24019**
湖南广播电视大学	21008.4	4056.9	143.5	84.78	36.42	0.86	2644	2445	242	1922
长沙广播电视大学	1696.8	105	0	886	1.5	0	463	388	50	1800
长沙县教师进修学校	0	0	0	0	0	0	0	0	0	0
望城县电大工作站	2108	160	30	25	8.3	0.5	120	120	56	480
浏阳教师进修学校	3800	200	30	400	1.7	0.1	120	120	0	300
宁乡县教师进修学校	2800	150	0	80	4	0	210	180	50	180
宁乡玉潭联校点	0	0	0	0	0	0	0	0	0	0
长沙国宾旅游学校	0	0	0	0	0	0	0	0	0	0
株洲广播电视大学	846.96	332.4	0	239	1.1	0	285	285	24	235
株洲市艺术设计学校	0	0	0	0	0	0	0	0	0	0

5.1 全国电大学校产权资产情况（续表21）

	固定资产总值（万元）				图书、资料（万册）		计算机（台）		语音实验室座位数（个）	多媒体教室座位数（个）
	计	其中：教学、科研仪器设备资产		其中：信息化设备资产	计	当年新增	计	其中：教学用		
		计	当年新增							
湖南省商业技术学院	0	0	0	0	0	0	0	0	0	0
株洲市技术学院	0	0	0	0	0	0	0	0	0	0
株洲县电大工作站	2428.5	226.3	0	142	6.4	0	400	400	116	413
株洲分校醴陵电大工作站	2336	1156	0	125	6.4	0	420	350	48	500
攸县电大工作站	5000	1100	0	80	1.5	0	120	100	48	60
茶陵县电大工作站	1447	29	0	177	3.8	0	260	260	162	240
炎陵县电大工作站	956.8	98	0	78	8	0	186	186	0	260
株洲市中等职业学校	3851	277	3	115	6.35	0	620	616	120	85
湘潭广播电视大学	3932	908	23	109	6.56	0.06	512	512	48	1145
湘潭县财政局教学点	3620	120	20	0	10.5	0.5	320	20	40	300
湘潭新华电脑学校	200	15	0	25	0	0	0	0	0	0
湘乡市东山教学点	320	10	0	20	1.6	0.3	80	70	2	12
湘乡市第一职业中专	35	35	8	0	3	0.5	400	350	400	500
韶山市司法局教学点	241	105	0	130	0	0	0	0	0	0
衡阳市广播电视大学	4151.19	806	0	406.38	10.55	0	876	766	150	1066
耒阳师范学校教学点	20	6	0	8	1	0	150	120	42	42
衡东农广校教学点	2	1.5	0	0	0	0	2	0	0	0
祁东县电大教学点	2.4	1.9	0	0	0	0	3	3	0	0
衡阳市城南电大站	100	20	0	0	0.5	0	37	30	0	0
衡阳电大常宁分校	20	15	0	2	0.1	0	20	0	0	30
衡山县教师进修学校	2.1	1.6	0	0	0	0	3	0	0	0
湖南科技经贸职业学院	1.87	1.86	0	0	0	0	2	2	0	0
邵阳广播电视大学	1604	285	50	200	4.02	0.5	300	230	56	210
洞口县成人中专校	100	90	15	10	10	1	100	100	15	50
邵东县电大工作站	3200	1300	200	500	3	0.2	104	82	45	3
新宁县电大工作站	500	50	2	50	1.2	0.2	60	48	106	106
中共新邵县委党校	1210	10	10	0	1	0	80	60	0	270
隆回县委党校	3600	32	3	0	2.95	0.5	62	45	0	40
武冈市电大工作站	500	100	100	0	10	1	100	100	18	80
绥宁县教师进修学校	153	45	2	40	4	0	62	5	48	65
邵阳县电大工作站	1600	12	3	0	3.5	0.1	72	62	40	228
城步县电大工作站	2250	50	0	30	1.5	0	100	100	0	0
岳阳广播电视大学	2077.86	896	27.6	686	4.86	0	510	350	60	960
岳阳县电大工作站	468	385	0	83	1	0	150	150	108	2
临湘市电大工作站	5000	1200	200	0	5	1	400	56	34	200
华容县电大工作站	6000	500	10	1000	50	0.5	200	150	60	60
汨罗县电大工作站	566	76	6	30	2.1	0.1	85	64	60	150
平江县电大工作站	481	375	0	106	0.85	0	120	120	56	2
湘阴县电大工作站	1100	150	0	120	0.65	0.03	204	160	45	360
岳阳县教师进修学校	450	300	0	150	12	0	60	60	120	2
娄底广播电视大学	1200	200	0	300	15.97	0.26	799	688	100	600
涟源市教研师训中心	200	120	0	15	4	0	200	118	45	680

5.1 全国电大学校产权资产情况（续表22）

	固定资产总值（万元）				图书、资料（万册）		计算机（台）		语音实验室座位数（个）	多媒体教室座位数（个）
	计	其中：教学、科研仪器设备资产 计	其中：教学、科研仪器设备资产 当年新增	其中：信息化设备资产	计	当年新增	计	其中：教学用		
双峰县电大工作站	698	150	0	30	2.6	1.8	90	70	104	200
冷水江市教学点	1800	30	0	5	1.4	0	150	0	0	700
新化县教师进修学校	1200	200	0	300	1.4	0	200	45	0	600
零陵分校	700	600	50	100	3	0	260	220	40	115
宁远县教师进修学校	0	0	0	0	0	0	0	0	0	0
江永县教师进修学校	176	34	0	0	10	0	52	50	32	50
道县教师进修学校	0	0	0	0	0	0	0	0	0	0
蓝山县教师进修学校	0	0	0	0	0	0	0	0	0	0
江华县教师进修学校教学点	3000	1000	100	95	11	2	300	250	50	560
祁阳县电大工作站	0	0	0	0	0	0	0	0	0	0
新田县电大工作站	194	88.1	29	30	3.8	0.2	79	79	60	168
东安县教师进修学校	0	0	0	0	0	0	0	0	0	0
郴州广播电视大学	837.3	370	25	300	2.78	0.04	686	580	38	280
永兴县电大工作站	94	30	0	25	0	0	60	50	0	50
宜章县电大工作站	150	103	0	47	2	0	50	36	0	160
桂阳县电大工作站	757	69	20	32	0.17	0	230	190	62	262
汝城县电大工作站	200	50	0	30	2.1	0.1	62	50	48	180
资兴市电大工作站	480	400	0	0	4.5	0	220	200	60	120
桂东县电大工作站	2456	456	120	420	2.33	0	268	268	48	164
嘉禾县教师进修学校	0	0	0	0	2.37	0.07	50	0	0	0
中共嘉禾县委党校	600	250	20	100	2.37	0.07	50	40	0	40
益阳广播电视大学	1448	482	5	150	1	0	538	538	88	420
南县电大工作站	103	22	0	0	0.01	0	55	45	0	60
桃江县电大站	320	10	0	18	0.5	0	45	35	0	1
沅江市教师进修学校	254	17	0	0	1.6	0.02	100	100	0	168
安化县教师进修学校	540	10	0	0	5	0	64	60	1	2
资阳电大工作站	188	75	0	30	0	0	63	50	60	100
赫山电大工作站	0	0	0	0	0	0	0	0	0	0
益阳分校第一职业中专学校	0	0	0	0	0	0	0	0	0	0
益阳分校湘益中专教学点	0	0	0	0	0	0	0	0	0	0
常德广播电视大学	2217	1867	30	350	5	0	400	350	48	300
武陵区电大工作站	123.05	0	0	0	1.32	0	120	10	0	200
常德电大鼎城工作站	350	200	30	20	3.6	0.6	120	88	80	80
汉寿县电大工作站	125	25	6	80	0.12	0.02	122	82	40	80
桃源县电大工作站	257	160	10	50	0.3	0	38	30	30	30
临澧县电大工作站	309	105	0	25	0.8	0	62	51	0	120
石门县电大工作站	355	325	5	30	3.1	0.1	88	60	50	60
澧县电大工作站	300	100	0	70	8	1	100	0	80	150
安乡县电大工作站	0	0	0	0	0	0	0	0	0	0
怀化广播电视大学	1150	785.9	21.9	0	2.2	0.1	300	300	48	408
沅陵工业中专	0	0	0	0	0	0	0	0	0	0
沅陵县远程教育站	300	80	10	90	1.5	0	60	60	0	90

5.1 全国电大学校产权资产情况（续表23）

	固定资产总值（万元）				图书、资料（万册）		计算机（台）		语音实验室座位数（个）	多媒体教室座位数（个）
	计	其中：教学、科研仪器设备资产		其中：信息化设备资产	计	当年新增	计	其中：教学用		
		计	当年新增							
辰溪县委党校	0	0	0	0	0	0	0	0	0	0
芷江县电大工作站	1000	100	0	50	1	0	100	80	1	2
新晃县教师进修学校	0	0	0	0	0	0	150	0	0	0
洪江市第一教师进修学校	0	0	0	0	0	0	0	0	0	0
洪江区电大教学点	0	0	0	0	0	0	0	0	0	0
洪江市振华学校	0	0	0	0	0	0	0	0	0	0
会同县职业中专学校教学点	0	0	0	0	0	0	0	0	0	0
通道县职业技术总校教学点	0	0	0	0	0	0	0	0	0	0
靖州县教师进修学校教学点	700	200	200	200	2	0.5	150	130	40	200
怀化万昌职业中专	0	0	0	0	0	0	0	0	0	0
溆浦县教师进修学校	0	0	0	0	0	0	0	0	0	0
怀化分校麻阳教师进修学校	0	0	0	0	0	0	0	0	0	0
芷江师范	0	0	0	0	0	0	0	0	0	0
洪江市教师进修学校	0	0	0	0	0	0	0	0	0	0
怀化分校会同党校	0	0	0	0	0	0	0	0	0	0
湖南电大怀化分校沅陵教学点	0	0	0	0	0	0	0	0	0	0
湘西民族广播电视大学	4027	1885.7	0	400	5.3	0.3	250	235	60	300
花垣县电大工作站	120	80	60	40	2	0	166	120	0	120
龙山县电大工作站	198	10	1	20	6.52	0.12	80	10	48	48
永顺县电大工作站	665.9	180.2	0	65.7	3.2	0.1	200	185	48	300
保靖县电大工作站	300	50	0	40	2	0	80	55	50	100
古丈县电大工作站	20	3	0	0	0.5	0	40	25	0	0
凤凰县电大工作站	130	70	18	60	2.3	0	92	90	48	96
泸溪县电大工作站	40	20	0	10	0	0	70	50	0	2
张家界市广播电视大学	481	5	0.3	83	7.32	0	240	220	64	120
桑植县电大工作站	380	40	20	15	2.2	0.2	69	50	50	300
慈利县电大工作站	1300	500	100	800	8	0	200	150	50	50
津市分校	931	202	5.2	145.2	3.54	0.01	350	350	48	260
岳阳石化总厂广播电视大学	1691	476.29	20	200	5.3	0.08	200	120	48	500
卫生分校	3000	800	0	200	1	0	150	20	60	60
省中医药高等专科学校	0	0	0	0	0	0	0	0	0	0
衡阳市卫校	0	0	0	0	0	0	0	0	0	0
邵阳市医专	0	0	0	0	0	0	0	0	0	0
岳阳职业技术学院	0	0	0	0	0	0	0	0	0	0
娄底市卫校	1000	200	16	100	1	0	600	20	60	60
永州职业技术学院	0	0	0	0	0	0	0	0	0	0
郴州医专	0	0	0	0	0	0	0	0	0	0
益阳市卫生职业技术学校	0	0	0	0	0	0	0	0	0	0
常德职业技术学院	0	0	0	0	0	0	0	0	0	0
怀化医专	3000	700	0	200	1	0	100	15	50	20
湘南学院教学点	3000	700	100	200	2	1	80	15	50	30
益阳医学高等专科学校	4000	800	0	300	1.5	0	200	15	150	600

5.1 全国电大学校产权资产情况（续表24）

	固定资产总值（万元）				图书、资料（万册）		计算机（台）		语音实验室座位数（个）	多媒体教室座位数（个）
	计	其中：教学、科研仪器设备资产		其中：信息化设备资产	计	当年新增	计	其中：教学用		
		计	当年新增							
衡阳华南	0	0	0	0	0	0	0	0	0	0
涟钢分校	0	0	0	0	0	0	0	0	0	0
湖南广播电视大学药学分校	5571.72	892.91	0	28.1	10	2.7	497	301	128	1295
广　东	**161092**	**43943.1**	**3933.02**	**13401.73**	**361.08**	**48.47**	**29967**	**24404**	**7369**	**68648**
广东广播电视大学	10507.05	5056.18	929.68	1110	51.14	35.14	2980	2190	333	8992
法律分校	350	60	0	20	1.1	0	47	47	150	100
省电力局分校	0	0	0	0	0	0	0	0	0	0
省公路局分校	120	50	20	45	1.85	0.15	100	100	48	200
广东电大深圳拱北海关分校	75	45	1	30	2.8	0	140	140	140	140
珠海市广播电视大学	3079	881	90	140	0	0	890	445	150	3502
斗门广播电视大学	346	33	33	32	0.52	0	152	152	48	517
汕头广播电视大学	4665	879	73	439	12	0	550	500	300	1000
汕头广播电视大学潮阳电大	560	10	0.11	300	1.6	0.02	140	0	72	300
汕头广播电视大学澄海电大	10360	1820	180	488	5.8	0.2	980	872	845	2500
韶关市广播电视大学	1275	554.12	0	1.5	3.6	0	252	222	30	720
韶关市曲江区广播电视大学	944	102	0	90	4.5	0	150	120	50	300
仁化广播电视大学	353	139.2	5	73.46	2.35	0.1	150	100	0	341
新丰县广播电视大学	428.3	95	10	64	1	0	90	60	0	50
广东省翁源县广播电视大学	1041	410	0	0	6	0	250	230	50	470
始兴县广播电视大学	0	0	0	0	5	0	28	0	0	0
南雄市广播电视大学	251	125	11	26	4.8	0.3	126	100	0	250
乐昌市广播电视大学	511.5	153.1	12	75	2.3	0.3	150	100	48	350
乳源瑶族自治县广播电视大学	438	80	12	8	0.8	0	30	30	0	80
汕尾市广播电视大学	3091	551	6	46	0.52	0	586	465	120	640
海丰县广播电视大学	1350	380	50	30	3	0.5	350	320	64	288
陆丰市广播电视大学	890	745	0	145	0.22	0	150	130	120	600
陆河县广播电视大学	842	256	68	175	1.5	0.1	150	120	0	772
梅州市广播电视大学	1653	535.2	30	100	1.9	0.1	300	260	80	320
梅江区广播电视大学	1123	137	0	162	1.4	0.2	185	135	64	260
蕉岭县广播电视大学	750	258	33	200	1.65	0.05	165	165	48	230
大埔县广播电视大学	180	10	0	10	1.4	0	160	0	60	160
丰顺县广播电视大学	480	100	0	100	1	0	180	180	25	150
五华县广播电视大学	595	216	16	0	5.5	0.5	120	90	36	340
广东省兴宁市广播电视大学	585	424	30	120	1	0.3	232	180	0	700
平远县广播电视大学	431	110	0.2	0	1.52	0.1	60	60	20	270
惠州市广播电视大学	2866	591	135	189	3.09	1.7	413	277	53	1260
惠阳区广播电视大学	259	254	20	5	2	0.2	400	40	300	700
惠东县广播电视大学	83	47	5	5	1.5	0	165	40	50	80
博罗县广播电视大学	240	240	5	0	0.51	0.05	130	110	40	300
龙门县广播电视大学	267	50	2	1	0.05	0	73	52	0	60
东莞市广播电视大学	1607.2	610.25	0	99.47	1.55	0	350	350	100	600
中山市广播电视大学	455.12	446.13	0	8.99	3.2	0.12	753	672	0	1953

5.1 全国电大学校产权资产情况（续表25）

	固定资产总值（万元）				图书、资料（万册）		计算机（台）		语音实验室座位数（个）	多媒体教室座位数（个）
	计	其中：教学、科研仪器设备资产		其中：信息化设备资产	计	当年新增	计	其中：教学用		
		计	当年新增							
江门市广播电视大学	6198.2	697.7	74.8	495	6.4	0.2	695	695	266	3269
新会市广播电视大学	1130.39	52.39	11.25	0	1	0	203	183	0	1330
台山磐石电视大学	669.1	190	22	32	5.3	0.3	350	300	56	600
开平市广播电视大学	2336	328	21	304	4.82	0	597	537	60	1100
恩平市广播电视大学	3671	470	35	1	4.2	0.1	270	265	50	614
鹤山市广播电视大学	515.92	188.19	22.67	39.96	3.5	0	156	120	60	60
佛山广播电视大学	3224	1025	17	86	9.16	0.18	600	500	240	1400
三水广播电视大学	302	136	3	0	1	0	168	130	0	560
高明广播电视大学	572	106	0	108	2.05	0.01	130	120	0	990
阳江市广播电视大学	5281	1110	197	839	2	0	750	650	100	2200
阳春市广播电视大学	2197	936.5	1.5	786	3.7	0	700	580	48	1290
湛江市广播电视大学	3540	779	8	605	8.3	0	690	645	164	703
雷州市广播电视大学	1148	315	0	240	2.1	0	208	150	64	600
徐闻县广播电视大学	1750	1000	20	750	7	2	210	180	120	628
遂溪县广播电视大学	1276	28	24	104	2.3	0	175	150	45	650
吴川市广播电视大学	619	400	0	219	3	0	130	110	48	588
廉江市广播电视大学	586	188	10	30	2.5	0.4	182	170	0	266
茂名广播电视大学	4376.76	1516.72	0	500	6.5	0	524	400	54	800
高州市广播电视大学	5000	450	10	50	2	0.2	330	300	40	500
信宜市广播电视大学	5200	1800	180	15	9.2	0.05	750	750	120	750
电白广播电视大学	420	380	20	40	4	0	50	10	20	100
化州市广播电视大学	1485.85	230	0	52	4.8	0.5	138	125	45	210
肇庆广播电视大学	2495	653.9	30.6	452.7	4.9	0.1	530	430	130	1600
高要市广播电视大学	513	153.5	8	25	2	0	160	130	32	200
四会市广播电视大学	2972	1140	334	132	10	0	600	430	120	600
广宁县广播电视大学	1197	366	0	1.2	3.24	0	250	220	64	230
德庆县广播电视大学	2183.6	623	70.46	186	6.2	0	560	520	50	400
封开县广播电视大学	136	0	0	0	2.7	0.7	70	60	40	96
怀集县广播电视大学	1100	304	30	70	3.26	0	400	340	180	1000
清远市广播电视大学	1526	332	0	1.5	0.8	0	250	220	0	608
英德电大	959	763	263	196	11	0	335	302	380	120
佛冈县广播电视大学	602.8	173.8	0	0	4.6	0.5	150	150	48	156
阳山县广播电视大学	2167.4	936.4	33.4	280	6.7	0	441	441	54	636
连山壮族瑶族自治县广播电视大学	371	133	0	2	1.25	0	100	0	40	160
连南瑶族自治县广播电视大学	821	98	9	51.8	1.5	0	150	130	0	200
连州市广播电视大学	5382	709	0	0	4.89	0	400	340	48	3360
潮州广播电视大学	1060	312	10	65	5.3	0	300	270	100	600
饶平县广播电视大学	326.5	70	56.5	55	0.87	0.1	105	105	10	120
潮安广播电视大学	490	40	0	65	4	0	125	25	64	11
揭阳广播电视大学	742.6	394.9	51.4	131.6	2.6	0	300	300	0	800
普宁市广播电视大学	319	270	4	16	1.9	0.05	138	113	53	110
广东省揭西县广播电视大学	461	184	0	8	1.75	0	90	0	0	110

5.1 全国电大学校产权资产情况（续表26）

	固定资产总值（万元）				图书、资料（万册）		计算机（台）		语音实验室座位数（个）	多媒体教室座位数（个）
	计	其中：教学、科研仪器设备资产		其中：信息化设备资产	计	当年新增	计	其中：教学用		
		计	当年新增							
惠来县广播电视大学	1050	40	40	230	3	0.5	200	190	0	144
揭东县广播电视大学	1793.9	20.2	20.2	72	1.47	0	360	360	230	230
河源广播电视大学	6016	980	30	225	8.4	0.2	760	600	60	700
和平县广播电视大学	2100	1200	21	120	4.48	0.2	325	300	60	625
龙川广播电视大学	1375	396	26	102	2.5	0.7	300	235	50	300
紫金县广播电视大学	2580	1129	0	20	4.1	0	420	380	54	1000
连平县广播电视大学	817.11	230	30	20	3.65	0	250	150	64	11
云浮市广播电视大学	2287.9	293.92	1.45	66.46	1	0	232	161	64	908
云硫电大	0	0	0	0	0	0	0	0	0	0
罗定市广播电视大学	358	99	0	41	2.3	0	103	18	48	180
新兴电大	2358	571	100	200	4.13	0.5	250	220	106	450
郁南电大	320	80	10	30	0.61	0.01	150	150	46	80
南海广播电视大学	7711.8	2017.8	299.8	123.09	6.98	0.34	780	740	120	3800
顺德广播电视大学	1950	450	0	779	4.5	0.5	250	250	10	400
广　　州	**122007.68**	**43004.07**	**2393.13**	**22038.23**	**184.95**	**11.32**	**22259**	**17242**	**2701**	**69518**
广州市广播电视大学	19930.02	8220	227	8220	18.08	0.49	2897	2211	187	8756
东山区分校	513	151	0	0	0.11	0	178	146	116	420
海珠区分校	871.53	358.58	21.33	512.95	3.15	0.05	551	96	0	1800
荔湾分校	2185	1100	5	332	7.3	0.09	710	435	60	1620
越秀区分校	4477	679	155.2	0	13.28	0.07	1642	1295	224	5250
天河区分校	576.6	46.6	3.6	234	2	0	268	268	56	950
开发区分校	550	83	50	3	0.44	0.02	260	260	88	400
市轻工业局分校	5199	3016	0	2183	10.53	0.03	1700	1300	200	9500
侨光分校	4529	3030	0	1357	3.6	0	704	558	72	3362
机电局分校	15368.53	8415.89	520.71	3155.78	8.6	0.29	2300	1900	0	5000
法律专业工作站	5600	3600	0	2000	10.45	0	834	100	148	5400
市二轻局工作站	4943	1800	0	8	4	0	800	750	0	300
番禺区广播电视大学	2366	925	0	0	0.56	0	721	649	216	300
从化市分校	1462	100	100	44	11.5	0.5	343	290	0	1190
花都区广播电视大学	5142	962	53	1093	6.12	0.73	763	763	56	2433
增城市广播电视大学	5635	1405	104	524	3.73	0	1062	961	122	2230
市银行学校电大工作站	230	230	0	0	0	0	98	98	48	250
东方教学点	500	320	0	180	0	0	560	180	120	20
广州市港务局工作站	1520	1500	0	20	2.3	0	190	145	55	180
金融分校	486	11	5	475	0	0	0	0	0	0
广州市广播电视大学广大人文学院工作站	100	50	4	50	2	1	30	10	50	50
广州电大黄埔工作站	2709	0	0	0	5.3	0.48	689	525	0	418
广州电大广州港分校	1520	560	0	20	2.3	0	190	145	55	180
广州电大商贸工作站	11982	2338	282	0	21.71	0.25	2000	1700	140	6720
广州康大工作站	18175	2349	714.29	1204.5	34.19	7	2016	1890	584	9589
广州电大中奥工作站	80	65	15	0	2.2	0.2	134	100	0	400
广州电大幼师工作站	5358	1689	133	422	11.5	0.12	619	467	104	2800

5.1 全国电大学校产权资产情况（续表27）

	固定资产总值（万元）				图书、资料（万册）		计算机（台）		语音实验室座位数（个）	多媒体教室座位数（个）
	计	其中：教学、科研仪器设备资产		其中：信息化设备资产	计	当年新增	计	其中：教学用		
		计	当年新增							
深　圳	**28821.9**	**10701.69**	**128**	**2816**	**41.06**	**1.61**	**3561**	**2781**	**506**	**7870**
深圳市广播电视大学	10495	8266	117	2034	4.5	0	1912	1450	176	2810
蛇口分校	1328	489	0	237	14.9	1.2	130	110	40	400
宝安分校	1707	258	0	135	3.05	0	173	108	0	1300
沙头角分校	563.3	138	0	283	0.53	0	243	223	74	600
南山分校	8612	612	0	12	9.34	0	380	350	50	180
龙岗分校	2990.6	629.69	1	4	2.8	0.1	360	300	64	1800
罗湖分校	0	0	0	0	2.29	0.01	160	100	100	320
福田分校	2840	223	0	81	2.1	0.1	140	130	0	180
光明教学点	0	0	0	0	0	0	0	0	0	0
龙华教学点	286	86	10	30	1.55	0.2	63	10	2	280
高技校教学点	0	0	0	0	0	0	0	0	0	0
观澜教学点	0	0	0	0	0	0	0	0	0	0
广　西	**28046.98**	**4923.54**	**318.61**	**2312.21**	**79.22**	**1.55**	**5569**	**4186**	**944**	**4173**
广西广播电视大学	3323.04	44.96	14.91	125.41	11.97	0	1044	777	61	730
广西电大区直分校	745	298	0	70	0.94	0	360	300	0	420
南宁市广播电视大学	608.2	263.6	0	6	3.3	0	150	92	54	288
柳州市广播电视大学	233	195	2	0.2	2.59	0	60	43	0	0
桂林市广播电视大学	2082.9	351.1	4.7	18	2.79	0.02	533	395	30	178
梧州市分校	7765	254	2	69	2.03	0.03	260	160	0	320
南宁地区电大分校	0	0	0	0	0	0	0	0	0	0
来宾市分校	208	122.5	0	20	0.63	0	96	72	48	92
贺州市分校	84	43	0	0	0.1	0	7	7	40	40
百色民族分校	452	183	20	132	2.85	0.5	183	140	48	135
钦州市分校	0	0	0	0	24.8	0.3	320	220	0	0
北海市广播电视大学	635	127	0	80	2.3	0	160	120	70	130
检察分校	172	113.1	0	20.6	1.52	0	46	30	0	30
贵港市广播电视大学	875	405	35	315	1.5	0	320	230	55	210
防城港市工作站	1343	123	43	40	0.6	0.1	130	110	0	260
玉林商务分校	3036	322.28	0	0	5.3	0	200	90	350	80
广西电大工商分校	2214	888	110	1216	0	0	0	0	0	0
广西银行学校电大工作站	4270.84	1190	87	200	16	0.6	1700	1400	188	1260
海　南	**3857.64**	**1454.13**	**34.68**	**1424.94**	**8.2**	**0.2**	**504**	**269**	**960**	**48**
海南广播电视大学	3857.64	1454.13	34.68	1424.94	8.2	0.2	504	269	960	48
四　川	**50937.97**	**11944.27**	**517.89**	**5534.22**	**125.03**	**1.15**	**11937**	**9231**	**2609**	**11255**
四川广播电视大学	8616.65	2765.81	227.5	2314.71	16.09	0	2141	1962	202	3420
建设厅分校	225	125	0	25	0.5	0	45	45	30	30
省级机关分校	2281	415	0	186	5.16	0	310	178	0	886
成都铁路局分校	455	210	0	245	9	0	520	460	0	120
德阳广播电视大学	1379.39	787.54	67.79	119.15	8.72	0.01	799	724	92	540
绵阳广播电视大学	2321	814	0	358.6	2.92	0	430	330	42	550
广元广播电视大学	2566.38	800	0	886	2.95	0	365	300	76	90

5.1　全国电大学校产权资产情况（续表28）

	固定资产总值（万元）				图书、资料（万册）		计算机（台）		语音实验室座位数（个）	多媒体教室座位数（个）
	计	其中：教学、科研仪器设备资产		其中：信息化设备资产	计	当年新增	计	其中：教学用		
		计	当年新增							
四川电大遂宁应用职业技术学校教学点	3013	653	0	28.5	9.2	0	649	638	110	184
雅安分校	394.1	124.1	0	45	0.6	0	110	80	10	76
乐山广播电视大学	2420	250	0	90	0.2	0	650	400	80	400
内江广播电视大学	809	353.25	5	85	3	0	182	132	48	286
自贡广播电视大学	1450.42	437.7	7.6	44.3	5.3	0.02	600	400	450	600
宜宾广播电视大学	2294	740	12	55	11.2	0.2	1395	520	380	780
泸州广播电视大学	2093.33	619.63	0	72	7.2	0	349	264	30	110
南充广播电视大学	3327	319.4	152	102.2	5.4	0	377	180	141	104
达州广播电视大学	6909	943	0	350	10.22	0	711	684	274	689
甘孜分校	1912	56.64	21.8	32.66	2	0	330	320	0	390
凉山广播电视大学	200	45	0	0	1	0	125	100	60	30
攀枝花广播电视大学	1845	401.2	13.2	65	1.7	0	210	120	36	1000
巴中广播电视大学	1500	420	0	150	0.4	0	280	240	40	60
广安广播电视大学	1600	180	0	20	2.5	0	274	234	154	234
眉山广播电视大学	509	99	0	97	0	0	375	353	0	120
资阳广播电视大学	310	70	10	100	0.92	0.52	220	180	2	90
阿坝广播电视大学	0	0	0	0	0	0	0	0	0	0
四川广播电视大学直属学院蓬溪分校	500	30	0	10.1	4.3	0.1	35	30	0	30
四川广播电视大学直属学院射洪分校	700	68	1	10	3.1	0.1	70	60	40	60
四川广播电视大学直属学院大英分校	58.4	30	0	3	1.7	0.2	50	40	40	40
四川广播电视大学直属学院西昌分院	455.3	20	0	4	6.7	0	70	60	60	160
四川广播电视大学直属学院雷波工作站	105	28	0	7	0.8	0	62	38	150	0
四川广播电视大学直属学院宁南工作站	93	75	0	18	0.59	0	30	26	26	26
四川广播电视大学直属学院甘洛工作站	150	22	0	4	0	0	0	0	0	0
四川广播电视大学直属学院越西工作站	375	25	0	3.5	0.6	0	38	33	0	50
四川广播电视大学直属学院昭觉工作站	36	12	0	2	0.61	0	100	70	36	100
四川广播电视大学直属学院美姑工作站	35	5	0	1.5	0.45	0	35	30	0	0
成　　都	**18273**	**2444.12**	**139.88**	**998.7**	**40.46**	**1.76**	**2672**	**2012**	**498**	**2540**
成都广播电视大学	13876.99	955	71.58	65	3	0	450	350	36	850
龙泉分校	264.31	65.2	0	82.7	0.8	0	150	86	40	240
彭州分校	300	85	0	30	1.36	0	80	50	0	48
新都分校	164.4	63.72	0	60	0.67	0	110	110	20	70
双流分校	505	81.2	9.2	110	0	0	150	135	30	260
崇州分校	461	219.7	30	100	4	0.2	103	70	30	220
邛崃分校	136	116	0	10	1.15	0	100	90	25	50
郫县分校	360	65	0	58	1	0.3	138	100	56	100
温江分校	430	68	0	100	3.4	0	150	150	0	150
金堂分校	138	37	0.3	37	1.2	0.1	99	55	0	90
五冶分校	198	13	0	50	3.33	0	39	39	0	27
蒲江分校	623	390	10	32	4.4	0.2	280	260	105	89
电子工业分校	331.3	100.3	12.8	202	12.8	0.5	620	350	56	226
新津分校	160	71	2	32	0.75	0.05	88	72	10	50

5.1 全国电大学校产权资产情况（续表29）

	固定资产总值（万元）				图书、资料（万册）		计算机（台）		语音实验室座位数（个）	多媒体教室座位数（个）
	计	其中：教学、科研仪器设备资产		其中：信息化设备资产	计	当年新增	计	其中：教学用		
		计	当年新增							
青羊分校	310	110	3	22	1.1	0.01	80	65	60	40
旅游分校	15	4	1	8	1.5	0.4	35	30	30	30
重　　庆	**112175.18**	**13022.34**	**1243.12**	**7596.85**	**142.93**	**8.54**	**12418**	**9731**	**2370**	**22895**
重庆广播电视大学	63949.77	4575.69	740.79	3707.41	33.19	3.46	3950	3257	474	9891
渝中区分校	154	124	0	20	9.89	0.1	140	120	0	270
重庆铁路分校	80	1.2	0	2	1.4	0.3	50	0	0	50
重庆钢铁公司分校	350	63	6	36	1.2	0.1	100	60	36	200
南岸分校	720	100	10	5	3.11	0	160	140	80	80
九龙坡工作站	681.47	181.9	30	167.56	1.7	0.05	404	285	0	400
江北工作站	1058	323	0	51	2	0	200	156	70	150
沙坪坝区电大分校	456	292	0	152	3.4	0	260	180	48	450
永川市广播电视大学	4611	65	10	30	2.4	0.02	160	120	30	650
北碚区工作站	947	420	30.23	242	3.2	0.1	170	170	50	520
万盛区工作站	33	19	2	9	1.7	0	90	2	0	50
荣昌县工作站	944	170	10	110	2	0	270	270	0	400
綦江县工作站	1206	209	0	126	0.3	0	134	121	0	160
合川广播电视大学	566.5	240	27.5	227.5	4	0.4	250	170	45	380
长寿分校	93.8	39.6	1	38.6	3.8	0.2	179	169	0	0
铜梁县工作站	110	110	0	0	0.1	0	2	0	0	0
渝北分校	391	31	31	0	1.1	0	100	50	50	6
潼南县工作站	383	291	27	5	4.5	2	180	130	100	180
大足县工作站	130	42	3	18	6.5	0	140	50	50	100
巴南分校	530	294	4	0	2.5	0	180	120	35	185
江津广播电视大学	3376.9	280	10	180	2.7	0	250	180	42	132
大渡口分校	160	50	10	20	0.9	0.1	80	80	80	50
璧山分校	800	80	10	24	2	0	160	90	0	240
万州广播电视大学	931.3	346.23	0	231.3	2.15	0	320	260	0	346
涪陵广播电视大学	1810.79	379.02	8.1	300	3.02	0	240	200	290	780
黔江广播电视大学	1411.05	200	0	100.87	0.8	0	275	230	48	200
南川分校	263	95	23	168	2.6	0.1	130	80	50	50
垫江分校	1700	50	0	120	1.85	0.2	120	70	30	70
丰都县电大工作站	130	30	30	0	0.6	0	40	40	32	22
武隆分校	4568	535	32	210	1.82	0.02	410	271	250	318
梁平县电大工作站	421	24	1	20	3.01	0	150	100	56	490
重庆电大经贸学院	8700	705	47	281	3.6	0.5	850	790	96	3600
重庆电大建筑工程学院	40	0	0	35	0	0	0	0	0	0
酉阳分校	1805	465	35	200	1.32	0.2	210	180	55	240
秀山分校	172.5	48.4	0	51.6	0.9	0	85	65	2	30
石柱分校	453	4	3	0	3.4	0.2	170	140	0	200
彭水电大工作站	1038	200	20	20	4.7	0.1	200	180	52	80
奉节县电大工作站	418.5	21	0	95	1.8	0	241	221	60	145
云阳县电大工作站	72	69	2	2	5	0	88	88	0	0

5.1 全国电大学校产权资产情况（续表30）

	固定资产总值（万元）				图书、资料（万册）		计算机（台）		语音实验室座位数（个）	多媒体教室座位数（个）
	计	其中：教学、科研仪器设备资产		其中：信息化设备资产	计	当年新增	计	其中：教学用		
		计	当年新增							
巫山分校	1328	250	5	95	1.5	0	276	225	48	240
巫溪电大工作站	99	53	1	46	0	0	80	65	0	50
城口电大工作站	212	73.3	0	70	2.1	0	120	0	0	120
开县电大工作站	437.1	65	3.5	10.01	1.71	0.06	148	104	10	100
忠县电大工作站	110	50	0	60	0.3	0	70	50	20	50
铜梁分校	1425.5	738	20	170	4.28	0.03	162	120	31	380
重庆电大企业管理学院	2415	365	20	140	1.28	0.2	320	250	20	220
市药监局电大工作站	483	255	30	0	1.6	0.1	104	82	30	620
贵　州	**70488.63**	**8432.28**	**1167.21**	**5267.17**	**86.31**	**14.74**	**5082**	**3867**	**793**	**6990**
贵州广播电视大学	61934	5216.38	216.38	3845.9	29	13.05	2201	1850	180	3920
省直分校	0	0	0	0	0	0	0	0	0	0
贵阳市分校	1296	261.6	18.7	274.1	2.56	0	300	248	0	1020
遵义地区分校	474	214	4	124	5.23	0	195	165	0	600
安顺地区分校	390	98	0	120	3.01	0.19	421	248	50	100
黔南州分校	384	56	0	27	1.2	0	80	50	150	150
黔东南州分校	1003	55	0	99	0.3	0	200	150	50	250
黔西南州分校	842	79.7	5.7	5	2.1	0	300	150	150	150
毕节地区分校	725	293	210	44	7	1	230	180	0	160
六盘水市分校	187.4	108.4	0	79	0.13	0	175	155	70	80
铜仁分校	670	120	10	100	0.08	0	200	96	96	96
水城钢铁公司分校	2014.9	1507.4	700	507.5	2.5	0.5	230	130	0	163
航天管理局工作站	150	120	0	10	1.2	0	350	300	46	300
黎阳机械公司工作站	300	280	0	15	1	0	50	45	1	1
贵航技校电大工作站	118.33	22.8	2.43	16.67	31	0	150	100	0	0
云　南	**90396.97**	**12824.55**	**281.96**	**2169.29**	**132.82**	**4.25**	**4769**	**3379**	**2107**	**11570**
云南广播电视大学	29166	3153.73	0	0	10.4	0.1	1200	910	564	878
昆明广播电视大学	752.76	271.35	0	57.25	3.04	0	415	350	56	185
玉溪广播电视大学	95	0	0	95	0.55	0.55	120	100	0	0
思茅广播电视大学	245.76	245.76	0	0	1.2	0	195	165	48	100
西双版纳广播电视大学	5574.06	1609.39	269.96	374.35	18	0.9	760	496	177	2250
红河分校	85.61	0	0	85.61	0	0	0	0	0	0
文山分校	59.23	0	0	59.23	0	0	0	0	0	0
曲靖分校	59.36	0	0	59.36	0	0	0	0	0	0
昭通分校	6590.83	1292.25	0	474.21	37.25	0.7	108	10	224	648
楚雄广播电视大学	101.74	0	0	101.74	0	0	0	0	0	0
大理分校	40339.88	5020.37	0	320	50.07	0	1290	800	990	6657
保山分校	1546.2	200.7	0	0	0.66	0	174	170	0	300
临沧分校	102	0	0	102	0	0	0	0	0	0
德宏广播电视大学	197.91	0	0	197.91	0	0	0	0	0	0
丽江分校	123.63	0	0	123.63	0	0	0	0	0	0
文山州民族干部学校	22	15	0	0	1.25	0	70	70	0	40
昆明市总工会分校	219	100	0	119	1.5	0	200	200	48	280

5.1 全国电大学校产权资产情况（续表31）

	固定资产总值（万元）				图书、资料（万册）		计算机（台）		语音实验室座位数（个）	多媒体教室座位数（个）
	计	其中：教学、科研仪器设备资产		其中：信息化设备资产	计	当年新增	计	其中：教学用		
		计	当年新增							
云南省电大政法分校	5116	916	12	0	8.9	2	237	108	0	232
陕　西	**48012.4**	**12181.43**	**401.61**	**3059.39**	**164.46**	**1.71**	**9155**	**7699**	**2996**	**7576**
陕西省广播电视大学	24367.26	2484.99	23.7	518.49	9.2	0.4	1068	933	488	1400
延安分校	853.83	399.63	8.01	10	1.37	0	280	200	600	96
榆林地区分校	1235.4	836	20.4	144	4.53	0	598	365	103	181
咸阳市分校	918.97	491.97	5.2	88	3.03	0	511	466	304	1200
宝鸡市分校	2473	181	0	155	5.1	0	210	170	42	120
安康分校	430	197	0	10	0.54	0	188	150	18	100
汉中分校	910.7	646.7	0	228	1.4	0	249	168	48	148
渭南分校	569	135	0	17	0.6	0	500	350	48	107
商洛地区分校	721	221	0	12	1.61	0	176	176	80	140
铜川市分校	210	128	0	67	0.7	0	200	200	40	36
航空工业局工作站	2210	820	14	310	15.5	0.3	479	479	90	260
省电子工业局工作站	216	215.3	0	0.3	6.5	0	220	210	0	180
兵器工业管理局工作站	170	105	0	3.3	3	0	200	180	0	110
省冶金局工作站	269.24	129.34	2	20	0.58	0.01	120	100	0	84
省石油化学工业局工作站	810	15	0	10	0.63	0	120	92	98	98
陕西省纺织公司工作站	1809	545	0	380	10.87	0	450	397	104	380
省水利厅工作站	160	81	0	79	12.35	0.1	220	200	10	50
高新分校	770	35	0	0	20	0	200	200	56	110
省电大商务厅工作站	18	8	8	10	0	0	30	20	0	0
新城分校	892	530	2	151	4.25	0	264	200	110	288
工运学院电大	1200	230	10	130	1.4	0.1	325	220	48	300
陕西广播电视大学宝鸡农校教育中心	180	120	0	60	35.8	0	300	280	160	124
陕西银行学校	0	0	0	0	0	0	0	0	0	0
西安工程技术学院	1200	1000	0	200	4	0	300	300	64	600
陕西省机电工程学校	2533	406	0	0	10.45	0	751	658	54	720
陕西通信技术学院	1300	1000	300	300	8	0	715	561	50	338
陕西广播电视大学镇安财校教学点	78	26	0	8	1	0	31	31	31	31
西安铁路高级工学校	270	130	0	5	0.3	0	100	93	100	75
陕西省理工学校	75	34	0	12	0.25	0	150	150	150	150
陕西扶贫技术学院教学点	1163	1030.5	8.3	131.3	1.5	0.8	200	150	100	150
西　安	**4372.1**	**2866.03**	**288.47**	**629.22**	**9.02**	**0.17**	**2282**	**1566**	**176**	**2879**
西安市广播电视大学	3385.47	2367.84	264.37	404.22	2.7	0	1058	460	48	780
西安电大城东分校	93.1	70.5	10.6	12	0	0	620	600	0	1700
西安电大现代教育培训学院	90.3	54	1.5	28.6	0.22	0	45	20	0	20
莲湖区分校	0	0	0	0	0	0	0	0	0	0
长安分校	151.69	41.69	5	66	0.52	0.02	195	175	0	0
临潼分校	264	170	5	85	2.85	0.15	136	136	48	146
西电公司工作站	0	0	0	0	0	0	0	0	0	0
莲湖科技学校工作站	0	0	0	0	0.9	0	0	0	0	0
西安电大北洋工作站	19	17	0	0	0.05	0	58	5	0	0

5.1 全国电大学校产权资产情况（续表32）

	固定资产总值（万元）				图书、资料（万册）		计算机（台）		语音实验室座位数（个）	多媒体教室座位数（个）
	计	其中：教学、科研仪器设备资产		其中：信息化设备资产	计	当年新增	计	其中：教学用		
		计	当年新增							
翠华培训学院工作站	231	80	2	5	1.1	0	70	70	80	2
富士日本语专修学院工作站	39.54	0	0	7.4	0.18	0	0	0	0	0
蓝田分校	0	0	0	0	0	0	0	0	0	0
高陵分校	0	0	0	0	0	0	0	0	0	0
艺术学院	0	0	0	0	0	0	0	0	0	0
西安电大城中分校	0	0	0	0	0	0	0	0	0	0
西安广播电视大学城南分校	0	0	0	0	0	0	0	0	0	0
西安广播电视大学城西分校	30	10	0	8	0.5	0	0	0	0	0
西安广播电视大学城北分校	0	0	0	0	0	0	0	0	0	0
西安广播电视大学高新分校	68	55	0	13	0	0	100	100	0	231
西安广播电视大学周户分校	0	0	0	0	0	0	0	0	0	0
甘　　肃	**70770.53**	**15420.75**	**1151.5**	**6282.69**	**201.11**	**9.4**	**14859**	**10965**	**2185**	**15541**
甘肃广播电视大学	6919.53	1275.49	37.63	1539.87	7.48	0.08	1169	743	54	641
兰州分校	622	314	99	20	0.5	0	350	300	40	320
西固区工作站	582	500	0	81	0.62	0.01	50	41	40	150
红古区工作站	292	120	0	5	5.5	0.5	160	75	104	120
永登工作站	300	100	0	50	0.6	0	120	100	40	80
榆中工作站	410	60	10	20	1	0.1	100	100	0	80
红古党校工作站	200	50	0	50	0.4	0	62	0	0	78
永登党校工作站	0	0	0	0	0	0	0	0	0	0
园艺学校教学点	0	0	0	0	0	0	0	0	0	0
天水分校	1358	528	5	380	1.05	0.05	279	216	0	546
清水工作站	42.3	16	1	23	5	0.12	380	300	120	290
秦安工作站	700	70	12	8	2	0.05	250	200	0	2
甘谷工作站	171.8	32	1.1	0.7	0	0	54	54	0	110
武山工作站	282	67	0	90	4.1	1	500	90	0	130
张家川工作站	38	23	15	10	3.1	0.05	92	92	1	400
麦积工作站	148	25	5	80	0.23	0.06	88	60	30	130
白银分校	3000	100	20	50	0.8	0	165	165	0	122
白银区工作站	1464	58	5	50	0.5	0.1	60	50	50	90
平川区工作站	1.8	1.2	1.2	0.6	0.18	0.03	52	52	0	43
靖远工作站	1832.87	785.46	5.46	127.1	3.42	0.32	240	130	60	120
会宁工作站	200	50	0	50	5	0	130	120	1	185
景泰工作站	2500	200	0	120	0.9	0	210	180	120	670
靖煤教学点	58	34.12	8	0.04	2	0	75	55	0	320
会宁职专教学点	0	0	0	0	0	0	0	0	0	0
金昌分校	579.71	356.51	0	30	0.7	0	267	260	210	252
嘉峪关分校	1362	443	25	155	1.6	0.2	292	222	0	186
庆阳分校	1109.09	118.3	31.32	1.02	1.3	0	314	242	48	450
环县工作站	75	50	15	25	3	0	400	300	1	400
合水工作站	83	60	20	20	1.2	0	225	225	0	300
正宁工作站	129	49	20	38	1.2	0.15	53	43	50	100

5.1 全国电大学校产权资产情况（续表33）

	固定资产总值（万元）				图书、资料（万册）		计算机（台）		语音实验室座位数（个）	多媒体教室座位数（个）
	计	其中：教学、科研仪器设备资产		其中：信息化设备资产	计	当年新增	计	其中：教学用		
		计	当年新增							
宁县工作站	0	0	0	0	0	0	0	0	0	0
镇原工作站	91	79	12	3	3.4	0.05	240	210	36	200
平凉分校	544	36.02	2.54	184.41	1.4	0.6	137	137	0	180
泾川工作站	0	0	0	0	0	0	0	0	0	0
灵台工作站	0	0	0	0	0	0	0	0	0	0
崇信工作站	0	0	0	0	0	0	0	0	0	0
华亭工作站	23	0	0	18.4	0	0	0	0	0	0
庄浪工作站	15.4	12.3	0	3.1	0.33	0.02	7	7	0	0
静宁工作站	520	420	0	100	0.3	0.1	200	200	0	360
陇南分校	344.79	100	0	128	0.65	0	127	100	1	100
成县工作站	5	2	0	0	0	0	0	0	0	0
文县工作站	0	0	0	0	0	0	40	30	0	30
宕昌工作站	2524	55	0	50	1.3	0	105	105	0	32
康县工作站	36.6	18	12	6.6	0.8	0.1	60	40	1	2
西和工作站	21	20.5	0	0.5	0.2	0.01	40	34	0	0
礼县工作站	80	64.02	0	15.98	0	0	93	50	0	50
徽县工作站	0	0	0	0	0	0	0	0	0	0
两当工作站	102.71	6	0	33.19	0.5	0	60	40	0	60
定西分校	4765.65	231	14	210	1.2	0.05	300	300	24	140
通渭工作站	896.5	189.5	9.1	22	1.54	0	210	200	48	218
渭源工作站	145	50	0	50	0.55	0	150	150	0	100
临洮工作站	429	340	0	89	3	0	160	160	0	300
漳县工作站	28.73	10.25	4.57	14.48	2.7	0.6	21	21	0	0
岷县工作站	1330	87	80	0	5.5	0	320	150	0	150
武威分校	13200	1950.5	200	271	28.91	1.77	1100	700	48	1120
凉州区工作站	12	8	0	4	0.15	0	31	26	0	50
民勤工作站	220	40	0	20	1.2	0.2	40	32	0	160
古浪工作站	140	80	0	10	1	0	34	32	0	500
天祝工作站	1200	1100	100	100	6	0.6	180	140	0	300
张掖分校	337	109	21	42	8.29	0	320	120	30	150
肃南工作站	152.8	78.7	17.2	15.4	0.7	0.04	61	60	30	25
临泽工作站	0	0	0	0	0	0	0	0	0	0
高台工作站	1908	68.7	20	22	3.2	0.1	450	350	64	1660
山丹工作站	2250	545	32	200	3.46	0.15	300	200	45	420
酒泉分校	600	240	10	73	6	1	100	60	120	120
瓜州工作站	566	76	18	48	0	0	76	47	0	50
阿克塞工作站	62	0	0	0	2	0	80	65	0	3
玉门工作站	7.1	0.4	0	6.7	0	0	50	50	0	0
敦煌工作站	0	0	0	0	0	0	50	45	0	0
甘南分校	243	89	0	0	0	0	146	126	0	0
临潭工作站	63	58	10	5	10	0	150	0	60	100
卓尼工作站	0	0	0	0	0	0	60	60	0	0

5.1 全国电大学校产权资产情况（续表34）

	固定资产总值（万元）				图书、资料（万册）		计算机（台）		语音实验室座位数（个）	多媒体教室座位数（个）
	计	其中：教学、科研仪器设备资产		其中：信息化设备资产	计	当年新增	计	其中：教学用		
		计	当年新增							
舟曲工作站	20	0	0	20	0	0	54	41	40	40
迭部工作站	0	0	0	0	1.25	0.23	35	30	0	0
临夏分校	642	118	8.15	50	1.06	0	118	100	0	200
康乐工作站	0	0	0	0	0	0	0	0	0	0
永靖工作站	22	6.5	0.5	15.5	0.11	0.01	0	0	0	0
广河工作站	10	10	0	0	0	0	30	25	0	0
和政工作站	0	0	0	0	0	0	0	0	0	0
东乡工作站	0	0	0	0	0	0	0	0	0	0
积石山工作站	10	4.5	0.5	5.5	0.8	0.3	6	1	0	0
四〇四厂分校	188	85	0	0	3	0	50	36	40	45
省农垦分校	759	495	150	145	3.8	0	390	360	96	258
黄羊教学点	610	320	0	85	3.8	0	161	135	48	192
农垦河西分校	1503	420	0	224	2.84	0	294	285	100	100
金塔教学点	86	20	0	11	0.5	0	70	60	10	25
瓜州教学点	43.3	33.99	0	9.2	0.5	0.02	42	35	10	10
玉门教学点	223	24	1	12	0.5	0	80	69	12	20
敦煌教学点	223	98	0.23	32	0.49	0	75	40	10	10
滨河分校	1296	410.1	50	250	2.6	0.1	400	370	60	60
教学分部	380	325	4	2	0	0	57	4	0	2
水电部五局工作站	980	720	0	190	8	0	400	120	61	510
武威卫校工作站	3740	300	0	100	15	0	400	350	168	582
陇南农校工作站	1	1	1	0	0	0	4	0	0	0
兰州石化公司工作站	0	0	0	0	1.5	0	0	0	0	0
五零四厂工作站	50	0	0	50	0	0	0	0	0	0
省财贸学校工作站	1399.65	278.89	0	130.4	4.7	0.03	255	222	54	392
职业技术学院	0	0	0	0	0	0	0	0	0	0
城建教学点	0	0	0	0	0	0	0	0	0	0
中德培训中心教学点	10.2	9.2	0	1	0	0	3	0	0	0
兰州铁路技工学校教学点	1251	91.6	37	180	3	0.5	300	220	0	200
青　海	**4427.51**	**2097.92**	**157.7**	**1202.53**	**4.16**	**0**	**942**	**676**	**35**	**746**
青海广播电视大学	836	286	56	550	2.94	0	568	350	0	320
海西州广播电视大学	1059	759	0	300	0	0	150	120	0	275
海北州广播电视大学	0	0	0	0	0	0	0	0	0	0
海南州广播电视大学	0	0	0	0	0	0	0	0	0	0
玉树州广播电视大学	0	0	0	0	0	0	0	0	0	0
果洛州广播电视大学	731.6	525.6	10	206	0	0	0	0	0	0
平安县广播电视大学	14	0	0	14	0	0	0	0	0	0
乐都广播电视大学	0	0	0	0	0	0	0	0	0	0
互助县广播电视大学	0	0	0	0	0	0	0	0	0	0
湟源县广播电视大学	3.23	3.2	3.2	0.03	0	0	0	0	0	0
民和县广播电视大学	723	303	50	100	0	0	0	0	0	0
大通师范电大	0	0	0	0	0	0	0	0	0	0

5.1 全国电大学校产权资产情况（续表35）

	固定资产总值（万元）				图书、资料（万册）		计算机（台）		语音实验室座位数（个）	多媒体教室座位数（个）
	计	其中：教学、科研仪器设备资产		其中：信息化设备资产	计	当年新增	计	其中：教学用		
		计	当年新增							
湟中县广播电视大学	0	0	0	0	0	0	0	0	0	0
化隆县广播电视大学	70	50	0	20	0	0	0	0	0	0
循化县广播电视大学	344.6	119	23	12.5	1.1	0	84	79	35	51
海西州格尔木工作站	0	0	0	0	0	0	0	0	0	0
省直属分校	0	0	0	0	0	0	0	0	0	0
黄南州工作站	0	0	0	0	0	0	0	0	0	0
青海省人事厅人才交流中心	0	0	0	0	0	0	0	0	0	0
门源职校教学点	646.08	52.12	15.5	0	0.12	0	140	127	0	100
海南州职校教学点	0	0	0	0	0	0	0	0	0	0
贵德职校电大	0	0	0	0	0	0	0	0	0	0
宁　夏	**42522.6**	**12278.87**	**1463.66**	**2753.35**	**58.27**	**3.05**	**4747**	**4109**	**644**	**7974**
宁夏广播电视大学	14381.47	6586.8	1421.66	979.29	25.26	1	2307	2030	194	4673
石嘴山分校	1590	286	3	186	0.3	0.05	150	122	0	361
银川市分校	2394	1969	0	223	0	0	33	30	0	40
吴忠市分校	75	45	0	25	0.3	0	55	55	55	55
工业职业学院电大分校	150	30	6	5.6	3	1	60	60	0	30
青铜峡市电大工作站	35	20	0	15	0	0	48	41	0	40
中宁县工作站	128.8	32.8	2.8	5.5	0.3	0	63	53	0	97
盐池县电大工作站	70	40	0	20	0.1	0	80	45	0	40
同心县电大工作站	100.26	51	0	9.26	1	0	50	47	0	50
中卫市分校	19919.9	2303	0	939.9	6	1	750	603	110	600
永宁县电大工作站	578	150	0	46.2	1	0	132	120	50	50
贺兰县电大工作站	460	34.2	0	3.8	0.6	0	100	100	80	80
平罗县电大工作站	216	104.2	15.2	104	1.6	0	131	128	0	640
银川铁路系统分校	820	190.3	0	28	9.1	0	83	60	0	313
灵武市电大工作站	337	44.1	5	31	1.5	0	90	70	50	50
西吉电大工作站	378	123	10	30	0.21	0	135	130	65	65
隆德县电大工作站	500	122.4	0	2.4	1.4	0	200	180	0	60
海原县电大工作站	95	33	0	7	3	0	40	35	0	80
宁夏电大新闻培训中心	129.17	49.17	0	80	0.5	0	120	100	0	100
固原市原州区电大工作站	165	64.9	0	12.4	3.1	0	120	100	40	550
新　疆	**47341.95**	**16109.05**	**3609.74**	**6869.68**	**163.47**	**35.45**	**8877**	**6863**	**2105**	**7624**
新疆广播电视大学	4087.93	1207.95	20.28	1189.79	2.7	0.02	218	119	174	112
乌鲁木齐广播电视大学	3547	1537	40	1258	0.3	0	953	953	158	1192
哈密广播电视大学	1494	0	0	141	2.1	0	200	200	82	120
哈密巴里坤县电大	0	0	0	0	0.71	0.05	60	57	1	1
昌吉广播电视大学	1304	394	0	82	0.32	0.02	360	300	0	240
昌吉玛纳斯县电大	1700	450	40	150	0.5	0.2	185	185	125	60
昌吉呼图壁县电大	700	450	10	240	3	0.5	115	15	36	0
昌吉米泉市电大	116	19	19	0.7	2.66	0.5	162	125	40	420
昌吉阜康市电大	310	10	0	100	4.4	0.4	156	86	50	500
昌吉吉木萨尔县电大	2500	1000	1000	75	5	1	200	120	200	200

5.1 全国电大学校产权资产情况（续表36）

	固定资产总值（万元）				图书、资料（万册）		计算机（台）		语音实验室座位数（个）	多媒体教室座位数（个）
	计	其中：教学、科研仪器设备资产		其中：信息化设备资产	计	当年新增	计	其中：教学用		
		计	当年新增							
昌吉奇台县电大	0	0	0	0	5. 8	0	300	300	30	260
昌吉木垒县电大	124	61	31	50	1. 2	0	100	100	0	150
克拉玛依广播电视大学	4623	481	45	0	13	0	383	223	48	223
阿勒泰广播电视大学	1714. 95	694. 8	4. 8	174. 8	0. 25	0	247	237	40	148
阿勒泰布尔津县电大	0	0	0	0	0	0	0	0	0	0
阿勒泰富蕴县电大	100	60	0	40	0. 2	0. 2	60	40	40	60
阿勒泰福海县电大	70	40	0	20	1	0	20	20	0	20
阿勒泰哈巴河县电大	0	0	0	0	0	0	0	0	0	0
阿勒泰青河县电大	42	8	0. 2	25	0. 02	0	36	30	26	80
阿勒泰吉木乃县电大	0	0	0	0	0	0	86	70	24	0
塔城广播电视大学	200	0	0	200	0	0	400	400	40	260
塔城额敏县电大	0	0	0	0	12	0	29	0	0	230
塔城乌苏市电大	0	0	0	0	0	0	100	100	0	0
塔城沙湾县电大	0	0	0	0	1	0. 1	0	0	0	0
塔城托里县电大	29. 8	0. 5	0	29. 3	1. 7	0. 5	38	31	42	30
塔城裕民县电大	10	0	0	10	1. 5	0	34	30	0	1
塔城和丰县电大	2000	1500	1500	500	30	30	65	63	1	1
巴音郭楞蒙古自治州电大	1013. 52	0	0	0	1. 08	0	379	213	53	0
巴州轮台县电大	0	0	0	0	0	0	0	0	0	0
巴州尉犁县电大	157	2	0	35	1. 62	0. 1	54	54	26	26
巴州若羌县电大	0	0	0	0	0	0	0	0	0	0
巴州且末县电大	4	4	0	0	0. 1	0. 01	50	50	17	17
巴州焉耆县电大	1579	262	0	1	0. 25	0. 1	125	110	0	100
巴州和静县电大	0	0	0	0	0	0	0	0	0	0
巴州和硕县电大	0	0	0	0	0	0	0	0	0	0
阿克苏分校	856	0	0	350	0. 44	0	200	150	40	64
阿克苏乌什县电大	0	0	0	0	0. 11	0	40	0	0	0
阿克苏阿瓦提县电大	0	0	0	0	0. 15	0	60	0	0	0
阿克苏温宿县电大	0	0	0	0	0. 16	0	80	0	0	0
阿克苏拜城县电大	0	0	0	0	0. 18	0	40	0	0	0
阿克苏库车县电大	0	0	0	0	0. 23	0. 04	60	0	0	0
阿克苏沙雅县电大	0	0	0	0	0. 56	0	80	0	0	0
博尔塔拉蒙古自治州电大	1114	471	18	259	6. 06	0. 06	226	142	30	114
博州精河县电大	2528	1569	0	270	3	0	235	235	60	105
博州温泉县电大	660	601	0	50	0. 3	0	25	25	0	18
奎屯市广播电视大学	276. 02	76. 95	0. 46	67. 8	0. 7	0	75	70	0	55
克孜勒苏广播电视大学	684	0	0	14	3. 8	0	160	120	0	0
克州阿克陶县电大	0	0	0	0	0	0	0	0	0	0
克州阿合奇县电大	0	0	0	0	0	0	41	0	0	50
克州乌恰县电大	0	0	0	0	0	0	0	0	0	0
喀什广播电视大学	2081	379. 8	33	163. 4	11. 1	0. 3	227	180	0	740
喀什岳普湖县电大	52	30	22	22	0	0	0	0	0	0

5.1 全国电大学校产权资产情况（续表37）

	固定资产总值（万元）				图书、资料（万册）		计算机（台）		语音实验室座位数（个）	多媒体教室座位数（个）
	计	其中：教学、科研仪器设备资产		其中：信息化设备资产	计	当年新增	计	其中：教学用		
		计	当年新增							
喀什伽师县电大	0	0	0	0	0	0	45	40	1	40
喀什泽普县电大	0	0	0	0	0	0	0	0	0	0
和田广播电视大学	1002.3	233.97	28	19.74	4.8	0	260	150	40	570
和田和田县电大	0	0	0	0	0	0	0	0	0	0
和田于田县电大	290	200	0	90	0.15	0	31	31	0	0
和田墨玉县电大	81	40	0	41	0	0	52	52	0	40
和田洛浦县电大	965.5	865.5	0	5	15	0	120	120	100	80
和田策勒县电大	55.2	27.5	0	5	1	0	50	45	0	0
和田民丰县电大	30	10	0	0	0	0	12	10	0	0
伊犁州广播电视大学	930.62	55.98	3.9	263.25	0.8	0	365	332	48	386
伊犁州特克斯县电大	30	13	0	15	0.08	0	90	80	25	25
伊犁州新源县电大	295.5	35	10	20	0.78	0	90	80	60	60
伊犁州巩留县电大	370	65	0	45	1.2	0.2	80	71	70	140
伊犁州伊宁县电大	395	119	0	40	0.5	0.5	59	40	48	100
石河子广播电视大学	1436	1023	448	50	1.9	0	190	160	40	160
吐鲁番分校	1181	1022.1	32.1	133.9	1.5	0.15	140	70	140	140
吐鲁番鄯善县电大	120	20	0	75	0	0	50	50	30	30
吐鲁番托克逊县电大	0	0	0	0	0	0	0	0	0	0
乌石化广播电视大学	866	500	200	267	6	0	220	70	0	70
广电厅广播电视大学	300	270	100	30	0.76	0	138	118	30	60
新疆司法警官电大	2671	35	1	247	7.4	0	96	96	60	96
潞安公司电大	645.61	265	3	5	2.4	0.5	125	95	30	30
新疆兵团	**20179.93**	**10449.16**	**1780.99**	**3935.58**	**34**	**1.8**	**2769**	**2046**	**461**	**4510**
新疆兵团广播电视大学	3323	1241	15	1550	3	0.2	610	400	0	1780
农一师分校	1205.95	317.26	35.09	145	2.6	0.15	185	120	40	380
农二师分校	1075	15	15	4.3	1.7	0	148	8	0	6
农三师分校	32.8	31.6	31.6	1.2	0.1	0.05	70	60	0	2
农四师分校	532	112	0	150	2.32	0	120	80	30	234
农五师分校	115	65	0	50	4	0	170	150	0	400
农六师分校	5228	3462	12	55	6.82	0.5	150	80	40	60
农七师分校	1301	148	0	1153	2.41	0.3	318	318	48	224
农八师分校	1436	1023	448	50	1.9	0	190	160	40	160
农九师分校	4282.28	3551.7	1200	730.58	4.4	0.2	298	258	48	660
农十师分校	1147	369	0	30	2.45	0	250	200	80	155
农十三师分校	442.3	70.5	13.2	6	1.2	0.4	70	41	0	278
农十二师分校	26	20	0	0	0	0	0	0	0	0
农十四师分校	22	12	0	10	0.3	0	40	36	0	36
红山分校	1.6	1.1	1.1	0.5	0.8	0	90	75	75	75
北京路分校	10	10	10	0	0	0	60	60	60	60

5.2 全国电大非学校产权资产情况

	固定资产总值（万元）	图书（万册）	计算机（台）		教学用计算机（台）		多媒体教室座位数（个）		语音实验室座位数（个）	
			独立使用	共同使用	独立使用	共同使用	独立使用	共同使用	独立使用	共同使用
总　计	**610785.82**	**2661.59**	**17904**	**79707**	**12572**	**53092**	**22981**	**134834**	**2634**	**18678**
中央电大	**0**	**0**	**0**	**0**	**0**	**0**	**0**	**0**	**0**	**0**
中央广播电视大学	0	0	0	0	0	0	0	0	0	0
中央电大直属院校	7792	53.2	2	8923	0	0	0	4012	0	2056
中央电大直属学院	0	0	0	0	0	0	0	0	0	0
中央电大西藏学院	0	40	0	0	0	0	0	212	0	104
中央电大八一学院	0	0	0	0	0	0	0	0	0	0
中央电大总参学院	7792	13.2	0	8923	0	0	0	3800	0	1952
中央电大北京学习中心	0	0	0	0	0	0	0	0	0	0
中央电大太原学习中心	0	0	0	0	0	0	0	0	0	0
中央电大南海学习中心	0	0	0	0	0	0	0	0	0	0
中央电大 TCL 学习中心	0	0	0	0	0	0	0	0	0	0
中央电大北大医学部教学点	0	0	0	0	0	0	0	0	0	0
中央电大中国政法大学教学点	0	0	0	0	0	0	0	0	0	0
中央电大残疾人教育学院	0	0	2	0	0	0	0	0	0	0
中央电大空军学院	0	0	0	0	0	0	0	0	0	0
北　京	**44593.47**	**130.04**	**474**	**8008**	**238**	**6594**	**1310**	**25670**	**88**	**1302**
北京广播电视大学	0	0	0	0	0	0	0	0	0	0
东城分校	0	8.1	0	535	0	425	0	2010	0	100
西城分校	1270	6.74	0	548	0	548	0	2911	0	84
崇文分校	0	0	0	0	0	0	0	0	0	0
宣武分校	0	0	0	0	0	0	0	0	0	0
朝阳区分校	4578	7.7	0	988	0	893	0	2000	0	175
海淀分校	0	0	0	0	0	0	0	0	0	0
丰台区分校	0	0	0	0	0	0	0	0	0	0
石景山分校	0	0	0	0	0	0	0	0	0	0
通州区分校	355	3	0	350	0	318	0	1140	0	48
房山区分校	150	0	0	70	0	55	0	70	0	0
昌平分校	0	0	0	0	0	0	0	0	0	0
平谷分校	0	0	0	0	0	0	0	0	0	0
怀柔分校	0	0	0	0	0	0	0	0	0	0
密云分校	0	0	0	0	0	0	0	0	0	0
延庆分校	0	0	0	0	0	0	0	0	0	0
大兴分校	1066	0	0	300	0	200	0	1100	0	0
顺义分校	403	2	0	212	0	212	0	0	0	112
门头沟分校	0	0	0	0	0	0	0	0	0	0
航天部三院工作站	894	0	0	0	0	0	0	0	0	0
首钢工作站	301	29.3	0	97	0	80	0	5520	0	120
燕山分校	0	0	0	0	0	0	0	0	0	0
一商干校工作站	0	0	0	0	0	0	0	0	0	0
文化局工作站	0	7	0	0	0	0	140	0	88	0
水务局工作站	0	0	0	0	0	0	0	0	0	0

5.2　全国电大非学校产权资产情况（续表1）

	固定资产总值（万元）	图书（万册）	计算机（台）		教学用计算机（台）		多媒体教室座位数（个）		语音实验室座位数（个）	
			独立使用	共同使用	独立使用	共同使用	独立使用	共同使用	独立使用	共同使用
北京市园林局工作站	0	0	0	0	0	0	0	0	0	0
医药分校	0	0	0	0	0	0	0	0	0	0
供销社分校	530	5	50	250	0	0	50	250	0	60
矿山工作站	0	0	0	0	0	0	0	0	0	0
北京卫校教学点	7774. 81	9. 92	76	1053	50	645	300	3350	0	100
崇文卫校工作站	0	0	0	0	0	0	0	0	0	0
海淀卫校工作站	2310	3. 8	0	279	0	175	0	1430	0	144
联大商务学院教学点	2900	7. 5	210	590	150	390	240	1337	0	72
市公务员培训中心教学点	639	0	0	123	0	123	0	600	0	56
电子科技学院工作站	0	17	0	0	0	0	0	0	0	0
纺织工作站	2680	3. 3	0	362	0	362	0	1512	0	80
中德中心教学点	4500	0. 6	0	270	0	270	0	270	0	0
汽修学校工作站	1239	2. 5	0	130	0	100	0	300	0	0
市建职大工作站	0	0	0	0	0	0	0	0	0	0
市工干院工作站	0	0	0	0	0	0	0	0	0	0
供销学校工作站	0	7. 03	0	710	0	710	0	800	0	71
金融学院工作站	0	0	0	0	0	0	0	0	0	0
北京电大工贸技师学院工作站	8503. 66	6. 95	0	591	0	538	0	720	0	0
电科职院工作站	0	2	0	280	0	280	0	80	0	80
联大特教学院教学点	0	0	0	0	0	0	0	0	0	0
经管学校工作站	0	0	0	0	0	0	0	0	0	0
工业技师工作站	4500	0. 6	0	270	0	270	0	270	0	0
崇培中心工作站	0	0	138	0	38	0	580	0	0	0
昌平职校工作站	0	0	0	0	0	0	0	0	0	0
铁路卫校工作站	0	0	0	0	0	0	0	0	0	0
汽车技校工作站	0	0	0	0	0	0	0	0	0	0
昌平卫校工作站	0	0	0	0	0	0	0	0	0	0
天　　津	**50724. 19**	**222. 51**	**1658**	**7055**	**1634**	**5968**	**530**	**6360**	**152**	**1141**
天津广播电视大学	0	0	0	0	0	0	0	0	0	0
新华分校	0	0	0	0	0	0	0	0	0	0
南开分校	0	0	0	0	0	0	0	0	0	0
河东工作站	0	0	0	0	0	0	0	0	0	0
河西工作站	0	0	0	0	0	0	0	0	0	0
河北工作站	47	0	224	0	224	0	105	0	104	0
红桥工作站	1240	7. 5	0	614	0	520	0	510	0	52
塘沽分校	24016	57. 35	0	2143	0	1882	0	2371	0	316
汉沽分校	0	0	0	0	0	0	0	0	0	0
大港分校	0	0	0	0	0	0	0	0	0	0
东丽分校	0	0	0	0	0	0	0	0	0	0
津南区分校	0	0	0	0	0	0	0	0	0	0
西青分校	0	0	0	0	0	0	0	0	0	0
北辰分校	0	0	0	0	0	0	0	0	0	0

5.2 全国电大非学校产权资产情况（续表2）

	固定资产总值（万元）	图书（万册）	计算机（台）		教学用计算机（台）		多媒体教室座位数（个）		语音实验室座位数（个）	
			独立使用	共同使用	独立使用	共同使用	独立使用	共同使用	独立使用	共同使用
武清分校	0	0	0	0	0	0	0	0	0	0
静海分校	0	0	0	0	0	0	0	0	0	0
宝坻分校	0	0	0	0	0	0	0	0	0	0
宁河分校	820	3	0	0	0	0	0	0	0	0
化工局工作站	17526	80.4	0	1711	0	1536	0	2340	0	453
纺织局工作站	0	0	0	0	0	0	0	0	0	0
机械工作站	0	0	0	300	0	0	0	100	0	0
渤海化工集团公司工作站	0	0	0	0	0	0	0	0	0	0
财政局工作站	0	0	0	0	0	0	0	0	0	0
劳动和社会保障局工作站	0	11.92	350	350	350	350	0	200	0	80
物资集团公司工作站	686.89	3.5	0	402	0	370	0	440	0	90
建工学院	0	0	0	0	0	0	0	0	0	0
一商集团有限公司工作站	400	19.6	0	300	0	260	0	100	0	56
公用局工作站	74	3.14	0	205	0	155	0	180	0	64
铁路分局工作站	0	0	0	0	0	0	0	0	0	0
财贸分校	0	0	0	0	0	0	0	0	0	0
政法管理干部学院工作站	0	0	0	0	0	0	0	0	0	0
台盟工作站	0	0.3	64	0	60	0	0	0	0	0
经委工作站	795.3	5.4	0	30	0	15	0	19	0	30
蓟县分校	0	0	0	0	0	0	0	0	0	0
天津铁路工程分校	0	25.4	420	0	400	0	400	0	48	0
市政分校	0	0	0	0	0	0	0	0	0	0
天津市劳动局旅游服务学校	0	0	0	0	0	0	0	0	0	0
天津广播电视大学经管学院	0	0	0	0	0	0	0	0	0	0
天津广播电视大学文法学院	0	0	0	0	0	0	0	0	0	0
天津市工程高级技工学校	5119	5	600	1000	600	880	25	100	0	0
天津广播电视大学外语学院	0	0	0	0	0	0	0	0	0	0
轻工职业技术学院	0	0	0	0	0	0	0	0	0	0
河　　北	**60**	**0**	**0**	**0**	**0**	**0**	**0**	**0**	**0**	**0**
河北广播电视大学	0	0	0	0	0	0	0	0	0	0
石家庄广播电视大学	60	0	0	0	0	0	0	0	0	0
唐山广播电视大学	0	0	0	0	0	0	0	0	0	0
秦皇岛广播电视大学	0	0	0	0	0	0	0	0	0	0
邯郸广播电视大学	0	0	0	0	0	0	0	0	0	0
承德广播电视大学	0	0	0	0	0	0	0	0	0	0
邢台广播电视大学	0	0	0	0	0	0	0	0	0	0
保定广播电视大学	0	0	0	0	0	0	0	0	0	0
张家口广播电视大学	0	0	0	0	0	0	0	0	0	0
沧州广播电视大学	0	0	0	0	0	0	0	0	0	0
廊坊广播电视大学	0	0	0	0	0	0	0	0	0	0
衡水广播电视大学	0	0	0	0	0	0	0	0	0	0
省直分校	0	0	0	0	0	0	0	0	0	0

5.2 全国电大非学校产权资产情况（续表3）

	固定资产总值（万元）	图书（万册）	计算机（台）		教学用计算机（台）		多媒体教室座位数（个）		语音实验室座位数（个）	
			独立使用	共同使用	独立使用	共同使用	独立使用	共同使用	独立使用	共同使用
电力分校	0	0	0	0	0	0	0	0	0	0
山　西	**1852.37**	**33.25**	**275**	**1377**	**185**	**1231**	**35**	**1421**	**40**	**160**
山西广播电视大学	0	0	0	0	0	0	0	0	0	0
太原广播电视大学	0	0	0	0	0	0	0	0	0	0
小店区电大工作站	0	0	0	0	0	0	0	0	0	0
杏花岭区电大工作站	0	0	0	0	0	0	0	0	0	0
万柏林区电大工作站	0	0	0	0	0	0	0	0	0	0
尖草坪区电大工作站	0	0	0	0	0	0	0	0	0	0
晋源区电大工作站	0	0	0	0	0	0	0	0	0	0
古交市电大工作站	35	0	0	40	0	40	0	80	0	0
清徐县电大工作站	0	0	0	0	0	0	0	0	0	0
阳曲县电大工作站	0	0	0	0	0	0	0	0	0	0
娄烦县电大工作站	89.37	1.2	0	53	0	50	0	120	0	20
太原卫校工作站	0	0	0	0	0	0	0	0	0	0
新华教学点	0	0	0	0	0	0	0	0	0	0
大同广播电视大学	0	0	0	0	0	0	0	0	0	0
灵丘电大	0	0	0	0	0	0	0	0	0	0
浑源电大	0	0	0	0	0	0	0	0	0	0
新荣电大	0	0	0	0	0	0	0	0	0	0
广灵教师培训学校	0	0	0	0	0	0	0	0	0	0
南郊进修学校	0	0	0	0	0	0	0	0	0	0
天镇进修学校	0	0	0	0	0	0	0	0	0	0
阳高进修校	0	0	0	0	0	0	0	0	0	0
阳泉广播电视大学	0	0	0	0	0	0	0	0	0	0
化工厂培训中心	0	0	0	0	0	0	0	0	0	0
阳煤集团职教中心	0	0	0	0	0	0	0	0	0	0
盂县进修学校	0	0	0	0	0	0	0	0	0	0
郊区工作站	0	0	0	0	0	0	0	0	0	0
平定职业中学	0	0	0	0	0	0	0	0	0	0
长治广播电视大学	0	0	0	0	0	0	0	0	0	0
壶关电大工作站	0	0	0	0	0	0	0	0	0	0
潞城电大工作站	0	0	0	0	0	0	0	0	0	0
长子电大工作站	0	0	0	0	0	0	0	0	0	0
黎城电大工作站	0	0	0	0	0	0	0	0	0	0
沁源电大工作站	0	0	0	0	0	0	0	0	0	0
襄垣电大工作站	0	0	0	0	0	0	0	0	0	0
屯留电大工作站	0	0	0	0	0	0	0	0	0	0
平顺电大工作站	0	0	0	0	0	0	0	0	0	0
沁县电大工作站	0	0	0	0	0	0	0	0	0	0
长治潞安职业技术培训学校工作站	0	0	0	0	0	0	0	0	0	0
晋城广播电视大学	0	0	0	0	0	0	0	0	0	0
城区电大工作站	200	1	0	158	0	120	0	300	0	30

5.2 全国电大非学校产权资产情况（续表4）

	固定资产总值（万元）	图书（万册）	计算机（台）		教学用计算机（台）		多媒体教室座位数（个）		语音实验室座位数（个）	
			独立使用	共同使用	独立使用	共同使用	独立使用	共同使用	独立使用	共同使用
泽州电大工作站	311	6.2	0	110	0	65	0	80	0	0
高平电大工作站	70	0	0	0	0	0	0	0	0	0
阳城电大工作站	90	1	0	70	0	50	0	50	0	0
沁水电大工作站	0	0	0	0	0	0	0	0	0	0
陵川电大工作站	0	0	0	0	0	0	0	0	0	0
忻州广播电视大学	0	0	0	0	0	0	0	0	0	0
忻府区教师进修校	0	0	0	0	0	0	0	0	0	0
忻州商校教学点	0	0	0	0	0	0	0	0	0	0
五台县教师进修校	0	0	0	0	0	0	0	0	0	0
保德县教师进修校	0	0	0	0	0	0	0	0	0	0
河曲县教师进修校	0	0	0	0	0	0	0	0	0	0
偏关县教师进修校	0	0	0	0	0	0	0	0	0	0
五寨县教师进修校	0	0	0	0	0	0	0	0	0	0
岢岚县教师进修校	0	0	0	0	0	0	0	0	0	0
静乐县教师进修校	0	6.5	0	0	0	0	0	0	0	0
宁武县教师进修校	0	0	0	0	0	0	0	0	0	0
代县教师进修校	0	0	0	0	0	0	0	0	0	0
晋中广播电视大学	1057	6	0	0	0	0	0	0	0	0
介休工作站	0	0	0	0	0	0	0	0	0	0
灵石工作站	0	0	0	0	0	0	0	0	0	0
昔阳工作站	0	0	0	0	0	0	0	0	0	0
祁县工作站	0	0	0	0	0	0	0	0	0	0
平遥工作站	0	0	0	0	0	0	0	0	0	0
左权工作站	0	0	0	41	0	41	0	40	0	60
太谷工作站	0	0	0	0	0	0	0	0	0	0
和顺工作站	0	0	0	0	0	0	0	0	0	0
寿阳工作站	0	0	0	0	0	0	0	0	0	0
榆社工作站	0	0	0	0	0	0	0	0	0	0
吕梁广播电视大学	0	0.55	175	0	90	0	32	0	40	0
临县电大	0	0	0	0	0	0	0	0	0	0
方山电大	0	0	0	0	0	0	0	0	0	0
兴县电大	0	0	0	0	0	0	0	0	0	0
孝义电大	0	0	55	0	50	0	0	0	0	0
文水电大	0	0	0	0	0	0	0	0	0	0
交城电大	0	0.2	5	60	5	60	0	50	0	50
石楼教学点	0	0	0	0	0	0	0	0	0	0
岚县教学点	0	0	0	0	0	0	0	0	0	0
中阳电大	0	0	0	0	0	0	0	0	0	0
交口教学点	0	0	0	0	0	0	0	0	0	0
临汾分校	0	0	0	0	0	0	0	0	0	0
翼城教师进修校	0	0	0	0	0	0	0	0	0	0
霍州市委党校	0	0	0	0	0	0	0	0	0	0

5.2 全国电大非学校产权资产情况（续表5）

	固定资产总值（万元）	图书（万册）	计算机（台）		教学用计算机（台）		多媒体教室座位数（个）		语音实验室座位数（个）	
			独立使用	共同使用	独立使用	共同使用	独立使用	共同使用	独立使用	共同使用
乡宁教学点	0	0	0	0	0	0	0	0	0	0
汾西县教师进修校	0	0	0	0	0	0	0	0	0	0
隰县教学点	0	0	0	0	0	0	0	0	0	0
洪洞教学点	0	0	0	0	0	0	0	0	0	0
安泽教学点	0	0	0	0	0	0	0	0	0	0
运城广播电视大学	0	0	0	0	0	0	0	0	0	0
河津电大工作站	0	0	0	0	0	0	0	0	0	0
夏县电大工作站	0	0	0	0	0	0	0	0	0	0
闻喜电大工作站	0	0	0	0	0	0	0	1	0	0
芮城电大工作站	0	0	0	0	0	0	0	0	0	0
永济电大工作站	0	0	0	0	0	0	0	0	0	0
临漪电大工作站	0	0	0	0	0	0	0	0	0	0
垣曲电大工作站	0	0	0	0	0	0	0	0	0	0
稷山电大工作站	0	0	0	0	0	0	0	0	0	0
新绛电大工作站	0	0	0	0	0	0	0	0	0	0
盐湖区电大工作站	0	0	0	0	0	0	0	0	0	0
万荣电大工作站	0	0	0	0	0	0	0	0	0	0
平陆电大工作站	0	0	0	0	0	0	0	0	0	0
朔州广播电视大学	0	0	0	0	0	0	0	0	0	0
平鲁区电大工作站	0	0	0	0	0	0	0	0	0	0
山阴县电大工作站	0	0	0	0	0	0	0	0	0	0
怀仁县电大工作站	0	0	0	0	0	0	0	0	0	0
应县进修校	0	0	0	0	0	0	0	0	0	0
中条山广播电视大学	0	0	0	0	0	0	0	0	0	0
长北铁路分校	0	0	0	245	0	245	0	0	0	0
公路系统分校	0	0	0	0	0	0	0	0	0	0
侯马学习中心	0	0	0	0	0	0	0	0	0	0
繁峙学习中心	0	0	0	0	0	0	0	0	0	0
原平学习中心	0	0	0	0	0	0	0	0	0	0
临汾工商校学习中心	0	0	0	0	0	0	0	0	0	0
柳林电大	0	0	0	0	0	0	0	0	0	0
中化学习中心	0	0	0	0	0	0	0	0	0	0
省统计局直属教学点	0	2.3	40	300	40	300	3	0	0	0
同煤集团党校教学点	0	3.3	0	0	0	0	0	0	0	0
大同机车技校教学点	0	5	0	300	0	260	0	700	0	0
大同大学教学点	0	0	0	0	0	0	0	0	0	0
内 蒙 古	**3960**	**11**	**0**	**280**	**0**	**59**	**0**	**55**	**0**	**132**
内蒙古广播电视大学	0	0	0	0	0	0	0	0	0	0
呼和浩特市广播电视大学	0	0	0	0	0	0	0	0	0	0
包头广播电视大学	0	0	0	0	0	0	0	0	0	0
赤峰市广播电视大学	0	0	0	0	0	0	0	0	0	0
呼伦贝尔市广播电视大学	0	0	0	0	0	0	0	0	0	0

5.2 全国电大非学校产权资产情况（续表6）

	固定资产总值（万元）	图书（万册）	计算机（台）		教学用计算机（台）		多媒体教室座位数（个）		语音实验室座位数（个）	
			独立使用	共同使用	独立使用	共同使用	独立使用	共同使用	独立使用	共同使用
兴安盟广播电视大学	0	0	0	0	0	0	0	0	0	0
哲里木盟广播电视大学	0	0	0	0	0	0	0	0	0	0
锡林郭勒盟广播电视大学	3960	11	0	280	0	59	0	55	0	132
乌兰察布盟广播电视大学	0	0	0	0	0	0	0	0	0	0
鄂尔多斯市广播电视大学	0	0	0	0	0	0	0	0	0	0
巴盟广播电视大学	0	0	0	0	0	0	0	0	0	0
乌海市广播电视大学	0	0	0	0	0	0	0	0	0	0
阿拉善盟广播电视大学	0	0	0	0	0	0	0	0	0	0
铁道学院广播电视大学	0	0	0	0	0	0	0	0	0	0
哲盟霍林河矿区广播电视大学	0	0	0	0	0	0	0	0	0	0
扎赉诺尔矿区广播电视大学	0	0	0	0	0	0	0	0	0	0
大雁矿区广播电视大学	0	0	0	0	0	0	0	0	0	0
辽　宁	**3505**	**61.3**	**0**	**564**	**0**	**400**	**0**	**848**	**0**	**170**
辽宁广播电视大学	0	0	0	0	0	0	0	0	0	0
鞍山广播电视大学	0	0	0	0	0	0	0	0	0	0
抚顺广播电视大学	0	0	0	0	0	0	0	0	0	0
本溪广播电视大学	0	0	0	0	0	0	0	0	0	0
锦州分校	0	0	0	0	0	0	0	0	0	0
丹东分校	0	0	0	0	0	0	0	0	0	0
营口分校	0	0	0	0	0	0	0	0	0	0
辽阳分校	0	0	0	0	0	0	0	0	0	0
朝阳广播电视大学	0	0	0	0	0	0	0	0	0	0
阜新分校	0	0	0	0	0	0	0	0	0	0
铁岭广播电视大学	0	0	0	0	0	0	0	0	0	0
盘锦分校	0	0	0	0	0	0	0	0	0	0
辽河石油勘探局广播电视大学	0	0	0	0	0	0	0	0	0	0
沈阳铁路局电大	0	0	0	0	0	0	0	0	0	0
葫芦岛市电大分校	0	46	0	0	0	0	0	0	0	0
辽宁省水利厅工作站	3505	15.3	0	564	0	400	0	848	0	170
辽宁广播电视大学新民学院	0	0	0	0	0	0	0	0	0	0
辽宁广播电视大学海城学院	0	0	0	0	0	0	0	0	0	0
辽宁广播电视大学东港学院	0	0	0	0	0	0	0	0	0	0
沈　阳	**0**	**0**	**0**	**0**	**0**	**0**	**0**	**0**	**0**	**0**
沈阳广播电视大学	0	0	0	0	0	0	0	0	0	0
沈北新区分校	0	0	0	0	0	0	0	0	0	0
康平分校	0	0	0	0	0	0	0	0	0	0
法库分校	0	0	0	0	0	0	0	0	0	0
苏家屯分校	0	0	0	0	0	0	0	0	0	0
东陵分校	0	0	0	0	0	0	0	0	0	0
新民分校	0	0	0	0	0	0	0	0	0	0
于洪分校	0	0	0	0	0	0	0	0	0	0
辽中分校	0	0	0	0	0	0	0	0	0	0

5.2 全国电大非学校产权资产情况（续表7）

	固定资产总值（万元）	图书（万册）	计算机（台）		教学用计算机（台）		多媒体教室座位数（个）		语音实验室座位数（个）	
			独立使用	共同使用	独立使用	共同使用	独立使用	共同使用	独立使用	共同使用
大　连	**0**	**0**	**0**	**0**	**0**	**0**	**0**	**0**	**0**	**0**
大连广播电视大学	0	0	0	0	0	0	0	0	0	0
庄河分校	0	0	0	0	0	0	0	0	0	0
普兰店分校	0	0	0	0	0	0	0	0	0	0
瓦房店分校	0	0	0	0	0	0	0	0	0	0
金州分校	0	0	0	0	0	0	0	0	0	0
旅顺分校	0	0	0	0	0	0	0	0	0	0
长海分校	0	0	0	0	0	0	0	0	0	0
甘井子分校	0	0	0	0	0	0	0	0	0	0
大连开发区分校	0	0	0	0	0	0	0	0	0	0
吉　林	**0**	**120**	**0**	**30**	**0**	**30**	**0**	**0**	**0**	**0**
吉林广播电视大学	0	0	0	0	0	0	0	0	0	0
吉林分校	0	0	0	0	0	0	0	0	0	0
四平分校	0	0	0	0	0	0	0	0	0	0
延边分校	0	0	0	0	0	0	0	0	0	0
通化分校	0	0	0	0	0	0	0	0	0	0
辽源分校	0	0	0	0	0	0	0	0	0	0
白山分校	0	0	0	0	0	0	0	0	0	0
白城分校	0	120	0	30	0	30	0	0	0	0
松原分校	0	0	0	0	0	0	0	0	0	0
长春市建筑职工业余大学	0	0	0	0	0	0	0	0	0	0
长　春	**0**	**4**	**0**	**0**	**0**	**0**	**0**	**0**	**0**	**0**
长春广播电视大学	0	0	0	0	0	0	0	0	0	0
榆树市分校	0	0	0	0	0	0	0	0	0	0
九台市分校	0	0	0	0	0	0	0	0	0	0
德惠分校	0	0	0	0	0	0	0	0	0	0
农安分校	0	0	0	0	0	0	0	0	0	0
双阳区工作站	0	0	0	0	0	0	0	0	0	0
长影分校	0	4	0	0	0	0	0	0	0	0
民进分校	0	0	0	0	0	0	0	0	0	0
黑 龙 江	**68236. 67**	**174. 17**	**490**	**4273**	**396**	**3185**	**284**	**7557**	**156**	**2545**
黑龙江广播电视大学	0	0	0	0	0	0	0	0	0	0
齐齐哈尔市广播电视大学	0	0	0	0	0	0	0	0	0	0
克东分校	20	0	30	30	10	10	20	20	0	0
拜泉分校	650	8	30	100	30	50	0	150	0	60
依安分校	0	0	0	0	0	0	0	0	0	0
讷河分校	0	0. 24	30	0	20	0	0	0	0	0
甘南分校	180	1	0	45	0	30	0	200	0	36
龙江分校	0	0	0	95	0	0	0	50	0	0
富裕分校	0	0	0	0	0	0	0	0	0	0
碾子山区分校	0	0	0	0	0	0	0	0	0	0
富拉尔基区分校	0	0	0	0	0	0	0	0	0	0

5.2 全国电大非学校产权资产情况（续表8）

	固定资产总值（万元）	图书（万册）	计算机（台）		教学用计算机（台）		多媒体教室座位数（个）		语音实验室座位数（个）	
			独立使用	共同使用	独立使用	共同使用	独立使用	共同使用	独立使用	共同使用
泰来分校	0	0	0	0	0	0	0	0	0	0
牡丹江市广播电视大学	0	0	0	0	0	0	0	0	0	0
林口分校	0	0	0	0	0	0	0	0	0	0
海林分校	0	0	0	0	0	0	0	0	0	0
宁安分校	70	0	0	0	0	0	0	150	0	0
穆棱分校	0	0	0	0	0	0	0	0	0	0
东宁分校	70	0.35	0	35	0	35	0	30	0	1
绥芬河分校	0	0	0	0	0	0	0	0	0	0
佳木斯广播电视大学	0	0	0	0	0	0	0	0	0	0
桦南分校	50	0	0	0	0	0	0	0	0	0
同江分校	105	2.68	0	0	0	0	0	0	0	0
桦川分校	0	2.3	0	80	0	50	0	15	0	0
富锦分校	0	0	0	60	0	60	0	0	0	0
绥化地区广播电视大学	0	0	0	0	0	0	0	0	0	0
庆安分校	0	0	0	0	0	0	0	0	0	0
青岗分校	0	0	0	0	0	0	0	0	0	0
绥棱分校	0	0	0	0	0	0	0	0	0	0
兰西分校	0	0	0	0	0	0	0	0	0	0
肇东分校	0	0	0	0	0	0	0	0	0	0
安达分校	0	0	0	0	0	0	0	0	0	0
明水分校	0	0	0	0	0	0	0	0	0	0
望奎分校	0	0	0	0	0	0	0	0	0	0
海伦分校	0	0	0	0	0	0	0	0	0	0
黑河市广播电视大学	3061.34	5	60	0	35	0	0	0	0	60
北安分校	181	2.1	0	150	0	150	0	150	0	36
五大连池分校	1755	1.2	0	245	0	150	0	115	0	48
逊克分校	0	1.3	0	115	0	108	0	106	0	48
孙吴分校	0	0	0	0	0	0	0	0	0	0
嫩江分校	0	0	0	0	0	0	0	0	0	0
大兴安岭广播电视大学	5200	0	0	200	0	200	0	0	0	0
塔河分校	0	0	0	0	0	0	0	0	0	0
漠河分校	50	0.1	0	10	0	10	0	70	0	0
呼中分校	0	0	0	0	0	0	0	0	0	0
伊春市广播电视大学	205	1	0	60	0	60	0	50	0	0
嘉荫分校	1045	0.5	0	50	0	50	0	220	0	30
铁力分校	0	1	0	0	0	0	0	0	0	0
大庆广播电视大学	0	0	0	0	0	0	0	300	0	0
林甸分校	820	2	0	180	0	100	0	80	0	80
杜蒙分校	400	2	0	0	0	0	0	0	0	0
肇源分校	800	2	60	75	56	64	56	44	36	44
肇州分校	2134	0	0	0	0	0	0	0	0	0
鸡西广播电视大学	21502.94	73	0	1208	0	860	0	3400	0	1532

5.2 全国电大非学校产权资产情况（续表9）

	固定资产总值（万元）	图书（万册）	计算机（台）		教学用计算机（台）		多媒体教室座位数（个）		语音实验室座位数（个）	
			独立使用	共同使用	独立使用	共同使用	独立使用	共同使用	独立使用	共同使用
密山分校	820	10	0	0	0	0	0	90	0	100
虎林分校	0	1	0	0	0	0	0	0	0	0
鹤岗广播电视大学	0	0	0	0	0	0	0	0	0	0
萝北分校	0	0	0	0	0	0	0	0	0	0
绥滨分校	20	1	50	0	50	0	40	0	40	0
双鸭山市广播电视大学	0	0	0	0	0	0	0	0	0	0
宝清分校	0	0	0	0	0	0	0	0	0	0
饶河分校	0	0	0	0	0	0	0	0	0	0
集贤分校	0	0	0	0	0	0	0	0	0	0
七台河广播电视大学	16576	22.5	0	650	0	540	0	1060	0	40
省农垦广播电视大学	0	0	0	0	0	0	0	0	0	0
牡丹江农垦电大分校	0	0	0	0	0	0	0	0	0	0
北安农垦电大分校	3928	4.5	110	266	100	200	0	100	0	100
宝泉岭农垦电大分校	0	0	0	0	0	0	0	0	0	0
红兴隆农垦电大分校	2135.4	5.8	20	120	15	86	68	300	0	0
建三江农垦电大分校	3140	5	100	300	80	200	100	800	80	280
绥化农垦分校	2500	6.1	0	47	0	40	0	47	0	50
牡丹江林区广播电视大学	0	0	0	0	0	0	0	0	0	0
松花江林区广播电视大学	0	0	0	0	0	0	0	0	0	0
兴隆林业局电大分校	54	1.5	0	10	0	0	0	1	0	0
山河屯林业局电大分校	54	1	0	6	0	6	0	1	0	0
清河林业局电大分校	54	2	0	5	0	5	0	1	0	0
苇河林业局电大分校	54	1	0	11	0	11	0	1	0	0
亚布力林业局电大分校	0	0	0	0	0	0	0	0	0	0
通北林业局电大分校	100	3	0	60	0	50	0	1	0	0
方正林业局电大分校	56	1.5	0	10	0	10	0	2	0	0
沾河林业局电大分校	54	1.5	0	40	0	40	0	2	0	0
绥棱林业局电大分校	45	1	0	10	0	10	0	1	0	0
合林林区电大直属分校	346.99	0	0	0	0	0	0	0	0	0
哈 尔 滨	**1200**	**5**	**0**	**540**	**0**	**310**	**0**	**340**	**0**	**248**
哈尔滨广播电视大学	0	0	0	0	0	0	0	0	0	0
阿城电大分校	0	0	0	0	0	0	0	0	0	0
呼兰分校	0	0	0	120	0	0	0	150	0	30
宾县分校	0	0	0	0	0	0	0	0	0	0
方正分校	0	0	0	0	0	0	0	0	0	0
依兰分校	0	0	0	0	0	0	0	50	0	50
哈尔滨工业大学工会电大工作站	0	0	0	100	0	100	0	100	0	60
双城分校	0	0	0	0	0	0	0	0	0	0
通河分校	0	2.5	0	100	0	90	0	40	0	48
木兰分校	0	0	0	0	0	0	0	0	0	0
延寿分校	0	0	0	0	0	0	0	0	0	0
巴彦分校	0	0	0	0	0	0	0	0	0	0

5.2　全国电大非学校产权资产情况（续表10）

	固定资产总值（万元）	图书（万册）	计算机（台）		教学用计算机（台）		多媒体教室座位数（个）		语音实验室座位数（个）	
			独立使用	共同使用	独立使用	共同使用	独立使用	共同使用	独立使用	共同使用
五常分校	0	0	0	0	0	0	0	0	0	0
尚志分校	1200	2.5	0	220	0	120	0	0	0	60
上　海	**62168.38**	**126.57**	**380**	**8479**	**300**	**5471**	**2960**	**21187**	**228**	**1076**
上海电视大学	0	0	0	0	0	0	0	0	0	0
虹口分校	0	0	0	0	0	0	0	0	0	0
闵行二分校	0	0	0	0	0	0	0	0	0	0
宝山分校	0	0	0	0	0	0	0	0	0	0
浦东新区分校	0	0	0	0	0	0	0	0	0	0
闵行一分校	0	0	0	0	0	0	0	0	0	0
金山分校	0	0	0	0	0	0	0	0	0	0
松江分校	0	0	0	0	0	0	0	0	0	0
南汇分校	0	0	0	0	0	0	0	0	0	0
奉贤分校	0	0	0	0	0	0	0	0	0	0
青浦分校	0	0	0	0	0	0	0	0	0	0
崇明分校	0	1	0	100	0	100	0	111	0	0
嘉定分校	8276.32	25.95	0	1691	0	1038	0	4854	0	146
区县工业管理局分校	135	4.5	0	200	0	200	0	600	0	0
农工商集团分校	0	0	0	0	0	0	0	0	0	0
物资（集团）总公司分校	3236	0	0	0	0	0	0	0	0	0
商业分校	7388.22	0	0	1130	0	980	0	4956	0	336
黄浦区经贸委分校	0	0	0	0	0	0	0	0	0	0
长宁分校	0	0	0	0	0	0	1460	0	168	0
闸北分校	31364.32	49.7	0	2900	0	1400	0	4504	0	350
卢湾分校	1572.74	5.7	0	642	0	373	0	970	0	50
杨浦分校	999.96	8	0	266	0	150	0	800	0	52
黄浦分校	0	0	0	0	0	0	0	0	0	0
普陀分校	3542.82	13.7	0	1100	0	800	0	3192	0	56
静安分校	0	0	0	0	0	0	0	0	0	0
西区分部	0	0	0	0	0	0	0	0	0	0
工程大中山分校	0	0	0	0	0	0	0	0	0	0
石化分校	1343	10	380	0	300	0	1500	0	60	0
邮电分校	1628	0.02	0	200	0	200	0	0	0	36
徐汇财贸分校	0	0	0	0	0	0	0	0	0	0
徐汇分校	0	0	0	0	0	0	0	0	0	0
浦东新区农校教学点	2682	8	0	250	0	230	0	1200	0	50
江　苏	**74603.53**	**41.97**	**1726**	**1800**	**1726**	**1376**	**7300**	**4090**	**112**	**348**
江苏广播电视大学	0	0	0	0	0	0	0	0	0	0
镇江市高等专科学校	0	0	0	0	0	0	0	0	0	0
镇江市广播电视大学扬中分校	0	0	0	0	0	0	0	0	0	0
镇江市广播电视大学丹阳分校	0	0	0	0	0	0	0	0	0	0
镇江市广播电视大学丹徒分校	0	0	0	0	0	0	0	0	0	0
镇江市广播电视大学建委分校	0	0	0	0	0	0	0	0	0	0

5.2 全国电大非学校产权资产情况（续表11）

	固定资产总值（万元）	图书（万册）	计算机（台）		教学用计算机（台）		多媒体教室座位数（个）		语音实验室座位数（个）	
			独立使用	共同使用	独立使用	共同使用	独立使用	共同使用	独立使用	共同使用
常州市广播电视大学	0	0	0	0	0	0	0	0	0	0
常州市广播电视大学新北区分校	0	0	0	0	0	0	0	0	0	0
无锡市广播电视大学	0	0	0	0	0	0	0	0	0	0
无锡市广播电视大学江阴分校	0	0	0	0	0	0	0	0	0	0
苏州市广播电视大学	0	0	0	0	0	0	0	0	0	0
苏州市广播电视大学太仓分校	4582	3.2	0	300	0	220	0	510	0	150
苏州市广播电视大学吴江分校	0	0	0	0	0	0	0	0	0	0
南通市广播电视大学	0	0	0	0	0	0	0	0	0	0
南通市广播电视大学海门分校	12886.53	7.15	0	0	0	0	0	0	0	0
南通市广播电视大学启东分校	7633	12.8	0	1000	0	720	0	2640	0	48
南通市广播电视大学如皋分校	0	0	0	0	0	0	0	0	0	0
扬州市广播电视大学	0	0	0	0	0	0	0	0	0	0
扬州市广播电视大学高邮分校	0	0	0	0	0	0	0	0	0	0
扬州市广播电视大学宝应分校	0	0	0	0	0	0	0	0	0	0
扬州市广播电视大学邗江分校	0	0	0	0	0	0	0	0	0	0
徐州市广播电视大学	0	0	0	0	0	0	0	0	0	0
徐州市广播电视大学睢宁分校	31	0	0	220	0	220	0	0	0	0
徐州市广播电视大学铜山分校	0	0	0	0	0	0	0	0	0	0
徐州市广播电视大学新沂分校	0	0	0	0	0	0	0	0	0	0
徐州市广播电视大学邳州分校	0	0	0	0	0	0	0	0	0	0
徐州市广播电视大学商业分校	0	0	0	0	0	0	0	0	0	0
徐州市广播电视大学贾汪分校	0	0	0	0	0	0	0	0	0	0
徐州市广播电视大学大屯煤电公司分校	3000	5.4	0	280	0	216	0	200	0	0
淮安市广播电视大学	0	0	0	0	0	0	0	0	0	0
淮安市广播电视大学金湖分校	0	0	0	0	0	0	0	0	0	0
淮安市广播电视大学淮阴区分校	0	0	0	0	0	0	0	0	0	0
淮安市广播电视大学洪泽分校	0	0	0	0	0	0	0	0	0	0
淮安市广播电视大学涟水分校	0	0	0	0	0	0	0	0	0	0
盐城市广播电视大学	0	0	0	0	0	0	0	0	0	0
盐城市广播电视大学亭湖区分校	0	0	0	0	0	0	0	0	0	0
盐城市广播电视大学建湖分校	0	0	0	0	0	0	0	0	0	0
盐城市广播电视大学射阳分校	0	0	0	0	0	0	0	0	0	0
盐城市广播电视大学滨海分校	0	0	0	0	0	0	0	0	0	0
盐城市广播电视大学阜宁分校	0	0	0	0	0	0	0	0	0	0
盐城市广播电视大学响水分校	0	0	0	0	0	0	0	0	0	0
连云港广播电视大学	0	0	0	0	0	0	0	0	0	0
连云港市广播电视大学赣榆分校	0	0	0	0	0	0	0	0	0	0
连云港市广播电视大学东海分校	0	0	0	0	0	0	0	0	0	0
连云港市广播电视大学灌南分校	0	0	0	0	0	0	0	0	0	0
连云港市广播电视大学灌云分校	0	0	0	0	0	0	0	0	0	0
泰州市广播电视大学	0	0	0	0	0	0	0	0	0	0
泰州市广播电视大学泰兴分校	0	0	0	0	0	0	0	0	0	0

5.2 全国电大非学校产权资产情况（续表12）

	固定资产总值（万元）	图书（万册）	计算机（台）		教学用计算机（台）		多媒体教室座位数（个）		语音实验室座位数（个）	
			独立使用	共同使用	独立使用	共同使用	独立使用	共同使用	独立使用	共同使用
泰州市广播电视大学姜堰分校	0	0	0	0	0	0	0	0	0	0
泰州市广播电视大学兴化分校	0	0	0	0	0	0	0	0	0	0
宿迁市广播电视大学	0	0	0	0	0	0	0	0	0	0
宿迁市广播电视大学泗洪分校	0	0	0	0	0	0	0	0	0	0
宿迁市广播电视大学泗阳分校	0	0	0	0	0	0	0	0	0	0
宿迁市广播电视大学沭阳分校	0	0	0	0	0	0	0	0	0	0
江苏广播电视大学化工学院	0	0	0	0	0	0	0	0	0	0
江苏广播电视大学武进学院	0	0	0	0	0	0	0	0	0	0
江苏广播电视大学宜兴学院	0	0	0	0	0	0	0	0	0	0
江苏广播电视大学张家港学院	0	0	0	0	0	0	0	0	0	0
江苏广播电视大学昆山学院	0	0	0	0	0	0	0	0	0	0
江苏广播电视大学常熟学院	0	0	0	0	0	0	0	0	0	0
江苏广播电视大学吴中学院	40000	13.42	1726	0	1726	0	7300	0	112	0
江苏广播电视大学大丰学院	0	0	0	0	0	0	0	0	0	0
江苏广播电视大学江都学院	0	0	0	0	0	0	0	740	0	150
江苏广播电视大学沛县学院	0	0	0	0	0	0	0	0	0	0
江苏广播电视大学靖江学院	0	0	0	0	0	0	0	0	0	0
江苏广播电视大学通州学院	6471	0	0	0	0	0	0	0	0	0
江苏广播电视大学东台学院	0	0	0	0	0	0	0	0	0	0
江苏广播电视大学楚州学院	0	0	0	0	0	0	0	0	0	0
江苏广播电视大学句容学院	0	0	0	0	0	0	0	0	0	0
江苏广播电视大学溧阳学院	0	0	0	0	0	0	0	0	0	0
江苏广播电视大学仪征学院	0	0	0	0	0	0	0	0	0	0
江苏广播电视大学金坛学院	0	0	0	0	0	0	0	0	0	0
江苏广播电视大学如东学院	0	0	0	0	0	0	0	0	0	0
江苏广播电视大学海安学院	0	0	0	0	0	0	0	0	0	0
江苏广播电视大学盱眙学院	0	0	0	0	0	0	0	0	0	0
江苏广播电视大学盐都学院	0	0	0	0	0	0	0	0	0	0
江苏广播电视大学丰县学院	0	0	0	0	0	0	0	0	0	0
南　　京	**0**	**10.9**	**0**	**0**	**0**	**0**	**0**	**50**	**0**	**120**
南京市广播电视大学	0	10.9	0	0	0	0	0	0	0	0
江宁分校	0	0	0	0	0	0	0	0	0	0
六合分校	0	0	0	0	0	0	0	0	0	0
高淳分校	0	0	0	0	0	0	0	0	0	0
溧水分校	0	0	0	0	0	0	0	0	0	0
浦口分校	0	0	0	0	0	0	0	50	0	120
玄武分校	0	0	0	0	0	0	0	0	0	0
白下分校	0	0	0	0	0	0	0	0	0	0
秦淮分校	0	0	0	0	0	0	0	0	0	0
建邺分校	0	0	0	0	0	0	0	0	0	0
鼓楼分校	0	0	0	0	0	0	0	0	0	0
下关分校	0	0	0	0	0	0	0	0	0	0

5.2 全国电大非学校产权资产情况（续表13）

	固定资产总值（万元）	图书（万册）	计算机（台）		教学用计算机（台）		多媒体教室座位数（个）		语音实验室座位数（个）	
			独立使用	共同使用	独立使用	共同使用	独立使用	共同使用	独立使用	共同使用
雨花台分校	0	0	0	0	0	0	0	0	0	0
栖霞分校	0	0	0	0	0	0	0	0	0	0
浙　　江	**860**	**13.8**	**0**	**250**	**0**	**200**	**1698**	**2046**	**0**	**50**
浙江广播电视大学	0	0	0	0	0	0	0	0	0	0
杭州广播电视大学	0	0	0	0	0	0	0	0	0	0
萧山学院	0	0	0	0	0	0	0	0	0	0
余杭分校	0	0	0	0	0	0	0	0	0	0
富阳学院	0	0	0	0	0	0	0	0	0	0
临安分校	0	0	0	0	0	0	0	0	0	0
桐庐分校	0	0	0	0	0	0	0	0	0	0
建德分校	0	0	0	0	0	0	0	0	0	0
淳安学院	0	0	0	0	0	0	0	0	0	0
嘉兴广播电视大学	0	0	0	0	0	0	0	0	0	0
嘉善学院	0	0	0	0	0	0	0	0	0	0
平湖学院	0	0	0	0	0	0	0	0	0	0
海盐学院	0	0	0	0	0	0	0	0	0	0
海宁学院	0	0	0	0	0	0	0	0	0	0
桐乡学院	0	0	0	0	0	0	0	0	0	0
湖州广播电视大学	0	0	0	0	0	0	0	0	0	0
长兴学院	0	0	0	0	0	0	0	0	0	0
德清学院	0	0	0	0	0	0	0	0	0	0
安吉分校	0	0	0	0	0	0	0	0	0	0
绍兴广播电视大学	0	0	0	0	0	0	0	0	0	0
绍兴学院	0	0	0	0	0	0	0	0	0	0
诸暨学院	0	0	0	0	0	0	0	0	0	0
上虞学院	0	0	0	0	0	0	0	0	0	0
嵊州学院	0	0	0	0	0	0	0	0	0	0
新昌学院	0	0	0	0	0	0	0	0	0	0
舟山广播电视大学	0	0	0	0	0	0	0	0	0	0
普陀分校	0	0	0	0	0	0	0	0	0	0
岱山分校	0	0	0	0	0	0	0	0	0	0
嵊泗分校	0	0	0	0	0	0	0	0	0	0
金华广播电视大学	0	0	0	0	0	0	0	0	0	0
兰溪分校	0	0	0	0	0	0	0	0	0	0
武义分校	0	0	0	0	0	0	0	0	0	0
永康学院	0	0	0	0	0	0	0	0	0	0
义乌学院	0	0	0	0	0	0	0	0	0	0
东阳学院	0	0	0	0	0	0	0	0	0	0
浦江分校	0	0	0	0	0	0	0	0	0	0
磐安分校	0	0	0	0	0	0	0	0	0	0
衢州广播电视大学	0	0	0	0	0	0	0	0	0	0
柯城分校	0	0	0	0	0	0	0	0	0	0

5.2 全国电大非学校产权资产情况（续表14）

	固定资产总值（万元）	图书（万册）	计算机（台）		教学用计算机（台）		多媒体教室座位数（个）		语音实验室座位数（个）	
			独立使用	共同使用	独立使用	共同使用	独立使用	共同使用	独立使用	共同使用
江山分校	0	0	0	0	0	0	0	0	0	0
常山分校	0	0	0	0	0	0	0	0	0	0
开化分校	0	0	0	0	0	0	0	0	0	0
龙游分校	0	0	0	0	0	0	0	0	0	0
台州广播电视大学	0	0	0	0	0	0	0	0	0	0
临海学院	0	0	0	0	0	0	0	0	0	0
黄岩分校	0	0	0	0	0	0	0	0	0	0
温岭分校	0	0	0	0	0	0	0	0	0	0
仙居学院	0	0	0	0	0	0	0	0	0	0
玉环学院	0	0	0	0	0	0	0	0	0	0
三门学院	0	0	0	0	0	0	0	0	0	0
天台学院	0	0	0	0	0	0	0	0	0	0
丽水广播电视大学	0	0	0	0	0	0	0	0	0	0
缙云分校	0	0	0	0	0	0	0	0	0	0
遂昌分校	0	0	0	0	0	0	0	0	0	0
松阳电大	0	8.2	0	0	0	0	0	0	0	0
景宁分校	0	0	0	0	0	0	0	0	0	0
云和分校	0	0	0	0	0	0	0	0	0	0
龙泉分校	0	0	0	0	0	0	0	0	0	0
庆元分校	0	0	0	0	0	0	0	0	0	0
青田学院	0	0	0	0	0	0	0	0	0	0
温州广播电视大学	0	0	0	0	0	0	0	0	0	0
永嘉学院	0	0	0	0	0	0	0	0	0	0
瓯海分校	0	0	0	0	0	0	0	0	0	0
平阳分校	0	0	0	0	0	0	0	0	0	0
瑞安分校	0	0	0	0	0	0	0	0	0	0
乐清分校	0	0	0	0	0	0	570	0	0	0
文成分校	0	0	0	0	0	0	0	0	0	0
洞头分校	0	0	0	0	0	0	0	0	0	0
泰顺分校	0	0	0	0	0	0	0	0	0	0
苍南分校	0	0	0	0	0	0	0	0	0	0
巨化分校	0	0	0	0	0	0	0	100	0	50
经贸分校	0	0	0	0	0	0	0	0	0	0
工商学院	0	0	0	0	0	0	0	0	0	0
特教学院	0	0	0	0	0	0	0	0	0	0
温州机电技工学校教学点	0	0	0	0	0	0	0	0	0	0
杭州高级技工学校教学点	0	0	0	0	0	0	0	0	0	0
浙江同济职业学院教学点	0	0	0	0	0	0	0	0	0	0
浙江统计培训中心教学点	0	0	0	0	0	0	0	0	0	0
杭州交通职高教学点	860	5.6	0	250	0	200	0	1250	0	0
杭州东方舰桥培训中心教学点	0	0	0	0	0	0	1128	696	0	0

5.2 全国电大非学校产权资产情况（续表15）

	固定资产总值（万元）	图书（万册）	计算机（台）		教学用计算机（台）		多媒体教室座位数（个）		语音实验室座位数（个）	
			独立使用	共同使用	独立使用	共同使用	独立使用	共同使用	独立使用	共同使用
宁　　波	**0**	**7.9**	**0**	**110**	**0**	**110**	**0**	**1060**	**0**	**0**
宁波广播电视大学	0	0	0	0	0	0	0	0	0	0
鄞县分校	0	6.7	0	0	0	0	0	0	0	0
余姚学院	0	0	0	0	0	0	0	0	0	0
慈溪学院	0	0	0	0	0	0	0	0	0	0
宁海学院	0	1.2	0	110	0	110	0	1060	0	0
象山分校	0	0	0	0	0	0	0	0	0	0
奉化分校	0	0	0	0	0	0	0	0	0	0
镇海工作站	0	0	0	0	0	0	0	0	0	0
江北工作站	0	0	0	0	0	0	0	0	0	0
北仑分校	0	0	0	0	0	0	0	0	0	0
宁波东钱湖旅游度假区电大工作站	0	0	0	0	0	0	0	0	0	0
安　　徽	**0**	**39**	**0**	**248**	**0**	**248**	**0**	**618**	**0**	**50**
安徽广播电视大学	0	0	0	0	0	0	0	0	0	0
合肥分校	0	4	0	248	0	248	0	218	0	0
蚌埠分校	0	0	0	0	0	0	0	0	0	0
芜湖市分校	0	0	0	0	0	0	0	0	0	0
淮南分校	0	0	0	0	0	0	0	0	0	0
淮北分校	0	35	0	0	0	0	0	400	0	50
马鞍山分校	0	0	0	0	0	0	0	0	0	0
铜陵分校	0	0	0	0	0	0	0	0	0	0
黄山市分校	0	0	0	0	0	0	0	0	0	0
安庆市分校	0	0	0	0	0	0	0	0	0	0
六安分校	0	0	0	0	0	0	0	0	0	0
阜阳分校	0	0	0	0	0	0	0	0	0	0
宣城分校	0	0	0	0	0	0	0	0	0	0
巢湖分校	0	0	0	0	0	0	0	0	0	0
滁州市分校	0	0	0	0	0	0	0	0	0	0
池州分校	0	0	0	0	0	0	0	0	0	0
宿州分校	0	0	0	0	0	0	0	0	0	0
省直分校	0	0	0	0	0	0	0	0	0	0
亳州分校	0	0	0	0	0	0	0	0	0	0
福　　建	**995**	**43.82**	**1112**	**660**	**172**	**370**	**910**	**1928**	**350**	**500**
福建广播电视大学	0	0	0	0	0	0	0	0	0	0
福州分校	0	0	0	0	0	0	0	0	0	0
三明分校	0	0	0	0	0	0	0	0	0	0
宁德分校	0	0	0	0	0	0	0	0	0	0
南平分校	0	0	0	110	0	0	0	210	0	0
漳州分校	0	0	0	0	0	0	0	0	0	0
泉州分校	15	1.45	7	0	7	0	0	600	0	200
龙岩分校	0	2.56	0	0	0	0	0	0	0	0
莆田分校	0	0	0	0	0	0	0	0	0	0

5.2 全国电大非学校产权资产情况（续表 16）

	固定资产总值（万元）	图书（万册）	计算机（台）		教学用计算机（台）		多媒体教室座位数（个）		语音实验室座位数（个）	
			独立使用	共同使用	独立使用	共同使用	独立使用	共同使用	独立使用	共同使用
高等职业技术学院	0	36.4	255	385	165	370	250	908	0	230
永安分校	0	0	0	0	0	0	0	0	0	0
邵武分校	0	0	0	0	0	0	0	0	0	0
漳浦分校	0	0	0	0	0	0	0	0	0	0
开放教育学院	980	3.41	850	165	0	0	660	210	350	70
厦　门	**0**	**0**	**0**	**0**	**0**	**0**	**0**	**0**	**0**	**0**
厦门市广播电视大学	0	0	0	0	0	0	0	0	0	0
厦门电大同安区工作站	0	0	0	0	0	0	0	0	0	0
厦门市杏林区电大工作站	0	0	0	0	0	0	0	0	0	0
厦门市湖里区电大工作站	0	0	0	0	0	0	0	0	0	0
厦门市司法局电大工作站	0	0	0	0	0	0	0	0	0	0
厦门市思明区电大工作站	0	0	0	0	0	0	0	0	0	0
江　西	**669.3**	**121.5**	**294**	**486**	**155**	**371**	**80**	**550**	**74**	**211**
江西广播电视大学	0	0	0	0	0	0	0	0	0	0
南昌市分校	0	0	0	0	0	0	0	0	0	0
安义县工作站（工会职校）	0	0	0	0	0	0	0	0	0	0
安义县教师进修学校教学点	0	0	0	0	0	0	0	0	0	0
进贤县教师进修学校教学点	0	0	0	0	0	0	0	0	0	0
新建县教师进修学校教学点	0	0	0	0	0	0	0	0	0	0
南昌县教师进修学校	0	0	0	0	0	0	0	0	0	0
景德镇市分校	8	3	0	0	0	0	0	0	0	0
乐平市教师进修学校教学点	0	0	0	0	0	0	0	0	0	0
九江市分校	0	0	0	0	0	0	0	0	0	0
武宁县工作站	0	0	0	0	0	0	0	0	0	0
德安县工作站	0	0	0	0	0	0	0	0	0	0
都昌县工作站	0	0	0	0	0	0	0	0	0	0
庐山工作站	0	0	0	0	0	0	0	0	0	0
彭泽县工作站	0	0	0	0	0	0	0	0	0	0
永修县工作站	0	2	0	120	0	120	0	0	0	0
修水县工作站	0	0	0	0	0	0	0	0	0	0
省武工作站	0	0	0	0	0	0	0	0	0	0
湖口县工作站	0	0	0	0	0	0	0	0	0	0
星子县工作站	0	0	0	0	0	0	0	0	0	0
瑞昌工作站（教师进修学校）	0	0	0	0	0	0	0	0	0	0
萍乡市分校	0	0	0	0	0	0	0	0	0	0
芦溪县工作站	0	0	0	0	0	0	0	0	0	0
上栗县电大工作站	0	0	0	0	0	0	0	0	0	0
湘东区工作站	500	1.5	0	73	0	63	0	45	0	0
莲花县工作站	0	0	0	0	0	0	0	0	0	0
萍乡市卫生学校	0	0	0	0	0	0	0	0	0	0
新余市分校	0	0	0	0	0	0	0	0	0	0
分宜县工作站	0	0	0	0	0	0	0	0	0	0

5.2 全国电大非学校产权资产情况（续表17）

	固定资产总值（万元）	图书（万册）	计算机（台）		教学用计算机（台）		多媒体教室座位数（个）		语音实验室座位数（个）	
			独立使用	共同使用	独立使用	共同使用	独立使用	共同使用	独立使用	共同使用
鹰潭市分校	0	0	0	0	0	0	0	0	0	0
贵溪市工作站	0	0	0	0	0	0	0	0	0	0
鹰潭应用工程学校	0	0	0	0	0	0	0	0	0	0
中共余江县委党校	0	1	0	120	0	58	0	120	0	30
赣州广播电视大学	0	0	0	0	0	0	0	0	0	0
中共南康市委党校教学点	0	0	0	0	0	0	0	0	0	0
中共上犹县委党校教学点	0	0	0	0	0	0	0	0	0	0
寻乌县工作站（教师进修学校）	0	0	0	0	0	0	0	0	0	0
中共信丰县委党校教学点	0	0	0	0	0	0	0	0	0	0
兴国县教师进修学校教学点	0	0	0	0	0	0	0	0	0	0
中共兴国县委党校教学点	52.5	9	150	0	100	0	20	0	20	0
瑞金市工作站（教师进修学校）	0	0	0	0	0	0	0	0	0	0
定南教师进修学校教学点	0	0	84	0	0	0	0	0	0	0
中共崇义县委党校教学点	0	0	0	0	0	0	0	0	0	0
宁都县教师进修学校教学点	0	0	0	0	0	0	0	0	0	0
大余县教师进修学校	0	0	0	0	0	0	0	0	0	0
信丰县教师进修学校教学点	0	0	0	0	0	0	0	0	0	0
龙南教师进修学校	0	0	0	0	0	0	0	0	0	0
安远县委党校	0	1	0	33	0	0	0	0	0	0
于都县委党校	0	0	0	0	0	0	0	0	0	0
全南县教师进修学校	0	0	0	0	0	0	0	0	0	0
石城县教师进修学校教学点	0	0	0	0	0	0	0	0	0	0
宜春广播电视大学	0	0	0	0	0	0	0	0	0	0
樟树工作站（教师进修学校）	0	0	0	0	0	0	0	0	0	0
樟树职工学校教学点	0	0	0	0	0	0	0	0	0	0
丰城市教师进修学校教学点	0	0	0	0	0	0	0	0	0	0
靖安县工作站	0	0	0	0	0	0	0	0	0	0
奉新县工作站（教师进修学校）	30	0	0	0	0	0	0	120	0	120
高安工作站（教师进修学校）	0	0	0	0	0	0	0	0	0	0
上高工作站（职工学校）	0	0	0	0	0	0	0	0	0	0
铜鼓县教师进修学校教学点	0	0	0	0	0	0	0	0	0	0
万载县教师进修学校教学点	0	0	0	0	0	0	0	0	0	0
宜丰县工作站（教师进修学校）	0	0	0	0	0	0	0	0	0	0
中共丰城市委党校教学点	0	0	0	0	0	0	0	0	0	0
上高教师进修学校	0	0	0	0	0	0	0	0	0	0
江西省轻工高级技校	0	0	0	0	0	0	0	0	0	0
高安市委党校	0	0	0	0	0	0	0	0	0	0
电大吉安市分校	0	103	0	0	0	0	0	0	0	0
吉安县教师进修学校教学点	0	0	0	0	0	0	0	0	0	0
吉水县教师进修学校教学点	0	0	0	0	0	0	0	0	0	0
永新县工作站	0	0	0	0	0	0	0	0	0	0
中共遂川县委党校教学点	0	0	0	0	0	0	0	0	0	0

5.2 全国电大非学校产权资产情况（续表18）

	固定资产总值（万元）	图书（万册）	计算机（台）		教学用计算机（台）		多媒体教室座位数（个）		语音实验室座位数（个）	
			独立使用	共同使用	独立使用	共同使用	独立使用	共同使用	独立使用	共同使用
安福县教师进修学校	0	0	0	0	0	0	0	0	0	0
万安县委党校	0	0	0	0	0	0	0	0	0	0
峡江县委党校	0	0	0	0	0	0	0	0	0	0
新干县委党校	0	0	0	0	0	0	0	0	0	0
中共永丰县委党校教学点	0	0	0	0	0	0	0	0	0	0
上饶广播电视大学	0	0	0	0	0	0	0	0	0	0
广丰县工作站	0	0	0	0	0	0	0	0	0	0
鄱阳县工作站	0	0	0	0	0	0	0	0	0	0
德兴市工作站	0	0	0	0	0	0	0	0	0	0
婺源县工作站	0	0	0	0	0	0	0	0	0	0
横峰县工作站	0	0	0	0	0	0	0	0	0	0
上饶县工作站	0	0	0	0	0	0	0	0	0	0
万年县工作站	0	0	0	0	0	0	0	0	0	0
玉山县工作站	0	0	0	0	0	0	0	0	0	0
铅山县工作站	0	0	0	0	0	0	0	0	0	0
余干县工作站	0	0	0	0	0	0	0	0	0	0
弋阳县工作站	0	0	0	0	0	0	0	0	0	0
抚州广播电视大学	0	0	0	0	0	0	0	0	0	0
黎川县工作站	0	0	0	0	0	0	30	0	24	0
南丰县工作站	16.8	0	0	80	0	80	0	165	0	60
南城县工作站	0	0	0	0	0	0	0	0	0	0
金溪县工作站	42	0.8	60	0	55	0	30	0	30	0
资溪县工作站	0	0	0	0	0	0	0	0	0	0
乐安县工作站	20	0.2	0	60	0	50	0	100	0	1
山　　东	**16719.56**	**45.4**	**775**	**3343**	**620**	**1750**	**550**	**3810**	**435**	**410**
山东广播电视大学	0	0	0	0	0	0	0	0	0	0
济南广播电视大学	0	0	0	0	0	0	0	0	0	0
烟台广播电视大学	0	0	0	0	0	0	0	0	0	0
潍坊广播电视大学	0	0	0	0	0	0	0	0	0	0
淄博广播电视大学	3099.56	0	260	0	250	0	260	0	200	0
威海市广播电视大学	0	0	0	0	0	0	0	0	0	0
临沂广播电视大学	0	0	0	0	0	0	0	0	0	0
德州广播电视大学	0	0	0	0	0	0	0	0	0	0
滨州广播电视大学	0	3	0	65	0	50	0	100	0	50
菏泽广播电视大学	0	0	0	0	0	0	0	0	0	0
聊城广播电视大学	0	0	0	0	0	0	0	0	0	0
泰安广播电视大学	350	5	155	0	110	0	210	0	0	80
枣庄广播电视大学	0	0	0	0	0	0	0	0	0	0
济宁广播电视大学	0	0	0	0	0	0	0	0	0	0
东营广播电视大学	0	30	0	1778	0	1200	0	1000	0	180
胜利油田广播电视大学	1000	0	0	1500	0	500	0	2710	0	100
莱芜钢铁总厂广播电视大学	12270	7.4	360	0	260	0	80	0	235	0

5.2 全国电大非学校产权资产情况（续表19）

	固定资产总值（万元）	图书（万册）	计算机（台）		教学用计算机（台）		多媒体教室座位数（个）		语音实验室座位数（个）	
			独立使用	共同使用	独立使用	共同使用	独立使用	共同使用	独立使用	共同使用
省直工作处	0	0	0	0	0	0	0	0	0	0
日照广播电视大学	0	0	0	0	0	0	0	0	0	0
荣成市广播电视大学	0	0	0	0	0	0	0	0	0	0
莱芜科技成人中专	0	0	0	0	0	0	0	0	0	0
青　岛	**1393**	**6**	**0**	**300**	**0**	**200**	**0**	**300**	**0**	**92**
青岛广播电视大学	0	0	0	0	0	0	0	0	0	0
莱西分校	0	0	0	0	0	0	0	0	0	0
平度分校	0	0	0	0	0	0	0	0	0	0
胶州分校	0	0	0	0	0	0	0	0	0	42
胶南分校	1393	6	0	300	0	200	0	300	0	50
即墨分校	0	0	0	0	0	0	0	0	0	0
黄岛分校	0	0	0	0	0	0	0	0	0	0
崂山分校	0	0	0	0	0	0	0	0	0	0
城阳分校	0	0	0	0	0	0	0	0	0	0
李沧区分校	0	0	0	0	0	0	0	0	0	0
河　南	**21625.06**	**139.6**	**23**	**2570**	**23**	**1917**	**0**	**8588**	**0**	**745**
河南广播电视大学	0	0	0	0	0	0	0	0	0	0
河南省直广播电视大学	40	37.3	23	117	23	117	0	920	0	200
郑州广播电视大学	0	0	0	0	0	0	0	0	0	0
开封广播电视大学	0	0	0	0	0	0	0	0	0	0
洛阳广播电视大学	0	0	0	0	0	0	0	0	0	0
新乡广播电视大学	0	0	0	0	0	0	0	0	0	0
焦作广播电视大学	0	42.3	0	653	0	500	0	1070	0	262
安阳广播电视大学	0	0	0	0	0	0	0	0	0	0
濮阳广播电视大学	0	0	0	0	0	0	0	0	0	0
鹤壁广播电视大学	0	0	0	0	0	0	0	0	0	0
商丘广播电视大学	0	0	0	0	0	0	0	0	0	0
三门峡广播电视大学	21585.06	60	0	1800	0	1300	0	6598	0	283
平顶山广播电视大学	0	0	0	0	0	0	0	0	0	0
驻马店广播电视大学	0	0	0	0	0	0	0	0	0	0
许昌广播电视大学	0	0	0	0	0	0	0	0	0	0
信阳广播电视大学	0	0	0	0	0	0	0	0	0	0
南阳广播电视大学	0	0	0	0	0	0	0	0	0	0
周口广播电视大学	0	0	0	0	0	0	0	0	0	0
漯河广播电视大学	0	0	0	0	0	0	0	0	0	0
郑州铁路局广播电视大学	0	0	0	0	0	0	0	0	0	0
中原油田广播电视大学	0	0	0	0	0	0	0	0	0	0
济源广播电视大学	0	0	0	0	0	0	0	0	0	0
河南省工商行政管理分校	0	0	0	0	0	0	0	0	0	0
湖　北	**5700**	**0**	**0**	**0**	**0**	**0**	**0**	**0**	**0**	**0**
湖北广播电视大学	0	0	0	0	0	0	0	0	0	0
黄冈广播电视大学	0	0	0	0	0	0	0	0	0	0

5.2 全国电大非学校产权资产情况（续表20）

	固定资产总值（万元）	图书（万册）	计算机（台）		教学用计算机（台）		多媒体教室座位数（个）		语音实验室座位数（个）	
			独立使用	共同使用	独立使用	共同使用	独立使用	共同使用	独立使用	共同使用
孝感市广播电视大学	0	0	0	0	0	0	0	0	0	0
咸宁地区广播电视大学	0	0	0	0	0	0	0	0	0	0
荆州地区广播电视大学	0	0	0	0	0	0	0	0	0	0
宜昌市广播电视大学	0	0	0	0	0	0	0	0	0	0
黄石广播电视大学	0	0	0	0	0	0	0	0	0	0
十堰市广播电视大学	0	0	0	0	0	0	0	0	0	0
襄樊广播电视大学	0	0	0	0	0	0	0	0	0	0
恩施土家族苗族自治州广播电视大学	0	0	0	0	0	0	0	0	0	0
湖北广播电视大学大冶有色金属公司分校	5700	0	0	0	0	0	0	0	0	0
天门市广播电视大学	0	0	0	0	0	0	0	0	0	0
潜江市广播电视大学	0	0	0	0	0	0	0	0	0	0
仙桃广播电视大学	0	0	0	0	0	0	0	0	0	0
湖北广播电视大学江汉油田分校	0	0	0	0	0	0	0	0	0	0
湖北广播电视大学钟祥分校	0	0	0	0	0	0	0	0	0	0
随州广播电视大学	0	0	0	0	0	0	0	0	0	0
武　　汉	**0**	**0**	**0**	**0**	**0**	**0**	**0**	**0**	**0**	**0**
武汉市广播电视大学	0	0	0	0	0	0	0	0	0	0
江岸分校	0	0	0	0	0	0	0	0	0	0
武昌分校	0	0	0	0	0	0	0	0	0	0
桥口分校	0	0	0	0	0	0	0	0	0	0
汉阳分校	0	0	0	0	0	0	0	0	0	0
青山分校	0	0	0	0	0	0	0	0	0	0
洪山分校	0	0	0	0	0	0	0	0	0	0
东西湖分校	0	0	0	0	0	0	0	0	0	0
汉南分校	0	0	0	0	0	0	0	0	0	0
江夏分校	0	0	0	0	0	0	0	0	0	0
蔡甸分校	0	0	0	0	0	0	0	0	0	0
黄陂分校	0	0	0	0	0	0	0	0	0	0
新洲分校	0	0	0	0	0	0	0	0	0	0
武钢分校	0	0	0	0	0	0	0	0	0	0
江汉区电大分校	0	0	0	0	0	0	0	0	0	0
湖　　南	**30354**	**31.46**	**1113**	**2389**	**911**	**1799**	**1937**	**7174**	**301**	**558**
湖南广播电视大学	0	0	0	0	0	0	0	0	0	0
长沙广播电视大学	0	0	0	0	0	0	0	0	0	0
长沙县教师进修学校	25995	0	0	2179	0	1629	0	6724	0	402
望城县电大工作站	0	0	0	0	0	0	0	0	0	0
浏阳教师进修学校	0	0	0	0	0	0	0	0	0	0
宁乡县教师进修学校	0	0	0	0	0	0	0	0	0	0
宁乡玉潭联校点	0	2	0	30	0	30	0	120	0	0
长沙国宾旅游学校	100	0	50	0	40	0	200	0	60	0
株洲广播电视大学	0	0	0	0	0	0	0	0	0	0
株洲市艺术设计学校	0	0	0	0	0	0	0	0	0	0

5.2 全国电大非学校产权资产情况（续表21）

	固定资产总值（万元）	图书（万册）	计算机（台）		教学用计算机（台）		多媒体教室座位数（个）		语音实验室座位数（个）	
			独立使用	共同使用	独立使用	共同使用	独立使用	共同使用	独立使用	共同使用
湖南省商业技术学院	0	0	0	0	0	0	0	0	0	0
株洲市技术学院	0	0	0	0	0	0	0	0	0	0
株洲县电大工作站	0	0	0	0	0	0	0	0	0	0
株洲分校醴陵电大工作站	0	0	0	0	0	0	0	0	0	0
攸县电大工作站	0	0	0	0	0	0	0	0	0	0
茶陵县电大工作站	0	0	0	0	0	0	0	0	0	0
炎陵县电大工作站	0	0	0	0	0	0	0	0	0	0
株洲市中等职业学校	0	0	0	0	0	0	0	0	0	0
湘潭广播电视大学	0	0	0	0	0	0	0	0	0	0
湘潭县财政局教学点	0	0	0	0	0	0	0	0	0	0
湘潭新华电脑学校	0	1.5	65	0	48	0	1	0	1	0
湘乡市东山教学点	0	0	0	0	0	0	0	0	0	0
湘乡市第一职业中专	0	0	0	0	0	0	0	0	0	0
韶山市司法局教学点	0	6.8	380	0	380	0	384	0	128	0
衡阳市广播电视大学	0	0	0	0	0	0	0	0	0	0
耒阳师范学校教学点	0	0	0	0	0	0	0	0	0	0
衡东农广校教学点	0	0	0	0	0	0	0	0	0	0
祁东县电大教学点	0	0	0	0	0	0	0	0	0	0
衡阳市城南电大站	0	0	0	0	0	0	0	0	0	0
衡阳电大常宁分校	0	0	0	0	0	0	0	0	0	0
衡山县教师进修学校	0	0	0	0	0	0	0	0	0	0
湖南科技经贸职业学院	0	0	0	0	0	0	0	0	0	0
邵阳广播电视大学	0	0	0	0	0	0	0	0	0	0
洞口县成人中专校	0	0	0	0	0	0	0	0	0	0
邵东县电大工作站	0	0	0	0	0	0	0	0	0	0
新宁县电大工作站	0	0	0	0	0	0	0	0	0	0
中共新邵县委党校	0	0	0	0	0	0	0	0	0	0
隆回县委党校	0	0	0	0	0	0	0	0	0	0
武冈市电大工作站	0	0	0	0	0	0	0	0	0	0
绥宁县教师进修学校	153	0	0	0	0	0	0	0	0	0
邵阳县电大工作站	0	0	0	0	0	0	0	0	0	0
城步县电大工作站	0	0	0	0	0	0	0	0	0	0
岳阳广播电视大学	0	0	0	0	0	0	0	0	0	0
岳阳县电大工作站	0	0	0	0	0	0	0	0	0	0
临湘市电大工作站	0	0	0	0	0	0	0	0	0	0
华容县电大工作站	0	0	0	0	0	0	0	0	0	0
汨罗县电大工作站	0	0	0	0	0	0	0	0	0	0
平江县电大工作站	0	0	0	0	0	0	0	0	0	0
湘阴县电大工作站	0	0	0	0	0	0	0	0	0	0
岳阳县教师进修学校	0	0	0	0	0	0	0	0	0	0
娄底广播电视大学	0	0	0	0	0	0	0	0	0	0
涟源市教研师训中心	0	0	0	0	0	0	0	0	0	0

5.2 全国电大非学校产权资产情况（续表22）

	固定资产总值（万元）	图书（万册）	计算机（台）		教学用计算机（台）		多媒体教室座位数（个）		语音实验室座位数（个）	
			独立使用	共同使用	独立使用	共同使用	独立使用	共同使用	独立使用	共同使用
双峰县电大工作站	0	0	90	0	70	0	0	0	64	40
冷水江市教学点	0	0	0	0	0	0	0	0	0	0
新化县教师进修学校	1200	1.4	200	0	45	0	600	0	0	0
零陵分校	0	0	0	0	0	0	0	0	0	0
宁远县教师进修学校	0	0	0	0	0	0	0	0	0	0
江永县教师进修学校	0	0	0	0	0	0	0	0	0	0
道县教师进修学校	0	0	0	0	0	0	0	0	0	0
蓝山县教师进修学校	0	0	0	0	0	0	0	0	0	0
江华县教师进修学校教学点	0	0	0	0	0	0	0	0	0	0
祁阳县电大工作站	0	0	0	0	0	0	0	0	0	0
新田县电大工作站	0	0	0	0	0	0	0	0	0	0
东安县教师进修学校	0	0	0	0	0	0	0	0	0	0
郴州广播电视大学	0	0	0	0	0	0	0	0	0	0
永兴县电大工作站	0	0	0	0	0	0	0	0	0	0
宜章县电大工作站	0	0	0	0	0	0	0	0	0	0
桂阳县电大工作站	0	0	0	0	0	0	0	0	0	0
汝城县电大工作站	0	0	0	0	0	0	0	0	0	0
资兴市电大工作站	0	0	0	0	0	0	0	0	0	0
桂东县电大工作站	0	0	0	0	0	0	0	0	0	0
嘉禾县教师进修学校	0	0	0	0	0	0	0	0	0	0
中共嘉禾县委党校	0	0	0	0	0	0	0	0	0	0
益阳广播电视大学	0	0	0	0	0	0	0	0	0	0
南县电大工作站	0	0	0	0	0	0	0	0	0	0
桃江县电大站	0	0	0	0	0	0	0	0	0	0
沅江市教师进修学校	0	0	0	0	0	0	0	0	0	0
安化县教师进修学校	0	0	0	0	0	0	0	0	0	0
资阳电大工作站	0	0	0	0	0	0	0	0	0	0
赫山电大工作站	80	2	0	120	0	100	0	180	0	60
益阳分校第一职业中专学校	0	0	0	0	0	0	0	0	0	0
益阳分校湘益中专教学点	0	0	0	0	0	0	0	0	0	0
常德广播电视大学	0	0	0	0	0	0	0	0	0	0
武陵区电大工作站	0	0	0	0	0	0	0	0	0	0
常德电大鼎城工作站	0	0	0	0	0	0	0	0	0	0
汉寿县电大工作站	0	0	0	0	0	0	0	0	0	0
桃源县电大工作站	0	0	0	0	0	0	0	0	0	0
临澧县电大工作站	0	0	0	0	0	0	0	0	0	0
石门县电大工作站	0	0	0	0	0	0	0	0	0	0
澧县电大工作站	0	0	0	0	0	0	0	0	0	0
安乡县电大工作站	25	8.06	0	60	0	40	0	150	0	56
怀化广播电视大学	0	0	0	0	0	0	0	0	0	0
沅陵工业中专	0	0	0	0	0	0	0	0	0	0
沅陵县远程教育站	90	1.5	60	0	60	0	90	0	0	0

5.2 全国电大非学校产权资产情况（续表23）

	固定资产总值（万元）	图书（万册）	计算机（台）		教学用计算机（台）		多媒体教室座位数（个）		语音实验室座位数（个）	
			独立使用	共同使用	独立使用	共同使用	独立使用	共同使用	独立使用	共同使用
辰溪县委党校	0	0	0	0	0	0	0	0	0	0
芷江县电大工作站	0	0	0	0	0	0	0	0	0	0
新晃县教师进修学校	0	0	0	0	0	0	0	0	0	0
洪江市第一教师进修学校	0	0	0	0	0	0	0	0	0	0
洪江区电大教学点	0	0	0	0	0	0	0	0	0	0
洪江市振华学校	0	0	0	0	0	0	0	0	0	0
会同县职业中专学校教学点	0	0	0	0	0	0	0	0	0	0
通道县职业技术总校教学点	0	0	0	0	0	0	0	0	0	0
靖州县教师进修学校教学点	0	0	0	0	0	0	0	0	0	0
怀化万昌职业中专	0	0	0	0	0	0	0	0	0	0
溆浦县教师进修学校	0	0	0	0	0	0	0	0	0	0
怀化分校麻阳教师进修学校	0	0	0	0	0	0	0	0	0	0
芷江师范	0	0	0	0	0	0	0	0	0	0
洪江市教师进修学校	0	0	0	0	0	0	0	0	0	0
怀化分校会同党校	0	0	0	0	0	0	0	0	0	0
湖南电大怀化分校沅陵教学点	0	0	0	0	0	0	0	0	0	0
湘西民族广播电视大学	0	0	0	0	0	0	0	0	0	0
花垣县电大工作站	0	0	0	0	0	0	0	0	0	0
龙山县电大工作站	0	0	0	0	0	0	0	0	0	0
永顺县电大工作站	0	0	0	0	0	0	0	0	0	0
保靖县电大工作站	0	0	0	0	0	0	0	0	0	0
古丈县电大工作站	0	0	0	0	0	0	0	0	0	0
凤凰县电大工作站	0	0	0	0	0	0	0	0	0	0
泸溪县电大工作站	0	0	0	0	0	0	0	0	0	0
张家界市广播电视大学	0	0	0	0	0	0	0	0	0	0
桑植县电大工作站	0	0	0	0	0	0	0	0	0	0
慈利县电大工作站	0	0	0	0	0	0	0	0	0	0
津市分校	0	0	0	0	0	0	0	0	0	0
岳阳石化总厂广播电视大学	0	0	0	0	0	0	0	0	0	0
卫生分校	0	0	0	0	0	0	0	0	0	0
省中医药高等专科学校	0	0	0	0	0	0	0	0	0	0
衡阳市卫校	0	0	0	0	0	0	0	0	0	0
邵阳市医专	0	0	0	0	0	0	0	0	0	0
岳阳职业技术学院	0	0	0	0	0	0	0	0	0	0
娄底市卫校	0	0	0	0	0	0	0	0	0	0
永州职业技术学院	0	0	0	0	0	0	0	0	0	0
郴州医专	0	0	0	0	0	0	0	0	0	0
益阳市卫生职业技术学校	0	0	0	0	0	0	0	0	0	0
常德职业技术学院	0	0	0	0	0	0	0	0	0	0
怀化医专	0	0	0	0	0	0	0	0	0	0
湘南学院教学点	0	0	0	0	0	0	0	0	0	0
益阳医学高等专科学校	0	0	0	0	0	0	0	0	0	0

5.2 全国电大非学校产权资产情况（续表24）

	固定资产总值（万元）	图书（万册）	计算机（台）		教学用计算机（台）		多媒体教室座位数（个）		语音实验室座位数（个）	
			独立使用	共同使用	独立使用	共同使用	独立使用	共同使用	独立使用	共同使用
衡阳华南	0	0	0	0	0	0	0	0	0	0
涟钢分校	2711	8.2	268	0	268	0	662	0	48	0
湖南广播电视大学药学分校	0	0	0	0	0	0	0	0	0	0
广　东	**8354.49**	**30.7**	**60**	**633**	**60**	**563**	**60**	**383**	**0**	**157**
广东广播电视大学	0	0	0	0	0	0	0	0	0	0
法律分校	0	0	0	0	0	0	0	0	0	0
省电力局分校	7974.49	16	0	263	0	263	0	263	0	57
省公路局分校	0	0	0	0	0	0	0	0	0	0
广东电大深圳拱北海关分校	0	0	0	0	0	0	0	0	0	0
珠海市广播电视大学	0	0	0	0	0	0	0	0	0	0
斗门广播电视大学	0	0	0	0	0	0	0	0	0	0
汕头广播电视大学	0	0	0	0	0	0	0	0	0	0
汕头广播电视大学潮阳电大	0	0	0	0	0	0	0	0	0	0
汕头广播电视大学澄海电大	0	0	0	0	0	0	0	0	0	0
韶关市广播电视大学	0	0	0	0	0	0	0	0	0	0
韶关市曲江区广播电视大学	0	0	0	0	0	0	0	0	0	0
仁化广播电视大学	0	0	0	0	0	0	0	0	0	0
新丰县广播电视大学	0	0	0	0	0	0	0	0	0	0
广东省翁源县广播电视大学	0	0	0	0	0	0	0	0	0	0
始兴县广播电视大学	370	0	60	0	60	0	60	0	0	0
南雄市广播电视大学	0	0	0	0	0	0	0	0	0	0
乐昌市广播电视大学	0	0	0	0	0	0	0	0	0	0
乳源瑶族自治县广播电视大学	0	0	0	0	0	0	0	0	0	0
汕尾市广播电视大学	0	0	0	0	0	0	0	0	0	0
海丰县广播电视大学	0	0	0	0	0	0	0	0	0	0
陆丰市广播电视大学	0	0	0	0	0	0	0	0	0	0
陆河县广播电视大学	0	0	0	0	0	0	0	0	0	0
梅州市广播电视大学	0	0	0	0	0	0	0	0	0	0
梅江区广播电视大学	0	0	0	0	0	0	0	0	0	0
蕉岭县广播电视大学	0	0	0	0	0	0	0	0	0	0
大埔县广播电视大学	0	0	0	0	0	0	0	0	0	0
丰顺县广播电视大学	0	0	0	0	0	0	0	0	0	0
五华县广播电视大学	0	0	0	0	0	0	0	0	0	0
广东省兴宁市广播电视大学	0	0	0	0	0	0	0	0	0	0
平远县广播电视大学	0	0	0	0	0	0	0	0	0	0
惠州市广播电视大学	0	0	0	0	0	0	0	0	0	0
惠阳区广播电视大学	0	0	0	0	0	0	0	0	0	0
惠东县广播电视大学	0	0	0	0	0	0	0	0	0	0
博罗县广播电视大学	0	0	0	0	0	0	0	0	0	0
龙门县广播电视大学	0	0	0	0	0	0	0	0	0	0
东莞市广播电视大学	0	0	0	0	0	0	0	0	0	0
中山市广播电视大学	0	0	0	0	0	0	0	0	0	0

5.2 全国电大非学校产权资产情况（续表25）

	固定资产总值（万元）	图书（万册）	计算机（台）		教学用计算机（台）		多媒体教室座位数（个）		语音实验室座位数（个）	
			独立使用	共同使用	独立使用	共同使用	独立使用	共同使用	独立使用	共同使用
江门市广播电视大学	0	0	0	0	0	0	0	0	0	0
新会市广播电视大学	0	0	0	0	0	0	0	0	0	0
台山磐石电视大学	0	0	0	0	0	0	0	0	0	0
开平市广播电视大学	0	0	0	0	0	0	0	0	0	0
恩平市广播电视大学	0	0	0	0	0	0	0	0	0	0
鹤山市广播电视大学	0	12	0	330	0	300	0	120	0	100
佛山广播电视大学	0	0	0	0	0	0	0	0	0	0
三水广播电视大学	0	0	0	0	0	0	0	0	0	0
高明广播电视大学	0	0	0	0	0	0	0	0	0	0
阳江市广播电视大学	0	0	0	0	0	0	0	0	0	0
阳春市广播电视大学	0	0	0	0	0	0	0	0	0	0
湛江市广播电视大学	0	0	0	0	0	0	0	0	0	0
雷州市广播电视大学	0	0	0	0	0	0	0	0	0	0
徐闻县广播电视大学	0	0	0	0	0	0	0	0	0	0
遂溪县广播电视大学	0	0	0	0	0	0	0	0	0	0
吴川市广播电视大学	0	0	0	0	0	0	0	0	0	0
廉江市广播电视大学	0	0	0	0	0	0	0	0	0	0
茂名广播电视大学	0	0	0	0	0	0	0	0	0	0
高州市广播电视大学	0	0	0	0	0	0	0	0	0	0
信宜市广播电视大学	0	0	0	0	0	0	0	0	0	0
电白广播电视大学	0	0	0	0	0	0	0	0	0	0
化州市广播电视大学	0	0	0	0	0	0	0	0	0	0
肇庆广播电视大学	0	0	0	0	0	0	0	0	0	0
高要市广播电视大学	0	0	0	0	0	0	0	0	0	0
四会市广播电视大学	0	0	0	0	0	0	0	0	0	0
广宁县广播电视大学	0	0	0	0	0	0	0	0	0	0
德庆县广播电视大学	0	0	0	0	0	0	0	0	0	0
封开县广播电视大学	0	0	0	0	0	0	0	0	0	0
怀集县广播电视大学	0	0	0	0	0	0	0	0	0	0
清远市广播电视大学	0	0	0	0	0	0	0	0	0	0
英德电大	0	0	0	0	0	0	0	0	0	0
佛冈县广播电视大学	0	0	0	0	0	0	0	0	0	0
阳山县广播电视大学	0	0	0	0	0	0	0	0	0	0
连山壮族瑶族自治县广播电视大学	0	0	0	0	0	0	0	0	0	0
连南瑶族自治县广播电视大学	0	0	0	0	0	0	0	0	0	0
连州市广播电视大学	0	0	0	0	0	0	0	0	0	0
潮州广播电视大学	0	0	0	0	0	0	0	0	0	0
饶平县广播电视大学	0	0	0	0	0	0	0	0	0	0
潮安广播电视大学	0	0	0	0	0	0	0	0	0	0
揭阳广播电视大学	0	0	0	0	0	0	0	0	0	0
普宁市广播电视大学	0	1.2	0	0	0	0	0	0	0	0
广东省揭西县广播电视大学	0	0	0	0	0	0	0	0	0	0

5.2 全国电大非学校产权资产情况（续表26）

	固定资产总值（万元）	图书（万册）	计算机（台）		教学用计算机（台）		多媒体教室座位数（个）		语音实验室座位数（个）	
			独立使用	共同使用	独立使用	共同使用	独立使用	共同使用	独立使用	共同使用
惠来县广播电视大学	0	0	0	0	0	0	0	0	0	0
揭东县广播电视大学	0	0	0	0	0	0	0	0	0	0
河源广播电视大学	0	0	0	0	0	0	0	0	0	0
和平县广播电视大学	0	0	0	0	0	0	0	0	0	0
龙川广播电视大学	0	0	0	0	0	0	0	0	0	0
紫金县广播电视大学	0	0	0	0	0	0	0	0	0	0
连平县广播电视大学	0	0	0	0	0	0	0	0	0	0
云浮市广播电视大学	0	0	0	0	0	0	0	0	0	0
云硫电大	10	1.5	0	40	0	0	0	0	0	0
罗定市广播电视大学	0	0	0	0	0	0	0	0	0	0
新兴电大	0	0	0	0	0	0	0	0	0	0
郁南电大	0	0	0	0	0	0	0	0	0	0
南海广播电视大学	0	0	0	0	0	0	0	0	0	0
顺德广播电视大学	0	0	0	0	0	0	0	0	0	0
广　州	**12377**	**57.2**	**980**	**1020**	**430**	**560**	**70**	**1840**	**170**	**280**
广州市广播电视大学	0	0	0	0	0	0	0	0	0	0
东山区分校	0	0	0	0	0	0	0	0	0	0
海珠区分校	0	0	120	360	0	0	0	200	0	0
荔湾分校	0	0	0	0	0	0	0	0	0	0
越秀区分校	0	0	0	0	0	0	0	0	0	0
天河区分校	0	0	0	0	0	0	0	0	0	0
开发区分校	110	0	0	140	0	140	0	0	0	0
市轻工业局分校	0	0	0	0	0	0	0	0	0	0
侨光分校	0	0	0	0	0	0	0	0	0	0
机电局分校	0	0	0	0	0	0	0	0	0	0
法律专业工作站	0	0	0	0	0	0	0	0	0	0
市二轻局工作站	0	0	0	0	0	0	0	0	0	0
番禺区广播电视大学	0	0	0	0	0	0	0	0	0	0
从化市分校	0	0	0	0	0	0	0	0	0	0
花都区广播电视大学	0	0	0	0	0	0	0	0	0	0
增城市广播电视大学	2100	0	0	0	0	0	0	0	0	0
市银行学校电大工作站	0	0	0	0	0	0	0	0	0	0
东方教学点	430	0.5	560	0	180	0	20	0	120	0
广州市港务局工作站	0	0	0	0	0	0	0	0	0	0
金融分校	9557	53.7	200	400	150	300	0	1500	0	120
广州市广播电视大学广大人文学院工作站	180	3	100	120	100	120	50	140	50	160
广州电大黄埔工作站	0	0	0	0	0	0	0	0	0	0
广州电大广州港分校	0	0	0	0	0	0	0	0	0	0
广州电大商贸工作站	0	0	0	0	0	0	0	0	0	0
广州康大工作站	0	0	0	0	0	0	0	0	0	0
广州电大中奥工作站	0	0	0	0	0	0	0	0	0	0
广州电大幼师工作站	0	0	0	0	0	0	0	0	0	0

5.2 全国电大非学校产权资产情况（续表27）

	固定资产总值（万元）	图书（万册）	计算机（台）		教学用计算机（台）		多媒体教室座位数（个）		语音实验室座位数（个）	
			独立使用	共同使用	独立使用	共同使用	独立使用	共同使用	独立使用	共同使用
深　圳	**7750**	**46.01**	**3270**	**800**	**1740**	**690**	**694**	**1158**	**128**	**120**
深圳市广播电视大学	1015	4	3060	0	1550	0	48	0	48	0
蛇口分校	0	0	0	0	0	0	0	0	0	0
宝安分校	0	0	0	0	0	0	0	0	0	0
沙头角分校	0	0	0	0	0	0	0	0	0	0
南山分校	0	0	0	0	0	0	0	0	0	0
龙岗分校	0	0	0	0	0	0	0	0	0	0
罗湖分校	0	0	0	0	0	0	0	0	0	0
福田分校	0	0	0	0	0	0	0	0	0	0
光明教学点	274	2.5	60	0	60	0	46	0	0	0
龙华教学点	0	0	0	0	0	0	0	0	0	0
高技校教学点	3621	39.51	150	650	130	630	600	900	80	120
观澜教学点	2840	0	0	150	0	60	0	258	0	0
广　西	**8988.2**	**24.46**	**0**	**3283**	**0**	**2045**	**0**	**2776**	**0**	**632**
广西广播电视大学	0	0	0	0	0	0	0	0	0	0
广西电大区直分校	0	0	0	0	0	0	0	0	0	0
南宁市广播电视大学	0	0	0	0	0	0	0	0	0	0
柳州市广播电视大学	0	0	0	140	0	140	0	300	0	300
桂林市广播电视大学	0	7.47	0	0	0	0	0	0	0	0
梧州市分校	0	0	0	0	0	0	0	0	0	0
南宁地区电大分校	2578.2	12.5	0	250	0	200	0	520	0	56
来宾市分校	0	0	0	0	0	0	0	0	0	0
贺州市分校	500	0	0	65	0	65	0	40	0	40
百色民族分校	0	0	0	0	0	0	0	0	0	0
钦州市分校	4810	0	0	2218	0	1080	0	950	0	180
北海市广播电视大学	0	0	0	0	0	0	0	0	0	0
检察分校	1100	0	0	0	0	0	0	0	0	0
贵港市广播电视大学	0	0	0	0	0	0	0	0	0	0
防城港市工作站	0	0	0	0	0	0	0	0	0	0
玉林商务分校	0	0	0	0	0	0	0	0	0	0
广西电大工商分校	0	4.49	0	610	0	560	0	966	0	56
广西银行学校电大工作站	0	0	0	0	0	0	0	0	0	0
海　南	**0**	**0**	**0**	**0**	**0**	**0**	**0**	**0**	**0**	**0**
海南广播电视大学	0	0	0	0	0	0	0	0	0	0
四　川	**9753**	**78.35**	**2310**	**1698**	**1625**	**916**	**390**	**3205**	**1**	**239**
四川广播电视大学	5320	65	2250	990	1565	640	310	2910	0	130
建设厅分校	500	0.5	0	60	0	60	0	40	0	40
省级机关分校	0	0	0	0	0	0	0	0	0	0
成都铁路局分校	0	0	0	0	0	0	0	0	0	0
德阳广播电视大学	0	0	0	0	0	0	0	0	0	0
绵阳广播电视大学	0	0	0	0	0	0	0	0	0	0
广元广播电视大学	0	0	0	0	0	0	0	0	0	0

5.2 全国电大非学校产权资产情况（续表28）

	固定资产总值（万元）	图书（万册）	计算机（台）		教学用计算机（台）		多媒体教室座位数（个）		语音实验室座位数（个）	
			独立使用	共同使用	独立使用	共同使用	独立使用	共同使用	独立使用	共同使用
四川电大遂宁应用职业技术学校教学点	0	0	0	0	0	0	0	0	0	0
雅安分校	0	0	0	0	0	0	0	0	0	0
乐山广播电视大学	750	0	0	150	0	150	0	50	0	20
内江广播电视大学	0	0	0	0	0	0	0	0	0	0
自贡广播电视大学	0	0	0	0	0	0	0	0	0	0
宜宾广播电视大学	0	0	0	0	0	0	0	0	0	0
泸州广播电视大学	0	0	0	0	0	0	0	0	0	0
南充广播电视大学	0	0	0	0	0	0	0	0	0	0
达州广播电视大学	0	0	0	0	0	0	0	0	0	0
甘孜分校	0	0	0	0	0	0	0	0	0	0
凉山广播电视大学	0	0	0	0	0	0	0	0	0	0
攀枝花广播电视大学	0	1.15	0	188	0	0	0	0	0	0
巴中广播电视大学	0	0	0	0	0	0	0	0	0	0
广安广播电视大学	0	0	0	0	0	0	0	0	0	0
眉山广播电视大学	1483	4	60	60	60	60	30	30	1	49
资阳广播电视大学	1700	6.6	0	240	0	0	50	175	0	0
阿坝广播电视大学	0	0	0	0	0	0	0	0	0	0
四川广播电视大学直属学院蓬溪分校	0	0	0	0	0	0	0	0	0	0
四川广播电视大学直属学院射洪分校	0	0	0	0	0	0	0	0	0	0
四川广播电视大学直属学院大英分校	0	0	0	0	0	0	0	0	0	0
四川广播电视大学直属学院西昌分院	0	0	0	0	0	0	0	0	0	0
四川广播电视大学直属学院雷波工作站	0	0	0	0	0	0	0	0	0	0
四川广播电视大学直属学院宁南工作站	0	0	0	0	0	0	0	0	0	0
四川广播电视大学直属学院甘洛工作站	0	1.1	0	10	0	6	0	0	0	0
四川广播电视大学直属学院越西工作站	0	0	0	0	0	0	0	0	0	0
四川广播电视大学直属学院昭觉工作站	0	0	0	0	0	0	0	0	0	0
四川广播电视大学直属学院美姑工作站	0	0	0	0	0	0	0	0	0	0
成　都	**0**	**14.6**	**0**	**1680**	**0**	**1300**	**0**	**58**	**0**	**314**
成都广播电视大学	0	0	0	0	0	0	0	0	0	0
龙泉分校	0	0	0	0	0	0	0	0	0	0
彭州分校	0	0	0	0	0	0	0	0	0	0
新都分校	0	0	0	0	0	0	0	0	0	0
双流分校	0	0	0	0	0	0	0	0	0	0
崇州分校	0	0	0	0	0	0	0	0	0	0
邛崃分校	0	0	0	0	0	0	0	0	0	0
郫县分校	0	0	0	0	0	0	0	0	0	0
温江分校	0	0	0	0	0	0	0	0	0	0
金堂分校	0	0	0	0	0	0	0	0	0	0
五冶分校	0	0	0	0	0	0	0	0	0	0
蒲江分校	0	0	0	0	0	0	0	0	0	0
电子工业分校	0	14.6	0	1680	0	1300	0	58	0	314
新津分校	0	0	0	0	0	0	0	0	0	0

5.2 全国电大非学校产权资产情况（续表29）

	固定资产总值（万元）	图书（万册）	计算机（台）		教学用计算机（台）		多媒体教室座位数（个）		语音实验室座位数（个）	
			独立使用	共同使用	独立使用	共同使用	独立使用	共同使用	独立使用	共同使用
青羊分校	0	0	0	0	0	0	0	0	0	0
旅游分校	0	0	0	0	0	0	0	0	0	0
重　庆	**3436.6**	**5.1**	**770**	**240**	**740**	**210**	**2126**	**870**	**0**	**110**
重庆广播电视大学	0	0	0	0	0	0	0	0	0	0
渝中区分校	0	0	0	0	0	0	0	0	0	0
重庆铁路分校	0	0	0	0	0	0	0	0	0	0
重庆钢铁公司分校	0	0	0	0	0	0	0	0	0	0
南岸分校	0	0	0	0	0	0	0	0	0	0
九龙坡工作站	0	0	0	0	0	0	0	0	0	0
江北工作站	0	0	0	0	0	0	0	0	0	0
沙坪坝区电大分校	0	0	0	0	0	0	0	0	0	0
永川市广播电视大学	0	0	0	0	0	0	0	0	0	0
北碚区工作站	0	0	0	0	0	0	0	0	0	0
万盛区工作站	0	0	0	0	0	0	0	0	0	0
荣昌县工作站	0	0	0	0	0	0	0	0	0	0
綦江县工作站	600	0	0	0	0	0	0	0	0	0
合川广播电视大学	0	0	0	0	0	0	0	0	0	0
长寿分校	346.6	0	10	0	10	0	1026	0	0	0
铜梁县工作站	2000	0.2	600	0	580	0	300	0	0	0
渝北分校	0	0	0	0	0	0	0	0	0	0
潼南县工作站	0	0	0	0	0	0	0	0	0	0
大足县工作站	0	0	0	0	0	0	0	0	0	0
巴南分校	0	0	0	0	0	0	0	0	0	0
江津广播电视大学	0	0	0	0	0	0	0	0	0	0
大渡口分校	0	0	0	0	0	0	0	0	0	0
璧山分校	0	0	0	0	0	0	0	0	0	0
万州广播电视大学	0	0	0	0	0	0	0	0	0	0
涪陵广播电视大学	0	0	0	0	0	0	0	0	0	0
黔江广播电视大学	0	0	0	0	0	0	0	0	0	0
南川分校	0	0	0	0	0	0	0	0	0	0
垫江分校	0	0	0	0	0	0	0	0	0	0
丰都县电大工作站	0	0.7	0	50	0	50	0	20	0	50
武隆分校	0	0	0	0	0	0	0	0	0	0
梁平县电大工作站	0	0	0	0	0	0	0	0	0	0
重庆电大经贸学院	0	0	0	0	0	0	0	0	0	0
重庆电大建筑工程学院	490	4.2	160	190	150	160	800	700	0	0
酉阳分校	0	0	0	0	0	0	0	0	0	0
秀山分校	0	0	0	0	0	0	0	0	0	0
石柱分校	0	0	0	0	0	0	0	0	0	0
彭水电大工作站	0	0	0	0	0	0	0	0	0	0
奉节县电大工作站	0	0	0	0	0	0	0	0	0	0
云阳县电大工作站	0	0	0	0	0	0	0	150	0	60

5.2 全国电大非学校产权资产情况（续表30）

	固定资产总值（万元）	图书（万册）	计算机（台）		教学用计算机（台）		多媒体教室座位数（个）		语音实验室座位数（个）	
			独立使用	共同使用	独立使用	共同使用	独立使用	共同使用	独立使用	共同使用
巫山分校	0	0	0	0	0	0	0	0	0	0
巫溪电大工作站	0	0	0	0	0	0	0	0	0	0
城口电大工作站	0	0	0	0	0	0	0	0	0	0
开县电大工作站	0	0	0	0	0	0	0	0	0	0
忠县电大工作站	0	0	0	0	0	0	0	0	0	0
铜梁分校	0	0	0	0	0	0	0	0	0	0
重庆电大企业管理学院	0	0	0	0	0	0	0	0	0	0
市药监局电大工作站	0	0	0	0	0	0	0	0	0	0
贵　　州	**0**	**0**	**0**	**0**	**0**	**0**	**0**	**0**	**0**	**0**
贵州广播电视大学	0	0	0	0	0	0	0	0	0	0
省直分校	0	0	0	0	0	0	0	0	0	0
贵阳市分校	0	0	0	0	0	0	0	0	0	0
遵义地区分校	0	0	0	0	0	0	0	0	0	0
安顺地区分校	0	0	0	0	0	0	0	0	0	0
黔南州分校	0	0	0	0	0	0	0	0	0	0
黔东南州分校	0	0	0	0	0	0	0	0	0	0
黔西南州分校	0	0	0	0	0	0	0	0	0	0
毕节地区分校	0	0	0	0	0	0	0	0	0	0
六盘水市分校	0	0	0	0	0	0	0	0	0	0
铜仁分校	0	0	0	0	0	0	0	0	0	0
水城钢铁公司分校	0	0	0	0	0	0	0	0	0	0
航天管理局工作站	0	0	0	0	0	0	0	0	0	0
黎阳机械公司工作站	0	0	0	0	0	0	0	0	0	0
贵航技校电大工作站	0	0	0	0	0	0	0	0	0	0
云　　南	**111215.79**	**283.1**	**0**	**5133**	**0**	**4288**	**0**	**14303**	**0**	**2091**
云南广播电视大学	0	0	0	0	0	0	0	0	0	0
昆明广播电视大学	0	0	0	0	0	0	0	0	0	0
玉溪广播电视大学	1929.82	5.8	0	120	0	100	0	240	0	100
思茅广播电视大学	0	0	0	0	0	0	0	0	0	0
西双版纳广播电视大学	0	0	0	0	0	0	0	0	0	0
红河分校	19605	41.33	0	1336	0	1300	0	1898	0	344
文山分校	5280	50.67	0	312	0	286	0	1006	0	112
曲靖分校	52350.8	65.49	0	780	0	690	0	7200	0	360
昭通分校	0	0	0	0	0	0	0	0	0	0
楚雄广播电视大学	12118.13	38.6	0	1200	0	790	0	650	0	251
大理分校	0	37.3	0	0	0	0	0	0	0	0
保山分校	0	0	0	0	0	0	0	0	0	0
临沧分校	8962.33	12.4	0	400	0	385	0	1120	0	148
德宏广播电视大学	4980.5	13.72	0	485	0	320	0	949	0	236
丽江分校	5989.21	17.79	0	500	0	417	0	1240	0	540
文山州民族干部学校	0	0	0	0	0	0	0	0	0	0
昆明市总工会分校	0	0	0	0	0	0	0	0	0	0

5.2　全国电大非学校产权资产情况（续表31）

	固定资产总值（万元）	图书（万册）	计算机（台）		教学用计算机（台）		多媒体教室座位数（个）		语音实验室座位数（个）	
			独立使用	共同使用	独立使用	共同使用	独立使用	共同使用	独立使用	共同使用
云南省电大政法分校	0	0	0	0	0	0	0	0	0	0
陕　　西	**4631.2**	**101.81**	**50**	**552**	**50**	**524**	**0**	**519**	**64**	**186**
陕西省广播电视大学	0	0	0	0	0	0	0	0	0	0
延安分校	0	0	0	0	0	0	0	0	0	0
榆林地区分校	0	0	0	0	0	0	0	0	0	0
咸阳市分校	0	0	0	0	0	0	0	0	0	0
宝鸡市分校	0	0	0	0	0	0	0	0	0	0
安康分校	0	0	0	0	0	0	0	0	0	0
汉中分校	0	0	0	0	0	0	0	0	0	0
渭南分校	0	0	0	0	0	0	0	0	0	0
商洛地区分校	0	0	0	0	0	0	0	0	0	0
铜川市分校	0	0	0	0	0	0	0	0	0	0
航空工业局工作站	1337	6.3	0	219	0	219	0	128	0	40
省电子工业局工作站	0	0	0	0	0	0	0	0	0	0
兵器工业管理局工作站	0	0	0	0	0	0	0	0	0	0
省冶金局工作站	0	0	0	0	0	0	0	0	0	0
省石油化学工业局工作站	408	0.21	0	43	0	15	0	26	0	26
陕西省纺织公司工作站	0	0	0	0	0	0	0	0	0	0
省水利厅工作站	0	0	0	0	0	0	0	0	0	0
高新分校	0	0	0	0	0	0	0	0	0	0
省电大商务厅工作站	15	50	0	120	0	120	0	160	0	120
新城分校	0	0	0	0	0	0	0	0	0	0
工运学院电大	0	0	0	0	0	0	0	0	0	0
陕西广播电视大学宝鸡农校教育中心	400	40	0	0	0	0	0	0	0	0
陕西银行学校	2471.2	5.3	50	170	50	170	0	205	64	0
西安工程技术学院	0	0	0	0	0	0	0	0	0	0
陕西省机电工程学校	0	0	0	0	0	0	0	0	0	0
陕西通信技术学院	0	0	0	0	0	0	0	0	0	0
陕西广播电视大学镇安财校教学点	0	0	0	0	0	0	0	0	0	0
西安铁路高级工学校	0	0	0	0	0	0	0	0	0	0
陕西省理工学校	0	0	0	0	0	0	0	0	0	0
陕西扶贫技术学院教学点	0	0	0	0	0	0	0	0	0	0
西安	2792	25.5	431	865	190	322	185	720	124	220
西安市广播电视大学	0	0	0	0	0	0	0	0	0	0
西安电大城东分校	0	0	0	0	0	0	0	0	0	50
西安电大现代教育培训学院	0	2.9	0	100	0	100	0	90	0	100
莲湖区分校	166	12	181	0	0	0	105	0	0	0
长安分校	0	0	0	0	0	0	0	300	0	40

5.2 全国电大非学校产权资产情况（续表32）

	固定资产总值（万元）	图书（万册）	计算机（台）		教学用计算机（台）		多媒体教室座位数（个）		语音实验室座位数（个）	
			独立使用	共同使用	独立使用	共同使用	独立使用	共同使用	独立使用	共同使用
临潼分校	0	0	0	0	0	0	0	0	0	0
西电公司工作站	1867	0	0	120	0	40	0	80	0	0
莲湖科技学校工作站	0	0	4	0	4	0	0	0	0	0
西安电大北洋工作站	0	0	0	0	0	0	0	0	0	0
翠华培训学院工作站	0	0.3	60	80	60	80	0	0	0	0
富士日本语专修学院工作站	0	0	0	50	0	40	0	0	0	0
蓝田分校	252	0.5	60	0	0	0	30	0	0	0
高陵分校	377	1.6	0	85	0	62	0	150	0	0
艺术学院	0	0	0	0	0	0	0	0	0	0
西安电大城中分校	0	5.2	126	0	126	0	50	0	124	0
西安广播电视大学城南分校	0	0	0	0	0	0	0	0	0	0
西安广播电视大学城西分校	130	3	0	430	0	0	0	100	0	30
西安广播电视大学城北分校	0	0	0	0	0	0	0	0	0	0
西安广播电视大学高新分校	0	0	0	0	0	0	0	0	0	0
西安广播电视大学周户分校	0	0	0	0	0	0	0	0	0	0
甘　肃	**37630.53**	**323.47**	**1068**	**7570**	**824**	**6510**	**1322**	**7782**	**101**	**1786**
甘肃广播电视大学	0	0	0	0	0	0	0	0	0	0
兰州分校	0	0	0	0	0	0	0	0	0	0
西固区工作站	0	0	0	0	0	0	0	0	0	0
红古区工作站	0	0	0	0	0	0	0	0	0	0
永登工作站	0	0	0	0	0	0	0	0	0	0
榆中工作站	0	0	0	0	0	0	0	0	0	0
红古党校工作站	0	0	0	0	0	0	0	0	0	0
永登党校工作站	292	1.7	0	150	0	0	0	0	0	0
园艺学校教学点	17.74	3.89	0	140	0	70	0	200	0	40
天水分校	0	0	0	0	0	0	0	0	0	0
清水工作站	5402.08	17.47	0	676	0	636	0	1060	0	310
秦安工作站	0	0	0	0	0	0	0	0	0	0
甘谷工作站	1042.84	1	0	68	0	68	0	0	0	0
武山工作站	0	0	0	0	0	0	0	0	0	0
张家川工作站	0	0	0	0	0	0	0	0	0	0
麦积工作站	148	0.23	88	0	60	0	130	0	30	0
白银分校	0	0	0	0	0	0	0	0	0	0
白银区工作站	0	0	0	0	0	0	0	0	0	0
平川区工作站	0	0	0	0	0	0	0	0	0	0
靖远工作站	0	0	0	0	0	0	0	0	0	0
会宁工作站	0	0	0	0	0	0	0	0	0	0
景泰工作站	0	0	0	0	0	0	0	0	0	0

5.2 全国电大非学校产权资产情况（续表33）

	固定资产总值（万元）	图书（万册）	计算机（台）		教学用计算机（台）		多媒体教室座位数（个）		语音实验室座位数（个）	
			独立使用	共同使用	独立使用	共同使用	独立使用	共同使用	独立使用	共同使用
靖煤教学点	0	0	0	0	0	0	0	0	0	0
会宁职专教学点	0	1.5	0	210	0	210	0	200	0	56
金昌分校	0	0	0	0	0	0	0	0	0	0
嘉峪关分校	0	0	0	0	0	0	0	0	0	0
庆阳分校	0	0	280	0	220	0	240	0	0	0
环县工作站	0	0	0	0	0	0	0	0	0	0
合水工作站	0	0	0	0	0	0	0	0	0	0
正宁工作站	0	0	0	0	0	0	0	0	0	0
宁县工作站	0	2	0	240	0	0	0	100	0	64
镇原工作站	0	0	0	0	0	0	0	0	0	0
平凉分校	0	0	0	0	0	0	0	0	0	0
泾川工作站	9000	6.6	0	436	0	436	0	436	0	0
灵台工作站	600	0.5	0	96	0	94	0	100	0	0
崇信工作站	432.6	1.66	0	159	0	100	0	40	0	40
华亭工作站	235.8	1.49	48	312	44	256	0	34	0	0
庄浪工作站	361	6.13	0	263	0	263	0	2000	0	100
静宁工作站	460	2	0	500	0	300	0	360	40	420
陇南分校	0	0	0	0	0	0	0	0	0	0
成县工作站	0	2	0	120	0	120	0	240	0	48
文县工作站	7	0.3	0	0	0	0	0	0	0	0
宕昌工作站	0	0	0	0	0	0	0	0	0	0
康县工作站	0	0	0	0	0	0	0	0	0	0
西和工作站	2400	10	0	100	0	90	0	45	0	0
礼县工作站	0	0	0	0	0	0	0	0	0	0
徽县工作站	773.15	5	0	211	0	195	0	0	0	0
两当工作站	0	0	0	0	0	0	0	0	0	0
定西分校	0	0	0	0	0	0	0	0	0	0
通渭工作站	0	0	0	0	0	0	0	0	0	0
渭源工作站	0	0	0	0	0	0	0	0	0	0
临洮工作站	0	0	160	0	160	0	300	0	0	0
漳县工作站	153.24	2.7	0	117	0	100	0	2	0	0
岷县工作站	1330	5.5	0	320	0	150	0	150	0	0
武威分校	0	0	0	0	0	0	0	0	0	0
凉州区工作站	0	0	0	0	0	0	0	0	0	0
民勤工作站	0	0	0	0	0	0	0	0	0	0
古浪工作站	80	0	60	0	20	0	300	0	0	0
天祝工作站	0	6	30	150	0	140	0	200	0	0
张掖分校	0	0	0	0	0	0	0	0	0	0

5.2 全国电大非学校产权资产情况（续表34）

	固定资产总值（万元）	图书（万册）	计算机（台）		教学用计算机（台）		多媒体教室座位数（个）		语音实验室座位数（个）	
			独立使用	共同使用	独立使用	共同使用	独立使用	共同使用	独立使用	共同使用
肃南工作站	0	0	0	0	0	0	0	0	0	0
临泽工作站	1407	6.5	0	140	0	140	0	110	0	0
高台工作站	0	0	0	0	0	0	0	0	0	0
山丹工作站	0	0	0	0	0	0	0	0	0	0
酒泉分校	5900	32	0	360	0	360	0	300	0	300
瓜州工作站	1000	1.23	0	100	0	100	0	200	0	50
阿克塞工作站	0	0	0	0	0	0	0	0	0	0
玉门工作站	3913.84	4.5	0	200	0	200	0	300	0	50
敦煌工作站	125	3.5	0	230	0	230	0	100	0	50
甘南分校	0	0	0	0	0	0	0	0	0	0
临潭工作站	0	0	0	0	0	0	0	0	0	0
卓尼工作站	0	0	0	0	0	0	0	0	0	0
舟曲工作站	0	0	0	0	0	0	0	0	0	0
迭部工作站	0	0	0	0	0	0	0	0	0	0
临夏分校	0	0	0	0	0	0	0	0	0	0
康乐工作站	240	158	0	70	0	60	0	60	0	0
永靖工作站	0	0	0	85	0	80	0	60	0	0
广河工作站	0	0	0	0	0	0	0	0	0	0
和政工作站	530	0.5	64	0	0	0	32	0	1	0
东乡工作站	37	1	0	30	0	25	0	40	0	0
积石山工作站	0	0	0	30	0	30	0	0	0	0
四〇四厂分校	0	0	0	0	0	0	0	0	0	0
省农垦分校	0	0	0	0	0	0	0	0	0	0
黄羊教学点	0	0	0	0	0	0	0	0	0	0
农垦河西分校	0	0	0	0	0	0	0	0	0	0
金塔教学点	0	0	0	0	0	0	0	0	0	0
瓜州教学点	0	0	0	0	0	0	0	0	0	0
玉门教学点	0	0	0	0	0	0	0	0	0	0
敦煌教学点	0	0	0	0	0	0	0	0	0	0
滨河分校	0	0	0	0	0	0	0	0	0	0
教学分部	0	0	0	0	0	0	0	0	0	0
水电部五局工作站	0	0	0	0	0	0	0	0	0	0
武威卫校工作站	0	0	0	0	0	0	0	0	0	0
陇南农校工作站	157	5.2	50	180	50	180	50	276	0	50
兰州石化公司工作站	812	0	185	0	185	0	180	0	30	0
五零四厂工作站	393.24	1.93	103	0	85	0	90	0	0	0
省财贸学校工作站	0	0	0	0	0	0	0	0	0	0
职业技术学院	0	9.22	0	744	0	744	0	451	0	154

5.2 全国电大非学校产权资产情况（续表35）

	固定资产总值（万元）	图书（万册）	计算机（台）		教学用计算机（台）		多媒体教室座位数（个）		语音实验室座位数（个）	
			独立使用	共同使用	独立使用	共同使用	独立使用	共同使用	独立使用	共同使用
城建教学点	200	7.22	0	1093	0	1093	0	568	0	54
中德培训中心教学点	180	15	0	40	0	40	0	150	0	0
兰州铁路技工学校教学点	0	0	0	0	0	0	0	0	0	0
青　海	**4460.4**	**80.7**	**50**	**3098**	**50**	**2366**	**0**	**2417**	**0**	**324**
青海广播电视大学	0	0	0	0	0	0	0	0	0	0
海西州广播电视大学	0	12	0	480	0	280	0	0	0	0
海北州广播电视大学	0	2.9	0	168	0	168	0	80	0	48
海南州广播电视大学	376.2	10.06	0	160	0	100	0	560	0	48
玉树州广播电视大学	0	0	0	0	0	0	0	0	0	0
果洛州广播电视大学	731.6	0.2	0	100	0	80	0	35	0	0
平安县广播电视大学	164	2	0	202	0	202	0	200	0	50
乐都广播电视大学	143.6	8	50	220	50	115	0	560	0	50
互助县广播电视大学	650	25	0	160	0	140	0	40	0	40
湟源县广播电视大学	340	0.06	0	200	0	200	0	50	0	48
民和县广播电视大学	0	0.77	0	260	0	160	0	240	0	0
大通师范电大	480	3.4	0	170	0	150	0	240	0	0
湟中县广播电视大学	140	0	0	300	0	300	0	0	0	0
化隆县广播电视大学	250	2.2	0	55	0	50	0	50	0	0
循化县广播电视大学	0	0	0	0	0	0	0	0	0	0
海西州格尔木工作站	276	10.3	0	113	0	70	0	240	0	40
省直属分校	0	0	0	0	0	0	0	0	0	0
黄南州工作站	85	2	0	150	0	130	0	80	0	0
青海省人事厅人才交流中心	184	0.03	0	160	0	110	0	2	0	0
门源职校教学点	0	0	0	0	0	0	0	0	0	0
海南州职校教学点	520	0.7	0	180	0	100	0	0	0	0
贵德职校电大	120	1.08	0	20	0	11	0	40	0	0
宁　夏	**468**	**128.6**	**60**	**200**	**60**	**200**	**30**	**320**	**0**	**150**
宁夏广播电视大学	0	0	0	0	0	0	0	0	0	0
石嘴山分校	0	0	0	0	0	0	0	0	0	0
银川市分校	0	0	0	0	0	0	0	0	0	0
吴忠市分校	217	5.6	0	200	0	200	0	100	0	100
工业职业学院电大分校	150	123	60	0	60	0	30	60	0	50
青铜峡市电大工作站	0	0	0	0	0	0	0	0	0	0
中宁县工作站	0	0	0	0	0	0	0	0	0	0
盐池县电大工作站	0	0	0	0	0	0	0	0	0	0
同心县电大工作站	0	0	0	0	0	0	0	0	0	0
中卫市分校	0	0	0	0	0	0	0	0	0	0
永宁县电大工作站	0	0	0	0	0	0	0	0	0	0

5.2 全国电大非学校产权资产情况（续表36）

	固定资产总值（万元）	图书（万册）	计算机（台）		教学用计算机（台）		多媒体教室座位数（个）		语音实验室座位数（个）	
			独立使用	共同使用	独立使用	共同使用	独立使用	共同使用	独立使用	共同使用
贺兰县电大工作站	101	0	0	0	0	0	0	160	0	0
平罗县电大工作站	0	0	0	0	0	0	0	0	0	0
银川铁路系统分校	0	0	0	0	0	0	0	0	0	0
灵武市电大工作站	0	0	0	0	0	0	0	0	0	0
西吉电大工作站	0	0	0	0	0	0	0	0	0	0
隆德县电大工作站	0	0	0	0	0	0	0	0	0	0
海原县电大工作站	0	0	0	0	0	0	0	0	0	0
宁夏电大新闻培训中心	0	0	0	0	0	0	0	0	0	0
固原市原州区电大工作站	0	0	0	0	0	0	0	0	0	0
新　　疆	**248.68**	**16.1**	**533**	**1076**	**443**	**886**	**510**	**709**	**110**	**140**
新疆广播电视大学	0	0	0	0	0	0	0	0	0	0
乌鲁木齐广播电视大学	0	0	0	0	0	0	0	0	0	0
哈密广播电视大学	0	0	0	0	0	0	0	0	0	0
哈密巴里坤县电大	0	0	0	0	0	0	0	0	0	0
昌吉广播电视大学	0	0	0	0	0	0	0	0	0	0
昌吉玛纳斯县电大	0	0	0	0	0	0	0	0	0	0
昌吉呼图壁县电大	0	0	0	0	0	0	0	0	0	0
昌吉米泉市电大	0	0	0	0	0	0	0	0	0	0
昌吉阜康市电大	0	0	0	0	0	0	0	0	0	0
昌吉吉木萨尔县电大	0	0	0	0	0	0	0	0	0	0
昌吉奇台县电大	0	5.8	300	0	300	0	260	0	30	0
昌吉木垒县电大	0	0	0	0	0	0	0	0	0	0
克拉玛依广播电视大学	0	0	0	0	0	0	0	0	0	0
阿勒泰广播电视大学	0	0	0	0	0	0	0	0	0	0
阿勒泰布尔津县电大	70.2	0.3	24	70	0	70	0	20	0	0
阿勒泰富蕴县电大	0	0	0	0	0	0	0	0	0	0
阿勒泰福海县电大	0	1	20	0	20	0	20	0	0	0
阿勒泰哈巴河县电大	55	0.25	48	0	43	0	120	0	40	0
阿勒泰青河县电大	0	0.3	0	0	0	0	0	0	0	0
阿勒泰吉木乃县电大	0	0	0	0	0	0	0	0	0	0
塔城广播电视大学	0	0	0	0	0	0	0	0	0	0
塔城额敏县电大	0	0	0	0	0	0	0	0	0	0
塔城乌苏市电大	0	0	0	0	0	0	0	0	0	0
塔城沙湾县电大	0	1.2	100	0	80	0	60	0	40	0
塔城托里县电大	0	0	0	0	0	0	0	0	0	0
塔城裕民县电大	0	0	0	0	0	0	0	0	0	0
塔城和丰县电大	0	0	0	0	0	0	0	0	0	0
巴音郭楞蒙古自治州电大	0	0	0	0	0	0	0	0	0	0

5.2　全国电大非学校产权资产情况（续表37）

	固定资产总值（万元）	图书（万册）	计算机（台）		教学用计算机（台）		多媒体教室座位数（个）		语音实验室座位数（个）	
			独立使用	共同使用	独立使用	共同使用	独立使用	共同使用	独立使用	共同使用
巴州轮台县电大	55	0	0	85	0	80	0	0	0	50
巴州尉犁县电大	0	0	0	0	0	0	0	0	0	0
巴州若羌县电大	0	0	0	36	0	36	0	1	0	0
巴州且末县电大	0	0	0	0	0	0	0	0	0	0
巴州焉耆县电大	0	0	0	0	0	0	0	0	0	0
巴州和静县电大	13.48	0	0	85	0	0	0	30	0	0
巴州和硕县电大	15	0	0	100	0	0	0	40	0	0
阿克苏分校	0	0	0	0	0	0	0	0	0	0
阿克苏乌什县电大	0	0	0	0	0	0	0	0	0	0
阿克苏阿瓦提县电大	0	0	0	0	0	0	0	0	0	0
阿克苏温宿县电大	0	0	0	0	0	0	0	0	0	0
阿克苏拜城县电大	0	0	0	0	0	0	0	0	0	0
阿克苏库车县电大	0	0	0	0	0	0	0	0	0	0
阿克苏沙雅县电大	0	0	0	0	0	0	0	0	0	0
博尔塔拉蒙古自治州电大	0	0	0	0	0	0	0	0	0	0
博州精河县电大	0	0	0	0	0	0	0	0	0	0
博州温泉县电大	0	0	0	0	0	0	0	0	0	0
奎屯市广播电视大学	0	0	0	0	0	0	0	0	0	0
克孜勒苏广播电视大学	40	0.25	0	0	0	0	0	0	0	0
克州阿克陶县电大	0	0	0	120	0	120	0	120	0	0
克州阿合奇县电大	0	0	41	0	0	0	50	0	0	0
克州乌恰县电大	0	0	0	0	0	0	0	0	0	0
喀什广播电视大学	0	0	0	0	0	0	0	0	0	0
喀什岳普湖县电大	0	2.5	0	80	0	80	0	40	0	40
喀什伽师县电大	0	0	0	0	0	0	0	0	0	0
喀什泽普县电大	0	4.5	0	500	0	500	0	458	0	50
和田广播电视大学	0	0	0	0	0	0	0	0	0	0
和田和田县电大	0	0	0	0	0	0	0	0	0	0
和田于田县电大	0	0	0	0	0	0	0	0	0	0
和田墨玉县电大	0	0	0	0	0	0	0	0	0	0
和田洛浦县电大	0	0	0	0	0	0	0	0	0	0
和田策勒县电大	0	0	0	0	0	0	0	0	0	0
和田民丰县电大	0	0	0	0	0	0	0	0	0	0
伊犁州广播电视大学	0	0	0	0	0	0	0	0	0	0
伊犁州特克斯县电大	0	0	0	0	0	0	0	0	0	0
伊犁州新源县电大	0	0	0	0	0	0	0	0	0	0
伊犁州巩留县电大	0	0	0	0	0	0	0	0	0	0
伊犁州伊宁县电大	0	0	0	0	0	0	0	0	0	0

5.2 全国电大非学校产权资产情况（续表38）

	固定资产总值（万元）	图书（万册）	计算机（台）		教学用计算机（台）		多媒体教室座位数（个）		语音实验室座位数（个）	
			独立使用	共同使用	独立使用	共同使用	独立使用	共同使用	独立使用	共同使用
石河子广播电视大学	0	0	0	0	0	0	0	0	0	0
吐鲁番分校	0	0	0	0	0	0	0	0	0	0
吐鲁番鄯善县电大	0	0	0	0	0	0	0	0	0	0
吐鲁番托克逊县电大	0	0	0	0	0	0	0	0	0	0
乌石化广播电视大学	0	0	0	0	0	0	0	0	0	0
广电厅广播电视大学	0	0	0	0	0	0	0	0	0	0
新疆司法警官电大	0	0	0	0	0	0	0	0	0	0
潞安公司电大	0	0	0	0	0	0	0	0	0	0
新疆兵团	**1668.4**	**3.5**	**0**	**174**	**0**	**123**	**0**	**110**	**0**	**15**
新疆兵团广播电视大学	0	0	0	0	0	0	0	0	0	0
农一师分校	0	0	0	0	0	0	0	0	0	0
农二师分校	0	0	0	0	0	0	0	0	0	0
农三师分校	0	0	0	0	0	0	0	0	0	0
农四师分校	0	0	0	0	0	0	0	0	0	0
农五师分校	0	0	0	0	0	0	0	0	0	0
农六师分校	0	0	0	0	0	0	0	0	0	0
农七师分校	0	0	0	0	0	0	0	0	0	0
农八师分校	0	0	0	0	0	0	0	0	0	0
农九师分校	0	0	0	0	0	0	0	0	0	0
农十师分校	0	0	0	0	0	0	0	0	0	0
农十三师分校	0	0	0	0	0	0	0	0	0	0
农十二师分校	1653.4	3.2	0	174	0	123	0	110	0	0
农十四师分校	15	0.3	0	0	0	0	0	0	0	15
红山分校	0	0	0	0	0	0	0	0	0	0
北京路分校	0	0	0	0	0	0	0	0	0	0

5.3 全国电大

	学校产权建筑面积													
	合计	教学辅助用房							行政办公用房	生活福利房				
		计	教室	图书馆	实验室实习场所	专用科研用房	体育馆	会堂		计	学生宿舍	学生食堂	教工单身宿舍	教工食堂
总计	**23442066**	**11314932**	**6540319**	**913898**	**2809609**	**78633**	**533827**	**438646**	**2396475**	**7435844**	**4952971**	**1098858**	**302078**	**133931**
中央电大	72377	4885	4726	159	0	0	0	0	56616	0	0	0	0	0
中央广播电视大学	72377	4885	4726	159	0	0	0	0	56616	0	0	0	0	0
中央电大直属院校	3860	1900	1500	100	0	0	0	300	1960	0	0	0	0	0
中央电大空军学院	0	0	0	0	0	0	0	0	0	0	0	0	0	0
中央电大残疾人教育学院	0	0	0	0	0	0	0	0	0	0	0	0	0	0
中央电大中国政法大学教学点	0	0	0	0	0	0	0	0	0	0	0	0	0	0
中央电大北大医学部教学点	0	0	0	0	0	0	0	0	0	0	0	0	0	0
中央电大八一学院	2660	800	800	0	0	0	0	0	1860	0	0	0	0	0
中央电大 TCL 学习中心	1200	1100	700	100	0	0	0	300	100	0	0	0	0	0
中央电大直属学院	0	0	0	0	0	0	0	0	0	0	0	0	0	0
中央电大西藏学院	0	0	0	0	0	0	0	0	0	0	0	0	0	0
中央电大总参学院	0	0	0	0	0	0	0	0	0	0	0	0	0	0
中央电大南海学习中心	0	0	0	0	0	0	0	0	0	0	0	0	0	0
中央电大太原学习中心	0	0	0	0	0	0	0	0	0	0	0	0	0	0
中央电大北京学习中心	0	0	0	0	0	0	0	0	0	0	0	0	0	0
北　京	**312705**	**159762**	**96270**	**15632**	**32331**	**200**	**6857**	**8472**	**55642**	**77230**	**32529**	**7984**	**1233**	**4150**
通州区分校	0	0	0	0	0	0	0	0	0	0	0	0	0	0
航天部三院工作站	3120	2700	2400	0	300	0	0	0	420	0	0	0	0	0
燕山分校	3600	2642	2210	108	108	0	0	216	320	134	0	0	80	0
汽车技校工作站	0	0	0	0	0	0	0	0	0	0	0	0	0	0
密云分校	2318	1110	900	0	210	0	0	0	1040	168	0	0	30	0
文化局工作站	0	0	0	0	0	0	0	0	0	0	0	0	0	0
朝阳区分校	0	0	0	0	0	0	0	0	0	0	0	0	0	0
联大特教学院教学点	20956	5109	2820	529	896	0	864	0	4230	11617	2982	720	84	0
东城分校	0	0	0	0	0	0	0	0	0	0	0	0	0	0
联大商务学院教学点	0	0	0	0	0	0	0	0	0	0	0	0	0	0
矿山工作站	9541	5264	5044	112	108	0	0	0	4277	0	0	0	0	0
金融学院工作站	1092	0	0	0	0	0	0	0	1092	0	0	0	0	0
顺义分校	0	0	0	0	0	0	0	0	0	0	0	0	0	0
宣武分校	0	0	0	0	0	0	0	0	0	0	0	0	0	0
昌平卫校工作站	0	0	0	0	0	0	0	0	0	0	0	0	0	0
崇文分校	9129	4665	4231	214	120	0	0	100	3305	1159	0	0	90	0
市公务员培训中心教学点	0	0	0	0	0	0	0	0	0	0	0	0	0	0
昌平分校	4422	3750	3550	100	0	0	0	100	182	490	0	0	0	280
北京市园林局工作站	28319	14338	4889	1304	8145	0	0	0	4945	9036	6125	2010	0	194
水务局工作站	35351	9794	3951	3247	1496	0	0	1100	1868	11109	8578	1000	0	1000
电子科技学院工作站	0	0	0	0	0	0	0	0	0	0	0	0	0	0
市工干院工作站	33134	21858	12411	2620	1330	200	1000	4297	5638	5638	2826	1359	300	144
怀柔分校	0	0	0	0	0	0	0	0	0	0	0	0	0	0
海淀卫校工作站	0	0	0	0	0	0	0	0	0	0	0	0	0	0
崇培中心工作站	0	0	0	0	0	0	0	0	0	0	0	0	0	0

校舍情况

单位：平方米

			正在施工面积	学校产权占地面积	非学校产权建筑面积											非学校产权占地面积
					合计	计		教学及辅助用房		行政办公用房		生活用房		其他用房		
生活福利及其他用房	教工住宅	其他用房				独立使用	共同使用	独立使用	共同使用	独立使用	共同使用	独立使用	共同使用	独立使用	共同使用	
948006	**2206083**	**88732**	**788252**	**46025809**	**6069724**	**1679522**	**4390202**	**850314**	**2547103**	**168914**	**378632**	**659512**	**1456554**	**782**	**7913**	**19930172**
0	10876	0	0	2671	5249	5249	0	1170	0	4079	0	0	0	0	0	0
0	10876	0	0	2671	5249	5249	0	1170	0	4079	0	0	0	0	0	0
0	0	0	0	2000	11000	11000	0	0	0	11000	0	0	0	0	0	199800
0	0	0	0	0	0	0	0	0	0	0	0	0	0	0	0	0
0	0	0	0	0	0	0	0	0	0	0	0	0	0	0	0	0
0	0	0	0	0	0	0	0	0	0	0	0	0	0	0	0	0
0	0	0	0	0	0	0	0	0	0	0	0	0	0	0	0	0
0	0	0	0	800	0	0	0	0	0	0	0	0	0	0	0	0
0	0	0	0	1200	0	0	0	0	0	0	0	0	0	0	0	0
0	0	0	0	0	0	0	0	0	0	0	0	0	0	0	0	0
0	0	0	0	0	0	0	0	0	0	0	0	0	0	0	0	199800
0	0	0	0	0	11000	11000	0	0	0	11000	0	0	0	0	0	0
0	0	0	0	0	0	0	0	0	0	0	0	0	0	0	0	0
0	0	0	0	0	0	0	0	0	0	0	0	0	0	0	0	0
0	0	0	0	0	0	0	0	0	0	0	0	0	0	0	0	0
31334	**20071**	**0**	**0**	**337322**	**393819**	**54113**	**339706**	**33267**	**197876**	**7177**	**36331**	**13669**	**103899**	**0**	**1600**	**622685**
0	0	0	0	0	11764	2360	9404	2120	6180	240	3224	0	0	0	0	10656
0	0	0	0	4320	0	0	0	0	0	0	0	0	0	0	0	0
54	504	0	0	2700	0	0	0	0	0	0	0	0	0	0	0	0
0	0	0	0	0	0	0	0	0	0	0	0	0	0	0	0	0
138	0	0	0	1500	0	0	0	0	0	0	0	0	0	0	0	0
0	0	0	0	0	550	550	0	500	0	50	0	0	0	0	0	550
0	0	0	0	0	17109	0	17109	0	11924	0	1378	0	3807	0	0	34706
7831	0	0	0	24920	0	0	0	0	0	0	0	0	0	0	0	0
0	0	0	0	0	12665	3310	9355	2826	4240	484	2099	0	3016	0	0	9182
0	0	0	0	0	1035	1035	0	600	0	35	0	400	0	0	0	7228
0	0	0	0	4800	0	0	0	0	0	0	0	0	0	0	0	0
0	0	0	0	1092	27612	27612	0	18345	0	785	0	8482	0	0	0	43583
0	0	0	0	0	6420	4320	2100	2900	1700	1100	0	320	400	0	0	16668
0	0	0	0	0	7000	1000	6000	0	6000	1000	0	0	0	0	0	8000
0	0	0	0	0	0	0	0	0	0	0	0	0	0	0	0	0
1069	0	0	0	21000	0	0	0	0	0	0	0	0	0	0	0	0
0	0	0	0	0	12575	0	12575	0	5062	0	1331	0	6182	0	0	10000
210	0	0	0	4500	0	0	0	0	0	0	0	0	0	0	0	0
707	0	0	0	74954	0	0	0	0	0	0	0	0	0	0	0	0
531	12580	0	0	39996	0	0	0	0	0	0	0	0	0	0	0	0
0	0	0	0	0	3000	0	3000	0	2000	0	1000	0	0	0	0	41614
1009	0	0	0	20720	0	0	0	0	0	0	0	0	0	0	0	0
0	0	0	0	0	2361	2361	0	850	0	1221	0	290	0	0	0	0
0	0	0	0	0	19156	0	19156	0	8429	0	1730	0	8997	0	0	21866
0	0	0	0	0	1600	1600	0	1300	0	300	0	0	0	0	0	1500

5.3 全国电大

	学校产权建筑面积													
	合计	教学辅助用房							行政办公用房	生活福利用房				
		计	教室	图书馆	实验室实习场所	专用科研用房	体育馆	会堂		计	学生宿舍	学生食堂	教工单身宿舍	教工食堂
平谷分校	4567	2597	2197	0	400	0	0	0	1170	800	0	0	0	150
首钢工作站	0	0	0	0	0	0	0	0	0	0	0	0	0	0
门头沟分校	0	0	0	0	0	0	0	0	0	0	0	0	0	0
工业技师工作站	0	0	0	0	0	0	0	0	0	0	0	0	0	0
北京电大工贸技师学院工作站	0	0	0	0	0	0	0	0	0	0	0	0	0	0
丰台区分校	4850	4750	4000	100	200	0	0	450	100	0	0	0	0	0
铁路卫校工作站	0	0	0	0	0	0	0	0	0	0	0	0	0	0
供销社分校	5400	5100	3500	0	1500	0	0	100	300	0	0	0	0	0
市建职大工作站	0	0	0	0	0	0	0	0	0	0	0	0	0	0
一商干校工作站	11143	8733	180	3620	240	0	4393	300	300	2110	1500	300	160	150
北京卫校教学点	0	0	0	0	0	0	0	0	0	0	0	0	0	0
医药分校	18083	10375	3800	400	5375	0	0	800	5200	2508	0	548	0	100
北京广播电视大学	52224	21782	13267	1900	6295	0	0	320	12844	10611	0	0	489	1096
供销学校工作站	0	0	0	0	0	0	0	0	0	0	0	0	0	0
西城分校	0	0	0	0	0	0	0	0	0	0	0	0	0	0
崇文卫校工作站	0	0	0	0	0	0	0	0	0	0	0	0	0	0
石景山分校	24236	9617	8532	475	393	0	0	217	3245	11374	3788	1067	0	0
大兴分校	0	0	0	0	0	0	0	0	0	0	0	0	0	0
海淀分校	14308	9960	8740	453	767	0	0	0	2668	1680	0	0	0	350
中德中心教学点	0	0	0	0	0	0	0	0	0	0	0	0	0	0
纺织工作站	0	0	0	0	0	0	0	0	0	0	0	0	0	0
昌平职校工作站	0	0	0	0	0	0	0	0	0	0	0	0	0	0
电科职院工作站	0	0	0	0	0	0	0	0	0	0	0	0	0	0
经管学校工作站	20300	10840	6600	450	2790	0	600	400	1400	8060	6730	980	0	100
延庆分校	6612	4778	3048	0	1658	0	0	72	1098	736	0	0	0	586
房山区分校	0	0	0	0	0	0	0	0	0	0	0	0	0	0
汽修学校工作站	0	0	0	0	0	0	0	0	0	0	0	0	0	0
天　　津	**485305**	**301351**	**166424**	**31842**	**89480**	**500**	**5182**	**7923**	**56136**	**110199**	**69867**	**9224**	**1885**	**2763**
财政局工作站	0	0	0	0	0	0	0	0	0	0	0	0	0	0
蓟县分校	32696	20000	1500	1000	15000	500	1000	1000	2696	10000	6500	500	1500	1000
机械工作站	0	0	0	0	0	0	0	0	0	0	0	0	0	0
河西工作站	33070	24953	17458	570	5925	0	0	1000	3211	4906	4000	600	0	210
宝坻分校	7706	6796	6634	162	0	0	0	0	250	660	0	120	0	60
天津市劳动局旅游服务学校	3820	2320	1200	120	600	0	0	400	600	900	500	200	0	200
纺织局工作站	39510	29278	14639	13957	100	0	582	0	0	6032	2830	681	0	0
天津广播电视大学经管学院	0	0	0	0	0	0	0	0	0	0	0	0	0	0
物资集团公司工作站	231	216	216	0	0	0	0	0	15	0	0	0	0	0
河东工作站	5840	4960	4050	240	520	0	0	150	627	253	0	0	0	60
建工学院	20006	15275	9847	873	4116	0	0	439	4026	705	207	0	0	0
公用局工作站	18740	8040	7500	540	0	0	0	0	2200	8500	7070	430	0	0
天津广播电视大学文法学院	0	0	0	0	0	0	0	0	0	0	0	0	0	0
西青分校	2551	2176	1746	150	280	0	0	0	240	135	0	0	0	80

校舍情况（续表1）

单位：平方米

			正在施工面积	学校产权占地面积	非学校产权建筑面积											非学校产权占地面积
					合计	计		教学及辅助用房		行政办公用房		生活用房		其他用房		
生活福利及其他用房	教工住宅	其他用房				独立使用	共同使用	独立使用	共同使用	独立使用	共同使用	独立使用	共同使用	独立使用	共同使用	
650	0	0	0	7225	0	0	0	0	0	0	0	0	0	0	0	0
0	0	0	0	0	87595	0	87595	0	46100	0	1817	0	39678	0	0	187253
0	0	0	0	0	5180	0	5180	0	4680	0	500	0	0	0	0	0
0	0	0	0	0	8500	0	8500	0	8000	0	500	0	0	0	0	10000
0	0	0	0	0	15738	0	15738	0	13695	0	1083	0	960	0	0	24413
0	0	0	0	4500	0	0	0	0	0	0	0	0	0	0	0	0
0	0	0	0	0	0	0	0	0	0	0	0	0	0	0	0	0
0	0	0	0	0	6300	4400	1900	1200	900	500	0	2700	1000	0	0	31000
0	0	0	0	0	0	0	0	0	0	0	0	0	0	0	0	0
0	0	0	0	10000	0	0	0	0	0	0	0	0	0	0	0	0
0	0	0	0	0	40741	800	39941	700	19285	100	3882	0	16774	0	0	63700
1860	0	0	0	23400	0	0	0	0	0	0	0	0	0	0	0	0
9026	6987	0	0	25010	0	0	0	0	0	0	0	0	0	0	0	0
0	0	0	0	0	20574	80	20494	0	7968	80	0	0	12526	0	0	13436
0	0	0	0	0	44160	0	44160	0	30800	0	11360	0	400	0	1600	43000
0	0	0	0	0	3620	3620	0	1586	0	1102	0	932	0	0	0	7333
6519	0	0	0	25105	0	0	0	0	0	0	0	0	0	0	0	0
0	0	0	0	0	4700	0	4700	0	3200	0	1500	0	0	0	0	5000
1330	0	0	0	13867	0	0	0	0	0	0	0	0	0	0	0	0
0	0	0	0	0	8500	0	8500	0	8000	0	500	0	0	0	0	10000
0	0	0	0	0	8766	0	8766	0	1814	0	1230	0	5722	0	0	1468
0	0	0	0	0	0	0	0	0	0	0	0	0	0	0	0	0
0	0	0	0	0	0	0	0	0	0	0	0	0	0	0	0	0
250	0	0	0	18000	0	0	0	0	0	0	0	0	0	0	0	0
150	0	0	0	9713	0	0	0	0	0	0	0	0	0	0	0	0
0	0	0	0	0	9680	1065	8615	340	5180	180	940	545	2495	0	0	13320
0	0	0	0	0	6918	0	6918	0	2719	0	2257	0	1942	0	0	7209
26460	**17619**	**0**	**0**	**719119**	**710365**	**119897**	**590468**	**69876**	**336428**	**10248**	**91315**	**39773**	**162725**	**0**	**0**	**1748858**
0	0	0	0	0	0	0	0	0	0	0	0	0	0	0	0	0
500	0	0	0	54000	0	0	0	0	0	0	0	0	0	0	0	0
0	0	0	0	0	180	0	180	0	180	0	0	0	0	0	0	0
96	0	0	0	48426	0	0	0	0	0	0	0	0	0	0	0	0
480	0	0	0	13435	0	0	0	0	0	0	0	0	0	0	0	0
0	0	0	0	7200	0	0	0	0	0	0	0	0	0	0	0	0
2521	4200	0	0	25858	0	0	0	0	0	0	0	0	0	0	0	0
0	0	0	0	0	0	0	0	0	0	0	0	0	0	0	0	0
0	0	0	0	0	22023	0	22023	0	14281	0	1179	0	6563	0	0	23345
193	0	0	0	11322	0	0	0	0	0	0	0	0	0	0	0	0
498	0	0	0	20024	0	0	0	0	0	0	0	0	0	0	0	0
1000	0	0	0	0	0	0	0	0	0	0	0	0	0	0	0	22949
0	0	0	0	0	0	0	0	0	0	0	0	0	0	0	0	0
55	0	0	0	5000	0	0	0	0	0	0	0	0	0	0	0	0

	学校产权建筑面积														
	合计	教学辅助用房							行政办公用房	生活福利用房					
		计	教室	图书馆	实验室实习场所	专用科研用房	体育馆	会堂		计	学生宿舍	学生食堂	教工单身宿舍	教工食堂
政法管理干部学院工作站	4140	3460	1900	1000	260	0	0	300	80	600	200	300	0	0
汉沽分校	2858	1595	1271	54	270	0	0	0	767	496	0	0	0	0
财贸分校	15000	12000	9600	1200	500	0	500	200	100	2900	1500	500	100	500
津南区分校	55796	29007	8802	1614	18591	0	0	0	8191	18598	16984	1614	0	0
武清分校	5630	4870	4020	90	760	0	0	0	440	320	0	150	90	30
铁路分局工作站	9641	4163	3791	213	159	0	0	0	2138	3340	2911	429	0	0
南开分校	8424	4862	4076	220	179	0	0	387	2803	759	0	0	0	0
一商集团有限公司工作站	19964	7971	6546	0	1425	0	0	0	2622	6759	3600	0	0	0
轻工职业技术学院	2300	1450	900	100	250	0	0	200	200	650	550	100	0	0
化工局工作站	0	0	0	0	0	0	0	0	0	0	0	0	0	0
劳动和社会保障局工作站	200	160	160	0	0	0	0	0	40	0	0	0	0	0
静海分校	32597	20274	5893	4378	8643	0	1100	260	5453	6870	5916	570	195	189
台盟工作站	0	0	0	0	0	0	0	0	0	0	0	0	0	0
经委工作站	0	0	0	0	0	0	0	0	0	0	0	0	0	0
渤海化工集团公司工作站	19002	12602	11152	316	534	0	0	600	1750	1650	1000	100	0	50
北辰分校	4810	2962	2496	34	432	0	0	0	840	960	528	48	0	384
宁河分校	11000	10500	7500	500	500	0	2000	0	0	0	0	0	0	0
天津铁路工程分校	0	0	0	0	0	0	0	0	0	0	0	0	0	0
天津广播电视大学	31632	11665	5952	926	3935	0	0	852	6046	6662	4457	1066	0	0
河北工作站	0	0	0	0	0	0	0	0	0	0	0	0	0	0
大港分校	32107	9717	4806	1253	3658	0	0	0	3390	19000	6800	0	0	0
市政分校	31492	24823	9725	1472	12623	0	0	1003	1668	5001	2994	1276	0	0
东丽分校	8174	3715	2984	198	533	0	0	0	916	3543	1320	540	0	0
天津市工程高级技工学校	0	0	0	0	0	0	0	0	0	0	0	0	0	0
塘沽分校	0	0	0	0	0	0	0	0	0	0	0	0	0	0
红桥工作站	0	0	0	0	0	0	0	0	0	0	0	0	0	0
天津广播电视大学外语学院	0	0	0	0	0	0	0	0	0	0	0	0	0	0
新华分校	26368	21541	10060	662	9687	0	0	1132	4827	0	0	0	0	0
河　北	**452002**	**208805**	**124634**	**17975**	**59644**	**40**	**1435**	**5077**	**74306**	**111083**	**86898**	**13810**	**1778**	**1005**
廊坊广播电视大学	17997	6997	5997	160	800	40	0	0	3000	8000	7000	1000	0	0
秦皇岛广播电视大学	25817	9249	8849	400	0	0	0	0	3415	4505	3381	1124	0	0
省直分校	12000	5500	3600	600	950	0	0	350	1200	5300	3600	1300	200	200
沧州广播电视大学	6376	2226	1860	206	160	0	0	0	2220	1930	1000	300	0	0
电力分校	45425	15256	5710	3836	5710	0	0	0	1540	10143	5580	1777	0	0
承德广播电视大学	38656	11824	4304	707	6163	0	0	650	15867	7165	5596	680	154	285
邢台广播电视大学	5221	1472	1160	48	96	0	0	168	1050	1139	320	638	96	0
石家庄广播电视大学	158042	106875	60547	9718	32627	0	1435	2548	13024	38143	34030	2869	1068	0
张家口广播电视大学	16093	5438	4338	450	250	0	0	400	824	5503	2567	1096	260	80
保定广播电视大学	22035	10050	9200	140	510	0	0	200	7200	4785	4025	500	0	200
唐山广播电视大学	15969	9477	7473	671	1053	0	0	280	1054	5438	3665	342	0	0
邯郸广播电视大学	3771	2694	2694	0	0	0	0	0	1077	0	0	0	0	0
衡水广播电视大学	12017	4209	2436	125	1167	0	0	481	2210	2309	1565	270	0	0

校舍情况（续表2）

单位：平方米

			正在施工面积	学校产权占地面积	非学校产权建筑面积											非学校产权占地面积
					合计	计		教学及辅助用房		行政办公用房		生活用房		其他用房		
生活福利及其他用房	教工住宅	其他用房				独立使用	共同使用	独立使用	共同使用	独立使用	共同使用	独立使用	共同使用	独立使用	共同使用	
100	0	0	0	4000	0	0	0	0	0	0	0	0	0	0	0	0
496	0	0	0	2858	0	0	0	0	0	0	0	0	0	0	0	0
300	0	0	0	25841	0	0	0	0	0	0	0	0	0	0	0	0
0	0	0	0	100000	0	0	0	0	0	0	0	0	0	0	0	0
50	0	0	0	2079	0	0	0	0	0	0	0	0	0	0	0	0
0	0	0	0	7690	0	0	0	0	0	0	0	0	0	0	0	0
759	0	0	0	15220	0	0	0	0	0	0	0	0	0	0	0	0
3159	2612	0	0	0	7708	0	7708	0	6706	0	0	0	1002	0	0	67932
0	0	0	0	3500	0	0	0	0	0	0	0	0	0	0	0	0
0	0	0	0	0	283522	0	283522	0	132802	0	79981	0	70739	0	0	481208
0	0	0	0	200	35154	0	35154	0	14108	0	2262	0	18784	0	0	205513
0	0	0	0	87458	0	0	0	0	0	0	0	0	0	0	0	0
0	0	0	0	0	246	246	0	224	0	22	0	0	0	0	0	800
0	0	0	0	0	861	0	861	0	379	0	43	0	439	0	0	2563
500	3000	0	0	29000	0	0	0	0	0	0	0	0	0	0	0	0
0	48	0	0	20700	0	0	0	0	0	0	0	0	0	0	0	0
0	500	0	0	12000	0	0	0	0	0	0	0	0	0	0	0	14136
0	0	0	0	0	57232	57232	0	25156	0	2026	0	30050	0	0	0	122698
1139	7259	0	0	16723	0	0	0	0	0	0	0	0	0	0	0	0
0	0	0	0	0	62419	62419	0	44496	0	8200	0	9723	0	0	0	103672
12200	0	0	0	119370	0	0	0	0	0	0	0	0	0	0	0	0
731	0	0	0	31492	0	0	0	0	0	0	0	0	0	0	0	0
1683	0	0	0	10382	0	0	0	0	0	0	0	0	0	0	0	0
0	0	0	0	0	28543	0	28543	0	14404	0	2623	0	11516	0	0	58740
0	0	0	0	0	196755	0	196755	0	141747	0	2900	0	52108	0	0	610305
0	0	0	0	0	15722	0	15722	0	11821	0	2327	0	1574	0	0	34997
0	0	0	0	0	0	0	0	0	0	0	0	0	0	0	0	0
0	0	0	0	45341	0	0	0	0	0	0	0	0	0	0	0	0
7592	**57808**	**0**	**19210**	**548373**	**88457**	**30644**	**57813**	**12494**	**3203**	**5070**	**0**	**13080**	**54610**	**0**	**0**	**214194**
0	0	0	0	30000	0	0	0	0	0	0	0	0	0	0	0	0
0	8648	0	0	35575	0	0	0	0	0	0	0	0	0	0	0	0
0	0	0	0	18000	0	0	0	0	0	0	0	0	0	0	0	0
630	0	0	0	8666	0	0	0	0	0	0	0	0	0	0	0	0
2786	18486	0	0	83333	0	0	0	0	0	0	0	0	0	0	0	0
450	3800	0	0	30934	0	0	0	0	0	0	0	0	0	0	0	0
85	1560	0	19210	19085	0	0	0	0	0	0	0	0	0	0	0	0
176	0	0	0	220445	57043	0	57043	0	3203	0	0	0	53840	0	0	119675
1500	4328	0	0	9115	0	0	0	0	0	0	0	0	0	0	0	0
60	0	0	0	23782	0	0	0	0	0	0	0	0	0	0	0	0
1431	0	0	0	19602	0	0	0	0	0	0	0	0	0	0	0	0
0	0	0	0	812	5004	4234	770	1824	0	450	0	1960	770	0	0	13320
474	3289	0	0	1000	0	0	0	0	0	0	0	0	0	0	0	0

	学校产权建筑面积													
	合计	教学辅助用房							行政办公用房	生活福利房				
		计	教室	图书馆	实验室实习场所	专用科研用房	体育馆	会堂		计	学生宿舍	学生食堂	教工单身宿舍	教工食堂
河北广播电视大学	72583	17538	6466	914	10158	0	0	0	20625	16723	14569	1914	0	240
山　西	**311549**	**136236**	**86479**	**11353**	**25960**	**396**	**1129**	**10919**	**61809**	**64761**	**39323**	**10702**	**5891**	**1918**
平陆电大工作站	3779	2499	1350	0	1149	0	0	0	1280	0	0	0	0	0
晋源区电大工作站	0	0	0	0	0	0	0	0	0	0	0	0	0	0
石楼教学点	1020	840	360	60	420	0	0	0	180	0	0	0	0	0
稷山电大工作站	0	0	0	0	0	0	0	0	0	0	0	0	0	0
灵丘电大	260	220	160	0	60	0	0	0	40	0	0	0	0	0
长北铁路分校	4000	2400	2400	0	0	0	0	0	0	300	100	0	0	0
吕梁广播电视大学	1920	1120	200	120	800	0	0	0	800	0	0	0	0	0
广灵教师培训学校	0	0	0	0	0	0	0	0	0	0	0	0	0	0
盂县进修学校	3780	840	360	120	0	0	0	360	2700	240	0	0	0	240
晋中广播电视大学	0	0	0	0	0	0	0	0	0	0	0	0	0	0
宁武县教师进修校	2250	1450	500	150	150	50	100	500	400	400	200	200	0	0
大同机车技校教学点	0	0	0	0	0	0	0	0	0	0	0	0	0	0
尖草坪区电大工作站	0	0	0	0	0	0	0	0	0	0	0	0	0	0
朔州广播电视大学	0	0	0	0	0	0	0	0	0	0	0	0	0	0
保德县教师进修校	2460	1960	700	30	280	60	0	890	500	0	0	0	0	0
山西广播电视大学	77561	21614	18022	500	2692	0	0	400	12817	8670	5266	1167	400	0
杏花岭区电大工作站	800	360	280	80	0	0	0	0	440	0	0	0	0	0
太原卫校工作站	0	0	0	0	0	0	0	0	0	0	0	0	0	0
古交市电大工作站	0	0	0	0	0	0	0	0	0	0	0	0	0	0
潞城电大工作站	2300	1240	1200	20	20	0	0	0	460	600	260	140	200	0
临县电大	480	240	200	40	0	0	0	0	240	0	0	0	0	0
偏关县教师进修校	1505	750	600	80	70	0	0	0	500	255	105	150	0	0
乡宁教学点	2500	1150	1050	100	0	0	0	0	682	668	326	108	0	54
中化学习中心	2450	1650	1300	350	0	0	0	0	800	0	0	0	0	0
万柏林区电大工作站	550	500	300	0	0	0	0	200	50	0	0	0	0	0
交口教学点	865	460	120	20	20	0	0	300	405	0	0	0	0	0
阳城电大工作站	0	0	0	0	0	0	0	0	0	0	0	0	0	0
交城电大	0	0	0	0	0	0	0	0	0	0	0	0	0	0
文水电大	1440	1262	1190	72	0	0	0	0	178	0	0	0	0	0
怀仁县电大工作站	558	198	180	18	0	0	0	0	360	0	0	0	0	0
沁水电大工作站	0	0	0	0	0	0	0	0	0	0	0	0	0	0
襄垣电大工作站	530	220	180	40	0	0	0	0	310	0	0	0	0	0
南郊进修学校	0	0	0	0	0	0	0	0	0	0	0	0	0	0
屯留电大工作站	1971	723	423	180	120	0	0	0	200	1048	631	0	0	91
大同大学教学点	0	0	0	0	0	0	0	0	0	0	0	0	0	0
阳煤集团职教中心	13351	13261	968	3061	9232	0	0	0	90	0	0	0	0	0
五台县教师进修校	2610	1730	700	320	300	0	0	410	0	880	500	130	250	0
垣曲电大工作站	5220	660	400	100	60	0	0	100	640	1520	800	120	480	60
河曲县教师进修校	0	0	0	0	0	0	0	0	0	0	0	0	0	0
方山电大	350	260	260	0	0	0	0	0	90	0	0	0	0	0

校舍情况（续表3）

单位：平方米

生活福利及其他用房	教工住宅	其他用房	正在施工面积	学校产权占地面积	非学校产权建筑面积 合计	计 独立使用	计 共同使用	教学及辅助用房 独立使用	教学及辅助用房 共同使用	行政办公用房 独立使用	行政办公用房 共同使用	生活用房 独立使用	生活用房 共同使用	其他用房 独立使用	其他用房 共同使用	非学校产权占地面积
0	17697	0	0	48024	26410	26410	0	10670	0	4620	0	11120	0	0	0	81199
6927	**47743**	**1000**	**1040**	**426103**	**140860**	**13054**	**127806**	**8061**	**74319**	**3383**	**40210**	**1610**	**13277**	**0**	**0**	**283901**
0	0	0	0	9654	0	0	0	0	0	0	0	0	0	0	0	0
0	0	0	0	0	0	0	0	0	0	0	0	0	0	0	0	0
0	0	0	960	7920	0	0	0	0	0	0	0	0	0	0	0	0
0	0	0	0	0	0	0	0	0	0	0	0	0	0	0	0	0
0	0	0	0	600	0	0	0	0	0	0	0	0	0	0	0	0
200	1300	0	0	4200	7670	0	7670	0	3870	0	200	0	3600	0	0	3000
0	0	0	0	854	0	0	0	0	0	0	0	0	0	0	0	200
0	0	0	0	0	0	0	0	0	0	0	0	0	0	0	0	0
0	0	0	0	5320	0	0	0	0	0	0	0	0	0	0	0	0
0	0	0	0	0	14603	0	14603	0	3864	0	3221	0	7518	0	0	64092
0	0	0	0	4500	0	0	0	0	0	0	0	0	0	0	0	0
0	0	0	0	0	81743	0	81743	0	55607	0	26136	0	0	0	0	64132
0	0	0	0	0	0	0	0	0	0	0	0	0	0	0	0	0
0	0	0	0	0	2000	2000	0	700	0	400	0	900	0	0	0	9000
0	0	0	0	2460	0	0	0	0	0	0	0	0	0	0	0	0
1837	34460	0	0	32666	0	0	0	0	0	0	0	0	0	0	0	0
0	0	0	0	800	0	0	0	0	0	0	0	0	0	0	0	12000
0	0	0	0	0	0	0	0	0	0	0	0	0	0	0	0	0
0	0	0	0	0	270	45	225	0	225	45	0	0	0	0	0	5000
0	0	0	0	7534	0	0	0	0	0	0	0	0	0	0	0	0
0	0	0	0	0	212	212	0	158	0	54	0	0	0	0	0	0
0	0	0	0	250	295	250	45	150	45	100	0	0	0	0	0	295
180	0	0	0	4000	0	0	0	0	0	0	0	0	0	0	0	0
0	0	0	0	1350	0	0	0	0	0	0	0	0	0	0	0	0
0	0	0	0	500	0	0	0	0	0	0	0	0	0	0	0	0
0	0	0	0	1000	0	0	0	0	0	0	0	0	0	0	0	0
0	0	0	0	0	2000	0	2000	0	800	0	600	0	600	0	0	2200
0	0	0	0	0	970	40	930	0	230	40	0	0	700	0	0	7200
0	0	0	0	1593	0	0	0	0	0	0	0	0	0	0	0	0
0	0	0	0	558	0	0	0	0	0	0	0	0	0	0	0	0
0	0	0	0	0	0	0	0	0	0	0	0	0	0	0	0	0
0	0	0	0	48	0	0	0	0	0	0	0	0	0	0	0	0
0	0	0	0	0	0	0	0	0	0	0	0	0	0	0	0	0
326	0	0	0	3044	0	0	0	0	0	0	0	0	0	0	0	0
0	0	0	0	0	0	0	0	0	0	0	0	0	0	0	0	0
0	0	0	0	54245	0	0	0	0	0	0	0	0	0	0	0	0
0	0	0	0	3800	0	0	0	0	0	0	0	0	0	0	0	0
60	2400	0	0	3500	0	0	0	0	0	0	0	0	0	0	0	0
0	0	0	0	0	1820	1820	0	1400	0	120	0	300	0	0	0	2000
0	0	0	0	480	0	0	0	0	0	0	0	0	0	0	0	0

	学校产权建筑面积													
	合计	教学辅助用房							行政办公用房	生活福利房				
		计	教室	图书馆	实验室实习场所	专用科研用房	体育馆	会堂		计	学生宿舍	学生食堂	教工单身宿舍	教工食堂
新绛电大工作站	0	0	0	0	0	0	0	0	0	0	0	0	0	0
柳林电大	0	0	0	0	0	0	0	0	0	0	0	0	0	0
兴县电大	730	260	220	40	0	0	0	0	470	0	0	0	0	0
长治广播电视大学	5862	1885	1190	0	595	0	0	100	622	1864	1672	32	0	0
大同广播电视大学	2720	571	463	108	0	0	0	0	1949	200	140	60	0	0
高平电大工作站	0	0	0	0	0	0	0	0	0	0	0	0	0	0
灵石工作站	0	0	0	0	0	0	0	0	0	0	0	0	0	0
同煤集团党校教学点	18015	6647	6347	300	0	0	0	0	5445	5923	3366	1057	0	0
临汾分校	2355	635	530	45	60	0	0	0	400	1200	300	100	0	800
祁县工作站	117	70	30	20	20	0	0	0	15	32	12	20	0	0
长子电大工作站	1900	1300	1000	100	100	0	0	100	200	200	100	100	0	0
五寨县教师进修校	2300	1260	550	200	210	0	0	300	320	720	400	120	200	0
公路系统分校	4000	1400	800	100	200	0	0	300	1000	1600	1000	600	0	0
晋城广播电视大学	13956	3532	3000	72	460	0	0	0	2050	3824	2700	660	300	0
介休工作站	2507	2110	1732	20	125	0	96	137	218	179	79	20	20	0
浑源电大	300	220	150	70	0	0	0	0	80	0	0	0	0	0
平定职业中学	1172	130	130	0	0	0	0	0	80	403	0	0	0	305
山阴县电大工作站	19	9	5	1	1	0	1	1	6	4	1	1	1	1
长治潞安职业技术培训学校工作站	2600	1750	1600	50	100	0	0	0	100	550	200	100	100	80
侯马学习中心	2700	1500	1200	200	0	0	0	100	1200	0	0	0	0	0
平遥工作站	0	0	0	0	0	0	0	0	0	0	0	0	0	0
阳曲县电大工作站	0	0	0	0	0	0	0	0	0	0	0	0	0	0
清徐县电大工作站	600	200	200	0	0	0	0	0	400	0	0	0	0	0
左权工作站	1750	1030	420	80	300	0	0	230	200	520	0	220	0	0
娄烦县电大工作站	0	0	0	0	0	0	0	0	0	0	0	0	0	0
新荣电大	0	0	0	0	0	0	0	0	0	0	0	0	0	0
临汾工商校学习中心	4300	1800	1800	0	0	0	0	0	500	2000	1700	300	0	0
小店区电大工作站	2452	1212	467	111	334	0	0	300	1200	40	0	0	0	0
孝义电大	0	0	0	0	0	0	0	0	0	0	0	0	0	0
榆社工作站	1760	1200	150	100	250	0	0	700	560	0	0	0	0	0
岚县教学点	7920	4920	3920	500	500	0	0	0	2000	0	0	0	0	0
黎城电大工作站	9400	4000	3000	600	400	0	0	0	400	5000	3000	2000	0	0
新华教学点	0	0	0	0	0	0	0	0	0	0	0	0	0	0
静乐县教师进修校	2300	1450	600	200	300	0	200	150	450	400	200	100	100	0
隰县教学点	236	89	70	0	0	0	0	19	20	67	0	0	50	17
汾西县教师进修校	2000	900	600	100	200	0	0	0	0	1100	400	500	200	0
忻府区教师进修校	1555	750	600	75	75	0	0	0	500	305	105	200	0	0
昔阳工作站	0	0	0	0	0	0	0	0	0	0	0	0	0	0
岢岚县教师进修校	2230	1550	500	50	1000	0	0	0	300	380	300	60	0	20
泽州电大工作站	0	0	0	0	0	0	0	0	0	0	0	0	0	0
化工厂培训中心	1720	600	600	0	0	0	0	0	1120	0	0	0	0	0
天镇进修学校	0	0	0	0	0	0	0	0	0	0	0	0	0	0

校舍情况（续表4）

单位：平方米

			正在施工面积	学校产权占地面积	非学校产权建筑面积											非学校产权占地面积
					合计	计		教学及辅助用房		行政办公用房		生活用房		其他用房		
生活福利及其他用房	教工住宅	其他用房				独立使用	共同使用	独立使用	共同使用	独立使用	共同使用	独立使用	共同使用	独立使用	共同使用	
0	0	0	0	0	0	0	0	0	0	0	0	0	0	0	0	0
0	0	0	0	0	770	720	50	320	50	230	0	170	0	0	0	1800
0	0	0	0	1910	0	0	0	0	0	0	0	0	0	0	0	0
160	1491	0	0	3500	0	0	0	0	0	0	0	0	0	0	0	0
0	0	0	0	3400	0	0	0	0	0	0	0	0	0	0	0	0
0	0	0	0	0	1700	1700	0	1500	0	200	0	0	0	0	0	3000
0	0	0	0	0	0	0	0	0	0	0	0	0	0	0	0	0
1500	0	0	0	0	0	0	0	0	0	0	0	0	0	0	0	66667
0	120	0	0	5795	0	0	0	0	0	0	0	0	0	0	0	0
0	0	0	0	4000	0	0	0	0	0	0	0	0	0	0	0	0
0	200	0	0	1900	0	0	0	0	0	0	0	0	0	0	0	1900
0	0	0	0	2500	0	0	0	0	0	0	0	0	0	0	0	0
0	0	0	0	4000	0	0	0	0	0	0	0	0	0	0	0	0
164	4550	0	0	22600	0	0	0	0	0	0	0	0	0	0	0	0
60	0	0	0	2507	0	0	0	0	0	0	0	0	0	0	0	0
0	0	0	0	300	0	0	0	0	0	0	0	0	0	0	0	0
98	559	0	0	3849	0	0	0	0	0	0	0	0	0	0	0	0
0	0	0	0	800	0	0	0	0	0	0	0	0	0	0	0	0
70	200	0	80	140	1000	1000	0	1000	0	0	0	0	0	0	0	0
0	0	0	0	5869	0	0	0	0	0	0	0	0	0	0	0	0
0	0	0	0	0	720	720	0	260	0	220	0	240	0	0	0	560
0	0	0	0	0	0	0	0	0	0	0	0	0	0	0	0	0
0	0	0	0	700	0	0	0	0	0	0	0	0	0	0	0	0
300	0	0	0	6636	0	0	0	0	0	0	0	0	0	0	0	0
0	0	0	0	0	1259	0	1259	0	480	0	200	0	579	0	0	4142
0	0	0	0	0	0	0	0	0	0	0	0	0	0	0	0	0
0	0	0	0	11322	0	0	0	0	0	0	0	0	0	0	0	0
40	0	0	0	650	240	0	240	0	240	0	0	0	0	0	0	15200
0	0	0	0	0	6659	976	5683	0	5683	976	0	0	0	0	0	6800
0	0	0	0	840	0	0	0	0	0	0	0	0	0	0	0	0
0	0	1000	0	7920	0	0	0	0	0	0	0	0	0	0	0	0
0	0	0	0	8000	0	0	0	0	0	0	0	0	0	0	0	0
0	0	0	0	0	0	0	0	0	0	0	0	0	0	0	0	0
0	0	0	0	2300	700	0	700	0	700	0	0	0	0	0	0	700
0	60	0	0	7750	0	0	0	0	0	0	0	0	0	0	0	0
0	0	0	0	20000	0	0	0	0	0	0	0	0	0	0	0	0
0	0	0	0	3250	0	0	0	0	0	0	0	0	0	0	0	0
0	0	0	0	0	0	0	0	0	0	0	0	0	0	0	0	0
0	0	0	0	1500	0	0	0	0	0	0	0	0	0	0	0	0
0	0	0	0	0	10478	0	10478	0	985	0	9493	0	0	0	0	5933
0	0	0	0	852	0	0	0	0	0	0	0	0	0	0	0	0
0	0	0	0	0	0	0	0	0	0	0	0	0	0	0	0	0

	学校产权建筑面积													
	合计	教学辅助用房							行政办公用房	生活福利房				
		计	教室	图书馆	实验室实习场所	专用科研用房	体育馆	会堂		计	学生宿舍	学生食堂	教工单身宿舍	教工食堂
翼城教师进修校	1659	613	513	100	0	0	0	0	894	152	0	0	0	0
应县进修校	378	250	160	30	60	0	0	0	80	48	0	0	0	0
原平学习中心	4900	2100	2100	0	0	0	0	0	200	2600	2100	500	0	0
永济电大工作站	0	0	0	0	0	0	0	0	0	0	0	0	0	0
平顺电大工作站	0	0	0	0	0	0	0	0	0	0	0	0	0	0
代县教师进修校	1424	772	732	40	0	0	0	0	252	400	240	60	100	0
太谷工作站	3100	1400	1200	100	100	0	0	0	400	1300	1200	100	0	0
阳高进修校	0	0	0	0	0	0	0	0	0	0	0	0	0	0
运城广播电视大学	7256	3628	3328	300	0	0	0	0	3628	0	0	0	0	0
盐湖区电大工作站	0	0	0	0	0	0	0	0	0	0	0	0	0	0
沁源电大工作站	1656	685	600	40	45	0	0	0	380	591	225	90	0	0
洪洞教学点	2400	2300	1600	100	100	100	200	200	100	0	0	0	0	0
中条山广播电视大学	5237	2524	959	272	343	186	332	432	1066	1647	966	432	0	0
城区电大工作站	0	0	0	0	0	0	0	0	0	0	0	0	0	0
夏县电大工作站	800	470	420	50	0	0	0	0	330	0	0	0	0	0
忻州商校教学点	400	300	150	50	100	0	0	0	100	0	0	0	0	0
万荣电大工作站	1236	396	240	48	48	0	0	60	240	600	312	48	240	0
忻州广播电视大学	840	320	320	0	0	0	0	0	520	0	0	0	0	0
郊区工作站	440	220	160	30	0	0	0	30	70	150	0	0	150	0
安泽教学点	2550	1100	400	200	100	0	0	400	450	1000	300	150	400	150
壶关电大工作站	18000	8380	1080	300	3600	0	0	3400	0	9620	6920	0	2700	0
霍州市委党校	3500	850	600	50	0	0	0	200	1400	1250	1000	250	0	0
和顺工作站	3268	1098	576	80	142	0	0	300	1540	630	217	207	0	0
省统计局直属教学点	0	0	0	0	0	0	0	0	0	0	0	0	0	0
芮城电大工作站	0	0	0	0	0	0	0	0	0	0	0	0	0	0
阳泉广播电视大学	8229	2033	1164	170	699	0	0	0	2942	1001	0	0	0	0
沁县电大工作站	2250	1250	1200	30	20	0	0	0	400	600	0	500	0	100
平鲁区电大工作站	0	0	0	0	0	0	0	0	0	0	0	0	0	0
太原广播电视大学	0	0	0	0	0	0	0	0	0	0	0	0	0	0
闻喜电大工作站	1100	600	600	0	0	0	0	0	200	300	300	0	0	0
河津电大工作站	0	0	0	0	0	0	0	0	0	0	0	0	0	0
中阳电大	2090	660	600	60	0	0	0	0	150	1280	1180	100	0	0
陵川电大工作站	0	0	0	0	0	0	0	0	0	0	0	0	0	0
寿阳工作站	0	0	0	0	0	0	0	0	0	0	0	0	0	0
繁峙学习中心	2650	2500	1500	500	0	0	200	300	0	0	0	0	0	0
临漪电大工作站	2200	1200	1000	200	0	0	0	0	500	500	500	0	0	0
内蒙古	**146980**	**73291**	**54205**	**6135**	**10655**	**0**	**535**	**1761**	**27841**	**38158**	**15785**	**7516**	**238**	**70**
呼和浩特市广播电视大学	1235	650	500	90	60	0	0	0	380	205	0	0	0	0
兴安盟广播电视大学	13450	3200	2750	300	150	0	0	0	2500	2470	1500	500	0	0
赤峰市广播电视大学	720	720	720	0	0	0	0	0	0	0	0	0	0	0
内蒙古广播电视大学	34157	14003	11050	1523	1030	0	0	400	8581	11573	3720	1200	0	0
哲里木盟广播电视大学	4024	1824	364	60	1200	0	0	200	1200	1000	0	0	0	0

校舍情况（续表5）

单位：平方米

			正在施工面积	学校产权占地面积	非学校产权建筑面积											非学校产权占地面积
					合计	计		教学及辅助用房		行政办公用房		生活用房		其他用房		
生活福利及其他用房	教工住宅	其他用房				独立使用	共同使用	独立使用	共同使用	独立使用	共同使用	独立使用	共同使用	独立使用	共同使用	
152	0	0	0	7149	0	0	0	0	0	0	0	0	0	0	0	0
48	0	0	0	4209	0	0	0	0	0	0	0	0	0	0	0	0
0	0	0	0	11520	0	0	0	0	0	0	0	0	0	0	0	0
0	0	0	0	0	0	0	0	0	0	0	0	0	0	0	0	0
0	0	0	0	0	0	0	0	0	0	0	0	0	0	0	0	0
0	0	0	0	5100	0	0	0	0	0	0	0	0	0	0	0	0
0	0	0	0	4000	0	0	0	0	0	0	0	0	0	0	0	0
0	0	0	0	0	0	0	0	0	0	0	0	0	0	0	0	0
0	0	0	0	5200	0	0	0	0	0	0	0	0	0	0	0	0
0	0	0	0	0	0	0	0	0	0	0	0	0	0	0	0	0
276	0	0	0	2033	0	0	0	0	0	0	0	0	0	0	0	0
0	0	0	0	18000	0	0	0	0	0	0	0	0	0	0	0	0
249	0	0	0	15282	0	0	0	0	0	0	0	0	0	0	0	0
0	0	0	0	0	2000	0	2000	0	1360	0	360	0	280	0	0	3000
0	0	0	0	2000	0	0	0	0	0	0	0	0	0	0	0	0
0	0	0	0	1500	0	0	0	0	0	0	0	0	0	0	0	0
0	0	0	0	5000	0	0	0	0	0	0	0	0	0	0	0	0
0	0	0	0	1200	0	0	0	0	0	0	0	0	0	0	0	0
0	0	0	0	50	0	0	0	0	0	0	0	0	0	0	0	0
0	0	0	0	4259	0	0	0	0	0	0	0	0	0	0	0	0
0	0	0	0	10320	0	0	0	0	0	0	0	0	0	0	0	0
0	0	0	0	10667	0	0	0	0	0	0	0	0	0	0	0	0
206	0	0	0	6128	0	0	0	0	0	0	0	0	0	0	0	0
0	0	0	0	0	1000	1000	0	800	0	200	0	0	0	0	0	1400
0	0	0	0	0	0	0	0	0	0	0	0	0	0	0	0	0
1001	2253	0	0	3066	0	0	0	0	0	0	0	0	0	0	0	0
0	0	0	0	2400	0	0	0	0	0	0	0	0	0	0	0	0
0	0	0	0	0	580	580	0	280	0	300	0	0	0	0	0	580
0	0	0	0	0	1853	1853	0	1475	0	378	0	0	0	0	0	2000
0	0	0	0	5200	0	0	0	0	0	0	0	0	0	0	0	0
0	0	0	0	0	0	0	0	0	0	0	0	0	0	0	0	0
0	0	0	0	854	0	0	0	0	0	0	0	0	0	0	0	0
0	0	0	0	0	0	0	0	0	0	0	0	0	0	0	0	0
0	0	0	0	0	318	138	180	18	180	120	0	0	0	0	0	1100
0	150	0	0	12000	0	0	0	0	0	0	0	0	0	0	0	0
0	0	0	0	3300	0	0	0	0	0	0	0	0	0	0	0	0
14549	**7690**	**0**	**0**	**460880**	**73103**	**2000**	**71103**	**0**	**32412**	**2000**	**17010**	**0**	**21681**	**0**	**0**	**99600**
205	0	0	0	2600	0	0	0	0	0	0	0	0	0	0	0	25600
470	5280	0	0	16000	0	0	0	0	0	0	0	0	0	0	0	0
0	0	0	0	0	2200	2000	200	0	200	2000	0	0	0	0	0	2500
6653	0	0	0	60560	0	0	0	0	0	0	0	0	0	0	0	0
1000	0	0	0	6000	29200	0	29200	0	14800	0	7200	0	7200	0	0	50000

	学校产权建筑面积													
	合计	教学辅助用房							行政办公用房	生活福利房				
		计	教室	图书馆	实验室实习场所	专用科研用房	体育馆	会堂		计	学生宿舍	学生食堂	教工单身宿舍	教工食堂
鄂尔多斯市广播电视大学	9431	3937	2517	816	195	0	409	0	1363	1721	1030	603	88	0
扎赉诺尔矿区广播电视大学	12700	8400	7000	400	1000	0	0	0	2000	2300	1500	800	0	0
包头广播电视大学	4314	2609	1512	577	420	0	0	100	1705	0	0	0	0	0
呼伦贝尔市广播电视大学	6567	2261	1248	144	869	0	0	0	772	3534	2312	1222	0	0
乌海市广播电视大学	5922	2810	1980	110	620	0	0	100	750	2362	1100	346	0	0
巴盟广播电视大学	8122	3479	2379	260	350	0	0	490	1981	2662	1250	390	150	50
铁道学院广播电视大学	9048	3340	1881	251	911	0	126	171	2077	3631	2178	1080	0	20
阿拉善盟广播电视大学	13840	7308	3414	660	3234	0	0	0	1412	5120	1195	175	0	0
锡林郭勒盟广播电视大学	0	0	0	0	0	0	0	0	0	0	0	0	0	0
大雁矿区广播电视大学	11650	8850	8500	350	0	0	0	0	1600	1200	0	1200	0	0
乌兰察布盟广播电视大学	7000	6000	5600	100	0	0	0	300	1000	0	0	0	0	0
哲盟霍林河矿区广播电视大学	4800	3900	2790	494	616	0	0	0	520	380	0	0	0	0
辽　宁	**377692**	**217369**	**122239**	**27572**	**54684**	**985**	**4963**	**6926**	**49434**	**110689**	**79899**	**15738**	**1658**	**4627**
葫芦岛市电大分校	2746	2212	0	0	2212	0	0	0	534	0	0	0	0	0
辽宁省水利厅工作站	0	0	0	0	0	0	0	0	0	0	0	0	0	0
辽河石油勘探局广播电视大学	27953	21853	14350	3202	3801	0	0	500	2200	3900	2600	800	100	400
抚顺广播电视大学	68873	38768	9362	4008	24208	0	1190	0	5663	24442	16671	3503	0	1970
营口分校	76105	42160	28085	4515	7850	200	1250	260	6800	26945	21700	3500	295	200
鞍山广播电视大学	10747	8093	5495	1283	1105	0	0	210	988	1666	1108	318	40	200
辽阳分校	5335	2885	1497	1388	0	0	0	0	558	1892	504	1388	0	0
本溪广播电视大学	12475	6748	4809	576	1085	0	0	278	4372	1355	0	0	0	320
沈阳铁路局电大	15764	9324	7180	611	1313	0	0	220	1411	5029	3860	200	600	180
辽宁广播电视大学海城学院	3270	1460	860	0	450	0	0	150	310	1500	450	0	0	200
辽宁广播电视大学	24224	9530	6816	1630	1084	0	0	0	8858	5836	3805	800	0	0
辽宁广播电视大学新民学院	7780	7200	600	1800	1200	0	0	3600	200	380	200	180	0	0
朝阳广播电视大学	9129	4717	3000	500	614	0	0	603	2385	2027	800	604	623	0
阜新分校	6714	5650	1650	2500	0	0	1500	0	420	644	0	0	0	644
辽宁广播电视大学东港学院	6600	1620	1620	0	0	0	0	0	1800	3180	1600	700	0	30
锦州分校	7898	2740	1611	314	590	0	0	225	1206	3952	3382	450	0	120
铁岭广播电视大学	4350	2715	1259	375	1081	0	0	0	1472	163	0	0	0	163
丹东分校	20000	13880	12200	300	1000	0	0	380	3000	3120	2660	260	0	200
盘锦分校	67729	35814	21845	4570	7091	785	1023	500	7257	24658	20559	3035	0	0
沈　阳	**123126**	**63133**	**25525**	**7545**	**17880**	**0**	**10650**	**1533**	**16927**	**39460**	**20420**	**9040**	**400**	**1942**
东陵分校	17317	4016	1059	153	2724	0	0	80	2600	8295	6723	1492	0	80
沈北新区分校	14498	7883	1510	130	4711	0	1300	232	147	6468	3800	1300	40	0
新民分校	8440	3340	2240	150	640	0	0	310	1800	3300	800	1100	340	800
沈阳广播电视大学	26124	21440	13027	6200	2213	0	0	0	1541	1943	0	1000	0	760
法库分校	12050	8600	900	120	260	0	7200	120	1300	2150	1930	220	0	0
康平分校	4580	1020	560	100	240	0	0	120	2970	590	0	0	0	200
辽中分校	6083	1369	1027	126	216	0	0	0	1407	3307	567	516	20	0
于洪分校	9254	3029	1440	177	978	0	0	434	525	5700	3100	2600	0	0
苏家屯分校	24780	12436	3762	389	5898	0	2150	237	4637	7707	3500	812	0	102

校舍情况（续表 6）

单位：平方米

			正在施工面积	学校产权占地面积	非学校产权建筑面积											非学校产权占地面积
					合计	计		教学及辅助用房		行政办公用房		生活用房		其他用房		
生活福利及其他用房	教工住宅	其他用房				独立使用	共同使用	独立使用	共同使用	独立使用	共同使用	独立使用	共同使用	独立使用	共同使用	
0	2410	0	0	50820	0	0	0	0	0	0	0	0	0	0	0	0
0	0	0	0	110000	0	0	0	0	0	0	0	0	0	0	0	0
0	0	0	0	8200	0	0	0	0	0	0	0	0	0	0	0	0
0	0	0	0	42278	0	0	0	0	0	0	0	0	0	0	0	0
916	0	0	0	31200	0	0	0	0	0	0	0	0	0	0	0	0
822	0	0	0	18751	0	0	0	0	0	0	0	0	0	0	0	0
353	0	0	0	3322	0	0	0	0	0	0	0	0	0	0	0	0
3750	0	0	0	64000	0	0	0	0	0	0	0	0	0	0	0	0
0	0	0	0	0	41703	0	41703	0	17412	0	9810	0	14481	0	0	21500
0	0	0	0	31200	0	0	0	0	0	0	0	0	0	0	0	0
0	0	0	0	7000	0	0	0	0	0	0	0	0	0	0	0	0
380	0	0	0	8949	0	0	0	0	0	0	0	0	0	0	0	0
8767	**0**	**200**	**172107**	**754229**	**93448**	**7881**	**85567**	**0**	**47856**	**120**	**630**	**7761**	**37081**	**0**	**0**	**340073**
0	0	0	0	2400	17651	0	17651	0	7471	0	630	0	9550	0	0	153334
0	0	0	0	0	57916	0	57916	0	30385	0	0	0	27531	0	0	185426
0	0	0	0	82165	0	0	0	0	0	0	0	0	0	0	0	0
2298	0	0	172107	136117	0	0	0	0	0	0	0	0	0	0	0	0
1250	0	200	0	188000	10000	0	10000	0	10000	0	0	0	0	0	0	0
0	0	0	0	22004	0	0	0	0	0	0	0	0	0	0	0	0
0	0	0	0	21654	0	0	0	0	0	0	0	0	0	0	0	0
1035	0	0	0	12475	0	0	0	0	0	0	0	0	0	0	0	0
189	0	0	0	24032	0	0	0	0	0	0	0	0	0	0	0	0
850	0	0	0	8000	0	0	0	0	0	0	0	0	0	0	0	0
1231	0	0	0	20666	7881	7881	0	0	0	120	0	7761	0	0	0	1313
0	0	0	0	11000	0	0	0	0	0	0	0	0	0	0	0	0
0	0	0	0	11212	0	0	0	0	0	0	0	0	0	0	0	0
0	0	0	0	55000	0	0	0	0	0	0	0	0	0	0	0	0
850	0	0	0	8400	0	0	0	0	0	0	0	0	0	0	0	0
0	0	0	0	5690	0	0	0	0	0	0	0	0	0	0	0	0
0	0	0	0	9414	0	0	0	0	0	0	0	0	0	0	0	0
0	0	0	0	20000	0	0	0	0	0	0	0	0	0	0	0	0
1064	0	0	0	116000	0	0	0	0	0	0	0	0	0	0	0	0
7658	**3606**	**0**	**20000**	**283690**	**20655**	**20655**	**0**	**4704**	**0**	**1233**	**0**	**14718**	**0**	**0**	**0**	**0**
0	2406	0	0	46739	0	0	0	0	0	0	0	0	0	0	0	0
1328	0	0	0	37000	0	0	0	0	0	0	0	0	0	0	0	0
260	0	0	0	67000	0	0	0	0	0	0	0	0	0	0	0	0
183	1200	0	20000	25961	20655	20655	0	4704	0	1233	0	14718	0	0	0	0
0	0	0	0	12050	0	0	0	0	0	0	0	0	0	0	0	0
390	0	0	0	6670	0	0	0	0	0	0	0	0	0	0	0	0
2204	0	0	0	5300	0	0	0	0	0	0	0	0	0	0	0	0
0	0	0	0	29970	0	0	0	0	0	0	0	0	0	0	0	0
3293	0	0	0	53000	0	0	0	0	0	0	0	0	0	0	0	0

5.3 全国电大

	学校产权建筑面积													
	合计	教学辅助用房							行政办公用房	生活福利房				
		计	教室	图书馆	实验室实习场所	专用科研用房	体育馆	会堂		计	学生宿舍	学生食堂	教工单身宿舍	教工食堂
大　连	**82495**	**41793**	**32163**	**1786**	**4852**	**0**	**675**	**2317**	**9941**	**28593**	**8596**	**5358**	**124**	**2688**
旅顺分校	3727	3067	3067	0	0	0	0	0	280	380	260	0	0	0
大连开发区分校	10000	3500	2000	300	700	0	0	500	2500	2000	1500	500	0	0
庄河分校	7097	3084	2630	292	162	0	0	0	1242	2771	520	360	32	1859
长海分校	4269	890	740	15	120	0	0	15	360	3019	378	950	72	15
甘井子分校	3577	2121	1880	173	0	0	0	68	604	852	0	0	0	0
瓦房店分校	17868	8280	5540	340	2400	0	0	0	600	8988	5150	1923	0	0
大连广播电视大学	19451	7994	5561	510	341	0	675	907	2487	8802	0	824	0	642
金州分校	10063	8145	8145	0	0	0	0	0	1260	658	132	526	0	0
普兰店分校	6443	4712	2600	156	1129	0	0	827	608	1123	656	275	20	172
吉　林	**291048**	**154516**	**89679**	**7510**	**50994**	**0**	**0**	**6333**	**36739**	**71965**	**46819**	**12182**	**2750**	**1880**
白山分校	10370	5385	5338	47	0	0	0	0	2362	2623	1388	955	80	0
吉林广播电视大学	27580	5740	3800	980	480	0	0	480	5380	3950	2750	400	0	0
延边分校	35914	14683	9989	1506	1900	0	0	1288	7211	14020	8882	1494	0	580
吉林分校	7046	4241	3461	170	565	0	0	45	940	659	522	137	0	0
通化分校	77868	49731	8680	1700	35982	0	0	3369	8241	18096	9037	2969	2600	1300
松原分校	16000	4330	3850	130	350	0	0	0	2670	300	0	0	0	0
辽源分校	7235	3168	1781	343	997	0	0	47	1145	2922	875	197	70	0
白城分校	85630	55630	45030	2100	7900	0	0	600	5000	25000	20000	5000	0	0
长春市建筑职工业余大学	16788	10500	6940	480	2720	0	0	360	3240	3048	2318	730	0	0
四平分校	6617	1108	810	54	100	0	0	144	550	1347	1047	300	0	0
长　春	**154380**	**76893**	**51893**	**3520**	**18130**	**0**	**0**	**3350**	**21755**	**55732**	**32623**	**10497**	**1638**	**2610**
双阳区工作站	15104	7384	4000	484	2600	0	0	300	2000	5720	3000	1720	200	800
榆树市分校	16590	9693	8573	120	450	0	0	550	1200	5697	3293	2010	0	0
长影分校	2090	1190	720	0	470	0	0	0	292	608	560	0	48	0
德惠分校	37000	18500	13500	1500	3500	0	0	0	900	17600	7000	3000	0	0
长春广播电视大学	26750	13860	12320	360	680	0	0	500	7243	5647	3630	1217	300	500
农安分校	48000	23000	10000	1000	10000	0	0	2000	9000	16000	12000	2000	1000	1000
民进分校	0	0	0	0	0	0	0	0	0	0	0	0	0	0
九台市分校	8846	3266	2780	56	430	0	0	0	1120	4460	3140	550	90	310
黑龙江	**485463**	**256050**	**158004**	**13209**	**47191**	**465**	**25360**	**11821**	**65110**	**127822**	**84357**	**18505**	**436**	**1170**
富拉尔基区分校	4520	4520	4520	0	0	0	0	0	0	0	0	0	0	0
兰西分校	1500	1000	750	150	100	0	0	0	500	0	0	0	0	0
东宁分校	280	280	280	0	0	0	0	0	0	0	0	0	0	0
漠河分校	814	272	224	48	0	0	0	0	312	230	0	0	24	0
林甸分校	3214	2344	1620	180	364	0	0	180	870	0	0	0	0	0
亚布力林业局电大分校	280	230	180	0	50	0	0	0	50	0	0	0	0	0
密山分校	3910	1310	810	100	0	0	400	0	2600	0	0	0	0	0
鹤岗广播电视大学	5155	2056	1506	236	314	0	0	0	1051	2048	0	96	52	0
同江分校	1060	260	260	0	0	0	0	0	800	0	0	0	0	0
绥化地区广播电视大学	4500	3980	3000	120	240	0	0	620	520	0	0	0	0	0
沾河林业局电大分校	0	0	0	0	0	0	0	0	0	0	0	0	0	0

校舍情况（续表 7）

单位：平方米

			正在施工面积	学校产权占地面积	非学校产权建筑面积											非学校产权占地面积
					合计	计		教学及辅助用房		行政办公用房		生活用房		其他用房		
生活福利及其他用房	教工住宅	其他用房				独立使用	共同使用	独立使用	共同使用	独立使用	共同使用	独立使用	共同使用	独立使用	共同使用	
11827	**2168**	**0**	**0**	**184247**	**0**	**0**	**0**	**0**	**0**	**0**	**0**	**0**	**0**	**0**	**0**	**0**
120	0	0	0	10838	0	0	0	0	0	0	0	0	0	0	0	0
0	2000	0	0	70000	0	0	0	0	0	0	0	0	0	0	0	0
0	0	0	0	8499	0	0	0	0	0	0	0	0	0	0	0	0
1604	0	0	0	4269	0	0	0	0	0	0	0	0	0	0	0	0
852	0	0	0	3577	0	0	0	0	0	0	0	0	0	0	0	0
1915	0	0	0	53003	0	0	0	0	0	0	0	0	0	0	0	0
7336	168	0	0	7067	0	0	0	0	0	0	0	0	0	0	0	0
0	0	0	0	17982	0	0	0	0	0	0	0	0	0	0	0	0
0	0	0	0	9012	0	0	0	0	0	0	0	0	0	0	0	0
8334	**27828**	**0**	**0**	**408370**	**8216**	**7116**	**1100**	**3745**	**1100**	**3298**	**0**	**73**	**0**	**0**	**0**	**20600**
200	0	0	0	12485	0	0	0	0	0	0	0	0	0	0	0	0
800	12510	0	0	8469	0	0	0	0	0	0	0	0	0	0	0	0
3064	0	0	0	117738	0	0	0	0	0	0	0	0	0	0	0	0
0	1206	0	0	5642	6176	6176	0	3045	0	3058	0	73	0	0	0	20300
2190	1800	0	0	66346	0	0	0	0	0	0	0	0	0	0	0	0
300	8700	0	0	16640	600	300	300	300	300	0	0	0	0	0	0	300
1780	0	0	0	1800	0	0	0	0	0	0	0	0	0	0	0	0
0	0	0	0	137800	1440	640	800	400	800	240	0	0	0	0	0	0
0	0	0	0	33700	0	0	0	0	0	0	0	0	0	0	0	0
0	3612	0	0	7750	0	0	0	0	0	0	0	0	0	0	0	0
8364	**0**	**0**	**0**	**302485**	**1200**	**800**	**400**	**500**	**400**	**300**	**0**	**0**	**0**	**0**	**0**	**5280**
0	0	0	0	45000	0	0	0	0	0	0	0	0	0	0	0	0
394	0	0	0	33185	0	0	0	0	0	0	0	0	0	0	0	0
0	0	0	0	2900	0	0	0	0	0	0	0	0	0	0	0	1200
7600	0	0	0	60000	0	0	0	0	0	0	0	0	0	0	0	0
0	0	0	0	20400	0	0	0	0	0	0	0	0	0	0	0	0
0	0	0	0	130000	0	0	0	0	0	0	0	0	0	0	0	0
0	0	0	0	0	1200	800	400	500	400	300	0	0	0	0	0	4080
370	0	0	0	11000	0	0	0	0	0	0	0	0	0	0	0	0
23354	**36481**	**0**	**0**	**941950**	**552351**	**55937**	**496414**	**31172**	**307629**	**6452**	**27819**	**18313**	**160966**	**0**	**0**	**1595583**
0	0	0	0	14100	0	0	0	0	0	0	0	0	0	0	0	0
0	0	0	0	5000	0	0	0	0	0	0	0	0	0	0	0	0
0	0	0	0	0	1500	450	1050	150	1050	300	0	0	0	0	0	500
206	0	0	0	800	818	216	602	104	172	112	200	0	230	0	0	1644
0	0	0	0	4300	28293	9642	18651	9642	18651	0	0	0	0	0	0	6000
0	0	0	0	400	0	0	0	0	0	0	0	0	0	0	0	0
0	0	0	0	1946	7800	0	7800	0	2500	0	5300	0	0	0	0	1946
1900	0	0	0	5030	0	0	0	0	0	0	0	0	0	0	0	0
0	0	0	0	8400	740	0	740	0	380	0	0	0	360	0	0	10525
0	0	0	0	920	0	0	0	0	0	0	0	0	0	0	0	0
0	0	0	0	0	590	0	590	0	540	0	50	0	0	0	0	1500

	学校产权建筑面积													
	合计	教学辅助用房							行政办公用房	生活福利房				
		计	教室	图书馆	实验室实习场所	专用科研用房	体育馆	会堂		计	学生宿舍	学生食堂	教工单身宿舍	教工食堂
五大连池分校	1350	1050	650	100	300	0	0	0	300	0	0	0	0	0
佳木斯广播电视大学	12407	8045	5075	560	1660	0	0	750	1210	2973	1720	828	0	0
北安分校	560	560	560	0	0	0	0	0	0	0	0	0	0	0
绥化农垦分校	8784	4284	1600	48	186	0	2060	390	1400	3100	2000	1100	0	0
合林林区电大直属分校	0	0	0	0	0	0	0	0	0	0	0	0	0	0
清河林业局电大分校	0	0	0	0	0	0	0	0	0	0	0	0	0	0
松花江林区广播电视大学	2250	1100	1000	0	100	0	0	0	300	850	700	150	0	0
望奎分校	730	530	300	80	50	0	0	100	200	0	0	0	0	0
黑河市广播电视大学	6171	3995	3495	500	0	0	0	0	1360	816	0	275	0	0
讷河分校	2400	1140	600	180	180	0	0	180	1260	0	0	0	0	0
桦川分校	0	0	0	0	0	0	0	0	0	0	0	0	0	0
逊克分校	0	0	0	0	0	0	0	0	0	0	0	0	0	0
绥滨分校	750	550	400	50	50	0	0	50	200	0	0	0	0	0
杜蒙分校	12558	7898	1080	105	6713	0	0	0	540	4120	3720	280	0	120
嫩江分校	8600	6220	3280	280	2660	0	0	0	1680	700	0	140	0	0
建三江农垦电大分校	0	0	0	0	0	0	0	0	0	0	0	0	0	0
兴隆林业局电大分校	0	0	0	0	0	0	0	0	0	0	0	0	0	0
甘南分校	500	300	200	0	100	0	0	0	200	0	0	0	0	0
肇州分校	0	0	0	0	0	0	0	0	0	0	0	0	0	0
大兴安岭广播电视大学	13123	5748	1764	1238	1544	0	0	1202	1563	5812	1650	1291	0	0
克东分校	2900	2700	1800	200	700	0	0	0	200	0	0	0	0	0
明水分校	600	300	300	0	0	0	0	0	300	0	0	0	0	0
集贤分校	0	0	0	0	0	0	0	0	0	0	0	0	0	0
拜泉分校	490	490	210	70	100	0	0	110	0	0	0	0	0	0
宝泉岭农垦电大分校	13800	6200	4200	500	1500	0	0	0	1100	6500	5500	500	200	0
大庆广播电视大学	0	0	0	0	0	0	0	0	0	0	0	0	0	0
桦南分校	0	0	0	0	0	0	0	0	0	0	0	0	0	0
嘉荫分校	9072	4689	2360	96	1993	0	0	240	1300	3083	2883	0	0	0
牡丹江农垦电大分校	7409	2956	2512	100	344	0	0	0	1553	2900	2400	500	0	0
孙吴分校	2586	1326	888	216	222	0	0	0	240	1020	0	300	0	0
宁安分校	0	0	0	0	0	0	0	0	0	0	0	0	0	0
肇源分校	5200	3600	2040	200	1000	0	0	360	1000	600	400	200	0	0
伊春市广播电视大学	4880	3064	2784	100	180	0	0	0	820	996	0	0	0	506
苇河林业局电大分校	0	0	0	0	0	0	0	0	0	0	0	0	0	0
龙江分校	1000	800	800	0	0	0	0	0	200	0	0	0	0	0
绥棱分校	6100	1600	1600	0	0	0	0	0	600	3900	1300	700	0	0
双鸭山市广播电视大学	0	0	0	0	0	0	0	0	0	0	0	0	0	0
富裕分校	4000	3600	1500	300	1000	100	400	300	400	0	0	0	0	0
泰来分校	855	730	400	0	220	0	0	110	125	0	0	0	0	0
饶河分校	9800	6700	5700	100	600	0	0	300	500	2600	2000	600	0	0
萝北分校	12350	7520	4240	200	2880	0	0	200	1830	3000	2500	500	0	0
富锦分校	0	0	0	0	0	0	0	0	0	0	0	0	0	0

校舍情况（续表8）

单位：平方米

生活福利及其他用房	教工住宅	其他用房	正在施工面积	学校产权占地面积	非学校产权建筑面积											非学校产权占地面积
					合计	计		教学及辅助用房		行政办公用房		生活用房		其他用房		
						独立使用	共同使用	独立使用	共同使用	独立使用	共同使用	独立使用	共同使用	独立使用	共同使用	
0	0	0	0	15000	15650	0	15650	0	13550	0	1000	0	1100	0	0	58000
425	179	0	0	28860	655	655	0	655	0	0	0	0	0	0	0	1280
0	0	0	0	13680	6530	0	6530	0	6530	0	0	0	0	0	0	29640
0	0	0	0	3000	26604	0	26604	0	13794	0	0	0	12810	0	0	2830
0	0	0	0	0	2010	2010	0	410	0	0	0	1600	0	0	0	1210
0	0	0	0	0	200	0	200	0	150	0	50	0	0	0	0	500
0	0	0	0	4105	0	0	0	0	0	0	0	0	0	0	0	0
0	0	0	0	900	0	0	0	0	0	0	0	0	0	0	0	0
541	0	0	0	4248	24270	0	24270	0	24270	0	0	0	0	0	0	21973
0	0	0	0	8500	0	0	0	0	0	0	0	0	0	0	0	150
0	0	0	0	0	980	0	980	0	800	0	180	0	0	0	0	1564
0	0	0	0	0	7101	0	7101	0	5919	0	556	0	626	0	0	18000
0	0	0	0	0	0	0	0	0	0	0	0	0	0	0	0	1000
0	0	0	0	100000	0	0	0	0	0	0	0	0	0	0	0	20000
560	0	0	0	53000	0	0	0	0	0	0	0	0	0	0	0	0
0	0	0	0	0	20046	0	20046	0	9583	0	1357	0	9106	0	0	100000
0	0	0	0	0	250	0	250	0	200	0	50	0	0	0	0	500
0	0	0	0	2000	700	0	700	0	700	0	0	0	0	0	0	3000
0	0	0	0	0	3470	1500	1970	1500	1970	0	0	0	0	0	0	30000
2871	0	0	0	4720	0	0	0	0	0	0	0	0	0	0	0	75000
0	0	0	0	15700	1300	600	700	600	700	0	0	0	0	0	0	3800
0	0	0	0	1200	0	0	0	0	0	0	0	0	0	0	0	0
0	0	0	0	0	580	260	320	60	260	200	60	0	0	0	0	580
0	0	0	0	10000	1450	400	1050	400	900	0	0	0	150	0	0	46000
300	0	0	0	58000	0	0	0	0	0	0	0	0	0	0	0	0
0	0	0	0	0	17155	17155	0	2235	0	4040	0	10880	0	0	0	6240
0	0	0	0	0	2385	0	2385	0	1549	0	836	0	0	0	0	3800
200	0	0	0	0	7772	7772	0	4689	0	0	0	3083	0	0	0	13042
0	0	0	0	30000	0	0	0	0	0	0	0	0	0	0	0	0
720	0	0	0	20000	0	0	0	0	0	0	0	0	0	0	0	0
0	0	0	0	0	530	230	300	30	300	200	0	0	0	0	0	530
0	0	0	0	6000	0	0	0	0	0	0	0	0	0	0	0	6000
490	0	0	0	9800	5000	0	5000	0	2800	0	1500	0	700	0	0	10000
0	0	0	0	0	160	0	160	0	130	0	30	0	0	0	0	300
0	0	0	0	1000	1600	0	1600	0	1300	0	0	0	300	0	0	4200
1900	0	0	0	22300	0	0	0	0	0	0	0	0	0	0	0	0
0	0	0	0	0	4333	4333	0	3353	0	980	0	0	0	0	0	10000
0	0	0	0	5000	0	0	0	0	0	0	0	0	0	0	0	0
0	0	0	0	1000	0	0	0	0	0	0	0	0	0	0	0	0
0	0	0	0	35000	0	0	0	0	0	0	0	0	0	0	0	0
0	0	0	0	40000	0	0	0	0	0	0	0	0	0	0	0	0
0	0	0	0	0	1150	1150	0	1150	0	0	0	0	0	0	0	1600

	学校产权建筑面积														
	合计	教学辅助用房							行政办公用房	生活福利房				
		计	教室	图书馆	实验室实习场所	专用科研用房	体育馆	会堂		计	学生宿舍	学生食堂	教工单身宿舍	教工食堂
庆安分校	10000	8548	7746	162	640	0	0	0	480	972	648	324	0	0
通北林业局电大分校	0	0	0	0	0	0	0	0	0	0	0	0	0	0
海伦分校	3600	650	420	26	0	0	0	204	1350	1600	900	700	0	0
海林分校	290	230	180	50	0	0	0	0	60	0	0	0	0	0
穆棱分校	0	0	0	0	0	0	0	0	0	0	0	0	0	0
绥棱林业局电大分校	0	0	0	0	0	0	0	0	0	0	0	0	0	0
鸡西广播电视大学	43154	25722	20070	2452	3200	0	0	0	2870	11812	5631	1440	0	0
齐齐哈尔市广播电视大学	8946	2298	1848	45	405	0	0	0	3032	3616	3372	0	0	244
肇东分校	2202	1547	1160	0	0	0	0	387	0	655	559	96	0	0
北安农垦电大分校	0	0	0	0	0	0	0	0	0	0	0	0	0	0
牡丹江林区广播电视大学	5770	1720	1380	120	220	0	0	0	1200	2850	2200	650	0	0
山河屯林业局电大分校	0	0	0	0	0	0	0	0	0	0	0	0	0	0
塔河分校	3963	1795	1200	67	240	0	0	288	1340	828	640	188	0	0
林口分校	600	400	240	0	160	0	0	0	200	0	0	0	0	0
红兴隆农垦电大分校	0	0	0	0	0	0	0	0	0	0	0	0	0	0
铁力分校	0	0	0	0	0	0	0	0	0	0	0	0	0	0
牡丹江市广播电视大学	69838	45126	37412	0	7714	0	0	0	2378	22334	21058	1276	0	0
七台河广播电视大学	0	0	0	0	0	0	0	0	0	0	0	0	0	0
绥芬河分校	0	0	0	0	0	0	0	0	0	0	0	0	0	0
安达分校	1100	500	200	50	150	0	0	100	600	0	0	0	0	0
黑龙江广播电视大学	113778	43425	13660	1430	5000	335	19000	4000	17977	18824	8692	2771	0	0
虎林分校	970	670	180	120	90	0	0	280	300	0	0	0	0	0
青岗分校	995	324	204	60	60	0	0	0	671	0	0	0	0	0
省农垦广播电视大学	34994	12950	3775	2435	2040	0	3500	1200	3480	18564	13704	3500	160	300
方正林业局电大分校	0	0	0	0	0	0	0	0	0	0	0	0	0	0
依安分校	1000	790	400	30	120	0	0	240	210	0	0	0	0	0
宝清分校	1625	825	525	75	225	0	0	0	800	0	0	0	0	0
呼中分校	800	320	180	30	50	30	0	30	200	280	180	100	0	0
碾子山区分校	5380	4263	2736	0	1527	0	0	0	878	239	0	0	0	0
哈尔滨	**37959**	**22172**	**12044**	**1648**	**5960**	**0**	**1460**	**1060**	**5905**	**8382**	**5075**	**850**	**110**	**355**
阿城电大分校	750	560	500	60	0	0	0	0	190	0	0	0	0	0
哈尔滨广播电视大学	12767	6720	4180	190	890	0	1460	0	1905	4142	1485	400	90	305
通河分校	0	0	0	0	0	0	0	0	0	0	0	0	0	0
方正分校	1800	1300	800	500	0	0	0	0	500	0	0	0	0	0
呼兰分校	420	300	300	0	0	0	0	0	100	20	0	0	20	0
五常分校	4300	1500	1200	100	200	0	0	0	800	500	350	150	0	0
尚志分校	3460	2960	1000	400	1400	0	0	160	400	100	0	0	0	50
哈尔滨工业大学工会电大工作站	0	0	0	0	0	0	0	0	0	0	0	0	0	0
木兰分校	1300	980	590	60	190	0	0	140	160	160	120	40	0	0
延寿分校	1000	480	300	60	120	0	0	0	520	0	0	0	0	0
巴彦分校	900	740	740	0	0	0	0	0	160	0	0	0	0	0
依兰分校	892	632	574	18	40	0	0	0	260	0	0	0	0	0

校舍情况（续表9）

单位：平方米

			正在施工面积	学校产权占地面积	非学校产权建筑面积											非学校产权占地面积
					合计	计		教学及辅助用房		行政办公用房		生活用房		其他用房		
生活福利及其他用房	教工住宅	其他用房				独立使用	共同使用	独立使用	共同使用	独立使用	共同使用	独立使用	共同使用	独立使用	共同使用	
0	0	0	0	8000	0	0	0	0	0	0	0	0	0	0	0	0
0	0	0	0	0	1150	0	1150	0	1100	0	50	0	0	0	0	2000
0	0	0	0	4000	0	0	0	0	0	0	0	0	0	0	0	0
0	0	0	0	2500	0	0	0	0	0	0	0	0	0	0	0	0
0	0	0	0	0	660	300	360	200	360	100	0	0	0	0	0	660
0	0	0	0	0	150	0	150	0	130	0	20	0	0	0	0	300
4741	2750	0	0	13800	213620	0	213620	0	120410	0	10440	0	82770	0	0	552800
0	0	0	0	10090	0	0	0	0	0	0	0	0	0	0	0	0
0	0	0	0	4800	0	0	0	0	0	0	0	0	0	0	0	0
0	0	0	0	0	32478	7064	25414	4094	11552	220	440	2750	13422	0	0	186024
0	0	0	0	17200	0	0	0	0	0	0	0	0	0	0	0	0
0	0	0	0	0	600	0	600	0	550	0	50	0	0	0	0	1000
0	0	0	0	18000	0	0	0	0	0	0	0	0	0	0	0	0
0	0	0	0	3600	0	0	0	0	0	0	0	0	0	0	0	0
0	0	0	0	0	22786	2200	20586	1900	8740	300	1300	0	10546	0	0	154674
0	0	0	0	0	13850	0	13850	0	8000	0	1000	0	4850	0	0	25000
0	0	0	0	144854	0	0	0	0	0	0	0	0	0	0	0	0
0	0	0	0	0	64317	0	64317	0	41369	0	2100	0	20848	0	0	160000
0	0	0	0	0	9600	0	9600	0	5840	0	1200	0	2560	0	0	9600
0	0	0	0	4500	0	0	0	0	0	0	0	0	0	0	0	0
7361	33552	0	0	111600	0	0	0	0	0	0	0	0	0	0	0	0
0	0	0	0	5879	1218	0	1218	0	630	0	0	0	588	0	0	10171
0	0	0	0	995	0	0	0	0	0	0	0	0	0	0	0	0
900	0	0	0	24427	0	0	0	0	0	0	0	0	0	0	0	0
0	0	0	0	0	300	0	300	0	250	0	50	0	0	0	0	500
0	0	0	0	2000	0	0	0	0	0	0	0	0	0	0	0	0
0	0	0	0	4800	0	0	0	0	0	0	0	0	0	0	0	0
0	0	0	0	2000	0	0	0	0	0	0	0	0	0	0	0	0
239	0	0	0	24996	0	0	0	0	0	0	0	0	0	0	0	0
1992	**1500**	**0**	**0**	**66983**	**4580**	**1000**	**3580**	**1000**	**3410**	**0**	**170**	**0**	**0**	**0**	**0**	**101000**
0	0	0	0	10000	1000	1000	0	1000	0	0	0	0	0	0	0	1500
1862	0	0	0	10700	0	0	0	0	0	0	0	0	0	0	0	0
0	0	0	0	0	3300	0	3300	0	3150	0	150	0	0	0	0	10000
0	0	0	0	8500	0	0	0	0	0	0	0	0	0	0	0	0
0	0	0	0	800	0	0	0	0	0	0	0	0	0	0	0	0
0	1500	0	0	7000	0	0	0	0	0	0	0	0	0	0	0	0
50	0	0	0	18000	0	0	0	0	0	0	0	0	0	0	0	82000
0	0	0	0	0	280	0	280	0	260	0	20	0	0	0	0	3000
0	0	0	0	4200	0	0	0	0	0	0	0	0	0	0	0	0
0	0	0	0	500	0	0	0	0	0	0	0	0	0	0	0	0
0	0	0	0	0	0	0	0	0	0	0	0	0	0	0	0	4500
0	0	0	0	483	0	0	0	0	0	0	0	0	0	0	0	0

5.3 全国电大

	学校产权建筑面积													
	合计	教学辅助用房							行政办公用房	生活福利房				
		计	教室	图书馆	实验室实习场所	专用科研用房	体育馆	会堂		计	学生宿舍	学生食堂	教工单身宿舍	教工食堂
宾县分校	1880	970	660	60	120	0	0	130	730	180	120	60	0	0
双城分校	8490	5030	1200	200	3000	0	0	630	180	3280	3000	200	0	0
上　海	**457442**	**249488**	**157285**	**15609**	**60210**	**92**	**6603**	**9689**	**72623**	**133005**	**41267**	**10567**	**1870**	**5795**
黄浦分校	29787	16474	11300	935	4066	0	0	173	2767	10546	0	0	88	79
石化分校	0	0	0	0	0	0	0	0	0	0	0	0	0	0
杨浦分校	0	0	0	0	0	0	0	0	0	0	0	0	0	0
上海电视大学	72944	23441	16641	3968	377	0	0	2455	27000	21566	4700	2558	0	464
邮电分校	0	0	0	0	0	0	0	0	0	0	0	0	0	0
宝山分校	30857	15033	1924	475	12050	0	0	584	3285	12539	4300	500	0	1200
物资（集团）总公司分校	0	0	0	0	0	0	0	0	0	0	0	0	0	0
徐汇财贸分校	0	0	0	0	0	0	0	0	0	0	0	0	0	0
青浦分校	15811	4505	2406	416	1337	0	146	200	1294	10012	2663	638	0	82
黄浦区经贸委分校	844	730	688	22	20	0	0	0	60	54	0	0	0	0
浦东新区农校教学点	0	0	0	0	0	0	0	0	0	0	0	0	0	0
闵行一分校	6278	4053	2517	34	1502	0	0	0	815	1410	0	810	0	200
闸北分校	0	0	0	0	0	0	0	0	0	0	0	0	0	0
西区分部	38134	17449	11809	766	3122	0	888	864	2861	17824	14241	1928	343	300
南汇分校	9472	6218	4721	600	897	0	0	0	800	2454	1500	300	200	344
卢湾分校	0	0	0	0	0	0	0	0	0	0	0	0	0	0
浦东新区分校	8222	5333	4903	0	50	0	280	100	1000	1889	693	362	98	0
农工商集团分校	0	0	0	0	0	0	0	0	0	0	0	0	0	0
普陀分校	0	0	0	0	0	0	0	0	0	0	0	0	0	0
区县工业管理局分校	0	0	0	0	0	0	0	0	0	0	0	0	0	0
嘉定分校	0	0	0	0	0	0	0	0	0	0	0	0	0	0
崇明分校	9406	6280	5580	200	500	0	0	0	1100	2026	650	280	846	0
虹口分校	30135	13747	8853	651	3214	0	219	810	2794	13594	0	0	92	0
奉贤分校	5908	3056	2929	61	0	0	0	66	639	824	371	0	0	453
静安分校	59763	42890	28893	3869	9989	0	139	0	12025	4848	0	0	163	1038
松江分校	7406	6119	4869	150	1100	0	0	0	1097	190	0	0	0	0
长宁分校	30477	14575	7135	683	2985	0	2263	1509	4283	11619	667	120	0	406
金山分校	4823	2513	2213	20	280	0	0	0	1976	334	0	0	0	0
商业分校	0	0	0	0	0	0	0	0	0	0	0	0	0	0
闵行二分校	4025	3231	2977	94	0	0	0	160	794	0	0	0	0	0
工程大中山分校	70597	50216	26031	2206	17193	0	2668	2118	3163	17218	11359	3071	0	1089
徐汇分校	22553	13625	10896	459	1528	92	0	650	4870	4058	123	0	40	140
江　苏	**2989720**	**1544574**	**817814**	**151105**	**443712**	**0**	**89102**	**42841**	**256850**	**1097493**	**736104**	**192364**	**22442**	**18299**
江苏广播电视大学化工学院	40276	17907	12445	1406	2682	0	0	1374	1880	20489	9374	2573	0	0
徐州市广播电视大学商业分校	1341	851	771	0	80	0	0	0	230	260	0	0	0	0
扬州市广播电视大学宝应分校	24681	14478	13569	82	0	0	0	827	1868	8335	6946	1389	0	0
徐州市电大大屯煤电公司分校	29600	23100	14800	600	6900	0	0	800	6500	0	0	0	0	0
扬州市广播电视大学高邮分校	50589	25554	13324	0	11263	0	0	967	6156	18879	12054	6825	0	0
盐城市广播电视大学建湖分校	18755	12929	5174	750	6600	0	0	405	1604	4222	2288	1734	0	200

校舍情况（续表10）

单位：平方米

			正在施工面积	学校产权占地面积	非学校产权建筑面积											非学校产权占地面积
					合计	计		教学及辅助用房		行政办公用房		生活用房		其他用房		
生活福利及其他用房	教工住宅	其他用房				独立使用	共同使用	独立使用	共同使用	独立使用	共同使用	独立使用	共同使用	独立使用	共同使用	
0	0	0	0	1800	0	0	0	0	0	0	0	0	0	0	0	0
80	0	0	0	5000	0	0	0	0	0	0	0	0	0	0	0	0
73506	**937**	**1389**	**3663**	**418594**	**378014**	**77715**	**300299**	**35029**	**181612**	**5248**	**36925**	**37438**	**81762**	**0**	**0**	**427529**
10379	0	0	0	24000	6996	6996	0	3035	0	1249	0	2712	0	0	0	0
0	0	0	0	0	47123	47123	0	20178	0	2400	0	24545	0	0	0	89991
0	0	0	0	0	7061	0	7061	0	5456	0	930	0	675	0	0	7314
13844	937	0	0	55936	0	0	0	0	0	0	0	0	0	0	0	0
0	0	0	0	0	6170	0	6170	0	3750	0	1200	0	1220	0	0	6400
6539	0	0	3663	29700	0	0	0	0	0	0	0	0	0	0	0	0
0	0	0	0	0	1700	0	1700	0	1385	0	315	0	0	0	0	834
0	0	0	0	0	3200	3200	0	2720	0	480	0	0	0	0	0	1200
6629	0	0	0	20999	0	0	0	0	0	0	0	0	0	0	0	0
54	0	0	0	860	0	0	0	0	0	0	0	0	0	0	0	0
0	0	0	0	0	11760	0	11760	0	6491	0	1199	0	4070	0	0	13000
400	0	0	0	8985	0	0	0	0	0	0	0	0	0	0	0	0
0	0	0	0	0	91137	0	91137	0	53955	0	15071	0	22111	0	0	70814
1012	0	0	0	29049	0	0	0	0	0	0	0	0	0	0	0	0
110	0	0	0	14000	0	0	0	0	0	0	0	0	0	0	0	0
0	0	0	0	0	16384	0	16384	0	11006	0	2937	0	2441	0	0	22960
736	0	0	0	8291	6485	6485	0	6085	0	200	0	200	0	0	0	8921
0	0	0	0	0	4176	4176	0	2874	0	330	0	972	0	0	0	1600
0	0	0	0	0	30434	0	30434	0	22014	0	6600	0	1820	0	0	40266
0	0	0	0	0	33761	0	33761	0	22761	0	4500	0	6500	0	0	26000
0	0	0	0	0	67798	0	67798	0	31749	0	2573	0	33476	0	0	83316
250	0	0	0	12050	800	0	800	0	600	0	0	0	200	0	0	22270
13502	0	0	0	21730	3694	3694	0	0	0	0	0	3694	0	0	0	128
0	0	1389	0	4540	0	0	0	0	0	0	0	0	0	0	0	5851
3647	0	0	0	48576	864	786	78	137	0	589	0	60	78	0	0	0
190	0	0	0	7633	0	0	0	0	0	0	0	0	0	0	0	0
10426	0	0	0	23581	5255	5255	0	0	0	0	0	5255	0	0	0	0
334	0	0	0	6186	0	0	0	0	0	0	0	0	0	0	0	0
0	0	0	0	0	33216	0	33216	0	22445	0	1600	0	9171	0	0	26664
0	0	0	0	3731	0	0	0	0	0	0	0	0	0	0	0	0
1699	0	0	0	58422	0	0	0	0	0	0	0	0	0	0	0	0
3755	0	0	0	40325	0	0	0	0	0	0	0	0	0	0	0	0
128284	**77607**	**13196**	**97199**	**6401473**	**200691**	**136468**	**64223**	**68122**	**42040**	**5916**	**2383**	**62430**	**19800**	**0**	**0**	**733680**
8542	0	0	0	84306	0	0	0	0	0	0	0	0	0	0	0	0
260	0	0	0	1341	0	0	0	0	0	0	0	0	0	0	0	0
0	0	0	0	18681	0	0	0	0	0	0	0	0	0	0	0	0
0	0	0	0	0	23400	0	23400	0	23100	0	300	0	0	0	0	50826
0	0	0	0	136186	0	0	0	0	0	0	0	0	0	0	0	0
0	0	0	0	34005	0	0	0	0	0	0	0	0	0	0	0	0

	学校产权建筑面积													
	合计	教学辅助用房							行政办公用房	生活福利房				
		计	教室	图书馆	实验室实习场所	专用科研用房	体育馆	会堂		计	学生宿舍	学生食堂	教工单身宿舍	教工食堂
宿迁市广播电视大学	179300	97000	44000	27000	26000	0	0	0	9200	73100	60000	13100	0	0
苏州市广播电视大学吴江分校	23319	8516	5171	872	1622	0	608	243	852	13485	10240	1014	0	264
连云港市广播电视大学灌云分校	4470	2920	1200	120	1000	0	0	600	150	1400	500	600	200	100
泰州市广播电视大学泰兴分校	146186	92817	32267	1970	20956	0	37000	624	12970	40399	35002	4900	0	0
宿迁市广播电视大学沭阳分校	3986	2660	2000	400	0	0	0	260	210	1116	0	0	300	816
镇江市广播电视大学丹徒分校	58166	23790	9935	1632	12223	0	0	0	3864	29710	14517	3047	2744	800
盐城市广播电视大学阜宁分校	14035	7298	4939	400	750	0	0	1209	3092	3645	2687	680	0	0
泰州市广播电视大学姜堰分校	11224	8384	4534	150	3500	0	0	200	500	2340	1740	480	0	120
江苏广播电视大学武进学院	98137	40697	19117	3175	11437	0	5750	1218	5385	52055	31721	7986	4436	1216
淮安市广播电视大学	56720	28625	15206	3960	9459	0	0	0	2515	25580	15005	2950	0	0
徐州市广播电视大学邳州分校	19300	7950	7300	120	180	0	0	350	900	2500	1250	250	0	0
江苏广播电视大学金坛学院	52759	32716	14591	1000	17125	0	0	0	3339	16704	13032	3672	0	0
江苏广播电视大学大丰学院	95113	41092	29092	4000	8000	0	0	0	4969	49052	33463	5966	0	100
宿迁市广播电视大学泗阳分校	17333	7198	5274	719	220	0	985	0	1105	4340	3180	1160	0	0
江苏广播电视大学海安学院	27332	16071	7861	200	6905	0	0	1105	4100	7161	4396	2210	0	0
盐城市广播电视大学	40827	26554	5831	9440	2100	0	9183	0	1978	12295	8919	1328	0	0
江苏广播电视大学溧阳学院	34903	20605	10725	2832	5404	0	0	1644	1261	13037	7959	2851	1000	500
江苏广播电视大学盐都学院	6961	2665	2400	85	180	0	0	0	450	3846	2600	450	0	0
淮安市广播电视大学洪泽分校	2300	1740	986	54	520	0	0	180	460	100	0	0	0	0
连云港市广播电视大学东海分校	12100	6600	4700	1300	600	0	0	0	3500	2000	2000	0	0	0
徐州市广播电视大学新沂分校	13332	4090	1890	700	700	0	0	800	500	8242	1782	400	1400	900
江苏广播电视大学张家港学院	61571	30865	20223	2153	2480	0	3009	3000	4445	26261	16257	5160	650	500
江苏广播电视大学江都学院	78275	24282	14777	1978	6927	0	0	600	11285	40531	24114	9813	1911	645
江苏广播电视大学吴中学院	0	0	0	0	0	0	0	0	0	0	0	0	0	0
江苏广播电视大学东台学院	12808	7018	3719	200	2599	0	0	500	1503	3900	3500	400	0	0
江苏广播电视大学盱眙学院	6700	3000	1800	300	400	0	200	300	800	1700	1000	600	0	100
江苏广播电视大学沛县学院	52283	30941	24190	1765	4986	0	0	0	3635	17707	13020	4002	235	450
徐州市广播电视大学睢宁分校	49763	20815	11045	936	7034	0	0	1800	14404	14544	8744	5600	0	0
淮安市广播电视大学金湖分校	4160	1200	600	100	200	0	100	200	800	760	200	100	200	100
苏州市广播电视大学	28927	22176	14558	2599	3787	0	554	678	1225	5526	2957	878	0	200
徐州市广播电视大学	47511	23389	17135	1750	2138	0	0	2366	4049	16048	9508	1750	0	0
盐城市广播电视大学射阳分校	17170	5262	4506	108	348	0	0	300	1796	4265	3520	635	0	0
无锡市广播电视大学江阴分校	8400	6600	6600	0	0	0	0	0	1800	0	0	0	0	0
南通市广播电视大学如皋分校	14760	7200	4600	540	1260	0	0	800	300	3860	2300	1200	0	240
江苏广播电视大学丰县学院	12600	7800	4000	1000	2000	0	0	800	1000	3800	2000	1000	400	400
宿迁市广播电视大学泗洪分校	59934	33228	12705	170	19753	0	0	600	7889	18817	12352	6465	0	0
盐城市广播电视大学滨海分校	17333	7198	5274	719	985	0	220	0	1105	4340	3180	1160	0	0
江苏广播电视大学靖江学院	33601	15189	5426	3100	3913	0	1650	1100	890	14182	2960	2326	344	131
江苏广播电视大学仪征学院	22243	4970	3520	330	500	0	0	620	1700	6753	5178	1245	120	0
常州市广播电视大学新北区分校	4422	2385	1625	180	260	0	0	320	600	1437	0	250	0	150
江苏广播电视大学楚州学院	36461	17200	10000	1200	6000	0	0	0	2000	12245	6155	5370	0	0
南通市广播电视大学海门分校	15208	6609	4068	650	1641	0	0	250	1502	6074	5298	600	0	150

校舍情况（续表 11）

单位：平方米

			正在施工面积	学校产权占地面积	非学校产权建筑面积											非学校产权占地面积
					合计	计		教学及辅助用房		行政办公用房		生活用房		其他用房		
生活福利及其他用房	教工住宅	其他用房				独立使用	共同使用	独立使用	共同使用	独立使用	共同使用	独立使用	共同使用	独立使用	共同使用	
0	0	0	0	282667	0	0	0	0	0	0	0	0	0	0	0	0
1967	466	0	0	83317	0	0	0	0	0	0	0	0	0	0	0	0
0	0	0	0	120000	0	0	0	0	0	0	0	0	0	0	0	0
497	0	0	37000	300000	0	0	0	0	0	0	0	0	0	0	0	8330
0	0	0	0	307334	0	0	0	0	0	0	0	0	0	0	0	0
8602	0	802	0	190589	0	0	0	0	0	0	0	0	0	0	0	0
278	0	0	0	19965	0	0	0	0	0	0	0	0	0	0	0	0
0	0	0	0	73300	0	0	0	0	0	0	0	0	0	0	0	0
6696	0	0	0	199000	0	0	0	0	0	0	0	0	0	0	0	0
7625	0	0	0	69368	0	0	0	0	0	0	0	0	0	0	0	0
1000	7950	0	0	13530	0	0	0	0	0	0	0	0	0	0	0	0
0	0	0	0	154077	0	0	0	0	0	0	0	0	0	0	0	0
9523	0	0	0	107387	0	0	0	0	0	0	0	0	0	0	0	0
0	4200	490	0	19800	0	0	0	0	0	0	0	0	0	0	0	0
555	0	0	0	46620	0	0	0	0	0	0	0	0	0	0	0	0
2048	0	0	0	53360	0	0	0	0	0	0	0	0	0	0	0	0
727	0	0	0	68950	0	0	0	0	0	0	0	0	0	0	0	0
796	0	0	0	101338	500	500	0	0	0	0	0	500	0	0	0	0
100	0	0	0	8004	0	0	0	0	0	0	0	0	0	0	0	0
0	0	0	0	2000	15500	0	15500	0	0	0	0	0	15500	0	0	0
3760	500	0	0	204600	0	0	0	0	0	0	0	0	0	0	0	0
3694	0	0	0	132000	0	0	0	0	0	0	0	0	0	0	0	0
4048	2177	0	0	109067	0	0	0	0	0	0	0	0	0	0	0	0
0	0	0	0	0	128583	128583	0	64737	0	5916	0	57930	0	0	0	200461
0	387	0	0	25233	0	0	0	0	0	0	0	0	0	0	0	0
0	0	1200	0	84000	0	0	0	0	0	0	0	0	0	0	0	18000
0	0	0	0	123776	0	0	0	0	0	0	0	0	0	0	0	0
200	0	0	0	113390	0	0	0	0	0	0	0	0	0	0	0	201680
160	1200	200	0	10000	0	0	0	0	0	0	0	0	0	0	0	0
1491	0	0	0	40002	0	0	0	0	0	0	0	0	0	0	0	0
4790	2400	1625	4400	68003	0	0	0	0	0	0	0	0	0	0	0	0
110	5847	0	0	26000	0	0	0	0	0	0	0	0	0	0	0	0
0	0	0	0	8600	0	0	0	0	0	0	0	0	0	0	0	0
120	2300	1100	0	130668	0	0	0	0	0	0	0	0	0	0	0	0
0	0	0	0	17000	0	0	0	0	0	0	0	0	0	0	0	0
0	0	0	0	147407	0	0	0	0	0	0	0	0	0	0	0	0
0	490	4200	23285	19800	0	0	0	0	0	0	0	0	0	0	0	0
8421	3340	0	0	43200	0	0	0	0	0	0	0	0	0	0	0	0
210	8820	0	0	35335	0	0	0	0	0	0	0	0	0	0	0	0
1037	0	0	0	9480	0	0	0	0	0	0	0	0	0	0	0	0
720	2460	2556	0	121928	0	0	0	0	0	0	0	0	0	0	0	0
26	0	1023	0	31000	0	0	0	0	0	0	0	0	0	0	0	105205

	学校产权建筑面积														
	合计	教学辅助用房							行政办公用房	生活福利房				
		计	教室	图书馆	实验室实习场所	专用科研用房	体育馆	会堂		计	学生宿舍	学生食堂	教工单身宿舍	教工食堂
盐城市广播电视大学响水分校	31900	17900	10000	800	7100	0	0	0	1500	7500	6000	500	800	0
江苏广播电视大学	184293	89295	46597	12000	30698	0	0	0	24666	66075	35413	6842	1306	0
扬州市广播电视大学邗江分校	47014	15077	10615	810	3652	0	0	0	4266	26811	21752	2009	400	2650
连云港广播电视大学	58518	32162	13203	7564	3021	0	4824	3550	2300	24056	15231	8125	200	100
淮安市广播电视大学淮阴区分校	9805	7801	4568	698	2138	0	0	397	385	1619	758	625	236	0
江苏广播电视大学昆山学院	35261	18407	11590	1550	5267	0	0	0	3812	13042	11007	1420	0	615
盐城市广播电视大学亭湖区分校	6800	6200	6100	0	100	0	0	0	150	450	350	100	0	0
江苏广播电视大学句容学院	12037	4647	2677	250	1500	0	0	220	4240	1950	850	450	200	150
泰州市广播电视大学	76886	38993	12123	5742	17363	0	3265	500	6863	31030	26009	2009	744	360
江苏广播电视大学通州学院	56970	38058	23580	1170	11288	0	0	2020	1400	17512	11270	4102	0	400
无锡市广播电视大学	63658	30984	20557	2600	4818	0	2159	850	6288	26071	15181	3950	0	440
泰州市广播电视大学兴化分校	15868	8584	7115	490	979	0	0	0	1832	5452	3775	1490	0	0
连云港市广播电视大学赣榆分校	6184	1219	1100	1	116	0	0	2	1800	3165	1864	2	666	0
连云港市广播电视大学灌南分校	16850	12850	5450	400	5000	0	2000	0	500	3500	2000	1000	0	500
南通市广播电视大学启东分校	6550	3700	1500	420	1600	0	0	180	1000	1850	1200	450	0	200
江苏广播电视大学常熟学院	79269	45686	18217	3891	20195	0	3004	379	6486	27097	22051	4446	0	600
徐州市广播电视大学贾汪分校	4405	1605	719	0	672	0	0	214	928	1872	1361	320	89	102
江苏广播电视大学如东学院	69887	30671	23479	2469	3623	0	0	1100	6570	29856	15650	7817	2007	583
江苏广播电视大学宜兴学院	154743	108484	37886	14280	42263	0	10805	3250	6443	39816	29167	7842	0	2807
镇江市广播电视大学扬中分校	24611	11743	6680	1200	3663	0	0	200	2580	10288	7154	1885	360	400
扬州市广播电视大学	7539	5265	3200	600	1465	0	0	0	2112	162	0	0	0	0
镇江市高等专科学校	231952	105350	52653	6253	43440	0	3004	0	16004	93000	67914	14622	1385	0
苏州市广播电视大学太仓分校	0	0	0	0	0	0	0	0	0	0	0	0	0	0
镇江市广播电视大学建委分校	9380	5000	4000	500	500	0	0	0	2000	2380	1380	1000	0	0
南通市广播电视大学	50793	24136	13747	2157	6363	0	0	1869	5608	21049	19389	1460	0	200
常州市广播电视大学	27093	13336	10926	576	702	0	782	350	2658	11099	6351	2329	49	0
徐州市广播电视大学铜山分校	11640	1780	1600	120	60	0	0	0	1000	6860	5800	1000	60	0
镇江市广播电视大学丹阳分校	9392	5332	3363	1174	475	0	0	320	512	3548	2188	1250	0	110
淮安市广播电视大学涟水分校	13247	8175	5096	645	2034	0	0	400	681	3341	2141	1200	0	0
南　　京	**250277**	**124294**	**69323**	**12660**	**29876**	**900**	**6425**	**5110**	**37130**	**83009**	**66746**	**13827**	**1447**	**250**
白下分校	0	0	0	0	0	0	0	0	0	0	0	0	0	0
玄武分校	7000	5000	4400	100	200	0	0	300	1000	1000	800	150	0	50
南京市广播电视大学	110400	40129	21475	5748	7490	0	1566	3850	22949	47322	40350	6972	0	0
栖霞分校	6755	5363	4043	200	920	0	0	200	700	692	0	692	0	0
浦口分校	14959	4970	3700	270	900	0	0	100	890	7634	4372	1240	1447	100
江宁分校	18411	6760	5750	250	760	0	0	0	1862	5410	5088	322	0	0
溧水分校	4020	3500	3500	0	0	0	0	0	520	0	0	0	0	0
秦淮分校	1019	480	440	40	0	0	0	0	539	0	0	0	0	0
鼓楼分校	993	675	540	27	108	0	0	0	54	264	0	0	0	0
高淳分校	54477	32702	9655	4095	14693	0	4259	0	5000	16775	12871	3904	0	0
建邺分校	10440	7560	2200	1500	1700	900	600	660	1440	1440	1340	0	0	100
下关分校	15588	12965	9430	430	3105	0	0	0	2076	547	0	547	0	0

校舍情况（续表12）

单位：平方米

生活福利及其他用房	教工住宅	其他用房	正在施工面积	学校产权占地面积	非学校产权建筑面积											非学校产权占地面积
					合计	计		教学及辅助用房		行政办公用房		生活用房		其他用房		
						独立使用	共同使用	独立使用	共同使用	独立使用	共同使用	独立使用	共同使用	独立使用	共同使用	
200	5000	0	0	75000	0	0	0	0	0	0	0	0	0	0	0	0
22514	4257	0	32514	158116	0	0	0	0	0	0	0	0	0	0	0	0
0	860	0	0	71978	0	0	0	0	0	0	0	0	0	0	0	0
400	0	0	0	82674	0	0	0	0	0	0	0	0	0	0	0	0
0	0	0	0	19800	0	0	0	0	0	0	0	0	0	0	0	2668
0	0	0	0	86666	0	0	0	0	0	0	0	0	0	0	0	0
0	0	0	0	24680	0	0	0	0	0	0	0	0	0	0	0	0
300	1200	0	0	33400	0	0	0	0	0	0	0	0	0	0	0	0
1908	0	0	0	177019	0	0	0	0	0	0	0	0	0	0	0	0
1740	0	0	0	125329	0	0	0	0	0	0	0	0	0	0	0	0
6500	315	0	0	54894	7385	7385	0	3385	0	0	0	4000	0	0	0	6670
187	0	0	0	55360	0	0	0	0	0	0	0	0	0	0	0	0
633	0	0	0	71000	0	0	0	0	0	0	0	0	0	0	0	0
0	0	0	0	27747	0	0	0	0	0	0	0	0	0	0	0	0
0	0	0	0	0	0	0	0	0	0	0	0	0	0	0	0	124000
0	0	0	0	172665	0	0	0	0	0	0	0	0	0	0	0	0
0	0	0	0	15320	0	0	0	0	0	0	0	0	0	0	0	0
3799	2790	0	0	159251	0	0	0	0	0	0	0	0	0	0	0	0
0	0	0	0	267493	0	0	0	0	0	0	0	0	0	0	0	0
489	0	0	0	130000	0	0	0	0	0	0	0	0	0	0	0	0
162	0	0	0	8900	0	0	0	0	0	0	0	0	0	0	0	0
9079	17598	0	0	440892	0	0	0	0	0	0	0	0	0	0	0	0
0	0	0	0	0	25323	0	25323	0	18940	0	2083	0	4300	0	0	13340
0	0	0	0	9380	0	0	0	0	0	0	0	0	0	0	0	0
0	0	0	0	33832	0	0	0	0	0	0	0	0	0	0	0	0
2370	0	0	0	27573	0	0	0	0	0	0	0	0	0	0	0	0
0	2000	0	0	27000	0	0	0	0	0	0	0	0	0	0	0	0
0	0	0	0	29390	0	0	0	0	0	0	0	0	0	0	0	0
0	1050	0	0	20500	0	0	0	0	0	0	0	0	0	0	0	2500
739	**5844**	**0**	**3800**	**380999**	**15675**	**13175**	**2500**	**6292**	**2400**	**1900**	**100**	**4983**	**0**	**0**	**0**	**21064**
0	0	0	0	0	1840	1840	0	1480	0	300	0	60	0	0	0	7000
0	0	0	0	14000	0	0	0	0	0	0	0	0	0	0	0	0
0	0	0	0	106720	0	0	0	0	0	0	0	0	0	0	0	0
0	0	0	0	10000	0	0	0	0	0	0	0	0	0	0	0	0
475	1465	0	0	32912	0	0	0	0	0	0	0	0	0	0	0	0
0	4379	0	0	22840	0	0	0	0	0	0	0	0	0	0	0	0
0	0	0	0	27900	0	0	0	0	0	0	0	0	0	0	0	0
0	0	0	0	1083	2500	0	2500	0	2400	0	100	0	0	0	0	0
264	0	0	0	0	0	0	0	0	0	0	0	0	0	0	0	1122
0	0	0	0	121218	0	0	0	0	0	0	0	0	0	0	0	0
0	0	0	0	9000	0	0	0	0	0	0	0	0	0	0	0	0
0	0	0	3800	16650	2623	2623	0	0	0	0	0	2623	0	0	0	2450

	学校产权建筑面积													
	合计	教学辅助用房							行政办公用房	生活福利用房				
		计	教室	图书馆	实验室实习场所	专用科研用房	体育馆	会堂		计	学生宿舍	学生食堂	教工单身宿舍	教工食堂
雨花台分校	6215	4190	4190	0	0	0	0	0	100	1925	1925	0	0	0
六合分校	0	0	0	0	0	0	0	0	0	0	0	0	0	0
浙江	**1691508**	**911226**	**467668**	**58240**	**249579**	**1760**	**86957**	**47022**	**142735**	**613462**	**429084**	**107209**	**15550**	**21081**
绍兴广播电视大学	8060	6060	6060	0	0	0	0	0	2000	0	0	0	0	0
杭州广播电视大学	365888	213759	60728	0	77721	0	53770	21540	25448	124137	101773	20218	345	0
乐清分校	1000	880	880	0	0	0	0	0	120	0	0	0	0	0
云和分校	893	733	693	40	0	0	0	0	160	0	0	0	0	0
富阳学院	27748	12360	7905	953	2958	0	0	544	2732	12530	7471	1847	265	923
海宁学院	16000	11237	10364	225	450	0	0	198	563	4200	4200	0	0	0
庆元分校	0	0	0	0	0	0	0	0	0	0	0	0	0	0
温岭分校	5682	3005	2455	110	220	0	0	220	1973	704	0	0	0	0
永嘉学院	47166	30810	11073	3278	6819	0	0	9640	0	16356	12520	3836	0	0
岱山分校	4500	2885	2485	320	80	0	0	0	820	795	0	0	0	330
诸暨学院	14200	8568	7068	1500	0	0	0	0	2500	3132	2530	602	0	0
磐安分校	495	345	300	45	0	0	0	0	120	30	0	0	0	0
德清学院	7729	2384	1386	112	486	0	0	400	800	4545	3000	1080	245	220
上虞学院	6640	4155	2855	650	650	0	0	0	805	1680	1080	600	0	0
江山分校	2406	1864	1864	0	0	0	0	0	464	78	0	0	0	78
黄岩分校	1720	600	550	50	0	0	0	0	820	300	0	0	0	0
普陀分校	740	600	580	20	0	0	0	0	100	40	0	0	0	0
工商学院	34376	9630	6886	750	898	0	0	1096	3025	16246	11445	2259	0	220
东阳学院	7808	2040	1440	120	240	0	0	240	528	5240	0	3600	240	1400
平阳分校	2011	1385	1110	40	180	0	0	55	300	70	0	0	0	0
嵊州学院	5706	2258	1961	216	81	0	0	0	499	2949	761	352	470	0
青田学院	5146	4000	3500	50	0	0	300	150	200	946	800	146	0	0
嘉兴广播电视大学	31498	15320	13130	210	60	960	460	500	7333	6522	5001	875	0	100
金华广播电视大学	69406	31808	20983	0	7293	0	923	2609	2557	35041	27544	7497	0	0
杭州交通职高教学点	8681	5895	1750	212	3031	0	902	0	1482	1304	0	482	219	0
永康学院	44181	18272	12978	1871	3423	0	0	0	2895	23014	13924	4224	3810	1056
临安分校	7166	1953	1230	180	543	0	0	0	800	4413	2037	307	0	0
洞头分校	10300	6600	2250	2200	2150	0	0	0	880	2820	935	830	0	0
龙泉分校	6960	5360	5000	60	300	0	0	0	1600	0	0	0	0	0
景宁分校	2000	1200	1000	120	80	0	0	0	200	0	0	0	0	0
巨化分校	1100	600	600	0	0	0	0	0	500	0	0	0	0	0
浙江同济职业学院教学点	139774	71278	19418	4916	40800	0	6144	0	14823	53673	41041	7604	3149	0
淳安学院	12670	6510	5300	210	500	0	0	500	2700	3460	1800	300	0	0
安吉分校	4136	3538	2738	80	720	0	0	0	398	200	0	0	0	0
特教学院	36804	22069	10846	500	10723	0	0	0	1364	13371	9232	3420	310	50
余杭分校	56601	28059	18253	2000	3500	0	3306	1000	2332	15712	11203	4000	0	509
三门学院	6614	1442	1396	46	0	0	0	0	596	4576	600	316	400	2028
松阳电大	0	0	0	0	0	0	0	0	0	0	0	0	0	0
开化分校	2000	1120	720	100	300	0	0	0	800	80	0	0	0	0

校舍情况（续表13）

单位：平方米

			正在施工面积	学校产权占地面积	非学校产权建筑面积											非学校产权占地面积
					合计	计		教学及辅助用房		行政办公用房		生活用房		其他用房		
生活福利及其他用房	教工住宅	其他用房				独立使用	共同使用	独立使用	共同使用	独立使用	共同使用	独立使用	共同使用	独立使用	共同使用	
0	0	0	0	18676	0	0	0	0	0	0	0	0	0	0	0	0
0	0	0	0	0	8712	8712	0	4812	0	1600	0	2300	0	0	0	10492
40538	**10691**	**13394**	**135212**	**3237241**	**45385**	**16179**	**29206**	**8340**	**11636**	**2698**	**0**	**5141**	**17570**	**0**	**0**	**239106**
0	0	0	0	8560	0	0	0	0	0	0	0	0	0	0	0	0
1801	2544	0	38591	566224	0	0	0	0	0	0	0	0	0	0	0	0
0	0	0	0	1000	1600	1600	0	1600	0	0	0	0	0	0	0	1600
0	0	0	0	1215	0	0	0	0	0	0	0	0	0	0	0	0
2024	126	0	0	27201	0	0	0	0	0	0	0	0	0	0	0	0
0	0	0	0	15014	0	0	0	0	0	0	0	0	0	0	0	0
0	0	0	0	0	1300	1300	0	800	0	500	0	0	0	0	0	660
704	0	0	0	5676	0	0	0	0	0	0	0	0	0	0	0	0
0	0	0	17036	100078	0	0	0	0	0	0	0	0	0	0	0	0
465	0	0	0	990	0	0	0	0	0	0	0	0	0	0	0	0
0	0	0	0	14200	0	0	0	0	0	0	0	0	0	0	0	0
30	0	0	0	1330	0	0	0	0	0	0	0	0	0	0	0	0
0	0	0	0	23310	0	0	0	0	0	0	0	0	0	0	0	0
0	0	0	0	16380	0	0	0	0	0	0	0	0	0	0	0	0
0	0	0	0	390	0	0	0	0	0	0	0	0	0	0	0	0
300	0	0	0	1971	0	0	0	0	0	0	0	0	0	0	0	0
40	0	0	0	667	0	0	0	0	0	0	0	0	0	0	0	0
2322	5475	0	0	30000	0	0	0	0	0	0	0	0	0	0	0	0
0	0	0	0	20000	0	0	0	0	0	0	0	0	0	0	0	0
70	256	0	0	2200	0	0	0	0	0	0	0	0	0	0	0	0
1366	0	0	0	8440	0	0	0	0	0	0	0	0	0	0	0	0
0	0	0	0	522	0	0	0	0	0	0	0	0	0	0	0	0
546	0	2323	0	45089	0	0	0	0	0	0	0	0	0	0	0	0
0	0	0	0	113249	0	0	0	0	0	0	0	0	0	0	0	0
603	0	0	0	0	0	0	0	0	0	0	0	0	0	0	0	17300
0	0	0	0	132195	0	0	0	0	0	0	0	0	0	0	0	0
2069	0	0	0	8491	0	0	0	0	0	0	0	0	0	0	0	0
1055	0	0	0	48691	0	0	0	0	0	0	0	0	0	0	0	0
0	0	0	0	20000	0	0	0	0	0	0	0	0	0	0	0	0
0	600	0	0	1980	0	0	0	0	0	0	0	0	0	0	0	0
0	0	0	0	1300	0	0	0	0	0	0	0	0	0	0	0	1200
1879	0	0	0	294867	0	0	0	0	0	0	0	0	0	0	0	0
1360	0	0	0	48000	0	0	0	0	0	0	0	0	0	0	0	0
200	0	0	0	10005	0	0	0	0	0	0	0	0	0	0	0	16000
359	0	0	0	102415	0	0	0	0	0	0	0	0	0	0	0	0
0	0	10498	0	54746	0	0	0	0	0	0	0	0	0	0	0	0
1232	0	0	0	9219	0	0	0	0	0	0	0	0	0	0	0	0
0	0	0	0	0	2580	1380	1200	600	1200	780	0	0	0	0	0	12006
80	0	0	0	0	0	0	0	0	0	0	0	0	0	0	0	2500

	学校产权建筑面积													
	合计	教学辅助用房							行政办公用房	生活福利房				
		计	教室	图书馆	实验室实习场所	专用科研用房	体育馆	会堂		计	学生宿舍	学生食堂	教工单身宿舍	教工食堂
丽水广播电视大学	4220	1670	1150	130	270	0	0	120	380	1170	620	150	300	0
海盐学院	27363	16051	5376	360	3278	0	6461	576	5328	5984	0	0	0	0
舟山广播电视大学	8447	6212	4789	1423	0	0	0	0	1240	953	420	533	0	0
浦江分校	2072	1872	1499	0	373	0	0	0	200	0	0	0	0	0
兰溪分校	1740	1300	1200	0	100	0	0	0	240	0	0	0	0	0
桐庐分校	19120	6273	4583	0	0	0	1000	690	5040	7807	4809	756	0	756
经贸分校	13988	2980	1784	170	0	0	0	1026	350	10658	2926	2185	0	0
嘉善学院	11500	3826	3146	60	310	0	0	310	2085	5589	3162	1509	0	0
瓯海分校	1100	770	770	0	0	0	0	0	330	0	0	0	0	0
浙江统计培训中心教学点	10000	9100	9100	0	0	0	0	0	900	0	0	0	0	0
缙云分校	12970	5976	3156	140	1863	0	0	817	1244	5750	2800	1100	0	450
温州机电技工学校教学点	18042	7839	4860	306	2673	0	0	0	3127	7076	5782	1211	0	83
杭州东方舰桥培训中心教学点	0	0	0	0	0	0	0	0	0	0	0	0	0	0
柯城分校	2206	2106	1806	40	180	0	0	80	100	0	0	0	0	0
文成分校	9797	6111	4244	150	1717	0	0	0	960	2726	2121	375	0	0
武义分校	17173	10217	4480	1176	2460	800	0	1301	248	6657	3291	2538	828	0
临海学院	11750	9000	8550	300	0	0	0	150	550	2200	2000	0	0	0
泰顺分校	4280	1401	650	30	511	0	0	210	466	2413	1020	415	270	511
长兴学院	21870	15200	11400	1277	1843	0	0	680	840	5830	4618	758	404	0
瑞安分校	2694	2489	2489	0	0	0	0	0	0	205	0	0	0	205
天台学院	25523	7185	6400	305	480	0	0	0	280	18000	8000	0	0	10000
衢州广播电视大学	9550	5185	4785	400	0	0	0	0	1162	3203	2603	600	0	0
浙江广播电视大学	40920	21150	15253	5097	0	0	800	0	1583	17707	12736	2848	1553	570
建德分校	5050	3707	3519	87	0	0	0	101	1005	338	0	0	0	232
台州广播电视大学	29675	25320	20191	0	4729	0	0	400	4355	0	0	0	0	0
嵊泗分校	800	600	540	20	0	0	0	40	200	0	0	0	0	0
龙游分校	900	900	900	0	0	0	0	0	0	0	0	0	0	0
桐乡学院	6679	5860	4800	160	720	0	0	180	819	0	0	0	0	0
温州广播电视大学	16015	6864	5734	500	630	0	0	0	580	8571	7258	1313	0	0
平湖学院	11163	5471	5471	0	0	0	0	0	0	5692	3346	2346	0	0
绍兴学院	5462	1874	1631	81	162	0	0	0	400	3188	1425	1120	0	0
义乌学院	10409	1627	1627	0	0	0	0	0	2147	6635	3164	1854	1617	0
遂昌分校	1500	1200	1200	0	0	0	0	0	300	0	0	0	0	0
仙居学院	11690	4541	3991	550	0	0	0	0	1727	5422	3347	2075	0	0
湖州广播电视大学	162026	77228	21788	11921	37990	0	4316	1213	9786	75012	64313	6514	0	515
新昌学院	7380	3554	2754	182	182	0	0	436	647	3179	2174	938	0	0
苍南分校	952	768	704	64	0	0	0	0	184	0	0	0	0	0
常山分校	3300	2280	2217	63	0	0	0	0	570	450	0	0	0	400
萧山学院	50418	27517	12095	5789	6721	0	2912	0	3521	19380	15308	3804	0	70
杭州高级技工学校教学点	67891	43781	14192	6275	17651	0	5663	0	4154	19956	12084	7872	0	0
玉环学院	18068	13639	13109	0	530	0	0	0	450	3547	860	0	1125	375

校舍情况（续表 14）

单位：平方米

生活福利及其他用房	教工住宅	其他用房	正在施工面积	学校产权占地面积	非学校产权建筑面积											非学校产权占地面积
					合计	计		教学及辅助用房		行政办公用房		生活用房		其他用房		
						独立使用	共同使用	独立使用	共同使用	独立使用	共同使用	独立使用	共同使用	独立使用	共同使用	
100	1000	0	0	4469	0	0	0	0	0	0	0	0	0	0	0	0
5984	0	0	0	36900	0	0	0	0	0	0	0	0	0	0	0	0
0	0	42	0	7336	1720	1720	0	0	0	0	0	1720	0	0	0	0
0	0	0	0	1640	0	0	0	0	0	0	0	0	0	0	0	0
0	200	0	0	988	0	0	0	0	0	0	0	0	0	0	0	0
1486	0	0	0	56633	0	0	0	0	0	0	0	0	0	0	0	0
5547	0	0	0	11880	0	0	0	0	0	0	0	0	0	0	0	0
918	0	0	0	33000	0	0	0	0	0	0	0	0	0	0	0	0
0	0	0	0	415	0	0	0	0	0	0	0	0	0	0	0	0
0	0	0	0	2000	0	0	0	0	0	0	0	0	0	0	0	0
1400	0	0	0	46534	0	0	0	0	0	0	0	0	0	0	0	0
0	0	0	0	16770	0	0	0	0	0	0	0	0	0	0	0	0
0	0	0	0	0	3634	1988	1646	1440	1046	548	0	0	600	0	0	2750
0	0	0	0	4500	0	0	0	0	0	0	0	0	0	0	0	0
230	0	0	0	17000	0	0	0	0	0	0	0	0	0	0	0	0
0	0	51	0	26528	0	0	0	0	0	0	0	0	0	0	0	0
200	0	0	0	7000	0	0	0	0	0	0	0	0	0	0	0	0
197	0	0	0	6738	0	0	0	0	0	0	0	0	0	0	0	0
50	0	0	0	43290	0	0	0	0	0	0	0	0	0	0	0	0
0	0	0	0	1964	0	0	0	0	0	0	0	0	0	0	0	0
0	58	0	0	216108	0	0	0	0	0	0	0	0	0	0	0	0
0	0	0	0	22744	0	0	0	0	0	0	0	0	0	0	0	0
0	0	480	55390	48225	0	0	0	0	0	0	0	0	0	0	0	0
106	0	0	0	5981	0	0	0	0	0	0	0	0	0	0	0	0
0	0	0	0	59030	26360	0	26360	0	9390	0	0	0	16970	0	0	128590
0	0	0	0	1000	0	0	0	0	0	0	0	0	0	0	0	0
0	0	0	0	1029	1200	1200	0	300	0	870	0	30	0	0	0	5400
0	0	0	0	16000	0	0	0	0	0	0	0	0	0	0	0	20000
0	0	0	24195	20694	6991	6991	0	3600	0	0	0	3391	0	0	0	0
0	0	0	0	16965	0	0	0	0	0	0	0	0	0	0	0	31100
643	0	0	0	13517	0	0	0	0	0	0	0	0	0	0	0	0
0	0	0	0	21334	0	0	0	0	0	0	0	0	0	0	0	0
0	0	0	0	4509	0	0	0	0	0	0	0	0	0	0	0	0
0	0	0	0	75337	0	0	0	0	0	0	0	0	0	0	0	0
3670	0	0	0	409879	0	0	0	0	0	0	0	0	0	0	0	0
67	0	0	0	17980	0	0	0	0	0	0	0	0	0	0	0	0
0	0	0	0	11206	0	0	0	0	0	0	0	0	0	0	0	0
50	0	0	0	3300	0	0	0	0	0	0	0	0	0	0	0	0
198	0	0	0	96321	0	0	0	0	0	0	0	0	0	0	0	0
0	0	0	0	100882	0	0	0	0	0	0	0	0	0	0	0	0
1187	432	0	0	14000	0	0	0	0	0	0	0	0	0	0	0	0

	学校产权建筑面积														
	合计	教学辅助用房							行政办公用房	生活福利房				
		计	教室	图书馆	实验室实习场所	专用科研用房	体育馆	会堂		计	学生宿舍	学生食堂	教工单身宿舍	教工食堂
宁　　波	**152667**	**88368**	**43099**	**3958**	**29971**	**0**	**6684**	**4656**	**17014**	**47285**	**26152**	**7550**	**3316**	**3670**
宁海学院	900	600	600	0	0	0	0	0	300	0	0	0	0	0
宁波广播电视大学	20852	10162	3213	1518	4591	0	0	840	3847	6843	5564	590	0	249
余姚学院	26878	13183	4200	1030	4834	0	1560	1559	1914	11781	6300	1868	75	170
鄞县分校	16571	6697	4170	0	2527	0	0	0	2263	7611	5938	200	796	20
奉化分校	3871	2241	1711	80	450	0	0	0	350	1280	797	262	0	0
宁波东钱湖旅游度假区电大工作站	3367	2713	2113	50	300	0	0	250	250	404	64	0	64	60
镇海工作站	48088	32051	10170	1000	15757	0	5124	0	1139	14898	6223	3910	1241	1957
象山分校	8813	7303	7303	0	0	0	0	0	1510	0	0	0	0	0
北仑分校	11110	5352	2903	150	992	0	0	1307	4576	1182	0	0	0	1114
江北工作站	6746	3180	2270	70	140	0	0	700	400	3166	1266	720	1080	100
慈溪学院	5471	4886	4446	60	380	0	0	0	465	120	0	0	60	0
安　　徽	**505108**	**256171**	**152275**	**25430**	**61549**	**430**	**7776**	**8711**	**54185**	**150014**	**112294**	**21790**	**4138**	**923**
淮北分校	2080	1630	1390	40	200	0	0	0	370	80	0	0	80	0
安庆市分校	49086	25507	20049	978	2824	0	0	1656	8333	7930	4200	2370	860	0
宿州分校	8343	3563	3178	223	162	0	0	0	1280	1102	0	0	0	0
池州分校	5516	4168	3329	489	350	0	0	0	1348	0	0	0	0	0
淮南分校	135188	55132	24086	10450	17596	0	2000	1000	9181	70875	58126	12156	273	0
马鞍山分校	56848	35206	18334	8735	3666	120	3676	675	8059	13583	9221	239	0	223
芜湖市分校	12933	11553	9803	500	400	0	0	850	1130	250	0	0	0	0
六安分校	4211	1738	1698	40	0	0	0	0	566	0	0	0	0	0
蚌埠分校	13877	5007	3288	506	653	0	0	560	1129	4022	2976	576	0	0
铜陵分校	6771	6100	4000	500	800	0	0	800	0	0	0	0	0	0
合肥分校	20704	13432	12749	403	280	0	0	0	1218	1997	1420	310	0	0
阜阳分校	27480	25280	9900	180	15000	0	0	200	2200	0	0	0	0	0
亳州分校	37097	19996	17526	290	250	310	0	1620	2140	10111	7634	777	1200	500
巢湖分校	23513	8763	4040	323	4400	0	0	0	4842	7949	6112	1062	325	0
滁州市分校	4087	3172	2472	200	500	0	0	0	915	0	0	0	0	0
省直分校	2806	1840	1630	0	210	0	0	0	966	0	0	0	0	0
安徽广播电视大学	60018	21934	6553	573	13258	0	1200	350	8208	22315	15605	3100	0	0
宣城分校	30700	8900	5000	1000	1000	0	900	1000	2000	9800	7000	1200	1400	200
黄山市分校	3850	3250	3250	0	0	0	0	0	300	0	0	0	0	0
福　　建	**399274**	**214136**	**134212**	**22630**	**47679**	**1096**	**4996**	**3523**	**74696**	**94624**	**68242**	**16762**	**3868**	**945**
龙岩分校	20997	12677	11449	380	703	0	0	145	1043	4167	2917	615	590	0
莆田分校	28834	12889	8094	675	3720	0	0	400	3000	6295	4195	450	0	450
宁德分校	27152	16626	14798	608	1220	0	0	0	5070	4320	3850	470	0	0
漳浦分校	3100	2750	2390	60	0	0	0	300	350	0	0	0	0	0
南平分校	16823	10257	8189	294	653	0	873	248	3203	2122	1166	58	813	85
开放教育学院	14800	12800	9800	1200	1800	0	0	0	2000	0	0	0	0	0
邵武分校	5311	3002	2382	180	260	0	0	180	811	1030	640	340	0	0
泉州分校	32450	17828	16050	648	350	0	0	780	12207	2415	1190	780	0	0
三明分校	8522	4316	2795	107	414	0	1000	0	614	379	0	152	0	0

校舍情况（续表15）

单位：平方米

生活福利及其他用房	教工住宅	其他用房	正在施工面积	学校产权占地面积	非学校产权建筑面积											非学校产权占地面积
					合计	计		教学及辅助用房		行政办公用房		生活用房		其他用房		
						独立使用	共同使用	独立使用	共同使用	独立使用	共同使用	独立使用	共同使用	独立使用	共同使用	
6597	**0**	**0**	**0**	**406258**	**66371**	**30106**	**36265**	**7146**	**23770**	**2000**	**2000**	**20960**	**10495**	**0**	**0**	**335831**
0	0	0	0	2785	27570	4800	22770	0	17970	2000	2000	2800	2800	0	0	17200
440	0	0	0	34647	0	0	0	0	0	0	0	0	0	0	0	0
3368	0	0	0	119988	0	0	0	0	0	0	0	0	0	0	0	0
657	0	0	0	25266	13495	0	13495	0	5800	0	0	0	7695	0	0	242788
221	0	0	0	5336	0	0	0	0	0	0	0	0	0	0	0	0
216	0	0	0	4000	0	0	0	0	0	0	0	0	0	0	0	0
1567	0	0	0	138170	0	0	0	0	0	0	0	0	0	0	0	0
0	0	0	0	37406	25306	25306	0	7146	0	0	0	18160	0	0	0	75843
68	0	0	0	22541	0	0	0	0	0	0	0	0	0	0	0	0
0	0	0	0	10219	0	0	0	0	0	0	0	0	0	0	0	0
60	0	0	0	5900	0	0	0	0	0	0	0	0	0	0	0	0
10869	**43767**	**971**	**0**	**1722497**	**51128**	**30508**	**20620**	**29523**	**20620**	**60**	**0**	**925**	**0**	**0**	**0**	**85308**
0	0	0	0	1241	0	0	0	0	0	0	0	0	0	0	0	3000
500	7316	0	0	76014	0	0	0	0	0	0	0	0	0	0	0	0
1102	2398	0	0	5693	120	0	120	0	120	0	0	0	0	0	0	18000
0	0	0	0	41532	0	0	0	0	0	0	0	0	0	0	0	0
320	0	0	0	510956	0	0	0	0	0	0	0	0	0	0	0	0
3900	0	0	0	80667	0	0	0	0	0	0	0	0	0	0	0	0
250	0	0	0	7182	0	0	0	0	0	0	0	0	0	0	0	0
0	1907	0	0	1619	0	0	0	0	0	0	0	0	0	0	0	0
470	3719	0	0	25758	0	0	0	0	0	0	0	0	0	0	0	0
0	0	671	0	12446	0	0	0	0	0	0	0	0	0	0	0	0
267	4057	0	0	23717	50500	30000	20500	29075	20500	0	0	925	0	0	0	63860
0	0	0	0	26973	0	0	0	0	0	0	0	0	0	0	0	0
0	4850	0	0	66434	0	0	0	0	0	0	0	0	0	0	0	0
450	1959	0	0	707340	0	0	0	0	0	0	0	0	0	0	0	0
0	0	0	0	3600	60	60	0	0	0	60	0	0	0	0	0	0
0	0	0	0	2805	448	448	0	448	0	0	0	0	0	0	0	448
3610	7561	0	0	54020	0	0	0	0	0	0	0	0	0	0	0	0
0	10000	0	0	72000	0	0	0	0	0	0	0	0	0	0	0	0
0	0	300	0	2500	0	0	0	0	0	0	0	0	0	0	0	0
4807	**15818**	**0**	**0**	**596196**	**89733**	**15623**	**74110**	**5898**	**54760**	**2760**	**6220**	**6965**	**13130**	**0**	**0**	**427405**
45	3110	0	0	23103	3788	2288	1500	1378	1500	790	0	120	0	0	0	10689
1200	6650	0	0	37694	4305	1585	2720	660	2600	180	120	745	0	0	0	0
0	1136	0	0	43000	0	0	0	0	0	0	0	0	0	0	0	0
0	0	0	0	16555	0	0	0	0	0	0	0	0	0	0	0	0
0	1241	0	0	21836	2420	460	1960	360	1960	100	0	0	0	0	0	4370
0	0	0	0	0	0	0	0	0	0	0	0	0	0	0	0	197300
50	468	0	0	3675	0	0	0	0	0	0	0	0	0	0	0	0
445	0	0	0	33289	6000	3000	3000	2000	2000	1000	1000	0	0	0	0	3510
227	3213	0	0	3333	0	0	0	0	0	0	0	0	0	0	0	0

	学校产权建筑面积														
	合计	教学辅助用房							行政办公用房	生活福利房				
		计	教室	图书馆	实验室实习场所	专用科研用房	体育馆	会堂		计	学生宿舍	学生食堂	教工单身宿舍	教工食堂
福州分校	129700	79801	34091	14468	27359	0	2653	1230	5945	43954	35599	8295	0	60
福建广播电视大学	83862	27873	13877	2900	10000	1096	0	0	34500	21489	14720	4500	550	300
高等职业技术学院	0	0	0	0	0	0	0	0	0	0	0	0	0	0
永安分校	7330	3656	2256	200	1200	0	0	0	1874	1800	0	0	1800	0
漳州分校	20393	9661	8041	910	0	0	470	240	4079	6653	3965	1102	115	50
厦　　门	**23865**	**22805**	**22145**	**180**	**200**	**0**	**0**	**280**	**700**	**360**	**0**	**0**	**70**	**0**
厦门市司法局电大工作站	0	0	0	0	0	0	0	0	0	0	0	0	0	0
厦门电大同安区工作站	0	0	0	0	0	0	0	0	0	0	0	0	0	0
厦门市杏林区电大工作站	1760	1300	1080	60	100	0	0	60	100	360	0	0	70	0
厦门市思明区电大工作站	760	760	620	60	0	0	0	80	0	0	0	0	0	0
厦门市广播电视大学	20145	20145	20145	0	0	0	0	0	0	0	0	0	0	0
厦门市湖里区电大工作站	1200	600	300	60	100	0	0	140	600	0	0	0	0	0
江　　西	**512022**	**235619**	**171840**	**14309**	**26182**	**1231**	**12753**	**9304**	**57995**	**149914**	**90604**	**22432**	**4924**	**2999**
新干县委党校	6950	2900	1500	200	200	0	500	500	800	2450	1300	500	200	200
武宁县工作站	1464	506	224	50	232	0	0	0	204	754	0	0	0	0
靖安县工作站	4106	2200	1520	320	0	0	0	360	1450	456	0	456	0	0
赣州广播电视大学	12900	6300	5904	246	150	0	0	0	300	2820	2260	540	0	0
安福县教师进修学校	9364	4541	2966	60	1186	0	329	0	1185	3638	960	870	0	0
婺源县工作站	10104	6036	4600	180	1000	0	0	256	800	2200	1600	600	0	0
中共余江县委党校	0	0	0	0	0	0	0	0	0	0	0	0	0	0
安远县委党校	2402	1016	600	66	100	50	0	200	264	1122	396	200	0	0
中共信丰县委党校教学点	2835	1890	1600	90	0	0	0	200	945	0	0	0	0	0
玉山县工作站	0	0	0	0	0	0	0	0	0	0	0	0	0	0
鹰潭市分校	10112	5700	5183	71	221	0	225	0	500	1000	900	100	0	0
南城县工作站	865	651	442	103	106	0	0	0	214	0	0	0	0	0
都昌县工作站	4595	2025	2025	0	0	0	0	0	1026	1544	772	735	0	0
乐平市教师进修学校教学点	1540	1150	1020	0	0	0	0	130	280	110	110	0	0	0
上高工作站（职工学校）	1060	1000	600	70	120	0	80	130	60	0	0	0	0	0
樟树工作站（教师进修学校）	6100	3500	2100	150	800	0	300	150	300	1200	900	150	0	0
电大吉安市分校	5142	3644	2400	340	350	0	364	190	710	788	720	68	0	0
中共崇义县委党校教学点	1580	620	500	0	0	0	0	120	160	800	800	0	0	0
黎川县工作站	460	400	400	0	0	0	0	0	60	0	0	0	0	0
樟树职工学校教学点	900	900	800	100	0	0	0	0	0	0	0	0	0	0
彭泽县工作站	650	380	300	20	0	0	0	60	240	30	0	0	0	0
奉新县工作站(教师进修学校)	1050	1050	600	100	300	0	0	50	0	0	0	0	0	0
吉水县教师进修学校教学点	1466	600	312	288	0	0	0	0	577	289	0	0	0	0
永修县工作站	2080	1780	1200	80	0	0	0	500	300	0	0	0	0	0
永新县工作站	4009	3469	3139	70	140	0	0	120	120	60	0	60	0	0
铅山县工作站	4500	2500	2000	100	200	0	0	200	1500	500	0	0	0	500
湘东区工作站	1520	320	200	0	0	0	0	120	1200	0	0	0	0	0
高安工作站（教师进修学校）	1591	1068	918	30	120	0	0	0	204	319	0	154	0	165
宁都县教师进修学校教学点	1129	757	630	63	63	1	0	0	267	105	0	0	0	0

校舍情况（续表16）

单位：平方米

			正在施工面积	学校产权占地面积	非学校产权建筑面积											非学校产权占地面积
					合计	计		教学及辅助用房		行政办公用房		生活用房		其他用房		
生活福利及其他用房	教工住宅	其他用房				独立使用	共同使用	独立使用	共同使用	独立使用	共同使用	独立使用	共同使用	独立使用	共同使用	
0	0	0	0	295312	0	0	0	0	0	0	0	0	0	0	0	0
1419	0	0	0	77670	0	0	0	0	0	0	0	0	0	0	0	0
0	0	0	0	0	72590	7660	64930	1080	46700	480	5100	6100	13130	0	0	211536
0	0	0	0	1000	0	0	0	0	0	0	0	0	0	0	0	0
1421	0	0	0	39729	630	630	0	420	0	210	0	0	0	0	0	0
290	**0**	**0**	**0**	**92717**	**2000**	**2000**	**0**	**1820**	**0**	**180**	**0**	**0**	**0**	**0**	**0**	**670**
0	0	0	0	0	0	0	0	0	0	0	0	0	0	0	0	0
0	0	0	0	0	2000	2000	0	1820	0	180	0	0	0	0	0	670
290	0	0	0	1558	0	0	0	0	0	0	0	0	0	0	0	0
0	0	0	0	760	0	0	0	0	0	0	0	0	0	0	0	0
0	0	0	0	86399	0	0	0	0	0	0	0	0	0	0	0	0
0	0	0	0	4000	0	0	0	0	0	0	0	0	0	0	0	0
28955	**67152**	**1342**	**10325**	**1054876**	**20945**	**4368**	**16577**	**2116**	**12496**	**1663**	**700**	**589**	**3381**	**0**	**0**	**172161**
250	800	0	0	15000	0	0	0	0	0	0	0	0	0	0	0	0
754	0	0	0	4000	0	0	0	0	0	0	0	0	0	0	0	0
0	0	0	0	20294	0	0	0	0	0	0	0	0	0	0	0	0
20	3480	0	0	6460	0	0	0	0	0	0	0	0	0	0	0	0
1808	0	0	0	14587	0	0	0	0	0	0	0	0	0	0	0	0
0	1068	0	0	37296	0	0	0	0	0	0	0	0	0	0	0	0
0	0	0	0	0	632	0	632	0	632	0	0	0	0	0	0	5342
526	0	0	0	5700	0	0	0	0	0	0	0	0	0	0	0	0
0	0	0	0	7337	0	0	0	0	0	0	0	0	0	0	0	0
0	0	0	0	0	2317	2317	0	691	0	1037	0	589	0	0	0	9666
0	2912	0	0	1400	0	0	0	0	0	0	0	0	0	0	0	0
0	0	0	0	865	0	0	0	0	0	0	0	0	0	0	0	0
37	0	0	0	13200	0	0	0	0	0	0	0	0	0	0	0	0
0	0	0	0	1540	0	0	0	0	0	0	0	0	0	0	0	0
0	0	0	0	1650	130	0	130	0	130	0	0	0	0	0	0	0
150	1000	100	0	8000	0	0	0	0	0	0	0	0	0	0	0	0
0	0	0	0	16248	0	0	0	0	0	0	0	0	0	0	0	0
0	0	0	0	11333	0	0	0	0	0	0	0	0	0	0	0	0
0	0	0	0	160	1200	0	1200	0	1200	0	0	0	0	0	0	1840
0	0	0	0	2000	0	0	0	0	0	0	0	0	0	0	0	0
30	0	0	0	5000	0	0	0	0	0	0	0	0	0	0	0	0
0	0	0	0	12000	0	0	0	0	0	0	0	0	0	0	0	84000
289	0	0	0	4730	0	0	0	0	0	0	0	0	0	0	0	0
0	0	0	0	2000	7600	0	7600	0	5600	0	0	0	2000	0	0	20000
0	360	0	0	5000	0	0	0	0	0	0	0	0	0	0	0	0
0	0	0	0	6500	0	0	0	0	0	0	0	0	0	0	0	0
0	0	0	0	3000	4291	0	4291	0	3160	0	200	0	931	0	0	5133
0	0	0	0	8004	0	0	0	0	0	0	0	0	0	0	0	0
105	0	0	0	3700	0	0	0	0	0	0	0	0	0	0	0	0

5.3 全国电大

	学校产权建筑面积													
	合计	教学辅助用房							行政办公用房	生活福利房				
		计	教室	图书馆	实验室实习场所	专用科研用房	体育馆	会堂		计	学生宿舍	学生食堂	教工单身宿舍	教工食堂
铜鼓县教师进修学校教学点	650	560	460	30	70	0	0	0	90	0	0	0	0	0
分宜县工作站	600	550	470	80	0	0	0	0	50	0	0	0	0	0
鄱阳县工作站	13578	12900	6400	500	500	0	5000	500	678	0	0	0	0	0
南丰县工作站	0	0	0	0	0	0	0	0	0	0	0	0	0	0
庐山工作站	2970	1000	385	18	597	0	0	0	93	830	200	0	0	300
贵溪市工作站	7620	6520	3800	1400	700	480	60	80	1100	0	0	0	0	0
龙南教师进修学校	2016	1152	576	72	288	0	72	144	864	0	0	0	0	0
江西广播电视大学	79692	25730	17230	1800	6400	0	0	300	4800	43212	36712	6500	0	0
萍乡市卫生学校	16700	11400	4000	900	1000	200	5000	300	300	5000	4000	400	400	200
瑞金市工作站（教师进修学校）	850	550	500	50	0	0	0	0	300	0	0	0	0	0
宜丰县工作站（教师进修学校）	1600	1200	1080	80	40	0	0	0	400	0	0	0	0	0
瑞昌工作站（教师进修学校）	2737	615	524	91	0	0	0	0	360	1762	958	460	344	0
景德镇市分校	5903	3274	2876	0	248	0	0	150	900	448	0	0	0	0
德安县工作站	3380	760	600	40	0	0	0	120	120	0	0	0	0	0
兴国县教师进修学校教学点	6339	4709	3563	266	880	0	0	0	528	1102	0	0	0	0
中共上犹县委党校教学点	0	0	0	0	0	0	0	0	0	0	0	0	0	0
安义县教师进修学校教学点	5000	4000	4000	0	0	0	0	0	1000	0	0	0	0	0
南昌市分校	9424	4205	4099	53	53	0	0	0	368	2015	0	0	0	0
德兴市工作站	0	0	0	0	0	0	0	0	0	0	0	0	0	0
中共兴国县委党校教学点	0	0	0	0	0	0	0	0	0	0	0	0	0	0
莲花县工作站	5008	2708	580	128	1200	500	0	300	280	1550	360	275	320	275
鹰潭应用工程学校	12900	8600	7000	1000	600	0	0	0	700	3600	3000	600	0	0
萍乡市分校	8712	6360	5756	216	100	0	0	288	1102	250	0	200	0	0
上高教师进修学校	3300	2200	1800	200	200	0	0	0	500	600	0	200	0	100
石城县教师进修学校教学点	1250	1050	1000	50	0	0	0	0	200	0	0	0	0	0
抚州广播电视大学	13280	3600	3300	100	200	0	0	0	980	2800	2400	400	0	0
乐安县工作站	0	0	0	0	0	0	0	0	0	0	0	0	0	0
金溪县工作站	0	0	0	0	0	0	0	0	0	0	0	0	0	0
大余县教师进修学校	495	282	282	0	0	0	0	0	213	0	0	0	0	0
全南县教师进修学校	960	442	415	27	0	0	0	0	81	437	297	140	0	0
安义县工作站（工会职校）	2400	1400	1000	200	100	0	0	100	1000	0	0	0	0	0
省武工作站	550	400	400	0	0	0	0	0	150	0	0	0	0	0
信丰县教师进修学校教学点	2475	1035	530	80	50	0	180	195	580	800	300	0	100	0
芦溪县工作站	3573	3023	2742	82	78	0	0	121	240	310	0	110	100	50
吉安县教师进修学校教学点	4817	1360	1180	60	60	0	0	60	929	2528	400	280	200	28
南昌县教师进修学校	960	720	600	60	60	0	0	0	240	0	0	0	0	0
上饶县工作站	1600	700	500	0	200	0	0	0	400	500	500	0	0	0
弋阳县工作站	0	0	0	0	0	0	0	0	0	0	0	0	0	0
新余市分校	6780	2500	1950	100	450	0	0	0	600	2600	2000	500	0	0
峡江县委党校	810	500	360	50	30	0	0	60	180	130	0	100	0	30
寻乌县工作站（教师进修学校）	2552	1482	1306	120	56	0	0	0	230	840	0	0	0	0
宜春广播电视大学	16158	4758	3881	351	526	0	0	0	3109	3985	1052	1467	0	0

校舍情况（续表17）

单位：平方米

			正在施工面积	学校产权占地面积	非学校产权建筑面积											非学校产权占地面积
					合计	计		教学及辅助用房		行政办公用房		生活用房		其他用房		
生活福利及其他用房	教工住宅	其他用房				独立使用	共同使用	独立使用	共同使用	独立使用	共同使用	独立使用	共同使用	独立使用	共同使用	
0	0	0	0	650	0	0	0	0	0	0	0	0	0	0	0	0
0	0	0	0	600	0	0	0	0	0	0	0	0	0	0	0	0
0	0	0	0	12000	0	0	0	0	0	0	0	0	0	0	0	0
0	0	0	0	0	697	321	376	125	376	196	0	0	0	0	0	670
330	1047	0	0	6182	0	0	0	0	0	0	0	0	0	0	0	0
0	0	0	0	6000	0	0	0	0	0	0	0	0	0	0	0	0
0	0	0	0	0	0	0	0	0	0	0	0	0	0	0	0	6061
0	5950	0	0	108934	0	0	0	0	0	0	0	0	0	0	0	0
0	0	0	0	106000	0	0	0	0	0	0	0	0	0	0	0	0
0	0	0	0	2000	0	0	0	0	0	0	0	0	0	0	0	0
0	0	0	0	3300	0	0	0	0	0	0	0	0	0	0	0	0
0	0	0	0	8320	0	0	0	0	0	0	0	0	0	0	0	0
448	1281	0	0	3967	48	0	48	0	48	0	0	0	0	0	0	0
0	2500	0	0	2800	0	0	0	0	0	0	0	0	0	0	0	0
1102	0	0	0	21998	0	0	0	0	0	0	0	0	0	0	0	0
0	0	0	1395	1395	0	0	0	0	0	0	0	0	0	0	0	0
0	0	0	0	1500	0	0	0	0	0	0	0	0	0	0	0	0
2015	2836	0	0	2264	0	0	0	0	0	0	0	0	0	0	0	0
0	0	0	0	15000	1850	200	1650	100	700	100	500	0	450	0	0	0
0	0	0	0	0	0	0	0	0	0	0	0	0	0	0	0	20000
320	320	150	0	6000	0	0	0	0	0	0	0	0	0	0	0	0
0	0	0	0	200000	0	0	0	0	0	0	0	0	0	0	0	0
50	1000	0	0	8984	0	0	0	0	0	0	0	0	0	0	0	0
300	0	0	0	6000	0	0	0	0	0	0	0	0	0	0	0	0
0	0	0	0	2000	0	0	0	0	0	0	0	0	0	0	0	0
0	5900	0	0	28380	0	0	0	0	0	0	0	0	0	0	0	0
0	0	0	0	0	410	60	350	0	350	60	0	0	0	0	0	11000
0	0	0	0	0	600	600	0	500	0	100	0	0	0	0	0	1300
0	0	0	0	6500	0	0	0	0	0	0	0	0	0	0	0	0
0	0	0	0	2256	0	0	0	0	0	0	0	0	0	0	0	0
0	0	0	0	2400	0	0	0	0	0	0	0	0	0	0	0	0
0	0	0	0	2000	200	0	200	0	200	0	0	0	0	0	0	0
400	0	60	0	560	0	0	0	0	0	0	0	0	0	0	0	0
50	0	0	0	5834	0	0	0	0	0	0	0	0	0	0	0	0
1620	0	0	0	13840	0	0	0	0	0	0	0	0	0	0	0	0
0	0	0	0	7160	0	0	0	0	0	0	0	0	0	0	0	0
0	0	0	0	6000	0	0	0	0	0	0	0	0	0	0	0	0
0	0	0	0	0	480	480	0	400	0	80	0	0	0	0	0	3299
100	1080	0	0	10666	0	0	0	0	0	0	0	0	0	0	0	0
0	0	0	0	6585	0	0	0	0	0	0	0	0	0	0	0	0
840	0	0	0	119	0	0	0	0	0	0	0	0	0	0	0	0
1466	4306	0	0	13153	0	0	0	0	0	0	0	0	0	0	0	0

	学校产权建筑面积													
	合计	教学辅助用房							行政办公用房	生活福利房				
		计	教室	图书馆	实验室实习场所	专用科研用房	体育馆	会堂		计	学生宿舍	学生食堂	教工单身宿舍	教工食堂
中共丰城市委党校教学点	5948	1850	1850	0	0	0	0	0	1000	3098	2600	498	0	0
中共南康市委党校教学点	2500	1610	1490	120	0	0	0	0	510	380	0	140	240	0
上饶广播电视大学	7693	1978	1236	260	156	0	110	216	1430	3022	2100	750	0	51
广丰县工作站	6590	1751	1436	163	152	0	0	0	679	4160	1773	622	320	0
横峰县工作站	0	0	0	0	0	0	0	0	0	0	0	0	0	0
星子县工作站	3838	1189	1134	35	20	0	0	0	614	2035	1825	0	0	210
新建县教师进修学校教学点	19570	7880	7520	160	0	0	0	200	2500	4210	3850	360	0	0
万载县教师进修学校教学点	6412	3047	2550	70	70	0	83	274	320	519	245	274	0	0
中共遂川县委党校教学点	6600	2500	2000	100	0	0	200	200	1000	2100	1500	600	0	0
定南教师进修学校教学点	1971	960	840	120	0	0	0	0	506	505	0	0	0	0
江西省轻工高级技校	22193	5191	521	600	4070	0	0	0	508	2434	679	745	0	0
修水县工作站	270	150	150	0	0	0	0	0	120	0	0	0	0	0
于都县委党校	2500	975	600	75	75	0	150	75	300	1075	300	150	150	150
中共永丰县委党校教学点	4130	1709	1200	109	0	0	0	400	900	1521	1000	0	0	400
余干县工作站	860	800	600	50	0	0	0	150	60	0	0	0	0	0
进贤县教师进修学校教学点	4900	1400	1200	100	100	0	0	0	500	0	0	0	0	0
九江市分校	37595	13850	12750	720	380	0	0	0	5300	14705	6627	660	0	0
万安县委党校	2000	950	800	50	0	0	0	100	300	750	500	100	50	50
万年县工作站	6466	2185	1365	140	560	0	0	120	972	2404	1896	436	0	72
丰城市教师进修学校教学点	5455	1670	1490	90	90	0	0	0	1385	2400	900	300	1200	0
上栗县电大工作站	2900	650	500	50	50	0	0	50	600	1650	0	0	1000	100
湖口县工作站	5542	1000	600	100	100	0	100	100	500	4042	812	212	300	118
高安市委党校	7856	3076	1120	156	385	0	0	1415	640	3420	1100	520	0	0
资溪县工作站	120	100	60	40	0	0	0	0	20	0	0	0	0	0
山　东	**1065833**	**424687**	**241628**	**48434**	**89476**	**12467**	**14197**	**18485**	**90032**	**386086**	**263193**	**64765**	**13895**	**4304**
山东广播电视大学	92333	14080	12514	1566	0	0	0	0	17406	23757	17496	5387	0	0
济南广播电视大学	71226	29035	22628	1056	3662	0	90	1599	5268	22660	13149	4726	790	0
菏泽广播电视大学	5026	4026	3000	400	400	0	226	0	1000	0	0	0	0	0
日照广播电视大学	37237	9295	4917	1400	1998	0	0	980	4038	23904	9616	2038	6080	312
潍坊广播电视大学	180324	57573	23289	7754	18966	0	3680	3884	16319	59987	35317	7758	2843	1298
济宁广播电视大学	169291	84930	49861	10602	10000	12467	0	2000	6313	66276	49751	11906	0	400
淄博广播电视大学	74907	24432	15912	1822	5194	0	0	1504	8703	19093	10193	3682	636	262
临沂广播电视大学	8300	2100	1600	190	310	0	0	0	2150	4050	2600	840	260	200
泰安广播电视大学	0	0	0	0	0	0	0	0	0	0	0	0	0	0
滨州广播电视大学	0	0	0	0	0	0	0	0	0	0	0	0	0	0
莱芜科技成人中专	6590	5978	936	20	360	0	4534	128	108	504	450	54	0	0
德州广播电视大学	16895	2560	1658	266	636	0	0	0	1641	7280	3578	1500	0	0
聊城广播电视大学	207974	118242	63452	15000	28813	0	4667	6310	9130	80602	62565	16339	1698	0
莱芜钢铁总厂广播电视大学	0	0	0	0	0	0	0	0	0	0	0	0	0	0
荣成市广播电视大学	7724	1994	1601	196	137	0	0	60	1149	2254	1850	404	0	0
东营广播电视大学	0	0	0	0	0	0	0	0	0	0	0	0	0	0
胜利油田广播电视大学	49684	27877	9730	3824	14323	0	0	0	2914	18893	11706	3931	225	0

校舍情况（续表 18）

单位：平方米

			正在施工面积	学校产权占地面积	非学校产权建筑面积											非学校产权占地面积
					合计	计		教学及辅助用房		行政办公用房		生活用房		其他用房		
生活福利及其他用房	教工住宅	其他用房				独立使用	共同使用	独立使用	共同使用	独立使用	共同使用	独立使用	共同使用	独立使用	共同使用	
0	0	0	8280	6793	0	0	0	0	0	0	0	0	0	0	0	0
0	0	0	0	4000	0	0	0	0	0	0	0	0	0	0	0	0
121	1263	0	0	7920	0	0	0	0	0	0	0	0	0	0	0	0
1445	0	0	0	13364	0	0	0	0	0	0	0	0	0	0	0	0
0	0	0	0	0	390	390	0	300	0	90	0	0	0	0	0	3100
0	0	0	650	5800	0	0	0	0	0	0	0	0	0	0	0	0
0	4980	0	0	19990	0	0	0	0	0	0	0	0	0	0	0	0
0	2494	32	0	12000	0	0	0	0	0	0	0	0	0	0	0	0
0	0	1000	0	6600	0	0	0	0	0	0	0	0	0	0	0	0
505	0	0	0	0	0	0	0	0	0	0	0	0	0	0	0	0
1010	14060	0	0	21898	0	0	0	0	0	0	0	0	0	0	0	0
0	0	0	0	150	0	0	0	0	0	0	0	0	0	0	0	750
325	150	0	0	2500	0	0	0	0	0	0	0	0	0	0	0	0
121	0	0	0	12398	0	0	0	0	0	0	0	0	0	0	0	0
0	0	0	0	1200	0	0	0	0	0	0	0	0	0	0	0	0
0	3000	0	0	9600	0	0	0	0	0	0	0	0	0	0	0	0
7418	3740	0	0	11500	0	0	0	0	0	0	0	0	0	0	0	0
50	0	0	0	2000	0	0	0	0	0	0	0	0	0	0	0	0
0	905	0	0	32698	0	0	0	0	0	0	0	0	0	0	0	0
0	0	0	0	1800	0	0	0	0	0	0	0	0	0	0	0	0
550	0	0	0	5000	0	0	0	0	0	0	0	0	0	0	0	0
2600	0	0	0	5504	0	0	0	0	0	0	0	0	0	0	0	0
1800	720	0	0	23310	0	0	0	0	0	0	0	0	0	0	0	0
0	0	0	0	500	100	0	100	0	100	0	0	0	0	0	0	0
39929	**165028**	**0**	**0**	**1678229**	**306195**	**265545**	**40650**	**145135**	**35400**	**20946**	**0**	**99464**	**5250**	**0**	**0**	**2162890**
874	37090	0	0	106173	0	0	0	0	0	0	0	0	0	0	0	0
3995	14263	0	0	178865	0	0	0	0	0	0	0	0	0	0	0	0
0	0	0	0	36885	0	0	0	0	0	0	0	0	0	0	0	0
5858	0	0	0	40729	9100	0	9100	0	4200	0	0	0	4900	0	0	37540
12771	46445	0	0	262130	0	0	0	0	0	0	0	0	0	0	0	0
4219	11772	0	0	211038	0	0	0	0	0	0	0	0	0	0	0	0
4320	22679	0	0	0	0	0	0	0	0	0	0	0	0	0	0	176835
150	0	0	0	56610	0	0	0	0	0	0	0	0	0	0	0	0
0	0	0	0	0	4000	1050	2950	450	2600	600	0	0	350	0	0	45000
0	0	0	0	0	1400	1400	0	0	0	1400	0	0	0	0	0	36685
0	0	0	0	6500	0	0	0	0	0	0	0	0	0	0	0	0
2202	5414	0	0	46952	0	0	0	0	0	0	0	0	0	0	0	0
0	0	0	0	506253	28600	0	28600	0	28600	0	0	0	0	0	0	0
0	0	0	0	0	31400	31400	0	19400	0	4500	0	7500	0	0	0	86000
0	2327	0	0	12000	0	0	0	0	0	0	0	0	0	0	0	0
0	0	0	0	0	231695	231695	0	125285	0	14446	0	91964	0	0	0	1780830
3031	0	0	0	65475	0	0	0	0	0	0	0	0	0	0	0	0

5.3 全国电大

	学校产权建筑面积													
	合计	教学辅助用房							行政办公用房	生活福利房				
		计	教室	图书馆	实验室实习场所	专用科研用房	体育馆	会堂		计	学生宿舍	学生食堂	教工单身宿舍	教工食堂
省直工作处	0	0	0	0	0	0	0	0	0	0	0	0	0	0
烟台广播电视大学	62974	19043	11758	3438	2277	0	0	1570	4379	29849	26630	2500	0	0
枣庄广播电视大学	55000	19000	15000	600	2400	0	1000	0	3000	22665	16000	3000	1363	512
威海市广播电视大学	20348	4522	3772	300	0	0	0	450	6514	4312	2292	700	0	1320
青　　岛	**166277**	**73854**	**44215**	**5150**	**17220**	**0**	**3705**	**3564**	**16281**	**63705**	**43879**	**9408**	**764**	**1523**
李沧区分校	5810	1419	1327	92	0	0	0	0	787	3604	0	0	0	52
胶南分校	0	0	0	0	0	0	0	0	0	0	0	0	0	0
即墨分校	30240	11731	5331	0	6400	0	0	0	2797	12510	9830	1665	0	0
城阳分校	46100	18800	13000	1600	2200	0	800	1200	3000	20800	18000	2800	0	0
青岛广播电视大学	6860	5820	5300	440	80	0	0	0	1000	40	0	0	40	0
崂山分校	28500	17300	9300	1500	3000	0	2500	1000	3000	8200	5900	1500	0	800
胶州分校	10089	4400	1461	260	2179	0	0	500	1540	4149	2000	900	200	120
黄岛分校	0	0	0	0	0	0	0	0	0	0	0	0	0	0
平度分校	21559	7728	5238	650	1468	0	0	372	1031	7065	3253	1700	324	551
莱西分校	17119	6656	3258	608	1893	0	405	492	3126	7337	4896	843	200	0
河　　南	**1817098**	**722403**	**344519**	**76853**	**235866**	**1039**	**22880**	**41246**	**125129**	**575747**	**452201**	**76569**	**12486**	**3733**
鹤壁广播电视大学	29206	15000	10670	720	2010	0	800	800	400	4946	4072	330	0	160
河南省直广播电视大学	0	0	0	0	0	0	0	0	0	0	0	0	0	0
中原油田广播电视大学	8470	4000	3000	200	400	0	0	400	2600	1870	1000	300	300	0
洛阳广播电视大学	22470	7300	5700	500	600	0	0	500	3550	6620	4820	1600	0	100
信阳广播电视大学	12670	2380	2060	100	220	0	0	0	1475	3827	3110	200	417	0
济源广播电视大学	11240	9040	4860	2920	1200	0	0	60	2110	0	0	0	0	0
平顶山广播电视大学	191372	71188	37797	7970	19000	0	2980	3441	10932	80454	59840	5860	4620	1064
商丘广播电视大学	421044	156789	58576	24155	45658	0	10000	18400	10428	73968	61968	10000	0	0
郑州铁路局广播电视大学	25917	11802	8115	1230	1690	0	0	767	4000	10115	7616	1780	0	191
许昌广播电视大学	10502	3562	2407	356	0	0	0	799	1227	5713	3990	799	924	0
郑州广播电视大学	56340	21504	15195	2455	3465	0	0	389	5100	29277	26259	2343	105	0
新乡广播电视大学	41830	11270	6670	600	1650	500	0	1850	4700	11710	6000	4700	100	200
濮阳广播电视大学	3907	2927	2777	150	0	0	0	0	980	0	0	0	0	0
漯河广播电视大学	228481	104920	59547	6836	36687	0	0	1850	11857	71288	56514	12893	620	0
河南广播电视大学	205594	59209	35702	3679	19828	0	0	0	10852	64773	52199	10488	0	0
三门峡广播电视大学	291138	164689	40810	18670	95080	489	5450	4190	23650	102799	75300	15060	0	1418
开封广播电视大学	7897	5352	4242	300	810	0	0	0	969	1476	1200	276	0	0
驻马店广播电视大学	149255	39555	24300	3150	5505	0	1400	5200	17520	77950	72650	4800	400	100
河南省工商行政管理分校	32923	8480	5300	1200	580	0	0	1400	3200	10243	7000	1500	200	0
焦作广播电视大学	15000	5000	2500	1000	500	0	0	1000	3000	5000	1500	1000	1600	500
周口广播电视大学	3050	2050	1500	100	100	50	100	200	1000	0	0	0	0	0
安阳广播电视大学	10904	3006	2726	80	200	0	0	0	2779	1210	490	490	0	0
南阳广播电视大学	37888	13380	10065	482	683	0	2150	0	2800	12508	6673	2150	3200	0
湖　　北	**758663**	**282432**	**184369**	**16763**	**62902**	**0**	**7302**	**11096**	**59121**	**246998**	**175697**	**34448**	**9662**	**1318**
黄石广播电视大学	32351	12351	10000	1000	1351	0	0	0	5000	10000	5000	3000	0	0
咸宁地区广播电视大学	32951	10602	7836	547	1868	0	0	351	2408	8740	4890	1082	408	0

校舍情况（续表 19）

单位：平方米

			正在施工面积	学校产权占地面积	非学校产权建筑面积											非学校产权占地面积
					合计	计		教学及辅助用房		行政办公用房		生活用房		其他用房		
生活福利及其他用房	教工住宅	其他用房				独立使用	共同使用	独立使用	共同使用	独立使用	共同使用	独立使用	共同使用	独立使用	共同使用	
0	0	0	0	0	0	0	0	0	0	0	0	0	0	0	0	0
719	9703	0	0	52830	0	0	0	0	0	0	0	0	0	0	0	0
1790	10335	0	0	70000	0	0	0	0	0	0	0	0	0	0	0	0
0	5000	0	0	25789	0	0	0	0	0	0	0	0	0	0	0	0
8131	**12437**	**0**	**55142**	**406421**	**36140**	**1080**	**35060**	**800**	**23980**	**280**	**0**	**0**	**11080**	**0**	**0**	**318080**
3552	0	0	0	7456	0	0	0	0	0	0	0	0	0	0	0	0
0	0	0	0	0	36140	1080	35060	800	23980	280	0	0	11080	0	0	318080
1015	3202	0	0	63365	0	0	0	0	0	0	0	0	0	0	0	0
0	3500	0	0	103896	0	0	0	0	0	0	0	0	0	0	0	0
0	0	0	50794	2476	0	0	0	0	0	0	0	0	0	0	0	0
0	0	0	4348	55328	0	0	0	0	0	0	0	0	0	0	0	0
929	0	0	0	66700	0	0	0	0	0	0	0	0	0	0	0	0
0	0	0	0	0	0	0	0	0	0	0	0	0	0	0	0	0
1237	5735	0	0	87180	0	0	0	0	0	0	0	0	0	0	0	0
1398	0	0	0	20020	0	0	0	0	0	0	0	0	0	0	0	0
30758	**393819**	**0**	**0**	**2002229**	**2680**	**340**	**2340**	**210**	**2130**	**130**	**210**	**0**	**0**	**0**	**0**	**845304**
384	8860	0	0	45000	0	0	0	0	0	0	0	0	0	0	0	0
0	0	0	0	390	2680	340	2340	210	2130	130	210	0	0	0	0	9700
270	0	0	0	26688	0	0	0	0	0	0	0	0	0	0	0	0
100	5000	0	0	40900	0	0	0	0	0	0	0	0	0	0	0	0
100	4988	0	0	13000	0	0	0	0	0	0	0	0	0	0	0	0
0	90	0	0	53360	0	0	0	0	0	0	0	0	0	0	0	0
9070	28798	0	0	510400	0	0	0	0	0	0	0	0	0	0	0	0
2000	179859	0	0	218678	0	0	0	0	0	0	0	0	0	0	0	0
528	0	0	0	27668	0	0	0	0	0	0	0	0	0	0	0	0
0	0	0	0	6670	0	0	0	0	0	0	0	0	0	0	0	0
570	459	0	0	5469	0	0	0	0	0	0	0	0	0	0	0	0
710	14150	0	0	33975	0	0	0	0	0	0	0	0	0	0	0	0
0	0	0	0	3800	0	0	0	0	0	0	0	0	0	0	0	0
1261	40416	0	0	340736	0	0	0	0	0	0	0	0	0	0	0	0
2086	70760	0	0	296815	0	0	0	0	0	0	0	0	0	0	0	0
11021	0	0	0	0	0	0	0	0	0	0	0	0	0	0	0	800004
0	100	0	0	6337	0	0	0	0	0	0	0	0	0	0	0	0
0	14230	0	0	279930	0	0	0	0	0	0	0	0	0	0	0	0
1543	11000	0	0	36685	0	0	0	0	0	0	0	0	0	0	0	3600
400	2000	0	0	0	0	0	0	0	0	0	0	0	0	0	0	32000
0	0	0	0	5000	0	0	0	0	0	0	0	0	0	0	0	0
230	3909	0	0	10050	0	0	0	0	0	0	0	0	0	0	0	0
485	9200	0	0	40678	0	0	0	0	0	0	0	0	0	0	0	0
25873	**166735**	**3377**	**7587**	**1016245**	**0**	**0**	**0**	**0**	**0**	**0**	**0**	**0**	**0**	**0**	**0**	**5100**
2000	5000	0	0	32351	0	0	0	0	0	0	0	0	0	0	0	0
2360	11201	0	0	77856	0	0	0	0	0	0	0	0	0	0	0	0

	学校产权建筑面积													
	合计	教学辅助用房							行政办公用房	生活福利房				
		计	教室	图书馆	实验室实习场所	专用科研用房	体育馆	会堂		计	学生宿舍	学生食堂	教工单身宿舍	教工食堂
随州广播电视大学	37760	15917	7357	270	8290	0	0	0	2607	12936	9442	1458	850	189
黄冈广播电视大学	107646	30148	16125	4273	7099	0	1716	935	9543	36954	25678	4881	1143	336
荆州地区广播电视大学	39476	11637	8509	1094	1064	0	0	970	4709	9198	6217	1290	981	50
湖北电大大冶有色金属公司分校	12516	4220	1550	314	1896	0	0	460	839	2537	1598	91	0	0
孝感市广播电视大学	14691	2274	1700	574	0	0	0	0	3626	3685	3052	240	0	193
恩施土家族苗族自治州电大	16000	8000	6000	500	500	0	0	1000	1300	3200	2200	760	240	0
襄樊广播电视大学	83771	28364	18940	2707	3628	0	0	3089	6406	28218	15128	2627	4800	200
潜江市广播电视大学	7650	4880	4780	100	0	0	0	0	240	880	520	360	0	0
湖北广播电视大学	139740	61976	60267	1709	0	0	0	0	7108	54656	47098	6677	410	0
湖北广播电视大学江汉油田分校	67177	39275	17898	2177	14071	0	1586	3543	5242	22660	18414	3788	0	0
十堰市广播电视大学	11149	3010	2790	100	120	0	0	0	875	2664	2376	288	0	0
天门市广播电视大学	22090	10428	4870	50	1380	0	4000	128	300	7942	5862	1800	280	0
仙桃广播电视大学	15200	5570	5100	150	200	0	0	120	2000	3930	1870	500	60	200
宜昌市广播电视大学	36000	4330	3000	480	350	0	0	500	3000	13490	6050	600	490	150
湖北广播电视大学钟祥分校	82495	29450	7647	718	21085	0	0	0	3918	25308	20302	5006	0	0
武汉	**707622**	**358830**	**149836**	**42253**	**106727**	**14261**	**37860**	**7893**	**50004**	**292212**	**233070**	**25144**	**5837**	**6783**
武汉市广播电视大学	364050	171335	75504	29784	32942	14211	13506	5388	29222	163493	142570	10215	0	5466
汉南分校	2230	1000	350	200	350	0	0	100	200	1030	280	450	150	0
江夏分校	10354	8342	6038	204	2100	0	0	0	1832	180	0	0	30	0
江岸分校	0	0	0	0	0	0	0	0	0	0	0	0	0	0
东西湖分校	3901	1640	1328	108	44	0	0	160	1382	879	0	280	0	0
武昌分校	4748	1578	1164	123	291	0	0	0	856	2314	2084	230	0	0
新洲分校	10620	4180	1860	235	285	0	1800	0	591	2921	2461	400	60	0
江汉区电大分校	0	0	0	0	0	0	0	0	0	0	0	0	0	0
洪山分校	5295	2206	2063	40	103	0	0	0	908	2181	633	0	1548	0
汉阳分校	2358	1613	1212	65	147	0	0	189	618	127	0	0	0	57
桥口分校	2711	1154	1092	62	0	0	0	0	249	0	0	0	0	0
武钢分校	288434	161197	55161	11255	70331	0	22554	1896	13463	113774	81289	12729	4049	960
蔡甸分校	2736	997	923	20	54	0	0	0	126	1613	1253	40	0	0
黄陂分校	7627	1660	1305	65	80	50	0	160	377	3250	2150	800	0	300
青山分校	2558	1928	1836	92	0	0	0	0	180	450	350	0	0	0
湖南	**1239239**	**531584**	**336906**	**33805**	**103505**	**13315**	**21448**	**22605**	**104164**	**382659**	**242284**	**69702**	**32565**	**6436**
永顺县电大工作站	8043	3420	1780	90	1550	0	0	0	200	1640	1240	400	0	0
常德职业技术学院	0	0	0	0	0	0	0	0	0	0	0	0	0	0
辰溪县委党校	0	0	0	0	0	0	0	0	0	0	0	0	0	0
湖南电大怀化分校沅陵教学点	0	0	0	0	0	0	0	0	0	0	0	0	0	0
益阳市卫生职业技术学校	0	0	0	0	0	0	0	0	0	0	0	0	0	0
新宁县电大工作站	6680	2060	1800	60	60	0	0	140	120	800	240	80	0	0
郴州医专	0	0	0	0	0	0	0	0	0	0	0	0	0	0
怀化分校麻阳教师进修学校	0	0	0	0	0	0	0	0	0	0	0	0	0	0
中共新邵县委党校	4800	1300	1000	0	0	0	0	300	200	3300	3000	300	0	0
衡阳电大常宁分校	740	700	500	200	0	0	0	0	40	0	0	0	0	0

校舍情况（续表20）

单位：平方米

			正在施工面积	学校产权占地面积	非学校产权建筑面积											非学校产权占地面积
					合计	计		教学及辅助用房		行政办公用房		生活用房		其他用房		
生活福利及其他用房	教工住宅	其他用房				独立使用	共同使用	独立使用	共同使用	独立使用	共同使用	独立使用	共同使用	独立使用	共同使用	
997	6300	0	0	55000	0	0	0	0	0	0	0	0	0	0	0	0
4916	31001	0	7587	17628	0	0	0	0	0	0	0	0	0	0	0	0
660	13932	0	0	28412	0	0	0	0	0	0	0	0	0	0	0	0
848	4920	0	0	12000	0	0	0	0	0	0	0	0	0	0	0	5000
200	5106	0	0	8147	0	0	0	0	0	0	0	0	0	0	0	0
0	3500	0	0	13000	0	0	0	0	0	0	0	0	0	0	0	0
5463	20783	0	0	161077	0	0	0	0	0	0	0	0	0	0	0	0
0	1650	0	0	9314	0	0	0	0	0	0	0	0	0	0	0	100
471	16000	0	0	83399	0	0	0	0	0	0	0	0	0	0	0	0
458	0	0	0	318315	0	0	0	0	0	0	0	0	0	0	0	0
0	4600	0	0	12000	0	0	0	0	0	0	0	0	0	0	0	0
0	3420	0	0	24675	0	0	0	0	0	0	0	0	0	0	0	0
1300	3700	0	0	26147	0	0	0	0	0	0	0	0	0	0	0	0
6200	15180	0	0	68890	0	0	0	0	0	0	0	0	0	0	0	0
0	20442	3377	0	68034	0	0	0	0	0	0	0	0	0	0	0	0
21378	**6576**	**0**	**0**	**1692622**	**6056**	**6056**	**0**	**3934**	**0**	**1240**	**0**	**882**	**0**	**0**	**0**	**2461**
5242	0	0	0	818717	0	0	0	0	0	0	0	0	0	0	0	0
150	0	0	0	7500	0	0	0	0	0	0	0	0	0	0	0	0
150	0	0	0	28549	0	0	0	0	0	0	0	0	0	0	0	0
0	0	0	0	2173	3122	3122	0	1500	0	740	0	882	0	0	0	0
599	0	0	0	7236	0	0	0	0	0	0	0	0	0	0	0	0
0	0	0	0	9600	0	0	0	0	0	0	0	0	0	0	0	0
0	2928	0	0	13601	0	0	0	0	0	0	0	0	0	0	0	0
0	0	0	0	0	2934	2934	0	2434	0	500	0	0	0	0	0	2461
0	0	0	0	2065	0	0	0	0	0	0	0	0	0	0	0	0
70	0	0	0	2610	0	0	0	0	0	0	0	0	0	0	0	0
0	1308	0	0	2279	0	0	0	0	0	0	0	0	0	0	0	0
14747	0	0	0	781392	0	0	0	0	0	0	0	0	0	0	0	0
320	0	0	0	3333	0	0	0	0	0	0	0	0	0	0	0	0
0	2340	0	0	6900	0	0	0	0	0	0	0	0	0	0	0	0
100	0	0	0	6667	0	0	0	0	0	0	0	0	0	0	0	0
31672	**201968**	**18864**	**29769**	**2644075**	**240359**	**227098**	**13261**	**134769**	**5527**	**11144**	**3006**	**81185**	**2378**	**0**	**2350**	**857594**
0	2100	683	4359	63365	0	0	0	0	0	0	0	0	0	0	0	0
0	0	0	0	0	0	0	0	0	0	0	0	0	0	0	0	0
0	0	0	0	0	0	0	0	0	0	0	0	0	0	0	0	0
0	0	0	0	0	0	0	0	0	0	0	0	0	0	0	0	0
0	0	0	0	0	0	0	0	0	0	0	0	0	0	0	0	0
480	3700	0	0	8824	0	0	0	0	0	0	0	0	0	0	0	8824
0	0	0	0	0	0	0	0	0	0	0	0	0	0	0	0	0
0	0	0	0	0	0	0	0	0	0	0	0	0	0	0	0	0
0	0	0	0	30000	0	0	0	0	0	0	0	0	0	0	0	0
0	0	0	0	1000	0	0	0	0	0	0	0	0	0	0	0	0

	学校产权建筑面积													
	合计	教学辅助用房							行政办公用房	生活福利房				
		计	教室	图书馆	实验室实习场所	专用科研用房	体育馆	会堂		计	学生宿舍	学生食堂	教工单身宿舍	教工食堂
涟源市教研师训中心	17096	2488	1920	84	84	0	0	400	668	1036	636	400	0	0
华容县电大工作站	8500	2150	1500	200	300	0	0	150	500	2550	1000	200	1000	150
郴州广播电视大学	24751	11900	7392	490	2548	0	0	1470	2061	6070	4186	980	0	0
安化县教师进修学校	1290	840	800	0	0	0	0	40	150	300	300	0	0	0
宁乡县教师进修学校	3720	1420	900	100	120	0	0	300	600	1700	1000	400	0	0
永兴县电大工作站	1100	340	340	0	0	0	0	0	180	220	0	0	80	0
冷水江市教学点	11552	3642	3072	90	0	0	480	0	540	2030	1750	280	0	0
长沙国宾旅游学校	0	0	0	0	0	0	0	0	0	0	0	0	0	0
耒阳师范学校教学点	512	312	312	0	0	0	0	0	200	0	0	0	0	0
湘潭新华电脑学校	0	0	0	0	0	0	0	0	0	0	0	0	0	0
道县教师进修学校	0	0	0	0	0	0	0	0	0	0	0	0	0	0
桂阳县电大工作站	14383	5427	2980	247	2200	0	0	0	756	5000	3800	1200	0	0
澧县电大工作站	6792	3000	1847	37	112	0	502	502	372	3420	2560	430	0	430
岳阳职业技术学院	0	0	0	0	0	0	0	0	0	0	0	0	0	0
炎陵县电大工作站	12061	6741	5343	198	1200	0	0	0	2610	2710	2310	400	0	0
古丈县电大工作站	1000	900	900	0	0	0	0	0	100	0	0	0	0	0
娄底广播电视大学	40190	13020	10400	680	1290	0	0	650	6196	8360	4180	3360	820	0
湖南省商业技术学院	0	0	0	0	0	0	0	0	0	0	0	0	0	0
怀化万昌职业中专	0	0	0	0	0	0	0	0	0	0	0	0	0	0
益阳广播电视大学	11129	3209	2561	162	486	0	0	0	788	1778	1458	212	0	0
江华县教师进修学校教学点	33848	16235	7505	1000	5603	0	0	2127	2316	12897	4800	2127	2055	205
汨罗县电大工作站	10229	4467	3727	100	400	0	0	240	512	4770	1100	500	2970	100
芷江县电大工作站	2100	1600	1500	50	50	0	0	0	200	300	200	100	0	0
芷江师范	0	0	0	0	0	0	0	0	0	0	0	0	0	0
湖南科技经贸职业学院	0	0	0	0	0	0	0	0	0	0	0	0	0	0
湘乡市东山教学点	3610	1640	1200	200	240	0	0	0	200	1470	1200	120	80	35
宁远县教师进修学校	0	0	0	0	0	0	0	0	0	0	0	0	0	0
益阳医学高等专科学校	0	0	0	0	0	0	0	0	0	0	0	0	0	0
株洲市中等职业学校	65744	50315	36885	460	11894	0	1076	0	0	12706	7613	2543	0	0
洪江市第一教师进修学校	0	0	0	0	0	0	0	0	0	0	0	0	0	0
桂东县电大工作站	8195	2613	1583	0	856	0	0	174	640	4942	2558	2230	0	0
湘潭广播电视大学	0	0	0	0	0	0	0	0	0	0	0	0	0	0
花垣县电大工作站	0	0	0	0	0	0	0	0	0	0	0	0	0	0
岳阳石化总厂广播电视大学	24411	13282	3168	420	3884	200	5610	0	1439	4390	1029	100	0	0
城步县电大工作站	8660	3500	1680	120	600	0	600	500	500	2900	1780	600	400	120
益阳分校第一职业中专学校	0	0	0	0	0	0	0	0	0	0	0	0	0	0
湘潭县财政局教学点	15326	2800	1000	0	340	120	300	1040	256	6870	5520	1200	0	150
武陵区电大工作站	1948	1655	1415	0	0	0	0	240	293	0	0	0	0	0
怀化分校会同党校	0	0	0	0	0	0	0	0	0	0	0	0	0	0
湘乡市第一职业中专	12142	6815	3420	100	1808	120	767	600	512	4815	4015	800	0	0
江永县教师进修学校	3405	1257	828	0	180	0	0	249	205	1943	1413	0	0	0
株洲市艺术设计学校	0	0	0	0	0	0	0	0	0	0	0	0	0	0

校舍情况（续表21）

单位：平方米

生活福利及其他用房	教工住宅	其他用房	正在施工面积	学校产权占地面积	非学校产权建筑面积 合计	计 独立使用	计 共同使用	教学及辅助用房 独立使用	教学及辅助用房 共同使用	行政办公用房 独立使用	行政办公用房 共同使用	生活用房 独立使用	生活用房 共同使用	其他用房 独立使用	其他用房 共同使用	非学校产权占地面积
0	12904	0	0	22135	0	0	0	0	0	0	0	0	0	0	0	0
200	3000	300	0	83916	300	0	300	0	300	0	0	0	0	0	0	300
904	4720	0	0	18926	0	0	0	0	0	0	0	0	0	0	0	0
0	0	0	0	5000	0	0	0	0	0	0	0	0	0	0	0	0
300	0	0	0	34000	0	0	0	0	0	0	0	0	0	0	0	0
140	360	0	0	9938	0	0	0	0	0	0	0	0	0	0	0	0
0	5340	0	0	5860	0	0	0	0	0	0	0	0	0	0	0	0
0	0	0	0	0	8000	5650	2350	3000	0	250	0	2400	0	0	2350	8000
0	0	0	0	5000	0	0	0	0	0	0	0	0	0	0	0	0
0	0	0	0	0	9251	9251	0	4690	0	0	0	4561	0	0	0	3000
0	0	0	0	0	0	0	0	0	0	0	0	0	0	0	0	0
0	3200	0	3180	33375	0	0	0	0	0	0	0	0	0	0	0	0
0	0	0	0	33350	0	0	0	0	0	0	0	0	0	0	0	0
0	0	0	0	0	0	0	0	0	0	0	0	0	0	0	0	0
0	0	0	0	16650	0	0	0	0	0	0	0	0	0	0	0	0
0	0	0	0	1000	0	0	0	0	0	0	0	0	0	0	0	0
0	12614	0	0	115300	0	0	0	0	0	0	0	0	0	0	0	0
0	0	0	0	0	0	0	0	0	0	0	0	0	0	0	0	0
0	0	0	0	0	0	0	0	0	0	0	0	0	0	0	0	0
108	5354	0	0	36000	0	0	0	0	0	0	0	0	0	0	0	0
3710	2400	0	2400	40000	0	0	0	0	0	0	0	0	0	0	0	0
100	240	240	0	14929	0	0	0	0	0	0	0	0	0	0	0	0
0	0	0	0	12000	0	0	0	0	0	0	0	0	0	0	0	0
0	0	0	0	0	0	0	0	0	0	0	0	0	0	0	0	0
0	0	0	0	0	100	100	0	80	0	20	0	0	0	0	0	0
35	300	0	0	1200	0	0	0	0	0	0	0	0	0	0	0	180
0	0	0	0	0	0	0	0	0	0	0	0	0	0	0	0	0
0	0	0	0	40000	23820	23820	0	15700	0	320	0	7800	0	0	0	0
2550	2723	0	0	59206	0	0	0	0	0	0	0	0	0	0	0	0
0	0	0	0	0	0	0	0	0	0	0	0	0	0	0	0	0
154	0	0	0	10463	0	0	0	0	0	0	0	0	0	0	0	0
0	0	0	0	0	37472	37472	0	14842	0	1323	0	21307	0	0	0	98296
0	0	0	0	0	36	29	7	8	7	6	0	15	0	0	0	2000
3261	5300	0	0	20700	0	0	0	0	0	0	0	0	0	0	0	0
0	1760	0	3500	36685	0	0	0	0	0	0	0	0	0	0	0	0
0	0	0	0	0	0	0	0	0	0	0	0	0	0	0	0	0
0	5400	0	0	66600	0	0	0	0	0	0	0	0	0	0	0	0
0	0	0	0	610	0	0	0	0	0	0	0	0	0	0	0	0
0	0	0	0	0	0	0	0	0	0	0	0	0	0	0	0	0
0	0	0	0	6000	0	0	0	0	0	0	0	0	0	0	0	0
530	0	0	0	2684	0	0	0	0	0	0	0	0	0	0	0	0
0	0	0	0	0	0	0	0	0	0	0	0	0	0	0	0	0

	学校产权建筑面积													
	合计	教学辅助用房							行政办公用房	生活福利房				
		计	教室	图书馆	实验室实习场所	专用科研用房	体育馆	会堂		计	学生宿舍	学生食堂	教工单身宿舍	教工食堂
会同县职业中专学校教学点	0	0	0	0	0	0	0	0	0	0	0	0	0	0
绥宁县教师进修学校	3800	1151	1013	30	108	0	0	0	108	1565	0	465	1100	0
宁乡玉潭联校点	2340	1800	1600	100	100	0	0	0	540	0	0	0	0	0
长沙县教师进修学校	2280	1800	1800	0	0	0	0	0	400	80	0	0	0	0
汉寿县电大工作站	4400	1730	1020	150	210	120	0	230	450	2020	0	0	1500	120
祁阳县电大工作站	0	0	0	0	0	0	0	0	0	0	0	0	0	0
资阳电大工作站	950	650	650	0	0	0	0	0	300	0	0	0	0	0
通道县职业技术总校教学点	0	0	0	0	0	0	0	0	0	0	0	0	0	0
石门县电大工作站	16760	1260	900	180	180	0	0	0	9800	2700	1200	1380	0	120
茶陵县电大工作站	20247	6933	5335	298	1300	0	0	0	1209	11321	6654	3505	1162	0
临湘市电大工作站	31800	15400	12000	1000	800	0	1000	600	1000	15400	10000	400	4000	0
衡阳华南	0	0	0	0	0	0	0	0	0	0	0	0	0	0
常德电大鼎城工作站	28521	21529	11973	286	8670	0	0	600	924	5262	2256	1156	789	81
平江县电大工作站	15998	2637	1895	380	362	0	0	0	0	2017	1500	517	0	0
祁东县电大教学点	0	0	0	0	0	0	0	0	0	0	0	0	0	0
新化县教师进修学校	11883	3468	3072	90	0	306	0	0	640	2135	1855	280	0	0
沅江市教师进修学校	3474	859	255	115	489	0	0	0	1048	1567	1288	141	0	0
桑植县电大工作站	8140	1291	806	53	220	0	0	212	1492	3197	2021	413	256	0
洪江市振华学校	0	0	0	0	0	0	0	0	0	0	0	0	0	0
赫山电大工作站	0	0	0	0	0	0	0	0	0	0	0	0	0	0
洪江区电大教学点	0	0	0	0	0	0	0	0	0	0	0	0	0	0
东安县教师进修学校	0	0	0	0	0	0	0	0	0	0	0	0	0	0
双峰县电大工作站	13623	3260	2160	300	500	0	0	300	1000	3258	1500	200	0	50
蓝山县教师进修学校	0	0	0	0	0	0	0	0	0	0	0	0	0	0
岳阳县电大工作站	18870	3385	2685	350	350	0	0	0	0	2520	2000	520	0	0
衡山县教师进修学校	0	0	0	0	0	0	0	0	0	0	0	0	0	0
溆浦县教师进修学校	0	0	0	0	0	0	0	0	0	0	0	0	0	0
洞口县成人中专校	7620	3490	2000	100	1000	0	210	180	230	2500	1500	400	100	200
邵东县电大工作站	5416	1462	789	246	158	0	0	269	0	3306	892	500	234	120
省中医药高等专科学校	0	0	0	0	0	0	0	0	0	0	0	0	0	0
泸溪县电大工作站	3400	0	0	0	0	0	0	0	0	1700	0	0	1700	0
南县电大工作站	660	480	330	30	120	0	0	0	180	0	0	0	0	0
靖州县教师进修学校教学点	12983	3258	2244	132	726	0	66	90	5171	4554	2666	450	988	450
怀化广播电视大学	19091	6741	2326	791	3134	0	0	490	753	7722	6470	196	206	0
湖南广播电视大学	102446	49422	15114	2135	21022	0	10147	1004	15443	36188	31034	2923	140	1461
沅陵工业中专	0	0	0	0	0	0	0	0	0	0	0	0	0	0
衡东农广校教学点	0	0	0	0	0	0	0	0	0	0	0	0	0	0
邵阳广播电视大学	14139	6315	3151	2661	180	13	310	0	1150	3982	3115	380	0	0
凤凰县电大工作站	4500	1280	1080	80	120	0	0	0	680	490	240	100	0	60
长沙广播电视大学	3680	2580	1740	120	720	0	0	0	1100	0	0	0	0	0
隆回县委党校	17000	11000	6000	4600	400	0	0	0	0	5600	4500	1100	0	0
株洲分校醴陵电大工作站	21786	10083	7079	300	2704	0	0	0	500	11203	7766	2800	0	452

校舍情况（续表22）

单位：平方米

			正在施工面积	学校产权占地面积	非学校产权建筑面积											非学校产权占地面积
					合计	计		教学及辅助用房		行政办公用房		生活用房		其他用房		
生活福利及其他用房	教工住宅	其他用房				独立使用	共同使用	独立使用	共同使用	独立使用	共同使用	独立使用	共同使用	独立使用	共同使用	
0	0	0	0	0	0	0	0	0	0	0	0	0	0	0	0	0
0	976	0	0	4469	0	0	0	0	0	0	0	0	0	0	0	0
0	0	0	0	0	0	0	0	0	0	0	0	0	0	0	0	2000
80	0	0	0	0	0	0	0	0	0	0	0	0	0	0	0	524016
400	0	200	0	10000	0	0	0	0	0	0	0	0	0	0	0	0
0	0	0	0	0	0	0	0	0	0	0	0	0	0	0	0	0
0	0	0	0	9365	0	0	0	0	0	0	0	0	0	0	0	0
0	0	0	0	0	0	0	0	0	0	0	0	0	0	0	0	0
0	3000	0	0	38428	0	0	0	0	0	0	0	0	0	0	0	0
0	784	0	0	67415	0	0	0	0	0	0	0	0	0	0	0	0
1000	0	0	0	31000	0	0	0	0	0	0	0	0	0	0	0	0
0	0	0	0	0	0	0	0	0	0	0	0	0	0	0	0	0
980	806	0	0	26678	0	0	0	0	0	0	0	0	0	0	0	0
0	3867	7477	0	15998	0	0	0	0	0	0	0	0	0	0	0	0
0	0	0	0	0	496	496	0	416	0	80	0	0	0	0	0	0
0	5640	0	0	5860	0	0	0	0	0	0	0	0	0	0	0	5860
138	0	0	0	5907	0	0	0	0	0	0	0	0	0	0	0	0
507	2160	0	0	9324	0	0	0	0	0	0	0	0	0	0	0	0
0	0	0	0	0	0	0	0	0	0	0	0	0	0	0	0	0
0	0	0	0	0	2920	2920	0	1300	0	420	0	1200	0	0	0	6000
0	0	0	0	0	0	0	0	0	0	0	0	0	0	0	0	0
0	0	0	0	0	0	0	0	0	0	0	0	0	0	0	0	0
1508	6105	0	0	28814	0	0	0	0	0	0	0	0	0	0	0	0
0	0	0	0	0	0	0	0	0	0	0	0	0	0	0	0	0
0	8685	4280	0	18870	0	0	0	0	0	0	0	0	0	0	0	0
0	0	0	0	0	250	250	0	200	0	50	0	0	0	0	0	0
0	0	0	0	0	0	0	0	0	0	0	0	0	0	0	0	0
300	1400	0	0	10000	0	0	0	0	0	0	0	0	0	0	0	0
1560	648	0	0	5768	0	0	0	0	0	0	0	0	0	0	0	0
0	0	0	0	0	0	0	0	0	0	0	0	0	0	0	0	0
0	1700	0	0	13320	1800	1000	800	0	800	1000	0	0	0	0	0	0
0	0	0	0	1280	180	0	180	0	0	0	180	0	0	0	0	2000
0	0	0	0	68598	0	0	0	0	0	0	0	0	0	0	0	0
850	3875	0	0	17314	0	0	0	0	0	0	0	0	0	0	0	0
630	1393	0	0	133466	0	0	0	0	0	0	0	0	0	0	0	0
0	0	0	0	0	0	0	0	0	0	0	0	0	0	0	0	0
0	0	0	0	0	250	250	0	200	0	50	0	0	0	0	0	0
487	2692	0	0	64655	0	0	0	0	0	0	0	0	0	0	0	0
90	1850	200	0	8000	0	0	0	0	0	0	0	0	0	0	0	0
0	0	0	0	3000	7640	7640	0	5939	0	1621	0	80	0	0	0	7423
0	400	0	0	28638	0	0	0	0	0	0	0	0	0	0	0	0
185	0	0	0	72010	0	0	0	0	0	0	0	0	0	0	0	0

	学校产权建筑面积													
	合计	教学辅助用房							行政办公用房	生活福利房				
		计	教室	图书馆	实验室实习场所	专用科研用房	体育馆	会堂		计	学生宿舍	学生食堂	教工单身宿舍	教工食堂
洪江市教师进修学校	0	0	0	0	0	0	0	0	0	0	0	0	0	0
龙山县电大工作站	3481	1449	943	134	206	0	0	166	194	1838	689	268	881	0
永州职业技术学院	0	0	0	0	0	0	0	0	0	0	0	0	0	0
宜章县电大工作站	864	128	128	0	0	0	0	0	376	0	0	0	0	0
保靖县电大工作站	5890	580	480	100	0	0	0	0	280	4550	1200	150	3200	0
桃源县电大工作站	3000	1900	1700	200	0	0	0	0	600	500	0	0	0	0
卫生分校	0	0	0	0	0	0	0	0	0	0	0	0	0	0
湖南广播电视大学药学分校	58216	19694	12414	3700	3580	0	0	0	3600	31322	27222	3500	0	0
韶山市司法局教学点	0	0	0	0	0	0	0	0	0	0	0	0	0	0
岳阳广播电视大学	27271	10100	7298	466	1104	466	0	766	3544	6474	5489	985	0	0
邵阳县电大工作站	5020	1980	1200	120	240	100	200	120	240	1540	1000	180	100	60
株洲广播电视大学	4357	3190	3190	0	0	0	0	0	838	329	0	0	329	0
攸县电大工作站	10160	4980	3800	500	480	0	0	200	2500	2680	2000	320	260	100
株洲县电大工作站	34207	11698	9343	1240	1115	0	0	0	1860	14465	5191	6168	263	0
零陵分校	9410	3220	1840	120	460	0	0	800	381	3409	1794	800	120	20
邵阳市医专	0	0	0	0	0	0	0	0	0	0	0	0	0	0
湘阴县电大工作站	8806	5500	3600	400	1200	0	0	300	300	2406	940	400	630	100
湘南学院教学点	0	0	0	0	0	0	0	0	0	0	0	0	0	0
中共嘉禾县委党校	3000	1200	600	600	0	0	0	0	800	0	0	0	0	0
湘西民族广播电视大学	94600	30000	15000	1250	3000	10750	0	0	2600	27000	19000	8000	0	0
新田县电大工作站	2700	1038	642	28	160	20	0	188	677	985	620	188	102	75
岳阳县教师进修学校	12020	2020	1320	350	350	0	0	0	0	1520	1000	520	0	0
桃江县电大站	630	480	420	0	0	0	0	60	150	0	0	0	0	0
望城县电大工作站	24999	13931	13803	128	0	0	0	0	6228	2640	0	120	0	120
资兴市电大工作站	1420	1160	720	60	180	0	0	200	80	180	0	60	60	60
武冈市电大工作站	6100	2400	2000	100	100	0	0	200	300	1800	1000	200	200	100
衡阳市城南电大站	1937	1774	1654	0	0	0	0	120	163	0	0	0	0	0
津市分校	10225	3549	1860	218	759	0	0	712	280	4026	2359	775	0	301
新晃县教师进修学校	8866	7283	3840	160	3283	0	0	0	364	905	437	158	0	0
临澧县电大工作站	5730	2868	2212	130	130	0	0	396	810	2052	1558	224	0	0
株洲市技术学院	0	0	0	0	0	0	0	0	0	0	0	0	0	0
汝城县电大工作站	6180	3000	2400	120	120	0	180	180	200	1200	800	200	100	40
常德广播电视大学	29564	14684	12914	340	1430	0	0	0	1207	10768	9030	1738	0	0
浏阳教师进修学校	28800	16800	12400	1200	2000	0	0	1200	2400	9600	4800	2000	1200	600
怀化医专	0	0	0	0	0	0	0	0	0	0	0	0	0	0
衡阳市广播电视大学	35554	13048	9772	386	290	0	0	2600	4570	9886	6190	3200	340	156
安乡县电大工作站	0	0	0	0	0	0	0	0	0	0	0	0	0	0
沅陵县远程教育站	520	460	260	0	100	100	0	0	60	0	0	0	0	0
张家界市广播电视大学	14870	5580	3300	140	1840	0	0	300	1090	3880	2220	760	200	300
益阳分校湘益中专教学点	0	0	0	0	0	0	0	0	0	0	0	0	0	0
慈利县电大工作站	19100	12000	6000	2000	2000	1000	0	1000	0	7100	0	2000	5000	100
涟钢分校	0	0	0	0	0	0	0	0	0	0	0	0	0	0

校舍情况（续表23）

单位：平方米

			正在施工面积	学校产权占地面积	非学校产权建筑面积											非学校产权占地面积
					合计	计		教学及辅助用房		行政办公用房		生活用房		其他用房		
生活福利及其他用房	教工住宅	其他用房				独立使用	共同使用	独立使用	共同使用	独立使用	共同使用	独立使用	共同使用	独立使用	共同使用	
0	0	0	0	0	0	0	0	0	0	0	0	0	0	0	0	0
0	0	0	0	11339	0	0	0	0	0	0	0	0	0	0	0	0
0	0	0	0	0	0	0	0	0	0	0	0	0	0	0	0	0
0	360	0	0	864	0	0	0	0	0	0	0	0	0	0	0	0
0	0	480	0	6666	0	0	0	0	0	0	0	0	0	0	0	0
500	0	0	0	9191	0	0	0	0	0	0	0	0	0	0	0	0
0	0	0	0	20000	31660	26060	5600	15980	3520	0	0	10080	2080	0	0	0
600	3600	0	16330	325000	0	0	0	0	0	0	0	0	0	0	0	3736
0	0	0	0	0	33655	31455	2200	17712	0	2807	2200	10936	0	0	0	85325
0	6669	484	0	25595	0	0	0	0	0	0	0	0	0	0	0	0
200	1200	60	0	35280	0	0	0	0	0	0	0	0	0	0	0	0
0	0	0	0	3267	0	0	0	0	0	0	0	0	0	0	0	0
0	0	0	0	33334	0	0	0	0	0	0	0	0	0	0	0	0
2843	6184	0	0	44622	0	0	0	0	0	0	0	0	0	0	0	0
675	2400	0	0	27922	0	0	0	0	0	0	0	0	0	0	0	0
0	0	0	0	0	0	0	0	0	0	0	0	0	0	0	0	0
336	600	0	0	21500	0	0	0	0	0	0	0	0	0	0	0	0
0	0	0	0	2000	13680	13680	0	7000	0	180	0	6500	0	0	0	0
0	1000	0	0	610	0	0	0	0	0	0	0	0	0	0	0	0
0	35000	0	0	54000	0	0	0	0	0	0	0	0	0	0	0	0
0	0	0	0	3800	0	0	0	0	0	0	0	0	0	0	0	0
0	4200	4280	0	12200	0	0	0	0	0	0	0	0	0	0	0	0
0	0	0	0	1440	0	0	0	0	0	0	0	0	0	0	0	0
2400	2200	0	0	19637	0	0	0	0	0	0	0	0	0	0	0	0
0	0	0	0	207077	0	0	0	0	0	0	0	0	0	0	0	0
300	1600	0	0	8000	0	0	0	0	0	0	0	0	0	0	0	0
0	0	0	0	5000	0	0	0	0	0	0	0	0	0	0	0	0
591	2370	0	0	28005	0	0	0	0	0	0	0	0	0	0	0	0
310	314	0	0	624	0	0	0	0	0	0	0	0	0	0	0	0
270	0	0	0	16008	0	0	0	0	0	0	0	0	0	0	0	0
0	0	0	0	0	0	0	0	0	0	0	0	0	0	0	0	0
60	1600	180	0	6727	0	0	0	0	0	0	0	0	0	0	0	0
0	2905	0	0	33300	0	0	0	0	0	0	0	0	0	0	0	0
1000	0	0	0	26900	0	0	0	0	0	0	0	0	0	0	0	0
0	0	0	0	20000	10680	10680	0	5500	0	180	0	5000	0	0	0	4
0	8050	0	0	60694	840	840	0	690	0	150	0	0	0	0	0	0
0	0	0	0	0	1474	0	1474	0	600	0	576	0	298	0	0	55630
0	0	0	0	2000	350	0	350	0	300	0	50	0	0	0	0	2000
400	4320	0	0	23580	0	0	0	0	0	0	0	0	0	0	0	0
0	0	0	0	0	0	0	0	0	0	0	0	0	0	0	0	0
0	0	0	0	5000	0	0	0	0	0	0	0	0	0	0	0	0
0	0	0	0	0	17375	17375	0	9742	0	2407	0	5226	0	0	0	43000

	学校产权建筑面积													
	合计	教学辅助用房							行政办公用房	生活福利房				
		计	教室	图书馆	实验室实习场所	专用科研用房	体育馆	会堂		计	学生宿舍	学生食堂	教工单身宿舍	教工食堂
衡阳市卫校	0	0	0	0	0	0	0	0	0	0	0	0	0	0
娄底市卫校	1978	1578	1578	0	0	0	0	0	0	400	400	0	0	0
广东	**1260182**	**700448**	**464647**	**40202**	**157186**	**430**	**12658**	**25325**	**104786**	**351273**	**221817**	**45365**	**31738**	**3643**
汕尾市广播电视大学	17910	12635	9955	140	2240	0	0	300	560	3134	0	0	1055	0
连州市广播电视大学	66627	33322	13155	826	17501	0	920	920	2830	22665	12827	3622	920	421
广宁县广播电视大学	11593	5578	4118	980	480	0	0	0	240	5775	3845	400	160	18
惠州市广播电视大学	30524	19477	15985	870	1730	0	352	540	2935	8112	5890	1084	0	200
惠来县广播电视大学	7390	4358	3758	100	500	0	0	0	702	30	0	0	0	30
廉江市广播电视大学	12410	7137	3537	2828	484	0	0	288	834	939	625	202	104	0
博罗县广播电视大学	6785	6425	5785	120	200	0	0	320	340	20	0	0	20	0
英德电大	24547	10322	3694	1906	2606	0	1597	519	1057	11453	7786	2460	0	0
乐昌市广播电视大学	6418	2452	1536	247	494	0	0	175	447	2227	1799	275	0	0
连山壮族瑶族自治县电大	3011	1587	962	105	200	0	320	0	120	536	324	212	0	0
新丰县广播电视大学	6481	1915	1540	138	0	0	0	237	3013	1553	1259	101	193	0
普宁市广播电视大学	1370	1000	600	80	120	0	0	200	190	180	0	0	80	0
佛冈县广播电视大学	7231	2557	1404	93	1060	0	0	0	296	1898	1640	258	0	0
蕉岭县广播电视大学	3538	2410	1530	180	700	0	0	0	500	628	0	0	0	0
四会市广播电视大学	35599	23909	14685	1084	6900	0	0	1240	2594	9096	4481	1229	2830	100
梅江区广播电视大学	7300	6500	6400	30	70	0	0	0	300	500	0	0	0	0
三水广播电视大学	309	0	0	0	0	0	0	0	309	0	0	0	0	0
德庆县广播电视大学	20588	9841	6451	1000	2390	0	0	0	460	10221	8400	635	868	318
大埔县广播电视大学	3980	3280	2180	300	600	0	0	200	500	200	0	0	200	0
广东省揭西县广播电视大学	2000	1275	1115	40	120	0	0	0	300	425	0	0	0	0
东莞市广播电视大学	13830	10770	10267	503	0	0	0	0	1235	725	320	0	0	0
高州市广播电视大学	6550	4000	3000	100	600	0	0	300	500	2050	1650	300	0	0
雷州市广播电视大学	6115	2281	1826	105	210	0	0	140	175	741	605	136	0	0
高要市广播电视大学	3120	2630	2390	90	150	0	0	0	250	240	0	0	0	0
龙川广播电视大学	5450	3400	2800	200	400	0	0	0	200	1850	1200	500	100	50
省电力局分校	0	0	0	0	0	0	0	0	0	0	0	0	0	0
陆河县广播电视大学	3130	2710	2010	0	280	0	0	420	300	120	0	0	0	0
台山磐石电视大学	9253	5277	3713	300	950	0	0	314	1620	2356	1100	376	0	50
南海广播电视大学	65040	43372	33478	1944	6250	0	200	1500	4500	16968	13380	3200	0	200
阳春市广播电视大学	17398	9714	6101	625	2398	0	0	590	1169	5595	4362	377	0	0
化州市广播电视大学	26650	10500	8000	600	1200	200	0	500	1800	6350	4500	310	600	110
广东广播电视大学	22389	5315	2606	1120	864	0	0	725	14570	1944	504	440	0	0
龙门县广播电视大学	2396	1157	1127	30	0	0	0	0	677	314	0	0	314	0
阳江市广播电视大学	17145	13625	9643	412	3120	0	0	450	1000	2520	1560	260	0	0
新会市广播电视大学	5060	3880	1862	94	1924	0	0	0	1180	0	0	0	0	0
汕头广播电视大学潮阳电大	8969	5169	3636	100	1253	0	0	180	2500	1300	0	0	1200	100
新兴电大	15384	5000	3300	1300	400	0	0	0	700	9684	6164	2000	1100	0
斗门广播电视大学	0	0	0	0	0	0	0	0	0	0	0	0	0	0
仁化广播电视大学	6627	2354	2147	78	129	0	0	0	733	931	290	0	0	0

校舍情况（续表24）

单位：平方米

生活福利及其他用房	教工住宅	其他用房	正在施工面积	学校产权占地面积	非学校产权建筑面积											非学校产权占地面积
					合计	计		教学及辅助用房		行政办公用房		生活用房		其他用房		
						独立使用	共同使用	独立使用	共同使用	独立使用	共同使用	独立使用	共同使用	独立使用	共同使用	
0	0	0	0	0	0	0	0	0	0	0	0	0	0	0	0	0
0	0	0	0	10000	38130	38130	0	31770	0	280	0	6080	0	0	0	0
48710	**96427**	**7248**	**8105**	**2504749**	**114843**	**24168**	**90675**	**15664**	**56928**	**3847**	**8126**	**3875**	**21658**	**782**	**3963**	**246774**
2079	1581	0	0	14608	0	0	0	0	0	0	0	0	0	0	0	0
4875	7810	0	0	103662	0	0	0	0	0	0	0	0	0	0	0	0
1352	0	0	0	30000	0	0	0	0	0	0	0	0	0	0	0	0
938	0	0	0	17706	0	0	0	0	0	0	0	0	0	0	0	0
0	2300	0	0	6018	0	0	0	0	0	0	0	0	0	0	0	0
8	3500	0	0	5250	0	0	0	0	0	0	0	0	0	0	0	0
0	0	0	0	2700	0	0	0	0	0	0	0	0	0	0	0	0
1207	1715	0	0	111389	0	0	0	0	0	0	0	0	0	0	0	0
153	1292	0	0	9323	0	0	0	0	0	0	0	0	0	0	0	0
0	768	0	0	5336	0	0	0	0	0	0	0	0	0	0	0	0
0	0	0	0	28191	0	0	0	0	0	0	0	0	0	0	0	0
100	0	0	0	5000	1150	1150	0	1000	0	150	0	0	0	0	0	1150
0	2480	0	0	8000	0	0	0	0	0	0	0	0	0	0	0	0
628	0	0	0	7998	0	0	0	0	0	0	0	0	0	0	0	0
456	0	0	0	119500	0	0	0	0	0	0	0	0	0	0	0	0
500	0	0	0	8200	0	0	0	0	0	0	0	0	0	0	0	0
0	0	0	0	309	2640	2640	0	2040	0	480	0	120	0	0	0	2664
0	0	66	0	100000	0	0	0	0	0	0	0	0	0	0	0	0
0	0	0	0	2898	0	0	0	0	0	0	0	0	0	0	0	0
425	0	0	0	1100	0	0	0	0	0	0	0	0	0	0	0	0
405	1100	0	0	12624	0	0	0	0	0	0	0	0	0	0	0	0
100	0	0	0	5600	0	0	0	0	0	0	0	0	0	0	0	0
0	2918	0	0	6859	0	0	0	0	0	0	0	0	0	0	0	0
240	0	0	2388	13500	0	0	0	0	0	0	0	0	0	0	0	0
0	0	0	0	11000	0	0	0	0	0	0	0	0	0	0	0	0
0	0	0	0	0	83195	0	83195	0	52948	0	8126	0	18158	0	3963	135762
120	0	0	0	6000	0	0	0	0	0	0	0	0	0	0	0	0
830	0	0	0	14733	0	0	0	0	0	0	0	0	0	0	0	0
188	200	0	0	53700	0	0	0	0	0	0	0	0	0	0	0	0
856	920	0	0	16482	0	0	0	0	0	0	0	0	0	0	0	0
830	8000	0	0	71928	0	0	0	0	0	0	0	0	0	0	0	0
1000	560	0	0	11939	0	0	0	0	0	0	0	0	0	0	0	0
0	248	0	0	3300	0	0	0	0	0	0	0	0	0	0	0	0
700	0	0	0	16943	0	0	0	0	0	0	0	0	0	0	0	0
0	0	0	0	10000	0	0	0	0	0	0	0	0	0	0	0	0
0	0	0	0	16142	0	0	0	0	0	0	0	0	0	0	0	0
420	0	0	0	102380	0	0	0	0	0	0	0	0	0	0	0	0
0	0	0	0	0	4078	4078	0	1802	0	759	0	1517	0	0	0	5149
641	2609	0	0	16576	0	0	0	0	0	0	0	0	0	0	0	0

	学校产权建筑面积													
	合计	教学辅助用房							行政办公用房	生活福利房				
		计	教室	图书馆	实验室实习场所	专用科研用房	体育馆	会堂		计	学生宿舍	学生食堂	教工单身宿舍	教工食堂
潮州广播电视大学	18460	16165	13535	350	2200	0	0	80	675	1620	1200	420	0	0
紫金县广播电视大学	20026	6690	4690	0	2000	0	0	0	1400	11936	8248	3544	144	0
省公路局分校	11771	4050	3000	400	300	0	0	350	600	4430	3800	250	80	125
珠海市广播电视大学	15649	12352	10473	0	0	0	1879	0	1612	1685	509	400	0	0
法律分校	1050	950	920	30	0	0	0	0	100	0	0	0	0	0
遂溪县广播电视大学	4530	3200	2200	400	300	0	300	0	580	750	500	250	0	0
丰顺县广播电视大学	9420	5920	4880	70	570	0	0	400	550	2450	2300	150	0	0
清远市广播电视大学	9806	6542	5239	185	1118	0	0	0	280	2474	1446	248	510	40
广东省翁源县广播电视大学	13972	7953	5108	195	2300	0	0	350	230	4867	3903	964	0	0
茂名广播电视大学	38181	13854	8520	728	2886	0	300	1420	1881	12272	8156	952	130	0
中山市广播电视大学	0	0	0	0	0	0	0	0	0	0	0	0	0	0
连平县广播电视大学	9229	4120	1600	150	1690	150	80	450	500	4609	2500	1909	0	0
广东省兴宁市广播电视大学	3814	3276	2738	331	40	0	0	167	518	20	0	0	0	0
揭阳广播电视大学	4400	3650	2850	100	300	0	0	400	300	450	0	0	450	0
平远县广播电视大学	4600	2800	2400	80	120	0	0	200	600	1200	1080	120	0	0
陆丰市广播电视大学	4753	2738	1767	52	667	0	0	252	206	1809	781	232	0	40
韶关市曲江区广播电视大学	8018	4239	3212	262	765	0	0	0	474	2794	1148	364	0	0
云硫电大	850	510	450	0	60	0	0	0	250	90	90	0	0	0
肇庆广播电视大学	18930	6245	4111	468	1450	0	216	0	2005	10680	6196	354	1060	0
湛江市广播电视大学	28400	13200	9100	600	2300	0	200	1000	1400	4200	3600	600	0	0
潮安广播电视大学	2100	1300	940	120	240	0	0	0	420	160	0	0	0	0
汕头广播电视大学	32952	21628	14907	1815	3701	0	0	1205	3937	3422	1115	300	762	0
佛山广播电视大学	18665	15212	4739	498	9242	0	0	733	2122	1331	0	427	904	0
南雄市广播电视大学	3324	1344	1080	60	80	0	0	124	360	1590	1250	260	0	0
惠阳区广播电视大学	8474	6374	5900	200	274	0	0	0	800	500	0	0	300	200
恩平市广播电视大学	19679	13707	3581	3253	3620	0	0	3253	1528	3594	2559	895	0	100
罗定市广播电视大学	3650	3270	2470	100	450	0	0	250	250	130	0	100	30	0
和平县广播电视大学	16843	10908	10628	52	228	0	0	0	0	5935	5585	200	0	150
阳山县广播电视大学	38360	18925	9267	800	8858	0	0	0	1600	15036	11163	800	1933	130
顺德广播电视大学	7637	5486	2796	620	662	0	1408	0	630	1521	0	321	900	300
乳源瑶族自治县广播电视大学	5722	1609	1200	200	209	0	0	0	400	0	0	0	0	0
惠东县广播电视大学	1300	1050	900	100	0	0	0	50	200	50	0	0	0	0
电白广播电视大学	11930	4000	3000	1000	0	0	0	0	3000	2930	2000	930	0	0
韶关市广播电视大学	8612	7408	4634	675	1404	0	20	675	498	706	378	0	328	0
连南瑶族自治县广播电视大学	18228	8197	3671	195	3813	0	0	518	1617	8414	2848	867	1025	0
吴川市广播电视大学	12000	4920	3800	320	800	0	0	0	820	1600	1200	400	0	0
鹤山市广播电视大学	3724	3020	2760	196	64	0	0	0	170	534	0	0	401	0
五华县广播电视大学	5510	3200	2500	100	300	0	150	150	200	910	360	250	200	80
饶平县广播电视大学	2506	2160	1580	130	290	0	0	160	346	0	0	0	0	0
海丰县广播电视大学	7340	3650	3350	150	150	0	0	0	330	2576	150	0	150	20
揭东县广播电视大学	11369	4370	3500	420	450	0	0	0	1100	5899	2012	500	1510	100
梅州市广播电视大学	10050	9340	8460	30	100	0	250	500	660	50	0	0	0	0

校舍情况（续表25）

单位：平方米

			正在施工面积	学校产权占地面积	非学校产权建筑面积											非学校产权占地面积
					合计	计		教学及辅助用房		行政办公用房		生活用房		其他用房		
生活福利及其他用房	教工住宅	其他用房				独立使用	共同使用	独立使用	共同使用	独立使用	共同使用	独立使用	共同使用	独立使用	共同使用	
0	0	0	0	2482	0	0	0	0	0	0	0	0	0	0	0	0
0	0	0	0	65432	0	0	0	0	0	0	0	0	0	0	0	0
175	2691	0	0	26116	0	0	0	0	0	0	0	0	0	0	0	0
776	0	0	0	22798	0	0	0	0	0	0	0	0	0	0	0	0
0	0	0	0	1050	0	0	0	0	0	0	0	0	0	0	0	0
0	0	0	0	4000	0	0	0	0	0	0	0	0	0	0	0	0
0	500	0	0	20000	0	0	0	0	0	0	0	0	0	0	0	0
230	510	0	0	11322	0	0	0	0	0	0	0	0	0	0	0	0
0	922	0	0	50195	0	0	0	0	0	0	0	0	0	0	0	0
3034	10174	0	0	17467	0	0	0	0	0	0	0	0	0	0	0	0
0	0	0	0	0	12580	12580	0	8481	0	1489	0	1828	0	782	0	22236
200	0	0	0	26480	0	0	0	0	0	0	0	0	0	0	0	5284
20	0	0	0	1250	0	0	0	0	0	0	0	0	0	0	0	0
0	0	0	0	3368	0	0	0	0	0	0	0	0	0	0	0	0
0	0	0	0	14674	0	0	0	0	0	0	0	0	0	0	0	0
756	0	0	0	8434	0	0	0	0	0	0	0	0	0	0	0	0
1282	511	0	0	8018	0	0	0	0	0	0	0	0	0	0	0	0
0	0	0	0	850	0	0	0	0	0	0	0	0	0	0	0	0
3070	0	0	0	8454	0	0	0	0	0	0	0	0	0	0	0	0
0	9600	0	0	18884	1473	1473	0	1093	0	380	0	0	0	0	0	1213
160	220	0	0	10670	0	0	0	0	0	0	0	0	0	0	0	0
1245	0	3965	0	11016	0	0	0	0	0	0	0	0	0	0	0	0
0	0	0	0	16657	0	0	0	0	0	0	0	0	0	0	0	0
80	0	30	0	15000	0	0	0	0	0	0	0	0	0	0	0	0
0	0	800	0	8474	0	0	0	0	0	0	0	0	0	0	0	0
40	850	0	0	117269	0	0	0	0	0	0	0	0	0	0	0	0
0	0	0	0	4329	0	0	0	0	0	0	0	0	0	0	0	0
0	0	0	0	32570	0	0	0	0	0	0	0	0	0	0	0	0
1010	2799	0	0	54823	0	0	0	0	0	0	0	0	0	0	0	0
0	0	0	0	33300	0	0	0	0	0	0	0	0	0	0	0	0
0	3713	0	0	4220	0	0	0	0	0	0	0	0	0	0	0	0
50	0	0	0	600	0	0	0	0	0	0	0	0	0	0	0	0
0	1000	1000	0	15300	0	0	0	0	0	0	0	0	0	0	0	0
0	0	0	0	131630	0	0	0	0	0	0	0	0	0	0	0	0
3674	0	0	0	357133	0	0	0	0	0	0	0	0	0	0	0	0
0	4660	0	0	17000	0	0	0	0	0	0	0	0	0	0	0	0
133	0	0	0	4300	7480	0	7480	0	3980	0	0	0	3500	0	0	68000
20	1200	0	0	5510	0	0	0	0	0	0	0	0	0	0	0	0
0	0	0	0	4200	0	0	0	0	0	0	0	0	0	0	0	0
2256	784	0	0	5000	0	0	0	0	0	0	0	0	0	0	0	0
1777	0	0	0	11369	0	0	0	0	0	0	0	0	0	0	0	0
50	0	0	0	4600	0	0	0	0	0	0	0	0	0	0	0	0

	学校产权建筑面积													
	合计	教学辅助用房							行政办公用房	生活福利房				
		计	教室	图书馆	实验室实习场所	专用科研用房	体育馆	会堂		计	学生宿舍	学生食堂	教工单身宿舍	教工食堂
江门市广播电视大学	40536	14548	8891	1304	3473	0	0	880	5365	19236	9609	775	5326	105
开平市广播电视大学	19731	11258	3626	384	6062	0	1186	0	467	8006	2455	1679	2410	142
河源广播电视大学	49441	23434	16976	688	4570	0	0	1200	547	22916	19356	1851	1409	300
汕头广播电视大学澄海电大	63000	38527	17329	0	21198	0	0	0	3612	20861	15610	4382	0	0
信宜市广播电视大学	48700	24700	12200	1500	7500	0	3000	500	3500	12500	10000	800	1500	0
始兴县广播电视大学	0	0	0	0	0	0	0	0	0	0	0	0	0	0
广东电大深圳拱北海关分校	3408	1756	1346	410	0	0	0	0	1002	170	0	0	70	0
高明广播电视大学	4300	3580	2950	150	300	0	180	0	350	370	370	0	0	0
怀集县广播电视大学	7049	5993	5147	243	603	0	0	0	658	398	224	0	102	0
徐闻县广播电视大学	11489	2794	2649	65	80	0	0	0	1200	995	500	50	360	35
云浮市广播电视大学	21197	12332	11621	175	536	0	0	0	780	7317	3105	444	0	179
封开县广播电视大学	2840	2420	1940	180	300	0	0	0	420	0	0	0	0	0
郁南电大	2540	2440	1220	1000	40	80	100	0	100	0	0	0	0	0
广　州	**884940**	**550570**	**314924**	**37411**	**116067**	**22548**	**47029**	**12591**	**64188**	**229680**	**155079**	**39601**	**9633**	**6016**
广州电大中奥工作站	13200	6200	5100	100	200	0	400	400	1000	6000	4000	300	600	100
天河区分校	3172	2420	1700	90	370	0	150	110	240	512	306	0	0	50
东方教学点	0	0	0	0	0	0	0	0	0	0	0	0	0	0
市银行学校电大工作站	1357	918	543	86	289	0	0	0	439	0	0	0	0	0
法律专业工作站	58174	16451	9785	591	1498	0	3223	1354	7115	20617	13891	2925	834	1680
广州电大黄埔工作站	28192	13198	6799	804	4977	0	0	618	6287	5637	3506	1737	0	394
广州康大工作站	51201	51201	29228	0	21973	0	0	0	0	0	0	0	0	0
侨光分校	15892	9127	6727	1000	1400	0	0	0	1251	5514	4714	800	0	0
广州市港务局工作站	18066	10190	3450	820	5073	0	0	847	850	5014	3542	847	485	140
市二轻局工作站	31324	13910	10910	500	2500	0	0	0	1428	11227	10227	800	0	200
广州市电大广大人文学院工作站	0	0	0	0	0	0	0	0	0	0	0	0	0	0
花都区广播电视大学	37238	21338	17938	720	1800	0	0	880	2200	8900	6600	2300	0	0
金融分校	0	0	0	0	0	0	0	0	0	0	0	0	0	0
广州电大商贸工作站	73123	37944	21901	1713	14077	0	0	253	3355	27933	19697	4420	825	80
市轻工业局分校	207292	151280	75640	14829	4182	22548	30965	3116	4936	50424	27722	5410	4386	260
东山区分校	6300	5587	5534	53	0	0	0	0	470	243	0	0	198	45
从化市分校	9600	8130	7350	70	500	0	0	210	1470	0	0	0	0	0
荔湾分校	12695	9374	6323	644	1467	0	724	216	1993	1328	390	409	70	108
海珠区分校	6828	4291	3662	200	429	0	0	0	455	2082	1916	166	0	0
广州电大幼师工作站	26910	15394	6720	1593	5690	0	518	873	1486	10030	8144	1793	0	93
番禺区广播电视大学	11112	5985	3840	240	1800	0	0	105	595	1000	0	0	750	250
机电局分校	90007	48870	18549	3707	24794	0	1083	737	4933	36204	29954	5150	0	1100
越秀区分校	26839	22635	7547	869	4637	0	9266	316	2922	1282	0	256	0	66
开发区分校	2262	1904	1168	112	225	0	0	399	318	40	0	0	0	0
广州电大广州港分校	18066	10190	3450	820	5073	0	0	847	850	5014	3542	847	485	140
广州市广播电视大学	93645	54413	34880	7730	9793	0	700	1310	16370	22779	16928	3841	700	1310
增城市广播电视大学	42445	29620	26180	120	3320	0	0	0	3225	7900	0	7600	300	0

校舍情况（续表26）

单位：平方米

			正在施工面积	学校产权占地面积	非学校产权建筑面积											非学校产权占地面积
					合计	计		教学及辅助用房		行政办公用房		生活用房		其他用房		
生活福利及其他用房	教工住宅	其他用房				独立使用	共同使用	独立使用	共同使用	独立使用	共同使用	独立使用	共同使用	独立使用	共同使用	
3421	0	1387	1957	34465	0	0	0	0	0	0	0	0	0	0	0	0
1320	0	0	0	47524	0	0	0	0	0	0	0	0	0	0	0	0
0	2544	0	0	46000	0	0	0	0	0	0	0	0	0	0	0	0
869	0	0	3760	92000	0	0	0	0	0	0	0	0	0	0	0	0
200	8000	0	0	55000	0	0	0	0	0	0	0	0	0	0	0	0
0	0	0	0	0	1837	1837	0	1248	0	589	0	0	0	0	0	1186
100	480	0	0	4130	0	0	0	0	0	0	0	0	0	0	0	4130
0	0	0	0	4082	0	0	0	0	0	0	0	0	0	0	0	0
72	0	0	0	3743	410	410	0	0	0	0	0	410	0	0	0	0
50	6500	0	0	16500	0	0	0	0	0	0	0	0	0	0	0	0
3589	768	0	0	46667	0	0	0	0	0	0	0	0	0	0	0	0
0	0	0	0	300	0	0	0	0	0	0	0	0	0	0	0	0
0	0	0	0	1200	0	0	0	0	0	0	0	0	0	0	0	0
19351	**40502**	**0**	**3939**	**1016941**	**168381**	**86381**	**82000**	**23073**	**72826**	**1724**	**1908**	**61584**	**7266**	**0**	**0**	**99688**
1000	0	0	0	26970	0	0	0	0	0	0	0	0	0	0	0	0
156	0	0	0	0	0	0	0	0	0	0	0	0	0	0	0	5500
0	0	0	0	0	10520	9520	1000	4520	400	1000	0	4000	600	0	0	40000
0	0	0	0	233	0	0	0	0	0	0	0	0	0	0	0	0
1287	13991	0	0	95077	0	0	0	0	0	0	0	0	0	0	0	0
0	3070	0	0	60504	6772	6772	0	5720	0	0	0	1052	0	0	0	0
0	0	0	0	93007	0	0	0	0	0	0	0	0	0	0	0	0
0	0	0	0	13333	4546	4546	0	0	0	0	0	4546	0	0	0	2500
0	2012	0	0	11000	0	0	0	0	0	0	0	0	0	0	0	0
0	4759	0	0	43742	0	0	0	0	0	0	0	0	0	0	0	0
0	0	0	0	40000	72584	4200	68384	4100	68200	100	180	0	4	0	0	25000
0	4800	0	0	16650	0	0	0	0	0	0	0	0	0	0	0	0
0	0	0	0	0	15922	7206	8716	0	4226	0	1728	7206	2762	0	0	3400
2911	3891	0	0	58590	0	0	0	0	0	0	0	0	0	0	0	0
12646	652	0	0	113021	27622	27622	0	5248	0	0	0	22374	0	0	0	13588
0	0	0	0	148	0	0	0	0	0	0	0	0	0	0	0	0
0	0	0	0	2100	0	0	0	0	0	0	0	0	0	0	0	0
351	0	0	0	23052	0	0	0	0	0	0	0	0	0	0	0	0
0	0	0	0	59700	4800	4800	0	2480	0	180	0	2140	0	0	0	5700
0	0	0	0	27659	0	0	0	0	0	0	0	0	0	0	0	0
0	3532	0	0	10097	0	0	0	0	0	0	0	0	0	0	0	0
0	0	0	0	97302	0	0	0	0	0	0	0	0	0	0	0	0
960	0	0	0	18042	0	0	0	0	0	0	0	0	0	0	0	0
40	0	0	0	13043	0	0	0	0	0	0	0	0	0	0	0	4000
0	2012	0	0	21300	0	0	0	0	0	0	0	0	0	0	0	0
0	83	0	0	35871	7800	3900	3900	0	0	0	0	3900	3900	0	0	0
0	1700	0	3939	136500	17815	17815	0	1005	0	444	0	16366	0	0	0	0

	学校产权建筑面积													
	合计	教学辅助用房							行政办公用房	生活福利房				
		计	教室	图书馆	实验室实习场所	专用科研用房	体育馆	会堂		计	学生宿舍	学生食堂	教工单身宿舍	教工食堂
深圳	**111186**	**52446**	**33313**	**3637**	**9139**	**0**	**3900**	**2457**	**17244**	**33465**	**16149**	**2691**	**672**	**707**
龙岗分校	9025	6484	3437	489	2358	0	0	200	2341	200	0	0	200	0
罗湖分校	25550	10486	6313	583	3166	0	0	424	1683	13381	9212	1670	0	0
高技校教学点	0	0	0	0	0	0	0	0	0	0	0	0	0	0
观澜教学点	0	0	0	0	0	0	0	0	0	0	0	0	0	0
光明教学点	0	0	0	0	0	0	0	0	0	0	0	0	0	0
蛇口分校	8450	5790	3640	1500	0	0	450	200	2660	0	0	0	0	0
南山分校	17397	2973	1860	237	0	0	0	876	2806	11618	3900	596	0	0
沙头角分校	0	0	0	0	0	0	0	0	0	0	0	0	0	0
宝安分校	19246	7450	6479	272	242	0	0	457	4095	5108	1553	425	0	425
福田分校	8662	5634	1461	100	323	0	3450	300	462	2566	1484	0	0	282
龙华教学点	2870	2250	2020	80	150	0	0	0	320	300	0	0	300	0
深圳市广播电视大学	19986	11379	8103	376	2900	0	0	0	2877	292	0	0	172	0
广西	**190319**	**69835**	**47327**	**7304**	**11651**	**0**	**1743**	**1810**	**22170**	**53404**	**28797**	**5461**	**14933**	**200**
玉林商务分校	8163	1717	1196	205	316	0	0	0	183	3361	2731	630	0	0
广西电大工商分校	0	0	0	0	0	0	0	0	0	0	0	0	0	0
桂林市广播电视大学	60297	24365	14540	3425	5400	0	400	600	3988	28353	11189	2270	11491	0
南宁市广播电视大学	10804	3492	2756	192	544	0	0	0	1294	2522	2364	78	0	0
北海市广播电视大学	4214	2346	2193	153	0	0	0	0	535	433	353	80	0	0
广西广播电视大学	51314	14960	10885	1377	2148	0	0	550	11009	8547	4952	690	2555	200
贵港市广播电视大学	7880	4400	3990	110	300	0	0	0	300	3180	2500	200	480	0
来宾市分校	3232	1487	1159	164	164	0	0	0	650	130	100	30	0	0
检察分校	0	0	0	0	0	0	0	0	0	0	0	0	0	0
防城港市工作站	4000	2500	1700	100	500	0	0	200	500	1000	600	200	100	0
广西银行学校电大工作站	0	0	0	0	0	0	0	0	0	0	0	0	0	0
百色民族分校	9401	2785	2463	148	174	0	0	0	951	3419	2279	923	67	0
钦州市分校	0	0	0	0	0	0	0	0	0	0	0	0	0	0
南宁地区电大分校	1848	360	360	0	0	0	0	0	0	240	0	0	240	0
梧州市分校	11282	5170	3890	510	510	0	0	260	1230	1396	1136	260	0	0
贺州市分校	2030	150	150	0	0	0	0	0	650	130	0	0	0	0
柳州市广播电视大学	9468	4080	1660	820	1400	0	0	200	260	0	0	0	0	0
广西电大区直分校	6386	2023	385	100	195	0	1343	0	620	693	593	100	0	0
海南	**34140**	**12635**	**9803**	**1075**	**1757**	**0**	**0**	**0**	**2810**	**8482**	**6432**	**1075**	**975**	**0**
海南广播电视大学	34140	12635	9803	1075	1757	0	0	0	2810	8482	6432	1075	975	0
四川	**676127**	**268525**	**181137**	**12664**	**56233**	**22**	**7606**	**10863**	**93508**	**204593**	**130898**	**24980**	**16585**	**3897**
凉山广播电视大学	2900	800	600	0	140	0	0	60	700	0	0	0	0	0
四川电大直属学院雷波工作站	4560	715	380	130	130	0	0	75	1072	577	0	397	0	0
四川电大直属学院昭觉工作站	1020	424	400	24	0	0	0	0	418	178	178	0	0	0
德阳广播电视大学	29637	10408	5945	351	4112	0	0	0	3066	16163	6704	1135	0	0
达州广播电视大学	58105	19353	14521	769	2963	0	400	700	9500	14571	11419	2578	0	0
建设厅分校	2940	2440	2030	150	200	0	0	60	300	200	0	0	0	0
四川电大直属学院蓬溪分校	7600	3000	2000	400	200	0	0	400	1000	1400	1000	400	0	0

校舍情况（续表27）

单位：平方米

			正在施工面积	学校产权占地面积	非学校产权建筑面积											非学校产权占地面积
					合计	计		教学及辅助用房		行政办公用房		生活用房		其他用房		
生活福利及其他用房	教工住宅	其他用房				独立使用	共同使用	独立使用	共同使用	独立使用	共同使用	独立使用	共同使用	独立使用	共同使用	
13246	**8031**	**0**	**0**	**77659**	**23472**	**16572**	**6900**	**9697**	**5100**	**3615**	**300**	**3260**	**1500**	**0**	**0**	**171709**
0	0	0	0	4209	0	0	0	0	0	0	0	0	0	0	0	0
2499	0	0	0	7388	0	0	0	0	0	0	0	0	0	0	0	0
0	0	0	0	0	1130	30	1100	0	1000	30	100	0	0	0	0	63000
0	0	0	0	0	3600	0	3600	0	3400	0	200	0	0	0	0	5279
0	0	0	0	0	2504	2504	0	1057	0	390	0	1057	0	0	0	4287
0	0	0	0	6400	1500	0	1500	0	0	0	0	0	1500	0	0	0
7122	0	0	0	13497	0	0	0	0	0	0	0	0	0	0	0	0
0	0	0	0	4355	8038	8038	0	4940	0	1495	0	1603	0	0	0	0
2705	2593	0	0	22448	0	0	0	0	0	0	0	0	0	0	0	0
800	0	0	0	10000	0	0	0	0	0	0	0	0	0	0	0	0
0	0	0	0	2870	0	0	0	0	0	0	0	0	0	0	0	0
120	5438	0	0	6492	6700	6000	700	3700	700	1700	0	600	0	0	0	99143
4013	**44760**	**150**	**0**	**125957**	**139162**	**37209**	**101953**	**14818**	**50423**	**2530**	**6345**	**19861**	**45185**	**0**	**0**	**282951**
0	2902	0	0	18000	0	0	0	0	0	0	0	0	0	0	0	0
0	0	0	0	0	28679	28679	0	12968	0	1700	0	14011	0	0	0	39960
3403	3591	0	0	18688	0	0	0	0	0	0	0	0	0	0	0	53357
80	3496	0	0	3892	0	0	0	0	0	0	0	0	0	0	0	0
0	900	0	0	8600	0	0	0	0	0	0	0	0	0	0	0	0
150	16798	0	0	23250	0	0	0	0	0	0	0	0	0	0	0	0
0	0	0	0	19571	0	0	0	0	0	0	0	0	0	0	0	0
0	965	0	0	9920	0	0	0	0	0	0	0	0	0	0	0	0
0	0	0	0	0	5320	5320	0	850	0	720	0	3750	0	0	0	1000
100	0	0	0	1332	0	0	0	0	0	0	0	0	0	0	0	0
0	0	0	0	0	30509	0	30509	0	12560	0	1953	0	15996	0	0	72460
150	2246	0	0	12239	0	0	0	0	0	0	0	0	0	0	0	0
0	0	0	0	0	37005	0	37005	0	18984	0	3000	0	15021	0	0	66065
0	1248	0	0	1003	33439	0	33439	0	18079	0	1392	0	13968	0	0	33439
0	3486	0	0	4462	0	0	0	0	0	0	0	0	0	0	0	0
130	1100	0	0	600	1000	0	1000	0	800	0	0	0	200	0	0	2000
0	5128	0	0	0	0	0	0	0	0	0	0	0	0	0	0	8000
0	2900	150	0	4400	3210	3210	0	1000	0	110	0	2100	0	0	0	6670
0	**10213**	**0**	**20000**	**72368**	**0**	**0**	**0**	**0**	**0**	**0**	**0**	**0**	**0**	**0**	**0**	**0**
0	10213	0	20000	72368	0	0	0	0	0	0	0	0	0	0	0	0
28233	**96365**	**13136**	**18952**	**1037811**	**77399**	**34028**	**43371**	**26338**	**23173**	**4240**	**1510**	**3450**	**18688**	**0**	**0**	**280775**
0	1400	0	0	3400	0	0	0	0	0	0	0	0	0	0	0	0
180	2196	0	0	5243	0	0	0	0	0	0	0	0	0	0	0	0
0	0	0	0	940	0	0	0	0	0	0	0	0	0	0	0	0
8324	0	0	0	26510	0	0	0	0	0	0	0	0	0	0	0	0
574	14681	0	0	112374	0	0	0	0	0	0	0	0	0	0	0	0
200	0	0	0	900	1900	0	1900	0	1100	0	200	0	600	0	0	1900
0	2200	0	0	6666	0	0	0	0	0	0	0	0	0	0	0	0

	学校产权建筑面积													
	合计	教学辅助用房							行政办公用房	生活福利房				
		计	教室	图书馆	实验室实习场所	专用科研用房	体育馆	会堂		计	学生宿舍	学生食堂	教工单身宿舍	教工食堂
宜宾广播电视大学	21509	10942	8965	807	580	0	0	590	1535	4645	3421	400	0	0
四川电大直属学院西昌分院	4700	720	500	120	100	0	0	0	400	580	0	0	300	100
资阳广播电视大学	2000	1800	1200	0	600	0	0	0	200	0	0	0	0	0
攀枝花广播电视大学	14231	9424	7524	0	1200	0	0	700	2407	2400	2400	0	0	0
自贡广播电视大学	37314	30351	27670	400	410	0	870	1001	1230	4413	2380	1200	113	720
四川电大直属学院大英分校	6890	2327	1677	150	150	0	200	150	581	2550	1850	410	0	100
广元广播电视大学	14918	4119	3735	0	384	0	0	0	3116	3859	3559	300	0	0
眉山广播电视大学	2353	2023	2023	0	0	0	0	0	330	0	0	0	0	0
遂宁应用职业技术学校教学点	50022	14963	11568	850	1745	0	0	800	9437	17122	12101	3716	0	105
泸州广播电视大学	59183	12391	9275	990	2126	0	0	0	4660	19594	11493	2612	2450	730
南充广播电视大学	37205	10980	8605	660	230	0	596	889	15565	3726	1900	480	140	0
阿坝广播电视大学	0	0	0	0	0	0	0	0	0	0	0	0	0	0
雅安分校	8118	3479	3359	120	0	0	0	0	1231	2798	2698	100	0	0
广安广播电视大学	24588	10682	7100	900	2682	0	0	0	1200	7706	4400	600	600	0
巴中广播电视大学	6250	4500	4500	0	0	0	0	0	1250	500	0	500	0	0
省级机关分校	14239	7419	6453	450	36	0	0	480	4030	1645	0	0	0	0
绵阳广播电视大学	25569	13594	7546	300	4848	0	150	750	3219	8362	6129	496	1737	0
成都铁路局分校	32105	7869	4600	200	3069	0	0	0	2200	22036	6673	1863	8900	0
四川电大直属学院越西工作站	240	180	140	40	0	0	0	0	60	0	0	0	0	0
内江广播电视大学	16751	3809	2789	500	520	0	0	0	815	4633	4037	596	0	0
四川电大直属学院射洪分校	5600	1600	1100	200	300	0	0	0	700	2800	1400	800	300	0
四川广播电视大学	145909	61233	23334	3089	29108	0	2520	3182	18430	49114	36738	4706	1825	1892
四川电大直属学院宁南工作站	629	572	496	38	0	0	0	38	57	0	0	0	0	0
四川电大直属学院甘洛工作站	2630	330	300	30	0	0	0	0	300	0	0	0	0	0
甘孜分校	20771	8018	4366	572	0	22	2370	688	3271	9482	7676	1441	0	0
乐山广播电视大学	14887	7896	6296	400	400	0	500	300	1108	3069	2742	250	0	0
四川电大直属学院美姑工作站	754	164	140	24	0	0	0	0	120	470	0	0	220	250
成　　都	**163613**	**89196**	**57091**	**2740**	**19908**	**1180**	**3957**	**4320**	**16985**	**43969**	**31551**	**5584**	**4024**	**580**
双流分校	3850	3620	3300	60	200	60	0	0	230	0	0	0	0	0
温江分校	4863	3805	3805	0	0	0	0	0	168	0	0	0	0	0
电子工业分校	12370	6156	4496	300	600	0	0	760	2380	2874	1774	500	300	0
邛崃分校	5000	2000	1600	100	200	0	100	0	500	1000	200	300	200	0
青羊分校	3900	2400	1800	100	500	0	0	0	900	300	0	0	0	300
新津分校	3075	1625	1300	25	100	0	100	100	550	900	0	0	0	0
旅游分校	1300	700	600	100	0	0	0	0	200	400	300	100	0	0
崇州分校	5900	2300	1740	140	420	0	0	0	600	0	0	0	0	0
新都分校	4203	1177	1177	0	0	0	0	0	282	490	450	0	0	0
金堂分校	9081	5120	880	120	4000	120	0	0	387	1310	640	80	90	0
郫县分校	3735	3081	2281	50	750	0	0	0	654	0	0	0	0	0
彭州分校	4096	1017	977	40	0	0	0	0	401	383	383	0	0	0
成都广播电视大学	80864	44190	24550	1300	11080	1000	2880	3380	6400	30274	22800	4000	3364	0
龙泉分校	2328	1520	1435	85	0	0	0	0	728	80	0	0	0	0

校舍情况（续表28）

单位：平方米

			正在施工面积	学校产权占地面积	非学校产权建筑面积											非学校产权占地面积
					合计	计		教学及辅助用房		行政办公用房		生活用房		其他用房		
生活福利及其他用房	教工住宅	其他用房				独立使用	共同使用	独立使用	共同使用	独立使用	共同使用	独立使用	共同使用	独立使用	共同使用	
824	4387	0	0	68420	0	0	0	0	0	0	0	0	0	0	0	0
180	3000	0	0	3117	0	0	0	0	0	0	0	0	0	0	0	0
0	0	0	12400	22830	0	0	0	0	0	0	0	0	0	0	0	56012
0	0	0	0	14667	1686	0	1686	0	1606	0	80	0	0	0	0	1686
0	1320	0	0	30968	0	0	0	0	0	0	0	0	0	0	0	0
190	1432	0	0	6890	0	0	0	0	0	0	0	0	0	0	0	0
0	3824	0	0	184885	0	0	0	0	0	0	0	0	0	0	0	0
0	0	0	0	6000	8271	2300	5971	2100	5321	200	650	0	0	0	0	13932
1200	8500	0	0	99789	0	0	0	0	0	0	0	0	0	0	0	0
2309	22538	0	0	50801	0	0	0	0	0	0	0	0	0	0	0	0
1206	6934	0	0	25813	0	0	0	0	0	0	0	0	0	0	0	0
0	0	0	6552	4733	0	0	0	0	0	0	0	0	0	0	0	0
0	610	0	0	2798	0	0	0	0	0	0	0	0	0	0	0	0
2106	5000	0	0	32000	0	0	0	0	0	0	0	0	0	0	0	0
0	0	0	0	15901	0	0	0	0	0	0	0	0	0	0	0	0
1645	1145	0	0	10666	0	0	0	0	0	0	0	0	0	0	0	0
0	394	0	0	13360	0	0	0	0	0	0	0	0	0	0	0	0
4600	0	0	0	31905	0	0	0	0	0	0	0	0	0	0	0	0
0	0	0	0	3028	0	0	0	0	0	0	0	0	0	0	0	0
0	7494	0	0	6000	0	0	0	0	0	0	0	0	0	0	0	0
300	500	0	0	2300	0	0	0	0	0	0	0	0	0	0	0	0
3953	3996	13136	0	201790	38480	27420	11060	20720	6570	3250	70	3450	4420	0	0	185816
0	0	0	0	300	0	0	0	0	0	0	0	0	0	0	0	0
0	2000	0	0	4000	0	0	0	0	0	0	0	0	0	0	0	0
365	0	0	0	15321	5186	0	5186	0	5186	0	0	0	0	0	0	5186
77	2814	0	0	19659	21876	4308	17568	3518	3390	790	510	0	13668	0	0	16243
0	0	0	0	3837	0	0	0	0	0	0	0	0	0	0	0	0
2230	**13163**	**300**	**0**	**159628**	**144891**	**0**	**144891**	**0**	**73573**	**0**	**5082**	**0**	**66236**	**0**	**0**	**264827**
0	0	0	0	3850	0	0	0	0	0	0	0	0	0	0	0	0
0	890	0	0	2260	0	0	0	0	0	0	0	0	0	0	0	0
300	960	0	0	21400	144891	0	144891	0	73573	0	5082	0	66236	0	0	233578
300	1500	0	0	2000	0	0	0	0	0	0	0	0	0	0	0	0
0	0	300	0	5600	0	0	0	0	0	0	0	0	0	0	0	0
900	0	0	0	2700	0	0	0	0	0	0	0	0	0	0	0	0
0	0	0	0	4000	0	0	0	0	0	0	0	0	0	0	0	0
0	3000	0	0	4230	0	0	0	0	0	0	0	0	0	0	0	0
40	2254	0	0	2743	0	0	0	0	0	0	0	0	0	0	0	0
500	2264	0	0	6996	0	0	0	0	0	0	0	0	0	0	0	0
0	0	0	0	5779	0	0	0	0	0	0	0	0	0	0	0	0
0	2295	0	0	3042	0	0	0	0	0	0	0	0	0	0	0	0
110	0	0	0	59261	0	0	0	0	0	0	0	0	0	0	0	31249
80	0	0	0	6031	0	0	0	0	0	0	0	0	0	0	0	0

	学校产权建筑面积													
	合计	教学辅助用房							行政办公用房	生活福利房				
		计	教室	图书馆	实验室实习场所	专用科研用房	体育馆	会堂		计	学生宿舍	学生食堂	教工单身宿舍	教工食堂
五冶分校	4826	3927	2650	200	120	0	877	80	605	294	0	224	70	0
蒲江分校	14222	6558	4500	120	1938	0	0	0	2000	5664	5004	380	0	280
重　　庆	**680982**	**288374**	**216609**	**16443**	**32327**	**135**	**7460**	**15400**	**50537**	**280601**	**199940**	**40432**	**5129**	**455**
秀山分校	1025	575	300	25	220	0	0	30	380	70	0	0	0	0
武隆分校	31097	10372	6442	897	2785	0	0	248	920	12427	10019	2408	0	0
梁平县电大工作站	3246	2191	1648	150	108	0	0	285	192	863	863	0	0	0
大渡口分校	1288	806	806	0	0	0	0	0	321	161	0	0	140	21
江津广播电视大学	19230	11293	10641	0	488	0	0	164	1377	6560	4860	1700	0	0
壁山分校	11334	3300	2400	100	500	0	0	300	1200	1000	400	200	300	0
开县电大工作站	7905	4154	2056	200	684	0	564	650	1200	2551	932	191	574	54
北碚区工作站	9772	5806	5575	231	0	0	0	0	1772	1564	464	0	0	0
重庆铁路分校	9876	730	320	100	0	0	0	310	100	4846	350	415	0	0
万盛区工作站	816	696	576	80	40	0	0	0	120	0	0	0	0	0
重庆电大企业管理学院	12160	2330	1650	80	100	0	0	500	2500	7330	4470	1000	1228	0
永川市广播电视大学	22755	10500	7000	200	900	0	0	2400	4100	6247	4000	800	350	50
南川分校	0	0	0	0	0	0	0	0	0	0	0	0	0	0
垫江分校	7975	5300	4300	400	0	0	0	600	780	1895	1295	600	0	0
巫溪电大工作站	580	300	225	0	75	0	0	0	118	0	0	0	0	0
渝中区分校	1870	1640	1600	40	0	0	0	0	200	30	0	0	0	30
綦江县工作站	1714	995	995	0	0	0	0	0	0	594	428	0	0	80
渝北分校	1943	1465	1104	161	0	0	0	200	478	0	0	0	0	0
涪陵广播电视大学	16307	4450	2500	250	500	0	0	1200	2462	2895	1320	375	0	0
江北工作站	6000	4000	3550	200	100	0	0	150	2000	0	0	0	0	0
南岸分校	5930	5730	4600	200	530	0	0	400	200	0	0	0	0	0
忠县电大工作站	0	0	0	0	0	0	0	0	0	0	0	0	0	0
巴南分校	6686	3983	3660	219	104	0	0	0	860	1843	1583	260	0	0
荣昌县工作站	11074	6821	4991	0	600	0	0	1230	1160	3093	1911	625	0	0
云阳县电大工作站	1334	900	500	0	250	0	0	150	300	134	0	0	0	0
合川广播电视大学	7051	3130	2480	200	150	0	0	300	600	3321	1730	319	97	0
长寿分校	0	0	0	0	0	0	0	0	0	0	0	0	0	0
黔江广播电视大学	5555	3655	3600	55	0	0	0	0	0	1900	0	0	0	0
重庆钢铁公司分校	7010	6610	4226	200	1884	0	0	300	400	0	0	0	0	0
彭水电大工作站	6500	1820	1000	240	400	30	0	150	180	2460	1850	460	150	0
九龙坡工作站	1601	895	613	40	192	0	0	50	198	508	0	0	153	0
城口电大工作站	1170	950	880	70	0	0	0	0	220	0	0	0	0	0
巫山分校	10735	5501	5012	184	305	0	0	0	1775	3459	3203	0	0	0
奉节县电大工作站	3500	1720	1600	120	0	0	0	0	980	800	640	160	0	0
沙坪坝区电大分校	8340	5381	4467	246	248	0	0	420	1400	272	272	0	0	0
重庆广播电视大学	288079	117782	82739	10211	18322	0	2385	4125	12791	133343	112173	21170	0	0
酉阳分校	39940	10748	8502	300	488	0	1458	0	3511	25681	9873	1855	1072	0
市药监局电大工作站	4732	810	720	0	90	0	0	0	224	3698	3288	410	0	0
丰都县电大工作站	820	560	430	40	90	0	0	0	260	0	0	0	0	0

校舍情况（续表 29）

单位：平方米

			正在施工面积	学校产权占地面积	非学校产权建筑面积											非学校产权占地面积
					合计	计		教学及辅助用房		行政办公用房		生活用房		其他用房		
生活福利及其他用房	教工住宅	其他用房				独立使用	共同使用	独立使用	共同使用	独立使用	共同使用	独立使用	共同使用	独立使用	共同使用	
0	0	0	0	6336	0	0	0	0	0	0	0	0	0	0	0	0
0	0	0	0	23400	0	0	0	0	0	0	0	0	0	0	0	0
34645	**60764**	**706**	**27487**	**1702203**	**58496**	**42470**	**16026**	**21222**	**12175**	**10168**	**2950**	**11080**	**901**	**0**	**0**	**67183**
70	0	0	0	1680	0	0	0	0	0	0	0	0	0	0	0	0
0	6672	706	0	30771	0	0	0	0	0	0	0	0	0	0	0	0
0	0	0	0	8600	0	0	0	0	0	0	0	0	0	0	0	0
0	0	0	0	1288	0	0	0	0	0	0	0	0	0	0	0	0
0	0	0	0	29763	0	0	0	0	0	0	0	0	0	0	0	0
100	5834	0	0	10060	0	0	0	0	0	0	0	0	0	0	0	0
800	0	0	0	8015	0	0	0	0	0	0	0	0	0	0	0	0
1100	630	0	0	7932	0	0	0	0	0	0	0	0	0	0	0	0
4081	4200	0	0	7267	0	0	0	0	0	0	0	0	0	0	0	0
0	0	0	0	2016	0	0	0	0	0	0	0	0	0	0	0	0
632	0	0	0	12332	0	0	0	0	0	0	0	0	0	0	0	0
1047	1908	0	0	33300	0	0	0	0	0	0	0	0	0	0	0	0
0	0	0	0	0	3019	3019	0	2099	0	920	0	0	0	0	0	1400
0	0	0	0	16675	0	0	0	0	0	0	0	0	0	0	0	0
0	162	0	0	120	0	0	0	0	0	0	0	0	0	0	0	0
0	0	0	0	1030	0	0	0	0	0	0	0	0	0	0	0	0
86	125	0	0	1008	2040	800	1240	400	1240	400	0	0	0	0	0	6300
0	0	0	0	1943	6029	6029	0	5453	0	576	0	0	0	0	0	6029
1200	6500	0	0	13986	0	0	0	0	0	0	0	0	0	0	0	0
0	0	0	0	8610	0	0	0	0	0	0	0	0	0	0	0	0
0	0	0	0	3300	0	0	0	0	0	0	0	0	0	0	0	2790
0	0	0	0	1500	2420	1000	1420	560	1000	440	420	0	0	0	0	2420
0	0	0	0	11493	0	0	0	0	0	0	0	0	0	0	0	0
557	0	0	0	16675	0	0	0	0	0	0	0	0	0	0	0	0
134	0	0	0	1534	0	0	0	0	0	0	0	0	0	0	0	0
1175	0	0	0	6456	0	0	0	0	0	0	0	0	0	0	0	0
0	0	0	0	0	14130	14130	0	6560	0	3020	0	4550	0	0	0	16650
1900	0	0	0	6670	0	0	0	0	0	0	0	0	0	0	0	0
0	0	0	0	5987	0	0	0	0	0	0	0	0	0	0	0	0
0	2040	0	0	17849	0	0	0	0	0	0	0	0	0	0	0	0
355	0	0	0	1527	2727	2192	535	2150	535	42	0	0	0	0	0	2727
0	0	0	0	1336	0	0	0	0	0	0	0	0	0	0	0	4200
256	0	0	0	134552	0	0	0	0	0	0	0	0	0	0	0	0
0	0	0	0	2788	0	0	0	0	0	0	0	0	0	0	0	0
0	1287	0	0	23800	0	0	0	0	0	0	0	0	0	0	0	2000
0	24163	0	0	893733	0	0	0	0	0	0	0	0	0	0	0	0
12881	0	0	0	63307	0	0	0	0	0	0	0	0	0	0	0	0
0	0	0	0	10000	0	0	0	0	0	0	0	0	0	0	0	0
0	0	0	0	500	0	0	0	0	0	0	0	0	0	0	0	7000

5.3 全国电大

	学校产权建筑面积													
	合计	教学辅助用房							行政办公用房	生活福利房				
		计	教室	图书馆	实验室实习场所	专用科研用房	体育馆	会堂		计	学生宿舍	学生食堂	教工单身宿舍	教工食堂
重庆电大建筑工程学院	0	0	0	0	0	0	0	0	0	0	0	0	0	0
石柱分校	4841	3690	2895	114	228	0	453	0	0	1151	216	0	935	0
铜梁分校	14000	2510	1440	400	200	0	0	470	650	10840	2600	400	0	200
潼南县工作站	10660	7660	6060	200	0	0	1000	400	1200	1800	1400	400	0	0
铜梁县工作站	1910	810	600	50	60	0	0	100	100	1000	800	80	100	20
重庆电大经贸学院	56971	21171	19671	0	1500	0	0	0	800	35000	29000	6000	0	0
大足县工作站	3593	2953	890	130	108	105	1600	120	240	400	0	400	0	0
万州广播电视大学	12057	1681	1345	110	78	0	0	148	2268	865	0	204	30	0
贵　州	**305267**	**146450**	**86810**	**8489**	**38786**	**0**	**10315**	**2050**	**34371**	**112168**	**68438**	**19236**	**17378**	**617**
毕节地区分校	7146	4146	2380	280	1100	0	0	386	1160	1840	1480	360	0	0
航天管理局工作站	7530	1750	1200	200	350	0	0	0	380	2400	1200	1000	200	0
六盘水市分校	0	0	0	0	0	0	0	0	0	0	0	0	0	0
黔东南州分校	18497	6209	3602	113	1994	0	500	0	2231	10057	4007	1386	0	517
黔西南州分校	9926	3579	2995	164	420	0	0	0	1135	2812	920	520	400	0
铜仁分校	4900	2546	2266	0	0	0	0	280	870	1484	1204	80	0	0
省直分校	0	0	0	0	0	0	0	0	0	0	0	0	0	0
贵州广播电视大学	166493	71508	38435	3000	29773	0	0	300	17766	71121	53814	12962	4345	0
安顺地区分校	16300	11000	11000	0	0	0	0	0	5000	300	0	300	0	0
遵义地区分校	2139	1839	1839	0	0	0	0	0	300	0	0	0	0	0
贵航技校电大工作站	41964	24176	12244	4486	529	0	6615	302	1174	16614	1571	1628	12415	0
贵阳市分校	6596	5107	4689	96	0	0	0	322	1047	442	442	0	0	0
黔南州分校	2886	1050	520	50	120	0	200	160	258	798	600	0	18	0
水城钢铁公司分校	17000	11000	4800	0	3000	0	3000	200	3000	3000	2400	600	0	0
黎阳机械公司工作站	3890	2540	840	100	1500	0	0	100	50	1300	800	400	0	100
云　南	**576033**	**255266**	**108504**	**33391**	**100495**	**0**	**2949**	**9927**	**44389**	**189602**	**93999**	**18570**	**4093**	**1020**
红河分校	0	0	0	0	0	0	0	0	0	0	0	0	0	0
昆明广播电视大学	12519	6021	3679	570	1142	0	0	630	1658	4840	2820	1300	0	0
楚雄广播电视大学	0	0	0	0	0	0	0	0	0	0	0	0	0	0
德宏广播电视大学	0	0	0	0	0	0	0	0	0	0	0	0	0	0
云南广播电视大学	65267	25483	10206	2778	9997	0	0	2502	9719	14978	9263	900	868	900
玉溪广播电视大学	28327	12702	7694	2200	2808	0	0	0	2083	7997	4830	1372	0	0
昭通分校	78290	37475	17467	8274	8432	0	0	3302	4148	36667	24657	3514	0	0
大理分校	300599	138435	53832	18416	63948	0	0	2239	22872	90904	26265	7998	979	0
文山州民族干部学校	7275	2422	1220	90	130	0	0	982	720	4133	2120	250	1575	120
文山分校	0	0	0	0	0	0	0	0	0	0	0	0	0	0
昆明市总工会分校	3972	2400	1950	150	300	0	0	0	450	0	0	0	0	0
保山分校	12698	5004	2550	108	86	0	1988	272	612	5210	4394	229	0	0
曲靖分校	0	0	0	0	0	0	0	0	0	0	0	0	0	0
西双版纳广播电视大学	62088	24244	8945	686	13652	0	961	0	1949	22358	18224	2786	0	0
云南省电大政法分校	0	0	0	0	0	0	0	0	0	0	0	0	0	0
丽江分校	0	0	0	0	0	0	0	0	0	0	0	0	0	0
思茅广播电视大学	4998	1080	961	119	0	0	0	0	178	2515	1426	221	671	0

校舍情况（续表30）

单位：平方米

			正在施工面积	学校产权占地面积	非学校产权建筑面积											非学校产权占地面积
					合计	计		教学及辅助用房		行政办公用房		生活用房		其他用房		
生活福利及其他用房	教工住宅	其他用房				独立使用	共同使用	独立使用	共同使用	独立使用	共同使用	独立使用	共同使用	独立使用	共同使用	
0	0	0	0	0	16931	4100	12831	0	9400	1170	2530	2930	901	0	0	10667
0	0	0	1487	11734	0	0	0	0	0	0	0	0	0	0	0	0
7640	0	0	0	22000	0	0	0	0	0	0	0	0	0	0	0	0
0	0	0	0	23810	0	0	0	0	0	0	0	0	0	0	0	0
0	0	0	0	1000	11200	11200	0	4000	0	3600	0	3600	0	0	0	5000
0	0	0	26000	153180	0	0	0	0	0	0	0	0	0	0	0	0
0	0	0	0	45000	0	0	0	0	0	0	0	0	0	0	0	0
631	7243	0	0	46076	0	0	0	0	0	0	0	0	0	0	0	0
6499	**6180**	**6098**	**16000**	**700694**	**6902**	**3857**	**3045**	**2476**	**2910**	**824**	**135**	**557**	**0**	**0**	**0**	**6000**
0	0	0	0	20010	3045	0	3045	0	2910	0	135	0	0	0	0	0
0	3000	0	0	6667	0	0	0	0	0	0	0	0	0	0	0	0
0	0	0	0	0	3157	3157	0	2000	0	600	0	557	0	0	0	4500
4147	0	0	0	33800	0	0	0	0	0	0	0	0	0	0	0	0
972	2400	0	0	7243	0	0	0	0	0	0	0	0	0	0	0	0
200	0	0	0	2667	0	0	0	0	0	0	0	0	0	0	0	0
0	0	0	0	0	0	0	0	0	0	0	0	0	0	0	0	0
0	0	6098	16000	348135	0	0	0	0	0	0	0	0	0	0	0	0
0	0	0	0	15300	0	0	0	0	0	0	0	0	0	0	0	0
0	0	0	0	2000	0	0	0	0	0	0	0	0	0	0	0	0
1000	0	0	0	172551	0	0	0	0	0	0	0	0	0	0	0	1500
0	0	0	0	3976	700	700	0	476	0	224	0	0	0	0	0	0
180	780	0	0	31345	0	0	0	0	0	0	0	0	0	0	0	0
0	0	0	0	17000	0	0	0	0	0	0	0	0	0	0	0	0
0	0	0	0	40000	0	0	0	0	0	0	0	0	0	0	0	0
71920	**86776**	**0**	**59945**	**2824676**	**900521**	**146161**	**754360**	**50338**	**375865**	**0**	**32219**	**95823**	**346276**	**0**	**0**	**3130386**
0	0	0	0	0	174199	0	174199	0	67161	0	14518	0	92520	0	0	446639
720	0	0	0	17424	0	0	0	0	0	0	0	0	0	0	0	0
0	0	0	0	0	88360	0	88360	0	31922	0	3233	0	53205	0	0	423333
0	0	0	0	0	44693	0	44693	0	19445	0	3110	0	22138	0	0	174177
3047	15087	0	0	659050	0	0	0	0	0	0	0	0	0	0	0	0
1795	5545	0	0	0	0	0	0	0	0	0	0	0	0	0	0	28327
8496	0	0	0	171445	0	0	0	0	0	0	0	0	0	0	0	0
55662	48388	0	0	1630968	146161	146161	0	50338	0	0	0	95823	0	0	0	0
68	0	0	0	11900	0	0	0	0	0	0	0	0	0	0	0	0
0	0	0	0	0	126517	0	126517	0	73709	0	1719	0	51089	0	0	372334
0	1122	0	0	3600	0	0	0	0	0	0	0	0	0	0	0	0
587	1872	0	0	9641	0	0	0	0	0	0	0	0	0	0	0	0
0	0	0	0	0	206734	0	206734	0	131449	0	4580	0	70705	0	0	1159172
1348	13537	0	0	105322	0	0	0	0	0	0	0	0	0	0	0	0
0	0	0	59945	197317	0	0	0	0	0	0	0	0	0	0	0	0
0	0	0	0	0	50913	0	50913	0	22851	0	1918	0	26144	0	0	98616
197	1225	0	0	18009	0	0	0	0	0	0	0	0	0	0	0	0

	学校产权建筑面积													
	合计	教学辅助用房							行政办公用房	生活福利房				
		计	教室	图书馆	实验室实习场所	专用科研用房	体育馆	会堂		计	学生宿舍	学生食堂	教工单身宿舍	教工食堂
临沧分校	0	0	0	0	0	0	0	0	0	0	0	0	0	0
陕西	**626793**	**267695**	**153744**	**11966**	**64408**	**579**	**26854**	**10144**	**49350**	**212820**	**144452**	**27043**	**12265**	**7408**
陕西电大宝鸡农校教育中心	26705	9559	2150	1095	2420	0	3030	864	1768	7672	2267	2156	1065	1374
省冶金局工作站	13900	13000	12000	200	600	0	200	0	500	400	400	0	0	0
咸阳市分校	4595	2833	2617	64	32	0	0	120	882	880	480	160	240	0
陕西银行学校	0	0	0	0	0	0	0	0	0	0	0	0	0	0
宝鸡市分校	6620	4280	3920	80	120	0	0	160	1330	1010	820	80	0	20
省电子工业局工作站	11370	5100	4100	400	400	0	0	200	4000	2270	1000	500	340	430
省石油化学工业局工作站	20116	5516	2125	125	1797	0	368	1101	680	13920	10938	2620	362	0
陕西省纺织公司工作站	78264	29708	12343	2380	11884	0	1976	1125	1217	25523	19780	2402	0	0
西安铁路高级工学校	9670	5075	3800	75	1200	0	0	0	400	4195	3665	410	120	0
高新分校	7221	1200	720	160	320	0	0	0	939	3682	2100	500	400	0
渭南分校	8655	800	500	60	240	0	0	0	570	925	865	60	0	0
商洛地区分校	7060	4100	3000	100	1000	0	0	0	1000	1960	1000	0	800	0
铜川市分校	1800	1600	1378	60	162	0	0	0	200	0	0	0	0	0
工运学院电大	16705	8673	7123	450	710	0	0	390	500	1448	0	570	100	200
新城分校	4560	3850	3350	100	300	0	0	100	420	290	0	0	0	20
安康分校	5838	2245	1717	75	453	0	0	0	1079	1543	1543	0	0	0
陕西省机电工程学校	86592	31317	20725	2235	8357	0	0	0	2028	41140	27000	8555	3951	0
汉中分校	8340	2100	1400	100	500	0	0	100	1900	4340	3500	840	0	0
省电大商务厅工作站	0	0	0	0	0	0	0	0	0	0	0	0	0	0
延安分校	15460	7797	4017	200	2620	0	0	960	3399	4264	2500	240	0	100
陕西通信技术学院	33925	12484	6141	120	4897	0	0	1326	809	17632	11180	1500	1883	200
航空工业局工作站	50828	25659	12607	879	11733	0	80	360	9419	11650	6790	380	200	3600
陕西电大镇安财校教学点	2352	1140	880	100	60	0	0	100	230	982	100	60	100	40
省水利厅工作站	48420	32200	4800	600	5000	0	20000	1800	1600	8620	3000	400	1600	400
陕西省理工学校	1500	800	500	150	150	0	0	0	200	500	400	100	0	0
榆林地区分校	16791	8220	5856	828	1536	0	0	0	1481	7090	4068	867	0	0
陕西省广播电视大学	116419	37247	30063	600	5667	279	0	638	9829	43304	37526	3683	254	544
陕西扶贫技术学院教学点	3650	2200	1000	100	650	50	200	200	350	800	200	200	100	200
兵器工业管理局工作站	7477	4312	2312	550	400	250	500	300	620	1500	730	260	350	80
西安工程技术学院	11960	4680	2600	80	1200	0	500	300	2000	5280	2600	500	400	200
西安	**15846**	**9336**	**7215**	**273**	**450**	**800**	**0**	**598**	**4170**	**2300**	**700**	**0**	**330**	**430**
西安电大现代教育培训学院	0	0	0	0	0	0	0	0	0	0	0	0	0	0
西安广播电视大学周户分校	0	0	0	0	0	0	0	0	0	0	0	0	0	0
西安广播电视大学城西分校	0	0	0	0	0	0	0	0	0	0	0	0	0	0
西安广播电视大学城北分校	0	0	0	0	0	0	0	0	0	0	0	0	0	0
长安分校	840	120	120	0	0	0	0	0	720	0	0	0	0	0
蓝田分校	0	0	0	0	0	0	0	0	0	0	0	0	0	0
西安广播电视大学高新分校	770	770	770	0	0	0	0	0	0	0	0	0	0	0
西安电大城东分校	6536	5356	4256	0	0	800	0	300	1000	180	0	0	180	0
莲湖区分校	0	0	0	0	0	0	0	0	0	0	0	0	0	0

校舍情况（续表31）

单位：平方米

			正在施工面积	学校产权占地面积	非学校产权建筑面积											非学校产权占地面积
					合计	计		教学及辅助用房		行政办公用房		生活用房		其他用房		
生活福利及其他用房	教工住宅	其他用房				独立使用	共同使用	独立使用	共同使用	独立使用	共同使用	独立使用	共同使用	独立使用	共同使用	
0	0	0	0	0	62944	0	62944	0	29328	0	3141	0	30475	0	0	427788
21652	**94847**	**2081**	**17900**	**969876**	**88953**	**32931**	**56022**	**15130**	**41066**	**3060**	**4822**	**14741**	**10134**	**0**	**0**	**431742**
810	7706	0	0	61500	0	0	0	0	0	0	0	0	0	0	0	41046
0	0	0	0	5200	0	0	0	0	0	0	0	0	0	0	0	0
0	0	0	0	91330	0	0	0	0	0	0	0	0	0	0	0	0
0	0	0	0	0	15200	0	15200	0	11306	0	662	0	3232	0	0	39857
90	0	0	0	15600	0	0	0	0	0	0	0	0	0	0	0	4727
0	0	0	0	5400	0	0	0	0	0	0	0	0	0	0	0	0
0	0	0	0	1720	11219	3157	8062	0	5040	0	720	3157	2302	0	0	900
3341	21816	0	0	103251	0	0	0	0	0	0	0	0	0	0	0	0
0	0	0	0	9670	0	0	0	0	0	0	0	0	0	0	0	0
682	1400	0	0	8470	0	0	0	0	0	0	0	0	0	0	0	0
0	6360	0	17900	28650	0	0	0	0	0	0	0	0	0	0	0	0
160	0	0	0	6000	0	0	0	0	0	0	0	0	0	0	0	0
0	0	0	0	750	0	0	0	0	0	0	0	0	0	0	0	0
578	5963	121	0	21000	0	0	0	0	0	0	0	0	0	0	0	0
270	0	0	0	6900	27900	27900	0	14950	0	3000	0	9950	0	0	0	233345
0	971	0	0	5022	0	0	0	0	0	0	0	0	0	0	0	0
1634	10307	1800	0	154000	0	0	0	0	0	0	0	0	0	0	0	0
0	0	0	0	5802	0	0	0	0	0	0	0	0	0	0	0	0
0	0	0	0	0	11500	240	11260	180	7620	60	1440	0	2200	0	0	68000
1424	0	0	0	12320	0	0	0	0	0	0	0	0	0	0	0	0
2869	3000	0	0	64000	0	0	0	0	0	0	0	0	0	0	0	0
680	4100	0	0	91878	23134	1634	21500	0	17100	0	2000	1634	2400	0	0	43867
682	0	0	0	894	0	0	0	0	0	0	0	0	0	0	0	0
3220	6000	0	0	600	0	0	0	0	0	0	0	0	0	0	0	0
0	0	0	0	1700	0	0	0	0	0	0	0	0	0	0	0	0
2155	0	0	0	18806	0	0	0	0	0	0	0	0	0	0	0	0
1297	26039	0	0	179789	0	0	0	0	0	0	0	0	0	0	0	0
100	200	100	0	25000	0	0	0	0	0	0	0	0	0	0	0	0
80	985	60	0	8024	0	0	0	0	0	0	0	0	0	0	0	0
1580	0	0	0	36600	0	0	0	0	0	0	0	0	0	0	0	0
840	**40**	**0**	**0**	**16070**	**98686**	**19926**	**78760**	**10515**	**61822**	**4431**	**10782**	**4980**	**6156**	**0**	**0**	**120834**
0	0	0	0	0	5500	4600	900	2600	900	1500	0	500	0	0	0	16000
0	0	0	0	0	0	0	0	0	0	0	0	0	0	0	0	0
0	0	0	0	0	5750	550	5200	250	5200	300	0	0	0	0	0	6800
0	0	0	0	0	0	0	0	0	0	0	0	0	0	0	0	0
0	0	0	0	600	1300	100	1200	0	1200	100	0	0	0	0	0	4000
0	0	0	0	0	3143	3143	0	2471	0	168	0	504	0	0	0	6340
0	0	0	0	770	800	800	0	308	0	492	0	0	0	0	0	800
0	0	0	0	6536	42893	0	42893	0	37065	0	5828	0	0	0	0	28308
0	0	0	0	0	2059	0	2059	0	1045	0	1014	0	0	0	0	2140

	学校产权建筑面积													
	合计	教学辅助用房							行政办公用房	生活福利房				
		计	教室	图书馆	实验室实习场所	专用科研用房	体育馆	会堂		计	学生宿舍	学生食堂	教工单身宿舍	教工食堂
西安电大城中分校	0	0	0	0	0	0	0	0	0	0	0	0	0	0
莲湖科技学校工作站	0	0	0	0	0	0	0	0	0	0	0	0	0	0
艺术学院	0	0	0	0	0	0	0	0	0	0	0	0	0	0
临潼分校	1152	470	315	63	50	0	0	42	390	252	0	0	150	102
翠华培训学院工作站	0	0	0	0	0	0	0	0	0	0	0	0	0	0
西安广播电视大学城南分校	0	0	0	0	0	0	0	0	0	0	0	0	0	0
西安市广播电视大学	6548	2620	1754	210	400	0	0	256	2060	1868	700	0	0	328
西电公司工作站	0	0	0	0	0	0	0	0	0	0	0	0	0	0
高陵分校	0	0	0	0	0	0	0	0	0	0	0	0	0	0
西安电大北洋工作站	0	0	0	0	0	0	0	0	0	0	0	0	0	0
富士日本语专修学院工作站	0	0	0	0	0	0	0	0	0	0	0	0	0	0
甘　肃	**772557**	**345475**	**211425**	**21606**	**89691**	**712**	**6949**	**15092**	**77970**	**238750**	**160405**	**25722**	**11569**	**1463**
中德培训中心教学点	0	0	0	0	0	0	0	0	0	0	0	0	0	0
平凉分校	4820	1728	1500	57	171	0	0	0	2042	1050	1050	0	0	0
瓜州教学点	0	0	0	0	0	0	0	0	0	0	0	0	0	0
崇信工作站	0	0	0	0	0	0	0	0	0	0	0	0	0	0
临夏分校	6680	5300	5300	0	0	0	0	0	930	450	0	0	0	0
平川区工作站	1000	800	600	0	200	0	0	0	200	0	0	0	0	0
静宁工作站	580	500	400	100	0	0	0	0	80	0	0	0	0	0
西和工作站	240	160	160	0	0	0	0	0	80	0	0	0	0	0
临洮工作站	14	9	6	0	3	0	0	0	5	0	0	0	0	0
天祝工作站	8136	5339	5339	0	0	0	0	0	1201	1596	879	0	0	0
泾川工作站	0	0	0	0	0	0	0	0	0	0	0	0	0	0
玉门工作站	2060	610	360	70	180	0	0	0	210	1240	700	540	0	0
宁县工作站	0	0	0	0	0	0	0	0	0	0	0	0	0	0
广河工作站	0	0	0	0	0	0	0	0	0	0	0	0	0	0
甘肃广播电视大学	43288	8306	5309	460	2137	0	0	400	4289	15513	6153	400	474	0
徽县工作站	12413	9659	4055	289	5315	0	0	0	601	2153	1526	278	0	0
阿克塞工作站	14	9	8	1	0	0	0	0	5	0	0	0	0	0
合水工作站	15000	6133	3200	0	2933	0	0	0	2342	6525	4733	528	0	0
陇南农校工作站	0	0	0	0	0	0	0	0	0	0	0	0	0	0
凉州区工作站	60	0	0	0	0	0	0	0	60	0	0	0	0	0
教学分部	1100	1100	1100	0	0	0	0	0	0	0	0	0	0	0
景泰工作站	8661	2621	2100	101	190	0	230	0	2100	3700	3400	150	150	0
城建教学点	0	0	0	0	0	0	0	0	0	0	0	0	0	0
张家川工作站	4036	2040	1440	120	480	0	0	0	720	1276	864	128	264	20
康县工作站	0	0	0	0	0	0	0	0	0	0	0	0	0	0
迭部工作站	26	14	10	1	2	0	0	1	0	0	0	0	0	0
秦安工作站	17523	6988	3901	0	3087	0	0	0	1020	9515	5455	3386	100	0
敦煌教学点	0	0	0	0	0	0	0	0	0	0	0	0	0	0
卓尼工作站	708	336	336	0	0	0	0	0	87	285	285	0	0	0
省财贸学校工作站	24031	8857	7615	579	0	0	0	663	1140	9153	7338	750	0	0

校舍情况（续表 32）

单位：平方米

			正在施工面积	学校产权占地面积	非学校产权建筑面积											非学校产权占地面积
					合计	计		教学及辅助用房		行政办公用房		生活用房		其他用房		
生活福利及其他用房	教工住宅	其他用房				独立使用	共同使用	独立使用	共同使用	独立使用	共同使用	独立使用	共同使用	独立使用	共同使用	
0	0	0	0	0	5700	600	5100	0	3500	600	1600	0	0	0	0	5700
0	0	0	0	0	400	400	0	360	0	40	0	0	0	0	0	400
0	0	0	0	0	0	0	0	0	0	0	0	0	0	0	0	0
0	40	0	0	2334	0	0	0	0	0	0	0	0	0	0	0	0
0	0	0	0	0	5000	3900	1100	3200	1000	300	100	400	0	0	0	5000
0	0	0	0	0	0	0	0	0	0	0	0	0	0	0	0	0
840	0	0	0	5830	5428	5428	0	1041	0	811	0	3576	0	0	0	11757
0	0	0	0	0	16484	0	16484	0	9484	0	1440	0	5560	0	0	28275
0	0	0	0	0	3419	0	3419	0	2023	0	800	0	596	0	0	4154
0	0	0	0	0	510	375	135	285	135	90	0	0	0	0	0	510
0	0	0	0	0	300	30	270	0	270	30	0	0	0	0	0	650
39591	**109743**	**619**	**55583**	**2067161**	**481366**	**49860**	**431506**	**31322**	**247104**	**13970**	**29692**	**4568**	**154710**	**0**	**0**	**1336388**
0	0	0	0	0	10000	6030	3970	3600	3600	30	370	2400	0	0	0	3000
0	0	0	0	2380	0	0	0	0	0	0	0	0	0	0	0	0
0	0	0	0	0	722	722	0	224	0	136	0	362	0	0	0	635
0	0	0	0	0	4872	0	4872	0	2960	0	180	0	1732	0	0	33300
450	0	0	0	25858	0	0	0	0	0	0	0	0	0	0	0	0
0	0	0	0	0	3100	0	3100	0	3100	0	0	0	0	0	0	12000
0	0	0	0	580	6350	0	6350	0	5490	0	860	0	0	0	0	23227
0	0	0	3200	200	11560	0	11560	0	10560	0	1000	0	0	0	0	30000
0	0	0	0	72000	0	0	0	0	0	0	0	0	0	0	0	0
717	0	0	0	19000	0	0	0	0	0	0	0	0	0	0	0	0
0	0	0	0	0	28213	0	28213	0	12566	0	0	0	15647	0	0	38911
0	0	0	0	0	14297	0	14297	0	6917	0	700	0	6680	0	0	197432
0	0	0	0	0	12680	0	12680	0	8300	0	980	0	3400	0	0	0
0	0	0	0	0	425	425	0	300	0	125	0	0	0	0	0	1200
8486	15180	0	0	13915	19143	0	19143	0	11044	0	1386	0	6713	0	0	27538
349	0	0	2393	0	0	0	0	0	0	0	0	0	0	0	0	14433
0	0	0	0	400	0	0	0	0	0	0	0	0	0	0	0	0
1264	0	0	0	18662	0	0	0	0	0	0	0	0	0	0	0	0
0	0	0	0	0	12180	0	12180	0	9520	0	840	0	1820	0	0	4606
0	0	0	0	0	540	0	540	0	540	0	0	0	0	0	0	600
0	0	0	0	1100	1100	1100	0	1100	0	0	0	0	0	0	0	0
0	0	240	0	5400	0	0	0	0	0	0	0	0	0	0	0	0
0	0	0	0	0	19148	0	19148	0	8306	0	4289	0	6553	0	0	4909
0	0	0	0	6400	0	0	0	0	0	0	0	0	0	0	0	0
0	0	0	2600	3450	0	0	0	0	0	0	0	0	0	0	0	0
0	12	0	0	122024	32	10	22	10	22	0	0	0	0	0	0	0
574	0	0	0	73037	0	0	0	0	0	0	0	0	0	0	0	0
0	0	0	0	0	1209	1209	0	444	0	301	0	464	0	0	0	582
0	0	0	0	500	0	0	0	0	0	0	0	0	0	0	0	0
1065	4881	0	0	25617	0	0	0	0	0	0	0	0	0	0	0	0

	学校产权建筑面积													
	合 计	教学辅助用房							行政办公用房	生活福利房				
		计	教 室	图书馆	实验室实习场所	专用科研用房	体育馆	会堂		计	学生宿舍	学生食堂	教工单身宿舍	教工食堂
渭源工作站	1275	779	779	0	0	0	0	0	454	42	0	0	0	0
兰州石化公司工作站	0	0	0	0	0	0	0	0	0	0	0	0	0	0
武威分校	98231	38838	19511	2117	14630	0	0	2580	2478	46719	38072	5000	342	350
肃南工作站	2820	1006	511	50	445	0	0	0	317	1497	301	165	65	0
会宁职专教学点	0	0	0	0	0	0	0	0	0	0	0	0	0	0
东乡工作站	0	0	0	0	0	0	0	0	0	0	0	0	0	0
靖煤教学点	5020	720	576	144	0	0	0	0	0	1900	1200	100	300	100
敦煌工作站	200	0	0	0	0	0	0	0	200	0	0	0	0	0
正宁工作站	900	360	280	40	40	0	0	0	540	0	0	0	0	0
陇南分校	0	0	0	0	0	0	0	0	0	0	0	0	0	0
麦积工作站	6415	1744	1312	103	103	103	0	123	213	0	0	0	0	0
漳县工作站	841	628	326	104	198	0	0	0	213	0	0	0	0	0
职业技术学院	0	0	0	0	0	0	0	0	0	0	0	0	0	0
白银分校	5670	2290	1890	80	160	0	160	0	1890	1260	1260	0	0	0
五零四厂工作站	0	0	0	0	0	0	0	0	0	0	0	0	0	0
张掖分校	4010	1320	992	20	128	0	60	120	220	320	0	0	0	0
水电部五局工作站	13613	8619	5005	3008	606	0	0	0	729	4265	2565	1700	0	0
黄羊教学点	22500	5920	4715	370	335	0	0	500	2890	6880	6000	580	300	0
酒泉分校	12500	7700	6600	200	600	0	0	300	510	2490	1140	500	0	0
康乐工作站	0	0	0	0	0	0	0	0	0	0	0	0	0	0
永登工作站	3397	2540	600	240	1000	200	300	200	557	300	0	0	0	0
定西分校	34639	17870	9138	4342	4390	0	0	0	800	13369	10476	2347	416	130
西固区工作站	1500	860	800	60	0	0	0	0	220	420	0	0	0	0
环县工作站	2200	1700	1000	50	350	0	0	300	200	300	0	0	0	0
通渭工作站	8518	3482	2508	78	896	0	0	0	1524	3512	1503	121	416	0
滨河分校	18482	9731	7165	150	2196	0	0	220	1260	7491	3081	1064	987	0
灵台工作站	0	0	0	0	0	0	0	0	0	0	0	0	0	0
武山工作站	3546	2205	1828	20	56	0	0	301	312	1029	283	0	307	0
永登党校工作站	0	0	0	0	0	0	0	0	0	0	0	0	0	0
古浪工作站	14310	9710	6800	1200	1500	0	0	210	600	4000	2200	1000	600	200
山丹工作站	31542	13622	7510	464	2600	0	1085	1963	1300	9520	7000	480	180	60
和政工作站	8280	5000	3200	200	1500	0	0	100	400	2880	1120	260	0	0
红古区工作站	5212	4491	3395	124	53	319	0	600	572	0	0	0	0	0
甘南分校	5558	3348	2424	0	924	0	0	0	192	0	0	0	0	0
清水工作站	4484	4430	390	560	3250	0	0	230	54	0	0	0	0	0
天水分校	21187	8131	6521	0	450	0	0	1160	4210	4531	3315	174	0	0
民勤工作站	3000	1500	800	100	300	0	0	300	1000	500	500	0	0	0
四〇四厂分校	2950	1388	728	140	420	0	0	100	252	1310	150	0	0	0
嘉峪关分校	8660	5560	3640	100	1820	0	0	0	900	2200	1500	700	0	0
红古党校工作站	2585	1750	1000	50	0	0	100	600	0	835	0	0	0	0
会宁工作站	3095	1101	500	50	0	0	0	551	693	1301	1000	50	100	70
靖远工作站	25019	15871	5400	150	10000	0	0	321	784	8364	8085	152	0	0

校舍情况（续表33）

单位：平方米

生活福利及其他用房	教工住宅	其他用房	正在施工面积	学校产权占地面积	非学校产权建筑面积 合计	计 独立使用	计 共同使用	教学及辅助用房 独立使用	教学及辅助用房 共同使用	行政办公用房 独立使用	行政办公用房 共同使用	生活用房 独立使用	生活用房 共同使用	其他用房 独立使用	其他用房 共同使用	非学校产权占地面积
42	0	0	0	1600	0	0	0	0	0	0	0	0	0	0	0	0
0	0	0	0	0	13980	13980	0	2680	0	11000	0	300	0	0	0	10000
2955	10196	0	32903	194353	13050	13050	0	13050	0	0	0	0	0	0	0	0
966	0	0	0	56000	0	0	0	0	0	0	0	0	0	0	0	0
0	0	0	0	0	23722	0	23722	0	6523	0	1421	0	15778	0	0	79200
0	0	0	0	0	2260	250	2010	250	1130	0	150	0	730	0	0	526
200	2400	0	0	5800	0	0	0	0	0	0	0	0	0	0	0	0
0	0	0	0	0	10280	0	10280	0	2680	0	0	0	7600	0	0	66000
0	0	0	0	4002	0	0	0	0	0	0	0	0	0	0	0	0
0	0	0	0	0	2013	2013	0	1500	0	513	0	0	0	0	0	2013
0	4458	0	0	12000	1020	0	1020	0	1020	0	0	0	0	0	0	12000
0	0	0	0	840	1719	0	1719	0	1228	0	296	0	195	0	0	1720
0	0	0	0	0	68296	0	68296	0	40361	0	2586	0	25349	0	0	94910
0	0	230	0	6000	0	0	0	0	0	0	0	0	0	0	0	0
0	0	0	0	0	3215	3215	0	2050	0	760	0	405	0	0	0	15743
320	2150	0	0	3700	0	0	0	0	0	0	0	0	0	0	0	0
0	0	0	0	31040	0	0	0	0	0	0	0	0	0	0	0	0
0	6810	0	0	161008	0	0	0	0	0	0	0	0	0	0	0	0
850	1800	0	0	10050	7260	0	7260	0	7260	0	0	0	0	0	0	155100
0	0	0	0	0	7643	0	7643	0	1855	0	490	0	5298	0	0	15270
300	0	0	0	44000	57	57	0	0	0	57	0	0	0	0	0	57
0	2600	0	0	36818	0	0	0	0	0	0	0	0	0	0	0	0
420	0	0	0	1500	0	0	0	0	0	0	0	0	0	0	0	0
300	0	0	0	3300	0	0	0	0	0	0	0	0	0	0	0	0
1472	0	0	0	24394	0	0	0	0	0	0	0	0	0	0	0	0
2359	0	0	0	90000	0	0	0	0	0	0	0	0	0	0	0	0
0	0	0	0	0	7184	0	7184	0	3054	0	930	0	3200	0	0	13400
439	0	0	0	6722	0	0	0	0	0	0	0	0	0	0	0	0
0	0	0	0	0	4159	0	4159	0	3730	0	0	0	429	0	0	6000
0	0	0	0	21140	9910	200	9710	0	8510	200	400	0	800	0	0	16800
1800	7100	0	0	68667	0	0	0	0	0	0	0	0	0	0	0	0
1500	0	0	0	0	0	0	0	0	0	0	0	0	0	0	0	17962
0	0	149	0	8166	0	0	0	0	0	0	0	0	0	0	0	0
0	2018	0	0	5610	0	0	0	0	0	0	0	0	0	0	0	0
0	0	0	0	6523	44347	4484	39863	4430	17915	54	4446	0	17502	0	0	138007
1042	4315	0	0	7900	0	0	0	0	0	0	0	0	0	0	0	0
0	0	0	0	5120	0	0	0	0	0	0	0	0	0	0	0	0
1160	0	0	0	7200	0	0	0	0	0	0	0	0	0	0	0	0
0	0	0	0	36685	0	0	0	0	0	0	0	0	0	0	0	0
835	0	0	0	2854	0	0	0	0	0	0	0	0	0	0	0	0
81	0	0	0	4407	0	0	0	0	0	0	0	0	0	0	0	0
127	0	0	0	66700	0	0	0	0	0	0	0	0	0	0	0	0

	学校产权建筑面积													
	合计	教学辅助用房							行政办公用房	生活福利房				
		计	教室	图书馆	实验室实习场所	专用科研用房	体育馆	会堂		计	学生宿舍	学生食堂	教工单身宿舍	教工食堂
白银区工作站	650	650	450	0	0	0	0	200	0	0	0	0	0	0
榆中工作站	2550	1200	600	100	200	0	0	300	200	1150	0	0	150	0
礼县工作站	2390	630	630	0	0	0	0	0	1410	350	320	30	0	0
高台工作站	29673	12430	3400	150	8110	0	60	710	2060	11583	5076	1907	2712	300
兰州分校	2227	1677	1417	130	130	0	0	0	385	165	0	0	165	0
金塔教学点	560	434	434	0	0	0	0	0	60	66	0	0	40	18
农垦河西分校	37862	20160	12516	2221	271	0	4800	352	2059	5179	3958	310	68	35
文县工作站	0	0	0	0	0	0	0	0	0	0	0	0	0	0
瓜州工作站	0	0	0	0	0	0	0	0	0	0	0	0	0	0
宕昌工作站	14738	10758	7528	0	3230	0	0	0	3980	0	0	0	0	0
庆阳分校	17789	1972	1470	73	74	0	0	355	4094	5014	2109	150	515	0
金昌分校	4956	1952	1140	71	566	0	0	175	350	1326	0	0	0	0
临潭工作站	8667	3616	321	295	3000	0	0	0	5051	0	0	0	0	0
园艺学校教学点	0	0	0	0	0	0	0	0	0	0	0	0	0	0
积石山工作站	430	110	0	50	0	0	0	60	200	120	0	0	80	0
兰州铁路技工学校教学点	9143	2383	2112	72	72	0	0	127	340	2420	2000	300	120	0
舟曲工作站	0	0	0	0	0	0	0	0	0	0	0	0	0	0
岷县工作站	11991	4503	3317	126	660	0	0	400	3090	4398	4072	326	0	0
成县工作站	80	0	0	0	0	0	0	0	80	0	0	0	0	0
两当工作站	1689	885	524	71	290	0	0	0	52	752	279	116	141	0
永靖工作站	870	800	800	0	0	0	0	0	70	0	0	0	0	0
庄浪工作站	336	168	168	0	0	0	0	0	140	28	0	0	0	0
华亭工作站	0	0	0	0	0	0	0	0	0	0	0	0	0	0
甘谷工作站	8114	5190	4610	200	380	0	0	0	367	2557	1800	185	210	150
镇原工作站	16904	8293	2870	154	4955	90	154	70	1496	7115	4463	210	2067	30
临泽工作站	0	0	0	0	0	0	0	0	0	0	0	0	0	0
玉门教学点	0	0	0	0	0	0	0	0	0	0	0	0	0	0
省农垦分校	22500	5920	4715	370	335	0	0	500	2890	6880	6000	580	300	0
武威卫校工作站	45889	17021	11820	1431	3770	0	0	0	6000	9956	7194	1055	0	0
青　海	**49280**	**33312**	**10596**	**1034**	**16968**	**2000**	**380**	**2334**	**6882**	**9086**	**4629**	**642**	**416**	**300**
海北州广播电视大学	0	0	0	0	0	0	0	0	0	0	0	0	0	0
海南州职校教学点	0	0	0	0	0	0	0	0	0	0	0	0	0	0
海南州广播电视大学	0	0	0	0	0	0	0	0	0	0	0	0	0	0
黄南州工作站	0	0	0	0	0	0	0	0	0	0	0	0	0	0
青海广播电视大学	10000	3400	2000	700	0	0	0	700	5500	1100	500	0	300	300
互助县广播电视大学	0	0	0	0	0	0	0	0	0	0	0	0	0	0
大通师范电大	0	0	0	0	0	0	0	0	0	0	0	0	0	0
民和县广播电视大学	0	0	0	0	0	0	0	0	0	0	0	0	0	0
海西州广播电视大学	0	0	0	0	0	0	0	0	0	0	0	0	0	0
青海省人事厅人才交流中心	0	0	0	0	0	0	0	0	0	0	0	0	0	0
化隆县广播电视大学	0	0	0	0	0	0	0	0	0	0	0	0	0	0
省直属分校	0	0	0	0	0	0	0	0	0	0	0	0	0	0

校舍情况（续表34）

单位：平方米

生活福利及其他用房	教工住宅	其他用房	正在施工面积	学校产权占地面积	非学校产权建筑面积 合计	计 独立使用	计 共同使用	教学及辅助用房 独立使用	教学及辅助用房 共同使用	行政办公用房 独立使用	行政办公用房 共同使用	生活用房 独立使用	生活用房 共同使用	其他用房 独立使用	其他用房 共同使用	非学校产权占地面积
0	0	0	0	1328	0	0	0	0	0	0	0	0	0	0	0	0
1000	0	0	0	3000	0	0	0	0	0	0	0	0	0	0	0	100
0	0	0	0	3390	0	0	0	0	0	0	0	0	0	0	0	1200
1588	3600	0	0	202875	0	0	0	0	0	0	0	0	0	0	0	0
0	0	0	0	3702	0	0	0	0	0	0	0	0	0	0	0	0
8	0	0	0	719	0	0	0	0	0	0	0	0	0	0	0	0
808	10464	0	0	67723	0	0	0	0	0	0	0	0	0	0	0	0
0	0	0	0	0	600	550	50	500	50	50	0	0	0	0	0	600
0	0	0	0	0	16189	0	16189	0	12143	0	0	0	4046	0	0	52734
0	0	0	0	54000	0	0	0	0	0	0	0	0	0	0	0	0
2240	6709	0	0	19418	0	0	0	0	0	0	0	0	0	0	0	0
1326	1328	0	0	3200	0	0	0	0	0	0	0	0	0	0	0	0
0	0	0	0	1809	0	0	0	0	0	0	0	0	0	0	0	0
0	0	0	0	0	25843	0	25843	0	13841	0	2971	0	9031	0	0	21800
40	0	0	0	1030	1280	290	990	0	700	0	0	290	290	0	0	8000
0	4000	0	0	15118	0	0	0	0	0	0	0	0	0	0	0	0
0	0	0	2000	0	0	0	0	0	0	0	0	0	0	0	0	120
0	0	0	0	105051	0	0	0	0	0	0	0	0	0	0	0	105051
0	0	0	0	80	150	0	150	0	150	0	0	0	0	0	0	150
216	0	0	0	7532	0	0	0	0	0	0	0	0	0	0	0	0
0	0	0	0	0	0	0	0	0	0	0	0	0	0	0	0	8000
28	0	0	0	168	30000	0	30000	0	15417	0	3600	0	10983	0	0	23980
0	0	0	0	0	5803	566	5237	0	5237	566	0	0	0	0	0	31349
212	0	0	0	343	9084	1050	8034	900	5110	100	367	50	2557	0	0	15333
345	0	0	0	23345	0	0	0	0	0	0	0	0	0	0	0	0
0	0	0	0	0	26072	0	26072	0	16265	0	1430	0	8377	0	0	30342
0	0	0	0	0	659	659	0	284	0	78	0	297	0	0	0	548
0	6810	0	12487	161008	0	0	0	0	0	0	0	0	0	0	0	0
1707	12912	0	0	67700	0	0	0	0	0	0	0	0	0	0	0	0
3099	**0**	**0**	**0**	**64080**	**147074**	**11840**	**135234**	**9670**	**80819**	**770**	**7409**	**1400**	**47006**	**0**	**0**	**1123589**
0	0	0	0	0	21760	200	21560	200	11100	0	400	0	10060	0	0	153410
0	0	0	0	0	18427	0	18427	0	5818	0	1527	0	11082	0	0	127397
0	0	0	0	0	23717	0	23717	0	7656	0	1803	0	14258	0	0	130000
0	0	0	0	0	2145	0	2145	0	1245	0	100	0	800	0	0	16675
0	0	0	0	10655	0	0	0	0	0	0	0	0	0	0	0	0
0	0	0	0	0	5030	0	5030	0	3780	0	0	0	1250	0	0	32666
0	0	0	0	0	918	0	918	0	864	0	54	0	0	0	0	5800
0	0	0	0	0	16714	0	16714	0	12876	0	606	0	3232	0	0	446700
0	0	0	0	0	20998	0	20998	0	20000	0	0	0	998	0	0	31975
0	0	0	0	0	420	420	0	300	0	120	0	0	0	0	0	0
0	0	0	0	0	3079	0	3079	0	1242	0	271	0	1566	0	0	14668
0	0	0	0	0	0	0	0	0	0	0	0	0	0	0	0	0

	学校产权建筑面积													
	合计	教学辅助用房							行政办公用房	生活福利房				
		计	教室	图书馆	实验室实习场所	专用科研用房	体育馆	会堂		计	学生宿舍	学生食堂	教工单身宿舍	教工食堂
贵德职校电大	890	330	270	60	0	0	0	0	180	380	120	60	0	0
湟源县广播电视大学	0	0	0	0	0	0	0	0	0	0	0	0	0	0
玉树州广播电视大学	0	0	0	0	0	0	0	0	0	0	0	0	0	0
果洛州广播电视大学	0	0	0	0	0	0	0	0	0	0	0	0	0	0
海西州格尔木工作站	0	0	0	0	0	0	0	0	0	0	0	0	0	0
门源职校教学点	18351	12935	1705	120	10306	0	0	804	0	5416	2461	142	36	0
循化县广播电视大学	2440	1206	764	54	278	0	0	110	444	790	348	240	80	0
湟中县广播电视大学	17211	15091	5591	100	6300	2000	380	720	720	1400	1200	200	0	0
平安县广播电视大学	0	0	0	0	0	0	0	0	0	0	0	0	0	0
乐都广播电视大学	388	350	266	0	84	0	0	0	38	0	0	0	0	0
宁　夏	**279206**	**156503**	**56183**	**22807**	**63891**	**0**	**11889**	**1733**	**24547**	**90776**	**57035**	**18786**	**3474**	**0**
中卫市分校	65846	37146	11799	0	25347	0	0	0	9122	19578	11624	4480	3474	0
吴忠市分校	1002	930	540	40	120	0	0	230	72	0	0	0	0	0
隆德县电大工作站	9048	3776	3171	62	543	0	0	0	452	4820	445	375	0	0
永宁县电大工作站	3662	1512	1404	108	0	0	0	0	300	1850	1200	650	0	0
银川市分校	1800	830	830	0	0	0	0	0	390	580	360	0	0	0
海原县电大工作站	1118	718	718	0	0	0	0	0	400	0	0	0	0	0
盐池县电大工作站	620	220	60	0	60	0	0	100	400	0	0	0	0	0
石嘴山分校	1992	1562	862	40	272	0	0	388	430	0	0	0	0	0
贺兰县电大工作站	4860	3660	3280	200	180	0	0	0	1200	0	0	0	0	0
灵武市电大工作站	3900	2500	2000	200	0	0	0	300	650	750	650	100	0	0
宁夏电大新闻培训中心	0	0	0	0	0	0	0	0	0	0	0	0	0	0
青铜峡市电大工作站	360	300	240	0	60	0	0	0	60	0	0	0	0	0
银川铁路系统分校	4000	1419	1100	57	162	0	0	100	419	2162	1362	500	0	0
宁夏广播电视大学	176543	99544	28399	21946	36695	0	11889	615	8652	60967	41394	12681	0	0
同心县电大工作站	424	0	0	0	0	0	0	0	424	0	0	0	0	0
中宁县工作站	305	130	130	0	0	0	0	0	106	69	0	0	0	0
工业职业学院电大分校	630	450	240	60	150	0	0	0	180	0	0	0	0	0
平罗县电大工作站	606	366	246	0	120	0	0	0	240	0	0	0	0	0
西吉电大工作站	270	140	64	24	52	0	0	0	130	0	0	0	0	0
固原市原州区电大工作站	2220	1300	1100	70	130	0	0	0	920	0	0	0	0	0
新　疆	**585096**	**261129**	**180067**	**14784**	**44937**	**1050**	**2630**	**17661**	**67294**	**158423**	**88232**	**22833**	**14577**	**3011**
塔城裕民县电大	140	140	140	0	0	0	0	0	0	0	0	0	0	0
克州乌恰县电大	0	0	0	0	0	0	0	0	0	0	0	0	0	0
阿勒泰青河县电大	600	540	540	0	0	0	0	0	60	0	0	0	0	0
和田策勒县电大	904	482	440	0	42	0	0	0	131	291	240	51	0	0
塔城和丰县电大	8	5	4	1	0	0	0	0	0	3	1	1	0	1
阿勒泰吉木乃县电大	1200	820	680	70	0	0	0	70	380	0	0	0	0	0
塔城乌苏市电大	650	570	100	50	420	0	0	0	80	0	0	0	0	0
博尔塔拉蒙古自治州电大	9696	2645	2104	54	325	0	0	162	3148	3111	1869	438	0	0
巴州轮台县电大	0	0	0	0	0	0	0	0	0	0	0	0	0	0
和田墨玉县电大	500	380	140	90	0	0	0	150	0	120	0	120	0	0

校舍情况（续表35）

单位：平方米

			正在施工面积	学校产权占地面积	非学校产权建筑面积											非学校产权占地面积
					合计	计		教学及辅助用房		行政办公用房		生活用房		其他用房		
生活福利及其他用房	教工住宅	其他用房				独立使用	共同使用	独立使用	共同使用	独立使用	共同使用	独立使用	共同使用	独立使用	共同使用	
200	0	0	0	0	0	0	0	0	0	0	0	0	0	0	0	5000
0	0	0	0	0	6140	0	6140	0	4800	0	360	0	980	0	0	8300
0	0	0	0	0	0	0	0	0	0	0	0	0	0	0	0	0
0	0	0	0	0	4418	0	4418	0	2338	0	300	0	1780	0	0	28681
0	0	0	0	0	4088	0	4088	0	3100	0	988	0	0	0	0	4785
2777	0	0	0	48930	0	0	0	0	0	0	0	0	0	0	0	0
122	0	0	0	4495	0	0	0	0	0	0	0	0	0	0	0	0
0	0	0	0	0	11220	11220	0	9170	0	650	0	1400	0	0	0	64032
0	0	0	0	0	8000	0	8000	0	6000	0	1000	0	1000	0	0	35334
0	0	0	0	0	0	0	0	0	0	0	0	0	0	0	0	18166
11481	**7380**	**0**	**950**	**1199174**	**4618**	**2228**	**2390**	**1720**	**2230**	**508**	**50**	**0**	**110**	**0**	**0**	**209896**
0	0	0	0	336996	0	0	0	0	0	0	0	0	0	0	0	0
0	0	0	0	1020	680	680	0	680	0	0	0	0	0	0	0	16280
4000	0	0	0	33333	0	0	0	0	0	0	0	0	0	0	0	0
0	0	0	0	24000	0	0	0	0	0	0	0	0	0	0	0	0
220	0	0	0	1000	0	0	0	0	0	0	0	0	0	0	0	0
0	0	0	0	10000	0	0	0	0	0	0	0	0	0	0	0	0
0	0	0	950	1020	950	0	950	0	950	0	0	0	0	0	0	950
0	0	0	0	7320	0	0	0	0	0	0	0	0	0	0	0	0
0	0	0	0	1000	0	0	0	0	0	0	0	0	0	0	0	8111
0	0	0	0	6000	0	0	0	0	0	0	0	0	0	0	0	0
0	0	0	0	0	1000	1000	0	800	0	200	0	0	0	0	0	1000
0	0	0	0	2000	330	0	330	0	280	0	50	0	0	0	0	0
300	0	0	0	5100	0	0	0	0	0	0	0	0	0	0	0	0
6892	7380	0	0	749846	0	0	0	0	0	0	0	0	0	0	0	0
0	0	0	0	2743	548	548	0	240	0	308	0	0	0	0	0	0
69	0	0	0	602	0	0	0	0	0	0	0	0	0	0	0	0
0	0	0	0	0	1110	0	1110	0	1000	0	0	0	110	0	0	6800
0	0	0	0	460	0	0	0	0	0	0	0	0	0	0	0	176755
0	0	0	0	5400	0	0	0	0	0	0	0	0	0	0	0	0
0	0	0	0	11334	0	0	0	0	0	0	0	0	0	0	0	0
29770	**93589**	**4661**	**4337**	**1913058**	**37461**	**16084**	**21377**	**3108**	**15369**	**8602**	**1142**	**4374**	**4866**	**0**	**0**	**272690**
0	0	0	0	140	220	0	220	0	220	0	0	0	0	0	0	220
0	0	0	0	0	0	0	0	0	0	0	0	0	0	0	0	0
0	0	0	0	600	500	0	500	0	500	0	0	0	0	0	0	8000
0	0	0	0	23310	0	0	0	0	0	0	0	0	0	0	0	0
0	0	0	0	5600	0	0	0	0	0	0	0	0	0	0	0	0
0	0	0	0	7200	0	0	0	0	0	0	0	0	0	0	0	0
0	0	0	0	570	0	0	0	0	0	0	0	0	0	0	0	0
804	792	0	0	35819	0	0	0	0	0	0	0	0	0	0	0	0
0	0	0	0	0	1500	0	1500	0	1340	0	160	0	0	0	0	1500
0	0	0	0	7220	0	0	0	0	0	0	0	0	0	0	0	0

	学校产权建筑面积													
	合计	教学辅助用房							行政办公用房	生活福利房				
		计	教室	图书馆	实验室实习场所	专用科研用房	体育馆	会堂		计	学生宿舍	学生食堂	教工单身宿舍	教工食堂
阿克苏阿瓦提县电大	0	0	0	0	0	0	0	0	0	0	0	0	0	0
克州阿合奇县电大	0	0	0	0	0	0	0	0	0	0	0	0	0	0
和田于田县电大	600	400	400	0	0	0	0	0	200	0	0	0	0	0
塔城广播电视大学	9650	3150	2160	220	370	0	0	400	1200	2900	1700	400	700	0
广电厅广播电视大学	8372	2556	1677	441	438	0	0	0	1631	4185	2773	588	0	0
昌吉广播电视大学	72274	36827	26174	1298	4135	0	1450	3770	5770	17169	11894	400	924	0
昌吉呼图壁县电大	9202	6631	4760	0	1871	0	0	0	781	1790	1432	250	108	0
潞安公司电大	13400	3536	2145	178	205	0	0	1008	1248	8616	2832	608	3126	400
伊犁州广播电视大学	7540	4350	3450	150	750	0	0	0	150	3040	3040	0	0	0
新疆广播电视大学	9187	1141	723	111	0	0	0	307	7754	292	0	0	0	0
吐鲁番分校	19608	5694	2494	600	2600	0	0	0	1800	12114	3540	1089	7485	0
巴州焉耆县电大	8449	5220	2920	200	1250	0	0	850	340	2889	1999	690	200	0
巴州若羌县电大	0	0	0	0	0	0	0	0	0	0	0	0	0	0
吐鲁番鄯善县电大	200	165	120	21	24	0	0	0	35	0	0	0	0	0
阿克苏库车县电大	0	0	0	0	0	0	0	0	0	0	0	0	0	0
阿勒泰广播电视大学	4996	2798	2260	54	334	0	0	150	1200	998	378	620	0	0
石河子广播电视大学	8743	5243	4885	158	0	0	200	0	410	3090	2886	204	0	0
吐鲁番托克逊县电大	0	0	0	0	0	0	0	0	0	0	0	0	0	0
阿勒泰富蕴县电大	1000	700	650	50	0	0	0	0	300	0	0	0	0	0
克孜勒苏广播电视大学	6918	1723	1301	422	0	0	0	0	0	1724	1301	423	0	0
阿勒泰布尔津县电大	3270	3270	2360	54	464	0	0	392	0	0	0	0	0	0
塔城沙湾县电大	5840	2440	1400	120	120	0	400	400	1200	2200	2000	200	0	0
伊犁州新源县电大	3242	2842	2310	80	252	0	0	200	400	0	0	0	0	0
巴州和静县电大	0	0	0	0	0	0	0	0	0	0	0	0	0	0
阿勒泰哈巴河县电大	210	0	0	0	0	0	0	0	160	50	0	0	0	0
昌吉奇台县电大	28636	16575	7850	300	7525	0	450	450	750	5201	2300	853	370	290
喀什广播电视大学	43238	11270	6628	300	3922	0	0	420	3104	8921	6833	473	120	320
和田和田县电大	0	0	0	0	0	0	0	0	0	0	0	0	0	0
伊犁州伊宁县电大	3640	1040	320	170	50	0	0	500	850	1750	1250	500	0	0
阿克苏沙雅县电大	0	0	0	0	0	0	0	0	0	0	0	0	0	0
阿克苏温宿县电大	0	0	0	0	0	0	0	0	0	0	0	0	0	0
伊犁州特克斯县电大	1240	960	800	80	0	0	80	0	200	80	0	0	80	0
巴州且末县电大	35	8	6	1	1	0	0	0	12	15	15	0	0	0
新疆司法警官电大	76090	36252	32252	2000	0	0	0	2000	2727	19111	8100	4010	0	1000
昌吉阜康市电大	3065	3065	1766	150	519	0	0	630	0	0	0	0	0	0
伊犁州巩留县电大	1587	600	360	60	60	0	0	120	400	587	400	187	0	0
和田洛浦县电大	0	0	0	0	0	0	0	0	0	0	0	0	0	0
喀什泽普县电大	0	0	0	0	0	0	0	0	0	0	0	0	0	0
乌鲁木齐广播电视大学	50395	16340	11605	1138	2230	0	0	1367	2372	15189	7124	3402	0	0
奎屯市广播电视大学	2400	1700	1200	50	200	50	50	150	300	400	0	0	0	0
巴州和硕县电大	0	0	0	0	0	0	0	0	0	0	0	0	0	0
昌吉米泉市电大	7488	4220	4180	40	0	0	0	0	1290	1978	1498	400	0	0

校舍情况（续表36）

单位：平方米

			正在施工面积	学校产权占地面积	非学校产权建筑面积											非学校产权占地面积
					合计	计		教学及辅助用房		行政办公用房		生活用房		其他用房		
生活福利及其他用房	教工住宅	其他用房				独立使用	共同使用	独立使用	共同使用	独立使用	共同使用	独立使用	共同使用	独立使用	共同使用	
0	0	0	0	6262	0	0	0	0	0	0	0	0	0	0	0	750
0	0	0	0	0	0	0	0	0	0	0	0	0	0	0	0	0
0	0	0	0	400	0	0	0	0	0	0	0	0	0	0	0	0
100	2400	0	0	5000	0	0	0	0	0	0	0	0	0	0	0	0
824	0	0	3945	11322	0	0	0	0	0	0	0	0	0	0	0	0
3951	12508	0	0	16345	0	0	0	0	0	0	0	0	0	0	0	0
0	0	0	0	58186	0	0	0	0	0	0	0	0	0	0	0	0
1650	0	0	0	51600	0	0	0	0	0	0	0	0	0	0	0	0
0	0	0	0	7430	0	0	0	0	0	0	0	0	0	0	0	0
292	0	0	0	2293	0	0	0	0	0	0	0	0	0	0	0	0
0	0	0	0	41292	0	0	0	0	0	0	0	0	0	0	0	0
0	0	0	0	33650	0	0	0	0	0	0	0	0	0	0	0	0
0	0	0	0	0	1480	0	1480	0	1360	0	120	0	0	0	0	380
0	0	0	0	0	0	0	0	0	0	0	0	0	0	0	0	230
0	0	0	0	5328	1750	542	1208	542	666	0	542	0	0	0	0	1208
0	0	0	0	13320	0	0	0	0	0	0	0	0	0	0	0	0
0	0	0	0	13908	0	0	0	0	0	0	0	0	0	0	0	0
0	0	0	0	0	0	0	0	0	0	0	0	0	0	0	0	0
0	0	0	0	1000	0	0	0	0	0	0	0	0	0	0	0	1700
0	0	3471	0	22705	422	0	422	0	275	0	0	0	147	0	0	442
0	0	0	392	0	0	0	0	0	0	0	0	0	0	0	0	2100
0	0	0	0	56	0	0	0	0	0	0	0	0	0	0	0	0
0	0	0	0	7258	0	0	0	0	0	0	0	0	0	0	0	0
0	0	0	0	0	840	0	840	0	740	0	100	0	0	0	0	740
50	0	0	0	0	930	0	930	0	930	0	0	0	0	0	0	34000
1388	6110	0	0	86055	0	0	0	0	0	0	0	0	0	0	0	86055
1175	19943	0	0	60229	0	0	0	0	0	0	0	0	0	0	0	0
0	0	0	0	0	0	0	0	0	0	0	0	0	0	0	0	0
0	0	0	0	25330	0	0	0	0	0	0	0	0	0	0	0	0
0	0	0	0	0	300	0	300	0	300	0	0	0	0	0	0	10656
0	0	0	0	7992	0	0	0	0	0	0	0	0	0	0	0	9990
0	0	0	0	1560	0	0	0	0	0	0	0	0	0	0	0	0
0	0	0	0	3372	23	0	23	0	8	0	0	0	15	0	0	0
6001	18000	0	0	57982	0	0	0	0	0	0	0	0	0	0	0	0
0	0	0	0	19430	0	0	0	0	0	0	0	0	0	0	0	0
0	0	0	0	9990	0	0	0	0	0	0	0	0	0	0	0	0
0	0	0	0	29867	0	0	0	0	0	0	0	0	0	0	0	0
0	0	0	0	0	12984	0	12984	0	8280	0	0	0	4704	0	0	70075
4663	16494	0	0	27530	0	0	0	0	0	0	0	0	0	0	0	0
400	0	0	0	2400	0	0	0	0	0	0	0	0	0	0	0	0
0	0	0	0	0	450	0	450	0	350	0	100	0	0	0	0	450
80	0	0	0	479922	0	0	0	0	0	0	0	0	0	0	0	0

	学校产权建筑面积													
	合计	教学辅助用房							行政办公用房	生活福利房				
		计	教室	图书馆	实验室实习场所	专用科研用房	体育馆	会堂		计	学生宿舍	学生食堂	教工单身宿舍	教工食堂
昌吉木垒县电大	868	351	351	0	0	0	0	0	517	0	0	0	0	0
阿克苏乌什县电大	0	0	0	0	0	0	0	0	0	0	0	0	0	0
哈密巴里坤县电大	5754	3685	628	91	2866	0	0	100	561	1508	486	368	0	0
昌吉吉木萨尔县电大	6090	1316	896	108	112	0	0	200	480	4294	1512	192	924	0
哈密广播电视大学	13797	2282	1206	126	216	0	0	734	4834	831	773	58	0	0
乌石化广播电视大学	16450	14600	6600	600	6000	0	0	1400	1750	100	0	0	0	0
和田广播电视大学	15548	3721	2840	0	567	0	0	314	2196	2203	2053	150	0	0
喀什伽师县电大	0	0	0	0	0	0	0	0	0	0	0	0	0	0
巴州尉犁县电大	1200	540	420	0	120	0	0	0	60	120	0	0	0	0
塔城托里县电大	4070	1190	700	120	0	0	0	370	800	1700	1700	0	0	0
阿克苏分校	14260	10000	8800	0	850	0	0	350	2450	340	0	0	340	0
阿克苏拜城县电大	0	0	0	0	0	0	0	0	0	0	0	0	0	0
克州阿克陶县电大	0	0	0	0	0	0	0	0	0	0	0	0	0	0
巴音郭楞蒙古自治州电大	0	0	0	0	0	0	0	0	0	0	0	0	0	0
昌吉玛纳斯县电大	16260	5000	1000	1000	2000	1000	0	0	4000	7260	4000	3260	0	0
和田民丰县电大	408	288	250	0	0	0	0	38	120	0	0	0	0	0
阿勒泰福海县电大	950	600	600	0	0	0	0	0	300	50	0	50	0	0
克拉玛依广播电视大学	34998	15861	10807	2954	2100	0	0	0	7609	11528	5360	2249	0	0
喀什岳普湖县电大	0	0	0	0	0	0	0	0	0	0	0	0	0	0
博州精河县电大	24920	12998	10200	300	1999	0	0	499	1000	7998	4999	299	200	1000
博州温泉县电大	2030	619	565	54	0	0	0	0	234	1177	744	0	0	0
塔城额敏县电大	3280	1780	900	720	0	0	0	160	0	1500	1200	300	0	0
新疆兵团	**156943**	**49110**	**38005**	**4707**	**3300**	**0**	**574**	**2524**	**16494**	**55805**	**41410**	**6894**	**3312**	**947**
农四师分校	16945	2690	2145	165	380	0	0	0	600	4180	3800	230	150	0
农十师分校	11209	4262	3152	190	500	0	0	420	1297	5650	4630	590	0	0
新疆兵团广播电视大学	15671	7951	6339	366	538	0	244	464	1155	4677	3781	643	0	86
农一师分校	14247	2514	1836	120	150	0	0	408	1456	7547	6362	580	70	130
农三师分校	17392	9464	6665	2399	0	0	0	400	1736	6192	4023	2169	0	0
农九师分校	12101	2431	1611	190	500	0	130	0	794	4104	3093	497	0	0
农七师分校	22208	5250	4900	150	200	0	0	0	6650	5490	4400	850	120	120
北京路分校	0	0	0	0	0	0	0	0	0	0	0	0	0	0
农十二师分校	0	0	0	0	0	0	0	0	0	0	0	0	0	0
农六师分校	13259	1826	898	428	500	0	0	0	198	5275	2354	171	2750	0
农十四师分校	0	0	0	0	0	0	0	0	0	0	0	0	0	0
农八师分校	8743	5243	4885	158	0	0	200	0	410	3090	2886	204	0	0
红山分校	1066	991	891	30	70	0	0	0	75	0	0	0	0	0
农五师分校	11566	3172	1810	332	390	0	0	640	1040	3410	2188	516	140	0
农二师分校	8314	1700	1593	107	0	0	0	0	843	3824	2813	239	0	541
农十三师分校	4222	1616	1280	72	72	0	0	192	240	2366	1080	205	82	70

校舍情况（续表37）

单位：平方米

			正在施工面积	学校产权占地面积	非学校产权建筑面积											非学校产权占地面积
					合计	计		教学及辅助用房		行政办公用房		生活用房		其他用房		
生活福利及其他用房	教工住宅	其他用房				独立使用	共同使用	独立使用	共同使用	独立使用	共同使用	独立使用	共同使用	独立使用	共同使用	
0	0	0	0	4372	0	0	0	0	0	0	0	0	0	0	0	0
0	0	0	0	0	0	0	0	0	0	0	0	0	0	0	0	6660
654	0	0	0	16879	0	0	0	0	0	0	0	0	0	0	0	0
1666	0	0	0	282000	6090	6090	0	1316	0	480	0	4294	0	0	0	0
0	5850	0	0	5544	0	0	0	0	0	0	0	0	0	0	0	0
100	0	0	0	30000	0	0	0	0	0	0	0	0	0	0	0	0
0	7098	330	0	16631	0	0	0	0	0	0	0	0	0	0	0	0
0	0	0	0	0	1040	520	520	400	400	120	120	0	0	0	0	4905
120	0	480	0	1200	0	0	0	0	0	0	0	0	0	0	0	6400
0	0	380	0	9120	0	0	0	0	0	0	0	0	0	0	0	0
0	1470	0	0	5330	0	0	0	0	0	0	0	0	0	0	0	0
0	0	0	0	0	0	0	0	0	0	0	0	0	0	0	0	7992
0	0	0	0	0	640	640	0	520	0	120	0	0	0	0	0	9737
0	0	0	0	6349	7582	7582	0	0	0	7582	0	0	0	0	0	0
0	0	0	0	27000	0	0	0	0	0	0	0	0	0	0	0	0
0	0	0	0	800	0	0	0	0	0	0	0	0	0	0	0	0
0	0	0	0	5000	0	0	0	0	0	0	0	0	0	0	0	2500
3919	0	0	0	168000	0	0	0	0	0	0	0	0	0	0	0	0
0	0	0	0	0	710	710	0	330	0	300	0	80	0	0	0	6000
1500	2924	0	0	136530	0	0	0	0	0	0	0	0	0	0	0	0
433	0	0	0	3930	0	0	0	0	0	0	0	0	0	0	0	0
0	0	0	0	4900	0	0	0	0	0	0	0	0	0	0	0	0
3242	**35534**	**0**	**0**	**384610**	**12824**	**200**	**12624**	**100**	**4716**	**100**	**1131**	**0**	**6777**	**0**	**0**	**18983**
0	9475	0	0	30350	0	0	0	0	0	0	0	0	0	0	0	0
430	0	0	0	19733	0	0	0	0	0	0	0	0	0	0	0	0
167	1888	0	0	15671	0	0	0	0	0	0	0	0	0	0	0	0
405	2730	0	0	14000	0	0	0	0	0	0	0	0	0	0	0	0
0	0	0	0	103407	0	0	0	0	0	0	0	0	0	0	0	0
514	4772	0	0	17682	0	0	0	0	0	0	0	0	0	0	0	0
0	4818	0	0	78400	0	0	0	0	0	0	0	0	0	0	0	0
0	0	0	0	1886	0	0	0	0	0	0	0	0	0	0	0	0
0	0	0	0	0	12504	0	12504	0	4596	0	1131	0	6777	0	0	16983
0	5960	0	0	30001	0	0	0	0	0	0	0	0	0	0	0	0
0	0	0	0	0	320	200	120	100	120	100	0	0	0	0	0	2000
0	0	0	0	13908	0	0	0	0	0	0	0	0	0	0	0	0
0	0	0	0	1146	0	0	0	0	0	0	0	0	0	0	0	0
566	3944	0	0	49417	0	0	0	0	0	0	0	0	0	0	0	0
231	1947	0	0	4863	0	0	0	0	0	0	0	0	0	0	0	0
929	0	0	0	4146	0	0	0	0	0	0	0	0	0	0	0	0

VI 发展与比较

本章将全国广播电视大学的历史发展和现状与全国普通高等学校和其他成人高等学校同期的有关统计数据进行比较，通过图和表的形式，展示全国广播电视大学、全国普通高等学校和其他成人高等学校的发展状况。

主要内容包括：

- 1979 年至 2011 年全国高等院校学生和教职工发展情况比较；
- 全国高等院校网络教育本专科学生情况；
- 全国省级电大高等学历教育学生数比较；
- 全国电大非学历教育结业生数比较；
- 全国省级电大教职工数比较；
- 全国各省电大高等学历教育学生数占当地人口数的比例。

指标解释

- **普通高校**：按国家规定的设置标准和审批程序批准举办的，通过全国普通高等教育统一招生考试，招收高中毕业生为主要培养对象，实施高等学历教育的全日制大学、独立设置的学院和高等专科学校、高等职业学校及其他机构（独立学院和分校、大专班）。
- **成人高校**：按国家规定的设置标准和审批程序批准举办的，通过全国成人高等教育统一招生考试，招收具有高中毕业或同等学力的人员为主要培养对象，利用函授、业余、脱产等多种形式对其实施高等学历教育的学校，包括职工高等学校、农民高等学校、管理干部学院、教育学院、独立函授学院、广播电视大学、其他机构（承担国家成人招生计划任务不计校数的机构）。
- **普高成人教育**：指普通高等学校举办的成人本专科学历教育。
- **其他成人高校**：广播电视大学以外的全国成人高等学校。
- **全国高校**：全国普通高等学校和成人高等学校。
- **成人高教**：成人高等教育，指普通高等学校和成人高等学校举办的成人本专科学历教育。

简要说明

1. 本章引用的教育统计数据除全国广播电视大学的数据外，有关普通高校、成人高校的数据引自教育部发展规划司当年印发的《中国教育事业发展统计简况》；全国高等网络教育院校的有关数据引自教育部教育管理信息中心；全国人口数据引自《中国统计年鉴 2010》。

2. 表 6.3、表 6.4、表 6.5、表 6.6 各省级电大的数据包括省校及下属各分校、工作站等的数据。

招生、在校生、教职工数比较表（1979—2011年）

单位：万人

在校生数						教职工数							
合计	普通高校	成人高校				合计	其中：专任教师	普通高校		其他成人高校		电大	
		小计	普高举办的成人教育	其他成人高校	电大			计	其中：专任教师	计	其中：专任教师	计	其中：专任教师
/	102.0	/	/	/	9.75	63.32	27.01	57.4	23.66	5.00	2.96	0.92	0.39
269.80	114.4	155.40	18.78	119.82	16.80	69.65	28.01	63.2	24.69	5.21	2.77	1.24	0.55
262.50	127.9	134.60	22.65	94.91	17.04	73.12	28.27	66.6	24.99	5.03	2.63	1.49	0.65
232.70	115.4	117.30	19.73	71.72	25.85	81.70	33.48	73.0	28.70	6.44	3.69	2.06	1.09
233.50	120.7	112.80	26.45	44.94	41.41	86.52	35.77	76.3	30.29	7.94	4.33	2.28	1.15
268.89	139.6	129.29	31.91	37.47	59.91	91.85	38.33	80.4	31.50	9.09	5.66	2.36	1.17
342.80	170.3	172.50	49.30	55.84	67.36	101.44	41.35	87.1	34.43	11.86	5.80	2.48	1.12
373.57	188.0	185.57	56.31	68.82	60.44	111.12	45.78	93.1	37.24	14.95	7.23	3.07	1.31
381.70	195.9	185.80	61.28	67.93	56.59	115.71	46.97	96.9	38.54	16.46	7.52	2.35	0.91
379.36	206.6	172.76	63.51	63.87	45.38	118.85	47.71	99.4	39.32	17.03	7.42	2.42	0.97
382.31	208.2	174.11	70.95	61.42	41.74	120.09	48.49	100.4	39.74	17.12	7.72	2.57	1.03
372.94	206.3	166.64	72.53	53.34	40.77	120.66	48.26	100.5	39.46	16.55	7.68	3.61	1.12
351.71	204.4	147.31	72.37	41.47	33.47	121.35	48.00	100.9	39.08	16.61	7.39	3.84	1.53
366.31	218.44	147.87	56.21	58.62	33.04	121.95	47.65	101.36	38.76	16.56	7.26	4.03	1.63
439.84	253.55	186.29	58.13	84.30	43.86	122.59	47.73	102.12	38.78	16.17	7.15	4.30	1.80
515.03	279.86	235.17	112.77	67.61	54.79	125.03	49.13	104.03	39.64	16.25	7.40	4.75	2.09
547.65	290.64	257.01	133.87	68.61	58.72	125.92	49.89	104.06	40.07	16.84	7.55	5.02	2.27
583.28	302.11	281.17	142.91	69.04	69.22	125.00	50.11	103.58	40.25	16.00	7.35	5.42	2.51
616.60	317.44	299.16	148.95	71.57	78.64	125.18	50.75	103.15	40.45	16.49	7.67	5.54	2.63
711.91	340.87	371.04	161.41	120.81	88.82	106.58	50.69	85.57	40.73	15.43	7.29	5.58	2.67
760.26	408.59	351.67	182.84	73.66	95.17	108.55	51.14	88.11	42.57	14.69	5.75	5.75	2.82
989.89	556.09	433.80	241.87	77.07	114.86	130.52	55.92	111.28	46.28	13.03	6.51	6.21	3.13
1286.12	719.07	567.05	333.38	82.57	151.10	139.54	62.40	121.44	53.19	11.55	5.85	6.55	3.36
1574.97	903.36	671.61	432.98	87.67	150.96	147.65	70.99	130.36	61.84	10.35	5.46	6.94	3.69
1666.57	1108.56	558.01	315.98	60.60	181.43	162.46	81.78	145.26	72.47	9.40	5.06	7.80	4.25
1932.57	1333.50	599.07	345.69	52.71	200.67	177.57	95.04	161.07	85.84	8.55	4.82	7.95	4.38
2198.93	1561.78	637.15	365.76	50.28	221.11	190.26	105.68	174.21	96.58	7.92	4.57	8.13	4.53
2461.95	1738.84	723.11	454.67	51.43	217.01	203.07	116.79	187.26	107.60	7.32	4.36	8.49	4.83
2615.09	1884.90	730.19	461.09	46.56	222.54	212.72	125.81	197.45	116.83	6.66	4.02	8.61	4.96
2796.61	2021.03	775.58	488.88	43.25	243.45	219.95	132.64	205.10	123.75	6.27	3.83	8.58	5.06
2954.20	2144.66	809.54	487.16	37.77	284.61	225.64	138.26	211.15	129.53	5.86	3.63	8.63	5.10
3047.18	2231.79	815.39	489.40	30.67	295.32	230.21	143.19	215.66	134.31	5.10	3.17	9.45	5.71
3148.97	2308.51	840.46	504.66	28.23	307.57	234.67	148.42	220.48	139.27	4.80	2.98	9.39	5.72
/	/	/	/	/	/	/	/	/	/	/	/	/	/

6.1.2 全国普通高校、成人高校与电大毕业生发展情况比较图（1992—2011 年）

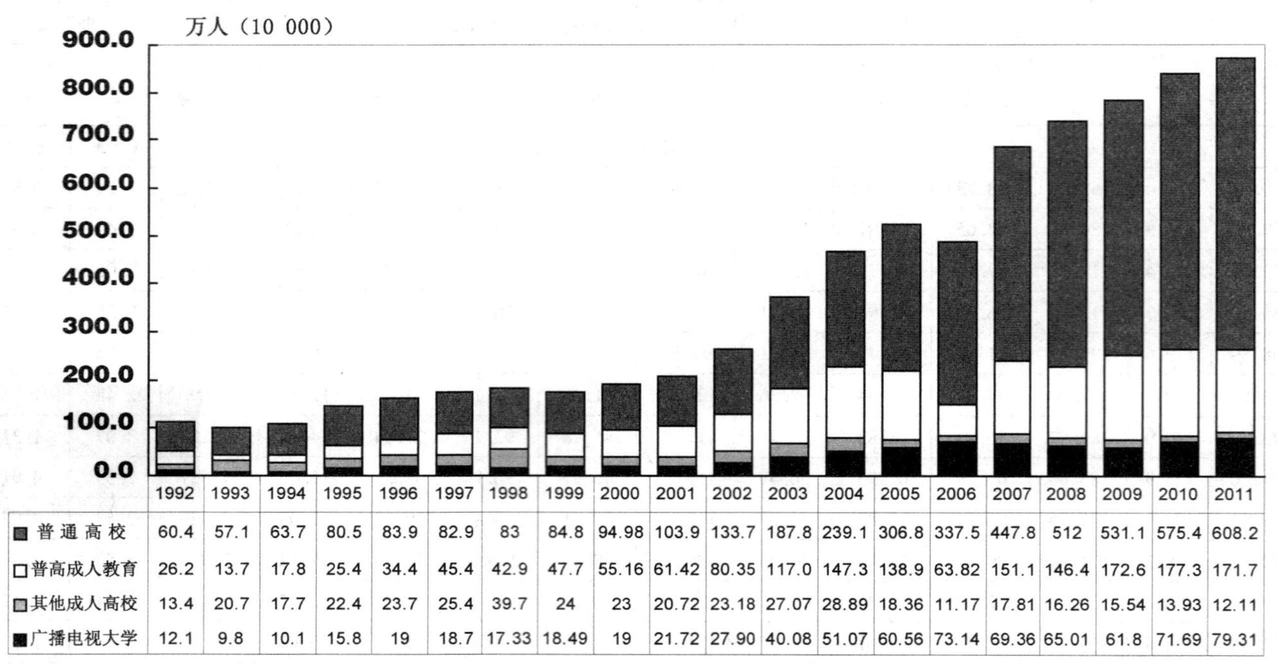

	1992	1993	1994	1995	1996	1997	1998	1999	2000	2001	2002	2003	2004	2005	2006	2007	2008	2009	2010	2011
普通高校	60.4	57.1	63.7	80.5	83.9	82.9	83	84.8	94.98	103.9	133.7	187.8	239.1	306.8	337.5	447.8	512	531.1	575.4	608.2
普高成人教育	26.2	13.7	17.8	25.4	34.4	45.4	42.9	47.7	55.16	61.42	80.35	117.0	147.3	138.9	63.82	151.1	146.4	172.6	177.3	171.7
其他成人高校	13.4	20.7	17.7	22.4	23.7	25.4	39.7	24	23	20.72	23.18	27.07	28.89	18.36	11.17	17.81	16.26	15.54	13.93	12.11
广播电视大学	12.1	9.8	10.1	15.8	19	18.7	17.33	18.49	19	21.72	27.90	40.08	51.07	60.56	73.14	69.36	65.01	61.8	71.69	79.31

6.1.3 电大毕业生在全国高校、成人高等教育、成人高校毕业生中所占比例（1992—2011 年）

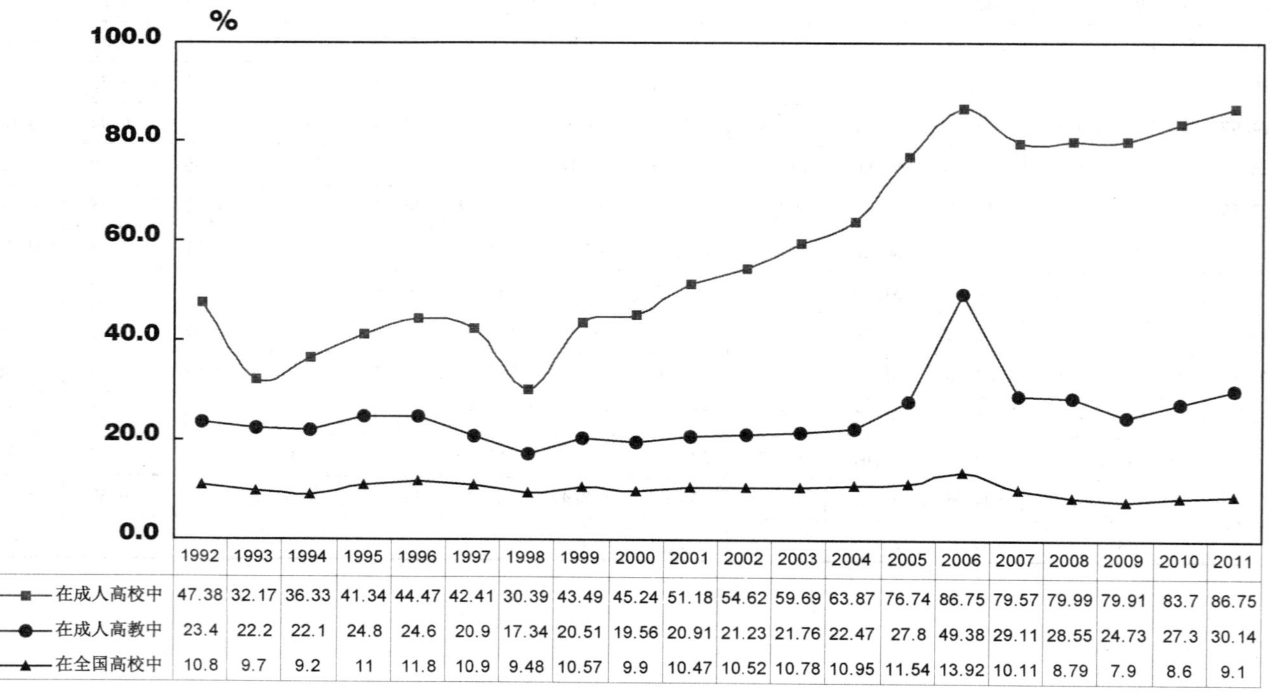

	1992	1993	1994	1995	1996	1997	1998	1999	2000	2001	2002	2003	2004	2005	2006	2007	2008	2009	2010	2011
在成人高校中	47.38	32.17	36.33	41.34	44.47	42.41	30.39	43.49	45.24	51.18	54.62	59.69	63.87	76.74	86.75	79.57	79.99	79.91	83.7	86.75
在成人高教中	23.4	22.2	22.1	24.8	24.6	20.9	17.34	20.51	19.56	20.91	21.23	21.76	22.47	27.8	49.38	29.11	28.55	24.73	27.3	30.14
在全国高校中	10.8	9.7	9.2	11	11.8	10.9	9.48	10.57	9.9	10.47	10.52	10.78	10.95	11.54	13.92	10.11	8.79	7.9	8.6	9.1

6.1 全国高等院校学生和教职工发展情况比较

6.1.1 全国普通高校、成人高校、广播电视大学毕业生、

年	毕业生数						招生数					
	合计	普通高校	招生数				合计	普通高校	招生数			
			小计	普高举办的成人教育	其他成人高校	电大			小计	普高举办的成人教育	其他成人高校	电大
1979	8.51	8.51	/	_	_	_	/	27.5	/	/	/	9.77
1980	25.07	14.66	10.41	1.30	9.11	_	48.47	28.1	20.37	7.23	5.20	7.94
1981	23.38	13.96	9.42	0.70	8.72	_	/	27.9	/	5.61	3.85	_
1982	68.41	45.72	22.69	3.19	10.30	9.20	58.92	31.5	27.42	3.91	5.01	18.50
1983	47.15	33.53	13.62	1.68	5.15	6.79	80.78	39.1	41.68	8.87	9.25	23.56
1984	45.09	28.70	16.39	5.33	9.36	1.70	94.86	47.5	47.36	12.25	14.52	20.59
1985	66.33	31.63	34.70	6.27	11.91	16.52	140.68	61.9	78.78	23.53	27.94	27.31
1986	84.29	39.28	45.01	7.11	13.02	24.88	113.64	57.2	56.44	15.13	19.79	21.52
1987	101.32	53.19	48.13	10.61	19.63	17.89	111.53	61.7	49.83	16.90	19.93	13.00
1988	130.74	55.35	75.39	20.06	27.83	27.50	136.80	66.97	69.83	24.76	25.88	19.19
1989	107.55	57.62	49.93	15.81	21.00	13.12	117.55	59.71	57.84	25.28	20.11	12.45
1990	110.24	61.36	48.88	16.87	19.96	12.05	110.13	60.89	49.24	20.76	17.26	11.22
1991	123.47	61.43	62.04	26.12	19.63	16.29	108.54	61.99	46.55	20.42	15.78	10.35
1992	112.20	60.42	51.78	26.24	13.44	12.10	134.59	75.42	59.17	21.38	23.43	14.36
1993	101.19	57.07	44.12	13.66	20.66	9.80	179.17	92.90	86.27	25.30	39.11	21.86
1994	109.28	63.74	45.54	17.82	17.65	10.07	168.48	89.98	78.50	50.13	5.15	23.22
1995	144.15	80.54	63.61	25.44	22.39	15.78	183.97	92.59	91.38	46.74	24.58	24.25
1996	161.01	83.86	77.15	34.40	23.74	19.01	206.70	96.58	110.12	48.12	25.79	32.03
1997	172.38	82.91	89.47	45.35	25.41	18.71	211.66	100.04	111.62	52.46	27.87	31.29
1998	182.88	82.98	99.90	42.88	39.69	17.33	239.76	108.36	131.40	54.39	45.75	31.50
1999	174.93	84.76	90.17	47.65	24.03	18.49	281.22	154.86	126.36	66.74	29.57	33.05
2000	192.14	94.98	97.16	55.16	23.00	19.00	404.05	220.61	183.44	104.88	35.35	43.21
2001	207.49	103.63	103.86	61.42	20.72	21.72	503.41	268.28	235.13	143.55	35.89	55.69
2002	265.16	133.73	131.43	80.35	23.18	27.90	587.85	320.50	267.35	171.75	36.21	59.39
2003	371.90	187.75	184.15	117.00	27.07	40.08	443.71	382.17	61.54	00.00	00.00	61.54
2004	466.36	239.12	227.24	147.28	28.89	51.07	732.68	447.34	285.34	178.27	31.06	76.01
2005	524.65	306.80	217.85	138.93	18.36	60.56	762.58	504.46	258.12	163.26	21.40	73.46
2006	525.60	377.47	148.13	63.82	11.17	73.14	800.58	546.05	254.53	159.80	18.40	76.33
2007	686.05	447.79	238.26	151.09	17.81	69.36	830.85	565.92	264.93	167.73	17.44	79.76
2008	739.66	511.95	227.71	146.44	16.26	65.01	896.71	607.66	289.05	180.35	15.88	92.82
2009	780.99	531.10	249.89	172.55	15.54	61.80	935.71	639.49	296.22	180.40	14.38	101.44
2010	838.34	575.42	262.92	177.30	13.93	71.69	961.53	661.76	299.77	190.07	12.51	97.19
2011	871.26	608.16	263.10	171.68	12.11	79.31	997.81	681.50	316.31	201.05	11.78	103.48
累计	**8569.17**	**5219.12**	**3350.05**	**1851.51**	**590.67**	**907.87**	/	**7288.43**	/	/	/	**1327.28**

注：本表学生数为高等教育本科、专科学生数。

6.1.4　全国普通高校、成人高校与电大招生发展情况比较图（1992—2011 年）

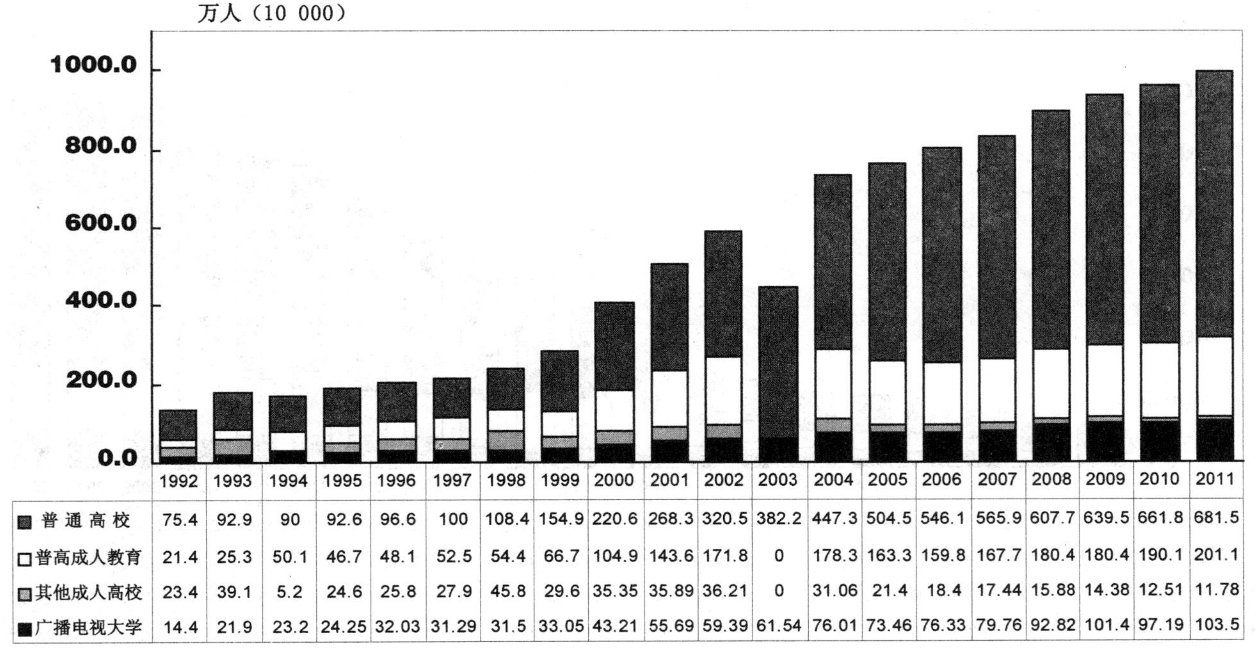

	1992	1993	1994	1995	1996	1997	1998	1999	2000	2001	2002	2003	2004	2005	2006	2007	2008	2009	2010	2011
普通高校	75.4	92.9	90	92.6	96.6	100	108.4	154.9	220.6	268.3	320.5	382.2	447.3	504.5	546.1	565.9	607.7	639.5	661.8	681.5
普高成人教育	21.4	25.3	50.1	46.7	48.1	52.5	54.4	66.7	104.9	143.6	171.8	0	178.3	163.3	159.8	167.7	180.4	180.4	190.1	201.1
其他成人高校	23.4	39.1	5.2	24.6	25.8	27.9	45.8	29.6	35.35	35.89	36.21	0	31.06	21.4	18.4	17.44	15.88	14.38	12.51	11.78
广播电视大学	14.4	21.9	23.2	24.25	32.03	31.29	31.5	33.05	43.21	55.69	59.39	61.54	76.01	73.46	76.33	79.76	92.82	101.4	97.19	103.5

6.1.5　电大招生在全国高校、成人高等教育、成人高校招生中所占比例（1992—2011 年）

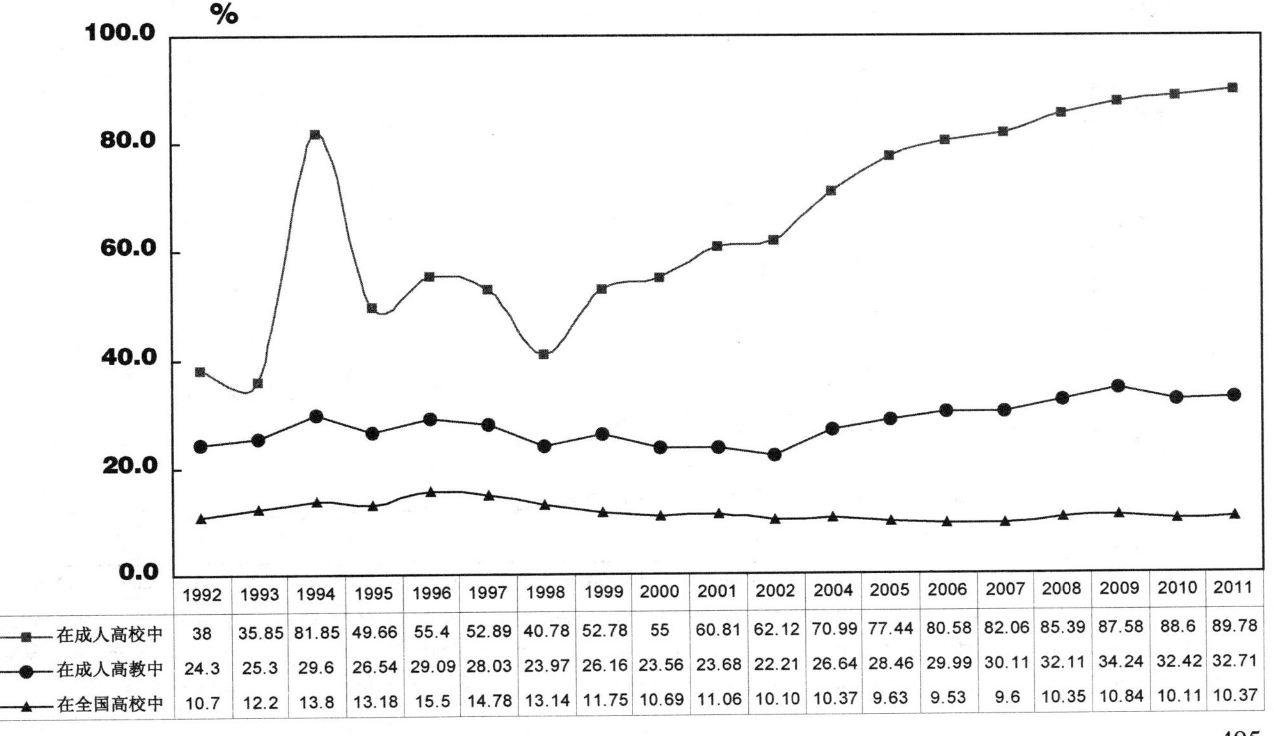

	1992	1993	1994	1995	1996	1997	1998	1999	2000	2001	2002	2004	2005	2006	2007	2008	2009	2010	2011
在成人高校中	38	35.85	81.85	49.66	55.4	52.89	40.78	52.78	55	60.81	62.12	70.99	77.44	80.58	82.06	85.39	87.58	88.6	89.78
在成人高教中	24.3	25.3	29.6	26.54	29.09	28.03	23.97	26.16	23.56	23.68	22.21	26.64	28.46	29.99	30.11	32.11	34.24	32.42	32.71
在全国高校中	10.7	12.2	13.8	13.18	15.5	14.78	13.14	11.75	10.69	11.06	10.10	10.37	9.63	9.53	9.6	10.35	10.84	10.11	10.37

6.1.6 全国普通高校、成人高校与电大在校生发展情况比较图（1992—2011年）

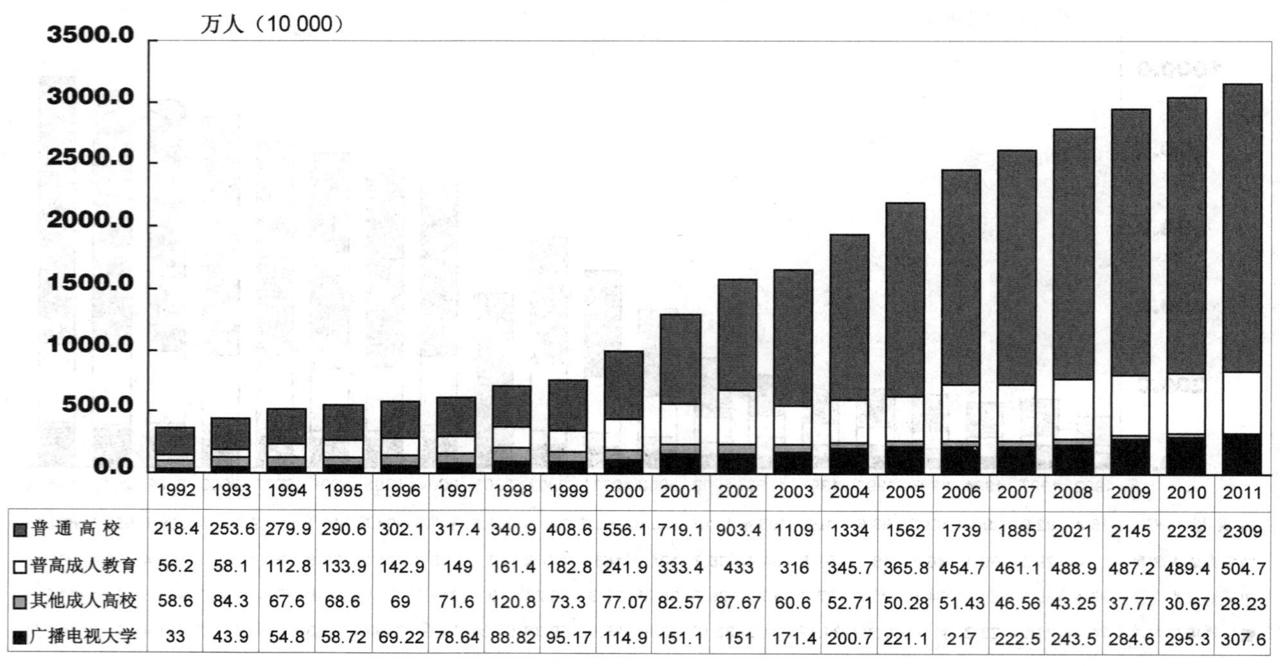

	1992	1993	1994	1995	1996	1997	1998	1999	2000	2001	2002	2003	2004	2005	2006	2007	2008	2009	2010	2011
■普通高校	218.4	253.6	279.9	290.6	302.1	317.4	340.9	408.6	556.1	719.1	903.4	1109	1334	1562	1739	1885	2021	2145	2232	2309
□普高成人教育	56.2	58.1	112.8	133.9	142.9	149	161.4	182.8	241.9	333.4	433	316	345.7	365.8	454.7	461.1	488.9	487.2	489.4	504.7
■其他成人高校	58.6	84.3	67.6	68.6	69	71.6	120.8	73.3	77.07	82.57	87.67	60.6	52.71	50.28	51.43	46.56	43.25	37.77	30.67	28.23
■广播电视大学	33	43.9	54.8	58.72	69.22	78.64	88.82	95.17	114.9	151.1	151	171.4	200.7	221.1	217	222.5	243.5	284.6	295.3	307.6

6.1.7 电大在校生在全国高校、成人高等教育、成人高校在校生中所占比例（1992—2011年）

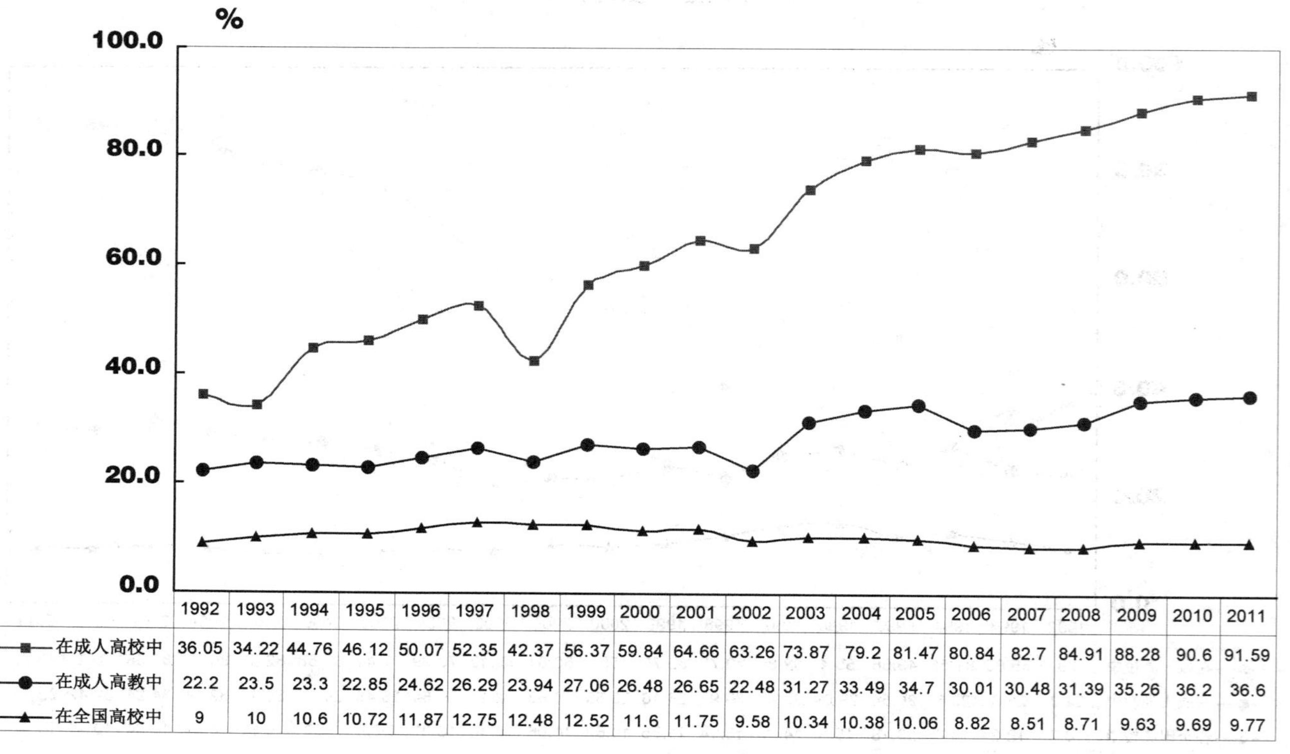

	1992	1993	1994	1995	1996	1997	1998	1999	2000	2001	2002	2003	2004	2005	2006	2007	2008	2009	2010	2011
■在成人高校中	36.05	34.22	44.76	46.12	50.07	52.35	42.37	56.37	59.84	64.66	63.26	73.87	79.2	81.47	80.84	82.7	84.91	88.28	90.6	91.59
●在成人高教中	22.2	23.5	23.3	22.85	24.62	26.29	23.94	27.06	26.48	26.65	22.48	31.27	33.49	34.7	30.01	30.48	31.39	35.26	36.2	36.6
▲在全国高校中	9	10	10.6	10.72	11.87	12.75	12.48	12.52	11.6	11.75	9.58	10.34	10.38	10.06	8.82	8.51	8.71	9.63	9.69	9.77

6.1.8　全国普通高校、其他成人高校与电大教职工发展情况比较图（1992—2011 年）

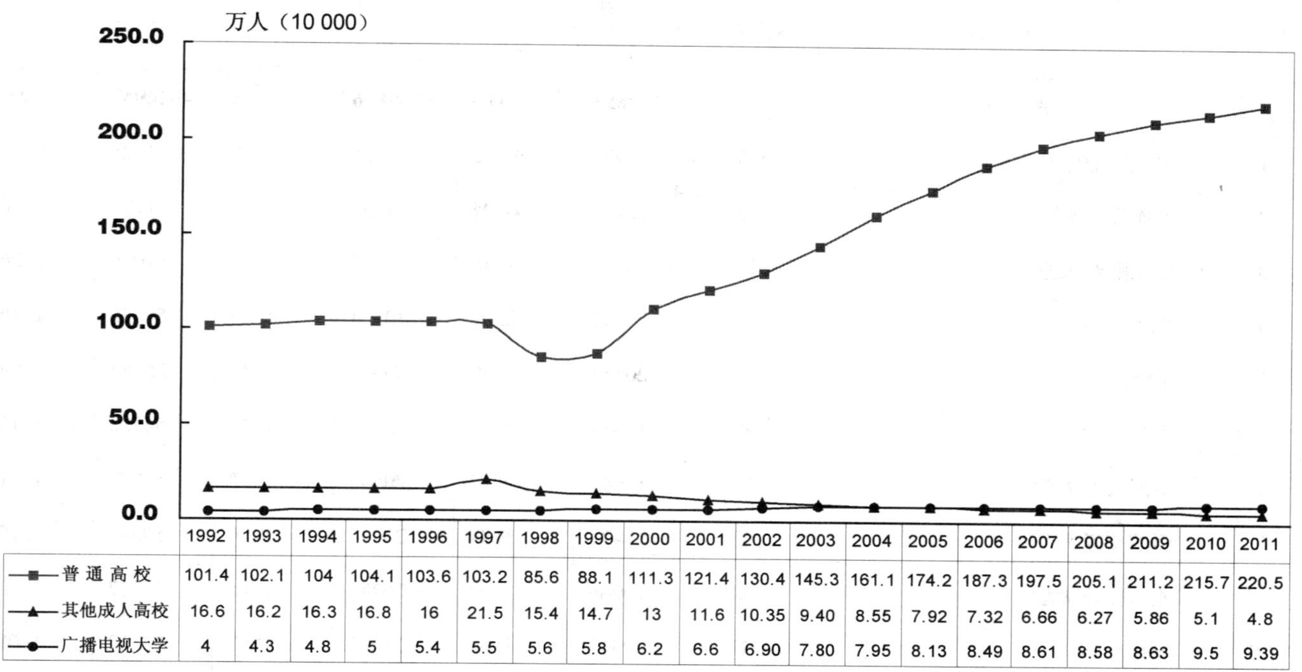

	1992	1993	1994	1995	1996	1997	1998	1999	2000	2001	2002	2003	2004	2005	2006	2007	2008	2009	2010	2011
普通高校	101.4	102.1	104	104.1	103.6	103.2	85.6	88.1	111.3	121.4	130.4	145.3	161.1	174.2	187.3	197.5	205.1	211.2	215.7	220.5
其他成人高校	16.6	16.2	16.3	16.8	16	21.5	15.4	14.7	13	11.6	10.35	9.40	8.55	7.92	7.32	6.66	6.27	5.86	5.1	4.8
广播电视大学	4	4.3	4.8	5	5.4	5.5	5.6	5.8	6.2	6.6	6.90	7.80	7.95	8.13	8.49	8.61	8.58	8.63	9.5	9.39

6.1.9　全国普通高校、其他成人高校与电大专任教师发展情况比较图（1992—2011 年）

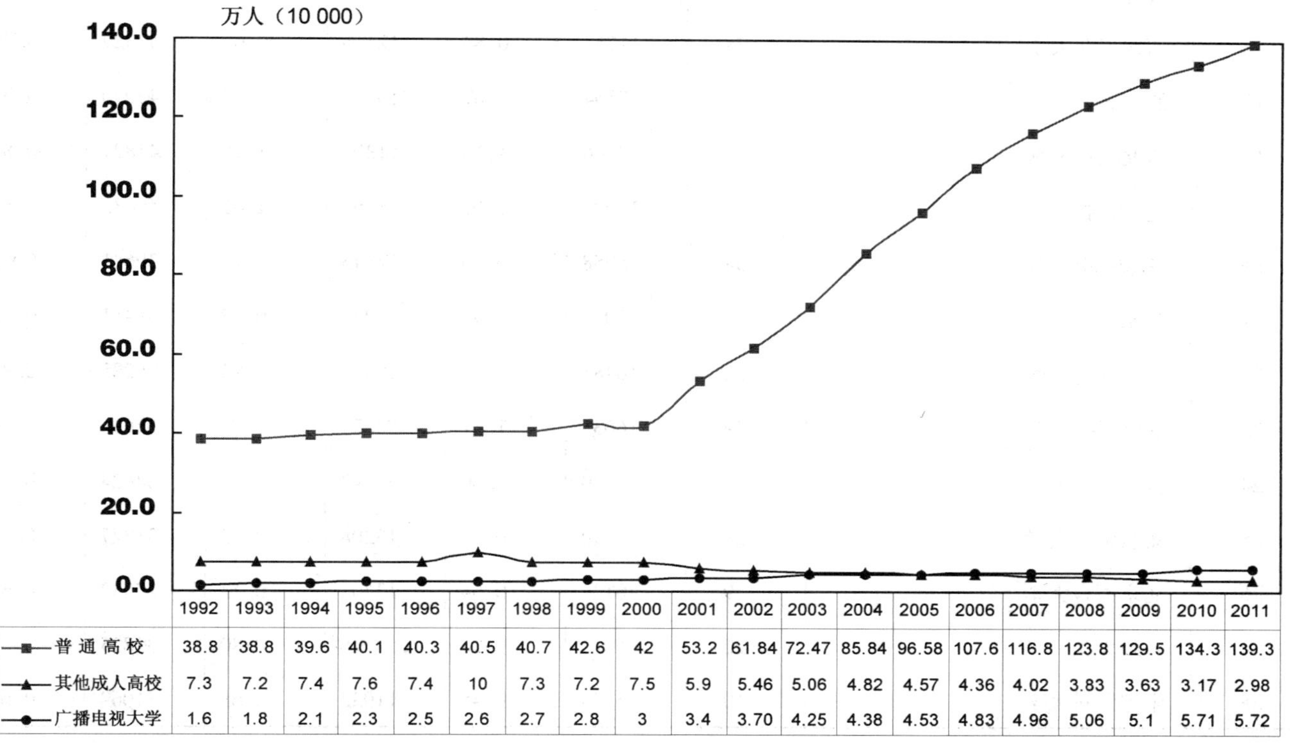

	1992	1993	1994	1995	1996	1997	1998	1999	2000	2001	2002	2003	2004	2005	2006	2007	2008	2009	2010	2011
普通高校	38.8	38.8	39.6	40.1	40.3	40.5	40.7	42.6	42	53.2	61.84	72.47	85.84	96.58	107.6	116.8	123.8	129.5	134.3	139.3
其他成人高校	7.3	7.2	7.4	7.6	7.4	10	7.3	7.2	7.5	5.9	5.46	5.06	4.82	4.57	4.36	4.02	3.83	3.63	3.17	2.98
广播电视大学	1.6	1.8	2.1	2.3	2.5	2.6	2.7	2.8	3	3.4	3.70	4.25	4.38	4.53	4.83	4.96	5.06	5.1	5.71	5.72

6.2 2011年全国高等学历本专科网络教育学生情况

单位：人

序号	学校名称	专业数	毕业生		招生		在校生	
			人数	%	人数	%	人数	%
	总计		**1272823**	**100**	**1839826**	**100**	**4844948**	**100**
1	中央广播电视大学	101	721935	56.72	983425	53.45	2941525	60.71
2	大连理工大学	41	12054	0.95	39358	2.14	71796	1.48
3	东北财经大学	21	18811	1.48	24862	1.35	61036	1.26
4	西南大学	86	26597	2.09	30334	1.65	56286	1.16
5	中南大学	23	20353	1.60	26881	1.46	55185	1.14
6	重庆大学	20	15418	1.21	25961	1.41	54280	1.12
7	中国农业大学	34	11647	0.92	20543	1.12	53893	1.11
8	西南交通大学	42	23477	1.84	23690	1.29	53320	1.10
9	北京交通大学	47	20066	1.58	26706	1.45	53127	1.10
10	郑州大学	37	20307	1.60	21587	1.17	52502	1.08
11	四川大学	37	16286	1.28	13913	0.76	51608	1.07
12	中国石油大学（华东）	41	15777	1.24	24187	1.31	50221	1.04
13	中国人民大学	20	10770	0.85	17818	0.97	48377	1.00
14	浙江大学	39	13654	1.07	18113	0.98	47980	0.99
15	吉林大学	35	3234	0.25	31059	1.69	46507	0.96
16	西北工业大学	28	10751	0.84	12416	0.67	43329	0.89
17	北京大学	21	7794	0.61	10806	0.59	43090	0.89
18	东北农业大学	34	14706	1.16	21208	1.15	41821	0.86
19	电子科技大学	60	13900	1.09	18766	1.02	41035	0.85
20	华南师范大学	34	8958	0.70	15843	0.86	39621	0.82
21	山东大学	67	12044	0.95	16946	0.92	38481	0.79
22	东北师范大学	32	10489	0.82	20532	1.12	36285	0.75
23	华中科技大学	39	16631	1.31	20639	1.12	34636	0.71
24	福建师范大学	57	12770	1.00	20247	1.10	34624	0.71
25	陕西师范大学	28	11992	0.94	13208	0.72	33327	0.69
26	北京语言大学	19	8131	0.64	13407	0.73	32732	0.68
27	兰州大学	22	6062	0.48	14746	0.80	31825	0.66
28	中国医科大学	10	5739	0.45	11932	0.65	31069	0.64

6.2 2011年全国高等学历本专科网络教育学生情况（续表1）

单位：人

序号	学校名称	专业数	毕业生		招生		在校生	
			人数	%	人数	%	人数	%
29	中国地质大学	45	8884	0.70	16996	0.92	30730	0.63
30	中国地质大学（北京）	28	1603	0.13	18542	1.01	30277	0.62
31	北京理工大学	20	3189	0.25	8129	0.44	28682	0.59
32	北京邮电大学	14	5797	0.46	8709	0.47	28200	0.58
33	西南科技大学	27	8235	0.65	17946	0.98	28065	0.58
34	北京师范大学	30	7448	0.59	10767	0.59	27608	0.57
35	北京航空航天大学	24	7726	0.61	7966	0.43	27194	0.56
36	南开大学	35	5780	0.45	12712	0.69	26373	0.54
37	华中师范大学	33	5588	0.44	12006	0.65	26212	0.54
38	四川农业大学	45	7417	0.58	15357	0.83	25641	0.53
39	江南大学	40	8568	0.67	12596	0.68	24053	0.50
40	天津大学	10	4666	0.37	13149	0.71	23026	0.48
41	武汉理工大学	59	8904	0.70	14258	0.77	22129	0.46
42	武汉大学	76	7127	0.56	8700	0.47	20603	0.43
43	西安交通大学	23	9345	0.73	18260	0.99	20601	0.43
44	华南理工大学	51	4769	0.37	7455	0.41	19679	0.41
45	中国石油大学	23	5379	0.42	3500	0.19	19610	0.40
46	东北大学	27	815	0.06	12256	0.67	19437	0.40
47	华东理工大学	38	8324	0.65	5112	0.28	19097	0.39
48	西南财经大学	21	7602	0.60	7961	0.43	16991	0.35
49	西安电子科技大学	38	1510	0.12	6611	0.36	16912	0.35
50	华东师范大学	35	7271	0.57	9669	0.53	16793	0.35
51	上海交通大学	34	6082	0.48	6359	0.35	16011	0.33
52	中山大学	32	5635	0.44	6314	0.34	15817	0.33
53	厦门大学	15	1494	0.12	7972	0.43	15551	0.32
54	北京科技大学	26	6272	0.49	5404	0.29	15430	0.32
55	北京中医药大学	12	3230	0.25	4854	0.26	14812	0.31
56	哈尔滨工业大学	25	2395	0.19	3908	0.21	12809	0.26
57	同济大学	36	9357	0.74	59	0.00	9858	0.20

6.2 2011年全国高等学历本专科网络教育学生情况（续表2）

单位：人

序号	学校名称	专业数	毕业生		招生		在校生	
			人数	%	人数	%	人数	%
58	对外经济贸易大学	23	2741	0.22	4067	0.22	8905	0.18
59	北京外国语大学	14	667	0.05	3123	0.17	7522	0.16
60	东南大学	20	1329	0.10	3153	0.17	7021	0.14
61	南京大学	12	2192	0.17	3055	0.17	6904	0.14
62	中国传媒大学	15	851	0.07	1243	0.07	5411	0.11
63	中央音乐学院	2	1052	0.08	940	0.05	5165	0.11
64	复旦大学	22	1779	0.14	1009	0.05	3316	0.07
65	中国科学技术大学	19	849	0.07	260	0.01	2289	0.05
66	上海外国语大学	13	598	0.05	236	0.01	616	0.01
67	东华大学	7	0	0.00	80	0.00	80	0.00

注：按在校生数排序。

6.3 2011年全国各省电大高等学历教育学生数比较

单位：人

序号	学校	毕业生			招生			在校生		
		计	开放教育	统招本专科	计	开放教育	统招本专科	计	开放教育	统招本专科
	总计	**769056**	**697871**	**71185**	**1005018**	**953628**	**51390**	**2985602**	**2851425**	**134177**
1	广东	53875	53526	349	67383	66166	1217	166897	165031	1866
2	浙江	48330	44039	4291	56830	53478	3352	161450	152963	8487
3	四川	33402	26600	6802	50521	43708	6813	140781	123409	17372
4	江苏	51558	41925	9633	40468	38725	1743	138338	134425	3913
5	湖南	33181	30087	3094	39732	38395	1337	118228	112027	6201
6	安徽	32201	30490	1711	46999	46002	997	117937	116038	1899
7	北京	18249	17507	742	24291	23853	438	115806	114120	1686
8	河南	28951	26420	2531	43248	42432	816	110861	108060	2801
9	河北	32576	31921	655	39744	38941	803	106536	104527	2009
10	陕西	21120	19938	1182	34305	32123	2182	104303	98040	6263
11	重庆	31804	24188	7616	39550	36019	3531	103247	92254	10993
12	湖北	21600	20671	929	31023	29270	1753	103162	97646	5516
13	山东	31584	30571	1013	40683	40478	205	100513	99943	570
14	江西	18173	17780	393	26786	25274	1512	79136	73394	5742
15	福建	17569	16615	954	22913	20642	2271	73297	68724	4573
16	山西	21721	20817	904	20705	19832	873	71818	69960	1858
17	甘肃	18338	16065	2273	23798	22006	1792	71416	64776	6640
18	广州	17896	17896	0	24572	24572	0	70006	70006	0
19	贵州	18131	17013	1118	21899	19794	2105	69141	64707	4434
20	新疆	12684	12129	555	25006	24374	632	66600	64595	2005
21	内蒙古	13829	13190	639	22505	21256	1249	65361	62948	2413
22	辽宁	16927	16927	0	22196	22196	0	64524	64524	0
23	西安	8796	8220	576	18527	18089	438	61274	60026	1248
24	天津	15820	15280	540	16843	16607	236	59830	58260	1570
25	黑龙江	13693	11865	1828	18560	17412	1148	55129	52204	2925
26	云南	12731	9247	3484	17297	15095	2202	53055	49657	3398
27	吉林	11184	9467	1717	16783	15405	1378	50663	48586	2077
28	成都	14366	7393	6973	16654	13861	2793	47326	40344	6982
29	广西	12120	11977	143	13839	13539	300	40785	39981	804
30	深圳	5815	5772	43	8401	8311	90	37368	36582	786
31	南京	8302	5644	2658	7651	6449	1202	37281	34242	3039
32	武汉	5939	5516	423	7636	7421	215	35489	34901	588
33	宁波	10653	9094	1559	11835	10589	1246	35129	32093	3036
34	宁夏	5769	4269	1500	9120	7806	1314	31335	28130	3205
35	哈尔滨	4504	4253	251	8897	8443	454	30848	30055	793
36	上海	8859	8854	5	12326	12326	0	30725	30725	0
37	大连	9840	9289	551	9518	8893	625	30422	29397	1025
38	沈阳	10104	9766	338	8654	8096	558	30248	29034	1214
39	青岛	3266	3207	59	10669	10417	252	25118	24488	630
40	新疆兵团	3846	3520	326	9551	9109	442	21732	20875	857
41	长春	2864	2281	583	6895	6274	621	20459	18986	1473
42	青海	2970	2920	50	5266	5244	22	11717	11270	447
43	海南	1652	1500	152	3765	3542	223	11070	10282	788
44	厦门	2264	2222	42	1174	1164	10	9241	9190	51

注：(1) 按在校生数排序；(2) 本表不含中央电大直属学院的学生数

6.4 2011年全国省级电大非学历教育（进修及培训）结业生数比较

单位：人

	进修及培训												
	合计	一月以内	一月至三月内	三月至半年内	半年至一年内	一年以上	在进修及培训中			在进修及培训中			
							计	资格证书培训	岗位证书培训	计	外语	会计	计算机
总计	**1789181**	**900680**	**559637**	**112520**	**170438**	**45906**	**853224**	**496157**	**357067**	**328792**	**43258**	**114460**	**171074**
中央电大	9773	9016	757	0	0	0	9157	476	8681	616	616	0	0
中央电大直属院校	794	0	794	0	0	0	794	530	264	794	0	794	0
北京	8325	1708	3835	1235	1547	0	5806	2750	3056	1050	223	420	407
天津	13433	6930	3505	1009	834	1155	5203	3602	1601	2807	38	1375	1394
河北	22201	4668	0	17533	0	0	22201	19372	2829	753	0	0	753
山西	2557	2539	0	0	0	18	2370	0	2370	179	179	0	0
内蒙古	17037	14457	2580	0	0	0	13147	8407	4740	62	0	62	0
辽宁	7100	7020	0	80	0	0	0	0	0	0	0	0	0
沈阳	51749	29872	21877	0	0	0	51749	21877	29872	51749	3157	29872	18720
大连	1438	938	500	0	0	0	432	335	97	335	93	70	172
吉林	29480	29357	0	0	123	0	29480	2168	27312	0	0	0	0
长春	2537	690	1361	310	176	0	2537	850	1687	158	0	0	158
黑龙江	28618	18970	2215	1826	1091	4516	9453	2272	7181	2704	0	966	1738
哈尔滨	0	0	0	0	0	0	0	0	0	0	0	0	0
上海	74521	29118	20336	19583	1477	4007	45120	22713	22407	36290	8292	20558	7440
江苏	96582	70348	12867	7463	3227	2677	44752	27304	17448	71303	22586	11912	36805
南京	12858	6995	3433	2430	0	0	5799	5316	483	3936	723	1969	1244
浙江	69929	52420	8116	3653	1689	4051	22893	14544	8349	13450	860	9825	2765
宁波	8493	7818	675	0	0	0	3049	1227	1822	4030	0	96	3934
安徽	144346	6144	1103	267	136743	89	6079	5077	1002	1563	120	308	1135
福建	33145	9419	22499	656	571	0	5578	1476	4102	6499	1279	1803	3417
厦门	0	0	0	0	0	0	0	0	0	0	0	0	0
江西	2588	2027	561	0	0	0	1285	988	297	826	0	51	775
山东	40276	35022	3317	553	858	526	32779	18703	14076	13758	0	281	13477
青岛	9318	3070	925	5323	0	0	9318	925	8393	0	0	0	0
河南	263740	238347	25393	0	0	0	261780	232984	28796	600	0	0	600
湖北	1721	701	0	0	1020	0	1261	1200	61	0	0	0	0
武汉	9387	7490	20	1593	0	284	7311	2653	4658	2562	0	0	2562
湖南	63850	57735	940	182	1369	3624	30825	18685	12140	4291	346	1552	2393
广东	30169	15529	9692	4733	168	47	20733	10258	10475	10151	360	5036	4755
广州	17186	2347	7438	4416	2562	423	12072	9046	3026	2796	298	1653	845
深圳	1345	630	233	362	120	0	1105	690	415	801	110	596	95
广西	2546	0	2214	332	0	0	2434	220	2214	306	0	306	0
海南	178	84	94	0	0	0	94	94	0	84	0	84	0
四川	79161	31851	8388	30704	8008	210	45055	2398	42657	3498	682	798	2018
成都	5241	139	5102	0	0	0	3102	931	2171	4558	931	1627	2000
重庆	383236	7616	375190	0	0	430	3566	3082	484	3595	77	1234	2284
贵州	22190	5035	0	0	0	17155	0	0	0	355	0	0	355
云南	8970	8970	0	0	0	0	8876	870	8006	0	0	0	0
陕西	25390	3895	4738	6131	5860	4766	16482	8438	8044	7433	1375	330	5728
西安	1738	1591	0	0	120	27	1738	1628	110	987	690	0	297
甘肃	168512	153428	8193	2146	2844	1901	101735	38383	63352	65418	89	12929	52400
青海	342	30	312	0	0	0	0	0	0	0	0	0	0
宁夏	912	912	0	0	0	0	912	0	912	0	0	0	0
新疆	16269	15804	434	0	31	0	5162	3685	1477	8495	134	7953	408
新疆兵团	0	0	0	0	0	0	0	0	0	0	0	0	0

6.5　2011年全国各地电大高等学历教育学生数占当地人口数的比例

单位：人次

序号	行政区划	人口数		毕业生数		招生数		在校生数	
		万人	%	人	1/10，000	人	1/10，000	人	1/10，000
		1	2	3	4 = 3/1	5	6 = 5/1	7	8 = 7/1
	总　　计	**134091**	**100**	**769416**	**5.74**	**1005865**	**7.50**	**2988699**	**22.29**
1	北　　京	1962	1.46	18249	9.30	24291	12.38	115806	59.03
2	天　　津	1299	0.97	15820	12.18	16843	12.96	59830	46.05
3	河　　北	7194	5.36	32576	4.53	39744	5.52	106536	14.81
4	山　　西	3574	2.67	21721	6.08	20705	5.79	71818	20.09
5	内 蒙 古	2472	1.84	13829	5.59	22505	9.10	65361	26.44
6	辽　　宁	4375	3.26	36871	8.43	40368	9.23	125194	28.62
7	吉　　林	2747	2.05	14048	5.11	23678	8.62	71122	25.89
8	黑 龙 江	3833	2.86	18197	4.75	27457	7.16	85977	22.43
9	上　　海	2303	1.72	8859	3.85	12326	5.35	30725	13.34
10	江　　苏	7869	5.87	59860	7.61	48119	6.11	175619	22.32
11	浙　　江	5447	4.06	58983	10.83	68665	12.61	196579	36.09
12	安　　徽	5957	4.44	32201	5.41	46999	7.89	117937	19.80
13	福　　建	3693	2.75	19833	5.37	24087	6.52	82538	22.35
14	江　　西	4462	3.33	18173	4.07	26786	6.00	79136	17.73
15	山　　东	9588	7.15	34850	3.63	51352	5.36	125631	13.10
16	河　　南	9405	7.01	28951	3.08	43248	4.60	110861	11.79
17	湖　　北	5728	4.27	27539	4.81	38659	6.75	138651	24.21
18	湖　　南	6570	4.90	33181	5.05	39732	6.05	118228	17.99
19	广　　东	10441	7.79	77586	7.43	100356	9.61	274271	26.27
20	广　　西	4610	3.44	12120	2.63	13839	3.00	40785	8.85
21	海　　南	869	0.65	1652	1.90	3765	4.33	11070	12.75
22	四　　川	2885	2.15	47768	16.56	67175	23.29	188107	65.21
23	重　　庆	8045	6.00	31804	3.95	39550	4.92	103247	12.83
24	贵　　州	3479	2.59	18131	5.21	21899	6.29	69141	19.87
25	云　　南	4602	3.43	12731	2.77	17297	3.76	53055	11.53
26	西　　藏	301	0.22	360	1.20	847	2.82	3097	10.30
27	陕　　西	3735	2.79	29916	8.01	52832	14.14	165577	44.33
28	甘　　肃	2560	1.91	18338	7.16	23798	9.30	71416	27.90
29	青　　海	563	0.42	2970	5.28	5266	9.35	11717	20.81
30	宁　　夏	633	0.47	5769	9.11	9120	14.41	31335	49.51
31	新　　疆	2185	1.63	16530	7.56	34557	15.81	88332	40.42

注：1. 表中人口数据摘自国家统计局的《中国统计年鉴2011》。人口数中，全国总计包括中国人民解放军现役军人数，但不包括香港、澳门特别行政区和台湾省数据，分省数据中未包括中国人民解放军现役军人数。

2. 电大高等学历教育学生数为：①开放教育本科（专科起点）、专科、“一村一”学生数；②高职；③成招专科（含专升本）之和。

3. 全国电大学生数总计中不包括除中央电大西藏学院外的其他中央电大直属院校；省级电大学生数按行政区域分别填列。

4. 表中，如“4 = 3/1”表示编号为4的列中值等于编号为3的列中数字除以编号为1的列中数字，其他相同。第4列、第6列、第8列的数字表示每万人口中电大相应的学生数。

6.6　2011年全国各省电大教职工数比较

单位：人

序号	学校	教职工		其中			
		人数	%	高级职称	中级职称	初级职称	未定职级
	总　　计	**93024**	**100**	**22618**	**36761**	**18342**	**15303**
1	江　苏	8711	9.36	2287	3749	1639	1036
2	广　东	5611	6.03	706	2331	1215	1359
3	浙　江	4805	5.17	1241	2119	720	725
4	湖　南	4546	4.89	1441	1941	725	439
5	山　东	3924	4.22	1016	1371	934	603
6	四　川	3665	3.94	828	1284	574	979
7	黑龙江	3403	3.66	1241	1239	528	395
8	云　南	3383	3.64	756	1181	886	560
9	甘　肃	3304	3.55	672	1414	801	417
10	新　疆	2970	3.19	598	1097	616	659
11	河　南	2952	3.17	601	1274	610	467
12	天　津	2830	3.04	993	1042	463	332
13	湖　北	2684	2.89	598	1082	602	402
14	山　西	2679	2.88	536	1211	531	401
15	陕　西	2583	2.78	588	985	627	383
16	重　庆	2475	2.66	538	932	521	484
17	辽　宁	2412	2.59	641	824	581	366
18	广　州	2403	2.58	434	885	551	533
19	北　京	2356	2.53	440	927	488	501
20	江　西	2341	2.52	859	796	358	328
21	上　海	2157	2.32	341	1006	385	425
22	武　汉	2057	2.21	547	692	470	348
23	安　徽	1919	2.06	323	768	506	322
24	吉　林	1670	1.80	422	770	334	144
25	河　北	1652	1.78	507	597	234	314
26	福　建	1575	1.69	326	660	344	245
27	贵　州	1261	1.36	164	516	342	239
28	广　西	1058	1.14	195	465	189	209
29	内蒙古	1048	1.13	387	381	163	117
30	宁　夏	1024	1.10	334	370	183	137
31	成　都	952	1.02	130	381	188	253
32	青　岛	700	0.75	159	267	202	72
33	深　圳	699	0.75	131	163	65	340
34	新疆兵团	699	0.75	189	257	113	140
35	沈　阳	691	0.74	276	237	68	110
36	西　安	608	0.65	119	197	141	151
37	青　海	590	0.63	231	245	56	58
38	南　京	587	0.63	134	265	129	59
39	大　连	511	0.55	256	166	34	55
40	宁　波	455	0.49	106	249	54	46
41	长　春	383	0.41	104	188	57	34
42	哈尔滨	367	0.39	147	127	50	43
43	厦　门	188	0.20	58	76	37	17
44	海　南	136	0.15	18	34	28	56

注：(1) 按教职工数排序；(2) 本表不含中央电大和中央电大直属院校数据

VII 附　录

本章由广播电视大学信息代码和全国广播电视大学通讯名录两部分组成。

1. 广播电视大学信息代码（2010 版）包括：

• 全国广播电视大学学校名称代码；

• 全国广播电视大学专业分类目录代码。

全国广播电视大学学校名称代码（2010 版）是 2009 版的续版。

全国广播电视大学专业分类目录代码（2010 版），是根据教育部颁布的“高等学校本科专业目录（统计用）”改编而成。

2. 中央电大及省级电大学校通讯录。

简要说明

1. 随着全国广播电视大学的发展，电大的专业设置在进行适应性的改变，省级广播电视大学及其下属分校、工作站的机构也在不断调整和变化。为体现这些新的调整和变化，《全国广播电视大学信息代码》也在不断更新和完善。本次更新后的版本称为 2010 版。新版本的信息代码仍与教育部教育管理信息中心、发展规划司统计处的信息代码兼容，适用于全国电大系统内部的数据共享。各省（市）电大自行编制的有关代码，仍可在本省（市）电大内部继续使用，但在向中央广播电视大学上报报表和数据时，必须使用或转换成中央广播电视大学发布的统一代码。

2. 全国广播电视大学学校名称代码实行“一校一码，新校新码”。

3. 新建立的学校由上一级广播电视大学根据已有学校的代码顺序，给予新的“学校名称代码”。“学校名称代码”一经给出将永远保留，不得调换或挪用。新建立的广播电视大学的学校名称，以当地教育行政部门批文和学校公章为准，学校的级别也按批文的规定填报。

4. “全国广播电视大学学校名称代码”表中，在学校名称前标有“ * ”的学校，表示该校在上学年度或若干年前停止上报《高等教育基层统计报表》，其学校名称及代码仍继续保留。

7.1　广播电视大学信息代码（2011 版）

7.1.1　全国广播电视大学学校名称代码

全国广播电视大学学校名称代码根据教育部现行的学校代码加工编制而成。代码在全国电大系统内部使用，适用于全国各级电大填报电大版《高等教育学校（机构）统计报表》，按学校名称代码向上级电大上报时使用。

代码的定义如下：

学校名称代码以八位数字表示。其中第一位、第二位表示电大所在省、自治区、直辖市，第三位不为“0”表示所在省的计划单列市，后五位数字为“0”的，表示为省、自治区、直辖市、计划单列市和独立设置的省级广播电视大学。第四位、第五位、第六位不为“0”，第七、第八位为“0”的，表示省级电大下属的分校和直接管理的电大工作站。第七位、第八位不为“0”代表县级广播电视大学。

代码第一位、第二位、第三位为省级电大编码位。第四位、第五位、第六位为电大分校和省校直接管理的工作站的顺序编码位。第七位、第八位为县级电大顺序编码位。

代码	学校名称
01000000	**中央广播电视大学**
01100000	**中央电大直属学院**
01100100	中央电大西藏学院
01100200	中央电大八一学院
01100300	中央电大总参学院
01100400	中央电大北京学习中心
01100500	中央电大太原学习中心
01100600	中央电大南海学习中心
01100700	中央电大 TCL 学习中心
01100900	中央电大北大医学部教学点
01101000	中央电大中国政法大学教学点
01101100	中央电大残疾人教育学院
01101200	中央电大空军学院
11000000	**北京广播电视大学**
11000100	东城分校
11000200	西城分校
11000300	崇文分校
11000400	宣武分校
11000500	朝阳区分校
11000600	海淀分校
11000700	丰台区分校
11000800	石景山分校
11000900	通州区分校
11001000	房山区分校
11001100	昌平分校
11001200	平谷分校
11001300	怀柔分校
11001400	密云分校
11001500	延庆分校
11001600	大兴分校
11001700	顺义分校
11001800	门头沟分校
11002400	航天部三院工作站
11003700	首钢工作站
11004100	燕山分校
11004200	一商干校工作站
11004300	文化局工作站
11005400	水务局工作站
11005600	北京市园林局工作站
11005700	医药分校
11005800	供销社分校
11005900	矿山工作站
11006200	北京卫校教学点
11006300	崇文卫校工作站
11006500	海淀卫校工作站
11006600	联大商务学院教学点
11006700	市公务员培训中心教学点
11006800	电子科技学院工作站
11006900	纺织工作站
11007100	中德中心教学点
11007200	汽修学校工作站
11007300	市建职大工作站
11007400	市工干院工作站
11007600	供销学校工作站
11007700	金融学院工作站
11007800	北京电大工贸技师学院工作站
11007900	电科职院工作站
11008000	联大特教学院教学点
11008100	经管学校工作站
11008200	工业技师工作站
11008300	崇培中心工作站
11008400	昌平职校工作站
11008500	铁路卫校工作站
11008600	汽车技校工作站
11008700	昌平卫校工作站
12000000	**天津广播电视大学**
12000200	新华分校
12000300	南开分校
12000400	河东工作站
12000500	河西工作站
12000600	河北工作站
12000700	红桥工作站
12000800	塘沽分校
12000900	汉沽分校
12001100	大港分校
12001200	东丽分校
12001300	津南区分校
12001400	西青分校
12001500	北辰分校
12001600	武清分校
12001700	静海分校
12001800	宝坻分校
12001900	宁河分校
12002300	化工局工作站
12002400	纺织局工作站
12002700	机械工作站

代　码	学校名称
12002800	渤海化工集团公司工作站
12003400	财政局工作站
12003500	劳动和社会保障局工作站
12003700	物资集团公司工作站
12003900	建工学院
12004000	一商集团有限公司工作站
12004100	公用局工作站
12004200	铁路分局工作站
12004400	财贸分校
12004500	政法管理干部学院工作站
12004800	台盟工作站
12005000	经委工作站
12005100	蓟县分校
12005800	天津铁路工程分校
12005900	市政分校
12006100	天津市劳动局旅游服务学校
12006200	天津广播电视大学经管学院
12006300	天津广播电视大学文法学院
12006400	天津市工程高级技工学校
12006500	天津广播电视大学外语学院
12006600	天津广播电视大学滨海学院
12007000	天津广播电视大学理工学院
12007100	轻工职业技术学院
13000000	**河北广播电视大学**
13000100	石家庄广播电视大学
13000200	唐山广播电视大学
13000300	秦皇岛广播电视大学
13000500	邯郸广播电视大学
13000700	承德广播电视大学
13000900	邢台广播电视大学
13001100	保定广播电视大学
13001300	张家口广播电视大学
13001500	沧州广播电视大学
13001700	廊坊广播电视大学
13001800	衡水广播电视大学
13002000	省直分校
13002100	电力分校
14000000	**山西广播电视大学**
14000100	太原广播电视大学
14000101	小店区电大工作站
14000102	杏花岭区电大工作站
14000103	万柏林区电大工作站
14000104	尖草坪区电大工作站

代　码	学校名称
14000105	晋源区电大工作站
14000106	古交市电大工作站
14000107	清徐县电大工作站
14000108	阳曲县电大工作站
14000109	娄烦县电大工作站
14000111	太原卫校工作站
14000114	新华教学点
14000200	大同广播电视大学
14000201	灵丘电大
14000202	浑源电大
14000203	新荣电大
14000204	广灵教师培训学校
14000205	南郊进修学校
14000206	天镇进修学校
14000207	阳高进修校
14000300	阳泉广播电视大学
14000301	化工厂培训中心
14000302	阳煤集团职教中心
14000303	盂县进修学校
14000304	郊区工作站
14000305	平定职业中学
14000400	长治广播电视大学
14000401	壶关电大工作站
14000402	潞城电大工作站
14000403	长子电大工作站
14000404	黎城电大工作站
14000406	沁源电大工作站
14000408	襄垣电大工作站
14000409	屯留电大工作站
14000410	平顺电大工作站
14000411	沁县电大工作站
14000412	长治潞安职业技术培训学校工作站
14000500	晋城广播电视大学
14000501	城区电大工作站
14000502	泽州电大工作站
14000503	高平电大工作站
14000504	阳城电大工作站
14000505	沁水电大工作站
14000506	陵川电大工作站
14000700	忻州广播电视大学
14000701	忻府区教师进修校
14000702	忻州商校教学点
14000703	五台县教师进修校

代　码	学校名称
14000704	保德县教师进修校
14000705	河曲县教师进修校
14000706	偏关县教师进修校
14000707	五寨县教师进修校
14000708	岢岚县教师进修校
14000709	静乐县教师进修校
14000710	宁武县教师进修校
14000711	代县教师进修校
14000800	晋中广播电视大学
14000801	介休工作站
14000802	灵石工作站
14000803	昔阳工作站
14000804	祁县工作站
14000805	平遥工作站
14000806	左权工作站
14000807	太谷工作站
14000808	和顺工作站
14000809	寿阳工作站
14000810	榆社工作站
14000900	吕梁广播电视大学
14000901	临县电大
14000902	方山电大
14000903	兴县电大
14000904	孝义电大
14000905	文水电大
14000906	交城电大
14000907	石楼教学点
14000908	岚县教学点
14000909	中阳电大
14000910	交口教学点
14001000	临汾分校
14001001	翼城教师进修校
14001002	霍州市委党校
14001003	乡宁教学点
14001004	汾西县教师进修校
14001005	隰县教学点
14001006	洪洞教学点
14001007	安泽教学点
14001100	运城广播电视大学
14001101	河津电大工作站
14001102	夏县电大工作站
14001103	闻喜电大工作站
14001104	芮城电大工作站

代　码	学校名称
14001105	永济电大工作站
14001106	临猗电大工作站
14001107	垣曲电大工作站
14001108	稷山电大工作站
14001109	新绛电大工作站
14001110	盐湖区电大工作站
14001111	万荣电大工作站
14001112	平陆电大工作站
14001200	朔州广播电视大学
14001201	平鲁区电大工作站
14001202	山阴县电大工作站
14001203	怀仁县电大工作站
14001204	应县进修校
14001300	中条山广播电视大学
14001400	长北铁路分校
14001800	公路系统分校
14001900	侯马学习中心
14002000	繁峙学习中心
14002100	原平学习中心
14002200	临汾工商校学习中心
14002300	柳林电大
14002400	中化学习中心
14002500	省统计局直属教学点
14002600	同煤集团党校教学点
14002700	大同机车技校教学点
14002800	大同大学教学点
15000000	**内蒙古广播电视大学**
15000100	呼和浩特市广播电视大学
15000200	包头广播电视大学
15000300	赤峰市广播电视大学
15000400	呼伦贝尔市广播电视大学
15000500	兴安盟广播电视大学
15000600	哲里木盟广播电视大学
15000700	锡林郭勒盟广播电视大学
15000800	乌兰察布盟广播电视大学
15000900	鄂尔多斯市广播电视大学
15001000	巴盟广播电视大学
15001100	乌海市广播电视大学
15001200	阿拉善盟广播电视大学
15001400	铁道学院广播电视大学
15001500	哲盟霍林河矿区广播电视大学
15001600	扎赉诺尔矿区广播电视大学
15001700	大雁矿区广播电视大学

代　码	学校名称
21000000	**辽宁广播电视大学**
21000100	鞍山广播电视大学
21000200	抚顺广播电视大学
21000300	本溪广播电视大学
21000400	锦州分校
21000500	丹东分校
21000600	营口分校
21000700	辽阳分校
21000800	朝阳广播电视大学
21000900	阜新分校
21001000	铁岭广播电视大学
21001100	盘锦分校
21001200	辽河石油勘探局广播电视大学
21001400	沈阳铁路局电大
21002100	葫芦岛市电大分校
21002200	辽宁省水利厅工作站
21002300	辽宁广播电视大学新民学院
21002400	辽宁广播电视大学海城学院
21002500	辽宁广播电视大学东港学院
21100000	**沈阳广播电视大学**
21100100	沈北新区分校
21100200	康平分校
21100300	法库分校
21100400	苏家屯分校
21100500	东陵分校
21100600	新民分校
21100700	于洪分校
21100800	辽中分校
21200000	**大连广播电视大学**
21200100	庄河分校
21200200	普兰店分校
21200300	瓦房店分校
21200400	金州分校
21200500	旅顺分校
21200600	长海分校
21200700	甘井子分校
21200800	大连开发区分校
22000000	**吉林广播电视大学**
22001100	吉林分校
22001200	四平分校
22001300	延边分校
22001400	通化分校
22001500	辽源分校
22001600	白山分校
22001700	白城分校
22001800	松原分校
22002100	长春市建筑职工业余大学
22100000	**长春广播电视大学**
22100200	榆树市分校
22100300	九台市分校
22100400	德惠分校
22100500	农安分校
22100900	双阳区工作站
22101500	长影分校
22101900	民进分校
23000000	**黑龙江广播电视大学**
23000100	齐齐哈尔市广播电视大学
23000101	克东分校
23000102	拜泉分校
23000103	依安分校
23000104	讷河分校
23000105	甘南分校
23000106	龙江分校
23000107	富裕分校
23000108	碾子山区分校
23000109	富拉尔基区分校
23000110	泰来分校
23000200	牡丹江市广播电视大学
23000201	林口分校
23000202	海林分校
23000203	宁安分校
23000204	穆棱分校
23000205	东宁分校
23000206	绥芬河分校
23000300	佳木斯广播电视大学
23000301	桦南分校
23000302	同江分校
23000303	桦川分校
23000304	富锦分校
23000500	绥化地区广播电视大学
23000501	庆安分校
23000502	青岗分校
23000503	绥棱分校
23000504	兰西分校
23000505	肇东分校
23000506	安达分校

代码	学校名称
23000507	明水分校
23000508	望奎分校
23000509	海伦分校
23000600	黑河市广播电视大学
23000601	北安分校
23000602	五大连池分校
23000603	逊克分校
23000604	孙吴分校
23000605	嫩江分校
23000700	大兴安岭广播电视大学
23000701	塔河分校
23000702	漠河分校
23000703	呼中分校
23000800	伊春市广播电视大学
23000801	嘉荫分校
23000802	铁力分校
23000900	大庆广播电视大学
23000901	林甸分校
23000902	杜蒙分校
23000903	肇源分校
23000904	肇州分校
23001000	鸡西广播电视大学
23001001	密山分校
23001002	虎林分校
23001100	鹤岗广播电视大学
23001101	萝北分校
23001102	绥滨分校
23001200	双鸭山市广播电视大学
23001201	宝清分校
23001202	饶河分校
23001203	集贤分校
23001300	七台河广播电视大学
23001400	省农垦广播电视大学
23001401	牡丹江农垦电大分校
23001402	北安农垦电大分校
23001403	宝泉岭农垦电大分校
23001404	红兴隆农垦电大分校
23001405	建三江农垦电大分校
23001406	绥化农垦分校
23001500	牡丹江林区广播电视大学
23001600	松花江林区广播电视大学
23001601	兴隆林业局电大分校
23001602	山河屯林业局电大分校
23001603	清河林业局电大分校
23001604	苇河林业局电大分校
23001605	亚布力林业局电大分校
23001606	通北林业局电大分校
23001607	方正林业局电大分校
23001608	沾河林业局电大分校
23001609	绥棱林业局电大分校
23002100	合林林区电大直属分校
23100000	**哈尔滨广播电视大学**
23100100	阿城电大分校
23100200	呼兰分校
23100300	宾县分校
23100400	方正分校
23100500	依兰分校
23101500	哈尔滨工业大学工会电大工作站
23105100	双城分校
23105200	通河分校
23105300	木兰分校
23105400	延寿分校
23105500	巴彦分校
23105600	五常分校
23105700	尚志分校
31000000	**上海电视大学**
31000100	虹口分校
31000200	闵行二分校
31000300	宝山分校
31000400	浦东新区分校
31000500	闵行一分校
31000600	金山分校
31000700	松江分校
31000800	南汇分校
31000900	奉贤分校
31001000	青浦分校
31001100	崇明分校
31001200	嘉定分校
31001500	区县工业管理局分校
31001600	农工商集团分校
31002000	物资(集团)总公司分校
31002300	商业分校
31002500	黄浦区经贸委分校
31002600	长宁分校
31002700	闸北分校
31002900	卢湾分校

代码	学校名称
31003000	杨浦分校
31003100	黄浦分校
31003200	普陀分校
31003300	静安分校
31004300	西区分部
31004500	工程大中山分校
31006600	石化分校
31006900	邮电分校
31008800	徐汇财贸分校
31009100	徐汇分校
31009200	浦东新区农校教学点
32000000	**江苏广播电视大学**
32000100	镇江市高等专科学校
32000101	镇江市广播电视大学扬中分校
32000102	镇江市广播电视大学丹阳分校
32000103	镇江市广播电视大学丹徒分校
32000104	镇江市广播电视大学建委分校
32000200	常州市广播电视大学
32000201	常州市广播电视大学新北区分校
32000300	无锡市广播电视大学
32000301	无锡市广播电视大学江阴分校
32000400	苏州市广播电视大学
32000401	苏州市广播电视大学太仓分校
32000402	苏州市广播电视大学吴江分校
32000500	南通市广播电视大学
32000501	南通市广播电视大学海门分校
32000502	南通市广播电视大学启东分校
32000503	南通市广播电视大学如皋分校
32000600	扬州市广播电视大学
32000601	扬州市广播电视大学高邮分校
32000602	扬州市广播电视大学宝应分校
32000603	扬州市广播电视大学邗江分校
32000700	徐州市广播电视大学
32000701	徐州市广播电视大学睢宁分校
32000702	徐州市广播电视大学铜山分校
32000703	徐州市广播电视大学新沂分校
32000704	徐州市广播电视大学邳州分校
32000705	徐州市广播电视大学商业分校
32000706	徐州市广播电视大学贾汪分校
32000707	徐州市广播电视大学大屯煤电公司分校
32000800	淮安市广播电视大学
32000801	淮安市广播电视大学金湖分校

代码	学校名称
32000802	淮安市广播电视大学淮阴区分校
32000803	淮安市广播电视大学洪泽分校
32000804	淮安市广播电视大学涟水分校
32000900	盐城市广播电视大学
32000901	盐城市广播电视大学亭湖区分校
32000902	盐城市广播电视大学建湖分校
32000903	盐城市广播电视大学射阳分校
32000904	盐城市广播电视大学滨海分校
32000905	盐城市广播电视大学阜宁分校
32000906	盐城市广播电视大学响水分校
32001000	连云港广播电视大学
32001001	连云港市广播电视大学赣榆分校
32001002	连云港市广播电视大学东海分校
32001003	连云港市广播电视大学灌南分校
32001004	连云港市广播电视大学灌云分校
32001100	泰州市广播电视大学
32001101	泰州市广播电视大学泰兴分校
32001102	泰州市广播电视大学姜堰分校
32001103	泰州市广播电视大学兴化分校
32001200	宿迁市广播电视大学
32001201	宿迁市广播电视大学泗洪分校
32001202	宿迁市广播电视大学泗阳分校
32001203	宿迁市广播电视大学沭阳分校
32001400	江苏广播电视大学化工学院
32001500	江苏广播电视大学武进学院
32001600	江苏广播电视大学宜兴学院
32001700	江苏广播电视大学张家港学院
32001800	江苏广播电视大学昆山学院
32001900	江苏广播电视大学常熟学院
32002000	江苏广播电视大学吴中学院
32002100	江苏广播电视大学大丰学院
32002200	江苏广播电视大学江都学院
32002300	江苏广播电视大学沛县学院
32002400	江苏广播电视大学靖江学院
32002500	江苏广播电视大学通州学院
32002600	江苏广播电视大学东台学院
32002700	江苏广播电视大学楚州学院
32002800	江苏广播电视大学句容学院
32002900	江苏广播电视大学溧阳学院
32003100	江苏广播电视大学仪征学院
32003200	江苏广播电视大学金坛学院
32003300	江苏广播电视大学如东学院
32003400	江苏广播电视大学海安学院

代　码	学校名称
32003500	江苏广播电视大学盱眙学院
32003600	江苏广播电视大学盐都学院
32003700	江苏广播电视大学丰县学院
32100000	**南京市广播电视大学**
32100100	江宁分校
32100300	六合分校
32100400	高淳分校
32100500	溧水分校
32101200	浦口分校
32101300	玄武分校
32101400	白下分校
32101500	秦淮分校
32101600	建邺分校
32101700	鼓楼分校
32101800	下关分校
32101900	雨花台分校
32102000	栖霞分校
33000000	**浙江广播电视大学**
33000100	杭州广播电视大学
33000101	萧山学院
33000102	余杭分校
33000103	富阳学院
33000104	临安分校
33000105	桐庐分校
33000106	建德分校
33000107	淳安学院
33000200	嘉兴广播电视大学
33000201	嘉善学院
33000202	平湖学院
33000203	海盐学院
33000204	海宁学院
33000205	桐乡学院
33000300	湖州广播电视大学
33000301	长兴学院
33000302	德清学院
33000303	安吉分校
33000400	绍兴广播电视大学
33000401	绍兴学院
33000402	诸暨学院
33000403	上虞学院
33000404	嵊州学院
33000405	新昌学院
33000500	舟山广播电视大学

代　码	学校名称
33000501	普陀分校
33000502	岱山分校
33000503	嵊泗分校
33000600	金华广播电视大学
33000601	兰溪分校
33000602	武义分校
33000603	永康学院
33000604	义乌学院
33000605	东阳学院
33000606	浦江分校
33000607	磐安分校
33000700	衢州广播电视大学
33000701	柯城分校
33000702	江山分校
33000703	常山分校
33000704	开化分校
33000705	龙游分校
33000800	台州广播电视大学
33000801	临海学院
33000802	黄岩分校
33000803	温岭分校
33000804	仙居学院
33000805	玉环学院
33000806	三门学院
33000807	天台学院
33000900	丽水广播电视大学
33000901	缙云分校
33000902	遂昌分校
33000903	松阳电大
33000904	景宁分校
33000905	云和分校
33000906	龙泉分校
33000907	庆元分校
33000908	青田学院
33001000	温州广播电视大学
33001001	永嘉学院
33001002	瓯海分校
33001003	平阳分校
33001004	瑞安分校
33001005	乐清分校
33001006	文成分校
33001007	洞头分校
33001008	泰顺分校

代码	学校名称
33001009	苍南分校
33001200	巨化分校
33001500	经贸分校
33001800	工商学院
33001900	特教学院
33002100	温州机电技工学校教学点
33002200	杭州高级技工学校教学点
33002300	浙江同济职业学院教学点
33002400	浙江统计培训中心教学点
33002500	杭州交通职高教学点
33002600	杭州东方舰桥培训中心教学点
33100000	**宁波广播电视大学**
33100100	鄞县分校
33100200	余姚学院
33100300	慈溪学院
33100400	宁海学院
33100500	象山分校
33100600	奉化分校
33100700	镇海工作站
33100900	江北工作站
33101000	北仑分校
33101100	宁波东钱湖旅游度假区电大工作站
34000000	**安徽广播电视大学**
34000100	合肥分校
34000200	蚌埠分校
34000300	芜湖市分校
34000400	淮南分校
34000500	淮北分校
34000600	马鞍山分校
34000700	铜陵分校
34000800	黄山市分校
34000900	安庆市分校
34001000	六安分校
34001100	阜阳分校
34001200	宣城分校
34001300	巢湖分校
34001400	滁州市分校
34001500	池州分校
34001600	宿州分校
34001700	省直分校
34002100	亳州分校
35000000	**福建广播电视大学**
35000100	福州分校

代码	学校名称
35000200	三明分校
35000300	宁德分校
35000400	南平分校
35000500	漳州分校
35000600	泉州分校
35000700	龙岩分校
35000800	莆田分校
35000900	高等职业技术学院
35001200	永安分校
35001300	邵武分校
35001400	漳浦分校
35001600	开放教育学院
35100000	**厦门市广播电视大学**
35100100	厦门电大同安区工作站
35100300	厦门市杏林区电大工作站
35100400	厦门市湖里区电大工作站
35100500	厦门市司法局电大工作站
35100600	厦门市思明区电大工作站
36000000	**江西广播电视大学**
36000100	南昌市分校
36000101	安义县工作站(工会职校)
36000102	安义县教师进修学校教学点
36000103	进贤县教师进修学校教学点
36000104	新建县教师进修学校教学点
36000105	南昌县教师进修学校
36000200	景德镇市分校
36000201	乐平市教师进修学校教学点
36000300	九江市分校
36000301	武宁县工作站
36000302	德安县工作站
36000303	都昌县工作站
36000304	庐山工作站
36000305	彭泽县工作站
36000306	永修县工作站
36000307	修水县工作站
36000308	省武工作站
36000309	湖口县工作站
36000310	星子县工作站
36000311	瑞昌工作站(教师进修学校)
36000400	萍乡市分校
36000401	芦溪县工作站
36000402	上栗县电大工作站
36000403	湘东区工作站

代　码	学校名称
36000404	莲花县工作站
36000405	萍乡市卫生学校
36000500	新余市分校
36000501	分宜县工作站
36000600	鹰潭市分校
36000601	贵溪市工作站
36000602	鹰潭应用工程学校
36000603	中共余江县委党校
36000700	赣州广播电视大学
36000701	中共南康市委党校教学点
36000702	中共上犹县委党校教学点
36000703	寻乌县工作站(教师进修学校)
36000704	中共信丰县委党校教学点
36000705	兴国县教师进修学校教学点
36000706	中共兴国县委党校教学点
36000707	瑞金市工作站(教师进修学校)
36000708	定南教师进修学校教学点
36000709	中共崇义县委党校教学点
36000710	宁都县教师进修学校教学点
36000711	大余县教师进修学校
36000712	信丰县教师进修学校教学点
36000713	龙南教师进修学校
36000715	安远县委党校
36000716	于都县委党校
36000717	全南县教师进修学校
36000718	石城县教师进修学校教学点
36000800	宜春广播电视大学
36000801	樟树工作站(教师进修学校)
36000802	樟树职工学校教学点
36000803	丰城市教师进修学校教学点
36000804	靖安县工作站
36000805	奉新县工作站(教师进修学校)
36000806	高安工作站(教师进修学校)
36000807	上高工作站(职工学校)
36000808	铜鼓县教师进修学校教学点
36000809	万载县教师进修学校教学点
36000810	宜丰县工作站(教师进修学校)
36000811	中共丰城市委党校教学点
36000812	上高教师进修学校
36000813	江西省轻工高级技校
36000814	高安市委党校
36000900	电大吉安市分校
36000901	吉安县教师进修学校教学点

代　码	学校名称
36000902	吉水县教师进修学校教学点
36000903	永新县工作站
36000904	中共遂川县委党校教学点
36000905	安福县教师进修学校
36000906	万安县委党校
36000907	峡江县委党校
36000908	新干县委党校
36000909	中共永丰县委党校教学点
36001000	上饶广播电视大学
36001001	广丰县工作站
36001002	鄱阳县工作站
36001003	德兴市工作站
36001004	婺源县工作站
36001005	横峰县工作站
36001006	上饶县工作站
36001007	万年县工作站
36001008	玉山县工作站
36001009	铅山县工作站
36001010	余干县工作站
36001011	弋阳县工作站
36001100	抚州广播电视大学
36001101	黎川县工作站
36001102	南丰县工作站
36001103	南城县工作站
36001104	金溪县工作站
36001105	资溪县工作站
36001107	乐安县工作站
37000000	**山东广播电视大学**
37000100	济南广播电视大学
37000200	烟台广播电视大学
37000300	潍坊广播电视大学
37000400	淄博广播电视大学
37000500	威海市广播电视大学
37000600	临沂广播电视大学
37000700	德州广播电视大学
37000800	滨州广播电视大学
37000900	菏泽广播电视大学
37001000	聊城广播电视大学
37001100	泰安广播电视大学
37001200	枣庄广播电视大学
37001300	济宁广播电视大学
37001400	东营广播电视大学
37001500	胜利油田广播电视大学

代码	学校名称
37001800	莱芜钢铁总厂广播电视大学
37002000	省直工作处
37002100	日照广播电视大学
37002300	荣成市广播电视大学
37002400	莱芜科技成人中专
37100000	**青岛广播电视大学**
37100100	莱西分校
37100200	平度分校
37100300	胶州分校
37100400	胶南分校
37100500	即墨分校
37100600	黄岛分校
37100700	崂山分校
37100800	城阳分校
37100900	李沧区分校
41000000	**河南广播电视大学**
41000100	河南省直广播电视大学
41000200	郑州广播电视大学
41000300	开封广播电视大学
41000400	洛阳广播电视大学
41000500	新乡广播电视大学
41000600	焦作广播电视大学
41000700	安阳广播电视大学
41000800	濮阳广播电视大学
41000900	鹤壁广播电视大学
41001000	商丘广播电视大学
41001100	三门峡广播电视大学
41001200	平顶山广播电视大学
41001300	驻马店广播电视大学
41001400	许昌广播电视大学
41001500	信阳广播电视大学
41001600	南阳广播电视大学
41001700	周口广播电视大学
41001800	漯河广播电视大学
41001900	郑州铁路局广播电视大学
41002000	中原油田广播电视大学
41002300	济源广播电视大学
41002400	河南省工商行政管理分校
42000000	**湖北广播电视大学**
42000100	黄冈广播电视大学
42000200	孝感市广播电视大学
42000300	咸宁地区广播电视大学
42000400	荆州地区广播电视大学
42000600	宜昌市广播电视大学
42000700	黄石广播电视大学
42000800	十堰市广播电视大学
42001000	襄樊广播电视大学
42001400	恩施土家族苗族自治州广播电视大学
42002100	湖北广播电视大学大冶有色金属公司分校
42002200	天门市广播电视大学
42002300	潜江市广播电视大学
42002400	仙桃广播电视大学
42002500	湖北广播电视大学江汉油田分校
42002800	湖北广播电视大学钟祥分校
42006800	随州广播电视大学
42100000	**武汉市广播电视大学**
42100100	江岸分校
42100200	武昌分校
42100300	桥口分校
42100400	汉阳分校
42100600	青山分校
42100700	洪山分校
42100800	东西湖分校
42100900	汉南分校
42101000	江夏分校
42101100	蔡甸分校
42101200	黄陂分校
42101300	新洲分校
42103400	武钢分校
42104500	江汉区电大分校
43000000	**湖南广播电视大学**
43000200	长沙广播电视大学
43000201	长沙县教师进修学校
43000202	望城县电大工作站
43000203	浏阳教师进修学校
43000204	宁乡县教师进修学校
43000205	宁乡玉潭联校点
43000207	长沙国宾旅游学校
43000300	株洲广播电视大学
43000301	株洲市艺术设计学校
43000302	湖南省商业技术学院
43000303	株洲市技术学院
43000304	株洲县电大工作站
43000305	株洲分校醴陵电大工作站
43000306	攸县电大工作站
43000307	茶陵县电大工作站

代　码	学校名称
43000308	炎陵县电大工作站
43000309	株洲市中等职业学校
43000400	湘潭广播电视大学
43000401	湘潭县财政局教学点
43000402	湘潭新华电脑学校
43000403	湘乡市东山教学点
43000404	湘乡市第一职业中专
43000405	韶山市司法局教学点
43000500	衡阳市广播电视大学
43000501	耒阳师范学校教学点
43000502	衡东农广校教学点
43000503	祁东县电大教学点
43000504	衡阳市城南电大站
43000505	衡阳电大常宁分校
43000506	衡山县教师进修学校
43000507	湖南科技经贸职业学院
43000600	邵阳广播电视大学
43000601	洞口县成人中专校
43000602	邵东县电大工作站
43000603	新宁县电大工作站
43000604	中共新邵县委党校
43000605	隆回县委党校
43000606	武冈市电大工作站
43000607	绥宁县教师进修学校
43000608	邵阳县电大工作站
43000609	城步县电大工作站
43000700	岳阳广播电视大学
43000701	岳阳县电大工作站
43000702	临湘市电大工作站
43000703	华容县电大工作站
43000704	汨罗县电大工作站
43000705	平江县电大工作站
43000706	湘阴县电大工作站
43000707	岳阳县教师进修学校
43000800	娄底广播电视大学
43000801	涟源市教研师训中心
43000802	双峰县电大工作站
43000803	冷水江市教学点
43000804	新化县教师进修学校
43000900	零陵分校
43000901	宁远县教师进修学校
43000902	江永县教师进修学校
43000903	道县教师进修学校
43000904	蓝山县教师进修学校
43000905	江华县教师进修学校教学点
43000906	祁阳县电大工作站
43000907	新田县电大工作站
43000908	东安县教师进修学校
43001000	郴州广播电视大学
43001001	永兴县电大工作站
43001002	宜章县电大工作站
43001003	桂阳县电大工作站
43001004	汝城县电大工作站
43001005	资兴市电大工作站
43001007	桂东县电大工作站
43001010	中共嘉禾县委党校
43001100	益阳广播电视大学
43001101	南县电大工作站
43001102	桃江县电大站
43001103	沅江市教师进修学校
43001104	安化县教师进修学校
43001105	资阳电大工作站
43001107	赫山电大工作站
43001108	益阳分校第一职业中专学校
43001109	益阳分校湘益中专教学点
43001200	常德广播电视大学
43001201	武陵区电大工作站
43001202	常德电大鼎城工作站
43001203	汉寿县电大工作站
43001204	桃源县电大工作站
43001205	临澧县电大工作站
43001206	石门县电大工作站
43001207	澧县电大工作站
43001208	安乡县电大工作站
43001300	怀化广播电视大学
43001301	沅陵工业中专
43001302	沅陵县远程教育站
43001303	辰溪县委党校
43001304	芷江县电大工作站
43001305	新晃县教师进修学校
43001306	洪江市第一教师进修学校
43001307	洪江区电大教学点
43001308	洪江市振华学校
43001309	会同县职业中专学校教学点
43001310	通道县职业技术总校教学点
43001311	靖州县教师进修学校教学点

代　码	学校名称
43001312	怀化万昌职业中专
43001313	溆浦县教师进修学校
43001314	怀化分校麻阳教师进修学校
43001315	芷江师范
43001316	洪江市教师进修学校
43001317	怀化分校会同党校
43001318	湖南电大怀化分校沅陵教学点
43001400	湘西民族广播电视大学
43001401	花垣县电大工作站
43001402	龙山县电大工作站
43001403	永顺县电大工作站
43001404	保靖县电大工作站
43001405	古丈县电大工作站
43001406	凤凰县电大工作站
43001407	泸溪县电大工作站
43001500	张家界市广播电视大学
43001501	桑植县电大工作站
43001502	慈利县电大工作站
43001600	津市分校
43001700	岳阳石化总厂广播电视大学
43002000	卫生分校
43002001	省中医药高等专科学校
43002003	衡阳市卫校
43002004	邵阳市医专
43002005	岳阳职业技术学院
43002006	娄底市卫校
43002007	永州职业技术学院
43002008	郴州医专
43002010	常德职业技术学院
43002011	怀化医专
43002013	湘南学院教学点
43002015	益阳医学高等专科学校
43002100	涟钢分校
43002200	湖南广播电视大学药学分校
44000000	**广东广播电视大学**
44000400	法律分校
44000500	省电力局分校
44000600	省公路局分校
44000800	广东电大深圳拱北海关分校
44000900	珠海市广播电视大学
44000901	斗门广播电视大学
44001000	汕头广播电视大学
44001001	汕头广播电视大学潮阳电大
44001002	汕头广播电视大学澄海电大
44001100	韶关市广播电视大学
44001101	韶关市曲江区广播电视大学
44001102	仁化广播电视大学
44001103	新丰县广播电视大学
44001104	广东省翁源县广播电视大学
44001105	始兴县广播电视大学
44001106	南雄市广播电视大学
44001107	乐昌市广播电视大学
44001108	乳源瑶族自治县广播电视大学
44001200	汕尾市广播电视大学
44001201	海丰县广播电视大学
44001202	陆丰市广播电视大学
44001203	陆河县广播电视大学
44001300	梅州市广播电视大学
44001301	梅江区广播电视大学
44001302	蕉岭县广播电视大学
44001303	大埔县广播电视大学
44001304	丰顺县广播电视大学
44001305	五华县广播电视大学
44001306	广东省兴宁市广播电视大学
44001307	平远县广播电视大学
44001400	惠州市广播电视大学
44001401	惠阳区广播电视大学
44001402	惠东县广播电视大学
44001403	博罗县广播电视大学
44001404	龙门县广播电视大学
44001500	东莞市广播电视大学
44001600	中山市广播电视大学
44001700	江门市广播电视大学
44001701	新会市广播电视大学
44001702	台山磐石电视大学
44001703	开平市广播电视大学
44001704	恩平市广播电视大学
44001705	鹤山市广播电视大学
44001800	佛山广播电视大学
44001801	三水广播电视大学
44001802	高明广播电视大学
44001900	阳江市广播电视大学
44001901	阳春市广播电视大学
44002000	湛江市广播电视大学
44002001	雷州市广播电视大学
44002002	徐闻县广播电视大学

代码	学校名称
44002003	遂溪县广播电视大学
44002004	吴川市广播电视大学
44002005	廉江市广播电视大学
44002100	茂名广播电视大学
44002101	高州市广播电视大学
44002102	信宜市广播电视大学
44002103	电白广播电视大学
44002104	化州市广播电视大学
44002200	肇庆广播电视大学
44002201	高要市广播电视大学
44002202	四会市广播电视大学
44002203	广宁县广播电视大学
44002204	德庆县广播电视大学
44002205	封开县广播电视大学
44002206	怀集县广播电视大学
44002300	清远市广播电视大学
44002301	英德电大
44002302	佛冈县广播电视大学
44002303	阳山县广播电视大学
44002304	连山壮族瑶族自治县广播电视大学
44002305	连南瑶族自治县广播电视大学
44002306	连州市广播电视大学
44002400	潮州广播电视大学
44002401	饶平县广播电视大学
44002402	潮安广播电视大学
44002500	揭阳广播电视大学
44002501	普宁市广播电视大学
44002502	广东省揭西县广播电视大学
44002503	惠来县广播电视大学
44002504	揭东县广播电视大学
44002600	河源广播电视大学
44002601	和平县广播电视大学
44002602	龙川广播电视大学
44002603	紫金县广播电视大学
44002604	连平县广播电视大学
44002700	云浮市广播电视大学
44002701	云硫电大
44002702	罗定市广播电视大学
44002703	新兴电大
44002704	郁南电大
44002800	南海广播电视大学
44002900	顺德广播电视大学
44100000	**广州市广播电视大学**

代码	学校名称
44100100	东山区分校
44100200	海珠区分校
44100400	荔湾分校
44100500	越秀区分校
44100600	天河区分校
44100700	开发区分校
44101300	市轻工业局分校
44101400	侨光分校
44101500	机电局分校
44101800	法律专业工作站
44102300	市二轻局工作站
44102400	番禺区广播电视大学
44102500	从化市分校
44102600	花都区广播电视大学
44102700	增城市广播电视大学
44104100	市银行学校电大工作站
44104200	东方教学点
44105400	金融分校
44106200	广州市广播电视大学广大人文学院工作站
44106300	广州电大黄埔工作站
44106400	广州电大广州港分校
44106500	广州电大商贸工作站
44106600	广州康大工作站
44106700	广州电大中奥工作站
44106800	广州电大幼师工作站
44200000	**深圳市广播电视大学**
44200100	蛇口分校
44200200	宝安分校
44200300	沙头角分校
44200400	南山分校
44200500	龙岗分校
44200600	罗湖分校
44200700	福田分校
44200800	光明教学点
44200900	龙华教学点
44201000	高技校教学点
44201100	观澜教学点
45000000	**广西广播电视大学**
45000100	广西电大区直分校
45000200	南宁市广播电视大学
45000300	柳州市广播电视大学
45000400	桂林市广播电视大学
45000500	梧州市分校

代码	学校名称
45000700	南宁地区电大分校
45000800	来宾市分校
45001000	贺州市分校
45001200	百色民族分校
45001400	钦州市分校
45001500	北海市广播电视大学
45001600	检察分校
45001900	贵港市广播电视大学
45002100	防城港市工作站
45002200	玉林商务分校
45002500	广西电大工商分校
45002700	广西银行学校电大工作站
46000000	**海南广播电视大学**
51000000	**四川广播电视大学**
51000100	建设厅分校
51000200	省级机关分校
51000300	成都铁路局分校
51000400	德阳广播电视大学
51000500	绵阳广播电视大学
51000600	广元广播电视大学
51000700	四川电大遂宁应用职业技术学校教学点
51000800	雅安分校
51000900	乐山广播电视大学
51001000	内江广播电视大学
51001100	自贡广播电视大学
51001200	宜宾广播电视大学
51001300	泸州广播电视大学
51001400	南充广播电视大学
51001500	达州广播电视大学
51002000	甘孜分校
51002100	凉山广播电视大学
51002200	攀枝花广播电视大学
51002400	巴中广播电视大学
51002500	广安广播电视大学
51002600	眉山广播电视大学
51002800	资阳广播电视大学
51003000	阿坝广播电视大学
51003100	四川广播电视大学直属学院蓬溪分校
51003200	四川广播电视大学直属学院射洪分校
51003300	四川广播电视大学直属学院大英分校
51003400	四川广播电视大学直属学院西昌分院
51003500	四川广播电视大学直属学院雷波工作站
51003600	四川广播电视大学直属学院宁南工作站
51003700	四川广播电视大学直属学院甘洛工作站
51003800	四川广播电视大学直属学院越西工作站
51003900	四川广播电视大学直属学院昭觉工作站
51004000	四川广播电视大学直属学院美姑工作站
51100000	**成都广播电视大学**
51100100	龙泉分校
51100200	彭州分校
51100300	新都分校
51100400	双流分校
51100500	崇州分校
51100600	邛崃分校
51100700	郫县分校
51100800	温江分校
51101100	金堂分校
51101200	五冶分校
51101300	蒲江分校
51101500	电子工业分校
51101700	新津分校
51101800	青羊分校
51102100	旅游分校
51200000	**重庆广播电视大学**
51200100	渝中区分校
51200200	重庆铁路分校
51200300	重庆钢铁公司分校
51200400	南岸分校
51200700	九龙坡工作站
51200800	江北工作站
51200900	沙坪坝区电大分校
51201000	永川市广播电视大学
51201100	北碚区工作站
51201200	万盛区工作站
51201300	荣昌县工作站
51201400	綦江县工作站
51201600	合川广播电视大学
51201700	长寿分校
51201800	铜梁县工作站
51201900	渝北分校
51202000	潼南县工作站
51202100	大足县工作站
51202200	巴南分校
51202300	江津广播电视大学
51202400	大渡口分校
51202500	璧山分校

代　码	学校名称
51202600	万州广播电视大学
51202700	涪陵广播电视大学
51202800	黔江广播电视大学
51202900	南川分校
51203000	垫江分校
51203100	丰都县电大工作站
51203200	武隆分校
51203300	梁平县电大工作站
51203400	重庆电大经贸学院
51203700	重庆电大建筑工程学院
51203800	酉阳分校
51203900	秀山分校
51204000	石柱分校
51204100	彭水电大工作站
51204200	奉节县电大工作站
51204300	云阳县电大工作站
51204400	巫山分校
51204500	巫溪电大工作站
51204600	城口电大工作站
51204700	开县电大工作站
51204800	忠县电大工作站
51204900	铜梁分校
51205100	重庆电大企业管理学院
51205200	市药监局电大工作站
52000000	**贵州广播电视大学**
52000100	省直分校
52000200	贵阳市分校
52000300	遵义地区分校
52000400	安顺地区分校
52000500	黔南州分校
52000600	黔东南州分校
52000700	黔西南州分校
52000800	毕节地区分校
52000900	六盘水市分校
52001000	铜仁分校
52001500	水城钢铁公司分校
52001800	航天管理局工作站
52001900	黎阳机械公司工作站
52002400	贵航技校电大工作站
53000000	**云南广播电视大学**
53000100	昆明广播电视大学
53000200	玉溪广播电视大学
53000300	思茅广播电视大学

代　码	学校名称
53000400	西双版纳广播电视大学
53000500	红河分校
53000600	文山分校
53000700	曲靖分校
53000800	昭通分校
53001000	楚雄广播电视大学
53001100	大理分校
53001200	保山分校
53001300	临沧分校
53001400	德宏广播电视大学
53001500	丽江分校
53001800	文山州民族干部学校
53003200	昆明市总工会分校
53006700	云南省电大政法分校
61000000	**陕西省广播电视大学**
61000100	延安分校
61000200	榆林地区分校
61000300	咸阳市分校
61000400	宝鸡市分校
61000500	安康分校
61000600	汉中分校
61000700	渭南分校
61000800	商洛地区分校
61000900	铜川市分校
61001000	航空工业局工作站
61001100	省电子工业局工作站
61001200	兵器工业管理局工作站
61001600	省冶金局工作站
61001900	省石油化学工业局工作站
61002800	陕西省纺织公司工作站
61003500	省水利厅工作站
61005700	高新分校
61005900	省电大商务厅工作站
61006500	新城分校
61006700	工运学院电大
61008600	陕西广播电视大学宝鸡农校教育中心
61008700	陕西银行学校
61009200	西安工程技术学院
61009600	陕西省机电工程学校
61010000	陕西通信技术学院
61010400	陕西广播电视大学镇安财校教学点
61010700	西安铁路高级工学校
61010900	陕西省理工学校

代码	学校名称
61011000	陕西扶贫技术学院教学点
61100000	**西安市广播电视大学**
61100100	西安电大城东分校
61100200	西安电大现代教育培训学院
61100300	莲湖区分校
61100600	长安分校
61100700	临潼分校
61101000	西电公司工作站
61101700	莲湖科技学校工作站
61102300	西安电大北洋工作站
61103300	翠华培训学院工作站
61103900	富士日本语专修学院工作站
61104000	蓝田分校
61105500	高陵分校
61106800	艺术学院
61106900	西安电大城中分校
61107500	西安广播电视大学城南分校
61107600	西安广播电视大学城西分校
61107700	西安广播电视大学城北分校
61107800	西安广播电视大学高新分校
61107900	西安广播电视大学周户分校
62000000	**甘肃广播电视大学**
62000100	兰州分校
62000101	西固区工作站
62000102	红古区工作站
62000103	永登工作站
62000104	榆中工作站
62000105	红古党校工作站
62000106	永登党校工作站
62000107	园艺学校教学点
62000200	天水分校
62000201	清水工作站
62000202	秦安工作站
62000203	甘谷工作站
62000204	武山工作站
62000205	张家川工作站
62000207	麦积工作站
62000300	白银分校
62000301	白银区工作站
62000302	平川区工作站
62000303	靖远工作站
62000304	会宁工作站
62000305	景泰工作站

代码	学校名称
62000306	靖煤教学点
62000307	会宁职专教学点
62000400	金昌分校
62000500	嘉峪关分校
62000600	庆阳分校
62000601	环县工作站
62000602	合水工作站
62000603	正宁工作站
62000604	宁县工作站
62000605	镇原工作站
62000700	平凉分校
62000702	泾川工作站
62000703	灵台工作站
62000704	崇信工作站
62000705	华亭工作站
62000706	庄浪工作站
62000707	静宁工作站
62000800	陇南分校
62000801	成县工作站
62000802	文县工作站
62000803	宕昌工作站
62000804	康县工作站
62000805	西和工作站
62000806	礼县工作站
62000807	徽县工作站
62000808	两当工作站
62000900	定西分校
62000901	通渭工作站
62000902	渭源工作站
62000903	临洮工作站
62000904	漳县工作站
62000905	岷县工作站
62001000	武威分校
62001001	凉州区工作站
62001002	民勤工作站
62001003	古浪工作站
62001004	天祝工作站
62001100	张掖分校
62001101	肃南工作站
62001102	临泽工作站
62001103	高台工作站
62001104	山丹工作站
62001200	酒泉分校

代　码	学校名称
62001201	瓜州工作站
62001202	阿克塞工作站
62001203	玉门工作站
62001204	敦煌工作站
62001300	甘南分校
62001301	临潭工作站
62001302	卓尼工作站
62001303	舟曲工作站
62001304	迭部工作站
62001400	临夏分校
62001401	康乐工作站
62001402	永靖工作站
62001403	广河工作站
62001404	和政工作站
62001405	东乡工作站
62001406	积石山工作站
62001600	四零四厂分校
62001800	省农垦分校
62001801	黄羊教学点
62001900	农垦河西分校
62001901	金塔教学点
62001902	瓜州教学点
62001903	玉门教学点
62001904	敦煌教学点
62002100	滨河分校
62002300	直属学院
62002301	教学分部
62003100	水电部五局工作站
62003200	武威卫校工作站
62003300	陇南农校工作站
62003400	兰州石化公司工作站
62003600	五零四厂工作站
62003900	省财贸学校工作站
62004100	职业技术学院
62004200	城建教学点
62004300	中德培训中心教学点
62004400	兰州铁路技工学校教学点
63000000	**青海广播电视大学**
63000300	海西州广播电视大学
63000400	海北州广播电视大学
63000500	海南州广播电视大学
63000700	玉树州广播电视大学
63000800	果洛州广播电视大学
63001000	平安县广播电视大学
63001100	乐都广播电视大学
63001200	互助县广播电视大学
63001300	湟源县广播电视大学
63001400	民和县广播电视大学
63001700	大通师范电大
63002100	湟中县广播电视大学
63002200	化隆县广播电视大学
63002300	循化县广播电视大学
63003100	海西州格尔木工作站
63003500	省直属分校
63003800	黄南州工作站
63004800	青海省人事厅人才交流中心
63004900	门源职校教学点
63005100	海南州职校教学点
63005200	贵德职校电大
64000000	宁夏广播电视大学
64000100	石嘴山分校
64000200	银川市分校
64000300	吴忠市分校
64001200	工业职业学院电大分校
64001400	青铜峡市电大工作站
64001500	中宁县工作站
64001600	盐池县电大工作站
64001700	同心县电大工作站
64001800	中卫市分校
64001900	永宁县电大工作站
64002000	贺兰县电大工作站
64002200	平罗县电大工作站
64002600	银川铁路系统分校
64002800	灵武市电大工作站
64002900	西吉电大工作站
64003000	隆德县电大工作站
64003100	海原县电大工作站
64003400	宁夏电大新闻培训中心
64004000	固原市原州区电大工作站
65000000	**新疆广播电视大学**
65000100	乌鲁木齐广播电视大学
65000200	哈密广播电视大学
65000201	哈密巴里坤县电大
65000300	昌吉广播电视大学
65000301	昌吉玛纳斯县电大
65000302	昌吉呼图壁县电大

代　码	学校名称
65000303	昌吉米泉市电大
65000304	昌吉阜康市电大
65000305	昌吉吉木萨尔县电大
65000306	昌吉奇台县电大
65000307	昌吉木垒县电大
65000400	克拉玛依广播电视大学
65000500	阿勒泰广播电视大学
65000501	阿勒泰布尔津县电大
65000502	阿勒泰富蕴县电大
65000503	阿勒泰福海县电大
65000504	阿勒泰哈巴河县电大
65000505	阿勒泰青河县电大
65000506	阿勒泰吉木乃县电大
65000600	塔城广播电视大学
65000601	塔城额敏县电大
65000602	塔城乌苏市电大
65000603	塔城沙湾县电大
65000604	塔城托里县电大
65000605	塔城裕民县电大
65000606	塔城和丰县电大
65000700	巴音郭楞蒙古自治州电大
65000701	巴州轮台县电大
65000702	巴州尉犁县电大
65000703	巴州若羌县电大
65000704	巴州且末县电大
65000705	巴州焉耆县电大
65000706	巴州和静县电大
65000707	巴州和硕县电大
65000800	阿克苏分校
65000801	阿克苏乌什县电大
65000802	阿克苏阿瓦提县电大
65000803	阿克苏温宿县电大
65000805	阿克苏拜城县电大
65000807	阿克苏库车县电大
65000808	阿克苏沙雅县电大
65000900	博尔塔拉蒙古自治州电大
65000901	博州精河县电大
65000902	博州温泉县电大
65001000	奎屯市广播电视大学
65001100	克孜勒苏广播电视大学
65001101	克州阿克陶县电大
65001102	克州阿合奇县电大

代　码	学校名称
65001103	克州乌恰县电大
65001200	喀什广播电视大学
65001201	喀什岳普湖县电大
65001203	喀什伽师县电大
65001204	喀什泽普县电大
65001300	和田广播电视大学
65001301	和田和田县电大
65001302	和田于田县电大
65001303	和田墨玉县电大
65001304	和田洛浦县电大
65001305	和田策勒县电大
65001306	和田民丰县电大
65001400	伊犁州广播电视大学
65001401	伊犁州特克斯县电大
65001402	伊犁州新源县电大
65001403	伊犁州巩留县电大
65001404	伊犁州伊宁县电大
65001500	石河子广播电视大学
65001700	吐鲁番分校
65001701	吐鲁番鄯善县电大
65001702	吐鲁番托克逊县电大
65002700	乌石化广播电视大学
65002900	广电厅广播电视大学
65003100	新疆司法警官电大
65003800	潞安公司电大
65100000	**新疆兵团广播电视大学**
65100100	农一师分校
65100200	农二师分校
65100300	农三师分校
65100400	农四师分校
65100500	农五师分校
65100600	农六师分校
65100700	农七师分校
65100800	农八师分校
65100900	农九师分校
65101000	农十师分校
65101100	农十三师分校
65101200	农十二师分校
65101500	农十四师分校
65101600	红山分校
65101700	北京路分校

7.1.2 全国广播电视大学专业分类目录代码

该代码是在教育部2011年颁布的《高等学校本科专业目录（统计用)》的基础上改编而成。

专业分类目录的数字代码由八位阿拉伯数字组成，第一位、第二位数字表示学科门类，第三位、第四位数字表示二级类，第五至第八位数字表示该二级类内的专业代码。其中，第五位、第六位数字为“99”，表示该专业未列入教育部颁布的高等学校专业分类目录中。

现所列专业分类目录包括了中央广播电视大学的统设专业和地方电大自开专业。各校除在专业名称栏填报实设专业名称外，还需根据专业性质填写和录入相近的专业编号。若无相近专业编号，则前四位数字仍填学科门类及二级类别号，而第五至第八位填“9999”，并在键入专业编号同时，录入汉字的实设专业名称，以便加工处理。

专业代码	专　业　名　称
01	**哲学**
0101	**哲学类**
01010100	哲学
01010200	逻辑学
01010300	宗教学
01010400	伦理学
02	**经济学**
0201	**经济学类**
02010100	经济学
02010200	国际经济与贸易
02010300	财政学
02010400	金融学
02010500	国民经济管理
02010600	贸易经济
02010700	保险
02010900	金融工程
02011000	税务
02011100	信用管理
02011200	网络经济学
02011300	体育经济
02011400	投资学
02011500	环境资源与发展经济学
02011600	海洋经济学
02011700	国际文化贸易
02012000	经济与金融
02019901	世界经济学
02019902	政治经济学
02019903	物资经济
02019904	商业经济
02019905	基本建设经济
02019906	农业经济
02019907	投资经济
02019908	水运经济
02019909	市场经济
02019910	对外贸易经济
02019911	国际贸易
02019912	国际商业贸易
02019913	边境贸易
02019914	商业外贸
02019915	医药外贸
02019916	外事外贸
02019917	化工经营与外贸
02019918	工业技术与外贸
02019919	工业外贸
02019920	进出口业务
02019921	财政税收
02019922	金融

专业代码	专　业　名　称
02019923	金融与证券
02019924	金融证券电算化
02019925	金融与计算机
02019926	金融与保险
02019927	国际金融
02019928	国际贸易与金融
02019929	农村金融
02019930	财政金融
02019931	证券投资
02019932	信贷
02019933	货币银行学
02019934	社会保险
02019935	国际保险
03	**法学**
0301	**法学类**
03010100	法学
03010300	知识产权
03012000	监狱学
03019901	法学基础理论
03019902	法律
03019903	律师
03019904	律师公证
03019905	国防军事法律
03019906	经济法
03019907	涉外经济法
03019908	国际经济法
03019909	国际法
03019910	劳改法
03019911	劳动改造学
03019912	司法
03019913	检察
03019914	法律文秘
0302	**马克思主义理论类**
03020100	科学社会主义与国际共产主义
03020200	中国革命史与中国共产党党史
03029901	马列主义理论
0303	**社会学类**
03030100	社会学
03030200	社会工作
03030300	家政学
03030400	人类学
03030500	女性学
03039901	人口学
0304	**政治学类**
03040100	政治学与行政学
03040200	国际政治
03040300	外交学

专业代码	专 业 名 称
03040400	思想政治教育
03040500	国际文化交流
03040600	国际政治经济学
03040700	国际事务
03049901	政治教育
03049902	政治管理
0305	**公安学类**
03050100	治安学
03050200	侦查学
03050300	边防管理
03050400	火灾勘查
03050500	禁毒学
03050600	警犬技术
03050700	经济犯罪侦查
03050800	边防指挥
03050900	消防指挥
03051000	警卫学
03051100	公安情报学
03051200	犯罪学
03051300	公安管理学
03059901	公安
03059902	公安保卫
03059904	公安内勤
03059905	安全管理
03059906	安全防范
03059907	安全技术学
03059908	出入境管理
03059909	武警指挥
03059910	警察管理
03059911	劳改劳教管理
04	**教育学**
0401	**教育学类**
04010100	教育学
04010200	学前教育
04010300	特殊教育
04010400	教育技术学
04010500	小学教育
04010600	艺术教育
04010700	人文教育
04010800	科学教育
04010900	言语听觉科学
04011000	华文教育
04019901	教育心理学
04019902	幼儿教育
04019903	幼儿师范
04019904	小学师资(理科方向)
04019905	小学师资(文史方向)
04019906	初等教育

专业代码	专 业 名 称
04019907	学校教育
04019908	中等师范
04019909	高等师范
04019910	技工师范
04019911	电视师专
04019912	电化教育
04019913	国防军事教育
04019914	劳动技术教育
04019915	卫师中文
04019916	农业师资
04019917	农业中学师资
04019918	乡镇企业师资
04019919	职业学校师资
04019920	音乐教育
04019921	美术教育
0402	**体育学类**
04020100	体育教育
04020200	运动训练
04020300	社会体育
04020400	运动人体科学
04020500	民族传统体育
04020600	运动康复与健康
04020700	休闲体育
04029901	体育基础理论
04029902	举重
04029903	摔跤
04029904	体操
04029905	击剑
04029906	球类运动
04029907	田径运动
04029908	游泳运动
04029909	冰上运动
04029910	武术
04029911	警察体育
04029912	体育管理
04029913	体育生物科学
04029914	运动医学
04029915	体育保健康复
0403	**职业技术教育类**
04030100	农艺教育
04030200	园艺教育
04030300	特用作物教育
04030600	畜禽生产教育
04030700	水产养殖教育
04030800	应用生物教育
04031100	农产品储运与加工教育
04031200	农业经营管理教育
04031300	机械制造工艺教育

专业代码	专 业 名 称
04031400	机械维修及检测技术教育
04031500	机电技术教育
04031600	电气技术教育
04031700	汽车维修工程教育
04031800	应用电子技术教育
04032200	食品工艺教育
04032800	建筑工程教育
04032900	服装设计与工艺教育
04033000	装潢设计与工艺教育
04033100	旅游管理与服务教育
04033200	食品营养与检验教育
04033300	烹饪与营养教育
04033400	财务会计教育
04033500	文秘教育
04033600	市场营销教育
04033700	职业技术教育管理
04039901	信息技术教育
05	**文学**
0501	**中国语言文学类**
05010100	汉语言文学
05010200	汉语言
05010300	对外汉语
05010400	中国少数民族语言文学
05010500	古典文献
05010600	中国语言文化
05010700	应用语言学
05019901	古典文学
05019902	中国文学
05019903	汉语言文学教育
05019904	文学创作
05019905	应用中文
05019906	中文与计算机
05019907	语言学
05019908	彝语
05019909	蒙语翻译
05019910	维语翻译
05019911	现代文员
05019912	现代文秘
05019913	文秘
05019914	文秘与公关
05019915	文秘与行政管理
05019916	涉外企业事业秘书
05019917	涉外经济管理与秘书
05019918	涉外秘书及办公自动化
05019919	企管秘书
05019920	经济管理文秘
05019921	商务秘书
05019922	中英文秘书

专业代码	专 业 名 称
05019923	蒙文秘书
05019924	军事文秘
05019925	办公自动化
0502	**外国语言文学类**
05020100	英语
05020200	俄语
05020300	德语
05020400	法语
05020500	西班牙语
05020600	阿拉伯语
05020700	日语
05020800	波斯语
05020900	朝鲜语
05021000	菲律宾语
05021100	梵语巴利语
05021200	印度尼西亚语
05021300	印地语
05021400	柬埔寨语
05021500	老挝语
05021600	缅甸语
05021700	马来语
05021800	蒙古语
05021900	僧加罗语
05022000	泰语
05022100	乌尔都语
05022200	希伯莱语
05022300	越南语
05022400	豪萨语
05022500	斯瓦希里语
05022600	阿尔巴尼亚语
05022700	保加利亚语
05022800	波兰语
05023000	罗马尼亚语
05023100	葡萄牙语
05023200	瑞典语
05023400	土耳其语
05023500	希腊语
05023600	匈牙利语
05023700	意大利语
05023800	捷克语—斯洛伐克语
05023900	泰米尔语
05024000	普什图语
05024100	世界语
05024200	孟加拉语
05024300	尼泊尔语
05024500	荷兰语
05024600	芬兰语
05024700	乌克兰语

专业代码	专业名称
05024800	韩国语
05024900	商务英语
05025000	塞尔维亚语
05025100	克罗地亚语
05025200	挪威语
05025300	丹麦语
0502540	冰岛语
05025500	翻译
05029901	商务英语
05029902	科技日语
05029903	科技英语
05029904	旅游英语
05029905	外贸俄语
05029906	外贸日语
05029907	外贸英语
05029908	应用外语及外经贸
05029909	英语兼泰语
05029910	英语兼缅语
05029911	外国语言文学
05029912	英语教育
05029913	俄语教育
0503	**新闻传播学类**
05030100	新闻学
05030200	广播电视新闻学
05030300	广告学
05030400	编辑出版学
05030500	传播学
05030600	媒体创意
05039901	新闻传播学
05039902	新闻采编
05039903	国际新闻
05039904	体育新闻
05039905	网络传播
05039906	编辑采访
0504	**艺术类**
05040100	音乐学
05040200	作曲与作曲技术理论
05040300	音乐表演
05040400	绘画
05040500	雕塑
05040600	美术学
05040700	艺术设计学
05040800	艺术设计
05040900	舞蹈学
05041000	舞蹈编导
05041100	戏剧学
05041200	表演
05041300	导演
05041400	戏剧影视文学
05041500	戏剧影视美术设计
05041600	摄影
05041700	录音艺术
05041800	动画
05041900	播音与主持艺术
05042000	广播电视编导
05042200	艺术学
05042300	影视学
05042400	广播影视编导
05042500	书法学
05042600	照明艺术
05042700	会展艺术与技术
05042800	音乐科技与艺术
05042900	中国画
05049901	民族音乐
05049902	戏曲作曲
05049903	器乐
05049904	音乐教育
05049905	壁画
05049906	连环画年画
05049908	工艺绘画
05049909	工艺图案
05049910	工艺雕刻
05049911	工艺美术学
05049912	美术史
05049913	美术教育
05049914	美术
05049915	工业美术
05049916	漆器美术
05049917	商业美术
05049918	书装美术
05049919	特艺美术
05049920	造型美术
05049921	服装美术
05049922	广告艺术设计
05049923	环境艺术设计
05049924	染织艺术设计
05049925	装潢艺术设计
05049926	装饰艺术设计
05049927	电脑美术设计
05049928	服装艺术设计
05049929	服装表演及设计
05049930	丝绸美术品种设计
05049931	装潢
05049932	包装装潢
05049933	家俱设计
05049934	室内设计

专业代码	专 业 名 称
05049935	织绣工艺
05049936	舞蹈史与舞蹈理论
05049937	舞蹈教育
05049938	舞蹈
05049939	中国古典舞蹈表演
05049940	中国民间舞蹈表演
05049941	中国民族舞蹈表演
05049942	戏剧表演
05049943	话剧表演
05049944	歌剧表演
05049945	京剧表演
05049946	电影表演
05049947	影视表演
05049948	电视导演
05049949	文艺编导
05049950	服装模特编排
05049951	电视编辑
05049952	电视影片编辑
05049953	文艺编辑
05049954	编剧
05049955	电影文学
05049956	戏曲文学
05049957	广播电视文学
05049958	戏剧创作
05049959	电影评论
05049960	电影美术设计
05049961	舞台美术设计
05049962	舞台美术化妆
05049963	舞台灯光
05049964	电影摄影
05049965	电视新闻摄影
05049966	新闻摄影
05049967	艺术摄影
05049968	电影录音
05049969	节目主持
05049970	艺术教育
05049971	电视艺术
05049972	广播电视节目制作
05049973	影视艺术技术
05049974	影视美术
05049975	影视动画设计
05049976	动漫设计与制作
05049977	室内设计
06	**历史学**
0601	**历史学类**
06010100	历史学
06010200	世界历史
06010300	考古学
06010400	博物馆学
06010500	民族学
06010600	文物保护技术
06019901	政史
06019902	政治历史教育
06019903	旅游史地
07	**理学**
0701	**数学类**
07010100	数学与应用数学
07010200	信息与计算科学
07010300	数理基础科学
07019901	数理逻辑学
07019902	经济数学
07019903	计算技术
07019904	计算数学及其应用软件
07019905	数学教育
0702	**物理学类**
07020100	物理学
07020200	应用物理学
07020300	声学
07020400	核物理
07029901	磁学
07029902	固体物理
07029903	光学物理
07029904	光电子物理
07029905	电子物理
07029906	红外物理
07029907	晶体物理
07029908	理论物理
07029909	近代物理
07029910	等离子体物理
07029911	半导体物理
07029912	化学物理
07029913	激光物理
07029914	真空物理
07029915	低温物理
07029916	金属物理
07029917	压电铁电物理
07029918	气体放电物理
07029919	技术物理
07029920	加速器物理
07029921	实验核物理
07029922	原子核物理学及核技术
07029923	物理实验技术
07029924	矿山工程物理
07029925	物理师资
0703	**化学类**

专业代码	专 业 名 称
07030100	化学
07030200	应用化学
07030300	化学生物学
07030400	分子科学与工程
07039901	无机化学
07039902	有机化学
07039903	分析化学
07039904	高分子化学
07039905	稀有元素化学
07039906	半导体化学
07039907	物理化学
07039908	电化学
07039909	放射化学
07039910	催化化学
07039911	半导体物理化学
07039912	环境分析化学
07039913	电厂化学
07039914	化学教育
0704	**生物科学类**
07040100	生物科学
07040200	生物技术
07040300	生物信息学
07040400	生物信息技术
07040500	生物科学与生物技术
07040600	动植物检疫
07040700	生物化学与分子生物学
07040800	医学信息学
07040900	植物生物技术
07041000	动物生物技术
07041100	生物资源科学
07041200	生物安全
07049901	病毒学
07049902	细胞生物学
07049903	微生物学
07049904	昆虫学
07049905	寄生虫学
07049906	动物学
07049907	生理学
07049908	人体及动物生理学
07049909	动物生理学
07049910	植物生理学
07049911	植物学
07049912	植物生态学
07049913	植物遗传学
07049914	遗传学
07049915	生物物理
0705	**天文学类**
07050100	天文学

专业代码	专 业 名 称
07059901	天体物理
0706	**地质学类**
07060100	地质学
07060200	地球化学
07069901	地质力学
07069902	区域地质学
07069903	古生物学及地层学
07069904	遥感地质
07069905	化学地质
07069906	数学地质
07069907	放射性地质
07069908	岩矿及地球化学
07069909	构造地质力学
07069910	大地构造地球物理
0707	**地理科学类**
07070100	地理科学
07070200	资源环境与城乡规划管理
07070300	地理信息系统
07070400	地球信息科学与技术
07079901	自然地理
07079902	经济地理
07079903	地理学教育
0708	**地球物理学类**
07080100	地球物理学
07080200	地球与空间科学
07080300	空间科学与技术
0709	**大气科学类**
07090100	大气科学
07090200	应用气象学
07099901	天气动力学
07099902	大气物理学与大气环境
07099903	大气探测
07099904	气象探测技术
07099905	天气预报
0710	**海洋科学类**
07100100	海洋科学
07100200	海洋技术
07100300	海洋管理
07100400	军事海洋学
07100500	海洋生物资源与环境
07109901	海洋光学
07109902	海洋化学
07109903	海洋气象学
07109904	海洋植物学
07109905	海洋动物学
07109906	海洋地质地貌
07109907	海洋地质地球物理

专业代码	专 业 名 称
0711	**力学类**
071101	理论与应用力学
07119901	理论力学
07119902	固体力学
07119903	流体力学
07119904	传热传质流体力学
07119905	爆炸力学
07119906	应用力学
07119907	数学力学
07119908	力学
07119909	一般力学
07119910	飞行器结构力学
07119911	船舶力学
07119912	船舶流体力学
07119913	船舶结构力学
07119914	水工建筑力学
0712	**电子信息科学类**
07120100	电子信息科学与技术
07120200	微电子学
07120300	光信息科学与技术
07120400	科技防卫
07120500	信息安全
07120600	信息科学技术
07120700	光电子技术科学
07129901	电波传播与天线
07129902	无线电学
07129903	电子信息技术
07129904	电子学与信息系统
07129905	电子学
07129906	光电子学
07129907	核电子学
07129908	半导体微电子学
07129909	波谱及量子电子学
07129910	技术光学
0713	**材料科学类**
07130100	材料物理
07130200	材料化学
0714	**环境科学类**
07140100	环境科学
07140200	生态学
07140300	资源环境科学
07149901	环境保护学
07149902	环境生物学
07149903	环境保护与治理
0715	**心理学类**
07150100	心理学
07150200	应用心理学
0716	**统计学类**
07160100	统计学
07169901	计划统计
07169902	数理统计
07169903	工业统计
07169904	工商统计
07169905	商业统计
07169906	统计与计算机
0717	**系统理论类**
07170100	系统理论
07170200	系统科学与工程
08	**工学**
0801	**地矿类**
08010100	采矿工程
08010200	石油工程
08010300	矿物加工工程
08010400	勘查技术与工程
08010500	资源勘查工程
08010600	地质工程
08010700	矿物资源工程
08010800	煤及煤层气工程
08010900	地下水科学与工程
08019901	采煤
08019902	采油
08019903	油田开发
08019904	油田化学
08019905	选煤
08019906	煤炭综合利用
08019907	地质矿产勘查技术
08019908	放射性地球物理勘探
08019909	非金属矿产地球物理勘探
08019910	金属及非金属地球物理勘探
08019911	海洋地球物理勘探
08019912	石油地球物理勘探
08019913	石油地质与勘探
08019914	石油矿场地球物理
08019915	航空物探
08019916	探矿工程
08019917	地质
08019918	海洋地质
08019919	水文地质与工程地质
08019920	岩矿分析
08019921	岩石矿物学
08019922	地质矿产资源开发
08019923	采矿技术
08019924	选矿技术
08019925	油气藏分析技术

专业代码	专 业 名 称
08019926	油田化学应用技术
0802	**材料类**
08020100	冶金工程
08020200	金属材料工程
08020300	无机非金属材料工程
08020400	高分子材料与工程
08020500	材料科学与工程
08020600	复合材料与工程
08020700	焊接技术与工程
08020800	宝石及材料工艺学
08020900	粉体材料科学与工程
08021000	再生资源科学与技术
08021100	稀土工程
08021200	高分子材料加工工程
08021300	生物功能材料
08029901	高温冶金
08029902	精密冶金
08029903	化学冶金
08029904	特种冶金
08029905	稀有金属冶金
08029906	有色金属冶金
08029907	矿冶工程
08029908	冶金分析化学
08029909	冶金炉
08029910	冶金热工热能利用
08029911	冶金物理化学
08029912	电厂金属
08029913	炼铁
08029914	炼焦化学
08029915	金属冶炼
08029916	金属冶炼与压力加工
08029917	金属压力加工
08029918	金属物理测试
08029919	轧钢
08029920	高分子材料
08029921	无机材料
08029922	光学材料
08029923	感光材料
08029924	耐火材料
08029925	碳素材料
08029926	陶瓷材料
08029927	技术陶瓷
08029928	建筑材料工程
08029929	水泥
08029930	材料结构与性能
08029931	硅酸盐工艺
08029932	再生资源加工工艺
08029933	黄金珠宝鉴定

专业代码	专 业 名 称
0803	**机械类**
08030100	机械设计制造及其自动化
08030200	材料成型及控制工程
08030300	工业设计
08030400	过程装备与控制工程
08030500	机械工程及自动化
08030600	车辆工程
08030700	机械电子工程
08030800	汽车服务工程
08030900	制造自动化与测控技术
08031000	微机电系统工程
08031100	制造工程
08031200	体育装备工程
08039901	机械
08039902	机械设计
08039903	机械制造
08039904	机械设备安装
08039905	机械强度及振动
08039906	机械设备和管理
08039907	轴承设计制造
08039908	模具设计与制造
08039909	模具
08039910	港口机械设计制造
08039911	港运机械
08039912	起重运输机械
08039913	地质及勘探机械
08039914	石油矿场机械
08039915	石油炼厂机械
08039916	煤矿机械
08039917	矿山机械
08039918	冶金机械
08039919	透平机械
08039920	轧钢机械
08039921	重型机械
08039922	动力机械
08039923	水力机械
08039924	气体动力机械
08039925	热能动力机械
08039926	热力发动机
08039927	煤矿机械化
08039928	铁道工程机械
08039929	筑路工程机械
08039930	建筑机械
08039931	农业机械
08039932	林业机械
08039933	渔业机械
08039934	化工机械
08039935	制氧工艺及设备

专业代码	专业名称
08039936	热加工工艺及设备
08039937	金属热处理工艺设备
08039938	塑性成形工艺及设备
08039939	焊接工艺及设备
08039940	压力容器焊接
08039941	锅炉
08039942	锅炉压力容器
08039943	锅炉与热能利用
08039944	锻压工艺及设备
08039945	铸造工艺及设备
08039946	铸造
08039947	产品造型设计
08039948	机械加工工艺设备
08039949	机制工艺及自动化
08039950	木工机械
08039951	造纸机械
08039952	丝绸机械
08039953	橡胶机械
08039954	塑料机械
08039955	陶瓷机械
08039956	粮油机械
08039957	制糖机械
08039958	制盐机械
08039959	食品机械
08039960	商业机械
08039961	钟表机械
08039962	卷烟机械
08039963	包装机械
08039964	邮电机械
08039965	流体传动及控制
08039966	流体机械及流体工程
08039967	液压技术应用
08039968	真空技术及设备
08039969	压缩机
08039970	机车
08039971	机车柴油机
08039972	内燃机车
08039973	电力机车
08039974	铁道车辆
08039975	民航特种车辆
08039976	汽车与拖拉机
08039977	拖拉机
08039978	汽车工程
08039979	汽车运用与维修
08039980	内燃机制造与维修
08039981	机电安装
08039982	机电产品设计
08039983	机电工程
08039984	机电设备
08039985	电机与电器
08039986	电器制造
08039987	机电工艺与设备
08039988	机电一体化
08039989	矿山机电
08039990	纺织机电
08039991	农用机电
08039992	实用机电技术
08039993	市政机电管理
08039994	汽车检测与维修技术
08039995	汽车技术服务与营销
08039996	汽车
0804	**仪器仪表类**
08040100	测控技术与仪器
08040200	电子信息技术及仪器
08049901	电磁测量技术仪表
08049902	电信仪表
08049903	电子仪表仪器
08049904	工业自动化仪表
08049905	化工仪表
08049906	化工自动化及仪表
08049907	机械仪表
08049908	机械制造业量仪
08049909	计量技术与管理
08049910	计时仪器
08049911	检测技术自动仪表
08049912	摄影仪器与工程
08049913	生物医学仪器
08049914	陀螺仪及导航仪器
08049915	陀螺仪及精密仪器
08049916	医用电子仪器维修
08049917	质量工程与检测
08049918	热工仪表及自动化
08049919	热工检测与控制技术
0805	**能源动力类**
08050100	热能与动力工程
08050200	核工程与核技术
08050300	工程物理
08050400	能源与环境系统工程
08050500	能源工程及自动化
08050600	能源动力系统及自动化
08050700	风能与动力工程
08050800	核技术
08050900	辐射防护与环境工程
08051000	核化工与核燃料工程
08051100	核反应堆工程
08059901	工业热工

专业代码	专 业 名 称
08059902	工业热工及热能利用
08059903	化工热能工程
08059904	节能
08059905	能源利用
08059906	热能转换工程
08059907	电厂热能动力工程
08059908	水电站动力设备
08059909	热电厂集控
08059910	燃气供应工程
08059911	燃气输配
08059912	制冷
08059913	制冷设备低温技术
08059914	制冷设备与维修
08059915	制冷与空调技术
08059916	反应堆工程
08059917	核化学工程
08059918	原子能
08059919	工程热物理
08059920	物理分离
0806	**电气信息类**
08060100	电气工程及其自动化
08060200	自动化
08060300	电子信息工程
08060400	通信工程
08060500	计算机科学与技术
08060600	电子科学与技术
08060700	生物医学工程
08060800	电气工程与自动化
08060900	信息工程
08061100	软件工程
08061200	影视艺术技术
08061300	网络工程
08061400	信息显示与光电技术
08061500	集成电路设计与集成系统
08061600	光电信息工程
08061700	广播电视工程
08061800	电气信息工程
08061900	计算机软件
08062000	电力工程与管理
08062100	微电子制造工程
08062200	假肢矫形工程
08062300	数字媒体艺术
08062400	医学信息工程
08062500	信息物理工程
08062600	医疗器械工程
08062700	智能科学与技术
08062800	数字媒体技术
08062900	医学影像工程

专业代码	专 业 名 称
08063000	真空电子技术
08063100	电磁场与无线技术
08063400	信息与通信工程
08069901	发电厂及电力系统
08069902	电力系统
08069903	电力系统及自动化
08069904	电磁场工程
08069905	电线电缆
08069906	高电压与绝缘技术
08069907	输电线路工程
08069908	供用电技术
08069909	发配电
08069910	用电管理
08069911	电气设备维修与管理
08069912	建筑电气
08069913	水电站自动化
08069914	机床数控技术
08069915	微机控制技术
08069916	电信工程
08069917	无线电电子工程
08069918	无线电技术
08069919	无线电通信
08069920	船舶无线电技术
08069921	电视发送
08069922	铁道通讯
08069923	铁道无线通信
08069924	铁道有线通信
08069925	铁道信号
08069926	铁路通信信号管理
08069927	程控交换
08069928	实用电子技术
08069929	办公自动化设备运用与维修
08069930	声像技术
08069931	计算机辅助设计及管理
08069932	计算机应用
08069933	软件开发与应用
08069934	数字媒体设计与制作
08069935	多媒体技术
08069936	应用电子技术
08069937	计算机网络技术
08069938	网络系统管理
08069939	信息系统开发与维护
08069940	网站编程
08069941	计算机及应用
08069942	数控技术
08069943	光伏发电技术及应用
0807	**土建类**
08070100	建筑学

专业代码	专　业　名　称
08070200	城市规划
08070300	土木工程
08070400	建筑环境与设备工程
08070500	给水排水工程
08070600	城市地下空间工程
08070700	历史建筑保护工程
08070800	景观建筑设计
08070900	水务工程
08071000	建筑设施智能技术
08071100	给排水科学与工程
08071200	建筑电气与智能化
08071300	景观学
08071400	风景园林
08072400	道路桥梁与渡河工程
08079901	建筑设计与装饰
08079902	室内外设计
08079903	城镇规划
08079904	城镇建筑
08079905	工业与民用建筑
08079906	化工、工民建
08079907	基建
08079908	城镇建设
08079909	建筑结构工程
08079910	地下建筑工程
08079911	房屋建筑工程
08079912	海洋石油建筑工程
08079913	市政工程
08079914	公路与城市道路工程
08079915	道路与桥梁
08079916	隧道与桥梁
08079917	建筑与环境
08079918	建筑施工与管理
08079919	装修
08079920	建筑装饰技术
08079921	城市燃气工程
08079922	城市热能供应工程
08079923	供热通风与空调工程
08079924	道路试验与检测
08079925	工程预算
08079926	工程监理
08079927	城市轨道交通工程技术
08079928	建筑工程技术
0808	**水利类**
08080100	水利水电工程
08080200	水文与水资源工程
08080300	港口航道与海岸工程
08080400	港口海岸及治河工程
08080500	水资源与海洋工程
08089901	水利工程
08089902	水电工程及工程管理
08089903	陆地水文
08089904	地下水开发利用
08089905	港口水工建筑
0809	**测绘类**
08090100	测绘工程
08090200	遥感科学与技术
08090300	空间信息与数字技术
08099901	航空勘测
08099902	摄影测量与遥感
08099903	地籍测量与土地管理
08099904	矿山测量
0810	**环境与安全类**
08100100	环境工程
08100200	安全工程
08100300	水质科学与技术
08100400	灾害防治工程
08100500	环境科学与工程
08100600	环境监察
08100700	雷电防护科学与技术
08109901	环境监测及保护
08109902	环境设计
08109903	环境监测
08109904	电厂环境工程
08109905	环境保护
08109906	矿山安全技术
0811	**化工与制药类**
08110100	化学工程与工艺
08110200	制药工程
08110300	化工与制药
08110400	化学工程与工业生物工程
08110500	资源科学与工程
08119901	化轻工程
08119902	生物化学工程
08119903	盐业化学工程
08119904	盐化工
08119905	煤化工
08119906	燃料化工
08119907	火药化工
08119908	精细化工
08119909	基本有机化工
08119910	轻工化工
08119911	日用化工
08119912	石油加工
08119913	石油炼制
08119914	石油化工工艺
08119915	无机化工工艺

专业代码	专业名称
08119916	有机化工工艺
08119917	电镀工艺
08119918	化工分析
08119919	化学分析
08119920	化学清洗
08119921	化学纤维
08119922	无机化学分析
08119923	轻工有机合成
08119924	合成纤维
08119925	合成橡胶
08119926	橡胶制品
08119927	胶凝材料及制品
08119928	洗涤剂
08119929	冶金药剂
08119930	染料及中间体
08119931	塑料
08119932	玻璃
08119933	硅酸盐
08119934	电化学及化学电源
08119936	农药生产及应用
08119937	医药化工
08119938	生化制药工艺
0812	**交通运输类**
08120100	交通运输
08120200	交通工程
08120300	油气储运工程
08120400	飞行技术
08120500	航海技术
08120600	轮机工程
08120700	物流工程
08120800	海事管理
08120900	交通设备信息工程
08121000	交通建设与装备
08129901	铁道运输
08129902	海洋运输业务
08129903	总图运输设计
08129904	铁道工程
08129905	铁道自动化
08129906	交通管理工程
08129907	航政管理
08129908	汽车运用技术
08129909	石油储存与运输
08129910	国际货运代理
0813	**海洋工程类**
08130100	船舶与海洋工程
08139901	舰船工程
08139902	船舶工程
08139903	船舶动力装置

专业代码	专业名称
08139904	船舶锅炉
08139905	船舶机制工艺设备
08139906	船舶内燃机
08139907	船舶制造与维修
08139908	船舶机械制造与维修
0814	**轻工纺织食品类**
08140100	食品科学与工程
08140200	轻化工程
08140300	包装工程
08140400	印刷工程
08140500	纺织工程
08140600	服装设计与工程
08140700	食品质量与安全
08140800	酿酒工程
08140900	葡萄与葡萄酒工程
08141000	轻工生物技术
08141100	农产品质量与安全
08141200	非织造材料与工程
08141300	数字印刷
08141400	植物资源工程
08141500	粮食工程
08141600	乳品工程
08149901	食品分析
08149902	食品化学
08149903	食品加工
08149904	食品营养
08149905	食品工艺
08149906	食品检验
08149907	肉食品卫生检验
08149908	烹饪
08149909	制糖工程
08149911	油脂工程
08149912	发酵工程
08149913	制糖工艺
08149914	制盐工艺
08149916	发酵工艺
08149917	仓储工艺
08149918	油脂加工工艺
08149919	香料香精工艺
08149920	粮油储藏
08149921	粮油储检
08149922	轻工粮食食品
08149923	粮食加工
08149924	农副产品加工
08149925	饲料加工
08149926	皮革工程
08149927	皮革工艺
08149928	皮革制品

专业代码	专 业 名 称
08149929	烟草工程
08149930	烟草工艺
08149931	卷烟
08149932	制浆造纸
08149933	制浆造纸工程
08149934	制浆造纸工艺
08149935	日用玻璃
08149936	陶瓷工艺
08149937	制鞋工艺
08149938	塑料成型加工工艺
08149939	商品检验与养护
08149940	玩具设计与制造
08149941	家具设计与制造
08149942	印刷工艺
08149943	针织工程
08149944	棉纺
08149945	棉织
08149946	棉花加工与检验
08149947	毛纺
08149948	毛麻绢纺
08149949	印染工艺
08149950	染整工艺
08149951	纺织材料
08149952	纺织材料及纺织品设计
08149953	服装设计与制作
0815	**航空航天类**
08150100	飞行器设计与工程
08150200	飞行器动力工程
08150300	飞行器制造工程
08150400	飞行器环境与生命保障工程
08150500	航空航天工程
08150600	工程力学与航天航空工程
08150700	航天运输与控制
08150800	质量与可靠性工程
08159901	飞机制造工艺
08159902	飞机发动机维修
08159903	飞机电气设备维修
08159904	飞机仪表设备维修
08159905	飞机无线电维修
08159906	地面通讯设备维修
08159907	航空工程
08159908	航行管制
08159909	飞行器强度与实验技术
0816	**武器类**
08160100	武器系统与发射工程
08160200	探测制导与控制技术
08160300	弹药工程与爆炸技术
08160400	特种能源工程与烟火技术
08160500	地面武器机动工程
08160600	信息对抗技术
08169901	常规武器
08169902	军工测试技术与应用
08169903	弹药工程
08169904	引信设计与制造
0817	**工程力学类**
08170100	工程力学
08170200	工程结构分析
0818	**生物工程类**
08180100	生物工程
08189901	微生物工程
0819	**农业工程类**
08190100	农业机械化及其自动化
08190200	农业电气化与自动化
08190300	农业建筑环境与能源工程
08190400	农业水利工程
08190500	农业工程
08190600	生物系统工程
08199901	农业机械修理
08199902	拖拉机修理及零件制造
0820	**林业工程类**
08200100	森林工程
08200200	木材科学与工程
08200300	林产化工
08209901	林产加工
08209902	采伐运输机械化
08209903	林区道路工程
08209904	人造板
0821	**公安技术类**
08210100	刑事科学技术
08210200	消防工程
08210300	安全防范工程
08210400	交通管理工程
08210500	核生化消防
08210600	公安视听技术
08219901	痕迹检验
08219902	文件鉴定
08219903	法化学
08219904	公共安全图像技术
08219905	火灾原因技术鉴定
08219906	安全工程
08219907	道路交通事故防治工程
09	**农学**
0901	**植物生产类**
09010100	农学
09010200	园艺

专业代码	专 业 名 称
09010300	植物保护
09010400	茶学
09010500	烟草
09010600	植物科学与技术
09010700	种子科学与工程
09010800	应用生物科学
09010900	设施农业科学与工程
09019901	农作物栽培
09019902	果树及蔬菜
09019903	甘蔗
09019904	种植
09019905	中草药种植
09019906	作物遗传育种
09019907	植物生理生化
09019908	植物病理
09019909	热带园艺
09019910	热带植物保护
09019911	农业推广
09019912	农业化肥使用
0902	**草业科学类**
09020100	草业科学
09029901	草原
0903	**森林资源类**
09030100	林学
09030200	森林资源保护与游憩
09030300	野生动物与自然保护区管理
09039901	农林
09039902	经济林
09039903	防护林
09039904	森林病虫害防治
0904	**环境生态类**
09040100	园林
09040200	水土保持与荒漠化防治
09040300	农业资源与环境
09049901	农业生态
0905	**动物生产类**
09050100	动物科学
09050200	蚕学
09050300	蜂学
09059901	动物生产
09059902	动物遗传育种
09059903	畜牧
09059904	农牧
09059905	农畜产品加工贮藏
09059906	农业昆虫
09059907	农业生物物理
09059908	农业微生物
09059909	生物能源
09059910	经济动物饲养
09059911	特种动物养殖
09059912	野生动物繁殖利用
09059913	实验动物
09059914	家禽及禽病防治
0906	**动物医学类**
09060100	动物医学
09060200	动物药学
09069901	动物生理生化
09069902	畜牧兽医
0907	**水产类**
09070100	水产养殖学
09070200	海洋渔业科学与技术
09070300	水族科学与技术
09079901	水产加工
09079902	海洋捕捞
10	**医学**
1001	**基础医学类**
10010100	基础医学
1002	**预防医学类**
10020100	预防医学
10020200	卫生检验
10020300	妇幼保健医学
10020400	营养学
10029901	工业卫生技术
10029902	生理卫生
10029903	卫生管理
10029904	卫生环境化学
10029905	卫生统计
10029906	卫生学
10029907	营养
10029908	医学基础理论
10029909	妇幼卫生
1003	**临床医学与医学技术类**
10030100	临床医学
10030200	麻醉学
10030300	医学影像学
10030400	医学检验
10030500	放射医学
10030600	眼视光学
10030700	康复治疗学
10030800	精神医学
10030900	医学技术
10031000	听力学
10031100	医学实验学
10031200	医学美容技术

专业代码	专　业　名　称
10039901	儿科医学
10039902	五官医学
10039903	计划生育医学
10039904	学校医学
10039905	航海医学
10039906	精神病学与精神卫生
10039907	医学营养学
10039909	医疗
10039910	西医
10039911	西医士
10039912	助产士
10039913	乡村医生
10039914	计划生育医士
10039915	临床检验
10039917	计划生育管理
1004	**口腔医学类**
10040100	口腔医学
10040200	口腔修复工艺学
10049901	口腔修复
1005	**中医学类**
10050100	中医学
10050200	针灸推拿学
10050300	蒙医学
10050400	藏医学
10050500	中西医临床医学
10050600	维医学
10059901	药用植物学
10059902	中医骨伤科学
10059903	中医士
10059904	中医护理
1006	**法医学类**
10060100	法医学
1007	**护理学类**
10070100	护理学
10079901	高护
1008	**药学类**
10080100	药学
10080200	中药学
10080300	药物制剂
10080400	中草药栽培与鉴定
10080500	藏药学
10080600	中药资源与开发
10080700	应用药学
10080800	临床药学
10080900	海洋药学
10081000	药事管理
10081100	蒙药学

专业代码	专　业　名　称
10089901	药理学
10089902	临床药学
10089903	药物分析
10089904	毒理学
10089905	药检
10089906	制药
10089907	抗菌素制造
10089908	药品质量监督管理
10089909	中药商品管理
10089910	药品经营与管理
11	**管理学**
1101	**管理科学与工程类**
11010100	管理科学
11010200	信息管理与信息系统
11010300	工业工程
11010400	工程管理
11010500	工程造价
11010600	房地产经营管理
11010700	产品质量工程
11010800	项目管理
11010900	管理科学与工程
11019901	经济信息学
11019902	情报工程
11019903	科技信息
11019904	标准化
11019905	管理信息系统
11019906	计算机管理
11019907	计算机信息管理
11019908	工业企业管理
11019909	工业企业生产管理
11019910	工业管理工程
11019911	生产布局
11019912	质量检验与管理
11019913	交通管理
11019914	交通运输管理
11019915	运输管理
11019916	汽车运输管理
11019917	公路运输管理
11019918	运输材料技术管理
11019919	铁道运输管理
11019920	铁道物资管理工程
11019921	邮电管理工程
11019922	邮电企业管理
11019923	通讯设备管理
11019924	设备管理
11019925	市政工程预算管理
1102	**工商管理类**
11020100	工商管理

专业代码	专 业 名 称
11020200	市场营销
11020300	会计学
11020400	财务管理
11020500	人力资源管理
11020600	旅游管理
11020700	商品学
11020800	审计学
11020900	电子商务
11021000	物流管理
11021100	国际商务
11021200	物业管理
11021300	特许经营管理
11021400	连锁经营管理
11021500	资产评估
11021700	商务策划管理
11021800	酒店管理
11029901	国际企业管理
11029902	国际工商管理
11029903	外企管理
11029904	企业管理
11029905	现代企业管理
11029906	工商企业管理
11029907	商业企业管理
11029908	乡镇企业管理
11029909	商务管理
11029910	经济管理
11029911	涉外经济管理
11029912	城乡经济管理
11029913	水利经济管理
11029914	劳动经济管理
11029915	地质经济与管理
11029916	石油工业经济管理
11029917	铁道运输经济管理
11029918	冶金工业经济管理
11029919	动力工业经济管理
11029920	采矿工业经济管理
11029921	纺织工业经济管理
11029922	电子工业经济管理
11029923	化学工业经济管理
11029924	机械工业经济管理
11029925	建筑工业经济管理
11029926	建筑经营管理
11029927	经营与管理
11029928	物资经营与外贸
11029929	房地产经营管理
11029930	经济信息管理
11029931	计量管理
11029932	科技经营管理

专业代码	专 业 名 称
11029933	机电产品管理
11029934	计划与预算管理
11029935	材料管理
11029936	物资供销与计算机管理
11029937	物资供应与管理
11029938	供销
11029939	外贸营销
11029940	现管与市场营销
11029941	市场营销与广告
11029942	外贸与经营
11029943	商品检测技术与管理
11029944	价格学
11029945	工业会计与审计
11029946	财务会计与审计
11029947	财政审计
11029948	商业审计
11029949	现代会计及管理
11029950	财务会计
11029951	工业会计
11029952	商业会计
11029953	投资会计
11029954	电算会计
11029955	国际会计
11029956	涉外财务会计
11029957	基建财务会计
11029958	铁道运输会计
11029959	市场营销与会计
11029960	会计统计
11029961	会计仓储
11029962	会计电算化
11029963	会计与统计核算
11029964	财会与计算机
11029965	物资财会
11029966	交通财会
11029967	金融财会
11029968	涉外财务管理
11029969	基建财务与信用
11029970	房地产评估
11029972	贸易经纪人
11029973	科技经纪
11029974	饭店管理
11029975	旅游与酒店管理
11029976	旅游
11029977	保税储运
11029978	导游
11029979	城市轨道交通运营管理
11029980	注册会计师
1103	**公共管理类**

专业代码	专 业 名 称
11030100	行政管理
11030200	公共事业管理
11030300	劳动与社会保障
11030400	土地资源管理
11030500	公共关系学
11030700	公共政策学
11030800	城市管理
11030900	公共管理
11031000	文化产业管理
11031100	会展经济与管理
11031200	国防教育与管理
11031300	航运管理
11031400	劳动关系
11031500	公共安全管理
11031600	体育产业管理
11031700	食品经济管理
11039901	工商行政管理
11039902	教育行政
11039903	蒙行政管理
11039904	公共事业管理(卫生事业管理方向)
11039905	公共事业管理(教育管理方向)
11039906	人事管理
11039907	土地管理
11039908	文化艺术事业管理
11039909	群众文化
11039910	商业文化
11039911	企业文化
11039912	海关管理
11039913	报关与货运
11039914	社区管理
1104	**农业经济管理类**
11040100	农林经济管理
11040200	农村区域发展
11049901	现代农业技术与经营
11049902	乡镇管理
11049903	渔业经济管理
1105	**图书档案学类**
11050100	图书馆学
11050200	档案学
11050300	信息资源管理
11059901	图书情报
11059902	图书出版发行学
11059903	档案管理
11059904	文秘档案
11059905	文书档案

7.2 中央电大及省级电大学校通讯录

学校名称	邮 编	通 讯 地 址	长途区号	办公室电话	传真号
中央电大	100039	北京市海淀区复兴路75号	010	57519016	57519017
北 京	100081	北京市海淀区皂君庙甲4号	010	82192000	82192114
天 津	300191	天津市南开区迎水道1号	022	23679931	23679972
河 北	050071	河北省石家庄市和平西路481号	0311	87041337	87047810
山 西	030027	山西省太原市千峰北路109号	0351	6622223	6622221
内蒙古	010010	内蒙古呼和浩特市赛罕区新华东街34号	0471	4603558	4601096
辽 宁	110034	辽宁省沈阳市皇姑区黄河北大街50号	024	86120754	86800250
沈 阳	110003	辽宁省沈阳市和平区十四纬路7号	024	23218337	23218530
大 连	116021	大连市西岗区白云新村绕山路3-1号	0411	84337128	84315884
吉 林	130022	吉林省长春市人民大街6815号	0431	85379216	85384123
长 春	130051	长春市宽城区西广大街535号	0431	82857710	82857709
黑龙江	150080	哈尔滨市南岗区和兴路92号	0451	86301309	86301645
哈尔滨	150001	哈尔滨市南岗区一曼街259号	0451	53648718	53629941
上 海	200092	上海市杨浦区阜新路25号	021	65834279	65028212
江 苏	210036	江苏省南京市江东北路399号	025	86265300	86265318
南 京	210002	江苏省南京市白下区游府西街46号	025	82212100	82212180
浙 江	310030	杭州市振华路6号	0571	88087063	88842657
宁 波	315016	浙江省宁波市江北区文教路1号	0574	87210566	87200008
安 徽	230022	安徽省合肥市包河区桐城南路398号	0551	3636792	3635732
福 建	350003	福州市鼓楼区铜盘路15号	0591	87833115	87848924
厦 门	361008	厦门市前埔南路1263号	0592	5909025	5909001
江 西	330046	江西省南昌市东湖区洪都北大道86号	0791	88520539	88512930
山 东	250014	山东省济南市历下区经十一路21号	0531	82626612	82600740
青 岛	266012	青岛市市北区大连路16号	0532	82736328	82711442
河 南	450008	郑州市黄河路124号	0371	65954188	65936344
湖 北	430074	湖北省武汉市洪山区鲁巷民院路82号	027	87776492	87776491
武 汉	430033	武汉市中山大道192号	027	83791876	83750859
湖 南	410004	湖南省长沙市青园路168号	0731	82821729	82821123
广 东	510091	广东省广州市下塘西路1号	020	83502785	83594914
广 州	510091	广州市麓景西路41号	020	83481493	83481422
深 圳	518001	深圳市罗湖区解放路4006号	0755	82116807	25575453
广 西	530022	广西南宁市东宝路1号	0771	5885296	5854063
海 南	570105	海南省海口市龙华二横路15号	0898	66225540	66211471
四 川	610073	四川省成都市一环路西三段3号	028	87778170	87769438
成 都	610051	成都市建设北路一段7号	028	83395833	83399944
重 庆	400052	重庆市九龙坡区九龙园区华龙大道1号	023	68613575	68613575
贵 州	550004	贵阳市八鸽岩路138号	0851	6823537	6839464
云 南	650223	云南省昆明市学府路113号	0871	5143094	5122427
陕 西	710068	陕西省西安市碑林区含光北路32号	029	82069000	82069222
西 安	710002	西安市五味十字48号	029	87619720	87619822
甘 肃	730030	甘肃省兰州市城关区南滨河东路571号	0931	8828004	8828191
青 海	810008	青海省西宁方巿五四西路7号	0971	7327619	7327619
宁 夏	750021	宁夏银川市西夏区文萃北街	0951	2135055	2135072
新 疆	830049	新疆乌鲁木齐市新华南路654号	0991	8528709	8530767
新疆兵团	830001	新疆乌鲁木齐市二道湾路一巷100号	0991	8826464	8827640